Daniel Schreiner

Vom Dazugehören

Schreiben als kulturelle und politische
Partizipationstechnik

Mexikanisch-Amerikanische und
Türkisch-Deutsche Literatur im Vergleich

Königshausen & Neumann

Der Autor: Daniel Schreiners wissenschaftliche Arbeiten sind durch seine praktischen Erfahrungen als Sozialarbeiter und als Lehrer für Deutsch und Politik in der BRD, Aserbaidschan, Pakistan und Mexiko geprägt. Der Autor hat in Bonn promoviert und u.a. in Istanbul und in den USA studiert.

Gedruckt mit der Genehmigung der Philosophischen Fakultät der Rheinischen Friedrich-Wilhelms-Universität Bonn.

Bibliografische Information der Deutschen Nationalbibliothek

Die Deutsche Nationalbibliothek verzeichnet diese Publikation in der Deutschen Nationalbibliografie; detaillierte bibliografische Daten sind im Internet über http://dnb.d-nb.de abrufbar.

D 5

© Verlag Königshausen & Neumann GmbH, Würzburg 2019
Gedruckt auf säurefreiem, alterungsbeständigem Papier
Umschlag: skh-softics / coverart
Umschlagabbildung: © Daniel Schreiner
Bindung: docupoint GmbH, Magdeburg
Alle Rechte vorbehalten
Dieses Werk, einschließlich aller seiner Teile, ist urheberrechtlich geschützt.
Jede Verwertung außerhalb der engen Grenzen des Urheberrechtsgesetzes ist
ohne Zustimmung des Verlages unzulässig und strafbar. Das gilt insbesondere
für Vervielfältigungen, Übersetzungen, Mikroverfilmungen und die Einspeicherung
und Verarbeitung in elektronischen Systemen.
Printed in Germany
ISBN 978-3-8260-6625-2
www.koenigshausen-neumann.de
www.libri.de
www.buchhandel.de
www.buchkatalog.de

> Sie sehen
> Heimat ist nicht mein Problem.
> Mein Problem ist:
> Ich habe kein ZUHAUS,
> nicht die Sicherheit,
> eine Lücke auszufüllen,
> d a z u z u g e h ö r e n ,
> so selbstverständlich
> wie die Wurzeln an den Baum
> oder das linke zum rechten Bein,
> daran fehlt es mir,
> an Verbündeten und Vertrauen,
> eben an einem ZUHAUS.
> **Renan Demirkan**

Sükran ve Mahmut Tezel'in alesi ithaf ettir
Almanya'ya geldiğiniz için çok teşekkürlerdir!
Für Dede Hüs!
Por los DREAMers!

Inhalt

Danksagung 11
Sprachliche und formale Anmerkungen 13

Einleitung 17
Theoretische und methodische Vorüberlegungen 20
Postkoloniale Theorieaspekte 23
Von der „Ausländerliteratur" zur „Interkulturellen Literatur" 26
Strategische Essentialisierung und Alterität 29
Migrationsliteratur, Neue Deutsche Literatur und Weltliteratur ... 34
Zeit- und Literaturgeschichte im Dialog 40
Erkenntnisziele 42
Literatur in den USA als Vergleichsfolie 43
Forschungsstand 47
Engagierte Literatur(wissenschaft)? 48
Aufbau der Arbeit 52

Kapitel I:
Mexikanisch-Amerikanische
Literatur- und Zeitgeschichte im Kontext 57
Kolonisierung der Amerikas: Motive und Begriffe 60
Malinche und La Llorona 61
Virgin de Guadalupe: Synkretismus und Wiedererlangung
 des eigenen Stolzes 62
Race & Class: Wirtschafts- und Herrschaftssystem *Hacienda* 63
Unabhängigkeit von Spanien 66
Remember the Alamo: Texas wird unabhängig 67
Krieg und Niederlage: Der Vertrag von
 Hidalgo de Guadalupe Hidalgo 69
Entrechtung und Ausgrenzung:
 Die Amerikanisierung des Südwestens 70
María Ruiz de Burton: Wider das Vergessen 75
Die Mexikanische Revolution, die Amerikanisierung Amerikas
 und die Weltwirtschaftskrise 77
Camino a Norte: Flucht und Beginn der Einwanderung 80
Pat Mora: Mexicanidad und die Amerikanisierung Amerikas 82
Amérigo Paredes: Schriftsteller und Gründungsvater 88
Onkel Sam ruft: Weltkrieg und *bracero*-Programm 97

GI Bill und Emanzipation: *Nosotros somos Americanos* 102
Alonso Perales und Mexican Voice 104
The Zoot Suit Riots 108
Aztlán und *La Causa* 110
Rudolfo Corky Gonzalez und Alurista: *Aztlán* und *Yo soy Joaquin* 115
La raza cósmica 119
Oscar Zeta Acosta: Literatur und Widerstand 121
John Rechy: Gegen den Mainstream 125
Rudolfo Anaya: Spiritualität und Selbstbestimmung 127
Cesar Chávez: Der Streik in den Feldern 130
Die 1980er Jahre: Feminismus und der Aufschwung
  der Chicana-Literatur 135
Sandra Cisneros: *House on Mango Street* 139
Demetria Martinez: *MotherTongue* 142
Nina Martinez: Blick nach Mexiko 151
Richard Rodriguez: Außen vor und doch mittendrin 154
In the Borderlands: Der neue Südwesten – Viva Chicanolandia!? 160
Oscar Casares: Auf den Spuren Rolando Hinojosas 165
Salvador Plascencias: *The People of Paper* 166
Ausblick: A New Turn? 171

**Kapitel II:
Türkisch-Deutsche Zeit- und Literaturgeschichte im Kontext 177
Preußisch-Osmanischer Freundschaft,
Weimarer Republik und Nazi-Deutschland**

Muammar Tuksavul – *Eine bittere Freundschaft* 180
Şefik Okday – *Der letzte Grosswesir und seine preußischen Söhne* 182
Ahmet Haşim – *Frankfurter Reisebericht* 186
Geliş: Die Arbeitsmigration 1960-1979 191
Yüksel Pazarkaya: *Rosen im Frost* 193
Zwischenzeit der Normalisierung: Die 1970er 195
Güney Dal: Eine europäische Geschichte 201
Aras Ören: *Was will Niyazi in der Naunynstraße?* 207
Heimischwerdung und Ausgrenzung: 1980-1990 208
Auf der Durchreise – Aysel Özakın 213
Akif Pirinçci: *Tränen sind immer das Ende* 216
Emine Sevgi Özdamar – Orientalisches Sprachspiel 224
1990er Jahre: Pogromstimmung, Solidarität und Widerstand 226
Feridun Zaimoglu – *Kanak Attak* 229
Serdar Somuncu – Der Anti-Türke? 232
Welt im Umbruch: Partizipation in Zeiten von Terror und
  „Muslimifizierung" 236
Erdoğans Schatten – Der bundesrepublikanische Türkei-Diskurs 245

Renan Demirkan: Klare Kante und Respekt 249
Willkommen in der Postmigration 251
Murad Durmus – In der Nische 254
Pirinçci 2.0 – Deutsch-Nationale Zugehörigkeit
 oder die Partizipation des Hasses 258
Die neuen Deutschen 262
Mely Kiyak – Angekommen? 267
Ausblick – Rebellcomedy und I-Slam 269

III. Gloria Anzaldúa:
Schamanisches Schreiben und Autohistoria-teoría 273

Gloria Anzaldúas Leben und Werk 278
Eine literarische Einordnung von Gloria Anzaldúa 282
Spiritual Activism and Politics: Mestiaje, Conocimento und Nepantla..288
Wissenschafts- und Diskurskritik 295
El Mundu Zurdo: Verknüpfung von Form,
 Stil und Inhalt in *Borderlands* 301

IV. Alejandro Morales –
Weltliteratur zwischen Intra-History und Utopischer Vision 309

Aus dem *barrio* an die Hochschule: 311
Intra-History und fiktionalisiertes Familienmemoir 313
Heterotopia und das Verschwinden der Grenzen:
 Alejandro Morales' *The Rag Doll Plagues* 337
Before Bolaño: Magischer Dekonstruktionalismus –
 Morales' *Waiting to Happen* 348

V. Der Weg des Luis Rodríguez:
Self-Empowerment, Literatur und Soziale Arbeit 361

Biographie und Werkübersicht: 364
Always Running und *It calls you back*: Streetgang-Memoir
 und Läuterungsgeschichte 372
La Vida Loca: Always Running 376
It calls you back: Dekonstruktion und Läuterung...............................383
Hearts and Hands: Literatur und Sozialarbeit zwischen Mythos
 und Systemkritik 390
Music of the Mill und *Republic of East Los Angeles* 402

VI. Zafer Şenocak: Die Anverwandlung oder Deutscher geht's net 413

Biographie und Frühwerk 414
In deinen Worten 425
Deutschsein 428

VII. Selim Özdoğan: Zwischen Buddhismus, Literatur und neuen Medien 437

Es ist so einsam mit Sattel, seitdem das Pferd tot ist 445
Entrückung und Präzession: *Zwischen zwei Träumen* und *DZ* 448
Familienchroniken: *Die Tochter des Schmieds* und *Heimstraße 52* 463
Ein Schelmenroman: *Wieso Heimat, ich wohne zur Miete* 470

VIII. Deniz Utlu und Mutlu Ergün-Hamaz: Postmigrantische mehrkulturelle Neue Deutsche Literatur 485

Mutlu Ergün-Hamaz 486
Kara Günlük – Die Geheimen Tagebücher des Sesperado 487
Deniz Utlu 498
Die Ungehaltenen 500

IX. Schlussbetrachtung – Literatur und Partizipation 509

X. Bibliografie 527

Mexikanisch-Amerikanische Primärliteratur 527
Türkisch-Deutsche Primärliteratur 531
Weitere verwendete Primärliteratur 536
Sekundärliteratur 538
Aufsätze, Interviews und Zeitungsartikel 572
Weitere verwendete Internetquellen: 577

Anhang I 581

Interview mit Rolando Hinojosa-Smith 581

Anhang II 599

Interview mit Demetria Martinez 599

Danksagung

Viele Familienmitglieder und Freunde haben mich während dieser Arbeit unterstützt und inspiriert. Mein besonderer Dank gilt meinen Eltern Irmgard und Helmut Schreiner und der Familie Tezel, mit der alles anfing. Nicht zu vergessen sind: Canan Kaba und Nick Barreiros, Rebecca Rosenberg, Sara Winter-Saylir, Şevket Küçükhüssein, Georg Danckwerts, Nusrat Sheik, Nilden Vardar, Sonja Profitlich, Jeannine Bischoff, Jonas Spitra, Phillipp Reichmuth, Mira Greven, Irmgard Cipa, Ulli Spiegelberg, Rolf Metzger, Ruth Becker, Anne Knappe, Sabrina Schreiner, Stephan Hartmann, Gerd Froitzheim sowie Señor Neuro de Aqua Caliente de Tijuana.

Ohne Dolf Oehler und Bekim Agai, die an das Projekt geglaubt haben, hätte ich diese Arbeit nie angehen können. Ich danke beiden herzlich für ihre Betreuung und anspornende Kritik.

Ein großer Dank gilt auch dem leider so früh verstorbenen englischen Komparatisten Stephen Hobday, mit dem ich in Tijuana das erste Mal über meine Idee für diesen Vergleich sprach. Seine Aufmunterung war eine wichtige Initialzündung für diese Arbeit.

Das Engagement von Luis Guevara, Birgit Groth, John Morán Gonzalez und Karin Yeşilada ist für mich unschätzbar.

Für die ideelle und finanzielle Förderung durch die Friedrich Ebert Stiftung und die Unterstützung von Simone Stöhr, Ursula Bitzegeio, Stephan Schmauke und Rainer Fattmann bin ich sehr dankbar.

Die Offenheit und die Unterstützung folgender Wissenschaftler_innen war einzigartig: Patricia Garcia, Norma Cantú, Romana Radlwimmer, Sabine Sielke, Georgina Cecila Pérez, Tony Diaz, Maria Herrera-Sobek, Francesco Lomelí, Nicolás Kanellos, Kit Belgum, Deniz Göktürk, Jon Cho-Polizzi, Blanca E. Delgado, Victoria M. DeFrancesco Soto, Nicole M. Guidotti Hernandez, Tom Cheesman, Charles P. Carson, Karin Ikas, Oscar Casares, Colleen Eils, Sakine Yildiz, Sarah Steidl, Yaşar Ohle, Yasemin Dayıoğlu-Yücel, Stephan Conermann, Christian Moser und Michael Hofmann.

Ein großer Dank gilt ebenso Linda Gill, Jonathan Johnson und Emma Whittington von der Benson Library! Dergleichen gilt für die Mitarbeiter_innen der Bonner Universitätsbibliothek und der Bibliothek der Friedrich-Ebert-Stiftung!

Für ihre Freundschaft und die Einführung in die Männerarbeit, die von großer Wichtigkeit war, um die Ansätze von Luis J. Rodríguez nachvollziehen zu können, danke ich besonders Daniel Maldonado und Larry Klemm.

Zu tiefsten Dank bin ich zudem folgenden Schriftsteller_innen verpflichtet, die mir ihre Türen geöffnet und sich Zeit genommen haben mir meine Fragen zu beantworten: Rolando Hinojosa-Smith, Demetria Martinez, Richard Rodríguez, Tammy Melody Gomez, Amparo Gracia-Crow, Luis J. Rodríguez, Zafer Şenocak, Selim Özdoğan, Yadé Kara, Deniz Utlu, Mutlu Ergün-Hamaz sowie *last but not least* Alejandro Morales. Ihr Vertrauen und Gastfreundschaft haben mir sehr geholfen und diese Arbeit erst möglich gemacht.

Sprachliche und formale Anmerkungen

Da die Arbeit Autor_innen der Einwanderungsgesellschaft in das Zentrum der Betrachtung stellt, kann beobachtet werden wie Sprachen aufeinandertreffen und miteinander reagieren. Kulturen verändern sich von Moment zu Moment und erst über größere Zeiträume lässt sich feststellen, was sich im Einzelnen verändert hat. Dieser amorphe Fließprozess hat zur Folge, dass mitunter eine große Anzahl von sprachlichen Variationen existiert. Für eine wissenschaftliche Arbeit, die dazu angehalten ist, sich für eindeutige Formen zu entscheiden, bedeutet dies einige Schwierigkeiten, die ich exemplarisch erklären werde: Nehmen wir zum Beispiel den Familiennamen Rodriguez. Zahlreiche mexikanisch-amerikanische Schriftsteller_innen und Wissenschaftler_innen, zu denen ich arbeite oder die ich zitiere, tragen diesen Namen. Ein und derselbe Rodriguez schreibt sich auf diesem Buchumschlag und jenem Artikel mit Akzent, aber in einem anderen Artikel ohne.

Ein ähnliches Phänomen lässt sich bei türkischen Familiennamen feststellen. Das Türkische verfügt über eine Reihe von Sonderbuchstaben wie ç, ş, ğ, und ı, welche gerade in den Anfangsjahren der türkischen Einwanderung in deutschen Texten nicht wiedergegeben wurden. Vereinzelt ändert sich dies: So erscheint der Name des türkischen Präsidenten Recep Tayyip Erdogan seit geraumer Zeit in einigen Zeitungen wie der SZ mit dem Dehnungsbuchstaben ğ. Der Autor Feridun Zaimoglu hat dagegen sein ğ abgelegt, damit er es nicht immer wieder erklären muss. Zafer Şenocak hat mir dagegen im Gespräch versichert, dass er nicht müde wird, seinem Gegenüber zu erklären, dass sein Name nun einmal Safer Schenojak gesprochen wird, auch wenn die Schriftweise dem nicht des Türkischen mächtigen Leser etwas anderes suggerieren mag.

Was bedeutet dies nun für die vorliegende Arbeit? Erscheint beim Zitieren und Verweisen ein Name mit Akzent, schreibe ich ihn mit Akzent, wenn nicht, lasse ich ihn auch weg. Das gleiche gilt für die türkischen Sonderbuchstaben. Ebenso verfahre ich mit den unterschiedlichen Schreibweisen für häufiger auftretende Begriffe wie *mestizaje*. Ein anderer Autor bevorzugt vielleicht die Schreibweise *mestiaje*. Ich übernehme beide Schreibweisen und muss mich nicht entscheiden, da normierte Sprache ein politischer Akt und somit eine Erwartungshaltung, aber keine Realitätsbeschreibung ist. Die in dieser Arbeit behandelten Schriftsteller_innen zeigen, dass Kultur und Sprache eben nicht nur den Regeln der Institutionen der Dominanzgesellschaft folgen, sondern durch Migration und andere

Faktoren in einem konstanten Veränderungsprozess befindlich sind. Ein Zulassen von Unterschiedlichkeit ist daher Teil des Dazugehörens.

In meinem eigenen Text orientiere ich mich ansonsten, so gut es geht, an der türkischen und spanischen Originalschreibweise, werde aber nicht jemandem wie Zaimoglu, um seine eigene Entscheidung zu respektieren, rückwirkend ein Dehnungs- [ğ] in den Namen hineinschreiben.

Da die amerikanische Sekundärliteratur darauf verzichtet Aussprachehilfen zu geben, verzichte ich ebenfalls darauf die türkischen Sonderbuchstaben zu erklären. Da dies keine linguistische Arbeit ist, gehört das Auslassen in dieser Hinsicht ebenfalls zum Dazugehören.

Ansonsten gilt:

Im Fließtext erwähnte Buch-, Film- oder Liedtitel sind *kursiv* gesetzt: *Die Ungehaltenen*

Namen von Zeitungen und Magazinen werden im Fließtext in Großbuchstaben genannt: DIE ZEIT, DER FREITAG, SIRENE etc.

Englische, türkische und spanische Begriffe sowie Namen von Organisationen sind ebenfalls kursiv gehalten: *People of Color*.

Lebensdaten u.Ä. sind in Klammern hinter dem Namen aufgeführt: Jean-Luc Picard (geb. 2305), Peter Lustig (1937–2016).

Kommentare meinerseits, mit denen ich mitunter Informationen in Zitaten, Fußnoten oder im Fließtext ergänze oder erläutere sind in eckigen Klammern gehalten: Varsa-Ver-Straße [Türkisch für „Gib es her, wenn es vorhanden ist".].

Begriffe, deren Gebrauch überholt bzw. strittig oder erklärungsbedürftig ist, wie z.B. „Gastarbeiter", werden wie Phrasen- oder Wortzitate in Anführungsstrichen geführt. Dies gilt ebenso für von mir geprägte Formulierungen wie z.B. „Krebs der Nichtanerkennung und Ausbeutung", die prägnant sein sollen aber keinesfalls aus anderen Kontexten bekannt sind und daher ungewöhnlich sein können.

Andere Begriffe, die ebenfalls umstritten, aber im Diskurs noch lange nicht überholt sind wie z.B. Integration, werden nicht in Anführungsstrichen gesetzt, aber beizeiten in einem passenden Kontext diskutiert.

Ebenso werden von mir verwendete umgangssprachliche Wörter und Formulierungen – jedenfalls diejenigen, die mir bewusst sind – in Anführungsstriche gesetzt. Umgangssprache ist nicht von Grunde auf unwissenschaftlich, sondern kann hilfreich sein, „griffig" Kontexte zu beschreiben, zumal einige der Autor_innen eben explizit keine „bürgerliche" Sprache verwenden. Auch einfache oder umgangssprachliche Texte haben ihre Form der Ästhetik. Dies ist eine andere Form von Ästhetik. In einer Arbeit zu *Schreiben als kulturelle und politische Partizipation* gehört eine umgangssprachliche Sprache vor dem Hintergrund von Herrschaftsdiskursen dazu.

Bei spezifischen Gruppenbezeichnungen verwende ich die inklusive *Gendergap*-Formel „_innen". Kasusangaben folgen hier nach dem Unterstrich. Bespiel: Die Autor_innen. Mitunter wende ich die *Gendergap*-Formel nicht in letzter Konsequenz an, um den Lesefluss nicht zu stören. Die weibliche Form ist dann mitgedacht.

Bei spanischen bzw. „spanglischen" Begriffen, die auf spanische Genusformen enden, verwende ich wie einige andere mexikanisch-amerikanische Wissenschaftler_innen das @-Symbol, welches das o und a im Erscheinungsbild hat, um inklusiv beschreiben zu können. Z.B.: Chican@s.

Auch wenn es sprachlich sperrig ist, spreche ich im Text von Türk-Deutschen. Die Semantik, die sich hinter der Wortordnung verbirgt, wird weiter unten erklärt.

Den dazu eigentlich analogen Begriff „Mex-Amerikaner" verwende ich dagegen nicht. Stattdessen benutze ich im Deutschen den englischen Begriff „Mexican-Americans" oder, wenn kontextuell angebracht, die zahlreichen anderen Begriffe wie z.B. „Tejanos". Diese aus anderen Sprachen entlehnten Eigenbegriffe sind nicht kursiv gehalten.

Die vorliegende Arbeit ist modulartig aufgebaut. Während die einzelnen Kapitel unabhängig voneinander gelesen und verstanden werden können, ergeben sie in der Gesamtlektüre mehr als die Summe ihrer Teile.

Ich arbeite mit einem ausgedehnten Fußnotenapparat. Dies ist Teil meines methodischen Vorgehens, um den Fließtext zum einen lesbar zu halten und zum anderen durch Umfänglichkeit in den Kommentaren wiederholt auf die Schwierigkeiten des Partizipationsprozesses hinzuweisen. So wie das Bild des „Anderen" durch „VerAnderung" kontinuierlich in uns konstruiert wird, so stetig muss es in Frage gestellt werden.[1] Orthographische Fehler in Originalzitaten habe ich unverändert übernommen.

---

[1] Siehe dazu im Vergleich auch Victor Klemperer, der in seinem *Notizbuch eines Philologen – LTI* [Röderberg-Verlag: Frankfurt, 1975] während der nationalsozialistischen Diktatur die suggestive Sprachpolitik des Regimes festgehalten und kommentiert hat. Klemperer stellt fest, dass „die stärkste Wirkung wurde nicht durch Einzelreden ausgeübt, auch nicht durch Artikel oder Flugblätter, durch Plakate oder Fahnen, sie wurde durch nichts erzielt, was man mit bewußtem Denken oder bewußtem Fühlen in sich aufnehmen mußte. Sondern der Nazismus glitt in Fleisch und Blut der Menschen über Einzelworte, die Redewendungen, die Satzformen, die er ihr in millionenfachen Wiederholungen aufzwang und die mechanisch und unbewußt übernommen wurde." S. 24. Klemperers Sprachanalysen lassen sich auch auf das Jahr 2017 übertragen, in der eine Sprache gepflegt wird, in der uns „Flüchtlingswellen entgegenschlagen, ins Land strömen, dieses fluten und überwältigen." Diese Sprachwahl stärkt die Vorstellung, dass der „Terrorist nur der Wolf im Schafspelz des Flüchtlings" ist. Weiterhin wird die Angst vom „Erbfeind Moslem" bedient, der das „christliche Abendland" bedrohe.

Einleitung

> Wer oder was man ist, kann man sich nicht aussuchen, das entscheiden die anderen, die einen nicht zu sich zählen.
> **Zafer Şenocak**
>
> The genious of Marx was to critique the contradictions of capitalism not only in politics and economics, but in all forms of social practice, including literature and art, and then to conceptualize the possibilty of a resolution to those contradictions, which inescapably would involve the transformation of a social world that on its surface appears utterly unchangeable.
> **Marcial González, Chicano Novels and the Politics of Form**

Als ich mit den Arbeiten zu der vorliegenden Studie im Jahr 2013 begann, konnte ich nicht ahnen, welche Aktualität sie durch die politischen Ereignisse der Folgejahre [Syrischer Bürgerkrieg und Zuwanderung von Geflüchteten, Islamistischer Terror, die Krise Europas, die Renaissance nationalistischen Denkens, die Einflussnahme Tayyip Erdoğans in der BRD, die Wahl Donald Trumps] erhalten würde. Aus dem, meinen Interessen und meinen bisherigen beruflichen und wissenschaftlichen Erfahrungen geschuldeten, sehr speziellen Thema, mexikanisch-amerikanische mit türkisch-deutsche Literatur vor dem Hintergrund von Zeitgeschichte in Hinsicht auf Fragen von Partizipation und Zugehörigkeit komparatistisch zu untersuchen, wurde eine zweifellos nötig gewordene Zustandsbeschreibung gesellschaftlicher Fragmentierung in den USA und der BRD. Die vorliegende Studie *Vom Dazugehören* liefert die Vorgeschichte zur jetzigen Verfasstheit beider Einwanderungsländer und stellt Fragen nach der Gestaltbarkeit partizipatorischer Prozesse und ihrer Darstellung in literarischen Texten. Wie Schriftsteller_innen in Deutschland und den USA, die von der Dominanzkultur als anders markiert werden, rassistischen Kulturalisierungsprozessen, ökonomischer Ausbeutung und politischer Ausgrenzung in ihren Werken emanzipatorisch begegnen und sich ein Dazugehören erstreiten bzw. darum werben, ist Thema der vorliegenden Arbeit. Aus der kontrastiven Analyse im Kontext der historischen Prozesse zweier unterschiedlicher Länder ergeben sich neben literaturwissenschaftlichen Erkenntnissen desgleichen politische Einsichten – darüber, wie, was und warum hier oder dort [nicht] eingetreten ist – aus denen sich Handlungsabsichten für das Gelingen von Gesellschaft ableiten lassen.

Aus einer globalhistorischen Sicht, die von Nöten ist, um der Komplexität der vernetzten Welt gerecht zu werden, eignet sich die Komparatistik über ihren literaturwissenschaftlichen Auftrag hinaus als vergleichende Gesellschaftswissenschaft, die politische und kulturelle Fragen gleichermaßen erörtern kann. Literarische Texte, wie Romane, Kurzgeschichten und Gedichte stehen nicht losgelöst in einem fiktiven narrativen Raum, sondern sind gemeinsam mit Autobiografien und Briefen, Zeugnisse erfahrener Lebenswirklichkeit. Texte können in diesem Zusammenhang in unterschiedlichen Mischformen chronistische, aber auch partizipatorische Aufgaben erfüllen, die auf erlebte Marginalisierung in der Lebenswelt und im sozio-kulturellen Diskurs antworten.[2] Dies geschieht in unterschiedlichen Reflektionsgraden, die von Zeit und Lebensumständen sowie den charakteristischen Eigenheiten der Autor_innen abhängen.

Auch mexikanisch-amerikanische und türkisch-deutsche[3] literarische Texte erfassen und erklären die Geschichte und Gesellschaften[4] der USA

---

[2] In der vorliegenden Arbeit verwende ich wiederholt den Begriff „Diskurs". Ich orientiere mich dabei an Michel Foucault, der Diskurs als einen sprachlich erzeugten Sinnzusammenhang versteht, der durch vorhandene Machtstrukturen geprägt ist, diese erneuert und somit Realität gestaltet. Siehe ausführlich in: Michel Foucault: Archäologie des Wissens. Suhrkamp: Frankfurt, 1981 und Ders.: Die Ordnung des Diskurses. Suhrkamp: Frankfurt, 1991. Ein Übersichtswerk zur Diskursforschung ist: Nonhoff, Martin et al.: Diskursforschung – Ein interdisziplinäres Handbuch. Band I. Transcript: Bielefeld, 2014.

[3] Die Umstellung der üblichen Begriffsreihenfolge von Deutsch-Türkisch auf Türkisch-Deutsch, bzw. von Deutsch-Türken auf Türk-Deutsche ist von mir mit Bedacht gewählt und orientiert sich am US-amerikanischen Umgang mit der ethnischen Herkunft seiner Bevölkerung. Es ist letztendlich immer der zweitaufgeführte Eigenschaftsbegriff, der die größere definitorische Bedeutung hat. Dem Begriff Deutsch-Türke wohnt die Semantik inne, dass man es hier mit einem Türken zu tun hat, der zufälligerweise auch Deutsch spricht bzw. in Deutschland lebt, aber nicht dazugehört. Der durch die Umstellung entstehende abgeänderte Terminus Türk-Deutscher definiert dagegen eine Person, die Deutsche ist und die eine türkische Herkunftsgeschichte einbringen kann. Myriam Geiser hat sich ebenfalls mit der Problematik der Kollektivbezeichnung auseinandergesetzt und verfolgt die Diskussion bei unterschiedlichen Literaturwissenschaftler_innen. Geiser geht davon aus, dass sich der Begriff „türkisch-deutsch", wie er in Deutschland von an anglo-amerikanischen Traditionen geschulten jüngeren Kulturwissenschaftlern wie z.B. Yasemin Dayıoğlu-Yücel oder Karin E. Yeşilada verwendet wird, durchsetzen wird. Siehe in Geiser, Myriam: Der Ort transkultureller Literatur in Deutschland und in Frankreich. Königshausen & Neumann: Würzburg, 2015. S. 182–188. Siehe dazu auch die Überlegungen von Thorben Päthe. In: Päthe, Thorben: Vom Gastarbeiter zum Kanaken. Zur Frage der Identität in der deutschen Gegenwartsliteratur. Iudicum: München, 2013. S. 168. Päthe ist sich ebenfalls der Konnotation des Fremdseins in der Reihenfolge der Bezeichnung „deutsch-türkisch" bewusst, behält sie jedoch, anders als ich, bei.

[4] Um die spezielle Bedingtheit [engagierter] Literatur in Einwanderungsländern zu analysieren, beziehe ich mich wiederkehrend auf soziologische Begriffe, die in der Sozialarbeitswissenschaft den theoretischen Verständnis- und Handlungsrahmen abstecken. Sie erweisen sich in der Folge als nützlich, um Literatur, Partizipation und Zugehörigkeit vor dem Hintergrund von politischen und kulturellen Verteilungskämpfen zu beschreiben. Rainer Lands und Andreas Klärners Zusammen-

und Deutschlands im 20. Jahrhundert nicht nur aus einer inter- und intrakulturellen Perspektive, sondern sind zudem sehr oft politisch aufgeladene Selbstzeugnisse, die versuchen, den sozialen Machtdiskurs, der sich aus den Formationen einer Dominanzkultur speist, mitzugestalten bzw. sich in diesem zu verorten und an diesem teilzuhaben.[5]

In diesem Zusammenhang können für die amerikanische Literatur die Essays, Lyrik und Prosa der Bürgerrechtsaktivisten der Chicano-Renaissance um Rudolfo Anaya und Rudolfo Gonzales bzw. für die deutsche Literatur die politische Prosa und Lyrik Aras Örens sowie die Essays und Romane von Zafer Şenocak[6] als erste Beispiele für ein partizipatorisches und emanzipierendes Schreiben genannt werden, das sich explizit gegen die sich einander bedingenden Strukturen von kultureller Ausgrenzung und/oder wirtschaftlicher Ausbeutung richtet.

---

fassung, welche Begriffe hierzu von besonderer Wichtigkeit sind, vermittelt eine erste Vorstellung: „Bei der Beschreibung einer Gesellschaft muss zwischen den Strukturen *von Gesellschaftssystemen* und *gesellschaftlichen Organisationen, den sozialen Lagen und den individuellen Lebenskonstruktionen* unterschieden werden. Gesellschaft ist nicht die Summe der Individuen, auch nicht einfach deren Zusammenhang. Gesellschaft ist der Zusammenhang zwischen (a) der Selbstorganisation und Selbstreproduktion *gesellschaftlicher Systeme* (Wirtschaft, Politik, Recht, Wissenschaft u.a.), die dazu die Handlungen von Individuen „benutzen", und (b) dem Leben der *Individuen*, die sich und ihre *Lebenswelten* reproduzieren und gegebenenfalls verändern – und die dabei die Reproduktionsprozesse der Systeme „benutzen."" In Land, Rainer und Klärner, Andreas: Leben mit der Krise. Was Narrationen offenbaren. Aus: Berliner Debatte 27 (2016) 3. Sozial- und Geisteswissenschaftliches Journal. WeltTrends: Potsdam. S. 5.

[5] Übersichtswerke bzw. Einführungen zur Geschichte der türkisch-deutschen bzw. der Chicano-Literatur sind: Horrocks, David und Kolinsky: Turkish Culture in German Society today. Oxford: Berghan Books, 1996. Demir, Tayfun: Türkisch-deutsche Literatur – Chronik literarischer Wanderungen. Dialog Edition: Duisburg 2008. Hofmann, Michael: Deutsch-türkische Literaturwissenschaft. Königshausen und Neuman: Würzburg, 2013. Martinéz, Julio et al.: Chicano Literature: A Reference Guide. Greenwood, 1985. Cutler, John Alba: Ends of Assimilation: The Formation of Chicano Literature. Oxford University Press, 2015. Auf weitere Forschungsmonographien und Einführungen gehe ich in den weiteren Kapiteln ein und nenne sie im jeweiligen Kontext.

[6] Eine Studie zu Identitätsfragen in der Literatur von Ören, Şenocak und Zaimoglu liefert Päthe, Thorben: Vom Gastarbeiter zum Kanaken. Zur Frage der Identität in der deutschen Gegenwartsliteratur. Iudicium Verlag: München, 2013. Siehe auch Dayıoğlu-Yücel, Yasemin: Von der Gastarbeit zur Identitätsarbeit. Integritätsverhandlungen in türkisch-deutschen Texten von Şenocak, Özdamar, Ağaoğlu und der Online-Community vaybee! Universitätsverlag Göttingen, 2005. Eine weitere Arbeit zu diesem Thema ist – mit einem Fokus auf Şenocak und Zaimoglu und den von Thilo Sarrazin losgetretenen antimuslimischen Diskurs – Ünalan, Saniye Uysal: Interkulturelle Begegnungsräume – Neue Identitätskonstruktionen in der türkisch-deutschen Gegenwartsliteratur. Königshausen & Neumann: Würzburg, 2013.

Theoretische und methodische Vorüberlegungen

> Die Evolution hat den *Homo Sapiens* wie alle anderen Herdentiere zu einem fremdenfeindlichen Wesen gemacht. Jede Gruppe neigt dazu, den Unterschied zwischen „uns" und „den anderen" zu betonen, fremde Einflüsse herunterzuspielen und die Verantwortung für andere abzulehnen.
> **Harari, Yuval Noah, Eine kurze Geschichte der Menschheit**

Kulturelle Aspekte sind für die politische und identitäre Abgrenzung vom Anderen innerhalb einer Gesellschaft von großer Bedeutung.[7] Die Heftigkeit ihrer Instrumentalisierung nimmt dabei besonders in Zeiten wirtschaftlicher Krisen zu. Die Veränderung der nationalen Gesellschaften durch die informationstechnologische und kulturelle Vernetzung der globalisierten Welt ist ein weiterer Faktor für das Anwachsen von Abgrenzungsmechanismen und Rassismus.[8] Das Erstarken rechts-populistischer

---

[7] Siehe dazu Julia Reuter: „Basierend auf „Wir"-„Ihr"-Konstruktionen wird das „Ihr" zum/zur vermeintlich gänzlich Anderen, der/die im Gegensatz zum „Wir" als weniger emanzipiert, aufgeklärt, tolerant, demokratisch, gebildet etc. gedacht wird. Es werden elementare Differenzen konstruiert, die negativ bewertet und betont werden. Wenn das Gegenüber durch die ständige Konfrontation mit den Zuschreibungen nach und nach diese unbewusst übernimmt, ist sie oder er tatsächlich zum vermeintlich Anderen geworden, er oder sie hat sich dem Bild vom Anderen angeglichen. Migrantinnen und Migranten beispielsweise, die ihre bilingualen Kompetenzen gering schätzen und ihr Augenmerk auf die Defizite im Deutschen legen, bestätigen unbewusst den Prozess des Othering [Dt. Soziologen übersetzen den Begriff mit VerAnderung. Anmerkung des Verfassers]." In: Reuter, Julia: Ordnungen des Anderen. Zum Problem des Eigenen in der Soziologie des Fremden. Bielefeld: Transcript Verlag, 2002. O.S.

[8] Nekechi Madubuko gibt folgende zeitgenössische Definition für Rassismus: „Der biologisch gegründete Rassismus argumentiert mit einer angeblichen biologisch und kulturell verankerten hierarchischen Ordnung. Der moderne Rassismus [...] bezieht sich eher auf abwertende Einschätzungen, zugeschriebene Eigenschaften und ablehnende oder ausgrenzende Verhaltensweisen, die sich auf Kultur, Herkunft oder Religion einer bestimmten Gruppe von Menschen beziehen. Diese werden durch Vorurteile und Klischees (die im Wesentlichen auf Fehlinformationen beruhen) legitimiert und begründet." Madubuko, Nkechi: Empowerment als Erziehungsaufgabe. Praktisches Wissen für den Umgang mit Rassismuserfahrungen. Unrast: Münster, 2016. S. 16/17. Ein Übersichtswerk zu Rassismustheorien ist Demny, Oliver: Rassismus in den USA: Historie und Analyse einer Rassekonstruktion. Unrast Verlag: Münster, 2001. Ein umfassende Studie zur Geschichte des Rassismus ist Oeser, Erhard: Die Angst vor dem Fremden. Die Wurzeln der Xenophobie. Theiss Verlag: Darmstadt, 2015. Für die Fragestellungen der vorliegenden Arbeit ist weiterhin interessant Terkessidis, Mark: Die Banalität des Rassismus. Migranten zweiter Generation entwickeln eine neue Perspektive. Transcript: Bielefeld, 2004. Für den deutschen Raum sei außerdem auf die Werke von Birgit Rommelspacher verwiesen, die bis zu ihrem Tod an der Alice-Salomon-Fachhochschule in Berlin gelehrt hat und die Rassismusforschung im Kontext der Sozialen Arbeit maßgeblich geprägt hat: Vgl. Rommelspacher, Birgit:

Parteien wie dem Front National, der AfD und Bewegungen wie PEGI-DA und des salafistischen[9] Islams in ganz Europa seit 2001 sowie die Gründung der Tea-Party und der Erfolg Donald Trumps in den USA sind hierfür deutliche Beispiele.

Vor diesem zeitpolitischen Hintergrund vertrete ich in der vorliegenden Arbeit den Ansatz, dass das Ringen um Identität im öffentlichen Raum eine sehr wirksame und gefährliche Ersatzdebatte ist, hinter der die wahren Konfliktzonen von Verteilungsgerechtigkeit und systeminhärenter kapitalistischer Ausbeutung nur verschwommen wahrnehmbar bleiben. Vielmehr geht es um soziale Differenzierungen, die langfristige Veränderungen einer Gesellschaft bezeichnen und die mit der Neuentstehung oder Aufgliederung von sozialen Positionen, Lebenslagen und/oder Lebensstilen verbunden sind.[10] Basch, Schiller und Szanton Blanc haben den Zusammenhang von Kapitalismus, Rasse und nationaler Identität bereits in ihrer wegweisenden Studie zum Transnationalismus 1994 aufgezeigt:

> [...] the processes of race-making are simultaneously political. The development of capitalism, although it occurred on a global landscape, both contributed to and strengthened a division of the world into nation-states and colonies. Concepts of both nation and race, honed and developed with the context of the expansion of Europe and the development of colonialism, developed as ways to speak about (1) the imagining of the national identity of the colonizer in relationship to the racially differentiated colonial population and (2) the positioning of different sectors of the work force within the colonizing state.[11]

Diese im Kolonialismus systemisch bestehenden Herrschaftstechniken sind auch in modernen kapitalistischen Gesellschaften immer noch feststellbar: Rassistisch legitimierte Ausbeutung und Kulturkämpfe sind aus einer postkolonialen und neomarxistischen Theorieperspektive system-

---

Dominanzkultur. Texte zu Fremdheit und Macht. Berlin: Orlanda, 1995. Anerkennung und Ausgrenzung. Deutschland als multikulturelle Gesellschaft. Campus: Frankfurt, 2002.

[9] Da der Begriff „Salafismus" derzeit inflationär und vor allem selbsterklärend verwendet wird, sei an dieser Stelle auf die islamwissenschaftliche Aufsatzsammlung *Global Salafism – Islam's new religious movement* [Hurst Verlag: London, 2009] hingewiesen, die das Phänomen ideengeschichtlich aufarbeitet. Die Salafiyya ist eine fundamentalistische Strömung des sunnitischen Islams, deren Anhänger sich an einem imaginierten Ur-Islam orientieren und andere Glaubensauffassungen wie den Sufismus oder die Schia als falsch ablehnen. Wichtige Vordenker der Salafiyya sind die Ägypter Muhammad Abduh und Sayyd Qutb. In Saudi Arabien ist die ursprüngliche salafistische Ausformung des Wahabismus Staatsreligion.

[10] Siehe dazu Schimank, Uwe: Theorien gesellschaftlicher Differenzierung. Leske und Budrich: Opladen, 1996.

[11] Basch, Linda; Glick Schiller, Nina und Szanton Blanc, Cristina: Nation Unbounds. Transnational Projects, Postcolonial Predicaments and Deterritorialized Nation-States. Routledge: London, 1994. S. 38.

stützende und notwendige Prozessabläufe innerhalb kapitalistischer Wirtschaftsordnungen in Staaten wie den USA und der BRD.[12] Ein Infragestellen der Gewichtigkeit von Kultur bedeutet zeitgleich nicht, die Existenz unterschiedlicher kultureller Prägungen in Frage zu stellen. In Bezug auf die Theorieansätze von Antonio Negri und Michael Hardt kann jedoch festgehalten werden, dass Kultur für die Ursächlichkeit von Konflikten überbewertet bzw. durch „Essentialisierung von Gruppen zur Neutralisierung von gesellschaftlichen Verhältnissen funktionalisiert wird".[13]

Durch die verstärkte Hinwendung zur kritischen Kulturanalyse[14] ist die moderne Literaturwissenschaft in der Lage und in der Verantwortung, politikwissenschaftliche Betrachtungen von gesamtgesellschaftlichen Zusammenhängen zu ergänzen und mitunter in Frage zu stellen. Mit den Ansätzen der Komparatistik kann die Literatur türk-deutscher Autor_innen in Kontrast zu den inter- und intrakulturellen Zeugnissen mexikanisch-amerikanischer Schriftsteller_innen gesetzt werden. Als kritische und dialogische Theorie[15] kann die Komparatistik die diskursiven und ideologischen Rahmenbedingungen der jeweiligen Gesellschaften darstellen, Kulturalisierungen[16] und Essentialisierungen[17] dekonstruieren, und dahinter liegende Verteilungsfragen aufdecken.

---

[12] In diesem Sinne bezeichnen die neomarxistischen Theoretiker Antonio Negri und Michael Hardt Rassismen und Nationalismen als eine bewusste Bewältigung systemimmanenter ökonomischer Strukturkrisen durch die Regierungsmaschine. Hardt, Micheal und Negri, Antonio: Empire. Die neue Weltordnung. Campus: Frankfurt/New York, 2003. S. 111–126.

[13] Siehe dazu Attia, Iman: Privilegien sichern, nationale Identität revitalisieren. Gesellschafts- und handlungstheoretische Dimensionen der Theorie des antimuslimischen Rassismus im Unterschied zu Modellen von Islamophobie und Islamfeindlichkeit. In: Journal für Psychologie, Jg. 21 (2013), Ausgabe 1. S. 7.

[14] Theresa Specht beschreibt die gegenwärtige Literaturwissenschaft folgendermaßen: „Die Veränderungen des Kulturverständnisses – die Infragestellung eines geschlossenen, holistischen Kulturbegriffs und das Bemühen, Kultur als ein offenes, dynamisches System zu definieren – spiegeln sich auch in der Entwicklung der Geisteswissenschaft wider, die seit den letzten Jahrzehnten erneut eine starke Hinwendung zu kulturtheoretischen Fragen vollziehen. So wird in der Literaturwissenschaft die Beziehung von Kultur und Literatur eingehend in den Blick genommen [...]." In: Specht, Theresa: Transkultureller Humor in türkisch-deutscher Literatur. S. 39. Zum sogenannten *„Cultural Turn"* in den Geisteswissenschaften siehe auch Erhart, Walter (Hrsg.): Grenzen der Germanistik. Germanistische Symposien der DFG XXVI. DVJs Sonderband. J.B. Metzler Verlag: Stuttgart, 2005.

[15] Zima, Peter V.: Komparatistik. Francke Verlag: Tübingen, 1992.

[16] Die Diversitäts-Forscherin Iman Attia definiert Kulturalisierung folgendermaßen: „Kulturalisierung meint den Prozess der Bedeutungszuweisung, der subjektive und politische Positionierungen sowie soziale Praktiken und Repräsentationen mit muslimischer Kultur begründet. Dies geschieht etwa, indem das Geschlechterverhältnis in rassialisierten Kontexten als kulturelles gedeutet wird,

Postkoloniale Theorieaspekte

Innerhalb dieses Vorganges ist es hilfreich sich an postkolonialen Theorien zu orientieren, die, auch wenn sie vor dem Hintergrund französischer und britischer Kolonialgeschichte entwickelt worden sind, durchaus auf die deutsche Literatur angewendet werden können. So definiert Herbert Uerlings das postkoloniale Potential von Literatur folgendermaßen:

> Literatur kann koloniale Binäroppositionen, die durch Abstraktionen und Reduktion, Generalisierung und Bewertung, Hierarchisierung etc. entstanden sind, in ein multidifferentielles Spiel überführen. Sie kann z.B. durch Individualisierung eine Rücknahme der kolonialen Abstraktion vollziehen, die den einzelnen fürs Ganze einer Ethnie nimmt und so die Vielfalt der Differenzen und Zugehörigkeiten auslöscht oder doch durch Gewichtung subsumiert unter die eine Differenz der ethnischen Inferiorität. Literatur kann, über Verfahren der Intertextualität, Interlingualität, Intermedialität, durch Dialogizität, Stimmenvielfalt u.a.m. die Rede „über" andere mit anderen Stimmen konfrontieren und so ein postkoloniales Potential realisieren.[18]

Literatur hat demnach das Potential koloniales Denken zu dekonstruieren. Dies ist im deutschen Kontext ebenfalls relevant, da koloniale Denkmuster auch ohne Kolonien existieren können. Nikita Dhawan konsta-

---

das mit Verweis auf Koranzitate (oder in anderen rassialisierten Kontexten mit Hinweis auf Roma- oder afrikanische Kultur) zu verstehen sei. Demgegenüber wird das Geschlechterverhältnis im weißen, deutschen, christlich-säkularen Kontext in allererster Linie als (sexistisches, konservatives, patriarchales) Geschlechterverhältnis und nicht als genuiner Ausdruck einer weißen, deutschen, christlichen Kultur thematisiert." In: Attia, Iman: Privilegien sichern, nationale Identität revitalisieren. Gesellschafts- und handlungstheoretische Dimensionen der Theorie des antimuslimischen Rassismus im Unterschied zu Modellen von Islamophobie und Islamfeindlichkeit. In: Journal für Psychologie, Jg. 21 (2013), Ausgabe 1. S. 28.

[17] Ebda. S. 7: „Die Essentialisierung beschreibt den Prozess der Naturalisierung gesellschaftlicher Verhältnisse. Hierzu werden Menschen zu Gruppen zusammen gefasst entlang eines Merkmals, das diese Menschen verbinde, ihnen gemeinsam und von innen heraus zu erklären sei, das ihnen wesenhaft und von anderen verschieden sei. Dieses Merkmal wird als Kern der Besonderheit des Anderen definiert. Soziale und gesellschaftliche Phänomene werden ebenso darauf zurückgeführt wie Identifizierungsprozesse von Personen und Gruppen."

[18] Uerlings, Herbert: Kolonialer Diskurs und deutsche Literatur. In: Dunker, Alex (Hrsg.): (Post-)Kolonialismus und Deutsche Literatur. Impulse der angloamerikanischen Literatur- und Kulturtheorie. Aisthesis Verlag: Bielefeld, 2005. S. 32. Theresa Specht konstatiert ähnlich: „Literarische Texte – wie ästhetische Ausdrucksformen allgemein – reagieren auf gesellschaftliche und politische Verhältnisse. In ihrer spezifischen Literarizität ahmen sie gesellschaftliche Realität jedoch nicht einfach nach, sondern verzerren, metaphorisieren und kommentieren sie, schreiben sie um oder führen sie ad absurdum." In: Transkultureller Humor in türkisch-deutscher Literatur. S. 59.

tiert etwa, dass ein überhöhtes europäisches Selbst und der aus Kolonialzeiten stammende Anspruch humanistische und aufklärerische Werte zu vertreten genauso in postkolonialen Zeiten in epistemische und diskursive Gewalt münden und den Blick auf Migranten prägen.[19] Auch die in San Diego lehrende deutsche Historikerin und Drehbuchautorin Fatima El-Tayep kritisiert, dass ein rassifizierter Kapitalismus in der Tradition kolonialer Denkmuster eine zentrale Funktion in Deutschland und Europa ausübe, in der der weiße Mann, verborgen hinter „einem Aufklärungshumanismus, sich als paradigmatischen Menschen darstellt". Rasse als Herrschaftskategorie würde selbst von marxistischen Denkern noch zu oft als „partikularistische Ablenkung" vom Klassenkampf gesehen. In Deutschland und Europa sei eine Weißwaschung von Theorie festzustellen, was dazu führe, so El-Tayep weiter, dass Erkenntnisse der U.S.-amerikanischen Wissenschaft zu „*racial capitalism*" als nicht auf den deutschen Kontext übertragbar abgetan werden.[20]

Migration ist auch für viele „autochthone" Deutsche eine bekannte Erfahrung, bedenkt man die umfangreiche Binnenmigration innerhalb Deutschlands am Ende des Zweiten Weltkrieges mit zehn Millionen Flüchtlingen oder die arbeitsbedingten Bevölkerungsbewegungen von Ost nach West nach der deutschen Wende.[21] Der Begriff „autochthon" ist im Grunde genommen problematisch, da er behauptet, es gäbe so etwas wie eine einheimische Bevölkerung, die einem Gebiet ursprünglich sei. In Hinblick auf die römische Kolonialgeschichte, Völkerwanderungsprozesse und Arbeitsmigration in Europa wird jedoch deutlich, dass es über längere Zeiträume fortwährend zu Veränderungen einer Bevölkerung kommt. Diese Erkenntnis mag wissenschaftlich banal erscheinen, muss jedoch immer wieder erwähnt werden, da dies in der medialen und politischen

---

[19] Vortrag von Nikita Dhawan an der Goethe-Universität in Frankfurt am Main am 15.12.2015. Dhawan bezieht sich auf Hannah Arendt, die als eine der ersten Forscherinnen auf die Kontinuität bzw. Verwandtschaft von rassistischen Ordnungsvorstellungen im imperialistischen bzw. im nationalsozialistischen Deutschland hingewiesen hat. Arendt, Hannah: Elemente und Ursprünge totaler Herrschaft: Antisemitismus. Imperialismus. Totale Herrschaft. Piper, 1991.

[20] El-Tayep, Fatima: Undeutsch. Die Konstruktion des Anderen in der postmigrantischen Gesellschaft. Transcript: Bielefeld, 2016. S. 18/19. 20 Jahre zuvor hatte bereits die türkisch-deutsche Soziologin Elçin Kürsat-Ahlers auf die Funktionalisierung von Kultur für die Herrschaftsausübung hingewiesen. Kürsat-Ahlers, Elçin: Why an Equal-rights Strategy Matters – Some Basic Points. In: Horrocks, David und Kolinsky: Turkish Culture in German Society today. Oxford: Berghan Books, 1996. S. 115.

[21] An dieser Stelle sei darauf hingewiesen, dass es schon weit vor dem 20. Jahrhundert Arbeitsmigration gab, die geradezu wesentlicher Bestandteil der europäischen Volkswirtschaften war. Man denke z.B. an die „Ruhrpolen". Siehe ausführlich dazu Sassen, Saskia: Migranten, Siedler, Flüchtlinge. Fischer Verlag: Frankfurt, 1996.

Diskussion schnell übergangen oder vergessen wird. Statt „autochthon" würde sich eine stilistisch schwerfällige Umschreibung besser eignen, da sie semantisch genauer wäre. Man könnte beispielsweise von einer einheimischen Bevölkerung sprechen, deren Deutschsein [dahinter verbirgt sich der Status des Dazugehörens, und zwar eines Dazugehörens, das nicht nur rechtlich, sondern zudem narrativ abgesichert ist] nicht in Zweifel gezogen wird.

Für von außerhalb Deutschlands kommende Migranten gelten jedoch scheinbar andere Regeln als für Binnenmigranten – der neu-deutsche Migrant und seine Kindeskinder fühlen sich oftmals, als ob sie nicht akzeptiert seien.[22] Ihnen wird suggeriert, dass sie ein Problem sind und ein Problem haben. Dies geschieht dadurch, dass ihnen im Machtdiskurs von Schule, Medien etc. vermittelt wird, ihre Situation als Abweichung von der Norm, statt als dazugehörende Bereicherung zu erleben. Bei diesen Ausgrenzungserlebnissen handelt es sich um vielfältige Rassismus-Erfahrungen, die den Lebensalltag, die Selbstwahrnehmung sowie das Zugehörigkeitsgefühl von Migranten und Postmigranten[23] prägen. Der Sozialforscher Paul Mecheril hat diese Rassismusstrukturen anhand von Fallstudien herausgearbeitet und klassifiziert:

> Auf der Ebene von Rassismuserfahrungen kann es sich um eine massive (z.B. körperliche Gewalt gegen nahestehende Personen) oder subtile (z.B. abfällige Blicke in der U-Bahn) Erfahrung handeln. Rassismuserfahrungen können von Kontexten vermittelt werden, die stärker von strukturell-institutionellen Aspekten geprägt sind […] oder von Kontexten, die eher von Handlungsweisen einzelner Personen bestimmt werden. Die Erfahrung von Rassismus kann gewissermaßen unmittelbar über einzelne soziale Interaktionssituationen vermittelt werden. Sie kann aber auch über Vorstellungen, Träume und bildhafte Befürchtungen (imaginative Vermittlungsweise) wie auch über Zeitungs-, Radio-, Fernsehberichte und andere Informationen aus beispielsweise Internet oder Werbung (mediale Vermittlungsweise) hervorgerufen werden. Schließlich können vier prinzipielle Modi von Rassismuserfahrungen unterschieden werden. Rassismus kann sich auf die Person selbst, auf nahestehende Personen, auf als Stellvertreter der Person wahrgenommene Personen und auf die Gruppe, der die Person – vermeintlich oder ihrem Selbstverständnis nach – zugehört, beziehen […].[24]

---

[22] Mit Abstrichen gilt dieses Phänomen sicherlich auch für Ostdeutsche, die es mitunter schwer hatten – und oftmals immer noch haben – von Westdeutschen als gleichrangig angesehen zu werden.
[23] Yildiz, Erol: „Die Öffnung der Welt und postmigrantische Lebensentwürfe". SWS-Rundschau (50. Jahrgang), Heft 3/2010. S. 318–339.
[24] Mecheril, Paul: Prekäre Verhältnisse. Waxmann: Münster, 2002. S. 70–71.

Von der „Ausländerliteratur"
zur „Interkulturellen Literatur"

Eine erste konkrete Idee für die vorliegende Studie entwickelte ich im Rahmen meiner Tätigkeit als wissenschaftlicher Mitarbeiter für das Bonner Forschungsprojekt „Europa von außen"[25], das Europa-Wahrnehmungen und -Bilder in türkischen, persischen und arabischen Reiseberichten untersucht. Während meiner Arbeit dort stieß ich auf Romane, Reiseberichte und Memoiren[26], die eine türkische bzw. türkisch-deutsche Perspektive auf Deutschland und das eigene Dasein der Autor_innen wiedergeben und die These in Frage stellen, dass es eine wie auch immer geartete monolithische „typische" Wahrnehmung einer sozialen- bzw. ethnisch definierten Gruppe gäbe. Trotz vieler Gemeinsamkeiten, die die für diese Arbeit ausgewählten Schriftsteller_innen teilen, ist dem nicht so: Gerade jüngere deutsche Autoren wie Selim Özdoğan und Mutlu Ergün-Hamaz sind deutliche Beispiele für das Ausbrechen aus der Erwartung von deutscher „Migrations"-Literatur, die lange von der Wissenschaft als „zwischen zwei Welten stehend" und „inter-kulturell", als „Brücke" oder als „Grenzüberschreitung" verstanden bzw. als „Gastarbeiterliteratur"[27] oder „Ausländerliteratur" beschrieben wurde.[28] Zafer Şenocak beschreibt seine eigene Erfahrung mit dieser Perspektive prägnant:

---

[25] Das Forschungsprojekt wurde von 2010 bis 2014 an der Universität Bonn unter der Leitung von Prof. Bekim Agai und Dr. Jasmin Khosravie durchgeführt. Weitere Informationen sind einsehbar auf http://www.europava.uni-bonn.de/ [Abgerufen am 16.10.2014].

[26] Im Rahmen der Arbeitsansätze dieser Forschergruppe werden neben Reiseberichten auch Biografien und Prosatexte betrachtet, in denen Erfahrungen in der Fremde aufgearbeitet werden. Während Reiseberichte von der Literaturwissenschaft durchaus als literarische Texte mit fiktiven Elementen behandelt werden, spiegeln auf der Gegenseite Prosatexte mitunter real Erlebtes wider und sind somit biografisch geprägt.

[27] Bis heute erscheinen immer einmal wieder Forschungsstudien, die sich türkisch-deutschen Texten vor allem unter dem Aspekt der migrierten Literatur annähern. Siehe z.B. Metin Buz' „Literatur der Arbeitsmigration in der Bundesrepublik Deutschland" aus dem Jahr 2003 im Marburger Tectum Verlag. Buz untersucht Literatur von türkischen, arabischen, spanischen und italienischen Migranten literatursoziologisch unter dem Gesichtspunkt der Unterschiedlichkeit.

[28] Siehe beispielsweise die frühen Arbeiten von Irmgard Ackermann bzw. die Veröffentlichungen von Karl Esselborn, Wolfgang Riemann und Ottmar Ette. Ackermann, Irmgard und Weinrich, Harald (Hrsg.): Eine nicht nur deutsche Literatur. Zur Standortbestimmung der „Ausländerliteratur". Piper: München, 1986. Esselborn, Karl: Über Grenzen. Berichte, Erzählungen, Gedichte von Ausländern. DTV, 1989. Ders.: Interkulturelle Literaturvermittlung zwischen didaktischer Theorie und Praxis. Iudicium, 2010. Riemann, Wolfgang: Über das Leben in Bitterland – Bibliographie zur türkischen Deutschland – Literatur und zur türkischen Literatur in Deutschland. Otto Harrassowitz Verlag: Wiesbaden, 1990.

> Es gab ein Kommunikationsproblem zwischen dem assimilierten Türken und der deutschen Öffentlichkeit, die sich eine Assimilation überhaupt nicht vorstellen konnte. Eine Gesellschaft aber, die Fremde aufnehmen und integrieren möchte, muss sich auch eine Assimilierungsgeschichte vorstellen können. [...] Ich war kein Fremder hier. Ich fühlte mich zugehörig. Das Schreiben von literarischen Texten in deutscher Sprache war kein exotisches Unterfangen, sondern ein natürlicher Prozess. Doch ich merkte sehr bald, dass dieses Natürliche und Selbstverständliche von meiner Umgebung nicht geteilt wurde. Meine deutsche Umgebung war zu stark mit meinem Türkischsein, meinem Anderssein beschäftigt.[29]

Der amerikanischen Germanistin Leslie A. Adelson ist es als einer der ersten Forscherinnen zu verdanken, dass der Untersuchungsfokus von türkisch-deutscher Literatur immer mehr auf eine multi-identitäre Betrachtung der hybriden Neuformation von Kultur verschoben wurde[30], eine wichtige Einsicht, obschon sie von Verlagen und vielen Lesern nicht unbedingt geteilt wird.[31] Karin Yeşilada problematisiert in Bezug auf Adelson, die durch den Literaturbetrieb oftmals verweigerte Zugehörigkeit zur deutschen Literatur und behauptet dagegen:

> „Die Literatur von AutorInnen nicht-deutscher Provenienz" ist jedoch trotz ihrer nicht-deutschen Provenienz deutsch, ebenso wie die Einwanderer in Deutschland ein Teil des Landes und seiner Geschichte geworden sind. Auch eine in deutscher Sprache für ein deutschsprachiges Publikum verfasste „Bindestrich-Literatur" (z.B. türkisch-deutsche, italienisch-deutsche Literatur) gehört zur deutschsprachigen, d.h. deutschen Literatur. Sie ist deutsch, möglicherweise mit zusätzlichem interkulturellen Po-

---

Ette, Ottmar: ZwischenWeltenSchreiben. Literaturen ohne festen Wohnsitz. Kadmos: Berlin, 2005.

[29] Şenocak, Zafer: Deutschsein. Edition Körber-Stiftung: Hamburg, 2011. S. 89/90.

[30] Adelson, Leslie A.: The Turkish Turn In Contemporary German Literature. Toward A New Critical Grammar Of Migration. Palgrave Macmillan: New York, 2005. Bereits 2001 hatte Adelson den Aufsatz „Against Between. A Manifesto" verfasst, in dem sie sich explizit gegen die Vorstellung eines Dazwischen von türkisch-deutschen Schriftstellern aussprach. Hier ein Auszug: „Die imaginäre Brücke „zwischen zwei Welten" ist dazu gedacht, voneinander abgrenzende Welten genau in der Weise auseinander zu halten, in der sie vorgibt, sie zusammenzubringen. Im besten Falle stellt man sich die Migranten für alle Ewigkeiten auf dieser Brücke aufgehoben vor. Kritiker scheinen nicht genug Einbildungskraft zu besitzen, um sich Migranten bei der eigentlichen Überquerung dieser Brücke oder beim Erreichen von neuen Ufern vorstellen zu können. [...]" In: Arnold, Heinz-Ludwig (Hrsg.): Text + Kritik, Heft IX/2006 (Literatur und Migration). S. 36.

[31] In den Interviews, die ich mit mehreren Autor_innen in den USA und Deutschland geführt habe, wiesen diese oftmals daraufhin, dass Verlage sich einer breiten Themenvielfalt verweigern und stattdessen oftmals die Erfüllung von exotisierenden oder orientalisierenden [für den dt. Raum] Erwartungen fordern, da dies erfolgreicher beim Leser vermarktet werden könne. Ich werde darauf im späteren Verlauf der Arbeit zurückkommen.

tential. Der Wohnsitz dieser Literatur und ihrer AutorInnen ist in Deutschland. Nirgendwo sonst.³²

In dieser Arbeit suche ich nicht nach abgrenzbaren ethnisch-kulturellen Identitäten, die sich in der Literatur widerspiegeln. Stattdessen ist mein Ansatz von dem Interesse geleitet, herauszufinden, wie Selbstverortungen und Partizipationsbegehren in Texten unter unterschiedlichen gesellschaftlichen Rahmenbedingungen ausgedrückt werden, die durch kapitalistische Ausbeutungsverhältnisse und strukturelle Rassismen geprägt sind.³³ Ich folge in dieser Hinsicht dem Ansatz von Louis Gerard Mendoza, der davon ausgeht, dass mexikanisch-amerikanische Literatur aus einer soziopolitischen Perspektive anstatt aus einer kulturellen Perspektivität der Alterität gelesen werden müsse:

> Chicana/o cultural production is best understood in the conflictual context of the sociopolitical conditions from which it has emerged. Indeed, a single text can offer us insight into the forces that helped shape and constrain literary production by people of Mexican descent living in the United States.³⁴

Da mein Ansatz dadurch gekennzeichnet ist, die ausgewählte Literatur als „nichtmigrantische Migrantenliteratur" und somit als deutsche bzw. US-amerikanische Literatur zu verstehen, bedeutet dies in der Folge, sich zudem von „Bindestrichdefinitionen" abwenden zu müssen.³⁵ In dieser Ar-

---

32 Yeşilada, Karin E.: Einwandern heißt bleiben – oder die Literatur von Autoren nicht-deutscher Provenienz ist deutsch. Ein polemischer Essay. In: Asholt, Wolfgang; Hoock-Demarle, Marie-Claire; Koiran, Linda und Schubert, Katja (Hrsg.): Littérature(s) sans domicile fixe. Literatur(en) ohne festen Wohnsitz. Edition Lendemains: Tübingen, 2010. S. 63–76.

33 Zu Fragen der Ungleichheit in der Lohnarbeit und im Bildungswesen im Kontext von Migration sind in den USA und in der BRD eine Reihe von Forschungsarbeiten veröffentlicht worden. Hier eine Auswahl: Gonzalez, Gilbert: Chicano Education in the Era of Segregation. University of North Texas Press, 2013. Ders.: Guest Workers or Colonized Labor? – Mexican Labor Migration to the United States. Paradigm Publishers, 2013. Valenica, Richard: Chicano Students and the Courts: The Mexican American Legal Struggle for Educational Equality. New York University Press, 2008. Alaniz; Yolanda und Cornish, Megan: Viva la Raza. Red Letter Press: Seattle, 2008. Geisen, Thomas/ Yildiz, Erol et al. (Hrsg.): Migration, Familie und Soziale Lage. VS Verlag für Sozialwissenschaften, 2012. Gomolla, Mechthild et al.: Institutionelle Diskriminierung. Die Herstellung ethnischer Differenz in der Schule. Leske + Budrich: Opladen, 2002.

34 Mendoza, Louis Gerard: Historia – The Literary Making of Chicana & Chicano History. Texas A & M University Press: College Station, 2001. S. 238.

35 Das Problem, das ich und andere Wissenschaftler haben, die sich mit „Migrationsliteratur" beschäftigen, hat Marciál Gonzales für die Chicano-Literatur beschrieben. Indem die Chicano-Literatur versucht, gesellschaftliche Rassifizierung und Proletarisierung zu überwinden, wendet sie sich gegen eine Verdinglichung [er spricht von „*Reification*"] der Mexican-Americans durch die weiße Domi-

beit gelingt mir dies jedoch nicht vollständig, da ich als Wissenschaftler dazu gezwungen bin, Texte und ihre Autoren einzuordnen und zu benennen, um sie vergleichbar und analysierbar zu machen. Es bleibt also dabei, dass ich in dieser Arbeit die behandelten Autoren und Gruppen von Menschen weiterhin mit Zuschreibungen und Benennungen versehe, die diesen mitunter nicht gerecht werden und von diesen abgelehnt werden.[36] So schreibt etwa der deutsche Kulturwissenschaftler Navid Kermani:

> Natürlich neigen wir zu Bestimmungen, Einordnungen, also Identifikationen. Jemand anderes identifiziert mich als Muslim oder im Gegenteil dadurch, daß aus seiner Sicht ich doch gar kein echter Muslim bin, da ich dieses jenes tue, was aus seiner Sicht dem Islam widerspricht.[37]

Strategische Essentialisierung und Alterität

Die von mir vorgenommen Benennungen müssen innerhalb meines Vorgehens als sogenannte *strategische Essentialisierungen* im Sinne von Gayatri Spivak verstanden werden.[38] Im Rahmen einer Inklusionstheorie, die tür-

---

nanzgesellschaft und die kapitalistische Lebenswelt. Die Chicano-Literatur vereint in Reaktion darauf zwei widersprüchliche Aspekte – sie verkörpert die gesellschaftlichen Aspekte, die sie eigentlich überwinden will. In: Gonzáles, Marcial: Chicano Novels and the Politics of Form. The University of Michigan Press: Ann Arbor, 2009. S. 9–15.

[36] Mecheril versucht dieser Problematik mit dem Terminus „Andere Deutsche" gerecht zu werden: „Aus zwei Gründen haben wir den Ausdruck „Andere Deutsche" gewählt. „Andere Deutsche" macht deutlich, dass die Gültigkeit des Anspruchs, deutsch zu sein, sich nicht an der Erfüllung bestimmter Kriterien der Physiognomie, der Abstammung oder auch der „Kulturellen Praxis" bemisst, sondern zuallererst von der Frage abhängig ist, ob jemand seinen oder ihren Lebensmittelpunkt in Deutschland hat. „Andere Deutsche" ist ein programmatischer Begriff. In einer gesellschaftlichen Realität, die diskursiv und alltagsweltlich von Zeiten beeinflusst ist, in denen in Deutschland Staatsangehörigkeit abstammungsabhängig (ius sanguis) und nicht abhängig von der Ortsansässigkeit (ius soli) vergeben wurde, ist „Andere Deutsche" auch als ein Beitrag zur Neufassung des Phänomens und Begriffs Deutsch-Sein aufzufassen. „Andere Deutsche" ist ein Beitrag zur Dekonstruktion und zur Sichtbarmachung der diskursiven Konsequenzen einer hegemonialen politischen Praxis im (Inter-)Aktions- und Selbstverständnisfeld der privilegiert oder degradiert von dieser Praxis Betroffenen. Zum zweiten kommt in der Benennung „Andere Deutsche" ein zentrales Lebensthema vieler „Anderer Deutscher" zum Ausdruck, nämlich das Anders-Sein, das ein doppeltes Anders-Sein ist: anders als „die Deutschen" und anders als „die Nicht-Deutschen". Dieses doppelte Anderssein ist die thematische Mitte dessen, was ich „prekäre Zugehörigkeit" nenne." In: Mecheril, Paul: Prekäre Verhältnisse. Über natio-ethno-kulturelle (Mehrfach-)Zugehörigkeit. Waxmann Verlag: Münster, 2003. S. 10.

[37] Kermani, Navid: Wer ist wir? Beck Verlag: München, 2009. S. 26.

[38] Spivak, Gayatri: Subaltern studies. Deconstructing historiography. In: Landry, D. und Maclean, G. (Hrsg.): The Spivak Reader. London: Routledge. S. 203–236.

kisch-deutsche bzw. mexikanisch-amerikanische Literatur als deutsche bzw. amerikanische Literatur begreift, kann eine Dekonstruktion des Status Quo, also die binäre Konstruktion von Gegensätzen, nur durch eine vorangehende Essentialisierung der zu untersuchenden Literaturen gelingen.[39] *Strategische Essentialisierung* bedeutet also nichts anderes, als dass ich die zu untersuchenden Autor_innen vorübergehend mit einer Zuschreibung bzw. Benennung belege, die als Arbeitsbegriffe dienen, aber später aufgebrochen werden. Kulturelle und politische Partizipation, so legen es die Theorien der *Postcolonial Studies* nahe, ist nie ein abgeschlossener Prozess und muss kontinuierlich erkämpft werden.

> So müssen jene, die ihren Kampfgeist bewahren wollen, immer wieder aktiv dagegen arbeiten, dass das Erreichte als selbstverständlich wahrgenommen wird, da dies die Solidarisierung gefährdet und immer noch bestehende Diskriminierungen unsichtbar macht.[40]

Die fortwährenden Bemühungen um das Dazugehören zwingt, so meine Hypothese, einige mehrkulturelle Autor_innen dazu, sich einem Dilemma auszusetzen: Um die strukturelle Marginalisierung sowie die Diskriminierung ihrer Mehrkulturalität und ihrer Literatur aufzuzeigen, um sie zu kritisieren, dekonstruieren und somit aufzuheben, müssen sie sich selbst als mexikanisch-amerikanisch bzw. türkisch-deutsch präsentieren bzw. als solche sprechen.[41] Wieder andere werden versuchen, die ihnen zugewiesene Alterität heftig zurückweisen und versuchen sich durch Kritik an der

---

[39] Spivak hat den von Antonio Gramsci geprägten Begriff „subaltern" für die Postcolonial Studies weiterentwickelt. Spivak stellt fest, dass Subalternität die Folge eines hegemonialen Diskurses ist und daher erst hergestellt wird. Mitunter bezeichne ich in dieser Arbeit die Autor_innen als „subaltern", um in Anlehnung an Spivak, ihre Positionen in der von der Dominanzgesellschaft geschaffenen Machtstruktur zu kennzeichnen und nicht die Qualität ihrer Arbeiten.
Auch in Hinblick auf Niklas Luhmanns Systemtheorie scheint, um ein Sprechen und Untersuchen überhaupt möglich zu machen, eine vorübergehende begriffliche Generalisierung gerechtfertigt zu sein: „Generalisierung hat auch die sinnspezifische Funktion, die Mehrheit der der Sinndimensionen zu überbrücken und sie an jedem besonderen Sinnmoment zugänglich zu halten. Sinn wird in allen Dimensionen, wenn man so sagen darf, angeneralisiert. [...] Alle Sinndimensionen halten ein beliebiges Auflösevermögen bereit [...]; und Generalisierung stoppt die immer weiter mögliche Auflösung je nach den Bedürfnissen der Sinnverwendung irgendwo. Erst über Generalisierung, die rudimentär in allem Sinn angelegt ist, kann Selbstreferenz entstehen, und erst über Generalisierung können lokale „Sinnstücke" herausgehoben werden, denen man sich momentan primär zuwendet und die alle Sinndimensionen appräsentieren, sie aber nicht primär zum Thema machen." Luhmann, Niklas: Soziale Systeme. Suhrkamp: Frankfurt, 1987. S. 137/138.
[40] Boger, Mai- Anh: Theorie der trilemmatischen Inklusion. In: Schnell, Irmtraud (Hrsg.): Herausforderung Inklusion. Theoriebildung und Praxis. Klinkhardt, 2015, S. 55/56.
[41] Vgl. mit Bogers Beispiel. Ebda.

marginalisierten Herkunftsgruppe mit der Dominanzgesellschaft gemein zu machen. Eine dritte Gruppe wird durch den Ausbruch aus Erwartungshaltungen sich ihre Freiheit von Identitätspolitiken erkämpfen.

In den Medien, in wissenschaftlichen Texten und in der Alltagssprache begegnet man einer Fülle von Benennungen, deren pure Anzahl und Vielfalt die Komplexität von Identitätszuschreibungen verdeutlicht, mit denen sich gerade auch Wissenschaftler kritisch auseinandersetzen müssen:

> Türkische Migranten, Türkische Immigranten, eingewanderter Arbeitskräfte, Gastarbeiter[42], Türken in Deutschland, Mitmenschen mit türkischer Migrationsgeschichte, kurdische Immigranten, türkische Kurden, türkische Bildungsinländer, türkische Bildungsausländer, Türken aus türkischen Migrationsfamilien, mit türkischem Migrationshintergrund, Deutsch-Türken, Türk-Deutsche, in Deutschland lebende Menschen mit türkischer Migrationsgeschichte, Nichtdeutsche, Kanakster[43], Zuwanderer, Almancilar[44]...

Aufgrund der Mannigfaltigkeit der Benennungen scheint es mir mitunter einfacher und zielführender, die vermeintliche Mehrheitsgesellschaft und ihre vorgebliche Leitkultur[45] in ihren Brechungen zu zeigen, anstatt ver-

---

[42] Der Siegener Jurist, Politiker und Schriftsteller Mehmet Gürcan Daimagüler weist darauf hin, dass „der Begriff ‚Gastarbeiter' von Anfang an ein reiner Euphemismus war. Man brauchte einen positiven Ersatz für das diskreditierende Wort ‚Fremdarbeiter'. Die Türken selbst nannten sich nie Gastarbeiter. Im Türkischen existiert dieses Wort nicht. Man ist entweder Gast oder Arbeiter, die Kombination beider Wörter empfinden Türken als paradox. Gäste arbeiten nicht. Deswegen sind es ja Gäste." In: Daimagüler, Mehmet Gürcan: Kein schönes Land in dieser Zeit – Das Märchen von der gescheiterten Integration. Gütersloher Verlagshaus, 2011. S. 29. Der Begriff „Fremdarbeiter" seinerseits geht auf die Zwangsarbeit in Nazi-Deutschland zurück. Siehe dazu die Monographie von Ulrich Herbert: Fremdarbeiter. Politik und Praxis des „Ausländer-Einsatzes" in der Kriegswirtschaft des Dritten Reiches. Verlag Dietz: Bonn, 1999.

[43] Zur rassistischen Verwendung des Begriffs „Kanake" und dessen offensive Umbewertung durch Künstler wie Feridun Zaimoglu siehe die Ausführungen in Kapitel II.

[44] Der Begriff „Almancilar" kommt aus dem Türkischen und bedeutet in etwa „Die in Deutschland lebenden" oder „die aufgehört haben, Türken zu sein". Der Begriff verweist auf die doppelte Ausgrenzung von Türk-Deutschen. In Deutschland spricht man ihnen das Deutsch-Sein ab und, mit abnehmender Virulenz, in der Türkei das Türkisch-Sein.

[45] Der Bielefelder Migrationsforscher Claus Leggewie hinterfragt das politische Konzept der Leitkultur soziologisch: „Das große Missverständnis besteht rechts wie links bis heute darin, Identität alias Leitkultur für etwas zu halten, was man besitzt und gegenüber anderen straight behaupten kann – und das muss dann gefälligst „anerkannt" und respektiert werden. In Wirklichkeit wissen wir aus der abendländischen Philosophie (aber nicht nur aus der), dass Identität stets die reziproke Beziehung zu anderen ist und dadurch gewonnen wird, dass der oder die sie anerkennt. Mit anderen Worten, Identität ist nichts, was ich selbst behaupten

geblich zu versuchen, Minderheiten zu definieren, um sie in Untersuchungsraster einsortieren zu können. Der Soziologe Serhat Karakayali kommt zu einem ähnlichen Schluss, wenn er schreibt: „Ich glaube, man sollte den umgekehrten Weg gehen und die „Unmöglichkeit, deutsch zu sein" neu bestimmen."[46] Thomas de Maizière (CDU), Minister für Inneres im Kabinett Angela Merkels, versuchte im Frühjahr 2017 diese Unmöglichkeit mit einer erneut angestoßenen Diskussion zur „Deutschen Leitkultur", die über einen Verfassungspatriotismus im Habermas'schen Sinne hinausgeht, zu überwinden und das Deutschsein mit Inhalt zu füllen. Die identitäre Selbstvergewisserung des Ministers, die kulminiert im Satz „Wir sind sind nicht Burka" öffentlichkeitswirksam verbreitet wurde, verbleibt einmal mehr auf der Oberfläche des Problems. Die Erfindung des Deutschseins soll gesellschaftlichen Zusammenhalt erzeugen, spaltet jedoch vielmehr und verbirgt das psychologische Unwohlsein, welches im Spannungsverhältnis aus der Begegnung mit dem Fremden und der eigenen Unkenntnis der eigenen Identität entspringt. Julia Reuter formuliert dies präzise in *Ordnungen des Anderen:*

> Solange wir die Distanz zum Fremden und damit zum Gefühl der Desorientierung halten können, solange die Situation keine eindeutige Einschätzung unseres Gegenübers von uns verlangt, solange ist der Fremde eine zumutbare Figur unseres Alltages. Als unzumutbar empfinden wir ihn erst, wenn wir mit ihm in Berührung kommen, ohne seine Absichten, seine Gedanken oder Beweggründe zu kennen und damit die Validität unserer eigenen unhinterfragten Wirklichkeit in Zweifel ziehen. Zuviel Fremdheit ertragen wir nicht. Dann bricht der stillschweigende Konsens, die Gewißheit der gemeinsam geteilten Perspektiven auf und erschüttert das Selbst- und Weltvertrauen, so daß wir uns selbst in gewissem Maße

---

kann, sondern etwas, was erst im Diskurs, in der Kommunikation bestätigt wird." In: Stemmler, Susanne (Hrsg.) Multikultur 2.0. S. 39.

[46] Karakayali, Serhat: Der Kampf der Kulturbegriffe. In: Stemmler, Susanne (Hrsg.): Multikultur 2.0. S. 147. Auch Theresa Specht stellt hierzu Überlegungen an: „Mit welchem Recht unterscheidet man eine ‚deutsche Kultur' von einer ‚Kultur in Deutschland'? Wird man mit der Bezeichnung der ‚deutschen Kultur' nicht vielmehr die Illusion erzeugen, es handle sich dabei um eine feste Größe, die unabhängig von den Menschen besteht? Gerade in Anbetracht der Separierungs- und Ausgrenzungsbestrebungen, die mit dem Versuch unternommen werden, nationale oder Volkskulturen zu beschreiben, sollte man im postmigrantischen Kontext vielmehr lediglich von Zuordnungen sprechen, also von Kultur oder kultureller Prägung in Deutschland. Spricht man also beispielsweise vom Islam als einem Aspekt kultureller Prägung im heutigen Deutschland soll damit nicht unterschlagen werden, dass diese Religion hierzulande historisch einen anderen Stellenwert und eine andere Tradition hat als das Christentum." In: Specht, Theresa: Transkultureller Humor in türkisch-deutscher Literatur. Königshausen & Neumann: Würzburg, 2011. S. 43.

fremd werden. Die Angst vor dem Fremden ist dann vor allem eine
Angst vor Selbstentfremdung; [...][47]

Da es überlicherweise, wie weiter oben erwähnt, nun einmal gängiger Teil des wissenschaftlichen Arbeitens ist, zu beschreiben wie etwas ist, und nicht zu beschreiben, wie etwas *nicht* ist, muss auch ich Begriffsbestimmungen durchführen. Gegenüber dieser Notwendigkeit wissenschaftlicher Begriffsbestimmungen bieten Ansätze von *Critical Whiteness*, welche später im Kontext mexikanisch-amerikanischer Literatur- und Zeitgeschichte vorgestellt werden, jedoch eine mögliche kritische Distanz. In diesem Zusammenhang sollte auch auf das Manifest des 1998 von Feridun Zaimoglu mitgegründeten Netzwerks *Kanak Attak* hingewiesen werden, das dazu aufruft, Herkunftsmythen zu entschlüsseln und die Kritik an den Herrschaftsverhältnissen einfordert:

> Kanak Attak ist der selbstgewählte Zusammenschluß verschiedener Leute über die Grenzen zugeschriebener, quasi mit in die Wiege gelegter „Identitäten" hinweg. Kanak Attak fragt nicht nach dem Paß oder nach der Herkunft, sondern wendet sich gegen die Frage nach dem Paß und der Herkunft. Unser kleinster gemeinsamer Nenner besteht darin, die Kanakisierung bestimmter Gruppen von Menschen durch rassistische Zuschreibungen mit allen ihren sozialen, rechtlichen und politischen Folgen anzugreifen.[48]

Anhand der in dieser Arbeit vorgestellten Autor_innen wie Gloria Anzaldúa, Alejandro Morales, Luis Rodríguez, Selim Özdoğan, Zafer Şenocak, Mutlu Ergün-Hamaz und anderen soll verdeutlich werden, dass es eine fest eingrenzbare mexikanisch-amerikanische bzw. türkisch-deutsche literarische Perspektive nicht gibt, auch wenn in ihren Texten bestimmte Themen wie Identität und Selbstverortung sowie postkoloniale[49] Abgrenzungsmechanismen verstärkt zu Tage treten.

---

[47] Reuter, Julia: Ordnungen des Anderen. Zum Problem des Eigenen in der Soziologie des Fremden. Bielefeld: Transcript Verlag, 2002. S. 65.

[48] http://www.kanak-attak.de/ka/down/pdf/manifest_d.pdf [Abgerufen am 5.Mai 2014]. Bei den Gründern von „Kanak Attack" handelt es vorwiegend um Mitglieder der zweiten Generation. Mehr dazu siehe bei Cheesman, Tom: Novels of Turkish German Settlement. Cosmopolite Fictions. Camden House: Rochester, 2007. S. 23.

[49] Auch wenn das Osmanische Reich bzw. die Türkei nie Kolonie des Deutschen Reichs bzw. der BRD waren, kann die Nutzung und Ausnutzung türkischer Arbeitskräfte in den 60er, 70er und 80er Jahren und ihre Reaktion darauf aus der Perspektive postkolonialer Theorie betrachtet werden. Vgl. Hofmann, Michael: Interkulturelle Literaturwissenschaft. Fink UTB: Paderborn, 2006. Für die Untersuchung der Chicano-Literatur eignen sich die Ansätze der *Postcolonial Studies* dagegen von vornherein, da große Gebiete Nordmexikos von den USA militärisch erobert worden. Für Deutschland gilt in diesem Zusammenhang Frauke Meyers Auffassung: „Kolonialismus und koloniales Denken sind nicht an die

Migrationsliteratur, Neue Deutsche Literatur und Weltliteratur

Statt der einen „Türkisch-Deutschen Literatur"[50] gibt es mehrere Literaturen, die ihrerseits Bestandteil der „deutschen" Literatur sind. In der deutschen Germanistik wurden diese Texte in der Vergangenheit jedoch zumeist unter der Kategorie „Migrationsliteratur" zusammengefasst und als das „Fremde" in Hinblick auf den „deutschen" Literaturkanon wahrgenommen.[51] Annette Wierschke formuliert diesen Aspekt in ihrer Dis-

---

Existenz von Kolonien oder an die körperliche Präsenz von Personen aus ehemaligen Kolonien gebunden. Vielmehr handelt es sich um ein machtvolles epistemologisches System, das über die zeitliche Epoche der Kolonialzeit hinaus weist und sich auf die Repräsentationen der Kolonialisierten wie Kolonialisierenden auswirkt. Das Präfix „post-" steht in diesem Sinne für das Fortwirken des Kolonialismus als Macht/Wissenssystem, über das und in dem sich die Binaritäten „Identität" und „Differenz" oder „Eigenes" und „fremdes Anderes" herstellen, sich materialisieren sowie positionieren. […] Das „Andere stellt aus dieser Perspektive einen unabdingbaren Bestandteil des ‚westlichen' [Anmerkung des Verfassers: Im Rahmen dieser Arbeit des amerikanischen bzw. deutschen] Selbstbildes dar: Der ‚Westen' als imaginiertes Zentrum benötigt den ‚Rest' als konstitutives Außen, da ein Zentrum ohne Rand bzw. Außen kein Zentrum sein kann." In Meyer, Frauke: Kompetenzzuschreibungen und Positionierungsprozesse. Eine postkoloniale Dekonstruktion im Kontext von Migration und Arbeitsmarkt. Peter Lang Verlag: Frankfurt am Main, 2012. S. 64.

[50] Eine Übersicht bietet: Demir, Tayfun (Hrsg.): Türkischdeutsche Literatur. Chronik literarischer Wanderungen. Duisburg, Dialog Edition, 2008. In meiner Arbeit beziehe ich mich zudem wiederkehrend auf die von Michael Hofmann und Karin Yeşilada herausgegebene „Kulturgeschichte der türkischen Einwanderung" (Würzburg, noch nicht erschienen). Das Manuskript wurde mir liebenswürdigerweise vor Drucklegung von der Herausgeberin zur Verfügung gestellt.

[51] Ganz anders verfahren dagegen Wissenschaftler in den USA oder Großbritannien, die sich schon länger mit türkisch-deutscher Prosa als dem spannenden Teil zeitgenössischer deutscher Literatur beschäftigen anstatt sie zu marginalisieren: „The terms 'guest-worker' and 'foreigner literature' imply the idea of minorities victimised by the majority, however, intercultural, migrant and transnational literature signify agency, resistance and a generally more nuanced assessment of the immigrant expierence. There is a growing emphasis on aesthetics in addition to political concerns. Moreover, the positions from which writers contribute to German Literature proliferate, calling into question the definition of literature as a national institution […]." Gerstenberger, Katharina: Writing by ethnic minorities in the age of globalisation. In: Taberner, Stuart (Hrsg.): German literature in the age of globalisation. University Press: Birmingham, 2007. S. 210. Siehe auch das Kapitel „Literature in the West" in *German Literature of the 1990s and Beyond* [Camden House, 2005], in dem sich Stuart Taberner mit Feridun Zaimoglu und Zafer Şenocak beschäftigt. S.94ff. Ebenso zu erwähnen ist Yildiz, Yasemin: Beyond the Mother Tongue: The Postmonolingual Condition. Fordham University Press 2013.

sertation *Schreiben als Selbstbehauptung* aus dem Jahr 1994[52] folgendermaßen:

> Als offizielle Legitimationsmaschinerie, die diese, die Werte des Zentrums reflektierende Literatur kanonisiert und bevorzugt, dient eine nationale Literatur der Perpetuierung der reglementierenden Normen und garantiert das Fortbestehen der herrschenden Machtverhältnisse. Diese entscheiden, welche (kulturellen, historischen, sozialen und politischen) Fakten selektiv in der literarischen Selbstdefinition einer Nation festgeschrieben und welche ausgelassen werden. Prinzipien politischer Indienstnahme funktionieren auch im deutschen Literaturbetrieb, auch hier müssen die Selektionsprozesse hinterfragt werden: wer aufgrund welcher Kriterien bestimmt, was gedruckt und in der aktuellen Presse diskutiert oder rezensiert wird. Wer kann in publikumswirksamer Weise am literarischen Diskurs teilnehmen und die eigenen Interessen in die Arena der Öffentlichkeit einbringen?[53]

In dieser Hinsicht muss die Kategorisierung und Untersuchungsperspektive „Migrationsliteratur" nur als eine weitere unbewusste diskursive Diskriminierungstechnik bewertet werden.[54] Annette Wierschkes Analyse des

---

[52] Annette Wierschke untersucht die Prosa von Emine Sevgi Özdamar, Aysel Özakin und Alev Tekinay in Hinblick auf kulturelle und identitäre Fragestellungen der Autor_innen und kommt zu folgendem Schluss: „Besonders für Özakin ist Schreiben Teil ihrer Selbstdefinition als kosmopolitische Künstlerin und Schriftstellerin, mit dem sie ihrer kreativen Schaffenskraft Ausdruck verleiht. Sie vertritt die Ansicht, daß Kunst und Literatur eine grenzüberschreitende, internationale Kulturlandschaft darstellen. Für Tekinay hingegen ist Schreiben als Artikulationsort „über-lebenswichtig" – zur Verarbeitung persönlicher Erfahrungen und sozialer Prozesse, wo sie mit Problemen der Migration und des interkulturellen Zusammenlebens auf kreative und phantasievolle Wiese auseinandersetzen und ungewöhnliche Lösungsstrategien entwerfen kann. Bei Özdamar bieten Schauspielerei und Malerei zusätzlich Möglichkeiten, ihre kreativen Energien zu kanalisieren und umzusetzen. Für sie ist das Schreiben eine von vielen Ausdrucksformen, nicht aber die einzige […]." In: Schreiben als Selbstbehauptung. S. 218–219. In meiner Arbeit werde ich Wierschkes Ansätze für die von mir behandelten Autor_innen aufgreifen und modifizieren, indem ich speziell nach einer literarischen Selbstbehauptung suchen werde, die sich durch Kritik an bestehenden gesellschaftlichen Verhältnissen partizipatorisch engagiert, eine Gleichheit postuliert und kulturellen Unterschieden weniger Gewichtung beimisst.

[53] Wierschke, Annette: Schreiben als Selbstbehauptung. Kulturkonflikt und Identität in den Werken von Aysel Özakin, Alev Tekinay und Emine Özdamar. IKO: Frankfurt, 1994. S. 26.

[54] Ähnlich verhält es sich mit der Kategorisierung „Menschen mit Migrationshintergrund". Siehe dazu die treffende Analyse der Schriftstellerin Lena Gorelik: „Ein wenig später sprach man von Menschen mit Migrationshintergrund, um einen Namen für Menschen wie mich zu haben. Man gestand den Ausländern also mittlerweile zu, auch – oder in erster Linie – Mensch zu sein. Ein echter Fortschritt. Das befanden dann auch Wissenschaftler, Politiker, Öffentlichkeitsmacher für politisch korrekt, und der Begriff blieb, bis er wie eine ansteckende

Literaturbetriebes gilt nach wie vor, wie Selim Özdoğan im Interview bestätigt. Dennoch kann auch gesagt werden, dass sich durch die neuen Medien [Internet und E-Books] erweiterte Möglichkeiten der verlagsunabhängigen Publizistik für Autoren ergeben haben.

In Bezug auf die neo-marxistischen Theorieansätze von Terry Eagleton[55] und Marcial González[56] verstehe ich Texte als individuelle, unter bestimmten Voraussetzungen geformte Zeugnisse, die zu einem Konzept von Weltliteratur zählen, wie es Homi K. Bhabha formuliert:

> Das Studium der Weltliteratur könnte das Studium der Art und Weise sein, in der Kulturen sich durch ihre Projektion von „Andersheit" (an-) erkennen. Während einst die Weitergabe nationaler Traditionen das Hauptthema einer Weltliteratur war, können wir jetzt möglicherweise annehmen, daß transnationale Geschichten von Migranten, Kolonisierten oder politischen Flüchtlingen – diese Grenzlagen – die Gebiete der Weltliteratur sein könnten. Im Zentrum einer solchen Studie stünde weder die „Souveränität" nationaler Kulturen noch der Universalismus der menschlichen Kultur, sondern eine Konzentration auf jene „verrückten sozialen und kulturellen De-Platzierungen[…][57]

Mit Hilfe dieses Konzeptes kann die vormalige Migrationsliteratur sowie die ehemalige Nationalliteratur, wie sie immer noch in der Oberstufe eines deutschen Gymnasiums in NRW unterrichtet wird[58], in eine postmo-

---

Krankheit um sich griff, sich verbreitete wie ein Virus. Jedermann erleichtert, sich endlich unproblematisch zu dieser problematischen Masse von Menschen äußern zu können, nicht für eine Sekunde in Erwägung ziehend, dass diese Menschen, für die man einen so schönen politisch korrekten Namen gefunden hatte, so heterogen sind, wie es Gruppen nur sein können." In Gorelik, Lena: Sie können aber gut Deutsch. Pantheon Verlag: München, 2012. S. 33.

[55] Eagleton, Terry: Exiles and émigrés; Studies in Modern Literature. Schocken Books: New York, 1970; Criticism and ideology. A study in Marxist literary theory. Humanities Press: London, 1976; Marxism and literary criticism. University of California Press: Berkeley, 1976; mit Jameson, Fredric; Said, Edward W. und Deane, Seamus: Nationalism, colonialism, and literature. University of Minnesota Press: Minneapolis, 1990; The idea of culture. Blackwell: Malden, 2000.

[56] Gonzáles, Marcial: Chicano Novels and the Politics of Form. The University of Michigan Press: Ann Arbor, 2009.

[57] Bhabha, Homi K.: Die Verortung der Kultur. Übersetzt von Michael Schifmann und Jürgen Freudl. Stauffenburg Verlag: Tübingen, 2000. S. 18.

[58] Die Vorgaben der Landesregierungen für das Zentralabitur fordern die Beschäftigung mit bestimmten Autoren des deutschen Literaturkanons wie Friedrich Schiller, Johann Wolfgang von Goethe, Joseph Roth, Franz Kafka, Wolfgang Koeppen, Hugo von Hofmannsthal und Johann Gottfried Herder. Zeitgenössische Schriftsteller, die eine Familienmigrationsgeschichte mitbringen und die moderne Einwanderungsgesellschaft der BRD repräsentieren könnten, sucht man vergeblich in den Kernlernplänen. Siehe etwa die Hinweise des Schulministeriums NRW: http://www.standardsicherung.schulministerium.nrw.de/abitur-gost/fach.php?fach=1. [Abgerufen am 02.10.2014]. Siehe dazu auch Singer, Gesa: Interkul-

derne Weltliteratur eingegliedert werden, die sozialkritisch, diskursbewusst und politisch ist. Ich werde in dieser Arbeit Bhabhas Ansatz des „Dritten Raumes"[59] jedoch nicht unverändert übernehmen. Mexikanisch-amerikanische und türkisch-deutsche Literatur allein unter der im Wissenschafts- und politischen Mediendiskurs inflationär verwendeten Annahmen von De-Platzierung oder dem sogenannten „Dazwischen" zu betrachten wäre im Grunde nur eine weitere Ausgrenzung der Autor_innen durch Exotisierung.[60]

Indem ich eine Perspektive einnehme, die den *Mythos von der Zerrissenheit zwischen zwei Kulturen*[61] ablehnt, werde ich bei der Untersuchung mexikanisch-amerikanischer und türkisch-deutscher Autor_innen und ihrer Texte nicht zu eindeutigen, also essentialisierenden, Zuordnungen und Einschätzungen kommen: Jedes Individuum ist individuellen Rollen und Rollenzuschreibungen bzw. Lebenskontexten ausgesetzt, die durch die

---

turelle Literatur im Kanon der zeitgenössischen Literatur. In: Kary, Ina/Jessen, Barbara: Kanon und Literaturgeschichte. Peter Lang Verlag; Frankfurt, 2013. Die Diskussion um das Curriculum im Fach Deutsch kann im Zusammenhang mit der Kritik der in Innsbruck lehrenden indischen Politikwissenschaftlerin Nikita Dhawan gesehen werden, die der deutschen Wissenschaftsproduktion in den Gesellschaftswissenschaften eurozentrische Züge vorwirft und daher mit Bezug auf Gayatri Spivak eine Dekolonisation der Universitäten fordert. Siehe den Artikel *Mission Impossible* vom 9.10.2014 in der Frankfurter Rundschau: http://www.fr-online.de/campus/goethe-universitaet--mission-impossible--,4491992,28688586.html [Abgerufen am 20.10.2014] und in Castro Varela, Maria und Dhawan, Nikita: Postkoloniale Theorie. S. 58. Eine wichtige Studie zum Thema Migrationsliteratur von türkisch-stämmigen Autor_innen im Deutsch-Unterricht ist: Hofmann, Michael: Deutsch-türkische und türkische Literatur: Literaturwissenschaftliche und fachdidaktische Perspektiven. Königshausen und Neumann: Würzburg, 2013. Hervorzuheben ist ebenfalls die Diskussion um eine mehrkulturelle Lehrerschaft, die Einfluss auf den Unterrichtskanon nehmen könnte und einen anderen Zugang hätte, mehrkulturelle Schüler anzuerkennen und zu fördern. Die Lehrerkollegien in der BRD sind noch nicht repräsentativ für die mehrkulturelle Gesellschaft. Bräu, Karin, Georgi, Viola B. und Rotter, Carolin (Hrsg.): Lehrerinnen und Lehrer mit Migrationshintergrund: Zur Relevanz eines Merkmals in Theorie, Empirie und Praxis. Waxmann Verlag, 2013. S. 25ff.

[59] Mit *The third space*, dem Dritten Raum bezeichnet Homi K. Bhabha einen hierarchiefreien Raum in dem das Individuum das Spannungsfeld von eigener Identität und von erlebter kultureller Differenz hinter sich lassen und in der Folge ein hybrides Selbstverständnis entwickeln kann. Bhabha, Homi K.: Die Verortung der Kultur. Stauffenburg Verlag: Tübingen, 2000. S. 55–58. Siehe dazu im Vergleich auch den Ansatz der Transkulturalität, den Wolfgang Welsch in der deutschen Wissenschaftslandschaft geprägt hat. Welsch, Wolfgang: Transkulturalität. Zur veränderten Verfassung heutiger Kulturen. In: Schneider, Irmela, Thomsen, Christian W. (Hrsg.): Hybridkultur: Medien, Netze, Künste. Köln, 1997. S. 67–90.

[60] Vgl. mit Adelson, Leslie A.: Gegen das Dazwischen.

[61] Yildiz, Erol: „Die Öffnung der Welt und postmigrantische Lebensentwürfe". SWS-Rundschau (50. Jahrgang), Heft 3/2010.

jeweiligen historisch unterschiedlichen politischen und sozialen Machtdiskurse des Einwanderungslandes geprägt werden.[62] So werden beispielsweise die Lebensrealitäten von Türk-Deutschen und somit ebenfalls ihre literarischen Texte durch die jeweiligen Sichtweisen der Mehrheitsgesellschaft auf die türkeistämmige Minderheit in den einzelnen Zeitabschnitten bundesrepublikanischer Geschichte unterschiedlich mitgeformt. Ähnliches gilt, wenn auch in deutlich komplexerer Form, für die Situation der Mexican-Americans, zumal die USA und Mexiko als unmittelbare Nachbarstaaten auf eine viel längere gemeinsame Geschichte inklusive Grenzverwerfungen blicken.

Letztendlich gilt: Wenn in dieser Arbeit Autor_innen aufgrund bestimmter Gemeinsamkeiten zu Gruppen zusammengefasst werden, ist dies durch die Untersuchungsperspektive begründet und nicht durch den Untersuchungsgegenstand.[63] In einer nachträglichen E-Mail zu unserem ersten Interview in Köln im Sommer 2014 schreibt Selim Özdoğan: „Durch das Definieren von Gruppen, durch Zuordnungen und Grenzziehungen beginnt auch immer erst die Ausgrenzung." Dieser Satz fasst die definitorische Problematik zusammen, die der vorliegenden Arbeit inne ist: Die hier von mir behandelten Autor_innen sind aufgrund bestimmter Gemeinsamkeiten, die durch geteilte historische, kulturelle, linguistische und politische Interaktions- und Kommunikationserfahrungen und -muster[64] entstanden sind, die man mit aller Vorsicht als türkisch-deutsche Lebens-

---

[62] Die Ausführung mag ebenfalls banal klingen, kann aber in neo-nationalistischen Zeiten und der medialen und populistischen Verführung vereinfachender Sichtweisen auf den Fremden nicht oft genug – auch in einem wissenschaftlichen Text – deutlich gemacht werden.

[63] Theresa Specht formuliert die Problematik der Benennung bzw. Verortung folgendermaßen: „Viele gegenwärtige Texte befassen sich mit den Folgeerscheinungen der Migration in der Einwanderungsgesellschaft Deutschlands, weshalb man sie auch mit dem Begriff der 'Literatur der Postmigration' umschreiben kann. Dabei ist allerdings zu bedenken, dass die Zusammenfassung unter einen Begriff sie nicht von der allgemeinen Gegenwartsliteratur in Deutschland absetzen will, von der diese Literatur ein selbstverständlicher Teil ist." In: Transkultureller Humor in türkisch-deutscher Literatur. S. 14.

[64] Ich orientiere mich hier an Paul Gilroys Ansatz der „unordentlichen Komplexität", den er dem Konstrukt einer uniformen Kultur entgegensetzt. Gilroy, Paul: The Black Atlantic. Modernity and Double Consciousness. Harvard University Press: Cambridge, 1993. Siehe dazu auch das ähnliche – jedoch absoluter gedachte Konzept – der Négritude. Senghor, Léopold: Négritude. A Humanism of the Twentieth Century. In: Williams, Patrick und Christman, Laura (Hrsg.): Colonial Discourse and Post-Colonial Theory. Harrester Wheatsheaf: Hemel Hemstead, 1994. S. 27–35. Die beiden Konzepte werden gegenüber gestellt in: do Mar Castro Varela, María und Dhawan, Nikita (Hrsg.): Postkoloniale Theorie. Eine kritische Einführung. Transcript: Bielefeld, 2005. S. 20–22.

welt[65] bezeichnen kann, von mir ausgesucht worden. Durch diese Zuordnungen setze ich sie in Sinnzusammenhänge, die – wenn auch für sich genommen nicht negativ bzw. paternalistisch konnotiert sind wie ältere Konzepte der Migrationsliteratur[66] – mitunter trotzdem eine Fremdbestimmung durchführen und die Autoren entgegen meinem eigenem Anspruch und besseren Wissens einsortieren.

---

[65] Der Theorie-Begriff „Lebensweltorientierung" wurde von Hans Thiersch in die Sozialarbeitswissenschaft in den 1970er Jahren eingeführt und prägte in der Folge den Blick auf den Klienten in der Praxis der Sozialen Arbeit. Siehe z.B. Thiersch, Hans: Positionsbestimmungen der Sozialen Arbeit. Juventa: München, 2002. Der Erkenntnistheoretiker und Erziehungswissenschaftler Björn Kraus entwickelte den Begriff aus systemisch-konstruktivistischer Sicht weiter: „Das Eine ist die subjektive Konstruktion unter den Bedingungen des Anderen. Mit anderen Worten: Die Lebenswelt ist ebenso die subjektive Konstruktion eines Menschen wie die Wirklichkeit und diese subjektive Konstruktion vollzieht sich unter den Bedingungen der Lebenslage bzw. der Realität". In Kraus, Björn: Erkennen und Entscheiden. Grundlagen und Konsequenzen eines erkenntnistheoretischen Konstruktivismus für die Soziale Arbeit. Beltz Juventa: Weinheim, 2013. S. 152. Während der Begriff „Lebenswelt" demnach die subjektive Erlebenswelt des einzelnen Menschen bezeichnet, meint der Terminus „Lebenslage" die materiellen und sozialen Lebensbedingungen in der Gesellschaft. In der vorliegenden Arbeit verwende ich beide Begriffe, um zum einen die individuelle und zum anderen die materielle Bedingtheit der Autor_innen in ihren Gesellschaften zu beschreiben, vor deren Hintergrund sich ihre Prosa entfaltet.

[66] Es wäre allzu leicht und nicht zielführend, die Verfasser früherer Monographien in den 80er und frühen 90er Jahren zum Thema Migrationsliteratur rückblickend aus dem Jahre 2014 für ihre ästhetische Aspekte ausklammernde und teils paternalistische Betrachtung zu kritisieren. Die Rezeption von Migrationsliteratur hat sich den letzten Jahrzehnten auch dank der frühen Pionierarbeiten positiv weiterentwickelt und ist genau den gleichen gesellschaftlichen Wahrnehmungsprozessen und Veränderungen unterworfen wie die Literatur selbst. Deutlich wird dies z.B. an *Die Heimat heisst Babylon* von Immacolata Amodeo aus dem Jahr 1996 (Westdeutscher Verlag). Obwohl es Amodeo gelingt Migrationsliteratur unter ästhetischen Aspekten jenseits einer Reduzierung auf „Literatur der Betroffenheit" zu untersuchen, verweist der Untertitel ihrer Arbeit *Zur Literatur Ausländischer Autoren in der Bundesrepublik Deutschland* immer noch auf das Fremde, das Nicht-Dazugehörende dieser Literatur und Autoren; eine Perspektive, die zeitgenössische wissenschaftliche Arbeiten [einschließlich des vorliegenden Textes] zu verlassen versuchen. Während ich in dieser Dissertation noch damit beschäftigt bin, migrationsidentitäre Aspekte der behandelten neuen deutschen Autoren miteinzubringen, wird dies in zukünftigen Arbeiten hoffentlich in dem Sinne obsolet geworden sein, da eine Schriftstellerin mit einem türkischen Namen irgendwann als Deutsch gedacht werden kann, ähnlich wie man auch die Namen Schimanski oder Kutowski durchaus auch genuin mit dem Ruhrgebiet als denn nur mit Polen verbindet.

Zeit- und Literaturgeschichte im Dialog

Einzelne historische Ereignisse wie die rassistischen Anschläge in Mölln (1992) und Solingen (1993), der 11. September 2001, die polarisierte Debatte nach der Veröffentlichung des Buches „Deutschland schafft sich ab" im Jahr 2010 und die Aufdeckung der „NSU"-Morde 2011, das Erscheinen von PEGIDA 2014, die Wahlerfolge der AfD, aber auch positive Veränderungen wie die Staatsangehörigkeitsreform der rot-grünen Regierungskoalition im Jahr 2000 oder das BIRLIKTE/ZUSAMMEN STEHEN-Kulturfestival in Köln 2014 beeinflussen darüber hinaus das Lebensgefühl der Türk-Deutschen und ihre Rezeption Deutschlands.[67] Innerhalb des amerikanischen Kontextes sind der amerikanisch-mexikanische Krieg (1846–1848), der Vertrag von Guadelupe Hidalgo[68], zahlreiche Lynchmorde[69] oder die von César Chávez[70] geführte Landarbeiter-Gewerkschaftsbewegung [United Farm Workers] oder die Präsidentschaft von Donald Trump historische Ereignisse, die wichtig für das Selbstverständnis der mexikanisch-amerikanischen Bevölkerung sind.[71] Die erwähnten Ereignisse formen das kulturelle Gedächtnis der jeweiligen *communities*, welches sich in der Folge literarisch manifestiert.[72]

Einen Text oder einen Autoren einem bestimmten Kulturkontext zuordnen zu wollen, führt nur zur Konstruktion eindeutig fiktiver Zugehörigkeitssysteme[73], die die eine Gruppe ein-, die andere Gruppe ausschließen, und die uns daher weder bei inter- noch bei intrakulturellen Fragestellungen der vergleichenden Literaturwissenschaft zu Identitäten und Wahrnehmungsprozessen oder Machtdiskursen weiterhelfen kön-

---

[67] Siehe dazu die ausführliche Fallstudie von Mecheril, Paul: Prekäre Verhältnisse. Waxmann: Münster, 2002. Darüber hinaus gibt die von Hilal Sezgin als Antwort auf die Sarrazin-Debatte herausgegebene Essay-Sammlung *Das Manifest der Vielen* einen Einblick in die Gefühlslage von deutschen Intellektuellen, die als Menschen mit Migrationshintergrund markiert werden. Siehe Sezgin, Hilal (Hrsg.): Das Manifest der Vielen. Blumenbar Verlag: Berlin, 2011.
[68] Frazier, Donald S.: The United States and Mexico at War: Nineteenth-Century Expansionism and Conflict. Macmillan Reference USA: New York, 1998.
[69] Carrigan, William D. und Webb, Clive: Forgotten Dead: Mob Violence against Mexicans in the United States. Oxford University Press, 2013.
[70] Braun, Eric: Cesar Chavez. Fighting for Farmworkers. Capstone Press, 2005.
[71] Ein Standardwerk der Chicano-Geschichtsschreibung ist Acuña, Rudolfo: Occupied America. 6th Edition. Longman, 2006.
[72] Vgl. dazu Assman, Aleida: Erinnerungsräume. Formen und Wandlungen des kulturellen Gedächtnisses. Beck: München, 1999.
[73] Zur Bedeutung von Mythen und Narrationen für die Konstruktion von Nationalstaaten siehe Anderson, Benedict: Imagined communities. Reflections on the Origin and Spread of Nationalism, Revised Edition. Verso Books: New York, 2006. Vgl. Del Giudice, Luisa und Porter, Gerald (Hrsg.): Imagined States. Utah State University Press: Logan, 2001.

nen.⁷⁴ Stattdessen treten bei den vorliegenden Autoren und Texten Mehrdeutigkeiten und Rollengeflechte zutage, die mehr über eine übergeordnete „*Conditio humana*"⁷⁵ aussagen, als über eine Fragmentierung ethnischer und nationaler Couleur, die derzeit für politische und wirtschaftliche Krisensituationen weltweit kennzeichnend ist. Ulrich Menzels Analyse *Globalisierung versus Fragmentierung* aus dem Jahr 1998 ist heute aktueller denn je:

> Diese „Metaerzählung" der Moderne (Lyotard) von Fortschritt, Wohlstand und sozialer Gerechtigkeit für die gesamte Menschheit ist in die Krise geraten, hat einer „neuen Unübersichtlichkeit" (Habermas) Platz gemacht, die sich bezüglich ihrer Symptome und Konsequenzen erst in den neunziger Jahren so richtig zu manifestieren vermochte und damit ins Bewusstsein der Öffentlichkeit getreten ist. Die Ursachen, die dieser epochalen Krise zugrunde liegen, gehen bis in die frühen siebziger Jahre zurück, wurden damals aber nicht so richtig offenbar, da der Ost-West-Konflikt den kritischen Blick verstellt hatte. Erst in der Stunde des westlichen Triumphes über die realsozialistische Anti-These erweist sich erneut die Dialektik der Aufklärung, das ganze Ausmaß der Risikogesellschaft, werden die Zeichen an der Wand gelesen, wird wahrgenommen, daß das Projekt Fortschritt ausgereizt scheint. Postmoderne heißt demzufolge zunächst einmal Zerbröckeln alles dessen, was als scheinbar festgefügte institutionelle und materielle Errungenschaft der Moderne galt, heißt aber auch ideengeschichtlich die Dekonstruktion der vertrauten Paradigmen, die zum Verständnis der Moderne herangezogen wurden.⁷⁶

---

[74] Hilfreiche Einführungen in den Forschungskomplex interkultureller Literaturwissenschaft bieten: Iljassova-Morger, Olga: Literatur - Kultur – Verstehen. Neue Perspektiven in der interkulturellen Literaturwissenschaft. Univ.-Verlag Rhein-Ruhr: Duisburg, 2009 und Chiellino, Carmine (2007): Interkulturelle Literatur in Deutschland. Ein Handbuch. Sonderausg. Stuttgart: Metzler, 2007. Siehe auch: Ezli, Özkan; Kimmich, Dorothee; Werberger, Annette; Ulrich, Stefanie: Wider den Kulturenzwang. Migration, Kulturalisierung und Weltliteratur.: Bielefeld, 2009 sowie Herminghous, Patricia und Mueller, Magda (Hrsg.): Gender and Germaness. Cultural Productions of Nation. Modern German Studies Vol. 4. Berghan Books: Providence, 1997.

[75] Ich verstehe den Begriff im Sinne von Hannah Arendt als Akt des Handelns, durch den sich der Mensch verwirklicht und seine Lebenswirklichkeit verändern kann. „Men can very well live without laboring, they can force others to labor for them, and they can very well decide merely to use and enjoy the world of things without themselves adding a single useful object to it; the life of an exploiter or slaveholder and the life of a parasite may be unjust but they are certainly human. A life without speech and without action, on the other hand [...] is literally dead." Siehe in Arendt, Hanna: The Human Condition. Doubleday: New York, 1958. S. 157.

[76] Menzel, Ulrich: Globalisierung versus Fragmentierung. Suhrkamp: Frankfurt, 1998. S. 9. Eine weitere Studie zur durch Ungleichheit und gesellschaftliche Fragmentierung gekennzeichnete Krisenrealität des zeitgenössischen Kapitalismus ist Piketty, Thomas: Le capital au XXIème siècle. Éditions du Seuil: Mon-

Erkenntnisziele

Die Leitfragen meiner Dissertation sind vor diesem Hintergrund folglich, wie sich türkisch-deutsche Selbstverortung und Partizipationsbegehren zwischen 1960 und 2015 literarisch manifestiert haben, unter welchen soziopolitischen Voraussetzungen und Einflüssen diese stattgefunden haben sowie welche Veränderungen hin zu einem „postmigrantischen Lebensentwurf"[77] festzustellen sind, der sich durch die Zugehörigkeit zu einer Gesellschaft in Bewegung und nicht zu einer Kultur definiert.

Diese Fragen berühren die bürgerlichen Entfaltungsmöglichkeiten sowie die ökonomische, politische und kulturelle Verteilungsgerechtigkeit des Einwanderungslandes Deutschland und die damit einhergehende gesamtgesellschaftliche Verantwortung für den sozialen Frieden. Ich orientiere mich in dieser Hinsicht an Serhat Karakayli, der das Verhältnis von Sozialem und von Kultur folgendermaßen erklärt[78]:

---

trouge, 2013. Vgl. Osterhammel, Jürgen: Geschichtswissenschaft jenseits des Nationalstaats. Göttingen: Vandeboeck & Ruprecht, 2001 und Weltgeschichte. Basistexte. Franz Steiner Verlag: Stuttgart, 2008 und Conrad, Sebastian et al. (Hrsg.): Globalgeschichte. Campus Verlag: Frankfurt/New York, 2007.

[77] Erol Yildiz definiert den postmigrantischen Lebensentwurf als „kulturelle Praxis" und „performativen Akt", „der eine besondere kognitive Beweglichkeit erfordert, nationale Denkmuster in Frage stellt. Das Alltagsleben in einer globalisierten Welt wird zum Experimentier- und damit zu einem Lernfeld: Migration ist Bewegung und Bewegung heißt Bildung." Yildiz, Erol: Die Öffnung der Orte zur Welt und postmigrantische Lebensentwürfe. In: Sozialwissenschaftliche Studiengesellschaft (Hrsg.): SWS-Rundschau (50.Jahrgang), Heft 3. Wien, 2010. S. 319.
Siehe zum Begriff des Postmigrantischen auch das Spiegel-Interview mit Shermin Langhoff, der Intendantin des Berliner Gorki-Theaters. Langhoff kritisiert die deutsche Theaterlandschaft dafür, trotz Öffnung für das Ethno-Theater postmigrantischen Schauspielern nur wenig Bühnenpräsenz einzugestehen und fordert mehr finanzielle Mittel: „Ich könnte noch etliche weitere Kollegen mit diversen Herkünften anstellen, wenn ich noch mehr Ressourcen für feste Engagements hätte. Zum anderen gilt: Qualität kommt nicht von oben. Postmigrantische Schauspieler brauchen Räume, um sich auszuprobieren, um sich zu entwickeln. Man muss sie spielen lassen." Kulturspiegel April 2014/Heft 4. S. 24.

[78] Eine ähnliche Position bezieht auch Terry Eagleton: „Die hauptsächlichen Probleme, mit denen wir es in diesem neuen Jahrtausend zu tun bekommen werden – Krieg, Hunger, Armut, Krankheit, Verschuldung, Drogen, Umweltverschmutzung, die Entwurzelung ganzer Völker – sind keineswegs besonders „Kulturell". Es sind nicht in erster Linie Fragen der Werte, der Symbolik, der Sprache, der Tradition oder der Zugehörigkeit und erst recht nicht der Künste. […] Im neuen Millennium steht die Menschheit erstaunlicherweise so ziemlich vor den gleichen Problemen wie zu allen Zeiten […] Wie alle anderen materiellen Dinge haben diese Fragen gewiß eine kulturelle Seite; sie sind mit Glaubensüberzeugungen und Identitäten verknüpft und zunehmend in doktrinäre Systeme verstrickt. Aber „Kulturelle" Probleme sind es nur, wenn man den Begriff bis zur Bedeutungslosigkeit aufbläht." In: Eagleton, Terry: Was ist Kultur. Beck'sche Reihe:

In Wirklichkeit geht es, so kann man mit einigem Recht argumentieren, um soziale Fragen, also um Armut, soziale Ungerechtigkeit etc. Bestimmte kulturelle Erscheinungsformen sind gerade das Produkt von Armut und Chancenlosigkeit, und nicht umgekehrt.[79]

Literatur in den USA als Vergleichsfolie

Die oben formulierten Fragen leiten für den gleichen Zeitraum ebenso mein komparatistisches Interesse im Hinblick auf die Entwicklung der mexikanisch-amerikanischen Literatur. Anders als die BRD sind die Vereinigten Staaten von Amerika seit ihrer Gründung ihrem Selbstverständnis nach ein Einwanderungsland. Während sich in Deutschland erst nach dem Ende der Regierungszeit von Helmut Kohl die Einsicht einstellte, dass man faktisch eine Einwanderungsgesellschaft ist, wurde dies in den USA nie in Frage gestellt, auch wenn bestimmte Gruppen, wie die indigenen Ureinwohner und die Afro-Amerikaner, bis weit ins 20. Jahrhundert hinein für ihre Bürgerrechte kämpfen mussten und zu großen Teilen noch heute, ähnlich wie viele Latino-Amerikaner, in wirtschaftlich prekären Lebensumständen leben und rassistisch ausgegrenzt werden.

Belege hierfür gibt es zu genüge, wie die Beispiele von freiwilligen Bürgerwehren, die im amerikanisch-mexikanischen Grenzgebiet illegale Einwanderer jagen, die Debatte um Ex-Präsident Obamas ethnische Herkunft und Religion, der hohe statistische Anteil von afro-amerikanischen Gefängnisinsassen oder die zahlreichen, durch Polizisten begangenen Morde an Afro-Amerikanern zeigen.[80]

München, 2009. S. 181. Im Gegensatz zu Eagleton lässt Samuel Huntington verteilungsrelevante Fragen bei der Diskussion um Identität und Kultur außer Acht und vertritt eine unnachgiebige kulturalistische Position: „Der Begriff [Kultur] bezieht sich auf die Sprache eines Volkes, auf seine religiösen Überzeugungen, seine sozialen und politischen Werte, seine Vorstellungen von richtig und falsch, von angemessenen und unangemessenen, und auf die objektiven Institutionen und Verhaltensmuster, in denen sich diese subjektiven Elemente manifestieren. [...]" In: Huntington, Samuel: Who are we? Europa Verlag: Hamburg, 2004. Laut Claus Leggewie muss Kultur ein „dynamisches, bewegliches Magnetfeld bleiben, sobald es sich verfestigt und kristallisiert, wird das zum Problem." In: Stemmler, Susanne (Hrsg.): Multikultur 2.0. Willkommen im Einwanderungsland Deutschland. Bonn: BPB, 2011. S. 44. Siehe auch die Ansätze des israelischen Globalhistorikers Yuval Noah Harari. Er versteht Kultur als Möglichkeitsfeld, welches via sprachlicher Mittel der Fiktion das Miteinander von Homo Sapiens regelt. Harari, Yuval Noah: Eine kurze Geschichte der Menschheit. Pantheon: München, 2013.

[79] Karakayali, Serhat: Der Kampf der Kulturbegriffe. In Stemmler, Susanne (Hrsg.): Multikultur 2.0. S. 146.

[80] Durch die Kamerafunktionen in Smartphones kann Polizeigewalt besser dokumentiert werden und die Medien können darüber berichten. Nach der Ermordung von Trayvon Martin in Florida und den Rassenunruhen in Ferguson/Missouri und Baltimore/Maryland gibt es eine größere Aufmerksamkeit für Un-

Auch im akademischen Bereich gibt es Stimmen, die sich um die kulturelle und wirtschaftliche Vorherrschaft der weißen englischsprachigen protestantischen Bevölkerung sorgen. So warnte der Harvard-Professor Samuel P. Huntington in seinem 2004 erschienenen Buch *Who Are We? The Challenges to America's National Identity*[81] besonders vor der Zunahme der spanisch-sprechenden katholischen Bevölkerung und entwarf ein Zukunftsszenario, in dem einzelne amerikanische Bundesstaaten von unterschiedlichen ethnischen Gruppen regiert werden. Um diesen Prozess abzuwenden, forderte Huntington eine Rückbesinnung auf eine prämigratorische Siedlerkultur[82], die durch den Arbeitsethos und die protestantische Religion der englischsprachigen Gründungsväter gekennzeichnet sei.[83]

Durch die lange Einwanderungsgeschichte und die in Behörden und Wissenschaft verwendeten Rasse-Kategorien sowie die Praxis der positiven Diskriminierung [*Affirmative Action*][84] werden die literarischen Erzeugnisse einzelner ethnischer Gruppen ihrer Rasse-Zugehörigkeit nach in Literaturzweige aufgeteilt. So sind etwa in amerikanischen Buchläden

---

recht, das an Afroamerikanern begangen wird. Siehe z.B. Bloom, Lisa: Suspicion Nation: The Inside Story of the Trayvon Martin Injustice and Why We Continue to Repeat It. Counterpoint: Berkeley, 2014. Mittlerweile hat sich das sogenannte *Black Lives Matter* als Antwort auf Polizeigewalt gegründet.

[81] Huntington, Samuel: Who Are We?: America's Great Debate. Simon + Schuster UK, 2004.

[82] Huntington unterscheidet streng zwischen den ersten Siedlern, die die „tablua rasa" Amerikas kultiviert hätten, und Immigranten, die sich an das zuvor Geschaffene anzupassen hätten: „Die Siedler, die eine Kolonie gründen, haben einen entscheidenden, bleibenden Einfluß auf Kultur und Institutionen der neuen Gesellschaft. Sie sind, wie der Historiker John Parter gesagt hat, die ‚Charta-Gruppe', die ‚als faktischer Besitzer am meisten zu bestimmen hat', wie die betreffende Gesellschaft sich weiterhin entwickelt." Siehe: Huntington, Samuel: Who are we? Europa-Verlag: Hamburg, 2004. S. 64. Ein weiteres, zeitgleich erschienenes Werk, das ähnlich argumentiert, ist Buchanan, Patrick J.: The Death of the West. Thomas Dunne Books: New York, 2002. Buchanan, Verfechter biologisch-darwinistischer Sichtweisen in der historischen Entwicklung der Nationen, warnt davor, dass den USA ein ähnliches Schicksal wie Europa droht, welches er – bedingt durch eine geringe Geburtenrate und die muslimische Einwanderung – im Prozess des Verschwindens sieht.

[83] Huntingtons Forderungen ähneln durchaus dem Parteiprogramm der AfD in Deutschland, die ihrerseits die Begriffe Volk und Kultur in chauvinistischer Art und Weise rehabilitieren möchte.

[84] Im Zuge der afro-amerikanischen Bürgerrechtsbewegung führten die Präsidenten John F. Kennedy und später Lyndon B. Johnson Programme zur Bekämpfung von Diskriminierung ein. Durch Quotenregelungen soll sichergestellt werden, dass Afro-Amerikaner ihren Platz in den Ausbildungsinstitutionen der USA finden können und Bildungsbenachteiligungen aufgehoben werden; eine Praxis, die in jüngster Zeit stark kritisiert wird. Siehe ausführlich in Sowell, Thomas: Affirmative Action around the World: An Empirical Study. Yale University Press, 2004.

Autor_innen wie Toni Morrison oftmals in einem eigenen Regal namens *African-American* bzw. *Black American Literature* zu finden.

Da sich der literarische Schaffensprozess von „Minderheiten" sowie ihre politischen Partizipationsversuche in den USA über eine viel längere Zeitspanne erstrecken, eröffnet sich hier für die Komparatistik ein großes und ergiebiges Textkorpus, das mit den im deutschen Kontext verfassten Texten verglichen werden kann, um die gemeinsame Struktur der literarischen Selbstverortung verstehen und die diskursiven Bedingtheiten und Partizipationsmöglichkeiten im Einwanderungsland Deutschland im Vergleich zu den USA herausarbeiten zu können.

Für den komparativen Ansatz bietet sich in meiner Arbeit die mexikanisch-amerikanische Literatur in den USA an, die sich verstärkt seit den 1950er und 1960er Jahren unter dem Einfluss des Chicano-Movimiento entwickelt hat.[85] Den politischen Nährboden für die vermehrte Produktion von mexikanisch-amerikanischer Literatur in der zweiten Hälfte des 20. Jahrhunderts erklärt John Morán Gonzalez:

> Mexican American literature became, in effect, the cultural front in efforts to claim not only the formal rights of citizenship, but also the symbolic capital and material resources adjudicated by the civil society and the state.[86]

Das Adjektiv „mexikostämmig"[87] in diesem Zusammenhang zu gebrauchen, ist ähnlich schwierig wie die im deutschen Kontext benutzten Wörter „türkeistämmig" oder „türkischstämmig". So bezeichnet der Neologismus „türkeistämmig" auch Menschen mit einer türkisch-kurdischen Familiengeschichte, während das Wort „türkischstämmig" dies nicht tut.[88]

---

[85] Im Jahr 2010 habe ich mich während meiner Lehrtätigkeit in Tijuana das erste Mal mit Chicano-Literatur beschäftigt. Ebenso wären Vergleichsarbeiten mit der durch die maghrebinische Einwanderung geprägten Beur-Literatur in Frankreich und der indo-pakistanischen-englischen Literatur in Großbritannien denkbar, da die jeweiligen Minderheiten dort auch Diskriminierungen ausgesetzt sind und sich ihr Dazugehören, politisch und kulturell, erstreiten müssen. Siehe zum Beispiel Rothe, Arnold: Türken in Deutschland, Maghrebiner in Frankreich. www.uni-heidelberg.de/uni/presse/RuCa3_96/rothe.htm. [eingesehen am 5.1.2017].

[86] Gonzalez, John Morán: Border Renaissance: The Texas Centennial and the Emergence of Mexican American Literature. University of Texas Press: Austin, 2010. S. 9.

[87] Der Begriff Stamm wurde das erste Mal im Althochdeutschen im Sinne von Geschlecht verwendet. Im Kolonialismus erfuhr der Begriff eine Renaissance. Problematisch ist auch das Adjektiv –stämmig, da es eine Homogenität postuliert. Siehe ausführlich in: Arndt, Susan: Stamm. In: (K)erben des Kolonialismus im Wissensarchiv deutsche Sprache. S. 668–669.

[88] Zur Ideologie des Türkentums, des türkischen Nationalismuskonzeptes und der Unterdrückung der kurdischen Identität siehe: Kramer, Heinz und Reinkowski, Maurus: Die Türkei und Europa. Stuttgart: Kohlhammer, 2008.S. 134–136.

Innerhalb des amerikanischen Kontexts bezieht sich der Begriff Chicano-Literatur nicht auch auf Autoren mit Wurzeln etwa in San Salvador oder Kuba, sondern alleine auf Autoren, deren Vorfahren in Mexiko bzw. in ehemaligem mexikanischen und nun von den USA annektiertem Staatsgebiet gelebt haben. Zur mexikanisch-amerikanischen Literatur zählen daher sowohl Autoren wie Oscar Zeta Acosta[89], deren Vorfahren schon vor der Einverleibung der USA in vormals mexikanischen Territorien wie z.B. New Mexiko oder Texas gelebt haben, als auch Autor_innen, die in der Vergangenheit in die USA eingewandert sind. Die Schriftstellerin Pat Mora beschäftigt sich in *Nepantla* mit den verschiedenen Fremd- und Eigenbezeichnungen, die spanisch-sprechenden Menschen in den USA gegeben wurden bzw. die sie sich selbst gegeben haben. Sie fordert stattdessen, dass Zusammengehörigkeitsgefühl aller Latinos/as aufgrund der gemeinsamen Sprache und Wertvorstellungen anzusprechen und als Grundlage für Partizipation zu stärken:

> And the we of us is a problem. It was in the last decade that the government began using the label Hispanic, a term objectionable to some because it ignores our indigenous roots and was externally imposed. Are the 60 percent of us Mexican descent Mexicans? Mexican Americans? Chicanas? These labels produce strong reactions. Mexican American is too moderate for some, Chicana too militant for others. Our labels continue to evolve. We cannot allow them to separate us and must grant one another the right to name ourselves. Given all that confronts us, we need to avoid the convenient trap of using linguistic debates to resist the discomfort of change, of learning how to work with those who share our dissatisfaction with our cities, states, nation, the new world that is supposedly being ordered. I most often use the inclusive terms Latina and Latino in these essays because we - Puerto Ricans, Cubans, Mexican Americans, Central and South Americans – share if not fluency in the Spanish language, a respect for it, and values such as family and community. If we lack the courage to unite, we will diminish our power, *the power to participate in creating a more just world*. [Hervorhebung durch den Verf.] [90]

Die mexikanisch-amerikanische Literatur behandelt, wie die türkisch-deutsche, unterschiedliche soziale Themen wie harte Arbeitsbedingungen, Marginalisierung, Rassismus oder kulturelle Selbstbestimmung.[91] Genau betrachtet weisen die Autoren der mexikanisch-amerikanischen Literatur weitere Parallelen zu türkisch-deutschen Schriftstellern auf: So verfügen mexikanisch-amerikanische wie auch türkisch-deutsche Autoren über ei-

---

[89] Acosta, Oscar Zeta: The Revolt of the Cockroach People. San Francisco: Straight Arrows Books, 1973 und The Autobiography of a Brown Buffalo. New York: Vintage, 1989.
[90] Mora; Pat: Nepantla. University of New Mexico Press: Albuquerque, 1993. S. 7.
[91] Siehe dazu Jacobs, Elisabeth: Mexican American Literature. Routledge: London, 2006.

nen gewissen Grad der Zweisprachigkeit [*Code-Switching*], die sich in ihren Werken widerspiegelt. Einzelne spanische bzw. türkische Worte und ganze Sätze ergänzen die deutsche bzw. englische Schrift- wie Umgangssprache.[92] Eine weitere Ähnlichkeit ist in der Religion der Autor_innen bzw. in dem ihnen zugeschriebenen religiösen Hintergrund zu finden, mit dem sie in der Dominanzkultur markiert werden. So werden türkeistämmige Deutsche häufig vor dem Hintergrund ihrer islamischen Prägung wahrgenommen [siehe dazu ausführlich in Kapitel II.], während „mexikanisch-stämmige" Amerikaner oftmals durch ihren Katholizismus als verschieden von der evangelischen Mehrheit empfunden werden. Dies alles sind Faktoren, die für eine Vergleichbarkeit von mexikanisch-amerikanischen Autoren mit türkisch-deutschen Autoren sprechen.[93]

Forschungsstand

Eine Arbeit, die türkisch-deutsche und mexikanisch-amerikanische Literatur gegenüberstellt, ist im vorliegenden Umfang ein komparatistisches Novum. Azade Seyhans Forschungsmonographie *Writing outside the Nation*[94] ist bisher das einzige Werk, das in einem Kapitel einen Vergleich von türkisch-deutscher und mexikanisch-amerikanischer Literatur beinhaltet. Eine interessante komparatistische Arbeit hat Myriam Geiser mit *Der Ort transkultureller Literatur in Deutschland und in Frankreich* geschrieben. Sie vergleicht in ihrem Buch deutsch-türkische und frankomaghrebinische Literatur der Postmigration. Geiser fokussiert in ihrer Arbeit allerdings nicht so sehr auf eine konkrete Literaturanalyse, sondern richtet ihr Interesse vielmehr verstärkt auf eine Kritik der Literaturtheo-

---

[92] Vgl. Gümüşoğlu, Turgut: Sprachkontakt und deutsch-türkisches Code-Switching. Lang-Verlag: Frankfurt am Main, 2010. Callahan, Laura: Spanish/English Codeswitching in a Written Corpus (Studies in Bilingualism). John Benjamins Pub., 2004.

[93] Während es in den USA dank der Verbreitung mexikanisch-amerikanischer Kulturinstitute an Universitäten zur mexikanisch-amerikanischen Literatur eine umfangreiche Forschungsliteratur gibt, findet ihre Erforschung im Vergleich zur Black American Literature in der deutschen Nordamerikawissenschaft und Amerikanistik eher weniger Beachtung und wird oftmals von der Hispanistik abgedeckt. Einige der wenigen Arbeiten aus dem deutschen Raum zum Thema Chicano-Literatur sind veraltet: Bus, Heiner (Hrsg.): Hipsanorama Nr. 54. Schwerpunkt: Chicanoliteratur. Nürnberg, 1990. Tonn, Horst: Zeitgenössische Chicano-Erzählliteratur in englischer Sprache: Autobiographie und Roman. Frankfurt am Main: Peter Lang, 1988. Raab, Josef: The Borderlands of Identity in Mexican American Literature. Katholische Universität Eichstätt, 2000. Auf weitere Autor_innen komme ich im Laufe der nächsten Kapitel zu sprechen.

[94] Seyhan, Azade: Writing outside the Nation. Princeton Press, 2001.

rie(n) und Diskurse über postmigrantische Texte.[95] Für eine bessere Übersicht werde ich im Verlauf der einzelnen Kapitel den Forschungsstand zu den behandelten Autoren und Themengebieten jeweils gesondert darstellen und in meine Überlegungen miteinbeziehen.

Engagierte Literatur(wissenschaft)?

Mithilfe der Einbeziehung postkolonialer und postmigrantischer Theorien setze ich mich, wie Myriam Geiser, von älteren Forschungsmonografien zur Migrationsliteratur ab, die oftmals durch einen paternalistischen Blick geprägt waren[96] und dazu neigen, die behandelten Werke deshalb nicht als

---

[95] Geiser, Myriam: Der Ort transkultureller Literatur in Deutschland und in Frankreich. Königshausen & Neumann: Würzburg, 2015. Darüber hinaus möchte ich eine interessante Arbeit zum Vergleich von deutscher und niederländischer „Migrantenliteratur" nicht unerwähnt lassen: Liesbeth Minnard hebt in ihrer Vergleichsstudie zu türkisch-deutschen und niederländisch-maghrebinischen Autor_innen die spezifische Rolle von Literatur für den Prozess der Identitätsbildung hervor. Minnaard, Liesbeth: New Germans, New Dutch. Literary Interventions. Amsterdam University Press, 2009. Minnaard vergleicht Zaimoglus und Özdamars Prosa mit Werken von Hafid Bouazza und Abdelkader Benali und zeigt dabei, inwiefern Literatur eine besondere Quelle darstellen kann, um Fragen der Identität und des Dazugehörens zu thematisieren: „It is clear that the unmistakable transformation of German and Dutch society enforces a thorough rethinking and renegotiating of these national borders on several levels of public life. One of these levels is that of literature: in the process of rethinking and renegotiating national identity literature proves of particular significance. […] It considers literature as an alternative scource of (aesthetic) knowledge and as a privileged sphere of reflection and contemplation on the contested issue of national identity. What counts for literature in general, counts for 'migrants' literature or 'literature of migration' in an exceptional way." S. 14.

[96] Trotz des *Cultural Turns* in den Geisteswissenschaften ist diese Aussage nötig und immer noch zeitgemäß. Nicht nur der mediale oder politische Diskurs folgt oftmals dichotomen Denkmustern: Auch an Universitäten und Fachhochschulen findet man bisweilen immer noch binäre Konzepte und ein Vokabular, das Einwanderer in der zweiten Generation als Ausländer bezeichnet. Die Literaturwissenschaftlerin Meri Disoski kritisiert beispielsweise, „dass mit der Institutionalisierung von Preisen für Migrationsliteratur" [z.B: der Adelbert von Chamisso-Preis] und „mit der Etablierung eigener Begrifflichkeiten für die Literatur von Autor_innen mit „Migrationshintergrund" eine Vielzahl an Problemen einhergeht. Durch die Prägung bestimmter Begriffe für die Arbeiten von Autor_innen mit „Migrationshintergrund" kommt es zu einer Marginalisierung und Schubladisierung, sie werden von Schriftsteller_innen ohne „Migrationshintergrund" abgegrenzt und auf bestimmte Themen festgelegt, was sich beispielsweise auch in den Ausschreibungen zu oben genannten Literaturpreisen widerspiegelt. Folglich sprechen sich Autor_innen mit „Migrationshintergrund" logischerweise gegen einschränkende Label à la „Migrationsliteratur" und alternativen Begriffen dazu aus." Disoska, Meri: Im Dazwischen schreiben. In: Online Magazin von Migran-

genuin deutsche Literatur anzuerkennen. Tom Cheesman formuliert diese Kritik auch in abgeschwächter Form für jüngere Forschungseditionen wie z.B. von Manfred Durzak und Nilüfer Kuruyazıcı[97]:

> With the juxtaposition of Turkish German writers and Russian and Ukrainian (mostly Jewish) German writers, this collection resurrects the category of "non-German writing in German" and recalls the Ausländerliteratur (literature of foreigners) from the 1980s, which reinforces the division between what is properly German and what is supplementary. This idea is immanent in the theory of "intercultural" literature and criticism.[98]

Der in dieser Arbeit vorgenommene Vergleich von mexikanisch-amerikanischer und türkisch-deutscher Literatur zeigt stattdessen interkulturelle Mehrfachloyalitäten[99] der Autor_innen auf, die es nötig machen, einen überholten essentialisierenden Kulturbegriff hinter sich zu lassen, mit dem literarische Werke entweder dem eigenen nationalen Literaturkorpus zugerechnet oder als fremd in eine Nebenkategorie abgeschoben werden. Stattdessen ist im Sinne des Konzeptes von Engagierter Literatur[100] von Jean Paul Sartre eine genaue Analyse der historischen und

---

tinnen für alle. Stand Januar 2011. http://migrazine.at/artikel/im-dazwischen-schreiben. [Abgerufen am 12. Oktober 2014].

[97] Durzak, Manfred und Kuruyazıcı, Nilüfer (Hrsg.): Die andere deutsche Literatur: Istanbuler Vorträge. Königshausen & Neumann: Würzburg, 2004.

[98] Cheesman, Tom: Cosmopolite Fictions. Novels of Turkish Settlement. 2007. S. 34.

[99] Paul Mecheril weist daraufhin, dass „Mehrfachloyalitäten suspekt sind, weil sie die Idee, dass der jeweilige Kontext vorrangig sei, korrumpieren und die Kontingenz von Zugehörigkeit beleuchten. Dieses Licht blendet zuweilen, schmerzt und erhellt einen Umstand, der nur gegen den Widerstand der Ordnungshüter in den Blick rücken darf: Das Ordnungen gleichzeitig lesbar sind." In: Mecheril, Paul: Prekäre Verhältnisse. Über natio-ethno-kulturelle (Mehrfach-)Zugehörigkeit. Waxmann Verlag: Münster, 2003. S. 278.

[100] Marion Schwemme fasst Sartres Konzept *Engagierter Literatur* zusammen: Jeder Schriftsteller ist ebenso wie die Werke, die er hervorbringt, in einer bestimmten Welt situiert. Als Einzelner ist er Teil eines Ganzen; die geistigen und gesellschaftlichen Umstände der Zeit, in der er lebt, prägen sein individuelles Erleben, seine Empfindungs- und Denkweise. Ebenso wie der Schriftsteller in seiner Perspektivität bedingt ist, sind es auch seine Werke. Notwendigerweise beziehen sich diese mittel- oder unmittelbar auf die Lebenswelt ihres Schöpfers, in der sie entstanden sind, sei es durch das Sujet, die Darstellungsweise oder die verwendete Sprache. Das Engagement der Literatur bezeichnet hier die *faktische* Verstrickung der Literatur in die Welt und beschreibt die Tätigkeit des Schriftstellers als eine ipso facto situierte. [...] Sartre verlangt, dass die Verstrickung der Literatur in die Welt von den Schriftstellern anerkannt und als eine Verpflichtung der Gegenwart gegenüber wahrgenommen wird. Begründet wird dies vor allem mit der Bezeichnungsfunktion der Sprache in der Literatur: Anders als die Poesie bezieht sich die Prosa mittels der Sprache auf die Wirklichkeit, da sie die Wörter als Zeichen verwendet. [...] Die Benennung einer Sache *enthüllt* diese zugleich und enthält einen Vorschlag zur *Veränderung*.[...] Mit dem Konzept der engagierten Literatur for-

sozialen Ungerechtigkeiten vonnöten, die kulturelle Unterschiede instrumentalisieren, um Besitzverhältnisse und Machtverteilungen zu bewahren:

> Da der Mensch eine Totalität ist, reicht es wahrhaftig nicht aus, ihm das Wahlrecht zu geben, ohne die anderen Faktoren anzugehen, die ihn konstituieren: Er muss sich total befreien, das heißt, er muss anders werden, indem er auf seine biologische Konstruktion ebenso einwirkt wie auf seine ökonomische Bedingtheit und auf seine sexuellen Komplexe ebenso wie auf die politische Gegebenheit seiner Situation.[101]

Gerade die auf eine längere Tradition zurückgehende mexikanisch-amerikanische Literatur verweist mit ihren Inhalten ins Politische und macht es erforderlich die ausgewählten Texte über ihren jeweiligen ästhetischen Wert hinaus zu untersuchen. Karin Yeşilada hat dementsprechend bereits 2010 festgestellt:

Hier geht es um die (Nicht-)Anerkennung von Zugehörigkeit, um das Drinnen oder Draußen einer Mehr- bzw. Minderheitsgesellschaft.[102]

Fragen des Dazugehörens und Mitbestimmens zeigen sich in der politischen und rechtlichen Anerkennung Türk-Deutscher und Mexican-Americans als Bürger, in ihren sozioökonomischen Partizipationsmöglichkeiten sowie in der literarischen Bewertung ihrer Texte. *The politics of Identity*[103], wie wir sie in der sogenannten „Migrationsliteratur" finden, sind nicht nur eine Frage der kulturellen Herkunft, sondern vor allem eine soziale Frage der kulturellen und wirtschaftlichen Partizipationsgerechtigkeit. Türkisch-deutsche und mexikanisch-amerikanische Schriftsteller nehmen zu diesen Themen konsequent Stellung. Indem sie Missstände anklagen und gegen Unterdrückung kämpfen, werden die Autoren – wie von Sartre gefordert – ihrer Verantwortung für die Gestaltung ihrer Ge-

---

dert Sartre die Schriftsteller auf, durch die Hinwendung zu Themen der Gegenwart diese Funktion wahrzunehmen und die Literatur auf diese Weise wieder in das Leben zu integrieren." Schwemme, Marion: Was ist engagierte Literatur? Jean-Paul Sartres Theorie des literarischen Engagements. Diplomica Verlag: Hamburg, 2013. S.12/13. Eine kritische Betrachtung des Konzeptes von *littérature engaée* ist zu finden bei Brokoff, Jürgen und Geitner, Ursula et al. (Hrsg.): Engagement. Konzepte von Gegenwart und Gegenwartsliteratur. V & R Unipress: Göttingen, 2016.

[101] Sartre Jean-Paul: Der Mensch und die Dinge. [Übersetzung von Lothar Baier und Werner Bökenkamp]. Rowohlt: Hamburg, 1978. S. 165.

[102] Yeşilada, Karin E.: Einwandern heißt bleiben – oder die Literatur von Autoren nicht-deutscher Provenienz ist deutsch. Ein polemischer Essay. In: Asholt, Wolfgang; Hoock-Demarle, Marie-Claire; Koiran, Linda und Schubert, Katja (Hrsg.): Littérature(s) sans domicile fixe. Literatur(en) ohne festen Wohnsitz. Edition Lendemains: Tübingen, 2010. S. 63–76.

[103] Aronowitz, Stanley: The Politics of Identity: Class, Culture, Social Movements. Psychology Press, 1992.

sellschaften gerecht. In diesem Sinn ist die vorliegende komparatistische Arbeit an der Schnittstelle von Mentalitätsgeschichtsschreibung und Historischer Anthropologie zu verorten. Mit Hilfe literarischer Texte versuche ich gesellschaftliche Prozesse, historische Veränderungen, langfristige Verschiebungen von Denkmustern und kollektive Formen sozialer Selbstverständigung kultureller Minderheiten, aber auch die subjektiven Erfahrungen einzelner Schriftsteller_innen in ihren politischen und sozialen Lebenswelten aufzuarbeiten. Benthien und Velten beurteilen den Wert dieses Vorgehens für die Literaturwissenschaft folgendermaßen:

> Durch eine solche Historisierung kann die Besonderheit von literarischen Texten nicht nur postuliert, sondern eben genau gezeigt werden – Texte als besonders komplexe diskursive Konfigurationen von Erfahrung und Wahrnehmung der Welt. Versteht man die kulturellen Kontexte eines literarischen Textes als „Semantik der Zeit", muss es darum gehen, diese Semantik zu ordnen und die Kontexte besser zu hierarchisieren.[104]

In Bezug auf Sartres Konzept von Engagierter Literatur und im Hinblick auf die immer wieder geführten Diskussionen zum Thema der kulturellen Identität [„Gehört der Islam zu Deutschland?", „Wer muss sich wie und woran anpassen?"] und der derzeitigen systemischen Kapitalismuskrise scheint es mir weiterhin geboten, den interkulturellen Ansatz, der typisch für einen Großteil der wissenschaftlichen Arbeiten ist[105], durch eine verstärkte Hinwendung zur Geschlechter- und Diversitätsforschung sowie zu marxistisch beeinflussten Literaturtheorien, die davon ausgehen, dass Literatur die Gesellschaft verändern kann, zu ergänzen. Generell gelten für meinen theoretischen Ansatz die Maßstäbe wissenschaftlichen Arbeitens, wie sie Frauke Meyer zusammenfasst:

---

[104] In Benthien, Claudia und Velten, Hans Rudolf (Hrsg.): Germanistik als Kulturwissenschaft. Rowohlt: Hamburg, 2002. S. 23ff.

[105] Ortrud Gutjahr begreift bespielweise Interkulturalität als Zwischenraum, in dem sich Fremdes und Vertrautes begegnet. Dazu aufbauend versteht sie Literatur als „Memoria des Ungewussten", die uns dabei hilft uns und andere im gesellschaftlichen Prozess zu verstehen: „Literatur hat somit nicht nur teil an der Kultur, sondern ist in herausragender Weise ihr Ausdruck, da die poetische Sprache schon immer einen Zwischenraum eröffnet, in dem auch die verdrängten und vergessenen Anteile der Kultur auch im Sinne einer „Memoria des Ungewussten", dessen, was im Verlauf kultureller Entwicklung ausgegrenzt wurde. [...] Indem Literatur diesen Zwischenraum entfaltet, bei dem Vertrautes und Fremdes interferieren können, bricht sie nicht nur Grenzen historischer, sprachlicher oder kultureller Alterität auf, sondern auch die Fremdheit in uns selbst [...]." In Gutjahr, Ortrud: Interkulturalität – Zur Konjunktur und Bedeutungsvielfalt eines Begriffes. In Benthien, Claudia und Velten, Hans Rudolf (Hrsg.): Germanistik als Kulturwissenschaft. Rowohlt: Hamburg, 2002. S. 365. Siehe auch Iljassova-Morger, Olga und Reinhardt-Becker, Elke: Literatur-Kultur-Verstehen. Universitätsverlag Rhein-Ruhr: Duisburg, 2006.

> Die Aufgabe einer *grounded theory* besteht [...] weniger darin, das Vorhandensein des eigenen Vorwissens [und theoretischer Vorlieben. Anmerkung des Verf.] zu ignorieren, als vielmehr darin, es offen zu halten bzw. es im Sinne einer Sensibilisierung für mögliche Perspektiven aufs Datenmaterial zu verwenden. Ein solcher Referenzrahmen wirkt somit auf zwei Ebenen: Zum einen strukturiert er die Auswertung und den Blick des Forschenden vor. Zum anderen muss er diesen Blick offen halten, d.h. ihn selbst immer wieder zur Disposition stellen. Dadurch ist der Forschungsprozess von einer widersprüchlichen scheinenden Bewegung gekennzeichnet: Es geht darum eine Verortung vorzunehmen und sie gleichzeitig zu hinterfragen, sie also nicht komplett zu fixieren.[106]

Zur besseren Einordnung des Anspruches der vorliegenden Dissertation lässt sich abschließend sagen, dass die Arbeit ältere Übersichtswerke zur türkisch-deutschen bzw. zur mexikanisch-amerikanischen Literatur durch ihre Untersuchungsperspektive, welche die Themen Partizipation und Zugehörigkeit in den Mittelpunkt einer Gesamtnarration stellt, ergänzt und zusätzlich bisher weniger betrachtete bzw. jüngere Autoren einbezieht. Desweiteren zeigt der diachrone Vergleich mit der mexikanisch-amerikanischen Partizipations- und Literaturgeschichte neue Anknüpfungs- und Verständnismöglichkeiten für politische und kulturelle Prozesse im Einwanderungsland Deutschland auf. Neben der Aufbereitung zahlreicher komplexer Romane besteht ein weiterer Erkenntnisgewinn darin, dass wiederkehrend interdisziplinäre Verflechtungen der Literatur mit den Arbeitsfeldern der Sozialen Arbeit bzw. der politischen Gemeinwesenarbeit aufgezeigt werden, die oftmals als praktische Umsetzung literarisch geäußerter Partizipationsansprüche verstanden werden kann. Die Literatur zeigt sich demnach als Hort der Freiheit, in dem das Unmögliche gedacht wird, bevor es in der Gesellschaft umgesetzt werden kann. Wie Vision und Umsetzung von Partizipation und Zugehörigkeit im Einzelnen gedacht und gestaltet werden, wird in den folgenden Kapiteln dargestellt.

Aufbau der Arbeit

Da ich die meiner Arbeit zugrundeliegenden theoretischen Annahmen bereits in dieser Einleitung skizziert habe, entfällt ein eigenständiger Theorie- und Methodenteil. Stattdessen werde ich bei der Analyse und Diskussion der ausgewählten Prosa sowie bei der Beschreibung türkisch-deutscher und mexikanisch-amerikanischer Literatur in ihrem politischen und sozialen Kontext theoretische und methodische Fragen im Dialog mit den Texten

---

[106] Meyer, Frauke: Kompetenzzuschreibungen und Positionierungsprozesse. Eine postkoloniale Dekonstruktion im Kontext von Migration und Arbeitsmarkt. Peter Lang Verlag: Frankfurt am Main, 2012. S. 61.

deutlich machen und in die Betrachtungen sowie Fußnoten einfließen lassen. Die punktuelle Thematisierung von Theoriebezügen scheint mir vorteilhaft zu sein, zumal die vorliegende Arbeit zwei große Untersuchungsgegenstände hat, die erst in der Summe der detailreichen Kapitel thematisch miteinander verschmelzen. Dem Übersichtscharakter der Arbeit, die zwei Literaturgeschichten abdeckt, ist es geschuldet, dass sie, dem bin ich mir durchaus bewusst, oftmals, je nach Erkenntnisinteresse, eben nur in Auszügen und selten in ihrer Gänze gelesen werden wird. Daher empfiehlt es sich, Theorieeinschübe und die Darstellung des Forschungsstandes im jeweiligen Zusammenhang mit dem einzelnen Text und Autor vorzunehmen. Meine Methodik ist durch die Häufung repetitiver Narrationen, die alle das Spannungsfeld des Kampfes um Partizipation bzw. gegen Unterdrückung gekennzeichnet. Diese Erzählungen ergänzen sie sich jedoch in ihrer Vollständigkeit und sind nicht nur bloße Wiederholungen.[107]

Ähnliches gilt für die Einbeziehung von Theorieaspekten. Anstatt einen weitschweifigen Überblick in Theoriekonzepte zu geben – alleine dies wäre in Anbetracht der hohen Anzahl unterschiedlicher Denkmodelle, eine eigene Arbeit – arbeite ich ausgiebig mit Zitaten und Fußnoten, die theoretische Ansätze zusammenfassen, an vorherige Überlegungen im Text anschließen und meine Analysen ergänzen.

Nach diesen einführenden Vorüberlegungen zum Thema und Bemerkungen zur Struktur der Arbeit folgt in **Kapitel I** eine Übersicht zur amerikanisch-mexikanischen Literatur- und Zeitgeschichte im 19. und 20. Jahrhundert und in **Kapitel II** ein Abriss der türkisch-deutschen Beziehungen und Literaturgeschichte von der Kaiserzeit bis heute. Dies ist notwendig, um den sozio-politischen Kontext verstehen zu können, in dem sich die türkisch-deutsche bzw. mexikanisch-amerikanische Literatur entwickelt haben und weiterhin befinden. Denn es gilt:

> Anders als die Humanwissenschaften, die allgemeine Erkenntnisse über den Menschen in Form von Wissen gewinnen, hat die Literatur das individuelle Erleben des historischen und gesellschaftlichen Allgemeinen zum Gegenstand. Die Übertragung der wissenschaftlichen Distanz gegenüber dem Gegenstand ihrer Untersuchungen auf die Literatur, wie es Realismus und Naturalismus im 19. Jh. anstrebten, kann nicht gelingen. Der Schriftsteller ist in die Gesellschaft seiner Zeit involviert und von dieser bestimmt; er kann daher nicht die Position ihres objektiven, unparteilichen Beobachters einnehmen, ohne unwillentlich nicht auch seine eigene Person in die geschilderte Welt einzubringen.[108]

---

[107] Ich orientiere mich dabei am Vorgehen Klaus Theweleits. Vgl. Theweleit, Klaus: Männerphantasien 1 & 2. Verlag Roter Stern: Frankfurt, 1978.
[108] Schwemme, Marion: Was ist engagierte Literatur? Jean-Paul Sartres Theorie des literarischen Engagements. Diplomica Verlag: Hamburg, 2013. S. 16.

Um beispielsweise Aras Örens Prosa nachvollziehen zu können, sollte der Leser die sozialen Umstände der Lebenswelt türkischer „Gastarbeiter" in den 1960er und 1970er Jahren wenigstens im Ansatz kennen. Ebenso kann ein Autor wie Rudolfo Gonzales nur durch die Beschäftigung mit der Chicano-Bürgerrechtsbewegung und den Lebensumständen der mexikanisch-amerikanischen Bevölkerung verstanden werden.

Bis auf wenige Ausnahmen fokussiere ich mich bei der literarischen Betrachtung auf Prosatexte, zumal Karin Yeşilada für die türkisch-deutsche Lyrik mit *Poesie der Dritten Sprache* bereits eine umfassende Analyse ihrer Topoi und Eigenarten vorgenommen hat.[109] Die historisch-literarischen Übersichtskapitel, die den Wandel der türkisch-deutschen bzw. der mexikanisch-amerikanischen Literaturen im Kontext von Zeitgeschichte darstellen, haben nicht den Anspruch die Literaturgeschichten vollständig wiederzugeben. Dies wäre fast unmöglich, wie Karin Yeşilada feststellt:

> Fünf Jahrzehnte nach Unterzeichnung der Anwerbeverträge einen Überblick über die Literatur der Eingewanderten geben zu wollen, grenzt fast ans Unmögliche: so zahlreich sind die Werke und Autoren, dass jeder Versuch sie zu bündeln, zu einer bloßen Aufzählung geraten muss. Über fünf Dutzend AutorInnen dreier Generationen, darunter etliche Bestseller-AutorInnen, schreiben in nahezu allen literarischen Genres, von Lyrik über Prosa, Satire, Märchen, Kinder- und Jugendbücher, über Theater- und Hörspiele, Drehbücher und abgefilmte Romane, von Rap-Lyrics bis Poetikvorlesungen, von Essays bis Chick-Lit-Romanen. [...] Fest steht, dass türkische Namen im deutschen Literaturbetrieb keine Seltenheit mehr sind und dass die Texte der türkischen Einwanderer deutscher Sprache allmählich Eingang in den literarischen Kanon deutscher Literatur finden.[110]

Dies hat zur Folge, dass ich einige Autor_innen wie z.B. Habib Bektaş, Özgen Ergin oder Kemal Kurt nicht einbeziehe oder nur am Rande erwähnen kann, wenngleich sie eine ausführlichere Betrachtung und Einordnung verdient hätten. Durch die Einbettung von kurzen und längeren Exkursen zu einzelnen Schriftsteller_innen in die Darstellung der Literatur- und Zeitgeschichte, werden jedoch einzelne wichtige Persönlichkeiten und ihr Einfluss angemessen berücksichtigt.

Was für die türkisch-deutsche Literaturgeschichte zutrifft, gilt umso mehr für die Darstellung mexikanisch-amerikanische Literatur- und Zeitgeschichte in **Kapitel I**, bei der außerdem Protagonisten wie Cesar

---

[109] Yeşilada, Karin: Poesie der Dritten Sprache. Türkisch-Deutsche Lyrik der zweiten Generation. Stauffenburg: Tübingen, 2012.

[110] Siehe in Hofmann, Michael und Yeşilada, Karin (Hrsg.): Kulturvermittlung. In: Kulturgeschichte der türkischen Einwanderung. Königshausen & Neumann: Würzburg (noch nicht erschienen) [Unveröffentlichtes Manuskript, S. 1. Die Seitenzahl kann in der Endfassung abweichen].

Chávez ausführlicher betrachtet werden müssen, die keine Literaten sind, ohne die aber eine Geschichte von Partizipation und Zugehörigkeit nicht vollständig wäre. Die Übersichtskapitel der Arbeit sind also weniger eine enzyklopädische Gesamtdarstellung des Kanons der jeweiligen Literaturen. Sie dienen vielmehr dem Zweck die großen Entwicklungen und Brüche der Literaturen vor dem Hintergrund von Zeitgeschichte nachzuzeichnen. Dabei werden sowohl wichtige Protagonisten der Literaturszene dargestellt, über die bereits unter anderen Fragestellungen in Teilen geforscht und geschrieben wurde, als auch Schriftsteller_innen in den Fokus der Betrachtung gestellt, zu denen bis zum jetzigen Zeitpunkt wenig gearbeitet wurde.

Nachdem so eine literarische Bestandsaufnahme und kritische Einordnung durchgeführt worden ist, werden im zweiten Teil der Dissertation ausgewählte Autor_innen der mexikanisch-amerikanischen und türkisch-deutschen Gegenwartsliteratur vorgestellt, deren Werke von besonderem Interesse für die Fragestellung der vorliegenden Arbeit sind. In diesen Einzelanalysen wende ich mich Schriftstellern zu, die auf ihre originäre Weise Fragen von Zugehörigkeit und Partizipation literarisch verdichten und die mit ihren Texten auf Ausgrenzung und Rassismus reagieren. Zu einigen von ihnen, so z.B. Gloria Anzaldúa und Zafer Şenocak, wurde bereits an anderer Stelle ausführlich gearbeitet, in der vorliegenden Arbeit werden sie jedoch unter einer anderen Fragestellung betrachtet bzw. fokussiere ich mich auf Texte, die bisher wenig oder gar nicht von der Wissenschaft betrachtet worden sind. Andere Autoren wie Luis J. Rodriguez oder Selim Özdoğan waren dagegen noch nie Gegenstand ausführlicher Untersuchungen.

In **Kapitel III** beschäftige ich mich mit der Schriftstellerin, Wissenschaftlerin und Aktivistin Gloria Anzaldúa, die durch ihr Hauptwerk *Borderlands* zur Begründerin eines eigenständigen Chicana-Feminismus wurde. Ihre Ansätze, die Spiritualität, Literatur, Wissenschaft und politisches Engagement miteinander verbinden, prägen bis heute – nicht nur mexikanisch-amerikanische – Wissenschaftler_innen und Autor_innen.

In **Kapitel IV** werden die Romane und Erzähltechniken des kalifornischen Schriftstellers und Wissenschaftlers Alejandro Morales analysiert. Morales' intra-historisches Erzählen arbeitet die Geschichte der USA aus einer mexikanisch-amerikanischen Perspektive auf. Dabei formuliert der Autor eine engagierte Sozialkritik in einer ihm ganz eigenen experimentellen Ästhetik.

Das Therapeutische Erzählen des Poeten, Journalisten und Sozialarbeiters Luis J. steht im Zentrum der Untersuchung von **Kapitel V**. Rodríguez wurde im Chicano-Movimiento der frühen 1970er Jahre sozialisiert. Rodríguez' Gang-Memoir *La Vida Loca* machte ihn in den 1990er Jahren zu einem sehr erfolgreichen Autoren, der in der Folge seine Bekanntheit für soziale Ziele einsetzte. In seiner Prosa und pädagogischen Praxis verbindet er eine marxistische Gesellschaftskritik mit spirituellen Ansätzen.

In **Kapitel VI** steht mit Zafer Şenocak, einer der bekanntesten und wichtigsten Kommentatoren türkisch-deutschen Lebens im Zentrum der Untersuchung. Zafer Şenocak ist der erste Autor gewesen, der darauf hinwiesen hat, das die türkisch-deutsche Lebenswelt mit der jüdischen Erfahrung in Deutschland verglichen werden kann. In seinen jüngsten Werken weist er auf die Gefahren des Neo-Nationalismus und des islamistischen Fundamentalismus hin. Seine Essays und Romane zeigen ihn als hervorragenden Stilisten.

Die ausführliche Betrachtung von Selim Özdoğan in **Kapitel VII** ist nicht nur längst überfällig, sondern eröffnet den Zugang zu einem literarisch breit aufgestelltem Autor, dem es gelingt, Zafer Şenocaks intellektuelle Ansätze in eine spannende Prosa zu übertragen, die als kosmopolitisch und post-migrantisch bezeichnet werden kann.

In **Kapitel VIII** werden Deniz Utlu und Mutlu Ergün-Hamaz gemeinsam betrachtet. Beide Autoren beziehen ihre Inspiration aus verschiedenen Traditionslinien der türkisch-deutschen Literatur und verbinden ihr literarisches Schaffen mit einem verstärkten zivilgesellschaftlichen Engagement, das an die schreibenden Aktivisten der Chicano-Bewegung in den USA erinnert.

Kapitel IX. fasst schließlich die Ergebnisse der vorliegenden Studie zusammen und diskutiert generelle Aussagen zur literarischen Selbstverordnung, zum literarischen Partizipationsbegehren und zum Bemühen um das Dazugehören */Mensubiyet/Pertenencia/Belonging* vor dem Hintergrund der derzeitigen Herausforderungen an die Politik und die Sozialarbeit in den Einwanderungsländern USA und Deutschland.

Im **Anhang** sind desweiteren zwei bislang unveröffentlicht gebliebene Interviews, zum einen mit Rolando Hinojosa-Smith und zum anderen mit Demetria Martinez, zu finden. Weitere Interviews mit Selim Özdoğan, Zafer Şenocak, Mutlu Ergün-Hamaz, Deniz Utlu, Alejandro Morales, Luis J. Rodríguez und Richard Rodríguez sind bzw. werden dagegen separat veröffentlicht.

Kapitel I:

Mexikanisch-Amerikanische Literatur- und Zeitgeschichte im Kontext

> My intention is not to explain literature through history. The value of sociological and historical interpretations of works of art is all too limited. Yet it would be absurd to close our eyes to this elementary truth: poetry is a social, a historical, product. To ignore the relation between society and poetry would be a as grave an error as to ignore the relation between a writer's life and his work.
> **Octavio Paz**
>
> As for writers, what do we do? –
> We aim for preserving, distorting, and inventing the past.[111]
> **Rolando Hinojosa-Smith**

Um den politischen Kontext der modernen mexikanisch-amerikanischen Literatur mit ihrer reichen Motiv- und Stoffgeschichte verstehen zu können, muss eine komprimierte Darstellung der Zeitgeschichte mit einem Abriss der Kolonialisierung Mexikos durch Spanien beginnen.[112] Zahlreiche Bezugspunkte mexikanisch-amerikanischer Literatur sind in der Symbolik und den religiösen Mythen der Maya und Azteken sowie im aufgezwungenen und angenommenen Katholizismus bzw. in den synkretistischen Mischformen beider Traditionslinien zu finden. Einen Überblick über die Geschichte des Vizekönigreiches Spaniens [*Virreinato de Nueva España*] zu haben, dessen zentraler Bestandteil Mexiko war und das von 1535 bis 1822 existierte, hilft zudem dabei die Eigenheit des spanischen Kolonialismus zu verstehen, dessen Erfolg darauf beruhte, dass sich die zahlenmäßig kleine Gruppe der europäischen Spaniards mit den einheimischen Bevölkerungs-

---

[111] Dieses Zitat habe ich meiner Email-Korrespondenz mit Rolando Hinojosa-Smith entnommen. [Gesendet am 2.12.2015].

[112] Da ich ebensolches für die türkisch-deutsche Literatur- und Zeitgeschichte durchführe, erheben meine Zusammenfassungen in Angesicht der Fülle und Zeitspanne keinen Anspruch auf Vollständigkeit. Für die Bearbeitung meiner Fragestellung und vor dem Hintergrund meines komparatistischen Ansatzes reicht es innerhalb dieser Arbeit lediglich eine Einführung in die jeweiligen Literatur- und Zeitgeschichten zu geben, die die großen Traditionslinien nachzeichnet. Um sich bei weiterführenden Interesse einen noch detaillierten Wissensstand über die Literatur- und Zeitgeschichte zu verschaffen, empfiehlt sich daher für den mexikanisch-amerikanischen Kontext die Lektüre von Dieter Herms *Die zeitgenössische Literatur der Chicanos (1959–1988)* [Vervuert: Frankfurt am Main, 1990.].

gruppen zu den *mestijos* vermischte. Derart wurde neben der indigenen Bevölkerung, versklavten Gefangenen aus Afrika und den aus Spanien gekommenen Kolonialherren eine vierte soziale Schicht kreiert, deren kulturelle Vielfalt bis heute kennzeichnend für das Selbstverständnis vieler Mexikaner und Mexican-Americans ist. Diese Vorgehensweise kolonialer Unterwerfung unterscheidet sich fundamental vom U.S.- amerikanischen Kolonialismus, dessen Umsetzung auf der Überzeugung aufbaute, einen schicksalhaften von Gott gegebenen Auftrag [*Manifest Destiny*] zu erfüllen, innerhalb dessen sich die aus Europa stammenden Siedler nicht mit den indianischen Bewohnern mischten, sondern diese bekämpften, vertrieben, ausgrenzten und/oder ermordeten. Die spanischen Eroberer – dazu zählten neben den Soldaten zahlreiche Franziskanermönche – folgten derweil einer eigenen durch das Erbe der Reconquista geprägten Meta-Erzählung, die die Unterwerfung der Amerikas durch einen christlichen Missionierungsauftrages zusätzlich legitimieren sollte. Die Einbeziehung der Ureinwohner als rechtlose Untertanen in das spanische Kolonialsystem bedeutet indes nicht, dass es in Mexiko nicht zu der Ermordung großer Teile der indigenen Bevölkerung durch die spanischen Kolonisatoren gekommen wäre.

Ein weiterer wichtiger Grund dafür die Betrachtung von mexikanisch-amerikanischer Geschichte mit einem Abriss der spanischen Kolonialzeit zu beginnen, ist die Erschließung, Besitzname und Besiedlung des nordamerikanischen Südwestens [hiermit sind die heutigen U.S.-Staaten Kalifornien, Arizona, New Mexico, Texas gemeint] durch die Spaniards für Mexiko. Die Mexikanisierung des amerikanischen Südwesten – lange vor der Kolonisation durch die Anglo-Amerikaner[113] – ist ein wichtiger Topos mexikanisch-amerikanischer Literatur und von immenser Bedeutung für das mexikanisch-amerikanische Selbstbewusstsein und wird von Autor_innen im 20. Jahrhundert häufig thematisiert, zumal dieser Teil der Geschichte Nordamerikas oftmals von der dominanten anglo-amerikanische Kultur übersehen bzw. ignoriert wurde und wird.[114] So zeichnet D.H. Figuerdo in seiner kulturwissenschaftlichen Studie *Revolvers and Pistolas, Vaqueros and Caballeros* nach, wie die U.S.-amerikanische Literatur und später die Filmindustrie in ihren Vorstellungen und Inszenierungen des Südwestens Spanier, Spaniards und Mexikaner weitestgehend ausklammerten, ganz so als ob sie nie existiert und keinen Anteil an der Erschließung des „Wilden Westens" gehabt hätten. Ausnahmen bilden hierbei Darstellungen einzelner Mexi-

---

[113] Durch den vielfach verwendeten Terminus Anglo-Amerikaner für die US-amerikanischen Eroberer, geraten andere Siedlergruppen wie z.B. die Deutsch-Amerikaner in Vergessenheit, die ebenso Nutznießer des amerikanischen Imperialismus waren und von der Entrechtung der mexikanischen Bevölkerung im Südwesten profitierten. Vgl. Lich, Glen E.: The German Texans. UT San Antonio, 1981.

kaner, die als Bandit und Bösewicht innerhalb der Handlung auftreten.[115] Diese eingeengte Sicht auf amerikanische Geschichte habe in der Folge laut Figuerdo nachhaltig die Rezeption des amerikanischen Westens in Europa [z.B. in den sehr beliebten Groschenheftchen oder in den Romanen Karl Mays] geprägt und starken Einfluss auf die Erwartungen der von dort neu eintreffenden Einwanderern gehabt. Auch der Umgang der mexikanischen Bevölkerung[116] mit der erlebten U.S.-amerikanischen Inbesitznahme ihres Lebensraumes, sei in Teilen stark durch die einseitige und ausschließende Geschichtsschreibung der neuen anglo-amerikanischen Dominanzkultur beeinflusst gewesen:

> The result was that Europeans, Latin Americans, and Americans visualized the West as populated by folks with names such as Kit Carson, Wild Bill Hitchcock, and Wyatt Earp. There were no Spanish names, except perhaps for an occasional bandit. As for the conquistadores and Mexican pioneers, for the artists, writers, and historians who told the story of the West, they were simply "out of sight and out of mind." The irony in that phrase is that as the Mexicans lost the Southwest to the Americans in the 19th century – with many retreating to Mexico and others retreating into invisible subservience – they probably consoled themselves by telling one another: "Ojos que no ven, corazón que no sienten" (What the eyes do not see, won't pain the heart). And in doing, they trotted away from the myth the nation was creating of the West: out of sight, they were forgotten."[117]

---

[115] Während auf der einen Seite der Anteil mexikanischer Forscher- und Siedler-, und somit auch Kolonialgeschichte innerhalb der U.S.-amerikanischen Kulturproduktion ignoriert wird, kommt auf der anderen Seite dem stereotypen Bild „vom Mexikaner" zeitgleich eine wichtige Abgrenzungsfunktion zu, mit dem die eigene weiße anglo-amerikanische Identität konstruiert wird. Eine interessante Studie zu Stereotypisierung von mexikanischer bzw. mexikanisch-amerikanischer Kultur in den US-Medien ist Nericcio, William Anthony: Tex{t}-Mex. Seductive Hallucinations of the "Mexican" in America. University of Texas Press: Austin, 2007. Die Kontinuität bzw. Weiterentwicklung des Feindbildes lässt sich von Stephen Austin und Sam Houston bis zu Donald Trump verfolgen.

[116] Figuerdos These von einem „Mexikanismus" ist durchaus mit Edward Saids Theoriegebäude des Orientalismus zu vergleichen, das erklärt wie europäische Kulturschaffende [Künstler wie Wissenschaftler] die geographischen Räume des Mittleren Ostens und Nordafrikas orientalisiert und damit beschreibbar und beherrschbar gemacht haben. Eine ausführliche Vergleichsarbeit hierzu wäre ein interessantes Vorhaben.

[117] Figuerdo, D.H.: Revolvers and Pistolas, Vaqueros and Caballeros – Debunking the Old West. Praeger: Santa Barbara, 2015. S.24. Figuerdo stellt im weiteren Verlauf seiner Arbeit wichtige spanische Forschungsexpeditionen und Reisende wie z.B. den aus Marokko stammenden Sklaven Estevancio oder Cabeza de Vaca in den Vordergrund, die die Erschließung und Unterwerfung des Westens erst möglich gemacht haben und zeigt dabei wie spanische Reiseberichte britische und anglo-amerikanische Abenteurer für Unternehmungen inspiriert haben. Vgl. Schreiner, Daniel: The Once and Future Chicano – Weltliteratur between Intra-History and Utopian Vision: An Interview with Alejandro Morales. In: Ahrens,

Vor dem Hintergrund dieser durch die weiße Dominanzkultur ignorierten Geschichte(n) des ursprünglich indigen besiedelten Raumes – von der Pazifikküste bis zum Golf von Mexiko, und vom Rio Grande bis zu den Rocky Mountains – im Spannungsfeld zweier Kolonialmächte unterschiedlichster kultureller Prägung, konstituieren sich die Eigenheiten und Vielschichtigkeit des Südwestens, aus denen sich die Narrativik mexikanisch-amerikanischer Literatur speist.

Kolonisierung der Amerikas: Motive und Begriffe

Die europäisch-amerikanische Kolonialgeschichte beginnt mit der europäischen „Entdeckung" durch Cristobal Colón im Jahr 1492 und der spanischen Besetzung der Karibischen Inseln und der sich daran unmittelbar anschließenden Versklavung der dort lebenden Arawak-Bevölkerung für die Zuckerproduktion.[118] Nach der Besitzname Kubas im Jahr 1510 setzte neun Jahre später unter Hernán Cortés die Invasion der Küstengebiete von Kontinental-Südamerika, die Zerstörung des Azteken-Reiches im Landesinneren, die Unterwerfung der Oaxaca-Kultur und schließlich die Vertreibung der Maya ein.

Der militärische Erfolg der zahlenmäßig unterlegenen Spaniards basierte nicht nur auf einer überlegenen Waffentechnik, sondern in gleichem Maße auf einer geschickten Bündnispolitik mit deren Hilfe man unterschiedliche Völker gegen die herrschende Azteken-Dynastie[119] aufbringen

---

Rüdiger; Gonzalez, John Moran et al.: Latina/o Literature: The Trans-Atlantic and the Trans-American in Dialogue. Symbolism 17. De Gruyter: Berlin, 2017. O.S.

[118] Für ausführlichere Informationen siehe Acuña, Rodolfo F.: Occupied America. Seventh Edition. Longman: Boston, 2011. S. 20ff. und die Ausführungen Howard Zinns. Zinn, Howard: A People's History of the United States. HarperCollins, 2005. Kapitel I: Columbus, The Indians, and Human Progress. An dieser Stelle sei zudem darauf hingewiesen, dass es ein weit verbreiteter Anachronismus ist, sich Spanien in seiner heutigen Form als die damalige Kolonialmacht vorzustellen. Spanien bestand gegen Ende des 15. Jh. aus mehreren Staaten. Die sogenannten „Entdeckungsreisen" und Eroberungen wurden jedoch hauptsächlich durch das Königreich Kastilien (1037–1516) durchgeführt. Das Königreich Spanien wurde erst 1516 unter Karl I. gegründet, welches dann die eroberten Gebiete in Südamerika mitübernahm. Siehe mehr dazu in: Sánchez, David A.: From Patmos to the Barrio. Fortress Press: Minneapolis, 2008. S. 47ff.

[119] Zugunsten einer komprimierten historischen Darstellung werden an dieser Stelle Details zu den religiösen Narrationen der Azteken-Kultur ausgespart. Einzelaspekte werden jedoch weiter unten im Zusammenhang mit dem literarischen Schaffen der Feministin Gloria Anzaldúa aufgegriffen und erklärt werden. Ausführliche Übersichtswerke zur komplexen Religionsgeschichte Mexikos sind: Miller, Mary und Taube, Karl: An Illustrated Dictionary of The Gods and Symbols of Ancient Mexico and the Maya. Thames and Hudson: London, 1997. Carrasco, Davíd und

konnte. Letztendlich entscheidend für den Zusammenbruch des Azteken-Reiches war jedoch der Ausbruch einer von den Europäern eingeschleppten Pockenepidemie, die große Teile der Bevölkerung dahinraffte [siehe dazu in Kapitel IV die Analyse von Alejandro Morales' *The Rag Doll Plagues*].[120]

Die Eroberung der Hauptstadt *Tenochtitlán* durch Cortés im Jahr 1521[121] wurde schließlich zur Geburtsstunde des Vizekönigreichs Spaniens und des Vielvölkerstaates Mexiko und führte zur Latinisierung und Christianisierung Südamerikas.

Malinche und La Llorona

Eingang in die literarische Stoffgeschichte findet zu dieser Zeit die Figur der *La Malinche*.[122] Bei *Malinche* (Lebenszeiten 1505–1529) handelte es sich um eine junge *Nahua*-Sklavin, die von unterlegenen Maya-Kriegern als Zeichen der Ehrerbietung an Cortés verschenkt wurde und diesem während seines Feldzuges als Konkubine und Übersetzerin diente. Da *Malinches* Sprachkenntnisse eine wichtige Rolle bei der Eroberung des Azteken-Reiches spielten, wurde sie in der anti-spanischen Geschichtsschreibung im Mexiko des 19. Jahrhundert zu einem Symbol des nationalen Verrates.[123] Ab den 1970er Jahren widerfährt der Figur zumindest in der literarischen Stoffgeschichte jedoch eine feministische Umdeutung, innerhalb derer *Malinche* als Sinnbild für die negative Sichtweise mexikanisch-amerikanischer Männer auf selbstbewusste Chicana-Frauen verstanden wird, die ihrerseits aus den

---

Moctezuma, Eduardo Matos: Moctezuma's Mexico. University Press of Colorado: Boulder, 2003.

[120] Rodolfo F. Acuña fasst die Auswirkungen der europäischen Eroberung folgendermaßen zusammen: „However, they also brought smallpox, influenza, malaria, measles, typhus, and syphilis. The exchange wiped out the indigenous religions, submerged their languages, and tried to blank out their history. They also introduced an European construct of race." Acuña, Rodolfo F.: Occupied America. Seventh Edition. Longman: Boston, 2011. S. 22. Acuña geht von 300000–400000 Menschen aus, die an *Cocolztli*, so der indigene Begriff für die Pockenepidimie, verstorben sind. Tiefergehende Analysen zu den geografisch und klimatisch bedingten Gründen der weltweit erfolgreichen europäischen Kolonisation sind im Forschungswerk des Anthropologen Jared Diamond zu finden. So zum Beispiel: Diamond, Jared: Guns, Germs, and Steel: The Fates of Human Societies. Norton: New York, 1999.

[121] Der Eroberung Tenochtitlán war die Gefangennahme und der Tod des Azteken-Herrschers Moctezuma II. (1465–1520) vorausgegangen, dem es nicht gelungen war, Cortéz Marsch auf die Hauptstadt seines Reiches zu stoppen.

[122] Der aztekische Name ist vermutlich *Malintzín*. Von den Spaniards wurde *Malinche* jedoch Doña Marina genannt. Siehe in: Hugh, Thomas: Conquest – Montezuma, Cortes and the fall of old Mexico. Simon & Schuster: New York, 1993. S. 171ff.

[123] Siehe ausführlich in: Dröscher, Barbara und Rincón, Carlos (Hrsg.): La Malinche. Übersetzung, Interkulturalität und Geschlecht. Edition Tranvía: Berlin, 2010.

ihnen vorgegebenen traditionellen Rollenbildern ausbrechen zu versuchen, und dafür als Verräterinnen [*Vendida*] beschimpft werden [siehe mehr dazu weiter unten in *Die 1980er Jahre: Feminismus und der Aufschwung der Chicana-Literatur*].[124]

Die Figur der *La Malinche* verschmilzt in der zeitgenössischen mexikanisch-amerikanischen Literatur zudem oftmals mit der Legende von *La Llorona*, der „Weinenden Mutter", die ähnlich wie die Medea aus der griechischen Mythologie, ihre Kinder umbringt.[125] *La Llorona* ist über die Jahrhunderte hinweg zu einem bedeutungsvollen Topos mexikanischer und mexikanisch-amerikanischer Kultur angewachsen, der in unterschiedlichen Kontexten erzählt und vermarket wird. In der mexikanisch-amerikanischen Literatur bevölkert sie zumeist die Geisterwelt, dient als mahnendes Element und findet Verwendung als Symbol des Widerstandes im Chicana-Politaktivismus. Wie es typisch für sämtliche Legenden-Bildungen ist, lassen sich desgleichen für *La Llorona* unterschiedliche Herkunftsnarrationen und Narrationsversionen finden. In den ältesten Quellen wird von *La Llorona* als Omen für den drohenden Untergang des Azteken-Reiches gesprochen; ihr Wehklagen sagt Leid und Tod vorher. Oftmals wird *La Llorona* mit der Schlangen-Gottheit *Cihuacoatl* gleichgesetzt, die von den Azteken-Herrschern, für ihre Fähigkeit die Zukunft vorauszusehen zu können, verehrt wurde.[126] Viele mexikanisch-amerikanische Autor_innen wie z.B. Gloria Anzaldúa greifen diese indigenen Motive verstärkt in ihren Texten auf [siehe weiten unten in Kapitel III].

Virgin de Guadalupe: Synkretismus und Wiedererlangung des eigenen Stolzes

Die Entstehung eines weiteren, wenn nicht des bis heute wirkungsmächtigsten Topos der mexikanischen und somit auch der mexikanisch-amerikanischen Symbolik und Stoffgeschichte, lässt sich auf zwei Jahre nach dem Tod von *La Malinche* datieren. 1531 soll auf dem Hügel *Tepeyac*, der während der Aztekenherrschaft der Göttin *Tonantzin* gewidmet war, die Jungfrau Maria dem *Nahua* Juan Diego [sein indigener Name ist *Cuauhtlatozin*] erschienen sein.

---

[124] Siehe Ikas, Karin: Die zeitgenössische Chicana-Literatur. Kapitel IV.2 Der indigene Mythos: „La Malinche". Universitätsverlag C. Winter: Heidelberg, 2000. S. 147ff.

[125] Eine erwähnenswerte literarische Adaption beider Stoffe ist Rudolfo Anayas Kurzgeschichte *The Legend of La Llorona* aus dem Jahr 1984 [Tonatiuh-Quinto Sol International: Berkeley].

[126] Ein Übersichtswerk zur Legende der *La Llorona* innerhalb der mexikanisch-amerikanischen Kulturgeschichte ist: Perez, Domino: There was a Woman: La Llorona from Folklore to Popular Culture. University of Texas Press: Austin, 2008.

Das Erscheinen dieser braunhäutigen und *Nahuatl*-sprechenden Version der Mutter Gottes – in Anlehnung an den Madonnenkult in der spanischen Stadt Guadalupe *Virgin de Guadalupe* genannt – markiert die Wiederherstellung indigenen Stolzes nach der erlebten Katastrophe und ist kennzeichnend für die synkretistische Verschmelzung des Katholizismus mit der indigenen Mythenwelt. Dieser Synkretismus, der typisch für das mexikanische Christentum werden sollte, beeinflusst bis heute ebenfals die religiöse Lebenswelt der Mexican-Americans und fand Eingang in die literarische und politische Motivgeschichte des 19. und 20. Jahrhunderts. So wurde die *Virgen de Guadalupe*, über ihren Status als religiöses Kultursymbol hinaus, zum Banner zahlreicher politischer Aufstände und Bewegungen[127], wie der mexikanischen Revolution von 1810, der Landarbeiterbewegung [*campesinos*] in den USA unter Cesar Chávez in den 1960er Jahren oder dem Chicana-Feminismus der 1990er Jahre.

Die genaue Entstehung und Bewertung des *Virgin de Guadalupe* Kultes ist durchaus umstritten. Während Theologen wie David A. Sanchez den Marienkult hauptsächlich innerhalb christlicher Narrative erklären[128], gibt es daneben Ansätze, die die Auffassung vertreten, dass die *Virgin de Guadalupe* als die ideelle Wiedergeburt bzw. spirituelle Manifestation der *Mexica*-Göttin *Tonantzin* verstanden werden muss.[129] Diese Position wird von vielen Chicana-Schriftstellerinnen wie Sandra Cisneros oder Gloria Anzaldúa geteilt.[130] Die *Virgin de Guadalupe* wird heutzutage faktisch von vielen katholischen Mexikanern und Mexican-Americans als eine Art originäre feminine Quasi-Gottheit verehrt wird, die Gottvater und Gottessohn mitunter als ebenbürtig beigestellt wird.

Race & Class: Wirtschafts- und Herrschaftssystem *Hacienda*

Nach dem Fall des Azteken-Reiches festigte das Königreich Spanien seine Macht in Mesoamerika durch die Vergabe von Ländereien an Konquistadoren, auf denen diese mit den so genannten *encomiendas* eine Art Feu-

---

[127] Eine ausführliche Analyse zur Politisierung der Jungfrau Guadalupe-Symbolik bietet Castañeda-Liles, Socorro: Our Lady of Guadalupe and the Politics of Cultural Interpretation. In: Espinosa, Gastón und García, Mario T. (Hrsg.): Mexican American Religions – Spirituality, Activism, and Culture. Duke University Press: London, 2008. Siehe auch Ikas, Karin: Die zeitgenössische Chicana-Literatur. Kapitel IV.3 Der religiöse Mythos: „La Virgen de Guadalupe". Universitätsverlag C. Winter: Heidelberg, 2000. S. 161ff.

[128] Sánchez, David A.: From Patmos to the Barrios. Subverting Imperial Myths. Fortress Press: Minneapolis, 2008. S. 60ff.

[129] Siehe die Beiträge in: Loza, Steven (Hrsg.): Religion as Art. Guadalupe, Orishas, and Sufi. University of New Mexico Press: Albuquerque, 2009.

[130] Castilio, Ana (Hrsg.): Goddess of the Americas/ La diosa de las Américas. Writings on the Virgin of Guadalupe. Riverhead books: New York, 1996.

dalsystem installierten, in dem die unterworfenen Völker in Minen und der Landwirtschaft arbeitspflichtig waren und Tribute zahlen mussten. Unter der Oberaufsicht eines Vizekönigs wurde das Gebiet Mexikos in Verwaltungseinheiten gegliedert, regierbar und somit kontrollierbar gemacht, ein Prozess bei dem die Katholische Kirche eine wichtige Rolle spielte.[131] In Zusammenarbeit mit der katholische Kirchen nutzte die spanische Kolonialregierung rassistische Strukturen, mit Hilfe derer ein juristisches Kastensystem [*sistema de casta*][132] etabliert wurde, das den Zugang zu Bildung und Arbeit und die Höhe des Steuersatzes regelte. Rudolfo Acuña fasst diesen dem Machterhalt dienenden Ordnungsvorgang folgendermaßen zusammen:

> The Spanish instituted a caste system based on race, which dictated an individual's relative importance. Spanish priests listed racial classification on baptismal certificates. There are four main categories of race: the „peninsular", or the Spaniard born in Spain; the „criollo/a", a person of Spanish descent born in Mesoamerica; the „indio/a", or native; and the „negro/a", of African slave descent. There were also innumerable subcategories of mixtures. This complex system, used for social control, lasted in various forms throughout the colonial period, although during the eighteenth century the increased ability of the castas, the mixed bloods, allowed them to fudge on their race. The advantage of moving up in race was clear: The more

---

[131] Die spanischen Kolonien in Mittel- und Südamerika waren in vier Vizekönigreiche aufgegliedert: *La Plata* [das heutige Argentinien, Paraguay, Uruguay und Bolivien], *Nueva Granada* [das heutige Ecuador, Kolumbien und Venezuela], Peru [Peru und Chile] und *Nueva España* [Mexiko, Belize, Guatemala, El Salvador, Honduras, Nicaragua, Costa Rica, Venezuela, Kalifornien, Arizona, New Mexico, Texas, Nevada, Colorado, Utah, Wyoming, Louisiana]. Siehe in: Davies, William C.: Lone Star Rising. Free Press: New York, 2004. S. 9ff.

[132] Das spanische Kastensystem, das seine Ursprünge in der *reconquista* hatte und weiße katholische Spanier von konvertierten Muslimen [*moriscos*] und Juden [*conversos*] trennen sollte, unterschied in der für den südamerikanischen Raum erweiterten Version folgende Kategorien voneinander: Den höchsten Satus hatten *españoles* und *peninsulares* inne. Bei den *españoles* [auch *criollos* genannt] handelte es sich um weiße Spaniards, die in Südamerika geboren waren. Zu den *peninsulares* zählten dagegen Weiße, die in Spanien geboren waren und wichtige Positionen in der Kolonialverwaltung, der Armee und Kirche besetzten. Wichtige andere Kategorien waren *indios*, *mestizos* [ein Elternteil *peninsulares*, das andere *indio*)], *castizos* [ein Elternteil *peninsulares*, das andere *mestizo*], *cholos* [*indio* und *mestizo*] und *mulatos* [ein Elternteil *peninsulares* oder *españoles*, das andere afrikanischer Herkunft]. Ausführliche Informationen zum *sistema de casta* bietet: MacLachlan, Colin M. and Jaime E. Rodríguez O., Jaime E.: The Forging of the Cosmic Race – A Reinterpretation of Colonial Mexico. University of California Press: Berkeley, 1990. Eine wichtige Arbeit zur ethnischen Vielfalt der mexikanisch-amerikanischen Bevölkerung in den USA und die Bedeutung von Rassefragen ist Menchaca, Martha: Recovering History, Constructing Race – The Indian, Black, and White Roots of Mexican Americans. University of Texas Press: Austin, 2001.

Spanish one looked and claimed to be, the more privilege the person enjoyed.[133]

In den folgenden Jahrzehnten dehnten die Spaniards ihren Machtbereich auf nördlichere Gebiete wie Chihuahua, Jalisco, Nayarit, Sinola, Sonora und die heutigen U.S.-amerikanischen Staaten Arizona und New Mexico aus und unterwarfen auf ihrer Suche nach Gold und Silber weitere indigene Völker wie z.B. die *Yaqui*. Um neues Staatsgebiet zu erschließen und zu beherrschen, errichteten die Spaniards katholische Missionen und militärische *presidios,* in deren Einflussgebietes *haciendas* für die Landwirtschaft und Bergwerke zur Förderung von Erzen errichtet wurden. Ab Mitte des 18. Jahrhunderts begann schließlich demselben Muster folgend die Kolonisation von Texas und Kalifornien. Einige wichtige Siedlungsgründungen wie beispielsweise San Diego (1769), San Francisco (1776), Los Angeles (1781) oder Santa Barbara (1782) gehen auf diese Zeit zurück.

Um in diesen Gebieten die spanische Herrschaft aufrecht zu erhalten und die neuen *pueblos* zu bevölkern, riefen die Spaniards meist Siedler aus Sonora und Sinaloa in den Norden, die aufgrund ihrer Abstammung innerhalb der rassistischen Ordnungskategorien zu einer unteren Klasse gehörten, und verteilten Ländereien an ehemalige Soldaten der *presidios* aus denen sich die Gruppen der *ranchos* entwickelte[134], deren Nachfahren später von U.S.-amerikanischen Siedlern entrechtet werden sollten. Rudolfo Acuña weist darauf hin, dass das weit ausgedehnte koloniale vorrevolutionäre Mexiko am Ende des 18. Jahrhunderts ob seiner diversen und administrativ streng rassifizierten Bevölkerungsgruppen sowie der sozialen Schichtungen keineswegs über eine feste Identität verfügt habe.[135] Da die größten Bevölkerungsgruppen, indigene Völker und die *mestijos*, also Menschen mit indigener bzw. afrikanischer Familiengeschichte weitestge-

---

[133] Vgl. Acuña. S. 24. Interessanterweise sind Konzepte von Herkunft und Hautfarbe im Zusammenhang mit gesellschaftlicher Partizipation und Schichtung bis heute wichtig im U.S-amerikanischen Raum. Bezog sich die Chicano-Bewegung der 1960er Jahren mit dem Slogan „*Tengo color!*" noch voller Stolz auf die eigene braune Hautfarbe, verstehen sich heute einige Latinos vorrangig als Weiße und grenzen sich so von den schwarzen Amerikanern ab. Es gibt jedoch auch entgegengesetzte Tendenzen: Da Georg P. Bush, der Sohn von Jeb Bush und Neffe von George W. Bush, seit Januar 2015 als erster Latino [seine Mutter Columba stammt aus Mexiko] das Amt des *Texas Land Commissoner* inne hat, wurde er von der UT Austin mit dem *Latino-Leadership-Award* ausgezeichnet. Der Bush-Clan ist ein eindrucksvolles Beispiel für politische Adaption und ist der der Tatsache geschuldet, dass Latinos alsbald die Majorität in Texas stellen werden. Einsehbar auf [http://www.utexas.edu/news/2015/03/31/george-p-bush-latino-research-initiative/]. Stand 10.April 2015.
[134] Acuña. S. 32.
[135] Ebda. S. 33.

hend von politischer Macht und Wohlstand ausgeschlossen waren, der Reichtum nach Spanien abfloss und der Kolonialstaat keine ausgereiften Verwaltungsbehörden entwickelt hatte, kam es schließlich 1810 zum Ausbruch des mexikanischen Unabhängigkeitskrieges.

Unabhängigkeit von Spanien

Im Zuge der Französischen Revolution hatte sich auch im gesamten Gebiet Kolonialspaniens ein politisches Bewusstsein geformt, das den Status Quo in Frage stellte. Nach der Besetzung Spaniens durch Napoleon Bonaparte 1808 und der Abdankung von Karl IV. und Ferdinand VII. sahen Revolutionäre in ganz Südamerika die Zeit gekommen, um ihre Länder von der spanischen Kolonialherrschaft zu befreien.[136]

Ein wesentlicher Grund für den Ausbruch des Unabhängigkeitskrieges gegen die spanische Kolonialherrschaft war die Bevorzugung von in Spanien geborenen *gachupines* und mexikanischen Eliten ohne indigenen oder afrikanischen Familienhintergrund. Die Kriegshandlungen begannen mit Bauern-Aufständen gegen das spanische Feudalsystem der *encomiendas*, innerhalb derer die indigenen Ureinwohner Mexikos arbeiten mussten und tributpflichtig waren. Die von den katholischen Priestern Miguel Hidalgo (1753–1811), Juan Aldama (1774–1811) und José Mariá Morelos (1765–1815) angeführten Aufstände in Mexiko konnten jedoch zunächst von spanischen Truppen niedergeschlagen werden. Erst als die Wiedereinsetzung der spanischen Verfassung von Cádiz (1812)[137] im Jahre 1820 ebenfalls die weißen konservativen privilegierten Schichten in Mexiko gegen Spanien aufbrachte, veränderte sich das Machtverhältnis zu Ungunsten der Krone.

Unter der Führung von Colonel Agustín de Iturbide (1783–1824), der zuvor noch die Rebellen bekämpft hatte, wechselten mehrere Trup-

---

[136] Die direkte Einflussnahme der Franzosen durch die Gründung des Kaiserreichs Mexikos (1864–1867) unter der Herrschaft des Habsburgers Maximilian I. blieb nur eine kleine historische Anekdote in der Geschichte Mexikos und wird in der mexikanisch-amerikanischen Literatur nicht thematisiert. Zu den Hintergründen siehe mehr in Amberson, Mary Margaret McAllen: Maximilian and Carlotta – Europe's last empire in Mexico. Trinity University Press: San Antonio, 2014.

[137] Mit Hilfe einer neuen Verfassung, die den Untertanen in den Kolonialgebieten Südamerikas mehr Teilhabe und Repräsentation innerhalb des spanischen Weltreiches zusichern sollte, versuchte Spanien während der napoleonischen Besatzungszeit Separationstendenzen aufzufangen. Für mehr Information siehe Twinam, Ann: Purchasing Whiteness. Pardos, Mulatoss and the Quest for Social Mobility in the Spanish Indies. Standford University Press, 2015. S. 352–387. Ann Twinam analysiert in ihrer Studie das Konzept des *gracias al sacar,* das es Menschen nicht-weißer Hautfarbe in den spanischen Kolonien ermöglichte, sich aus den Beschränkungen des Kasten-Systems freizukaufen und weiße Privilegien zu erwerben.

penverbände die Seiten und verstärkten die Revolutionäre um Vicente Ramón Guerrero Saldaña (1782–1831), der später der erste dunkelhäutige *Mestizo*-Präsident des unabhängigen Mexikos werden sollte. Nach dieser Machtverschiebung erklärte sich Spanien 1821 bereit, Mexiko in die Unabhängigkeit zu entlassen, falls es für die Landbesitzverluste in Übersee entschädigt würde. Iturbide wurde als Augustín I. zum ersten Kaiser Mexikos gekrönt. Augustín konnte sich jedoch nur für ein Jahr an der Macht halten, da es zum Putsch gegen ihn kam, in dessen Folge sich die zentralamerikanischen Gebiete von Mexiko lossagten. Die „Reparationszahlungen" an Spanien, die politische Instabilität und die Gebietsverluste ließen Mexiko nach dem Unabhängigkeitskrieg derart geschwächt zurück, dass es in dem kurz darauf folgenden Texanischen Unabhängigkeitskrieg und im U.S.-mexikanischen Krieg den amerikanischen Invasoren hoffnungslos unterlegen war.

Remember the Alamo: Texas wird unabhängig

Da die USA Spanien im Gegenzug für die Abtretung Floridas die Unverletzlichkeit von Texas als Teil mexikanischen Staatsgebietes zugesichert hatten [*Transcontinental Treaty* von 1819], erlaubten die spanisch-mexikanischen Behörden U.S.-amerikanischen Siedlern sich im nur dünn besiedelten Texas, das damals zu *Coahulia y Tejas* gehörte, niederzulassen, sofern sie katholisch seien und sich an spanisch-mexikanisches Recht hielten.[138] In der Folge einer wirtschaftlichen Depression drängten weitere neue US.-amerikanische Siedler nach Texas, so dass es zu vermehrten Konflikten mit den mexikanischen Behörden kam. 1821 wurde Mexiko nach der Unabhängigkeit von Spanien schließlich alleiniger Verhandlungspartner der USA und lehnte mehrere amerikanische Kaufangebote für das texanische Gebiet ab. Im Zuge des mexikanischen Sklaverei-Verbotes 1829 kam es zu erneuten Streitigkeiten mit den U.S.-amerikanischen Siedlern, so dass sich die politische Lage von Jahr zu Jahr verschärfte. Nachdem sich der Gutsbesitzer Stephen Austin [1793–1836; er gilt als der Gründungsvater von Texas und ist Namensgeber der Hauptstadt Austin] als Vertreter der U.S.-amerikanischen Siedler vergeblich in Mexiko-Stadt für die Eigenständigkeit von *Tejas* als mexikanischen Bundesstaat eingesetzt hatte und der mexikanische Präsident Antonio López de Santa Anna (1794–1876) mit seinem zentralistischen Regie-

---

[138] Die historische Zusammenfassung des Texanischen Unabhängigkeitskrieges basiert, wenn nicht gesondert angegeben, auf Davies, William C.: Lone Star Rising – The Revolutionary Birth of the Texas Republic. Free Press: New York, 2004 und auf Fehrenbach, T.R.: Lone Star – A History of Texas and the Texans. Collier Books: New York, 1980. S. 110–233.

rungsstil[139] für weitere Reibungspunkte sorgte, eskalierte die Lage. Neben dem Verbot der Sklaverei und dem katholischen Religionszwang sorgte vor allem eine regulierte Wirtschaftspolitik, die von den texanische Farmern verlangte nur bestimmte Produkte anzubauen und diese zuerst auf dem mexikanischen Markt anzubieten, für großen Unmut.

In vielen mexikanischen Bundesstaaten einschließlich Texas kam es zu kleinen Revolten, die Santa Anna hart niederschlagen ließ. Die texanischen Siedler beantworteten den Einmarsch mexikanischer Soldaten, indem sie sich bewaffneten und militärische Verbände unter der Führung von Sam Houston und Stephen Austin gründeten. Nach mehreren Belagerungen und Scharmützeln im gesamten texanischen Gebiet nahmen im Frühjahr 1836 mexikanische Truppen das eigentlich unbedeutende Alamo Fort ein, deren anglo-amerikanische Verteidiger trotz der erlebten Niederlage heroisiert wurden.[140] Die Schlacht wurde noch unmittelbar vor ihrem Ende zu einem Symbol des ungebrochenen Willens und wurde von den Rebellen dazu genutzt die Unabhängigkeit der Republik Texas auszurufen.

Die texanischen Verbände hielten in der Folge landesweit den mexikanischen Truppen unter der Heeresleitung von Santa Anna weiter stand. Im Sommer kam es schließlich zur Schlacht von San Jacinto, bei der es den zahlenmäßig stark unterlegen Rebellen unter der Führung von Sam Houston [die gleichnamige texanische Stadt ist nach ihm benannt worden] gelang, die mexikanischen Einheiten in einem Überraschungsüberfall zu überrennen und Santa Anna gefangen zu nehmen. Santa Anna wurde nach Washington ausgeliefert, wo er dem U.S-amerikanischen Präsidenten Andrew Jackson die Unabhängigkeit von Texas zusicherte, die jedoch

---

[139] Cecil Robinson beschreibt den Zustand und die administrative Schwäche des gerade unabhängig gewordenen Mexikos am Vorabend des Krieges mit den USA folgendermaßen: „The Mexican-American War, fought between 1846 and 1846, occurred in the period of Mexican history known as the crillo era. The crillos were people born in Mexico but considered to be of pure Spanish blood. Before Mexico's war of independence against Spain, between 1810 and 1821, most positions of public office were held by native Spaniards, the hated gachupines, as these Spanish officials were pejoratively called. Upon the achievement of independence, Mexico promptly expelled all the gachupines, and into their places of office stepped the criollos. At the time of the war with the United States, almost all positions of high authority in government, army, and church were held by the criollos to the exclusion of the mestizos [...] and the Indians. Since Spain had autocratically governed Mexico for three hundred years and had insisted that all important governing officials be people brought over from Spain, most native Mexicans lacked the expierence of exercising governmental authority on their own soil, although some had been members of the Spanish Cortes." In: Robinson, Cecil: The view from Chapultepec. The University of Arizona: Tucson, 1989. S. XIII.

[140] Siehe dazu: Flores, Richard R. 2002. Remembering the Alamo: Memory, Modernity, and the Master Symbol. University of Texas Press: Austin, 2002.

von Mexiko anfänglich nicht anerkannt wurde und erst im mexikanisch-amerikanischen Krieg von 1846 bis 1848 endgültig entschieden wurde. Für Luis Leal markiert die Unabhängigkeit Texas den Beginn der Chicano-Literatur:

> The period 1810-1848 is significant in the development of Chicano literature, because in 1836 the Mexicans who lived in Texas had to decide whether to return to Mexico or assimilate into the Anglo American culture. Those who remained quickly realized they would have to fight against the Anglo-Americans who rapidly were becoming the majority. It is here where we find the origins of Chicano literature per se. This literature does not reject traditional elements inherited from Spanish culture of the colonial area; it adds, however, new elements creating thereby an autochthonous literature, different from both Mexican and North American literatures. [141]

Krieg und Niederlage: Der Vertrag von Hidalgo de Guadalupe Hidalgo

Nachdem es unter dem neu gewählten U.S.-Präsidenten James Polk (1795–1849), der ein Verfechter der *Manifest Destiny*-Ideologie war[142], zur Annexion von Texas durch die USA und zu neuen Grenzstreitigkeiten mit Mexiko gekommen war, begann 12 Jahre später der Mexikanisch-Amerikanische Krieg. Im nach wie vor politisch instabilen Mexiko hatte sich General Mariano Paredes (1797–1849) an die Macht geputscht, der den aggressiven Hunger der USA nach neuem Staatsgebiet mit der Mobilmachung der mexikanischen Armee beantwortete. Den U.S.-amerikanischen Armeen gelang es bis zur Jahreshälfte 1846 einige Teile Nordmexikos zu besetzen. Der anhaltende unglückliche Kriegsverlauf für Mexiko führte zu einem abermaligen Putsch an der Staatsspitze. Jedoch

---

[141] Leal, Luis: Pre-Chicano Literature – Process and Meaning (1539–1959). In: Lomelí, Francisco: Handbook of Hispanic Culture in the United States: Literature and Art. Arte Público Press: Houston, 1993. S. 70.

[142] D.H. Figuerdo fasst den damaligen Zeitgeist folgendermaßen zusammen: „Oregon, California, and Texas were destinations. Soon, politicians, magnates, and would-be tycoons parlayed the westward movement into a patriotic mandate: head west, take over, and expand the United States. Newspaper editor John L. O'Sullivan dubbed it Manifest Destiny: „The right of our manifest destiny to overspread and to possess the whole of the continent which Providence has given us for the development of the great experiment of liberty and federated self-government entrusted us." Going West was a divine gift. How could it not be so? Who could deny God was smiling on the Americans? History served as evidence." Aus: Figuerdo, D.H.: Revolvers and Pistolas, Vaqueros and Caballeros. Praeger: Santa Barbara, 2015. S. 21. Zum Konzept des *Manifest Destiny* siehe des weiteren: Heidler, David Stephen und Heidler, Jeanne T.: Manifest destiny. Greenwood Press, 2003.

auch Mariano Paredes' Nachfolger im Präsidentenamt, Gómez Faría, wurde binnen kürzester Zeit durch den aus dem Exil heimgekehrten Santa Anna ersetzt, unter dessen politischer und militärischer Führung man elf Jahre zuvor Texas in die faktische Unabhängigkeit entlassen hatte müssen.[143] In der Unübersichtlichkeit der Ereignisse gelang es amerikanischen Truppen, das sich in der Zwischenzeit von Mexiko unabhängig erklärte Kalifornien unter Kontrolle zu bringen und somit den gesamten Norden Mexikos [den späteren Südwesten der USA, aus der Sicht der Mexikaner jedoch *El Norte*] zu besetzen. Nahezu zeitgleich landeten mehrere U.S.-Verbände an der mexikanischen Südwestküste in Veracruz (27.März 1847), von wo aus der Marsch auf Mexiko-Stadt beginnen konnte.[144]

Nach mehreren Schlachten und Waffenstillständen eroberte General Winfield Scott (1786–1866) am 13. September 1847 Mexiko-Stadt und Santa Annas Regierung musste kapitulieren. Unter der Verhandlungsführung von Nicholas Trist wurde am 2. Februar 1848 der Vertrag von Guadalupe Hidalgo [*Treaty of Peace, Friendship, Limits and Settlement between the United States of America and the Mexican Republic*]ratifiziert, in dem der Rio Grande als Grenzfluss von Texas festgelegt und die Gebiete der heutigen U.S.-amerikanischen Bundesstaaten Kalifornien, New Mexico, Nevada und Teile von Colorado, Arizona, Utah und Oklahoma zugesprochen wurde. Im Gegenzug erhielt Mexiko eine Kompensationszahlung von 15 Millionen Dollar.[145]

Entrechtung und Ausgrenzung: Die Amerikanisierung des Südwestens

Die direkten Auswirkungen auf die mexikanische Bevölkerung, die in den eroberten Gebieten lebten [Schätzungen gehen von 100.000 Menschen aus], sind von besonderem Interesse für das Verständnis mexikanisch-amerikanischer Lebenswirklichkeit und deren literarischer Verarbeitung in

---

[143] Santa Anna war insgesamt elf Mal Präsident von Mexiko. Auch nach der Niederlage im Mexikanisch-Amerikanischen Krieg schaffte er es von 1853–1855 ein weiteres Mal an die Staatsspitze und verlor, diesmal durch Verkauf, abermals Staatsgebiet an die USA.

[144] Rudolfo Acuña fasst die Gründe für die mexikanischen Unterlegenheit wie folgt zusammen: „Mexico did not have the factories or the money to pay for a professional navy or even good uniforms. In addition, Mexico did not fight an intelligent war. Part of the problem was its commander Santa Anna, who had returned to Mexico from exile and recruited a new army of more than 20.000 men whom he hardly trained; the result was the loss of several major battles." Acuña, S. 50. Weitere Gründe für die Niederlage Mexikos seien soziale Spannungen in der Gesellschaft gewesen. Siehe in Henderson, Timothy J.: A Glorious Defeat. Mexico and its War with the United States. Hill and Wang: New York, 2007. S. 157- 164.

[145] Acuña, S. 51. Siehe ebenso: Griswold del Castillo, Richard: The Treaty of Guadalupe Hidalgo: A Legacy of Conflict. University of Oklahoma Press, 1990.

den Folgejahren. Die Entrechtung und Ausgrenzung einer ganzen angestammten Bevölkerungsgruppe im 19. Jahrhundert zog in der Folge einen jahrzehntelangen politischen und kulturellen Kampf um Partizipation und soziale Gerechtigkeit nach sich: Obwohl im Vertrag von Guadalupe Hidalgo den bisherigen mexikanischen Bewohnern der eroberten Gebiete die Rechtssicherheit bestehender Besitzverhältnisse zugesichert wurde, traf das Gegenteil zu. Die mexikanischen U.S.-Amerikaner wurden zu einer kulturellen Minderheit im eigenen Land, die ob ihrer Religion, Sprache und Hautfarbe als Bürger zweiter Klasse behandelt wurden. Timothy J. Henderson fasst die Auswirkungen für die Mexikaner im Südwesten folgendermaßen zusammen:

> Hispanics quickly became an ethnic minority in their native land, and as such they were lumped together with Blacks and Indians[146], people whose civil rights were ambiguous and routinely abused. Predictably, the ink was hardly dry on the treaty of Guadalupe Hidalgo before the first episodes of mob violence against Mexicans began to occur, especially in the volatile society of California during the Gold Rush. There were also abuses involving property rights. Some Hispanics families held imperfect title to their lands. The U.S. Senate had rejected a proposed clause to the Treaty of Guadalupe Hidalgo that would have automatically legitimized such titles, so title holders were forced to fight for their lands in U.S. courts. During the ensuing decades many found themselves despoiled.[147]

---

[146] An mehreren Stellen zitiere ich in der Arbeit die Fremdbeschreibung „*Indian*" oder verwende in Bezug auf Autoren, die den Begriff benutzen, das Wort „Indianer". In diesem Zusammenhang möchte ich dazu ein Zitat von Dan, Mitglied der Dakota, aus Kent Nerburns narrativer Studie *Neither Wolf nor Dog* zu bedenken geben, das zeigt, wie koloniales Herrschaftsdenken beinahe unscheinbar in Sprache fortlebt: „You remember a few years ago? Some Indians decided they would rather be called Native Americans. It's an okay name; it's more dignified than # 'Indians.' But it's no more real than Indians, because to us this isn't even America. The word America came from some Italian who came over here after Columbus. Why should we care if we're called Native Americans when the name is from some Italian?" Nerburn, Kent: Neither Wolf nor Dog. New World Library: Novato, 2002. S. 57.

[147] Henderson, Timothy J.: A Glorious Defeat. Hill and Wang: New York, 2007. S. 182. John Morán Gonzalez beschreibt die Auswirkungen für die Mexikaner in den eroberten Gebieten ebenso drastisch: „This partial presence of ethnic Mexicans within U.S. nationalism manifested itself in many ways. In terms of nationality, many supposed Mexicans were U.S. citizens yet were routinely denied their civil rights, legislatively stripped of their economic resources, and denied the legitimacy of their cultural practices. In political terms, ethnic Mexicans were voters to be herded by political machines, yet not a constituency whose interests its elected representatives would champion. In economic terms, ethic Mexicans were useful laborers paid a fraction of what white labor received for the same work – skilled or unskilled – but also undesirables who made for neither good neighbors nor good citizens. In legal terms, ethnic Mexicans were white and thus not subject to statutory discrimination directed against African Americans; nonetheless, they

Oftmals wurden viele Landbesitzer durch Raubzüge und Lynchmorde dazu gebracht, ihre Ländereien aufzugeben und/oder unter Wert zu verkaufen.[148] Hin und wieder regte sich jedoch gegen die erlebte Entrechtung der Widerstand der mexikanischen Bevölkerung, der in zahlreichen *corridos* besungen wurde.

Einer der bekanntesten Sozialrebellen war Gregorio Cortéz, der sich im Jahr 1901 gegen Polizeiwillkür und staatlichen Diebstahl in Texas zur Wehr setzte.[149] Auch der während der Mexikanischen Revolution auf texanischem Gebiet stattfindende sogenannte „*Borderlands War*" von 1915, war ein verspäteter Versuch von *Tejano*-Farmern in einem Guerilla-Krieg das erfahrene Unrecht rückgängig zu machen.[150]

Während der amerikanisch-mexikanische Krieg – bei dem die Hälfte des Territoriums verloren wurde – in der Geschichte Mexikos als traumatische Erfahrung einen wichtigen Erinnerungstopos markiert, ist er im kollektiven Bewusstsein der Anglo-Amerikaner weniger verankert. Die gegensätzliche historische und literarische Rezeption des U.S.-mexikanischen Krieges hat Jaime Javier Rodríguez beispielhaft an amerikanischen Novellen und mexikanischen Romanen herausgearbeitet. Im ersten Teil seiner Forschungsarbeit *The Literatures of the U.S.-Mexican War* untersucht Rodríguez vornehmlich Abenteuergeschichten von amerikanischen Schriftstellern[151], die für ein Publikum fernab des Kriegsge-

---

suffered juridical, administrative, and customary discrimination justified upon legalized linguistic, hygienic, and socioeconomic grounds that functioned in a manner akin Jim Crow." In: González, John Morán: Border Renaissance. University of Texas Press: Austin, 2009. S. 2. Eine ausführliche Analyse der Entrechtung der Mexikaner im Südwesten bietet: Barrera, Mario: Race and Class in the Southwest. A theory of racial inequality. University of Notre Dame, 1980.

[148] In Texas waren besonders die sogenannten Texas Rangers, eine berittene staatliche Polizeitruppe, gefürchtet, die bis heute in der anglo-amerikanischen Kultur glorifiziert werden, obwohl sie für unzählige Lynchmorde an Mexikanern verantwortlich ist. Als *los rinches* sind sie in die Kollektiverinnerungen der Mexikaner und Mexican-Americans eingegangen. Siehe ausführlich bei Collins, Michael: Texas Devils: Rangers and Regulars on the Lower Rio Grande, 1846–1861. University of Oklahoma Press, 2008.

[149] Vgl. Paredes, Américo: With the pistol in his hands – A Border Ballad and Its Hero. University of Texas Press: Austin, 1970.

[150] Siehe González, John, 2009. S. 16–17.

[151] Als ein Beispiel kann hier Charles E. Averills Novelle *The Mexican Ranchero; or, The Maid of the Chapparal: A romance of the Mexican War* [Boston, 1849] genannt werden. Rodríguez untersucht ferner auch Tagebücher von amerikanischen Kriegsteilnehmern. Als berühmtestes Beispiel ist hier Ralph Waldo Emerson (1803–1882) zu nennen – Orth, Ralph H. (Hrsg.): The Journals and Miscellaneous Notebooks of Ralph Waldo Emerson, vols. 9, 10 et. 14. Harvard University Press, 2003. Rodríguez wertet Emersons Sichtweise folgendermaßen: „Unlike Wilbur, Emerson seems to have turned to a brashly racist Anglo-Saxonism shortly after the war, as if the relatively easy defeat of Mexico could bet be explained not by tech-

schehens an der Ostküste verfasst wurden. Rodríguez arbeitet dabei die stereotypen Sichtweisen auf den mexikanischen Gegner heraus, die durch den für sich in Anspruch genommenen U.S.-amerikanischen Exzeptionalismus und durch Kategorien von Rasse und Klasse geprägt gewesen seien, und die bis heute mitunter wirken:

> American identity for them has little to do with melting pots or salad bowls and everything to do with a sense of stability and continuation in a world that no longer offers such comforts and has not offered them perhaps since the so-called discovery of the New World. Within a certain Anglo American calculus of essentialism, Mexicans represent a nexus of mutability, death, and meaninglessness. The matter takes in, and goes beyond, racism.[152]

Auf mexikanischer Seite wurde der Ausgang des Krieges als Katastrophe gedeutet. Zeitgenössische Autoren und politische Essayisten wie José Mariá Roa Bárcena[153], Carlos Mariá Bustamente[154] oder Manuel de la Peña y Peña[155] blieb im Anbetracht völligen militärischen Versagens nichts weiter übrig als das erlittene Leid und den Tod zahlreicher Soldaten zu beschreiben. Darüber hinaus beginnt mit der Literatur über den Mexikanisch-Amerikanischen Krieg eine Introspektive darüber, was denn Mexikos Werte seien und wo die Ursachen für die absolute Niederlage zu suchen seien.[156] Eine ausführliche Analyse der mexikanischen Sichtweise bietet

---

nology or economics but by a mystical quantum in the Anglo-Saxon/British Bloodline. In this regard, Emerson repeated typical ethnocentrist propaganda." Rodríguez, Jaime: The Literatures of the U.S.-Mexican War. University of Texas: Austin, 2010. S. 150.

[152] Ebda.: S. 107.
[153] Memories of the North American Invasion Vol. I und Vol. II. In: Robinson, Cecil: The view from Chapultepec. S. 40-50.
[154] The New Bernal Díaz del Castillo. In: Robinson, Cecil: The view from Chapultepec S. 51–74.
[155] An Address in Support of the Treaty of Guadalupe Hidalgo. In: Robinson, Cecil: The view from Chapultepec S. 101–112.
[156] So schreibt beispielsweise der Intellektuelle Mariano Otero: „The fact that a foreign army of twelve thousand men should have penetrated from Veracruz to the very capital of the republic; the fact that, with the exception of the bombarding of that port, the action at Cerrogordo, and the minor encounters that it had with Mexican troops in the immediate environs of the capital, this army has not found enemies with whom to fight – while it has swept across three of the most important and populous states of the Mexican federation, states with more than two million inhabitants – these facts assume such proportions that they cannot but give rise to the most serious reflections." Aus: Otero, Mariano: Considerations Relating to the Political and Social Situation of the Mexican Republic in the year 1847. Übersetzung in: Robinson, Cecil: The view from Chapultepec. S. 5.

Jamie Rodriguez ebenfalls in *The Literatures of the Mexican-American War* dar.[157]

Einen Schwerpunkt markiert in Rodriguez' Arbeit die Betrachtung des Schriftstellers Nicolás Pizarro Suárez, dessen Roman *El mondero* [Der Fälscher][158] aus dem Jahr 1861 sich auf besonders anspruchsvolle Weise der Zustände der mexikanischen Gesellschaft während des Krieges annimmt. Eingebettet in eine Rahmenhandlung, in der die unglücklich endende Liebesbeziehung des dunkelhäutigen – von einem Deutschen aufgezogenen – Indio-Mexikaners Fernando Hénkel mit der hellhäutigen aus der konservativen Oberschicht stammenden Rosita Dávila während des Einmarsch amerikanischer Truppen thematisiert wird, entwirft Pizarro das Bild einer utopistischen Siedlergemeinschaft namens *La Nueva Filadelfia*. Jenseits der kriegerischen Auseinandersetzungen leben im von Hénkel gegründeten *Filadelfia* indigene Mexikaner in Freiheit vom auf Rassekategorien aufbauenden ausbeuterischen Wirtschaftssystem. Mit *Filadelfia* nimmt Pizarro namentlich und inhaltlich Bezug auf den amerikanischen Nachbarn, dessen politisches System lange von liberalen Kräften in Mexiko bewundert, dann nach dem Krieg jedoch als verlogen verdammt wurde. Die Siedlung wird zu einem zweifachen Gegenentwurf: Zum einen kritisiert Pizarro mit *Filadelfia* die gespaltene mexikanische Gesellschaft, zum anderen den U.S.-Imperialismus und die damit einhergehende Sklavenwirtschaft. Wie bei vielen anderen seiner schreibenden Zeitgenossen ist gleichfalls bei Pizarro die Auffassung vorhanden, dass Mexiko durch den amerikanischen Einmarsch für die eigenen Sünden in der Staatsführung und wegen der bestehenden gesellschaftlichen Ungerechtigkeiten bestraft werde und dass es sich demokratisch neu erfinden müsse, um eine wahre Demokratie werden zu können, die sich langfristig dem bösartigen U.S.-Imperialismus als moralischere Republik entgegen stellen könne.

Während Nicholas Pizarro eindeutig als mexikanischer Schriftsteller eingeordnet werden muss, markieren die Veröffentlichungen von Gedichten und Kurzgeschichten in spanisch-sprachigen U.S.-Zeitungen wie *La Estrella de Los Angeles* oder *La República* gegen Ende 19. Jahrhunderts sowie die gesellschaftskritischen Romane von María Amparo Ruiz de Bur-

---

[157] Eine andere wichtige wissenschaftliche Arbeit in diesem Zusammenhang ist „My History, Not Yours" von Genaro M. Padilla [The University of Wisconsin Press]. Padilla untersucht in seiner Studie frühe mexikanisch-amerikanische Autobiographien, in denen die Angliederung an die USA und die Entrechtung der mexikanischen Bürger thematisiert werden.

[158] Pizarro, Nicolás: El Monedero – Novela Escrita. Nabu Press: Charleston, 2010.

ton (1832–1895)[159] den Beginn der mexikanisch-amerikanischen Literatur.[160]

María Ruiz de Burton: Wider das Vergessen

Die aus Baja California stammende María Ruiz heiratete in jungen Jahren den U.S.-amerikanischen Offizier Henry S. Burton und ließ sich mit ihm im neu gegründeten Bundesstaat Kalifornien nieder. Später zog das Paar für einige Jahre an die Ostküste der USA, ehe Ruiz nach dem Tod ihres Mannes wieder nach Kalifornien zurückkehrte. Bedingt durch ihre privilegierte Herkunft aus der mexikanischen katholischen Oberschicht und das Einheiraten in eine protestantisch geprägte anglo-amerikanische Familie sind Ruiz de Burtons Werke von einer ausgereiften Perspektivenvielfalt geprägt. Als Zeitzeugin des mexikanischen-amerikanischen Krieges, der sich daran anschließenden Amerikanisierung des Südwestens sowie des amerikanischen Bürgerkrieges wurde Ruiz de Burton zu einer politisch engagierten Schriftstellerin, die sich in ihrer Prosa mit Fragen von Rasse, Ungleichheit und Frauenrechten auseinandersetzt und für eine multikulturelle U.S.-Gesellschaft wirbt, die sich nicht ausschließlich durch eine anglo-protestantische Kultur definiert.

In ihrem zweiten auf Englisch verfassten Roman *The Squatter and the Don* aus dem Jahr 1885[161] kritisiert sie die kolonialistische[162] Umsetzung

---

[159] Siehe ausführlich in: Montes, Amelia und Goldmann, Anne (Hrsg.): María Amparo Ruiz de Burton: Critical and Pedagogical Perspectives. University of Nebraska: Omaha, 2004.

[160] Davon abweichend geht Luis Leal [siehe seinen Artikel *Pre-Chicano Literature*. In Lomelí, Fransisco: Handbook of Hispanic Cultures. S. 74.] davon aus, dass *Though Trip Through Paradise* vom Tejano Andrew Garcias der erste englischsprachige Chicano-Roman überhaupt sei. Dies ist meines Erachtens jedoch nicht stimmig, zumal Garcia seine Montana-Reise in den Jahren 1878-1879 beschreibt und de Burtons erster Roman aus dem Jahr 1872 stammt. Zudem muss gesagt werden, dass Garcias' Roman erst posthum im Jahr 1967 durch Bennett H. Stein das erste Mal herausgegeben wurde [Comstock Edition: Sausalito]. Garcias' autobiographischer Roman beschreibt seine „*Frontier*"-Reisen als Pelzjäger in den noch ursprünglichen Mittleren Westen und sein Leben mit den dortigen *Nimi'ipuu* [*Nez Perće*]- und *Nitsitapii* [*Blackfoot*]. Literaturwissenschaftliche Arbeiten zu Garcias' Roman, die auch Bennett Steins Rolle und Redaktion kritisch untersuchen, stehen noch aus. Neben de Burtons Roman sind folgende erste Prosa-Veröffentlichungen im späten 19. Jahrhundert zu erwähnen: Salazar, Manuel M.: La historia de un caminante, o sea Gervacio y Aurora. 1881; Chacón, Eusebio: El hijo de la tempestad. 1892. Siehe hierzu die Ausführungen von Tatum, Charles: Chicana und Chicano Literature. The University of Arizona Press: Tucson, 2006. S. 50ff.

[161] Das englische Wort *squatter* bedeutet Hausbesetzer. Um sich und ihre Familie vor Schmähungen ob ihrer eindeutigen Kritik an amerikanischer Politik zu schützen veöffentlichte Ruiz de Burton *The Squatter and the Don* unter dem Pseudo-

des Vertrages von Hidalgo Guadalupe und den Landraub an den mexikanischen *Californios* durch anglo-amerikanische Siedler am Beispiel zweier Familien. Während die Familie des Gutbesitzers Don Mariano Alamar ihre angestammten Rechte notfalls mit Gewalt verteidigt, sucht die Familie von William Darrell ihrerseits ihr Stück vom Glück im kalifornischen Westen und wird dabei ebenso wie die Alamars ein Opfer kapitalistischer Monopolisten und korrupter Politiker. In *The Squatter and the Don* erklärt Don Mariano seinem Bekannten George Mechlin wie gerissen die Enteignungen mexikanischen Besitzes mit Rückendeckung des neuen U.S.-amerikanischen Rechtes durchgeführt werden:

---

nym C. Loyal [Loyal Citizien]. Eine ausführliche inhaltliche Analyse ist King, Rosemary A.: Border Confluences. The University of Arizona Press: Houston, 2004. S. 17–22. Ein weiteres wichtiges Werk von Ruiz de Burton ist das teils autobiographisch geprägte *Who would have thought it?* von 1872 [Arte Público Press: Houston, 1995], in dem sie den Lebensweg einer jungen Frau namens Lola Medina nachzeichnet, die obwohl aus einer gut situierten hellhäutigen Spaniard-Familie stammend und von einer amerikanischen Familie adoptiert, nach Mexiko abgeschoben wird.

[162] Die auf einem „intra-kolonialistischen" [Zitat von John Gonzalez, UT Austin] Arbeitssystem fußende U.S.-Wirtschaft am Ende des 19. Jahrhunderts wird in ihren Einzelheiten und Funktionsweisen von Mario Barrea erklärt. Barrea zeigt auf, wie die Landenteignungen der Mexikaner in den eroberten Gebieten Hand in Hand mit der Industrialisierung des Südwestens gehen. Besitzlos gewordene Mexikaner waren nun dazu gezwungen, sich als Arbeiter auf Anglo-Farmen und in Fabriken gemeinsam mit Afro-Amerikanern und asiatischen Arbeitern zu verdingen. Im Vergleich zu anglo-amerikanischen (dies schließt auch andere weiße Gruppen wie deutsche Siedler ein) Arbeitern wurden sie dabei signifikant schlechter bezahlt und dienten dazu das kapitalistische System zu stabilisieren: „The system of colonial labor appears to have been based on racial rather than ethnic distinctions. On the subordinate side were all the racial minorities in the Southwest at that time: Native Americans, Asians, Blacks, and Chicanos and other Latinos. On the other side were all the White groups, regardless of ethnicity. At the time, of course, there was quite a variety of White ethnic groups – Germans, French, Irish, Scandinavians, and so on. [...] Employers had several interests at stake in the creation of this type of labor system; the most obvious was in keeping labor costs to a minimum. If a group of workers could be identified as a low-wage labor pool, the effect would be to lower the employer's expenditures for labor. Other interests, however, were probably as important. A racially segmented labor force allowed the employers greater control of the labor supply. A reserve labor force, for example, gave greater elasticity to the supply of labor. [...] The use of minority workers as buffers served to pacify the non-minority workers in periods of excess labor. Perhaps most importantly, the fact of a segmented labor force created built-in divisions among the workers, and helped prevent the emergence of class consciousness among them. Conflicts and antagonisms tended to be directed against other workers, rather than against employers. At the heart of the system, then, lay the interests of employers as a class." Siehe in: Barrea, Mario: Race and Class in the Southwest. A Theory of Racial Inequality. University of Notre Dame Press: London, 1979. S. 49–50.

> There are some enactments so obviously intended to favor one class of citizens against another class, that to call them laws is an insult to law, but such as they are, we must submit to them. By those laws any man can come on my land, for instance, plant ten acres of grain, without any fence, and then catch my cattle which, seeing the green grass without a fence, will go to eat it. Then he puts them in a 'corral' and makes me pay damages and so much per head for keeping them, and costs of legal proceedings and many other trumped up expenses, until for such little fields of grain I may obliged to pay thousands of dollars. Or, if the grain fields are large enough to bring more money by keeping the cattle away, then the settler shoots the cattle at any time without the least hesitation, only taking care that no one sees him in the act of firing upon the cattle, and no jury can convict him, for although the dead animals may be there, lying on the ground shot, still no one saw the settler kill them. And so it is all the time. I must pay damages and expenses of litigation, or my cattle get killed almost every day.[163]

Ruiz de Burton verarbeitete in *The Squatter and the Don* nicht nur Zeitgeschichte, sondern gleichfalls ihre eigenen Erfahrungen, zumal sie nach dem Tod ihres Mannes jahrzehntelang vor Gericht ziehen musste, um besetztes Farmland in der Nähe von San Diego für ihre Familie zurückzuerlangen.

María Ruiz de Burtons mexikanische Herkunft und somit ihre Nicht-Zugehörigkeit zur anglo-amerikanischen Dominanzkultur führten in der Folge dazu, dass ihre Romane trotz ihrer literarischen Qualität ignoriert wurden und in Vergessenheit gerieten. Gegen Ende des 20. Jahrhunderts wurde ihr Werk jedoch von der Wissenschaft wiederentdeckt und die Autorin wird seitdem als Pionierin der Chicano-Literatur gewürdigt. María Ruiz de Burtons Romane waren lange Zeit einige der wenigen literarischen Zeugnisse aus jenem Abschnitt mexikanisch-amerikanischer Geschichte.

Die Mexikanische Revolution, die Amerikanisierung Amerikas und die Weltwirtschaftskrise

Der amerikanische Südwesten war zu Beginn des 20. Jahrhunderts tiefgreifenden gesellschaftlichen Veränderungen ausgesetzt: Die einsetzende Amerikanisierungs-Politik der U.S.-Behörden und der im Jahr 1910 ausbrechende mexikanische Bürgerkrieg[164] übten politisch wie kulturell einen

---

[163] Ruiz de Burton, María Amparo: The Squatter and the Don. Modern Library: New York, 2004. S. 15.

[164] Wenn nicht abweichend angegeben, basiert meine historische Zusammenfassung der mexikanischen Revolution und des anschließenden Bürgerkriegs auf dem Kapitel „The Mexican Revolution, 1910–20" von John Mason Hart. In: Beezley,

gewaltigen Einfluss auf die Lebenswelt und das Selbstverständnis der mexikanisch-amerikanischen Bevölkerung aus.

Die drei Jahrzehnte während zentralistische diktatorische Herrschaft von Porfirio Díaz (1830–1915)[165] basierte auf der Begünstigung einer kleinen elitären Schicht [Patronage-System], in die es für die aufstrebende Mittelschicht des Landes keine Aufstiegsmöglichkeiten gab. Dies verursachte über die Jahre hinweg eine politische Stagnation und führte zu einer großen Unzufriedenheit in der mexikanischen Gesellschaft. Die Kommerzialisierung der Landwirtschaft hatte zudem oligarchische Großgrundbesitzer [*hacienderos*] und mittelständische *rancheros* ökonomisch bessergestellt, aber viele Kleinbauern und Pächter in die Armut getrieben und proletarisiert[166], so dass es 1910 zu einer Massenerhebung gegen das Regime kam.

Die Gegner des Regimes waren in zwei Lager organisiert, die sich nach dem gemeinsam herbeigeführten Sturz von Díaz 1911 jedoch gegenseitig bekämpfen sollten. Francisco Madero, der aus der Revolution als Präsident hervorgekommen war, enttäuschte als Vertreter der mexikanischen bürgerlichen Mittelschicht die Erwartungen der Sozial-Revolutionäre, die von Pancho Villa (1878–1923)[167] im Norden und Emi-

---

William H. und Meyer, Michael C. (Hrsg.): The Oxford History of Mexico. Oxford University Press, 2010. S. 409–437.

[165] Unter Díaz Regierungszeit (1876–1911) erlebte Mexiko nach vielen Jahren der Instabiltät zunächst eine Phase wirtschaftlichen Aufschwungs, der durch den Ausbau der Ölproduktion und des verstärkten Handels mit den USA gekennzeichnet war. Der wirtschaftliche Ausverkauf und das korrupte Patronagesystem führten jedoch letztendlich zum Zusammenbruch seiner Herrschaft. Díaz musste während der Revolution fliehen und starb im Pariser Exil. Siehe Garner, Paul: Porfirio Díaz. Longman Publishing Group: NY, 2001.

[166] John Mason Hart fasst die ungleiche Verteilung von Land und die Ausbeutung der Landarbeiter zusammen: „This unequal system concentrated wealth in the hands of 7200 hacienda owners and some 45.000 rancheros, less than 1 percent of the rural population, while leaving more than 11.000.000 rural workers underemployed, destitute, and oppressed by debt peonage and even slavery. At the same time, some 162 foreign capitalists came to control more than 80 percent of the nation's frontiers and coastlines and, with concentrated investments, 22 percent of the national surface, including virtually all of the strategic recources." In: Richmond, Douglas W. und Haynes, Sam W. (Hrsg.): The Mexican Revolution. Conflict and Consolidation, 1910–1940. Texas A&M University Press: College Station, 2013. S. 1.

[167] Der aus Durango stammende Pancho Villa war eine der schillernsten Persönlichkeiten der mexikanischen Revolution und übte über weite Strecken des Bürgerkrieges als General, Politiker und Sozialbandit einen großen Einfluß aus. Villa wird bis heute in Mexiko als Freiheitskämpfer verehrt. Siehe ausführlich in: MacLynn, Frank: Villa and Zapata. A History of the Mexican Revolution. Pimlico: London, 2001. Da Pancho Villa für eine längere Zeit von den USA aus unterstützt wurde, hat er auch dort Eingang in die moderne popkulturelle mexika-

liano Zapata (1879–1919)[168] im Süden des Landes angeführt wurden. Durch die Konflikte mit den vormaligen Verbündeten geschwächt, fiel Madero 1913 einem Militär-Putsch konservativer Kräfte unter der Führung von Victoriano Huerta (1850–1916) zu Opfer. Aber auch Huerta konnte sich nicht lange an der Macht halten, da sich alle anderen revolutionären Gruppierungen gegen ihn verbündeten. Nachdem sich die USA in den Konflikt eingeschaltet hatten, musste Huerta 1914 zurücktreten und flüchtete wie Díaz ebenfalls nach Europa.[169]

Die nachfolgende Präsidentschaft des Revolutionsanführers Venustiano Carranzas (1859–1920) , der von 1915 bis 1920 regierte, markierte den endgültigen Ausbruch des mexikanischen Bürgerkriegs, da weder *Villistas* noch *Zapatatistas* dessen Machtanspruch unterstützten. Carranza gelang es zwar Zapata und Villa auszuschalten, musste dann jedoch selbst seinem Armeekommandanten Álvaro Obregón (1880–1928) weichen und wurde ermordet. Trotz weiterer Auseinandersetzungen und der Ermordung Poncho Villas fand die mexikanische Revolution mit der Präsidentschaft von Obregón zwischen 1920 und 1924 ihren letztendlichen Abschluss. Unter Obregón und seinem gewählten Nachfolger Elías Calles konnten der Staatshaushalt saniert sowie das Steuer- und das Bildungssystem reformiert und zentrale Forderungen der Bevölkerung umgesetzt werden. Bürgerbeteiligung und Landreformen wurden durch die Revolution im politischen System Mexikos institutionalisiert und sorgten für ei-

---

nisch-amerikanische Mythenschreibung gefunden. Einen großen Anteil daran hatte die Tatsache, dass er sich während der Kriegshandlungen von einem amerikanischen Filmteam begleiten lassen hat, um sich medial in Szene zu setzen. Siehe dazu Katz, Friedrich: The Life and Times of Pancho Villa. Stanford University Press, 1998.

[168] Der aus Morales stammende Zapata führte eine Armee von besitzlosen Landarbeitern an, die für die Umsetzung des *Plan de Ayala* in der Revolution kämpften. Der *Plan de Ayala* sah großflächige Enteignungen von Großgrundbesitzern zugunsten der Kleinbauern vor. Als Modero, der Nachfolger von Díaz im Präsidentenamt diesen Forderungen jedoch nicht nachkam, wendeten sich die Zapatisten gegen ihn. Im späteren Verlauf des Bürgerkrieges wurde Zapata schließlich von Oberst Jesús Guajardo verraten und ermordet. Siehe in: Brunk, Samuel: Emiliano Zapata. Revolution and Betrayal in Mexico. University of New Mexico Press: Albuquerque, 1995. Zapata wird ähnlich wie Che Guevara bis heute in sozialrevolutionären politischen Kreisen heroisiert und es gibt zahlreiche Mythenbildungen, die ihn zu einem mexikanischen Widerstandssymbol werden ließen. Noch heute berufen sich indigene Revolutionsgruppen wie die *Ejército Zapatista de Liberación Nacional*in Mexiko auf sein Erbe. Siehe in: Raina Zimmering: Zapatismus – Ein neues Paradigma emanzipatorischer Bewegungen. Westfälisches Dampfboot Verlag: Münster, 2010.

[169] Die USA hatten 1914 Vera Cruz bombardiert, um eine Waffenlieferung des wilhelmistischen Kaiserreichs per Seeweg an das Huerta-Regime zu verhindern, da sie eine Kooperation Deutschlands mit Mexiko im Ersten Weltkrieg befürchteten. Siehe bei Acuña, Rodolfo, S. 163.

ne Modernisierung und ein großes bis in die 1970er andauerndes Wirtschaftswachstum.[170]

Camino a Norte: Flucht und Beginn der Einwanderung

Bis zu einer Millionen mexikanische Flüchtlinge suchten bis zum Ende der Kriegshandlungen 1920 Zuflucht in den USA[171], ließen sich in der Folge permanent nieder und beeinflussten die mexikanisch-amerikanische Hybrid-Kultur des Südwestens, die bis heute durch ein migratorisches Pendeln zwischen zwei Räumen geprägt ist.[172] Die neu, häufig aus weiter entfernten Gegenden Mexikos, dazukommenden Flüchtlinge und Einwanderer sahen sich dabei oftmals rassistischer Stereotypisierung als

---

[170] Siehe ausführlich bei Tobler, Hans Werner: Die mexikanische Revolution – Gesellschaftlicher Wandel und politischer Umbruch. Suhrkamp: Frankfurt am Main, 1992.

[171] Balderrama und Rodríguez fassen die damaligen Flucht- und Migrationsbewegungen folgendermaßen zusammen: „The massive flow of the Mexicans to the United States grew dramatically during and after the 1910 Mexican Revolution. The increase was reflected in the official statistics of the United States Immigration and Naturalization Service as well as in reports of Mexico's Secretaría de Relaciones Exteriores (SRE), the Department of Foreign Relations. While the two governments varied in their reporting procedures, the assessments by both indicated that at least half a million Mexicans entered the United States legally between 1899 and 19928. United States census takers in 1930 calculated that approximately 1,422,533 Mexican Nationals and Mexican Americans lived in the United States. Knowledgeable historians and demographers have concluded that by 1930 more than 10 percent of Mexico's entire population was residing in the United States." In: Balderrama, Francisco E. und Rodríguez, Raymond: Decade of Betrayal. Mexican Repatriation in the 1930s. University of New Mexico Press, 2006. S. 9. Die Gesamteinwohnerzahl betrug laut dem Bevölkerungszensus von 1930 122.775.046 Menschen.

[172] Rudolfo Acuña beschreibt die Auswirkungen der anwachsenden Migration und die innerhalb der mexikanisch-amerikanischen Bevölkerungsgruppe stattfindenden, auf *race and class* basierenden, Ausgrenzungsprozesse: „Like the Europeans, Mexican newcomers competed for space with Mexican Americans some of whose families had lived in the United States for generations. On the positive side the large presence of Mexican-born immigrants, reinforcing Mexican culture and the Spanish language, affected the cultural identity of those born in the United States. Another characteristic of the new Mexican immigrants was that many were poor, and from the interior of Mexico. They tended to be darker than Mexicans from the Border States, who once made up the bulk of the arrivals from Mexico. Class differences within the Mexican-origin community in the United States also splintered it into middle-class immigrant and middle-class Mexican American groups, and then into rich and poor. Not only Mexican American took on airs, but many Mexican political refugees who had fled the Mexican revolution in 1913 considered themselves culturally and even racially superior to poor Mexican immigrants and even middle-class Mexican Americans." In: Acuña, Rudolfo: Occupied America. S. 181ff.

fuereños [Fremde] durch länger einheimische mexikanische Amerikaner ausgesetzt, die sich besonders in Texas als direkte Nachfahren von *españoles* verstanden.[173] Dies hatte jedoch keine Auswirkungen auf die Anzahl eintreffender Immigranten, die unabhängig vom mexikanischen Bürgerkrieg ein besseres Leben in *el otro lado* [auf der anderen Seite] suchten. Entgegen allen kulturellen und rassistischen Ressentiments gab es eine große Nachfrage nach billigen mexikanischen Arbeitskräften von Seiten der U.S.-amerikanischen Wirtschaft:

> By the 1920s Mexicans could be found harvesting sugar beets in Minnesota, laying railroad tracks in Kansas, packing meat in Chicago, mining coal in Oklahoma, assembling cars in Detroit, canning fish in Alaska, and sharecropping in Louisiana.[174]

Trotz des großen Bedarfs an mexikanischen Arbeitskräften gingen amerikanische Politiker davon aus, dass diese sich nur temporär für die Dauer ihrer – im Vergleich zu anglo-amerikanischen Arbeitern unterbezahlten – Beschäftigungsverhältnisse in den USA aufhalten werden würden. Diese Annahme war jedoch genauso illusorisch wie der ursprüngliche Wunsch der mexikanischen Arbeiter selbst, nur für *sólo un poquito tiempo* [nur für eine kurze Zeit] in die USA zu kommen. Ähnlich wie die erste Generation der sogenannten türkischen „Gastarbeiter" in der BRD, gingen viele mexikanische Immigranten davon aus, in den USA für eine Zeit genug Geld zu verdienen, um sich in der Heimat ein besseres Leben aufzubauen. Dieses Vorhaben wurde jedoch selten wahr gemacht.[175] Die Arbeits- und Lebensbedingungen in den USA waren für die mexikanischen Einwanderer weit bis in die 1960 katastrophal:

---

[173] Limón, José E.: Américo Paredes - Culture and Critique. University of Texas Press: Austin, 2013. S. 23. Dies ist eine hervorstechende Paralele zur jüdischen Einwanderung in die USA. Länger ansässige deutsch-amerikanische Juden waren Neuankommlingen aus Osteuropa oftmals kritisch gegenüber eingestellt. Siehe Dittmar, Kurt: Assimilation und Dissimilation. S. 120. Ähnliche Verhaltensmuster lassen sich derzeit bei etablierten muslimischen Migranten gegenüber muslimischen Flüchtlingen in der BRD feststellen.

[174] Balderrama, Francisco E. und Rodríguez, Raymond: Decade of Betrayal. Mexican Repatriation in the 1930s. University of New Mexico Press, 2006. S. 8.

[175] Die Schriftstellerin Reyna Grande hat in ihrer Autobiograpie *The Distance Between us* [Atria Book: New York, 2012] eindrucksvoll beschrieben, wie sie und ihre Geschwister bei der Großmutter in Mexiko aufwachsen, während ihre Eltern in den USA Geld verdienen. Die Kinder werden in späteren Jahren auf illegalem Weg mit der Hilfe von Schleusern nach Kalifornien nachgeholt. Reyna Grandes Kindheitserinnerungen weisen zahlreiche Analogien zu vergleichbaren türkischen-deutschen Erinnerungen auf. Beispielhaft kann hier Selim Özdoğans familienautobiographisch geprägter Roman *Die Tochter des Schmieds* [Aufbau-Verlag: Berlin, 2005] genannt werden, in dem er die Jugendzeit von Gül in Anatolien, der Protagonistin seines früheren Romans *Heimstrasse 52*, nacherzählt.

As a consequence of the horrendous working conditions, the lack of even most rudimentary sanitation and housing facilities, and prolonged malnutrition, Mexican families suffered from a variety of serious illnesses and inordinately high death rate. One of the most dreaded scourges afflicting the Mexican community was tuberculosis, the great pestilence of the period, the dreaded disease reached epidemic proportions in the Mexican community. [...] [176]

Als beispielhaft für die literarische Verarbeitung der mexikanischen Fluchterfahrungen im Zuge der Revolution können die biographisch geprägten Romane von Conrado Espinoza und Daniel Venegas genannt werden, die lange Jahrzehnte in Vergessenheit geraten waren.[177] Auch jüngere Autorinnen widmen sich in ihren Werken diesem Abschnitt mexikanisch-amerikanischer Geschichte. So beschreibt z.B. Pat Mora (geb. 1942) die Flucht des mütterlichen Teils ihrer Familie in ihrer autobiographischen Familienchronik *House of Houses* aus dem Jahr 1997.[178]

Pat Mora: Mexicanidad und die Amerikanisierung Amerikas

Pat Mora, eine ehemalige Lehrerin, wurde 1942 in El Paso/Texas geboren und ist seit den 1980er Jahren als Dichterin, Kinderbuch- und Erwachsenliteratur-Autorin in Erscheinung getreten. Seit den 1990er verfasst sie zudem wissenschaftliche Arbeiten zur Chicano/a-Kultur. Als Chicana machte sie die Erfahrung, dass sie in den USA oftmals nicht als Bürgerin akzeptiert wird, während man in Mexiko ihre authentische *Mexicanidad*[179] in Zweifel zieht, und dass obwohl sie sich selbst beiden Welten zugehörig fühlt:

> There probably isn't a week of my life that I don't have at least one experience when I feel that discomfort, the slight frown from someone that

---

[176] Balderrama, Francisco E. und Rodríguez, Raymond: Decade of Betrayal. Mexican Repatriation in the 1930s. University of New Mexico Press, 2006. S. 48ff.

[177] Espinoza, Conrado: Under the Texas Sun. El sol de Texas. Arte Público Press: Houston, 2007. Venegas, Daniel: The Adventures of Don Chipote or, When Parrots Breast-Feed. Arte Público Press: Houston, 2000.

[178] Mora, Pat: House of Houses. University of Arizona Press: Tucson, 1997.

[179] Der Begriff Mexicanidad geht auf den mexikanischen Schriftsteller Ocatvio Paz zurück, den dieser in *El laberinto de la soledad* zwar nicht erstmals verwendet, jedoch entscheidet prägt. Siehe dazu auch den Artikel von Chavarría, Jesús: A brief inquiry into Octavio Paz' Laberinto of Mexicanidad. In: Academy of American Francisan History (Hrsg.): The Americas, vol. 27, No. 4 (April 1971), S. 381–388. Der Begriff ist aus meiner Sicht jedoch ähnlich verschwommen und ideologisch unterschiedlich aufgeladen wie das Konzept der deutschen Leitkultur oder des *Türklük*. Ich verwende ihn daher in dieser Arbeit nur mit Vorsicht und nur in Bezug auf Autoren, die diesen verwenden.

wordlessly asks, what is someone like her doing here? But I am in the middle of my life, and well know not only the pain but also the advantage of observing both sides, albeit with my biases, of moving through two, and, in fact, multiple spaces, and selecting from both what I want to make part of me, of consciously shaping my space.[180]

Eine Gegennarration dazu, ein Manifest des Dazugehörens, ist Pat Moras Familienmemoir *House of Houses*: In zwölf Kapiteln, die dem Lauf des Jahres nach geordnet sind [*Enero friolero, Febrero loco, Marzo airoso* etc.] und die jeweils mit einem mexikanischen Sprichwort, einem so genannten *dicho* beginnen, erzählt Mora von einem weitläufigen Familiennetz, das sich in Zeiten von Flucht und Existenzkampf gegenseitig Halt gibt und in den USA über die Jahre und Generationen – symbolisiert durch das Voranschreiten des Jahreskreises – heimisch wird.

Eine zentrale Figur in Pat Moras Familie ist die langlebige, stets unverheiratet gebliebene, erzkatholische Tante Lobo, die Pats Eltern bei der Erziehung ihrer Kinder unterstützt und als Zeitzeugin eine wichtige Quelle für das Verfassen der Chronik ist. Da Tante Lobo 1889 geboren ist, erinnert sich diese gut an das Ausbrechen der Revolution und die daraus resultierenden Folgen für ihre Familie und gibt dieses Wissen an ihre Nichte weiter. Im Kapitel *Enero friolero* [Kalter Januar] beginnt Pat Mora die Familien-Chronik mit dem Bericht der Fluchterfahrung ihres Großvaters Eduardo Luis Delgado, der es im an Texas grenzenden Bundesstaat Chihuahua als Jurist und Minenbesitzer zu Ansehen und Wohlstand gebracht hat. Die Grenzstadt Ciudad Juárez wird zu einem Kriegsschauplatz, auf dem die Armee der *Porfiristas* auf die Truppen Pancho Villas treffen. Da das Leben der Familie in Chihuahua nicht mehr sicher ist, beschließt der Großvater, der Porfiro Díaz unterstützt, im texanischen El Paso Zuflucht zu suchen. Aus dem als vorläufig geplanten Asyl wird ein permanenter Aufenthalt in den USA, den Delgado durch den Verkauf seiner Mine an die *Villistas* finanziert, die in der Zwischenzeit die Kontrolle über den Norden Mexikos gewinnen konnten.

Die gut situierte Familie kann durch das geschickte Manövrieren des Oberhauptes Delgado ihren Lebensstandard in den USA mehr oder weniger halten. Nach Beruhigung der Lage in Mexiko beginnt Delgado zwischen Texas und Juárez zu pendeln und arbeitet wieder als Jurist. Seine Frau und Kinder nebst Tante bleiben dagegen in El Paso wohnen. Hier gehen die Kinder zur Schule, die Familienmitglieder schlagen Wurzeln, ziehen im Laufe der Jahre nach Kalifornien um und werden U.S.- Bürger. Selbst Tante Lobo, die sich standhaft gegen ihre Naturalisation wehrt, nimmt nach Jahrzehnten die amerikanische Staatsbürgerschaft an:

---

[180] Mora, Pat: Nepantla. University of New Mexico Press, 1993. S. 6.

> „Bueno, I will always will be proud to be Mexican, but I remember that when we were in danger during la revolución, the American flag wrapped itself around us to protect us." She studies her citizenship booklet, learns "We are the people," the structure of Congress, the branches of government, the official, national history, the symbols – the flag, the Liberty Bell, the Statue and her torch of hope. "Do you know all the judge asked me", Lobo chuckles. "He said, 'Miss Delgado, how long have you lived in the United States?' 'More than forty years,' I say proudly. 'And Miss Delgado, who is the president of this country?' 'President Lyndon Johnson, of course.' 'That will be all, Miss Delgado.' 'You don't want me to tell about the Preamble and the Constitution?' 'No, Miss Delgado, that will be all. I'm sure you will be a fine citizen of these United States.'" She places her right hand over her heart, repeats with the group, "I pledge allegiance to the flag of the United States of America."[181]

Eine hervorzuhebende Besonderheit im Erzählstil von Pat Mora ist, dass es ihr gelingt, das Nachzeichnen der jeweiligen Abschnitte ihrer Familiengeschichte als unmittelbaren Prozess darzustellen: Die Wiedergabe der Familien-Narration entspinnt sich im direkten Gespräch mit den einzelnen – inklusive den verstorbenen – Zeitzeugen. Dabei springt Mora zwischen dem durch Tante Lobo im Präteritum erzählten vergangenen Zeitkontext in die durch den Gebrauch des Präsens als Gegenwart dargestellte Zeit des Interviews. Durch die Verbindung zweier Zeitstränge gelingt es Mora, das Familiengefüge in seiner Interdependenz über die Jahrzehnte und Generationen hinweg zu schildern. Das letzte Kapitel *Diciembre, mes viejo que arruga el pellejo* [Dezember, der alte Monat, der unsere Haut faltig macht][182] verdichtet zum Schluss von *House of Houses* Pat Moras Verständnis von Familiengeschichte und somit von kollektiver Herkunftskultur, die sich über Raum und Zeit hinaus entwickelt und lebendig bleibt. Sämtliche in den vorangegangen Kapiteln vorgestellte Familienmitglieder finden sich Weihnachten im Haus der Erzählerin ein, essen und singen miteinander, tauschen Rezepte aus und unterhalten sich:

> Drifting up from the river, the wind weaves through the cottonwood and *mora* [Maulbeerbaum], gathers voices from above and below the surface into its song, *el canto hondo* [das tiefe Lied]. The full Long Night's Moon chants its white blessing on the house, the garden. Deep in the earth turtles sleep; the parrot and peacocks nestle into themselves as do we. Gradually, our breaths become one.[183]

Angesichts immer neuer Migrantenströme aus Mexiko und aus Europa implementierten ab den 1910er Jahren mehr als 30 U.S.-amerikanische Bundesstaaten zahlreiche Sprach- und Sozialprogramme, die in Koopera-

---

[181] Mora, Pat: House of Houses. S. 41.
[182] Ebda.: S. 272ff.
[183] Mora, Pat: House of Houses. S. 291.

tion mit Firmen und Fabriken durchgeführt wurden, und die zum Ziel hatten, Einwanderer in die englisch-sprachige Dominanzkultur einzugliedern und ihre Loyalität, die durch den Ausbruch des I. Weltkrieges in Frage gestellt wurde, sicher zu stellen.[184] Diese als „*Americanisation*" bekannt gewordene Kulturpolitik, prägte nicht nur den Bildungsbereich, sondern übte vor dem Hintergrund nationalistischer Kriegsparanoia und eines „wissenschaftlichen Hygiene-Rassismus", der sich gegen als schmutzig erachtete Mexikaner richtete, zusätzlich einen gravierenden Einfluss auf den bis dahin freien Grenztransit aus. Die Angst vor dem Verlust der eigenen Majorität speiste die anglo-amerikanische Politik gegenüber Mexican-Americans:

> Limiting the growth of the immigrant population was a longstanding concern of both Progressives and Nativists. Americans first noticed that immigrant groups had a higher birthrate than native-born Americans at the end of the nineteenth century, and fears of „Race suicide" had existed in the Anglo American mind ever since. When this fear rose in relation to the Mexican immigrant, birth nativists and proponents of Americanisation became alarmed: nativists wished to stave off an „invasion," while Americanisation advocates viewed all unrestricted population growth as a vestige of Old World ways that must be abandoned in a modern industrial setting.[185]

Mit der Verabschiedung des *Immigrant Law Act* von 1917 wurden Migranten schließlich dazu verpflichtet, einen Ausweis mit sich zu führen, ihre Lesefähigkeit unter Beweis zu stellen und eine Einreisegebühr zu bezahlen. Wer all dem nicht nach kam, oder in bestimmte andere Raster fiel, die Homosexualität, Alkoholismus, körperliche Anomalien und eine niedrige Intelligenz erfassten, wurde die Einreise in die USA verwehrt.[186]

Mancherorts wurden die neuen Kontrollmechanismen in inhumaner Art und Weise perfektioniert: In der Amtszeit von Bürgermeister Tom Lea (1877–1945)[187] wurden am Grenzübergang El Paso/ Ciudad Juárez

---

[184] Nachdem zunächst einzelne Schulen in unterschiedlichen Gebieten und Sädten der USA in Eigenregie angefangen hatten, Abendsprachkurse anzubieten, wurden ab Mitte der 10er Jahre staatliche Komitees gegründet, die den Amerikanisierungsprozeß vorantreiben sollten. Besonders einflußreich war das von Frances Kellor gegründete National Americanization Committee (NAC), das 1916 die erste nationale Immigrationskonferenz in Philadelphia abhielt. Siehe hierzu Van Nuys, Frank: Americanizing the West – Race, Immigrants, and Citizenship, 1890–1930. University Press of Kansas, 2002. S. 41ff.

[185] Sánchez, George J.: Becoming Mexican American. Oxford University Press: New York/Oxford, 1993. S. 103.

[186] Dorado Romo, David: From Ringside seat to a Revolution. An underground history of El Paso and Juárez. Cinco Puntos Press, 2005. S. 229.

[187] Tom Lea war als Rechtsanwalt für Mexikos Ex-Präsidenten Victoriano Huerta tätig und unterstützte Venustiano Carranza gegen Pancho Villa, indem er dessen Anhänger in El Paso verfolgen ließ. Lea regierte El Paso von 1915 bis 1917. Sein

sogenannte Desinfizierungsbäder eingerichtet, in denen alle mexikanischen Grenzpassanten dazu gezwungen wurden ihre Kleidung abzulegen, die dann mit Zyklon B „gereinigt" wurde. Die Mexikaner selbst mussten hingegen in eine Wanne mit Kerosin steigen, und dort eine Reinigungsprozedur über sich ergehen lassen.[188] Ähnliche Einrichtungen wurden an den anderen texanischen Grenzübergängen in Brownsville, Nogales, Eagle Pass und Del Rio errichtet und inspirierten den Chemiker und Geschäftsführer der deutschen Firma DEGESCH Gerhard Peters dazu, bei den Nazis für den Gebrauch von Zyklon B zu werben. Zyklon B wurde später für den Massenmord an den europäischen Juden und Sinti und Roma verwendet.[189]

Während einige Gruppen wie die der italienischen Einwanderer sich sehr offen für die kulturellen Amerikanisierungs-Programme zeigten und sich z.B. in großer Anzahl freiwillig für den amerikanischen Militäreinsatz in Europa meldeten, wurden andere Bevölkerungsgruppen wie die der langansässigen Cajun in Louisiana brutal dazu gezwungen ihre französische Sprache abzulegen.[190] Auch die deutsche Siedlergemeinschaft sah sich spätestens seit dem Kriegseintritt der USA auf Seiten Englands und Frankreich am 6. April 1917 rassistisch-nationalistischen motivierten Angriffen und Mobgewalt im gesamten Gebiet der USA ausgesetzt. Neben Gewaltexzessen an deutschstämmigen Siedlern kam es u.a. zu Bücherverbrennungen. In einigen Staaten wie Colorado, Montana, Nebraska und den Dakotas wurde zudem der Deutschunterricht an Schulen verboten.[191]

Sohn Tom Lea III. wurde später ein bekannter Maler und Schriftsteller in Texas. Siehe auf: http://tomlea.com [Eingesehen am 7. Mai 2015].

[188] Am 5. März 1916 kam es im Gefängnis von El Paso bei einem ähnlichen „Desinfektionsvorgang" zur Katastrophe als ein Streichholz ein Flammeninferno auslöste, bei dem 27 Gefangene ums Leben kamen. Siehe in: Dorado Romo, David: From Ringside seat to a Revolution. An underground history of El Paso and Juárez. Cinco Puntos Press, 2005. S. 226.

[189] „In 1938, Peters wrote an article for a German pest science journal, Anzeiger für Schädlingskunde, which included two photographs of El Paso delousing chambers. Dr. Peters used the El Paso example to demonstrate how effective hydrocyanic acid, or Zyklon B, was an agent for killing unwanted pests.[...] During WWII, the Germans would use Zyklon B in concentrated doses in the gase chambers to exterminate nine million Jews, Gypsies, homosexuals, communists and other human "pests". In 1946 Gerhard Peters would be tried and convicted at Nürnberg for his role in this." Siehe in: Dorado Romo, David: From Ringside seat to a Revolution. An underground history of El Paso and Juárez. Cinco Puntos Press, 2005. S. 242ff.

[190] Bernhard, Shane: The Cajuns: Americanization of a People. University Press of Mississipi, 2003.

[191] Van Nuys, Frank: Americanizing the West – Race, Immigrants, and Citizenship, 1890–1930. University Press of Kansas, 2002. S.51. Nichtsdestoweniger hielt sich das Deutsche als zweit meistgesprochene Sprache in den USA bis zum II. Welt-

Asiatischen Einwanderern wurden von Anfang an besondere Auflagen gemacht. Japaner und Chinesen wurden dazu gezwungen sich nur in bestimmten Wohnbezirken niederzulassen. Zusätzlich wurde ihnen der Erwerb von Besitz eingeschränkt und die Naturalisierung fast unmöglich gemacht. Der *Immigration Act* von 1924 unterband schließlich jede weitere Einwanderung aus asiatischen Ländern.

Die Amerikanisierung breiter Bevölkerungsgruppen begründete sich in seiner Gänze für die verantwortlichen politischen Instanzen nicht nur in Hinblick auf integrative Notwendigkeiten des Zusammenlebens, sondern fußte zudem auf dem Wunsch die weiße anglo-amerikanische Herrschaft abzusichern und als Staats-Identität festzulegen.[192] Assimilierungsprogramme wurden dabei von der massentauglichen Kulturproduktion in Film und Literatur unterstützt.[193] Frank van Nuys analysiert die Ideologie der Amerikanisierung folgendermaßen:

> The creation of Western societies, whether detailed in mugbook histories, dime novels, or motion pictures, was portrayed as fundamentally the product of white pioneering. Given the premise, alien and unassimilable foreigner, devoid of pioneer qualities, portended doom for the survival of this most American of American regions Extending the argument to its logical end, American racial identity, constructed as "white" and Anglo-Saxon, had to be salvaged for future generations. The "old stock" in the East were already coping with an inundation of "new" Europeans supposedly determined to underlive and outbreed the declining Yankees. [...] American identity thus depended on the maintenance of cultural and racial homogeneity and the defense of an "American race. " Confronting diversity in the West prompted members of the dominant society to formulate constructions of other peoples' racial identities and capacities for assimilation in relation to widely accepted assumptions about race and citizenship.[194]

Neben dem in Teil V behandelten, weitaus später entstandenen, Werk *The Brick People* von Alejandro Morales aus dem Jahr 1988, das sich mit jener

---

krieg. Ganze Städte, zum Beispiel New Braunfels und Fredericksburg in Texas, waren lange Zeit deutschsprachig geblieben.

[192] Die politischen Kontroversen und Schriften zur Frage, was denn die amerikanische Identität ausmache und die Diskussion, wer unter welchen Voraussetzungen dazu gehören sollte, kann durchaus mit der deutschen Debatte zum Konzept der Leitkultur verglichen werden. Siehe dazu weiter unten in Teil VII die Betrachtung von Zafer Senocaks Aufsatzsammlung zum Thema „Deutschsein".

[193] Der Film *Heavens-Gate* von Michael Cimino aus dem Jahr 1980, ist einer der wenigen Hollywood-Western, die ethnische Gewalt und Vielsprachigkeit innerhalb der U.S.-Gesellschaft am Ende des 19. Jahrhunderts zeigt und somit vom einfachen Gut-Böse-Schema anderer Produktionen abweicht. Der Film floppte jedoch an den Kino-Kassen und führte zum Kollaps des Filmstudios United Artists.

[194] Van Nuys, Frank: Americanizing the West – Race, Immigrants, and Citizenship, 1890–1930. University Press of Kansas, 2002. S. 15.

Zeit im Detail beschäftigt, gibt es eine Reihe von Romanen, die unmittelbar zu jener Zeit verfasst wurden und die die kulturellen und politischen Spannungen als Folge der mexikanischen Revolution und der Amerikanisierungsprozesse nachzeichnen. Hier sind zum einen die Romane von Josefina Niggli (1910–1983)[195] und Jovita Gonzales (1904–1983)[196] und zum anderen das Erstlingswerk *George Washington Gomez* von Américo Paredes zu nennen, das im nächsten Abschnitt exemplarisch betrachtet wird.

Amérigo Paredes: Schriftsteller und Gründungsvater

Américo Paredes wurde 1915 in der texanischen Grenzstadt Brownsville geboren, und wuchs dort, geprägt durch mexikanische und amerikanische Kultur, zweisprachig auf.[197] Als einer der wenigen mexikanischen Amerikaner seiner Zeit – noch heute ist die High School-Abbruchrate von mexikanisch-amerikanischen Schülern in den USA die höchste – beendete Paredes die Schule und konnte das College besuchen. Nachdem er während des Zweiten Weltkrieges und im Anschluss daran insgesamt sechs Jahre als Journalist für die Army-Zeitung *Stars and Stripes* und als Repor-

---

[195] Josefina Maria Niggli wurde in Monterrey in eine euro-amerikanische Familie geboren, die Mexico nach Ausbruch der Revolution in Richtung San Antonio/Texas verließ. Ähnlich wie die Werke von María Amaparo Ruiz de Burton sind die Romane von Niggli durch eine sehr progressive und positive Sichtweise auf mexikanisch-amerikanische Kultur geprägt. Trotz ihres euro-amerikanischen Hintergrundes wird sie als mexikanisch-amerikanische Autorin bezeichnet und bewertet. Siehe beispielsweise bei Charles M. Tatum. Niggli arbeite auch als Drehbuchautorin in Hollywood und als Hochschuldozentin. Siehe ausführlich in: Martinez, Elizabeth Coonrod: Josefina Niggli, Mexican American writer: A critical biography. Albuquerque: University of New Mexico Press, 2007. Eine Sammlung ihrer Werke ist: Niggli, Josefina: Mexican Village and other works. Northwestern University Press, 2007.

[196] Wie Américo Paredes war Jovita González eine der ersten und wenigen Studenten mexikanisch-amerikanischer Herkunft an U.S.-amerikanischen Universitäten. Die aus Roma/Texas stammende González studierte u.a. an der UT in Austin und adressierte soziale Probleme der mexikanischen Minderheit. Zudem war sie aktiv in der *Texas Folklore Society* und der *League of United Latin American Citiziens*. Posthum wurde der Roman *Cabellero* [Texas University Press: College Station, 1996] veröffentlicht, den sie gemeinsam mit Margaret Eimer in den 40er Jahren verfasst hatte und in dem eingebettet in eine romantische Liebesgeschichte, die Amerikanisierung von *El Norte* thematisiert wird. Siehe in: Kabalen de Bichara, Donna M.: Telling border life stories – Four Mexican American women writers. Texas A&M University Press: College Station, 2013. Eine Sammlung von Kurzgeschichten ist: González, Jovita: The Woman Who Lost Her Soul and Other Stories: Collected Tales and Short Stories Arte Publico Press, 2001.

[197] Siehe in: Limón José E.: Américo Paredes: Culture and Critique. University of Texas Press: Austin, 2013.

ter für das Rote Kreuz in Asien stationiert war[198], gelang es ihm 1950 in das Ph.D-Programm der University of Texas aufgenommen zu werden und im Fach Anglistik zu promovieren. Paredes war als Folklore-Forscher nach George I. Sánchez[199] einer der ersten mexikanisch-amerikanischen Akademiker, denen es gelang an den US.-Universitäten langfristig Fuß zu fassen und dort mexikanisch-amerikanische Studieninhalte zu verankern. Als passionierter Gitarrist und Sänger interessierte sich Paradies innerhalb seines Arbeitsgebietes besonders für die Erforschung der mexikanischen *corridos* und setzte sich in seiner Dissertation *With his pistol in his hands* kritisch mit den ansonsten in der texanischen Geschichtsschreibung glorifizierten Texas-Rangers auseinander.[200]

Ramón Saldívar sieht in *With his pistol in his hands* sogar das Gründungsdokument der modernen Chicano-Literatur, zumal der Text prägend für wichtige Autoren wie Tomás Rivera[201] und Rolando Hinojosa[202] gewesen sei:

---

[198] José Limon widmet Paredes' Zeit in Japan ein ganzes Kapitel. In: Limón José E.: Américo Paredes: Culture and Critique. University of Texas Press: Austin, 2013. S. 36–71.

[199] Der aus New Mexico stammende George I. Sánchez (1906–1972) war der erste Professor für *Latin American Studies* an der UT in Austin, an der er von 1940 bis zu seinem Tod lehrte. Sánchez setzte sich lebenslang für die Rechte von Minderheiten in den USA ein und war ein Spezialist für bilinguale Erziehung. Desweiteren war er ein scharfer Kritiker von Intelligenz- und Bewerbungstests, die – weil sie auf anglo-amerikanischen Kulturkontexten aufbauten – die mexikanisch-amerikanische Bevölkerung grundsätzlich schlechter einordneten als weiße Bewerber. Ab 1941 saß Sánchez für eine Amtszeit zudem der *League of United Latin American Citizens* (LULAC) vor, die seit 1929 Diskriminierung und Rassismus in den USA bekämpft. Für ausführlichere Informationen zu George Sánchez siehe die Biographie von Blanton, Carlos Kevin: George I. Sánchez – The long fight for Mexican American Integration. University Press: Yale, 2014.

[200] Paredes, Américo: With his pistol in his hands – A Border Ballad and Its Hero. University of Texas Press: Austin, 1970. *Corridos* sind auch heute noch eine beliebte Liedform in Mexiko und im Südwesten der USA. In *corridos* wird das Leben von Outlaws und Schwerkriminellen besungen und nicht selten glorifiziert. Eine aktuelle Studie zu zeitgenössischen *corridos* ist Wald, Elliah: Narcocorrido: A Journey into the Music of Drugs, Guns, and Guerrillas. Rayo, 2002.

[201] Tomás Rivera (1935 - 1984) ist ein wichtiger Autor der ersten Chicano-Welle in den späten 60er und frühen 70er. Sein Werk ist jedoch durch seinen vorzeitigen Tod unvollendet geblieben ist. Rivera wird bis heute für die auf Spanisch verfasste Novelle *...y no se lo tragó la tierra* aus dem Jahr 1971 erinnert, die sich durch ihre an William Faulkner und James Joyce erinnernde Erzähltechnik des monologisierenden Bewusstseinsstroms von anderen zeitgenössischen Chicano-Schriftstellern unterscheidet. In *...y no se lo tragó la tierra*, das ins Englische unter dem Titel *And the earth did not devour* übersetzt wurde, beschäftigt sich Rivera in vierzehn Kurzgeschichten und dreizehn *estampas* mit der Lebenssituation mexikanisch/er- (amerikanischer) Feldarbeiter in den 1940er und 1950er Jahren in Texas. Dabei thematisiert er nicht so sehr die harten Arbeitsbedingungen auf den

But Paredes' *With his Pistol in His Hand* became the primary imaginative seeding ground for later works because it offered both the stuff of history and of art and the key to an understanding of their decisive interrelationship for Mexican American writers. Paredes' study is crucial in historical, aesthetic, and theoretical terms for the contemporary development of Chicano prose fiction because it stands as the primary formulation of the expressive reproductions of the sociocultural order imposed on and resisted by the Mexican American community.[203]

Das mit Paredes' *corridos*-Forschung die mexikanisch-amerikanische Kulturwissenschaft beginnt, kommt nicht von ungefähr, zumal *corridos* für lange Zeit als mündliche überlieferte Tradition, die einzige Form mexikanisch-amerikanischer Geschichtsschreibung bzw. Wissensübermittlung war, die nach der Übernahme des Südwestens durch die USA und der Implementierung eines kulturalistisch-rassistischen Bildungsdiskurses möglich war.[204]

Paredes blieb zeitlebens politisch engagiert, unterstützte in den späten 60er und frühen 70er Jahren die Chicano-Bewegung und kritisierte LULAC[205] dafür, sich zu sehr für eine englischsprachige Assimilation der Latinos in den USA einzusetzen.[206] 1970 rief Paredes an der UT Austin

---

Feldern, sondern skizziert in den kleinen Geschichten die Fülle des Alltagslebens und die Religiösität der Menschen. Rivera, Tomás: ...y no se lo tragó la tierra. Colección Via México, 2012.

[202] Der aus dem Rio Grande Valley stammende Rolando Hinojosa-Smith hat seit den frühen 1970er Jahren 15 Ausgaben der Klail City Death Trip Series verfasst, in denen er das Leben im texanischen Grenzgebiet beschreibt. Hinojosa-Smith war neben seiner Schriftsteller-Karriere jahrzehntelang als Lehrer und Dozent beschäftigt und unterrichtete noch im hohen Alter an der UT Texas in Austin *Creative Writing*.

[203] In: Saldívar, Ramón: Chicano Narrative. The University of Wisconson Press: Madison, 1990. Saldívar gilt neben Francisco Lomelí von der UC Santa Barbara als einer der führenden und einflussreichsten Vertreter der Chicano-Studies. Saldívar stammt wie Paredes aus Brownsville und hat wie dieser ebenfalls an der UT Austin studiert.

[204] Siehe dazu z.B. Chew Sánchez, Martha: Corridos in migrant memory. University of New Mexico: Albuquerque, 2006.

[205] Die *League of United Latin American Citizens* wurde nach dem Ende des I. Weltkrieges 1927 in Corpus Christi/ Texas gegründet und ging aus dem Zusammenschluss mehrerer sogenannter *Mutualista Societies* hervor, in denen sich Veteranen organisierten. Die Gründungsmitglieder zählten alle zu einer gut ausgebildeten zweisprachigen Elite, die sich für die politische und kulturelle Gleichberechtigung der mexikanisch-amerikanischen Bevölkerung in den gesamten USA einsetzten. LULAC war die erste Organisation dieser Art und besteht bis heute. Siehe in: Orozco, Cynthia E.: No Mexicans, Women, or Dogs Allowed: The Rise of the Mexican American Civil Rights Movement. University of Texas Press: Austin, 2009.

[206] Limón José E.: Américo Paredes: Culture and Critique. University of Texas Press: Austin, 2013. S. 19.

das CMAS ins Leben und wurde zu einem Gründungsvater der Mexican-American Studies in den USA.

Paredes begann den Roman *George Washington Gomez* im Jahr 1936 und stellte ihn 1940 fertig. Obwohl der Roman erst 50 Jahre nach seiner Entstehung das erste Mal veröffentlicht wurde, wurde er danach jedoch schnell zu einem Klassiker des mexikanisch-amerikanischen Literatur-Kanons.[207]

In dem stark autobiographisch gefärbten *George Washington Gomez* beschreibt Paredes die Kindheit und Jugend des Halbwaisen Guálinto Gomez, der nach dem Tod seines Vaters Gumersindo bei seinem Onkel Feliciano García und seiner Mutter María in der fiktiven Stadt Jonesville, die der texanischen Stadt Brownsville nachempfunden ist, aufwächst. Als Mitglied einer Separatistengruppierung unter der Führung von Felicianos Bruder El Lupe, die gegen das von Anglo-Amerikanern an Mexikanern begangene Unrecht revoltiert, wird Gumersindo von einem Texas Ranger 1915, im Geburtsjahr seines Sohnes, ermordet.[208] Der tödlich verwundete Gumersindo nimmt seinem Schwager Feliciano das Versprechen ab, sich um seinen Sohn Guálinto zu kümmern und ihn ohne Hass aufwachsen zu lassen. Der kleine Guálinto, benannt nach Georg Washington, soll nie die Umstände seines Todes erfahren und jenseits von Krieg und Kampf in Frieden aufwachsen.

Das Leben in Jonesville ist für die mexikanisch-amerikanische Bevölkerung durchaus erträglicher als in anderen Gegenden Texas zu jener Zeit. Wie das real existierende Brownsville ist Jonesville zu einem Großteil mexikanisch-amerikanisch geprägt. Auch wenn anglo-amerikanische Bürger die wichtigsten Posten in der Stadtverwaltung besetzen, ist das Miteinander doch von Harmonie und gegenseitiger Achtung geprägt. Hier findet Feliciano nachdem er die *los sediciosos* verlassen hat, die richtige Umgebung,

---

[207] Siehe das Vorwort von Rolando Hinojosa in: Paredes, Américo: George Washington Gomez. S. 5ff. Neben seiner wissenschaftlichen Arbeit veröffentlichte Paredes weitere Kurzgeschichten: The Hammon and the Beans. And other stories. Arte Público Press: Houston, 1994. Ein ähnlicher Roman, etwa zur selben Zeit verfasst und im Gegensatz zu Paredes Werk auch zeitnah im Jahr 1947 veröffentlicht ist Pérez, Luis: El Coyote – The Rebel. Arte Público Press, Houston, 2000. Wie Paredes beschreibt auch Pérez das Aufwachsen eines mexikanischen Waisenkindes bei seinem Onkel in den USA am Anfang des 20. Jahrhunderts. Inwieweit Pérez Roman Paredes *George Washington Gomez* geprägt hat, der erst in den 1990er Jahren veröffentlicht wurde, kann ich nur vermuten. Arbeiten hierzu stehen noch aus.

[208] Paredes nimmt hier Bezug auf die bewaffnete Gruppe der *los sediciosos*, denen nachgesagt wurde in den Jahren 1915–1016 für die Umsetzung des Plan de San Diego zu kämpfen, der die Unabhängigkeit des Südwesten zum Ziel gehabt haben soll. Inwieweit es sich um eine von Mexiko gesteuerte Verschwörung gehandelt hat, bei der auch das Deutsche Reich Einfluss genommen hat, um die USA zu schwächen, ist umstritten. Siehe in: Sandos, James, Rebellion in the Borderlands: Anarchism and the Plan of San Diego 1904–1923. University of Oklahoma Press, 1992.

um für die Familie seiner Schwester zu sorgen. In dem angloamerikanerikanischen Politiker, Unternehmer und Richter „Judge" Norton findet er einen Gönner, der ihm eine Anstellung in seiner Bar anbietet.

Mit Eintritt in das Schulalter besucht der kleine Guálinto die *Grammar School*, die sich dadurch hervorhebt, sämtliche Bevölkerungsgruppen in die Schülerschaft aufzunehmen und keine Rassentrennung, wie ansonsten im Texas jener Tage üblich, durchzuführen. Américo Paredes' Stil ähnelt dem seines langjährigen Fakultäts- und Schriftstellerkollegen James A. Michener und ist dadurch gekennzeichnet, dass die fiktive Handlung des Romans durch faktische landeskundliche Beschreibungen von Texas, die mit ausführlichen Details zu Geschichte, Land und Leuten und Institutionen angereichert sind, regelmäßig eingeleitet bzw. unterbrochen werden. So wird beispielsweise die Einschulung von Guálinto durch einleitende Informationen zum Schulwesen ergänzt:

> In the 1920s racial segregation was the rule in the educational system of Texas. There were significant variations, however, in the schooling offered to Mexican children, especially in the southern part of the state, where Mexicans were greatly in the majority. In some small towns and villages there was only one school, for whites only. Those ambitious Mexican parents who wanted their children to learn reading, writing and 'rithmetic sent their children for a couple of years or so to escuelitas, literally "little schools," where they learned the rudiments of the three Rs from the better educated women in the Mexican. What they learned was taught to them in Spanish, of course. In larger communities Mexican children were offered an English-language education in elementary schools built especially for them – separate but unequal. Not so in Jonesville-on-the-Grande [...][209]

Guálinto kommt in die Klasse von Miss Cornelia, die ihm gegenüber – trotz des ihnen gemeinsamen mexikanischen Familienhintergrundes – von Anfang an Vorbehalte hat und ihn, wann immer sie kann, vor den anderen Schülern gängelt. Dennoch schafft es Guálinto ein guter Schüler zu sein. Nachdem die Situation mit Miss Cornelia eskaliert und Guálinto anfängt

---

[209] Paredes, Américo: George Washington Gomez. S. 116. Carlos Muñoz Jr. fasst die Auswirkungen des segregierten Schulsystemes und der Implementierung der Amerikanisierungsideologie auf die mexikanisch-amerikanische Bevölkerung folgendermaßen zusammen: „The children of Mexican immigrant workers attended segregated public schools along with their Mexican American cousins, and both groups underwent a profound process of "Americanisation" and indoctrination into the "American Way of Life". Despite segregation, they thus learned the values, beliefs, and ideas of the dominant culture at the same time that they suffered from anti-Mexican racsim. But like the majority of youth in the United States, the contradictions between what they were taught in school about "Amerian Democracy" and the realities of their people's racial and class oppression were not apparent to most of them." In: Muñoz, Carlos: Youth, Identity and Power. Verso: London, 1989. S. 20.

gegen die Ungerechtigkeiten zu rebellieren, wird er in die Klasse von Miss Huff versetzt, bei der lernt, eine amerikanische Identität anzunehmen, die anfangs jedoch in Konkurrenz zu seinem mexikanischen Selbstverständnis steht, das zum einen durch die stolze Erscheinung seines Onkels Feliciano, zum anderen durch das Erleben von Ungleichheit geprägt ist:

> In the schoolroom he was an American; at home and on the playground he was a Mexican. Throughout his early childhood these two selfes grew within him without much conflict, each an exponent of a different tongue and a different way of living. [...] It would be several years before he fully realized that there was not one single Guálinto Gómez. That in fact there were many Guálinto Gómezes, each of the double like the images reflected on two glass surface of a show window. The eternal conflict between two clashing forces within him produced a divided personality, made up of tight little cells independent and almost entirely ignorant of each other, spread out all over his consciousness, mixed with one another like squares on a checkerboard. [210]

Paredes' Bildungsroman zeichnet nach, welche Ausgrenzungserfahrungen Guálinto durchleben und überstehen muss. Trotz allem schulischen Erfolg wächst Guálinto zu einem wütenden jungen Mann heran. Erst nachdem er die Wahrheit über seinen Vater und die von seinem Onkel erbrachten Opfer erfährt, der stets alle Rachegefühle zugunsten dem Wohle der Familie zurückstellt und nie geheiratet hat, ist Guálinto in der Lage sich mit den Lebensumständen zu versöhnen. Statt die angloamerikanische Vorherrschaft mit Gewalt zu bekämpfen, nutzt er die Möglichkeiten, die sich für ihn im amerikanischen Bildungssystem eröffnen. Letztendlich erfüllt Guálinto die Erwartungen seiner Familie, die in ihm einen Hoffnungsträger sehen, dem es einmal durch Partizipation am amerikanischen Traum besser gehen und der seine Bildung zum Wohl seiner Leute einsetzen soll. Dieser Anspruch wird nirgends deutlicher als in der Brandrede von El Colorado, Guálinto bestem Freund, der ihn an seine Verantwortung für die mexikanisch-amerikanische Gemeinde erinnert und ihn ermutigt die Collegeausbildung fortzusetzen:

> Because we will need you here in Jonesville. Men like you and Orestes and me and Antonio Prieto. Our people will need us here. It's time we quit being driven like sheep by the Gringos. And you are the one who can bring our point man. [...] That's just it. You full of anger inside. All of us are, but you can speak out about it. You have that gift. You can people get to listen.[211]

Guálinto macht seinem Namensgeber George Washington alle Ehre und studiert Jura. Im Laufe der Jahre gelingt es ihm ein starkes mexikanisch-amerikanisches Selbstbewusstsein zu entwickeln und sich in beiden Wel-

---

[210] Ebda.: S. 147.
[211] Ebda.: S. 250.

ten, dem mexikanisch geprägten Raum der Familie, und dem anglo-amerikanischen geprägten öffentlichen Raum, zurecht zu finden. Als Bürger beider Welten nimmt er eine Vermittlerfunktion ein und arbeitet mit daran einen bi-kulturellen Raum des Austausches zu schaffen. In dieser Hinsicht ist die Romanfigur Guálinto ein fiktives Alter Ego des Schriftstellers Paredes, der sich in Privat-und Berufsleben für das Zusammenwachsen von anglo- und mexikanischer Kultur und einem gleichberechtigten Zusammenleben in Texas und den USA eingesetzt hat. Der erfolgreiche Aufstieg von Guálinto, der als Georg Karriere in Washington macht und schließlich als Regierungsagent nach Jonesville zurückkehrt, um vor dem Eintritt der USA in den II. Weltkrieg für „Grenzsicherheit" zu sorgen, bedeutet aus der Perspektive von Onkel Feliciano jedoch einen Verlust: Je erfolgreicher die Partizipation von Guálinto innerhalb der anglo-amerikanischen Institutionen verläuft, umso mehr verliert George seine *Mexicanidad*, die er eigentlich hätte verteidigen sollen.[212]

Paredes greift in *George Washington Gomez* des Weiteren die Folgen der Weltwirtschaftskrise von 1929[213] auf, die in den USA als *The Great Depression* erinnert wird. Die Weltwirtschaftskrise erfasste auch die mexikanisch-amerikanische Bevölkerung und hatte negative Auswirkungen:

Mexikanisch-stämmige Arbeiter_innen mussten sich der Wirtschaftskrise noch flexibler als zuvor dem Arbeitsmarkt zur Verfügung stehen und verdingten sich als Lohnarbeiter, die von Ort zu Ort reisen

---

[212] Die Frage inwieweit Partizipation bzw. Assimilation einen Verlust der eigenen kulturellen Identität bedeutet, wird ausführlich von anderen Schriftstellern wie z.B. Luis Alberto Urrea [Nobody's Son. Notes from an American life. The University of Arizona Press: Tucson, 1998] aufgegriffen. Siehe hierzu weiter unten die Ausführungen zum Werk des Schriftstellers Richard Rodríguez.

[213] Der Beginn der Großen Depression wird in der Geschichtsschreibung oftmals auf den 29.10.1929 datiert, an dem es zu einem starken Kursverfall an der New Yorker Börse kam. Dieser „Schwarze Dienstag", ausgelöst durch eine Deflation in den USA und eine internationale Schuldenkrise als Folge des I. Weltkrieges, hatte weltweit negative Auswirkungen und führte in den USA zu Massenarbeitslosigkeit, Landenteignung, Arbeitsmigration und Pauperisierung. Siehe in: Hesse, Jan-Otmar, Köster, Roman und Plumpe, Werner: Die Große Depression. Die Weltwirtschaftskrise 1929–1939. Campus Verlag: Frankfurt/New York, 2014. Ein Klassiker der Weltliteratur, der diesen Abschnitt amerikanischer Zeitgeschichte mit all seinen sozialen Spannungen festgehalten hat, ist John Steinbecks *Grapes of Wrath* [Penguin Classics, 2006]. Zu Steinbeck muss jedoch kritisch festgestellt werden, dass dieser mexikanisch-amerikanischen Arbeitern und Familien in seinem Roman keinen angemessenen Raum gibt und sie derart geradezu aus amerikanischer Sozialgeschichte herausgeschrieben, und dass obwohl sie ebenso Leidtragende der Wirtschaftskrise waren, wie die sogenannten Okies. Vgl. Schreiner, Daniel: The Once and Future Chicano – Weltliteratur between Intra-History and Utopian Vision: An Interview with Alejandro Morales. In: Ahrens, Rüdiger; Gonzalez, John Moran et al.: Latina/o Literature: The Trans-Atlantic and the Trans-American in Dialogue. Symbolism 17. De Gruyter: Berlin, 2017. O.S.

mussten, um je nach Bedarf bei Erntearbeiten zu helfen.[214] Bis zu 400.000 Wanderarbeiter befanden sich mit ihren Familien derart auf einer permanenten Durchreise in den USA.[215] Während der sogenannten *la crisis* waren mexikanisch-stämmige Arbeiter noch stärker von Arbeitslosigkeit bedroht als anglo-amerikanische Arbeiter, zumal diese, sich durch die Notsituation gezwungen sahen, selbst harte „mexikanische" Arbeit in der Landwirtschaft und im Straßenbau anzunehmen. Staatliche Behörden unterstützten dies, indem sie darauf achteten, mexikanische Arbeiter von der Auftragsvergabe im öffentlichen Sektor auszuschließen und weiße anglo-amerikanische Arbeiter bei der Jobvergabe zu bevorzugen.[216]

Des Weiteren wurde versucht die angespannte Lage am Arbeitsmarkt durch Repatriations- bzw. Deportationsprogramme zu entschärfen.[217] Bis

---

[214] Eine detaillierte Schilderung der Wanderarbeit und der daraus resultierenden Belastungen für die Familieln liefert Dioncio Valdés in seinem Aufsatz *Now get back to work – Mexican Americans and the Agricultural „Migrant Stream"*. In: Rivas-Rodríguez, Maggie und Zamora, Emilio (Hrsg.): Beyond the Latino World War II Hero. The Social and Political Legacy of a Generation. University of Texas Press: Austin, 2009. S. 39–62.

[215] In: Rao Sánchez, Joanne: The Latinas of World War II. In: Rivas-Rodríguez, Maggie und Zamora, Emilio (Hrsg.): Beyond the Latino World War II Hero. The Social and Political Legacy of a Generation. University of Texas Press: Austin, 2009. S. 67.

[216] Selbst Gewerkschaften beteiligten sich an der Ausgrenzung und Abschiebung mexikanischer Arbeiter, in dem sie bei der Politik für die Deportationen warben: „Among them was the AFL, the American Federation of Labor. Its members were led to believe that getting rid of the Mexicans would open up for jobs for deserving Amercians. Organized labor resented the fact that Mexicans worked for lower wages. The fact that they did so out of neessity rather than through choice made no difference to labor spokesmen. Conveniently overlooked was the fact that union labor was demanding ten dollars a day or more while Mexicans could be hired for half as much. Mexican workers were also bitterly resented because they were preferred by employers over Anglo workers. The reason for the preference was that Mexican were loyal, worked harder, and did better work. To get rid of the unwanted competition, the AFL pressured the Immigration Department to interrogate Mexicans whereever they found them." Siehe in: Balderrama, Francisco E. und Rodríguez, Raymond: Decade of Betrayal. Mexican Repatriation in the 1930s. University of New Mexico Press, 2006. S. 68. Nicht erst durch die Politik von Donald Trump kommt es zu zahlreichen Abschiebungen von „undoctumented migrants". Mitunter entstehen dadurch drastische Folgen, wenn beispielsweise Kinder betroffen sind, die qua Geburt in den USA – im Gegensatz zu ihren Eltern – amerikanische Staatsbürger sind. Siehe in Zayas, Luis: Forgotten Citizens. University of Texas Press: Austin, 2015.

[217] Die Maßnahmen jener Jahren ähneln durchaus der *„America First"* - Politik Donald Trumps, der durch die Erhebung einer Sondersteuer auf mexikanische Produkte, die Errichtung eines gigantischen Grenzwalls im Süden der USA und durch Abschiebungen von Migranten eine nationalistisch-isolationistische Wirtschaftspolitik seit seinem Amtsantritt als Präsident im Januar 2017 umsetzt. Die Sozialkomödie *A day without a Mexican* des Regisseurs Sergio Aran behandelte

zu zwei Millionen Mexikaner bzw. mexikanische Amerikaner inklusive ihrer als Amerikaner geborene Kinder wurden laut Schätzungen zwischen 1929 und 1939 nach Mexiko abgeschoben.[218] Viele arme mexikanisch(e) – (amerikanische) Familien widersetzten sich der Deportation und konnten aus Angst davor erkannt und abgeschoben zu werden, keine staatliche Hilfe in den schlimmsten Zeiten anfragten. Außer Paredes' *George Washington Gomez* und *Pocho* von José Antonio Villarreal (1924–2010)[219] gibt es kaum literarische Werke mexikanisch-amerikanischer Autoren, die sich mit den Folgen der Wirtschaftskrise auseinandersetzen, was damit zu tun haben kann – wie Prof. John González von der UT Austin vermutet –, dass die Armut jener Zeit innerhalb der Chicano-Community zu groß gewesen sei, um Literatur zu erschaffen. Auch in der wissenschaftlichen Literatur wurden die Repatriations- und Deportationsprogramme während der Wirtschaftskrise – ähnlich im Übrigen wie die bereits weiter oben erwähnten Zwangsreinigungen mit Kerosin an texanischen Grenzübergängen in den 1910er Jahren – bis in die frühen 2000er Jahre vernachlässigt.[220] Zudem wurde das Thema, wie Balderrama und Rodríguez aufarbeiten,

---

bereits 2004 die Vorstellung, wie die USA ohne mexikanische Einwanderer aussehen würde.

[218] Die Folgen der Großen Depression für die mexikanisch-amerikanische Bevölkerung sind bei Acuña zusammengefasst nachzulesen. Acuña, Rudolfo: Occupied America. Seventh Edition. Longman: Boston, 2011. S. 203–229.

[219] Villarreal, José Antonio: Pocho. Doubleday & Company: New York, 1959. Einen Vergleich von *Pocho* und *George Washington Gomez* bietet King, Rosemary A.: Border confluences. The University of Arizona Press: Tucson, 2004. S. 61 ff. King untersucht die Arbeiten von Paredes und Villarreal als Ausdruck von Transkulturalation im texanischen Grenzgebiet. Villareal wird von zeitgenössischen Literaturwissenschaftlern oftmals als kodierte homosexuelle *coming of age*-Geschichte gelesen. Siehe z.B. Hidalgo, Melissa M.: "He was a Sissy, really"– Queering Pocho by the books. In: Aztlán, A Journal for Chicano Studies, Vol. 40. UCLA Press: Los Angeles, 2015.

[220] McKay fasst dies für Texas folgendermaßen zusammen: „During the 1930s, a single article on Mexican repatriation from Texas was published; "The Mexicans Go Home" by Edna E. Kelley appeared in the Southwest Review in 1932. Nothing more appeared until the 1980s, when four brief articles on diverse aspects of depression-era repatriation appeared. These included articles on deportation from the lower Rio Grande valley (1981), on Mexican repatriation and the Texas Cotton Acreage Control Law of 1931–32 (1983), on the repatriation of Bridgeport, Texas, coalminers (1984), and on Mexican repatriation from South Texas (1990)". In: McKay, Robert R.: „MEXICAN AMERICANS AND REPATRIATION," Handbook of Texas Online (http://www.tshaonline.org/handbook/online/articles/pqmyk), [eingesehen am 18. May 2015] Veröffentlicht durch die Texas State Historical Association, 2010.

auch in den mexikanischen Familien aus Scham und traumatischen Gründen tot geschwiegen.[221]

Onkel Sam ruft: Weltkrieg und *bracero*-Programm

> Recently at a dinner table in a Mexican home in Los Angeles, an eleven-year-old boy turned to his parents, "Well, who say I'am a Mexican? The doctor or the police?" In school his teacher had told him he was an American; his parents insisted he was Mexican. His classmates referred to him as a Mexican and he in turn called the others "the American kids." The confusion of this small boy is typical of the bewilderment of many thousand "Mexican" youngsters in the Southwest – the children and grandchildren of America's last great immigration, who now wonder, "How long does it take to be American?"
> **Beatrice Griffith, American Me**

> The Second World War, given all the sorrow that came with it, was the greatest thing that ever happened to the Hispanic population of New Mexico. It opened our eyes. We saw horizons we didn't even think existed. The new panorama provided an expansion of the spirit. Now we wanted something more. We had become accustomed to something more.
> **Sabine R. Ulibarri**

Durch die Maßnahmen des als *New Deals* bekannt gewordenen Konjunkturprogramms der Roosevelt-Regierung und bedingt durch den Beginn des Zweiten Weltkrieges kam es zu einer Wiederbelebung der U.S.-amerikanischen Wirtschaft und einer erneuten Nachfrage nach billigen Arbeitskräften. Um den Bedarf der Kriegswirtschaft zu decken, wurde zwischen Mexiko unter der Regierung von Manuel Ávila Camacho und den USA im Sommer 1942 das so genannte *bracero*-Programm [*bracero* stammt aus dem Spanischen und bedeutet Feldarbeiter, bzw. derjenige der mit den Händen arbeitet] vereinbart, bei dem ähnlich wie beim späteren deutschen Gastarbeiterabkommen in den 50er Jahren, temporäre Arbeitsgenehmigungen für mexikanische Arbeiter ausgestellt wurden, die zunächst nur in der Landwirtschaft, dann später auch im Eisenbahnbau tätig waren. Der mexikanische Staat versprach sich im Gegenzug durch das Abkommen langfristig besser ausgebildete Arbeiter für die eigene Wirtschaft zurück zu bekommen.[222] Das Programm wurde nach Kriegsende

---

[221] Balderrama, Francisco E. und Rodríguez, Raymond: Decade of Betrayal. Mexican Repatriation in the 1930s. University of New Mexico Press, 2006. S. 299–321.

[222] Diese Hoffnungen wurden jedoch nicht erfüllt und sorgten vielmehr zu einem permanenten Migrationsprozess aus Mexiko in die USA, wie Debroah Cohen herausgearbeitet hat: „Yet as this book has shown, this recognition and national incorporation was a dream deferred. It was deferred in Mexican communities that could not support braceros' return with jobs or satisfy their tastes and demands for consumer products-only a cycle of migration would do. It was deferred in the

jedoch nicht eingestellt, sondern mehrere Male insgesamt bis 1967 verlängert und in veränderten Formen neu aufgelegt. Während des Zweiten Weltkrieges lag die Zahl der Neuankömmlinge pro Jahr jeweils unter 50.000. In den Folgejahren stieg die Anzahl der *braceros* jedoch kontinuierlich an. Insgesamt kamen ca. 4,6 Millionen Menschen bis 1967 auf diesem offiziellem Weg in die USA.[223]

Zudem fand weiterhin eine inoffizielle Einwanderung statt, da amerikanische Landwirte über das *bracero*-Programm hinaus, illegal Arbeiter zu noch billigeren Konditionen verpflichteten. Diese erweiterte Arbeitsmigration wurde jedoch durch die U.S.-Behörden mit Unterstützung der mexikanischen Seite mit teils drastischen Methoden bekämpft. Allein im Jahr 1954 wurden in der *Operation Wetback* eine Millionen Mexikaner, die nicht im Besitz gültiger Arbeitspapiere waren, landesweit verhaftet und abgeschoben.[224] Das *bracero*-Programm wurde über die Dauer seiner Laufzeit immer wieder von Gewerkschaftern und Aktivsten kritisiert, zumal es Großfarmern die Möglichkeit gab, Feldarbeiter mit amerikanischen Pass gegen die nur temporär einreisenden Saisonarbeiter auszuspielen und die Löhne zu senken. Das *bracero*-Programm und die Feldarbeit sollten auf Jahrzehnte unzählige Familiengeschichten prägen und hinterließen tiefe Spuren im mexikanisch-amerikanischen Kollektivgedächtnis. Bis heute beziehen sich immer wieder Schriftsteller_innen, wie beispielsweise Helena María Viramontes in *Under the feet of Jesus* aus dem Jahr 1995 [Penguin Books: New York], auf das Leben in den Feldern. Eine nennenswerte Begrenzung der Ausbeutung in den Feldern wurde erst in den 1970er durch die Gewerkschaftsarbeit von Cesar Chávez, von dem weiter unten noch berichtet werden wird, möglich.

Der Eintritt der USA in den Zweiten Weltkrieg nach dem japanischen Angriff auf Pearl Harbor am 7. Dezember 1941 markiert für die mexikanisch-amerikanische Bevölkerung den Beginn eines gesamtgesell-

---

United States because, despite braceros' struggle for the rewards due modern workers, their race, nationality, and job class as farmhands ultimately remarginalized them as always foreign, dividing them from even similary placed domestic farmworkers." In: Cohen, Deborah: Braceros – Migrant Workers and Transnational Subjects in the Postwar United States and Mexico. The University of North Carolina Press, 2011. S. 221.

[223] Ein ausgezeichneter Dokumentarfilm über das *bracero*-Programm ist *Harvest of Loneliness – Cosecha Trite* [Regie: Gonzalez, Gilbert; Price, Vivian und Salinas, Adrian. 2010].

[224] Der despektierliche Begriff *wetback* wird bis heute als Schimpfwort für undokumentierte Einwanderer in den USA verwendet und bezieht sich auf die Tatsache, dass bei einer heimlichen Einreise der Rio Grande schwimmend durchquert werden muss. Eine ausführliche Aufarbeitung der *Operation Wetback* ist: García, Juan Ramon: Operation Wetback. The Mass Deportation of Mexican Undocumented Workers in 1954. Greenwood Press: Westport, 1980.

schaftlichen Partizipationsprozesses.[225] Zwischen 400.000 und 750.000 Latino-Amerikaner meldeten sich für den Militärdienst und nahmen an Kriegshandlungen im Pazifik und in Europa teil [insgesamt dienten 16 Millionen Amerikaner während des II.WK, 350.000 von ihnen waren Frauen].[226] Unter ihnen waren u.a. auch 15.000 gebürtige Mexikaner, die sich als Ausländer für den Kriegseinsatz verpflichten ließen.[227]

Anders als die 920.000 afro-amerikanischen Soldaten [500.000 von Ihnen waren während des II. WK im Pazifik, in Afrika und Europa im Einsatz][228], die der Logik der Jim Crow-Rassegesetze folgend in eigenen

---

[225] Für die japanisch-amerikanischen Bürger in den USA begann dagegen eine Zeit der Ausgrenzung und Entrechtung. Sämtliche Amerikaner mit japanischer Herkunft sowie alle japanischen Staatsbürger wurden per Dekret ihrer Freiheit beraubt, da man sie von vornherein für Verräter hielt und für den Angriff auf Pearl Harbor mitverantwortlich machte: „The administration of President D. Rosevelt responded by ordering the imprisonment of the entire Japanese-American population, as well as Japanese citizens legally working in the United States. Rosevelt's Executive Order 9066, which he signed on February 19, 1942, ultimately resulted in the forced relocation of about 120.000 people of Japanese ancestry into "internment camps" scattered across the American Wet. About two-third of the victims of this action were U.S.-born American citizens. Nonetheless, they were forced to hurriedly sell their homes and belongings. Everything they could not sell or give away they had to abandon." Hillstrom, Kevin: The Zoot Suit Riots. Defining moments Series. Omnigraphics: Detroit, 2013. S.39.

[226] Exakte Angaben zur Anzahl der teilnehmenden mexikanischen Amerikaner sind kaum machbar, da die Statistiken keine derart detaillierten Informationen liefern und zudem viele Hispanics/ Lations und somit Mexican Americans als „white", andere dagegen als „other" erfasst wurden. Siehe mehr dazu in Eschbach, Karl und Rivas-Rodríguez, Maggie: Navigating Bureaucratic Imprecision in the Search for an Accurate Count of Latino/a Military Service in World War II. In: Rivas-Rodríguez, Maggie und Olguín, Ben V. (Hrsg.): Latina/os and World War II – Mobilty, Agency, and Ideology. University of Texas Press: Austin, 2014. S. XIX.

[227] Zamora, Emilio: Mexican Nationals in the U.S. Military. Diplomacy and Battlefield Sacrifice. In: Rivas-Rodríguez, Maggie und Zamora, Emilio (Hrsg.): Beyond the Latino World War II Hero. The Social and Political Legacy of a Generation. University of Texas Press: Austin, 2009. S. 90. Siehe ebenfalls den Roman *The Dark Side of the Dream* von Alejandro Grattan-Domíguez aus dem Jahr 1995. [Arte Público Press: Houston, 1995]. Ein weiterer hervorzuhebender Autor, der sich mit Kriegserfahrungen von mexikanisch-amerikanischen Soldaten beschäftigt hat, ist Rolando Hinojosa-Smith (geb. 1929). Hinojosa war einer der ersten national und international bekannten Chicano-Autoren überhaupt. In dem ebenfalls ins Deutsche übersetzten *Korean Love Songs* verarbeitet Hinojosa seine Eindrücke im amerikanisch-koreanischen Krieg in einem zusammenhängenden Gedichtszyklus. Siehe: Hinojosa, Rolando: Korean Love Songs. From Klail Death Trip. Editorial Justa Publications: Berkely, 1978 und Korea Liebeslieder: Aus dem Klail City Todes Trip. Verlagscooperative: Osnabrück, 1991.

[228] Siehe in: Buckley, Gail: American Patriots: The Story of Blacks in the Military From the Revolution to Desert Storm. Random House, 2001. S. 280.

Truppenverbänden organisiert waren[229], wurden Latino-Amerikaner den weißen Einheiten zugeordnet.[230]

In der mexikanisch-amerikanischen Literatur ist der Zweite Weltkrieg als persönliche Lebenserfahrung wenig thematisiert worden. Eine Ausnahme ist Sabine Ulibarrís *Mayhem was our Business/Memorias de un Veterano*. Der aus New Mexico stammende Wissenschaftler und Schriftsteller Sabine Reyes Ulibarrí (1919–2003)[231] hat kurz vor Lebensende seine Zeit als Soldat im Zweiten Weltkrieg in einem semi-autobiographischen Band zusammengefasst. Ulibarrí kann durchaus als ein vom spezifischen kulturellen Raum New Mexikos geprägter Schriftsteller bezeichnet wer-

---

[229] Gail Buckley fasst die rassistische Argumentation jener Zeit für die Rassentrennung innerhalb des Militärs zusammen: „Homefront fascism was alive and well in America's 1940 military policy. The bases of that policy were the racist 1920 report on the use of black troops and a 1925 Army War college study stating that blacks were "physically unqualified for combat duty" because the black brain weighed ten ounces less than the white. Blacks, moreover, "subservient" by nature and believing themselves "inferior" to whites, were "susceptible to the influence of crowd psychology" and unable to control themselves in the face of danger. Thus, the War Department would not "intermingle colored and white enlisted personnel in the same regimental organization."" Buckley, Gail: American Patriots: The Story of Blacks in the Military From the Revolution to Desert Storm. Random House, 2001. S. 258.

[230] Mitunter gab es jedoch besondere Einzelfälle: Den oben beschriebenen Kategorien folgend wurden dunkelhäutige aus Cuba oder Puerto Rico stammende Soldaten weißen Truppen zugeordnet. Da sie dort ob ihrer Hautfarbe Rassismus erlebten, beantragen einige von ihnen die Versetzung in schwarze Battallione. Die Erfahrungen von Latino-Amerikanern im amerikanischen Militär hat Luis Alvarez herausgearbeitet: Transnational Latino Soldierung: Military Service and Ethnic Politics. In: Rivas-Rodríguez, Maggie und Olguín, Ben V. (Hrsg.): Latina/os and World War II – Mobilty, Agency, and Ideology. University of Texas Press: Austin, 2014. S. 75–93. Ein Schlagzeilen machender Vorfall war die rassistsiche Posse um die Beisetzung des mexikanisch-amerikanischen Soldaten Felix Z. Longoria (1920–1945), der auf den Phillipinen im Kampf für die USA fiel. Seine Heimatgemeinde Three Rivers in Texas weigerte sich die sterblichen Überreste des hochdekorierten Longoria aufgrund seines ethnischen Hintergrundes auf dem offiziellen städtischen Friedhof beizusetzen. Durch das Engagement des damaligen US-Senators Lyndon B. Johnson konnte Longoria jedoch 1949 endlich heimgeholt werden und auf dem Heldenfriedhof in Arlington beerdigt werden. Siehe in: Carroll, Patrick J.: Felix Longoria's Wake - Bereavement, Racism, and the Rise of Mexican American Activism. University of Texas Press: Austin, 2003.

[231] Ulibarrí war Dozent für Spanische Literatur an der University of California und and der University of New Mexico. Neben seinen wissenschaftlichen Arbeiten hat er zahlreiche Kurzgeschichten, Essays und Romane veröffentlicht. Ulibarrís Werk blieb jedoch bis heute um einiges unbeachteter als etwa die von dem ebenfalls aus New Mexico stammenden Rudolfo Anaya. Weitere Veröffentlichungen sind: Ulibarrí, Sabine R.: Short Stories. Selections. University of New Mexico Press: Albuquerque, 1993. Sueños = Dreams. Floricanto Press: Mountain View, 2010.

den. Dies ist daran festzumachen, dass er sich selbst als *hispanic* definiert, eine Eigenbezeichnung, die von zahlreichen Mexican-Americans in New Mexico in Abgrenzung vom Wort indigen verwendet wird, um ihre direkte lineare Abstammung von spanischen Siedlern und ihre Unterschiedlichkeit von den unterworfenen indigenen Völker der Region deutlich zu machen.

In *Mayhem was our Business/Memorias de un Veterano* schildert Ulibarrí zunächst seine entbehrungsreiche Jugend, in der er nach dem frühen Tod seiner Eltern als ältester Sohn sich um die jüngeren Geschwister kümmern und daher sein Universitätsstudium auf ungewisse Zeit verschieben musste. Als es ihm schließlich gelingt ein Studium aufzunehmen, bricht er dies alsbald ab, um sich freiwillig als Soldat zu melden. Ausgiebige Schilderungen seiner Ausbildung in der Air Force folgen. Für Ulibarrí ist die Teilnahme am Zweiten Weltkrieg patriotische Pflicht, die er in einer pathetischen Sprache beschreibt. Seine Ausführungen zur Stationierung in England und zu den einzelnen Kampfeinsätzen fallen dagegen eher spärlich aus und wirken so, als wolle er sich nicht wirklich erinnern. Eine größere Aufmerksamkeit schenkt er stattdessen den Kriegsfolgen: So leidet Ulibarrí zunächst am posttraumatischen Syndrom und entwickelt zeitlebens einen Hautausschlag, den er in Stresssituationen bekommt. Unterbrochen werden seine Erinnerungen des Öfteren von Bemerkungen mit denen er die historische Bedeutsamkeit des Kriegsdienstes für die Emanzipation der mexikanischen Amerikaner als vollberechtigte Bürger der USA unterstreicht:

> What we were ready to fight for, suffer for, die for, was our Hispanic way of life. A ranchito at the foot of the mountain, a flock of sheep grazing on a hillside, a procession during Holy Week, a rodeo in the fall, a fandango on Saturday night, an election where we elected only Hispanics. A fiesta for any occasion. It's the American flag, the American Constitution, and American indifference had given us the kind of freedom that Hispanos the world over have only dreamed of. We were grateful.[232]

Hervorzuheben ist zudem eine Episode, in der Ulibarrí sich mit dem eigenen Rassismus auseinandersetzt. Gemeinsam mit seinem Geschwader ist Ulibarrí in der englischen Stadt Wellingborough stationiert, die von seinen weißen Kameraden in der Freizeit jedoch gemieden wird. Der Grund hierfür, so Ulibarrí, ist der Tatsache geschuldet, dass in Wellingborough zuvor afro-amerikanische Soldaten stationiert gewesen seien, die für den Geschmack der an Rassentrennung gewöhnten weißen G.Is von der dortigen Bevölkerung allzu herzlich aufgenommen worden seien. Ulibarrí ist wie seine weißen Kameraden ähnlich irritiert, wenn nicht ge-

---

[232] Ulibarri, Sabine R.: Mayehm was our Business – Memorias de un Veterano. Bilungal Press: Tempe, 1997. S. 29.

schockt, über die Vielzahl der englischen Mütter mit dunkelhäutigen Babys. Mit der Zeit überwindet Ulibarrí schließlich seinen Rassismus:

> Certainly I had seen the intermarriage of Anglos and Hispanos, Anglos and Indians, Hispanos and Indians and their half-breed children with no negative reaction on my part. I concluded that it was the strangeness and the violence of the contrast that took me by surprise. I continued going to Wellingborough on my time off. I soon became familiar with and accustomed to the white-black anomaly, and it ceased to be a problem. It was a good feeling knowing I was not a racist.[233]

Außer Ulibarrís Veteranen-Erinnerungen sind kaum literarische Werke über den Zweiten Weltkrieg von mexikanisch-amerikanischen Autoren verfasst worden. Dafür sind jedoch einige Publikationen erschienen, in denen Historiker und Soziologen die zahlreichen Interviews, die im Rahmen des *Oral History Projects*[234] der Universität Texas zur Partizipation von Latinos/as im Zweiten Weltkrieg in narrativer Form wiedergeben, zusammenfassen und auswerten.[235]

GI Bill und Emanzipation: *Nosotros somos Americanos*

Trotz aller erlebten Kriegsgräuel wird die Zeit im US-Militär während des Zweiten Weltkrieges laut Studien von den meisten mexikanisch-amerikanischen Soldaten im Nachhinein als große Chance bewertet, die sich ihnen aufgetan hat. Im Krieg konnten sie Seite an Seite mit „weißen" Soldaten ihren Patriotismus und Tapferkeit beweisen, ihren Horizont erweitern und nach Kriegsende eine College- und/oder Universitätsausbildung finanzieren. Angélica Aguilar Rodríguez, Julian Vasquez Heilig und Allison Prochnow haben in dem Aufsatz *Higher Education, the GI Bill, and the Postwar Lives of Latino Veterans and their Families*[236] die Auswirkungen des durch die Franklin D. Roosevelt Administration verabschiedeten *Servicemen's Readjustment Act* auf Latino-Amerikaner zusammengefasst. Anders als nach dem Ersten Weltkrieg, in dem heimkehrende Soldaten nur mit einer Minimalzahlung von 60 Dollar und einem Zugticket aus dem Militär-Dienst entlassen wurden, wurde den sich für den Kriegsdienst freiwillig gemeldeten Rekruten von der US-Regierung ein Stipendium und die Erlassung von Studiengebühren in Aussicht gestellt.

---

[233] Ebda. S. 57.
[234] VOCES Oral History Project Archive, Benson Latin American Collection, University of Texas Libraries, the University of Texas at Austin.
[235] So zum Beispiel: Rivas-Rodríguez, Maggie (Hrsg.): Mexican Americans & World War II. University of Texas: Austin, 2005.
[236] In: Rivas-Rodríguez, Maggie und Olguín, Ben V. (Hrsg.): Latina/os and World War II – Mobility, Agency, and Ideology. University of Texas Press: Austin, 2014. S. 59–74.

Dieses staatlich aufgelegte Studienföderungsprogramm sorgte nach Ende des Zweiten Weltkrieges für einen Ausbildungsaufschwung in vielen sozialen Schichten und bot Afro-Amerikanern und Latino-Amerikanern unbekannte Aufstiegs- und Partizipationsmöglichkeiten.[237] Bis zu 7,8 Millionen Veteranen wie z.B. die oben erwähnten Américo Paredes und Sabine Ulibarrí nutzten bis in die 1950er Jahre hinein die Möglichkeiten des Programms, machten ihren Hochschulabschluss oder absolvierten Ausbildungsgänge.

Die mexikanisch-amerikanischen Frauen in den USA profitierten ebenfalls von der Teilnahme der USA am Zweiten Weltkrieg. Da viele Männer sich freiwillig für das Militär meldeten, fehlten sie dem heimischen Arbeitsmarkt und die amerikanische Wirtschaft musste stattdessen Ersatz in der weiblichen Bevölkerung finden. Mexikanisch-amerikanische Frauen fanden so nun das erste Mal Arbeitsmöglichkeiten außerhalb der Landwirtschaft und der Familie und konnten neue Fertigkeiten in der Industrie erlernen.

Insgesamt wurden während der Kriegsjahre 6,5 Millionen amerikanische Frauen neu angestellt, arbeiteten in der Rüstungsindustrie und hatten so ihren Anteil am Kriegsgewinn der USA.[238] Nicht alle Frauen fanden nach dem Ende des Krieges eine Weiterbeschäftigung in der Industrie und kehrten mit mehr Selbstbewusstsein in ihre Familien zurück. Einige wiederum schulten um oder absolvierten eine Hochschulausbildung. Joanne Sánchez fasst die Veränderung für die amerikanischen Latinas folgendermaßen zusammen:

> Although the war did not eradicate discrimination, Latinas made inroads in employment. Working with Anglos in the military, defense plants, nursing, and civil service jobs enabled Latinas to build the necessary friendships and respect that began to break the barriers that kept them separated from mainstream America.[239]

In der Tat waren die amerikanische Latino-Bevölkerung und somit auch die mexikanisch-amerikanische Bevölkerung trotz aller eingetretenen

---

[237] Siehe mehr hierzu in: Mettier, Suzanne. Soldiers to Citizens: The G.I. Bill and the Making of the Greatest Generation. Oxford University Press, 2005.

[238] Die Auswirkungen des Zweiten Weltkrieges auf Latinas und ihre Teilhabe am Arbeitsmarkt hat Joanne Rao Sánchez im Detail herausgearbeitet: The Latinas of World War II. In Rivas-Rodríguez, Maggie und Zamora, Emilio (Hrsg.): Beyond the Latino World War II Hero. The Social and Political Legacy of a Generation. University of Texas Press: Austin, 2009. S. 63–89. Siehe zum geichen Thema die Ausführungen von Portales, Patricia: Tejanas on the Home Front: Women, Bombs, and the (Re)Gendering of War in Mexican American World War II Literature. In Rivas-Rodríguez, Maggie und Olguín, Ben V. (Hrsg.): Latina/os and World War II – Mobilty, Agency, and Ideology. University of Texas Press: Austin, 2014. S. 175–196.

[239] Ebda.: S. 89.

Teilhabeprozesse weiterhin Ausgrenzungspolitiken und Rassismen ausgesetzt. Die aktive Teilhabe am Kriegsgeschehen stärkte jedoch das politische Selbstverständnis der mexikanisch-amerikanischen Kulturschaffenden in den USA und verlieh ihren Antworten auf die durch die „weißen Machtstrukturen"[240] aufrechterhaltenen gesellschaftlichen Ungleichheiten ein neues Gewicht. Nach wie vor wurden mexikanische Amerikaner im Bildungssystem schlechter gestellt, politisch nicht repräsentiert und mussten für niedrigere Entlohnung härtere Arbeiten als Anglo-Amerikaner durchführen.

Alonso Perales und Mexican Voice

Der Anwalt Alonso Perales veröffentlichte mit *Are we good Neighbours* eine Art politisches Schwarzbuch, in dem er die gesellschaftliche Ausgrenzung und ökonomische Ausbeutung von mexikanischen Amerikanern – und der afro-amerikanischen Bevölkerung – in den 40er Jahren mit zahlreichen Beispielen belegt und kritisiert. Perales fordert in seiner Studie ein Ende dieser Ungleichbehandlung im Sinne des gesamtgesellschaftlichen Wohles der USA und nimmt hierbei Bezug auf den gerade zu Ende gegangenen Zweiten Weltkrieg und die darin durch mexikanisch-amerikanische Soldaten erbrachten Opfer:

> Until the war, the Mexicans accepted their status more or less passively. Soon a high proportion of their numerous sons went into the armed forces. They fought, bled died beside their Anglo-American comrades. They absorbed the torrents of high principled speeches and declarations concerning freedom, tolerance, world – wide security, our condemnation of

---

[240] George Lipsitz zeigt in seiner Studie *The Possessive Investment in Whiteness* [Temple University Press: Philadelphia, 1988] wie weiße Menschen durch die Implementierung von Herrschaftstrukturen, die auf Farbe und Rasse basieren, ihre wirtschaftliche und kulturelle Vormachtstellung gegenüber anderen Gesellschaftsgruppen zementieren und kreieren. Die Formation und Implementierung von *Whiteness* als Ordnungsstruktur und Ressourcenverteilung findet jedoch als kollektiver gesamtgesellschaftlicher Prozeß und ist daher schlecht fassbar und wahrnehmbar. Die von *Whiteness* profitierende Bevölkerungsgruppe bemerkt oftmals nicht einmal die ungleichen Ordnungsstrukturen und ihren eigenen Vorteil. Der Ausgegrenzte und Benachteiligte erscheint innerhalb dieser Strukturen als selbst schuld an seiner Lage zu sein: „As long we define social life as the sum total of conscious and deliberative individual activities, we will be able to discern as racist only individual manifestations of personal prejudice and hostility. Systemic, collective, and coordinated group behavior consequently drops out of sight. Collective exercises of power that relentlessly channel rewards, recources, and opportunities from one group to another will not appear "racist" from this perspective, because they rarely announce their intention to discriminate against individuals. Yet they nonetheless give racial identies their sinister social meaning by giving people form different races vastly different life chances." S. 20.

racial and religious prejudice. They, too, learned "Why we Fight." Perhaps some of them wondered why we concerned ourselves with establishing the "freedoms" across the ocean, while our own back yard is still cluttered with bigotry, intolerance, racial discrimination and underprivileged classes. Whatever their thoughts, they fought on and fought well.[241]

Perales war nicht alleine mit seinen Positionen. Viele andere mexikanisch-amerikanische Journalisten, Schriftsteller_Innen und Aktivistengruppen antworteten auf die andauernde Ungleichbehandlung in Artikeln und Büchern und nahmen so ungleich stärker als noch vor dem Krieg Einfluss auf den öffentlichen Diskurs. Exemplarisch soll hier die Gründung der Zeitung *The Mexican Voice* genannt werden, die im Jahr 1938 ursprünglich als Begleitmagazin zur *Mexican Youth Conference* eingeführt wurde.[242] Neben einer amerikanisch-patriotisch geprägten Berichterstattung, die die Kriegsereignisse zum Inhalt hatte, wurden in *The Mexican Voice* auch die gesellschaftlichen Bedingungen in den USA scharf kritisiert:

The Mexican Voice connected treatment of Mexicans in the United States to news from Europe: "Their [the Mexican American youths'] opinion is, 'We tch, tch over what Germany is doing to the Jews; but look what Americans are doing to Americans in America.'" [243]

Die Kritik an den bestehenden Verhältnissen zeigte sich jedoch nicht nur in Schriftform, sondern auch in einem selbstbewussteren Auftreten von Jugendlichen und jungen Erwachsenen im Straßenleben. Die junge Generation wollte sich als mexikanisch-amerikanische *pachucos* und *pachucas* nicht mehr auf eine Existenz als Arbeiter limitieren lassen, begehrten gegen das auf das *barrio* begrenzte Sozialleben auf und begannen

---

[241] Perales, Alonso S. : Are we good neighbors? Arno Press: New York, 1974. S. 83.

[242] Die Etablierung der *Mexican Youth Conference* im Jahr 1934 war eine weitere Episode zivilgesellschaftlich indizierter Amerikanisierung, die durch die evangelistischen Kirchen, in diesem Falle durch die *Young Men's Christian Association* (YMCA) innerhalb der mexikanisch-amerikanischen Bevölkerung vorangetrieben wurde. Ziel der Konferenz war es, mexikanisch-amerikanische Multiplikatoren wie Sozialarbeiter und Lehrer an die Kirchenorganisationen zu binden und mexikanisch-amerikanische Jugdneliche bei der Herausbildung eines guten Charakters, eines US-amerikanischen Bürgerverständnisses und eines evangelistisch geprägten Werteverständnisses zu begleiten. Ausführliche Information zur *Mexican Youth Conference* und über die Zeitung *The Mexican Voice* und ihren Chefredakteur Félix Gutiérrez sowie über andere Publikationen mexikanisch-amerikanischer Organisationen in der Zeit vor der Chicano-Bewegung sind zu finden in Muñoz Jr., Carlos: Youth, Identity, Power: The Chicano Movement. Verso: New York, 1989. S. 28ff.

[243] Gutiérrez, Félix F.: The Mexican Voice goes to War. In Rivas-Rodríguez, Maggie und Olguín, Ben V. (Hrsg.): Latina/os and World War II – Mobilty, Agency, and Ideology. University of Texas Press: Austin, 2014. S. 119.

damit am Nachtleben Los Angeles teilzunehmen und mit eigenen Veranstaltungen anzureichern.[244]

Dieser Teilhabeprozess ging einher mit einem zusätzlichen innerfamiliären Emanzipationsprozess, da Frauen sich nun vermehrt, bedingt durch ihren steigenden Anteil der Lohnarbeit, von patriarchalen Strukturen lösen und ihre Selbstwirksamkeit unter neuen Bedingungen erleben konnten. Viele von ihnen rebellierten als *pachuca* gegen althergebrachte Normen und Traditionen, indem sie mit Konzepten von Männlichkeit und Weiblichkeit spielten. Auch junge Männer entwickelten als *pachucos* einen neuen individuellen Stil, der von mehr gesellschaftlicher Freiheit geprägt war. Zur *pachuco*-Kultur[245], die sich während des Zweiten Weltkriegs herausbildete und aus der sich in den 1960er Jahren die Chicano-Bewegung[246] herausbilden sollte, gehörte ein für die 40er Jahre exzentrischer und flamboyanter Kleidungsstil, der sich vom uniformen Durchschnitt der weißen anglo-amerikanischen Gesellschaftsschicht unterschied. Weite bunte Anzüge mit Watteschultern, lange Punjab-Hosen und hervorstechende Taschenuhren und breitkrempige flache Hüte bei den Männern und Hosenanzüge und extravagante Kleider bei den Frauen prägten die Mode der *pachucos* und der Afro-Amerikaner gleichermaßen.[247] Der Poet und Journalist Rubén Martínez [u.a. New York Times][248]

---

[244] Eduardo Obregón Pagán hat die Jugendkultur dieser Zeit beschrieben. Siehe Pagán, Eduardo Obregón: Murder at the Sleepy Lagon. Zoot Suits, Race & Riots in Wartime L.A. The University of North Carolina Press: Chapel Hill, 2003. S. 98–125.

[245] Cummings, Laura L.: Pachucas and Pachucos in Tucson: Situated Border Lives. University of Arizona Press, 2009.

[246] Der dem Jugend-Slang entnommene Wort *cholo* ersetzte ab den 1960er allmählich den Begriff *pachuco* in den mexikanisch-amerikanischen *barrios* und bezeichnet zumeist Mitglieder der lokalen Straßengangs, die nicht nur als kriminelle Vereinigungen zu verstehen sind, sondern Teil einer Lebenswelt sind, die aufgrund ökonomischer und struktureller Gründe von der wohlhabenden, zumeist weißen, Mittelschichtsgesellschaft separiert ist. Die *cholo*-Kultur und die Gangdynastien als Machtfaktoren im Lebensraum *barrio* werden ausführlich in der Einzelanalyse zum Werk von Luis J. Rodríguez in Kapitel V behandelt. *Cholo* und *pachuco* sind als Eigenbezeichnungen zu verstehen, die innerhalb der eigenen Gruppe als positive Anrede verwendet wird. Der Terminus *cholo* ähnelt daher der Verwendung und positiven Umbewertung des rassistischen Beschimpfung „*Nigger*" innerhalb afro-amerikanischer Communities in den USA. Zur *cholo*-Kultur des 21. Jahrhunderts gehört, will man sie den stereotyp beschreiben, eine uniforme Kleidung, die durch knielange Khaki-Hosen, hochgezogene Strümpfe, weiße T-Shirts bzw. Muskelshirts und übergeworfene grünkarierte Hemden, Bandanas, Sonnenbrillen, Tattoos und Halsketten sowie Bart und kurzrasierte Haare geprägt ist. Filmisch ist diese *cholo*-Kultur 1994 vom Regisseur Allison Anderson mit *My crazy life – Mi Vida loca* behandelt worden. [USA, Sony Studios].

[247] Der mexikanische Literaturnobelpreisträger Octavio Paz, der in den 1940er Jahre zwei Jahre lang in Berkeley lebte und arbeitete, blickt in seiner Essaysammlung *El*

beschreibt die Ursprünge der *pachuco*-Kultur und erklärt die Reaktionen auf sie folgendermaßen:

> The first pachuco cliques formed in East Los Angeles in the late 1920s and 1930s. By today's standards, they were innocent – fights were usually waged with fists, occasionally with knives and chains – and they resembled street toughs more than today's gangmembers. Aesthetics were all-important. The highstyle of the Zoot Suit (pants up near the breastbone, chain and fob swinging down below the knee) was an exaggeration, a subversion of typical American fashion. Like the lowrider cars of the sixties and seventies, the Zoot Suit wasn't meant to be worn so much as seen (although it had its functional side, too: loose clothes were perfect for the acrobatics of Chicano swing dancing, just as today's "baggies" allow for hip hop). It was a badge of cultural rebellion, and the virtual birth of Chicano culture: to Americans, the Zoot Suiters still looked Mexican; to Mexicans in the Old Country, they looked far too gringo.[249]

Das neue selbstbewusste Auftreten der *pachuco*- Jugend und die Präsens mexikanisch-amerikanischer Arbeiter in Fabriken, die zuvor nur Weißen vorbehalten waren, irritierte weite Teile der privilegierten anglo-amerikanischen Bevölkerung, die Angst vor dem Verlust ihres sozioökonomischen Status hatten.[250] Die Folge war ein angespanntes Klima, welches – gespeist durch eine rassistische Medienberichterstattung und eine grassierende Kriegshysterie – sich im Sommer 1943 in brutalen Ausschreitungen entlud.

---

laberinto de la soledad, die sich mit mexikanischer Identität auseinandersetzt, wenig wertschätzend auf die *pachuco*-Kultur in den USA, die für ihn nur eine kulturell enthöhlte aggressive Reaktion auf amerikanische Rassismen ist. Als mexikanischer Intellektueller und Zugehöriger einer den Arbeiter-*barrios* fernen Bürgerschicht, versteht er auf der einen Seite zwar die soziologischen und psychologischen Faktoren für das Auftreten von Jugendkultur, aber missversteht auf der anderen Seite den kulturellen Wert der *pachucos*, die neue hybride Formen von Identität in der Einwanderungsgesellschaft erschufen, die die Basis für den späteren Aufstand für Partizipation der Chicanos legen sollten: „The pachuco is an impassive and sinister clown whose purpose is to cause terror instead of laughter. His sadistic attitude is allied with a desire for self-abasement which in my opinion constitutes the very foundation of his character: he knows that it is dangerous to stand out and that his behavior irritates society, but nevertheless he seeks and attracts persecution and scandal. It is the only way he can establish a more vital relationship with the society he is antagonizing."Aus Paz, Octavio: The Labyrinth of Solitude. Grove Press: New York, 1961. S. 16.

[248] Siehe z.B. Martínez, Rubén: The Other Side – Notes from the New L.A., Mexico City and Beyond. Vintage, 1993.

[249] In: Rodríguez, Joseph; Martínez, Rubén und Rodríguez, Luis J.: East Side Stories – Gang Life in East LA. Power House Books: New York, 1998. S. 16.

[250] Siehe in Mazón, Mauricio: The Zoot-Suit Riots. The Psychology of Symbolic Annihilation. University of Texas Press: Austin, 1984. S.19.

The Zoot Suit Riots

Diese als *Zoot Suit Riots*[251] bekannt gewordenen Unruhen hatten in Los Angeles begonnen, nachdem es zu Prügeleien zwischen Marinesoldaten und *pachuco*-Jugendlichen gekommen war.[252] Im Anschluss an die ersten Straßenschlägereien kam es zu weiterer Mobgewalt, als tausende Soldaten Jagd auf *pachucos*, Afro-Amerikaner und Philipinos machten und dabei von anglo-amerikanischen Bürgern unterstützt wurden. Die Polizei sah dabei in der Regel tatenlos zu. Die Ausschreitungen wurden in den Medien auf unterschiedlichste Weise schließlich entweder als Jugendphänomen bzw. als Sabotageakt der Nazis gedeutet.[253]

Etwa zur gleichen Zeit fand zudem der *Sleepy Lagoon Process* statt, in dem der Mord an José Gallardo Díaz aus dem Vorjahr verhandelt wurde und welcher vom Justizapparat dazu genutzt wurde, die örtliche *pachuco*-Szene in den *barrios* aufzureiben. Über Wochen hinweg wurden willkürlich mexikanisch-amerikanische Jugendliche auf den Straßen von Los Angeles verhaftet und angeklagt[254] Die *Zoot Suit Riots* hinterließen einen starken Eindruck auf die junge mexikanisch-amerikanische Generation, prägten das kulturelle Selbstverständnis der Jugendlichen sowie die Erfahrung von Ungleichbehandlung und nahmen in Teilen das politische Erwa-

---

[251] Hillstrom, Kevin: The Zoot Suit Riots. Defining moments Series. Omnigraphics: Detroit, 2013. Die Unruhen in L.A. dauerten vom 3.Juni bis zum 10.Juni 1943 an.

[252] Luis Alvarez erklärt die Spannungen zwischen anglo-amerikanischen Matrosen und *pachuco*-Jugendlichen vor dem Hintergrund rassistischer Diskriminierung: „Juxtaposed to the all-white, tight-fitting, starched uniforms worn by young American sailors, one of the most celebrated images of wartime manhood, the zoot style of Malcolm X and his ethic Mexican counterparts was a drastically different masculine performance. The white color of the naval uniform, in fact, serves as a metaphor for the whiteness of sailor's masculinity, a gender identity that excluded even the many black and brown youth who faced discrimination in the course of their military duty." In Alvarez, Luis: The Power of the Zoot: Youth Culture and Resistance During World War II. Aus: Rivas-Rodríguez, Maggie (Hrsg.): Mexican Americans & World War II. University of Texas: Austin, 2005.S. 145. Vgl. Schreiner, Daniel: "Postcologne-ism" and the Zoot Suit Riots- Literary Responses on Media Narrations of Machoism and Otherness in Germany and the USA. Vortrag. X Congreso Internacional sobre Literatura Chicana y Estudios Latinos. 30.5.2016. Madrid. Unveröffentlicht.

[253] Siehe in: Mazón, Mauricio: The Zoot-Suit Riots. The Psychology of Symbolic Annihilation. University of Texas Press: Austin, 1984. S. 15ff.

[254] Siehe ausführlich aufgearbeitet in Weitz, Mark: The Sleepy Lagoon murder case: Race discrimination and Mexican-American rights. University Press of Kansas: Lawrence, 2010. Siehe ebenfalls den Dokumentarfilm *Zoot Suit Riots* [R: Jospeh Tovares. WGBH Boston, 2002.] Die progromhafte Stimmung auf den Straßen Los Angels lässt sich im deutschen Kontext am ehesten mit den ausländerfeindlichen Ausschreitungen in Rostock-Lichtenhagen vergleichen, bei denen die Polizei im August 1992 drei Tage lang tatenlos zusah.

chen der Chicano-Bewegung vorweg. So stellt beispielsweise Edward J. Escobar fest:

> At the same time, and somewhat ironically, the redefinition of Mexican Americans' racial status also had some salutary effects. The Zoot Suit riots of June 1943 and the efforts of the Mexican American groups to overcome racial injustice highlighted the dire economic conditions under which Mexican Americans lived, the hostility they faced from their white neighbors, and the discrimination – or, at best, indifference –they endured from police, school, and other governmental officials.[255]

Beatrice Griffith hat im Jahr 1947 die anti-mexikanische Hysterie und Gewalt erstmalig in ihrem Buch *American Me* aufgearbeitet, welches die Ereignisse zum einem literarisch aus mexikanisch-amerikanischer Perspektive festhält[256] und zum anderen in den narrativen Kapiteln nachgeordneten sozialwissenschaftlichen Einordnungen zusätzlich analysiert und in einem um Verständnis werbendem sozialpädagogischen Duktus erklärt. Griffith beschreibt die rassistischen Ausschreitungen folgendermaßen:

> During the weekend riots, Mexican-American boys (and some Negro) were dragged from theaters, stripped of their clothing, beaten and left naked on the streets. Later they were taken to jail by the police, "who cleaned up the Pachuco débris in the wake of the sailors. "Youngsters were dragged out of restaurants and off streetcars, mauled and beaten by the yelling mob. The police officers stood by doing little or nothing to thwart the rioting servicemen"[...] Groups of Mexican gathered in their neighborhoods. For in all the Mexican barrios the sailors hunted their quarry. The women were crying. [...] Besides the theaters, bars, poolrooms, dance halls, and restaurants, many homes were invaded in the hunt for Mexican and Negro boys wearing zootsuits. For the angry mob violence flowed into the quiet streets of the East Side, as it spread out. In some homes, battles took place with the boys found there. In others furniture was pushed aside or broken as the servicemen rushed through yelling for the zootsuiters.[257]

Einen bis heute hohen Bekanntheitsstatus hat das von Luis Valdez (geb. 1940) im Jahr 1978 verfasste Theaterstück *Zoot Suit*.[258] Wie *American Me*

---

[255] Ebda. S. 11.
[256] Zu diesem Zweck hat sie Interviews mit zahlreichen mexikanisch-amerikanischen Jugendlichen durchgeführt und die geschilderten Erlebnisse in Prosageschichten umgewandelt.
[257] Griffith, Beatrice: American Me. [Reprint] Greenwood Press: Westport, 1973. S. 25ff.
[258] Valdez, Luis: Zoot suit and other plays. Arte Publico Press: Houston, 1992. Valdez verfilmte schließlich das Drama in den 1980er Jahren in einer Hollywoodproduktion mit James Olmus als Hauptdarsteller. Zoot Suit, Universal Pictures: Los Angeels, 1981. Neben Valdez ist Amparo Gracia-Crow eine erfolgreiche Dramatikerin, die sich für politische Themen interessiert. Ihre Stücke wurden un-

thematisiert auch Valdez' Theaterstück die Gewaltausbrüche jenes Jahres. Es war das erste von einem Chicano verfasste Drama, das jemals am Broadway in New York aufgeführt wurde.[259] Obwohl die *Zoot Suit Riots* in der Wissenschaft viel beschrieben worden sind und die Ausschreitungen ein wichtiger Erinnerungsort der mexikanisch-amerikanischen Geschichtsschreibung geworden sind, wurden sie ansonsten eher wenig von Literaten aufgegriffen und verarbeitet. [260]

Aztlán und *La Causa*

> I am Joaquín
> Lost in a world of confusion,
> Caught up in a whirl of a gringo society,
> Confused by the rules,
> by attitudes,
> Suppressed by manipulations,
> And destroyed by modern society. [...]
> **Rodolfo Corky Gonzales: I am Joaquín, 1967**

> From the depth of need and despair, people can work together, can organize themselves to solve their own problems and fill their own needs with dignity and strength.
> **Cesar Chávez**

Die Politisierung der mexikanisch-amerikanischen Bevölkerung, das Auftreten des vielschichtigen *Chicano-Movimiento* und die gewerkschaftlich geprägte Landarbeiterbewegung unter der Führung von Cesar Chávez kündigte sich bereits in den späten 1940er und in den 1950er Jahren mit

---

[259] ter anderem am Broadway in New York aufgeführt. Siehe z.B. *A room full of men* in Sandoval-Sánchez, Alberto (Hrsg.): Puro Teatro – A Latina Anthology. The University of Arizona Press: Tucson, 1999. S. 257ff.

Luis Valdez gilt als der Gründungsvater des Chicano-Theaters, da er 1965 das *El Teatro Campesino* gründete, in dem politische Stücke präsentiert wurden, die thematisch an den Gewerkschaftskampf unter der Führung von César Chávez anknüpften. Die ersten Darsteller waren alles Feldarbeiter, die unter der Regie von Valdez auf provisorischen Bühnen in mitten der Felder auftraten. Das Wandertheater wurde in den Folgejahren zu einer zentralen Form der Chicano-Bewegung. Siehe in Broyles-Gonzalez, Yolanda. Teatro Campesino: Theater in the Chicano Movement. Austin: University of Texas Press, 1994. Eine ausführlichere Behandlung des Chicano-Theaters in der deutschsprachigen Literatur ist Herms, Dieter: Die zeitgenössische Literatur der Chicanos. Vervuert: Frankfurt am Main, 1990. S. 50ff.

[260] Ausnahmen sind der Kriminal-Roman *Zoot-Suit Murders* des kalifornischen Schriftstellers Thomas Sanchez [1943] aus dem Jahr 1978 [Vintage Books: New York, 1991] und Miguel Duráns *Don't spit on my corner* [Grove: New York, 1992]. Beide Romane sind jedoch erst fast 50 Jahre später verfasst worden.

den ersten größeren Arbeitsniederlegungen und Gewerkschaftszusammenkünften an.

Eine zentrale Figur jener Jahre ist der Gewerkschaftsführer, Schuldirektor, Historiker, Wirtschaftswissenschaftler und Schriftsteller Ernesto Galarza (1905–1984). Galarza wurde im mexikanischen Bundesstaat Nayarit geboren und kam als Kind mit seinen Eltern nach Kalifornien. Hier konnte er nach erfolgreicher Schullaufbahn mithilfe eines Stipendiums in Stanford und in New York an der Columbia-Universität studieren.

Galarza engagierte sich in den 1940er Jahren im *Mexican-American-Movement* (M.A.M), dass sich 1942 von der durch die YMCA geprägte *Mexican Youth Conference* abspaltet hatte, um unabhängiger und deutlich sozialkritischer agieren zu können.[261] Galarza hatte sich zu diesem Zeitpunkt bereits durch seine Arbeit innerhalb diverser Gewerkschaften wie der *Pan-American-Union* und der *National Farm Labor Union* [aus der später die *National Agricultural Workers Union* hervorging][262] einen Namen gemacht und beriet M.A.M. als externer Berater.[263] Galarza unterstützte den Kampf der Gewerkschaften für mehr soziale und kulturelle Gerechtigkeit für die mexikanisch-amerikanische Bevölkerung auf zweifache Art und Weise: Als Wissenschaftler betrieb er wichtige Grundlagenforschung zur sozialen Lage der Landarbeiter und zu den Auswirkungen des *bracero*-Programms, als Aktivist half er dabei die Arbeiterschaft zu organisieren und Streiks durchzuführen. Vielmehr noch als etwa Américo Paredes, Carlos Castañeda[264] oder George I. Sanchez interessierte sich Ga-

---

[261] Im Gründungsprogramm von M.A.M. heißt es zu den Zielen der Organisation: „We, the leaders, after years of community work, believe that a foundation has been laid and that the time has come for concerted effort of Mexican-American people to gain the economic security and higher standart of living necessary to attain socialequality. We believe that this effort must come from within our group. We are also convinced that we must strive to educate and enlighten other Americans to help them understand and appreciate our Mexican-American heritage." Siehe in Mexican American Movement (Hrsg.): Mexican American Movement – Its Scope, Origin and Personnel. Progress trough education. Pasadena, 1944. S. 2.

[262] Galarza hatte die UFLU 1945 auf den Strukturen der *Southern Tenants Famers' Union* neu gegründet und in Kalifornien als Gewerksschaftsvorsitzender angeführt. Zur Gewerkschaftsgeschichte siehe Naison, Mark D. The Southern Tenants' Farmers' Union and the CIO. In Staughton, Lynd (Hrsg.): „We Are All Leaders" – The Alternative Unionism of the Early 1930s. University of Illinois Press: Urbana, 1996.

[263] Muñoz, Carlos: Youth, Identity and Power. Verso: London, 1989. S. 36.

[264] Neben Paredes, Sanchez und Galarza ist Carlos Castañeda (1896–1958) ein weiterer zu erwähnender mexikanisch-amerikanischer Intellektueller, dessen Erfolg im U.S.-amerikanischen Bildungssystem, seine Forschungsarbeitenarbeiten und soziales Engagement ein Vorbild für die nachkommenden Generationen war. Der in Mexiko geborene Historiker arbeitete vornehmlich zu texanischer Geschichte und setzte sich innerhalb des *Fair Employment Practices Commitees* für die gerechte Entlohnung und Bezahlung von mexikanisch-amerikanischen und afro-

larza als Historiker und Wirtschaftswissenschaftler ebenfalls für internationale Themen, die Mexiko bzw. ganz Lateinamerika und die Wirtschafts- und Außenpolitik der USA betrafen.[265] Galarzas wichtigstes wissenschaftliches Werk ist jedoch die 1964 erschiene Studie *Merchants of Labor*, in der er den Missbrauch an mexikanischen Arbeitern innerhalb des *bracero*-Programms[266] darlegte, dem er von Anfang an kritisch gegenüber gestanden hatte. Galarza drängte daher immer wieder auf Verbesserungen der Arbeits- und Lebensbedingungen für die *braceros* und die einheimischen mexikanisch-amerikanischen Arbeiter. In diversen Reden, Briefen und Schriften wies Galarza auf das soziale Elend in den *barrios* hin:

> From the upper stories of the better hotels in Fresno, Modesto, Sacramento, or Bakersfield, good views can be obtained of shack rows, tent settlements, and privy subdivisions occupied by Mexican families. In the Shafter colony of Mexican agricultural workers the stench from backyard toilets in summer is intolerable. In the heart of the Mexican colony of Bakersfield, young children play barefoot in sewer water backed up by winter rains. [...][267]

Neben seinen zahlreichen Schriften zu kulturellen, erziehungswissenschaftlichen, politischen und wirtschaftlichen Fragen unterstützte Galarza als ehemaliger Lehrer in späteren Jahren die Herausgabe mehrerer spa-

---

amerikanischen Arbeitern ein. Siehe mehr dazu in Foley, Neil: Quest for Equality – The Failed Promise of Black-brown Solidarity. Harvard University Press, 2010 und Gritter, Matthew: Mexican Inclusion: The Origins of Anti-Discrimination Policy in Texas and the Southwest. Texas A&M University Press, 2013. Für seine Rolle beim Aufbau der Benson Latin American Collection, die als die weltweitgrößte Sammlung latein-amerikanischer Literatur gilt, wurde die Hauptbibliothek an der University of Texas in Austin nach ihm und nach Ervin Sewell Perry, dem ersten afro-amerikanischen Professor in Texas, benannt.

[265] In diesem Kontext sind vor allem seine Studie zur sogenannten *la cristiada*, mit der die Verfolgung von katholischen Priestern in der Folge der mexikanischen Revolution bezeichnet wird, oder seine ins Spanische übersetzte Dissertation zur Elektroindustrie in Mexiko zu nennen. Galarza, Ernesto: The Catholic Church in Mexico. The Capital Press: Sacramento, 1928. La Industria Eléctrica en México. Fondo de Cultura Económia: Mexico City, 1941.

[266] So stellt Galarza beispielsweise zahlreiche Verstöße im Entlohnungssystems des *bracero*-Programms fest, die die Absprachen mit dem mexikanischen Staat als Stellvertreter der entsandten Arbeiter aushebelten: „The practice of setting beginning wages ignored the main requirement of the prevailing wage doctrine as it had been interpreted by the courts, namely, that the prevailing rate was that being currently paid American workers for the same activity in the same area. A class of farming operations was created in which, for certain periods of the harvest season, the prevailing wage did not prevail, and in which the wage that did prevail was one agreed to in private discussions between the Farm Placement Service and employer representatives." In: Galarza, Ernesto: Merchants of Labor – the Mexican bracero story McNally and Loftin: Santa Barbara, 1964. S. 142.

[267] Vgl. Ibarra, Armando und Torres, Rodolfo D. (Hrsg.): Man of fire. Selected Writings. Ernesto Galarza. University of Illinois: Urbana, 2013. S. 38.

nischsprachiger Kinderbücher, zumal dieses Genre in USA lange vernachlässigt wurde, da das Prinzip *English only* über Jahrzehnte hinweg im amerikanischen Erziehungssystem protegiert wurde.[268] Dass eine eigenständige mexikanisch-amerikanische Kinder- und Jugendliteratur von Nöten war, fasst die Aktivistin und Literaturwissenschaftlerin Tey Diana Rebolledo zusammen:

> There has been a realization for some time now that we need to provide positive images in literature so that young Chicanas/os can see themselves represented from an early age, and young non-Chicanos/as can also see Chicanas/os represented in a positive way.[269]

Ernesto Galarza verfasste des Weiteren in seinem letzten Lebensjahrzehnt einige Gedichtsammlungen[270] sowie die Autobiographie *Barrio-Boy*[271], die seit den 1980er Jahren als Beispiel für multikulturell geprägte Literatur und Migrationserfahrung Eingang in viele Schul- und Collegelehrpläne gefunden hat.[272]

---

[268] Die politische Diskussion hierzu hat Bill Piat analysiert. Piat kommt zu folgendem Schluss: „They [the United States] should publicly and repeatedly confirm that even though an individual may learn English and become assimilated into American Society, his or her primary language remains an important link to ethnic culture and identity, with the language conveying not only concepts but serving as an affirmation of that primary culture. They should recognize as did the court in Gutierrez that English-only rules create an atmosphere of inferiority, isolation, and intimidation, serve as pretexts for discrimination, and increase rather than decrease racial hostility. They should acknowledge that existing racial fears or prejudices and their effects cannot justify the imposition of burdens upon a language group." In Piat, Bill: Only English? Law & Language Policy in the United States. University of New Mexico Press: Albuquerque, 1993. S. 188. Die Diskussion hierzu wird weiter unten bei der Analyse des Schaffens von Richard Rodriguez' weiter aufgegriffen.

[269] Rebolledo, Tey Diana: Women singing in the snow. The University of Arizona Pres: Tuscon, 1995. S. 209. In der der Zwischenzeit haben zahlreiche mexikanisch-amerikanische Autoren wie u.a. Gary Soto, Pat Mora oder Luis Javier Rodríguez dem Bedarf an eigener Chicano-Kinderliteratur Rechnung getragen und zahlreiche Romane für Kinder und Jugendliche veröffentlicht. Zum pädagogischen Wert von muttersprachlichen Kinderbüchern innerhalb der Schulsysteme von Einwanderungsländern siehe weiterführend: Naidoo, Jaime Campbell: Celebrating cuentos: Promoting Latino children's literature and literacy in classrooms and libraries. Libraries Unlimited: Santa Barbara, 2011.

[270] Galarza, Ernesto: Kodachromes in Rhyme: Poems. University of Notre Dame Press, 1982.

[271] Ders.: Barrio-Boy. University of Notre Dame Press, 2011.

[272] Siehe beispielsweise das Textbuch *Responding to Literture – Multicultural Perspectives*. McDougal, Little and Company: Evanston, 1993. In *Barrio-Boy* zeichnet Galarza seine Kindheit in einem Dorf in Mexiko und die Migration der Eltern in die USA mit all ihren Herausforderungen nach. Detailert erinnert sich Galarza an die Strukturierung der Wohnviertel Sacramentos nach Ethnien und beschreibt

Entgegen der von Galarza und anderen Aktivisten geäußerten berechtigten Kritik an der real existierenden sozio-ökonomischen und kulturellen Benachteiligung der mexikanisch-amerikanischen Bevölkerung, brachten die 1950er Jahre auch einige positive Veränderung mit sich, da z.B. einer kleinen Gruppe der Arbeiterschaft ein sozialer Aufstieg vergönnt war. Zudem führte die durch den Weltkrieg begünstigte Urbanisierung dazu, dass mehr und mehr mexikanische Amerikaner Teilhabe am in den Städten pulsierenden *American Way of Life* haben konnten und so eine, jenseits von politischen Programmen und kirchlichen Organisationen geformte, Amerikanisierung stattfinden konnte. Diese vermehrte Teilhabe am gesellschaftlichen Leben sorgte in Verbindung mit dem unermüdlichen Aktivismus eines Galarza ebenfalls zu mehr Bewusstsein bei den Kindern der Weltkriegsgeneration, die nun anfingen die Ausgrenzungspolitiken, denen sie ausgesetzt waren, zu erkennen und zu kritisieren.

Die gestiegenen Ansprüche und ein sich verfestigendes Problembewusstsein entluden sich schließlich in den 1960er im *Chicano-Movimiento*, das essentieller – wenn auch von Wissenschaft und Medien bis weit in die 90er Jahre übersehener – Teil der *Counterculture* der amerikanischen *Babyboomer*-Generation werden sollte. Das *Chicano-Movimiento* entwickelte sich als radikale soziale und in Teilen spirituell nationalistische Alternative zu etablierten Organisationen wie LULAC, die die anti-kommunistische Propaganda der McCarthy-Ära mitgetragen und in der Folge vermieden hatten, allzu sehr Kritik an den bestehen Verhältnissen zu äußern, da dies als unpatriotisch und geradezu unamerikanisch verstanden werden konnte.

Noch Anfang der 1960er Jahre hatten sich viele politisch interessierte und aktive Mexican-Americans in herkömmlichen vom Staat geförderten politischen Organisationen engagiert.[273] So konnten z.B. die *Viva Kennedy Clubs* mexikanisch-amerikanische Wähler in großer Zahl für die demokratische Partei mobilisieren und machten den Wahlsieg John F. Ken-

---

den Lebensalltag und die kulturellen Unterschiede zwischen den länger ansässigen sich als Spaniards verstehenden Einwohnern der Stadt und den neu einreisenden Zuwanderern zu denen er und seine Famlilie gehörten. Galarza betont wie wichtig seine Schulbildung in Sacramento für seine spätere Laufbahn gewesen ist. Voller Dankbarkeit blickt er auf seine Lehrer an der Lincoln School, die ihn und die anderen Schüler ohne Diskriminierung gefördert hätten. *Barrio-Boy* wird daher vor diesem Kontext als gelungene mexikanisch-amerikanische Akkulturation noch heute gelesen und unterrichtet.

[273] Anfang der 1960er Jahre war die mexikanisch-amerikanische Bevölkerung auf 3.842.000 Menschen angewachsen, die zumeist im Südwesten der USA lebten. Die meisten Mexican-Americans (80%) waren in den urbanen Ballungszentren Kaliforniens und Texas' ansässig. Ausführliche Zahlen zum Bevölkerungs-Zensus von 1960 sind zu finden in Gonzales, Manuel G.: Mexicanos. A history of the Mexicans in the United States. Indiana University Press: Bloomington, 2009. S. 195.

nedys (1917–1963) möglich. Nachdem in den Folgejahren die hohen Erwartungen an die neue Regierung in Washington nicht erfüllt wurden, wandten sich viele Mexican-Americans enttäuscht vom politischen *Establishment* ab und suchten inspiriert durch die pazifistische schwarze Bürgerrechtsbewegung unter der Führung von Martin Luther King nach alternativen Politikformen. Auch radikalere Gruppierungen wie die *Black Panther* um Stokley Carmichael und Eldrige Cleaver oder die von Malcom X in der Öffentlichkeit vertretenen *Black Muslims* boten durchaus eine Bezugsebene für das sich bildende Chicano-Movimiento.

Die Regierung Lyndon B. Johnsons, der nach der Ermordung Kennedys 1963 diesen im Weißen Haus beerbt hatte, versuchte den landesweit ausbrechenden Rassenunruhen und den Forderungen der Bürgerrechtsbewegung mit der Verabschiedung des *War on Poverty*-Aktes gerecht zu werden. Zahlreiche Programme zur Armutsbekämpfung und zur Schulbildung wurden ab 1964 aufgelegt, von denen auch die mexikanisch-amerikanische Bevölkerung langfristig profitieren sollte. Die teilweisen Erfolge der Sozialpolitik Johnsons konnten jedoch die fortschreitende Emanzipierung der Mexican-Americans und ihre Loslösung vom politischen *Establishment* nicht mehr stoppen.

Rudolfo Corky Gonzalez und Alurista:
Aztlán und *Yo soy Joaquin*

Das prominenteste Beispiel für den Bruch mit den etablierten Parteien war Rodolfo „Corky" Gonzales (1928–2005), ein ehemaliger Preisboxer, der mit deutlichen Worten von all seinen Posten in der demokratischen Partei Denvers zurücktrat und seinen Austritt mit der Benachteiligung von Minderheiten innerhalb der Parteistrukturen erklärte. In der Folge gründete Gonzales 1966 die erste mexikanisch-amerikanische Bürgerrechtsbewegung *Crusade for Justice* und wurde zu einem zentralen Protagonisten der Chicano-Bewegung.[274]

La crusada para la justicia verstand sich vornehmlich als Organisation für junge Menschen und bemühte sich daher besonders darum Schulen, Gesundheitszentren sowie Sport- und Jugendeinrichtungen zu gründen. Sprachrohr der Organisation war die ab 1968 erscheine Zeitung *El Gallo News*, in der die Ziele der Chicano-Bewegung diskutiert wurden. 1968 beteiligte sich Gonzales schließlich an der Organisation von Martin Luther Kings *Poor People's campaign*, in der der *War on Poverty* als Fehlschlag deklariert und die Politik dazu aufgerufen wurde, sich mehr für die öko-

---

[274] Ein zentrales und bis heute gültiges Nachschlagwerk zur Ideologie und Genese der Chicano-Bewegung ist die von Rudolfo Anaya und Francisco Lomelí herausgebene Aufsatzsammlung *Aztlán – Essays on the Chicano Homeland*. Academica/El Norte Publications: Albuquerque, 1989.

nomische Gleichberechtigung aller amerikanischer Minderheiten einzusetzen.[275]

Als Aktivist war Gonzales zudem für die Durchführung der ersten Chicano Jugend-Konferenz in Denver im Jahr 1969 verantwortlich auf der der *Plan Espiritual de Aztlán*, das mythisch aufgeladene Gründungsdokument des Chicano-Nationalismus, verabschiedet wurde:

> El Plan Espiritual de Aztlán sets the theme that the Chicanos (La Raza de Bronze) must use their nationalism as the key or common denominator for mass mobilization and organization. Once we are committed to the idea and philosophy of El Plan de Aztlán, we can only conclude that social, economic, cultural and political independence is the only road to total liberation from oppression, exploitation and racism. Our struggle then must be the control of our Barrios, campos, pueblos, lands, our economy, our culture and our political life. El Plan commits all levels of Chicano society– the barrio, the campo, the rancho, the writer, the teacher, the worker, the professional – to La Causa.[276]

Der *Plan Espiritual de Aztlán*, verfasst vom Aktivisten und Dichter Alurista[277] wurde zur Leitlinie einer dekolonistisch geprägten Programmatik, die aus marxistischen, nationalistischen und spirituellen Ideen zusammengesetzt, die Befreiung der Chicanos aus der anglo-amerikanischen Unterdrückung forderte. Der Chicano-Kulturnationalismus gründete sich auf das Konzept einer allen Mexican-Americans eigenen Identität, die ihren Ursprung in der indigenen Kultur des vorkolonialen Mexikos habe. Die Rückbesinnung auf die Traditionen der Vorfahren ging dabei einher mit einer teilweisen Lossagung vom spanischen Erbe und forderte zugleich die Auseinandersetzung der erneuten Kolonisation der eigenen Kultur durch

---

[275] Noch vor Beendigung der Kampagne wurde Martin Luther King am 4.April 1968 in Memphis erschossen. *The poor people's campaign* wurde in der Folge von seiner Witwe Coretta Scott King fortgeführt. Siehe in Honey, Michael K. Going Down Jericho Road: The Memphis strike, Martin Luther King's last campaign. Norton: New York, 2007.

[276] Farm workers' manifesto: Plan de Delano; Plan de Raza Unida; El plan espiritual de Aztlán. California, 1969.

[277] Alurista heißt mit bürgerlichem Namen Alberto Baltazar Urista Heredia und wurde 1947 in Mexiko-City geboren, ehe seine Eltern mit ihm nach Kalifornien auswanderten. An der Universität San Diego studierte er Religion und Psychologie und promovierte zu Oscar Zeta Acosta. Bis heute sind zahlreiche Gedichtbände von ihm erschienen. So zum Beispiel: Et Tu... Raza? Bilingual Press: Tempe, 1996. Interessant ist ferner Aluristas autobiographischer Rückblick auf seine Zeit als Aktivist in der Prosagedichtsammlung *As our barrio turns…who the yoke b on?* Calaca Press: San Diego, 2000. Ein weiterer wichtiger Dichter der Bewegung war Abelardo Delgado (1930–2004). Delagdo kam mit 12 Jahren in die USA und gilt als ein Pionier der Chicano-Lyrik. Siehe Watts, Jarica Linn: Here lies Lalo. The Collected Poems of Abelardo Delgado. Arte Publico Press: Houston, 2011.

die staatlichen Strukturen der USA.[278] Bis heute ist *Aztlán* eine Bezugsgröße in den Chicano-Wissenschaften geblieben. Luis Leal gibt eine gängige Erklärung zu *Aztlán*:

> The origins of Chicano history date back to the twelfth century, when the Mexican Indian (a Náhuatl word pronounced „meshica," from which the „mexican" is derived, and from which in turn, the word „mexican" is derived, and from which in turn, the word „[me]chicano" originates) abandoned the Island of Aztlán in search, according to legend, of the place promised them by the gods. In 1321, after a long pilgrimage, they founded the city of Tenochtitlán (today Mexico City), on an islet in Lake Texcoco located in the Anahuac Valley. [...] In our centaury, during the decade of the 60's the chicanos, that is to say, the people of Mexican origin who live in the United States, motivated by nationalist ideals, gave the name of Aztlán to the territories belonging to the Mexican Republic prior to 1848.[279]

Auch wenn *Aztlán* zuallererst nur als ein imaginierter nicht real existierender Ort und Staat begriffen wurde, bezogen sich die dem Konzept inne liegenden Forderungen auf die Lebenswirklichkeit der Chicanos in den USA. Die Verwirklichung von sozialer Gerechtigkeit und kultureller Selbstverwirklichung bzw. der Anerkennung der eignen Kultur waren hierbei die vordringlichsten Programmpunkte von *La Causa*, die das Chicano-Movimiento umsetzen wollte.

Aluristas *Plan de Aztlán* knüpfte unmittelbar an Rodolfo „Corky" Gonzales epischem 14-seitigem Gedicht *Yo soy Joaquin* aus dem Jahr 1967 an, in dem dieser den gequälten Seelenzustand von *la raza* im Lebenskontext der USA festhielt.[280] Das lyrische Ich des Gedichts, Joaquín, erinnert sich angesichts seiner ausgebeuteten Lage an seine Ahnen und Traditionen und verbindet sich mit deren kollektiven Kraft. Durch die Bejahung des indigenen und mexikanischen Erbes – zu dem die aztekischen Gottheiten, die *Virgin de Guadalupe* sowie die Freiheitskämpfer Zapata und Miguel Hidalgo, die zahllosen Landarbeiter, aber auch die Veteranen der U.S.-amerikanischen Kriege gleichermaßen zählen – vergewissert Joaquín sich und der gesamten Chicano-Nation die eigene kulturelle Wertigkeit. Von Wichtigkeit ist, dass das Gedicht auf zwei Sprachen verfasst worden ist. Auf einer Doppelseite ist jeweils die Spanische und Englische Version zu finden, da Gonzalez sich mit *Yo soy Joaquín* an Chicanos und Anglo-

---

[278] Eine ausführliche Arbeit zur indigenen Stoffgeschichte, die Eingang in das politische Konzept von Aztlán und die Chicano-Literatur gefunden hat, ist Contreras, Sheila Marie: Blood Lines – Myth, Indigenism, and Chicana/o Literature. University of Texas Press: Austin, 2008.

[279] Leal, Luis: Pre-chicano Literature – Process and Meaning (1539–1959). In: Lomelí, Francisco: Handbook of Hispanic Culture in the United States: Literature and Art. Arte Público Press: Houston, 1993. S. 62.

[280] Esquibel, Antonio (Hrsg.): Gonzalez, Rodolfo Message to Aztlán. Selected Writings. Arte Público Press: Houston, 2001.

Amerikaner gleichsam wendet.[281] Durch die gebethafte Selbstbestätigung der eigenen Geschichte und Identität formiert sich im Gedicht ein aufstrebendes Selbstbewusstsein, das gegen eine erneute Kolonisation der eigenen Kultur aufgebehrt:

> La Raza!
> Mejicano!
> Español!
> Latino!
> Hispano!
> Chicano!
> Or whatever I call myself,
> I look the same
> I feel the same
> I cry and
> Sing the same
> I am the masses of my people and
> I refuse to be absorbed.
>   I am Joaquín
> The odds are great
> But my spirit is strong
> My faith unbreakable
> My blood is pure
>   I am Actec Prince and Christian Christ
> I SHALL ENDURE!
>   I WILL ENDURE!

Während Cesar Chávez und die Landarbeiterbewegung die Verbesserung der Arbeits- und Lebensverhältnisse kurz- und mittelfristig erkämpft hatten [siehe weiter unten] sorgten die zahlreichen Gruppierungen innerhalb des *Chicano- Movimiento* mit einer Vielzahl von Methoden für eine langfristige Politisierung und fortwährende Emanzipation zahlreicher Mexican-Americans und einer Anerkennung ihrer kulturellen Eigenwertigkeit. Ein weiteres zentrales Erbe des *Chicano-Movimiento*, das bis heute seine Wirksamkeit in der U.S.-Gesellschaft entfaltet, ist der *Plan de Santa Barbara* aus dem Jahr 1968. Beim *Plan de Santa Barbara* handelt es sich um

---

[281] Margaret Schmidt formuliert dies so: „Gonzalez writes of the archetypical Chciano/a as the opressed minority, infusing his poem with a vision of hope and perservance. He writes to any of all chicanos/as to give them a sense of optimism for their future. At the same time, however, he is writing to an American audience, in a way that is difficult to ignore, to point out the injustices that have been comitted against the Chicano/a. He wrote I AM Joaquín to send the message to both those who are isolated and those who isolate; he expresses the pain that the Chicano/a peoples have been through, as well as their desire to overcome the oppression the have endured." Siehe Schmidt, Margaret: The Limitations of Code Switching in Chicano/a Literature. In: Young Scholars in Writing. Vol. 8. University of Montana, 2011. S. 45.

das Gründungsdokument der Chicano-Studies, der von der Studentenorganisation *Movimiento Estudiantil Chicano de Aztlán* [MEChA] erarbeitet wurde und vom Staat Kalifornien, die Einrichtung von mexikanisch-amerikanischer Kulturprogramme an den Hochschulinstituten forderte. In der Tat kam es im Jahr darauf zur Gründung des ersten Chicano-Studies-Departments an der University of California in Santa Barbara. Die Etablierung weiterer Einrichtungen zum Studium der Chicano-Kultur und Geschichte im gesamten Gebiet der USA sind in der Folge als sehr wirkungsmächtig zu beschreiben, zumal an den Instituten bis heute nicht nur geforscht wird, sondern auch politische Lobby-Arbeit für die mexikanisch-amerikanische Bevölkerung organisiert wird.[282] Ein weiterer Erfolg der Chicano-Bewegung ist die Einbeziehung mexikanisch-amerikanischer Bevölkerungsteile in die Wohlfahrtsprogramme des Staates. Das Auftreten organisierter Chicano-Aktivisten und Großdemonstrationen überzeugten die Johnson-Regierung von der Notwendigkeit auch die mexikanisch-amerikanische Bevölkerung verstärkt zu fördern.[283]

La raza cósmica

Rudolfo Gonzales bezieht sich in seinem Gedicht *Yo soy Joaquin* auf das Rasse-Konzept des mexikanischen Schriftstellers, Intellektuellen und Vordenkers der Mexikanischen Revolution José Vasconcelos (1882–1952), der in seiner Schrift *La raza cósmica* einen Gegenentwurf zur biologischen und kulturellen Reinheitsideologie anderer Rassetheoretiker im frühen 20. Jahrhundert aufstellte:

> The time and the opportunity of the one-blood, a pure-blond, group is passing away; everywhere the pure-blood groups are being absorbed; and even if they have been masters, they will not stand long before the increasing wave of the technically educated masses of the complex breed. In a way, the world is coming back to the confusion of Babel, and there may come a long period where mixture, what we call *mestizaje*, is bound to be the rule.[284]

---

[282] Als Ort ethnischer Selbstvergewisserung und poltischen Bewusstssein unterscheiden sich Institute zur Chicano-Kultur eindeutig von an deutschen Hochschulen eingerichten Forschungszweige der Türkeistudien, Islamwissenschaften o.ä. Erst seit kurzem werden erste dementsprechende Institute in der deutschen Hochschullandschaft implementiert. Beispiele hierfür sind die Ausbildungseinrichtungen für islamische Theologie an den Universitäten in Frankfurt, Marburg, Tübingen, Münster und Osnabrück. Diese Orte der Selbtvergewisserung sind jedoch religiös ausgerichtet. Siehe mehr zu dieser Diskussion im Schlußteil der Arbeit.

[283] Siehe in: Gonzales, Manue l G.: Mexicanos. A history of the Mexicans in the United States. Indiana University Press: Bloomington, 2009. S. 223.

[284] Vasconcelos, José: The race problem in Latin America. In: Stavans, Ilan (Hrsg.): The prophet of race. Rutgers University Press: New Brundwick, 2011. S. 107.

Neben Rodolfo Gonzales fühlten sich auch viele andere Chicano-Intellektuelle von Vasconcelos' Konzept inspiriert und riefen die *la raza cósmica* als Zukunft der Menschheit aus. Das Vasconcelos oftmals nur bruchstückhaft gelesen und zitiert wurde[285], änderte nichts am Erfolg der von ihm entliehenen Begriffe innerhalb des frühen *Chicano-Movimiento*.[286]

Die *Chicano Youth Conference* stellte nur den Beginn einer umfassenden Politisierung der mexikanisch-amerikanischen Mittelschicht dar. Landesweit organisierten sich mexikanisch-amerikanische Schüler und Studenten in unterschiedlichsten eigenständigen *Grassroots*-Vereinigungen, klagten die staatliche Politik an und forderten Reformen.[287] Wie zahlreiche afro-amerikanische oder weiße Bürgerrechtsgruppen orientierten sich auch die Chicano-Aktivisten oftmals am Vorbild Saul Alinskys (1909–1972),[288] der als parteiungebundener Organisator von Nachbarschaftsarbeit Armut und Ausgrenzung in marginalisierten Stadtvierteln in den gesamten USA bekämpfte. Alinskys Hauptwerk *Reveille for Radicals* [University of Chicago Press, 1946] bot zahlreichen Aktivisten einen Leitfaden wie der pazifistische Aufstand gegen den amerikanischen Polizeistaat und die Einflussnahme auf staatliche Politik zugunsten der Minderheiten ausgedehnt werden könnte.

Eine von Alinsky beschriebene Technik des zivilen Ungehorsams, das *Walking Out*, wurde im Kampf für kulturelle Gleichberechtigung von

---

[285] Viele der mexikanischen und mexikanisch-amerikanischen Leser von Vasconcelos bezogen sich dabei oftmals nur auf den einleitenden Essay *Mestizaje*, wie Stavans in seinem Vorwort zur Neuauflage der englischen Ausgabe von Vasconcelos Schrift feststellt. S. XII.

[286] Heutzutage ist *mestizaje* ein weitreichender Begriff der sowohl biologisch als auch kulturell verstanden werden kann und mitunter von indigenen Gruppen in den Americas ganz zu Gunsten einer Gruppenidentität abgelehnt wird. Stefanie Wickstrom and Phil Young fassen die aktuelle Bandbreite des Begriffes folgendermaßen zusammen: „What is mestizaje? The word does not easily translate to English. A language dictionary will define it as "miscegnation", a term associated with illegitimacy and taboo. Miscegenation refers to race. Mestizaje can be biological or culural. It can be considered an ideology or a movement, and it has been influential in drawing attention to identity and power in evolving intercultural relations in Latin America. Norms and ideas about racial and cultural mixing throughout the Americas have been constructed and imposed by any different kinds of social, political, legal, religious and economic institutions, among others." Wickstrom, Stefanie und Young, Phil (Hrsg.): Mestizaje and Globalisation. The University of Arizona Press: Tucson, 2014. S. 6.

[287] Eine wichtige Organisation innerhalb der Chicano-Jugend war MAYO [Mexican American Youth], die vom Tejano José Ángel Gutiérrez (geb. 1944) 1967 in San Antonio ins Leben gerufen wurde und aus der später die La Raza Unida Party hervorgehen sollte. Manuel G.: Mexicanos. A history of the Mexicans in the United States. Indiana University Press: Bloomington, 2009. S. 209.

[288] Sanford D. Horwitt: Let Them Call Me Rebell – Saul Alinsky. His Life and Legacy. Vintage Books: New York, 1989.

Chicanos landesweit durchgeführt. Zu besonderer Berühmtheit und zu einem zentralen Erinnerungsort mexikanisch-amerikanischer Geschichte wurden die *East Los Angeles Blowouts* im März 1968. Hierbei handelte es sich um ein großflächigen Streik und Protest mexikanisch-amerikanischer Schüler gegen die Zustände an ihren Schulen. Die in den *barrios* der mexikanisch-amerikanischen Bevölkerung gelegenen Schulen waren im Vergleich zu den von weißen Kindern besuchten Schulen um einiges schlechter finanziell ausgestattet und durch rassistische Alltagsstrukturen gekennzeichnet. Der Protest der Schüler richtete sich daher nicht nur auf eine Aufbesserung der Infrastruktur, sondern auch auf die Stärkung der mexikanisch-amerikanischen Identität im Lehrplan. Unterstützt vom Lehrer Sal Castro und zahlreichen College-Aktivisten der UMAS [*United Mexican American Student*][289] forderten zehntausende Schüler ein Ende der Prügelstrafe für das Sprechen von Spanisch im Klassenraum und die Verankerung mexikanischer Geschichtsschreibung und Kultur in Lehrwerken und Lehrplan.[290] Die Polizeibehörden beantworteten die Schülerdemonstrationen mit Besetzungen der Schulen und brutalen Verhaftungen. Die *Walkouts* konnten jedoch derart viel Öffentlichkeit und Sympathie erzeugen, so dass die angestrebten Veränderungen von den Schulbehörden Los Angeles angegangen wurden. Auch die verhafteten UMAS Aktivisten um Moctesuma Esparza und Sal Castro wurden freigesprochen. Die *L.A. Walkouts* setzten landesweit ein Zeichen, beeinflussten ähnliche Proteste in anderen Gebieten der USA und sorgten erstmals für die Implementierung mexikanisch-amerikanischer Studieninhalten in einem amerikanischen Bundesstaat.

Oscar Zeta Acosta: Literatur und Widerstand

Als einer der prägnantesten Schriftsteller der Chicano-Bewegung muss Oscar „Zeta" Acosta bewertet werden, der die politischen Revolten in den 1960er und frühen 70er Jahren intensiv als Aktivist begleitet und die Ereignisse in seinen sprachgewaltige, radikalen und autobiographischen Romanen, *The Autobiography of a Brown Buffalo* (1972) und *The Revolt of the cockroach People* (1973) festgehalten hat und nachfolgende mexikanisch-amerikanische Schriftsteller wie z.B. Luis Javier Rodríguez stilistisch und/oder thematisch beeinflusst und inspiriert hat.

---

[289] Die *United Mexican American Students* hatten sich seit Mitte der 1960er an zahlreichen Hochschulen im Südwesten gegründet und forcierten den politischen Kampf für soziale und kulturelle Gleichberechtigung in ihren Gemeinwesen. Siehe in: Muñoz, Carlos: Youth, Identity, Power. S. 58.

[290] Siehe ausführlich in Berta-Avila, Margarita und Tijerina-Revilla, Anita: Marching Students: Chicana and Chicano Activism in Education, 1968 to the Present. University of Nevada Press, 2011. S. 9ff.

Acosta wurde 1935 in El Paso/Texas geboren, ehe seine Familie mit ihm nach Kalifornien umsiedelte. Dort wuchs er in der Stadt Riverbank auf, wo er die Schulausbildung absolvierte. Nach Abschluss der High-School verpflichtete sich Acosta für einige Zeit bei der Airforce und trat in die Fußstapfen seines Vaters, der ebenfalls Berufssoldat gewesen war. Nach dem Ausscheiden aus dem Militärdienst nahm Acosta ein Jurastudium auf und beendete dies in San Francisco, wo er nebenbei Seminare im Kreativen Schreiben besuchte. 1968 zog er schließlich nach Los Angeles, trat dem *Chicano-Movimiento* bei und brachte sich u.a. dadurch ein, indem er verschiedene Aktivisten der Bewegung wie z.B. die Anführer der L.A. *Walkouts* oder Rudolfo Gonzalez als Anwalt vor Gericht verteidigte. Gemeinsam mit seinem Freund und Klienten Hunter S. Thompson, entwickelte Acosta die Stil-Richtung des Gonzo-Journalismus, bei dem fiktionale Elemente mit der Berichterstattung vermischt werden und der Autor als Ich-Erzähler aktiver Handlungsträger ist. Hunter S. Thompson setzte seinem Freund Acosta 1971 mit *Fear and Loathing in Las Vegas: A Savage Journey to the Heart of the American Dream* [Random House, New York] ein literarisches Denkmal, das in den 90er Jahren von Terry Gilliam erfolgreich verfilmt wurde. 1974 verschwand Oscar Zeta Acosta auf einer Bootstour in Mazatlán/ Mexiko und gilt seitdem verschollen.[291] Da Acosta durch sein politisches Engagement immer wieder von Polizei und FBI beobachtet und verhaftet wurde, ranken sich um sein Verschwinden viele Verschwörungstheorien, die nie geklärt werden konnten. Hunter S. Thompson hielt es als enger Vertrauter jedoch auch für möglich, dass Acosta an den Folgen seiner starken Drogensucht verstorben sein könnte.

In seinem ersten Roman *Autobiography of a Brown Buffalo* lernt der Leser anfangs einen zutiefst zermürbten und desillusionierten Oscar Zeta Acosta kennen, der als Ich-Erzähler[292] Einblick in seine Unsicherheiten, Drogensucht, Therapiestunden und in den Arbeitsalltag als Anwalt für einkommensschwache Klienten gibt. Der Erzähler findet sich zu fett, bezeichnet sich selbst als großen braunen Büffel und beanstandet seinen kränkelnden Zustand. Noch viel mehr quälen ihn jedoch der anhaltende Liebeskummer und die Kränkungen, die er durch die Beziehung mit seiner Jugendliebe Alice erlebt hat. Nachdem Acosta erfährt, dass die Sekretärin der Kanzlei, Pauline, an Krebs verstorben ist, entscheidet er ohne sie nicht mehr weiterarbeiten zu können oder zu wollen und wendet der Stadt den Rücken zu. Er fährt zu seinem Psychiater William Serbin, stört

---

[291] Neben den in dieser Arbeit behandelten Romanen von Acosta ist 1996 eine Sammlung seiner übrigen Texte erschienen. Stavans, Ilan (Hrsg.): Oscar „Zeta" Actosta. The uncollected Works. Arte Publico: Houston, 1996.

[292] In Anbetracht der oben erwähnten Eigenheiten des Gonzo-Schreibstils werde ich bei der folgenden Inhaltsangabe des Romans Acosta als Erzähler der Handlung benennen.

diesen bei einer Sitzung, um sich zu verabschieden und begibt sich auf einen Road Trip, auf dem er sich er sich maßlos betrinkt und mit psychedelischen Drogen experimentiert.

Die Ereignisse der Drogenfahrt werden durch kurze erinnerte Gesprächsfetzen mit seinem Psychiater und von ausführlichen Rückblenden durchbrochen, in denen der Ich-Erzähler von seiner Schulzeit in Riverbank, dem Verbot Spanisch zu sprechen, von den Auseinandersetzungen der Chicano-Jugendlichen mit den als *Oakies* bezeichneten weißen angloamerikanischen Altersgenossen und seiner heimlichen Beziehung mit Alice berichtet, deren Vater, ein Baptistenprediger, Mexikaner verabscheut. Nach dem High-School-Abschluss bleibt Acosta als Blasmusiker im Musikkorps der Airforce in Kalifornien stationiert und hofft auf eine gemeinsame Zukunft mit Alice. Diese verlässt ihn jedoch und Acosta flüchtet sich in die Religion, konvertiert vom Katholizismus zu den Baptisten und geht als Missionar nach Panama. In Panama zieht Acosta im direkten Zusammentreffen mit der dortigen Bevölkerungen seinen religiösen Eifer jedoch in Zweifel und entscheidet sich schließlich in die USA zurückzukehren und Jura zu studieren.

Der eigentliche Road Trip, der die Gegenwart der erzählten Zeit repräsentiert, führt den Ich-Erzähler quer durch die USA und bringt ihn in Kontakt mit zahlreichen anglo-amerikanischen Künstlern und Hippies, mit denen er die unterschiedlichsten Drogen konsumiert und sich und die Gesellschaft in Frage stellt. Doch auch hier findet Acosta keine Antwort auf seine innere Leere und die ihn beschäftigende Identitätskrise.

Als ihm die Flucht in Drogen keine Ablenkung mehr bietet, nimmt Acosta Gelegenheitsjobs an und lebt ohne Ziel in den Tag hinein. Aus einer Laune heraus fährt Acosta letztendlich erst nach El Paso, die Stadt seiner Kindheit und dann weiter nach Ciudad Juárez. Dort landet er nach einer durchzechten Nacht ausgeraubt, ohne Geld und Papiere, im Gefängnis. In Mexiko wird er als *gringo* [mex. Schimpfwort für Anglo-Amerikaner] angesehen und es gelingt ihm, die Behörden davon zu überzeugen, selbst ein Anwalt zu sein und wird entlassen. An der U.S.-Grenze muss Acosta eine weitere Fremdheitserfahrung machen: Die amerikanischen Grenzbeamten bewerten Acostas Aussehen als nicht amerikanisch und lassen ihn erst nach längerer Diskussion wieder in die USA einreisen. Wieder zurück in El Paso ist Acosta durch das Erlebte offen für den Vorschlag seines Bruders, nach Los Angeles zu gehen, da sich dort die Chicano-Bewegung im Aufbruch befinden würde. Die Zeitung *La Raza* benötigt einen Journalisten, der die hereinbrechenden Ereignisse kommentiert und begleitet. Acosta beschließt den ersten Teil seiner Autobiographie[293]

---

[293] Zu den Besonderheiten des literarischen Genres Autobiographie siehe ausführlich Gronemann, Claudia: Postmoderne/Postkoloniale Konzepte der Autobiographie in der französischen und magrebinischen Literatur. Georg Olms Verlag, 2003.

mit folgender Selbsterkenntnis, die zeitgleich auch Ausdruck politischen Willens ist, sich für seine Leute einsetzen zu wollen:

> Any idiot that sees only the obvious is blind. For God sake, I have never seen and I have never felt inferior to any man or beast. My single mistake has been to seek an identity with any one person or nation or with any part of history...What I see now, on this rainy day in January, 1968, what is clear to me after this sojourn is that I am neither a Mexican nor an American. I am neither a Catholic nor a Protestant. I am a Chicano by ancestry and a Brown Buffalo by choice. Is that hard for you to understand? Or is that you choose not to understand for fear that I'll get even with you? Do you fear the herds who were slaughtered, butchered and cut up to make life a bit more pleasant for you? Even though you would have survived without eating of our flesh, using our skins to keep you warm and racking our heads on your living room walls as trophies, still we mean you no harm. We are not vengeful people. Like my old man used to say, an Indian forgives, but he never forgets...that, ladies and gentlemen, is all I meant to say. That unless we band together, we brown buffalos will become extinct. And I do not want to live in a world without brown buffalos.[294]

Die Metapher des *Brown Buffalo* steht bei Acosta für die eigene Wiedergeburt und die Notwendigkeit politischen Engagements. Diese neu gefundene Kraft prägt schließlich den Erzählton und die kämpferische Erzählhaltung des nachfolgenden autobiographischen Romans *The Revolt of the Cochroach people*.[295] Beim Ich-Erzähler des zweiten Romans, dem Anwalt Brown „Zeta" Buffalo handelt es sich ebenfalls um ein Alter Ego des Schriftstellers, der seine Biographie in die Handlung einfließen lässt. Die Themen des Romans sind um einiges politischer als im vorangegangen Werk. Die Politisierung der Inhalte findet in der Sprache des Erzählers ihren Widerklang, die von einer aggressiven Grundstimmung geprägt ist und die die an der mexikanisch-amerikanischen Bevölkerung begangenen Ungerechtigkeiten harsch anklagt. Vor diesem Hintergrund führt Acosta die Kakerlake als Symbol für die Chicanos ein, auf die wie Ungeziefer von Seiten der anglo-amerikanischen Bevölkerung geblickt würde. Acosta setzt im Nachfolgeroman ein verstärktes *Codeswitching* ein, das durch spanische Worte und Satzelemente gekennzeichnet ist, und das mit der Verwendung von Motiven der *Aztlán*-Ideologie einhergeht.

Gronemann gibt in ihrer Studie eine Übersicht zu den theoretischen und historischen Aspekten des Genres. S. 21–41. Siehe zudem die ausführliche Arbeit von Dünne, Jörg und Christian Moser: Automedialität: Subjektkonstitution in Schrift, Bild und neuen Medien. Fink, 2008.

[294] Acosta, Oscar Zeta: Autobiography of a Brown Buffalo. S. 199.

[295] Siehe auch Horst Tonns Essay *Fiction and Politics in Acosta's The Revolt of the Cockroach People*. In von Bardeleben, Renate et al. (Hrsg.): Missions in conflict. Essays on U.S.-Mexican Relations and Chicano Culture. Gunter Narr Verlag: Tübingen, 1986. S. 195ff.

Dem Stil des Gonzo-Journalismus bleibt Acosta in *The Revolt of the Cochroach People* weiterhin treu, indem er Fiktion und stattgefundene Ereignisse während der Chicano-Revolution auf den Straßen von Los Angeles miteinander verbindet. Besonders eindrucksvoll gelingt ihm die Eröffnungssequenz des Romans, in der er den Protest der Chicano-Aktivisten gegen die Verschwendungssucht der katholischen Kirche, bei dem zahlreiche Menschen, Frauen wie Kinder, im Jahr 1969 in der St. Basil Kathedrale in L.A. von der Polizei niedergeprügelt und verhaftet wurden, in aller Deutlichkeit beschreibt. Der Ich-Erzähler Buffalo „Zeta" Brown, der sich unter den Demonstranten in St. Basil befindet, wird ebenfalls verhaftet. Vor Gericht übernimmt er für sich und die anderen Angeklagten die Verteidigung, bei der er ausführlichst auf die Kolonisation der *Americas*, zuerst durch die Spaniards, später durch die USA eingeht und so die Rechtmäßigkeit des Chicano-Protestes zu begründen versucht.

Im direkten Vergleich mit dem Ich-Erzähler des ersten autobiographischen Romans tritt Buffalo „Zeta" Brown nicht nur selbstbewusster, sondern auch um einiges selbstzentrierter und unbescheidener auf. Immer wieder weist er auf seine eigene Wichtigkeit hin und zelebriert die Begegnungen mit den herausragenden Persönlichkeiten der Bewegung und mit Unterstützern aus der Filmszene wie Anthony Quinn.

Besonders auffällig ist im Roman die sexistische Perspektive auf Weiblichkeit, die über eine machistische Grundhaltung, wie sie für viele kulturelle Erzeugnisse jener Jahre durchaus typisch war, hinausgeht.[296] Buffalo „Zeta" Brown scheint an einem Mangel echter Kommunikation und Nähe mit Frauen und an der eigenen Unattraktivität zu leiden. Statt sich mit den Ursachen hierfür tiefer auseinanderzusetzen, flüchtet er sich in den Kontakt mit Prostituierten oder erlebt Sexualität mit zu Objekten degradierten Frauen auf Partys im Vollrausch. Oscar Acostas sexistischer Blick auf Frauen ist keinesfalls ein Einzelfall, zumal die Chicano-Bewegung der 1960er und 1970er von feministischen Theoretikern für ihre patriarchalen Strukturen und der ihnen innewohnenden Misogynie kritisiert wird.[297]

John Rechy: Gegen den Mainstream

> Bewildered, I looked at Jeremy. He seemed again to sense the whirling thoughts, which had carried me too far, too dangerously, too swifty. And still resisting those thoughts-even after my acknowledgement of the bare

---

[296] Zum Problem des Machismo sind eine Reihe von Studien erschienen. Siehe z.B. González, Ray (Hrsg.): Muy Macho – Latino Men confront their manhood. Anchor Books: New York, 1996 und Abalos, David T.: The Latino Male. Lynne Rienner Publishers: Boulder, 2002. Siehe genauso die Thematisierung des Machismo in Kapitel V.
[297] Siehe dazu weiter unten mehr.

> possibility of „love"– I grasped for the memory of the earlier moments of sex with him, as if that memory were an anchor in turbulent water. But my mind moves swiftly forward-the anchor buried in shifting sand; and I think: Now beyond the spilled sperm – if nothing more than sex is possible- are we like enemies in that spent battlefield of fugitive sex – in which there is every intimacy and intimacy at all?
>
> **John Rechy, City of Night**

Neben Oscar Zeta Acosta haben zahlreiche, hauptsächlich männliche mexikanisch-amerikanische Autoren die Ereignisse jener turbulenten Jahre in ihrer Prosa und ihren Gedichten verarbeitet. Zunächst übersehen bzw. ausgegrenzt wurde dagegen der Tejano John Francesco Rechy (geb. 1931), der sich ausführlich mit dem Thema Homosexualität in seinen Romanen beschäftigte. Rechys Werk vertrug sich nicht mit den Männlichkeitskonzepten der Chicano-Bewegung, die in ihrer Anfangszeit für die Stärkung der Rechte von Homosexuellen ähnlich unempfänglich wie für Fragen des Feminismus war.[298]

Aufgrund seines Pariastatus fehlt in Charles M. Tatums Standartübersichtswerk zur Chicana- und Chicanaliteratur bis heute eine Erwähnung Rechys,[299] und das obwohl sein Erstlingswerk *City of Night*[300] weit über die mexikanische-amerikanische Literatur hinaus als ein Klassiker der Queer-Literatur gilt, der andere Schriftsteller, Musiker und Maler geprägt hat. In jüngerer Zeit ändert sich die Sichtweise auf Rechy. So würdigt Dagoberto Gilb John Rechy in seiner 2016 erschienen *Anthology* als wichtigen Autoren.[301]

Bei *City of Nights* kann ähnlich wie bei Acosta durchaus von einem biographisch geprägten Werk gesprochen werden, da der Erzähler und Protagonist wie Rechy selbst nach New York aufbricht, um dort das Kleinstadtleben von El Paso hinter sich zu lassen. Um überleben zu kön-

---

[298] Alejandro Morales berichtet im Interview davon, dass er in den 1970er vergeblich versucht hat Rechy an die UC Irivine als Gastredner einzuladen. Rechys Besuch scheiterte am Protest anderer Chicanos an der UC, die sich von Rechy distanzieren wollten. Vgl. Schreiner, Daniel: The Once and Future Chicano – Weltliteratur between Intra-History and Utopian Vision: An Interview with Alejandro Morales. In: Ahrens, Rüdiger; Gonzalez, John Moran et al.: Latina/o Literature: The Trans-Atlantic and the Trans-American in Dialogue. Symbolism 17. De Gruyter: Berlin, 2017. O.S. Die genaue Seitenangabe ist noch nicht möglich.

[299] Vgl. Tatum, Charles M.: Chicano and Chicana Literature: Otra voz del pueblo. The University of Arizona Press, 2006. Die Nichtbeachtung Rechys in diesem Standartwerk ist in Anbetracht der Tatsache, dass Tatum sich 1979 in einem Artikel mit Rechy beschäftigt hat, um so interessanter zu bewerten. Siehe: Tatum, Charles M.: The Sexual Underworld of John Rechy. Minority Voices 3.1 (1979). S. 47–52.

[300] Rechy, John: City of Night. Grove: New York, 1963.

[301] Gilb, Dagoberto und Gilb, Ricardo: Mexican American Literature – A Portable Anthology.Bedford: Boston, S. 51ff.

nen, beginnt der namenlose Ich-Erzähler in der Megapolis als Straßen-Stricher zu arbeiten und erlebt dabei die unterschiedlichsten sexuellen Vorlieben seiner wohlhabenden Kunden. Die Erzählhaltung, Erzählsprache und Themengestaltung von *City of Nights* unterscheiden sich deutlich von anderen Chicano-Romanen jener Zeit und ähnelt viel mehr Werken der Beatgeneration [dazu passt, dass Rechys Verlag Grove Press zuvor bereits Ginsberg und Kerouac im Programm hatte], zumal sämtliche um Politik, Mystik und Kultur kreisende Motive und Stoffe fehlen, die typisch für die sonstige mexikanisch-amerikanische Literatur der 1960er Jahre sind. *City of Nights* lässt sich dagegen durchaus mit Jack Kerouacs *On the Road* vergleichen. Wie Kerouacs Protagonisten Sal Paradise und Dean Moriaty bricht auch John Rechys Alter Ego von New York aus, um an die Westküste zu gelangen und verstößt gegen die gängigen Konzepte von Bürgerlichkeit in jener Zeit.

Weitere hervorzuhebende spätere Werke von John Rechy sind die experimentelle reportageartige Dokumentation *The Sexual Outlaw* über das Nachtleben und die Stigmatisierung von Homosexuellen in Los Angeles [Grove Press: New York, 1977] und der Roman *The Miraculous Day of Amalia Gomez* [Arcade: New York, 1995], in dem sich Rechy der mexikanisch-amerikanischen Erfahrung in der U.S.-amerikanischen Einwanderungsgesellschaft annimmt.

Rudolfo Anaya: Spiritualität und Selbstbestimmung

> Ultima came to stay with us the summer I was almost seven. When she came the beauty of the llano unfolded before my eyes, and the gurgling waters of the river sang to the hum of the turning earth. The magical time of childhood stood still, and the pulse of living earth pressed its mystery into my living blood...
> **Rudolfo Anaya, Bless me, Ultima.**

Erfolgreichster mexikanisch-amerikanischer Schriftsteller jener Zeit – und der bis heute von der Literaturwissenschaft exemplarisch am häufigsten behandelte – ist der in New Mexiko geborene und ansässige Rudolfo Anaya (geb. 1937), dessen Roman *Bless me Ultima* einem prosaischen Manifest nahekommt, das die spirituellen und indigenen Anteile des Chicano-Moviemento thematisiert. *Bless me Ultima*, das 1972 das erste Mal veröffentlicht wurde, ist ein mythisch aufgeladener Bildungsroman, der vom Lernprozess des siebenjährigen Antonio Márez berichtet, der von der *curandera* [Heilerin] und *bruja* [Hexe] Ultima in die Geheimnisse ihrer Künste eingeweiht wird. *Curanderas* und *brujas* bzw. ihre männlichen Gegenstücke sind literarische Archetypen der mexikanisch-amerikanischen Literatur und tauchen immer wieder in der Motivgeschichte auf [siehe dazu auch Kapitel IV. zu Alejandro Morales]. Sie erfüllen oftmals transformative

Funktionen in der Romanhandlung und können sowohl als moralisch unterstützende Mentorenfigur, aber auch als tricksterhafte Gegenspielerfigur auftreten.[302] Die von *curanderas* angebotene alternative Heilmedizin ist nach wie vor sehr populär in Mexiko. Die Angebote von *curandaras* können ebenfalls in jeder U.S.-Stadt mit einem größeren mexikanisch-amerikanischen Bevölkerungsanteil gefunden werden.[303] Die Attraktivität der indigenen alternativen Heilmedizin ist u.a. durch die Tatsache begründet, dass die schulmedizinischen Angebote des amerikanischen Gesundheitssystemes fern ab der mexikanisch-amerikanischen Wohngebiete waren und mitunter immer noch sind. Zudem sind die Kosten einer medizinischen Behandlung trotz *Obamacare* oftmals horrende.

Anayas Erstlingswerk ist Teil einer autobiographisch gefärbten Trilogie, die durch die nachfolgenden Romane *Heart of Aztlan* (1976)[304] und *Tortuga* (1979)[305] vervollständigt wird. *Bless me Ultima*, an dem Anaya, damals noch als High School-Lehrer beschäftigt, sieben Jahre lang gearbeitet hatte, wurde zum ersten Bestseller der Chicano-Literatur und ebnete den Weg für weitere Veröffentlichungen mexikanisch-amerikanischer Autor_innen, die danach größere Beachtung in den Verlagshäusern fanden.[306] Die Handlung von *Bless me Ultima* ist in der Prärie New Mexicos der 1940er Jahre angelegt, einer rauen und ursprünglichen Natur, in der Anaya als Sohn einer *Ranchero*familie die ersten Jahre seiner Kindheit aufwuchs. Anaya Erinnerungen an jene Jahre sind durch die Verbindung seiner Familie mit dem sie umgebenden Land, und den darauf seit Jahrhunderten lebenden, von indigenen Völkern abstammenden, *Hispanics* geprägt. Katholische Heiligengeschichten und spirituelle indigene Fabeln, Märchen und Berichte über Wunderheilungen, vortragen von seiner Mutter, sind Anayas erste narrative Bezugspunkte, die er in sich aufnimmt und denen er in seiner symbolistischen Prosa treu bleibt. Derart mystisch und ursprünglich ist ebenso die Lebenswelt des Protagonisten Antonio, der als erwachsener Ich-Erzähler die bemerkenswerten Ereignisse seiner Kindheit wiedergibt.

Der Haupterzählstrang des Romans ist der Beziehung Antonios zu der alten Hebamme Ultima gewidmet, die sich ihm seiner als Mentorin annimmt, nachdem sie ihren Alterswohnsitz bei der Maréz-Familie bezogen

---

[302] Siehe hierzu Rebollado, Tey Diana: Women singing in the Snow. The University of Arizona: Tucson, 1995. S. 83–94.
[303] In der BRD lässt sich – wenn auch unter anderen Voraussetzungen – ein ähnliches Phänomen beobachten. Alternative Medizin, die sich schamanischer Techniken und ähnlichem bedient, ist besonders bei Russland-Deutschen beliebt, die diese Traditionen aus ihren Siedlungsgebieten in der ehemaligen Sowjetunion mitgebracht haben.
[304] Anaya, Rudolfo A.: Heart of Aztlan. Editorial Justa Publications: Berkely, 1976.
[305] Ders.: Tortuga. Editorial Justa Publications: Berkeley, 1979
[306] Bis 1994 verkaufte sich der Roman rund 300.000-mal. Angaben des Verlages in der jüngsten Auflage des Romans.

hat. Im Verlauf der Handlung wird die heile Welt der ländlichen Bevölkerung durch die Ermordung des Sheriffs durch einen traumatisierten Kriegsheimkehrer erschüttert, ein Ereignis das Antonio zum kritischen Nachdenken anregt. Familiäre Konflikte und die schwarze Magie dreier Frauen, die einen Verwandten Antonios verhexen und somit Ultimas Eingreifen notwendig machen, sorgen für die weitere Dramatisierung der Handlung. Antonio wird dabei Zeuge von Ultimas magischen Fähigkeiten und lernt seine eigenen Begabungen kennen.

Rudolfo Anayas erster Roman wurde von der Kritik vor allem für seine sprachliche Experimentierfreude und Erzähldichte gelobt. Anaya wendet intensiv die Methode des *Codeswitching* an, bei der der englische Erzähltext immer wieder durch spanische Wörter und Sätze durchbrochen wird, ein Vorgang der der kulturellen Mannigfaltigkeit der Chicanos, die sich aus spanischen, indigenen und anglo-amerikanischen Bestandteilen speist, gerecht wird. Die Bilingualität greift zudem mintunter auch auf die Syntax über, so dass englische Phrasen oder ganze Sätze wortwörtlich aus dem Spanischen übersetzt werden.[307] Ein weiteres zentrales Stilelement der Erzählhaltung im Roman ist die Verwendung von zahlreichen symbolistisch aufgeladenen Traumsequenzen, die das Raum-Zeit-Kontinuum der Narration brechen und Antonio Einsicht in die magische Natur der Welt ermöglichen.[308]

Einige Chicano-Literaturkritiker beklagen an Anayas Erstlingswerk ebendiese a-politische Behandlung der ländlichen Lebenswelten. Dies ändert jedoch nichts an der Wirkungskraft von *Bless me Ultima*, zumal der Stoff des Romans ein breites Themenfeld und viele Motive umschließt, die in den Folgejahrzehnten zum Standartrepertoire der mexikanisch-amerikanischen Literatur werden sollten. Als mythisch-spirituell aufgeladene Narration, die die indigenen Traditionen des Südwestens in seiner Gesamtheit repräsentiert, steht *Bless me Ultima* als erster Roman seiner Art exemplarisch für die Strömung des Magischen Realismus innerhalb der Chicano-Literatur, die der sozialkritischen, realistischen Erzählhaltung vieler mexikanisch-amerikanischer Autoren gegenüber steht bzw. diese ergänzt. Wie im Verlauf dieser Arbeit noch zu sehen sein wird, vereinen viele jüngere Autor_innen wie Salvador Palencia oder Nina Martinez beide Erzähltraditionen und unterscheiden sich so von sozialengagierten Autoren wie Luis J. Rodriguez, die einen klaren realistischen Erzählstil präferieren. Auch Rudolfo Anayas zweites Werk *Heart of Aztlán*, in dem er Aluristas Idee einer mythischen Heimat aller Chicanos aufgreift, muss an dieser

---

[307] Siehe in Fernández, Olmos: Rudolfo A. Anaya. A Critical Companion. Greenwood Press: Westport, 1999. S. 30.

[308] Angelika Köhler beschäftigt sich in ihrem Essay *The New World Man: Magical realism in Rudolfo Anaya's Bless Me, Ultima* ausführlicher mit Anayas Stilgestaltung. In Lomelí, Francesco und Ikas, Karin (Hrsg.): U.S. Latino Literatures and Cultures: Transnational Perspectives. Universitätsverlag C. Winter: Heidelberg, 2000.

Stelle erwähnt werden, zumal der Roman von Landflucht, sozialer Ausbeutung und Gegenwehr berichtet und somit um einiges politischer ist als *Bless me Ultima*.[309]

Protagonisten der Geschichte sind Clemente Chávez und sein Sohn Jason, der als ein alter Ego des jungen Antonio in *Bless me Ultima* verstanden werden kann. Die Familie Chávez muss aufgrund von ökonomischen Problemen vom Land in die *barrios* der Stadt ziehen, doch das Leben dort ist von täglichen Ungerechtigkeiten geprägt, unter der alle Familienmitglieder leiden. Während Vater Clemente den Verlust seiner Autorität beklagt und sich in den Alkohol flüchtet, treten die Söhne den Gangs der Nachbarschaft bei und geraten in Konflikt mit Kriminellen und der Polizei. Dank einer „mosaischen Erleuchtung" und der spirituellen Führung durch den geheimnisvollen Mentor Crispín, erfährt das Schicksal der Familie schließlich jedoch eine Wende zum Guten und Clemente und Jason beginnen sich innerhalb der Chicano-Bewegung politisch zu organisieren und ihr Leben aktiv zu gestalten.

Cesar Chávez: Der Streik in den Feldern

> When you bite
> Deep to the core
> Of a ripe, juicy tomato,
> sing a psalm
> for Margarito Lupercio
> Praise the 17-year existence
> Of an immigrant tomato picker.[310]
> **Tomatoes, Luis J. Rodríguez**

> Sí, se puede! Yes, we can![311]
> **Cesar Chávez**

---

[309] Aus Anayas Gesamt-Oevre, dass Gedichtsammlungen, Kinderbücher, Theaterstücke und zahlreiche weitere Romane umfasst, möchte ich zudem *A Chicano in China* hervorheben, in dem er in Tagebuch-Form seine Reiseerlebnisse in China zusammenfasst und dabei mexikanisch-amerikanische Geschichte reflektiert. Anaya, Rudolfo: A Chicano in China. University of New Mexico Press, Albuquerque, 1986.

[310] Gedichtauszug aus Luis J. Rodríguez' *Tomatoes*. In: Rodríguez, Luis J.: Pavement. Tía Chucha Press: Chicago, 1991. S. 31.

[311] 40 Jahre vor der Präsidentschaftskampagne von Barak Obama prägte Chávez den politischen Schlachtruf „*Yes we can!*" für Streikbewegung in den Feldern. Siehe in: Stavans, Ilan: An organizer's tale – Speeches of Cesar Chávez. Penguin, 2008. Dies ist jedoch nicht weiter verwunderlich, zumal Obama als Sozialarbeiter begonnen hat und wie Chávez in der Gemeinwesenarbeit aktiv war, die auf Saul Alinsky zurückgeht.

Neben der breit aufgestellten schwarzen Bürgerrechtsbewegung inspirierte vor allem Cesar Chávez (1927–1993)[312], der mit seinem Einsatz für die Feldarbeiter und durch seine tiefe Religiosität zu einer politischen Ikone der Mexican-Americans wurde, das *Chicano-Movimiento*.[313]

Cesar Chávez wurde in Yuma/Arizona geboren und wuchs in relativen Wohlstand auf, da seine Familie über ein eigenes Stück Land und genug Vieh verfügte, um sich selbst zu ernähren. Nachdem sein Vater jedoch durch die Weltwirtschaftskrise sämtlichen Grundbesitz verloren hatte, begann die Chávez-Familie als Wanderarbeiter durch die USA zu ziehen. Der junge Chávez entschied sich daher die Schule nach der achten Klasse abzubrechen, um seiner Familie bei der Feldarbeit helfen zu können. Die harten Lebensumstände, die katastrophalen Arbeitsbedingungen und der erlebte Rassismus, aber auch der immense familiäre Zusammenhalt und die strikte katholische Erziehung und Spiritualität seiner Mutter waren die entscheidenden Faktoren jener Jahre, die Chávez' Einstellungen und Engagement lebenslang prägen sollten. In der Hoffnung auf einen beruflichen und sozialen Aufstieg meldete sich Chávez als 17-jähriger 1946 freiwillig bei der Navy. Nachdem er zwei Jahre als Soldat gedient hatte, kehrte er enttäuscht in die Feldarbeit zurück und gründete eine Familie.

1952 trat Cesar Chávez, inspiriert durch den sozial engagierten Pastor Donald McDonnell, der *Community Service Organisation* (CSO) bei, die von Fred Ross, einem Vertrauten Saul Alinskys in Leben gerufen worden war, um Armut und Segregation von Mexican-Americans in Kalifor-

---

[312] Falls nicht andersweitig angegeben beziehe ich mich in meiner Zusammenfassung des Wirkens Cesar Chávez auf folgende biographische Werke: Pawel, Miriam: The Crusades of Cesar Chávez. Bloomsbury Press: New York, 2014; Griswold del Castillo, Richard, und Richard A. Garcia, Richard: Cesar Chávez – A Triumph of Spirit. University of Oklahoma Press, 1995.

[313] Als radikaler Gegenpol zu Chávez muss an dieser Stelle Reies López Tijerina erwähnt werden, dessen in New Mexkio durchgeführten nicht gewaltfreien Hausbesetzungen und Aktionen das *Chicano-Movimiento* inspirierten. Der Texaner Tijerina (1926–2015) war Anwalt, evangelikaler Pastor und religös-utopistischer Kommunengründer, der sich ab den späten 50er Jahren in New Mexiko niederließ und sich dort als Gemeinwesenorganisator einen Namen machte. 1963 gründete Tijerina die *Alianza Federal de Mercedes Reales*, mit der er aktiv Verletzungen des Vertrages von Gaudalupe Hidalgo nach der Annektion New Mexikos kritisierte und Landenteignungen durch anglo-amerikanische Siedler rückgängig machen wollte. Zu spektakulärer Berühmtheit kam Tijerina durch die Besetzung des Amarilla County Gerichtes und der Gefangenname des Bezirksstaatsanwaltes Alfonso Sánchez 1967, für die er sich vor Gericht verantworten musste und sich dabei selber vertrat. Tijerina zählt neben Cesar Chávez, Rudolfo Corky Gonzalez und MAYO-Gründer José Angel Gutiérrez zu den bekanntesten Figuren der frühen Chicano-Bewegung. Siehe ausführlich in Maciel, David R. und Peña, Juan José: La Reconquista – The Chicano Movement in New Mexico. In: The Contested Homeland – A Chicano History of New Mexico, Albuquerque: University of New Mexico Press, 2000.

nien zu bekämpfen. Die CSO wurde als Tochterorganisation von in der in Chicago ansässigen von Saul Alinsky geführten *Industrial Areas Foundation* (IAF)[314] grundfinanziert, die landesweit Gemeinwesenarbeit in den ghettoisierten Wohnsiedlungen der Minderheiten vorantrieb, die dem depaternalisierenden Prinzip der Hilfe zur Selbsthilfe folgte.

Da Chávez nicht über einen Schulabschluss verfügte, waren ihm die Studienanbote für Veteranen verschlossen geblieben, so dass das Angebot der CSO ein einmalige berufliche Chance war, um einen Ausweg aus der Feldarbeit zu finden, die zudem noch in Einklang mit seiner Einsicht in die Notwendigkeit von ökonomischen Reformen für die mexikanisch-amerikanische Bevölkerung einherging. Innerhalb der CSO lernte Chávez durch Ross und Alinsky die sozialarbeiterischen Techniken der Gemeinwesensarbeit kennen und vertiefte sich in die Ideen des Franz von Assisi sowie in die gewaltfreien Protestformen von Mahatma Gandhi, die seine späteren Aktivismus formten. Zudem begegnete er in der COS der Aktivistin Dolores Clara Fernandez Huerta (geb. 1930)[315], mit der er zeitlebens zusammenarbeiten sollte. Huerta und Chávez blieben bis in die frühen 60er Jahre bei der CSO, organisierten politische Strukturen, unterstützten bei rechtlichen und finanziellen Problemen und halfen Mexican-Americans dabei, sich als Wähler registrieren zu lassen. 1962 verließen Chávez und Huerta enttäuscht von inneren Streitigkeiten die CSO und gründeten ohne jegliche finanzielle Unterstützung mit der *National Farm Workers Association* (NFWA) in Delano/ Kalifornien eine speziell für Feldarbeiter ausgerichtete Gewerkschaft. Chávez und Huerta organisierten in den Siedlungen der Mexican-Americans die ersten Haustreffen für interessierte Feldarbeiter, die als Tagelöhner von Ranch zu Ranch herumgereicht und von ihren Vorarbeitern herumgestoßen wurden. Miriam Pawel fasst in ihrer Chávez-Biographie die Arbeits- und Lebenszustände jener Zeit folgendermaßen zusammen:

> Farmworkers could not see a future for their children outside the fields. They could scarley imagine a world where they had a right to refuse the filthy drinking cup with warm water on a 100-degree day, or demand a bathroom to avoid the indignity of squatting in an open field. They accepted as inevitable the need to wake before dawn and line-up in parking lots to beg for the right to ten hours of pain. [...] The financial exploitation varied little. Labor contractors demanded two weeks work before the first paycheck, skimmed off hours or entire days, and fired anyone who complained. Workers would be in debt to the company store for food and

---

[314] Die IAF wurde 1940 gegründet und existiert bis heute und ist international, ebenfalls mit einem Ableger in Deutschland tätig. Siehe mehr in Walls, David: Community organizing – Fanning the flame of democracy. Polity: Cambridge, 2015.

[315] Doak, Robin S.: Dolores Huerta – Labor leader and civil rights activist. Compass Point Books: Minneapolis, 2008.

gas before they saw their first check. Labor camps were squalid and indoor plumbing scare. More than two decades after The Grapes of Wrath, conditions had changed little.[316]

Chávez, der diese Umstände und den damit einhergehenden Rassismus aus eigener Erfahrung nur zu gut kannte, baute in den folgenden Jahren mit Hilfe von Spenden und seinen während seiner Zeit bei der CSO gemachten Kontakten die Landarbeiter-Gewerkschaft im Weinanbaugebiet von Delano weiter auf.

Gegen den aktiven – oftmals auch gewaltsamen – Widerstand der Großbauern und in rechtlichen Grauzonen agierend [die Selbstvertretung von Feldarbeitern war diesen bis dahin von der amerikanischen Gesetzgebung nicht zugestanden worden], gelang es Chávez einen langwierigen Streik [*huelga*] und eine landesweite Boykottkampagne zu organisieren, die als *la causa* in die Chicano-Geschichte eingehen sollten. Chavez' Engagement ging weit über den Streik hinaus. Er war sich durchaus bewusst, dass der Streik nur der Anfang eines umfassenderen gesellschaftlichen Kampfes für soziale und kulturelle Gerechtigkeit war:

> Then there's the whole question of political action, so much political work to be done taking care of the grievances that people have, such as the discrimination their kids face in school, and the whole problem of the police. I don't see why we can't exchange those cops who treat us the way they do for good, decent human beings like farm workers. Or why there couldn't be any farm workers judges. We have to participate in the governing of towns and school boards. [...] But political power is not enough. Although I've been at it for some twenty years, all the time and the money and effort haven't brought about any significant change whatsoever. Effective political power is never going to come, particularly to minority groups, unless they have economic power. And however poor they are, even the poor people can organize economic power.[317]

Für die Umsetzung der Kampagne nutzte Chávez und die NFWA explizit den Kontakt mit der weißen Bevölkerung, die man auf der Straße, vor den Supermärkten und in den Universitäten ansprach, um sie auf die Lebens- und Arbeitsbedingungen der Feldarbeiter hinzuweisen und sie für den Boykott der Weintrauben aus Delano zu gewinnen.[318] Hunderte Meilen lange Protestmärsche, der strikte Pazifismus der Bewegung und die religiös inspirierten wochenlang von Cesar Chávez durchgeführten Hunger-

---

[316] Pawel, Miriam: The Crusades of Cesar Chávez. Bloomsbury Press: New York, 2014. S. 78.
[317] In: Levy, Jacques E. (Hrsg.): Cesar Chavez – Autobiography of LA CAUSA. Norton: New York, 1975. S. 537.
[318] Manuel Gonzalez geht davon aus, dass bis zu 17 Millionen Amerikaner mit ihrem Kaufverhalten, den Erfolg der UFWA unterstützten. Gonzales, Manuel: Mexicanos. S. 202.

streiks sorgten zudem für die notwendige mediale Berichterstattung und öffentliche Unterstützung in den USA. Prominentester Befürworter der Ziele der NFWA innerhalb des weißen Washingtoner Establishments war Robert F. Kennedy, der mehrmals vor Ort für die Anliegen der Feldarbeiter stritt und die Unrechtmäßigkeit der Kooperation von Großbauern und Polizei in Delano kritisierte.[319] Spätestens mit dem Erscheinen auf dem Titelblatt des *Time Magazin*, als erster mexikanisch-amerikanischer Aktivist überhaupt, wurde Cesar Cháves landesweit bekannt und in der Folge immer häufiger *„as the Mexican-American Dr. Martin Luther King"* bezeichnet,[320] zumal er wie dieser immerzu darauf hinwies, dass sozialer Wandel nur unter Erbringung eigener Opfer möglich sei:

> Fighting for social justice, it seems to me, is one of the profoundest ways in which man can say yes to man's dignity and that really means sacrifice. There is no way on this earth in which you can say yes to man's dignity and know that you're going to be spared some sacrifice.[321]

Nachdem Chávez ebenfalls in Europa auf die ausbeuterischen Verhältnisse in Kalifornien aufmerksam gemacht hatte, konnte 1970 der Streik schließlich erfolgreich beendet werden: Die NFWA wurde von den Großbauern anerkannt und konnte als Verhandlungspartner die bessere Entlohnung und Behandlung der Feldarbeiter durchsetzen. Auch wenn sich Chávez als Katholik eindeutig nicht mit dem marxistisch, nationalistisch und indigen-spirituell geprägten *Chicano-Movimiento* der jungen Generation in den 1960er und frühen 1970er Jahren identifizierte, begeisterte er diese dennoch und wurde von ihr als Gallionsfigur verehrt. Durch seinen Erfolg, spirituelle Lebensweise und Bescheidenheit war Chávez schon zu Lebzeiten eine Legende[322] und erfuhr nach seinem Tod 1993 eine

---

[319] Bender, Steven: One night in America: Robert Kennedy, César Chávez, and the dream of dignity. Paradigm: Boulder, 2008.

[320] Muñoz, Carlos: Youth, Identity, Power. S. 59. Mitunter wird Chávez' Feldarbeiterbewegung und der Streik in den Feldern als *„Catholic Civil War"* bezeichnet, zumal die Katholische Kirche Position beziehen musste, auf welcher Seite sie im Konflikt von katholischen Feldarbeitern und katholischen Grundbesitzern stehen wollte. 50% der kalifornischen Grund-und Farmbesitzer waren in den 1960er Jahren katholisch. Siehe in: Prouty, Marco Glen: Cesar Chavez and the Catholic Civil War, 1965–1977. The Catholic University of America/ProQuest Dissertations Publishing: Ann Arbor, 2005 S.4.

[321] Levy, Jacques E. (Hrsg.): Cesar Chavez – Autobiography of LA CAUSA. Norton: New York, 1975. S.539.

[322] In jüngster Zeit erscheinen zahlreiche Studien zur Spiritualität von Cesar Chávez, die ihn über seine Arbeit als Gewerkschafter hinaus als religiöses Phänomen beleuchten. So zum Beispiel Leon, Luis D.: The Political Spirituality of Cesar Chávez. University of California, 2015 und LLoryd-Moffett, Stephen R.: Holy Activist, Secular Saint - Religion and the Social Activism of César Chávez. In Espinosa,

weitere historische Aufwertung im Kollektivgedächtnis der USA. Landesweit sorgten Initiativen – teilweise in hartnäckigen Auseinandersetzungen mit politischen Gegnern – dafür, dass Straßen und Plätze nach Cesar Chávez benannt wurden.[323]

Die 1980er Jahre:
Feminismus und der Aufschwung der Chicana-Literatur

> It was my great-grandmother's name and now it is mine. She was a horse woman too, born like me in the Chinese year of the horse – which is supposed to be bad luck if you're female – but I think this is a Chinese lie because the Chinese, like the Mexicans, don't like their women strong.
> **Sandra Cisneros, House on Mango Street**
>
> As we ask ourselves where are we, what are we doing, we must never appropriate into our own discourse the discourse of the writer itself. If we are to diffuse, support, promote, analyze, and understand the work of our writers, we must let them speak for themselves.
> **Tey Diana Rebolledo, The Politics of Poetics**

Das *Chicano-Movimiento* scheint vordergründig vor allem von mexikanisch-amerikanischen Männern getragen und organisiert worden zu sein. Dieser Eindruck trügt jedoch und kann durch eine männliche Perspektive erklärt werden, die dazu neigt weibliche Formen der Partizipation ob ihrer Unaufdringlichkeit und andersartigen Macht- und Kommunikationsgestaltung zu übersehen. Zudem sorgte die Vormachtstellung von Männern innerhalb des akademischen Chicano-Diskurses lange Zeit für eine verengte Sicht auf die eigene Geschichte. In Hinblick auf die männlich dominierte und geprägte Geschichtsschreibung gibt Maywell Blackwell daher folgendes zu bedenken:

> Historians of feminism or women's movements need to understand that the contextual meaning of the word feminism is highly differentiated and often problematic. The assumption that there has been no early history of women of color feminism because organizers or movements have not used the word feminist erases almost every feminist labor organizer, party activist, and community organizer, and, in fact, much of the history of feminism."[324]

Gastón und García, Mario T. (Hrsg.): Mexican American Religions – Spirituality, Activism, and Culture. Duke University Press: London, 2008.

[323] In Colorado, Texas und Kalifornien wurde zudem der 31.März als ein offizieller Feiertag zu Ehren von Cesar Chávez eingeführt.

[324] Blackwell, Maylei: Chicana power! Contested histories of feminism in the Chicano movement. University of Texas Press: Austin, 2011. S. 24ff.

In der Tat hatten es Chicanas ungleich schwerer als Chicanos, da sie zum einen als dunkelhäutige Mexikanerinnen von der weißen Dominanzkultur sexualisiert und diskriminiert, zum anderen wegen ihres Geschlechtes auch gruppenintern schlechter gestellt wurden. Die soziologische Sicht auf mexikanisch-amerikanische Familiengefüge und die Rollenverteilung von Mann und Frau ist bis heute nicht einheitlich und ähnlich der deutschen Diskussion um Migrantenfamilien oder den Islam von kulturellen Vorstellungen der Dominanzgesellschaft geprägt. So wird je politischer Einstellung die mexikanisch-amerikanische Familie im Vergleich mit anglo-amerikanischen Familien entweder als Hort der Sicherheit oder als prä-feministischer Ort der Ungleichheit gedeutet.[325]

Kritik von Seiten der Chicanas an der Unterdrückung der Frau wurde innerhalb der Chicano-Bewegung in den 1960er und 70er Jahren als unsolidarischer Akt verstanden, da die Gruppenidentität und das Ringen mit der weißen Dominanzgesellschaft um Partizipation als oberste Priorität gewertet wurde.[326] Die Rollenaufteilung innerhalb der Chicano-Familie war lange eine klassisch konservative gewesen, in der der Mann außer Haus Geld verdienen ging, während die Frau daheim Haus und Kinder hüten sollte. Dass diese Vorstellung nur ein imaginierte Auffassung der Wirklichkeit bzw. ein Wunschzustand war, innerhalb dessen sich der Mann als bestimmendes Familienoberhaupt sehen konnte, zeigt der hohe Anteil weiblicher Farmarbeiterinnen. Es war oftmals keine Seltenheit, dass auch die Kinder von ihren Müttern mit in die Felder genommen wurden, und dort ihren Eltern zu Hand gingen. Dennoch gilt, dass die grundsätzlich gewünschte Reduzierung der Frau auf ein privates Wesen außerhalb der Erwerbswelt sich in der Folge auf den Bildungsgrad auswirkte: Während es durchaus einigen Mexican-Americans wie z.B. Amérigo Paredes und Ernesto Galarza gelang, einen höheren Bildungsweg einzuschlagen, blieben die Universitäten den Frauen zunächst verschlossen. Auch die Analphabetenrate war unter Frauen erheblich höher als bei den Männern.

Das Fehlen bzw. die Unsichtbarkeit von Weiblichkeit in Literatur, Politik und Wissenschaft bedeutet jedoch nicht, dass Frauen nicht doch präsent und aktiv waren. Sie fielen nur weniger auf, wurden weniger beachtet und besetzten weniger prominente Positionen, da ihnen Stellen in Führungsebenen ob der dreifachen Ausgrenzungskategorien von Rasse, Klasse und Geschlecht vorenthalten wurden. Tey Diana Rebolledo stellt fest, dass Frauen auf ihre Art trotzdem schon immer ihre Stimme erheben konnten und haben:

---

[325] Vgl. Gonzales, Manuel G.: Mexicanos. A history of the Mexicans in the United States. Indiana University Press: Bloomington, 2009. S. 240.
[326] Vgl. Ikas, Karin: Die zeitgenössische Chicana-Literatur. Universitätsverlag C. Winter: Heidelberg, 2000. S. 77ff.

> If women's stories were marginal to mainstream culture, however that may be defined (patrichal, Anglo, American), they were not marginal nor silenced in their own. Women imprinted themselves, their lives, and their representation in their own unique forms of art: embroidery, dress, the dressing of the saints, their homes, their gardens, food preparation and serving, ritual, sayings, oral stories, "estorias," and finally their writings. [...] There have always been strong women who have survived and even thrived in hostile enviroment, just as these women have been able to represent themselves in ways that live beyond the life span of an individual person.[327]

Ein genauer Blick im Sinne von Blackwells und Rebolledos Ansätzen zeigt, dass Frauen durchgängig tragende Säulen und Aktivisten innerhalb der Partizipationsgeschichte der Mexican-Americans waren.[328] Ein prominentes Beispiel ist hierfür Helen Fabela (geb. 1928), die Ehefrau von Cesar Chávez, die sich nicht nur die meiste Zeit alleine um die achtköpfige Familie kümmerte, sondern auch vor Ort in den Feldern als Streikposten aktiv war und ihrem Mann mit beratend zur Seite stand. Während nach ihrem Mann hunderte Straßen und Denkmäler in den USA benannt sind, wird sie in der öffentlichen Erinnerungskultur übersehen.

Helen Fabela oder auch Dolores Huerta sind nur zwei von vielen Frauen, die sich tatkräftig in den sozialen Bewegungen der Chicanos in den 1960er engagierten, und dabei oftmals von den Medien und der Wissenschaft ignoriert wurden und nicht selten unter dem Machismo der Ge-

---

[327] Rebolledo, Tey Diana: Women singing in the snow. S. 207. Rebelledo (geb. 1937) setzt sich in ihren Arbeiten von europäischen und anglo-amerikanischen Theorieansätzen ab und fordert eine eigenständige mexikanisch-amerikanische feministische Theoriebildung. In in ihrem wohl einflussreichsten Werk *Women singing in the Snow* [The University of Arizona Press: Tuscon, 1995] diskutiert sie Chicana-Literatur und ihre Motiv-Geschichte im Spannungsfeld von Identitätskonstruktion und Repräsentation.Viel Beachtung fand ihr Essay *The Politics of Poetics: Or, What AM I, A CRITIC, DOING in THIS TEXT ANYHOW* aus dem Jahr 1987, in dem sie die Übertheorisierung der Literaturwissenschaft kritisiert und sich dafür ausspricht, die Chicana-Literatur als Kunstwerk innerhalb ihres Entstehungskontextes zu lesen und subjektivistisch zu analysieren, anstatt sie in vorgefertigte Konzepte zu pressen. In Rebolledo, Tey Diana: The chronicles of Panchita Villa and other guerrilleras. Essays on Chicana/Latina literature and criticism. University of Texas Press: Austin, 2005. S. 40 ff. Eine weitere wichtige Arbeit zum Thema Chicana-Feminismus ist Saldívar-Hull, Sonia: Feminism on the Border. University of California Press: Berkeley, 2000.
[328] Siehe hierzu die ausführliche Edition *500 years of Chicana Women's History* von Elisbeth Martínez [Rutgers University Press: New Brunswick, 2009]. Martínez gibt eine chronologische Übersicht zu mexikanischen und mexikanisch-amerikanischen Freiheitskämpferinnen, Aktivistinnen, Politikerinnen, Künstlerinnen und Schriftstellerinnen.

sellschaft litten.[329] Schon früh wurden deswegen spezifisch feministische Organisationen innerhalb des *Movimiento* wie die *Hijas de Cuauhtémoc* gegründet, die besonders die Pauperisierung, die sexuelle Gewalt und die Diskriminierung von Frauen kritisierten.[330] Zahlreiche weitere Organisationen wurden in der Folgezeit ins Leben gerufen, die die marginalisierte und ausgebeutete Frau in den Mittelpunkt ihrer Arbeit stellten. Auch an den Universitäten gelang es ab den späten 1970er Jahren mehr und mehr Frauen Fuß zu fassen und das Curriculum der *Chicano-Studies* mitzubestimmen. Diese Entwicklung hält bis heute an, was sich auch an der Implementierung zahlreicher Gender- und Queeransätze in den *Chicano-Studies* zeigt.

Namhafte Beispiele für einflussreiche Akademikerinnen neben der bereits zitierten Tey Rebolledo sind die Autorin und Professorin Norma Alarcón (geb. 1943), die sich als Verlegerin für Chicana-Literatur große Verdienste erworben hat[331], die Dramatikerin und Queer-Theoretikerin Cherríe Moraga (geb. 1952) sowie die 2004 verstorbene Schriftstellerin

---

[329] Blackwell erklärt die Ausgliederung des Anteils der Frauenbewegung am Chicano-Movimiento als ein Phänomen von männlich kolonialer Hegemonie innerhalb der Wissenschaften, dem mit der Methode der „*retrofitted Memory*" begegnet werden sollte: „Retrofitted memory assumes that the project of hegemony is never complete and must be constantly resolidified and renarrated in history. It is precisely within the gaps, interstices, silences, and crevices of the uneven narratives of domination that possibilities lie for fracturing dominant narratives and creating spaces for new historical subjects to emerge. Siehe mehr dazu in Blackwell, Maylei: Chicana power! Contested histories of feminism in the Chicano movement. University of Texas Press: Austin, 2011. S. 2ff. Ein anderes Beispiel für die Notwendigkeit von „*retrofitted Memory*" als Methode von Partizipationsbemühungen ist die Teilnahme zahlreicher mexikanisch-amerikanischer Soldaten in Vietnam, deren Opfer und Leid in den akademischen und medialen Narrationen dieses Krieges übersehen wurde. George Mariscal ist einer der ersten Forscher, die sich damit auseinandersetzen. In *Aztlan and Viet Nam. Chicano and Chicana Expierences of the War* [University of California Press: Berkeley, 1999] hat er angefangen Gedichte, Tagebucheinträge, Essays und Kurzgeschichten von Chicano-Soldaten in Vietnam und von Anti-Kriegsaktivisten zu sammeln und herauszugeben. Die Ansätze von Blackwell und Mariscal sind durchaus vergleichbar mit Alejandro Morales Vorliebe für intra-historisches Schreiben.

[330] Die *Hijas de Cuauhtémoc*, von der Studentin Anna Nieto Gomez 1968 in Los Angeles gründet, war eine der ersten Organisation ihrer Art und beeinflusste den Chicana-Diskurs der Folgejahre. Siehe in Love, Barbara J.: Feminists Who Changed America, 1963–1975. University of Illinois Press: Champaign, 2006. Und wiederum in Blackwell, Maylei: Chicana power! Contested histories of feminism in the Chicano movement. University of Texas Press: Austin, 2011. S. 70ff.

[331] Alarcón, Norma et al.: Bibliography of Hispanic women writers. Chicano-Riqueño Studies: Bloomington, 1980. Between woman and nation: nationalisms, transnational feminisms, and the state. Duke University Press: Durham, 1999. Bis zu ihrer Erkrankung 2004 leitete sie ehrenamtlich neben ihrer Professorentätigkeit in Berkeley den von ihr gegründeten Verlag *Third Women Press*.

und Literaturwissenschaftlerin[332] Gloria Anzaldúa. Besonders letztere wird heutzutage als Symbolfigur verehrt und steht für die Stärke des Chicana-Feminismus im akademischen Umfeld und wird daher in einer Einzelanalyse im zweiten Teil der Arbeit gesondert betrachet werden.[333] Dem großen Anteil von Frauen in der Partizipationsbewegung folgte spätestens ab den 1980er Jahren eine ähnliche Entwicklung in der Literaturlandschaft. Immer mehr Schriftstellerinnen konnten ihre Bücher erfolgreich bei Verlagen unterbringen und prägen seitdem die mexikanisch-amerikanische Literatur entscheidend mit.[334] Neben den bereits an anderer Stelle erwähnten Pat Mora und Helena María Viramontes müssen hier besonders Ana Castello (geb. 1953)[335], Mary Helen Ponces[336] und vor allen Dingen Sandra Cisneros (geb. 1954) genannt werden.

Sandra Cisneros: House on Mango Street

Sandra Cisneros, die als Kind sowohl in Mexiko Stadt als auch in Chicago aufwuchs und mit ihrer Familie zwischen den USA und Mexiko pendelte, kann als die bekannteste Chicana-Schriftstellerin überhaupt bezeichnet werden, zumal ihr 1984 bei *Arte Publicó Press* erschienener Roman *House*

---

[333] Im Zusammenhang der Analyse des Werkes von Anzaldúa in Kapitel III werde ich weitere Betrachtungen zur breitgefächerten Chicana/o -Queer- und Genderbewegung folgen lassen.

[334] Eine besondere Rolle für den in den 1980er Jahren einsetzenden *Chicana Boom* hat das vom Universitätsprofessor Nicólas Kanellos gegründete Verlagshaus *Arte Público Press* gespielt, indem es besonders Autorinnen förderte und für sie Lesereisen organisierte. Siehe dazu mein Interview mit Nicólas Kanellos vom 18.2.2016 in Houston [noch unveröffentlicht]. Eine ausführliche Studie zur Entwicklung der mexikanisch-amerikanischen Verlagslandschaft ist Geuder, An-Catherine: Chicana/o Literaturbetrieb: Wege in die Öffentlichkeit seit 1965. Universitätsverlag Winter: Heidelberg, 2004.

[335] Ana Castello ist Herausgeberin, politische Essayistin und eine sehr bekannte Schriftstellerin, die in der Vergangenheit viel mit maßgeblichen Chicana-Theoretikern wie Anzaldúa oder Alarcon zusammengearbeitet hat. Von ihr sind bisher folgende Romane erschienen: The Mixquiahuala Letters. Bilingual Press/Editorial Bilingue: New York, 1986. Sapogonia: An anti-romance in 3/8 meter. Bilingual Press/Editorial Bilingüe: Tempe, 1990. So Far From God. W.W. Norton: New York, 1993. Peel My Love Like an Onion. Doubleday: New York, 1999. My Daughter, My Son, the Eagle the Dove: An Aztec Chant. Dutton Books: New York, 2000. Watercolor Women, Opaque Men: A Novel in Verse. Curbstone Press: Willimantic, Connecticut: 2005. The Guardians. Random House: New York, 2007. Give It to Me. The Feminist Press: New York, 2014.

[336] Die Romane von Mary Ponces wurden Französisch, Deutsch, Romänisch und Spanisch. Wichtigste Veröffentlichungen sind ihre Autobiographie *Hoyt Street* [University of New Mexico Press, 1992] und der Roman *The Wedding* [Arte Publico Press: Houston, 1989]. Daneben wurden zahlreiche ihrer Kurzgeschichten in Journalen und Sammelbänden veröffentlicht.

on Mangostreet in amerikanischen Schulen gelesen wird und in zahlreiche Sprachen übersetzt wurde.[337] Als Bildungsroman markiert *The House on Mango Street* aus kanonischer Sicht einen Wendepunkt in der Chicana-Literatur, da er mit alten Erzählmustern bricht, indem Cisneros die weibliche Perspektive in Vordergrund stellt, die zahlreiche Mythen des vermeintlich heimeligen und beschützten Chicano-Familienleben in Frage stellt.[338] Die Erzählerin ist das junge Mädchen Esperanza, ein alter ego der Schriftstellerin. Wie Cisneros selbst, zieht die Protagonistin Esperanza mit ihren Eltern von Wohnung zu Wohnung, ehe sich ihre Familie in der Mango Street ein eigenes Haus leisten kann. Die Mango Street symbolisiert die Gänze der ihr zugänglichen Lebenswelt, durch die Eperanza mit offenen Augen wandert und über deren unterschiedlichste Bewohner sie dem Leser berichtet. Jedes einzelne Kapitel ist für sich eine abgeschlossene Geschichte aus der Lebenswelt des *barrio*, in der die Menschen wohnen, lachen, leiden und sterben. Von höchst unterschiedlicher Länge – manche der Kapitel sind nur kurze *estampas* [Vignette] – ergeben sie in der Summe jedoch die zusammenhängende Lebensgeschichte der jungen Erzählerin, die im und durch den Austausch mit den anderen Bewohnern der Straße sich selbst erfährt und ihre Lebensumstände deuten lernt. Nick Kanellos, Cisneros erster Verleger und Entdecker scheint für die Zusammenführung der einzelnen Vignetten mitverantwortlich gewesen zu sein, da er die Autorin dazu bewogen hat, die Einzelgeschichten in eine Gesamtnarration zu setzen.[339]

Als ehemalige Lehrerin für Schulabbrecher und *barrio*-Aktivistin für die Rechte und Partizipation der Bewohner schreibt Cisneros absichtlich in einer klaren und knappen Sprache, die jedoch nicht ohne Poesie ist.[340]

---

[337] Weitere Werke von Cisneros sind: Woman Hollering Creek and other Stories. Vintage: New York, 1992. Caramelo, or Puro Cuento. Knopf: New York, 2002. Loose Woman: Poems. Vinatge: New York, 1994. 2015 erschien ihre Autobiographie *A house of my own –stories of my life*. Alfred A. Knopf: New York, 2015.

[338] Zahlreiche Literaturwissenschaftler_innen haben sich bereits mit Cisneros Werk beschäftigt, so dass ihr in dieser Arbeit kein eigenes Kapitel eingeräumt werden muss, obwohl sie ebenfalls als Aktivistin eine sehr interessante Persönlichkeit ist. Ausführliche Betrachtungen zur Autorin sind u.a. Durst Johnson, Claudia (Hrsg.): Patriarchy in Sandra Cisneros's The House on Mango Street. Social Issues in Literature Series. Greenhaven Press: Farmington Hills, 2010. Mirriam-Goldberg, Caryn: Sandra Cisneros – Latina Writer and Activist. Enslow Publishers, Berkeley Heights, 1998. Siehe auch Karin Ikas Analyse in Die zeitgenössische Chicana-Literatur. S. 137ff.

[339] Siehe mein Interview mit Nickólas Kanellos in Houston vom März 2016. [Noch nicht transkribiert und veröffentlicht].

[340] Héctor Tobar schreibt in seiner Essaysammlung *Translation Nation* über die neue Identität der spanisch-sprachigen USA u.A. über Cisneros' Politaktivismus: „In real life Sandra Cisneros had recently gone to battle against the city [San Antonio] over the color she painted her house in the historic King William district.

Ihre Sprache ist neben dem üblichen Code-Switching durch einem dem Rhythmus des Erzähltempos verschobenen Satzbau und prägnante Wortauslassungen gekennzeichnet und transportiert derart die große kindliche Empathie und Zuneigung Esperanzas, die sie für ihre Mitmenschen empfindet.

Esperanza, hier handelt es sich um eine weitere Parallele zur Schriftstellerin Cisneros, führt Buch über ihre Begegnungen und verfasst Gedichte. Immer wieder thematisiert sie in diesen die „Eingegrenztheit" aber auch die Tapferkeit der *barrio*-Bewohner, die ihr Leben trotz ihrer Marginalisierung meistern müssen. Besonders berührt ist Esperanza durch das Schicksal ihrer Altersgenossin Minerva. Dieses Kapitel wird im Folgenden ob seiner Kürze und anschaulichen Beispielhaftigkeit für Cisneros Erzählhaltung vollständig wiedergegeben:

Minerva writes Poems

> Minerva is only a little bit older than me but already she has two kids and a husband who left. Her mother raised her kids alone and it looks like her daughters will go that way too. Minerva cries because her luck is unlucky. Every night and every day. And prays. But when the kids are asleep after she's fed them their pancake dinner, she writes poems on little pieces of paper that she folds over and over and holds in her hands a long time, little pieces of paper that smell like a dime. She lets me read her poems. I let her read mine. She is always sad like a house on fire – always something wrong. She has many troubles, but the big one is her husband who left and keeps leaving. One day she is through and lets him know enough is enough. Out the door he goes. Clothes, records, shoes. Out the window and the door locked. But that night he comes back and sends a big rock through the window. Then he is sorry and she opens the door again. Same story. Next week she comes over black and blue and asks what can she do? Minerva. I don't know which way she'll go. There is nothing I can do.[341]

„*There is nothing I can do*" als Aussage der Hilflosigkeit im Erleben des Leids des anderen und der marginalisierten Lebensumstände im *barrio*

"Perwinkle purple", it turned out, was a violation of municipal code 35–7200, which stipulates that homes should be painted only those colors found in the neigbbourhood during its German-American heyday. The city ordered her to tone it down – sugessting various bland earth tones – but of course she refused. "Color is a language, and either you are bilingual or not", Cisneros told my colleague Jesse Katz, who had traveled to San Antonio a couple of years earlier to write about the controyversy. "Either you understand the color, or the color needs translation…Colors that I consider Mexican and beautiful, they consider Mexican and garish.…This is really a story about the absence of color, about the absence of Mexican people when you talk about history in this part of the world." […]". In Tobar, Héctor: Translation Nation. Riverhead Books: New York. S. 184.

[341] Cisneros, Sandra: The house on Mango Street. S. 84-85.

bleibt so nicht bestehen: Esperanza beschließt am Ende des Romans, ihre Bücher, Papier und Stift zusammen zu packen und fortzugehen. Das Weggehen ist für sie jedoch keineswegs eine Flucht oder Abkapselung, denn sie plant wiederzukommen:

„*They will not know I have gone away to come back.*"[342] Esperanza will hinaus aus der Mango Street stellvertretend für all die, die dies nicht können. Sie will lernen, sich das Werkzeug zu erschließen, das notwendig ist um später Veränderungen zum Wohl der Gemeinschaft herbeizuführen. In Esperanzas Vorsatz zu helfen, zeigt sich eindeutig der sozialarbeiterische Ansatz der Schriftstellerin Cisneros, deren Schreiben und berufliches Schaffen immer eng mit ihrer Herkunftsgruppe verbunden ist. Lernen, Wissen schaffen und verbreiten und Schreiben gehen bei Cisneros einher mit einer tiefen Fürsorge und einer emanzipatorischen Überzeugung. Cisneros politisches und pädagogisches Engagement ist exemplarisch für das Selbstverständnis zahlreicher anderer Chicana/o-Autoren. Sandra Cisneros Erfolg als Schriftstellerin hat in der Folge viele andere Chicana-Autoren wie Demetria Martinez ermutigt und beeinflusst und die Chicana-Literatur vorangebracht.

Demetria Martinez: MotherTongue

> You are the people. You light candles to the santos then make
> Your pilgrimage to the border to pray for the healing of the
> Wound.
> **Aus Demetria Martinez' Gedicht** *Another White Man Goes Numb*

> But in those days, when a refugee told his or her story, it was not psychoanalysis, it was testimonio, story as prophecy, facts assembled to change not the self but the times.
> **Mary in** *MotherTongue*

Ein hervorstechendes Beispiel für die Erörterung der Frage, wie Literatur als Medium kultureller und politischer Partizipation in Einwanderungsgesellschaften fungiert, ist das Werk der aus New Mexiko stammenden und in Santa Fe lebenden Journalistin, Aktivistin und Schriftstellerin Demetria Martinez, die auf exponierte Art und Weise ihre Schriftstellerei mit sozialem Engagement verbindet.[343] Abweichend von den meisten Schriftstel-

---

[342] Ebda.: S. 110.
[343] Neben ihrem bekannten Debüt-Roman *MotherTongue*, der weiter unten ausführlicher behandelt wird, sind eine Reihe von Gedicht- und Essaybänden, ein Kinderbuch und ein weiterer Roman erschienen. Martinez, Demetria: The Devil´s Workshop. The University of Arizona Press: Tucson, 2002; mit Montoya-Read, Rosalee: Grandpa's Magic Tortilla. University of New Mexico Press: Albuquerque, 2010; The Block Captains Daughter. The University Press of Oklahoma:

lern der Chicano-Generation und den jüngeren mexikanisch-amerikanischen Autor_innen, definiert sich Martinez in ihren Texten stark über ihre jüdischen Wurzeln und ihren Katholizismus, der für sie nicht nur ein Lippenbekenntnis ist, sondern spirituelle Heimat und politischer Auftrag zu gleich. Auch wenn sich Martinez durchaus offen für indigene Spiritualität innerhalb des mexikanischen Christentums zeigt und für sozialistische Ziele kämpft, ist der Bezug zur Gemeinschaft der Kirche ihre wichtigste Kraft- und Motivationsquelle, welche in ihren Texten deutlich zutage tritt.[344] Dies verleiht ihr eine Sonderstellung innerhalb der mexikanisch-amerikanischen Literatur, die ansonsten vielleicht nur Richard Rodríguez beanspruchen kann [siehe weiter unten mehr zu ihm]. Martinez' Katholizismus hat jedoch nichts mit Rodríguez intellektuellem konservativen Kulturkatholizismus zu tun, der sich um die Bewahrung eines traditionellen Erbes sorgt, sondern konzentriert sich auf die Umsetzung christlicher Nächstenliebe. Die Kulturform des Schreibens nimmt dabei eine wichtige Stellung ein: Schreiben versteht Martinez als wichtigen Schritt hin zur Selbstrepräsentation und Mündigkeit, als ein Werkzeug um aus der eigenen Passivität und Opferrolle auszubrechen und Gerechtigkeit und Partizipation in der Lebenswelt einzufordern. Neben ihrer Schriftstellerei engagiert sie sich daher ehrenamtlich in der Betreuung von Flüchtlingen und Gefängnisinsassen. Regelmäßig besucht sie Gefängnisse und gibt dort Workshops im Kreativen Schreiben für die jugendlichen Häftlinge, die meistens der mexikanisch-amerikanischen oder indigenen Bevölkerungsschicht New Mexikos angehören.[345] Martinez fasst im Interview zusammen, wie sie diese Jugendlichen unterrichtet und welche spirituelle Kraft Schreiben für sie verkörpert. Eine Sichtweise die ganz in der Tradition von Sor Juana [siehe weiter unteren mehr zu ihr] steht und gut zu Gloria Anzaldúas Literaturverständnis passt:

> First, you have to just play with language. I teach that we fundamentally write to become better people, not better writers. I think that puts writing more in the mode of a spiritual practice and makes you less likely to burn

---

Norman, 2012. In Anhang II ist zudem ein Interview zu finden, das ich mit ihr in Santa Fe geführt habe.

[344] Martinez erklärt im Gespräch mit Karin Ikas ihre Offenheit für religiöse Praktiken außerhalb des Katholizismus folgendermaßen: „I hope people begin to take a closer look at the themes of spirituality in my work. That is so much part of our heritage. Not only through Catholicism, but also in those places where Catholicism never quite took. In New Mexcio we draw from indigenous spirituality. I also draw from Jewish spirituality. Currently, we are living in a world where we have access to such a wide varitey of practices. I always had a very strong interest in theology, especially feminist theology, liberation theology, the new ecotheology." In: Ikas, Karin: Chicana Ways. S. 122.

[345] Vgl. Schreiner, Daniel: Interview mit Demetria Martinez. 21. Oktober 2015. Santa Fe/New Mexico. Unveröffentlicht. Siehe Anhang II.

out over the long haul, over a lifetime. You write to become a better person, and not a better writer, which is why keeping a journal could be so life saving for a lot of people. If you have that practice and that devotion you do become a better writer. [...] So I come from a very different place than just, "let's all work and become better word technicians." It is very tied up for me; it's a spiritual practice. I'm one of those girls that wanted to be a nun when I was small and it's like this is my answer to that; this is my form of contemplation.[346]

Martinez wurde 1960 in Albuquerque geboren und begann bereits während ihrer Highschool-Zeit erste Gedichte zu veröffentlichen. Von Jugend an interessierte sich die Schriftstellerin für politische Themen, zumal ihre Eltern, Ted und Dolores Martinez dies durch ihre eigene Vorbildfunktion förderten. So war Ted Martinez bspw. nicht nur für einige Zeit mit dem *Peace Corp* in Südamerika, sondern auch der erste gewählte Chicano-Vertreter innerhalb der Schulbehörde in Albuquerque. Nach ihrem Schulabschluss ging Demetria Martinez 1978 nach Princeton, wo sie Internationale Beziehungen, Kreatives Schreiben und Theologie studierte. 1982 kehrte sie nach Beendigung ihres Studiums nach New Mexiko zurück und zog sich in die von einer dominikanischen Nonne geleiteten *Sagrada Art School* zurück, eine Institution, die es Künstlern ermöglicht unabhängig zu leben und zu arbeiten. Während dieser Zeit schrieb Demetria Martinez weiterhin Gedichte und trat auf Lesungen auf. 1985 begann Martinez schließlich als freie Journalistin für den in Kansas City ansässigen *National Catholic Reporter* zu arbeiten und vornehmlich über religiöse oder soziale Themen zu schreiben. In der Folge berichtete sie konstant über die Entwicklungen im Bürgerkriegsland Salvador und über deren Auswirkungen, die bis in die USA zu spüren waren:

Im Zuge des Salvadorischen Bürgerkrieges[347] flohen bis zu einer Millionen Menschen vor den Kampfhandlungen und versuchten in die Nachbarländer oder in die USA zu gelangen. In den USA hatte sich als Reaktion auf die rigide Anti-Asylpolitik der Regierung das sogenannte *Sanctuary Movement*, ein landesweit operierendes Netzwerk von meist religiösen Aktivisten, gebildet. Mit Hilfe zahlreicher Kirchengemeinden stellten sich die Aktivisten des *Sanctuary Movement* explizit gegen die geltende

---

[346] Interview mit Demetria Martinez in Gutiérrez y Muhs, Gabriella: Communal Femisnisms – Chicanas, Chilenas, and Cultural Exile. Theorizing the Space of Exile, Class, and Identity. Lexington Books: Lanham, 2005. S. 72/73.

[347] Der Bürgerkrieg brach im Jahr 1979 aus und dauert 12 Jahre lang. Vor dem Hintergrund des Kalten Krieges unterstützten sowohl die Carter- als auch die Reagan-Regierung die Militär-Diktatur. Mehr als 70.000 Menschen wurden ermordet; unter ihnen auch der katholische Erzbischof und Befreiungstheologe Oscar Romero, der sich aktiv für soziale Reformen eingesetzt hatte. Siehe ausführlich in Lafeber, Walter: Inevitable Revolutions – The United States in Central America. Norton & Company: New York, 1993.

Rechtslage und halfen salvadorischen Flüchtlingen via Mexiko in die USA zu gelangen und organisierten für sie Wohnraum, Jobs und finanzielle Unterstützung.[348] Selbst Scheinehen, um den Aufenthaltsstatus des Flüchtlings zu verbessern, waren keine Seltenheit. In Anbetracht der migrantenfeindlichen Politik des U.S.-Präsidenten Donald Trump erhalten das Engagement des *Sanctuary Movement* und Martinez' erster Roman *MotherTongue* eine besondere Aktualität im Jahr 2017. Erste Städte in den USA wie Boston erklären, dass sie weiterhin Migranten aufnehmen werden und sich nicht an der „Jagd" auf undokumentierte Einwanderer und deren Ausweisung, wie von Washington gefordert, beteiligen werden.

In ihren Artikeln berichtete Demetria Martinez intensiv über die Lage der Flüchtenden, Asylfragen und über die Arbeit der Bewegung. Für eine ausführliche Reportage über zwei schwangere salvadorische Frauen reiste sie mit Aktivisten bis zur mexikanischen Grenze. Die Hilfsaktion blieb von den Behörden jedoch nicht unbemerkt, so dass Martinez wegen Verstoß gegen das Einwanderungsgesetz vor Gericht gestellt wurde. Der Prozess erzielte USA-weit eine hohe Aufmerksamkeit, da mit Demetria Martinez, das erste Mal eine Journalistin für ihre Verbindungen zum *Sanctuary Movement* angeklagt wurde.[349] Die öffentliche Zuschaustellung und die Furcht bei Verurteilung mit strikten Bewährungsauflagen bestraft zu werden, die ihre Freiheit als Reporterin einschränken würde[350], wurden zu einem Wendepunkt in Martinez' Leben und beeinflussten nachhaltig ihr weiteres literarisches Schaffen. Im Interview erinnert sich Martinez an die Umstände des Gerichtsverfahrens:

> I traveled in 1986 with some sanctuary activists, including a Lutheran minister, to the U.S.-Mexico border to observe how refugees were secretly brought into the country. In 1987 the government charged me, and a Lutheran minister, of transporting so called "illegal aliens." This and other charges added up to a potential 25 years in prison. In 1988 I went to trial with the minister. In the end a jury acquitted me on First Amendment grounds. In other words, my activities as a reporter were covered by the principal of freedom of the press. The jury acquitted the minister as well because New Mexico had been proclaimed a "sanctuary state" for refugees by the governor before our trip to the border. This proclamation, in the end, protected the minister from legal action.[351]

---

[348] Siehe ausführlich in Lorentzen, Robin: Women in the Sanctuary Movement. Temple University Press: Phildadelphia, 1991.

[349] Zur Biographie von Martinez siehe die Einleitung von Karin Ikas in ihrer Interviewsammlung *Chicana Ways*, Univeristy of Nevada Press: Reno, 2002. S. 113/114.

[350] Interview mit Demetria Martinez in Gutiérrez y Muhs, Gabriella: Communal Femisnisms – Chicanas, Chilenas, and Cultural Exile. Theorizing the Space of Exile, Class, and Identity. Lexington Books: Lanham, 2005. S. 61.

[351] Siehe im Anhang mein Interview mit Demetria Martinez in Santa Fe, Oktober 2015.

Die Erfahrungen mit dem *Sanctuary Movement* und das Erleben des Gerichtprozesses inspirierten in der Folge Martinez zu ihrem Roman *MotherTongue*[352], der heutzutage fraglos zum Kanon mexikanisch-amerikanischer Literatur gehört und vielfach zitiert wird.

Protagonistin des Romans, der in fünf Teile untergliedert ist, ist die 39-jährige Ich-Erzählerin Mary/María, eine Chicana, die sich mit Hilfe ihrer Tagebücher, Notizen und dem Briefwechsel mit ihrer Patentante und Muttererersatz Soledad an ihr Engagement für das *Sanctuary Movement* und ihre Liebesbeziehung zu dem salvadorianischen Flüchtling José Luis Alegria Cruz in den frühen 80er Jahren erinnert. Zum Zeitpunkt der Wiedergabe der Geschehnisse sind Soledad und José schon verstorben, so dass Mary nur noch ihre Erinnerungen hat. Briefe und Tagebucheinträge der Verstorbenen, Zeitungsartikel, Kochrezepte, eigene Gedichte und Notizen unterbrechen in der Folge den Bewusstseinsstrom der Erzählerin, so dass sich der Leser die Handlung aus mehreren unterschiedlichen Perspektiven zusammensetzen muss. Mary übernimmt die Betreuung von José Luis, nachdem Soledad über das Netzwerk ihm bei der Einreise in die USA geholfen hat. In der Retrospektive gesteht sich Mary ein, dass José von Anfang an ihre eigene innere Leere gefüllt hat:

> And as we shook hands, I saw everything – all that was meant to be or never meant to be – but that I would make happen by taking reality in my own hands and bending it like a willow branch. I saw myself whispering his false name by the flame of my Guadalupe candle, the two of us in a whorl of India bedspread, Salvation Army mattresses heaped on floorboards, adobe walls painted Juárez blue. Before his arrival the chaos of my life had no axis about which to spin. Now I had a center. A center so far away from God that I asked forgiveness in advance, remembering words I´d read somewhere, words from the mouth of Ishtar[353]: A prostitute compassionate am I.[354]

Die Erzählerin Mary leidet wie die Autorin selbst unter einem starken psychischen Ungleichgewicht, das ihr den Lebensalltag erschwert. Im Roman *MotherTongue* wird dieses Leid jedoch nur angedeutet bzw. durch den Zusammenhang des Erzähltextes deutlich, aber nie explizit als Krankheitsbild definiert. Demetria Martinez hat im Jahr 2004 ihre bipolare Verfasstheit in dem Essay *Birth Day* dagegen konkret beschrieben und öffentlich gemacht. Im Essay unterstreicht sie, dass sie der Beobachterrolle, die ihr das Schreiben ermöglicht, ihr Überleben verdankt:

---

[352] Martinez, Demetria: MotherTongue. One World, 1997. Der Roman ist unter dem Titel *Der Himmel ist ewig* auf Deutsch im Europaverlag erschienen.

[353] Bei Isthar handelt es sich um die mesopotamische Göttin des Krieges und der Liebe. Siehe ausführlich in Groneberg, Brigitte: Die Götter des Zweistromlandes. Kulte, Mythen, Epen. Artemis & Winkler, Stuttgart 2004.

[354] Martinez, Demetria: MotherTongue. S. 4.

> My agonies, real or imagined, adolescent melancholia or blinding depression – all this raw feeling found expression, which is its own kind of resolution. Writing is no cure for mental illness, but keeping a journal was a way to step outside the violent whirlwind of my emotions so that I could watch. The observer in me – that is to say, my spirit – broke off from my manic-depressive mind, and it is to that observer that I owe my life.[355]

Martinez' *Outing* der psychischen Erkrankung wurde allerdings nicht als Tabubruch gesehen, sondern als mutiger Schritt in die Öffentlichkeit gewertet, der zufolge hatte, dass sich sehr viele Menschen in einer ähnlichen Situation bei ihr meldeten und sich dafür bedankten, ihnen die Angst vor Stigmatisierung genommen zu haben.

Wie Gloria Anzaldúa nimmt sich Martinez in einer großen persönlichen Offenheit und spirituellen Tiefe der sozialen Problemlagen der Chicana-Lebenswelt an. Im Gegensatz zu Anzaldúa gelingt ihr dies jedoch in einer klaren und einfachen Sprache, so auch in *MotherTongue*, das den Kontext aus salvadorianischen Bürgerkrieg und amerikanischem *Sanctuary Movement* anhand der sich kreuzenden Lebenswege von José und Mary entfaltet und darstellt.

Mary und José – die Assoziation mit dem sich ebenfalls auf der Flucht befindenden Eltern von Jesus, Maria und Josef, ist in Hinblick auf Martinez' Glauben und die durchgängige christliche Kodierung des Romans unvermeidlich – durchleben eine zum Scheitern verurteilte Liebesgeschichte. Beide suchen Trost im anderen und können doch nicht ihr altes Leben und die erlebten Verletzungen hinter sich lassen. Mary steigert sich immer mehr in die Beziehung zu José hinein, der ihr jedoch letztlich ein Unbekannter bleibt. Sie ist hin- und hergerissen und weiß nicht ob sie ihn heiraten will bzw. soll, was ihm zu einem legalen Aufenthalt in den USA verhelfen könnte. Ihr Katholizismus, der sie zum einen zwar antreibt zu helfen, setzt ihr zum anderen zusätzlich zu den ohnehin vorhandenen Zweifeln weitere Grenzen:

> I still believe in marriage – no matter how many tries it takes to get it right. Though most people my age, last I heard, tossed marriage out along with the flat-earth theory. It's embarrassing. Once a Catholic always a Catholic. You rebel and rebel against the Church's stupid rules, but the fact is, you wouldn't bother to rebel if you didn't believe in your heart of hearts that there is something worth rebelling against.[356]

So wie Mary daran scheitert Josés im Bürgerkrieg erlittene seelische Wunden zu heilen, schafft José es nicht ihre Leere zu füllen. José und Mary sind sich in ihrer Liebesbeziehung gegenseitig Vater und Mutter, Tochter

---

[355] Martinez, Demetria: Confessions of a Berlitz-Tape Chicana. University of Oklahoma Press: Norman, 2005. S. 30.
[356] Martinez, Demetria: MotherTongue. S. 47.

und Sohn, und somit mehr abhängig von einander als denn frei dazu ihre Liebe zu leben. Da beide sich dessen mehr oder weniger bewusst sind, werden sie von Schuldgefühlen heimgesucht. José bringt in seinen Tagebucheinträgen, die Mary erst Jahre nach seiner Rückkehr nach Salvador übersetzt, die Beziehung auf den Punkt:

> But at night, when I can't sleep, the torture starts up. I think of friends sleeping under ceiba trees or on dirt floors in cement block cells. I am tormented, wondering if I did the right thing. Or if I should be in my country, fighting. With words. Or with guns. Sometimes the torment is so great that I turn to María for sleeping pills or sex or both. Sex to escape or at least to get me breathing again, to stop the cold shaking inside. And the next morning I have to live with my guilt at having used her. It wouldn't be bad if she just loved sex. But she loves me. Or perhaps what she really loves is the idea of me. A refugee, a dissident, spokesman for a cause she knows little about, ignorance she seems to have made peace with. [...] The warmth of her flesh is all I have to make me forget. But alcohol does the same thing. Am I using her? Or is she using me each time she looks at me and loves what is not there?[357]

Die Beziehung der beiden eskaliert schließlich, nachdem José vom Tod einer Freundin in Salvador erfährt. Wut, Trauer und Hass überkommen ihn, rauben ihm den Verstand und er verprügelt Mary, die er nicht mehr als diese wiedererkennt. Erst Jahre später, kann Mary sich ihrem Sohn gegenüber öffnen und darüber zu sprechen:

> [...]José Luis's hands turned into fists, one for each friend whose life had been torn like a page out of history. I thought I heard the air crack, branches breaking. I guess I lifted my hands to protect myself, surely I shouted. But I'm not sure, not sure at all. Because somehow I managed to leave my body, to float away from the basement bedroom and the hammer of fists on flesh. [...] War is a god that feasts on body parts. It deforms everything it touches, even love. It got to me, too. It cut out my tongue.[358]

Diese Erfahrung verstört Mary auf Tiefste, zumal nicht nur ihr Vertrauen in José zerstört wird. Das Ereignis ruft in ihr überdies die Erinnerung an eine im Alter von sieben Jahren erlebte Vergewaltigung wach. Die Scham über das Erlebnis machen es der kleinen María unmöglich sich ihrer Mutter mitzuteilen:

> A finger in a place you hardly know exists is a knife. A knife in a place for which you have no word is the most lethal of weapons. It carves words on your inner walls to fill the void. Words like chaos, slut, don't tell, your fault.[359]

---

[357] Ebda.: S. 53.
[358] Ebda.: S. 99/100.
[359] Martinez, Demetria: MotherTongue. S. 103.

Das wiederkehrende Thema im Roman ist deutlich zu erkennen: Gewalt, in diesem Fall sexualisierte Gewalt, lässt einmal mehr Zungen verstummen und Leid unausgesprochen bleiben. Während sich José Luis in der Beziehung verschlossen gibt und seine Traumata mit Poesie[360], Schlafmedikamenten und Alkohol zu bekämpfen versucht, sucht er außerhalb seines Privatlebens den Kontakt zur Öffentlichkeit und arbeitet von den USA aus daran, seinen unterdrückten Landsleuten zu helfen. Gemeinsam mit Mary besucht er *teach-ins* und Podiumsdiskussionen, die von Kirchengemeinden und Universitäten abgehalten werden, die sich im *Sanctuary Movement* engagieren. Dort berichtet José Luis von den an der Zivilbevölkerung begangenen Gräueltaten. So erzählt er z.B. wie die Militärs selbst Nonnen und Priester ermorden und förmlich abschlachten. Demetria Martinez beschreibt ihre Beweggründe für die Gestaltung der Figur José Luis im Gespräch wie folgt:

> I encountered many "Jose Luis's" – as did thousands of U.S. citizens – during the Sanctuary Movement. These were people in El Salvador and Guatemala who struggled against injustice and who were cruelly put down by U.S.-backed dictators and death squads, who tortured and "disappeared" so many people. These "Jose Luis's" questioned the status quo in which a handful of families owned most of El Salvador and Guatemala's land. Activists, from students to laborers and intellectuals, pressed for justice. This could take the form of something as simple as starting a literacy program in a village. The Catholic Church generated much of the energy behind the struggle. It preached "liberation theology," taught that God had a "preferential option" for the poor, and that injustice was not God's will. This is a very different stance from times past, when the church in Latin America stood with the wealthy and powerful. "Jose Luis's" around the country spoke in churches, colleges and other places, testifying about the oppression they personally experienced. They changed the hearts and minds of many U.S. citizens.[361]

In der Tat sorgten geflohene Aktivisten wie José Luis dafür, dass die amerikanische Öffentlichkeit ihre Aufmerksamkeit auf den schmutzigen Krieg in Salvador richtete. Die Berichte Marys im Roman über Mitglieder des *Sanctuary Movements*, die selbst nach Salvador reisen, um sich ein Bild

---

[360] José sucht in den Gedichten und Romanen von Roque Dalton (1935–1975) und Claribel Alegría (geb. 1924) nach Inspiriation und Trost. Martinez fügt Auszüge der beiden Revolutionsdichter_innen in den Textkorpus ein. Außerdem verfasst José selbst Gedichte, wie dieses an Mary gerichtete: „#3 for maría: how your eyes hold me, eyes where relief and fear reside as in a cease-fire. My rib throbs beneath your palm, the rib they fractured with a rifle, the rib that if taken into the body of America might make it new, a country where mercy and nobility reside, where the shattered bones of my people teach your people about strenght. JL Romero." Martinez, Demetria: MotherTongue, S. 80.

[361] Siehe das in Anhang II beigefügte Interview mit Demetria Martinez.

von der Lage zu machen, sind durchaus nicht erfunden und zeichnen nach, unter welchen großen Gefahren und eigenen Opfern engagierte amerikanische Christen sich für Menschenrechte in Südamerika eingesetzt haben. Diese Form des Engagements erlebt in den letzten Jahren eine Renaissance. Während amerikanische und europäische Politiker versuchen Schlepperbanden zu stoppen, die Flüchtlingen gegen Bezahlung bei der Einreise in die EU oder die USA helfen, zeigt Martinez' autobiographisch gefärbter Roman, wie US-Bürger mit eigenem Geld und Einsatz Salvadorianern bei der Flucht geholfen haben und dafür sogar Haftstrafen riskiert haben. Heute, 30 Jahre später, hat sich an der amerikanischen Asylpolitik wenig geändert. Asylsuchende werden bis zur Feststellung ihres Status in Gefängnisse gesperrt und dürfen nur mit Handschellen zu Arztbesuchen und Behörden gebracht. Da es nach Erteilung des Asylstatutes keine finanzielle Hilfeleistungen oder staatlich geförderte Wohnprojekte gibt – es gibt in den gesamten USA nur eine Handvoll privat organisierte Wohnheime – ist es daher nicht verwunderlich, dass südamerikanische und afrikanische Flüchtlinge die illegale Einreise durch die Wüsten des Südwestens wählen. Nach wie vor gilt daher José Luis' Erkenntnis über das eigene Flüchtlingsdasein:

> But right now evil is more powerful than all of us. The land problem and the civil war could easily continue for another decade. I must not assume the way will open for me to return. Is is not possible to assume anything, this is the problem, this is what it means to be a refugee. Sometimes I forget I'm a refugee.[362]

Marys Beziehung zu José endet schließlich mit dessen Weiterreise nach Kanada und seiner anschließenden Rückkehr nach Salvador. Diese Ereignisse werden aber nicht im Kontext der ersten drei Kapitel des Romans innerhalb der Erzählzeit der Beziehung, sondern am Schluss wiedergeben. Diesmal ist es Mary, die 20 Jahre nach ihrem Kennenlernen von den Auswirkungen der Beziehung berichtet:

In den letzten beiden Kapiteln lernt der Leser eine reifere Erzählerin kennen, die nun die Beziehung zu ihrem nach dem Vater benannten Sohn reflektiert. Wie seine Mutter vor ihm ihre eigene Vergangenheit durch Übersetzung und Aussprache von Gefühlen rekonstruiert, begibt sich diesmal der Sohn, José Luis jr., auf die Suche nach seiner Herkunft. Die Suche nach dem Vater ist nur durch das Hineintauchen in die spanische Sprache möglich; es ist die Sprache des Vaters und die der Mutter, wenn auch diese ihre eigene Muttersprache ebenfalls erst wiederfinden bzw. sich im Nachhinein aneignen musste. Martinez erklärt die Vielschichtigkeit der Bedeutung des Titels und der Themen des Romans im Interview folgendermaßen:

---

[362] Martinez, Demetria: MotherTongue. S. 65.

> First, there was María's recovery of her voice after reclaiming her memory of her affair with José Luis. So it is really critical that she recovered her voice after all of these years, and through that process found out how she had been silenced through her abuse as a child. And so that is one key element. The second key element is her son's decision, typical of my generation, to learn to speak Spanish and to go to El Salvador – to take a class in Spanish – to recover his mother tongue, or his mother's tongue, maybe I should say. Finally, in El Salvador and Guatemala, I wanted to send a message to the people who were trying to work for change. They were, in other words, speaking out against the fourteen families who owned most of the land and protected the privilege with dead squads that were funded by the United States to the tune of 1,4 Million dollars a day. If you spoke out against that, often times as a warning to the village, they would cut out your tongue. To me, that whole process of how a community finds its voice again, under state terrorism. [...][363]

Nachdem er am College Spanisch gelernt hat, fliegt José Luis Jr. mit seiner Mutter nach San Salvador, um mehr über seinen tot geglaubten Vater herauszufinden. In José Jr.'s Begeisterung und Fähigkeit sich mit der Sprache des Vaters und dessen Vergangenheit, aber ebenso mit ihrer gemeinsam geteilten Gegenwart zu verbinden und Pläne für die Zukunft zu schmieden, findet María durchaus Trost. So wie das Verstummen und Schweigen Ausdruck von Leid ist, machen die Akte des Erinnerns, Sprechens und des „Wörtlich"-Machens das Grauen fassbar und bringen allen Beteiligten Heilung.[364] Martinez beendet den Roman mit einem Brief von José Luis Sr., der schließlich doch vom Besuch seiner Familie in Salvador erfahren hat. Auch wenn das Leid der Eltern nicht aufgehoben werden kann und für sie keine gemeinsame Zukunft möglich ist, stiftet ihre Beziehung durch das gemeinsame Kind Sinn und Verbindung.

Nina Martinez: Blick nach Mexiko

> "Hijos de la chingada, ya me voy de aquí," he said rubbing his hands together, for he knew even Saints and Angels couldn't keep him in that horrible place any longer now that he had the prayers of four hundred and sixty-seven of his paisanos and one extranjera in his favor.
> **Die Legende von Don Pancho**

---

[363] Interview mit Demetria Martinez in Gutiérrez y Muhs, Gabriella: Communal Femismisms – Chicanas, Chilenas, and Cultural Exile. Theorizing the Space of Exile, Class, and Identity. Lexington Books: Lanham, 2005. S. 55/56.

[364] Siehe hierzu ausführlich die gesprächstherapeutischen Methoden des israelischen Psychologen Dan Bar-On, der mit Nachfahren von Holocaust-Opfern und Nazi-Tätern Trauma-Therapie durchgeführt hat. Bar-On, Dan: The Indescribable and the Undiscussable. Reconstructing Human Discourse after Trauma. Central European University Press, 1999. Sprache und Erinnerung als narrative Psychotherapieformen werden in den Kapiteln zu Gloria Anzaldúa und Luis J. Rodríguez weiter aufgegriffen.

Ein herausragendes Beispiel für die kreative Kraft und Poetik der jüngeren Literatur ist die kalifornische Schriftstellerin Nina Martinez, die mit dem 2004 erschienen *Caramba – A tale told in turns of the Card* althergebrachte Motive mexikanisch-amerikanischer Literatur postmodern verspielt aufnimmt und dabei starke selbstbewusste Protagonistinnen machistischen Strukturen entgegensetzt. In mehreren miteinander verbundenen Handlungsfäden thematisiert Martinez im Stil des Magischen Realismus christliche und indigene Spiritualität, Transsexualität, Liebesbeziehungen, Inzest, das Leben im mexikanisch-amerikanischen Kulturraum, Konsumismus und hybride Identitätsmuster.

Strukturell sind die Handlungsabläufe und einzelnen Kapiteln des Romans sogenannten *la lotería*-Karten nachgeordnet, die mit europäischen Tatort-Karten vergleichbar sind. Das Bingo-ähnliche Spiel wurde in seinen Grundzügen im Italien des 16. Jahrhunderts entwickelt, ehe es Mitte des 18. Jahrhunderts seinen Weg nach Mexiko fand, wo es thematisch weiterentwickelt wurde. Die Motive der Spielkarten wie zum Beispiel *el diablito, la dama, la muerte, el bandolón, la mano, la bota, la luna, el cotorro, el borracho, el negrito oder el corazón* verweisen als eröffnende Elemente im Roman auf die Eigenschaften der Protagonisten oder nehmen einzelne Handlungsmotive bzw. den Stoff des Kapitels vorweg. Insgesamt verwendet Martinez 48 Spielkarten zwischen denen sich die Handlungsabläufe immer mehr mit einander verwirren und zuspitzen. Ergänzt wird der Schrifttext zudem durch eine sehr farbige Seitengestaltung und die Verwendung von zahlreichen Karten, Lexikoneinträge, handschriftlichen Briefen, Zeichnungen und Zeittafeln.[365]

Zentrale Figuren sind die beiden langjährigen Freundinnen Consuelo Contreras und Natalie Steven, die in einer Käsefabrik in der fiktiven kalifornischen Stadt Lava Landing ihren Lebensunterhalt verdienen. Eines Nachts erscheint Consuelos früh verstorbener Vater Don Pancho in Natalies Träumen und bittet sie um Hilfe, ihn aus dem Fegefeuer zu befreien, in dem er sich ob seiner Trunksucht und Untreue seit seinem Tod im Vollrausch befindet. Da Consuelo selbst eine Reisephobie hat und Lava Landing nicht verlassen kann, macht sich Natalie alleine auf den Weg nach Mexiko, um dort vor Ort für Don Pancho zu beten. In der Tat gelingt es ihr im gemeinsamen Gebet mit zahlreichen Dorfbewohnern die Seele Don

---

[365] Bislang sind hauptsächlich Online-Rezensionen zum Roman erschienen. Eine wissenschaftliche Arbeit zu *Caramba* ist Uzendos, Andrew Gregg: Chica(no) Lit- Reappropriating Adorno's Washing Machine in Nina Marie Martínez's ¡Caramba. UT Austin, 2010. Uzendos sieht den Roman auf der Schnittstelle von Chicana Literatur und der sogenannten *Chick Lit*, die sich als „Mädels"- Literatur speziell an Leserinnen richtet. https://repositories.lib.utexas.edu/bitstream/handle/2152/ETD-UT-2010-05-1476/UZENDOSKI-MASTERS-REPORT.pdf?sequence=1&isAllowed=y [Eingesehen am 1.2.2017].

Panchos freizusetzen. Don Pancho wird daraufhin zum Schutzheiligen aller Betrunkenen und Prostituierten und gibt sich als Geistwesen ganz der postmortalen Wundertätigkeit hin.

Weitere Freundinnen von Natalie und Consuelo in Lava Landing sind die alleinstehende Witwe Lullabel und die Transvestitin True-Dee, deren Lebenswege und Lebenskrisen weitere Handlungsstränge des Romans ausmachen: Lullabel ist ihre eigene Sexsucht leid. Sie versucht sich daher mit Hexerei in eine monogame Frau zu verwandeln, um sich dem ihr seit Grundschulzeiten hoffnungslos verfallenen Alberto hingeben zu können. True-Dee kämpft ebenfalls mit Beziehungs- und Sexualitätsfragen, zumal ihre finale, auch organische Veränderung zur Frau noch nicht abgeschlossen ist und sich Männer von ihr abwenden, sobald sie ihre noch vorhandene physische Männlichkeit wahrnehmen können.

Ein weiterer Handlungsstrang in *Caramba* entspinnt sich rund um Lullabels Sohn Javier, der sich – in einer Art ödipaler Opposition zu seiner sexbesessenen Mutter – als wiedererweckter Christ und Mariachi-Musiker einen strikt religiösen Lebensstil auferlegt hat und mit seiner Musik verlorene Seelen wieder auf den Weg von Jesus Christus bringen will. Dies gelingt ihm recht erfolgreich, bis er bei einem Wohltätigkeitskonzert im Frauengefängnis auf die Insassin Lucha Mendoza trifft, sich in sie verliebt und sie erretten will. Lucha betrügt Javier jedoch später und beendet die gemeinsame Beziehung, nachdem sie durch Lullabel herausfindet, dass sie ebenfalls deren Tochter ist.

Während Javier nach der Trennung seine Missionarstätigkeit einstellt und ein sexuell ungebundenes Leben führt, beginnt Lucha sich abermals kriminell zu betätigen und mit ihrer Cousine Faviola Drogen über die Grenze zu schmuggeln. Faviola, die als Tochter einer Prostituierten als Baby im Bordell missbraucht worden ist, hat zeitlebens kein einziges Wort gesprochen und versucht mit Lucha Hilfe ihr Trauma zu heilen. Dies gelingt ihr am Ende des Romans, indem sie beim alljährlichen Gesangswettbewerb in Lava Landing antritt und mit ihrer Gesangsstimme alle anderen Mitbewerberinnen hinter sich lässt.

Nina Martinez zeigt anhand der Lebenswege von Frauen, die sich außerhalb der stereotypisierten Normalität des mexikanisch-amerikanischen Familienbildes befinden, die weite Bandbreite menschlicher Beziehungen und leuchtet diese humorvoll aus und kritisiert so die konservative Auffassung eines eindeutig geregelten Beziehungslebens. Martinez schafft ein Bewusstsein dafür, dass Normalität eigentlich nicht existiert, und führt so einen für die Migrationserfahrung wichtigen Akt der Sensibilisierung aus, der für das wohlwollende Verständnis von Andersartigkeit innerhalb der mexikanisch-amerikanischen Bevölkerung wirbt.

Richard Rodriguez: Außen vor und doch mittendrin

> After that I was regarded as comic. I became a 'coconut'– someone brown on the inside, white on the inside. I was the bleached academic – more white than the anglo professors.
> **Richard Rodriguez, Hunger of Memory**

> My mestizo boast: As a queer Catholic Indian Spaniard at home in a temperate Chinese city in a fading blond state in a post-Protestant nation, I live up to my sixteenth-century birth. The future is brown, is my thesis; is as brown as the tarnished past.
> **Richard Rodriguez, Brown**

Neben dem Erstarken der Chicana-Literatur und des Chicana-Feminismus prägte vor allem der kalifornische Schriftsteller Richard Rodriguez (geb. 1944) die öffentlichen Kulturdebatten der anbrechenden Post-Aztlán-Zeit, die mit den 1980er Jahren begonnen hatte. Rodriguez wuchs als Kind mexikanischer Einwanderer in Sacramento auf und besuchte eine katholische High School, bevor er an der Stanford und an der Columbia Universität Bachelor- und Masterstudiengänge in Literaturwissenschaft absolvierte. Sein darauffolgendes Ph.D-Studium an der Universität Berkeley, währenddessen er einige Zeit am Warburg Institut in London als Fullbright-Wissenschaftler forschte, brach er jedoch zugunsten seiner Schriftsteller- und Journalistenkarriere ab. Als Fernseh-Journalist interviewte er im Laufe der Jahre u.a. Mutter Theresa und Bill Clinton. Einem größeren Publikum wurde Rodriguez durch die Veröffentlichung seiner ersten Autobiographie *Hunger of Memory – The Education of Richard Rodriguez* bekannt, in dem er sich kritisch mit multikulturellen Einwanderungsgesellschaft der USA und Affirmative Action Programmen für Minderheiten auseinandersetzte und sich als ein Befürworter einer „*English only*"-Pädagogik für Mexican-Americans positionierte. Im mit ihm 2016 in San Francisco geführten Interview blickt Richard Rodriguez auf seine damalige Position zurück:

> My first book was a political essay in objection to some liberal policies which were intended to increase my entrance to American society. I thought they were false solutions. Talking about bilingual education and affirmative action. What does affirmative action mean? It gives me an advantage over you. The two of us are best friends and when we apply for a place in college I get an advantage over you. So my participation in society was to object those policies. There is an interview with Bill Clinton when he was president in which I say to him "that you are more minority than I." Because Bill Clinton grew up very poor in the South. His mother worked in bars and drunken men were coming to their house all the time and start beating her up. He would have to come between them. He lived on the outside. I went to a school, I mean my parents were working class, but we lived in the part of town where I went to the Catholic school. Eve-

rybody else was middle class or upper middle class. I did not grow up in trailers like Clinton did. So in some sense my objections to these false liberal solutions is my participation in society.[366]

Rodriguez' Kritik an der eigenen Minderheit und sein explizit bürgerlicher Duktus machten ihn zu einer Persona Non-Grata innerhalb der linken Chicano-Bewegung. Rodriguez wurde als eine Art „Nestbeschmutzer" gesehen und als *„Right Wing Sell out"* oder als „männliche Wiedergeburt der Malinche" bezeichnet.[367] Die Reaktionen auf Rodríguez fielen mitunter so heftig aus, dass man jungen Forschern riet, sich nicht mit ihm zu beschäftigen, da dies die eigene Karriere innerhalb der sich etablierenden Chicano-Wissenschaften gefährden würde. Aureliano DeSoto fasst Richard Rodriguez' Reputation und Funktion innerhalb der Chicano-Literaturszene daher folgendermaßen zusammen:

> Rodriguez was for many years, and continues to be for more than a handful of Chicana/o critics, the antithesis of the preferred variations of the Chicana/o subject. For Rodriguez, this initially assumed his self-identified role as a Caliban-like figure. A more compelling and lasting character analogy would be the Madwoman in the Attic. Given the sustained intensity of

---

[366] Schreiner, Daniel: Interview mit Richard Rodriguez. San Franscisco, 26. September 2016. Amerikastudien/American Studies 62, 3, 2017. Universitätsverlag Winter, Heidelberg, 2018. S. 498.

[367] Norma Alacrón ist eine der renommiertesten Kritiker_innen von Rodriguez. In ihrem Aufsatz *Tropology of Hunger: The 'Miseducation' of Richard Rodríguez* kritisiert sie Rodríguez für dessen Individualismus und seine Assimimlierungstendenzen: „His approach ignores historically specific struggles for ethnic studies, women's studies, and gay studies programs and departments, and negates our right to present a reading of our history, struggles and literature from our own vantage point and, equally important, to devise our own curriculum and select our own textts. Multicultural curricula are for Rodríguez a threat, a harbinger of "the dismantlement of national culture."[…]" In Palumbo-Liu, David (Hrsg.): The Ethnic Canon: Histories, Institutions, and Interventions. University of Minnesota Press: Minneapolis, 1995. S. 140–152. Neben Norma Alacrón gilt Ramon Saldívar als einer der schärfsten Kritiker von Richard Rodríguez. Saldívar stellt fest: „He seems persistently uncritical when he deals with the historical factors affecting Mexican American life in general and his own life in particular. He mentions in several places, for instance, the connection between race and social status […], but overlooks the subtleties of the relation between a dark complexion and a life of poverty. […] In other words, the story Rodríguez tells us lacks the versismilitude of autobiography's second demand: philosophical self-analysis." In Saldívar, Ramon: Chicano Narrative. S. 160ff. In der Tat erinnert das Fehlen einer kritischen Selbstanalyse in *Hunger of Memory* an Edward Saids Autobiographie *Out of Place*. Abweichend vom anlytischem Ton seines theorieprägendes Werkes *Orientalism* wirkt Said als Erzähler seiner Autobiographie wie gelähmt und unfähig persönliche Vertracktheiten, wie etwa die Beziehung zu seiner Mutter, auf einer Metaebene kritisch zu hinterfragen. Said, Edward W.: Out of place. Knopf: New York, 1999.

the focus on Rodriguez's four autobiographical works, Rodriguez effectively functions as a Chicana/o Bertha Mason/Antoinette Cosway, a literary character who lends himself to multiple parallel readings always already central and inescapable to the Chicana/o literary subject.[368]

Während sich die meisten Chicano-Intellektuellen und Aktivisten strikt von Rodriguez abgrenzten, wurde er von amerikanischen Konservativen jedoch gerne zitiert und als Redner eingeladen, um als Kronzeuge für eine Integration anglo-amerikanischer Prägung zu werben. Aufgrund seiner Stellung im Diskurs kann der frühe Richard Rodriguez ansatzweise mit der türkisch-deutschen Publizistin Necla Kelek (geb. 1957) verglichen werden, die häufig als Frauenrechtlerin und Islamkritikerin in deutsche Talkshows eingeladen wird und zahlreiche Artikel in Tageszeitungen veröffentlicht hat. Während Kelek gerne von konservativen Publizisten und Politikern zitiert wird, um „das Scheitern von Multikulti" in Deutschland zu belegen, wird sie von Islamwissenschaftlern stark für ihre Polemik und Kulturalisierungstendenzen „a lá Sarrazin" kritisiert. Anders als Kelek zeigt sich Rodriguez jedoch wandelbar in seinen Positionen und ist als großartiger Stilist am ehesten mit Zafer Şenocak zu vergleichen. Michel Nieto Garcia versteht die Rezeption von Rodriguez als großes Missverständnis. Konservative wie Chicanos hätten Rodriguez einfach falsch gelesen:

> When Rodriguez makes arguments that oppose private to public, he is easily misread as operating from and endorsing the same assumptions. Likewise, Rodriguez' arguments about the cultural and linguistic dimensions of assimilation are easily misinterpreted as the justification of exclusionary practices predicated on cultural xenophobia.[369]

In der Tat können Rodriguez' Aussagen zu *Affirmative Action*-Programmen auch differenzierter gelesen werden, wie folgender Auszug

---

[368] DeSoto, Aureliano: My Richard. Vortrag gehalten auf der Modern Language Association Konferenz in Austin, Januar 2016. https://www.academia.edu/13595911/_My_Richard_ [Eingesehen am 13.01.2016].

[369] Nieto Garcia, Michel: Autobiography in Black & Brown. Ethnic Identity in Richard Wright and Richard Rodríguez. University of New Mexico Press: Albuquerque, 2014. S. 95.
Eine ebenfalls interessante Arbeit zu Richard Rodríguez ist Paul Guajarados *Chicano Controvery – Oscar Acosta and Richard Rodríguez*. Peter Lang Publishing: New York, 2002. Guajarado stellt abschließend fest: „The best approach to Acosta and Rodríguez is one that acknowledges their individuality as writers rather than as politicans. Both writers have been aptly viewed as contributors to particular ideologies, but no less central is their position as word-crafters, writers concerned with aesthetics. Very few critics have taken this latter approach. [...] As individuals, Acosta and Rodríguez both have been doubly marginalized: from the dominant culture and from the Mexican-American culture as well." S. 115.

beweist, in dem er im Grunde genommen nicht die Idee von Förderung, sondern die Qualität ihrer Umsetzung kritisiert:

> So it happened: Academia accepted its' so called minority students. And after the pool of 'desirable' minority students was depleted, more 'provisional' students were admitted. But academy was prepared to do little more for such students. (Getting admitted to college was for many nonwhite students the easiest obstacle to overcome.) The conspiracy of kindness became a conspiracy of uncaring. Cruelly, callously, admissions committees agreed to overlook serious academic deficiency. [...] Not surprisingly, among those students with very poor academic preparation, few completed their course of study. Many dropped out, most blaming themselves for their failure.[370]

Dass so viele Chicano-Akademiker eine langjährige Feindschaft mit Rodriguez pflegen, kann jedoch auch in der Tatsache begründet sein – so eine These von Bill Gonzalez[371] – dass der Erfolg seiner Bücher und die Aufmerksamkeit, die seiner Persönlichkeit entgegengebracht wurde, wenig Platz in den Medien für andere mexikanisch-amerikanische Autoren ließ. Richard Rodriguez überraschte in den folgenden Jahrzehnten dessen ungeachtet sein Lesepublikum und Kritiker gleichermaßen und zeigte sich in seinen politischen Positionen als sehr wandelbar. Besondere Aufmerksamkeit erzeugte das Bekenntnis seiner Homosexualität im zweiten Teil seiner Autobiographie *Days of Obligation – An Argument with my Mexican Father*, das 1992 erschien.[372] Nun, „*out of the closet*" erlangte Rodriguez einen „*Sissy*"-Status, der den machistischen *Chicanissimo* seiner Kritiker dekonstruierte.[373] Richard Rodriguez' Thesen und Werke machten ihn in der Folge zu einem Gegenpol der feministischen Queertheoretikerinnen Cherríe Moraga und Gloria Anzaldúa. Trotz aller Unterschiedlichkeit – hier die durch indigene Religiosität und durch post-koloniale und marxistische Theorien geprägten Feministinnen, dort der trotz seiner Homosexualität traditionsbewusste katholische *Homme de Lettres* – sind sie dennoch durch ihren Einfluss auf die Neugestaltung der Chicano/a-Literatur in den 1980er und 90er Jahre miteinander verbunden.

Auch nach *Days of Obligation* blieb Rodríguez weiterhin seiner Herangehensweise treu, kulturelle und politische Themen mit Bezug auf die eigene Biographie und persönlichen Ansichten zu erörtern. Mit *Brown* –

---

[370] Rodríguez, Richard: Hunger for Memory. S. 154–155.
[371] Gonzalez, Bill: Richard Rodríguez in the Lonley Crowd. Vortrag auf der MLA in Austin, 2016. Gonzalez ist Professor an der DePaul Universität in Chicago. Sein Vortrag ist noch nicht veröffentlicht.
[372] Rodriguez, Richard: Days of Obligation – an Argument with my Mexican father. Viking: New York, 1992.
[373] Siehe dazu den bereits erwähnten Vortrag *My Richard* von Aureliano DeSoto [gehalten auf der MLA in Austin 2016].

The Last Discovery of America aus dem Jahr 2002 hat Rodriguez einmal mehr eine Kehrtwende vollzogen und setzte sich diesmal explizit mit den perönlich erlebten rassistischen Anfeindungen auseinander, die er in *Hunger of Memory* zugunsten seiner damaligen Überzeugungen zu Integration und Migration außer Acht gelassen hatte. Nun im Angesicht der Mexikanisierung und des „*Brownings*" der amerikanischen Bevölkerung fällt es ihm leichter über „*Race*" nachzudenken als zuvor. Im amerikanischen Schubladendenken, das Rasse kategorisiert, sieht Rodriguez jedoch nach wie vor eine Gefahr, die zu Spaltung der Gesellschaft führt. So sehr die Aufwertung der eigenen Untergruppen vonnöten ist, fehlt ihm doch der innere Zusammenhalt der Menschen, wie ihn beispielsweise die Gemeinschaft der Katholiken in der Welt vertritt. Doch *Brown* zeigt auch einen in sich gespaltenen Rodriguez: Während die Kirche für ihn auf der einen Seite Gemeinsamkeit, Moral und soziales Engagement für die Armen repräsentiert, stößt er sich andererseits an ihrer anti-homosexuellen Positionierung:

> I turn the pillow to its cool side. Then rage fills me, against the cubist necessity of having to arrange myself comically against orthodoxy, against having to wonder if I will offend, against theology that devises that my feeling for him, more than for myself is vanity. My brown paradox: The church that taught me to understand love, the church that taught me well to believe love breathes – also tells me it is not love I feel, at four in the morning, in the dark, even before the birds cry. *Of every hue and caste am I.*[374]

Als Reaktion auf die Anschläge des 11. Septembers 2001 beschäftigt sich Rodriguez in seinem vorerst letzten Buch *Darling – A Spiritual Autobiography*[375] intensiv mit den drei monotheistischen Weltreligionen. Ganz dem Geist von Lessings *Nathan der Weise* verpflichtet, sucht der gläubige Katholik Rodriguez in *Darling* nach den Gemeinsamkeiten von Christentum, Judentum und Islam und verlässt so einmal mehr die regionalen Grenzen der Chicano-Literatur, zu der selbst im Grunde nie gehören wollte und für die er sich nie interessiert hat, wie er im Interview zugibt:

> When I say to you, that I wanted to swallow English. There is a character in Shakespeare's Tempest, the new world Indian who comes off force and he starts eating books because he wants what is inside. That is me, I just describe myself as Caliban. At the time of my first book, I wanted to swallow their books not my books. And if you told me that this book is good, this book is Heidegger, I rather would swallow that than something from my hometown. I want something what everybody says it not mine. I am transgressive. I violate borders. I am an illegal immigrant. And you say what about these Mexican-American writers? And I keep saying "I wanna

---

[374] Rodriguez, Richard: Brown. S. 230.
[375] Rodriguez, Richard: Darling – A Spiritual Autobiography. Viking: New York, 2013.

know about Jewish-American writers, I wanna know about Hungarian-American writers. I wanna know about communities which are not mine.[376]

Für die Recherchen von *Darling* reist Rodriguez nach Jerusalem, Griechenland, Rom und Mexiko und folgt den Spuren der Weltreligionen. Dabei diskutiert er seine eigene Spiritualität und setzt sich mit anderen Schriftstellern wie Keats, Joyce oder Auden auseinander. Kulturelle Betrachtungen verknüpft Rodriguez kontinuierlich mit politischen Themen. In seinen Analysen zeigt sich Rodriguez als ein unabhängiger und scharfsinniger Beobachter, der sich keinem politischen Lager eindeutig zuordnen lässt und sich viel mehr Sorgen über die Spaltung der USA macht:

> After September 11, political division in America feels and sounds like religious division. Beginning with the sexual liberation movements of a generation earlier –with feminism and gay liberation- the growing preoccupation of the Left has been with the politics of sexual self-determination. There are some in the „old" political Left who decry the influence of sexual politics over traditional political concerns, like foreign policy and domestic poverty. It is more problematic that the new sexual identity movements allow themselves to be cast by the political Right as antireligious. The Left cedes religion to the Right, in exchange for a woman's right to legal abortion. The political Right intones Leviticus to homosexuals who wish to marry. The Right assumes a correlation between politics and religion, the Left assumes an antagonism toward traditional as the price of sexual freedom.[377]

In Anbetracht seiner Analysen zur politischen Spaltung des Landes hofft Rodriguez auf eine Versöhnung der amerikanischen Linken mit christlich progressiven Kräften in den USA. Das sei durchaus möglich und nötig, wie es beispielsweise die Präsidentschaft von Jimmy Carter zwischen 1977 und 1981 bisher letztmalig gezeigt habe.[378]

Wie kein anderer Schriftsteller – niemals ganz dazu gehörend, aber doch immer gehört – hat Richard Rodriguez in seiner Kommentatorenrolle die unterschiedlichen Wendungen der nach Partizipation und Anerkennung drängenden mexikanisch-amerikanischen Kultur verfolgt und aus seiner bildungsbürgerlichen Perspektive analysiert. Als Außenseiter, jen-

---

[376] Schreiner, Daniel: Interview mit Richard Rodriguez. San Franscisco, 26. September 2016. Amerikastudien/American Studies 62, 3, 2017. Universitätsverlag Winter, Heidelberg, 2018. S. 493.
[377] Rodríguez, Richard: Darling. S. 215.
[378] Warum diese Allianz seitdem nicht mehr möglich war bzw. wie es der amerikanischen Rechten gelungen ist, sich als alleiniger Vertreter christlicher Werte in den USA auf Jahrzehnte hin zu positionieren zeigt Grossberg, Lawrence: We gotta get out of this place. Popular Conservatism and postmodern culture. Routeledge: New York, 1992. Grossbergs politische Bestandsaufnahme ist im Jahr 2017 mit der Präsidentschaft Donald Trump, der Emotionalisierung von Politik aktueller den je.

seits des linken Chicano-Mainstream stehend, hat er auf seine ganz eigene Art und Weise bei der Normalisierung und Akzeptanz von Chicano-Kultur in den USA mitgeholfen.

In the Borderlands: Der neue Südwesten – Viva Chicanolandia!?

> Language lost and the second generation
> Writes of thirst, leaves with a kiss,
> Watching adobe and stucco disappear-
> **Sheryl Luna, Border**[379]

Seit den 1960er Jahren hat die amerikanische Gesellschaft einen grundlegenden Wandel durchlaufen. Der Erfolg der verschiedenen Bürgerrechtsbewegungen verbesserte die politischen Rechte vieler afro-amerikanischer Bürger in den Südstaaten und stärkte das Selbstbewusstsein der unterschiedlichsten marginalisierten Gruppen einschließlich der mexikanisch-amerikanischen Bevölkerung. Zusätzlich sorgten die Anti-Vietnam-Bewegung und die *Hippie Counterculture* für einen linken Wertewandel, der langfristige zivilgesellschaftliche Folgen für das inner-amerikanische Zusammenleben haben sollte. Weitere Veränderungsschübe ökonomischer Art wurden durch radikale Wechsel in der Wirtschaftspolitik unter den republikanischen Regierungen von Richard Nixon [Aufhebung des Goldstandards] und Ronald Reagan [Senkung des Spitzensteuersatzes um 40%] herbeigeführt, die durch eine langfristige Verschuldung der USA und eine Schwächung des Sozialstaates zugunsten der Wirtschaft gekennzeichnet waren. Das NAFTA-Abkommen [*North American Free Trade Agreement*] durch Bill Clinton im Jahr 1994 initiiert, verband mehr als jemals zuvor die US-Wirtschaft mit den Volkswirtschaften von Mexiko und Kanada.[380] Während die USA und Kanada durchaus vom NAFTA-Abkommen profitierten, wurde in Mexiko eine fatale wirtschaftliche Abwärtsspirale in Gang gesetzt. Das Einströmen billiger landwirtschaftlicher Produkte aus den USA zerstörte die Lebensgrundlage von Millionen Kleinbauern in Mexiko und führte in manchen Gegenden des Landes zur Gründung von Rebellengruppen und einem bewaffneten Widerstand. Bekanntestes Beispiel hierfür ist die indigen marxistische Bewegung *Ejército Zapatista de Liberación Nacional*, die unter der Führung der Kunstfigur Subcommandante Marcos dem mexikanischen Staat den Krieg erklärte.

Während die Landbevölkerung im Süden des Landes verarmte, entstanden im grenznahen Norden mehr und mehr sogenannte *Maquila*-Fabriken, die ohne wirklichen Arbeitnehmerschutz preiswert als Zuliefe-

---

[379] Luna, Sheryl: Border. In Shuler, Brandon D. et al. (Hrsg.): New Border Voices. An Anthology. Texas A&M University Press: College Station, 2014.

[380] Siehe hierzu ausführlich Gonzalez, Manuel: Mexicanos. A history of Mexicans in the United States. S. 265ff.

rerbetriebe für große US-Firmen steuerfrei produzierten. Die Schwächung des mexikanischen Staates und das damit einhergehende strukturelle Machtvakuum begünstigte zeitgleich das Entstehen einer riesigen kriminellen Schattenwirtschaft, die die großen Drogenkartelle stärkte. Zahlreiche Grenzstädte wie Tijuana oder Ciudad Juárez versanken derart teilweise bis heute in einem Sumpf von Verbrechen und Mord und prägten die Wahrnehmung Mexikos und mexikanischer Einwanderer in den USA.[381]

Die Wirtschaftskrise und Abwertung des Pesos im Zuge des NAFA-Abkommens sorgte für einen signifikanten Anstieg der mexikanischen Migration in die USA. Das Migration Policy Institute kam im Jahr 2008 auf eine Gesamtzahl von 50 Millionen *Hispanics* in den USA. Mexican-Americans stellen mit 37 Millionen die größte Gruppe, von denen wiederum 11 Millionen nicht in den USA geboren wurden, sondern in den letzten beiden Jahrzehnten einwandert sind.[382]

Mexikanische Einwanderer ließen sich in der Folge auch nicht mehr vornehmlich im Südwesten nieder, sondern folgten den Arbeitsplätzen in den Industrien im Osten und Norden der USA. Die weiterhin stattfindende mexikanische Einwanderung und der anglo-amerikanische Versuch dies mit Gesetzen, Grenzzäunen, Suchtrupps und Drohnenüberwachung zu verhindern, führten im letzten Jahrzehnt zu einem Ansteigen von Ressentiments, einer Militarisierung des Grenzgebietes und einer künstlichen Separierung der beiden geographischen Räume mit teilweise drastischen Auswirkungen für die betroffenen Menschen.[383] Donald Trumps Präsidentschaft markiert in dieser Hinsicht einen neuen Tiefpunkt.

So wie sich Einwanderungsgegner in nativistisch geprägten Gruppen wie den *Minutemen* und anderen politischen Bewegungen in den 1990er und 2000er Jahren zusammenschlossen und auf Landesebene migrantenfeindliche Petitionen einbrachten und Integrations- und Affirmationsprogramme abschafften[384], organisierten sich auch mexikanisch-amerikanische Bürger und illegale Einwanderer so stark wie seit den

---

[381] Der Chilene Roberto Bolaño hat in seinem Roman 2666 die Verrohung der mexikanischen Gesellschaft, speziell in den Grenzgebieten, drastisch festgehalten. Bolaño, Roberto: 2666. Editorial Anagrama: Barcelona, 2009. Auch Alejandro Morales beschäftigt sich mit dem gesellschaftlichen Verfall Mexikos. Siehe Kapitel IV.

[382] Siehe in Gonzales, Manuel G.: Mexicanos. A history of the Mexicans in the United States. Indiana University Press: Bloomington, 2009. S. 266ff.

[383] Siehe dazu ausführlich Chavez, Leo R.: The Lationo Threat – Constructing Immigrants, Citizens, and the Nation. Stanford University Press, 2008.

[384] Die in den USA aktiven nativistischen Gruppierungen lassen sich durchaus mit politischen Bewegung wie PEGIDA und der AfD sowie ähnlich gearteten populistischen Phänomen in anderen europäischen Ländern vergleichen. David H. Bennetts hat mit *The Party Of Fear: The American Far Right from Nativism to the Militia Movement* [Vintage, 1995] ein Standartwerk zum amerikanischen Nativismus und den daraus resultierenden Folgen geschrieben.

1960er Jahren nicht mehr und protestierten öffentlich gegen die Politik der Ausgrenzung und Abschottung.[385] Die anti-mexikanische und autoritäre Politik Donald Trumps wird, so meine Vermutung, zu einer verstärkten Politisierung der Mexican-Americans führen und ungewollt gesamtgesellschaftlich die Geburt einer neuen *„Counterculture"* nach sich ziehen. Erste Anzeichen hierfür sind in den Medien oder bei der Beobachtung der zivilgesellschaftlichen Gruppen zu finden. Man denke hierbei beispielsweise an das *Standing Rock Movement* in North Dakota, mit dem sich indigene Gruppen aus Nord- und Südamerika mit den Sioux solidarisieren.

Eine wichtige Stellung in der Diskussion um Einwanderung, *„Empowerment"* und Integration nimmt im Übrigen der Bundesstaat Arizona ein, dessen Bevölkerung besonders durch *„White Flight"* angewachsen ist. Der Begriff *„White Flight"* bezeichnet das Phänomen, dass viele weiße anglo-amerikanische Bürger dem Zuzug afro-amerikanischer Bürger und der Hispanisierung ganzer Städte Kaliforniens entgehen wollen, indem sie in das dünner besiedelte Arizona umziehen und dort vehement die Latino-Kultur bekämpfen. Es kommt daher nicht von ungefähr, dass der Grad der Partizipation mexikanisch-amerikanischer Bürger hier um einiges geringer bewertet werden muss als etwa in den anderen „mexikanisch-amerikanischen" Staaten wie Kalifornien, Texas oder New Mexiko. Arizona steht nicht nur für die strikteste Anti-Einwanderungsgesetzgebung, sondern bekämpft auch aktiv die Implementierung mexikanisch-amerikanischer Kulturinhalte in Schulen und Universitäten. Dies geschieht mitunter auf wahrhaft absurde Weise, zumal sogar Romane von Autoren wie Rudolfo Anaya oder Sandra Cisneros in Arizona im Verdacht stehen, den ethnischen Unfrieden zu schüren und daher auf einer Liste verbotener Bücher zu finden sind. Doch auch hier formiert sich Widerstand: So hat beispielsweise der Autor Tony Diaz[386] gemeinsam mit Lupe Méndez die Organisation *Librotraficante* ins Leben gerufen, die gegen die Kulturpolitik in Arizona protestiert und dafür sorgt, dass verbotene Bücher weiterhin zugänglich sind. Gemeinsam mit anderen Aktivisten wie beispielsweise Georgina Cecila Perez bringt Diaz zudem Petitionen auf den Weg, um in anderen Bundesstaaten für die Erteilung von ethnischen Kulturunterricht an High Schools zu werben, der das kulturelle Selbstbewusstsein stärken und somit auch den Schulerfolg mexikanisch-amerikanischer Kinder fördern soll. Die junge Dichterin Carolina Hinojosa hat ihre Kritik an der kulturalistischen Politik Arizonas prägnant in ihrem

---

[385] Die illegale Einreise in die USA über die Wüstengrenzen im Süden des Landes ist Stoff zahlreicher Filme und Romane geworden. Siehe zum Beispiel *The Border Patrol ate my dust* von Alicia Alarcón. Alarcón hat zahlreiche Gespräche mit Migranten geführt und in den Roman fließen lassen. [Arte Público Press, 2004].

[386] Neben zahlreichen Essays ist von ihm der Roman *Aztec Love God* [FC2/Illinois State University: Normal, 1998] erschienen.

Gedicht *The List* festgehalten.[387] Hinojosas Gedicht steht in der Tradition von Corky Gonzalez' *Yo soy Joaquin*. Wie Gonzales setzt auch Hinojosa den gegenwärtigen Stand des Kampfes um kulturelle und politische Partizipation der *Mexican-Americans* in einem größeren geschichtlichen Zusammenhang und ruft im Sinne von Gloria Anzaldúa zum femininen indigenen Widerstand auf:

> Another poem written in response
> to the list of banned books in Arizona.
> > I skim the list of banned books
> > Familiar like te de yerbabuena
> > I bring my fingers to Anaya to
> > The C that begins Cisneros
> > And César Chávez marching
> > Through crop lands
> > Shaking hands with immigrants
> > Cultivating the soil to ensure
> > The potbelly master full
> > Of ripe blooming bright bulbs
> > Jimmy Santiago Baca's mountains
> > Neglected and hidden beneath
> > Tarps of political plastic waste
> > Generations quieted like
> > The nuns slapping hands
> > With wooden metric rulers
> > You will not speak Spanish
> > In America you will not
> > Chant beneath the sun
> > To the unknown gods of earth
> > I pledge allegiance to the flag
> > And to this republic for which
> > I stand hidden beneath your
> > Histories and your inquisitions
> > The color war
> > The religious war
> > The secular war
> > The literary war
> > The homeless war
> > The birth controlled war
> > How many bombs do I drop
> Before you wake up
> How many lies do I expose
> Before you speak up

---

[387] Eine ausführliche Arbeit zur zeitgenössischen *„Resistance-Poetry"* mexikanisch-amerikanischer Dichter und zur *Libroficante*-Bewegung ist Massey, Claire M.: Running Hand in Hand – The Librotraficantes and the Liberation of History. Universität Saarbrücken. Noch nicht veröffentlicht.

> The end of the list brings
> > The beginning of uprising
> How many books are put to
> > Death before you declare war
> > My eyes fight starvation
> > They brand the utilities I
> Call my luxuries
> My mouth cries out to
> The Chicana who will
> Take her Anzaldúa underground
> My hands take to the pen
> For the Native American woman
> Who will stash her Silko
> Underneath her skirt
> Today I declare war on you
> Arizona
> Ojalá que estes preparado for this
> Chicana outlaw armed with libros
> And veins.[388]

Die zahlreichen sozialrelevanten Themen wie Einwanderung, Abschiebung, Rassismus, Drogenkriminalität, der Kampf um Partizipation, Drogenkriminalität und der Anspruch auf die eigene Kultur beschäftigen nicht nur die Politik, sondern prägen in der Folge auch vermehrt (mexikanisch-)amerikanische Kunstformen wie die Produktion von Literatur und den Film.[389] Der Anteil mexikanisch-amerikanischer Kultur und ihre Bedeutung für die Kollektividentität der USA kann nicht mehr übersehen, geschweige denn bekämpft werden – auch wenn die Politik Donald Trumps anderes befürchten lässt – zumal *Mexican-Americans* als Wählergruppen auch für die konservative Partei der Republikaner immer wichtiger werden.[390] Obwohl kein territorialer Anspruch auf ein eigenes *Aztlán* im Südwesten der USA erhoben wird, entsteht jedoch trotzdem ein durchaus real existierendes „*Chicanolandia*"[391] in dem eine mexikanische „*Americanidad*" nicht mehr als fremd bewertet werden kann.[392]

---

[388] http://labloga.blogspot.com/2012/03/tqs-at-45-bits-pieces-floricanto.html [Eingesehen am 22.02.2016].

[389] Besonders eindrucksvolle und gelungene Hollywoodfilme, die sich der mexikanisch-amerikanischen Thematik jenseits von Stereotypisierung annehmen und dabei auf ihre Art und Weise unterschiedliche Aspekte von Grenze, Abschiebung und gemeinsam geteiltem geografischem Kulturraum beleuchten, sind *Lone Star* von John Sayles [Columbia Pictures: USA, 1996] sowie *The three burials of Melquiades Estrada* von Tommy Lee Jones [Javelina Film Company: USA, 2005].

[390] Connaughton, Stacy: Iviting Latino Voters – Party Messages and Latino Party identification. Routeledge: New York, 2005.

[391] Das Kunstwort „*Chicanolandia*" wird seit den 1990er des Öfteren benutzt um die mexiaknisch-amerikanische Lebenswelt zu beschreiben. Eine der ersten Künstler_innen, die ihn 1999 als Titel für einen ihrer Kunstdrucke verwendet hat, ist

Oscar Casares: Auf den Spuren Rolando Hinojosas

Ein hervorzuhebender und von der Kritik viel beachteter Schriftsteller der jüngeren Generation, der das Leben im *Chicanolandia* der USA kommentiert und in all seinen Facetten beschreibt, ist der Texaner Oscar Casares (geb. 1964).[393] Casares stammt wie Pat Mora aus dem texanischen Grenzland und hat sich seit den 2000er Jahren als Autor mexikanisch-amerikanischer Literatur und als Essayist einen Namen gemacht und unterrichtet an der University of Texas in Austin „*Creative Writing*" und „*Border Literature*". Als Schriftsteller und Dozent gleichermaßen tritt er in die Fußstapfen von Américo Paredes und Rolando Hinojosa-Smith, die vor ihm der sogenannten „*Tejano-*„ bzw. der „*Mexican-Texan Literature*" Gestalt verliehen und mexikanisch-amerikanische Kultur im akademischen Bereich erforschten und vertraten.[394]

Casares thematisiert das Leben im Grenzland des *Greater America* und die Kultur der erweiterten Zugehörigkeit bevorzugt entlang skurriler Handlungslinien, in denen einfache Bewohner seiner Heimatstadt Brownsville die Protagonistenrolle einnehmen und Einblick in eine alltägliche Menschlichkeit gewähren, die jenseits kulturalisierter und exotisierter Divergenz angesiedelt ist.

Neben der Verfasstheit von Assimilierungsprozessen – die zum einen eine Folge durch Annäherung innerhalb einer *„full-life expierence"* in der geteilten Lebenswelt sind, zum anderen ganz einfach durch das Akzeptieren und Partizipieren an Unterschiedlichkeiten bedingt sind – interessiert sich Casares in seiner Prosa auch für in Mexiko angesiedelte Themen als Faktoren mexikanisch-amerikanischer Erfahrung. In *Amigoland* schickt Casares beispielsweise den 91-jährigen Don Fidencio auf die Reise nach Mexiko, der seine Familiengeschichte erforschen möchte. Zuvor muss Fidencio jedoch mit der Hilfe seines etwas jüngeren Bruders Don Celestino aus einem Altersheim in Brownsville ausbrechen, in dem er entgegen seinem Willen von seiner Tochter untergebracht worden ist. Auf der anschließenden Reise in das Herkunftsland seiner Familie erinnert sich Don

---

Jacalyn López Garcia. Frederick Luis Aldama verwendet den Begriff im Titel seiner Interviewsammlung *Spilling the beans in Chicanolandia* [University of Texas Press, Austin, 2006].

[392] Eine erwähnenswerte Arbeit zu Gewichtung postnationaler Themen in der Chicano-Literatur ist Priewe, Marc: Writing in Transit. Refiguring National Imaginaries in Chicano/o Narratives. Universitätsverlag C. Winter: Heidelberg, 2007.

[393] Vgl. Minich, Julie Avril: Accessible citizenships – disability, nation, and the cultural politics of greater Mexico / Julie Avril Minich.Temple University Press: Philadelphia, 2014.

[394] Von ihm sind bisher erschienen Brownsville. Little, Brown and Company: New York, 2003 und Amigoland. Little, Brown and Company: New York, 2009.

Fidencio auch an seine eigene Geschichte und die Herausforderungen, die das Leben in den USA mit sich brachte.

Bezugsgrundlage für die Handlung von *Amigoland* sind die eigenen mexikanischen Wurzeln der Casares-Familie. Immer wieder seien auf Familienfesten Geschichten erzählt worden, die davon handeln, dass einer seiner Vorfahren entführt worden und so nach Texas gekommen sei. Casares verfolgte diese Gerüchte und fand in historischen Akten tatsächlich heraus, dass im Jahr 1837 staatenlos lebende „Indianer" im Widerstand gegen die mexikanische Kolonisierung ihres Lebensraumes über die Siedlung Linares in Nuevo León hergefallen sind, dort alle Erwachsenen getötet und die Kinder entführt und verschleppt hatten. Bei einer Auseinandersetzung mit mexikanischen Soldaten hatten die Entführer ein Kind zurückgelassen [Casares siebenjährigen Ururgroßvater] das schließlich von einer Familie in der texanischen Stadt Hidalgo adoptiert wurde. [395]

Casares' Interesse an Mexiko ist im Vergleich mit anderen mexikanisch-amerikanischen Schriftstellern kein Einzelfall: Es ist generell festzustellen, dass – bedingt durch die Politisierung der Grenze und des Partizipationsprogresses durch die mexikanisch-amerikanische Kulturproduktion in den USA – Mexiko als Herkunftsland bzw. als kulturelle Bezugsgröße im 21. Jahrhundert wieder vermehrt ein Thema der mexikanisch-amerikanischen Literatur wird.

Salvador Plascencias: *The People of Paper*

Als weiteres eindrucksvolles Beispiel der jüngeren mexikanisch-amerikanischen Literatur muss neben *Caramba* von Nina Martinez vor allem Salvador Plascencias Roman *The People of Paper* vorgestellt werden. Plascencia wurde 1976 in Guadalajara/Mexiko geboren und wanderte als Kind mit seinen Eltern nach Kalifornien aus. Hier besuchte er die High School und studierte Englische Literatur und Kreatives Schreiben. Seit der Veröffentlichung seines Debüt-Romans *The People of Paper* im Jahr 2005 gilt er als eine Art Wunderkind der amerikanischen Literatur. Plascencia meidet jedoch die Öffentlichkeit, gibt kaum Interviews und hat seitdem auch keinen neuen Roman mehr veröffentlicht. *The People of Paper* ist ein äußerst vielschichtiger, experimenteller und metafiktionaler Roman[396], in dem der Schriftsteller sich selbst in die Narration als Akteur hinein schreibt und reflektiert.

---

[395] Casares, Oscar: My Name Is Cásares – Here's how I came to spell it that way. In: Texas Monthly. Einsehbar auf http://www.texasmonthly.com/the-culture/my-name-is-casares/#sthash.NoFxqq9J.dpuf. [Abgerufen am 17. August 2015].

[396] Eine ausführliche Arbeit zum Genre metafiktionaler Prosa ist Frank, Dirk: Narrative Gedankenspiele. Der metafiktionale Roman zwischen Modernismus und Postmodernismus. Deutscher Universitätsverlag: Wiesbaden 2001.

Auf mehreren Erzählebenen und in verschiedenen Handlungssträngen thematisiert Plascencia die Ausnutzung mexikanischer Arbeitskraft in den USA, den totalen Überwachungsstaat, die individuellen Leidenswege mexikanischer Migranten, seine persönlichen menschlichen Dramen und die Rolle des Schriftstellers bei der Kommodifizierung migrantischer Lebenswelt auf dem Kulturmarkt.

Die komplexen Themen des Romans spiegeln sich in der Folge auch in dessen mannigfaltiger äußerer Struktur wider. Haupterzähler der unterschiedlichen Narrationsstränge ist die Entität Saturn, die aus einer auktorialen Erzählhaltung heraus das Schicksal mexikanischer Landarbeiter beschreibt und kommentiert. Hinter Saturn verbirgt sich auf einer Metaebene der Romanstruktur der Erzähler Salvador Plascencia, ein Avatar des gleichnamigen Schriftstellers, der sich zerrissen zwischen der vom ihm als real wahrgenommen Narration und seinem persönlichen Beziehungsleben wiederfindet. Neben dem anfangs allwissenden auktorialen Erzähler Saturn/Salvador – im Laufe der Handlung finden die anderen Charaktere unterschiedliche Wege sich vor der totalen Überwachung und Fremdbeschreibung durch den fiktiven Autoren Plascencia zu schützen – treten zahlreiche Figuren im Roman auf, die als Ich-Erzähler ihre Perspektive wiedergeben und mitunter sogar in die extradiegestische Rahmenwelt einbrechen können. Erzähltheoretisch wird eine solch logikwidrige Verbindung mehrerer Handlungsstränge unter Einbindung eines sich selbst reflektierenden erzählenden Autors als „Metalepsis" bezeichnet. Im Fall von *The People of Paper* verwendet der Schriftsteller Plascencia die Metalepsis[397] als rhetorisches Mittel, um die Thematik des Überwachungsstaates, dem die mexikanische Migranten in den USA durch „*Racial-Profiling*" ausgeliefert sind, organisch in die Romanstruktur einzubauen.

Weitere experimentelle ästhetische Symbolelemente wie die auch von Nina Martinez verwendeten Lotería-Karten, Zeichnungen, Binärcodes oder das Durchstreichen von Text grenzen die Seitengestaltung von *The People of Paper* von anderen Romanen ab und verdeutlichen die Unterschiedlichkeit der Erzählebenen. Die metaleptische Erzählstruktur des Romans zeigt sich auch in der Seitengestaltung von *The People of Paper*. Zusammengehörige Doppelseiten sind in drei oder vier Lesespalten aufgegliedert, von denen jede einzelne einem der Erzähler zugeordnet ist, der aus seiner Position den jeweiligen Handlungsverlauf wiedergibt. Zentrale Protagonisten der fiktionsinternen Binnenwelt sind Federico de la Fe und seine Tochter Little Merced, die im mexikanischen La Tortuga leben. Da

---

[397] Die Metalepsis als prägendes Element einer Erzählhaltung wird sehr häufig in der Kinder- und Jugendliteratur sowie in der Phantastischen und der Popliteratur verwendet. Beispiele der jüngeren Zeit sind z.B. einige der Romane von Walter Moers. Siehe ausführliche in Klimek, Sonja: Paradoxes Erzählen. Die Metalepse in der phantastischen Literatur. Mentis-Verlag: Paderborn, 2010.

seine Ehefrau ihn verlassen hat, weil er nachts regelmäßig ins Bett genässt hat, verfällt Federico in eine tiefe Depression. Seinem Herzenskummer entkommt Federico nur, indem er sich in körperliche Schmerzen flüchtet, die er sich heimlich durch kleine Brandwunden selbst zufügt. Um seinem Leben einen Neuanfang zu geben, entscheidet sich Federico dazu mit seiner Tochter in die USA auszuwandern.

Auf dem Weg zur Grenze trifft Little Mercedes im überfüllten Reisebus auf das von Ärzten als nahezu gehirntot eingeschätzte Baby Nostradamus, das eine wichtige gesonderte Rolle im Roman einnimmt. Die Erzählspalten, die die Perspektive des mit seherischen Fähigkeiten ausgestatteten Babys repräsentieren, erscheinen alle gänzlich als schwarzer Block, da weder der allwissende Saturn noch sein Alter Ego Sal die Gedanken des Babys lesen können. Im Laufe der Handlung wird das Baby Nostradamus vom Heiler, dem *curandero* Apollino adoptiert, der Little Mercedes die Fähigkeit lehrt, ihre Gedanken gegen Saturn abzublocken. In der Folge erscheinen somit auch Mercedes' Erzählspalten im Text teilweise geschwärzt.

Via Tijuana und San Diego gelangt Federico de la Fe mit seiner Tochter schließlich nach Los Angeles, in der Hoffnung dort Arbeit in einer der Bekleidungsfirmen zu finden. Da er jedoch über keine Arbeitspapiere verfügt, müssen die beiden L.A. wieder verlassen. Federico kehrt nicht nach Mexiko zurück, sondern findet im kleinen Städtchen El Monte in der Nähe des Anwesens der Hollywoodschauspielerin Rita Hayworth Arbeit bei Feldarbeitern, die unterbezahlt Blumen und andere landwirtschaftliche Produkte anbauen und ernten. Die Lebensgeschichte von Rita Hayworth macht einen Seitenerzählstrang von *The People of Paper aus*, die zerstückelt dargeboten die Haupthandlung unterbricht. Für den Erzähler Salvador Plascencia ist Margarita Carmen Cansino, so der bürgerliche Name von Hayworth, das Sinnbild einer modernen *Malinche*, die für den Ausverkauf mexikanischer Kultur bzw. für deren Anglisierung steht. Der Erzähler Sal wird der Biographie von Hayworth, so die Literaturwissenschaftlerin Colleen Eils[398], jedoch nicht gerecht und ignoriert die patriarchalen Machtgefüge in denen sich Cansino wie Malinche bewegen mussten. Rita Hayworth verteidigt sich aus ihrer Erzählerinnenposition selbst, indem sie sich mit Samsons Delilah vergleicht:

---

[398] Colleen Eils hat ausführlich zu verschiedenen Aspekten von *The People of Paper* gearbeitet. Ihre Ausführungen zu Genderfragen innerhalb von *The People of Paper* sind einsehbar in ihrer Dissertation: Narrative Privacy: The Politics of Evasive Form in Contemporary Native American Latina/o, and Asian American Metafictions.Noch nicht veröffentlicht. Manuskript S. 51ff. Marcial Gonzalez [UC Berkeley] bereitet derzeit einen längeren Essay über den Roman vor.

> It is Delilah who is the hero, the one who brings the brute down. Avenging the deaths of the thousand he killed. Standing up for the Philistine people and the tender skin of their cocks.[399]

Sal arbeitet sich an Hayworth in der fiktiven Rahmenwelt ebenfalls ab, da ihn seine Freundin Liz für einen „weißen Mann" verlassen hat. Sie steht somit für ihn in einer Reihe mit Malinche, Pocahontas und Rita Hayworth. Sal hat zudem gravierende Probleme mit seiner aktuellen Freundin Cameroon, die ihn des Ausverkaufs bezichtigt und sich gegen die Verschriftlichung ihres Privatlebens in Sals Roman wehrt:

> [...] In your world of fiction and imagination you may fuck whomever you want: masturbate with your genius. But I'm not of paper. It is not decent, Sal. To fuck and then tell is one thing, but to write about it – to allow the telling to never end...[400]

In El Monte hat Federico Anschluss an die dortigen Arbeiterbewegungen und Gangs wie EMF [Abkürzung für El Monte Flores] gefunden. Gemeinsam mit seinen neuen Freunden Froggy und Smiley gelingt es Federico die Agenda von EMF zu ändern und auf den gemeinsamen Kampf gegen Saturn einzuschwören, den er als Erzähler und permanenten Beobachter für sein und das Leidensschicksal der anderen verantwortlich macht. Um Saturn bekämpfen zu können, sucht Federico Kontakt zu den *Burnern* in La Quemadora. Die *Burner* bekämpfen ihre seelischen Schmerzen, ähnlich wie Federico, durch das Zufügen von Brandwunden. Im Gegensatz zu Federico tun sie dies jedoch öffentlich und verbergen ihre Narben nicht. Die *Burner* sind zudem im Besitz mehrerer mechanischer Riesenschildkröten aus Blei. Da Federico eine heftige Traurigkeitsepisode erfährt, verkriecht er sich in den Panzer einer dieser Schildkröten und fügt sich weitere Brandwunden zu.

Federicos Drang sich selber Schmerzen zuzufügen kommt einer Sucht gleich und symbolisiert im Roman das Zurückgeworfensein auf sich selbst, den Mangel an Trost und die Brutalität der Lebenswelt. Auch Little Mercedes sucht ihre eigenen Fluchten aus dem Elend ihrer Existenz und vergiftet sich mit Limonen, die sie wie eine Droge konsumiert und stirbt. Little Mercedes wird jedoch nur fünf Tage später von den Toten erweckt und ist wieder Teil der Handlung.

Drogen als Ausflucht von Trauer und Leiden am Leben werden überdies in der fiktiven Rahmenwelt thematisiert. Sals neue Freundin Cameroon ist ebenfalls ein Junkie, kann ihren Alltag nicht mehr meistern und ist daher auf die Fürsorge Sals angewiesen. Ihre Drogen sind Wespen-

---

[399] The People of Paper. S. 235.
[400] Ebda.: S. 226.

stiche und sie hält daher einen Schwarm der Insekten in einem Marmeladenglas unter dem Bett gefangen, um jederzeit über sie verfügen zu können.

Beim Besuch in Quemadora stellt Federico fest, dass Blei die absolute Sicht Saturns einzuschränken vermag. Daher beginnt der EMF sämtliche Häuser in El Monte mit Blei abzudecken. Dies funktioniert jedoch nur für wenige Jahre, da das Blei hochgiftig ist und chronische Übelkeit auslöst. Die Bewohner El Montes müssen in der Folge das Blei wieder entfernen. Dennoch geht der Kampf des EMF gegen die Fremdbestimmung durch Saturn mit Hilfe der Kräfte des Baby Nostradamus zunächst weiter. Während eines Angriffs durch den EMF ist der Erzähler Sal durch sein eigenes Privatleben und die Probleme mit Cameroon nicht mehr im Vollbesitz seiner Kräfte. Sal und sein Alter Ego Saturn verlieren daher nach vier Jahren Arbeit an *The People of Paper* die Kontrolle über die Romanfiguren, die sich nicht mehr länger verstecken und ihren Gedanken freien Lauf lassen wollen:

> After all these pages, as Saturn faded, it was our voices that directed the story, our collective might pressing Saturn into a corner. No Master pushed us forward or held us back. We were no longer obliged to serve anybody's expectations but our own. I could sit in my chair and do nothing. Glory or dénouement could come, and I didn't have to move.[401]

Gegen Ende des Romans tritt Sals Liebeskummer, und der erlebte doppelte Verlust von Liz und Cameroon immer erkennbarer zutage und überlagert den reflektorischen Prozess der fiktionalen Rahmenwelt. Jenseits der behandelten Themen von Überwachung und kulturellem Ausverkauf, scheinen die von ihm als Saturn präsentierten Lebensgeschichten der Protagonisten in El Monte vor allem einen therapeutischen Zweck für den Erzähler Sal zu erfüllen. Der Verlust von Liebe und die daraus resultierende Traurigkeit sind daher als das Hauptmotiv des Romans anzusehen. Dies wird umso deutlicher bei der Betrachtung der realen und fiktionalen Person Liz. Während ersteren das Buch vom Schriftsteller Plascencia noch vor dem Inhaltsverzeichnis eindeutig gewidmet ist, tritt die Letztgenannte als Auslöser für die Lebenskrise des Erzählers in Erscheinung. Die Nichtbewältigung des Beziehungsendes mit Liz führt letztendlich zum Scheitern der Folgebeziehung mit Cameroon. Hierfür sprechen die im gesamten Roman verteilten Erwähnungen des ominösen „*Book of Incandescent Light*", dem Buch der verlorenen Liebe. Sal, auf der intensivsten Stufe seiner Trauer angekommen, versteht sich bzw. Saturn als einen Kriegsherrn, der mit seinen Romanfiguren nur kleine Männer mit gebrochenen Herzen kommandiere. Diese Selbsterkenntnis Sals und die Tatsache, dass er seinen eigenen Herzschmerz bis auf das äußerste ausgelebt hat, führen dazu, dass er als Erzähler wieder die Oberhand über seine Figuren und die

---

[401] The People of Paper. S. 216.

Handlung gewinnt. Der Roman als Ganzes endet abrupt, indem Little Mercedes und Federico aus den Seiten des Buches herauswandern und das Ende der Traurigkeit verkündet wird:

> They walked south and off the page, leaving no footprints that Saturn could track. There would be no sequel to the sadness.[402]

Salvador Plascencia greift in *The People of Paper* Themenstränge der Chicano-Literatur auf, die Fragen der Ungleichheit und Partizipation behandeln. Dies gelingt ihm in einer in der mexikanisch-amerikanischen Literatur bis dahin nie dagewesenen experimentellen Form, in der auf komplexe Art und Weise ebenfalls Themen des 21. Jahrhunderts, wie der Überwachungsstaat und die Digitalisierung des Menschen, beleuchtet werden. Die politischen und ökonomischen Diskussionen überführt Plascencia letztendlich jedoch konsequent in den Kontext menschlicher Emotionen und stellt somit die Betroffenen trotz aller Gemeinsamkeiten als Individuen in das Zentrum seiner Betrachtungen, und vermeidet so Mexican-Americans als uniforme Minderheitengruppe zu portraitieren.

Ausblick: A New Turn?

> [...] Sam, I'm tired of having a second-class accent in your ears
> And a Third World body in your hands.
> Come on, Sammy, no one can say we didn't try –
> You tried to conquer me;
> I tried to survive you. [...]
> **Cathy Arellano, End of an affair**[403]

Neben Casares und Plascencia sind die Schriftsteller Alex Espinoza (geb. 1971)[404], Manuel Munoz (geb. 1971)[405], und Domingo Martinez[406] als wei-

---

[402] Ebda.: S. 245.
[403] Arellano, Cathy: End of an affair. In: Alarcón, Francisco und Rodríguez, Odilia Galván (Hrsg.): Poetry of Resistance – Voice for Social Justice.The University of Arizona Press: Tucson, 2016. S. 13. Die Lyrikanthologie umfasst allesamt Werke von Dichtern, die sich gegen das vom Staat Arizona erlassene Gesetz SB 1070 engagieren, welches *„Racial Profiling"* legalisiert, um Menschen ohne Aufenthaltspapiere ausfindig zu machen und außer Landes zu verweisen. Neben mexikanisch-amerikanischen Dichter_innen sind ferner zahlreiche Schriftsteller_innen mit einem anderen ethnischen Hintergrund vertreten.
[404] Alex Espinoza wurde in Tijuana geboren. Seine Eltern, die ursprünglich aus dem Bundesstaat Michoacán stammen, zogen mit ihm weiter nach LA. Nach dem Abschluss der High Scholl arbeitete Espinoza zunächst als Verkäufer, bevor er an UC Irvine in Riverside Kreatives Schreiben studierte. 2007 erschien sein erster Roman *Still Water Saints* bei Random House auf Englisch und Spanisch. Mit *The Five Acts of Diego León* brachte er 2013 einen weiteren Roman heraus. Espinoza verfasst zudem politische Essays, die unter anderem in der New York Times erscheinen.

tere Vertreter der jüngeren mexikanisch-amerikanischen Literatur zu nennen, die von der Kritik viel Beachtung bekommen. Die genannten Autoren veröffentlichen alle mehr oder weniger bei etablierten Verlagshäuser und bedienen mit ihrer Themenwahl und Textgestaltung den Mainstream der Leserschaft, die an lineare Erzählmuster gewöhnt ist, in denen klassische Stoffe und Motive der mexikanisch-amerikanischen Literatur vorherrschen. *coming of age*-Geschichten, das Meistern des amerikanischen Traums und das Zeichnen folklorelastiger Lebenswelten und von gewalttätigem *barrio*-Leben sind daher häufig anzutreffen.

Darüber hinaus scheint sich jedoch mittelfristig im literarischen „*Underground*" bei Kleinst- und Eigenverlagen und vor allem im Internet ein größerer Wandel anzukündigen, der ein mexikanisch-amerikanisches Literaturverständnis durch einen indigen-amerikanischen Ansatz erweitert, wenn nicht sogar ersetzt. Autor_innen unterschiedlicher amerikanischer kultureller Herkunft von Guatemala, Salvador, Mexiko oder Kuba, beginnen sich zuallerst als Nachfahren von „*American Natives*" zu begreifen und kritisieren neo-koloniale Zustände. Dieser Ansatz ist nicht neu, sondern steht in der Tradition von Autor_innen und Aktivist_innen wie Demetria Martinez, Luis J. Rodriguez oder Tammy Melody Gomez, die ihrerseits schon immer außerhalb mexikanisch-amerikanischer Identitätskonstrukte gedacht und geschrieben haben. Martinez hat diese weit gefasste Perspektive 2005 in einer Weise prägnant formuliert, die das Erbe der Vergangenheit mit einer Handlungspflicht für die Zukunft verbindet:

> I want to tell Latinos that we are a cosmopolitan people by definition. By definition. And we need to be a paradigm of that. We are a relatively new race and we have everything in us. We can´t hide it like other races have been able to, you know by saying that they have pure blood, or whatever. It is our privilege and our duty to claim that cosmopolitanism, because we have roots going back everywhere.[407]

Es bleibt abzuwarten, inwiefern sich die neue identitäre Selbstbestimmung durchsetzen und ältere Begriffe ablösen wird. Ich vermute, dass der Terminus „indigen-amerikanisch" sich in die Vielzahl der anderen Zugehö-

---

[405] Munoz, Manuel: What you see in the Dark. Algonquin Books of Chapel Hill, 2011; Zigzagger. Northwestern University Press: Evanston, 2003.

[406] Martinez, Domingo: The Boy Kings of Texas. A Memoir. Lyons Press: Guilford, 2012. Der Roman wird von dem Bezahlsender HBO derzeit verfilmt. *The Boy Kings of Texas* stellt Kriminalität und familiäre Gewalt in das Zentrum der Handlung und wird von Chicano-Wissenschaftlern dafür kritisiert, Klischees zu bedienen, die die Lebenswelten der Mexican-Americans eindimensional als prekär beschreiben.

[407] Interview mit Demetria Martinez in Gutiérrez y Muhs, Gabriella: Communal Femisnisms – Chicanas, Chilenas, and Cultural Exile. Theorizing the Space of Exile, Class, and Identity. Lexington Books: Lanham, 2005. S. 66.

rigkeitskategorien wie Chicano/a, mexikanisch-amerikanisch, hispanisch und Latino/a einreihen und den Diskurs nur erweitern wird, anstatt ihn tiefgreifend zu verändern. „*American Native*" steht somit der bunten Einwanderungsgesellschaft der USA als weiteres Identitäts-Vokabular zur Verfügung, das hilfreich ist, um sich gegen realitätsferne eindimensionale Gruppenzugehörigkeiten im Diskurs der Dominanzgesellschaft festlegen zu lassen. In diesem Sinne hat Alfred Artega die Zukunft des *Chicanissimo* schon 1997 als sich kontinuierlich fortsetzende Praxis der Verhandlung von Identität und Lebensgestaltung verstanden:

> The post postmodern subject is a xicano subject. X for the Nahuatl of Mexica, mexicano, xicano, and for the chiasmus of a criollo nun. It is a continual coming to be within the exchange of discourses, languages. The xicano is the subject of Aztlán the cultural nation but not the state and not subject to capricious borderlines. It is not a state of being but rather an act, xicando, the progressive tense, ando xicando, actively articulating the self. The infinitive xicar meaning to play, to conflict, to work out dialogically unfinalized versions of self.[408]

In einer Zeit in der die Verbreitung von Text mehr und mehr im Internet stattfindet, lässt sich des Weiteren feststellen, dass Autoren und Leser zusammenkommen, die sonst nicht zusammengefunden haben.[409] Dies ist ebenfalls eine Beobachtung von traditionellen Print-Verlegern wie Nicólas Kanellos. Auch der von ihm geführte Verlag *Arte Publico Press* konnte sich in jüngster Zeit durch E-Books neue Märkte in Südamerika und gar in Asien erschließen.[410]

Die Erweiterung des Selbstverständnisses und der Leserschaft geht einher mit der Kritik von Autoren wie Daniel Pena oder des Pulitzer-Preisträgers Héctor Tobar (geb. 1963)[411] am derzeitigen Stand der Chicano-Literatur, die um erfolgreich zu sein, unnötigerweise bestimmte Sujets wiederhole. So schreibt Tobar:

> I really believe we are living through the beginning of a Latino Renaissance that will one day be compared to the Harlem Renaissance. Having said that, every literary culture produces mediocrity. Our mediocrity is populated by Isabel Allende imitators and lots of magical realism rehash written by authors who sell a vision of Latinos as colorful people of simple (and predictable) pleasures, a kind of shallow exoticism. […] I think our readers are way ahead of the game in their tastes, which explains the popularity of

---

[408] Artega, Alfred: Chicano Poetics – Heterotexts and Hybridities. University of California: Berkeley, 1997. S. 155.
[409] Wichtige Foren für Chicano-Literatur im Internet sind z.B. http://labloga.blogspot.com und https://nuevasvocespoeticas.wordpress.com. [Eingesehen am 17.1.2017]
[410] Siehe mein Interview mit N.Kanellos. [Noch unveröffentlicht].
[411] Tobar, Héctor: Translation Nation. Riverhead Books: New York, 2005.

novelists like Roberto Bolaño, who a decade ago would have been seen as a fringe writer.[412]

Als Reaktion auf Héctor Tobars Kritik haben sich einige jüngere Schriftsteller unter dem Namen *The Coalition of New Chican@Artists* [C.O.N.C.A.] zusammengeschlossen, um die neue Chicano-Literatur thematisch und ästhetisch fortzuentwickeln. Neben Lyrikbänden und Prosaveröffentlichungen der einzelnen Mitglieder, gibt die Gruppe Theorie- und Essaysammlungen heraus, die in Gesprächsform gestaltet sind. So ist beispielsweise 2015 der Band *Nuev@s Voces Poeticas – A Dialogue about New Chican@ Identities* herausgegeben worden.[413] Neben Christopher Carmona und Isaac Chavarría gehören u.a. die Schriftstellerinnen Myriam Gurba, Sheila Maldonado, Wendy C. Ortiz, Natalie Scenters-Zapico und Jessica Helen Lopez zu dieser Bewegung, die sich als neue Avantgarde begreift. Es bleibt spannend abzuwarten, wie sich – die ihrem Anspruch nach – neue indigen-amerikanische Literatur entwickeln wird und welche Antworten sie im sich abzeichnenden Kulturkampf, der zwischen Vertretern einer um seine Dominanz fürchtenden weißen Bevölkerung und der aufstrebenden bunten Vielzahl von *La Raza* stattfindet, geben wird. C.O.N.C.A formuliert die Aufgabe von Literatur innerhalb des gesellschaftlichen Kampfes um politische und kulturelle Partizipation folgendermaßen:

> For Chican@ poets, writing is a political act, a form of protest in a country where Latin@s and other people of color have been and continue to be oppressed through laws and societal practices. The act of writing one's own story through one's voice disrupts the mainstream narrative of a homogenous American identity.[414]

Eine Veränderung des mexikanisch-amerikanischen Selbstverständnisses hin zu einer kosmopolitischen indigen-amerikanischen Identität lässt sich teilweise auch in der Wissenschaft und im Polit-Aktivismus feststellen. Engagierte Politaktivisten und Wissenschaftler gehen in den USA im Vergleich zu der BRD viel öfters gemeinsame Bündnisse ein. Ein Beispiel hierfür sind die an der University of Santa Barbara stattfindende Konferenz *Human Rights in the Americas* sowie die von der UT Austin organi-

---

[412] Interview von Nicole Thompson mit Héctor Tobar für die Latin Post vom 01.01.2015. http://www.latinpost.com/articles/29586/20150101/pulitzer-prize-winner-and-new-york-times-best-seller-hector-tobar-chats-about-inspiration-creativity-and-the-success-of-failure.htm [Eingesehen am 3.3.2016].

[413] Chavarría, Isaac; Sanchez, Gabriel H.; Lima, Rossy Evelin und Carmona, Chrispher: Nuev@s Voces Poeticas – A Dialogue about New Chican@ Identities. Slough Press: Kyle, 2015.

[414] Ebda.: S. ii.

sierte Tagung *Derechos en crisis: Refugees, Migrant Detention, and Authoritarian Neoliberalism.*

Der Kanon mexikanisch-amerikanischer Literatur bzw. die Häufigkeit bestimmter auftretender Stoffe und Motive wird nicht nur durch C.O.N.C.A und Protagonisten des Internetzeitalters in Frage gestellt. Auch renommierte und gestandene „Veteranen" der Chicano-Bürgerbewegung sorgen sich um die Vielfalt und Ausdruckstärke der eigenen Literaturlandschaft. Nicólas Kanellos und der von ihm geführte Verlag *Arte Publicó Press* nutzen seit geraumer Zeit Stiftungsgelder dazu, mexikanisch-amerikanische bzw. hispanische Literatur vor 1960 aufzuspüren. Die Mitarbeiter des Verlages recherchieren nach alten Tagebüchern, Notizbüchern, Pamphleten, alten Zeitungen, Textentwürfen, raren Gedichtbände und unbekannten Romanen und niemals veröffentlichten Manuskripten, die dann restauriert und in einem zweiten Schritt veröffentlicht werden. Durch das *Recovering the U.S. Hispanic Literary Heritage-Project*[415] wird somit mexikanisch-amerikanische Geschichte in all seiner Mannigfaltigkeit dem Vergessen entrissen, erhält seinen Platz in der Gesamtnarration der USA und stellt überlieferte und immer wieder manifestierte Machtdiskurse der Dominanzgesellschaft in Frage. In diesem Zusammenhang muss auch die Literatur der sogenannten *„DREAMers"*-Generation genannt werden. Neben Reyna Grande sind hier zum Beispiel Danel Padilla Peraltas *Undocumented* (2015) und José Ángel N. *Illegal* aus dem Jahr 2014 zu nennen.[416] Der Begriff *„DREAMers"* umfasst alle Menschen, die unter den *Development, Relief, and Education for Alien Minors* – Akt fallen, mit dem die Obama-Administration undokumentierten Migranten, die vor ihrem 16ten Lebensjahr in die USA eingereist sind, langfristig einen legalen Bleibestatus und Bildungschancen ermöglichen wollte. Unter der Trump-Regierung droht den Menschen, die sich offiziell für das Programm gemeldet hatten, nun die Abschiebung.

---

[415] Siehe mehr dazu auf https://artepublicopress.com/recovery-project/ [23.2.2016] und im Interview mit dem Verlagsgründer Nicolás Kanellos [Noch nicht transkribiert und veröffentlicht].

[416] Ina Batzke hat sich ausführlich mit der DREAMers Literatur beschäftigt. Batzke, Ina: Of Aliens and DREAMers – Life Narratives of Undocumented Youth in the United States. Dissertation Universität Münster, 2017. Noch nicht veröffentlicht.

Kapitel II:

Türkisch-Deutsche Zeit- und Literaturgeschichte im Kontext

> Zwischen einer Praxis, die darin besteht „die Geschichte zu schreiben" und der, „Geschichten zu erzählen", besteht ein Unterschied, den manche als einen Epochenbruch ansehen würden. Die Vorstellung eines linearen, fortschreitenden Verlaufs von Geschichte, samt Finalität und großem Subjekt, ist im Zusammenhang mit den Debatten um die Postmoderne vielfach diskutiert worden. Für den Kontext der Geschichte der Kämpfe der MigrantInnen in Deutschland spielen jene Fragen nur eine untergeordnete Rolle. Entscheidend für den Unterschied, um den es hier geht, ist der politische Kontext und die damit verbundenen Fragen von Subjektivität und politischer Identität.[…] Rassismus sollte so als ein soziales Verhältnis fassbar werden, in dem die Kämpfe im Mittelpunkt stehen und die durch Rassismen produzierten Identitäten.[417]
> **Serhat Karakayalı**

Türkisch-deutsche Geschichte[418] und Literatur beginnen nicht erst mit dem Gastarbeiteranwerbeabkommen zwischen der BRD und der Republik Türkei 1961.[419] Spätestens seit der Eroberung Konstantinopels durch

---

[417] Karakayalı, Serhat: Lotta Continua in Frankfurt, Türken-Terror in Köln. Migrantische Kämpfe in der Geschichte der Bundesrepublik. In: Hüttner, Bernd et al. (Hrsg.): Vorwärts und viel vergessen. Beiträge zur Geschichte und Geschichtsschreibung neuer sozialer Bewegungen. AG SPAK Bücher, Bremen 2005. S. 121–134.

[418] Zwei Übersichtswerke zur osmanischen/türkischen Geschichte bzw. zur türkisch-europäischen Historie sind Kreiser, Klaus und Neumann, Christoph K.: Kleine Geschichte der Türkei. Bonn: BPB, 2005 und Leggewie, Claus (Hrsg.): Die Türkei und Europa. Die Positionen. Frankfurt: Suhrkamp, 2004.

[419] Wichtige Übersichtswerke und Quellensammlungen, auf die ich mich für die Erstellung dieses Kapitels beziehe sind, wenn nicht gesondert angegeben, Eryilmaz, Aytaç und Lissner, Cordula (Hrsg.): Geteilte Heimat. 50 Jahre Migration aus der Türkei. Klartext Verlag: Essen, 2011; Eryilmaz, Aytaç und Jamin, Mathilde Jamin (Hrsg.): Fremde Heimat – eine Geschichte der Einwanderung aus der Türkei. Klartext: Essen, 1998; Herbert, Ulrich: Geschichte der Ausländerpolitik in Deutschland. Saisonarbeiter, Zwangsarbeiter, Gastarbeiter, Flüchtlinge. Beck: München, 2001; Hunn, Karin: „Nächstes Jahr kehren wir zurück…". Die Geschichte der türkischen „Gastarbeiter" in der Bundesrepublik. Wallstein: Göttingen, 2005.
Göktürk, Deniz et Al. (Hrsg.): Germany in Transit. Nation and Migration 1955-2005. University of California Press: Berkeley, 2007. Deniz Göktürk hat zudem

Mehmet II. im Jahr 1453 etablierte sich das Osmanische Reich als einflussreiche und ernstzunehmende Staatsmacht, mit der sich die anderen europäischen Großmächte in Krieg und Frieden auseinandersetzen mussten. Stereotype Bilder des sogenannten Türkentums und die Wahrnehmung des Osmanischen Reiches als muslimische Bedrohung des christlichen Abendlandes haben jedoch eine viel länger zurückreichende Tradition und üben bis heute einen Einfluss auf die Rezeption der Türkei und die türkisch-(muslimische)deutsche Einwanderungsgesellschaft in der BRD aus. Sie sind von der älteren und jüngeren Orientalismusforschung ausführlich behandelt worden und für die Beantwortung der Fragestellungen in dieser Arbeit nur am Rande interessant. Innerhalb dieser Untersuchung genügt es jedoch völlig, wenn ich mich im Folgenden auf die Darstellung türkisch-deutscher Zeit- und Literarturgeschichte seit dem Ende des 19. Jahrhunderts konzentriere.

Dabei stelle ich vereinzelt Autor_innen in den Vordergrund, die exemplarisch für bestimmte Themenstränge bzw. Entwicklungen stehen. Wie die mexikanische-amerikanische Literatur- und Zeitgeschichte in Kapitel I, ist auch diese Übersicht nicht vollständig, sondern nur eine von mir ausgewählte Möglichkeit einer zusammenfassenden und einordnenden historischen Metanarration. Die folgende Einordnung fällt zudem knapper als der Abschnitt zur mexikanisch-amerikanischen Literatur- und Zeitgeschichte aus. Dies ist zum einen darin begründet, dass die deutschtürkische Lebenswelt einen kürzeren Zeitraum füllt und zum anderen darin, dass deutsch-türkische Literaturtradition weitaus weniger Protagonist_innen aufweist als die mexikanisch-amerikanische, was nicht weiter verwundert, da auch die Bevölkerungsanteile deutlich variieren.

Preußisch-Osmanische Freundschaft, Weimarer Republik und Nazi-Deutschland

Der Beginn einer verstärkt bilateralen Zusammenarbeit zwischen dem Osmanischen Reich und Preußen fällt in die Regierungszeiten von Friedrich II. (1740–1786) und Mustafa III. (1757–1774). Erste Kontaktversuche und Absichtserklärungen blieben jedoch ergebnislos.[420] Erst gegen Mitte des 19. Jahrhunderts wurden schließlich unter Mahmud II. (1808–1839) maßgebliche militärische und politische Kooperationsvereinbarungen zwischen Preußen und dem Osmanischem Reich geschlossen,[421] die

---

eine deutsche und aktualisiertere Version ihrer Quellensammlung herausgegeben: Transit Deutschland. Debatten zu Nation und Migration. University Press Konstanz, 2011.

[420] Kramer, Heinz und Reinkoswki, Maurus: Die Türkei und Europa. Kohlhammer: Stuttgart, 2008.

[421] Böer, Ingeborg et. Al. (Hrsg.): Türken in Berlin 1871–1945. de Gruyter: Berlin, S. 1–20.

die Basis für die spätere viel beschworene Deutsch-Osmanischen Waffenbrüderschaft vor und während des Ersten Weltkrieges bilden sollten.[422]

Einige Jahrzehnte später wurde die militärische Zusammenarbeit ausgebaut: Tausende osmanische Soldaten wurden im neu formierten deutschen Kaiserreich ausgebildet und Offiziere wie Oberst Colmar Freiherr von der Goltz wurden nach Istanbul entsandt (1883 bis 1895), um vor Ort den Generalstabsdienst des Osmanischen Reiches mit Wissen zu unterstützen und die osmanischen Heerestruppen zu reorganisieren. Dieser militärische Austausch und wirtschaftliche Unternehmungen wie der angestrebte Bau der Bagdad-Bahn prägten auf Jahrzehnte das Ansehen Deutschlands in der Türkei. Auch nach dem Zusammenbruch des Deutschen Kaiserreichs und des Osmanischen Reiches nach dem Ende des Ersten Weltkrieges gab es weiterhin starke Verbindungen zwischen beiden Ländern.

Das Ende der Weimarer Republik und die nationalsozialistische Kulturpolitik markierten den Beginn einer Auswanderungswelle deutscher Wissenschaftler[423] in die Türkei, die am Bosporus und in Ankara mit ihren Familien in den 30er Jahren aufgrund ihres jüdischen bzw. politischen Hintergrundes Zuflucht suchten und von der Regierung Atatürks mit offenen Armen empfangen wurden, da man sich von ihrem Einsatz an türkischen Universitäten und in türkischen Kommunen einen Modernisierungsschub erhoffte. Die Memoiren von Edzard Reuter [Sohn des späteren Berliner Oberbürgermeisters Ernst Reuter][424], Rudolf Nissen[425], Ernst E. Hirsch[426] und Fritz Neumark[427] sind eindrucksvolle und viel-

---

[422] Gökpinar; Hakan: Deutsch-türkische Beziehungen 1890–1914 und die Rolle Enver Paschas. Tectum: Marburg, 2001 und Mangold, Sabine: Begrenzte Freundschaft: Deutschland und die Türkei, 1918–1933. Wallstein Verlag: Göttingen, 2013.

[423] Wichtige wissenschaftliche Arbeiten zu diesem Thema sind Widmann, Horst: Exil und Bildungshilfe. Lang Verlag: Bern, 1973; Kubaseck, Christopher und Seufert, Günter (Hrsg.): Deutsche Wissenschaftler im Exil: Die Wissenschaftsmigration in die Türkei 1933–1945. Ergon Verlag: Würzburg, 2008; Bozay, Kemal: Exil Türkei. Lit Verlag: Münster, 2001; Stauth, Georg und Birtek, Faruk: Istanbul. Geistige Wanderungen aus der Welt in Scherben. Transcript Verlag: Bielefeld, 2007. Sen, Faruk und Halm, Dirk (Hrsg.): Exil unter Halbmond und Stern. Herbert Scurlas Bericht über Tätigkeit deutscher Hochschullehrer in der Türkei während der Zeit des Nationalsozialismus. Essen: Klartext Verlag, 2007. Die Düsseldorfer Filmemacherin Eren Önsöz hat über die deutschen Exilanten in der Republik Türkei den Film *Haymatlos* gemacht. Hupefilm: Deutschland, 2015. Önsöz begleitet in dem Film fünf Nachfahren deutscher Professoren auf einer Reise in ihre Kindheit in der Türkei.

[424] Reuter, Edzard: Schein und Wirklichkeit. Siedler Verlag, 1998.

[425] Nissen, Rudolf: Helle Blätter – dunkle Blätter. Deutsche Verlagsanstalt: Stuttgart, 2001.

[426] Hirsch, Ernst E.: Aus Kaisers Zeiten durch die Weimarer Republik in das Land Atatürks. J. Schweitzer Verlag: München, 1982.

[427] Neumark, Fritz: Zuflucht am Bosporus. Josef Knecht Verlag: Frankfurt, 1980.

schichtige Texte, die diesen Abschnitt türkisch-deutscher Geschichte beleuchten und über das Autobiographische hinaus die politische Situation in Nazi-Deutschland und der Republik Türkei thematisieren.[428]

Neben den oben Genannten lebten und arbeiteten auch die beiden Literaturwissenschaftler Erich Auerbach und Leo Spitzer in Istanbul, ehe sie ihr permanentes Exil in den USA fanden.[429] Auerbach verfasste beispielsweise sein Hauptwerk *Mimesis* während seiner Zeit an der Universität Istanbul und genießt bis heute in den türkischen Kulturwissenschaften ein hohes Ansehen.[430]

Die ersten türkischen literarischen Zeugnisse sind die auf Deutsch verfassten Lebenserinnerungen der Jahrhundertzeugen Şefik Okday[431] und Muammar Tuksaval,[432] die in der ersten Hälfte des 20. Jahrhunderts viele Jahre in Deutschland verbracht haben und dort heimisch wurden. In ihren Memoiren beschreiben sie den Lebensalltag in Deutschland und zeichnen dabei sowohl die historischen Übergänge vom Osmanischen Reich zur Republik Türkei als auch vom Deutschen Kaiserreich über die Weimarer Republik und die Nazi-Diktatur bis hin zur BRD nach.

Muammar Tuksavul – Eine bittere Freundschaft

Ishak Muammer Tuksavul wurde 1900 in Istanbul als Sohn von Zachida Merzuka und Mehmed Djemaleddin geboren. Da sein Vater innerhalb der osmanischen Administration als Richter in unterschiedlichen Provinzen eingesetzt wurde, wuchs Tuksavul sowohl in Mekka als auch in Kario auf. Seine auf Deutsch verfassten Memoiren mit dem Titel *Eine bittere Freundschaft*[433] umfassen neben ersten Kindheitserinnerungen, politischen Abhandlungen [etwa zum Ersten Weltkrieg, dem Genozid an den Arme-

---

[428] Der diesem Zeitabschnitt türkisch-deutscher Geschichte gewidmete Roman Zafer Şenocaks, *Deutsche Schule* aus dem Jahr 2012, wird in Kapitel VI. ausführlicher behandelt.

[429] Vgl. Hausmann, Frank-Rutger: „Vom Strudel der Ereignisse verschlungen". Deutsche Romanistik im „Dritten Reich". Klostermann: Frankfurt am Main, 2008. S. 309–336.

[430] Vgl. Vialon, Martin (Hrsg.): Erich Auerbach. Yabanın Tuzlu Ekmeği. Erich Auerbach'tan Seçme Yazılar (Auf Deutsch: Das salzige Brot der Fremde). Istanbul: Metis Seçkileri 2010. Damrosch, David: Auerbach in Exile. Harvard, 1995. Online zugänglich unter: http://www.academicroom.com/article/auerbach-exile [Abgerufen am 01.12.2014].

[431] Okday, Şefik: Der letzte Grosswesir und seine preußischen Söhne. Muster-Schmidt Verlag: Göttingen, 1991.

[432] Tuksavul, Muammer: Eine bittere Freundschaft. Econ Verlag: Düsseldorf, 1985.

[433] Zu Tuksavuls Erinnerungs ist wenig gearbeitet worden. Eine Ausnahme ist Herzog, Christoph: Lessons of a Long Life – the Self, History and Religion in the Memoirs of Muammer Tuksavul (1901-1996). In Elger, Ralf (Hrsg.): Many ways of speaking about the self – Middle Eastern ego-documents in Arabic, Persian and Turkish (14th–20th century). Wiesbaden, 2010. S. 59–67.

niern⁴³⁴, den türkischen Unabhängigkeitskrieg] auch detailreiche Schilderungen seiner Schul- und Studienzeit im Deutschen Kaiserreich. Eine sehr prägnante Episode in Tuksavuls Erinnerungen stellt deutlich interkulturelle Unterschiede heraus und thematisiert den Aspekt Fremdheitserfahrung.⁴³⁵ Muammer ist entsetzt, als er feststellen muss wie seine Mitschüler mit nicht aufgegessenen Pausenbroten umgehen und diese achtlos wegwerfen und darauf herumtreten. Für ihn als Muslim ist dies eine große Sünde, da Brot im Islam als Symbol der Gnade Gottes verstanden wird.⁴³⁶ Aus einer gutsituierten osmanischen Familie kommend, verfügt Tuksavul bereits über eine herausragende Ausbildung und über ein gesundes Selbstbewusstsein. So erklärt sich seine Fähigkeit, sich schnell in der fremden Umgebung anzupassen und sich ein Leben aufzubauen. Als Türke gehört er 1917 zu einer Minderheit im Kaiserreich, die als exotisch-geheimnisvoll und somit deutlich anders als die spätere größere Gruppe von einwandernden „Gastarbeitern" vom Bürgertum wahrgenommen wird. Muammer Tuksavul steht in den Augen der Deutschen für die Exotik des Orients, für „Kräuter und Zuckerwatte" und für die Deutsch-Osmanische Waffenbrüderschaft. Das „fremde Eigene" zu dieser Zeit ist die jüdische Bevölkerung Deutschlands und im Vergleich zu dieser wird Tuksavul wahrgenommen. So berichtet er von seinen Erfahrungen mit einem Dozenten folgendermaßen:

> Ich ging zu ihm hin und legte mein Testatheft vor. „Sie heißen, was für ein Landsmann?" – „Ich bin Türke, Herr Professor!" – „Wie liest sich Ihr Name?" – „Ishak Muammer." – „Sie sind womöglich auch ein Jude?" – „Nein, Herr Professor, ich bin Moslem." – „Moslem? Wieso Ishak? Das ist doch jüdisch? Isaak, oder?" rief der Professor verärgert aus. „Jawohl. Ishak ist ein Name aus dem Alten Testament wie bei den Christen Jakob, Josef, David usw. auch…Wir gebrauchen diese Namen, weil im Islam die Bibel und die Thawrat (Thora) als Gottesbücher verehrt werden."- „So? Ich

---

434 Zum Völkermord an den Armeniern siehe Akçam, Taner: The Young Turks' crime against humanity – The Armenian genocide and ethnic cleansing in the Ottoman Empire. Princeton University Press: Princeton, 2012 und Dadrian, Vahakn N.: The History of the Armenian Genocide – Ethnic Conflict from the Balkans to Anatolia to the Caucasus. Berghahn Books: Oxford-Providence, 2004.
435 „Vom thematischen Aspekt spricht man dann, wenn Fremdheit Thema oder Motiv eines literarischen Textes ist. Das betrifft beispielsweise die Darstellung von Kulturkontakten im weitesten Sinne, wie Migrationserfahrungen oder Reiseberichte, aber auch die Thematisierung anderer Fremdheitserfahrungen, wie sie durch das Aufeinandertreffen unterschiedlicher Ordnungen entstehen, was man als strukturelle Fremdheit bezeichnen kann." Aus Leskovec, Andrea: Einführung in die interkulturelle Literaturwissenschaft. Wissenschaftliche Buchgesellschaft: Darmstadt, 2011. S. 13.
436 Tuksavul, Muammer: Eine bittere Freundschaft. Econ Verlag: Düsseldorf, 1985. S. 182ff.

dachte, die Türken seien ein vernünftiges Volk...! Ihr glaubt also auch den jüdischen Unfug? Uns haben die Juden verkauft![437]

Tuksavul bleibt nach dem Ende des Zweiten Weltkrieges und seinem Umzug in die Türkei mit Deutschland verbunden. Deutschland wird als Lehrer und wichtigster Freund in Europa wahrgenommen, der dabei hilft den nach Westen durch Atatürk ausgerichteten Weg weiter zu gehen. Gerade in Hinblick auf die sowjetische Bedrohung nach dem Zweiten Weltkrieg fordert Tuksavul die Aufnahme der Türkei in Europa und beklagt sich, dass die Religion als Ausschlussargument verwendet wird und die Türkenfeindlichkeit selbst in Deutschland ansteigen würde.[438]

Im hohen Alter blickt Tuksavul auf ein dreiviertel Jahrhundert deutsch-türkische Geschichte zurück, die er selbst hier wie dort miterlebt hat. Deutschland wird ihm zu einer zweiten Heimat, der er durch Ausbildung und privatem Glück sehr verbunden ist. Obwohl er sich zuallererst als Türke versteht, wird er zu einem diplomatischen Grenzgänger zwischen den Welten und vereint in sich einen starken türkischen Patriotismus und eine große Dankbarkeit und Sympathie für Deutschland. Sozialpolitische Fragen innerhalb des deutschen Kontextes werden nicht in ausführlicher Fülle oder Form thematisiert. Seine Lebensnarration zeugt von einem jederzeit selbstbewussten Mann, der aus eigenem Antrieb nach Deutschland gekommen ist. Durch seine als exotisch wahrgenommene türkische Individualität wird er im Kaiserreich kaum mit negativen Stigmata belegt und ist so im Sinne von Maria do Mar Castro-Varelas Sentenz *„Nicht wer ich bin, sondern wer will ich sein!"*[439] jederzeit Herr seiner eigenen Außendarstellung. Interessant ist in dieser Hinsicht die Tatsache, dass die ebenfalls von ihm verfasste türkische Version seiner Autobiographie in Teilen den adressierten Leser mit einem anderen Ton und Inhalt anspricht und Tuksavul daher über eine durchaus ausgeprägte Rollendistanz zu seiner Autoren-Identität verfügt. Eine ausführliche Arbeit, die die deutsche und türkische Version von Tuksavul Autobiographie vergleicht, steht noch aus, wäre jedoch ein interessantes Unterfangen. [440]

Şefik Okday – Der letzte Grosswesir und seine preußischen Söhne

Während Muammer Tuksavul der erste Vertreter seiner Familie ist, der durch einen jahrelangen Aufenthalt eine Verbindung mit Deutschland aufbaut und von dessen Kultur geprägt wird, tritt Şefik Okday in die Fuß-

---

[437] Ebda.: S. 251.
[438] Ebda.: S. 417.
[439] Castro Varela, María do Mar: Unzeitgemäße Utopien. Migrantinnen zwischen Selbsterfindung und gelehrter Hoffnung. Transcript: Bielefeld, 2007. S. 146.
[440] Zur Phänomen der Rollendistanz siehe Coser, Rosa Laub: Soziale Rollen und soziale Strukturen. Nausner & Nausner: Graz, 1999.

stapfen seines Vaters und seines Großvaters, die bereits in Deutschland gelebt und gearbeitet haben. In seiner in Prosa verfassten Familienchronik *Der letzte Grosswesir und seine preußischen Söhne* gibt Okday in einer zusammenhängenden Narration die gesammelten Anekdoten und Lebensgeschichten seiner Familie wieder, die durch einen deutsch-türkischen Nexus geprägt sind. Okday beginnt seine Familiengeschichte mit der Schilderung der frühen Lebensstationen seines Großvaters Tewfik Pascha, der im Jahr 1868 25-jährig Erster Sekretär der Osmanischen Vertretung in Berlin wird. Weitere Stationen in Rom, Wien, Sankt Petersburg und Athen folgen. Durch die bi-nationale Heirat mit der Schweizerin Elisabeth Tschumi begibt sich Tewfik Pascha von nun an lebenslang in einen deutsch-türkischen Kontext, der noch seine Ururenkel prägen wird.

Die Taten und Erlebnisse der Groß- und Elterngeneration sind in ihrer Mannigfaltigkeit ebenso Inhalt von Okdays kollektiven Familienerinnerungen wie sein eigener Lebensweg. Da Şefik Okday die Ereignisse jener Zeit sehr detailliert wiedergibt, entsteht der Eindruck, er würde von seinen eigenen Erinnerungen erzählen. Alltagshandlungen wie Schokolade kaufen und politische Tätigkeiten wie Besuche bei Kaiser Wilhelm I. und später bei Bismarck, sowie Schilderungen größerer historischer Ereignisse, wie des griechisch-türkischen Krieges (1897) prägen den ersten Teil des Textes.[441] Im Gegensatz zu Tuksavuls Biographie werden sämtliche Deutschlandschilderungen von Okday nur im Kontext der Familiennarration vorgenommen. Kritische Bewertungen negativer Art nimmt er dagegen fast nicht vor. So werden die politischen Systeme Deutschlands im 20. Jahrhunderts – Kaiserreich, Weimarer Republik, NS-Staat und BRD – nicht voneinander abgegrenzt. Stattdessen wird Deutschland von Okday als ein beständiger Kulturraum dargestellt, mit dem seine Familiendynastie verflochten ist. Die einzige Ausnahme bildet eine Episode, in der Okday den Protest des türkischen Botschafters bei Hitler erwähnt, der nötig geworden war, da SA-Leute vermehrt Türken für Juden gehalten und sie

---

[441] Im zweiten Teil des Buches stellt Okday seinen eigenen Lebenslauf in den Vordergrund. In Istanbul erlebt der junge Şefik die Reformen Atatürks und absolviert 1929 das Abitur. Statt wie sein Großvater und sein Onkel Ismail Hakki nach Beendigung seiner militärischen Laufbahn in den diplomatischen Dienst einzusteigen, entscheidet sich Şefik auf Anraten eines Freundes seines Vaters dafür Maschinenbauingenieur zu werden. Okday gibt eine Anekdote wieder, die deutlich macht, inwieweit Fremdwahrnehmungsprozesse durch Rassismen bedingt sein können, später jedoch durch besseres Wissen revidiert werden können. Die von der Firma Pfaff in die Türkei zu Okdays Damenoberbekleidungsbetrieb entsandte Vorarbeiterin Lotte Weinreich beklagt sich bitterlich ob der Begriffsstutzigkeit der türkischen Arbeiterinnen. Jahre später sehnt sich Weinreich zurück in die Türkei, da sie im Breisgau in ihrer eigenen Firma noch schlechtere Erfahrungen mit deutschen Arbeiterinnen gemacht hat. Okday, S. 161–162.

verprügelt hatten. Ansonsten fasst Okday die NS-Zeit folgendermaßen zusammen:

> Hitler hatte jedoch alle national denkenden jungen Leute auf seiner Seite. Meine besten deutschen Freunde traten in die SA ein oder sympathisierten zumindestens mit der neuen Bewegung. Hatte doch Hitler versprochen, das Unrecht wiedergutzumachen, und es war ihm tatsächlich gelungen, den Deutschen wieder Glauben an eine bessere Zukunft zu schenken. Offen gestanden war auch ich anfänglich Feuer und Flamme für die neuen Ideen, und man tut heute den Deutschen Unrecht, wenn man ihnen vorwirft, „von Anfang an mit dabei gewesen zu sein."[442]

Die merkwürdige Kritiklosigkeit von Okdays Schilderungen mag auf diplomatische Traditionen zurückzuführen sein bzw. auf die Ausweitung der Maxime „Über die eigene Familie redet man nicht schlecht" auf ein gesamtes Land. Statt negativ zu kritisieren ist, zieht sich Okday auf Einschätzungen zurück, die durch einen bemüht pragmatischen und realpolitischen Anstrich gekennzeichnet sind. So verfährt er nicht nur, bei der Rechtfertigung der osmanischen Armenier-Politik[443], sondern auch, wenn er Stellung zum späteren Mauerbau in der DDR bezieht:

> Als immer mehr Leute aus der DDR in die Bundesrepublik flohen und Ministerpräsident Walter Ulbricht die Mauer bauen ließ, sagte mir mein Vater: „Es ist hart, bitter und auch eine Schande, jedoch ist der Bau unvermeidlich. Sonst wäre die Elite der Deutschen in den Westen übergesiedelt, und Polen, Tschechen und andere slawische Völker hätten als Ärzte, Ingenieure, Techniker usw. die Lücke gefüllt, und der Osten Deutschlands wäre slawisiert worden." Diese Betrachtungsweise sollte heute bei der ostwestlichen Annäherung nicht außer Acht gelassen werden.[444]

Anders als Muammer Tuksavul, der sich den deutschen Kontext erst selbst erschließen muss, wächst Şefik Okday in einem bereits seit zwei Generationen bestehenden deutsch-türkischen kulturellen Nexus auf. Während Tuksavul in Mannheim ganz auf sich alleine gestellt ist, kommt Okday aus einer zur diplomatischen Elite gehörenden Familie und kann dementsprechend auf einen ausgeprägten finanziellen und kulturellen Hintergrund zurückgreifen. Aufgrund der Familienzugehörigkeit zur osmanischen bzw. türkischen Oberschicht verfügen Şefik Okday sowie sein Vater und Onkel über einen hohen Bildungsstand und eine soziale Position, die ihnen auch im Lebenskontext Deutschland das Gefühl geben, dazuzugehören. Alle Mitglieder von Okdays Familie werden in ein prämigrantischen Deutschland offiziell entsandt und kommen in dem Bewusstsein, eine wichtige Aufgabe für ihr Land zu erfüllen. Dasselbe gilt

---

[442] Okday (1991), S. 141.
[443] Ebda.: S. 92–95.
[444] Ebda: S. 156.

später für Şefik Okday, der dort privilegiert und zweisprachig aufwächst und seine Kinder, die aus freien Stücken mit einem ausgeprägten Selbstwertgefühl und kulturellem Selbstverständnis nach Deutschland kommen. Deutschland wird zu einer zweiten Heimat, die fest mit der Familiengeschichte verbunden ist. Nationale Identitätsfragen werden von Okday nicht gestellt. Trotz allem Pflichtgefühl gegenüber der türkischen Heimat steht zu allererst die Familienidentität im Vordergrund, über die man sich definiert. Diese Familienidentität speist sich aus einem starken Traditions- und Geschichtsbewusstsein und einer daraus für die eigene Person abgeleiteten Garantie für Erfolg.

Eine kritische Rollendistanz, die es ihm ermöglichen würde sich und seinen Lebenskontext kritischer und differenzierter zu bewerten, ist bei Okday nicht festzustellen. Dementsprechend rücken auch die politischen Erscheinungsformen der Lebenskontexte sowie nationale und religiöse Kategorien in den Hintergrund seiner Narration. Europa wird von Okday nicht als monolithische politische Größe, nicht als „das andere" im Gegensatz zum Osmanischen Reich bzw. zur Republik wahrgenommen. Eine Unterscheidung zwischen Orient und Okzident wird von ihm nicht getroffen, da es in Okdays Wahrnehmung vielmehr um einen globalen Verteilungskampf mächtiger Staaten geht, in dem die Türkei durch einen Betriebsunfall der Geschichte ins Hintertreffen geraten ist.

Okdays Europa ist ein Europa der miteinander verfeindetet Nationalstaaten, die gegeneinander Krieg führen. Die einzelnen europäischen Länder werden dabei durch ihre Haltung zur türkischen Heimat definiert und bewertet. Während Großbritannien und Frankreich an der Zerschlagung des Osmanischen Reiches ein großes Interesse hegen, werden das Deutsche Reich und später die BRD als traditionelle Freunde wahrgenommen. Der deutsch-türkische Nexus wird somit auf privater familiärer, als auch auf politisch bilateraler Ebene zu einem kontinuierlichen Abschnitt positiv erlebter Geschichte.

Neben Okday und Tuksaval gibt es noch eine Reihe anderer politischer Gesandten, Studenten, Bildungsreisenden und Wirtschaftsvertreter aus der Türkei, die jedoch nur für eine kurze Zeit Deutschland besuchten und hierüber mitunter Tagebuch führten oder Artikel für Zeitungen verfassten. Exemplarisch ist hier Ahmet Haşims *Frankfurter Reisebericht*[445] aus dem Jahr 1932 zu nennen, der sich durch seine Erzählhaltung von Okdays und Tuksavuls Texten deutlich unterscheidet.

---

[445] Haşim, Ahmet: Bize Göre Gurebâhâne-i Laklakan Frankfurt Seyahatnamesi. Kültür Bakanlıg, Yaynlar. 1000 temel eser dizisi 17: Ankara, 1981. Auf Deutsch: Haşim, Ahmet; Caner, Beatrix: Frankfurter Reisebericht. Literaturca-Verlag: Frankfurt, 2008.

Ahmet Haşim – Frankfurter Reisebericht

Ahmet Haşim wurde ca. 1883 in Bagdad als Sohn des osmanischen Beamten Arif Hikmet Bey geboren. Nach der Umsiedlung nach Istanbul musste Haşim, der mit Arabisch als erster Sprache groß geworden war, zunächst Türkisch lernen, bevor er sein Abitur machen konnte. Ein Jurastudium brach er ab und arbeitete fortan als Französischlehrer, Übersetzer und als Hochschullehrer. Beeinflusst durch die Werke von Vertretern des französischen Symbolismus wie Charles Baudelaire, Stéphane Mallarmé, Paul Verlaine und Arthur Rimbaud, begann er 1909 selbst zu schreiben und Frankreich zu besuchen.[446]

Seine Dichtung bedient sich neben französischen Stilelementen auch türkischer, arabischer und persischer Traditionen und ist gekennzeichnet durch a-personale romantische Naturbeschreibungen.[447] Ahmet Haşim wurde zu einem wichtigen Dichter der Türkei und blieb nicht ohne Einfluss auf andere Schriftsteller. Haşim war gut mit anderen einflussreichen Persönlichkeiten seiner Zeit wie dem Dichter Yusuf Ziya Ortaç (1895–1967)[448] und dem Erneuerer der türkischen Poesie, Tevfik Fikret (1867–1915), vernetzt.[449]

Aufgrund einer Herzinsuffizienz und eines Nierenleidens reist Ahmet Haşims im Oktober 1932 nach Frankfurt, um sich dort von Franz Volhard, einem Spezialisten für sein Krankheitsbild behandeln zu lassen. Während seines viermonatigen Aufenthaltes führt Haşim ein Reisetagebuch und fertigt Artikel für die Zeitungen *Milliyet*, *Mülkiye* und *Şehir* an, die später gesammelt in Buchform als *Frankfurt Seyahatnamesi* erscheinen[450]. Da Haşims Aufenthalt in Deutschland begrenzt ist und er anders als Tuksavul oder Okday nicht über eine besondere Beziehung zu seinem Gastland verfügt, sind seine Darstellungen gegenwartsbezogener und mehr aus der Beobachterrolle des temporären Gastes verfasst. Dadurch

---

[446] Weiterführende biographische Informationen zu Ahmet Haşim siehe in: Özkırımlı, Attila: Ahmet Haşim. Istanbul, 1975 und Batur, Suat: Bize Göre. Ahmet Haşim. Istanbul, 2005.

[447] Haşim, Ahmet; Erginün, İnci und Kerman, Zeynep: Bütün şiirleri Piyale, göl saatleri, kitapları dışındaki şiirler. Dergah: Istanbul, 1999.

[448] Beatrix Caner verwechselt in ihrer kommentierten Übersetzung Ortaç versehentlich mit Ziya Gökalp. Siehe Frankfurter Reisebericht. S. 46.

[449] Siehe mehr in: Akyüz, Kenan. Modern Türk Edebiyatının Ana Çizgileri. Inkilâp Yayinevi, 1995.

[450] Die ersten Arbeiten zu Ahmet Haşims Reisebericht sind erst in den lezten Jahren erschienen. Siehe z.B. Pistor-Hatam, Anja: Impressionen aus der deutschen Provinz: Der türkische Dichter Ahmet Haşim (1884–1933) in Frankfurt a. M. In: *Wiener Zeitschrift für die Kunde des Morgenlandes*. 2009, Vol. 99. S. 281–307. Uzuntaş, Aysel: Verstehen im interkulturellen Kontext am Beispiel des Frankfurter Reiseberichts des türkischen Schriftstellers Ahmet Haşim. Zeitschrift für Interkulturellen Fremdsprachenunterricht. April 2012, Vol. 17 Issue 1. S. 16–24.

wird die Themenwahl und Perspektive eine deutlich andere. Während die Texte von Tuksavul und Okday Lebenserinnerungen sind, die sich in einer Gesamtnarration an ein deutsches Lesepublikum richten, sind Haşims Texte typische Reiseimpressionen, die der Autor für Leser in der Heimat verfasst. Dem medizinischen Gründen geschuldeten Aufenthalt in Deutschland versucht Haşims mit seinem Reisebericht einen poetischen Nebengewinn abzutrotzen. Reisen wird für ihn zu einer Jagd nach Wundern, zu einer Flucht aus der Monotonie des Alltags und des Bekannten[451], die er in seinem Vorwort so zusammenfasst:

> Ein Dichter handelt in jedem Augenblick auf diese Weise schöpferisch. Erst recht tut das ein Reisender, der nur zeitweilig Dichter ist. Er wird seiner Unkenntnis all der fremden Welten, jede unbekannte Gegend stets mit dem Blick des Wundererschaffens betrachten. So hatten es Evliya Çelebi mit der früheren Türkei, Comte de Gobineau mit Afghanistan und dem Iran, Pierre Loti mit Istanbul oder Paul Morand mit New York gehalten. Denn alles, was das Auge des Reisenden sieht, ist lediglich ein Traum, der aus dem Nichts ein Wunder erschafft.[452]

Eine bunte Themenvielfalt kennzeichnet Haşims Reisebericht. Neben Naturbeschreibungen und der Thematisierung der eigenen Melancholie und Depressionen, gelingt es Haşim – trotz der Sprachbarriere und der Kürze der Zeit – durchaus tiefer in Deutschland einzutauchen und es mit der Türkei zu vergleichen. Hierbei stellt er Kategorieoppositionen auf, die für ihn scheinbar typisch für seine Heimat bzw. das Gastland sind. Während Deutschland für ihn Ordnung, Moderne und Ehrlichkeit repräsentiert, ist die Türkei für ihn ein Ort des Mysteriums, der Lüge und Kunst, der Unordnung, der Zurückgebliebenheit und der inneren Werte. Diese Oppositionen werden von Haşim jedoch nicht per se bewertend verwendet: Die Kategorie „Ordnung" wird von Haşim nicht als besser eingestuft als „Unordnung". Eine bewertende Unterscheidung trifft er in diesem Sinne nur für den Gegensatz „Modern" vs. „Zurückgebliebenheit", da ihm z.B. der medizinische Sektor in Deutschland doch um einiges besser entwickelt zu sein scheint, als der der Türkei:

---

[451] Interessante Betrachtungen zum Thema Fremdheit und Reise, Monotonie und Abenteuer sind u. A. in Baudrillard, Jean; Guillaume, Marc: Reise zu einem anderen Stern. Merve-Verlag: Berlin, 1996 und bei Caysa, Volker et al.: Reinhold Messners Philosophie: Sinn machen in einer Welt ohne Sinn. Suhrkamp: Frankfurt, 2002 zu finden.

[452] Haşim, Ahmet; Caner, Beatrix: Frankfurter Reisebericht. Frankfurt am Main: Literaturca-Verlag, 2008, S. 13.

> Man kann ruhigen Gewissens behaupten, dass bei uns der Patient fast noch wie vor tausend Jahren behandelt wird. So wenig der Ochsenkarren eine Evolution durchgemacht hat, so wenig ist dies bei uns dem Begriff „Patient" widerfahren.[453]

Ähnlich deutlich kritisiert Haşim die Zurückgebliebenheit seines Landes im Hinblick auf ein vermeintlich weiter entwickeltes deutsches Verständnis für Ästhetik:

> Geschäfte mit großen und reich geschmückten Vitrinen, deren delikate und anziehende Dekorationen von einer Ästhetik zeugten, die unsereins noch nicht einmal genießen zu lernen begonnen hatte…[454]

Die Ästhetik der Dekoration wird jedoch von einer Ästhetik der Ordnung begleitet, der Haşim nicht unbedingt etwas abgewinnen kann. Der uniforme Kleidungsstil der Deutschen mit Hut und Jacke, die Endlosigkeit, Sauberkeit und Geradlinigkeit der deutschen Straßen und die fast schon militärisch in Reih und Glied stehenden deutschen Wohnhäuser symbolisieren für ihn eine Form der Langeweile und Fokussierung auf äußere Werte, denen er nichts abgewinnen kann. Selbst der deutsche Bettler zeige sich gut gekleidet auf der Straße und entspreche so gar nicht der türkischen Bettelkultur, die für Haşim eine eigene Form der Kunst ist: Je hässlicher und ärmlicher er anzusehen ist, desto begabter und bemühter ist der orientalische Bettler in den Augen der Passanten und verdient seine Spende wie eine Gage. Dem blinden und zahnlosen Bettler kommt in der bourgeoisen Vorstellung Haşims eine feste Rolle im türkischen Straßenbild zu.[455] In diesem klischeehaften Kulturkonzept gebiert der Orient das Schöne aus der Lüge und dem Spiel der Verstellung. Die orientalische Märchentradition nennt der Autor als ein Beispiel hierfür. Ganz anders sei dagegen die deutsche Mentalität, die das gesagte und gehörte Wort für verbindlich erklärt. So zieht Haşims deutsche Krankenschwester seinen nicht ganz ernst gemeinten Ausruf „Ich nehme dich nach Istanbul mit!" durchaus in Erwägung, greift das Thema Tage später wieder auf und teilt ihm mit, ihn begleiten zu wollen.[456]

Nicht nur der Kreativitätslosigkeit der deutschen Bettler, sondern auch dem bürgerlichen Kultur- und Unterhaltungssektor Frankfurts kann Haşim nichts abgewinnen. Theater, Kino und Nachtleben der Stadt langweilen ihn. Stattdessen sehnt er sich nach den antiken Städten seiner Phantasie: Karthago, Sidon, Babel und Ninive wären Städten fesselnder Mysterien und grausiger Schrecken gewesen, aber eben nicht Frankfurt.[457]

---

[453] Haşim, S. 51.
[454] Ebda.: S. 38.
[455] Ebda.: S. 74ff.
[456] Ebda., S. 54ff.
[457] Ebda., S. 36.

Berlin, so sagt man ihm, sei das deutsche Zentrum der Kultur, Frankfurt dagegen eine Familienstadt, die typisch für das deutsche Wesen und seine Zerrissenheit sei. Ein deutscher Freund schildert ihm die politische Spaltung des Landes folgendermaßen:

> Um ihnen ein Bild vom Familienglück in der derzeitigen deutschen Gesellschaft zu vermitteln, möchte ich ihnen ein Beispiel aus meiner Familie erzählen: Mein Schwiegervater ist ein Demokrat, meine Schwiegermutter gehört zur Fraktion der katholisch gesinnten Konservativen, meine älteste Schwägerin ist Kommunistin, die mittlere eine Nationalsozialistin und die jüngste Nationalistin, mein Schwager dagegen gehört der Partei der Mitte an. Jeden Abend wird über diese sechs unterschiedlichen Ideologien gestritten. Zuerst lautstark diskutiert, sogar geschrien, bis die Nerven blank liegen, dann wird geweint, sogar Ohnmachtsanfälle sind an der Tagesordnung. Meine kommunistische Schwägerin lässt uns nicht einmal in Ruhe essen. Sie wurde schon mal in einem anderen Zimmer auf einem Stuhl festgebunden. Dann erst hatten wir unsere Ruhe.[458]

Schon bei seiner Ankunft im Frankfurter Hauptbahnhof hat Haşim den Krisenzustand, in dem sich Deutschland befindet, bemerkt. Kommunistische und nationalistische Grüppchen nimmt Haşim allerorten im Straßenbild wahr und er ist überzeugt davon, dass aus diesen Ideologien Deutschland nichts Gutes erwachsen wird. So schreibt er für die *Milliyet* am 24.12.1932:

Deutschland ist ein großer, roter Apfel. Aber innen ist er faul![459]

Hin- und hergerissen zwischen der Hoffnung auf Heilung und seinen krankheitsbedingten Depressionen – er stirbt kurz nach seiner Rückkehr in Istanbul – sammelt Haşim so viele Eindrücke und Anekdoten wie möglich. In der Gesamtschau wirken sie spontan und zufällig und entbehren eines Versuchs, das Erlebte in einen Gesamtkontext zu stellen. Abseits der erwähnten nationaltypischen Charakterzüge, die in Haşims Deutschland- und Türkeibeschreibungen formuliert werden, hat der Dichter gar keine Zeit dazu, sich in gründlichere Betrachtungen nationaler Identitäten zu vertiefen. Sachliche Beschreibungen mischen sich mit einem unklaren Dahinträumen, eine Technik, die auf Haşims Prägung durch den Französischen Symbolismus hindeutet.[460] Deutschland ist für ihn nach Frankreich das zweite europäische Land, das er kennenlernt. Doch es wird ihm keine zweite geistige Heimat wie Frankreich werden. Haşim Weltsicht ist durch türkische und französische Denker geprägt; die Deutschlandreise bleibt dagegen ein Ausflug, der für ihn persönlich aus gesundheitlichen Gründen wichtig ist und kreativ nutzbar gemacht wird.

---

[458] Ebda., S. 58
[459] Ebda., S. 40.
[460] Zum Literaturstil des Symbolismus siehe: Mennemeier, Franz Norbert: Literatur der Jahrhundertwende. Weidler Buchverlag: Berlin. S. 325ff.

Als türkischer Patient, der nur temporär vor Ort ist, bleibt ihm keine Zeit für ein Aufnehmen der neuen Kultur. Nichtsdestoweniger ist sein Reisebericht gerade in Kontrast zu Okday und Tuksavul nützlich, da durch die Betrachtungen des Reisenden Erzählhaltungen in komplexeren Autobiographien[461], die auch immer Gefahr laufen, Lebensgeschichte nachträglich zu glätten und mit Sinn aufzuladen, kritisch in Frage gestellt werden können.

Wie in den späteren Kapiteln zu sehen sein wird, unterscheiden sich die Autoren Okday, Tuksavul und Haşim von den türkisch-deutschen Autoren der zweiten Hälfte des 20.Jahrhunderts, da sie über eine ganz andere soziale Positionierung und damit verbundene Selbstwahrnehmung verfügen.

Ein weiterer früher Text, der sich mit türkischem Leben in Deutschland vor der Gastarbeiteranwerbung beschäftigt, ist der Roman *Die Madonna im Pelzmantel*[462] des türkischen Schriftstellers Sabahattin Ali (1907–1948), der Werke von Lessing, Rilke und E.T.A Hoffmann ins Türkische übersetzt hat. Sabahattin Ali studierte zwischen 1928 und 1930 in Berlin Fremdsprachen und machte sich als Satiriker, Dichter und Romancier in der Türkei einen Namen. Als regierungskritischer Sozialist wurde er von staatlichen Instanzen gegängelt und zensiert. Während seiner Flucht nach Bulgarien wurde er 1948, wahrscheinlich vom türkischen Geheimdienst, ermordet. Ali erschien ob seines sozialistischen Engagements in der DDR Anfang der 50er Jahre das erste Mal auf Deutsch.[463] Sabahattin Alis detaillierte psychologische Charakterbeschreibungen in seinem Berlin-Roman *Die Madonna im Pelzmantel* ähneln durchaus Zafer Şenocaks psychologisierender Berlin-Prosa in den 1990er und frühen Nullerjahren: Alis literarische Beobachtungen kreisen um das Überwinden von Fremdheit, die Suche nach Liebe und die genaue Beobachtung der Mitmenschen.[464]

---

[461] Holdenried, Michaela: Autobiographie. Vol. 17624. Reclam, 2000 und Moser, Christian: Gedächtnis und Erinnerung in der Autobiographie. FernUniversität, 2013.

[462] Ali, Sabahattin: Die Madonna im Pelzmantel. Zürich: Dörlemann Verlag, 2008. Türkische Originalversion: Kürk Mantolu Madonna. Remzi Kitabevi: Istanbul, 1943.

[463] Albath, Maike: Der Holzwurm des Selbst. Der türkische Schriftsteller Sabahttin Ali. In: Ali, Sabahattin: die Madonna im Pelzmantel. Zürich: Dörlemann Verlag, 2008. S. 253–267.

[464] Siehe mehr zu Sabahattin Ali in Karakus, Mahmut: Bildungsmigration nach Deutschland und ihre Auswirkungen auf die Literatur – Sabahattin Alis Roman Die Madonna im Pelzmantel. Türkisch-deutscher Kulturkontakt und Kulturtransfer: Kontroversen und Lernprozesse 1, 2011. S. 187 und in Riemann, Wolfgang: Das Deutschlandbild in der modernen türkischen Literatur. Harrassowitz, 1983. Neuere Beiträge sind im Jahrbuch Türkisch-Deutsche Studien 2016 zu finden, das sich in einem Themenschwerpunkt mit Sabahaatin Ali beschäftigt. Ozil,

Muammer Tuksavul, Şefik Okday, Ahmet Hasim und Sabahattin Ali sind die frühesten Vertreter türkisch-deutscher Literatur[465], die von einem „prä-migrantischen" Deutschland berichten und somit eine interessante Kontrastfolie zu späteren Autor_innen wie Aras Ören, Aysel Özakın, Güney Dal, Feridun Zaimoglu, Emine Sevgi Özdamar, Selim Özdoğan oder Deniz Utlu der bundesrepublikanischen Zeit bilden. Während in der ersten Hälfte des 20. Jahrhunderts hauptsächlich [und auch nur einige wenige] sehr gut situierte und ausgebildete Osmanen bzw. Türken nach Deutschland migrierten oder dort nur für eine Zeit lebten, beginnt mit dem Anwerbevertrag 1961 die Zeit der großen Arbeitsmigration.

Geliş: Die Arbeitsmigration 1960–1979

> Türkisch Mann wir brauchen dich! Komm ins Wirtschaftswunderland! Arbeit wartet dort auf dich! Nimm die Zukunft in die Hand. Harte Arbeit, harte Mark.
> **Cem Karaca**

Einwanderungsprozesse und Arbeitsmigration sind in den 1960er Jahre keine gänzlich neuen Phänomene in Deutschland und Europa. Saskia Sassen und andere haben gezeigt, dass innereuropäische Wanderarbeit und Migration sich bis ins 16. Jahrhundert zurückverfolgen lassen.[466] Durch die Industrialisierung und Massenverelendung hatte es im späten 19. Jahrhundert tiefgreifende Ein-und Auswanderungsströme gegeben. Deutschland war zu jener Zeit zugleich Ein- wie Auswanderungsland. Während viele deutsche Auswanderer ihr Glück in den USA suchten[467], wurden z.B. die Städte des Ruhrgebietes mit seiner Kohle- und Stahlindustrie zu Zentren osteuropäischer Zuwanderung [die sogenannten Ruhrpolen].[468] Hatte es nach dem Ersten Weltkrieg noch zahlreiche Arbeiter ohne deutschen Pass in der Weimarer Republik gegeben, änderte dies sich durch die Weltwirtschaftskrise 1929, die dazu führte, dass die Nachfrage nach ausländischen Arbeitern nachließ. Während der Nazi-Diktatur änderte sich dies erneut: Europaweit wurden ca. 20 Millionen Menschen im Deutschen Reich und in den besetzten Gebieten zur Arbeit in die Kriegswirtschaft gezwungen. Alleine

---

Şeyda et al. (Hrsg.): Türkisch-Deutsche Studien Jahrbuch 2016. The Transcultural Critic: Sabahattin Ali and Beyond. Universitätsverlag Göttingen, 2017.

[465] In Anbetracht seiner fehlenden Deutschkenntnisse und des nur kurzen Aufenthaltes kann Ahmet Haşims streng genommen nicht als Vertreter türkisch-deutscher Literatur betrachtet werden.

[466] Siehe ausführlich in Sassen, Saskia: Migranten, Siedler, Flüchtlinge. Fischer Verlag: Frankfurt, 1996.

[467] Brunner, Bernd: Nach Amerika: Die Geschichte der deutschen Auswanderung. C.H. Beck: München, 2005.

[468] Dahlmann, Dittmar und Kottowski, Albert: Schimanski, Kuzorra und andere: Polnische Einwanderer im Ruhrgebiet zwischen der Reichsgründung und dem Zweitem Weltkrieg. Klartext Verlag, 2005.

in Deutschland wurden sechs Millionen sogenannte „Ostarbeiter" in landwirtschaftlichen und industriellen Betrieben eingesetzt.[469] Nach dem Ende des Zweiten Weltkrieges konnten diese Menschen Deutschland wieder verlassen; viele von ihnen wurden jedoch nie entschädigt, da die BRD die Schuldfrage durch Einzelabkommen mit Staaten geklärt hatte, von denen jedoch die ehemaligen Zwangsarbeiter nicht profitierten.[470] Mit dem sogenannten „Wirtschaftswunder" stellte sich ab den 50er Jahren ein neuer Bedarf an Arbeitskräften ein.

Nachdem die BRD in den Jahren 1955 bis 1960 bereits Abkommen mit Italien, Griechenland und Spanien abgeschlossen hatte, um Arbeitskräfte für die florierende deutsche Wirtschaft anzuwerben und so dem Arbeitskräftemangel[471] zu begegnen, kam es 1961 unter der Adenauer-Regierung zu einem Kooperations-Vertrag mit der Republik Türkei und Ministerpräsident İsmet İnönü (1961–1965). Renan Demirkan weist darauf hin, dass das Abkommen erst durch Druck der USA zustande gekommen sei, die so die Nato-Anbindung der Türkei vorantreiben wollten. Der Minister für Arbeit und Soziales Theodor Blank wäre eindeutig gegen die Anwerbung von türkischen Gastarbeitern gewesen, da diese kulturell nicht nach Deutschland passen würden.[472] Der deutsche Unwille Einwanderung positiv anzunehmen und zu gestalten, zeigt sich schon in den Details des Abkommens. Nur unverheiratete Männer aus dem europäischen Teil der Türkei sollten für die begrenzte Zeit von zwei Jahren kommen dürfen. Demirkan, die sich jahrzehntelang mit dem Holocaust und deutscher Geschichte auseinander gesetzt hat, kommt vor diesem Hintergrund zur folgenden Erklärung, warum es Einwanderer in der BRD schwerer als z.B. in den USA und Kanada hätten, als gleichberechtigt anerkannt zu werden:

---

[469] Siehe in Knigge, Volkhard et al.: Zwangsarbeit: Die Deutschen, die Zwangsarbeiter und der Krieg. Klartext Verlag: Essen, 2011.

[470] Eine ausführliche Behandlung des Themas ist Eizenstat, Stuart: Imperfect Justice – Looted Assets, Slave Labor, and the Unfinished Business of World War II. Public Affairs, New York, 2003.

[471] Gründe für den Arbeitskräftemangel waren die Arbeitszeitverkürzung ab 1955, der Rückzug der Frauen aus dem Berufsleben, durch den Weltkrieg und die unmittelbare Nachkriegszeit bedingte geburtenschwache Jahrgänge die Einführung der Wehrpflicht sowie der Zuzugsstopp von Menschen aus der DDR aufgrund des Mauerbaus 1961. Vgl. z.B. mit do Castro Varela, Maria und Mecheril, Paul: Migration. In Arndt, Susan und Ofuatey-Alazard, Nadja (Hrsg.): (K)Erben des Kolonialismus im Wissensarchiv deutsche Sprache. Unrast: Münster, 2011. S. 160.

[472] Vgl. Demirkans Aussagen mit Ohlert, Martin: Integrationsleitbild und Integrationspolitik der Bundestagsparteien–Hintergründe, Entwicklungen und Zusammenhänge. Zwischen „Multikulturalismus" und „Leitkultur". Springer Fachmedien: Wiesbaden, 2015. 153–575.

> Erst nach vielen Jahren wurde mir klar, welch eine Bedrohung neue Menschen für die – vom Horror des Nationalsozialismus traumatisierte – Bevölkerung gewesen sein müssen. Erst nach und nach habe ich die flächendeckende Dynamik des gesamtgesellschaftlichen Traumas nachvollziehen können, dass Menschen, die selbst mit ihrer „Integration" in der Welt zu kämpfen haben, keine Annahme- oder Akzeptanzpolitik machen konnten. Von einer respektvollen Einwanderungspolitik ganz zu schweigen. [...] Nach und nach wurde mir bewusst, wie sehr die Deutschen nach dem Holocaust selbst zu Außenseitern im Weltgefüge geworden waren. Und nun sollte sich ein ganzes Volk, das mit Rassengesetzen indoktriniert war, plötzlich übergangslos gegenüber neuen Kulturen öffnen? Ein mörderisches Trauma einfach abschütteln – vergessen? Das konnte nicht gutgehen. Man kann sein Denken und sich selbst nicht so einfach ausradieren.[473]

In den ersten Jahren nach Abschluss des Abkommens kamen nur wenige türkische Arbeiter in die BRD. Ab 1967 wuchs die Zahl der einreisenden türkischen Arbeiter jedoch signifikant an, da die Stahl- und Autoindustrie aufgrund einer Wirtschaftskrise einen hohen Bedarf an ungelernten Arbeitern hatte, die man niedriger entlohnen konnte als bundesdeutsche Fachkräfte.[474]

Yüksel Pazarkaya: Rosen im Frost

Yüksel Pazarkaya ist fraglos die zentrale Figur der türkisch-deutschen Literatur in den 60er und 70er Jahren. Ähnlich wie etwa Amérigo Paredes für die mexikanisch-amerikanische Kultur in den USA, hat Pazarkaya in der BRD eine unschätzbare Pionierarbeit geleistet, ohne die die heutige türkisch-deutsche Kultur- und Literaturlandschaft so nicht denkbar wäre. Yüksel Pazarkaya (geb. 1949) fasst in einer der ersten Anthologien zur türkisch-deutschen Literatur die Situation der Gastarbeiter eindringlich zusammen. Er erklärt, warum die erste Generation von Schriftstellern oftmals einen (an)klagenden Ton in ihren Schriften anschlugen:

> Sie litten Not in ihrer Heimat und träumten von einem besseren Leben in der Fremde. In Deutschland aber herrschte Mangel an Arbeitskräften. Zwei Wünsche trafen aufeinander. So gingen deutsche Werber in die Türkei und heuerten Arbeiter an für Deutschlands Fabriken. Diese dachten in ein Land zu gehen, dem sie sich in traditioneller Freundschaft verbunden fühlten. Eineinhalb Millionen Menschen führte schließlich die große Völkerwanderung des Jahrhunderts aus Anatolien ins erhoffte Paradies Almanya, erst Männer allein, dann auch Frauen, Kinder, ganze Familien. Alle

---

[473] Demirkan, Renan: Migration, das unbekannte Leben. Verlag Ralf Liebe: Windeck, 2015. S. 26.
[474] Madubuko, Nkechi: Das Forschungsfeld: Gesellschaftliche Akzeptanz von Migranten in Deutschland. Akkulturationsstress von Migranten. VS Verlag für Sozialwissenschaften: Wiesbaden, 2011. S. 25–51.

hofften sie, der Not entronnen zu sein. Aber alles verlief anders. Die Fremde war nicht so, wie sie es erwartet hatten. Das erträumte Paradies wurde für sie zu einer verschlossenen Welt. [...] Man begegnete ihnen mit Mißtrauen, abschätzig, schließlich mit Abneigung. Die in Vereinsamung lebenden, in Ghettos hausenden Fremden, die man „Gastarbeiter" nannte, ohne ihnen als Gästen mit Gastfreundschaft zu begegnen, erspürten die Distanz, die Abgrenzung, erwiderten sie.[475]

Pazarkaya war 1958 nach Deutschland gekommen. Nach einem absolvierten Studium der Chemie, studierte er zudem Germanistik und promovierte im Fach Literaturwissenschaft. Ähnlich wie Aras Ören begann Pazarkaya in den 60er Jahren türkisch-deutsche Theaterprojekte und Kulturveranstaltungen durchzuführen und ab den 70er Jahren Lyrik, Sachtexte und Romane zu verfassen. Ein zentraler Text aus Pazarkayas Schaffen ist *Rosen im Frost*[476] aus dem Jahr 1982, in dem er eine Kulturgeschichte der Türkei für das deutsche Publikum aufbereitet. Von Musik über Film und Küche und Literatur erklärt Pazarkaya türkische Kultur den Deutschen jenseits orientalistischer Verfremdungen und wirbt so um eine intellektuelle Anerkennung der Migranten in der BRD. In *Rosen im Frost* prägt Pazarkaya den Begriff „Bitterland", der in der Folge von deutschen Wissenschaftlern in der Diskussion der türkischen Diaspora für eine Zeit verwendet wurde.[477] Im Essay *Zorn und Einsamkeit in Bitterland – Die Bundesrepublik Deutschland in der neuen türkischen Literatur* zeichnet Pazarkaya die Migration aus Anatolien nach Deutschland nach und fasst zusammen wie „die Pioniere der Deutschlandliteratur" um Bekir Yildiz, Nevzat Üstün und Aras Ören Themen von Einsamkeit, Fremde, Trennung, Heimweh und Sehnsucht in ihrer Prosa beschreiben.

In den 1980er wurde Pazarkaya Redakteur des WDR – eine weitere Parallele zu Ören, der für den SFB arbeitete – und verfasste zahlreiche Gedichtbände[478] und Texte zur sozialen Lage von Türk-Deutschen. Auch als Übersetzer von Dichtern und Autoren wie Orhan Veli, Nâzım Hikmet und Aziz Nesin und Verfasser von Kinderbüchern konnte sich Pazarkaya einen Namen machen. Yüksel Pazarkaya ist Träger des Bundesverdienstkreuzes. Eine ausführliche Arbeit zum Gesamtwerk Pazarkayas ist die deutsche Germanistik bis heute schuldig geblieben. In diesem Zusammenhang muss ebenfalls der WDR-Journalist, Dokumentarfilmer und

---

[475] Pazarkaya, Yüksel: Das verschlossene Paradies. In: Lorenz, Günter W. und Pazarkaya, Yüksel: Zeitschrift für Kulturaustausch. Institut für Auslandsbeziehungen: Stuttgart, 1985. S. 33.
[476] Pazarkaya, Yüksel: Rosen im Frost – Einblicke in die türkische Kultur. Unionsverlag, 1982.
[477] Siehe z.B. Riemann, Wolfgang: Über das Leben in Bitterland – Bibliographie zur türkischen Deutschland-Literatur und zur türkischen Literatur in Deutschland. Otto Harrassowitz Verlag: Wiesbaden, 1990.
[478] Siehe z.B. Pazarkaya, Yüksel: Der Babylonbus. Gedichte. Frankfurt am Main, 1989.

Grimme-Preisträger Osman Okkan (geb. 1947) genannt werden, der in den 1980er Jahren das Kulturforum Türkei Deutschland und 2009 das Hrant Dink Forum gründete. Günter Grass und Yaşar Kemal waren Ehrenvorsitzende des Kulturforums, das seit 2017 mit einem Rechtsbeihilfefond Journalisten in und aus der Türkei unterstützt. Cem Özdemir, Can Dündar, Oliver Welke und Günter Wallraff sind weitere prominente Unterstützer des Kulturforums.

Zwischenzeit der Normalisierung: Die 1970er

Viele der in Fabriken am Fließband arbeitenden Menschen waren im Übrigen „Gastarbeiterinnen", eine Tatsache, die von der Wissenschaft lange übersehen wurde,[479] jedoch von Schriftstellern der ersten Generation wie eben Yüksel Pazarkaya, Aras Ören, Güney Dal und jüngeren Autoren wie Selim Özdoğan in Romanen beschrieben wurde.

Anfangs war die Aufenthaltsdauer für die aus anderen Ländern angeworbenen Arbeitskräfte auf zwei Jahre festgelegt worden, doch diese Zeitgrenze wurde auf Bestreben der Unternehmen hin aufgehoben, da es für diese nicht wirtschaftlich war, ihre gerade angelernten Arbeitskräfte nach so kurzer Zeit wieder gehen zu lassen und immer neue Arbeiter auszubilden. Daher kam es schließlich 1964 zu einem Aussetzen des Rotationsprinzips, von dem auch die türkischen Arbeiter profitierten.[480] Waren die Pioniere der sogenannten Gastarbeiter-Anwerbezeit[481] zunächst alleine nach Deutschland gekommen und in einfachen und engen Baracken untergebracht worden, konnten sie nun aufgrund einer Gesetzesänderung ihre Familien nachholen und sich privaten Wohnraum mieten.

---

[479] Herbert, Ulrich: Geschichte der Ausländerpolitik in Deutschland. Saisonarbeiter, Zwangsarbeiter, Gastarbeiter, Flüchtlinge. Beck Verlag: München, 2001.
Siehe die Ausführungen von Maria do Mar Castro Varela und Paul Mecheril: „De facto war die Beschäftigung „einer möglichst großen Zahl von Frauen in Leichtlohngruppen" einem ökonomischen Kalkül geschuldet. Als beispielsweise gesundheitsgefährdende Arbeitsplätze nicht mehr mit deutschen Frauen zu besetzen waren, wurden Migrantinnen eingesetzt, da ihnen „eine größere Resistenz, aber auch Indifferenz gegenüber unattraktiven Arbeitsplätzen" zugeschrieben wurde." In: Arndt, Susan und Ofuatey-Alazard, Nadja (Hrsg.): (K)Erben des Kolonialismus im Wissensarchiv deutsche Sprache. S. 161. Maria do Mar Castro Varela und Paul Mecheril beziehen sich in ihren Zitaten ihrerseits auf Mattes, Monika: „Gastarbeiterinnen" in der Bundesrepublik. Anwerbepolitik, Migration und Geschlecht in den 50er bis 70er Jahren. Campus: Frankfurt, 2005. S. 164.

[480] Zur sozialräumlichen Segregation von Migranten in Deutschland siehe Ceylan, Rauf: Ethnische Kolonien: Entstehung, Funktion und Wandel am Beispiel türkischer Moscheen und Cafés. VS Verlag für Sozialwissenschaften, 2006.

[481] Viele der in die BRD einreisenden Menschen hatten zu diesem Zeitpunkt zuvor eine Binnenmigration als Kind mit ihren Eltern innerhalb der Republik Türkei erlebt.

Der Nachzug von Familienmitgliedern blieb auch nach dem durch die Ölkrise bedingten Anwerbestopp 1973 weiterhin möglich und sorgte in den folgenden Jahren für ein stetes Anwachsen der türkischen Bevölkerung in Deutschland.[482] Die Türken der ersten Generation und ihre Kinder waren dabei immer wieder rassistischen Anfeindungen ausgesetzt. Renan Demirkan hat dies in ihrem Roman *Schwarzer Tee mit drei Stück Zucker,* der die Erfahrungen von türkischen Einwanderkindern behandelt, literarisch festgehalten:

> Hier gab es Arbeit, also arbeiteten sie mit dem Vorsatz, nach dem Schulabschluß der Kinder wieder in ihre Heimat zurückzukehren. Sie lebten in einfachen Verhältnissen, ohne Ausschweifungen, ruhig und höflich. Dieses Leben in der Enklave muß einige Beobachter irritiert haben. Denn trotz alledem waren sie für viele Einheimische „Knoblauchfresser" und „Kümmeltürken".[483]

Der Spielfilm *Almanya- Willkommen in Deutschland* der Schwestern Yasemin und Nesrin Şamdereli aus dem Jahr 2011 behandelt den Beginn der türkischen Einwanderung aus der Retroperspektive. Besonderes stilistisches Element dieses Filmes ist es, dass die Geschichte aus der Sicht der türkischen Familie erzählt wird. Während der Zuschauer die Dialoge der Familie auf Deutsch klar verstehen kann, sprechen die deutschen Charaktere in den Anfangssequenzen des Films nur eine Art Kauderwelsch, das verdeutlicht wie fremd und unverstanden sich die ersten „Gastarbeiter" in Deutschland gefühlt haben mussten.[484] Die oftmals ungelernten vom Land kommenden türkischen Arbeiter trafen in der Nachkriegs-BRD der 1960er und 1970er Jahre auf eine deutsche Gesellschaft, die sich ihrer nur als Ressource bedienen wollte. Türkische Arbeiter waren vor allem in der Schwerindustrie und anderen gesundheitsbelastenden und – und im Vergleich mit den deutschen Kollegen – in schlechter bezahlten Arbeitsverhältnissen beschäftigt.[485]

Ein Interesse am Menschen hinter dem Arbeiter war dagegen nicht gegeben. Vielmehr trafen die Arbeitsmigranten der ersten Generation in

---

[482] Einführende Werke in die türkische Migrationsgeschichte sind die bereits älteren Arbeiten von Horrocks, David und Kolinsky, Eva (Hrsg.): Turkish Culture in German Society Today (Culture and Society in Germany). Berghahn Books, 1996 und Eryilmaz, Aytac und Jamin, Mathilde (Hrsg.): Fremde Heimat. Yaban Silan olur. Eine Geschichte der Einwanderung aus der Türkei. Klartext Verlag: Essen, 1998.

[483] Demirkan, Renan: Schwarzer Tee mit drei Stück Zucker. S. 17.

[484] Şamdereli, Yasemin (Produzentin) & Şamdereli, Nesrin (Regie): Almanya- Willkommen in Deutschland. [Spielfilm]. BRD: Roxy Film, 2011.

[485] Einen kompakten Einstieg in das Themengebiet „Krankheit bei türkischen Arbeitsmigranten" bietet: Suart-Dagtekin, Gülcin: Krankheit und Kranksein des türkischen Migranten. Dissertationsschrift. Universität Köln, 2011.

den Fabriken auf Vorarbeiter und besser gestellte deutsche Kollegen, die mitunter selbst noch für Nazi-Deutschland in den Krieg gezogen waren und im Lebensalltag auf eine Bevölkerung, die den Antisemitismus und die Judenverfolgung der nationalsozialistischen Diktatur mitgetragen hatte. Dass die türkischen Arbeiter in diesem Kontext auf rassistische Vorurteile stießen bzw. als schlecht bezahlte Arbeitskraft ausgenutzt wurden, war daher durchaus Teil ihrer Lebenswelt in der BRD. Der in Lübeck geborene Kölner Kabarettist Alparslan Babaoglu-Marx fasst die Erfahrungen der Generation seiner Eltern in Deutschland folgendermaßen zusammen:

> Die Gastarbeiter trafen Anfang der sechziger Jahre in den Behörden, Schulen oder auf der Arbeitsstelle selbstverständlich auf ehemalige NSDAP-Mitglieder oder andere Rechtsradikale. Und wie wurden sie wohl von denen behandelt? Da braucht man nicht lange recherchieren – sicher nicht wohlwollend. Die schlechten Erfahrungen, von denen viele Gastarbeiter berichten, bestätigen diese Annahme. Kurioserweise fiel die schlechte Behandlung den meisten türkischen Gastarbeitern nicht besonders auf. Sie stammten aus dem Arbeitermilieu und waren schlechte Behandlung durch besser Gebildete und Arbeitgeber gewohnt. Sie wehrten sich nicht gegen ungerechte Behandlung. Die Unterwürfigkeit stärkte rassistisch denkende Menschen darin, ihre abfällige Art ungebremst fortzusetzen.[486]

Nachdem Ende der 1960er Jahre bereits die ersten wilden Streiks von Migranten in der BRD durchgeführt wurden[487], kam es im August 1973 zum türkischen Streik bei Ford in Köln[488], ein Ereignis, das zu einem zentralen Erinnerungsort türkisch-deutscher Geschichtsschreibung wurde. Nachdem 300 türkischen Arbeitern fristlos gekündigt worden war, solidarisierten sich die anderen türkischen Arbeitern mit diesen, zumal sie nicht vom Betriebsrat repräsentiert wurden, legten ihre Arbeit nieder und forderten die Wiedereinstellung. Auch deutsche Arbeiter schlossen sich dem wilden Streik schließlich an. Neben der Wiedereinstellung der Arbeiter wurden die Streikziele erweitert und ebenfalls eine Lohnerhöhung gefordert. Die damalige Presse berichtete sehr polemisch von den Vorgängen und bezeichnete die Streikenden als kommunistische Unruhestifter. Der Streik wurde letztendlich mit Schlägerbanden niedergeschlagen: 27 Anführer des Streiks wurden verhaftet, 100 weiteren Arbeitern gekündigt.

---

[486] Babaoglu-Marx, Alparslan: Lernt erst mal Deutsch ... und dann sehen wir weiter: Scheitern vorprogrammiert. Books on Demand, 2014. S. 103.
[487] Siehe in: Birke, Peter: Wilde Streiks im Wirtschaftswunder – Arbeitskämpfe, Gewerkschaften und soziale Bewegungen in der Bundesrepublik und Dänemark. Campus: Frankfurt, 2007. S. 235ff.
[488] Hinken, Günter: Vom „Gastarbeiter" aus der Türkei zum gestaltenden Akteur. Mitbestimmung und Integration von Arbeitsmigranten bei Ford in Köln. In: Jan Motte, Jan Ohliger, Rainer (Hrsg.): Geschichte und Gedächtnis der Einwanderungsgesellschaft. Migration zwischen historischer Rekonstruktion und Erinnerungspolitik. Klartext Verlag, Essen 2004, S. 251–258.

Weitere 600 Arbeiter verließen in der Folgezeit von sich aus die Firma oder wurden dazu gedrängt.[489]

Bis heute wissen wir nur wenig über die „emotionale Geschichte" der „Gastarbeiter" in den Anfangsjahren. Deniz Utlu sinniert darüber, dass das Archiv der Migration immer noch im Verborgenen liege. Nur wenige Initiativen wie der Kölner Verein DOMID [Dokumentationszentrum und Museum über die Migration in Deutschland][490] oder das ebenfalls in Köln ansässige Migrations-Audio-Archiv[491] versuchen diesen Teil deutscher Geschichte vor der Vergessenheit zu retten. Deniz Utlu fasst zusammen:

> Ich suche in dem verlorenen Archiv der Migration nach der emotionalen Geschichte der BRD und stoße auf die Poesie der Migranten aus der ersten Generation. Lyrikbände, voll mit Trennung, Sehnsucht, das Leben in der Fremde, voll mit deutschen Fabriken, feuchten Matratzen und kalten Zimmern. Veröffentlicht im Eigenverlag, verkauft im Sommerurlaub in den Outdoor-Kantinen türkischer Ferienanlagen am Mittelmeer oder an der Ägäis.[…] Nur sechs Jahre nach Gründung der BRD zogen die ersten Gastarbeiter in deutsche Wohnheime, und wenn die sechziger Jahre so etwas wie eine Zeit der ökonomischen Auferstehung Deutschlands waren, haben diese Arbeiter einen erheblichen Beitrag dazu geleistet. Ihre Gedichte erzählen die emotionale Geschichte Deutschlands, die in den Schulbüchern fehlt. Jetzt liegen die Gedichtbände irgendwo im Archiv der Migration in den Kellern der Großväter, die vielleicht bald entrümpelt werden. Wir haben heute, wenn überhaupt, nur noch Zugriff auf eine kleine, fast willkürliche Auswahl.[492]

Die Erfahrung der Gastarbeit und der Migration nach Deutschland wurden erst ab den 1970er verstärkt von Schriftstellern[493], aber auch von Musikern wie dem politischen Folk-Sänger Cem Karaca, der vor der türkischen Militärregierung in die BRD geflohen war, in ihrer Kunst

---

[489] Karakayali, Serhat: Lotta Continua in Frankfurt, Türken-Terror in Köln. Migrantische Kämpfe in der Geschichte der Bundesrepublik. In Hüttner, Bernd et al. (Hrsg.): Vorwärts und viel vergessen. Beiträge zur Geschichte und Geschichtsschreibung neuer sozialer Bewegungen. AG SPAK Bücher, Bremen 2005. S. 121–134.

[490] http://www.domid.org/de [Eingesehen am 17.1.2017].

[491] http://migration-audio-archiv.de/ [Eingesehen am 17.1.2017].

[492] Deniz Utlus Text *Fünfzig Jahre Anwerbeabkommen zwischen Deutschland und der Türkei: Wer an die Zukunft denkt, muss sich erinnern können. Ein Plädoyer für eine deutsche Geschichte* erschien in der Zeitschrift *Der Freitag* [Der Freitag Mediengesellschaft, Berlin. Herausgeber: Jürgen Todenhöfer] am 31.10.2011. Der Essay ist auf Utlus Homepage in Gänze verfügbar. [Eingesehen am 17.1.2017].

[493] Eine erste Übersichtsarbeit ist Lorenz, Günter W. und Pazarkaya, Yüksel: Zeitschrift für Kulturaustausch. Institut für Auslandsbeziehungen: Stuttgart, 1985.

verarbeitet und fanden ihren Weg in die Öffentlichkeit.[494] So thematisiert Karaca auf seinem 1984 erschienen Album *Die Kanaken* im Lied *Es wurden Arbeiter gerufen, doch es kamen Menschen an* – der Titel ist inspiriert durch einen Text von Max Frisch[495] – die Situation türkischer Arbeitsmigranten in den Anfangsjahren und ihre Sündenbockfunktion nach der Ölkrise:

> Es wurden Arbeiter gerufen, doch es kamen Menschen an
> Es wurden Arbeiter gerufen, doch es kamen Menschen an
> Man brauchte unsere Arbeitskraft, die Kraft, die was am Fließband schafft
> Wir Menschen waren nicht interessant, darum blieben wir euch unbekannt
> Ramaramaramaramadah Gastarbeiter –
>   Ramaramaramaramadah Gastarbeiter
> Es wurden Arbeiter gerufen, doch es kamen Menschen an
> Es wurden Arbeiter gerufen, doch es kamen Menschen an
> Solange es viel Arbeit gab, gab man Drecksarbeit uns ab, doch dann als die
>   große Krise kam, sagte man, wir sind Schuld daran
> Ihr wollt nicht unsere Kultur, nicht mit uns sein – Ihr wollt uns nur
> als Fremde sehn – so bleiben wir Unbekannte dort wie hier
> Es wurden Arbeiter gerufen, doch es kamen Menschen an
> Es wurden Arbeiter gerufen[496]

---

[494] Das Thema „Gastarbeit" wurde fernerhin vom deutschen Film aufgegriffen. So hatte beispielsweise Aras Ören bei der Gestaltung des Films *Shirins Hochzeit* [WDR: Köln, 1976] einen großen Anteil. Der Film von Helma Sanders-Brahms zeichnet den Weg der Gastarbeiterin Shirin nach, die vor der in der Türkei erlebten familiären Enge in die BRD flieht. Dort arbeitet sie zunächst in einer Fabrik, dann als Prostituierte bevor sie ermordet wird. *Shirins Hochzeit* nimmt durchaus Faith Akins *Gegen die Wand* in seiner Sozialkritik vorweg. Auch Rainer Werner Fassbenders Film *Angst essen Seele auf* von 1973 beleuchtet den Lebensalltag von Arbeitsmigranten am Beispiel des arabischen Arbeiters Ali. Nachdem er die 20 Jahre ältere Witwe Emmi Kurowski, ein ehemaliges NSDAP-Mitglied, heiratet, wird diese von ihrer Umgebung gemieden und als Ausländerflittchen stigmatisiert.

[494] Wissenschaftliche Arbeiten, die sich explizit mit dem Zusammenleben der ersten Gastarbeitergeneration mit der deutschen Bevölkerung beschäftigen stehen derweil jedoch noch aus. Vgl. mit Graf, Rüdiger: „Das hinterhältigste und wirksamste Instrument gesellschaftlicher Unterdrückung". Gemeinschaft und Gesellschaft in Rainer Werner Fassbinders *Angst essen Seele auf*. In Baumeister, Martin; Föllmer, Moritz und Müller, Philipp (Hrsg.): Die Kunst der Geschichte. Historiographie, Ästhetik, Erzählung. Vandenhoeck & Ruprecht, Göttingen 2009, S. 373–392. Vgl. Neubauer, Jochen: Türkische Deutsche, Kanakster und Deutschländer. Identität und Fremdwahrnehmung in Film und Literatur: Fatih Akin, Thomas Arslan, Emine Sevgi Özdamar, Zafer Senocak und Feridun Zaimoglu. Königshausen & Neumann. Würzburg, 2011.

[495] Frisch, Max: Öffentlichkeit als Partner. Edition Suhrkamp: Frankfurt, 1967. S. 100.

[496] Karaca, Cem: Es wurden Arbeiter gerufen, doch es kamen Menschen an. Aus: Die Kanaken. Pläne Label: Köln, 1984.

Die türkischen Arbeiter wurden nur für ihre Tätigkeit in der Wirtschaft in die BRD geholt und eben nicht in der von Karaca beschriebenen Fülle ihrer Menschlichkeit begriffen. Sie sollten Arbeiter auf Zeit in Deutschland bleiben und Politiker und Parteien oder andere Träger der deutschen Zivilgesellschaft wie Kirchen und Vereine zeigten daher weder das Interesse noch die Einsicht sich um die kulturelle Versorgung, die ein essentieller Bestandteil einer integrativen Politik gewesen wäre, zu kümmern. Die türkischen „Gastarbeiter" waren sich selbst überlassen und mussten das Leben jenseits der Fließbänder mit Sinn zu füllen. Und in der Tat begann sich eine eigenständige Freizeitkultur zu entwickeln, die weit über die Etablierung von türkischen Teestuben hinausging. Eine wichtige Rolle spielten dabei türkische Akademiker, Studenten und Intellektuelle, die ebenfalls mit den Arbeitern Anatoliens in die BRD gekommen waren.

Die Sesshaftwerdung der türkischen Arbeiter in Deutschland wurde schließlich vom ersten Ausländerbeauftragten der Bundesregierung, dem ehemaligen NRW-Ministerpräsident Heinz Kühn (SPD), konstatiert. Im sogenannten *Kühn-Memorandum* aus dem Jahr 1979 wurden die „Gastarbeiter" endlich als Einwanderer begriffen und es wurden dementsprechende Integrationsmaßnahmen und politische Teilhabe gefordert.[497]

Karin Yeşilada hat in ihrem Artikel *Kulturvermittlung* als erste Wissenschaftlerin überhaupt eine ausführliche Darstellung der türkischen Kulturszene von den Pionierjahren der Gastarbeitergeneration bis heute erarbeitet[498]: Auf lokaler Ebene wurden neben (religiösen) Kulturvereinen, Arbeiter- und Fußballvereinen über die Jahre hinweg auch Künstlerkollektive, Theatergruppen und Verlage gegründet, die dafür sorgten, dass türkische Kultur in der BRD gelebt und kreiert wurde. Schriftsteller und Übersetzer wie Ören und Pazarkaya in den Anfangsjahren, Zafer Şenocak in den 80er Jahren oder jüngst Deniz Utlu waren und sind dabei als Multiplikatoren in unterschiedlichsten Funktionen entscheidend. Die deutsche Bevölkerung wurde dabei genauso als Zielgruppe angesehen wie die türkischen Einwanderer. Yeşilada weist darauf hin, dass der türkisch-deutsche Kulturprozess bis in die 1980er Jahre hinein von einem großen Optimismus getragen wurde:

---

[497] Kühn, Heinz: Stand und Weiterentwicklung der Integration der ausländischen Arbeitnehmer und ihrer Familien in der Bundesrepublik Deutschland: Memorandum d. Beauftragten d. Bundesregierung. Bundesminister für Arbeit u. Sozialordnung, Bonn 1979. migration-online.de. [Eingesehen am 20.2.2017].
[498] Siehe in Hofmann, Michael und Yesilada, Karin (Hrsg.): Kulturvermittlung. In: Kulturgeschichte der türkischen Einwanderung. Königshausen & Neumann: Würzburg, 2017. S. 1–19. [Unveröffentlichtes Manuskript. Die Seitenzahl kann in der Endfassung abweichen].

Man wollte in vielfältiger Weise die Kultur der Türkei in Deutschland bekannt machen, um kulturelle Vielfalt und gegenseitiges Verständnis in der Einwanderungsgesellschaft zu fördern. Mit den Ereignissen der 90er Jahre und den anschließenden Debatten um nationale (Nicht-)Zugehörigkeit in Deutschland, die vorwiegend unter Ausschluss der Einwanderer geführt wurde, erfuhr die Offenheit eine zunehmende Verengung. Mit den politischen Debatten verhärtete sich der Diskurs.[499]

Bevor ich die veränderte gesellschaftliche Lage für die Türk-Deutschen in den 1980er darstelle, werden im Folgenden mit Dal und Ören zwei zentrale Protagonisten der ersten Generation kurz vorgestellt.

Güney Dal: Eine europäische Geschichte

Güney Dal ist neben Aras Ören und Yüksel Pazarkaya einer der ersten Autoren, die in Deutschland veröffentlichen und damit erfolgreich waren. Dal, der mittlerweile wieder in der Türkei lebt, wurde 1944 geboren und kam nach seinem Studium 1972 nach Berlin.[500] Sein Roman *Wenn Ali die Glocken hört* gilt als der erste türkisch-deutsche Roman überhaupt.[501] Der auf Türkisch verfasste Roman, der auf den bereits erwähnten Kölner Streik im Ford-Werk Bezug nimmt, erschien 1976 zunächst in der Türkei, bevor er ins Deutsche übersetzt wurde.[502] Tom Cheesman weist darauf hin, dass der deutschen Version zentrale Teile der Handlung fehlen, und dass der Titel fernab der ursprünglichen Intention des Autors gewählt wurde. Während Dal ursprünglich „Der Arbeiter mit den wachsenden Brüsten"[503] präferierte, erhielt bereits die türkische Erstauflage mit *Arbeitsexile* einen abweichenden Titel.[504] Die deutsche Übersetzung und der Titel *Wenn Ali die Glocken hört* entfernt sich vom sozialkritischen Anspruch Dals und bedient stattdessen das vereinfachte Bild vom türkischen „Gastarbeiter", mit dem typischen Namen „Ali", der als literarischer Ar-

---

[499] Ebda.: S. 13. [Unveröffentlichtes Manuskript. Die Seitenzahl kann in der Endfassung abweichen].
[500] Auf Deutsch erschienen sind: Dal, Güney: Europastraße 5. München: DTV, 1983; Der enthaarte Affe. Roman. München: Piper, 1988; Wenn Ali die Glocken läuten hört. Ikoo-Verlag, 1979; Janitscharenmusik. München: Piper, 1999; Teestunden am Ring. München: Piper, 1999.
[501] Eine ausführliche Arbeit zur Prosa von Güney Dal ist Clarke, Alexandra: Landkarten innerer Welten – The Novels of Güney Dal. University of Wales: Swansea, 2005.
[502] Siehe ausführlich bei Cheesman, Tom: Novels of Turkish German Settlement. S. 84.
[503] Türkische Version: İş Sürgünleri.
[504] Vgl. Cheesman, Tom: Novels of Turkish German Settlement. S. 158. Siehe ebenfalls Clarke, Alexandra: Losing the plot – The (Mis)Translation of Güney Dal's İş Sürgünleri. Focus on German Studies 12. University of Cincinnati, 2005. S. 1–16.

chetyp die Romane der 1970er und frühen 1980er bevölkert.[505] In seinem zweiten Roman *Europastraße 5*, der 1981 auf Deutsch erschien,[506] setzte Dal dem Topos der Reise zwischen der Türkei und Deutschland – eine von vielen Gastarbeiterfamilie gemachte Erfahrung in den Sommerferien, die zum kollektiven Wissen in der türkisch-deutschen Migrationsgesellschaft gehört, – ein literarisches Denkmal und schuf einen Klassiker der türkisch-deutschen Literatur. *Europastraße 5* ist dabei mehr als nur eine Straßenodyssee, die den jährlichen Ferienwahnsinn nachzeichnet. Dal äußert im Roman durchgängig eine Sozialkritik an den bestehenden Verhältnissen von Ausbeutung in der BRD und der Türkei. Auf der Straße gegen Heimat treffen die Arbeiter aufeinander und vergleichen ihre in Europa gemachten Erfahrungen:

> Ein Wettkampfteilnehmer, der von Westdeutschland losfährt, um die türkische Grenze zu erreichen, kennt seine Kameraden, die sich das gleiche Schicksal erwählt haben, von den Wartezeiten an den Grenzstationen her, die manchmal einen ganzen Tag dauern. Man tauscht Adressen aus, diskutiert die politischen und sozialen Probleme des Landes. Jeder ist bemüht, die ihm genehmen Strukturen des gesellschaftlichen Lebens in dem jeweiligen Land, in dem er arbeitet, zu verteidigen und zu erklären, wie sie auf sein Land anzuwenden seien. Ein Arbeiter, der in Frankreich beschäftigt ist, entwickelt in seinem Kopf meist etwas andere Vorstellungen darüber, nach welchem Modell man die Türkei entwickeln sollte, als einer, der in Westdeutschland oder einer, der in Holland arbeitet.[507]

Protagonisten des Romans sind Salim Yanarca und seine Frau Sünbül, die kinderlos in Berlin leben. Als Salims Vater Hassan, der sich in der Bundesrepublik für eine ärztliche Behandlung aufhält, unvermittelt stirbt, sieht sich das Ehepaar der Aufgabe gegenüber gestellt, den Leichnam des Vaters in die türkische Heimat zurückzubringen. Salim fehlt – und dies ist typisch für die literarischen Charaktere in den ersten türkisch-deutschen Romanen – ein Gefühl der Gewissheit, in Deutschland sein und leben zu dürfen. Sein Verhalten gegenüber dem deutschen Arbeitgeber und Kollegen ist von Demut und Unterordnung geprägt. Es sind die Jahre des Anwerbestopps und man kann nach der Ölkrise 1973 als „Gastarbeiter" froh sein, bereits in der BRD zu sein und eine Festanstellung zu haben. Man ordnet sich unter und stellt keine Ansprüche. Salims Kollege Adil fasst die Situation der türkischen Arbeiter folgendermaßen zusammen:

---

[505] Vgl. Wise, Gail Elizabeth: Ali in Wunderland - German representations of foreign workers. University of California: Berkeley, 1995.
[506] Dal, Güney: Europastraße 5. DTV: München, 1983.
[507] Ebda.: S. 95.

> Sie haben alles genau geplant; du kannst nun nicht einfach, wenn es dir gerade in den Kram paßt, Urlaub verlangen. In diesen Monaten brauchen die Deutschen Idioten, die die Arbeit machen. Und selbst wenn du nicht nur unbezahlten haben willst, sondern sogar noch was draufzahlen wolltest, würden die dir glatt sagen, bleib du mal schön hier. Wenn dir das nicht paßt, dann kannst du ja gehen. Und wenn du in diesen Zeiten erst mal auf der Straße sitzt, da finde mal eine neue Arbeit.[508]

Fliegen ist in den 1970er Jahren noch teuer und so wird Vater Hassan in einen großen Karton verpackt und auf das Dach des PKWs geschnürt. Salim muss alleine den Wagen fahren, da seine Frau Sünbül an Angststörungen und Aussetzern in der sinnlichen Wahrnehmung leidet. Auf dem Weg nach Çanakkale, wo Vater Hassan im Ersten Weltkrieg noch als Soldat für das Osmanische Reich gekämpft hat, hat die Familie viele Hindernisse zu überwinden. Interessant ist dabei, dass Dal auf verschiedenen Erzählebenen das Erleben von Salim und Sünbül verknüpft und in Rückblenden den verstorbenen Vater Hassan von seiner Militärzeit berichten lässt.

Dal beschreibt ausführlich den Reisealltag der jährlich stattfindenden „Türkenwanderung" auf den Straßen Europas, der durch lange Staus, Kettenrauchen und zahllose Passkontrollen in den kommunistischen Ländern, die auf dem Weg liegen, geprägt ist. Abweichend von den Reisen der deutschen Touristen nach Italien und Spanien, müssen die türkischen Arbeiter bei ihren Heimatbesuchen auch immer ihre Verwandten bedenken, die man reichlich beschenken sollte. Kaffeemaschinen, andere elektronische Kleingeräte und Lebensmittel füllen daher das Wageninnere.

Salim begegnet auf der Fahrt vielen Menschen, die ihn an die Grenze der Belastbarkeit seiner Nerven bringen. Diese sind ohnehin angespannt, da Sünbül von Zeit zu Zeit im Auto ihre Aussetzer hat. Dazu kommt, dass der Körper des Vaters, der auf dem Dach dahinmodert, den Wagen in einen säuerlichen Gestank hüllt und bei einem Unfall in die Büsche geschleudert wird.[509] An der DDR-Grenze lernen Salim und Sünbül die Familie Bul im Stau kennen. Der Vater Ferit Bul ist ähnlich Selim Özdoğans Protagonist Fuat in *Heimstraße 52* überfordert mit seiner Existenz in Deutschland und trinkt zu viel Alkohol, schüchtert seine Frau ein und schlägt seine Söhne. Offenherzig berichtet er Salim von seinem Familienleben, da er davon ausgeht, dass dieser selbstverständlich ähnliche Meinungen zu allem habe. Salim ist jedoch weit davon entfernt auch nur Ver-

---

[508] Dal, Güney: Europastraße 5. DTV: München, 1983. S. 42.
[509] Der „Topos der komischen Leiche" [Telefongespräch mit Prof. Dolf Oehler am 8.2.2017] ist keine Seltenheit. Siehe z.B: Alec Coppels Bühnenstück *The Gazeboo* von 1959. Das Stück lieferte die Vorlage für den Film *Jo* mit Louis de Funéz von 1971 [Regie: Jean Girault]. Auch in dem amerikanischen Film *Little Miss Sunshine* der Regisseure Jonathan Dayton und Valerie Faris übt eine Leiche eine wichtige Rolle aus.

ständnis für Ferit zu haben und lehnt es schließlich gar ab, mit ihm zusammen zu trinken. Ferit steht stellvertretend für diejenigen in die BRD migrierten Arbeiter, die an den Arbeitsverhältnissen und ihrem Unvermögen Einwanderung zu meistern zu Grunde gehen und ihre Familie zerstören. Ferits ältester Sohn Kayhan kämpft dagegen an: Er will offen seine Homosexualität leben und zeigt seine Eltern wegen häuslicher Gewalt an, die das Sorgerecht verlieren und ihn verstoßen.

Im Laufe der Handlung weigert sich Salim schließlich weiter mit den Buls zu reisen, obzwar es ihm um deren Sohn Cem leid tut, der Zutrauen zu ihm gefunden hat und bei ihm Schutz vor dem despotischen Vater sucht. Cem revoltiert wie sein Bruder Kayhan gegen den Vater, inde er er den Kapitalismus in der Türkei kritisiert und für sozialistische Ideen schwärmt, die vom nationalistisch denkenden Vater verteufelt werden:

> Du mußt mir glauben, Salim Ağabey, ich sag das alles auch zu ihm. Weißt du eigentlich, daß mein Vater alles, was er gelernt hat, auf der Militärschule gelernt hat? Deswegen will er solche Gedanken gar nicht erst in seinen Kopf reinlassen! Er meint, alles das, was er da bei den Soldaten auswendig lernen mußte, wäre wahr. Und auf mich hört er ja nicht. Wenn jemand, dem er vertraut, ihm das alles so nach und nach erklären würde und sagen würde, ja, was ist denn dran am Sozialismus, wovor man sich fürchten müßte? Weißt du, manchmal ist er auch ein guter Mensch, eines Tages wird auch er noch vernünftig. Und dann mag er mich auch gerne. Und wir haben nie wieder Streit.[510]

Einige hunderte Kilometer später kommen Salim und Sünbül am Autowrack der Buls vorbei. Ferit hat getrunken und die Familie in den Tod gerissen. Salim wird in der Folge von einem schlechten Gewissen und Alpträumen geplagt, da er Ferit sich selbst überlassen hat. In einem weiteren Stau wird Salim schließlich Zeuge wie ein junger Mann für seine kommunistischen Überzeugen von drei Männern zusammengeschlagen wird und schreitet ein. Den jungen Kommunisten und einen weiteren Helfer namens Kaya Bey, beides studierte Landsmänner aus der Türkei, trifft er später nach einer Autopanne in Jugoslawien wieder. Salim trinkt mit ihnen zu viel Raki und hört ihren politischen Reden zu. Beide Männer stehen dem politischen System der Türkei äußerst kritisch gegenüber. Sie benutzen eine von theoretischen Begriffen gefüllte Sprache, die nichts mit Salims normalen Sprachgebrauch zu tun hat. Es ist schließlich Kaya, der versucht, Salim die Ausführungen des jungen Kommunisten zu erklären. Salim stört sich jedoch an Kayas Einlassungen, die letztendlich ein paternalistisches Eingreifen in seine Autorität sind. Auch wenn er nicht die revolutionäre Theoriesprache der Diskussion spricht, versteht er doch nur zu gut, wenn Hierarchien etabliert werden. Im Raki-Rausch steigern sich

---

[510] Dal, Güney: Europastraße 5. DTV: München, 1983. S. 147.

die beiden Männer immer tiefer in die sozialistische Gedankenwelt hinein. Kaya zeigt sich bereits ein wenig desillusioniert:

> Ich will nur sagen, die schönste und dabei wirksamste Lüge der Ideologien wie auch der Religionen ist, daß es in der Zukunft beziehungsweise im Paradies schön sein wird. Ich weiß, daß ich damit nichts Neues sage. Ich weiß auch, daß das schon sehr oft wiederholt wurde. Aber obwohl das schon so oft gesagt wurde, ist der Anteil an Wahrheit, den es beinhaltet, immer aktuell. Das heißt, wenn der Mensch einmal der Idee verfallen ist, daß die Zukunft schön sein wird, da kann er nicht mehr damit aufhören, die Schönheiten der Gegenwart in den Dreck zu ziehen. Das hat man uns so beigebracht, und wir sind dann auch gleich fanatisch dafür eingetreten: Die schönsten Gottesgaben liegen in der Zukunft und wir erreichen sie durch den Sozialismus [....] Dabei wissen das doch heutzutage doch schon die Kinder, daß man niemals eine klassenlose, entfremdungsfreie Gesellschaft ohne Staat erreichen kann, wenn den Revolutionen nicht weitere Revolutionen folgen. Daß sich sonst bestenfalls ein steriler Staatssozialismus bildet, und der Mensch im Namen der Menschlichkeit wiederum durch die Mangel gedreht wird. Und du kannst sicher sein, in einer solchen Gesellschaft werden die armen Menschen sich wieder auf die Suche nach den trügerischen Paradiesen der Religionen und der kapitalistischen Ordnung machen.[511]

Salim ist gleichfalls ab einem gewissen Zeitpunkt betrunken und macht sich Luft. Genug hat er von den Worten der beiden, die sich vorgeblich um seine Sorgen als Arbeiter kümmern, aber ihn doch nicht verstehen. Salim kann nicht mehr an sich halten und gibt zu, den Leichnam des Vaters auf dem Dach des Autos zu transportieren. Fortan ist er beunruhigt, dass sie ihn verraten werden, doch sie versprechen ihm Stillschweigen zu bewahren. Kaya bittet Salim nach der durchzechten Nacht sogar darum, ihn und sein Gepäck mit nach Istanbul zu nehmen. Kurz nach dem Grenzübertritt endet schlagartig die Geschichte. Zollpolizisten stoppen den Wagen, und Kaya, der einen Drucker dabei hat, um sozialistische Botschaften auf Flugblätter zu vervielfältigen, versucht erfolglos sie zu bestechen. Ende der 1970er Jahre ist die Zeit der Straßenkämpfe zwischen rechten und linken Gruppierungen in der Türkei und die Polizei verdächtigt Salim ein Anarchist zu sein. Die Leiche des Vaters erschwert die Angelegenheit und man wirft Salim vor, diesen ermordet zu haben. Während Sünbül in die Psychiatrie eingeliefert wird, sitzt Salim im Gefängnis und schreibt seinem Freund Adil in Deutschland in der Hoffnung, dass dieser seine Kündigung in der Firma abwenden kann.

Dals Roman zeichnet auf komprimierte Weise die Belastungen des „Gastarbeiter"-Lebens in der BRD und der Migration nach. In Deutschland zu sein, dort zu leben und zu arbeiten ist in den 1970er und frühen

---

[511] Dal, Güney: Europastraße 5. DTV: München, 1983. S. 228–229.

1980er Jahren noch lange nicht selbstverständlich. Die zweite Generation wird gerade erst in der BRD geboren, und die Dominanzgesellschaft blickt auf sie als „Türkenkinder und Ausländer", statt zu verstehen, dass sich eine Migrationsgesellschaft herausgebildet hat, die bleibt. Die Ölkrise und die politischen Ereignisse in der türkischen Heimat, wo die den Kalten Krieg begleitende Systemkonfrontation mit Straßenkämpfen, Lynchjustiz, Folter und mehreren Militärputschen noch einmal heftigere Ausformungen annimmt als mit dem Terror der RAF in der BRD, belastet das Lebensgefühl der ersten Generation von Türken in Deutschland stark. Dals Protagonist Salim muss als Arbeiter und Familienvater in der Migration, zwischen den Grenzen Deutschlands und Europas sowie in den ideologischen Kriegen von Ost und West bestehen und bleibt dabei menschlich. Dal kritisiert die kapitalistischen Bedingungen des Arbeitslebens und die Versprechungen des Sozialismus gleichermaßen und präsentiert den Humanismus seiner Figur Salim als möglichen Ausweg. Durch die Einbettung der Erinnerungen des verstorbenen Vaters verweist Dal auf die Überzeitlichkeit menschlicher Fragen in der individuellen Lebenswelt. Ob die Lebenswelten der Menschen durch die politischen und ökonomischen Bedingungen des Osmanischen Reich, der Türkischen Republik oder der BRD geprägt werden, ist zweitrangig für den Lebenskampf der Figuren in Dals Roman.

In Anbetracht der jüngsten Ereignisse in der Republik Türkei, in der die AKP die Stimmung der Bevölkerung nach dem Juli-Putsch 2016 dazu nutzt gegen die Gülen-Bewegung,[512] Journalisten und Kurden vorzugehen und ein autokratisches Staatssystem aufzubauen, erhält der Roman eine erneute Aktualität, da er zeigt, in welcher Vehemenz politische Auseinandersetzungen in der Türkei gleichermaßen Einfluss auf Türken und Türk-Deutsche nehmen und sie zu einer Positionierung zwingen.

Die Spannungen in der Türkei seit den Gezi Park Protesten 2013 und die Politik Erdoğans, die die Bevölkerung spaltet, sind ebenfalls Themen in Selim Özdoğans Roman *Wieso Heimat, ich wohne hier zu Miete*, der weiter unten in Kapitel VII analysiert wird. Der direkte Vergleich mit Dals Roman gibt Aufschluss darüber, mit welcher Kontinuität und Heftigkeit Systemkonflikte in der Türkei geführt werden. In diesem Zusammenhang sei auf die politischen Flüchtlinge Anfang der 1980er verwiesen: Texte von Autor_innen wie Aysel Özakın [siehe weiter unten], die die damaligen Menschenrechtsverletzungen in der Türkei beschreiben, ähneln

---

[512] Das deutschsprachige Standartwerk zur Bewegung des Predigers Fetullah Gülen ist Agai, Bekim: Zwischen Netzwerk und Diskurs – Das Bildungsnetzwerk um Fethullah Gülen (geb. 1938). Die flexible Umsetzung modernen islamischen Gedankenguts. EB-Verlag: Schenefeld, 2004.

auf frappierende Weise Berichten von aktuell verfolgten und verhafteten Schriftsteller_innen wie Aslı Erdoğan.[513]

Aras Ören: *Was will Niyazi in der Naunynstraße?*

> Als das mit Deutschland aufkam sagte ich mir, so wie jedermann, ich auch: Deutschland ist so ein kleines Amerika. Gehst du dorthin Niyazi, lebst du dort wie die Reichen von Bebek. Denn die Armen können nur in Amerika – oder in Deutschland oder in einem anderen westlichen Land – leben wie ein Amerikaner. Während das in unseren Ländern nur eine Sache der Reichen ist. Und nur wenn man wie ein Amerikaner lebt, kann der Mensch sagen, ich habe gelebt.[514]

Aras Ören wurde 1939 in Istanbul geboren. Nach dem Studium am Roberts College [heute Boğaziçi Üniversitesi] begann der aus einer gut situierten Familie stammende Ören in den 60er Jahren als Schauspieler und Dramaturg in der Türkei zu arbeiten. Zwischenzeitlich ging Ören immer wieder in die BRD, wo er als Schauspieler an der *Neuen Bühne* in Frankfurt ein Engagement fand oder versuchte Theatergruppen für türkische Arbeiter ins Leben zu rufen.[515] 1969 zog Ören schließlich nach Berlin, wo er heute noch lebt. Beim *Sender Freies Berlin* fand Ören in der türkischen Redaktion eine berufliche Heimat, die es ihm ermöglichte nebenbei als Autor und Schauspieler zu arbeiten. Bis heute hat der auf Türkisch schreibende Schriftsteller ein umfangreiches Werk verfasst und gilt als einer der Wegbereiter der türkisch-deutschen Literatur.[516] Davon zeugen zahlreiche Preise und seine Poetik-Gastprofessur an der Universität Tübingen im Jahr 1999.[517] Obwohl Ören zahlreiche Romane verfasst hat[518], ist er bis heute hauptsächlich durch seinen Gedichtzyklus *Was will Niyazi in der Naunynstraße* bekannt. Auch wenn die sozialkritischen Gedichte aus dieser Sammlung bei weitem nicht die identitätsstiftende und revolutionäre Wirkung gehabt haben, wie beispielsweise Corky Gonzales' *Yo soy*

---

[513] Erdoğan, Aslı: Nicht einmal das Schweigen gehört uns noch. Knaus Verlag: München, 2017.

[514] Ören, Aras: Was will Niyazi in der Naunynstraße. Ein Poem. Rotbuch Verlag: Berlin, 1973. S. 25.

[515] Eine Übersichtsarbeit zum türkisch-deutschen Theater und Kabarett ist Boran, Erol M.: Eine Geschichte des türkisch-deutschen Theaters und Kabaretts. Dissertation, 2004.

[516] Die biographischen Informationen habe ich der von Tayfun Demir herausgegeben Chronik Türkischdeutsche Literatur entnommen. S. 54.

[517] Ören, Aras: Selbstbild mit Stadt. Privatexil: Ein Programm? Drei Vorlesungen. Übersetzung Cem Dalaman. Konkursbuchverlag: Tübingen, 1999. S. 23–41.

[518] Ören, Aras: Berlin-Savignyplatz. ESPRESSO, 1995. Unerwarteter Besuch. ESPRESSO, 1997.Granatapfelblüte ESPRESSO, 1998. Ören, Aras und Schneider, Peter: Wie die Spree in den Bosporus fließt. Briefe zwischen Istanbul und Berlin 1990/1991. Babel Verlag, 1991.

Joaquin für die Chicano-Bewegung, wird das Gedicht als eine Art Gründungstext der türkisch-deutschen Literatur verstanden. Tom Cheesman hat Aras Ören in *Novels of Turkish German Settlement* ausführlich behandelt.[519]

Heimischwerdung und Ausgrenzung: 1980–1990

> Welche Zukunftshoffnungen verbleibt den Hunderttausenden von Gastarbeiterkindern, die heute sowohl in ihrer Muttersprache wie in der deutschen Sprache Analphabeten sind? Welche Zukunftshoffnungen haben unsere eigenen Kinder, die in Klassen mit überwiegend Ausländern ausgebildet werden? Allein lebendige und lebensfähige deutsche Familien können unser Volk für die Zukunft erhalten.
> **Der Heidelberger Kreis**

> Der Mohr hat seine Arbeit getan. Er kann gehen.[520]
> **Muley Hassan**

Die anbrechenden 1980er Jahre bedeuten für die in West-Deutschland lebenden Türk-Deutschen einen größeren Wandel. Der Blick auf die „Gastarbeiter", die mehr oder weniger unbeachtet ihrer Arbeit nachgingen und von der Dominanzgesellschaft lange Zeit ignoriert wurden, da man diese zwar für die Industrie brauchte, aber eben nicht als Einwanderer begriff um deren Belange man sich zu kümmern habe, verschob sich nach dem Ende des Wirtschaftswunders und der ersten Wirtschaftskrise in der BRD langsam hin zu einer Problematisierung der Türken als Ausländer, die zu viele und zu fremd seien. Zahlreiche Professoren wie Manfred Bambeck, R. Fricke, Karl Götz, Werner Georg Haverbeck, Joachim Illies, Peter Manns, Harold Rasch, Franz Hieronymus Riedl, Heinrich Schade, Theodor Schmidt-Kaler, Helmut Schröcke, Kurt Schürmann, Ferdinand Siebert, Georg Stadtmüller und Politiker wie Theodor Oberländer, der von 1953 bis 1960 Minister für Heimatvertriebene in Bonn gewesen war[521], schlossen sich im Juni 1981 zusammen und veröffentlichten das sogenannte

---

[519] Cheesman, Tom: Novels of Turkish German Settlement. S. 160-166. Eine weitere Studie zu Ören ist Bellmund, Sabine: Mikrokosmos Naunynstraße. Untersuchungen zur Berlin-Trilogie von Aras Ören. Universität Hamburg, 2012. Rösch, Heidi: Migrationsliteratur im interkulturellen Kontext. Eine didaktische Studie zur Literatur von Aras Ören, Aysel Özakın, Franco Biondi und Rafik Schami. Berlin, 1992. Siehe zudem Chin, Rita C-K. Imagining a German Multiculturalism – Aras Oren and the Contested Meanings of the "Guest Worker," 1955–1980. Radical History Review 83.1, 2002. S. 44–72.

[520] Schiller, Friedrich: Die Verschwörung des Fiesco zu Genua. Drama von 1783. Edition Holzinger: Berlin, 2016.

[521] Wachs, Phillip Christian: Der Fall Oberländer (1905–1998). Ein Lehrstück deutscher Geschichte. Campus Verlag, Frankfurt am Main 2000.

Heidelberger Manifest[522], das die Bundesregierung zu einem Wechsel in der Ausländer- und Gastarbeiterpolitik bewegen wollte. Gemäß der nationalsozialistischen Vergangenheit und rechtsextremen Einstellungen der Unterzeichner wurden in dem Text Überfremdungsängste und der Verlust der deutschen Kultur durch die Anwesenheit türkischer Menschen in der BRD heraufbeschworen, die sich durchaus mit den Ideologien von PEGIDA und AfD im Jahr 2017 vergleichen lassen. Die Unterzeichner verwendeten öffentlich ein an die Lebensraum- und Rassentheorie der Nazis angelehntes menschenfeindliches Vokabular, welches sich Begriffe wie Volk und Unterwanderung zu Nutzen macht:

> Die Rückkehr der Ausländer in ihre angestammte Heimat wird für die Bundesrepublik als eines der am dichtesten besiedelten Länder der Welt nicht nur gesellschaftliche, sondern auch ökologische Entlastung bringen.[523]

Obwohl das Manifest keine mediale Massenwirkung nach sich zog und heute fast in Vergessenheit geraten ist – das zeigt auch die geringe Forschungsliteratur dazu – ist es insofern erwähnenswert und symptomatisch für den veränderten Blick auf Einwanderer[524], da die von Helmut Kohl geführte CDU/FDP- Regierung kurz nach ihrem Amtsantritt 1982 Maßnahmen ergriff, die türkische „Gastarbeiter" dazu ermuntern sollte, in ihre Heimat zurückzukehren. In diesem Zusammenhang ist vor allem das *Rückkehrhilfegesetz*[525] aus dem gleichem Jahr zu nennen, das eine Rück-

---

[522] Vgl. mit Wagner, Andreas: Das Heidelberger Manifest von 1981 – Deutsche Professoren warnen vor „Überfremdung des deutschen Volkes". In. Klatt, Johanna/ Lorenz, Robert (Hrsg.): Manifeste. Geschichte und Gegenwart des politischen Appells. Transcript: Bielefeld, 2011. S. 285–314.

[523] Heidelberger Kreis: Heidelberger Manifest. Frankfurter Rundschau, 4. März 1982. Abdruck in: Göktürk, Deniz et al. (Hrsg.): Transit Deutschland. Debatten zu Nation und Migration. University Press: Konstanz, 2011. S. 156ff.

[524] Andreas Wagner formuliert die Wirkung des Heidelberger Manifests folgendermaßen:
„Trotz der erheblichen Brisanz der Themen Ausländerfeindlichkeit, Zuwanderung und Immi-gration in den 1980er Jahren blieb die Thematisierung in der bundesdeutschen Presselandschaft spärlich. In der rechtsextremen Szene, die zu jener Zeit mit einer Vielzahl von ausländerfeindlichen Publikationen und Hetzschriften den Hass gegen Ausländer schürte, wurde das Heidelberger Manifest allerdings zu einem pseudowissenschaftlichen Aushängeschild in der Integrationsdebatte und fungierte in Argumentation, Form und vor allem als Sprache als „qualitativer Einschnitt im ideologischen Kampf von Rechts". Wagner, Andreas: Das „Heidelberger Manifest" von 1981. In: Klatt, Johanna und Lorenz, Robert: Manifeste. Geschichte und Gegenwart des politischen Appells. Trancript: Bielefeld, 2011. S. 291.

[525] Siehe dazu auch den Artikel *Reise ohne Wiederkehr* von Petra Lehnert in der ZEIT vom 11. April 1984. http://www.zeit.de/1984/20/reise-ohne-wiederkehr [Eingesehen am 3.8.2016].

kehrprämie für Türken beinhaltete. Renan Demirkan kommentiert die Politik jener Jahre folgendermaßen:

> Das Unwort des Jahres 1980 lautete „Asylant", und ein Diskurs über eine Asylantenschwemme" beherrschte das Land. Die sozialliberale Koalition verhängte einen „Zuzugstopp" und verteilte „Rückkehrprämien", und ein neuer Bundeskanzler, diesmal mit einem christlich-konservativem Parteiprogramm, versprach 1982 eine „geistig-moralische Wende" und verschärfte die „Ausländergesetze". Und damit die neuen Einschränkungen nicht allzu sehr auffielen, wurden aus „Gastarbeitern" irgendwann „Ausländer" und später sogar „ausländische Mitbürger" [...][526]

Demirkan irrt sich hier teilweise. Das Rückkehrgesetz wurde von der neuen CDU/FDP-Regierung und nicht von der SPD/FDP-Koalition beschlossen.[527] Dass die ansässig gewordenen türkischen Einwanderer nicht assimilierbar seien und nicht Teil Deutschlands sein könnten, war zu jener Zeit jedoch in der Tat nicht nur eine konservative Position. Auch weite Teile der SPD, inklusive des abgewählten Kanzlers Helmut Schmidt, zeigten starke Vorbehalte gegen die türkischstämmigen Neubürger und ließen sich gleichermaßen vom Bevölkerungswissenschaftler Theodor Schmidt-Kaler beraten, einem der Verfasser des *Heidelberger Manifests*.[528] Die Positionen von CDU und der SPD waren in dieser Hinsicht von einer großen Doppelmoral geprägt. Türkischen Einwanderern, die man selbst gerufen hatte, zu jenem Zeitpunkt den Vorwurf zu machen, in einer Parallel-Gesellschaft zu leben, nachdem man ihnen nie Integrationsangebote gemacht und sogar die Ghettoisierung von türkischen Arbeitervierteln gefördert hatte, da die „Gastarbeiter" unter sich bleiben sollten, gehört zu den großen Fehleinschätzungen und politischen „Lebenslügen" der

---

[526] Demirkan, Renan: Migration, das unbekannte Leben. Verlag Ralf Liebe: Windeck, 2015. S. 24.
[527] Vgl. Schmidt, Michael: Türken waren Kanzler Kohl fremd. Zeit-Online vom 2. August 2013. http://www.zeit.de/politik/deutschland/2013-08/kohl-gastarbeiter-gespraechsprotokoll [Eingesehen am 7.2.2017].
[528] Siehe in Wagner, Andreas: Das „Heidelberger Manifest" von 1981. In: Klatt, Johanna und Lorenz, Robert: Manifeste. Geschichte und Gegenwart des politischen Appells. Trancript: Bielefeld, 2011. S. 303. Vgl. auch mit Hecking, Claus: Britische Geheimprotokolle: Kohl wollte offenbar jeden zweiten Türken loswerden. In: Spiegel Online. http://www.spiegel.de/politik/deutschland/kohl-wollte-jeden-zweiten-tuerken-in-deutschland-loswerden-a-914318.html. [Eingesehen am 2.9.2016]. Vergleichsarbeiten, die sich im Detail mit den ausländerpolitischen Positionen der Parteien in den 70er und 80er Jahren beschäftigen, stehen bisher noch aus. 2017 wird jedoch mit der Dissertation von Sakine Yildiz eine umfassende Arbeit erscheinen. Yildiz, Sakine: Erkaufte Rückkehr? Die Abwanderung türkischer Gastarbeiter aus Westdeutschland in den 1970er und 1980er Jahren. Dissertation an der Universität Osnabrück, 2017.

BRD.[529] Letztendlich erzielte die Rückkehrprämie nicht die gewünschte Wirkung: Lediglich 150.000 „Gastarbeiter" kehrten mit ihren Abfindungen in ihre Heimatländer zurück.[530] Die BRD war schon Mitte der 80er die neue Heimat der „Gastarbeiter": Aus „Gastarbeitern" waren Migranten geworden, deren Kinder in Deutschland sozialisiert waren und hier bleiben würden. Die angestrebte Rückkehr in die Türkei würde, so wie erhofft, nie stattfinden. Fakir Baykurt (1929–1999)[531], ein sozialkritischer Schriftsteller, der 1979 nach Duisburg gekommen war und literarisch die Arbeitserfahrungen seiner Landsleute verdichtete, war einer der ersten, der dafür Worte fand. In seinem Erzählband *Nachtschicht* ereignet sich in der Geschichte *Das Grab* ein Grubenunglück,[532] bei dem der Bergmann Bektaş Koca schwer verletzt wird. Vor seinem Tod nimmt er seinem Freund und Arbeitskollegen Ömer Ali das Versprechen ab, dafür zu sorgen, dass er nicht er nicht wie üblich in die Türkei überführt wird, da seine Frau und Kinder in der BRD bleiben sollen. Bektaş letzter Wille schockt die türkische Gemeinschaft als solche, weil sie darin insgeheim erkennt, dass die erstrebte Rückkehr im Ruhestand eine Illusion bleiben wird:

---

[529] Zu diesem Themenschwerpunkt sind in der Vergangenheit eine Reihe von Arbeiten erschienen: Mehrländer, Ursula: Ausländerpolitik und ihre sozialen Folgen. In: Griese, Hartmund (Hrsg.): Der gläserne Fremde. Bilanz und Kritik der Gastarbeiterforschung und Ausländerpädagogik. Leske und Budrich: Leverkusen, 1984. Mertins, Günter: Zwischen Integration und Remigration – Die Gastarbeiterpolitik der Bundesrepublik Deutschland nach 1973 und deren Rahmenbedingungen. In: Geographische Rundschau 35, Nr. 2, 1983. S. 46–53. Pagenstecher, Cord: Ausländerpolitik und Immigrantenidentität. Zur Geschichte der „Gastarbeit" in der Bundesrepublik. Dieter Bertz Verlag: Berlin, 1994. Thränhardt, Dietrich: „Ausländer" als Objekte deutscher Interessen und Ideologien. In: Griese, 1984. Siehe auch Päthes zusammenfassenden Ausführungen zu den 1980er Jahren. Päthe, Thorben: Vom Gastarbeiter zum Kanaken. Zur Frage der Identität in der deutschen Gegenwartsliteratur. Iudicum: München, 2013. S. 37–40.

[530] Autor unbekannt: Harte Politik – Durch das Handgeld für rückkehrwillige Ausländer hat Bonn gut zwei Milliarden Mark gespart. In Der Spiegel Nr. 38/1984. http://www.spiegel.de/spiegel/print/d-13511457.html [Eingesehen am 13.12.2016].

[531] Baykurt hatte bereits in der Türkei als Schriftsteller neben seiner Lehrertätigkeit gearbeitet. Zudem war er als Herausgeber tätig. Weitere Romane von ihm, die oftmals die Lebens- und Arbeitswelten von türkischen Arbeitern im Ruhrgebiet einfangen, sind: Das Epos von Kara Ahmet. Ararat-Verlag: Berlin, 1985; Die Friedenstorte. Ortadoğu-Verlag: Oberhausen, 1994; Die Jahre mit meiner Mutter. Erinnerungen. Verlag Anadolu, Hückelhoven, 1997; Mutter Irazca und ihre Kinder. Ararat-Verlag, Berlin, 1984; Die Rache der Schlangen. Ararat-Verlag: Berlin, 1981; Türkische Gärten im Pott. Verlag Anadolu: Hückelhoven,1997. Halbes Brot. Dialog Edition: Duisburg, 2011.

[532] Baykurt, Fakir: Nachtschicht und andere Geschichten aus Deutschland. Unionsverlag: Berlin, 1984. S. 68–81.

Plötzlich breitete sich eine beklemmende Stille im Raum aus. Alle senkten die Köpfe, als könnten sie sie nicht mehr aufrecht halten. Das eisige Schweigen dauerte länger als zehn Minuten. [...]533

Yüksel Pazarkaya reagierte als einer der ersten Deutsch-Türken mit einer engagierten politischen Analyse auf den anti-türkischen Diskurs in der deutschen Gesellschaft. In *Spuren des Brots – Zur Lage der ausländischen Arbeiter* aus dem Jahr 1983 stellt er die Vielfalt des türkischen Lebens in der BRD dar und kritisiert die Ausländerpolitik der Bundesregierung. Pazarkaya fordert die Gleichstellung der türkischen Bevölkerung in der BRD, da dies nur Rechtens sei und dem Pluralismus des deutschen Grundgesetzes entspräche. Ähnlich verschiedenen mexikanisch-amerikanischen Bürgerrechtlern gelingt es Pazarkaya in seinem Text den Zusammenhang von sozialer Gerechtigkeit und kultureller Partizipation vor dem Hintergrund eines kapitalistischen Wirtschaftssystems herauszuarbeiten:

> Für die bereits Eingewanderten und ihre Familien muß man aber heute gemeinsam versuchen, das beste aus der gegebenen Situation zu machen. Und das würdigste für eine Demokratie wäre ein konkretes, wirksames und rechtlich abgesichertes Integrationsangebot im Sinne einer pluralistischen Gesellschaft. Das heißt konkret: Für Menschen, die schon seit Jahren und Jahrzehnten im Aufnahmeland, wie jeder andere Staatsbürger auch, leben, arbeiten, Steuern und gesetzliche Abgaben entrichten, ihre Pflichten dem Staat und der Gesellschaft gegenüber erfüllen, sind die gesetzlichen Grundlagen für ihre bürgerliche Gleichheit in allen Bereichen zu schaffen, für die soziale, politische, wirtschaftliche und juristische Gleichheit. Denn die ausländischen Mitbürger haben sich, vom ersten Tag ihres Aufenthaltes an, ihre bürgerlichen Pflichten betreffend, voll integriert. Sie sich sogleich in den Arbeits- und Produktionsprozeß in der Wirtschaft eingliedern lassen, ebenso [in den] Konsumprozeß. Die Gesetze gelten für sie nicht nur genau wie für die Einheimischen, sondern sie werden für sie nach zahlreichen Untersuchungen sogar noch strenger angewandt. Wenn es also um die Pflichten geht, ist man schnell bereit zur sogenannten Gleichheit. Bevor jedoch auch die gleichen Rechte eingeräumt werden, ist man ebenso schnell mit Vorurteil bei der Hand und stellt die Integrationsbereitschaft und -fähigkeit der ausländischen Mitbürger in Frage.534

Neben der innenpolitisch veränderten Lage blieb der türkische Militärputsch von 1980 nicht ohne Auswirkungen auf das türkische Leben in der BRD. Zahlreiche soziale und ökonomische Krisen hatten die Republik Türkei in den späten 70er Jahren politisch destabilisiert. Bürgerkriegsähnliche Zustände und Straßenschlachten zwischen rechtsextremen und

---

533 Ebda. S. 80.
534 Pazarkaya, Yüksel: Spuren des Brots – Zur Lage der ausländischen Arbeiter. Unionsverlag: Zürich, 1983. S. 19–20.

kommunistischen Gruppen, denen die Regierung nicht Herr werden konnte, prägten den Alltag in den Metropolen und auf dem Land. Das Militär unter Generalstabschef Kenan Evren verhängte schließlich am 12.09.1980 das Kriegsrecht und setzte Süleyman Demirel als Ministerpräsident ab und ging vor dem Hintergrund des Kalten Krieges radikal gegen linke Gruppen und Kurden vor. Hundertausende Menschen wurden verhaftet und gefoltert; viele hingerichtet.[535]

Für die BRD bedeutete der Militärputsch in der Türkei einen Anstieg der Geflüchtetenzahlen, da zahlreiche Regimekritiker, darunter sehr viele Kurden, nach Deutschland kamen und sich dort dauerhaft niederließen. Nach der Arbeitsmigration von Türken in den 60er und 70er Jahren wurden nun durch die Zuwanderung von Kurden und Linken innertürkische Konfliktlinien ebenfalls in Deutschland sichtbar. Dieses Phänomen ist bis heute feststellbar und gewinnt durch die autokratische Politik Tayyip Erdoğans und seine polizeistaatlichen Maßnahmen gegen Kurden und Anhänger Fetullah Gülens seit dem Sommer 2016 erneut an Brisanz.

Auf der Durchreise – Aysel Özakın

> Ein Zuhause haben und kein Zuhause haben… Während der ganzen Reise erlebe ich den Unterschied zwischen diesen beiden Umständen. In Zügen und auf Bahnsteigen habe ich keinen Platz. Dann aber betrete ich einen Buchladen. Ich sehe in der Auslage meinen Namen, manchmal zusammen mit einem Foto von mir auf einem Plakat. Und unter dem Foto steht das Datum der Lesung. Plötzlich erlebe ich das Gefühl, einen Platz zu haben. Da ich kein Zuhause habe, wird der Buchladen für drei Stunden mein Zuhause.[536]

Unter den Neuankömmlingen in der BRD in den 1980er Jahren waren etliche Kulturschaffende und bereits etablierte Autor_innen wie z.B. Aysel Özakın.[537] 1942 in Şanlıurfa geboren, gehört Özakın zu den schillerndsten kosmopolitischen Figuren der türkischen Literatur, die sowohl auf Französisch, Türkisch, Deutsch geschrieben und in mehreren Ländern gelebt hat. Da sie nun bereits mehr als 25 Jahren unter dem Namen Ana Ingham auf Englisch publiziert, lässt sich diese Autorin schwerlich nur für die türkisch-deutsche Literatur vereinnahmen. Bereits ihr in der Türkei er-

---

[535] Siehe mehr in Karabudak, Sahika: Soziokultureller Wandel in der Türkei nach dem Militärputsch 1980 – Auswirkungen des Militärputsches 1980 auf die Wirtschaft, die Bildung, die Jugend und die religiösen Strömungen. Akademikerverlag, 2016 und Ganser, Daniele: NATO's Secret Armies. Operation Gladio and Terrorism in Western Europe. Frank Cass: London, 2005.
[536] Özakın, Aysel: Die Leidenschaft der Anderen. Luchterhand: Hamburg, 1992. S. 58. Anmerkung des Verfassers: Özakın hat den Roman bereits 1983 geschrieben.
[537] Göbenli, Mediha: Zeitgenössische türkische Frauenliteratur. Eine vergleichende Literaturanalyse ausgewählter Werke von Leylâ Erbil, Füruzan, Pınar Kür und Aysel Özakın. Schwarz: Berlin, 2003.

schienenes Erstlingswerk *Gurbet Yavrum*[538] bricht aus einem türkischen Bezugshorizont aus, und erzählt von einer Reise nach Kanada.

Nach dem Studium der Romanistik zog Özakın zunächst nach Paris und arbeitete dort und in Ankara für ein türkisches Institut als Französischlehrerin. Wegen des Militärputsches 1981 verließ Özakın schließlich gänzlich die Türkei, ging nach West-Berlin und ließ sich einige Jahre als Schriftstellerin nieder. In jener Zeit veröffentlichte sie neben der dt. Version ihres Erstlings zudem die Romane *Die Preisvergabe, Die Vögel auf der Stirn, Die Blaue Maske* und *Glaube, Liebe, Aircondition. Eine türkische Kindheit* im Luchterhand Literaturverlag. Ihre Romane sind heute vergriffen und bloß vereinzelt im Antiquariat erhältlich. Özakın ließ sich in Deutschland ungerne in die Rolle der unterdrückten Türkin drängen[539], die z.B. Saliha Scheinhardt so erfolgreich gemacht hatte. 1988 zog sie daher nach England und heiratete den Bildhauer Bryan Ingham und veröffentlicht seitdem ihre Texte nur noch auf Französisch und Englisch unter den wechselnden Namen Ana, Ada oder Anna Ingham.[540] Ausführliche Arbeiten, die sich dem Phänomen der viersprachigen Schriftstellerin Ana Ingham/Aysel Özakın annähern, stehen für den deutschen Raum noch aus.[541]

In *Die Leidenschaft der Anderen*, ihrem ersten ins Deutsche übersetzten autobiographisch geprägten Roman, beschäftigt sich Aysel Özakın mit dem Lebensweg einer jungen türkischen Autorin, die nach dem Putsch 1980 gezwungen ist, in die BRD zu fliehen. Der autobiographisch geprägte Roman gibt – in einer einfachen aber eleganten Sprache gehalten

---

[538] Gurbet Yavrum. E. Publishers: Istanbul, 1975. Der Roman erschien 1987 unter dem orientalistischen Titel *Der fliegende Teppich – Auf der Spur meines Vaters* auf Deutsch im Hamburger Rowohlt Verlag. Die eigentliche Übersetzung wäre „Meine geliebte Fremde".

[539] Horrocks, David und Kolinsky, Eva: Turkish Culture in German Society Today. Berghahn Books, 1996. S. 21.

[540] Ingham, Ada: Three Colours of Love. Waterloo Press: Brighton, 2000; La Langue des Montagnes. L'Esprit des Peninsules: Paris, 2004; La Voyage á travers l'oubli. La Société Des Poètes Français, 2007; Ladder in the moonlight. Pen Press, Brighton, 2007; All Dreamers Go to America. Eloqent books/AEG: New York, USA, 2009; Urgent Beauty. Eloquent Books/AEG: New York, 2009; Lazy Friends. Strategic Book Group, 2010.

[541] Eine Ausnahme bildet Zielke-Nadkarni, Andrea: Frauenfiguren in den Erzählungen türkischer Autorinnen – Identität und Handlungs(spiel)räume. Centaurus: Pfaffenweiler, 1996. Zielke-Nadkarni vergleicht die Prosatexte Aysel Özakıns mit den Arbeiten von Saliha Scheinhardt und Alev Tekinay. Tekinay (geb. 1959), in Izmir geboren, ist eine in München lebende Dozentin und Autorin, die in den späten 80er und frühen 90er Jahren einige Romane und Erzählbände veröffentlicht hat. Siehe zum Beispiel: Über alle Grenzen, 1986. Die Deutschprüfung, 1989. Engin im Englischen Garten, 1990. Der weinende Granatapfel, 1990. Es brennt ein Feuer in mir, 1990. Das Rosenmädchen und die Schildkröte, 1991. Nur ein Hauch vom Paradies, 1993.

– Auskunft über das politische Klima der damaligen Zeit und über die Probleme, auf die Geflüchtete in der BRD stießen. Dabei reflektiert Özakın ihre eigene Fluchtgeschichte, ihre Rolle als Schriftstellerin und Feministin. Die Auseinandersetzung mit Sexismus und überkommenen Rollenbildern steht im Zentrum ihrer Betrachtungen. Die Ich-Erzählerin kämpft konstant – in ihrem Privatleben wie auch auf Lesungen – für ihre Überzeugung, dass die Befreiung der Frauen vom Patriachat keineswegs dem Kampf der Arbeiterklasse schade, sondern dass die Überwindung der inneren Klassenspaltung in Männer und Frauen für sie vielmehr eine Voraussetzung dafür ist, die Befreiung der Arbeiter und Kurden voranzutreiben. In *Die Leidenschaft der Anderen* nimmt die Ich-Erzählerin – die eindeutig als ein literarisches Alter Ego der Autorin verstanden werden kann – oftmals postkoloniale Ansätze ein, die an mexikanisch-amerikanische Feministinnen erinnern. Wie Gloria Anzaldúa [Kapitel III] erkennt sie, dass die Unterdrückung der Frau, des Arbeiters und die des Migranten unweigerlich miteinander verknüpft sind. Özakın versteht die Gestaltung der Einwanderungsgesellschaft in Lebenswelt und Literatur nicht als eine kulturelle Problematik, sondern als sozialen Kampf um Partizipation und Zugehörigkeit. Dabei geht es ihr um die persönlichen Einstellungen der Individuen: Auf der persönlichen Begegnungsebene entscheiden sich für Özakın die Gemeinsamkeiten bzw. Unterschiedlichkeiten der Menschen und eben nicht aufgrund einer kulturellen Kollektividentität:

> Anderseits aber schließe ich gern Freundschaft zu den Deutschen, die eine ähnliche Sensibilität haben oder mir gegenüber offen und frei ohne Vorurteile sind. Manchmal kommt es mir so vor, daß der kulturelle Unterschied zwischen den Generationen oder zwischen den Menschen, die eine unterschiedliche Weltanschauung haben, größer ist als der zwischen den Menschen die aus verschiedene Ländern kommen, aber die gleichen Meinungen haben. Den Begriff „Zwei Kulturen" – „Zwei Welten" finde ich idealistisch und oberflächlich. Die Ideologie der Hierarchie trennt den Menschen mehr als die Unterschiedlichkeit der Kulturen.[542]

Özakın bleibt trotz ihrer Verortung in marxistischen Theorien und ihrer Verbindung mit dem kurdischen Freiheitskampf doch zuallererst Künstlerin und nicht Klassenkämpferin. Als empfindsame Beobachterin und Dichterin beginnt für sie das Menschsein in der direkten Begegnung mit dem anderen. Özakın zeigt sich wie später Mutlu Ergün-Hamaz als Kosmopolitin, die sich im Kontext ihrer kurdisch-türkischen Herkunft, dem Deutschen, dem Französischen und dem Englischen bewegt. Postmigrantisches Denken und Schreiben beginnt somit nicht erst mit Selim Özdoğan, Mutlu Ergün-Hamaz oder Deniz Utlu. *Die Leidenschaft der*

---

[542] Özakın, Aysel: Die Leidenschaft der anderen. S. 116.

Anderen markiert in seiner stilistischen einfachen Eleganz, die jenseits der barock-orientalistischen Sprachspiele von Emine Sevgi Özdamar angelegt, einen Höhepunkt in der frühen türkisch-deutschen Literatur.

Im Jahr 2016 erhält der Roman zudem eine gespenstische Aktualität: Die repressive Politik des Tayyip Erdoğans-Regimes gegen Kurden, Anhänger von Fetullah Gülen und Journalisten hat zu einer gigantischen Verhaftungswelle in der Türkei geführt. Man muss abwarten, welche Auswirkungen dies auf die mehrkulturelle Gesellschaft in Deutschland haben wird, wo türkeistämmige Türk-Deutsche und kurdische Deutsche seit Jahrzehnten – mitunter sehr konfliktreich, wenn man an die durch den PKK-Terror und türkische Gegenpolitiken geprägten 1980er Jahre denkt – zusammenleben. Fest steht jedoch schon jetzt, dass die Flüchtlingszahlen aus der Türkei steigen. Die Fragmentierung von Gesellschaften in ganz Europa führt zu einer Renaissance des Lagerdenkens und Nationalismus. Vor diesem Kontext wirkt *Die Leidenschaft der Anderen* keineswegs wie eine anachronistische Zustandsbeschreibung. Als gegensätzlich zur kosmopolitischen postmigrantischen Aysel Özakın muss Akif Pirinçci verortet werden. Mit seinem Roman *Tränen sind immer das Ende* überwindet die türkisch-deutsche Literatur das Thema Betroffenheit.

Akif Pirinçci: Tränen sind immer das Ende

> Sollte ich tatsächlich so enden? Als ein gewöhnlicher Hilfsarbeiter, der sein Leben lang für nichts und wieder nichts schuftet und am Ende der Show einen Batzen Scheißdreck in der Hand hält? Ich meine, ich hatte mir stets eingebildet, daß ich was Besonderes wäre und zu höheren Dingen berufen sei.
> **Tränen sind immer das Ende**

In den 1980er Jahren begann die Karriere von Akif Pirinçci (geb. 1959 in Istanbul), der mit seinen Eltern Ende der 1960er Jahre in die BRD kam und bis heute in Bonn lebt. 1980 veröffentlichte Akif Pirinçci mit Hilfe seiner Schwester im Eigenverlag seinen ersten Roman *Tränen sind immer das Ende*. Bereits mit seinem Debüt positionierte sich der Autor außerhalb türkisch-deutscher Kontexte. Dabei orientierte sich Pirinçci an der amerikanischen Beat-Generation um Jack Kerouac und Alan Ginsberg[543] sowie an Charles Bukowski. Während ihm letzteres durch eine radikale Sprache durchaus gelingt, bleibt der Roman durch die Ausblendung der „Gastarbeitererfahrung" bzw. deren Verdrängung an den Rand der Betrachtung trotzdem ein türkisch-deutscher Text par excellence, denn der Ich-Erzähler Akif wird als türkisch definiert. Dies hat Einfluss auf die

---

[543] Der Titel des Romans soll ein Zitat Ginsbergs sein. Ich konnte es bisher jedoch noch nicht im Original finden.

Verfasstheit des Protagonisten, der sich daran stört, als Türke gesehen zu werden.

Es scheint symptomatisch für den Kampf nach Partizipation zu sein, dass Pirinçi keinen Verlag finden konnte und daher der Legende nach die selbstgedruckten Exemplare in Kneipen verteilt hat, um Leser gewinnen zu können. Erst später wurde der Roman vom Goldmann Verlag verlegt. *Tränen sind immer das Ende* prägte in den Folgejahren zahlreiche jüngere Autoren wie Feridun Zaimoglu[544], Selim Özdoğan und Deniz Utlu. Pirinçi war nicht nur der erste türkisch-deutsche Autor, der 1980 Prosa direkt auf Deutsch schrieb[545], sondern überdies auch derjenige, der als erster mit allen bisherigen literarischen Erwartungen und Erfahrungen brach und zeigte, dass man als Türk-Deutscher jenseits der migrantisch geprägten Gastarbeiterliteratur erfolgreich sein konnte. Die Themenwahl und Gestaltung früherer Autoren, das Fremdeln mit Deutschland, Unterlegenheitsgefühle und erlebte Rassismen wurden von der Literaturwissenschaft oftmals als „Literatur der Betroffenheit" kategorisiert und geringschätzig bewertet. Akif Pirinçis Erstlingswerk gehört jedoch eindeutig nicht zur sozial engagierten „Gastarbeiter"-Literatur. Pirinçi stört sich vielmehr an allem, was wie Schwäche gewertet werden kann und versucht die Stigmatisierung als Opfer der Migration zu überwinden. Sein jüngerer Kollege Selim Özdoğan erinnert sich im Interview an sein Leseerlebnis:

> *Tränen sind immer das Ende*. Das war, das ist ein Mitte, Ende der 80er Jahre-Buch, eines der wenigen deutschsprachigen Bücher, die ich so mit Ende 10 gelesen habe, wo ich dachte: Ey krass, da macht jemand was Eigenes, was Neues, was ich bei Deutschdeutschen nicht richtig gesehen habe.[546]

In der Tat lässt sich in *Tränen sind immer das Ende*, für die türkischdeutsche Literatur das erste Mal, ein gänzlich neuer Duktus erkennen. Pirinçis 18-jähriger türkischer Ich-Erzähler, er heißt wie der Autor eben-

---

[544] Feriduns Zaimoglus Roman *German Amok* knüpft thematisch und sprachlich an Pirinçis Roman an. Zaimoglus Ich-Erzähler berichtet wie Akif obszön und voller Verachtung von seiner Lebenswelt. Während Akif die Opern-und Schauspielszene Kölns beschimpft, wandelt Zaimoglus Ich-Erzähler durch die Kunstszene Berlins. Auch wenn *German Amok* nicht als Plagiat bezeichnet werden kann, orientiert es sich dennoch offensichtlich an Pirinçis Text. Siehe Zaimoglu, Feridun: German Amok. Fischer Verlag, 2002.

[545] Zuvor hatten Autoren wie Fakir Baykurt, Fatih Savaşçı und Aras Ören ihre Romane zunächst auf Türkisch verfasst, bevor sie übersetzt wurden.

[546] Die vorliegende Antwort ist Teil eines Interviews mit Selim Özdoğan, welches ich am 15.8.2016 mit ihm in Köln geführt habe. Die zitierte Passage ist jedoch nicht im veröffentlichten Interview abgedruckt. Schreiner, Daniel: Erfüllen und Verweigern von Erwartungshaltung: Interview mit Selim Özdoğan. In: Hofman, Michael und Dayioglu-Yücel, Yasemin (Hrsg.): Türkisch-Deutsche Studien Jahrbuch 2016: The Transcultural Critic: Sabahattin Ali and Beyond. Unipress: Göttingen, 2017.

falls Akif, tritt laut, wütend und vorgeblich selbstbewusst auf. Er berichtet von seinem Leben zwischen Bad Breisig, Bonn und Köln und wirft dabei trotz der fehlenden Empathie für andere einen lebhaften und atmosphärisch dichten Blick auf die westdeutsche Jugendkultur Anfang der 80er Jahre.[547] Akif beugt sich nicht und nimmt sich, was er will. Diese Stärke ist jedoch nur oberflächlich: Durchgängig wertet der Ich-Erzähler seine Mitmenschen radikal ab, um sich selbst aufzuwerten, denn er fühlt sich als Kümmerling, als halber Mann, der nicht geliebt werden kann, da er selber nicht lieben kann:

> [...]ergriff mich plötzlich eine panikartige Angst. Was würde geschehen, wenn ich das nächste Mal bei Christa antanzte und sie mir die Tür verschloß, weil sie von mir und meinem Benehmen die Nase voll hatte? Was würde passieren, wenn da irgend so ein Schönling anspaziert käme und sie mir wegholte? [...] Und dann? Was würde dann geschehen? Schon wieder die endlosen Abende in einer tristen Kneipe und die Hoffnung, wenigstens an einer Alkoholvergiftung zu sterben, weil sie sich nicht traut, es selber zu tun? Schon wieder die einsamen, gedankenvollen Nächte, in denen man sich einen nach dem anderen runterholt und dabei am liebsten weinen möchte, weil einem die eigene rechte Hand nicht einmal die Haarsträhne einer Frau ersetzen kann? Schon wieder schwachsinnige Mädchen, die zumindestens einigermaßen hübsch sind, kistenweise Honig in den Mund reden, ja sich überhaupt totreden, damit man wenigstens ihre Wangen streicheln darf? Schon wieder von Tag zu Tag kleiner und nichtiger werden und aufhören zu leben?[548]

Akif zeigt sich durchgehend als Sexist und macht sich über Menschen aller Art, seien sie alternativ oder homosexuell, dick oder einfach Studenten, lustig. Niemand genügt auch nur im Geringsten seinem Blick. Folgender Auszug gehört noch zu den weniger heftigen Reaktionen Akifs auf seine Mitmenschen:

> Anonyme Gesichter am Rudolfsplatz, die sich völlig darüber im Klaren sind, daß sie heute Abend allesamt onanieren müssen. Besoffene Intellektuelle auf der „Zülpicher", die stets lautstark behaupten, daß sie niemand versteht, selbst wenn man sie versteht. „Originelle", affektierte, sogenannte Liebespaare in den Altstadtpinten, die unaufhörlich ihre verhaßten Bekannten umarmen und küssen, damit der Letzte sieht, wie aufgeschlossen ihre Partner und Partnerinnen zu solchen Sitten stehen und daß sowas wie Einsamkeit für sie einfach nicht existiert. Schwachgebliebene Halbstarke

---

[547] Eine Paraphrasierung des Inhaltes findet sich in Tom Cheesmans *Novels of Turkish Settlement*. S. 85. Cheesman hat sich mit dem Roman jedoch noch vor Pirinçcis Wandel zum Rechtspopulisten beschäftigt und liest *Tränen sind immer das Ende* aus einer postmigrantischen Perspektive, die aus heutiger Sicht nicht mehr schlüssig ist. Pirinçci ist nicht postmigrantisch zu verstehen, sondern verortet sich deutsch-national.

[548] Pirinçci, Akif: Tränen sind immer das Ende. Goldmann: München, 1980. S. 83.

am Ring, in den Automatensalons, welche für zwei DM die Chance bekommen, in einem Monitor die Atombombe zu starten. Emanzen am Neumarkt, die einen auf „How wonderful lesbisch" tun, doch leider das ohne jegliches Gefühl.[549]

Die Aufwertung der eigenen Person durch Hass ist in der Summe wenig überzeugend. Statt der Verlorenheit und Sehnsucht eines Holden Caulfield spricht aus dem Ich-Erzähler Akif Kränkung, Enttäuschung und Selbsthass. Folgendes Zitat ist symptomatisch für den Ich-Erzähler:

> Ich möchte nicht, daß sich Leute wegen mir entschuldigen müssen. Ich entschuldige mich auch nur in seltenen Fällen oder wenn mir keine andere Lösung einfällt. Ich kann manchmal wirklich weinen, wenn sich andere bei mir aufrichtig entschuldigen. Dann erkenne ich nämlich, was für Arschlöcher sie sind, und das bringt mich auch nicht weiter.[550]

Das in der Entschuldigung enthaltende Moment des sich Öffnens und verletzlich Zeigens hält Akif nicht aus. Seine fehlende innere Stärke macht es ihm unmöglich zu den eigenen Gefühlen der Trauer zu stehen. Die Größe der anderen lässt ihn nur das eigene Gefühl der Unzulänglichkeit und die erlebte Einsamkeit spüren, doch statt damit in Kontakt zu treten, projiziert er den für ihn undurchsichtigen Wust negativer Empfindungen auf seine Mitmenschen. Akif überträgt jedoch nicht nur sein Unterlegenheitsgefühl auf andere. Als empathieloser Narzisst weiß er seine Umwelt zu manipulieren. Im fiktiven Briefwechsel mit der eignen Mutter berichtet Akif davon, wie er seine Freundin Christa beeinflusst, um sie sich verfügbar zu machen:

> Auf der einen Seite, Christa, das aufgeschlossene, emanzipierte Mädchen von „hier und heute" und auf der anderen Seite, Christa, das mütterliche, naive, verständnisvolle Mädchen von Anno dazumal. Da soll sich noch ein Türke auskennen! Aber mittlerweile kenne ich mich einigermaßen in *ihr* aus. Ich mache nämlich regelmäßig Fressegucken. Das heißt mit anderen Worten, bei Christa schlägt sich das Innere immer im Äußeren nieder und man weiß ungefähr, woran man ist. Wenn sie gerade eine reaktionäre Phase durchmacht, tue ich so, als würde ich in Kürze nach Kuba emigrieren. Wenn sie gerade einen auf Mutter macht, werde ich zum frühreifen Säugling. Wenn sie gerade über Frauenemanzipation spricht, stelle ich mich doof. Wenn sie gerade hurig wird, spiele ich „Lord Porno und seine teuflischen Hände". Wenn sie gerade auf Philosophietrip geht, bringe ich den alten Käse mit Gott und dem Universum. Ja, ich muss zugeben, Christa ist für mich eine Art Schauspielschule. Doch wenn wir endlich mal wieder Semesterferien haben, können wir wieder ganz wir selbst sein: King Kong und die weiße Frau![551]

---

[549] Ebda. S. 25.
[550] Ebda.: S.22.
[551] Pirinçci, Akif: Tränen sind immer das Ende. Goldmann: München, 1980. S. 132.

Akifs Beziehung zu Christa scheitert am Ende des Romans und stürzt den Ich-Erzähler in eine Krise. Zu einer Selbstreflektion und Kritik, wie sie andere Außenseiter der Literaturgeschichte wie z.B. Kerouacs Sal Paradise oder Salingers Holden Caulfield zeigen, ist Pirinçcis Protagonist nicht in der Lage:

> Ich glaube, man erwartet jetzt von mir einige abschließende Sätze, die auf „Und die Moral von der Geschicht" hinauslaufen sollen. Doch mir fehlt sowohl die Lust als auch das Talent, genau zu beschreiben und zu analysieren, was ich für lebenswichtige Erfahrungen aus dieser Sache gewonnen habe.[552]

Der Ich-Erzähler Akif erfüllt stattdessen sämtliche Kriterien eines Zynikers, der bedingt durch die in der Kindheit erlebten Kränkungen von der eigenen Gefühlswelt weitestgehend abgekoppelt ist und der seinen Minderwertigkeitskomplexen und Unsicherheiten entkommt, indem er sich in Boshaftigkeiten, Sarkasmus, Ironie und Machtstreben flüchtet.[553] Peter Sloterdijk gibt in der *Kritik der zynischen Vernunft* eine prägnante Zusammenfassung über die Bedingtheit des gekränkten Zynikers:

> Die Lebenserfahrung der Opfer zeigt sich in ihrer Bitterkeit. Auf ihren Lippen bildet sich ein bitteres Schweigen. Ihnen wird niemand mehr etwas vormachen. Sie wissen, wie die Dinge gehen. Wer betont enttäuscht ist, gewinnt vielleicht sogar einen Vorsprung vor dem Schicksal, einen Spielraum für Selbstbehauptung und Stolz. Die Lippen, die sich vor Härte zusammengepreßt und zu dünnen Strichen verengt haben, verraten die welterfahrene Seite bei den Betrogenen. Schon manche Kinder, denen das Leben übel mitgespielt hat, haben diese bitter knappen Münder, denen man so schwer noch irgendeine Zustimmung zu etwas Gutem ablisten kann. Das Mißtrauen ist die Intelligenz der Benachteiligten. Doch leicht wird der Mißtrauische abermals zum Dummen, wenn seine Bitterkeit ihn auch an dem vorübergehen läßt, was nach all dem Schmerzlichen guttäte. Glück wird immer aussehen wie Betrug und wird viel zu billig scheinen, als daß es der Mühe lohnte, nach ihm zu greifen. An vergangene Erfahrung gebunden, wissen die zynisch bitteren Lippen nur das eine: daß letztlich doch alles Täuschung ist [...][554]

Akif, fürchtet sich vor allem, was Schwäche repräsentiert, da dies ihn an die eigenen Minderwertigkeitsgefühle erinnert. Vor diesem Hintergrund wird seine türkische Herkunft zu einem Problem der Identität, da Türkischsein eine soziale Randstellung markiert. Während Akif mehrmals im Text auf sein Türkischsein hinweist, lehnt er es dennoch ab, sich als solcher klassifizieren zu lassen und fordert ein, als Christ und nicht als Türke

---

[552] Ebda. S. 255.
[553] Zynismus ist ein Symptom des Narzissmus und dient der Wutregulierung.
[554] Sloterdijk, Peter: Kritik der zynischen Vernunft. Suhrkamp: Frankfurt, 1983. S. 274.

bezeichnet zu werden.[555] Die Abspaltung von Teilen der eigenen Identität und der Wunsch nach einem „*Whitewashing*" der eigenen Person wird nachvollziehbar, wenn man sich vorstellt, welchen Ausgrenzungserlebnissen türkische Kinder in der BRD in den 60er und 70er Jahren ausgesetzt waren.[556] Der Begriff „*Whitewashing*" bezeichnet ursprünglich das Phänomen, dass dunkelhäutige Protagonistenrollen aufgrund eines institutionellen Rassismus in der Filmbranche mit hellhäutigen Schauspielern besetzt werden. Das sogenannte „*Black Facing*" oder „*Yellow Facing*" von weißen Schauspielern entstammt dieser Tradition. Ein anderer in diesem Zusammenhang verwendeter Begriff ist „*Racebending*".[557] In Bezug auf Akif Pirinçci verwende ich den Begriff, um dessen Überanpassung als Strategieform eines Partizipationsbemühens zu erläutern. In diesem Zusammenhang sei an Tammy Melody Gomez' Gedicht *On Language* verwiesen, das sie mit den Worten „*I am white now, I am right now*" schließt.[558] Ertunç Barıns Text *Der Aufsatz oder Geständnisse eines „Gast-*

---

[555] Pirinçci, Akif: Tränen sind immer das Ende. Goldmann: München, 1980. S. 117.

[556] Renan Demirkan hat die spezifischen Erfahrungen türkischer Kinder an deutschen Schulen in ihrem Roman *Schwarzer Tee mit drei Stück Zucker* thematisiert. Kiepenheuer und Witsch: Köln, 1991. S. 45–48. In meiner Grundschulklasse waren von 1985 bis 1989 drei Kinder von türkischen „Gastarbeitern." Die gesamte Klasse musste im Unterricht Carl Gustav Herings Anti-Kaffee-Kanon singen, in dem es heißt: „C-A-F-F-E-E. Trink nicht so viel Caffee, Nicht für Kinder ist der Türkentrank, Schwächt die Nerven, Macht dich blass und krank, Sei doch kein Muselmann, Der ihn nicht lassen kann." Siehe in Löde, Ritz (Hrsg.): Der Kanon. Ein Singbuch für Alle. Bd. 3: Von der Romantik bis zur Gegenwart. Wolfenbüttel 1925, S. 8. Auch später am Gymnasium wurden die wenigen türkisch-deutschen Schüler oftmals negativ durch die ihre türkische Familienherkunft markiert. Nur zu gut erinnere ich mich daran, wie unser Sportlehrer eine Mitschülerin als „Du türkisches Ungeheuer" bezeichnete. Dies sind nur zwei Einzelfälle. Die Summe von rassistischen Ausfällen im Schulalltag muss deutschlandweit gewaltig sein. Die deutsche Soziologin Nkechi Madubuko fasst das Rassismusproblem für Kinder zusammen: das Umfeld in der deutschen Mehrheitsgesellschaft wie auch seine Bildungsinstitutionen und die Einstellung einiger vorurteilsbelasteter Menschen (Erwachsene wie Kinder) erschweren den Lebensweg unserer Kinder auf diese Weise. Von dieser Ungleichbehandlung und Herabsetzung ist potenziell jedes dritte Kind in Deutschland betroffen. Vorurteilsbelastete Denkmuster und Klischees sind bei einigen Menschen in der Mehrheitsgesellschaft über die „Migrantenkinder" oder z.B. die „Muslime" Selbstverständlichkeit. Sie bestimmten ihre Einschätzungen, ihre Erwartungen, ihr Verhalten gegenüber diesen Kindern." Madubuko, Nkechi: Empowerment als Erziehungsaufgabe. Praktisches Wissen für den Umgang mit Rassismuserfahrungen. Unrast: Münster, 2016. S. 11.

[557] Siehe mehr dazu z.B. in Hart, William: Race, Adaptation and the Films I, Robot and I Am Legend. Aus Kapell, Matthew und Pilkington, Ace G. (Hrsg.): The Fantastic Made Visible. Essays on the Adaptation of Science Fiction and Fantasy from Page to Screen. McFarland, 2015. S. 207ff.

[558] Gomez, Tammy Melodoy: On Language. https://www.youtube.com/watch?v=H38a6eBviBM [Eingesehen am 8.2.2017].

arbeiter"-Kindes aus dem Jahr 1985 fasst die psychologische Gespanntheit hinter der Thematik folgendermaßen zusammen:

> Ich sah die Leute, die lachten. Über was? Über wen? Über mich etwa? Das wußte ich nicht. In der Tat habe ich es gern, wenn die Leute lachen. Aber wenn sie ständig neben mir lachen, dann bekomme ich manchmal ein komisches Gefühl. Ich werde empfindlich und sogar überempfindlich. Warum, weiß ich nicht. Habe ich vielleicht Angst? Stumm und schwach unter den Deutschen? Offen gesagt, Angstgefühle habe ich schon, und zwar seitdem ich in Deutschland bin. Ständige Angst in und hinter mir, wie ein Schatten, der mir nicht nur tagsüber unter dem Sonnenlicht, sondern auch nachts in meinen Träumen folgt. Angst davor, daß ich etwas nicht verstehe, daß ich etwas falsch mache, oder etwa, daß ich mich nicht richtig ausdrücke, und daß man daher über mich lacht. [...] Selbstwertgefühle habe ich schon verloren..."[559]

Der Rassismus der Lebenswelt, so meine Deutung, kränkt den kleinen Akif und löst die Abspaltung von den eignen Gefühlen als eine Art Selbstschutz aus. Das Streben nach Macht und Ruhm, um sich aus der Randstellung zu erheben und mit allen abzurechnen, erwächst aus dem Erfahrungshintergrund, durch sein Türkischsein, seine abgebrochene Schullaufbahn sowie seine Position als Hilfsarbeiter marginalisiert zu sein.

Es ist nicht nur der Ich-Erzähler, der unfähig ist sich zu hinterfragen. Während Akifs Rache und Zynismus in *Tränen sind immer das Ende* hauptsächlich auf diejenigen Gruppen beschränkt ist, die er beneidet, da er nicht Teil von ihnen sein kann, ufert diese Coping-Strategie in den späteren „Sachbüchern" des Autors ins Bodenlose aus und zielt nun besonders auf Minderheiten wie Migranten, Frauen und Homosexuelle ab. Die Frage nach dem Warum ist aus psychologischer Sicht erklärbar: Die genannten Gruppen symbolisieren in ihrer Andersartigkeit Schwäche und ein Außenvorsein, beides Zustände von denen Pirinçci sich distanzieren muss, um die an der eigenen Seele erlebten Kränkungen von sich weisen zu können. Pirinçci muss ausblenden, dass er Teil der diskriminierten Gruppe ist und stellt sich stattdessen solidarisch an die dominante Seite der Täter.

In Hinblick auf die späteren politischen Hass-Pamphlete Pirinçcis kann daher durchaus vermutet werden, dass der Protagonist in *Tränen sind immer das Ende* mehr authentisches literarisches Alter-Ego als Fiktion ist. Aber gerade dies macht den Roman psychologisch hochinteressant. Der Autor scheint nicht zu wissen oder sich einfach nicht darum zu kümmern, welche Verfasstheit der Ich-Erzähler offenlegt. Ob dies eine absichtliche Technik ist, um beispielsweise die Radikalität eines Charles Bukowski zu imitieren oder um mit der Positionierung als „Arschloch" eine Marktlü-

---

[559] Barıns, Ertunç: Text Der Aufsatz oder Geständnisse eines „Gastarbeiter"- Kindes. In: Lorenz, Günter W. und Pazarkaya, Yüksel: Zeitschrift für Kulturaustausch 1. Institut für Auslandsbeziehungen: Stuttgart, 1985. S. 62.

cke zu füllen, kann ich nicht beurteilen, da Pirinçci nicht auf eine Interviewfrage eingegangen ist.

Tränen sind immer das Ende wird, ungeachtet von Pirinçcis menschenfeindlicher Grundausrichtung, für immer einen wichtigen Wendepunkt in der türkisch-deutschen Literatur markieren. Şinasi Dikmens und Mussin Omurcas satirisches *Knobi-Bonbon Kabarett*[560], Feridun Zaimoglus *Kanaksprak*, Serdar Somuncus engagiertes Politkabarett oder Mutlu Ergün-Hamaz' *Sesperado* wären ohne Pirinçcis Fäuste ballenden und Gift spukenden „Wut-Türken" so nicht möglich gewesen.

Tränen sind immer das Ende war nur der Anfang einer der erfolgreichsten Karrieren, die ein türkisch-deutscher Schriftsteller in der BRD zurückgelegt hat. 1989 gelang Akif Pirinçci mit dem morbiden *Felidae*, dem ersten Teil seiner Katzenkrimis um den zynischen Kater Francis ein großer kommerzieller Erfolg.[561] *Felidae* bescherte Akif Pirinçci ebenso wenig wie *Träume sind immer das Ende* Beachtung durch die Literaturkritik. Der Roman fand aber in den Medien einen großen Widerhall und war derart erfolgreich, dass der Autor sieben Fortsetzungen folgen ließ[562], die in mehrere Sprachen übersetzt wurden.[563] 1994 wurde *Felidae* sogar von

---

[560] Siehe mehr zu Dikmen und Omurca in Hofmann, Michael und Yesilada, Karin (Hrsg.): Diachroner Artikel – Türkisch-deutsche Literatur. In: Kulturgeschichte der türkischen Einwanderung. Königshausen & Neumann: Würzburg, 2017. S. 9/10. [Unveröffentlichtes Manuskript. Die Seitenzahl kann in der Endfassung abweichen]. Von Sinaşi Dikmen sind u.a. erschienen: Wir werden das Knoblauchkind schon schaukeln. Express Edition: Berlin, 1987; Hurra, ich lebe in Deutschland. Piper: München.

[561] Pirinçci, Akif: Felidae. Goldmann: München, 1989. Neben Akif Pirinçci hatten auch andere türkisch-deutsche Schriftsteller relativen Erfolg mit Kriminalgeschichten, so etwa Dilek Zaptçıoğlu mit dem Jugendkriminalroman *Der Mond isst Sterne auf* [CBJ, 2001]. Gemeinsam mit Jürgen Gottschlich, dem Türkei-Experten der TAZ, hat Dilek Zaptçıoğlu, die ebenfalls als Journalistin arbeitet, den Band *Das Kreuz mit den Werten* herausgegeben. [Edition Körber-Stiftung: Hamburg, 2005]. Hilal Sezgin war mit *Der Tod des Maßschneiders* [Hoffmann und Campe: Hamburg, 1999] erfolgreich. Bekanntester Vertreter dieses Genres ist Jacob Benjamin Bothe (1965–2013), der unter dem Pseudonym Jakob Arjouni mit der Reihe um den türkisch-deutschen Frankfurter Detektiv Kemal Kayankaya erfolgreich war. Siehe z.B. Arjouni, Jakob: Happy Birthday, Türke! Kayankayas erster Fall. Buntbuch-Verlag. Hamburg, 1985.

[562] Francis. Goldmann: München, 1993; Cave Canem. Goldmann: München, 1999; Das Duell. Eichborn-Verlag: Frankfurt, 2002; Salve Roma! Eichborn-Verlag: Frankfurt, 2004; Schandtat. Diana-Verlag: München, 2007; Felipolis. Diana-Verlag: München, 2010; Göttergleich. Heyne: München, 2012.

[563] Zu Akif Pirinçci wurde kaum geforscht. Neben Tom Cheesmans Betrachtungen von Pirinçci in *Novels of Turkish German Settlement* gibt nur wenige andere Arbeiten, die Pirinçci am Rande miteinbeziehen: Jordan, Jim: Spieler, Mitspieler, Schauspieler – Die postmoderne interkulturelle Literatur in Deutschland. In: Durzak, Manfred und Kuruyazici, Nilüfer (Hrsg.): Die andere deutsche Literatur – Istanbuler Vorträge. Königshausen und Neumann: Würzburg, 2004. S. 118–24.

Michael Schaack als Zeichentrickfilm verfilmt und in die Kinos gebracht, wobei die Figuren von renommierten deutschen Schauspielern wie Mario Adorf gesprochen wurden.[564] Der Film wurde wie die Romanvorlage in mehrere Sprachen übertragen und erlangte einen Kultstatus. Neben den Katzenkrimis und dem Erstling *Tränen sind immer das Ende* ist zudem Akif Pirinçcis Roman *Der Rumpf* zu erwähnen.[565] *Der Rumpf* ist ein grotesker Kriminalroman, dessen zynischer Protagonist, dem alle Gliedmaßen fehlen, an Günter Grass' Oskar Matzerath aus der *Blechtrommel* erinnert.

In der aggressiven und obszönen Sprache von *Der Rumpf* kündigt sich im Grunde bereits der neue Akif Pirinçci an, der nach Jahren des mäßigen Erfolges ab 2009 unerwartet als Hass predigender Publizist erfolgreiche Internetblogs verfasst und die Bestseller-Listen der BRD anführt [siehe dazu weiter unten den Abschnitt „Pirinçci 2.0: Deutsch-Nationale Zugehörigkeit oder die Partizipation des Hasses"].

Emine Sevgi Özdamar – Orientalisches Sprachspiel

> Die Türken lagen unter ihren Autos und reparierten sie. In den sechziger Jahren haben die Deutschen genauso unter ihren Autos gelegen. Damals schüttelten die deutschen Frauen ihre Bettlaken aus dem Fenster, genau wie die türkischen Frauen heute.
> **Seltsame Sterne starren zur Erde**

Die 1980er Jahre markieren ähnlich wie für die mexikanisch-amerikanische Literatur eine Zeitenwende, da nun verstärkt Schriftstellerinnen und Dichterinnen mit Publikationen an die Öffentlichkeit drängten. Nach Aysel Özakın und Saliha Scheinhardt betrat in den 1990er Jahren Emine Sevgi Özdamar (geb. 1946) die literarische Bühne. Sie gilt bis heute neben Feridun Zaimoglu als eine der renommiertesten Vertreter_innen türkisch-deutscher Literatur. Da bereits viel zu ihr gearbeitet worden ist,[566] werde ich Emine Sevgi Özdamars Texte in dieser Arbeit nicht

---

Siehe auch Buz, Metin: Literatur der Arbeitsemigration in der Bundesrepublik Deutschland. Tectum Verlag, Marburg 2003. S. 139 und Veteo.Conrad, Marilya: Finding a Voice. Identity and the Works of German Language Turkish Writers in the Federal Republic of Germany to 1990. Lang: New York, 1996. S. 80–81.

564 Pirinccis Mystery-Thriller *Die Damalstür* [Goldmann: München, 2001] wurde unter dem Titel *Die Tür* ebenfalls verfilmt [Regie: Anno Saul, 2009].

565 Pirinçci, Akif: Der Rumpf. Roman. Goldmann: München, 1992.

566 Siehe u.A. Jankowsky, Karen: "German" Literature Contested: The 1991 Ingeborg-Bachmann-Prize Debate, "Cultural Diversity," and Emine Sevgi Özdamar. German Quarterly, 1997. S. 261–276; Fischer, Sabine und Mc Gowan, Moray (Hrsg.): Denn du tanzt auf einem Seil - Positionen deutschsprachiger MigrantInnenliteratur. Stauffenburg Verlag, Tübingen, 1997. S. 135–136; Shafi, Monika: Joint Ventures – Identity Politics and Travel in Novels by Emine Sevgi Ozadmar and Zafer Şenocak. Comparative Literature Studies 40.2, 2003. S. 193–214; Kuru-

im Detail besprechen. Da sie jedoch eindeutig zum Kanon türkisch-deutscher Literatur gehört, möchte ich auf einige Aspekte ihrer Biographie und ihres Schaffens eingehen, die ihre politische Haltung verdeutlichen.

Schon 1965 war Emine Sevgi Özdamar als „Gastarbeiterin" nach Deutschland gekommen. Neben ihrer Tätigkeit in einer Fabrik, entdeckte sie Bertolt Brechts Theater für sich. Die Zeit als Arbeiterin in der Fabrik und das Leben im Frauen-Wohnheim hat sie im Roman *Die Brücke vom Goldenen Horn* verarbeitet.[567] In der 68er Bewegung politisierte sich Özdamar und kehrte 1970 für eine Theaterausbildung in die Türkei zurück. Nach einer kurzen Haftstrafe, zu der sie nach dem Putsch von 1971 für ihr politisches Engagement verurteilt worden war, stagnierte jedoch ihre Karriere, so dass sie sich dazu entschied erneut nach Deutschland zu kommen. In Ost-Berlin arbeitete sie zunächst für zwei Jahre mit Benno Besson zusammen, bevor sie mit ihm für eine weitere Zusammenarbeit nach Frankreich ging. Ihrer großen Liebe, dem Theater, der Zusammenarbeit mit Besson und dem Leben in Ost-Berlin widmete sie 1998 ihren Roman *Seltsame Sterne starren zur Erde*.[568] Nachdem sie in den 80er Jahren ihre Zusammenarbeit mit Besson eingestellt hatte, ging Özdamar in die BRD, wo sie eine Anstellung am Schauspielhaus Bochum als Assistentin und Schauspielerin für Claus Peymann fand. Am Bochumer Theater wurde schließlich Özdamars erstes Stück *Karagöz in Alamania* aufgeführt. Außerhalb des Theaters konnte Özdamar als Schauspielerin Fuß fassen und trat in Filmen von Hark Bohm[569] und Doris Dörrie[570] auf, die die türkische Migration in der BRD thematisierten. Neben der Arbeit als Schauspielerin widmete sich Özdamar verstärkt der Literatur und verfasste mehrere Romane auf Deutsch. Im Interview erklärt Özdamar, dass Deutsch für sie nicht nur durch Brecht eine besondere Wichtigkeit erhalten habe, sondern dass die Sprache zugleich die *Lingua franca* der „Gastarbeiter" war:

---

yazıcı, Nilüfer: Emine Sevgi Özdamars Das Leben ist eine Karawanserei im Prozeß der interkulturellen Kommunikation. Aus Howard, Mary: Interkulturelle Konfigurationen – Zur Deutschsprachigen Erzählliteratur von Autoren nichtdeutscher Herkunft. Iudicum, 1997. S. 179–88; Milz, Sabine: Comparative Cultural Studies and Ethnic Minority Writing Today: The Hybridities of Marlene Nourbese Philip and Emine Sevgi Özdamar. CLCWeb: Comparative Literature and Culture 2.2, 2000. Die Liste ließe sich fortsetzen.

[567] Özdamar, Emine S.: Die Brücke vom Goldenen Horn. Roman: Kiepenheuer & Witsch, 1998.
[568] Özdamar, Emine S.: Seltsame Sterne starren zur Erde. Wedding, Pankow 1976/77. Kiepenheuer & Witsch, 2003.
[569] Jasemin. Regie und Drehbuch: Hark Bohm. Deutschland, 1988.
[570] Happy Birthday Türke. Regie und Drehbuch: Dorris Dörrie. Deutschland, 1992.

> You see at that time, I often travelled back to Turkey by train, finding myself together with Greeks, Yugoslavs, Turks and Bulgarians, all migrant workers. Their common language was German. They would sing love songs and then try to translate them from their own language into German. They made mistakes of course, but the German they spoke was devoid of clichés, and came out almost like poetry as they struggled to express the images of their mother tongues in this new language. And this, as I now realized, was the language of some five million *Gastarbeiter*. If I wanted to write a play about their expierence, and I did, I knew it would have to be written in this new language.[571]

Im Jahr 1990 gelang ihr mit *Mutterzunge*[572] der Durchbruch als Schriftstellerin. Özdamar fand eine Heimat im renommierten Kiepenheuer & Witsch Verlag und wurde zunehmend erfolgreicher.[573] Hatte in den 1980er Jahren noch Saliha Scheinhardt verstärkt die Aufmerksamkeit der Germanistik geweckt, geriet nun Özdamar ins Zentrum der wissenschaftlichen Betrachtung. Besondere Beachtung wurden dabei Özdamars Sprachspiele geschenkt, die dadurch gekennzeichnet sind, dass sie türkische Wörter und Redewendungen ins Deutsche übertrug, was ihren Texten eine poetische Note verlieh. Nichtsdestoweniger zeigt ihr Roman *Seltsame Sterne starren zur Erde* ein besonderes Interesse an politischen Fragen. Geprägt durch Brechts Theater und linke Theorien reflektiert Emine Özdamar – ähnlich wie Aysel Özakın – Systemfragen im Kontext der Kunst. [574]

1990er Jahre: Pogromstimmung, Solidarität und Widerstand

> Kanak Attack sinniert nicht über Kulturkonflikte, lamentiert nicht über fehlende Toleranz. Wir äußern uns: mit Brain, fetten Beats, Kanak-Lit, audiovisuellen Arbeiten und vielem mehr. Dieser Song gehört uns. *Es geht ab. Kanak Attack!*[575]
> **Manifest von Kanak Attack**

---

[571] Horrocks, David und Kolinsky: Turkish Culture in German Society today. Oxford: Berghan Books, 1996. S. 47.
[572] Özdamar, Emine S.: Mutterzunge. Roman: Kiepenheuer & Witsch, 1990.
[573] Weitere Veröffentlichungen sind: Das Leben ist eine Karawanserei, hat zwei Türen, aus einer kam ich rein, aus der anderen ging ich raus. Kiepenheuer & Witsch, 1994. Der Hof im Spiegel. Erzählungen. Kiepenheuer & Witsch, 2001.
[574] Vgl. Klocke, Sonja: Orientalisierung der DDR? Spuren von antifaschistischer Tradition und DDR-Literatur in Emine Sevgi Özdamar's Seltsame Sterne starren zur Erde. In: Stephan, Inge et al. (Hrsg.): Nachbilder der Wende. Böhlau, 2008. S. 141–60.
[575] Kanak Attak: Manifest. Erstveröffentlichung auf www.kanak-attak.de im November 1998. Abdruck in: Göktürk, Deniz et al. (Hrsg.): Transit Deutschland. Debatten zu Nation und Migration. University Press: Konstanz, 2011. S. 377.

Das Ende der DDR und die deutsche Wiedervereinigung markieren auch für die türkischen Deutschen den Beginn eines neuen Zeitabschnittes in der BRD. Dieser ist nicht nur durch politische und strukturelle Veränderungen gekennzeichnet, sondern ebenso durch einen kulturellen und sozialen Wandel geprägt, der bis heute anhält. Eine neue Generation von Schriftstellern tritt auf, die, wie Yüksel Kocadoru es formuliert, „sich selbst Fragen stellt und selbst nach Antworten sucht", anstatt im Gefühl von Betroffenheit ihre Identität beleuchten zu müssen.[576]

Nachdem die 1990er Jahre im Freudentaumel der Wiedervereinigung und dem Gewinn der dritten Fußballweltmeisterschaft begonnen haben, bedeuten die rassistischen Ausschreitungen rund um das Asylantenwohnheim in Rostock-Lichtenhagen[577] (22.–26.8.1992) und das Arbeiter-und Flüchtlingsheim in Hoyerswerda (17.–23.09.1992) und vor allem die Brandanschläge in Mölln[578] am 23.11.1992 und in Solingen[579] am 26.05.1993 eine Zäsur im deutsch-türkischen Miteinander und belasten das Zusammenleben im multikulturellen Deutschland.[580]

Der Kabarettist und Schriftsteller Serdar Somuncu [mehr zu ihm weiter unten] fasst die Ereignisse und ihre Bedeutung für die türkischen Deutschen folgendermaßen zusammen:

> Wochenlang bestimmten die Ereignisse in Solingen und Mölln auch die Titelseiten der türkischen Tageszeitungen. Da war er wieder: der deutsche Satan. Diesmal richtete sich sein Hass nicht gegen Juden, diesmal waren Türken an der Reihe. Hatten wir nicht bis dahin zusammengelebt, friedlich

---

[576] Kocadoru, Yüksel: Die dritte Generation von türkischen Autoren in Deutschland – neue Wege, neue Themen. In: Durzak, Manfred und Kuruyazıcı, Nilüfer: Die andere Deutsche Literatur. Königshausen & Neumann: Würzburg, 2004. S. 135. Theresa Specht kommt zu einem ähnlichen Schluss: „Die Frage nach der kulturellen Identität ist keine Frage der Zugehörigkeit zur einen oder anderen ethnischen bzw. nationalen Gruppe. Die Texte erzählen mit großer Selbstverständlichkeit von der hybriden deutschen Gesellschaft sowie von der Heterogenität der Individuen, die in ihr leben." In Specht, Theresa: Transkultureller Humor in türkisch-deutscher Literatur. Königshausen & Neumann: Würzburg, 2011. S. 20.

[577] Schmidt, Jochen: Politische Brandstiftung. Warum 1992 in Rostock das Ausländerwohnheim in Flammen aufgog. Edition Ost: Berlin, 2002.

[578] Siehe dazu Malou Berlins Dokumentarfilm *Nach dem Brand* [Deutschland 2012], in dem der Regisseur die Mitglieder der Familie Arslan, die den damaligen Anschlag überlebt haben, für einige Zeit begleitet. Beim Mordanschlag im Jahr 1992 starben drei Menschen und neun wurden schwer verletzt.

[579] Beim durch Neo-Nazis verübten Mordanschlag 1993 starben fünf Menschen und 14 wurden schwer verletzt. Siehe dazu Gür, Metin und Turhan, Alaverdi: Die Solingen-Akte. Patmos Verlag: Düsseldorf, 1996.

[580] Siehe auch Neubauers und Päthes Ausführungen zur politischen Lage in den 90er Jahren. Päthe, Thorben: Vom Gastarbeiter zum Kanaken. Zur Frage der Identität in der deutschen Gegenwartsliteratur. Iudicum: München, 2013. Neubauer, Jochen: Türkische Deutsche, Kanakster und Deutschländer. Königshausen & Neumann: Würzburg, 2011.

und mit überschaubaren Konflikten, gab es nicht zahlreiche Freundschaften, Ehen, ja, sogar Kinder, die das Deutsche besser beherrschten als das Türkische? Jetzt kehrte es sich um. Plötzlich vermischte sich das Elend mit der Auferstehung, plötzlich waren unsere Autos nicht erarbeitet, sondern gestohlen, plötzlich waren wir wieder die Kanaken. [...] Die deutsche Gesellschaft war zu stark, um diesem Virus zu erliegen. Sie schaffte es letztendlich, diese Krise zu überwinden, weil die Elemente, die man zu ihrem Schutz in ihr verankert hatte, zu präsent waren. Lichterketten waren nur ein Ausdruck der momentanen Ohnmacht. Das Bewusstsein aber, dass man sich entscheiden muss für das alte oder das neue Deutschland, war ein vorhandener Trumpf im Kampf gegen das Wiederaufkeimen der hohlen Brut.[581]

Während einige zivilgesellschaftliche Veranstaltungen, wie z.B. die vom Journalisten Giovanni di Lorenzo mitorganisierten Lichterkettenaktionen in München oder das anti-rassistische *Arsch huh, Zäng ussenander*-Konzert in Köln, Solidarität mit allen in Deutschland lebenden Menschen einforderten und der Deutsche Fußballbund mit der gutgemeinten Aktion *Mein Freund ist Ausländer*[582] ein Zeichen gegen Rassismus setzte, dabei jedoch eben auch wieder die Markierung der Opfer als nicht wirklich dazugehörende „Ausländer" semantisch erneuerte, sorgte die Aufweichung des Asylrechts durch den Bundestag kurz nach dem Anschlag in Solingen für eine Verschärfung der Lebensumstände von Flüchtlingen in der BRD.

Die damalige Zeit wird von türkischen Deutschen noch heute als Zäsur bewertet, die die Morde der NSU oder die rassistischen Ausuferungen von Sarrazin, PEGIDA und der AfD in der Heftigkeit der Schockwirkung überragt.[583] Zudem brachte die Wiedervereinigung, die von Deutschen in Ost und West lange herbeigesehnt worden war, negative Auswirkungen auf die Türken Deutschlands. Die türkischen Einwanderer, die Anteil am (west)- deutschen Wirtschaftswunder gehabt hatten und in den Fabriken der BRD fernab der Heimat arbeiteten, erlebten nun wie im Prozess der neuen deutschen Selbstfindung die Deutschen im Osten als das Eigene umarmt wurden, sie selbst jedoch zurückgestuft wurden und bei dem, was da gerade zusammenwuchs und entstand, keine Mitsprache hatte.

Vor dem Hintergrund der Wiedervereinigung und der Anschläge in Mölln und Solingen erwachte und politisierte sich die türkisch-deutsche Literatur und forderte selbstbewusst eine größere Annahme und Beteiligung der türkisch-stämmigen Bevölkerung. Zafer Şenocaks (geb. 1961)

---

[581] Somuncu, Serdar: Nachlass eines Massenmörders. Auf Lesereise mit mein Kampf. Bastei-Lübbe: Bergisch-Gladbach, 2002. S. 107.
[582] Am letzten Spieltag der Bundesligasaison 92/93 ersetzten alle Vereine ihre Trikotwerbung durch den Spruch „Mein Freund ist Ausländer". Vgl. https://de.wikipedia.org/wiki/Mein_Freund_ist_Ausl%C3%A4nder [Eingesehen am 8.2.2017].
[583] Hier beziehe ich mich auf Gespräche mit türkisch-deutschen Freunden und Bekannten sowie Diskussionen mit Kollegen wie Karin E. Yeşilada.

gesellschaftspolitische Essays und die Gründung der Aktivistengruppe *Kanak Attak*[584] u.a. durch Feridun Zaimoglu (geb. 1964), Imran Ayata (geb. 1969)[585] und Mark Terkessidis (geb. 1966)[586] deuten in jenen Jahren den Beginn eines bis heute andauernden wirkungsmächtigen Abschnitts türkisch-deutscher Literatur an, der durch den Anspruch geprägt ist, eine eigenständige deutsche Literatur[587] anstatt eine durch Aspekte von Fremdheit gekennzeichnete Migrationsliteratur zu sein.

Feridun Zaimoglu – *Kanak Attak*

> Wir müssen den Leuten zeigen, es läuft nicht, wir werden uns wehren. Die Arschlöcher haben schon einmal die Juden vergast, die haben das einmal gemacht, wir wehren uns. Hey Mann, überleg mal, wenn meine Mutter angegriffen wird und alle Leute von sich aus sagen, wir ficken diese Stadt, is das nicht cool?
> **Ertan in Feridun Zaimoglus *Abschaum***

Spätestens Feridun Zaimoglus Auftritt in der NDR Talkshow *3 nach 9* am 8. Mai 1998[588] bekundete in aller Öffentlichkeit das Ende der unterstellten „Krisenidentität"[589] und der von der deutschen Nachkriegsgesellschaft erwarteten „Gastarbeiterunterwürfigkeit". Der Autor propagierte stattdessen ein neues Selbstbewusstsein und den Mitbestimmungswillen der türkisch-deutschen Community.[590] In ruhigem und sachlichen Ton ver-

---

[584] Heidenreich, Nanna: Die Kunst des Aktivismus. Kanak Attak revisited. In: Dogramaci, Burcu (Hrsg.): Migration und künstlerische Produktion: Aktuelle Perspektiven. Transcript-Verlag: Bielefeld, 2012. S. 347–360.

[585] Imran Ayata hat in den Folgejahren nach der Gründung von *Kanak Attack* vornehmlich als Journalist gearbeitet. 2011 erschien sein erster Roman *Mein Name ist Revolution* im Blumenbar Verlag.

[586] Mark Terkissidis war nach Kanak Attak als Journalist tätig und schlug schließlich eine Karriere als Wissenschaftler ein. Siehe z.B. *Interkultur* [Edition Suhrkamp, Berlin 2010], in dem der Autor sich kritisch mit dem Konzept der Leitkultur auseinander setzt.

[587] Dieser Anspruch wurde zunächst, wie in der Einführung erwähnt, vor allem durch die amerikanische Germanistik bekräftigt.

[588] Die Diskussion wurde schließlich von Giovanni de Lorenzo, dem damaligen Moderator der Sendung *3 nach 9* und heutigem Chef-Redakteur der ZEIT, abgebrochen. Ein Fernsehmitschnitt der Sendung ist auf youtube einsehbar: https://www.youtube.com/watch?v=wrV7adgbcMc [Abgerufen am 16.10.2014].

[589] Zum gleichen Thema hat der FDP-Politiker [unter anderem war er zeitweise der Assistent von Gerhart Baum und Burkhart Hirsch] und Opfer-Anwalt im NSU-Prozess Mehmet Gürcan Daimagüler eine autobiographische Kampfschrift verfasst, in der er Deutschlands Umgang mit seinen türkischen Bürgern und die negative Sicht auf sie auf das Schärfste verurteilt. Daimagüler, Mehmet Gürcan: Kein schönes Land in dieser Zeit – Das Märchen von der gescheiterten Integration. Gütersloher Verlagshaus, 2011.

[590] Theresa Specht stellt ebenfalls fest, dass spätestens seit den 90er Jahren die türkisch-deutsche Literatur einen Perspektivwechsel vollzieht: „[…]Zum anderen

teidigte Zaimoglu sich und seine Literatur in der Sendung gegen die durchaus beleidigenden Angriffe der damaligen schleswig-holsteinischen Ministerpräsidentin Heide Simonis (SPD), des ehemaligen Bundesarbeitsministers Norbert Blüm (CDU) sowie des Liedermachers Wolf Biermann, die in ihrer Kritik blind für das sich hinter dem Projekt *Kanak Sprak* verbergende emanzipatorische Bestreben des Autors waren und ihm stattdessen vorschreiben wollten, wie und was ein in Deutschland lebender Türke zu sein und zu denken habe.[591]

Zentraler Bestandteil von Zaimoglus Sprachprojekt in seinen frühen Veröffentlichungen ist die positive Umbewertung des Begriffes „Kanake" weg von einer rassistischen Praxis hin zu einer Form der Selbstermächtigung. Der haiwaiische Begriff „*Kanaka*" bedeutet „Mensch" und wurde ursprünglich von europäischen Kolonisatoren als willkürliche Bezeichnung für die unterschiedlichen Insel-Bewohner im Südpazifik angewandt. Die Begriffe „Kannakermann" und „Kannaker" wanderten in der Folge über die deutschen „Protektorate" in Neuguinea [heute Papa-Neuguinea und Indonesien] ins Deutsche ein und wurden ab den 1960er Jahren in abgewandelter Form für die rassistische Markierung von Arbeitsmigranten verwendet.[592] Ähnlich dem Ausruf „*Black is beautiful*"[593] der schwarzen Amerikaner, begannen Schriftsteller wie Feridun Zaimoglu aber auch Hiphopper die Beschimpfung „Kanake" sich anzueignen und positiv zu besetzen.[594] Zaimoglus Kunstsprache *Kanak Sprak*[595] erinnert in ihrer um-

---

werden bereits in den literarischen Texten der 1980er Jahre, insbesondere jedoch seit Mitte der 1990er Jahre, ‚Kultur' und ‚kulturelle Muster' nicht mehr in einem Gestus der Betroffenheit, sondern auf spielerische und vielfach auch humoristische Weise thematisiert." In: Specht, Theresa: Transkultureller Humor in der türkisch-deutschen Literatur. Königshausen & Neumann: Würzburg, 2011. Ich stimme mit Theresa Specht jedoch nur bedingt überein: Die postmigrantische Literatur wird, da gebe ich ihr Recht, eindeutig humorvoller, sie wird jedoch auch spätestens mit Somuncu, Utlu und Ergün auch wieder politischer und thematisiert dadurch eindeutig eine Betroffenheit, die in Handlung umgesetzt wird.

[591] Siehe zu der Auseinandersetzung Zaimoglu/Simonis auch die Analyse in Cheesman, Tom: Novels of Turkish Settlement – Cosmopolite Fictions. Camden House: New York, 2007. S. 1–32.

[592] Siehe dazu ausführlich den Lexikoneintrag „Kanake" von Onur Suzan Kömürcü Nobrega. In: Arndt, Susan (Hrsg.): (K)erben des Kolonialismus im Wissensarchiv deutsche Sprache. S. 638–643.

[593] Siehe dazu: Van DeBurg, William L.: New Day in Babylon: The Black Power Movement and American Culture, 1965–1975. The University of Chicago Press: Chicago, 1992.

[594] Onur Nobrega weist darauf hin, dass der Begriff „Kanake" mittlerweile im rassistischen Diskurs an Bedeutung verloren hat und durch die negative Auflading des Begriffs „Muslim" ersetzt wurde. In: Arndt, Susan (Hrsg.): (K)erben des Kolonialismus im Wissensarchiv deutsche Sprache. S. 643.

[595] Die in beiden *Kanaksprak*-Bänden verwendete Sprache ist nur zum Teil Zaimoglus Interviewpartnern geschuldet. Zaimoglu hat vielmehr fiktive Interviews

gangssprachlichen Prosodie und ihrem Rhythmus so denn mitunter an die amerikanische Hip Hop Sprache, die mit Orthographie und Grammatik bricht und in ihrem Unwillen formale Regeln zu befolgen zeitgleich eine inhaltliche Kritik am Status Quo ist:

> Da gibt's die Typen, die ihr Heimatsprech ablagern zum schlechten Junk, die aus ner gerichteten Nase bluten inner Kanakfresse, die sie ihr Leben lang nicht wegbrechen können, aber Alemans Sachverstand hat ja nen Weg gezeichnet, und auf diesem Kümmelschleich- und Verdirbpfad geht's lang, und da alle Tugend. Sünde is, von dort abzukommen, denn rechts und links is Türkendickicht, Rassendunkel und Rassengefahr. Und dann die andere Sorte von untertänigst Alemanbefolger, die werden, wenn die Tür da zufliegt, und sie kommen da man nicht inne Alemanloge rein, die werden also zu Türkenbombern, zu so Ekelpaketen, die sagen: Mann, ich bin ne ganz wilde Heikelnummer, ich bring's fertig und zerfetz jede Pussy, wo mir vorn Schwanz kommt.[596]

Zaimoglus erste Veröffentlichungen *Kanak Sprak – Mißtöne vom Rande der Gesellschaft*[597] und *Abschaum*[598] zeigen, in den Worten von Karin Yeşilada, einen „Angry Young Turkish Man" bzw. in *Koppstoff* auch wütende Frauen, die nicht mehr bereit sind, sich einfach unterzuordnen, sondern gegen Ausgrenzung und erlebte Rassismen lauthals protestierten. Zaimoglu wurde durch die Radikalität seiner Sprache und seine Medienpräsenz in den späten 1990er und frühen 2000er Jahren zum wohl prominentesten und vielbeachtetsten türkisch-deutschen Schriftsteller. Er zählt auch heute weiterhin zu den bekanntesten Romanciers und Theatermachern in Deutschland.

So wie zunächst Emine Sevgi Özdamar als türkisch-deutsche Schriftstellerin von der Interkulturellen Germanistik besonders gewürdigt wurde, zogen Zaimoglus Folgeromane wie z.B. *Liebesmale, Scharlachrot*[599], *Zwölf Gramm Glück*[600], *Leyla*[601] und *Hinterland*[602], in denen er den Wuttürken

---

geführt und den türkisch-deutschen Jugendslang in seinem Textkorpus eine Form gegeben. Siehe dazu Yesilada, Karin: Schlaglicht 1990er. „Angry Young Turkish Man"? – The other strikes back. In: Yesilada, Karin und Hofmann, Michael: Deutsch-türkische Kulturgeschichte. [Unveröffentlichtes Manuskript liegt mir vor.] S. 2.

[596] Zaimoglu, Feridun: Kopffstoff. Kanaka Sprak vom Rande der Gesellschaft. Rotbuch Verlag: Hamburg, 1998. S. 38.
[597] Zaimoglu, Feridun: Kanak Sprak – Mißtöne vom Rande der Gesellschaft. Rotbuch Verlag: Hamburg, 1995.
[598] Ders.: Abschaum. Hamburg: Rotbuch Verlag, 1997.
[599] Ders.: Liebesmale, scharlachrot. Kiepenheuer & Witsch: Köln, 2000.
[600] Ders.: Zwölf Gramm Glück. Kiepenheuer & Witsch: Köln, 2004.
[601] Ders.: Leyla. Kiepenheuer & Witsch: Köln, 2006.
[602] Ders.: Hinterland. Kiepenheuer & Witsch: Köln, 2009

hinter sich lässt, die Aufmerksamkeit der Literaturwissenschaft auf sich.[603] Wie bei Zafer Şenocak war es wiederum die Auslandsgermanistik, die bei der Verortung Zaimoglus maßgeblich Impulse gesetzt hat. So erschien 2012 bspw. die erste kritische Gesamtschau zu Zaimoglus Literatur auf English. Herausgeber waren hier abermals Tom Cheesman und Karin E. Yeşilada, beides Autor_innen, die schon in Hinblick auf Zafer Şenocaks Werk Pionierarbeit geleistet haben.[604]

Zaimoglus frühe Textkollagen und sein erster Roman *Abschaum* stehen meiner Ansicht nach eindeutig in der Tradition von Akif Pirinçcis Roman *Tränen sind immer der Anfang*, der seiner Zeit um Jahre voraus, als erster türkisch-deutscher Text eine Art wütende Abrechnung mit der Dominanzgesellschaft war. Wie später noch zu sehen sein wird, greift Mutlu Ergün-Hamaz die von Pirinçci und Zaimoglu eingeführten rebellischen Ansätze auf und entwickelt sie auf kluge Weise weiter. Dabei bezieht sich Ergün-Hamaz zudem auf den Satiriker und politischen Kabarettisten Serdar Somuncu, der wie Zaimoglu in den 1990er Jahren auf seine ganz eigene Weise dem Rassismus in der BRD den Kampf ansagte.

Serdar Somuncu – Der Anti-Türke?

> Ich bin gegen den Doppelpass. Man muss sich entscheiden.[605]
> **Serdar Somuncu**

Serdar Somuncu[606] kann mittlerweile aufgrund seiner häufigen Medienpräsenz als der derzeit wohl bekannteste Vertreter türkisch-deutscher Literatur und Satire[607] bezeichnet werden.[608] Serdar Somuncu zeigt sich auf vie-

---

[603] Thorben Päthe und Jochen Neubauer widmen Zaimoglu längere Kapitel in ihren Studien, in denen beide Fragen der Identität im Vordergrund stehen. Päthe, Thorben: Vom Gastarbeiter zum Kanaken. Zur Frage der Identität in der deutschen Gegenwartsliteratur. Iudicum: München, 2013. S. 142–164. Neubauer, Jochen: Türkische Deutsche, Kanakster und Deutschländer. Königshausen & Neumann: Würzburg, 2011. S. 453–512.

[604] Cheesman, Tom und Yeşilada, Karin E. : Feridun Zaimoglu. Peter Lang Verlag: Bern, 2012.

[605] Serdar Somuncu in der Fernsehsendung *Anne Will* in der ARD am 02.04.2017.

[606] Somuncu, Serdar: Nachlass eines Massenmörders. Lübbe Belletristik: Köln, 2002; Getrennte Rechnungen. Lübbe Belletristik: Köln,2004; Die Türkei und das deutsche Verständnis. Aufbau Verlag: Berlin, 2005; Kernspaltung. Knaur Belletristik: München, 2005; Der Antitürke. Rowohlt Sachbuch: Hamburg, 2009; Auf Lesereise mit Adolf. Edel: Hamburg, 2009; Karneval in Mio. Edel: Hamburg, 2010; Bibel vs. Koran. Eichborn: Köln, 2010; Zwischen den Gleisen. WortArt: Köln, 2012; Hasstament. Edel: Hamburg, 2013; Der Adolf in mir: Die Karriere einer verbotenen Idee. WortArt, 2015.

[607] Andere wichtige Satiriker/Kabarettisten sind: Mussin Omurca, Şinasi Dikmen und Osman Engin seit den 1980er Jahren bzw. seit 2000 Fatih Çevikkollu Siehe u.a.: Omurca, Mussin: Kanakmän. Tags Deutscher, nachts Türke. Ulm, 2002. Dikmen, Şinasi: Integrier Dich, Opa!, Conte-Verlag: Saarbrücken, 2008. Engin,

lerlei Gebieten als äußerst produktiv und kreativ: Neben seinen Kabarett-Reisen quer durch die BRD [das Programm für 2015 nannte sich *Die Machtergreifung*] präsentiert er die Internetshow *Serdars Hatenight*[609], tritt in der ZDF-*Heuteshow* auf, engagiert sich auf anti-rassistischen Veranstaltungen wie dem *Birlikte*-Festival, verfasst eine Kolumne für die WIRTSCHAFTSWOCHE und beteiligt sich an politischen Diskussionen in diversen TV-Talkshows. 2014 war Somuncu zudem mit seiner Band *Sexy Revolution & The Politics* deutschlandweit auf Tour. Neben diesen interaktiven Formen politischer Kunst veröffentlicht Serdar Somuncu in regelmäßigen Abständen Kurzgeschichten[610], Hörspiele, Essaysammlungen, Tagebücher, die seine Tourneen kommentieren sowie den Roman *Zwischen den Gleisen* über den RAF-Terroristen Wolfgang Grams.[611] Vor seinem Durchbruch mit dem Kabarettprogramm *Mein Kampf*[612] studierte der 1968 in Istanbul geborene und in Deutschland aufgewachsene Somuncu in Wuppertal und Maastricht Schauspiel und Regie und führte mehrere Solotheaterstücke wie *Der Theatermacher* von Thomas Bernhard auf und wirkte bei größeren Ensembleproduktionen mal als Regisseur mal als Schauspieler mit. Somuncus Theater- und Schauspielausbildung prägt in der Folge auch seine Rollengestaltung und Arbeitsweise beim Kabarett.[613] Über das Persiflieren Hitlers, in dessen Rolle er schlüpft, und dann wieder aus ihr heraustritt, um sie von außen zu kommentieren, sagt Somuncu beispielsweise:

Osman: Kanaken-Ghandi. München, 2005. Çevikkollu, Fatih: Der Moslem-TÜV. Deutschland, einig Fatihland. Reinbeck bei Hamburg, 2008.

[608] Siehe dazu ausführlich die Würdigung von Claudia Fromme in der SZ. Süddeutsche Zeitung vom 21. Januar 2017.

[609] Serdars Hatenite: Karhate. https://www.youtube.com/watch?v=qD7nXPFz79Q [Abgerufen am 5.01.2015].

[610] Serdar Somuncus autobiographisch gefärbten Kurzgeschichtensammlung *Getrennte Rechnungen* lässt sich durchaus mit den Kurzgeschichten des Bremer Schriftstellers und Satirikers Osman Engin (1960) vergleichen. Während Engin jedoch seine Geschichten sehr humorvoll angelegt, sucht Somuncu in seinen Kurzgeschichten die leisen Töne und zeigt sich hierbei in eindeutigem Kontrast zu seinen üblichen Reden und Schriften betont verletzlich. Von Osman Engin siehe beispielsweise *Don Osman – Neue Heimtürkische Geschichten*. DTV Verlag: München, 2005.

[611] Nachlass eines Massenmörders. Lübbe: Bergisch Gladbach, 2002; Getrennte Rechnungen. Lübbe: Bergisch Gladbach, 2004; Kernspaltung. Knaur: München, 2005; Die Türkei und das deutsche Verständnis. Aufbau Verlag: Berlin, 2005; Hasstament. Wortart: Köln, 2013; Zwischen den Gleisen. Wortart: Köln, 2014.

[612] Somuncu führte sein Kabarettprogramm *Mein Kampf*, in dem er persiflierend Adolf Hitler und bundesrepublikanischen Alltag kommentierte, 1428 Mal zwischen 1996 und 2001 auf. In den nächsten Jahren folgten mit den Programmen *Wollt ihr den totalen Krieg*, *Getrennte Rechnungen* und *Bild* weitere Tourneen.

[613] Es ist auffällig, dass viele türkisch-deutsche Autor_innen wie u.a. Somuncu, Ören, Özdamar und Utlu auch Theatermacher_innen waren oder sind.

> (Vorsicht: Wenn man Schauspieler ist, sucht man mit der Lupe nach kleinsten Gemeinsamkeiten, die eine Identifikation mit der Rolle ermöglichen. Findet man einen entsprechenden Hinweis, dann vergrößert man das Ganze, bis es schließlich für einen selbst uninteressant, für den Betrachter aber überdimensional sichtbar wird. So sehr, dass im Optimalfall die Rolle und die eigene Person nicht mehr auseinander zu halten sind, obwohl man sich mittlerweile von der Rolle entfernt hat.) Wenn ich hier also von meinen intimen Erlebnissen mit Adolf Hitler erzähle, so heißt das nicht, dass ich ihn deswegen beneide oder vielleicht bewundere. Aber dass ich ihn verstehen muss, um aus seinem Mund zu sprechen oder aus seinem Kopf zu denken, ist eine Seite meines Berufes.[614]

Es ist durchaus kennzeichnend für Serdar Somuncu, dass er seine Kunst per se als politisch versteht[615] und dass sein Abarbeiten an deutscher Geschichte und Gegenwart durch einen pädagogischen Duktus geprägt ist, der das teilweise beleidigende Gespräch mit dem Publikum sucht, damit dieses seine Befindlichkeiten sowie die Gewissheiten von Identität und Deutschsein in Frage stellt:

> Erst wenn türkische Künstler sich deutsche Themen zu eigen machen, erst wenn sie aktiv an der künstlerischen Bewältigung des deutsch-türkischen Alltags teilnehmen und dabei kein Thema ausschließen, sind sie wirklich frei von der vorgegebenen Migrationsthematik und leisten einen neuen Beitrag zur interkulturellen Verständigung.[616]

Serdar Somuncu hat sich über Jahre hinweg einen wichtigen Platz im deutschen Kabarett erarbeitet und nutzt seine Medienpräsenz und Bekanntheit dazu, um von außen als Künstler Einfluss auf Migrationsdebatten zu nehmen.[617] Das Beispiel Somuncu ist nur eins von vielen, das aufzeigt, dass Horst Hamms 1988 getroffene Einschätzung zur „türkischen Gastarbeiterliteratur" spätestens seit den 1990er Jahren nicht mehr – wenn überhaupt jemals – zutrifft.

---

[614] Somuncu, Serdar: Nachlass eines Massenmörders. S. 61.
[615] „Theater kann schließlich so langweilig sein. Immer denselben Scheiß spielen. Shakespeare, die tausendste Fassung. Selbstbefriedigung. Onanie auf hohem künstlerischem Niveau. Wenn man aber überlegt, dass Theater ursprünglich als Verlängerung der Politik und Philosophie konzipiert war, so stellt man fest, dass es in diesem Fall [Somuncu bezieht sich hier auf sein Programm *Mein Kampf*] wieder dorthin zurückkehrt, wo es entstanden ist." Aus Somuncu, Serdar: Nachlass eines Massenmörders. S. 56.
[616] Somuncu, Serdar: Der Antitürke. S. 39.
[617] El Hissy, Maha: Getürkte Türken: Karnevaleske Stilmittel im Theater, Kabarett und Film deutsch-türkischer Künstlerinnen und Künstler. Transcript: Bielefeld, 2012.

Nicht nur in den siebziger Jahren, sondern bis heute fehlt der türkischen Literatur politisches Engagement. Ören, Pazarkaya, Özakin, Dal, um nur einige zu nennen, sie halten sich fern von PoLIKUnst, sie schreiben für sich, für ihre türkischen Landsleute, die sie meist nicht lesen, oder in Übersetzung allein für ein deutsches Publikum. Kaum multikulturelle Ambitionen, kaum multinationales Interesse.[618]

Somuncu kritisiert nicht nur die normativen Kulturvorstellungen der deutschen Dominanzgesellschaft, sondern auch die von Muslimen: Somuncu grenzt sich als überzeugter Laizist streng von religiösen Traditionen ab und zieht diese teilweise sogar ins Lächerliche. Dabei formuliert er seine Kritik an muslimischer Religiosität im Allgemeinen und am islamistischen Fundamentalismus im Besonderen äußerst scharfzüngig und in einem drastischen Duktus, der oftmals der polemischen Wortwahl eines Henryk M. Broder[619] in nichts nachsteht:

> Dabei sind sie [Muslime] es in der Regel selbst, die ihren vermeintlich so friedlichen Glauben diskreditieren, indem sie sich Zottelbärte wachsen lassen und inmitten einer christlich geprägten Zivilisation versuchen, ein streng muslimisches Leben unter dem Deckmantel der Tolerierung religiöser Minderheiten zu etablieren, obwohl es jedem klar sein dürfte, dass es für einen strenggläubigen Muslim gerade in Deutschland schwer sein dürfte, nicht mit Sünde konfrontiert zu werden und seine Glaubensrichtlinien aufrechtzuerhalten.[620]

Mit seiner expliziten Islamkritik und strikten Ablehnung der Doppelten Staatsangehörigkeit grenzt sich Serdar Somuncu von anderen Schriftsteller_innen der jüngeren Generation ab, die sich an *People of Color*-Theorien orientieren und die versuchen, die Religion ihrer Eltern und

---

[618] Hamm, Horst: Fremdgegangen freigeschrieben. Einführung in die deutschsprachige Gastarbeiterliteratur. Königshausen & Neumann: Würzburg, 1988.
[619] Henryk M. Broder ist ein seit den 1960er Jahren tätiger Publizist [u.a. Spiegel, Weltwoche]. Er ist bekannt für seine Islam-Kritik und seine Auseinandersetzung mit antisemitischen Tendenzen in der deutschen Linken. Siehe zum Beispiel: Broder, Henryk M.: Der ewige Antisemit. Berlin, 2005.
[620] Somuncu: Der Anti-Türke. S. 104. Hinter Somuncus drastischen Äußerungen steckt jedoch keine Islamophobie sondern eine generell kritische Handlung gegenüber allen Religionen: „Dieser Wettbewerb zwischen den Religionen ist nicht erst heute erfunden worden. Er existiert schon seit Tausenden von Jahren, und immer noch wollen die Stellvertreter der einzelnen Glaubensgemeinschaften uns klarmachen, dass gerade sie die Weisheit mit Löffeln gefressen haben, weil ihr Prophet angeblich die einzige Wahrheit verkündigt. Dabei ist unser heutiger Glaube mittlerweile ein individueller Zugang zu Gott und eigentlich nicht mehr zu verallgemeinern, schon gar nicht durch das Dogma einer Institution zu verwalten. […] Bei den großen dogmatischen Weltreligionen geht es viel mehr darum, durch den Glauben die jeweilige Lebenssituation der Menschen zu ordnen und zu verbessern, denn Religion ist nichts anderes als ein Gesetz für Asoziale." Ebd.: S. 123.

Großeltern als kulturelles Erbe zu verteidigen und in ihr mehrkulturelles Deutschsein zu integrieren.

Welt im Umbruch:
Partizipation in Zeiten von Terror und „Muslimifizierung"

> Ey, Leute, identifiziert euch mit diesem Land. Es ist schon okay hier. Wartet nicht darauf, dass der Weiße euch als Teil dieses Landes annimmt, nehmt euch selber als Teil dieses Landes an. Egal, was der Arier sagt, ihr macht es nicht, um den Arier zu gefallen, ihr macht es, um euch selber zu gefallen. Das andere schafft totale Minderwertigkeitskomplexe. Man muss die türkische, russische oder arabische Welt ja nicht aufgeben. Das ist ja nichts, was man verrät. Die Angst ist es, die man loslassen muss, nicht die eigene Kultur. Die Angst, irgendwas zu verlieren. Schließlich kann vieles nebeneinander existieren. Es scheint ja auch an einem Tag die Sonne, und an einem anderen regnet es, und trotzdem ist alles Mai.[621]
> Fatih Akin

Das durch Künstler wie Zaimoglu und Somuncu, Politiker wie Cem Özdemir und zahlreiche zivilgesellschaftliche Aktivisten repräsentierte aufstrebende neue türkisch-deutsche Selbstbewusstsein profitierte von der Modernisierung des bundesrepublikanischen Staatsbürgerschaftsrechts der rot-grünen Koalition unter Gerhard Schröder im Jahr 2000. Gegen den starken Widerstand der CDU und der populistischen Politik Roland Kochs, der mit einer Unterschriftaktion[622] xenophobe Ängste in der Bevölkerung bediente, wurde mit Hilfe der FDP in Bundestag und Bundesrat das alte „Blut und Boden"-Staatsangehörigkeitsrecht verändert, indem die Einbürgerung von Migranten und ihren hier geboren Kindern und Enkelkindern durch das Optionsmodell erleichtert wurde, das bis zum Eintritt ins Erwachsenenalter die doppelte Staatsangehörigkeit erlaubt.[623]

Im Jahr 2000 wurde zudem die Süssmuth-Kommission[624] eingesetzt, deren Ziel es war, einen Plan für die Änderung des deutschen Zuwande-

---

[621] Aus: Ich sehe was, was du nicht siehst. Zeit Magazin Nr. 34, 11. August 2016. Zeitverlag: Hamburg. S. 19.
[622] Klärner, Andreas: Aufstand der Ressentiments. Einwanderungsdiskurs, völkischer Nationalismus und die Kampagne der CDU/CSU gegen die doppelte Staatsbürgerschaft. PapyRossa: Köln 2000.
[623] von Münch, Ingo: Die deutsche Staatsangehörigkeit. Vergangenheit – Gegenwart – Zukunft. De Gruyter: Berlin, 2007.
[624] Bundesministerium des Inneren (Hrsg.): Zuwanderung gestalten – Integration fördern. Bericht der unabhängigen Kommission Zuwanderung. Berlin, 2001. Es ist zu bemerken, dass der 21-köpfigen Kommission Zuwanderung mit dem Reiseunternehmer Vural Öger nur ein einziger türkeistämmiger Vertreter angehörte und somit mehr über die Zuwanderer gesprochen wurde als mit ihnen.

rungsrechts[625] zu erarbeiten, die nach langem politischem Kampf 2005 verabschiedet wurde.[626] Die kontroverse Debatte im Vorfeld der Gesetzesverabschiedung wurde mit einer veränderten Perspektive auf die Migrationsgesellschaft geführt: Der Antritt der rot-grünen Bundesregierung im Jahr 1997 hatte gerade bei Migranten große Erwartungen geweckt und sie hofften daher auf die Verbesserung ihrer Lebensverhältnisse sowie die Anerkennung ihrer Dazugehörigkeit. Die Terroranschläge in New York und Washington am 11.09.2001 lösten jedoch nicht nur den von den USA geführten und bis heute andauernden *War on terror* aus, sondern torpedierten auch die multikulturellen Gesellschaften Europas. In Deutschland wurden so zum Beispiel lebende Minderheiten in Folge der nächsten Jahre durch den Mediendiskurs der Dominanzkultur geradezu „muslimifiziert": Waren türkische Zuwanderer in den 1960er als Gastarbeiter und später als Ausländer definiert worden, wurden diese Bürger im gesellschaftlichen Klima der durch den islamistischen Terror bedingten Bedrohungsängste nun zunehmend als Muslime wahrgenommen.[627] Die Germanistin Karin

---

[625] Selbst der konservative Politikwissenschaftler und Verfechter einer angelsächsisch-protestantisch geprägten amerikanischen Leitkultur Samuel Huntington weist auf die Absurditäten und Ungerechtigkeiten des deutschen Staatsbürgerschaftsrechts vor 1999 hin: „Deutsche waren Menschen mit deutschen Eltern. Aus diesem Grund werden die heutigen Nachfahren von Deutschen, die im 18. Jahrhundert nach Russland auswanderten, auch heute noch als Deutsche betrachtet. Wenn sie in Deutschland einwandern, bekommen sie automatisch die deutsche Staatsbürgerschaft, obwohl ihr Deutsch, (wenn sie überhaupt deutsch sprechen) von ihren Landsleuten vielleicht gar nicht mehr verstanden wird und ihre Sitten gebürtigen Deutschen fremd erscheinen mögen. Im Gegensatz dazu hatten die Nachkommen türkischer Einwanderer, die in der dritten Generation in Deutschland lebten, dort aufgewachsen und ausgebildet waren, in Deutschland arbeiteten und die deutsche Umgangssprache fließend sprachen, bis 1999 ernsthafte Schwierigkeiten, die deutsche Staatsbürgerschaft zu erlangen." In Huntington, Samuel: Who are we? S. 54.

[626] Das reformierte Gesetz sorgte für die Einführung von Integrations- und Sprachkursen für Migranten und verschärfte das Asylrecht. Siehe in: Krüger-Potratz, Marianne (Hrsg.): Zuwanderungsgesetz und Integrationspolitik. V und R Unipress: Göttingen, 2006.

[627] Der britisch-syrische Historiker Al-Azmeh beschreibt diese Wahrnehmungsverschiebung innerhalb der Dominanzkultur folgendermaßen: „[…] Dennoch wird ohne Rücksicht auf diese sozioökonomischen Verhältnisse der europäische Islam überhaupt, als eine in sich geschlossene, homogene und unveränderliche Macht vorgestellt und als ein so radikales Anderssein, dass es möglich ist, ihn als historischen Gegenspieler anzusprechen, ganz ähnlich, wie in manchen Kreisen der Kommunismus gehandelt wurde. Mit Hilfe massenpsychologischer Techniken, die große Ähnlichkeit mit denen des Antisemitismus haben, wird er als eine abstoßend exotische Erscheinung präsentiert." In: Al-Azmeh, Aziz: Die Islamisierung des Islams. Campus Verlag: Frankfurt, 1996. S. 18. Riem Spielhaus untersucht währenddessen die in Deutschland stattfindende Muslimifizierung von Seiten der Dominanzkultur und zeigt auf, wie sich die BRD der saudi-arabischen

Yeşilada merkt dazu an, dass der Islamdiskurs in der BRD nicht ohne Auswirkungen auf die Literaturproduktion türkisch-deutscher Schriftsteller_innen geblieben ist und spricht von einem *Muslim Turn* in der Themengestaltung.[628] Vor diesem Hintergrund sei beispielsweise auf Hilal Sezgins satirischen Roman *Mihriban pfeift auf Gott*[629], Feridun Zaimoglus Erzählung *Gottes Krieger*"[630] und besonders auf Zafer Şenocaks Auseinandersetzung mit dem Glauben seines Vaters *In deinen Worten* sowie Mutlu Ergün-Hamaz' *Die geheimen Tagebücher des Sesperado* verwiesen, die weiter unten in den Einzelbetrachtungen der genannten Autoren besprochen werden.

Die oftmals reduzierende Problematisierung der Weltreligion Islam auf eine Terrorideologie im medialen Diskurs führt – trotz verschiedener Maßnahmen wie etwa der Einführung der *Islamkonferenz*[631] auf Bundes-

---

Verfassung annähert, wenn sie a-religiöse Menschen religiös definiert: „Auch hier beruht die zugrundeliegende Definition von „Muslim" auf Abstammung und nicht auf Glaubenspraxis oder religiöser Überzeugung. Bestimmend ist also, in welche Familie oder Ethnie man hineingeboren wird, und nicht für welche Religion man sich selbst entschieden hat. Dies entspricht durchaus dem islamischen Konzept, dass man Muslim entweder durch Geburt oder Bekenntnis zum Islam wird und auch die Religion auch nicht wechseln kann. Die saudisch-arabische Verfassung bestimmt beispielsweise, dass alle saudischen Staatsbürger Muslime sind. Innermuslimisch wird dagegen die Position vertreten, dass lediglich diejenigen Muslime sind, die die islamischen Rituale auch wirklich vollziehen." In: Spielhaus, Riem: Religion und Identität. In: Deutsche Gesellschaft für Auswärtige Politik (Hrsg.): Zeitschrift für Internationale Politik – Themenheft Migration und Sicherheit. Bielefelder Verlag: Köln, März 2006. S. 31. Der Bielefelder Soziologe Wilhelm Heitmeyer untersuchte mit seinem Team seit 2001 in einer 10 Jahres-Studie den gesellschaftlichen Zusammenhalt in der BRD und arbeitete dabei den Begriff der „Gruppenbezogenen Menschenfeindlichkeit" heraus, der für eine Ideologie der Ungleichwertigkeit steht. Heitmeyer weist nach, dass Vorurteile gegenüber Muslimen seit Beginn der Studie zugenommen haben. Heitmeyer sieht zudem Parallelen zwischen Antisemitismus und Islamophobie. Heitmeyer, Wilhelm (Hrsg.) Deutsche Zustände. Band 1-10. Edition Suhrkamp: Frankfurt, 2001–2011.

[628] Yeşilada, Karin: Gotteskrieger-Konfigurationen des radikalen Islam in der deutschsprachigen Gegenwartsprosa. In: Hofmann, Michael, Özil, Şeyda und Dayıoğlu-Yücel, Yasemin: Türkisch-deutscher Kulturkontakt und Kulturtransfer. Kontroversen und Lernprozesse. Jahrbuch Türkisch-Deutsche Studien, Band 1. V&R Unipress: Göttingen, 2011. S. 197ff.

[629] Sezgin, Hilal: Mihriban pfeift auf Gott. DuMont, 2015.

[630] Zaimoglu, Feridun: Zwölf Gramm Glück. Erzählungen, Kiepenheuer & Witsch: Köln, 2004. Für die Erzählung Häute, ebenfalls in Zwölf Gramm Glück erschienen, bekan Zaimoglu im Jahr 2003 den Ingeborg-Bachmann-Literaturpreis.

[631] Die Deutsche Islamkonferenz hat zum Ziel das Verständnis von Staat und Religion bei in Deutschland lebenden Muslimen zu diskutieren und die verschiedenen religiösen Kräfte politisch einzubinden. Neben Vertretern verschiedener Islamverbände gehören bzw. gehörten auch Wissenschaftler und Künstler wie Feridun Zaimoglu und Navid Kermani den Plenarsitzungen an. Siehe: Busch, Reinhard

ebene oder des *Tages der Offenen Moschee* – seitdem verstärkt zu islamophob-rassistischen Reaktionen in Deutschland, unter denen nicht nur praktizierende friedliche Muslime, sondern auch willkürlich zum Gruppenkollektiv Islam dazu gerechnete a-religiöse arabische, türkische, persische, kurdische und bosnische u.ä. Deutsche zu leiden haben.[632] Dass deutsche Muslime sich für jedwede islamistische terroristische Anschläge, wo auch immer sie sich ereignet haben, erklären müssen, ist Teil rassistischer Praxis geworden. Diese verrät erst auf den zweiten Blick ihre wahre Natur, da man Bürger nur aufgrund ihrer Markierung als Muslim dazu zwingt sich zu positionieren. Tunay Önder und Imad Mustafa, Verfasser des Internet-Blogs *Migrantenstadl*, kommentieren dies folgendermaßen:

> Um es vorweg zu nehmen: Ich distanziere mich nicht vom sogenannten Islamischen Staat. Ich habe mit den Taten des sogenannten IS oder dessen selbsternannten Kalifen al-Baghdadi nichts am Hut. Ebenso wenig wie der Rest der Muslime hier in Deutschland. Ich lehne die Forderung nach einer Distanzierung ab. Mehr noch, sie geht an die Substanz, weil sie sich nicht auf etwas bezieht, was man persönlich gesagt oder getan hat. Wie soll man sich als Individuum dagegen wehren können? Lehnt man es ab, sich zu distanzieren, gerät man in den Verdacht heimlicher Sympathie. Geht man drauf ein, unterwirft man sich einem Rechtfertigungsdruck, der so anscheinend nur für Muslime gilt. Niemand verlangte von „den Deutschen", sich als Deutsche von HoGeSA zu distanzieren, nachdem die Gruppe randalierend durch die Kölner Innenstadt gezogen war. Auch hat niemand von „den Christen" gefordert, sich wegen des Kindesmissbrauchs in der katholischen Kirche von dieser zu distanzieren. Während in beiden Fällen eine Forderung zur Distanzierung offensichtlich an Absurdität grenzt, scheint sie recht und billig zu sein, wenn sie gegen „die Muslime" als Muslime erhoben wird. Nur ihnen kommt scheinbar ein einheitlicher Charak-

---

und Goltz, Gabriel: Die Deutsche Islam Konferenz – Ein Übergangsformat für die Kommunikation zwischen Staat und Muslimen in Deutschland. In: Hendrik Meyer, Klaus Schubert (Hrsg.): Politik und Islam. VS Verlag: Wiesbaden, 2011. Leven Tezcan kritisiert die Islamkonferenz als paternalistischen und kolonialistischen Versuch einen deutschen Islam zu kreieren: „Inzwischen wird die Einbürgerung als Teil einer ‚aktiven' Integrationspolitik gefördert. Die Regierungsinitiative ‚Deutsche Islamkonferenz' ist aus der integrationspolitischen Wende hervorgegangen und verleiht dieser eine besondere Note, indem sie den Fokus einer einbeziehenden Integrationspolitik auf die Religion verlagert und damit die Subjektfrage in neuer Art und Weise auf die Tagesordnung setzt. Was wir an dieser Stelle festhalten können, ist, daß die Religion das Medium von Zuschreibungen darstellt und mit ihm im gegenwärtigen diskursiven Setting die Kulturalisierung neue Dimensionen erfährt." In: Tezcan, Levan: Spielarten der Kulturalisierung. In: Konersmann, Ralf et al. (Hrsg.): Zeitschrift für Kulturphilosphie Nr. 2/2011. Felix Meiner Verlag: Hamburg, 2011.

[632] Siehe dazu ausführlich Merz, Sibille: Islam. In: Arndt, Susan und Ofuatey-Alazard, Nadja (Hrsg.): Wie Rassismus aus Wörtern spricht. (K)erben des Kolonialismus im Wissensarchiv deutsche Sprache. Unrast: Münster, 2011. S. 365ff.

ter, ein transnationales Bewusstsein zu, das sie alle verbindet, gleich macht, sodass man von „den Muslimen" sprechen darf.[633]

Völkisch rassistisch geprägte Bürgerbewegungen wie die Dresdner PEGIDA [Patrioten gegen die Islamisierung des Abendlandes] sammeln und formulieren die Ängste vor dem Anderen und nutzen ihre mediale Wirkung, um Muslimen das Dazugehören zu Deutschland abzusprechen. In diesem Zusammenhang muss auch das Engagement von Akif Pirinçci für PEGIDA erwähnt werden, der dem Bündnis mit seinen Thesen neuen Aufschwung gegeben hat [siehe weiter unten „Pirinçci 2.0 – Deutsch-Nationale Zugehörigkeit oder die Partizipation des Hasses"].

Vor diesem vereinfachenden und zuschreibenden neo-orientalistischen Blick[634], mit dem das muslimische Andere in Abgrenzung zu einer wie auch immer gearteten deutschen Identität kreiert wird, werden sodann gesellschaftlich politisch wie kulturell relevante Themen, wie etwa die Frage, ob eine Lehrerin in der Schule Kopftuch[635] tragen oder ob in Köln eine Großraum-Moschee gebaut werden darf, emotional aufgeladen geführt. Nicht selten nutzen rechtsextreme Parteien wie Pro NRW solche Debatten, um eine anti-muslimische Propagandapolitik im Wahlkampf und darüber hinaus aufzuführen.

Die „Angst vor dem Muselmann" ist auch in den 2010er Jahren weiterhin ein wirkungsmächtiger gesellschaftlicher Diskurs, der das Leben der türkischen-deutschen Bevölkerung und den Blick auf sie prägt. Thilo Sarrazins rassistischer Bestseller *Deutschland schafft sich ab*[636], in dem er behauptet, dass Deutschland durch die türkische und arabische Einwanderung verdumme, verursachte 2010 eine breite öffentliche Debatte[637] und rief ein neues Unwohlsein bei Migranten und post-migrantischen Deutschen hervor. Als Reaktion darauf verfassten namhafte „muslimische"

---

[633] Önder, Tunay und Mustafa, Imad: Distanziert Euch nicht! In: Migrantenstadl. Unrast-Verlag: Münster, 2016. S. 153.

[634] Said, Edward: Orientalism. Routledge: London, 1978. Zur diskursiven Herrschaftspraxis „Orientalismus" siehe die Kurzzusammenfassung zu Edwards Saids Theorie in: do Mar Castro Varela, María und Dhawan, Nikita (Hrsg.): Postkoloniale Theorie. Eine kritische Einführung. Transcript: Bielefeld, 2005. S. 29–54.

[635] Oestreich, Heide: Der Kopftuch-Streit. Das Abendland und ein Quadratmeter Islam. Brandes & Apsel, 2005.

[636] Sarrazin, Thilo: Deutschland schafft sich ab. Deutsche Verlagsanstalt: München, 2010.
Eine durch türkisch-deutschen Gesang außergewöhnlich kunstvoll gestaltete satirische Auseinandersetzung mit Sarrazin ist Mussin Omurcas „Göttlicher Erlass". Einsehbar auf https://www.youtube.com/watch?v=dAGLDtc10TA [Abgerufen am 17.12.2014].

[637] Haller, Michael und Niggeschmidt Martin (Hrsg.): Der Mythos vom Niedergang der Intelligenz. Von Galton zu Sarrazin: Die Denkmuster und Denkfehler der Eugenik. Springer Verlag: Berlin, 2012.

deutsche Schriftsteller_innen und Journalist_innen wie Ilija Trojanow, Hatice Akyün, Katajun Amirpur, Navid Kermani und Feridun Zaimoglu im *Manifest der Vielen – Deutschland erfindet sich neu* ihre eigene Kritik an Sarrazin und an neorassistischem Gedankengut in Deutschland. Die Islamwissenschaftlerin und Teilnehmerin des von Angela Merkel initiierten Integrationsgipfel Lamya Kaddor erklärt darin beispielsweise den breiten Zuspruch für Sarrazins-Thesen als Ausbrechen aus einer Nachkriegsscham, die dazu geführt hätte, die liberale multikulturelle Werteordnung der BRD nicht zu kritisieren:

> Die Welt lechzt nach einfachen Erklärungen, einfachen Bildern. Darüber hinaus wollen sich viele Bürger, die jahrzehntelang aufgrund deutscher Geschichte mit ihren Meinungen zurückstecken mussten, endlich aus dieser gefühlten Enge befreien. In ihrem Drang erhielten sie tatkräftige Unterstützung: Erst waren es Necla Kelek[638], die vermeintlich gegen Rassismus

---

[638] Necla Kelek ist eine Hamburger Sozialwissenschaftlerin, die seit der Veröffentlichung ihrer Familiengeschichte *Die fremde Braut - Ein Bericht aus dem Inneren des türkischen Lebens in Deutschland* [Kiepenheuer & Witsch: Köln 2005] von Islam- und Migrationskritikern als Kronzeugin zu Rate gezogen wird und eine große mediale Aufmerksamkeit genießt. Eine kritische Analyse von Keleks Arbeiten liefert Plieschnegger, Sanna: Islamkritik aus den eigenen Reihen: Hamed Abdel-Samad und Necla Kelek im Vergleich. Anwendungsorientierte Religionswissenschaft 5. Tectum Verlag: Marburg, 2013. Neben Kelek, die non-fiktionale Texte verfasst, die die türkische Frau oftmals als Objekt patriarchaler Dominanz darstellt, muss an dieser Stelle auch auf die Autorin Saliha Scheinhardt verwiesen werden, die in ihrer ersten Schaffensperiode ab den 80er Jahren mit der Bedienung ähnlicher Klischees literarisch erfolgreich gewesen war und als erste auf Deutsch schreibende Schriftstellerin von der Wissenschaft behandelt wurde. Siehe z.B. Scheinhardt, Saliha: Frauen, die sterben, ohne daß sie gelebt hätten: Berlin, 1983. Für die einseitige Darstellung türkischer Frauen wurde Scheinhardt schließlich wiederholt kritisiert. Siehe zum Beispiel Karin Yeşiladas Polemik Literatur statt Tränen! Warum das Goethe-Institut Saliha Scheinhardt nicht mehr einladen soll. In: Diyalog: Interkulturelle Zeitschrift für Germanistik. Ankara, 1999. S. 151–54. Scheinhardt und Kelek bedienen Yeşilada zufolge orientalistische Türkinnenbilder und kreieren derart das Subgenre der „Geschundenen Suleika", welches Türkinnen vornehmlich als Opfer beschreibt. Siehe in: Yeşilada, Karin: Nette Türkinnen von nebenan – Die neue deutsch-türkische Harmlosigkeit als literarischer Trend. In Schmitz, Helmut (Hrsg.): Von der nationalen zur internationalen Literatur. Transkulturelle deutschsprachige Literatur und Kultur im Zeitalter globaler Migration. Amsterdamer Beiträge zur neueren Germanistik 69. Rodopi: Amsterdam, 2009. S. 120. Es gibt jedoch auch andere Stimmen. So wird Scheinhardt für ihre Veröffentlichungen in den 90er Jahren eine differenziertere Perspektive attestiert. Vgl. mit Weinstein, Valerie: Narrative Orientierungslosigkeit und New Orientations in Saliha Scheinhardt's Die Stadt und das Mädchen. In: Seminar – A Journal of Germanic Studies. Volume 43, Number 1, February 2007. S. 49–70.

gefeite Deutsche türkischer Herkunft, dann Ralph Giordano[639], der vermeintlich gegen Rassismus gefeite Deutsche jüdischen Glaubens, und nun der vermeintlich gegen Rassismus gefeite Sozialdemokrat Thilo Sarrazin, die mithalfen, die Fesseln der Historie endlich zu lösen.[640]

Auch die Bremer-Rede des damaligen Bundespräsidenten Christian Wulff am Tag der Deutschen Einheit 2010, im selben Jahr der Sarrazin-Debatte, hinterließ nicht nur ihre positiven Spuren im türkisch-deutschen Diskurs, sondern provozierte auch harsche Kritik von Seiten einiger Medien[641]:

> Zuallererst brauchen wir aber eine klare Haltung. Ein Verständnis von Deutschland, das Zugehörigkeit nicht auf einen Pass, eine Familiengeschichte oder einen Glauben verengt, sondern breiter angelegt ist. Das Christentum gehört zweifelsfrei zu Deutschland. Das Judentum gehört zweifelsfrei zu Deutschland. Das ist unsere christlich-jüdische Geschichte. Aber der Islam gehört inzwischen auch zu Deutschland.[642]

Nur ein Jahr später schockierte das Bekanntwerden der NSU-Mordserie die deutsche Öffentlichkeit.[643] Die drei Neo-Nazis Beate Zschäpe, Uwe Mundlos und Uwe Böhnhardt hatten als „Nationalsozialistischer Untergrund" zwischen 2000 bis 2006 eine für die BRD beispiellose Mordserie

---

[639] Der jüdisch-deutsche Schriftsteller und Filmemacher Ralph Giordano (1923–2014) war für Jahrzehnte ein Kritiker von rassistischem Denken in Deutschland. Siehe z.B. *Die zweite Schuld oder Von der Last Deutscher zu sein*. Rasch und Röhring: Hamburg, 1987. Seit 2005 engagierte er sich gegen den Moschee-Bau der türkischen DITIB-Gemeinde in Köln und erntete hierfür Zuspruch von der rechtsextremen Partei PRO NRW.

[640] Sezgin, Hilal (Hrsg.): Manifest der Vielen – Deutschland erfindet sich neu. Blumenbar Verlag, Berlin, 2011. S. 117.

[641] Die Islamwissenschaftlerin Riem Spielhaus fasst im *Manifest der Vielen*, die Debatte folgendermaßen zusammen: „In den Tagen nach Wulffs Rede schienen wieder einmal Chimären der kulturellen Reinheit in deutschen Tageszeitungen auf. Da erklärt das Feuilleton, was und wie der Islam wirklich ist, anstatt innermuslimische Dispute und Realitäten in ihrer Vielfalt zur Kenntnis zu nehmen. Wieder werden Idealtypen des Deutschen und Islams gegeneinandergestellt. In diesem Mantra der Selbstvergewisserung dient der Islam erneut als Projektionsfläche für die nationale Identität. Die gegenwärtige Kulturdebatte zielt auf Exklusion ab. Sie entblößt, dass die Rede vom jüdisch-christlichen Europa auf Leerstellen verweist." Spielhaus, Riem: Neue Gemeinschaften. In: Sezgin, Hilal (Hrsg.): Deutschland erfindet sich neu. Manifest der Vielen. Blumenbar-Verlag: Berlin, 2011. S. 33-34. Siehe zum Beispiel den Artikel „Morgenland? Abendland! Massive Kritik an Wulffs Islam-Rede" von Hartmut Kistenfeger, Beate Schindler und Fritz Schwab in der Onlineausgabe des Focus Nr. 42 vom 18.10.2010:http://www.focus.de/magazin/archiv/morgenland-abendland-massive-kritik-an-wulffs-islam-rede_aid_563049.html? [Aufgerufen am 16.10.2014].

[642] http://www.bundespraesident.de/SharedDocs/Reden/DE/Christian-Wulff/Reden/2010/10/20101003_Rede.html [Aufgerufen am 16.10.2014].

[643] Aust, Stefan und Laabs, Dirk: Heimatschutz. Der Staat und die Mordserie des NSU. Pantheon: München, 2014.

begangen und dabei acht türkisch-und griechisch-stämmige Bürger [Enver Şimşek/ 9. September 2000 in Nürnberg, Abdurrahim Özüdoğru/13. Juni 2001 in Nürnberg, Süleyman Taşköprü/27. Juni 2001 in Hamburg, Habil Kılıç/ 29. August 2001 in München, Mehmet Turgut/ 25. Februar 2004 in Rostock, İsmail Yaşar/ 9. Juni 2005 in Nürnberg, Theodoros Boulgarides/15. Juni 2005 in München, Mehmet Kubaşık/ 4. April 2006 in Dortmund sowie Halit Yozgat/6. April 2006, in Kassel], und eine Polizistin [Michéle Kiesewetter/25.4.2007 in Heilbronn] erschossen. Darüber hinaus ist auch der Nagelbombenanschlag in der Kölner Keupstraße[644] 2004, bei dem 22 Menschen verletzt wurden, eine Tat des NSU.

Die Mordserie wurde zu einem Skandal für die deutsche Polizei und Geheimdienste, als sich herausstellte, dass über Jahre hinweg eine rechtsextreme Urheberschaft nicht ins Auge gefasst, und vertuscht wurde und stattdessen die Opfer und ihre Familien selbst verdächtigt wurden. Zudem wurde die Mordserie von vielen Medien anfangs noch als „Dönermorde" bezeichnet, einem Begriff der rassistische Denkmuster übernimmt und sich über den Mord hinaus über die Opfer und Hinterbliebenen lustig macht und sie entmenschlicht [Siehe dazu auch die Ausführungen zu Deniz Utlu in Kapitel VIII.].

Das erste Jahrzehnt im neuen Jahrtausend war für die türkischdeutsche Einwanderungsgesellschaft jedoch auch durch ein weiteres Ankommen in der Mitte der Gesellschaft gekennzeichnet. Hatten bereits zuvor einzelne türkisch-deutsche Politiker wie Cem Özdemir (Bündnis90/ Die Grünen) oder Lale Akgün (SPD) Karriere in den etablierten Parteien machen oder türkisch-stämmige Unternehmer wie Vural Öger[645] deutschlandweit bekannte Firmen aufbauen können, vollzog sich nun ebenfalls in den Medien ein Wandel, der dafür sorgte, dass Journalisten mit türkischem, persischem oder arabischem Familiennamen es vor die Kameras bzw. in die Redaktionen renommierter Printmedien schafften. Nach dem großen internationalen Erfolg des Filmemachers Faith Akin mit *Gegen die Wand* erweiterten die Fernsehanstalten ihre Unterhaltungsprogramme um die Realitäten der Migrationsgesellschaft, thematisierten diese und gaben türkisch-deutschen Schauspielern und Filmemachern vermehrt Chancen,

---

[644] Pfingsten 2014 wurde anlässlich des 10. Jahrestages des Anschlages in Köln das sogenannte *Birlikte-Zusammenstehen*-Festival organisiert, bei dem viele deutsche, türkische und türkisch-deutsche Künstler auftraten. Redner waren u.a. auch der Bundespräsident Joachim Gauck und Semiya Şimşek, die Tochter des vom Nationalsozialistischen Untergrund ermordeten Enver Şimşek.

[645] Vural Öger war einer der ersten Unternehmer, der Flugreisen speziell für türkische Arbeiter von Deutschland in die Türkei anbot. Über die Jahrzehnte weitete Öger sein Angebot aus und schuf ein Firmenimperium. Später war Öger auch EU-Abgeordneter in Brüssel. Öger hat eine Autobiographie herausgegeben. Öger, Vural: Mein Deutschland, Meine Türkei – Leben Zwischen Bosporus Und Elbe. Rowohlt: Reinbeck, 2002.

Teil der Unterhaltungsindustrie zu werden. So konnte beispielsweise der Münchener Schauspieler Urçun Salihoğlu unter dem Künstlernamen Erol Sander in zahlreichen abendfüllenden Spielfilmen Hauptrollen bekommen, ohne dabei auf die Darstellung türkischer Charaktere limitiert zu werden. Ebenfalls ist in diesem Zusammenhang zudem die ARD-Serie *Türkisch für Anfänger* zu erwähnen, die in drei Staffeln von 2006 bis 2008 das Alltagsleben der Patchwork- Familie Schneider-Öztürk als normale deutsche Lebensrealität erzählte.[646] Der jugendliche tunesisch-österreichische Hauptdarsteller der Serie Elyas M'Barek schaffte mit der Rolle des Cem Öztürk den Durchbruch in Deutschland. M'Barek spielte später die Hauptrolle in *Fack ju Göthe*, dem Kinoerfolg des Jahres 2013, den 5,6 Millionen Besucher sahen.[647] Verantwortlich für Regie und Drehbuch war Bora Dağtekin, ein junger türkisch-deutscher Filmemacher aus Hannover, der als Autor schon für den Witz von *Türkisch für Anfänger* verantwortlich gewesen war. Die neue Leichtigkeit türkisch-deutscher Lebenswirklichkeit drückte sich ebenfalls literarisch aus. Jenseits der Schwere und des literarischen Anspruches von Feridun Zaimoglu veröffentlichte die Journalistin Hatice Akyün 2006 *Einmal Hans mit scharfer Soße*. Der Roman wurde 2014 im Stil einer Culture-Clash-Komödie verfilmt und kam in die deutschen Kinos. Akyün will unterhalten und spielt mit deutsch-türkischen Stereotypen. Auch wenn Akyün Klischees erfüllt, gelingt ihr doch zeitgleich die Skizzierung einer türkisch-deutschen Normalität, die bereits in der BRD gelebt wird, da Partizipation nicht erst stattfinden wird, sondern schon stattgefunden hat. Dieser Prozess ist freilich noch nicht in seiner Gänze abgeschlossen und kann es auch nie sein, da es weiterhin neue Migrations- und Akkularationsprozesse geben wird, wie z.B. die Zuwanderung von Geflüchteten.

Die Verwandlung deutscher Kulturlandschaft hin zur ihrer vollen bunten Entfaltung zeigt sich außerdem in Formaten wie *Deutschland sucht den Superstar* oder *The Voice*. Von rechtspopulistischen Autoren oftmals als „Migrantenstadl"[648] geschmäht, präsentieren diese Talentshows die nach Ruhm strebende deutsche Jugend in ihrer mehrkulturellen Vielfalt

---

[646] Yeşilada, Karin E.: Turkish-German Screen Power-The Impact of Young Turkish Immigrants On German TV and Film. In: German as a Foreign Language 1, 2008. S. 73–99.

[647] http://www.imdb.com/title/tt2987732/ [Eingesehen am 28.10.2016].

[648] Der Verschwörungstheoretiker und rechte Populist und Publizist Udo Ulfkotte benutzt den Begriff weitgefasster, um Zuwanderung zu diffamieren. Siehe Ulfkotte, Udo: Kein Schwarz. Kein Rot. Kein Gold: Armut für alle im „Lustigen Migrantenstadl". Kopp-Verlag: Rottenburg am Neckar, 2010. Unter dem Titel *Migrantenstadl* ist ebenfalls eine Sammlung von Texten der beiden Blogger Önder und Mustafa erschienen, in der die beiden Autoren sich über die marginalisierten Lebenswirklichkeiten in der Migrationsgesellschaft auslassen. Siehe Önder, Tunay und Mustafa, Imad: Migrantenstadl. Unrast-Verlag, 2016.

und zeigen so, dass es eine real existierende Migrationsgesellschaft gibt, die sich eben nicht durch die stereotype und rassistischen Perspektiven eines Thilo Sarrazins und seinen Gesinnungsgenossen auf eine gesichtslose und problemverursachende Masse reduzieren lässt.[649]

Erdoğans Schatten – Der bundesrepublikanische Türkei-Diskurs

In Hinblick auf die Analyse von Fremd- und Eigenwahrnehmungen der türkisch-deutschen Bevölkerung ist zudem der in der BRD geführte Diskurs über die Türkei nicht zu vergessen. Die anti-kemalistische neoreligiöse Politik der AKP-Regierung unter der Führung von Tayyip Recep Erdoğan und dessen hartes Vorgehen gegen die Istanbuler Gezi-Park Bewegung im Sommer 2013 und die diktatorische Umstrukturierung des Landes nach dem Putschversuch 2016 polarisierten nicht nur die Menschen in der Türkei, sondern beeinflussten auch die mediale Wahrnehmung[650] von allem Türkischen in Deutschland und tragen so ihren Teil zur bereits erwähnten von außen an sie herangetragenen „Muslimifizierung" der türkischen Deutschen bei. Zafer Şenocak beschreibt diesen Umstand folgendermaßen:

> Diese Fremdheit wird durch ihre Religion symbolisiert, die unter einem Imagegau leidet. Dem Islam. Deutschland hat sich ein Türkenproblem geschaffen und damit ein Islamproblem. Die Bevölkerung türkischer und arabischer Herkunft ist in Deutschland von ihren Prägungen her jedoch kaum unter einen Hut zu bringen. Diese Prägungen sind sehr verschieden, und kein arabisches Land hat eine fast einhundert Jahre andauernde Erfahrung mit Säkularisierung. Doch türkisch und arabisch wird in Deutschland inzwischen in einer türkisch-arabischen Bindestrichidentität zusammengefasst. Durch eine Überbetonung der muslimischen Identität wird eine zusätzliche Differenz zur deutschen Mehrheitsgesellschaft konstruiert.[651]

Die Fehler der bundesrepublikanischen Einwanderungspolitik, die lange Zeit keine Partizipationsangebote an türkische Zuwanderer gemacht hat, da sie diese nie als möglichen zukünftigen Teil des Eigenen sehen wollte, rächen sich nun. Dies wird besonders deutlich am deutsch-türkischen Verhältnis nach der Radikalisierung der Innen-Politik von Tayyip Recep Erdoğan. Die jahrelange Blockierung des EU- Beitritts der Türkei hat langfristig dazu geführt, dass die türkische Politik von dem von ihrem Staatsgründer Mustafa Kemal vorgegebenen pro-europäischen Kurs Ab-

---

[649] Zur integrativen Leistung dieser Sendeformate siehe Broder, Henryk: Mauer Migrantenstadl. Spiegel-Online vom 18.05.2008. http://www.spiegel.de/kultur/gesellschaft/dsds-entscheidung-mauer-migrantenstadl-a-553909.html [Eingesehen am 5.11.2016].
[650] Siehe beispielsweise den Artikel von Findikçi, Aydin: Die Türkei wird nie eine westliche Demokratie. In: Die Welt, 7. September 2010.
[651] Şenocak, Zafer: Deutschsein. S. 87.

stand genommen hat und sich nun „islamisch" positioniert und neue Bündnisse jenseits ihrer Nato-Mitgliedschaft sucht. Die diplomatischen Verstimmungen nach dem Böhmermann-Schmähgedicht[652] gegen Erdoğan und die an eine „Machtergreifung" erinnernden Reaktionen der türkischen Regierung auf den Putschversuch vom 15. Juli 2016 beeinflussen enorm das Gefühlsleben und Selbstverständnis von Türk-Deutschen und Türken in der BRD, da viele von ihnen die Kritik an der Türkei und Erdoğan als ungerechtfertigt verstehen und als Fortsetzung eines rassistischen Blickes auf sie als Minderheit sehen, der sich durch die lange Verweigerung der doppelten Staatsbürgerschaft und der E.U.-Mitgliedschaft, durch die Anschläge Anfang der 90er Jahre, durch Sarrazins Türkenhetze und den NSU-Morden kontinuierlich manifestiert hat. Vural Ünlü, Vorstandssprecher der Türkischen Gemeinde Bayerns, sieht daher in der türkisch-deutschen Begeisterung für Erdoğan Elemente einer Protestbewegung:

> Die Rastafaris und die Euro-Erdoğanisten teilen jedoch auf gewisse Weise ihre soziale Ausgangslage: Sowohl die Nachfahren afrikanischer Sklaven auf Jamaika als auch die Gastarbeiterkinder der zweiten und dritten Generation in Deutschland verbindet oft das Gefühl systematischer Schlechterstellung innerhalb ihrer Aufnahmegesellschaft. Mehr noch als eine religiös-identitäre Strömung offenbaren beide die klassischen Muster einer Jugend- und Protestbewegung.[653]

Das Gefühl des „Nicht-Willkommen-Seins" wird dabei jedoch nicht nur durch den deutschen Diskurs geprägt, sondern auch von der Politik in Ankara, die die türkische Minderheit in Deutschland adressiert, dort Wahlkampf betreibt und die DITIB-Moscheen finanziert und reguliert. Durch die Re-nationalisierung und Fragmentierung von Gesellschaft verlieren in der Folge Visionen der „Neuen Deutschen", die auf eine türkisch-deutsche Annäherung und Vermischung in einem neudefinierten mehrkulturellen Deutschsein zielen, immer mehr an Attraktivität und Wirksamkeit. Eine dichotome Sicht auf ein „Wir" und ein „Ihr" ist die

---

[652] Die Böhmermann-Affäre beschäftigte im Frühjahr 2016 die Medien und deutsche und türkische Politik. TV-Moderator Jan Böhmermann hatte in seiner Sendung *Neo-Magazin Royale* über den türkischen Präsidenten einen beleidigenden Text verfasst, nachdem dieser versucht hatte, das weitaus harmlosere satirische Lied *Erdowie, Erdowo, Erdowahn* auf Youtube löschen zu lassen. Nachdem die Türkei Strafanzeige gestellt hatte, versuchte Angela Merkel Einfluss zu nehmen, in dem sie Böhmermanns Text als „bewusst verletzend" bezeichnete. Die Affäre galt als besonders heikel, da Merkel auf die Hilfe der Türkei angewiesen ist, den Zuzug von weiteren Geflüchteten in die E.U. aufzuhalten. Jan Böhmermann wurde schließlich freigesprochen.

[653] Ünlü, Vural: Rasta in Duisburg. In: SZ Nr. 77, 1./2. April 2017.

unmittelbare Folge.[654] Erdoğans Versuch die Türk-Deutschen für sich zu gewinnen und sich als deren Anwalt in Deutschland zu positionieren, während er zeitgleich politisch Andersdenkende in der BRD bespitzeln lässt und der Bundesregierung „Nazi-Methoden" vorwirft, spaltet die türkisch-deutsche Bevölkerung und löst zeitgleich neue Ressentiments bei Angehörigen der Dominanzkultur aus. In diversen politischen Talk-Shows im Frühjahr 2017 wird die türkisch-deutsche Bevölkerung abermals als der unbekannte Fremde behandelt, der sich nicht integriert hat. Dabei bleiben Journalisten und Politiker oftmals eine Definition schuldig, was Integration bedeutet und vermeiden Aussagen darüber zu treffen, welche Rolle die Aufnahmegesellschaft bei Marginalisierungsprozessen spielt. Can Dündar, Chefredakteur der Internetplattform *Özgürüz* und Gastautor der *ZEIT* fordert stattdessen die Solidarität mit der Zivilgesellschaft in der Türkei und den verstärkten Dialog mit der türkisch-deutschen Bevölkerung in der BRD ein:

> Im Augenblick ist internationale Solidarität auf gesellschaftlicher Ebene wertvoller denn je. Beispielsweise Solidarität deutscher Parlamentarier mit inhaftierten türkischen Abgeordneten, Begegnungen deutscher Universitätsangehöriger mit entlassenen türkischen Akademikern, Partnerschaften deutscher Städte mit zerstörten kurdischen Städten, gemeinsame Berichterstattung deutscher Medien mit Medien in der Türkei, Unterstützung von Parteien, Gewerkschaften, Anwaltskammern, Berufsverbänden, Nichtregierungsorganisationen, Frauen- und Jugendorganisationen, Herausgabe zweisprachiger Bücher durch Verlage, Aufbau von Sendern, die die türkische Community in Deutschland mit seriösen Meldungen versorgen, mehr Gemeinschaftsproduktionen von Künstlern, Gründung von Türkei-Lehrstühlen an deutschen Universitäten und vieles andere mehr.[655]

Unabhängig von den aktuellen politischen Spannungen zwischen der BRD und der Republik Türkei[656], kommt der Negativ-Folie Islam, und somit der türkisch-deutschen Bevölkerung, des Weiteren in der Diskussion des palästinensisch-israelischen Konfliktes in der deutschen Wahrnehmung eine besondere Rolle zu. Anti-semitische Äußerungen im Rah-

---

[654] Vgl. mit Neshitov, Tim: Hass auf das Land, in dem man lebt – Déja-vu: Die frustrierten Deutschtürken erinnern an die radikal enttäuschten Russlanddeutschen. In: Süddeutsche Zeitung Nr. 180, Freitag, 5. August 2016. Neshitov befürchtet in seinem Artikel, dass sich innerhalb der türkisch-deutschen Bevölkerung eine PEGIDA-ähnliche Bewegung herausbildet, die mit radikalen Positionen gegen die fehlende Anerkennung in der Gesellschaft protestieren wird.
[655] Dündar, Can: Was soll Deutschland tun? In: DIE ZEIT Nr. 14. Hamburg: Zeitverlag, 30. März 2017.
[656] Die Inhaftierung des türkisch-deutschen Journalisten Deniz Yücel (WELT, TAZ) in der Türkei im Frühjahr 2017 markierte die nächste Eskalationsebene in Erdoğans Versuch, die Auseinandersetzung mit der BRD für innenpolitische Zwecke zu instrumentalisieren.

men von Demonstrationen, die die Gaza-Politik Israels kritisieren, werden oftmals als aus der Türkei und arabischen Ländern zugewanderter Antisemitismus deklariert, hinter dem sich der deutsche Judenhass bequem verstecken kann:

> Gegenwärtig wird Muslimen ein besonderer Antisemitismus vorgeworfen. Zugleich gibt es eine Art ‚Gegenposition', die wiederum Israel und die Juden beschuldigt, im Hinblick auf die Palästinapolitik besonders gewalttätige Methoden anzuwenden, die mit denen der Nazis vergleichbar seien. [...] Diese Auseinandersetzungen verweisen auf die Bedeutung des Nahostkonflikts für das postkoloniale und postnationalsozialistische Deutschland. Darüber wird ‚nationale' Identität definiert, die an -unterschiedlichen- Schnittstellen dreier Rassismen diskursiv hergestellt wird: Antisemitismus, kolonialer Rassismus und antimuslimischer Rassismus. Dabei werden rassifizierte Gruppen in diverse Beziehungen zueinander, gegeneinander, mit- und füreinander gebracht, und diejenigen, die dieses ganze Desaster eigentlich angerichtet haben, erheben sich auf eine Position als ‚indifferente' Beobachter_innen und Schiedsrichter_innen und urteilen, wer böse und wer gut ist [...].[657]

Die dargestellten Problemfelder stehen exemplarisch für eine fortschreitende Fragmentierung der Gesellschaft der BRD. Die sich zeigenden Konflikte repräsentieren kulturelle und ökonomische Verteilungskämpfe, die durch die Digitalisierung der Medien, welche durch einen Tempowandel und Vereinfachung geprägt ist, zusätzlich verschärft werden. Während religiöse und populistische Bewegungen dies für sich zu nutzen wissen, stellen sich Autor_innen wie Renan Demirkan dem entgegen und fordern die Erneuerung von Solidarität als politische Strategie gegen das Auseinanderbrechen der Gesellschaft.

---

[657] Interview mit Iman Attia in: Wie Rassismus aus Wörtern spricht. S. 24. Zum Thema Antisemitismus bei Muslimen in Deutschland nimmt auch Tuvia Tenenbom Stellung: „Zwischen dem deutschen Antisemitismus und dem islamischen Antisemitismus, ob in Gaza oder in Duisburg, liegen Welten. Ich habe mich mit Türken in Marxloh trotz ihres Antisemitismus blendend verstanden. So unterschiedlich wir auch dachten, so schätzen wir doch gegenseitig unsere Gesellschaft sehr. Ich halte sie für rassistisch, sie halten mich für rassistisch, aber wir fühlten uns absolut wohl miteinander. Wir sind beide „Rassisten", und wir essen und lachen zusammen bis in die frühen Morgenstunden und amüsieren uns großartig. Mit den Deutschen geht das nicht. Kinder spielen nicht mit „schlechten" Menschen. Der islamische Antisemitismus wurzelt in der Politik oder in der Religion, der deutsche Antisemitismus gründet tiefer." Tenenbom, Tuvia: Allein unter Deutschen. S. 427.

Renan Demirkan: Klare Kante und Respekt

> Die ausschließliche Beschäftigung mit den Problemen der Türken empfand sie als unerträglich engstirnig. Im Gegenteil, sie wurde aggressiv, wenn sie auf ihre Nationalität angesprochen wurde: „Ich bin Kosmopolitin!" war ihre wütende Antwort.
>
> Aber Idioten sind Idioten, weil sie Idioten sind, nicht weil sie Moslems, Juden oder Christen sind oder Bulgaren, Araber, Deutsche oder Russen.
> **Renan Demirkan**

Eine der bekanntesten türkisch-deutschen Schriftstellerinnen, die sich kontinuierlich politisch äußern und engagieren, ist Renan Demirkan, die 1955 in Ankara geboren wurde und als Siebenjährige nach Deutschland kam. Nach ihrem Abitur in Hannover studierte sie Schauspiel und konzipierte mit *...aber es kamen Menschen* 1982 ihr erstes Bühnenprogramm. Mitte der 1980er Jahre wurde Demirkan mit dem Schimanski-Kinofilm *Zahn um Zahn*[658] an der Seite von Götz George deutschlandweit bekannt und erreichte mit Rollen u.a. in *Der große Bellheim* einen vergleichbaren Popularitätsgrad wie Jahre später Sibel Kekilli in Fatih Akins *Gegen die Wand*, der Fantasy-Serie *Games of Thrones* und den Kieler Tatorten des NDR.[659] Seit Anfang der 1990er Jahre verfasst Demirkan zudem Romane und Kurzgeschichten[660] und legte mit *Septembertee* (2008)[661] eine Autobiographie vor. Renan Demirkan gilt ob ihrer Verkaufszahlen neben Akif Pirinçci als die erfolgreichste Vertreterin der türkisch-deutschen Literatur. Für ihr politisches Engagement mit dem Programm *Respekt*, mit dem sie 1997 durch die BRD getourt war, um das Verbindende der Religionen aufzuzeigen, bekam Demirkan 1998 das Bundesverdienstkreuz verliehen. Mit *Respekt: Heimweh nach Menschlichkeit*[662] (2011) und *Migration, das unbekannte Leben*[663] (2015) veröffentlichte Demirkan in den Folgejahren explizit politische Texte und rief 2016 im Internet die Initiative *Checkpoint: Demokratie* gegen Rassismus und Fremdenfeindlichkeit[664] ins Le-

---

[658] Zahn um Zahn. Regie: Hajo Gies. Drehbuch: Horst Vocks/Thomas Wittenburg. Neue Constantin/WDR, 1985.
[659] Zu Sibel Kekillis politischen Ansichten siehe: Was der Fall Özil mit mir macht. In: Die Zeit Nr. 32. 2.August 2018. S. 35.
[660] Demikran, Renan: Schwarzer Tee mit drei Stück Zucker. Klartext: Essen, 1991; Die Frau mit Bart. Kiepenheuer und Witsch: Köln, 1994; Es wird Diamanten regnen vom Himmel. Kiepenheuer und Witsch: Köln, 1999; Über Liebe, Götter und Rasenmäh. Allitera: München, 2003.
[661] Dies.: Septembertee. Kiepenheuer: Berlin, 2008.
[662] Dies.: Respekt: Heimweh nach Menschlichkeit. Herder: Freiburg, 2011.
[663] Dies.: Migration, das unbekannte Leben. Verlag Ralf Liebe, 2015.
[664] Persönlich bevorzuge ich den Begriff „Menschenfeindlichkeit", da der Terminus „Fremdenfeindlichkeit" irreführend ist. Opfer der sogenannten Fremdenfeindlichkeit sind oftmals eben auch durch ihre Hautfarbe, Religion oder Sprache als

ben. Demirkan, die 2004 für die SPD in die Bundesversammlung zur Präsidentenwahl nach Berlin gesandt wurde, sorgt sich in Anbetracht des Aufstieges rechtspopulistischer neonationalistischer Parteien in Europa um das Bestehen der Demokratie. Für die momentane Krise, die durch einen Anstieg der Armutskrise und einen Vertrauensverlust in die politischen Strukturen des Landes gekennzeichnet sei, macht Demirkan die neoliberale Wirtschaftspolitik seit den 1990er Jahren verantwortlich, an der auch die SPD unter Gerhard Schröder mit der Agenda 2010 mitgearbeitet habe. Die neuen Medien täten das Ihrige dazu, die Bindungslosigkeit und Verlorenheit der Menschen zu befördern und so den gesellschaftlichen Zusammenhalt zu zerstören:

> Die Textur der Demokratien ist so porös, wie ich sie während meiner Lebenszeit noch nie beobachtet und gespürt habe. Da hat sich zum einen der Arbeitsbegriff fundamental verändert und manifestiert die Schere zwischen Arm und Reich dauerhaft. Das wiederum ist pure Demütigung für die Betroffenen und nur ein Signal dieser Entwicklung. Die zunehmende Gewalt ist ein weiteres. Dann kommt etwas ganz Neues hinzu, dessen sich der moderne Mensch erst einmal selbst bewusst werden muss, das Switchen zwischen der analogen Welt und der virtuellen: Hier die wirkliche Identität, dort die inszenierte Identität. Hier begrenztes Raum-Zeit-Moral-Gefüge, dort die pure Grenzenlosigkeit und Maßlosigkeit. Hier die Sichtbarkeit, dort die Anonymität und so weiter. Das hat fatale Konsequenzen für die Identität jedes einzelnen und auch für das gesellschaftliche Gefüge – für die Bindungsfähigkeit![665]

Demirkan sieht einen Zusammenhang mit einem aktiv herbeigeführten Zerfall der Kultur und den politischen Krisen unserer Tage. Europäische Länder wie das Ungarn unter Viktor Orbán oder Polen unter Jaroslaw Kaczynski würden das Flüchtlingsaufkommen im Zuge des Syrienkrieges nur für eine bereits bestehende Agenda missbrauchen, in der die Kulturszene wie Presse und Jurisdiktion der herrschenden Partei untergeordnet würde. Vor diesem Hintergrund und in Hinblick auf postfaktische Stimmungsmacher plädiert Demirkan für einen bewussten Sprachgebrauch. So wendet sich Demirkan im Interview eindeutig gegen die Verwendung der

---

fremd markierte Menschen, die kein fremder Bestandteil Deutschlands sind, sondern dort ihre Heimat haben. Der Begriff Menschenfeindlichkeit ist semantisch eindeutiger, da er sich nicht darum schert, wer da Opfer von Gewalt und Ausgrenzung wird und somit selbst keine rassistische Wertung vornimmt, die in Fremde und nicht-Fremde unterscheidet.

[665] Demirkan, Renan: Migration, das unbekannte Leben. Verlag Ralf Liebe, 2015. S. 38. Demirkans Einschätzungen der Auswirkungen der Sozialen Medien werfen wichtige Fragen auf. Der Medien- und Kulturwissenschaftler Martin Burckhardt hat sich ausführlich mit der digitalen Zeitenwende und ihren Auswirkungen auf die menschliche Kommunikation befasst. Burckhardt, Martin: Digitale Renaissance – Manifest für eine Neue Welt. Metrolit Verlag: Berlin, 2014.

Begriffe „Integration und Toleranz", da diese Herrschaftsfunktionen einer hierarchischen Machtstruktur seien:

> Das sind zwei Geschwisterbegriffe eines Herrschaftsdenkens, das eben nicht den offenen Geist wirklich akzeptiert, sondern nur simuliert. Denn wenn ich jemanden nur dulde, dann simuliere ich Akzeptanz und deren Existenzberechtigung in Gänze und respektiere ihn nicht bis zum Ende. Das ist das eine. Zum anderen: Wenn ich diese Menschen integrieren und sofort unsichtbar machen soll, dann bedeutet Integration sich unterzuordnen bei Aufgabe des Eigenen. Das heißt, die Freiheiten des Anderen sind damit schon abgewürgt. Die beiden Begriffe tragen also in sich etwas Tyrannisches, weil sie den Menschen lenken und kontrollieren wollen; weil sie Akzeptanz simulieren, aber darauf aus sind, den Menschen untertan zu machen. Das ist das Prinzip von Toleranz und Integration. Respekt dagegen, friedliche Koexistenz und die offene Gesellschaft sind die Gegenbeziehung dazu.[666]

Toleranz und Integration verdecken Demirkans Ansicht nach rassistische Denkstrukturen in Deutschland. Dies beunruhigt sie umso mehr, als sie in Rassismus und Tyrannei den Nährboden für eine Renaissance des Faschismus erkennt.[667] Stattdessen macht sich die Autorin Demirkan für den Begriff „Assimilierung" stark, den sie seiner lateinischen Bedeutung folgend, als die schrittweise Veränderung menschlicher Erfahrungen versteht.[668] Zuwanderer und Aufnahmegesellschaft verändern sich Demirkan zufolge gegenseitig.

Willkommen in der Postmigration

> Stillstand ist Tod. Migration Bewegung. Kanaken schützen Deutschland vor Verwesung.[669]
> **Athde**

Der in Mainz geborene Selim Özdoğan (geb. 1971), der aus Hannover stammende Journalist, Theatermacher und Autor Deniz Utlu (geb. 1983) sowie der politische Performancekünstler Mutlu Ergün-Hamaz gehören zu denjenigen deutschen Schriftstellern der jüngeren Zeit, die sich vehement gegen eine Vereinnahmung durch die Verlage, die Medien und Leser wehren [siehe ausführlich in Kapitel VII. und VIII.].

Auch wenn sich Utlu wie auch Özdoğan teilweise in ihren Werken mit der eigenen türkischen Herkunftsgeschichte beschäftigen, bzw. aus

---

[666] Gespräch mit Renan Demirkan. Wir sind nicht unpolitischer als früher, aber es fehlt uns eine Zukunftsethik der Moderne. In: Neue Gesellschaft/Frankfurter Hefte 1/2, 2017. Verlag J.H.W. Dietz Nachfahren: Bonn, 2017. S. 92.
[667] Ebda.: S. 94.
[668] Demirkan, Renan: Migration, das unbekannte Leben. Verlag Ralf Liebe, 2015. S. 42.
[669] Aus Önder, Tunay und Mustafa, Imad: Migrantenstadl. Unrast-Verlag: Münster, 2016. S. 232.

der Vielfalt der möglichen Geschichten schöpfen, die sich aus dem zweisprachigen Aufwachsen und dem doppelten Zugang zu unterschiedlichen Narrations- und Kulturräumen ergeben, distanzieren sie sich auch teilweise davon. Selim Özdoğan gelingt dies dadurch, dass einzelne Romane seines Oeuvres ganz aus türkisch-deutschen Themenfeldern ausbrechen, Utlu dadurch, dass seine Romanfiguren sich gegen die Vereinnahmung und Fremdbestimmungen der deutschen „Mehrheitsgesellschaft" und Dominanzkultur wehren und sich stattdessen selbst definieren[670]. Beide Autoren nutzen zudem essayistische politische Beiträge [Özdoğan in *DIE ZEIT* und auf seiner Homepage, Utlu gibt die Zeitschrift *FREITEXT* heraus], um ihr Dazugehören und ihr Recht auf ihre ganz eigene kulturelle Individualität, die sich selbstbewusst, selbstgewählt und postmodern zusammensetzt, zu untermauern. Die Göttinger Wissenschaftlerin Yasemin Dayıoğlu-Yücel erklärt diese Art von aktiver Identitätspolitik folgendermaßen:

> Ohne Zweifel gehört das Überdenken von Eigen- und Fremdzuschreibung in dem Sinne, daß die essentialistische Sichtweise als eine von Machtstrukturen geprägte enttarnt wurde, zu den Leistungen des Postkolonialismus. Das begrüßungswürdige Ziel war die Freiheit, selber darüber zu urteilen, wer man ist.[671]

Özdoğan, Utlu wie auch Ergün-Hamaz begreifen sich in diesem Sinne als post-migrantisch und wehren sich gegen eine klischeehafte Vereinnahmung ihrer Herkunft und Kunst. Die drei genannten Autoren denken nicht in den Kategorien deutsch, türkisch oder türkisch-deutsch. Sie definieren sich stattdessen, wie bereits Zafer Şenocak vor ihnen, kosmopolitisch und individualistisch. Özdoğan erklärt dieses Selbstverständnis unter anderem durch seine kulturelle Sozialisierung und Vorlieben für amerikanische Literatur und Musik, die ihm neue Horizonte jenseits des Deutschen und Türkischen geöffnet haben.

Der deutsche Literaturkanon und die Germanistik mag das Schulcurriculum bestimmen und versuchen im Deutschunterricht eine zusammenhängende deutsche Kultur von Goethe bis zu Günter Grass, und im Musikunterricht von Beethoven zu Stockhausen zu entwerfen, um im Sinne von Benedict Andersons Theorie[672] die Nation Deutschland zu imaginie-

---

[670] Wissenschaftler_innen wie Birgit Rommelspacher [Dominanzkultur. Texte zu Fremdheit und Macht. Orlanda: Berlin 1995] bevorzugen den Begriff Dominanzkultur, da der Terminus Mehrheitsgesellschaft negativ konnotiert ist und eine nötig gewordene Anpassung einer Minderheit an eine Mehrheit suggeriert.

[671] Dayıoğlu, Yasemin: Von der Gastarbeit zur Identitätsarbeit – der Kampf um Integrität in der Migrationsliteratur. In: Durzak, Manfred und Kuruyazıcı, Nilüfer: Die *andere* Deutsche Literatur. Königshausen & Neumann: Würzburg, 2004. S. 104.

[672] Benedict Anderson geht in seiner Studie *Imagined Communities* davon aus, dass der Nationalstaat in der Moderne als Narration an die Stelle von herrschaftsle-

ren und zu erfinden; letztendlich bleibt diese Auswahl jedoch nur eine politisch bestimmte Perspektive auf Kultur[673], die außerhalb der Schulmauern sich mit einer kulturellen Popindustrie messen muss, die sich aus weltweiten Einflüssen von den USA bis Japan speist.[674] US-amerikanischer Rap und Literatur, fernöstlicher Buddhismus und Yoga sind somit bspw. viel größere kulturelle Referenzgrößen für einen Autoren wie Selim Özdoğan als vermeintlich typisch deutsche oder türkische Kulturgüter.

Selim Özdoğan, Mutlu Ergün-Hamaz und Deniz Utlu stehen in dieser Hinsicht stellvertretend für viele andere Deutsche, auch ohne „Migrationshintergrund", die in einem weitaus größeren Kulturraum als etwa ihre Großelterngeneration geprägt wurden.[675] Wie sich Özdoğan, Ergün-Hamaz und Utlu auf sehr unterschiedliche Weise aus den bisherigen Themenfeldern türkisch-deutscher Literatur befreien bzw. diese in dem post-migrantischen Bewusstsein, unbedingter Teil der deutschen Gesellschaft zu sein, neu formulieren, wird in späteren Einzeldarstellungen analysiert werden.

---

gimitierenden Diskursen wie Religion und royalen Dynastien getreten ist. Mit Hilfe des Buchdrucks und standardisierten Landessprachen gelingt es dem Nationalstaat und seinen Eliten eine imaginierte Gemeinschaft, die auf vermeintlich geteilten Interessen und einer erfundenen Herkunftsgeschichte beruht, zu erfinden. Siehe dazu Anderson, Benedict: Imagined Communities. Reflections on the Origins and Spread of Nationalism. Verso: London, 1991.

[673] Meinem Erkenntnisstand nach gibt es keine Werke der Schulbuchforschung, die sich explizit mit dem Themenkomplex Ideologie, Kanonbildung, Kultur und nationaler Identitätspolitik im Fach Deutsch in der BRD beschäftigt. Für das Fach Geschichte gibt es dagegen mehrere Arbeiten wie z.B: Handro, Saskia et al.: Geschichtsdidaktische Schulbuchforschung. Lit-Verlag: Berlin, 2001. Zum Verhältnis von Parteien und Bildungspolitik siehe Randhahn, Solveig: Bildungspolitik im deutschen Sozialstaat. Nomos Verlag: Baden-Baden, 2011. Siehe auch Hiller, Andreas: Das Schulbuch zwischen Internet und Bildungspolitik. Tectum: Marburg, 2012.

[674] Seiler, Sascha: Das einfache wahre Abschreiben der Welt – Pop-Diskurse in der deutschen Literatur nach 1960. Vandenhoeck & Ruprecht: Göttingen, 2006.

[675] Nationalstaatlich gezogene kulturelle Grenzen waren dabei jedoch auch in der Vergangenheit noch nie unüberwindbare Mauerwerke und Befestigungsbollwerke. Der gegenseitige kulturelle Austausch und der globale Wissenstransfer lassen sich nur bedingt bremsen und sind essentieller Bestandteil der Human- und Fortschrittsgeschichte wie es die Diffusionstheorie [Rogers, Everett M.: Diffusion of innovations. Free Press: New York, 2003] erklärt und es die Komparatistik als Forschungsdisziplin und Methode umsetzt.

Murad Durmus – In der Nische

Ein weiterer postmigrantischer Schriftsteller mit politischem Inhalt ist Murad Durmus. In der Posse[676] *Panoptikum– Deutschland den Türken oder wie kann man diese Türken nur assimilieren*[677] beschreibt Durmus eine BRD, in der die ehemaligen türkischen „Gastarbeiter" die Macht ergriffen und die deutsche Bevölkerung in die östlichen Bundesländer verdrängt haben.[678] Durmus greift mit dem Szenario eines „getürkten" Deutschlands die schlimmsten Alpträume europäischer Chauvinisten auf, die sich um den „völkischen" und kulturellen Charakter ihrer Nationen sorgen. Durmus' klamaukhafte Vision, die durch ein referenzielles Spiel mit zeitgenössischen Popkulturelementen und eine Kommentierung von rassistischen Stereotypen gekennzeichnet ist, kann trotz der fehlenden Tiefengestaltung der dystopischen Narration und der in ihr auftretenden Charaktere durchaus mit Michel Houellebecqs Roman *Unterwerfung* [frz. Original: *Soumisson*] verglichen werden.[679] Houellebecqs ironische Gesellschaftskritik handelt von einem zukünftigen Frankreich, dass von einem muslimischen Staatspräsidenten regiert wird. Während Houellebecq in seinem Roman Samuel Huntingtons *Kampf der Kulturen* literarisch beschreibt, und dabei aufzeigt, dass Europa nicht am Islam, sondern an sich selbst zu Grunde geht, interessiert sich Durmus für eine satirische Thematisierung der Rassismen innerhalb der deutschen Migrationsgesellschaft:

Der Protagonist in Murad Durmus' Dystopie heißt Harald Deutscher und lebt als Auswanderer in Alaska, bis ihn ein Brief seines Vaters erreicht, der auf seine Rückkehr nach Deutschland drängt. Harald entschließt sich heimzukehren und erlebt vor Ort, wie sich Deutschland unter dem türkischen Einfluss verändert hat. Auch wenn die BRD weiterhin von „der Kanzlerin" regiert wird, liegt die wahre Macht bei den sogenannten „Tülliminaten"[680], einer geheimen Vereinigung von Türken, die die

---

[676] Ein Standardwerk zur Gattung ist von Klotz, Volker: Bürgerliches Lachtheater. Komödie, Posse, Schwank, Operette. Rowohlt: Hamburg, 2002.
[677] Durmus, Murad: Panoptikum. Deutschland den Türken oder wie kann diese Türken nur assimilieren? Books on Demand: Norderstedt, 2007.
[678] Mussin Omurca und Şinasi Dikmen hatten als Knobi-Bonbon mit ihrem Programm *Putsch in Bonn* Ende der Jahre ähnliche Handlungsmotive in Ansätzen umgesetzt. Siehe z.B. Farin, Klaus: Da könnten ja alle kommen. In: Die Zeit. 6. Mai 1988. http://www.zeit.de/1988/19/da-koennten-ja-alle-kommen [Eingesehen am 22.12.2016].
[679] Houellebecqe, Michel: Soumission. Flammarion: Paris, 2015.
[680] Murad Durmus bedient sich für seine Satire des breit gefächerten Repertoires gängiger Verschwörungstheorien. So stehen die „Tülliminaten" für die Geheimgesellschaft der Illuminaten, denen ähnlich wie den Freimaurern, der Griff nach der Weltherrschaft nachgesagt wird. Durmus' satirisches Spiel mit Verschwörungstheorien und sein Faible für die Verwendung immer wieder vorkommender

deutsche Wirtschaft und Politik beherrschen. Durmus schildert ausgiebig und auf absurde Art und Weise, wie die Türken die Macht ergriffen hätten. Nachdem Orhan Pamuk den Nobelpreis für Literatur erhalten habe, hätte Marcel Reich-Ranicki den Deutschen empfohlen nur noch protürkisch nationalistische Bücher zu lesen, so dass eine schleichende „Türkifizierung" des Landes stattgefunden hätte. Harald Deutscher tritt einer deutschen Widerstandsgruppe bei, die vom nationalgesinnten Rollstuhlfahrer Wolfram angeführt wird. Wolfram zwingt Harald dazu sein Wissen als Biotechniker zu verwenden, um ein Assimilations-Serum zu entwickeln – eine Idee die schon in einem Comicstrip des *Kanäkman* thematisiert wurde[681] – mit denen sämtliche Bürger der BRD in einem „Genozid ohne Opfer" germanisiert werden. Harald Deutscher beugt sich dem Willen Wolframs und setzt den Plan in kürzester Zeit um. Über Nacht verändert sich das Verhalten der BRD-Bürger. Ruhe und Ordnung herrschen allerorten, in der Öffentlichkeit wird nicht mehr miteinander geredet, es gibt nur eine normierte auf Schweinefleisch basierte Küche, Rechnungen werden jeweils wieder separat gezahlt[682] und man frönt der Wissenschaft. Da sich auch die von ihm angebetete Ayşe in eine langweilige unromantische Deutsche verwandelt hat, bereut Harald seine Tat sehr. Gemeinsam mit seinem Vater arbeitet Harald nun im Geheimen daran, alles wieder rückgängig zu machen. Mit Hilfe der sogenannten Harmonyonen-Strahlung gelingt es den beiden, die gewaltsame Assimilierung der Einwanderer zurückzunehmen, für einen Ausgleich zwischen allen Bevölkerungsteilen zu sorgen und die perfekte multikulturelle Gesellschaft zu kreieren:

> Deutschland avancierte zum Einwanderungsland Nummer eins. Italiener, Griechen, Spanier, einfach alle, die einst vor der tülliminatischen Unterdrückung geflohen waren, behausten und betrieben wieder ihre einstigen Häuser, Wohnungen und Geschäfte. Sogar die ausgewanderten Deutschen

---

Zahlenkombinationen spricht dafür, dass er sich an Robert Anton Wilson und Robert Sheas gesellschaftskritischer Romansatire „Illuminatus" von 1969 orientiert, die ein Klassiker der Gegenkultur ist und in der die Autoren die amerikanische Zeitgeschichte während des Kalten Krieges kommentieren. Siehe: Wilson, Robert Anton und Shea, Robert: The Illuminatus! Trilogy. Brown Book Group, 1998. Den Vergleich zu Wilson und Sheas intelligenter Trilogie, die es sich zum Anspruch macht, Wahrnehmungsprozesse politischer Zusammenhänge zu verändern, hält Durmus' Roman jedoch nicht stand.

[681] Ormuca, Mussin: Kanäkman – Tags Deutscher, nachts Türke. Omu-Verlag, 2002. S. 25–30.

[682] Durmus erlaubt sich hier den unter Türken beliebten Spaß, die Deutschen dafür zu kritisieren, sich beim gemeinsamen Ausgehen wenig gastfreundschaftlich zu zeigen und immer nur ihre eigene Rechnung bezahlen zu wollen. In der Türkei ist dies unter *„Alman hesab"* [Deutsche Rechnung] bekannt, die man vom Kellner fordert.

kehrten zurück. Türken, Deutsche, Araber, Griechen, Italiener lebten nun glücklich Tür an Tür. Deutschland wurde zu einem unschätzbar reichhaltigen kulturellen Eintopf. Juden gingen in die Moschee um den Dialog zu suchen. Christen und Moslems heirateten untereinander und impften sich gegenseitig Weisheiten ein. Die Weltreligionen tanzten gemeinsam einen Freudentanz nach dem anderen. Wenn man ihren Tanz beobachte, sah es so aus als ob sie alle denselben Gott anbeten würden. […] Wörter wie Integration, Parallelgesellschaften, religiöser Fanatismus verloren ihre Existenzberechtigung.[683]

Panoptikum– Deutschland den Türken wird in dieser Arbeit nicht aufgrund seiner stilistischen und narrativen Qualität behandelt, sondern allein in Hinblick auf die politische Thematik ausgesucht. Durchweg gelungener und anspruchsvoller, wenn auch für die Fragestellung dieser Arbeit weniger interessant, ist dagegen Durmus' Episoden-Roman *L.I.E.B.E*[684], in dem ein studentischer Ich-Erzähler über seine Beziehungen zu Frauen und das Gefühl und Konzept der Liebe reflektiert.

Von näherem Interesse ist dagegen die Publikation *Gastarbeiter Unser*[685], in dem verschiedene Texte von Durmus, unter anderem auch die Wutrede *Worte an Deutschland* zusammengefasst sind, die durch ihren pointierten lyrischen Duktus bestechen. Durmus setzt sich hier mit der Generation seiner Eltern, den ersten türkischen Einwanderern, den sogenannten „Gastarbeitern", und mit der Aufnahmegesellschaft mitfühlend und kritisch auseinander. Die kleine Textsammlung beginnt mit einer *Vorrede*, in der Durmus von einem Besuch bei seinen Eltern berichtet, „diesen fleißigen Menschen", die in der Fremde Deutschlands so viel auf sich genommen haben, damit es ihm einmal besser gehen würde. Gemeinsam mit ihnen besucht der Erzähler Durmus einen Freund seines Vaters im Krankenhaus. Dort wird Durmus von seinen Gefühlen überwältigt:

> Der gefühlsbetonte Türke kommt in mir schlagartig hoch. Seit Jahren lag er versteckt in einem Loch. Beinahe muss ich erbrechen. Stehe kurz vor dem innerlichen Zerbrechen. Seit Jahren habe ich nur in den Gewässern der Vernunft gebadet. Habe Gleichung für Gleichung gelöst. Mein Verstand hat mein Herz fast vollständig abgelöst. Bei meinen Eltern wuchs ich auf mit viel Herz. Draußen im fremden Lande führt das Handeln mit viel Herz zu großem Schmerz. Vernunft verlangen die Europäer von ihren Bürger. Wenn man sich nicht daran hält, werden sie schnell zu Würgern.[686]

Durmus spricht nicht nur in diesem Zitat eine vermeintliche Dichotomie an, die für das Verhältnis von Deutschsein und Türkischsein kennzeichnend sei. Auf der einen Seite sei das Deutsche durch Rationalität und Ge-

---

[683] Durmus, Murad: Panoptikum. Deutschland den Türken. S. 138.
[684] Ders.: L.I.E.B.E. Books on Demand: Norderstedt, 2006.
[685] Ders.: Gastarbeiter Unser. Books on Demand: Norderstedt, 2007.
[686] Ebda.: S. 24.

fühlskälte, das Türkische durch Genuss und Herzlichkeit geprägt. Der Frage nachzugehen, ob es tatsächlich national bestimmte kulturelle Eigenschaften gibt, die für Kollektive gelten, strebt die vorliegende Arbeit aufgrund ihrer politischen Fokussierung im Übrigen nicht an. Arbeiten zu Fragen kultureller Identität liegen bereits in großer Anzahl vor.[687] Die Zuschreibung von Eigenschaften ist jedoch insofern interessant, als sie von Deutschen und Türk-Deutschen gleichermaßen weitergetragen werden [ähnliches gilt für das Fremd- und Selbstverständnis von Gruppen in den USA] und so durchaus einen Einfluss auf politische Forderungen haben. Dies wird besonders deutlich in Murad Durmus' bereits erwähntem Gedicht *Worte an Deutschland*:

> Sehr geehrte Bundesrepublik Deutschland:
> Wieso verlangst Du von uns so viel Pfand?
> Wieso willst Du uns mit der Brechstange integrieren?
> Willst du unsere Kultur und Seele dividieren?
> Die Borgs hätten uns sicherlich schon assimiliert.
> Zum Glück bist du an uns noch ernsthaft interessiert.
> Du weißt doch, so etwas braucht Zeit, zuerst muss man sein hilfsbereit.
> Am wichtigsten ist der Dialog.
> Noch wichtiger ist der Prolog
> Der Türke hat gewiss noch Potenzial.
> Sein Charakter ist leider nicht ganz trivial.
> Hin und hergerissen zwischen zwei Welten.
> Noch schlimmer als die der Kelten.
> Man kann ihn ganz schnell reizen,
> ähnlich wie mit einem BMW heizen.
> Zum Glück gibt es Besserungen.
> Die Neider betreiben weiter Verwässerungen.
> Sie wollen nicht, dass wir uns gut verstehen,
> Noch weniger, dass wir gemeinsame Wege begehen.
> Du ohne die Türken?
> Unvorstellbar,
> dafür will niemand bürgen. [...]
> Beim Aufbau haben wir euch doch unterstützt.
> Vor dem Arbeitskräftemangel beschützt.
> Wir haben in diesem Land so viel Steuern gezahlt.
> Doch Du hast uns immer nur ermahnt.
> Wir haben doch schon einige Arbeitsplätze geschaffen.
> Du musst uns noch mehr helfen uns aufzuraffen.
> Doch im Grunde genommen bist du rechtsschaffen.
> Du bezahlst die Leute, die anständig schaffen.
> Jetzt ist es Zeit für Streicheleinheiten,
> Schluss mit all den Feigheiten.

---

[687] Hall, Stuart: Rassismus und kulturelle Identität. Argument: Hamburg, 1994; Sen, Amartya: Die Identitätsfalle. Beck: München, 2007.

> Die Demokratie ist bei Dir beispiellos.
> Dafür gebührt Respekt – zweifelslos.
> Doch wann können wir ernsthaft miteinander reden.
> Du bist so groß und wir in letzter Zeit etwas verlegen.
> Wir sehen, Du gibst Dir Mühe.
> Leider ist es noch lauwarme Brühe. [...]
> Wir sind hier keine Ausländer mehr.
> Sei endlich zu uns kompromisslos fair. [...][688]

„Sei endlich zu uns kompromisslos fair", so die wesentliche Forderung von Durmus an Deutschland, zu dem er die Türken als „Nicht-Mehr-Ausländer" hinzurechnet, auch wenn er selbst weiterhin eine Unterscheidung in „Wir Türken" und „Du Deutschland" vornimmt und so durch die Verwendung von Sprache eine Trennung der deutschen Gesellschaft in Migranten und „Biodeutsche" konstatiert. Durmus' engagierte Lyrik drückt Bewunderung für die BRD aus[689] und fordert die Anerkennung des Dazugehörens in Unterschiedlichkeit ein. Ganz anders streitet dagegen Akif Pirinçci mittlerweile für sein persönliches Dazugehören.

Pirinçci 2.0 – Deutsch-Nationale Zugehörigkeit oder die Partizipation des Hasses

> Das Ende einer Geschichte ist immer traurig. Das liegt zum einen daran, weil wir am Ende einer Geschichte wieder in die meist langweilige Realität entlassen werden, und zum anderen, weil im Grunde alle wahren Geschichten traurig enden. Das Leben ist schließlich ein Tal der Tränen, voller Leid, Krankheit, Ungerechtigkeit, Trostlosigkeit und Langeweile. Eine Geschichte, die ein sinnerfülltes Ende hat, ist eine Täuschung. Und das Ende jeder wahren Geschichte ist der Tod.
> **Francis der Kater**, *Felidae*

Als anti-migrantisch, anti-islamisch, anti-türkisch, anti-feministisch, anti-homosexuell, anti-intellektuell und anti-multikulturell positioniert sich äußerst erfolgreich Akif Pirinçci. Nachdem man ihn durch seinen Erfolgen mit der Katzenkrimireihe *Felidae* der Unterhaltungsliteratur zuordnen konnte und sich die Literaturwissenschaft nur am Rande für seine Romane *Tränen sind immer das Ende* und *Der Rumpf* interessiert hatte und der Autor für einige Jahre aus der Aufmerksamkeit der Medien verschwunden war, wusste Akif Pirinçci ab 2009 die neuen Medien wirksam für sich zu nutzen. Hatte Akif Pirinçci noch 1994 im Band *Das große Felidae-Katzenbuch* gemeinsam mit Rolf Degen über die Gefühlswelt der

---

[688] Ebda.: S. 69–74.
[689] Dies zeigt sich auf anderer Ebene auch beim nach wie vor aufrechtgehaltenen Versuch der Republik Türkei, entgegen aller auf kulturalistischen Argumentationen aufbauenden öffentlichen Abweisungen von Seiten des „christlichen" Europas, Mitgliedsstadt der EU werden zu wollen,

gemeinen Hauskatze sinniert, übertrug er nun seine „biologische Expertise" auf Migranten und Muslime und diente sich als ordinäre Sarrazin-Version dem besorgten deutschen Mann an, der von Feministen, Naturschützern, Vertretern der Political Correctness, Homosexuellen und Muslimen umstellt, um den Fortbestand des Vaterlandes besorgt ist. Der Durchbruch als Blogger gelang ihm mit der Polemik *Das Schlachten beginnt* auf der von Henryk M. Broder betriebenen rechtspopulistischen Seite *Die Achse des Guten*. In einem rassistischen Duktus – reichhaltig mit Elementen nationalsozialistischen pseudowissenschaftlichen Begriffen gespickt – warnt Pirinçci vor einem Genozid, der den deutschen Männern drohe:

> Warum erzähle ich das? Weil es sich bei der letztmaligen Tötung eines jungen Deutschen namens Daniel S. von Türken in Kirchweyhe im Grunde um einen beispielhaft evolutionären Vorgang handelt, nämlich um den schleichenden Genozid an einer bestimmten Gruppe von jungen Männern. Dabei ist nicht einmal die Tötung selbst von Interesse, so grausam sich das auch anhören mag, sondern das „Biotop", in dem der Genozid stattfindet. Und noch mehr dessen Folgen. Die Tat reiht sich ein in eine Serie von immer mehr und in immer kürzeren Abständen erfolgenden Bestialitäten, die zumeist von jungen Männern moslemischen Glaubens an deutschen Männern begangen werden. (Es befinden sich unter den Opfern nie Frauen. Die werden in der Regel vergewaltigt, was auch banal evolutionär zu erklären ist, aber dazu später.) Natürlich haben die Täter nur rudimentäre bis überhaupt keine Ahnung von Islam – zum Glück! Aber das Wenige, was sie beigebracht bekommen haben, vom Hörensagen kennen oder erahnen, reicht aus, um sich als „The masters of the universe" zu fühlen. Die Theorie von einfühlsamen (deutschen) Soziologen, wonach diese bestialischen Jugendlichen sich in Wahrheit als Versager und Opfer der Gesellschaft vorkämen und ihr Blutrausch ein verzweifelter Aufschrei sei, ist natürlich eine von der Migrantenindustrie, schwachsinnigen Politikern und geisteskranken linken Medienleuten bestellte Lüge, die, obwohl niemand daran glaubt, nicht einmal sie selbst, dazu dienen soll, sozusagen das öffentliche „Branding" des armen, lieben Ausländers in das Hirn der Allgemeinheit zu penetrieren.[690]

Pirinçcis Artikel fiel in der Zeit nach Thilo Sarrazins *Deutschland schafft sich ab* auf einen fruchtbaren braunen Boden und schlug große Wellen in der Netzgemeinschaft. Den Erfolg seiner radikalen Kolumnen wusste Pirinçci in der Folge für die Veröffentlichung seines nächsten Buches zu nutzen. 2014 erschien *Deutschland von Sinnen – Der irre Kult um Frauen,*

---

[690] Akif Pirinçcis polemischer Artikel erschien das erste Mal auf der Internetseite *Die Achse des Guten* [http://achgut.com/artikel/das_schlachten_hat_begonnen – Eingesehen am 7.9.2016] am 8. April 2013. Jüngst ist eine Sammlung von Akif Pirinccis Online-Texte erschienen: Auf Achse mit Akif Pirinçci. Antaios Verlag, 2016.

Homosexuelle und Zuwanderer in der Edition Sonderwege und wurde zu einem Millionenerfolg. Wo Sarrazin sich noch um eine vorgetäuschte Wissenschaftlichkeit bemüht und mit Zahlen versucht zu belegen, wie und warum die türkische und arabische Migration Deutschland schade, kennt Pirinçi in seinem Machwerk keine Hemmungen: In einem schnellen nach oberflächlicher Aufmerksamkeit heischendem Modus, der an das Zappen durch die Kanäle des Kabelfernsehens erinnert, verbindet Pirinçi in einer hassdurchsetzten Sprache die unterschiedlichsten Kontexte miteinander. Der gesamte Text ist eine rasante Achterbahn durch die Gefühlswelt des Autors. Sein Stil gleicht einem Erbrechen über die Zustände, die er in der Gesellschaft bemängelt. Eine vulgäre Sprache, Sexismen und Rassismen mischen sich mit den unterschiedlichsten Referenzen zur Popkultur und geben dem Phänomen des *„Angry White Man"*, das man schon aus den USA kannte, nun auch für Deutschland ein textliche Gestalt. In *Deutschland von Sinnen* zeigt sich die bereits im Frühwerk des Autors durchscheinende Kränkung in ihrer Reinform. Hans- Jürgen Wirths Narzissmusbeschreibung, scheint mir daher für Pirinçi durchaus passend zu sein:

> Wann immer er [der sadistische Narzisst. Anmerkung des Verf.] auf Menschen trifft, die hilflos und abhängig sind, stimuliert dies nicht sein Mitgefühl, sondern seine sadistische Ader, weil er auf diese Weise vollständige Kontrolle über den anderen ausüben und damit gleichzeitig seine eigenen Ohnmachtsgefühle kontrollieren kann.[691]

Pirinçi, der, so meine Hypothese, als Kind und Jugendlicher extrem unter seiner Markierung als „Gastarbeiterkind" gelitten haben muss [siehe ausführlicher in Kapitel II. unter der Zwischenüberschrift *Akif Pirinçi: Tränen sind immer das Ende*], vollzieht nun gänzlich den Bruch mit seiner Herkunft und wird zum Kronzeugen der neuen Rechten in Deutschland, die alles ablehnt, was nicht in ihr mono-identitäres Gesellschaftskonzept passt.

Durch seine Zusamenarbeit mit PEGIDA-Aktivisten handelt Pirinçi nach der Devise „die Feinde meiner Feinde sind meine Freunde". Pirinçi projiziert seinen Selbsthass auf das mehrkulturelle Deutschland und seine Protagonisten wie Intellektuelle, Migranten, Homosexuelle, Feministinnen und andere liberal progressive Menschen. Dies ist Ausdruck einer Kränkung, die auf der Erfahrung aufbaut, selbst immer wieder von der Dominanzkultur ausgeschlossen geworden zu sein. Diese Annahme scheint mir angesichts von Pirinçis jüngsten Texten durchaus gerechtfertigt und psychologisch erklärbar: In *Das Ich und die Abwehrmechanismen von 1936* entwickelte Anna Freud ihre Theorie der *Identifizierung mit dem Angreifer*, die besagt, dass die bedrohte Person ihre Passivität in Aktivität

---

[691] Wirth, Hans-Jürgen: Narzissmus und Macht. Zur Psychoanalyse seelischer Störungen in der Politik. Psychosozial-Verlag: Gießen, 2002. S. 45.

umwandelt und selbst zum Bedroher wird. Dieser psychische Abwehrmechanismus führt zur Identifikation mit der Person des Aggressors und der Aggressivität als solche, da sich darin ein Versprechen der Überwindung des eigenen Leids verbirgt.[692]

In Bezug auf Anna Freuds Theorie liegt der Schluss nahe, dass die erlebten rassistischen Erfahrungen Pirinçci selbst zu einem Rassisten und Menschenfeind werden lassen. Indem er sich von der türkisch-deutschen Minderheit ab und dem Deutsch-Nationalen zuwendet, versucht er sein eigenes Dazugehören zur deutschen Gesellschaft neu zu definieren.[693] Pirinçci wird so zu einer bedauerlichen Ausnahme der türkisch-deutschen Literatur:

Wie kein anderer Schriftsteller vor oder nach ihm hat Pirinçci durch das Vorlegen des ersten auf Deutsch geschriebenen Romans und das Durchbrechen von Erwartungshaltung sowie durch seinen immensen Erfolg mit *Felidae*, der türkisch-deutschen Literatur ihr Potenzial aufgezeigt. Wie kein zweiter hat er sich aber auch auf Kosten der türkisch-deutschen Gesellschaft profiliert und einen Hass gesät, der in der perfiden Sprachwahl an die Demagogie des Nationalsozialismus erinnert. Akif Pirinçcis Werdegang steht für einen Sonderweg in der türkisch-deutschen Lebenswelt: Pirinçcis Rassismus ist die geglückte Integration in die Rassismen Deutschlands.

Im Angesicht populistischer Bewegungen in der BRD, die es verstehen, verunsicherte Bürger für sich zu gewinnen, empfiehlt sich die genaue Betrachtung von Pirinçcis Werk. *Tränen sind immer das Ende* und *Deutschland von Sinnen* geben Aufschluss darüber, wie erlebte Kränkungen zur Radikalisierung des einzelnen oder von Gruppen führen können. Folgende Passage aus Hans-Jürgen Wirths Studie *Narzissmus und Macht* scheint mir eine schlüssige Erklärung für Pirinçcis Anbiederung an deutsch-nationalistische Gruppen und deren Radikalisierung zu sein:

---

[692] Freud, Anna: Das Ich und die Abwehrmechanismen. Internationaler Psychoanalytischer Verlag: Berlin, 1936. S. 125–139. Eine neuere Ausgabe ist 1984 im Fischer-Verlag erschienen. Eine Zusammenfassung ist Hirsch, Matthias: Zwei Arten der Identifikation mit dem Aggressor – Nach Ferenczi und Freud. Praxis der Kinderpsychologie und Kinderpsychiatrie 45, 1996. S. 198-205.

[693] Dies funktioniert nur nicht in Gänze, denn durchforscht man das Internet nach Einschätzungen zu Pirinçci, stößt man auf rechtsnationale Kolumnen, in denen sich die Autoren ihrerseits darüber empören, dass da „ein eingebürgerter Türke" sich erlaube über Deutschland Bilanz zu ziehen. Siehe z.B. Walasch, Alexander: Eingebürgerte Wut. Online-Artikel vom 14.11.2014. http://www.theeuropean.de/alexander-wallasch/8355-akif-pirinccis-deutschland-von-sinnen--2 [Eingesehen am 10.1.2015].

Diese chronische narzisstische Wut kann nicht nur das Seelenleben des Einzelnen vergiften, sondern auch in Gruppen und Großgruppen ihre Wirkung entfalten, beispielsweise wenn das grandiose Gruppen-Selbst durch eine Verletzung des Nationalstolzes, etwa in Folge einer militärischen Niederlage eine Demütigung erfährt. Aber auch die schleichende Zerstörung und Zersetzung von kulturellen und religiösen Wertesystemen – beispielsweise als Folge der Globalisierung – kann als eine Erniedrigung der idealisierten Elternimago erlebt werden, die zur Regression, zur Verschmelzung mit einem archaischen omnipotenten Größen-Selbst und dann zu den verschiedenen Äußerungsformen einer chronischen narzisstischen Wut führen.[694]

Systemische Marginalisierungsprozesse in der kapitalistischen Moderne der BRD greifen gleichermaßen – wenn auch in unterschiedlich ausgeprägten Graden – mehrkulturelle wie autochthone Deutsche in ihrem Selbstverständnis an und führen zu Kränkungen, die leicht in Wut umschlagen und manipuliert werden können. Islamistische wie nationalistische Heilslehren bieten in ihrem Hass einen Ausweg aus der Kränkung und führen zur Fragmentierung der Gesellschaft. Die Gegenbewegung dazu ist das mehrkulturelle Deutschland und *die Neuen Deutschen*.

Die neuen Deutschen

> Nur, warum muss man sich deutsch nennen, um nicht weiterhin als das Andere definiert zu werden? Das will mir nicht in den Kopf. Es ist ja auch nicht so, dass ich ein Problem damit hätte, mich deutsch zu nennen. […] Nur, ich verstehe die Logik nicht, einerseits Kulturalisierung und Ethnisierung in Bezug auf die familiäre Herkunft abzulehnen, gleichzeitig aber die Reduktion auf den anderen Teil der Identität voll zulassen.[695]
> **Tunay Önder und Imad Mustafa**

Als Reaktion auf die ansteigende Zahl von Asylsuchenden und die Folgen von Angela Merkels Entscheidung tausende Geflüchtete im Herbst 2015 in die BRD einreisen zu lassen, ein Akt mit dem faktisch die bisherige Drittstaatenregelung aufgehoben wurde, verfassten der Historiker Herfried Münkler und seine Frau, die Literaturwissenschaftlerin Marina Münkler, mit *Die neuen Deutschen*[696] eine Bestandsaufnahme der deutschen Migrationsgesellschaft. Marina und Herfried Münkler zeigen in ihrem Buch, ähnlich wie bereits Saskia Sassen vor ihnen, dass Einwanderung im Grunde ein Normalzustand ist, und stellen Überlegungen an, wie mo-

---

[694] Wirth, Hans-Jürgen: Narzissmus und Macht. Zur Psychoanalyse seelischer Störungen in der Politik. Psychosozial-Verlag: Gießen, 2002. S. 47.
[695] Önder, Tunay und Mustafa, Imad: Chabos und Babos verorten sich im deutschen Sandkasten. In Dies.: Migrantenstadl. S. 231.
[696] Münkler, Herfried und Münkler, Marina: Die neuen Deutschen. Ein Land vor seiner Zukunft. Rowohlt: Berlin, 2016.

derne Integrationspolitik gestaltet werden kann. Die Münklers stellen fest, dass die bisherigen Vorstellungen über das Konzept der Nation im 21. Jahrhundert antiquiert seien. Der Begriff der Nation sei jedoch nach wie vor von Wichtigkeit, um eine solidarische Gesellschaft jenseits von Tauschakten und Nutzenerwartungen zu kreieren. Das Konzept der Nation müsse hierfür jedoch in Deutschland weitergedacht werden, dass auch die neuen Deutschen Teil der Solidaritätsgemeinschaft sein können.[697] Die Gruppenbezeichnung „Die neuen Deutschen" ist nicht von den Münklers geprägt worden. Bereits 2012, also ein Jahr vor der Gründung der AfD und zwei Jahre vor den ersten PEGIDA-Märschen durch die Innenstadt von Dresden und drei Jahre vor der Einreise syrischer Asylsuchender, veröffentlichten die drei Journalistinnen Özlem Topcu (geb. 1977), Alice Bota (geb. 1979) und Khuê Pham (geb. 1982) ihr Manifest *Wir neuen Deutschen*[698], in dem sie über ihre Sozialisation in der BRD berichten und dabei aufzeigen, was es bedeutet mehrkulturell aufzuwachsen und sich das Zugehören zur deutschen Gesellschaft immer wieder aufs Neue erkämpfen zu müssen:

> Uns fehlt etwas, das unsere deutschen Freunde, Bekannten und Kollegen haben: einen Ort, wo sie nicht nur herkommen, sondern auch ankommen. Wo sie Antworten auf sich selbst finden und andere treffen, die ihnen ähnlich sind – so stellen wir es uns zumindestens vor. Wir hingegen kommen nirgendwo her und nirgendwo an. Es gibt keinen Ort, an dem wir unseren Zwiespalt überbrücken können, denn er liegt im Niemandsland zwischen deutscher und ausländischer Kultur. Wenn wir mit unseren deutschen Bekannten und Kollegen zusammensitzen, fragen wir uns oft: Gehöre ich wirklich dazu? Und wenn wir mit unseren polnischen, türkischen und vietnamesischen Bekannten und Verwandten zusammensitzen, fragen wir uns dasselbe. Wir sehnen uns nach einem Ort, an dem wir sein können. Statt das Sein vorzuspielen. Gleichzeitig wissen wir: Das ist kein Ort, sondern ein Zustand. Unser Lebensgefühl ist die Entfremdung. Sie wird begleitet von der Angst, die anderen in der Harmonie ihrer Gleichheit zu stören. Von der Angst, von den anderen als Fremdkörper wahrgenommen zu werden.[699]

Fatima El-Tayep beschreibt in ihrer Studie *Undeutsch* das Phänomen einer „Rassismusamnesie" die dazu führe, dass auch postmigrantische Menschen sich stetig und wiederkehrend vor der Dominanzgesellschaft in Deutschland erklären müssten. Konkret bedeute dies, dass die Assimilierung ins Deutschsein für als Migranten markierte Menschen innerhalb einer Gesellschaft, die an Rassismusamnesie leide, nahezu unmöglich sei.

---

[697] Ebda.: S. 290/291.
[698] Topçu, Özlem, Bota, Alice und Pham, Khuê: Wir neuen Deutschen. Wer wir sind, was wir wollen. Rowohlt: Berlin, 2012.
[699] Ebda.: S. 49/50.

Das Deutschsein des „Migrantisierten" irritiere nämlich, da die „rassistische moralische Panik", die eine Assimilierung fordert, zugleich „die historische Präsenz rassifizierter Bevölkerungsgruppen" verdrängen will:

> In diesem aktiven Prozess des Vergessens werden Ereignisse und Bewegungen bedeutungslos gemacht, indem sie als vereinzelte Phänomene klassifiziert werden – ohne Kontext, ohne Ursache und Wirkung, kurz: ohne Bezug und damit ohne Ort im kollektiven Gedächtnis. So können sich regelmäßig wiederholende Zyklen von verbalen und physischen rassistischen Gewaltausbrüchen ebenso ignoriert werden wie die Widerstandsbewegungen derjenigen, gegen sich diese Ausbrüche richten [...], indem sie nie zusammen gedacht werden.[700]

El-Teyeps Ansatz der Rassismusamnesie kann dazu verwendet werden, wiederkehrende Auseinandersetzungen um Deutschlands Identität im Kontext rassifizierter, und somit notgedrungen auch kapitalistischer, Diskurse zu verstehen. In Zeiten, die als Krise oder als Umbruch empfunden werden, drängt die Sorge um die imaginierte Essenz der eigenen Kultur verstärkt in den Vordergrund und löst eine Renaissance rassistischen Denkens und Handelns aus. Die anti-türkische Stimmung Anfang der 80er Jahre im Zuge der Kohl´schen Rückführpolitik folgte der Wirtschaftskrise in den 70er Jahren auf dem Fuß. Ähnlich verhält es sich mit den Mordanschlägen in Solingen und Mölln, die Anfang der 90er Jahre in einem Deutschland begangen wurden, dessen Bevölkerung durch die Wiedervereinigung berauscht bzw. verunsichert war und durch den Zweiten Golfkrieg und den Ausbruch des jugoslawischen Bürgerkrieges beunruhigt war. In diesem Sinne sind ebenfalls die ideologischen Programmatiken der AfD und von PEGIDA vor dem Hintergrund der Wirtschafts- und Finanzkrise seit 2007 und der Geflüchtetenaufnahme 2015 als Symptome einer Neurose zu verstehen, die Verunsicherung und Ängste in Hass und Wut gegen Minderheiten umwandelt, die am wenigsten für die Krise können und deren gesellschaftlicher Ausschluss keineswegs die Ursachen der Krise beseitigen können.

Topçus, Botas und Phams Text ist nicht die erste Auseinandersetzung mit der paradoxen Erfahrung, dass die Zugehörigkeit trotz der erbrachten Integrationsleistung im deutschen Diskurs letztlich doch nicht anerkannt wird. Fragen der Zugehörigkeit, die Erwartungshaltungen der Dominanzgesellschaft aber auch die Reaktion der migrantischen Deutschen wurden z.B. bereits Anfang der 2000er Jahre von Mussin Ormucas mit seinen satirischen *Kanakmän*-Comics in der TAZ und vom Kölner

---

[700] El-Tayep, Fatima: Undeutsch. Die Konstruktion des Anderen in der postmigrantischen Gesellschaft. Transcript: Bielefeld, 2016. S. 15.

Schauspieler und Komiker Fatih Çevikkollu (geb. 1972)[701] in seinem Kabarettprogramm und Texten aufgegriffen.

In der Comic-Episode *Seit 40 Jahren klappt es mit der Integration nicht*[702] ersinnt der Knobi-Theater Mitbegründer Ormuca die Idee eines „Transwesttürk-Programms" mit deren Hilfe endlich die Gehirn-Hardware von türkischen Einwanderern von ihrer bisherigen kulturellen Software gereinigt wird. Danach folgt die Programmierung zum Deutschen. Dazu gehört das Einnehmen einer Verteidigungshaltung, die darin besteht „von den Konzentrationslagern nichts gewusst zu haben" genauso wie ein Distanzverhalten in menschlichen Beziehungen. Neben der Rasur des anatolischen Schnäuzers, leiten die Wissenschaftler zudem die Wiederherstellung der Vorhaut ein. In Ormucas Comic scheitert jedoch diese totale Assimilierungsprozedur, da der türkische Einwanderer nun statt Heimweh permanent Fernweh nach der Türkei verspürt. Ormucas Botschaft ist deutlich: Eine Integration, die die Aufgabe der eignen Herkunftskultur verlangt, kann nicht funktionieren.

Fatih Çevikkollus Text *Der Integrator*[703] greift die Erfahrung, sich integrieren zu müssen und dennoch nie völlige Akzeptanz zu finden, ähnlich satirisch auf. Der Ich-Erzähler Fatih leidet darunter ausgeschlossen zu sein, doch als er Helmut Kohls Rede über Integration hört, zeigt sich ihm ein Weg, der letztlich zur Einbürgerung führt. Bei einem Besuch in der Türkei, nun als deutscher Tourist, der das Heimatland seiner Eltern bereist, zeigen sich die Schattenseiten des Deutschseins. In einem Supermarkt empört sich Fatih auf eine stereotypisierte deutsche Art und verlangt nach dem Geschäftsführer:

> Das gesamte Personal stand in einem großen Kreis um uns herum, und ich hörte nur noch, wie einer sagte: „Was macht denn der Deutsche hier?!" Das war aus mir geworden, aus meinen unschuldigen Wünschen, mitzuspielen zu wollen. Ich spürte das schwere Atmen Helmut Kohls im Nacken […].

Wie Ormuca zeigt Çevikkollu, dass die von der Dominanzgesellschaft geforderte Integration bzw. Assimilierung in ein Deutschsein im Grunde genommen absurd ist, da es selbst nicht fassbar ist, da nicht beschreibbar und sehr divers. Jegliche Integrationsaufforderung, die über das Bekennen zu einem Verfassungspatriotismus hinausgeht und stattdessen ins Kulturelle und somit ins Diffuse verweist, das durch identitäre Ideologien und

---

[701] Fatih Çevikkollu zählte neben Serdar Somuncu zur zweiten Generation türkisch-deutscher Kabarettisten.
[702] Ormuca, Mussin: Kanäkman – Tags Deutscher, nachts Türke. Omu-Verlag, 2002. S. 25- 30.
[703] Çevikkollu, Fatih und Myrorekar, Sheila: Der Moslem-Tüv. Deutschland, einig Fatihland. Reinbeck, 2008. S. 129-131.

Emotionen bestimmt ist, zeigt sich anfällig für rassifizierte diskursive Praktiken, wie es beispielsweise die Diskussion um den Entwurf des hessischen Einbürgerungstest im Jahr 2006 zeigt. Ganz davon abgesehen, dass die dort gestellten Fragen zum deutschen Allgemeinwissen auch von den allermeisten deutschen Bürgern ohne Politikstudium oder jahrelangem Zeitungsabonnement nur unzureichend beantwortet werden können, wurden zudem Gesinnungsfragen gestellt, die abklären sollten, wie ein muslimischer einbürgerungswilliger Migrant zur Homosexualität steht.[704] Die Frage wurde von Kritikern als heuchlerisch gesehen, zumal zu der Zeit ein deutscher Papst Ratzinger Homosexualität weiterhin als widernatürliches Verhalten betitelte und die Gleichstellung homosexueller Paare in der BRD noch auf sich warten ließ. Der Einbürgerungstest zeigte nicht nur, dass von Migranten erwartet wird, deutscher als die Deutschen zu sein, sondern entblößte zudem strukturelle Kontinuitäten rassistischer Praktiken. Bereits Edward Said hatte in *Orientalism* darauf hingewiesen, dass die paradigmatische Bewertung des Geschlechterverhältnisses und der sexuellen Normen eine der zentralen Diskurspraktiken hegemonialer Herrschaftsansprüche sei. Folgendes Beispiel erklärt, wie Fragen der Sexualität im Herrschaftsdiskurs funktionalisiert werden: Nikita Dhawan stellt fest, dass das Urteil, was denn nun eine moralische Sexualität bzw. ein gutes Geschlechterverhältnis sei, sich im Lauf der Zeiten ändere, aber immer jedoch vom „Westen" gesetzt werde. Während Homosexualität in Indien vor der britischen Kolonisierung durchaus Teil der sexuellen Vielfalt war, wurde es von den Kolonialherren bestraft. Heute kritisiere der „Westen" dagegen die indische Gesellschaft für ihre Homophobie. Spöttisch merkt Dhawan an, dass in der Vergangenheit, „der weiße Mann sich dazu berufen gefühlt habe, die braune Frau vor dem braunen Mann zu beschützen". In Hinblick auf die weißen Wählerinnen des sexistischen U.S.-Präsidenten Donald Trump, fordert sie nun, dass stattdessen eigentlich „die braunen Frauen, die weißen Frauen vor dem weißen Mann schützen müssten."[705] Nikita Dhawan ist mit ihrer Einschätzung nicht allein. Die türkisch(kurdisch)-deutsche Schriftstellerin Mely Kiyak fasst ihr Erleben der semantisch aufgeladenen Positionierung der muslimischen Frau folgendermaßen zusammen:

---

[704] Hessisches Ministerium des Innern und für Sport: Leitfaden – Wissen & Werte in Deutschland und Europa. 2006. Eine ähnliche Diskussion gab es um den Entwurf des Gesinnungstestes, den das Land Baden-Württemberg für „Ausländer" vorgesehen hatte. Siehe Süddeutsche Zeitung vom 25.7.2011. http://www.sueddeutsche.de/politik/baden-wuerttemberg-gesinnungstest-fuer-auslaender-vor-dem-aus-1.1124496 [Eingesehen am 23.12.2016].

[705] Vortrag von Nikita Dhawan an der Goethe-Universität in Frankfurt am 15.12.2016.

> Als ich ein junges Schulmädchen war, kam einmal ein Vertrauenslehrer auf dem Schulhof zu mir und fragte: Dein Vater ist doch Muselmane, oder? Wenn du abhauen musst, helfe ich dir! Doch ich wollte mich partout nicht von dem rückständigen anatolischem Gastarbeiterknecht, wie er wohl dachte, diesem nach Schafstall stinkendem Patriarch, befreien lassen. Befreien wollen hat etwas arrogantes, chauvinistisches, herrschaftliches. Da kommt der glatt rasierte Held und will dem kleinen, von Tyrannei verschmutzten Schicksal, einen Namen und ein Gesicht geben und von seinen Ketten lösen. Die Schwierigkeit bei dem kleinen Mohr, war, dass mein Vater zeitlebens unter der spöttischen Herrschaft seiner Tochter litt [...][706]

Liest man Nikita Dhawan im Kontext der Überlegungen von Fatima El-Tayep und den Erfahrungstexten türkisch-deutscher Schriftsteller_innen, lässt sich feststellen, dass analog zur Erkenntnis, dass das kolonisierte Individuum nie die Erwartungen der Herrschaft ausübenden Gesellschaft erfüllen kann, auch das migrantisierte Individuum unverschuldet immer zu spät ist, um den Diskurs mitzuprägen. Denn es gilt, dass „der Andere" Erwartungen nicht erfüllen darf, da sich sonst die herrschenden Gesellschaften nicht darüber definieren könnten, was sie nicht sind; eine Erfahrung, die auch Mely Kiyak wiederholt macht.

Mely Kiyak – Angekommen?

Eine weitere *neue Deutsche*, die wie Özlem Topçu zu einer aufstrebenden und engagierten Generation von Journalistinnen gehört, die aufgrund der eigenen Familiengeschichte ein ureigenes Interesse daran hat, Themen der Mehrkulturalität und Partizipation in ihrer Arbeit Raum zu geben, ist die oben zitierte in Sulingen geborene Mely Kiyak (geb. 1977). Kiyak schreibt seit 2005 als freie Autorin für verschiedene Zeitungen. Ihre Essays und Beiträge sind unter anderem in der ZEIT, der TAZ, der Berliner Zeitung und der WELT erschienen. In ihrer Arbeit zeigt sich Kiyak als streitfähig: In 2013 erregte sie größere Aufmerksamkeit für ihre persönliche Kritik an Thilo Sarrazin.[707] In dem von Hilal Sezgin herausgegeben *Deutschland erfindet sich neu – Manifest der Vielen* engagiert sie sich für eine mehrkulturelle BRD und tritt mit anderen renommierten Journalisten von SPIEGEL, TAZ und ZEIT im Kabarett-Programm *Hate Poetry* auf, in dem hasserfüllte Leserbriefe vorgetragen werden.[708] Neben ihrer Arbeit als Journalistin ist Kiyak auch als Schriftstellerin tätig. 2013 erschien mit *Herr Kiyak dachte, jetzt fängt der schöne Teil des Lebens* ihr erster Roman, in dem sie sich mit der Krebs-Erkrankungen ihres kurdischen Vaters und ihrem eigenen Umgang damit beschäftigt. Im Gegensatz zu Deniz Utlus

---

[706] Kiyak, Mely: Lieber Befreier! In: Sezgin, Hilal (Hrsg.): Manifest der Vielen – Deutschland erfindet sich neu. Blumenbar Verlag, Berlin, 2011. S. 89/90.
[707] Kiyak, Mely: Liebe Wissensgesellschaft! In: Berliner Zeitung. 19. Mai 2012, S. 4.
[708] https://hatepoetry.com/eine-seite/ [Eingesehen am 30.11.2016].

Die Ungehaltenen, welches sich in einem Nebenstrang mit der Erkrankung des Vaters auseinander setzt, ist *Herr Kiyak dachte, jetzt fängt der schöne Teil des Lebens* die bisher intensivste literarische Verdichtung des wiederkehrenden Topos „Krankheit und Gastarbeit". Wie viele andere Vertreter der ersten „Gastarbeiter"-Generation hat auch Mely Kiyaks Vater unter den schwierigsten Umständen in Fabriken gearbeitet und dabei seine Gesundheit ruiniert. Als Lackierer war er lange Jahre giftigen Dämpfen ausgesetzt und hat nun im Ruhestand, den er mit seiner neuen Freundin in der türkischen Heimat verbringen will, ein Lungenkarzinom entwickelt.[709] Die Ich-Erzählerin Mely überzeugt ihn davon die Krankheit in Deutschland behandeln zu lassen und nimmt ihn bei sich auf. Als Journalistin kann sie ihren Tag selbst einteilen und ihren Vater unterstützen. Ausführlich geht Mely Kiyak auf den Fortschritt der Krankheit und die einzelnen Behandlungsschritte ein. Die Verzweiflung des Vaters und ihr eigener Umgang damit sind Themen ihrer literarischen Introspektive, die dazu begleitend das fortwährende Fremdsein in Deutschland reflektiert. Trotz aller vom Vater erbrachten Leistungen und seiner Bemühungen dazuzugehören, bleibt die deutsche Lebenswelt kulturell unbedacht im Umgang mit ihm. Kultursensible Krankenpflege und ihre Implementierung im deutschen Gesundheitssystem mögen als Konzepte der Interkulturellen Sozialarbeit bereits durchdacht und beschrieben sein, fehlen jedoch in der Realität:

> Warum ist alles so fremd? Wir leben in diesem Land und wir werden hier sterben, sagte mein Vater manchmal, wenn irgendjemand ihn fragte: Und? Wann geht es zurück in die Heimat? Wir leben in diesem Land und wir werden in diesem Land sterben. In diesem Land, sagt man ja immer so. „Dieses unser Land." Das Land, in dem wir leben. Deutschland, das Land, „in das wir kamen und das wir nur sterbend verlassen". Nie sagt man, „unser Land". Wir kamen in dieses Land, machten es zu unserem und hier werden wir sterben. Sagt man nicht. Warum? Weil es in Krankenhäusern nicht möglich ist, einen Samowar aufzustellen. So etwas gibt es nicht. Denn wenn es das gäbe, so denkt man vielleicht auf höheren Ebenen, „wären wir ja nicht mehr bei uns, sondern bei denen". Das wäre Unterwerfung vor der Landnahme des Ausländers, der ohnehin schon viel zu lange hier ist.

Neben dem zentralen Erzählstrang, in dem der Leser davon erfährt wie Mely ihr professionelles Leben mehr und mehr hintenanstellt, durchziehen kleinere episodische Textstücke den Roman, in denen der Vater von der eigenen Familiengeschichte berichtet. Während seine Tochter als

---

[709] Neben physischen Erkrankungen leidet oftmals aus die Seele bei Mitgliedern von Migrantenfamilien. Rassistische Diskriminierung in der Schule und am Arbeitsplatz können starken Stress verursachen und führen zu psychischen Belastungen und Folgeerkrankungen. Siehe z.B. Wong, Paul T. P et al. (Hrsg.): Handbook of Multicultural Perspectives on Stress and Coping. Springer: Berlin, 2006.

Journalistin Wissen aufbereitet, sammelt Herr Kiyak Erinnerungen und übermittelt sie als *Oral History*. Die phantasiereichen Anekdoten, die in ihrer Übertriebenheit Lügen- und Schelmengeschichten nachempfunden sind, berichten von den kuriosen Verwandten und längst vergangenen Zeiten in den kurdischen Gebieten der Türkei. Während Herr Kiyak als „Gastarbeiter" der ersten Generation Migration erlebt und gestaltet hat und somit zu einer Generation des Übergangs gehört, ist seine Tochter, die Ich-Erzählerin Mely, bereits eine Vertreterin des neuen, des mehrkulturellen Deutschlands, dessen Großstädte wie München, Köln, Hamburg oder Berlin, Heimat einer bunten Gesellschaft sind, die in ihrer kosmopolitischen Varianz an London, Paris und New York erinnern. Mely Kiyaks Schilderungen in Prosa und Reportage zeigen jedoch, dass das gesellschaftliche Miteinander in der mehrkulturellen Bundesrepublik weiterhin konfliktreich bleiben wird.

Ausblick – Rebellcomedy und I-Slam

> Wir müssen ganz dringend darüber reden, *wie* wir leben wollen. Wir alle gemeinsam. Und wie wir die Vernetzung von Zuwanderern besser synchronisieren können, im Bildungssystem, in der Städteplanung und in einem rechtlich gesicherten Status als *gleichwertige* Bürger.
> **Renan Demirkan, Migration das unbekannte Leben**

Wie die etablierte Journalistin Mely Kiyak, müssen viele postmigrantische Deutsche sich nach wie vor ihren Platz in der Gesellschaft erkämpfen und ihre Herkunft rechtfertigen. Die Renaissance des Nationalen, das Aufkeimen identitären Denkens und ein weitflächig verbreiteter Rassismus als Folge gesellschaftsfragmentierender Prozesse durch die Globalisierung, den Abbau des Sozialstaates, die Zunahme prekärer Beschäftigungsverhältnisse und die Herausforderungen der Geflüchtetenzuwanderung[710] wirken sich derzeit negativ auf die Gestaltung der mehrkulturellen Gesellschaft aus. Während man durchaus diskutieren kann, ob die multikulturelle Gesellschaft in ihrer derzeitigen Form gescheitert ist oder reformiert werden muss, lässt sich dennoch ihre faktische Existenz nicht leugnen. Trotz des populistischen Versuchs von Rechts, die Folgen der Einwanderung zu dämonisieren und mancher konservativer Politiker eine „deutsche Leitkultur" heraufzubeschwören, zeigt sich in der Herangehensweise der Regierungsparteien [in Bund und Ländern] und der Zivilgesellschaft an die Herausforderungen der stattfindenden Migrations-

---

[710] Geflüchtetenzuwanderung ist ein sehr sperriger Begriff, den ich dennoch verwende, da die Alternative bedeuten würde, dass man sprachlich umstrittene bzw. negative konnotierte Begriffe wie Flüchtlingskrise oder Flüchtlingsströme benutzen müsste, die einseitig die Zuwanderung als Belastung statt als Chance beschreiben.

prozesse, dass die BRD aus ihren Lebenslügen gelernt hat. Sprach- und Integrationsprogramme werden aufgelegt, um den zahlreichen Geflüchteten aus Syrien, Afghanistan, dem Irak, den kurdischen Gebieten und zahlreichen afrikanischen Ländern das Ankommen und Fortkommen in Deutschland zu erleichtern. Während nationalistische Gruppen und Parteien wie PEGIDA und die AfD von dieser Situation profitieren wollen, indem sie die Ängste der Menschen bedienen und verstärken, zeigt sich in der regen Willkommenskultur jedoch auch, dass die Gesellschaft offen für Veränderung ist. Ca. 17 Millionen Menschen in der BRD haben bereits in irgendeiner Form mehrkulturelle Bezüge, sei es durch Verwandtschaft oder Heirat.[711] Die bunte mehrkulturelle BRD lässt sich daher nicht mehr einfach verdrängen, die bunte Republik ist da und sie ist stärker denn je miteinander verpflochten. Somit zeigt sich Deutschland im Jahr 2017 diverser und zeitgleich geschlossener als in der Weimarer Republik. Die soziale Identität vieler Bürger dieses bunten Deutschlands verläuft, entgegen der Wünsche neo-nationalistischer Politiker und Aktivisten nicht mehr entlang der Zugehörigkeit zu einer Kultur und Ethnie. Thomas Meyer hält daher fest:

> An die Stelle der sozialen Homogenität ist eine weitausgreifende Differenzierung sozio-kultureller Milieus getreten, mit der Wirkung, daß korrespondierende Milieus in unterschiedlichen Kulturen in vielen Fällen mehr miteinander verbindet als entfernte Milieus innerhalb der eigenen Kultur. Alle großen Kulturen sind ethnisch vielfältig gemischt, und die Ethnien ihrerseits haben sich zumeist als politische Konstruktionen erwiesen und eben nicht als unauflösliche natürliche Einheiten.[712]

Meyers Einschätzung von 1997 ist heute aktueller denn je: Es lässt sich beobachten, wie durch die Prozesse der Globalisierung und digitalen Revolution sich weltweit nationalstaatlich unabhängige Identitäten herausbilden, die sämtliche politischen Lager erfasst. So haben finden Anhänger von PEGIDA und der AfD mehr Gemeinsamkeiten mit Anhängern von Donald Trump und Marine Le Pens als mit Menschen in Deutschland, die ihrerseits eine größere Nähe zu progressiven Kräften in den USA oder Frankreich verspüren als zu ihren sich nach Übersichtlichkeit sehnenden deutschen Mitbürgern. Ähnliches gilt für muslimische Verlierer der Moderne, die sich zu einer islamistischen Internationalen zusammenschließen. Doch es ist natürlich nicht alles islamistisch, was religiös ist: Fast unbeachtet von der Dominanzgesellschaft und ihrer Leitmedien, bzw. von diesen übersehen, weil es den Bildern über Muslime im Kopf und den ei-

---

[711] Statistisches Bundesamt: Bevölkerung mit Migrationshintergrund. Mikrozensus Fachserie 1, Reihe 2.2., Wiesbaden 2014.
[712] Meyer, Thomas: Identitäts-Wahn. AtV: Berlin, 1997. S. 116.

genen Überzeugungen eine aufgeklärte laizistische Gesellschaft zu sein, widerspricht, entsteht in der BRD eine muslimisch-deutsche Popszene.

Jenseits der literarischen Verlage und Vertriebswege, denen es nur ansatzweise gelungen ist, türkisch-deutschen Autoren eine größere Öffentlichkeit zu verschaffen, entwickelt sich bundesweit eine bunte (post)-migrantische Poetryslamszene, die oftmals unmissverständlich politisch ist. Junge mehrkulturelle Künstler_innen verschaffen sich in der Öffentlichkeit Verhör und tragen ihre Gedichte vor ein zahlenmäßig großes Publikum – von dem manch ein Prosa-Autor nur wünschen kann – und kommentieren kritisch die Narrationsmuster der Dominanzgesellschaft und aufbrechen sie auf.[713] So hat sich beispielsweise der Dichterwettstreit *I-Slam* in den letzten Jahren etabliert. I-Slam bietet muslimischen Dichter_innen/Slamer_innen neben den üblichen Wettbewerben auch Literatur-Workshops an und präsentiert die Arbeit ihre Arbeiten auf YouTube:

> Hintergrund dieser Arbeit ist in erster Linie der Empowerment-Gedanke. Junge Muslim_innen sollen in ihrer Identität und in ihrem Selbstbewusstsein gestärkt werden. Gleichzeitig hat das Auftreten als junge/r selbstbewusste/r muslimische/r Künstler_in in der Öffentlichkeit immer etwas mit der Bekämpfung rassistischer Stereotype zu tun. Die Entwicklung eines gesunden Selbstbewusstseins im Umfeld von strukturellem Rassismus und Alltagsrassismus, ist keine Selbstverständlichkeit und bedarf deshalb der besonderen Förderung. Da vor allem in Zeiten Sarrazins oftmals über die muslimische Jugend gesprochen wurde, selten aber mit ihr, wollten wir eine Bühne schaffen, auf der sich gezielt die Stimmen der jungen Muslim_innen in Deutschland Gehör verschaffen. Angesichts aktueller Ereignisse scheint dieses Ursprungskonzept leider noch immer notwendig zu sein. Noch immer werden Diskurse über junge in Deutschland lebende Muslim_innen als Fremdkörper geführt.[714]

Als nicht muslimisch definiert, aber keineswegs weniger bunt, zeigt sich die Gruppe *Rebellcomedy*, die durch zahlreiche Auftritte im Fernsehen ein größeres Publikum anspricht *als I-Slam*. Comedians wie Ususmango, Enissa Amani oder Özcan Cosar kommentieren scharf und humorvoll das deutsch-migrantische Miteinander und Rassismen in der BRD.[715] Die multi-kulturelle Gesellschaft ist, auch wenn sie politisch nicht angemessen repräsentiert wird[716], längst eine signifikante Lebensrealität in Deutschland.

---

[713] Folgende satirische Beschäftigung mit PEGIDA ist typisch für die Vorgehensweise von I-Slam https://www.youtube.com/watch?v=1hJ8td45Mqw. [Eingesehen am 13.1.2017].
[714] http://www.i-slam.de/index.php/de/ueber-uns [Eingesehen am 13.1.2017].
[715] http://rebellcomedy.net/about. [Eingesehen am 12.1.2017].
[716] So hat beispielsweise die Stadt Frankfurt 730.000. Nach Abzug der nicht wahlberechtigten Minderjährigen kommt man auf 500.000 potentielle Wähler (davon haben ca. 400.000 Wähler eine deutsche, 100.000 eine anderweitige europäische

Nur ein weiterer Zivilisationsbruch kann diese mehrkulturelle Gesellschaft zerstören. Man kann mir gerne vorwerfen, dass diese Sorgen unberechtigt seien. Aber auch die Schoah hat nicht mit den Verbrennungsöfen begonnen, sondern mit Worten. Ausgrenzung, Entrechtung und Völkermord sind Prozesse, die sich über einen längeren Zeitraum manifestieren müssen. In diesem Sinne markiert Thilo Sarrazin einen Tabubruch, der erst das gesellschaftliche Klima ermöglicht hat, in dem Bewegungen wie PEGIDA gedeihen können. Während die Nationalsozialisten die jüdischen Deutschen zum Feind des Volkes deklarierten, ihnen erst die Bürgerrechte nahmen und sie dann in den Todeslagern ermordeten, projizieren die populistischen Bewegungen des 21. Jahrhunderts heutzutage ihren Hass auf Muslime, bzw. auf als muslimisch markierte Menschen und funktionalisieren sie als Feindbild, um die von Terror, Digitalisierung, Globalisierung, Wirtschaftskrisen und Zuwanderung bereits beunruhigte Bevölkerung für ihre Zwecke weiter zu verunsichern. In Anbetracht des weltweit festzustellenden Zuwachses an populistischen Bewegungen bzw. dem vermehrten Auftreten populistischer Führerfiguren liegt der Verdacht nahe, dass faschistische Ordnungsprinzipien, die Stabilität und Gewissheit in Zeiten großer Veränderungen verheißen, erneut an Attraktivität gewinnen. Die Erfolge von Erdoğan, Orban und Trump scheinen dabei erst der Beginn eines demokratiefeindlichen Zeitabschnittes zu sein, in dem Zugehörigkeiten und Partizipation in Nationalstaaten und Mehrkulturalität, so meine Befürchtung, radikal in Frage gestellt werden. Türkisch-deutsche und andere mehrkulturelle Deutsche, aber auch „kartoffeldeutsche" – ein Begriff aus dem Migrantendeutsch – Autor_innen werden ihrerseits Antworten auf diese Entwicklungen finden und für die Einheit in Vielfalt streiten müssen.

Staatsangehörigkeit). 18% der volljährigen Bevölkerung Frankfurts dürfen nicht an den Kommunalwahlen teilnehmen, da sie keinen EU-Pass besitzen. Dies ist eine große Anzahl von Steuerzahlern, die nicht politisch repräsentiert sind und die, wenn sie wählen dürften, wahrscheinlich nicht der AfD ihre Stimme geben würden. Siehe auf https://www.frankfurt.de/sixcms/media.php/678/04_Wahlberechtigte_Kommunalwahlen2016.pdf S. 3 [Eingesehen am 12.1.2017].

III. Gloria Anzaldúa: Schamanisches Schreiben und Autohistoria-teoría

> This land was Mexican once
> was Indian always
> and is.
> And will be again.
>
> When I saw poetry written in Tex-Mex for the first time, a feeling of pure joy flashed through me. I felt like we really existed as a people.
> **Gloria Anzaldúa, Borderlands**

Die 2004 verstorbene Literaturwissenschaftlerin, Aktivistin, Malerin und Schriftstellerin Gloria Anzaldúa prägt auch mehr als zehn Jahre nach ihrem Tod die mexikanisch-amerikanische Kulturwissenschaft.[717] Als Feminismus-Theoretikerin und postkoloniale Denkerin wird Anzaldúa von vielen Vertreter_innen der Disziplin als Gallionsfigur der kulturellen Eigenständigkeit gewürdigt, als Pionierin der mexikanisch-amerikanischen Queer- und Genderforschung erinnert, und teilweise ob ihrer Spiritualität und ihrem lebenslangen krankheitsbedingtem Leiden gar als eine Art Heilige verehrt.[718] Auch außerhalb der Genderforschung widerfährt Anzaldúa mittlerweile eine größere Anerkennung und wird beispielsweise von Walter Mignolo als postkoloniale Befreiungsdenkerin in einem Kontext mit W.E.B.

---

[717] Zu Anzaldúa sind zahlreiche Aufsätze und Forschungsmonographien veröffentlicht worden. Hier eine Auswahl: Reuman, Ann E.: Wild tongues can't be tamed – Gloria Anzaldúas ®evolution of Voice. In Lashgari, Deirdre (Hrsg.): Violence, Silence, and Anger: Women's Writing as Transgression. University Press of Virginia: Charlottsville, 1995. S. 305–319. Yarbo-Bejarano, Yvonne: Gloria Anzaldúas Borderlands/La Frontera: Cultural Studies, Difference and the Non-Unitary Subject. In Parkinson Zamora, Lois (Hrsg.): Contemporary American Women Writers: Gender, Class, Ethnicity. Addison Wesly Longman Limited: New York, 1998. S. 11–31. Delgado, Theresa: Spiritual Mestizaje. Duke University Press: Durham, 2011. Saldívar-Hull, Sonia: Mestiza Consciousness and Politics: Gloria Anzaldúa's Borderlands/La Frontera. In: Feminism on the Border - Chicana Gender Politics and Literature. University of Califronia: Berkeley, 2000. S. 59–79.

[718] Eine sehr persönlich gehaltene Aufarbeitung der Bedeutung Anzaldúas für das eigene Verständnis und wissenschaftliche Schaffen ist die breitgefächerte Aufsatzsammlung *Bridging – How Gloria Anzaldúa's Life and Work Transformed our own*. University Press of Texas: Austin, 2011, die von Analouise Keating und Gloria González-López herausgegeben worden ist. In *Bridging* geben Wissenschaftler_innen aus den USA und anderen Ländern ausführlich Auskunft darüber, wie Anazaldúas Theorien und Leben sie persönlich und wissenschaftlich geprägt und befreit haben.

Du Bois, Frantz Fanon, Mahatma Gandhi, Fausto Reinaga oder dem indigenen Historiker Waman Puma de Ayala (1534–1616) erwähnt.[719]

Seit 2009 wird ihr zu Ehren in ein- bis zweijährigen Abständen die *El Mundu Zurdo*-Konferenz durchgeführt[720], auf der Anzaldúas Bedeutung für das weite Feld der Chicano- und Chicana-Studies diskutiert und ihre Theorien auf die neuesten Fragestellungen hin überprüft werden.

Obwohl Gloria Anzaldúa sehr produktiv war und zeitgleich an mehreren Projekten arbeitete, gab sie relativ wenig zur Publikation frei. Viele ihrer unveröffentlichten Schriften und Tagebucheinträge sowie ihre zahlreichen Zeichnungen sind im Gloria Anzaldúa Archiv in der Benson Collection der University of Texas in Austin einsehbar und werden seit ihrem Tod von ihrer langjährigen Kollegin und Freundin Analouise Keating in verschiedenen Publikationen herausgegeben.[721]

Keatings Editionen ergänzen die von Anzaldúa in Zusammenarbeit mit Kolleginnen herausgegeben Sammelbände, in denen ihre zentralen Arbeiten, Interviews und Gedichte teilweise wiederveröffentlicht, teilweise zum ersten Mal zu finden sind. Noch zu Lebzeiten erschiene Sammelbände sind *This bridge called my back – Writings by radical women of color* von 1981[722], *Making Face, Making Soul/Haciendo Caras: Creative and critical perspectives by feminists of color* von 1990[723], *Interviews/Entrevistas* von 2000[724], und *This bridge we call home – Radical visions for transformation* von 2002.[725]

---

[719] Siehe das Einführungskapitel von Walter Mignolo zum Denken Rodolfo Kuschs. In: Kusch, Roldolfo: Indigenous and popular thinking in América. Duke University Press: Durham, 2010. S. XXXV.

[720] In 2009, 2010, 2012 und 2013 fand die Konferenz an der University of Texas in San Antonio statt. 2015 wurde die El Mundo Zurdo das erste Mal an der UT in Austin, an der auch das Gloria Anzalúa-Archiv in der Benson Collection bewahrt wird, mit 300 TeilnehmerInnen durchgeführt. Einige der Beiträge der Konferenz werden zudem in Sammelbänden herausgegebenen. So sind bis dato erschienen: Saldívar-Hull, Sonia, Alarcón, Norma und Urquijo-Ruiz, Rita E. (Hrsg.): El Mundo Zurdo 2. Selected Works From the 2010 Meeting Of the Society for the study of Gloria Anzaldúa. Aunt Lute Books: San Francisco, 2012.

[721] Siehe beispielsweise Keating, Analouise (Hrsg.): The Gloria Anzaldúa Reader. Duke University Press: Durham, 2009. EntreMundos/AmongWorlds – New Perspectives on Gloria Anzaldúa. Palgrave: New York, 2005.

[722] Moraga, Cherríe und Anzaldúa, Gloria (Hrsg.): This bridge called my back – Writings by by radical women of color. State University of New York Press: Albany, 2015.

[723] Anzaldúa, Gloria (Hrsg.): Making Face, Making Soul/Haciendo Caras: Creative and critical perspectives by feminists of color. Aunt Lute Books: San Francisco, 1990.

[724] Keating, Analouise (Hrsg.): Gloria E. Anzaldúa – Interviews/Entradas. Routeledge: New York, 2000.

[725] Anzaldúa, Gloria und Keating, Analouise (Hrsg.): This bridge we call home – Radical visions for transformation. Routeledge: New York, 2002.

Neben diesen – in ihrem ganz eigenen wissenschaftlich-spirituellen Stil gehaltenen – Veröffentlichungen hat Gloria Anzaldúa ebenfalls eine Reihe von zweisprachigen Kinderbüchern verfasst und herausgegeben, in denen ihr kindliches Alter Ego Prietita Abenteuer im texanischen Grenzgebiet erlebt. In den illustrierten Kinderbüchern verwendet Anzaldúa neben Englisch bevorzugt ein Tejano-Spanisch, das sich teilweise vom lateinamerikanischen Spanisch oder dem europäischen Spanisch unterscheidet und behandelt kindgerecht typische Themen der mexikanisch-amerikanischen Erfahrungswelt. So thematisiert sie beispielsweise in *Friends of the other side/Amigos del otra lado* die Migration eines Jungen nach Texas und dessen Furcht vor der *Migra*, der Migrationspolizei, die nach illegalen Einwandern aus Mexiko fahndet.[726] Anzaldúa versteht das Verfassen und Veröffentlichen von Kinderbüchern als politischen Akt der kulturellen Partizipation, da so neben der anglo-amerikanischen Dominanzkultur auch die eigene Chicano-Kultur in einem frühen Lebensalter gelernt werden kann.[727]

Anzaldúas wissenschaftliches und literarisches Lebenswerk wirkt auf den ersten Blick mitunter wie ein chaotisches und fragmentarisches Stückwerk, das durch variantenreiche Wiederholungen der gleichen Themen gekennzeichnet ist. Doch dieser Eindruck täuscht: In der Gesamtschau ergeben die einzelnen Aufsätze, Interviews, Gedichte und ihr viel gepriesenes Opus Magnum *Borderlands/La Frontera– The New Mestiza* von 1987 ein zusammenhängendes Gesamtwerk, dessen mäandernde Puzzlestruktur konsequent die ganz eigene Stilistik ihrer Sprache und Erzählform sowie ihr Wissenschaftsverständnis auf die äußere Form überträgt, fortführt und somit ihren Themen in ihrer Komplexität und Vielfalt gerecht wird.

Anzaldúas dreisprachiges Vokabular, neben Spanisch und Englisch verwendet sie zahlreiche Navajo-Worte, verweigert sich der einfachen Lektüre und richtet sich explizit an ein Lesepublikum, das über Spanisch und Englischkenntnisse verfügt und versperrt sich stilistisch und strukturell den Lesegewohnheiten professioneller akademischer Leser. Zudem verlangen die Texte Anzaldúas durchaus ein Grundwissen mesoamerikanischer Mythologie bzw. müssen in Begleitung eines ebensolchen Nachschlagewerkes gelesen werden.

---

[726] Anzaldúa, Gloria: Friends of the other side/Amigos del otra lado. Children's Book Press: San Francisco, 1993. Andere Kinderbücher von Anzaldúa sind: Prietita has a Friend/Prietita Tiene un Amiga, Children's Book Press: San Francisco, 1991 und Prietita and the Ghost woman/ Prietita y la llorona, Children's Book Press: San Francisco, 1995.

[727] Interview mit Karin Ikas aus dem Jahr 1999. In: Anzaldúa, Gloria: Borderlandss/La Frontera – The new Mestiza. Aunt Lute Books: San Francisco, 2007. S. 234.

Im Werk Anzaldúas kommt es zu einer besonderen Einheit von innerer und äußerer Form, die eng mit den inhaltlichen Zielen, Weltanschauungen und Identitätspolitiken der Autorin konform geht. Dies zeigt sich auch in ihrer Arbeitsweise, die sie folgendermaßen beschrieben hat:

> The way that I originate my ideas is the following: First there has to be something that is bothering me – something emotional so that I will be upset, angry, or conflicted. Then I start meditating on it; sometimes I do that while I am walking. Usually I come up with something visual of what I am feeling. So then I have a visual that sometimes is like a bridge, sometimes like a person with fifty legs, one in each world; sometimes *la mano izquierda*, the left-handed world, the *rebollino*, et cetera, and I put that into words. [...] I start theorizing about it. But it always comes from a feeling.728

Anzaldúas Theorien und Ansätze sind derart komplex, weitgefächert und geradezu in einem Prozess der Veränderung, dass es sehr schwierig ist, ihnen in einer Zusammenfassung gerecht zu werden. Aída Hurtado formuliert diese Problematik folgendermaßen:

> Anzaldúas work is multifaceted and relational. Her writings are like lagartijas, little lizards with multilayered skins that peel off under different conditions. Every time one reads them, new and surprising meanings emerge.729

Bei der Analyse von Anzaldúas Werk, habe ich mich in Anbetracht des Fehlens eines geeigneten literarischen Terminus dazu entschlossen ihren Schreibprozess und Stil, ob seiner ganz eigenen spirituell-politischen Färbung als „Schamanisches Schreiben"730 zu bezeichnen: Der Begriff Schamanismus ist kein mesoamerikanischer Begriff und wurde von Anthropologen, Ethnologen und Religionsforschern wie Mircea Eliade aus dem sibirischen Kontext entlehnt und auf andere spirituelle Traditionen angewendet. Während ältere Forschungsansätze die Existenz eines weltweit kulturübergreifenden Schamanismus im Sinne einer Naturreligion postuliert haben, kritisieren jüngere Arbeiten diese Theorie als ein westlich-

---

[728] In: Ikas, Karin: Chicana Ways. Conversations with 10 Chicana writers. University of Nevada Press: Reno, 2002. S. 12.
[729] Hurtado, Aída: Making Face, Rompiendo Barrears: The activist Legacy of Gloria Anzaldúa. In: Keating, Analouise und González-López (Hrsg.): Bridging. How Gloria Anzaldúas Life and Work Transformed Our Own. University Press of Texas: Austin, 2011. S. 58.
[730] Ein ähnlicher Begriff wird von Ann-Catherine Geuder benutzt. Sie bezeichnet Anzaldúas Arbeitsweise als „Schreiben als schamanische Handlung." Geuder, Ann-Catherine: Schreiben an der Grenze – Literatur als Transgression. Freie Universität Berlin, 1996. S. 76.

europäisches Konstrukt und raten daher dazu, jedes Phänomen einzeln in seinen Traditionslinien zu untersuchen.[731]

Nichtsdestoweniger scheinen sibirische wie lateinamerikanische schamanische Traditionen auf einen gleichen Ursprung zurückzugehen und umfassen zahlreiche ähnliche Rituale, die für die Jagd, die Verbindung mit der Geistwelt und die persönliche Transformation durchgeführt wurden und werden. Der Schamane gilt zudem als ein Heiler, der bei Krankheit und Problemen aufgesucht wird.[732] In diesem Sinne ist auch die Figur der *curandera* – der man immer wieder in der mexikanisch-amerikanischen Literatur begegnet – als eine moderne Variante der Schamanin zu verstehen.

Die Debatte über die wissenschaftliche Einordnung des Begriffs Schamanismus ist in Hinsicht auf Gloria Anzaldúas Konzept jedoch hinlänglich, da sie selbst Schamanismus nicht als traditionelle unveränderliche authentische Kulturtechnik begreift, sondern als ein Akt von Spiritualität, der individuell mit Sinn gefüllt werden kann und erfahrbar ist. Da Schamanismus für Anzaldúa eine Praxis instinktiven Wissens ist, muss der Begriff aus ihrer Sicht nicht wissenschaftlich normiert werden.[733] Ihr genügt es, mit Verweisen deutlich zu machen, welche Ansätze sie miteinander verwebt. Die Nützlichkeit schamanischer Arbeit bedarf für Anzaldúa keiner auf westlichen Wissenskonzepten beruhenden Authentizitätsprüfung. Anzaldúa verwendet neben dem Begriff Schamanismus zudem gleichberechtigt das nahezu gleichbedeutende nahuatl-aztekische Wort *Nagual*. In dem Kurzessay *Metaphors in the tradition of the Shaman* von 1990 vergleicht sie die Arbeit von Schriftsteller_innen mit der Magie des Schamanen auf sehr konkrete Weise:

---

[731] Siehe zu dieser Diskussion zum Beispiel Müller, Klaus E.: Schamanismus. Heiler, Geister, Rituale. 4. Auflage. C.H. Beck: München, 2010.

[732] Siehe in: Miller, Mary und Taube, Karl: The Gods and Symbols of Ancient Mexico and the Maya. S. 152.

[733] Prof. Dustin Tahmahkera von der UT Austin sieht das ähnlich. Als Kulturwissenschaftler und Stammesmitglied der Apachen kritisiert er die Ansätze „weißer" Anthropologen, die immerzu nach einer authentischen Ausformung indigener Traditionen suchen würden. Tahmahkera hält dagegen, dass die indigenen Völker Nordamerikas eben nicht ausgestorben sind und somit auch ihre Traditionen im steten Fluss der Veränderung befindlich seien. Demnach, so meine Position, muss nicht immerzu vor einem dem Orientalismus-Konzept ähnlichen Latinoamerikanismus gewarnt werden. Denn es gilt ob der steten Veränderung zu beachten, dass vermeintlich originäre Perspektiven – gleichsam wie ethnozentrische Perspektiven – keine authentische Darstellung einer Kultur geben können. Derart gesehen kann Anzaldúas Schamanismusvorstellung durchaus wenig mit einem prä-spanischem Schamanismus gemeinsam haben. Aber das ist nicht weiter bedenklich. Wichtig ist vielmehr, sich der Motivation der jeweiligen Autorin bzw. Vertreterin bewusst zu werden, die diesen Begriff verwendet.

> Like the shaman, we transmit information from our consciousness to the physical body of another. If we are lucky we create, like the shaman, images that induce altered states of consciousness conducive to self-healing. If we've done our job well we give others access to a language and images with which they can articulate/express pain, confusion, joy, and other expierences thus far expierenced only on an inarticulated emotional level [...][734]

Die Öffnung des Denkens hin zu einer schamanischen Weltsicht ist für Anzaldúa ein politisch-emanzipatorischer Akt sowie gleichermaßen ein heilsamer spiritueller transformativer Vorgang und nimmt eine zentrale Stellung in ihrem Werk ein. Das Thema wird daher im Unterkapitel *Spiritual Activism and Politics: Mestiaje, Conocimento und Nepantla* genauer betrachtet werden müssen. Weitere Untersuchungskategorien, die dabei helfen die Besonderheiten dieser hervorstechenden Schriftstellerin zusammenhängend zu beleuchten, beziehen sich auf die Einheit von Form, Stil und Inhalten sowie auf Anzaldúas Wissenschaftskritik und -verständnis.

Bei Vorstellung und Analyse von Anzaldúas Schaffen in diesem Kapitel werde ich mich neben der Betrachtung ihres einflussreichsten Werkes *Borderlands/La Frontera* auf zwei weitere kürzere Texte beziehen, die wichtig für das Gesamtverständnis der Autorin sind. Neben ihrem Essay *To(o) Queer the writer*, in dem Anzaldúa prägnant ihre ganz eigene Wissenschaftsdiskurskritik am Beispiel der Gender- und Queerstudies formuliert, werde ich mich zudem mit dem zwei Jahre vor ihrem Tod entstandenen Text *Now let us shift* auseinandersetzen, in dem sie die wichtigsten Erkenntnisse ihres Lebenswerkes komprimiert in einer Art Testament zusammengefasst hat.[735]

Da Anzaldúas Schaffen, literarisch wie wissenschaftlich, durch einen autohistorischen Ansatz geprägt ist, beginne ich meine Analyse mit einem besonderen Augenmerk auf die Biographie der Autorin.

Gloria Anzaldúas Leben und Werk

> I want to be able to name myself. [...]
> **To(o) Queer the Writer**

Gloria Evangelina Anzaldúa wurde am 26.9.1942 in Harlingen/Texas in eine Familie ehemaliger Ranch-Besitzer hineingeboren. In ihrem autobiographischen Text *La Prieta* [Die Schwarze], entstanden zwischen 1979 und 1981, fasst Anzaldúa ihr „Ausgegrenztsein" und die Einsamkeit ihrer

---

[734] Anzaldúa, Gloria: Metaphors in the tradition of the shaman. In: Keating, Analouisa: The Anzaldúa Reader. S. 123.
[735] In: Anzaldúa, Gloria und Keating Analouise (Hrsg.): This bridge we call home. Routeledge: New York, 2002. S. 540ff.

Kindheit und Jugendzeit sowie den frühen Tod ihres Vaters im Jahr 1956 eindrucksvoll zusammen.[736] Auslöser für ihr Erleben von Andersartigkeit war ein hormonelles Ungleichgewicht, welches bei Gloria Anzaldúa schon im Säuglingsalter die Menstruation auslöste, die ihr in der Folge während der ganzen Kindheit und Jugend große Schmerzen verursachen sollte und eine verfrühte Pubertät nach sich zog. Dem traumatischen Erleben der eigenen Weiblichkeit widmete sie in späteren Jahren das sehr intime Gedicht *La vulva es una herida abierta/The vulva is an open wound*.[737] Neben den physischen Schmerzen litt Anzaldúa vor allem unter der Reaktion ihrer Mutter, die sich für sie schämte und versuchte die körperliche Frühreife ihrer Tochter in der Öffentlichkeit u.a. durch das Abschnüren der Brüste zu verbergen. Anzaldúa erlebte während dieser Zeit ihre Weiblichkeit als extrem schmerzhaft, fehlerhaft und nicht wünschenswert:

> In her eyes and in the eyes of others I saw myself reflected as "strange", "Abnormal," "Queer". I saw no other reflection. Helpless to change that image, I retreated into books and solitude and kept away from others.[738]

Ebenso negativ wurde ihr von Mutter und Großmutter ihre dunkle Hautfarbe widergespiegelt, in der sich ihr mexikanisch-indigenes Familienerbe deutlich machte. Man zwang sie daher der Sonne fern zu bleiben bzw. sich zu verhüllen, um nicht noch brauner und um nicht als „*dirty Mexican*"[739] bezeichnet zu werden.

Als nach dem Unfalltod des Vaters die Mutter alleine für den Familienunterhalt verantwortlich war, mussten die junge Gloria Anzaldúa und ihre Brüder früh anfangen zu arbeiten. Trotz aller finanziellen und gesundheitlichen Belastungen schaffte Gloria Anzaldúa ihren High-School-Abschluss und begann ein Englischstudium mit Lehrzertifikat, das sie sich durch verschiedene Jobs in der Bibliothek, in der Industrie oder als Landarbeiterin finanzierte.[740]

Wie schon angedeutet, erlebte Anzaldúa ihr Dasein als *Woman of Color* [dieser Begriff ist an dieser Stelle ein Anachronismus, da die Theorie

---

[736] Anzaldúa, Gloria: La Pietra. In: Moraga, Cherríe und Anzaldúa, Gloria (Hrsg.): This brige called my back. Writings by radical women of color. State University of New York Press: Albany, 2015. S. 198–209.
[737] Das Gedicht war zu Lebzeiten Anzaldúas unveröffentlicht geblieben und wurde auch auf Lesungen nicht vorgetragen, da sie selbst es für zu schockierend erachtete. Im von Anlouise Keating herausgegeben *Gloria Anzaldúa-Reader* ist es einsehbar. S. 198ff.
[738] Anzalúda: La Pietra. S.199.
[739] Ebda.: S. 198.
[740] Alle biographischen Daten sind dem Sammelband *The Gloria Anzaldúa Reader*, herausgegeben von AnaLouise Keating [Duke University Press, 2009. S. 325ff.] entnommen bzw. orientieren sich an den zahlreichen autobiographischen Essays Anzaldúas.

dazu erst später entwickelt wurde] in ihrer Jugend als große Belastung und flüchtete sich in die Welt der Literatur. In den Groschenheften ihrer Kindheit, die ihr Vater ihr mitbrachte, fand sie Trost und Ablenkung, musste in den gleichen Texten aber auch feststellen, dass vonseiten der Anglo-Amerikaner auf sie und Mexican-Americans im Generellen herabgeschaut wird:

> The act of reading forever changed me. In the westerns I read, the house servants, the villains, and the cantineras (prostitutes) were all Mexicans. But I knew that the first cowboys (vaqueros) were Mexicans, that in Texas we outnumbered the Anglos, that my grandmother's ranch lands had been ripped off by the greedy Anglo. Yet in the pages of these books, the Mexican and Indian were vermin. The racism I would later recognize in my school teachers and never be able to ignore again I found in that first western I read.[741]

Der Tod des Vaters, der ihren eigenen Worten zufolge der Held ihrer Jugend war, bedeutete einen tiefen Einschnitt für sie, der sie noch mehr in eine innere Migration trieb, aus deren Perspektive sie auf die Welt blickte.

Diese Erfahrungen fasste Anzaldúa Jahre später im bereits erwähnten Text *La Prieta* zusammen, der zu ihrer persönlichen Unabhängigkeitserklärung und zur Abrechnung mit der rassistischen und sexistischen anglo- wie mexikanisch-amerikanischen Gesellschaft wurde. *La Prieta* wurde zur Gründungsurkunde ihres Konzeptes der *El Mundo Zurdo*, der verzauberten Welt, die hinter den ökonomischen, kulturellen und biologischen Machtdiskursen der Lebenswelt verborgen und unterdrückt darauf wartet, befreit zu werden.

Nach dem Erwerb ihres Bachelor-Abschlusses begann Anzaldúa 1969 im durch prekäre Lebensumstände geprägten Schulbezirk von San Juan als Grundschullehrerin zu arbeiten. Als junge Lehrerin kritisierte sie die Schulpolitik, die den Einsatz mexikanisch-amerikanische Lehrer nur im Vorschulbereich erlaubte. Zudem stieß sie sich an der dominanten anglo amerikanischen Perspektive auf Literatur, die mexikanisch-amerikanischen Texten die Zugehörigkeit zum US-amerikanischen Kanon absprach:

> In 1971, when I started teaching High School English to Chicano students, I tried to supplement the required texts with works by Chicanos, only to be reprimanded and forbidden to do so by the principal. He claimed that I was supposed to teach "American" and English literature.[742]

---

[741] Anzaldúa: La Pietra, S. 200.
[742] Borderlands, S. 82. Da an deutschen Germanistik-Instituten lange Zeit ähnliche Auffassungen zu türkisch-deutscher Literatur vorgeherrscht haben, sind einige türkisch-deutsche Akademiker_innen wie Yasemin Yildiz in den 1990er Jahren in die USA immigriert und haben an dortigen Universitäten Karriere gemacht.

Während dieser Zeit belegte Anzaldúa berufsbegleitend einen Masterstudiengang an der UT Austin, setzte sich intensiv mit ihrem indigenen Erbe auseinander und engagierte sich in diversen Chicano-Jugendorganisationen. Nach mehreren Jahren der Berufstätigkeit als Beraterin für Schulen mit einem hohen Anteil mexikanischer Migrantenkinder in Indiana, in denen sie mit dem Schreiben begann, kehrte sie nach Austin zurück, um im Fach Komparatistik zu promovieren. Zu dieser Zeit wurde Anzaldúa Opfer eines Raubüberfalls, dessen posttraumatische Belastungen sie intensiv prägten und den sie in ihren Schriften des Öfteren thematisierte. 1977 brach sie schließlich das Ph.D.-Programm an der University of Texas ab, da sie dort keinen Raum für ihre Ansätze sah.[743]

Anzaldúa zog nach Kalifornien und widmete sich ganz dem Schreiben. Da sie davon jedoch nicht leben konnte, musste sie zusätzlich Teilzeitjobs annehmen, bot Schreib-Workshops an und arbeitete als Dozentin für das neu eingerichtete *Women Studies Programm* an der San Francisco State University. In Zusammenarbeit mit Cherríe Moraga veröffentlichte sie verschiedene Anthologien und begann mit der Arbeit an zentralen Texten ihrer frühen Schaffenszeit, wie dem bereits erwähnten *La Pietra* und *This bridge*. Im Jahr 1980 musste Gloria Anzaldúa sich einer Hysterektomie unterziehen. Die Gebärmutterentfernung wurde zu einem weiteren Lebenstrauma für Anzaldúa, das sie wiederholt in ihren Schriften behandelte. Die dabei erlebte Nahtoderfahrung ließ sie in der Folge spiritueller werden.

1981 zog die Autorin für mehrere Jahre an die amerikanische Ostküste und arbeitete dort ununterbrochen an zahlreichen literarischen Projekten, die häufig erst Jahre später veröffentlicht oder gar nie gedruckt wurden. Während dieser Zeit unterrichtete sie hier und da unterschiedliche Workshops zu den Themen Kreatives Schreiben und Feminismus und wurde eine gefragte Rednerin auf Feminismus-Kongressen. 1987 veröffentlichte sie schließlich *Borderlands/ La Frontera: The New Mestiza* im Aunt Lute Verlag, durch dessen Erfolg sie in den Folgejahren zu einer Leitfigur innerhalb der sich neu bildenden *Queerstudies* wurde und maßgeblich die Feminisierung der *Chicano-Studies* beeinflusste. Darüber hinaus griff sie in zahlreichen Aufsätzen postkolonistische Ansätze auf und wendete sie auf die Lage der *Women of Color* in den USA an. Während der 1990er Jahre blieb sie als Herausgeberin aktiv und bereiste als Rednerin die gesamten USA. Anzaldúa entwickelte während dieser Zeit ihre Theorieansätze kontinuierlich weiter und veränderte ihre eher kompro-

---

[743] In den Jahren vor ihrem Tod verfasste Anzaldúa an der University of California in Vera Cruz schließlich doch noch eine Dissertation, die 2015 post mortem veröffentlicht wurde. Anzaldúa, Gloria: Light in the Dark/Luz en lo Oscuro- Rewriting Identity, Spirituality, Reality. Herausgegeben von AnaLouise Keating. Duke University Press, 2015.

misslose feministische Grundhaltung in Richtung eines umfassenderen spirituellen Aktivismus.

Tod und Schmerz als Triebfeder für Transformation und politischen Wandel sowie eine verstärkte Hinwendung zum Schamanismus kennzeichneten die letzten Lebensjahre der Autorin und fanden ihren Ausdruck in ihrem 2002 veröffentlichten letzten großen Essay *Now let us shift...the path of conocimiento...inner work, public acts*. Im Mai 2004 verstarb Gloria Anzaldúa im kalifornischen Santa Cruz an den Folgen einer Diabetes-Erkrankung.

Eine literarische Einordnung von Gloria Anzaldúa

> Her method of inquiry has revealed to me new intellectual, psychological, and spiritual spaces that are in the process of being formed via new symbols, codes, and categories, and has brought me fresh understandings of the complex and heterogeneous worlds that are emerging around us.[744]
> **Jorge Capetillo-Ponce**

Gloria Anzaldúas Stil wird in der bisher erschienen Forschungsliteratur als sehr originär bewertet, dabei aber nur selten in einem komparatistischen Kontext untersucht, der Aufschluss darüber geben könnte, durch welche Schriftsteller und literarischen Traditionen sie beeinflusst wurde. Anzaldúa bezieht sich jedoch in ihren zahlreichen autobiographischen Texten und Interviews sehr wohl auf Autoren, die sie inspiriert haben und deren Themen und Ideen von ihr bisweilen in veränderter Form aufgenommen und fortgeführt wurden.

Als eines ihrer frühen literarischen und politischen Vorbilder gibt Anzaldúa den argentinisch-französischen Schriftsteller Julio Cortázar (1914–1984) an, der neben Gabriel García Márquez, Carlos Fuentes und Mario Vargas Llosa als einer der wichtigsten Autoren des *Boom Latinoamericano*[745] war und die phantastische Literatur der 1960er und 1970er

---

[744] Jorge Capetillo-Ponce ist einer der wenigen Forscher, die sich explizit mit der Ideengeschichte befassen, die Anzaldúas Denken geprägt haben mag. Capetillo-Ponce vermutet in seinem Aufsatz *Exploring Gloria Anzaldúas Methology in Borderlandss/La Frontera – The New Mestiza* [In: Human Architecture: Journal Of The Sociology Of Self-Knowledge, IV, Special Issue, Summer 2006, S. 87–94.] den Einfluss einer Reihe unterschiedlichster Denker und Schriftsteller wie Karl Marx, José Vasconcelos, Siegmund Freud, Georg Simmel, Friedrich Nietzsche, Jürgen Habermas und Michel Foucault auf das Werk von Gloria Anzaldúa. Während es diese Verdachtsmomente durchaus wert sind ausführlicher in einer eigenständigen ausführlichen Arbeit überprüft zu werden, konzentriere ich mich in meinen eigenen Überlegungen hauptsächlich auf von Anzaldúa selbst genannte Referenzquellen. S. 87.

[745] Die Autoren des *Boom Latinoamericano* setzten sich in ihren Werken oftmals mit den sich seit den 1960er Jahren etablierenden Militärdiktaturen in Südamerika auseinander und adressierten zudem zahlreiche historische Themen, die sie für

Jahre verstärkt geprägt hat.[746] Cortázar, ein Anhänger Fidel Castros, war zeitlebens politisch aktiv und ein kompromissloser Kritiker der lateinamerikanischen Militär-Diktaturen. Er nutzte nicht zuletzt seine Prosa, um bestehende Verhältnisse anzuprangern.[747] Cortázars Einfluss auf Anzaldúa ist meiner Meinung nach nur in der Politisierung der literarischen Themen sowie dem Interesse am kulturellen Erbe Lateinamerikas und weniger in Stil und Form zu finden.[748]

Stilistisch sind dagegen Gemeinsamkeiten Anzaldúas mit der Poetin und Nonne Sor Juana (1648–1695) festzustellen, die als eine der Gründungsfiguren der spanischsprachigen mexikanischen Literatur gilt.[749] An dieser Stelle muss besonders auf Sor Juanas bekanntestes Werk, *Primero Sueño*, hingewiesen werden. *Primero Sueño* ist eine Art philosophischer Lehrtraum in der Tradition von Ciceros *Somnium Scipionis*[750] und beschreibt die Suche nach Erkenntnis. Sor Juana lässt in *Primero Sueño* theologische Fragen weitestgehend außer Acht und diskutiert in einer mythologischen Sprache die Unmöglichkeit von Erkenntnis. Sor Juanas Stufenreise hin zu der Einsicht, dass der Prozess der Erkenntnis nie abgeschlossen ist, erinnert in Form und Inhalt durchaus an Anzaldúas Konzept des *conocimiento*, das mythisch-spirituell einen alternativen Wissenserwerb beschreibt. Schmerz und Transformation sind wichtige Kategorien in beiden Werken. Ein dezidierter Vergleich beider Schriften ist meines Wissens jedoch noch nie durchgeführt worden. Aus heutiger Perspektive kann Sor Juana als eine der ersten Feministinnen Lateinamerikas bezeichnet

---

die Klärung des lateinamerikanischen kulturellen Erbes für wichtig ersahen. Siehe Nunn, Frederick M.: Collisions With History: Latin American Fiction and Social Science from El Boom to the New World Order, Ohio University Press: Athens, 2001. S. 4.

[746] Cortazár hat verschiedene Sammlungen von Kurzgeschichten – *Bestiario* (1951), *Final del juego* (1956) , *Las armas secretas* (1959), *Todos los fuegos el fuego* (1966) – und Romane – *Los premios* (1960) and *Around the Day in Eighty Worlds* (1967) – verfasst.

[747] Die politischen Aspekte im Gesamtwerk Cortazárs hat Carolina Orloff in ihrer Studie *The representation of the political in selected writings of Julio Cortázar* [Tamesis: Woodbridge, 2013] fundiert herausgearbeitet.

[748] Ein politischer Text Cortazárs, der sich durchaus mit dem Politaktivismus und Werk Anzaldúas vergleichen lässt, ist der 1973 erschienene Roman *El libro Manuel* [Edhasa, 1990], in dem er sich mit der politischen Repression in Lateinamerika auseinandersetzt.

[749] Die Arbeiten Sor Juanas wurden zu ihren Lebenszeiten durchaus gelesen, gerieten danach jedoch für 200 Jahre in Vergessenheit. Seit dem Beginn des 20. Jahrhunderts wird ihr Werk wiederentdeckt. Siehe mehr dazu in: Paz, Ocatvio: Sor Juana, or the traps of Faith. Belknap Press: Cambridge, 1988. S. V. Vgl. Castro Leal, Antonio (Hrsg.): Sor Juana Ines de la Cruz - Poesia, Teatro y Prosa. Colection de Escritores Mexicanos. Editorial Porrua, 1965.

[750] Büchner, Karl: Somnium Scipionis. Quelle – Gestalt – Sinn. Karl Steiner Verlag: Wiesbaden, 1976.

werden, zumal sie sich in ihren Schriften mutig mit diversen Kirchenfürsten auseinandersetzte. Im Zusammenhang mit Anzaldúas *Borderland* sollte auch zudem auf Sor Juanas erst posthum veröffentlichen Essay *Respuesta a Sor Filotea de la Cruz* hingewiesen werden, der laut Octavio Paz, als „erste intellektuelle Autobiographie" in der „abendländischen Literatur" bewertet werden kann.[751]

Da sich Gloria Anzaldúa in ihrem Gesamtwerk an mehreren Stellen konkret auf diese für ihre Zeit und ihren Lebenskontext sehr außergewöhnliche starke und individuelle Schriftstellerin bezieht[752], empfiehlt sich ein kleiner Exkurs zu Sor Juanas Werk und Leben:

Sor Juana wurde als uneheliches Kind im kleinen Ort Nepantla im Regierungsbezirk Chimalhuacán geboren.[753] Dass der Name von Sor Juanas Geburtsort Nepantla identisch mit Anzaldúas Konzept einer transformativen Zwischenwelt ist, stellt einen weiteren Hinweis auf die Inspiration Sor Juanas auf Anzaldúas Denken dar. Durch die mütterliche Familienseite besaß Sor Juana einen *criollo*-Hintergrund, während ihr Vater einer baskischen Familie entstammte. Hierbei handelt es sich um eine Parallele zu Anzaldúas Familiengeschichte, die diese dazu eingeladen haben mag, sich mit Sor Juana zu identifizieren. Da Sor Juanas Vater die Familie in ihrer frühen Kindheit alleine zurückließ, räumt Octavio Paz in seiner Studie zu Sor Juana dieser Vaterlosigkeit einen großen Raum ein und stellt Überlegungen zur „starken Maskulinität" der Autorin an.

Paz' Versuche Sor Juanas Persönlichkeit tiefenpsychologisch zu erklären, sind für die Betrachtung von Gloria Anzaldúa insofern von Interesse, da diese, ähnlich wie Sor Juana, durch den frühen Tod des Vaters traumatisiert worden war und zudem zeitlebens mit den schmerzhaften Folgen ihrer verfrühten Pubertät zu kämpfen hatte. Zudem wurde sie für ihre frühe Weiblichkeit und ihr selbstbewusstes „jungenhaft" empfundenes Auftreten gleichermaßen kritisiert und in späteren Jahren für ihre offen gelebte Homosexualität angefeindet. Das Erleben von Andersartigkeit und „Ausgegrenztheit" ist zentral für Gloria Anzaldúas Selbstverständnis und Theoriegebäude, so dass es nicht verwundert, dass sie sich durch das Leben und Schaffen von Sor Juana, die von ihren Zeitgenossen als ähnlich aus der Rolle fallend bewertet wurde, angesprochen fühlte.

---

[751] Sor Juana Inés de la Cruz: Erster Traum. Mit einem Vorwort von Octavio Paz. Insel Verlag: Frankfurt am Main, 1993. S. 19.

[752] Neben Anzaldúa beziehen sich auch andere zeitgenössische Feministinnen auf das Leben und Werk von Sor Juana. Siehe z.B. Yugar, Theresa A.: Sor Juana de la Cruz. Feminist Reconstruction of Biography and Text. Wipf and Stock: Eugene, 2014.

[753] Wenn gesondert angegeben, beziehe ich mich bei der Zusammenfassung von Leben und Werk von Sor Juana auf Octavio Paz' *Sor Juana, or the traps of faith*. Belknap: Cambridge, 1988.

Octavio Paz deutet Sor Juanas Entschluss ins Kloster zu gehen als Versuch der Fleischlichkeit und Unkeuschheit der Mutter sowie der aggressiven männlichen Sexualität ihrer Zeit gleichermaßen zu entgehen und um dort eins mit Wissen zu werden:

> The life and work of Juana Inés can be summed up in a single sentence: knowledge is a transgression committed by a solitary hero who then is punished. Not the glory of knowledge – denied to mortals – but the glory of the act of knowing. Transgression demands masculinization; in turn, masculinization resolves itself to femininity. Sor Juana's ultimate victory is to adopt the Neoplatonic maxim: souls have no sex.[754]

Paz' Ideen zu Sor Juana sind meiner Ansicht nach sehr persönlich geprägt und in Bezug zu Anzaldúa nur deshalb von Interesse, da auch diese mit dem Eintritt in den zu ihrer Zeit von Männern dominierten Wissenschaftsdiskurs einen Weg der Transgression und Transformation einschlägt, der ihr einige Entbehrungen abverlangt.[755] Anzaldúa kann jedoch um einiges freier als Sor Juana sein und bricht mit den moralischen Werten ihrer Herkunftsfamilie und der weißen anglo-amerikanischen Dominanzkultur. Anzaldúa verdrängt ihre Sexualität nicht, sondern macht sie stattdessen zum Objekt ihrer Betrachtungen. Durch die Rückbesinnung auf ein indigenes Erbe befreit sie sich von der christlichen Geringschätzung von Körper und Sexualität. Für Anzaldúa sind die Einheit von Geist und Körper gleichermaßen von Wichtigkeit für das Erlangen spiritueller Weisheit. So schreibt sie beispielsweise in ihrem Essay *Now let us shift...the path of conocimiento...inner work, public acts*:

> If the body is energy, is spirit – it doesn't have boundaries. What if you expierenced your body expanding to the size of the room, not your soul leaving your body? What if freedom from categories occurs by widening the psyche? Body's borders, widening the consciousness that senses self (the body is the basis for conscious sense of self, the representation of self in the mind)? It follows that if you're not contained by your race, class, gender, or sexual identity, the body must be more than the categories that mark you. Leaving the body reinforces the mind/body, matter/spirit di-

---

[754] Paz, Octavio: Sor Juana. S. 85.
[755] Paz' ausführliche Arbeit zu Sor Juana sollte sehr kritisch gelesen werden, zumal der Eindruck entsteht, dass er seine ganz eigene Version von ihr hat, in die er seine Erwartungen an sie und seine eigenen Wertevorstellungen hineindeutet. Dies wird besonders deutlich, wenn er eine von anderen Forschern vermutete Homosexualität Sor Juanas als Sublimierung verstehen möchte: „The undeniable attraction she felt for a few women could have been a sublimation of an impossible passion for man [...]." S. 102. Paz scheint es wichtig festzustellen, dass Sor Juanas erotische Gedichte keinesfalls Ausdruck von persönlicher Erfahrung sind, sondern viel mehr Resultat von Überlegungen. Siehe Paz: Sor Juana. S. 103. Mir scheint daher, dass Sor Juana keusch gewesen sein muss, weil Paz' Weltbild dies erfordert.

chotomy you're trying to show does not exist in reality. The last thing you want is the Cartesian split [...].[756]

Neben Sor Juana hatten zudem die Theorien des Psychologen Charles Tart (geb. 1937) nachweislich einen großen Einfluss auf das spätere Werk und Denken Gloria Anzaldúas. Dieser beschäftigte sich in seiner wissenschaftlichen Laufbahn hauptsächlich mit der Erforschung von Hypnosetechniken und stellte Überlegungen zur Natur des Bewusstseins an. Tart prägte in seinem Buch *Waking up* den Begriff *consensus trance*. Dieser bezeichnet das Phänomen, dass Menschen entgegen der eigenen Erfahrung oftmals das als zutreffend erachten, was von der Gesellschaft durch Schule und Medien als richtig beschrieben wird.[757] Anzaldúa verwendete Tarts Konzept des *consensus trance*, um ihren eigenen Ansatz des *conocimiento* [siehe ausführlich weiter unten] in einem wissenschaftlichen Kontext zu erklären.

Neben Tart bezieht sich Gloria Anzaldúa in ihren jüngeren Veröffentlichungen regelmäßig auf den mexikanischen Arzt und Schriftsteller Miguel Ruiz (geb. 1952), der sich in seinen Schriften mit toltekischer Religion[758] auseinandergesetzt hat. Ruiz versteht sich selbst als Schamanen und schrieb mehrere spirituelle Ratgeber, in denen er die Anwendung toltekischer Traditionen in der Gegenwart beschreibt.[759] Ruiz' Ratgeberphilosophie setzt sich synkretistisch aus toltekischen Mythen, neoschamanischen Techniken und Elementen der tiefenpsychologischen Theorien von Sigmund Freud und C.G. Jung zusammen. Zudem weisen seine Gedanken einige Parallelen mit Tart sowie dem Buddhismus auf. Ruiz' Verständnis der Einheit der Schöpfung bzw. der Union von Schöpfer und Schöpfung zeigt des Weiteren Ähnlichkeiten zu sufistischen bzw. muslimisch-schamanischen Traditionen auf,[760] was durchaus von Interesse für den komparatistischen Vergleich mit türkisch-deutschen Schriftstel-

---

[756] In: This bridge we call home. S. 555.
[757] Tart, Charles T.: Waking up. Iuniverse, 2001. Der vom Buddhismus und vom Werk George I. Gurdjieffs geprägte Tart beschäftigte sich zudem, ähnlich wie Stanislav Grov und Timothy Leary, mit der Wirkungsweise psychedelischer Drogen und übte derart einen Einfluss auf die New Age-Bewegung aus. Siehe z.B. Tart, Charles: Altered states of consciousness. Harper, 1990.
[758] Zur toltekischen Kultur und Religion siehe die wissenschaftliche Arbeit von Nicholson, Henry B.: Topiltzin Quetzalcoatl: The once and future lord of the Toltecs. University Press of Colorado: Boulder, 2001.
[759] Siehe z.B. Nelson, Mary Carrol: Beyond Fear. The teachings of Miguel Angel Ruiz. Coucil Oak Books: Tulsa, 1997. Ruiz' Ansätze sind durchaus mit Erich Fromms Ideen in *Die Kunst zu lieben* zu vergleichen und ähneln den spirituellen Werten in den Romanen von Paulo Coehlo.
[760] Eine Übersichtsarbeit zu Schamanismus und Islam ist Zarcone, Thierry und Hobart, Angela (Hrsg.): Shamanism and Islam. Sufism, Healing Rituals and Spirits in the Muslim world. I.B. Tauris: London, 2013.

lern ist. An dieser Stelle sei beispielsweise auf Selim Özdoğan verwiesen, der in seinen Romanen oftmals muslimisch-sufistische Traditionen mit Aspekten des Buddhismus und Ideen der *New Age*-Kultur synkretistisch verschmilzt [siehe Kapitel VII].

Anzaldúa verkettet in ihrem Spätwerk ihre eigenen spirituellen Ansätze mit den von Ruiz aufgestellten *Four Agreements*[761], die als spiritueller Lebensleitfaden dem Menschen dienen sollen. Bei den *Four Agreements* handelt es sich um kurze Handlungsanweisungen, die in den deutschen Übersetzungen der Werke Ruiz' als Versprechen bezeichnet werden:

1. Be impeccable with your word.
2. Don't take anything personally.
3. Don't make assumptions.
4. Always do your best.

Miguel Ruiz' spirituelle Ratgeberschriften erinnern in ihrem Rückgriff auf indigene Religiosität an die in den späten 1960er und frühen 1970er Jahren entstandenen Romane des aus Peru stammenden US-Anthropologen, Gurus und Schriftstellers Carlos Castaneda (1925–1998). In seinen Schriften[762], die er ursprünglich als wissenschaftliche anthropologische Feldforschungsberichte der University of California in Los Angeles vorlegt hat, behandelt Castaneda seine Ausbildung beim Yaqui-Schamanen Don Juan in Mexiko. Castanedas Bücher verkauften sich weltweit in Millionenauflage, wurden zu einer frühen Referenzquelle der *New Age*-Bewegung und fanden sogar Beachtung in der Psychologie.[763] In späteren Jahren distanzierten sich Anthropologen von Castanedas Schriften und warfen ihm Betrug sowie Unwissenschaftlichkeit vor.[764] Auch wenn sich Anzaldúa meines Wissens nicht auf Castaneda bezieht, verwendet sie jedoch in Teilen die gleichen Begriffe wie dieser und vertritt ähnlich spirituelle Standpunkte. Eine Erörterung dieser Parallelen führen jedoch an dieser Stelle zu weit. Nichtsdestoweniger wäre eine Arbeit zu den Einflüssen auf Anzaldúas

---

[761] Ruiz, Miguel Angel: The four Agreements. A Toltec Wisdom Book. Amber-Allen: San Rafael, 1997.
[762] Von Carlos Castaneda sind unter anderem erschienen: The Teaching of Don Juan University of California Press: Berkeley, 1968; Journey to Ixtlan. Pocket Books: New York, 1972; The Art of Dreaming. HarperCollins: New York, 1993; Magical Passes. HaperCollins: New York, 1998.
[763] Siehe zum Beispiel: Williams, Donald Lee: Border Crossings – A Psychological Perspective on Carlos Castaneda's Path of Knowledge. Inner City Books: Toronto, 1981.
[764] Eine wissenschaftliche Kritik an Castaneda ist: Fikes, Jay Courtney: Carlos Castaneda, Academic Opportunism and the Psychedelic Sixties. Madison Books, 1993. Eine interessante autobiographische Veröffentlichung zu Castanedas Gurutum sind die Memoiren seiner Ex-Partnerin Amy Wallace: Sorcer's Apprentice – My life with Carlos Castaneda. Frog: Berkeley, 2003.

Theorien ein innovativer Ansatz, da sie bisher nicht unter dieser Perspektive behandelt, sondern nur als originäre Texte innerhalb des Chicana-Feminismus bzw. der Queerstudies bewertet worden sind.

Durch ihre vehemente Forderungen, sich von anglo-europäischen Denkmodellen abzugrenzen, erscheint auch ein Vergleich von Gloria Anzaldúas Denken mit den Ansätzen des argentinischen Philosophen und Anthropologen Rodolfo Kusch als durchaus lohnenswert. Kusch war einer der ersten südamerikanischen Philosophen überhaupt, die den Versuch unternommen haben, die eignen indigenen philosophischen Traditionen jenseits einer römisch-griechischen Perspektive in den Mittelpunkt ihrer Betrachtungen zu rücken.[765]

Spiritual Activism and Politics: Mestiaje, Conocimento und Nepantla

Gloria Anzaldúa hat in ihren zahlreichen Schriften ein umfangreiches Theorievokabular geprägt, das außerhalb europäischer und anglo-amerikanischer Wissenschaftstraditionen stehen soll und im Folgenden erklärt werden muss, da es wichtig für das Verstehen ihres Gesamtwerkes ist. Anzaldúas Verständnis von literarischem Schreiben als politische Befreiungstechnik ist zudem essentiell für die Fragestellung dieser Arbeit, die nach unterschiedlichen Kritikformen und politischen Gestaltungsansätzen von Literatur innerhalb von Einwanderungsländern sucht.

Ein zentraler Begriff im Denken und Weltverständnis Anzaldúas ist *conocimiento*. Das Wort stammt vom lateinischen Verb *cognoscera* ab und lässt sich mit „Wissen" übersetzen. In Anzaldúas Lesart bedeutet *conocimiento* jedoch weitaus mehr. Es bezeichnet einen Modus des menschlichen Bewusstseins, Wissen und Transformation anzustreben. Anzaldúa geht davon aus, dass dieser Drang nach Weltverständnis durch einen tief verwurzelten spirituellen Hunger geprägt ist, der jedem Menschen naturbedingt innewohnt. Als eine Art Fortsetzung zu *Borderlands*, das Anzaldúa zufolge zu wenig mit Blick auf dessen spirituelle Inhalte gelesen wurde, entwarf sie 2002 in ihrem letzten großen Essay *Now let us shift* ein ausführliches Theoriegebäude zum *conocimiento*. *Now let us shift* greift komprimiert wichtige Aspekte des 200 Seiten umfassenden Mischtextes *Borderlands* auf und bietet daher einen guten Einstieg in Anzaldúas Denken.[766]

Sobald ein Mensch durch Krisen aus seinem Alltag gerissen in Kontakt mit seiner Schattenwelt, mit dem unbekannten Land im Inneren der

---

[765] Kusch, Rodolfo: Indigenous and popular thinking in América. Duke University Press: Durham, 2010.

[766] *Now let us shift* ist ein sehr gutes Beispiel für Gloria Anzaldúas Vorliebe theoretische Überlegungen mit Autobiographischem zu vermischen. Sie gab dieser Technik mit dem Begriff *autohistoria-teoría* sogar einen eigenen Gattungsnamen.

Seele, gerät, wird laut Anzaldúa ein Prozess in Gang gesetzt, der dadurch gekennzeichnet ist, dass persönliche, familiäre und gesellschaftliche Programmierungen in Frage gestellt sowie die Transformation hin zu einem verständnisvolleren Bewusstsein möglich gemacht werden. In Bezug auf Rupert Sheldrakes Theorie der *Morphischen Resonanz*[767] kommt Anzaldúa zu dem Schluss, dass immer mehr Menschen den Wunsch nach Transformation verspüren und sich diesem hingeben werden. Dies sei auch notwendig, da sich die Welt in einer Krise befände. In aller Deutlichkeit stellt Anzaldúas fest:

> At the crack of change between millennia, you and the rest of humanity are undergoing profound transformations and shifts in perception. All, including the planet and every species, are caught between cultures and bleed-throughs among different worlds-each with its own version of reality. We are experiencing a personal, global identity crisis in a disintegrating social order that possesses little heart and functions to oppress people by organizing them in hierarchies of commerce and power- a collusion of government, transnational industry, business, and the military all linked by a pragmatic technology and science voracious for money and control. This system and its hierarchies impact people's lives in concrete and devasting ways and justify a sliding scale of human worth used to keep humankind divided. It condones the mind theft, spirit murder, exploitation conquered, subjugated, enslaved, or exterminated people, an exploitation that continues today. We are completely dependent on consumerism, the culture of the dollar, and the colossal powers that sustain our lifestyles.[768]

Für Anzaldúa bedeutet *conocimiento* die Hinwendung zu einem femininen Wissensverständnis, das rationalen Paradigmen skeptisch gegenüber eingestellt und instinktiv erfahrbar ist. Mythologisch wird die Fähigkeit des *conocimiento* für Anzaldúa durch die toltekischen Gottheiten *Xochiquetzal* und *Cihuacoatl* repräsentiert, die für sie amerikanische Versionen der biblischen Eva sind[769] und die auf ihre eigene Weise Bewusst-

---

[767] Der britische Biochemiker und Zellbiologe Rupert Sheldrake (geb. 1942) geht davon aus, dass Lebensformen, Pflanzen wie Tiere, über einen kollektiven Wissenstransfer verfügen, von dem auch Exemplare profitieren, die nicht selbst einer bestimmten Lern- und Erfahrungssituation ausgesetzt waren. Derart würden langfristig ganze Speziez auf Veränderungen in der Lebenswelt reagieren. Siehe in Sheldrake, Rupert: The Presence of the Past – Morphic resonance and the habits of nature. Times Books: New York, 1988. Sheldrake wird von der Wissenschaftsgemeinschaft zumeist stark kritisiert und seine Ansätze als Pseudowissenschaft bezeichnet. Siehe in Gottwald, Franz-Theo: Rupert Sheldrake in der Diskussion. Scherz: Bern, 1997.
[768] Anzaldúa, Gloria und Keating Analouise (Hrsg.): This bridge we call home. Routeledge: New York, 2002. S. 541.
[769] *Xochiquetzal*, zu Deutsch der „Blumenvogel", war im aztekischen Mythenkosmos die Schutzpatronin der Künste, der Schönheit und der Geburt. Auch *Chihacoatl*, zu Deutsch die „Frauen-Schlange", ist eine der vielen Mutter- und Erdgottheiten

sein und Erkenntnis verkörpern. Anzaldúa unterscheidet sieben Stufen[770] des *conocimiento*, die sie im Text *Let us shift* mit Beispielen aus der eigenen Biographie erklärt:

Die erste Stufe bezeichnet Anzaldúa als *arrebato*, was im Spanischen so viel wie Zornesausbruch oder Anwandlung bedeutet. Anzaldúa erklärt den Vorgang des *arrebato* mit Rückgriff auf das von ihr am eigenen Leib erlebte kalifornische Erdbeben im Jahr 1980. Das Erdbeben erschütterte nicht nur *Tonan*, die Mutter Erde, sondern auch die auf ihr lebenden Menschen und ließ diese Furcht erspüren.

Diese Furcht ist es, die die Menschen in die zweite Stufe, den Zustand von *nepantla* versetzt, das einen spirituellen Zwischenraum darstellt, in dem der Mensch in ein Davor und in ein Danach aufgespalten wird. In *nepantla* lösen sich die Begrenzungen des Geistes auf und neue Perspektiven eröffnen sich, die durch den Kontakt mit verborgenen Gefühlen und dem instinktiven Erwerb holistischen Wissens gekennzeichnet ist. Dem erschütterten Mensch gelingt es in diesem Zustand, die eigenen Narrationen und die Programmierungen der Gesellschaft, denen er ausgesetzt ist – sie werden von Miguel Ruiz als kollektiver Traum und von Charles Tart als Konsensrealität bezeichnet – als existierend anzuerkennen. Eine wichtige Einsicht, die Anzaldúa in *nepantla* erfährt, die über ihr persönliches Menschsein hinausgeht und ihr politisches Engagement erklärt, fasst folgendes Zitat zusammen:

> From the inbetween place of nepantla, you see through the fiction of the monoculture, the myth of the superiority of the white races. And eventually you beginn seeing through your ethnic culture's myth of the inferiority of mujeeres. As you struggle to form a new identity, a demythologization of race occurs. You begin to see race as an expierence of reality from

---

und wurde bei Geburtsvorgängen um Hilfe angerufen. Im 15. Jh. wurde der Name *Cihuacoatl* zudem als Würdentitel in der Hauptstadt *Tenochtitlan* vergeben. In *Chihacoatl* wird der männlich-weibliche Dualismus der Aztekenweltsicht repräsentiert. Siehe ausführlich in Miller, Mary und Taube, Karl: The Gods and Symbols of Ancient Mexico and the Maya. S. 60 und S. 190. Anzaldúa distanziert sich an anderer Stelle deutlich vom Konzept der Gottheit. Für sie sind die unterschieldichen Gottheiten vielmehr Ausruck eines göttlichen Bewusstseins. Anzaldúa glaubt an eine Allverbundenheit der Schöpfung in einem universellen Bewusstsein. Siehe in Ikas, Karin: Chicana Ways. Conversations with 10 Chicana writers. University of Nevada Press: Reno, 2002. S. 17.

[770] Mitunter erinnert Anzaldúas Stufensystem der Transformation durchaus an das mythische Konzept der Heldenreise, das der vergleichende Religionsforscher Joseph Campbell für zahlreiche Mythen herausgearbeitet hat. Siehe dazu Campbell, Joseph: The hero with a thousand faces. Princeton, 2004. Eine Arbeit, die Anzaldúas Narration von persönlichem und spirituellem Wachstum mit Campbells Theorie vergleicht, wäre durchaus ergiebig.

particular perspective and a specific time and place (history), not as a fixed feature of personality or identity.[771]

Ein Überfall im Jahr 1972 markiert eine zentrale Erschütterung in der Biographie der Autorin. Dieser erlebte Gewalt nimmt Anzaldúa das zuvor erlebte Vertrauen in das Universum und lässt sie misstrauisch gegenüber Männern werden. Anzaldúa vergleicht dieses *arrebato* mit der Verstümmelung der aztekischen Gottheit Coyolxauhqui durch deren Bruder, den Kriegsgott Huitzílopochtlí. Wie Coyolxauhqui muss sich Anzaldúa oder der jeweils durch *arrebato* im Zustand von *nepantla* erschütterte Mensch wieder neu zusammensetzen. Das Sich-Neu-Zusammensetzen nach dem Erleben einer Krise ist für Anzaldúa eine langwierige, jedoch heilsame spirituelle Arbeit, die im Laufe des Lebens mehrmals durchgeführt werden muss. Die Arbeit am Selbst erfährt mitunter mehrere Rückschläge – dies können neue Ängste oder Depressionen sein –, die überwunden werden müssen.

Diese Rückschläge bezeichnet Anzaldúa als den dritten Zustand des *conocimiento*, den sie als die Erfahrung des *Coatlicue*[772] bzw. als *desconocimiento* bezeichnet. Anzaldúa beschreibt zur Verdeutlichung der Eigenheiten des *desconocimiento* ihre eigenen Ängste und Todeserfahrungen, die sie im Zusammenhang mit ihren Krankheiten, im Besonderen mit ihrem Diabetes, erlebt hat. Wie die sterbende Gottheit Coatlicue erfährt Anzaldúa ihre eigene Sterblichkeit. Damit gehen die zermürbende Erkenntnis von Endlichkeit und ein pathetisches Selbstmitleid einher, das Anzaldúa in ihrem Schaffen lähmt.

Diese depressiven Lähmungen bezeichnet Anzaldúa als ihr *Shadow Beast*, das aus dem tiefsten Innern hervorbricht und welches sie am Voranschreiten im Prozess des *conocimiento* hindern will.[773] Anzaldúa kann den Zerfall ihres Körpers nicht verhindern, aber sie kann sich über das *Shadow Beast* emporheben und sich transformieren, indem sie ihre Perspektive verändert. Diesen Perspektivwechsel, der einen zentralen Schritt im *conocimiento* markiert, erklärt sie folgendermaßen:

---

[771] Anzaldúa, Gloria: Let us Shift. S. 549.
[772] *Coatlicue* ist eine Gottheit mit einer schlangenartigen Erscheinung, die von ihren eigenen Kindern, der Mondgöttin *Coyolxauhqui* und der Sterngöttin *Centzon Huitznahua* erschlagen wurde. Noch vor ihrem Tod gebar sie den Kriegsgott Huitzlopochochtli, der später seine Geschwister erschlug. Siehe in Miller, Mary und Taube, Karl: The Gods and Symbols of Ancient Mexico and the Maya. S. 64.
[773] Anzaldúas *Shadow Beast* hat durchaus auch Bezüge zu C.G. Jungs Konzept des Schattens, der in seiner Archetyplehre eine mysteriöse kollektive Kraft im Unterbewussten repräsentiert. Anzaldúa bezieht sich selbst des Öfteren in ihren Texten auf C.G. Jung und zeigt die Parallelen zum mesoamerikanischen Konzept des *Nagual* auf. Anzaldúa verwendet zudem den Begriff Archetyp in Anlehnung an die Psychologie Jungs.

> You can't change the reality, but you can change your attitude towards it, your interpretation of it. If you can't get rid of your disease, you must learn to live with it. As your perception shifts, your emotions shift – you gain a new understanding of your negative feelings. By seeing your symptoms not as signs of sickness and disintegration but as signals of growth, you're able to rise from depression's slow suicide. By using these feelings as tools or grist for the mill, you move through fear, anxiety, anger, and blast into another reality. But transforming habitual feelings is the hardest thing you've ever attempted.[774]

Anzaldúa versteht den Zustand des *Coatlicue* als einen nötigen Umweg, bei dem man die Befindlichkeiten des eigenen Körpers und der eigenen Seele kennenlernt und über die eigenen Ängste und Depressionen das Leid anderer, sei es das der in einem Völkermord fast ausgelöschten Völker Nordamerikas oder das im direkten Umfeld erlebte familiäre Leid, zu verstehen. Der Zustand des *Coatlicue* endet, so Anzaldúa, mit der Überwindung der Traumata und in der Aufhebung der dichotomen Spaltung von Körper und Geist. Transformation und Erkenntnis ist nur in der Einheit der beiden möglich.

Auf *arrebato*, *nepantla* und *Coatlicue* folgt innerhalb Anzaldúas Heils- und Erkenntnislehre *el compromiso*, der Aufruf zur Veränderung. Von besonderer Wichtigkeit ist auf dieser Stufe die Einsicht, dass das Individuum damit beginnt, sich nicht mehr darüber definieren, was es ist oder einmal war, sondern selbst entscheidet was und wer es sein möchte. *El compromiso* ist der absolute Akt der Emanzipation im Denken Anzaldúas. Im Status des *el compromiso* löst sich der Mensch aus der gesellschaftlichen Fremdbestimmung und entscheidet seine Identität selbst. Dies ist der Beginn von *la lucha*, dem Kampf um Selbstbestimmung. Anzaldúa entscheidet selbst, wer sie ist und lässt sich nicht mehr auf ihre Sexualität oder Ethnie reduzieren. *El compromiso* ruft das Individuum dazu auf, Verantwortung für die Gesellschaft zu übernehmen. *El compromiso* ist im Denken Anzaldúas zugleich Erlösung, Befreiung und Auftrag, das neue Wissen zu teilen, und definiert ihr Engagement für die Rechte von *Queers* und *Women of Color*.

Dieses findet schließlich auf der fünften Stufe des *conocimiento* statt und wird von Anzaldúa als die Neuzusammensetzung von *Coyolxauhqui* und als persönliches und kollektives *storytelling* bezeichnet. Das erschütterte, traumatisierte, geheilte und veränderte Individuum kehrt aus der Krise gestärkt zurück und will die Zukunft neu gestalten. Als ein gelungenes Beispiel der Neuzusammensetzung von *Coyolxauhqui* gibt Anzaldúa ihre Neuausrichtung nach ihrer Unterleibsoperation an. Körperlich und seelisch zutiefst verletzt, entscheidet sie sich nach einiger Zeit, nicht mehr länger ihre verlorene Fruchtbarkeit und die erlebte Verwundung zu

---

[774] Anzaldúa: Let us shift. S. 552.

betrauern. Stattdessen beginnt sie vermehrt zu schreiben und sich dabei mit ihrer *autohistoria* zu beschäftigen; sie heilt dadurch, schafft Bedeutung und teilt diese mit anderen. Schreiben und Geschichtenerzählen wird so für Anzaldúa zu einem performativen Akt der Selbsterkenntnis, Reflexion und der gesellschaftlichen Teilhabe. Diesen Vorgang bezeichnet die Autorin als *autohistoria-teoría:*

> To make meaning from your expierence you look through an archetypical psycho-mytho-spiritual lens, charting the various shifts of consciousness as they play out in your daily activities. You use your imagination in mediating between inner and outer expierence. By writing about the always-in-progress, transformational processes and the constant, on-going reconstruction of the way you view you world, you name and ritualize the moments/processes of transition, inserting them into the collective fabric, bringing into play personal history and fashioning a story greater than yourself.[775]

Im weiteren Verlauf des Essays *Let us shift* gibt Anzaldúa zahlreiche Beispiele, welche einzelnen Denkstrukturen und Fremdbestimmungen in Frage gestellt und im Sinne der Selbstbestimmung umgeschrieben werden müssen. Zentrale Ansatzpunkte für einen Wandel sind vor allem die Sichtweisen der Dominanzkultur auf Minderheiten jeder Art. Anzaldúa ruft dazu auf, die weißen und meist männlich geprägten euroamerikanischen Erzählnarrationen umzuschreiben, die Frauen, *People of Color* und *Queers* bewerten und beherrschen. Des Weiteren fordert Anzaldúa einen „*New Tribalism*"[776], unter dem sie eine bunte Identität der Mischung, der *mestizaje*, versteht, deren Bestandteile das Individuum selbst frei wählen kann. In diesem Sinne ist auch der an mehreren Stellen in ihrem Oeuvre gemachte Standpunkt zu verstehen, dass sie es nicht mag, auf eine Rolle ihrer Identität festgelegt zu werden. So schreibt sie beispielsweise in *The New Mestiza Nation*:

> My identity is always in flux; it changes as I step into and cross over many worlds each day – university, home community, job, lesbian, activist, and academic communities. It is not enough for me to say I am a Chicana. It is not enough for me to say I am an intellectual. It is not enough for me to say I am a writer. It is not enough for me to say I am from working-class origins. All of these and none of these are my primary identity. I can't say, this is the true me, or that is the true me. They are all the true me's.[777]

---

[775] Ebda.: S. 559.
[776] Anzaldúa hat sich diesen Begriff von ihrem Kritiker David Rieff [Professional Aztecs and Popular Culture. In New Perspectives Quarterly 8, No.2, 1991] entliehen und erweitert. Rieffs ursprüngliche Kritik an Anzaldúa forderte von ihr eine größere Beachtung von Klassekategorien jenseits ethnischer Fragen.
[777] In Keating, AnaLouise (Hrsg.): The Gloria Anzaldúa Reader. Duke University Press, 2009. S. 209–210.

Die Arbeit am *New Tribalism* und die Implementierung der Botschaft und die Freisetzung des Denkens aus dem Gefängnis der normierten weißen männlichen heterosexuellen Perspektive sind jedoch nicht leicht. Auseinandersetzungen gehören bei der Umsetzung für Anzaldúa mit dazu. Sie nennt diesen Abschnitt des *conocimiento* „*the blow up*" bzw. *the „clash of realities"*. Diese sechste Stufe ist weniger durch eine spirituelle Erfahrung geprägt, sondern vielmehr durch einen langwierigen und zermürbenden politischen Prozess gekennzeichnet, bei dem das neue Wissen, die neue Sicht auf Identität und Gesellschaft in eben diese getragen werden muss. Anzaldúa berichtet von anstrengenden und verletzenden Konfrontationen auf Tagungen, wo sie auf das Unverständnis und den unerkannten Rassismus weißer Feministinnen und Queertheoretikerinnen stößt, die blind für die besondere Marginalisierung von *Women of Color* sind. Anzaldúa erlebt die Frauenbewegung als zutiefst gespalten und leidet unter dem Zwang, eine Seite wählen zu müssen. Die qualvollen Auseinandersetzungen und Zurückweisungen erfüllen jedoch die wichtige Aufgabe: Immer wieder kreieren sie einen Zustand des *nepantla* und ermöglichen so Raum für ein neues Gruppenverständnis:

> In gatherings where we feel our dreams have been sucked out of us, la nepantlera leads us in celebrating la comunidad soñada, reminding us that spirit connects the irreconcilable warring parts para que todo el mundo se haga un país, so that the whole world may become un pueblo.[778]

Die letzte und sechste Stufe des *conocimiento* bezeichnet Anzaldúa als *„shifting realities"* bzw. als *„spiritual activism"*. Bei der Definition dieser Stufe konzentriert sich Anzaldúa darauf, Techniken in der Tradition von Miguel Ruiz aufzuzeigen, die dabei helfen sollen, das *conocimiento* selbstständig zu erreichen und einen gesellschaftlichen Wandel herbeizuführen.

Eine wichtige Komponente ist die Fokussierung der eigenen Achtsamkeit auf andere Personen. Anzaldúa schlägt vor, dass man sich einer *naguala* [Schamanin] gleich, in den meditativen Zustand des *nepantla* versetzen und aus diesem heraus versuchen soll, den anderen und seine Perspektive zu verstehen. Darauf aufbauend empfiehlt sie des Weiteren, sich selbst und anderen in Gnade und mit Vergebung zu begegnen. Beide Techniken sollen dabei helfen, die Menschlichkeit des anderen anzuerkennen und liefern so die Grundlage für eine Annäherung. Anzaldúa nennt diese Annäherung die Überwindung von *„nos/otras"* [uns/die anderen]. Diese Überwindung ist jedoch nie abgeschlossen und somit ein fortlaufender Prozess, der durch einen permanenten Austausch der Differenzen angetrieben wird. In der Gemeinschaft des *conocimiento* wüchsen sodann das Bewusstsein und die Bereitschaft, sich für die Ziele des anderen zu engagieren, sich gemeinsam zu organisieren, Wissen und Informa-

---

[778] Let us shift. S. 568.

tionen auszutauschen und Zugriff auf die eigenen Ressourcen zu erteilen. Liebe und Schmerz sind wichtige Gefühle, die der Aktivistin dabei helfen sollen, Mitgefühl für den anderen zu entwickeln. Zudem soll eine spirituelle Praxis angestrebt werden, in der man mit anderen betet, atmet, meditiert und schreibt.

Die Produktion von Kunst, das stete Schreiben sind wertvolle Techniken des Aktivismus und tragen zum Transformationsprozess der Gesellschaft und der Welt bei. Anzaldúa hebt hervor, dass der eigene Wandel das beste Mittel ist, den Zustand der Welt zu verbessern. Da alles mit allem verbunden sei, beeinflusst die eigene Transformation und das große Ganze. Anzaldúa beschließt ihre Theorie des *conocimiento* mit einem schamanischen Gebet an die vier Himmelsrichtungen, welches die Gemeinschaft der *nepantleras* [damit sind alle Aktivist_innen gemeint] auf das gemeinsame Ziel einschwört und angesichts ihres frühen Todes als Abschiedsworte und Vermächtnis gleichermaßen gelesen werden kann:

> [...]We are ready for change
> > Let us link hands and hearts
> > Together find a path through the dark woods
> > Step through the doorways between worlds
> > Leaving huellas for others to follow,
> > build bridges, cross them with grace, and claim these puentes our „home"
> > > si se puede, que asi sea, so be it, estamos kistas, vámonos.
> Now let us shift.
> > Contigo Gloria[779]

Wissenschafts- und Diskurskritik

> Ethnocentrism is the tyranny of Western aesthetics. An Indian mask in an American museum is transposed into an alien aesthetic system where what is missing is the presence of power invoked through performance ritual. It has become a conquered thing, a dead "thing" separated from nature and, therefore, its power.
> **Gloria Anzaldúa, Borderlands**

Wie im vorherigen Abschnitt bereits angesprochen, interessierte sich Anzaldúa besonders für die Bedingungen des Wissenserwerbs und forderte auf der Basis ihrer Theorie die Öffnung hin zu instinktiven Formen des Verstehens. Darüber hinaus setzte sie sich immer wieder mit durch Wissen und Sprache transportieren Herrschaftsstrategien auseinander, wie sie im Lebensalltag und in den Kulturwissenschaften implementiert sind. Die Begründung für Anzaldúas Sensibilität und Interesse an diesem Gebiet lässt sich abermals in ihrer eigenen Biographie festmachen. Als Angehörige

---

[779] Anzaldúa, Gloria: Let us shift. S. 576.

der marginalisierten Tejano-Minderheit und als Frau konnte sie nur unter größten Anstrengungen und im Erleben von Ausgrenzungsmechanismen zur Schule gehen und studieren. Immer wieder erlebte Anzaldúa ihre Sprache und Kultur als minderbewertet und bemerkte die Begrenzungen von Betätigungsmöglichkeiten für Frauen. Beide Erfahrungen prägten ihre wütende Perspektive, Fremdbestimmungen nicht länger hinnehmen zu wollen. In ihrem Text *To(o) queer the Writer* formuliert sie auf komprimierte Art und Weise eine Kritik am universitären Wissenschaftsdiskurs ihrer Zeit. Auch wenn sich der Text hauptsächlich als eine Auseinandersetzung innerhalb eines feministischen Queer-Diskurses lesen lässt, sind die darin geäußerten Kritikpunkte doch symptomatisch für Anzaldúas generelle Beanstandung weißer männlicher anglo-amerikanischer Wissenschaftstraditionen, wie sie diese während ihres Ph.D-Studiums an der UT Austin in den 1970er Jahren kennengelernt hatte:

> The advisor told me that Chicana literature was not a legitimate discipline, that it didn't exist, and that women's studies was not something that I should do. You know, this was back then in 1976-1977. If you were a Chicana at a university, all you were taught were these red, white and blue American philosophies, systems, disciplines, ways of knowledge. They did'nt consider ethnic cultural studies as having the impact or weight needed to enter the academy. And so in a lot of these classes I felt silenced, like I had no voice.[780]

Neben ihren Hauptkritikpunkten am akademisch tradierten Geschlechterwissen in der Feminismusbewegung möchte ich mich im Folgenden zudem mit der Frage beschäftigen, welche Leser_innen Anzaldúa mit ihren Arbeiten überhaupt adressieren möchte.

Gloria Anzaldúa setzt sich in *To(o) queer the writer* zunächst mit dem Begriff „lesbisch" auseinander, den sie in der Theorie im übrigen genauso ablehnt wie den Terminus „*hispanic*", jedoch in der Praxis wiederholt anwendet. Beide Begriffe entstammten, so ihre Argumentation, einer weißen Bürgerschichtssprache, die nicht auf die Lebenserfahrungen von Minderheiten *of Color* anwendbar sei:

> Certain tropes that are considered lesbian properties – the coming-out story, the lesbian couple relationship, the break-up – have become formulaic. The formula is very white and mostly middle-class and so prevalent that it is almost a genre. A coming–out story is different if it is written from the perspective of some "other" – racial, cultural, class, ethnic, or whatever reason a lesbian has been "othered.[781]

---

[780] Interview mit Karin Ikas aus dem Jahr 1999. In: Anzaldúa, Gloria: Borderlands/La Frontera – The new Mestiza. Aunt Lute Books: San Francisco, 2007. S. 230.
[781] Anzaldúa, Gloria: To(o) queer the writer. In: Keating, Analouise: The Anzaldúa Reader. S. 173.

Sie distanziert sich vor diesem Hintergrund daher von der Fremdbeschreibung, eine „lesbische Schriftstellerin" zu sein. Adjektive wie lesbisch, die nichts mit ihrer Profession zu tun haben, bewertet Anzaldúa als eine Art Etikett, das die Identität des Individuums einordnen soll. Diese Etikettierung gelte jedoch nur für den Anderen, der von der Norm des Diskurses abweicht:

> Oblivious to privilege and wrapped in arrogance, most writers from the dominant culture never specify their identity; I seldom hear them say, I am a white writer. If the writer is middle class, white, and heterosexual s/he is crowned with the "writer" hat – no mitigating adjectives in front of it. [782]

Die auf sie und andere Schriftsteller *of Color* angewendeten Adjektive sind für Anzaldúa keine erklärenden Hilfsbegriffe, sondern vielmehr Ausdruck eines Markierungs- und Kontrollversuches, mit dem die Inferiorität des Anderen, des Fremden, des Nichtdazugehörenden herausgestellt werden soll. Dem Versuch der Fremdbeschreibung setzt sie einen emanzipatorischen Akt der Selbsterklärung entgegen:

> While I do advocate putting Chicana, Tejana, working–class, dyke-feminist poet, writer theorist in front of my name, I do so for reasons different than those of the dominant culture. Their reasons are to marginalize, confine, and contain. My labeling of myself is so that the Chicana and lesbian and all the other persons in me don't get erased, omitted, or killed. Naming is how I make my presence known, how I assert who and what I am and want to be known as.[783]

Anzaldúa führt ihre Gedanken fort und kommt zum Kern ihrer Kritik, der darin besteht, dass ihrer Ansicht nach die meisten Theorien zur Queerforschung von weißen Bürgerschichtsvertreter_innen aufgestellt werden. Anzaldúa begreift diesen Vorgang als einen neokolonialistischen Akt und ruft ihre Community dazu auf, sich den anglo-amerikanischen und europäischen Klassifizierungen und Forschungsperspektiven in den Universitäten und Aktivistinnenversammlungen entgegenzustellen.[784] Vor

---

[782] Anzaldúa, Gloria: To(o) queer the writer. S. 164.
[783] Ebda.: S. 164.
[784] In der zeitgenössischen Genderforschung werden durchaus kritische Fragen zu den unterschiedlichen Arten von Geschlechterwissen gestellt. Angelika Wetterer unterscheidet beispielsweise zwischen „Gender-ExpertInnen", „feministischen TheoretikerInnen" und „Frauen (und Männer) auf der Straße" die allesamt Unterschiedliches für wissenswert halten und danach handeln. In Bezug auf auf die wissenssoziologischen Ansätze von Peter Berger und Thomas Luckmann geht Wetterer davon aus, dass Handeln auf Wissen beruht und dass Wissen eine soziale Konstruktion ist, die von allen Beteiligten im Wissensdiskurs vereinbart wird. Wetterer lässt in ihrer Analyse der Erstellung des wissenschaftlichen Wissens jedoch Kategorien von *Class & Race*, die für Anzaldúas Ansätze entscheidend sind, völlig außer Acht. Vgl. Wetterer, Angelika: Gleichstellungspolitik im Spannungs-

diesem Hintergrund muss auch der konsequente Ton der frühen Veröffentlichung *This Bridge called my back* verstanden werden, mit dem sich Anzaldúa eindeutig von weißen homosexuellen Aktivisten und Forschern abgrenzen wollte, die sich blind für Fragen von *Race and Class* zeigten:

> Their idea was that we all were cultureless because we were feminists; we didn't have any other culture. But they never left their whiteness at home. Their whiteness covered everything they said. However they wanted me to give up my Chicananess and become part of them; I was asked to leave my race at the door.[785]

Trotz aller Differenzen wünscht sich die späte Anzaldúa dennoch gleichzeitig eine Benennungsmöglichkeit, die alle Feministinnen einbezieht anstatt durch die die Semantik der Sprache identitäre Fragmentierungen in der Gruppe verschärft bzw. herbeiführt. Identität ist für Anzaldúa ein Prozess, der nie abgeschlossen und gleich einem Fluss in steter Bewegung ist.

Identitätsfragen sind für Anzaldúa eng verbunden mit der Gestaltung des Textes und der Rezeption ihres Werkes durch die Leser, deren Verständniskategorien und Vorlieben durch ihre ethnische und soziale Zugehörigkeit geprägt sind:

> My whole struggle is to change the disciplines, to change the genres, to change how people look at a poem, at theory, or at children's books. And this change is quite basic sometimes. Like when you do a book of theory, you are supposed to write in a decent body, not first of all in ways of: "Here I am talking about my life." Using the "I" makes it subjective anyway. Therefore, to me theory is a way of writing a story, a way tradition says that we should write a story. And here am I pushing at the laws and rules of the genre. Every genre has a certain way to do a flaw, to do a story. So I have to struggle between how many of these rules I can break and how I can still have readers read the book of getting frustrated.[786]

Die Autorin beobachtet das Verhalten des Publikums auf ihren Lesereisen. Dabei erfährt sie die unterschiedlichsten Reaktionen und muss feststellen, dass die ungewünschten Etikettierungen auch innerhalb der eigenen *community* vergeben werden. Mitunter fühlt sie sich von einem gemischten Publikum weitaus unbefangener empfangen, als auf politisierten umkämpften Lesungen innerhalb der Queergemeinde. Die Lesefähigkeit wird Anzaldúa zufolge in einem bestimmten kulturellen Setting trainiert und gestaltet, welches lange Zeit männlich geprägt war. So würden

---

feld unterschiedlicher Spielarten von Geschlechterwissen. Eine wissenssoziologische Rekonstruktion. In: Gender, Heft 2, 2009. S. 45–60.

[785] Interview mit Karin Ikas aus dem Jahr 1999. In: Anzaldúa, Gloria: Borderlandss/ La Frontera – The new Mestiza. Aunt Lute Books: San Francisco, 2007. S. 231.

[786] In: Ikas, Karin: Chicana Ways. Conversations with 10 Chicana writers. University of Nevada Press: Reno, 2002. S. 7.

Frauen immer noch lernen wie Männer zu lesen und zu schreiben, während Männer die weibliche Perspektive nicht einnehmen können:

> We all know that women read as men and women write as men, because that's how we were taught. We were trained to read as men. Little girls read the books that boys read. But the boys never read the books with little girl heroines, and so women are taught to read westerns and spy novels and mysteries, and the "serious" literature, but we also read "women's literature," watch soap operas, read romances, read women's mysteries. But men aren't taught to read women. How and why do we break this gender socialization?[787]

Anzaldúa glaubt nicht daran, dass man diese Sozialisierung ganz aufbrechen kann. Eine heterosexuelle Leserin würde beispielsweise einen Queer-Text nie ganz so verstehen können wie eine homosexuelle Leserin. Anzaldúa lehnt jedoch eine rein lesbische Ästhetik ab und engagiert sich stattdessen dafür, dem Lesepublikum eine lesbische Sensibilität nahezubringen.

Anzaldúas Texte sind von vornherein an ein akademisches Publikum adressiert und erreichen keinesfalls die durchschnittliche mexikanisch-amerikanische Familie im *barrio*. In der Tat bricht sie absichtlich in ihrem Schreiben – anders als etwa Sandra Ciscernos – mit den Lesegewohnheiten der mexikanischen-amerikanischen Arbeiterschicht, der sie entstammt und befreit sich so von Rollenerwartungen ihrer Herkunft. Zudem stellt sie explizit die etablierten akademischen und schriftstellerischen Diskurse in Frage, greift sie an und will sie von außen verändern:

> I don't want to be traditional because life is a permanent resistance against the status quo, the political climate, and against the academic standards of the different disciplines. I want to change composition, the way people

---

[787] S. 170. In der internationalen Leseforschung sind entgegen Anzaldúas Interesse die Untersuchungsperspektiven anderes gewichtet. In den PISA-Erhebungen wurden speziell die Lesefähigkeit und das Leseverständnis von Mädchen und Jungen in zahlreichen Studien miteinander untersucht und verglichen. Das Gros der Studien kam zu dem Schluss, dass Lesefähigkeit und Leseverständnis nicht geschlechtsabhängig, sondern schichtsspezifisch erklärbar sind. Siehe in Philipp, Maik: Lesen und Geschlecht 2.0 – Fünf empirisch beobachtbare Achsen der Differenz erneut betrachtet. Auf: http://deutschseminar-frankfurt.de/2012_SoSe/Obersem_Lesedidaktik/Philipp_2010_Lesen_Geschlecht_2.0.pdf [Eingesehen am 06.10.2015]. Eine ausführliche epochenübergreifende Studie zum schichtsspezifischen Lesen in Deutschland ist Schneider, Jost: Sozialgeschichte des Lesens. Walter de Gruyter: Berlin, 2004. Schneider kommt zu dem Schluss, dass es vier unterschiedliche literarische Kulturen gibt: „Jede soziale Schicht entwickelte und entwickelt ihre eigene literarische Kultur. Im historischen Längsschnitt lassen sich dabei jedoch vier Haupttypen von literarischer Kultur unterscheiden, und zwar erstens die Repräsentationskultur der gesellschaftlichen Führungsschichten, zweitens die gelehrte Kultur der Bildungseliten, drittens die Unterhaltungskultur des Mittelstandes und viertens die Kompensationskultur der Unterprivilegierten." S. 438.

write. Actually, I want to change composition rules. All these schools have told us that one has to write in a certain style and that one has to have a deductive and didactic approach to writing. These are standards...set already by Aristotle and Cicero, I don't know how many thousands of years ago. However, people are still teaching those methods of writing. In the introduction to Haciendo Cras, I therefore emphasize that there is another way of writing theory, of theory in general, and of writing anything that differs from the Euro-American traditional way of writing.[788]

Weiterhin ist es hilfreich, Gloria Anzaldúas Schreibstil im Kontext ihrer Zeit zu lesen: Während zum Beispiel Américo Paredes [siehe mehr zu ihm in Kapitel I] als einer der ersten mexikanischen-amerikanischen Intellektuellen seiner Zeit trotz aller rassistischen Ausschlussmechanismen – so wurde ihm bespielweise, obwohl er Fakultätsmitglied war, als Chicano untersagt, den am Campus gelegenen und nur für *Anglos* geöffneten Friseurladen zu besuchen – versuchte innerhalb des universitären Systems Veränderungen zu erreichen, ging die durch den auseinandersetzungsfreudigen Geist des *Chicano-Movimiento* geprägte Anzaldúa, nach dem sie vom System abgewiesen wurde, in die außerinstitutionelle Opposition.

Ein nicht unwichtiger weiterer Faktor für die Radikalität ihres Ansatzes ist in der dreifachen Ausgrenzung als Frau, Chicana und Homosexuelle zu sehen. Somit wird Anzaldúa noch einmal mehr als Außenseiterin in der Gesellschaft markiert als etwa Paredes. Innerhalb der Gemeinschaft von Chicana-Akademikerinnen war Anzaldúa in ihrer Ungenormtheit nicht alleine, so dass Anfang der 1980er Jahre eine geschlossene und eng miteinander verbundene Wissenschaftsgemeinschaft entstand, die sich explizit dem Einfluss anglo-amerikanischer Wissenstraditionen und männlich geprägten Chicano-Diskursen widersetzte. Ähnlich der monotheistischen Religionsstiftern wie Jesus oder Mohammed, die jenseits der dominanten religiösen Diskurse ihrer Zeit ihre Glaubensgemeinschaften formten, nutzten diese Wissenschaftler_innen die Unzugänglichkeit des männlichen Wissenschaftsdiskurses für sich und kreierten in ihrem Ausgegrenztsein bzw. in ihrem mitunter frei gewählten wissenschaftlichen Asyl einen unabhängigen Theoriekorpus. Diesen diskutierten sie lange Zeit nur untereinander und schirmten ihn gegen den Einfluss etablierter Wissenschaftsdiskurse ab, so dass er erst verspätet Eingang in die institutionelle Kulturwissenschaft fand.

---

[788] In: Ikas, Karin: Chicana Ways. Conversations with 10 Chicana writers. University of Nevada Press: Reno, 2002. S. 7.

El Mundu Zurdo:
Verknüpfung von Form, Stil und Inhalt in Borderlands

> I have been accused by various Latinos and Latinas. Chicano Spanish is considered by the purist and by the most Latinos deficient, a mutilation of Spanish. But Chicano Spanish is a border tongue which developed naturally. Change, *evolución, enriquecimiento de palabras nuevas por invención o adapción* have created variants of Chicano Spanish, *un Nuevo lenguaje. Un lenguaje que corresponde a un modo de vivir.* Chicano Spanish is not incorrect, it is a living language.[789]
> **Gloria Anzaldúa, Borderlands**

Da ich mich weiter oben bereits mit den biographischen Ansätzen und dem spirituellen Gehalt von Anzaldúas Gesamtwerk am Beispiel kürzerer Texte auseinandergesetzt habe, werde ich die Kapitel von *Borderlands*, die sich mit eben jenen Themen beschäftigen, weitestgehend ausklammern und mich stattdessen auf formale, ästhetische und sprachliche Aspekte und ihre Verknüpfung mit den thematischen Inhalten konzentrieren. Für eine umfassende Analyse von Anzaldúas Denken sei an dieser Stelle auf *Wissen in Bewegung* der österreichischen Romanistin und Gloria Anzaldúa-Forscherin Romana Radlwimmer verwiesen.[790]

Borderlands/La Frontera besteht aus zwei Teilen: Der erste theoretisch-historische Teil umfasst unter dem Titel *Atravesando Fronteras/Crossing Borders* sieben semi-autobiographische Kapitel[791], die sich hauptsächlich aus erklärenden Sachtexten, kurzen lyrischen Passagen und Prosagedichten zusammensetzen und die unter Einbeziehung des individuellen Lebensweges der Autorin, das kollektive Schicksal der Chicanos im Grenzgebiet Mexikos und der USA erörtern. Norma Cantú weist darauf hin[792], dass dieser erste Teil auf Wunsch des Verlages von Anzaldúa nachträglich verfasst wurde. Ursprünglich als Einleitung vom Verlag gefordert, wuchs der Text zu einem eigenständigen Bestandteil heran, dem *Borderlands* seine besondere Form verdankt.

---

[789] Anzaldúa, Gloria: Borderlandss. S. 77.
[790] Radlwimmer, Romana: Wissen in Bewegung. Latina-Kulturtheorie. Königshausen & Neumann: Würzburg, 2015.
[791] 1. The Homeland, Aztlan/El otro Mexico, 2. Movimientos de rebeldiá y las culturas que tracionan, 3. Entering into the Serpent, 4. La herencia de Coatlicue/The Coatlicue State, 5. How to tame a wild tongue, 6. Tlilo, Tlapalli/The Path of the Red and Black Ink und 7. La conciencia de la mestiza/Towards a new consciousness.
[792] Norma Cantú referierte am 27.3.2017 zu Anzaldúa auf der von der Universität Augsburg veranstalteten Konferenz *Beyond Borders: Literaturas y culturas transfronterizas mexicanas y chicanas*.

Der zweite Teil des Buches mit dem Titel *Un Agitado Viento/Ehécatl, The Wind* besteht aus sechs unterschiedlichen Gedichtzyklen[793] in englischer und spanischer Sprache, die das zuvor Gesagte in lyrischer Form wieder aufnehmen, fortführen, und vertiefen. Die Textvielfalt resultiert aus Anzaldúas Arbeitsweise, die dadurch gekennzeichnet ist, dass sie sich dem gleichen Thema über einen längeren Zeitraum hinweg auf unterschiedliche Weise annähert. In ihrer Werksammlung an der UT Austin kann man sehen, wie Anzaldúa sich nicht nur mit Theorietexten und Lyrik, sondern auch mit Zeichnungen und Gemälden an ein- und derselben Fragestellung ausgiebig abgearbeitet hat.[794] Diese vielgestaltige Herangehensweise an die unterschiedlichen Leitthemen ihres Lebens verursacht jene, schon anfangs erwähnte Puzzlestruktur des Gesamtwerks. Diese entsprechen eher auf einer organischen Weise den Persönlichkeitsstrukturen Anzaldúas als denn einem logischen Theoriegebäude innerhalb tradierter akademischer Strukturierungen, welche die Persönlichkeit des jeweiligen Wissenschaftlers oder Autoren verdrängen oder ausblenden.

Anzaldúa versteht sich selbst nicht als Beobachterin. In ihrem Wissenschaftsverständnis ist sie Teil des Untersuchungsgegenstandes und dieser ein Teil von ihr. Demnach ist ihre individuelle Geschichte und ihr individuell erlebtes Leid Teil der kollektiven Chicano-Geschichte und das den Chicanos angetane Unrecht somit auch ein ihr angetanes Unrecht. Gleiches gilt jedoch im Umkehrschluss auch für das reiche kulturelle Erbe ihrer Vorfahren. Die Stärke und Schönheit der Kultur *Aztláns* sind auch ihre Stärke und Schönheit.

Thematisch beschäftigt sich Anzaldúa in *Borderlands* mit den unterschiedlichsten Ausformungen der Ausgrenzung und zeigt auf, wie Frauen, Lesben und Chicanos im Allgemeinen im Laufe der Geschichte unter den dominanten Diskursen und ihren Ausformungen in der unmittelbaren Lebenswelt gelitten haben. Anzaldúa versteht sich jedoch nicht als einfache Chronistin der Taten der kolonisierenden Anglo-Amerikaner, sondern auch als eine Art Lehrerin oder Heilerin, die sich und ihrem Volk das Vertrauen in die eigene Kultur und Identität wiedergeben will. Um dieses Ziel zu erreichen, erinnert Anzaldúa an die reiche Mythenwelt der Azteken und Tolteken und erklärt, wie die alten Gottheiten die Kolonisation durch die Spaniards überlebt haben und Teil der mexikanischen und mexikanisch-amerikanischen Identität bleiben konnten. Als beispielhaft sollen hier ihre Ausführungen zur Natur und Bedeutung der *Virgin de Gua-*

---

[793] I. Mâs antes en los ranchos, II. La Pérdida, III. Crossers y otros atravesados, IV. Chihuatlyotl, Woman Alone, V. Animas und VI. El Retono.

[794] Glora Anzaldúa geht dabei ähnlich wie Luis Rodriguez vor. Auch Rodriguez verfügt über einen großen Textkorpus verschiener Genres, den er immer neu arrangiert und mal als Sach-, Prosa oder Lyriktext wiederverwertet.

dalupe genannt werden, die ihrer Lesart zufolge die spirituelle Kraft der Gottheit *Coatlalopeuh* verkörpert:

> Today, *la Virgen de Guadalupe* is the single most potent religious, political and cultural image of the Chicano/*mexicano*. She, like my race, is a synthesis of the old world and the new, of the religion and culture of two races in our psyche, the conquerors and the conquered. She is the symbol of the mestizo true to his or her Indian values. La cultura chicana identifies with the mother (Indian) rather than with the father (Spanish). Our faith is rooted in indigenous attributes, images, symbols, magic and myth. [...] *Guadalupe* has been used by the Church to mete out our institutionalized oppression: to placate the Indians and *mexicanos* and Chicanos. In part, the true identity of all three has been subverted – *Guadalupe* to make us docile and enduring, *la Chingada* [hiermit meint A. den *Malinche*-Topos. Anmerk. des Verf.] to make us ashamed of our Indian side, and *la Llorona* to make us long-suffering people. This obscuring has encouraged the *virgin/puta* (whore) dichotomy. Yet we have not all embraced this dichotomy. In the U.S. Southwest, Mexico, Central and South America the *indio* and the mestizo continue to worship the old spirit entities (including *Guadalupe*) and their supernatural power, under the guise of Christian saints.[795]

Gloria Anzaldúas Schreibstil ist sehr eigen, da die Autorin nicht nur mehrere Genres und Stilarten, sondern – wie schon erwähnt – auch mehrere Sprachen in ein- und demselben Textkorpus miteinander vermischt. Ann-Catherine Geuder weist in diesem Zusammenhang daraufhin, dass die vielgestaltige Formgebung die von Anzaldúa vertretene *mestizaje*-Identität der Chicanos widerspiegelt und daher schwer klassifizierbar sei.[796]

Borderlands ist – meines Erachtens nach – das in seiner Gänze am konsequentesten im Modus des *Code-Switching* verfasste Werk mexikanisch-amerikanischer Literatur überhaupt. Während andere mexikanisch-amerikanische Autor_innen nur einzelne spanische Sätze und Worte verwenden und diese oftmals auch im direkten Anschluss ins Englische übersetzen, sind ca. ¼ des Textes in *Borderlands* auf Spanisch verfasst und werden nicht ins Englische übertragen. Margaret Schmidt begreift Anzaldúas Akt des Nichtübersetzens ins Englische als politisch-kulturelle Technik, welche die Forderung unterstreichen soll, dass Spanisch als gleichwertige und gleichberechtigte Sprache anerkannt werden muss:

---

[795] Borderlands, S. 52-53.
[796] Geuder, Ann-Catherine: Schreiben an der Grenze – Literatur als Transgression. Freie Universität Berlin, 1996. S. 76.

> If you chose to skip over one language or the other, half the meaning of the book is lost. The message is that each language is as important as the other, just as is each heritage to the identity of a human being.[797]

Die über den gesamten Textkorpus von *Borderlands* verwendete Sprachenvielfalt repräsentiert in ihrer formalen Zerstückelung und ihrem Variantenreichtum zudem die kulturelle Mannigfaltigkeit *Aztláns,* in dem sich indigene, spanische, anglo-amerikanische und andere europäische Siedlertraditionen in allen möglichen Erscheinungsformen mischen. Anzaldúa betont mit diesem formalen Erscheinungsbild nicht nur die Wichtigkeit der eigenen kulturellen Identität, sondern stellt zeitgleich die Mythen unveränderlicher Kulturlandschaften in Frage.

In *Borderlands* vermengt Anzaldúa unterschiedlichste Textsorten zu einem zusammenhängenden, bunten Lesebuch. Längere Prosagedichte wechseln sich mit Gedichten, Prosatexten, theoretischen Ausführungen und autobiographischen Schilderungen ab. Je nach Textsorte verändert Anzaldúa ihre Erzählperspektive und die Sprachwahl. Dabei fällt besonders auf, dass die lyrischen Textformen sehr häufig komplett in Spanisch komponiert werden, während die theoretischen Ausführungen meistens in einem englischem Fließtext verfasst sind, der ab und an durch spanische Sätze und Navajo-Worte sowie durch zahlreiche mesoamerikanische Eigennamen angereichert wird. Die theoretischen Abhandlungen in *Borderlands* werden zumeist genretypisch in einer auktorialen Erzählperspektive ausgeführt. Mitunter wechselt Anzaldúa jedoch in eine kollektive Perspektive, die für sich in Anspruch nimmt für alle unterdrückten Chicanas gleichermaßen zu sprechen. Bei einigen der spanischen lyrischen Texte, die sich thematisch mit den Ängsten ihres jüngeren Selbst beschäftigen, wird die Ich-Form umgangen, so dass durch die kommentierende, auktoriale Perspektive der historische Abstand zur jungen Gloria deutlich wird. Hier ein Beispiel:

> [...] Esa Gloria, la que niega, la que teme correr desenfrenada, la que tiene miedo renegar al papel de víctima. Esa, la que voltea su cara a la pared descasarada. Mira, tan bajo que se ha caído. [...][798]

Diese Form der Erzählperspektive kann von Anzaldúa jedoch auch durchaus gewählt worden sein, um gleichzeitig eine Art psychologischen Schutzwall zwischen den Zeitpunkt des Schreibens und die erlebten Schmerzen der Kindheit und Jugend zu legen.

Anzaldúa bezeichnet ihren Ansatz als *autohistoria-teoría* und somit als eine Mischform aus Memoire und Wissenschaftstext. Innerhalb dieses Konstrukts argumentiert sie für eine Gleichsetzung von Künstler und Werk – in Abgrenzung zur westlichen Tradition, die die Trennung von Geist und

---

[797] Schmidt, Margaret: The Limitations of Code Switching in Chicano/a Literature. In: Young Scholars in Writing. Vol. 8. University of Montana, 2011. S. 45.
[798] Borderlands, S. 66.

Körper, von Kunst und Künstler postuliert [*Cartesian Split*].[799] In Rückgriff auf mesoamerikanische Traditionen versteht Anzaldúa Schreiben und das Erschaffen von Kunst als direkte Kommunikation mit den Göttern und der Geistwelt. Kunst ist für Anzaldúa daher etwas sehr Lebendiges und Transformatives im schamanischem Sinn:

> In the ethno-poetics and performance of the shaman, my people, the Indians, did not split the artistic from the functional, the sacred from the secular, art from everyday life. The religious, social and aesthetic purposes of art were all intertwinded. Before the conquest, poets gathered to play music, dance, sing and read poetry in open-air places around the *Xochicuahuitl, el Árbol Florido*, Tree-in-Flower. [...] The ability of story (prose and poetry) to transform the storyteller and the listener into something or someone else is shamanistic. The writer, as shape-changer, is a *nahual*, a shaman.[800]

Anzaldúas Konzept der *autohistoria-teoría* kann durchaus als eine verspielte und akademisierte Fortentwicklung der südamerikanischen *Testimonio*-Literatur verstanden werden. Der Begriff *Testimonio* ist im eigentlichen Sinne ein juristischer Terminus [dt. Entsprechung: Personenbeweis], der vor Gericht nur in Kombination mit einem Sachbeweis der Wahrheitsfindung Verwendung findet. Literarische *Testimonios* sind individuelle Erfahrungsberichte von erlebtem Unrecht und Leid. John Beverly fasst die Eigenheiten der *Testimonio*-Gattung folgendermaßen zusammen:

> The word testimonio in Spanish carries the connotation of an act of truth telling in a religious or legal sense – dar testimonio means to testify, to bear truthful witness. Testimonio's ethical and epistemological authority derives from the fact that we are meant to presume that its narrator is someone who has lived in his or her person, or indirectly through the expierences of friends, family, neighbors, or significant others, the events and experiences that he or she narrates. What gives form and meaning to those events, what makes them history, is the relation between the temporal sequence of those events and the sequence of the life of the narrator or narrators, articulated in the verbal structure of the testimonial text.[801]

Eines der bekanntesten *Testimonio*-Werke ist *Me llamo Rigoberta Menchú y así me nació la conciencia* aus dem Jahr 1983 [dt.: *Ich heiße Rigoberta Menchú und so hat sich mein Gewissen gebildet*].[802] Rigoberta Menchú (geb. 1959) ist eine guatemaltekische Aktivistin, die 1992 den Friedensnobelpreis erhielt. In Guatemala setzte sie sich für die Rechte der indigenen Landarbeiter ein und leistete aktiven Widerstand gegen die Militärdiktatur

---

[799] Ebda.: S. 90.
[800] Ebda.: S. 88.
[801] Beverly, John: Testimonio – The Politics of Truths. University of Minnesota Press: Minneapolis, 2004. S. 3–4.
[802] Menchú, Rigoberta: Me llamo Rigoberta Menchú y así me nació la conciencia. Editorial Argos Vergara: Barcelona, 1983.

(1954–1985). In ihrem *Testimonio* zeichnet sie die Menschenrechtsverletzungen in ihrem Land nach und gibt den Opfern eine Stimme.[803] In Anlehnung an Menchú versteht Anzaldúa ihre biographischen Offenbarungen in *Borderlands* als eine Art Mittel, die kollektive Erfahrung von Unterdrückung und Ausgrenzung ihres Volkes und ihres Geschlechts im öffentlichen Diskurs zu präsentieren, um Aufmerksamkeit und Gerechtigkeit einzufordern.

Die Unmittelbarkeit und konsequente Offenlegung der eigenen Verletzlichkeit und der individuellen Lebensgeschichte tragen in ihrer stilistischen wie thematischen Verbindung in einem hohen Maße dazu bei, dass viele Chicana-Wissenschaftler_innen sich leicht mit ihr identifizieren können, da ein ähnlicher Erfahrungshintergrund vorliegt. Dies führt dazu, dass Anzaldúa eine gewisse Vorbildfunktion einnimmt und eine große Verehrung genießt.

Eine interessante Arbeit zur heilsamen Funktion der Offenlegung der eigenen Geschichte und Gefühle im autohistorischen Ansatz Anzaldúas ist Cassie Premo Steeles literarische Studie *We heal from Memory*. Steele vergleicht darin die stark biographisch geprägte Lyrik von Anne Sexton (1928–1974)[804] und Audre Lorde (1934–1992)[805] mit Gloria Anzaldúas *Borderlands*. Einen besonderen Schwerpunkt in Steeles Vergleich

---

[803] 1999 veröffentlichte der Anthropologe David Stoll eine Kritik an Menchús Testimonio. In seiner Studie *Rigoberta Menchú and the story of All poor Guatemalans* [Westerview Press: Boulder] mahnt er einen fiktionalen Gehalt des Testimonios an und bezweifelt, dass sich alles so zugetragen hat, wie es Menchú beschreibt. Stoll vermutet: „I suspect that Rigoberta reacts not as a person but as a symbol for a movement, that she 's afraid of revealing herself as a person." S. 229. Während Stoll Menchús Authentizität bezweifelt, nehmen sie andere Kritiker in Schutz, indem sie sagen, dass es eben die Aufgabe des *Testimonios* sei, über das Individuum hinaus das Leid der Subalternen in Worte zu fassen. Sie sehen daher keinen Widerspruch darin, dass Menchú auch Erfahrungen in ihren Bericht integriert, die ihr von Verwandten erzählt wurden. Siehe die ausführliche Diskussion dazu in Beverly, John: Testimonio – The Politics of Truths. University of Minnesota Press: Minneapolis, 2004. S. 79ff.

[804] Sexton war eine der ersten Dichterinnen des bürgerlichen Amerikas, die sich in ihren Gedichten mit sexuellen Themen inklusive Inzest und Missbrauch beschäftigte und so in den 1960er viel Anstoß erregte. Sexton wurde als Kind missbraucht und litt ihr Leben lang unter einer bipolaren psychischen Erkrankung. Sexton gilt als eine der Begründerinnen der sogenannten *Confessional Poetry*. Siehe mehr zu *Confessional* poetry in: Sherwin, Miranda: "Confessional" Writing and the Twentieth-Century Literary Imagination. Palgrave: New York, 2011.

[805] Audre Lorde war eine afroamerikanische Dichterin, Feminismusaktivistin und Theoretikern aus New York, die sich in den 80er Jahren in Berlin für die Rechte von Afro-Deutschen eingesetzt hat. Siehe u.a. folgende ihrer Arbeiten: Eye to Eye – Black Women, Hatred, And Anger. Crossing Press: Freedom, 1984. The Cancer Journals. Aunt Lute: San Francisco, 1980. Uses of Erotic – The Erotic as Power. Crossing Press: Freedom, 1984.

nimmt der Aspekt des Traumas ein, da alle drei Frauen in ihrem Leben besonderes Leid erfahren haben, das sie in ihrem Schreiben verarbeiten:

> [...] a trauma is not recorded in the usual, narrative way we remember expieriences. Instead, the survivor's mind and body skip over the event temporally in order to survive. Traumatic memories are encoded not narratively but in images and feelings, both emotional and physical. Thus the traumatic expierience cannot be directly referred to but must be remembered, reconstructed, and worked through indirectly in an address with another. This is why poetry allows us to witness as survivors to having survived and to witness to others survival: poetry, like trauma, takes images, feelings, rhythms, sounds, and the physical sensations of the body as evidence.[806]

Laut Steeles Ansicht, sie bezieht sich in ihrer Arbeit auf psychologische Studien, werden traumatische Erfahrungen, um das verletzte Selbst zu schützen, also nicht narrativ erinnert, sondern zunächst in Bildern, ähnlich einer Traumsequenz, abgespeichert. Diese schockierenden Bilder können jedoch durchaus immer wieder aufblitzen und sind eines der Symptome der posttraumatischen Belastungsstörungen, wie sie bei Kriegsveteranen oder beispielsweise auch Vergewaltigungsopfern häufig auftreten können.[807] Laut Steele findet Anzaldúa in ihrem Schreiben, ähnlich wie Sexton oder Lorde, eine geeignete Sprachform, um Herrin ihrer Dämonen zu werden und sich selbst zu heilen.

Die Überlegungen Steeles sind schlüssig und ergeben in Anbetracht meiner oben angestellten Überlegungen zu Anzaldúas Text *Let us shift* durchaus Sinn, zumal gängige Psychotherapieformen sich des Erinnerns und Erzählens als grundlegender Techniken für Heilungsprozesse bedienen.[808] Anders als etwa Sexton begreift Anzaldúa ihr Leid nicht nur individuell, sondern auf einer kollektiven Ebene eingebunden in das Leid aller Chicanos im Generellen und aller Chicanas im Besonderen. Während Sexton vornehmlich ihr eigenes Leid in Worte fasst, glaubt Anzaldúa an eine Verantwortung ihrerseits für alle Chicanos sprechen zu müssen. Spätere Begegnungen mit Chicanas, die ihr Buch gelesen haben, bekräftigen sie in ihrer Annahme, dass es an der Zeit war den Verstummten und Sprachlosen mit *Borderlands* die Botschaft zu übermitteln, dass man ein Recht auf die eigene Kultur und Sprache hat, das man gar stolz darauf sein kann:

> Well, when Chicanas read Borderlands, when it was read by little Chicanas in particular, it somehow legitimated them. They saw that I was code-

---

[806] Steele, Cassie Premo: We heal from Memory. Palgrave: New York, 2000. S. 3.
[807] Maercker, Andreas: Posttraumatische Belastungsstörungen. Springer: Berlin, 2013.
[808] Siehe in Grossmann, Konrad Peter: Der Fluss des Erzählens. Narrative Formen der Therapie. Carl-Auer-Systeme-Verlag: Heidelberg, 2003 und Hammel, Stefan: Handbuch des therapeutischen Erzählens. Geschichten und Metaphern in Psychotherapie, Kinder- und Familientherapie, Heilkunde, Coaching und Supervision. Klett-Cotta: Freiburg, 2009.

switching, which is what a lot of Chicanas were doing in real life as well, and for the first time after reading that book they seemed to realize, "Oh my way of writing and speaking is okay" and, "Oh she is writing about La Virgen de Guadalupe, about la Llorona, about the corridos, the gringos, the abusive, et cetera. So if she [Gloria Anzaldúa] does it, why not me as well?" The book gave them permission to do the same thing.[809]

Anhand der Allegorie von der Grenze als offene Wunde wird Anzaldúas Ansatz, das eigene Leid mit der Kollektivgeschichte der Chicanos zu verknüpfen, besonders deutlich: Die texanisch-amerikanische Grenze ist für Anzaldúa zum einem eine real existierende Wunde, die inmitten die Bevölkerung von Aztlán geschlagen worden ist, und so Familienmitglieder voneinander trennt und einen Kulturraum künstlich unterteilt. Die Grenze ist für sie jedoch auch ein Symbol für die eigenen persönlichen Wunden und für die Trennung von der eigenen Kultur und Geschichte. Beide Grenzwunden möchte Anzaldúa in sich wechselseitig beeinflussenden Prozessen heilen. So wie sich das mexikanisch-indigene Ich seiner Schönheit und seinem Stolz in Kultur und Sprache bewusst wird, ist es auch in der Lage der anglo-amerikanischen Kultur auf Augenhöhe zu begegnen, Unrecht aufzuzeigen und Teilhabe einzufordern. Das Bewusstwerden über die eigene Identität hat mehrere Facetten: Generell gilt für alle Chicanos sich ihrer vorkolonialen Geschichte und ihrer Sprachen bewusst zu werden. Darüber hinaus haben Chicanas, und innerhalb dieser Gruppe die *Queers*, weitere Hürden zu überwinden, da sie lernen müssen, dass ihr Geschlecht und ihre sexuelle Orientierung nicht weniger gut sind als die postulierten Normen der Dominanzgesellschaft.

Gloria Anzaldúa ist mehr als 10 Jahre nach ihrem Tod wirkungsmächtiger denn je. Weltweit findet keine Konferenz zu mexikanisch-amerikanischer Kultur statt, ohne Panels zum Schaffen der Autorin anzubieten. Dabei lässt sich feststellen, dass sich nicht nur Wissenschaftlerinnen und Aktivistinnen sich von Anzaldúas *autohistoria-teoría* inspirieren lassen. Jenseits feministischer, queerer und mexikanisch-amerikanischer Diskurse beeinflußen die Ansätze der Autorin auch die Arbeiten von Wissenschaftlern, die nicht direkt betroffen sind bzw. nicht in den USA verortet sind und bietet Anschlussmöglichkeiten für postkoloniale Theorien. In meiner Schlussbetrachtung werde ich auf die Anwendbarkeit von Anzaldúas Texten für die mehrkulturelle Gesellschaft in Europa zu sprechen kommen.

---

[809] Interview mit Karin Ikas aus dem Jahr 1999. In: Anzaldúa, Gloria: Borderlandss/La Frontera – The new Mestiza. Aunt Lute Books: San Francisco, 2007. S. 231–232.

IV. Alejandro Morales – Weltliteratur zwischen Intra-History und Utopischer Vision

> The borders will disappear![810]
>
> We don't have to write about the great heroes of our time, we can write about simple people who are very powerful in their own way.[811]
> **Alejandro Morales**

Das sozialkritische Werk und die darin implementierten literarischen Erzählverfahren des Kaliforniers Alejandro Morales (geb. 1944) nehmen ähnlich wie die Arbeiten von Gloria Anzaldúa in der Chicano-Literatur der letzten Jahrzehnte aus mehreren Gründen eine gesonderte Stellung ein und werden daher im vorliegenden Kapitel genauer betrachtet werden.

Alejandro Morales' Stilistik und Themenvielfalt unterscheidet ihn deutlich von anderen zeitgenössischen Chicana/o-Schriftsteller_innen und ist durch seine literarische Ausbildung an amerikanischen Universitäten und seine Prägung durch Vorbilder gekennzeichnet, die zum Kanon der Weltliteratur zählen:

> Most people I studied were writers from Mexico or Latin America from the second half of the 20th century. I would not say that I did not read 1930 novels or so, but writers from The Latin American Boom like Carlos Fuentes, García Márquez, Alejo Carpentier, you know all of those writers from Argentina, Borges especially. All these writers were I guess inherited modernism, product of modernism, they had been writers of the modernist period, would it be Joyce, Janos Spacos, the Hemingways, the Theodor Dreisers, modernism. Techniques of modernism did not discontinued on, especially writers of the avant-garde period in Europe were trying to do new things with structures. There had been all these impossible crazy things that avant-garde artists and musicians, painters and writers did, people like Picasso, like Pablo Neruda and today people like Elena Poniatowska in Mexico, Mexican woman writer Carmen Puyosa, all of these

---

[810] Interview mit AM am 11. Juni 2015 in Irvine. Vgl. Schreiner, Daniel: The Once and Future Chicano – Weltliteratur between Intra-History and Utopian Vision: An Interview with Alejandro Morales. In: Ahrens, Rüdiger; Gonzalez, John Moran et al.: Latina/o Literature: The Trans-Atlantic and the Trans-American in Dialogue. Symbolism 17. De Gruyter: Berlin, 2017. S. 59. Die Seitenangabe bezieht sich auf meinen Originaltext, der umfangreicher als das Interview ist.

[811] Grandjeat, Yves Charles und Morales, Alejandro: Interview with Chicano Writer Alejandro Morales. In: University of Northern Carolina: Confluencia, Vol. 7, No. 1, 1991. S. 113.

writers had a deep impact on my work. Maybe because of the way they wrote, they combined all sorts of things like the idea of totality.[812]

Trotz der von ihm präferierten sozialkritischen Themenzentrierung rund um Fragen der Einwanderungsgesellschaft, der Erinnerungskultur, Arbeiterrechte, Kulturgrenzen und Transformation, Religion und Feminismus, war Morales nie ein aktives Mitglied des Chicano-Movimiento. Er nahm und nimmt stattdessen über seine Funktion als Hochschullehrer und engagierter Schriftsteller Einfluss.

Außerhalb eines U.S.-amerikanischen Chicano-Diskurses stehend, muss Morales vielmehr als ein internationaler Schriftsteller begriffen werden, der eine Vielzahl von zeit- und länderübergreifenden Themen in seinem Schreiben behandelt. Morales bedient sich dabei oftmals eines intrahistorischen Ansatzes sowie Elementen der biographischen Metafiktion. Aus dieser Herangehensweise resultiert eine Art historische Narration, die Zeitgeschichte am Beispiel der normalen Menschen erzählt und erklärt; eine Vorgehensweise, die seinen Romanen teilweise den Anstrich von Sozialstudien verleiht.

Morales' Erzählen erschöpft sich jedoch nicht in historischen Themen, sondern ist auch immer wieder durch den Blick in die Zukunft und das Durchspielen utopischer Ideen geprägt. Weitere Eigenheiten sind seine Vorliebe für die bildende Kunst sowie seine Neugier für medizinische Themen, die im Zusammenspiel seine ganz eigene – wie es Marc García-Martínez nennt – „*Blood and Flesh*"-Ästhetik[813] prägen. Nach einer kurzen Einführung in die Biographie des Autors werde ich in den folgenden Abschnitten Morales Romane vorstellen und analysieren.

---

[812] Schreiner, 2017. S. 28. Die Seitenangabe bezieht sich auf meinen Originaltext, der umfangreicher als das Interview ist. Zu den von Morales als Vorbildern erwähnten latein-amerikanischen Schriftstellern siehe Swanson, Philip (Hrsg.): Landmarks in Modern Latin American Fiction. Routeledge: London, 1990. Ein ausgiebiges Interview mit der Journalistin und Schriftstellerin Elena Poniatowska, die als Vorbild für die Protagonistin Cassandra in *Waiting to Happen* gedient haben könnte, ist in Garcia, Kay S.: New Perspectives from Mexican Women Writers. University of New Mexico Press: Albuquerque, 1994 zu finden. S. 11–61. In diesem Sammelband wird zudem auf Poniatowskas Text über das Massaker an Studenten im Jahr 1968 in Mexico-Stadt eingegangen, auf das Morales Bezug nimmt. Siehe Poniatowska, Elena: La noche de Tlatelolco. Ediciones Era: Mexico City, 1971.

[813] Marc García-Martínez vergleicht Morales expressionistische Intensität und seine dantesquen Schilderungen des Verfalls von Menschlichkeit mit William Faulkners *Light in August* und mit dem darin beschrieben Lynchens des Afro-Amerikaners Joe Christmas. In: García-Martínez, Marc: The flesh and blood aesthetics of Alejandro Morales – Disease, Sex, and Figuration. State University Press: San Diego, 2014. S. 68/69.

© Daniel Schreiner

Aus dem *barrio* an die Hochschule:

Alejandro Morales wurde als Kind der mexikanischen Einwanderer Delfino Morales und Juana Contreras in Montebello/Kalifornien geboren und wuchs in der Werkssiedlung der Simons Brick Company auf, in der seine Eltern und Onkel in der Ziegelproduktion tätig waren. Nach seinem Schulabschluss begann Morales ein B.A.-Studium an der California State University in Los Angeles. Im Anschluss daran arbeitete er für einige Jahre als High School-Lehrer in Claremont. Später zog er an die Ostküste, um an der Rutgers University ein Ph.D-Studium in latein-amerikanischer Literatur zu absolvieren.

Nachdem Morales Anfang der 1970er Jahre vergeblich versucht hatte, seinen Erstlingsroman *Caras viejas y vino nuevo* – der Text basiert auf Kurzgeschichten, die er schon während seiner Schulzeit verfasst hatte – beim neu etablierten Chicano-Verlag Quinto Sol in Berkeley unterzubringen, ging er für einen längeren Studien-Aufenthalt nach Mexiko City, wo er am Centro de Estudos Literarios der Universität von Mexiko studierte. Im Interview erinnert sich Morales noch heute daran, dass seine Erzählweise und radikale Themenwahl von den damaligen, sich gerade in Formation befindenden, Chicano-Verlagshäusern nicht gewollt waren, da diese ein dezidiertes Interesse daran hatten, nur ein bestimmtes Bild der Chicano-Bevölkerung und Kultur in den USA zu präsentieren:

> But when I submitted my novel *Caras Viejas y Vinos Nuevo*, they rejected it on the grounds that it painted a very negative picture of the Chicano population. Because it was a very violent sexual novel, that they did not want to present to the world. They rejected the writers who were gay and they rejected a lot of the women writers. They also rejected Miguel Men-

dez[814] work as well because he wrote about the border in a very negative way. So Quinto Sol was only looking for positive images in literature to present to the general public. There was a politic behind that. They wanted to create a readership but they wanted to start the readership in the middle schools and in the high schools, so the images the other people wrote about couldn't be presented in schools, so this is why they were rejected.[815]

Francisco Lomelí zählt Morales ob dieser Ausgrenzung daher zur sogenannten *Isolated Generation* [816], zu der auch andere Autoren wie z.B. Ron Arias, Aristeo Brito, Isabella Ríos, Berta Ornelas oder auch Phil Sánchez gehört haben. Typisch für die Schriftsteller der *Isolated Generation* sei ein verstärkt künstlerischer Zugang zur Literatur gewesen, der jenseits des kultur-nationalen Projektes des Chicano-Movimiento stehend, eine weitaus experimentellere Ästhetik und Themenvielfalt als üblich hervorgebracht habe.[817] Lomelí erklärt anhand von Morales *Caras Viejas y Vinos Nuevo*[818] die stilistischen und thematischen Eigenheiten der *Isolated Generation*, die zu ihrer Ablehnung innerhalb der Chicano-Verlagslandschaft geführt haben:

> In the novel, the authors cultivate a distinctive narrative voice while opting for more literary and less explicit social concerns. Alejandro Morales in Caras viejas y vino nuevo [...] shatters decorum in terms of language and imagery while offering a devasting depiction of a hard-core barrio. It is quite obvious why Quinto Sol did not accept the manuscript for the infernal ambience and brutal characters lack any semblance of idealism. This x-ray view of both environment and persons probes into effects more than causes, but the implifications of the latter certainly confirm the origins of violence internalized through the process of victimization. The work, then,

---

[814] Miguel Mendez (1930–2013) wurde in Arizona geboren, lebte und arbeitete dort als Professor und Schriftsteller. Sein bekanntestes Werk ist *Peregrinos de Azltán* aus dem Jahr 1974.

[815] Schreiner, 2017. S. 38. Die Seitenangabe bezieht sich auf meinen Originaltext. Auch heute noch werden mitunter Romane von Morales von Verlagshäusern abgelehnt. So erzählte mir Nicolás Kanellos, der Gründer von Arte Publico Press, einem der renommiertesten Verlagshäuser für Chicano-Literatur, auf der MLA Konferenz 2016 in Austin, dass er *The Captain of all these men of Death* abgelehnt habe, da Morales „immer so viel Schreckliches" schreibe.

[816] Siehe dazu auch die Ausführungen von Herms, Dieter: Die zeitgenössische Literatur der Chicanos. Vervuert: Frankfurt am Main, 1990. S. 146.

[817] Lomelí, Francisco: Contemporary Chicano Literature, 1959-1990. In: Lomelí, Francisco (Hrsg.): Handbook of Hispanic Culture in the United States: Literature and Art. Arte Público Press: Houston, 1993. S. 97.

[818] Eine gelungene zweisprachige Edition des Romans mit einer Neu-Übersetzung ins Englische durch Francisco Lomelí ist Morales, Alejandro: Barrio on the Edge/Caras Viejas Y Vino Nuevo. Bilingual Press: Tempe, 1998.

in its totalitiy embodies a profound look into how a people is reduced to an infra-human level."[819]

In Mexiko traf Morales während seiner Studienzeit auf Vertreter von La Editorial Joaquín Moritz, einem der renommiertesten mexikanischen Verlagshäuser, das auch die Werke von Octavio Paz, José Agustín, Elena Garro, Jorge Ibargüengoitia, Vicente Leñero und Rosario Castellanos herausbringt. Da Morales, anders als die meisten Chicano-Schriftsteller der 70er, seinen Roman auf Spanisch verfasst hatte, war er für La Editorial durchaus attraktiv und wurde unter Vertrag genommen. Nach seiner Rückkehr in die USA begann Morales als *Assistant Professor* für Spanische Literatur und Chicano Studies an der University of California in Irvine zu arbeiten, wo er 1984 schließlich auch als Professor auf Lebenszeit eingestellt wurde. Trotz seiner Lehrverpflichtungen behielt Morales seitdem das literarische Schreiben bei und veröffentlichte zahlreiche Romane auf Spanisch und Englisch, die über die USA hinaus auch im Spanischsprachigen Ausland Aufmerksamkeit erregt haben. Im Jahr 2013 erwarb die Stanford University die Rechte an Alejandros Morales' Notizen und begann mit dem Aufbau eines kommentierten Alejandro-Morales-Archives.

Momentan arbeitet Morales an einem Roman mit dem Titel *A Rainbow of Colors*, der außerhalb der Chicano-Erfahrung angesiedelt ist und auf den schon der Protagonist im dritten Teil der *Rag Doll Plagues* Bezug nimmt.[820] Grundlage für *A Rainbow of Colors* sind die Briefe von Morales' Schwiegervater, die dieser während seiner Stationierung in Japan an seine Verlobte in die USA gesendet hat. In diesen Briefen berichtet Morales' Schwiegervater über seine Freundschaft mit dem französischen Künstler Paul Jacoulet, dem es als einem der wenigen Ausländer gelang, ein Meister der japanischen Holzschnittkunst zu werden.

Intra-History und fiktionalisiertes Familienmemoir

> If you read my books like a work of history, you are reading fiction; if you read my books like a work of fiction, you are reading history.[821]
> **Alejandro Morales**
>
> All historical research is articulated over a socioeconomic, political, and cultural place of production. It implies an area of elaboration that peculiar determinations circumscribe: a liberal profession, a position as an observer

---

[819] Lomelí, Francisco: Contemporary Chicano Literature, 1959–1990. In: Lomelí, Francisco (Hrsg.): Handbook of Hispanic Culture in the United States: Literature and Art. Arte Público Press: Houston, 1993. S. 98.
[820] Morales, Alejandro: The Rag Doll Plagues. S. 147.
[821] Zitat auf seine Homepage an der UCI. http://faculty.sites.uci.edu/amorales/ [Eingesehen am 17.11.2015].

or a professor, a group of learned people, and so forth. It is therefore ruled by constraints, bound to privileges, and rooted in a particular situation. It is in terms of this place that its methods are established, its topography of interests can be specified, its dossiers and its interrogation of documents are organized.
Michel de Certeau, The Writing of History.

In seinem erstem Roman *Caras viejas y vino nuevo/Old faces and new wine*, erschienen im Jahr 1975, beschäftigt sich Morales intensiv mit den alptraumhaften Zuständen in den *barrios* seiner Jugend. Die Grundlage für den Roman liefern Morales eigene Gang-Erfahrungen und der erlebte Missbrauch von Alkohol und Drogen in den *barrios* von Montebello und East-L.A. sowie eine verbüßte Jugend-Haftstrafe.[822] Das Leben auf den Straßen seiner Jugend war seinen eigenen Worten zufolge harsch und unmittelbar:

> [...]And along with this came images of war and images what you find in L.A., I mean it just struck me, when I was a kid also, I was a very young man or boy, I witnessed this man dying of alcohol or drugs. One time I was playing in a parking lot and we saw a car and this man was sitting in the car. He was not moving at all so we were afraid to open the door. But we did and the stench was horrible and all I knew he was dead. The guy was dead. Another time there was an alcoholic man, I remember his name... Atilano was his name. He was a horrible alcoholic. He came back from the hospital but his liver was already gone. So he was bleeding from the lower colon and I remember walking down by where these men hang out and he was still drinking. When I was walking I saw him standing up screaming and all his backside was a drench of blood. He died. So I mean images like that, I saw these things myself.[823]

In *Caras Viejas* entspinnen sich die non-linearen Handlungsstränge rund um die Alltags-Erlebnisse der beiden jugendlichen Protagonisten Julián und Mateo. Das Leben im *barrio* ist durch eine aufgezwungene religiöse Erziehung geprägt, die nur vordergründig die überall und jederzeit grassierende Gewalt, Ehebruch und Drogenmissbrauch verkleidet. Raum und Zeit lösen sich in Morales Real-Dystopie auf und zeigen das *barrio* als a-historischen Ort traumatischer Erfahrungen, die das Individuum und die fragmentierte Gemeinschaft gleichermaßen erfasst und verletzt.

Die non-lineare Erzählstruktur in *Caras Viejas* ist zu einem großen Teil der Erstehungsgeschichte des Romans auf der Basis einzelner *barrio*-Kurzgeschichten aus Morales' Schulzeit geschuldet, die von ihm in einer postmodernen Puzzlestruktur zusammengeführt wurden. Die Herausnahme der erzählten Alltagsszenen aus ihrem Zusammenhang kann jedoch auch symbolisch verstanden werden, da die Unordnung der Hand-

---

[822] Siehe dazu das Vorwort von Francisco Lomelí in Caras Viejas y Vino Nuevo. S. 2.
[823] Schreiner, 2017. S. 21.Die Seitenangabe bezieht sich auf meinen Originaltext.

lung die Hoffnungslosigkeit und das Abgeschottetsein des *barrios* vom Rest der Welt repräsentiert:

Das imaginierte *barrio* ist eine Art Binnenkolonie inmitten Kaliforniens. Es ist nicht nur von den anglo-amerikanischen Lebenswelten abgetrennt, sondern auch vom Lauf der Geschichte. Morales Aussage ist klar und deutlich: Es macht keinen Unterschied, wann und wo etwas sich im *barrio* ereignet, da es morgen und gestern nicht anders sein wird oder war. Es gibt kein Entkommen aus dem Inferno, sondern nur die Wiederholung des Immergleichen. Das *barrio* ist ein Unort, ein schwarzes Loch mit ganz eigenen Gesetzen. In diesem Kosmos findet auch kein wirklicher Überlebenskampf mehr statt, da dies ein Euphemismus für Morales' Schilderungen wäre. Das *barrio* ist vielmehr ein Ort des ewig Gleichen, ein Ort des Gefressenwerdens. Eine Ausflucht gibt es nicht.

Derart hoffnungslos im *barrio* aufgewachsen, mäandern Julian und seine Freunde Lucio, Melón, Benny sowie die sogenannten *evil Bueansuerte brothers* ziellos durch die Gegend und geben die an der eigenen Seele und am eigenen Körper erlebten Kränkungen und Verletzungen wahllos an ihre Mitmenschen ab. Lomelí bringt die Atmosphäre in Morales' Erstlingswerk prägnant auf den Punkt:

> If the infernal ambience, where degeneration and decadence reign, what consequently unfolds is an aesthetic of violence, brutality, and ugliness in which reality is perceived and captured under the influence of drugs, alcohol, sexual ecstasies, and instinctive drives. Objectivity seems foreign to describe the surroundings because the characters opt to obfuscate what they see or experience. Their harsh interactions compel them to find other means to be able to deal with the barrio; the often opt for drugs. In order to escape the daily reality confront, they decide to distort their perception of it. The underlying motive here is that society to them seems deformed. Through drugs they find a way of replacing one illusion for another. The result is a phantasmagoric representation of chaos and tension in an environment that is falling apart at the seams.[824]

Juliáns Hass auf sich selbst und seine Mitmenschen kommt nicht von ungefähr, sondern hat seinen Ursprung im gestörten Verhältnis zu seinem Vater, dem machistischen Don Edmundo, der seine Frau Margo betrügt und später dem eigenen Sohn vorwirft, seine Mutter ins Grab gebracht zu haben. Juliáns Weg der Gewalt führt letztendlich in den eigenen Unfall-Tod unter Drogeneinwirkung.[825]

---

[824] Lomelí, Francisco: State of Siege in Alejandro Morales' Old Faces and New Wine. In von Bardeleben, Renate et al. (Hrsg.): Missions in conflict. Essays on U.S.-Mexican Relations and Chicano Culture. Gunter Narr Verlag: Tübingen, 1986. S. 188.
[825] Juliáns Beziehung zu seinem Vater und das Scheitern der männlichen Vorbilder ähnelt in frappierender Weise den Darstellungen machistischer Familienstruktu-

Inmitten allen Elends und der vermeintlichen zirkulären Vorbestimmtheit der Lebenswelt *barrio* versteckt Morales – von der Literaturkritik[826] an seinem Erstlingswerk oftmals übersehen – die gute Botschaft. Als Autor und Hochschulprofessor ist er sich seines eigenen erfolgreichen Lebensweges bewusst und weiß, dass es ab und wann jemanden gibt, dem die Reflektion der Zustände und der Weg aus der Hölle heraus gelingt. In *Caras Viejas* ist dieser Jemand Juliáns Freund Mateo. Mateo fühlt sich oftmals als Außenseiter in der harschen Welt des *barrios* und hat sich eine im Christentum fundierte Empathie für seine Mitmenschen behalten. Mateos Mitgefühl und seine Fähigkeit, inmitten der Gewaltexzesse Mensch zu bleiben, ist beispielhaft für Morales' Motivgebung in den späteren Romanen. In all den von ihm heraufbeschworenen Alpträumen der menschlichen Vergangenheit und in all seinen grauenhaften Gegenwartsanalysen und apokalyptischen Zukunftsvisionen ist stets ein hoffnungsvolles Gegenthema zugegen. Derart handeln sämtliche Romane von Alejandro Morales auch immer von Menschlichkeit und vom Mut, im Horror nicht aufzugeben.

In *Caras Viejas* sind zudem die Grundzüge der späteren Stilistik von Alejandro Morales angelegt, in der er – vom französischen *Nouveau Roman* und von der latein-amerikanischen *Nueva Novela* inspiriert – eine neo-naturalistische Ästhetik mit mystischen Elementen entwirft. Da im späteren Werk von Morales – wie noch zu zeigen sein wird – Spiritualität eine wichtige Position einnimmt, die im Einklang mit den Überzeugungen des Schriftstellers steht, bezeichnet Francisco Lomelí ihn als Vertreter des „Mystic Realism".

In der Tat grenzt sich Morales' Stil von Vertretern des Magischen Realismus durch seine sehr brutale und blutige, und dabei doch fast schon klinische Ästhetik ab. Morales' Romane ähneln daher eher einem surrealistischen Filmgemälde des chilenischen Regisseurs und Mystikers Alejandro Jodorowsky (geb. 1929)[827] als etwa einem Roman von Gabriel García Marqúez.

---

ren in Domingo Martinez *The Boy Kings of Texas* aus dem Jahr 2012. Wie Morales vor ihm erntet Martinez für sein Werk Lob für seine Sprachgewalt und wird zugleich dafür kritisiert, die Kultur der Grenzregion in seinem Memoir zu negativ darzustellen. Martinez, Domingo: The Boy King of Texas. Lyons Press: Guilford, 2012.

[826] Zu Morales' Erstlingswerk sind eine Reihe von Kritiken erschienen. Siehe zum Beispiel Bustamente, Nuria: Permanencia y cambio en Caras viejas nuevo. Confluencia 1.2. Spring, 1986. S. 61–65.

[827] Alejandro Jodorowsky entstammt einer jüdisch-ukrainischen Familie und wurde in der kleinen Küstenstadt Tocopilla in Chile geboren. Nach dem Studium der Pantomime bei Étienne Decroux in Paris begann Jodorowsky als Regisseur zu arbeiten. Seine surreal und mystisch aufgeladenen Filme aus den 1970er Jahren, die

In seinem 1979 erschienen zweiten Roman *La verdad sin voz*, der später unter dem Titel *Death of an Anglo* auch auf Englisch erschien, verließ Morales thematisch die unmittelbare Erfahrungswelt des eigenen *barrios* und begann seinen ganz eigenen intra-historischen Kreativprozess zu entwickeln, dem er bis heute treu geblieben ist. Morales' Erkenntnisinteresse ist innerhalb dieses intra-historischen Ansatzes auf die Interdependenzen von regionalen sozialen, ökonomischen und politischen Entwicklungen mit den Lebensläufen von real existierenden Menschen nachempfundenen Protagonisten ausgerichtet:

> The idea comes from a Spanish philosopher by the name Miguel de Unamuno[828] and he talks about "la intra-historia" and what he means by that is not the history of the great men like kings and generals, presidents. That is not the history he is interested in. He is interested in the history of the ordinary person in Spain. [...] You had a mass of them. Look at the great armies. The grand soldier, the private was the one who wins the wars. So

---

auch immer Sozialkritik an den politischen Zuständen in Südamerika üben, haben einen Kultstatus erlangt. Jodorowsky lebt und arbeitet bis heute als Comicbuchautor und Filmemacher in Frankreich. Seine wichtigsten Filme sind El Topo aus dem Jahr 1970, Montana Sacra von 1973 und La Danza de la Realidad von 2013. Siehe ausführlich in Cobb, Ben: Anarchy and Alchemy – The Films of Alejandro Jodorowsky. Creation Books: New York, 2007.

[828] Miguel de Unamuno (1864–1936) war ein spanischer Philosoph und vielseitiger Schriftsteller, der sich für eine sozialistische Politik in Spanien und für die kulturelle Eigenständigkeit des Baskenlandes einsetzte. Nachdem er schon zuvor aus dem französischen Exil heraus die Monarchie in seiner Heimat bekämpfte hatte, engagierte er sich eine zeitlang aktiv in der spanischen Innenpolitik. Im Spanischen Bürgerkrieg distanzierte er sich schließlich von General Franco und wurde deswegen von seinem Posten des Rektors der Universität Salamanca enthoben. Siehe in Juaristi, Jon: Miguel de Unamuno. Taurus: Madrid, 2012. Zu Unamunos Konzept der Intra-Historia, das Morales stark beeinflusst hat siehe ausführlich: Watson, Peggy: Intra-Historia in Miguel De Unamuno's Novels: A Continual Presence. Scripta Humanistica, 1993 und Jurkevich, Gayana: Unamuno's Intrahistoria and Jung's Collective Unconscious: Paralells, Convergences, and Common Sources. In: Comparative Literature, Vol. 43, No. 1. Duke University Press, 1991. S. 43–59. Peggy Watson fasst Unamunos' Ansatz folgendermaßen zusammen und setzt ihn in einen kulturgeschichtlichen Zusammenhang: „Developed as a theory in Unamuno's early essays, the term intra-historia, at its most elemntal level, refers to those obscure, yet highly significant aspects of history that generally elude historical texts, the "inner" eternal traditions and beliefs that sustain the temporal, or surface passage of history. [...] The theory that the historical development of societies and, by extension, of individuals is multifaceted and contains both temporal and eternal, or conscious and unconscious aspects is not original with Unamuno, but rather formed part of the intellectual and cultural climate of late nineteenth-century Europe. Unamuno was undoubtedly influenced by the tenets of Romanticism and by the German idealists." S. 1–2.

this is what he is interested in. So he talks about the problems and issues that ordinary people had everyday. And that is intra-history.[829]

Auslöser für den Schreibprozess und die Recherche der Hintergrundgeschichte von *La verdad sin voz* war für Morales ein Magazinartikel über die Ermordung eines anglo-amerikanischen Arztes, der sich mit seiner Praxis im mexikanisch-amerikanischen Stadtteil der texanischen Stadt Mathis für die ärmsten Bevölkerungsschichten engagiert hatte. Nachdem der Arzt, der auch im Roman den Namen Michael Logan trägt, erfolgreich Staatsgelder eingeworben hatte, um eine Klinik für Bedürftige in der Region zu eröffnen, war er in die Fallstricke der Lokalpolitik und zwischen die Fronten von organisierten Chicanos und Anglo-Amerikanern geraten und machte sich auch ob seines unsteten Lebensstils viele Feinde. Schließlich wurde Logan Opfer der Summe der Kausalitäten – auf die die Gesetzmäßigkeiten von *Murphy's Law* zutreffend sind, das besagt, dass das schief geht, was schiefen gehen kann – die zu seiner Ermordung durch den Sherriff führten.[830]

Alejandro Morales zufolge hat *La verdad sin voz* bis heute ein Eigenleben entwickelt, da er nach der Veröffentlichung auf einer Reise in London zufälligerweise den Arzt kennenlernte, der den echten Michael Logan in der Nacht seiner Ermordung behandelt hatte. Zudem fühlten sich zahlreiche seiner Kollegen an der UCI persönlich durch die Darstellungen der Akademiker in *La verdad sin voz* angegriffen und warfen Morales vor, sie in seiner Prosa bloß zu stellen.[831] Und in der Tat werden Logan und seine Kollegen jenseits jeglicher Erhöhung des Ärzte-Standes in ihrer Menschlichkeit und somit ebenfalls in ihrem Fehlen dargestellt. So thematisiert Morales z.B. Michael Logans Alkoholsucht.

Auch wenn Morales durchaus das Anliegen verfolgt, den ermordeten Logan, dessen soziales Engagement und sein aus Rassismus und Neid geborenes blutiges Ende dem Vergessen zu entreißen, glorifiziert er seine Chicano-Protagonisten keineswegs. Dies wird exponiert deutlich an der Figur von Pato Martinez, einem Kollegen Logans, der als Mexican-American unbedingt eine medizinische Karriere machen will, um sich vor den Augen der *Anglos* zu beweisen. Anderes als Logan, der den Weg ins arme *barrio* sucht, um dort die medizinische Betreuung der Chicano-Bevölkerung zu gewährleisten, will Pato jedoch nur in renommierten Krankenhäusern arbeiten. Als Pato schließlich die junge Silky, die sexuelle Beziehungen mit vielen Junior-Ärzten, Dozenten und Studenten im Wohnheim unterhalten hat, blutig schlägt, hilft ihm Logan dieses Verbre-

---

[829] Schreiner, 2017. S.15. Die Seitenangabe bezieht sich auf meinen Originaltext.
[830] Siehe hierzu Morales' Erklärungen in Gurpegigui, José Antonio: Alejandro Morales – Fiction Past, Present, Future Perfect. Bilingual Press: Tempe, 1996. S. 18.
[831] Ebda.: S. 20.

chen zu vertuschen.[832] Logan ist sich seines amoralischen Handelns bei der Unterstützung Patos und bei den eigenen sexuellen Eskapaden, die mitunter als Missbrauch von Schutzbefohlenen bewertet werden können, durchaus bewusst:

> ... If they realized what a bastard I am. How we take advantage of this poor girl, urging her on with impossible dreams. We just use her for sex and to keep our jobs. What a rotten mentality we have. We're society's parasites, they need us as a measure of culture, to create false necessities, to cure them...but we're just as miserable as any other creature...poor girl, I hurt her. I don't know if she likes it or she does it to be part of the action. Sleeping with a professor is part of the graduate school whoreshow. We're intoxicated with ourselves, a damn bunch of rotten decadent symbols.[833]

Während *Caras Viejas* non-lineare Handlung hier und da durch einen nicht näher bestimmbaren Erzähler kommentiert und so eine gewisse Orientierung für den Leser geboten wird, fehlt dieser bei *La verdad sin voz* nahezu in Gänze. Obwohl Morales seinen zweiten Roman linear erzählt, entsteht durch das Fehlen eines intrinsischen Kommentators eine Unruhe und Unübersichtlichkeit in der Handlung. Die Handlungsstränge des Romans werden nahezu vollständig durch die Dialoge der Protagonisten erfahrbar gemacht. Ähnlich verfährt Morales mit dem Innenleben der Romanfiguren, das sich dem Leser aus den diversen Bewusstseinsströmen erschließt. *La verdad sin voz* ist gewissermaßen eine Fortsetzung von Morales' erstem Roman. Während in *Caras viejas* das *barrio* der äußere chaotische Unort ist, in dem die Charaktere austauschbar herumgeschleudert werden, ist in *La verdad sin voz* das Chaos personalisiert in den inneren Kämpfen der Protagonisten.

Mit *Reto en el Paraíso* aus dem Jahr 1983 beginnt Morales' Hinwendung zur englischen Sprache. *Reto en el Paraíso* ist vier Jahre vor Gloria Anzaldúas *Borderlands* der erste und bis heute einzige Roman, der sich derart konsequent der Zweisprachigkeit verschreibt. Morales verwendet Spanisch und Englisch in diesem Roman jedoch nicht in einem Modus des *Code-Switching*, wie man es bspw. von Gloria Anzaldúa kennt. Bei Morales drückt sich vielmehr jeder Protagonist der Handlung in seiner Muttersprache aus, so dass die Anglo-Charaktere Englisch und die Chicano-Charaktere Spanisch sprechen. Morales lässt diese Sprachen unkommentiert im Text auftreten und bietet keine Übersetzung an, so dass der Leser über Kenntnisse in beiden Sprachen verfügen muss, um den gesamten Text verstehen zu können.

---

[832] Morales, Alejandro: Death of an Anglo. S. 60ff.
[833] Ebda.: S. 69.

Aufgrund seiner anspruchsvollen Struktur ist *Reto en el Paraíso* einer der am wenigsten rezipierten Romane von Alejandro Morales geblieben.[834] Morales selbst versteht *Reto en el Paraíso* als realitätsgetreue Metapher des heterotopischen Kaliforniens, eine Idee, die er in späteren Werken noch vertiefen wird:

> However most of my books after my third book were in English. And you can see the transition from Spanish to English in a book called *Reto en el paraiso*, which is a completely bilingual written book. And by bilingual I mean that the main narration of the book is in Spanish. The character who speaks English, speak English, the character who speak Spanish, speak Spanish, I do not change that. I am speaking in two languages. Most people have a tendency to speak Spanish and then English or vice versa. It is a reflex. The novel is a reflex. The novel reflects the linguistic reality I think of southern California. You can find this in Asian children, who speak Japanese or Chinese, you will eventually find this in them too, I think.[835]

The Brick People

Viel Aufmerksamkeit und Beachtung in der akademischen Kritik erregte dagegen der 1988 auf Englisch erschiene Roman *The Brick People*, in dem Morales sich mit der Geschichte der Simons Backsteinfabrik in der Nähe von Montebello/Kalifornien auseindersetzt, auf deren Firmengelände seine aus Mexiko eingewanderten Eltern gelebt und gearbeitet haben. Der Wechsel vom Spanischen ins Englische ist ein Hauptgrund für die vermehrt einsetzende Rezeption des Werkes von Morales in den USA. Alejandro Morales selbst gibt Auskunft über die Motivation hinter dem Gebrauch der Sprache in *The Brick People* und seinen Verlagshauswechsel:

> I wanted to broaden my audience, my readership...so I started to write in English. I also went to Arte Público, and they published my last two books in English. I think that was the main thing, trying to have everybody read my books.[836]

Mit *The Brick People* erschloss sich Morales nicht nur ein neues Lesepublikum, sondern auch eine erweiterte Perspektive auf seinen Untersuchungsgegenstand, den – wie ich es nennen möchte – „*Citizen Chicano*" in seiner menschlichen und ökonomischen Bedingtheit. Mit *The Brick People* beginnt Morales damit, seinen Fokus auf die eigene Familienge-

---

[834] Ausnahmen sind hier García-Martínez, Marc: The flesh and blood aesthetics of Alejandro Morales – Disease, Sex, and Figuration. State University Press: San Diego, 2014. S. 92ff. und Zermeno, Francisco: Review of Reto en el Paraíso. In: Lector 2.3., 1981. S. 50–51.
[835] Interview mit Alejandro Morales. S. 12.
[836] Zitat nach Gurpegigui, José Antonio: Alejandro Morales – Fiction Past, Present, Future Perfect. Bilingual Press: Tempe, 1996. S. 8.

schichte zu legen und diese mit der Geschichte der Industrialisierung der USA zu verknüpfen. Wie Miguel de Unamuno geht es Morales in seiner Prosa darum aufzuzeigen, dass der Mensch durchaus Möglichkeiten hat aus der vermeintlichen Vorbestimmtheit seines Lebens auszubrechen. Neben einer weiteren regionalen Nahaufnahme der Lebenswelt *barrio,* ist *The Brick People* in diesem Sinne vor allem die Kontextualisierung von Chicano-Lohnarbeit innerhalb des US.-Kapitalismus sowie die Darstellung des Chicano-Kampfes für mehr gesellschaftliche Partizipation und Gleichberechtigung. Morales versteht sich in *The Brick People* das erste Mal als ein Chronist größerer historischer Zusammenhänge, die er aus einer regionalen und familiären Perspektive aufzeichnet und aufschlüsselt. Hierfür vermischt er Fiktion mit der eigenen Familiengeschichte, ein Vorgang, der für ihn selbst nicht bedenklich ist, da Geschichte immer auch Fiktion sei und sich seine Fiktion auch immer von der Realität ableite. Dies gilt umso mehr für mexikanisch-amerikanische Zeitgeschichte, die lange Zeit in der dominanten anglo-amerikanischen Geschichtsforschung in ihrer Bedeutung nur unzureichend und verkürzt dargestellt wurde.[837] In diesem Sinne bezeichnet John Waldron *The Brick People* daher als wichtiges literarisches Zeugnis einer alternativen Geschichtsschreibung, das ähnlich den Romanen von Oscar Zeta Acosta, der marginalisierten Bevölkerungsgruppe der Chicanos ihren Anteil an Gestaltung der Gesellschaft zugesteht und für die Nachwelt festhält:

> With the delegitimation of the hegemonic discourse it becomes possible to attack the center and its power from within. Writing a historical novel, the marginated voice adds another text to the many texts which make up our memory in the past.[838]

Indem Morales die Lebenswege der mexikanischen Arbeiter am Beispiel der Mehrgenerationenfamilie der Revueltas und die Firmengeschichte der Simons-Fabrik parallel erzählt, gelingt ihm der Ausbruch aus dem *barrio* und eine Reinterpretation einer Marginalisationsgeschichte, die heute fast vergessen ist, zumal Los Angeles als ein Ort kollektiver Amnesie[839] ver-

---

[837] Eine ausführliche historische Arbeit zu mexikanisch-amerikanischer Geschichte in Los Angeles ist Sánchez, George J.: Becoming Mexican American. Oxford University Press: New York/Oxford, 1993.
[838] Zitat nach Waldron, John V.: Uncovering History in the Postmodern Condition – Rewriting the Past, (Re)righting ourselves in Alejandro Morales „The Brick People". In: University of Northern Colorado: Confluencia, Vol. 7, No. 2, 1992. S. 105.
[839] Siehe die Aussagen von Bill Deverell, dem Direktor des Huntington USC Institutes in der Dokumentation *The Brick People* des Regisseuers Michael Kirsch aus dem Jahr 2012. Eine ausführliche Darstellung und Quellenanalyse zur mexikanischen Siedlungsgeschichte in Los Angeles vor der Eroberung durch die USA ist:

standen werden kann, in dem großzügig über negativ konnotierte geschichtliche Ereignisse hinweggeblickt wird. Morales unterstreicht dies auf Nachfrage im Interview:

> Whitewash. This occurred in the history. Whitewash! There is a book by William Deveral, it is called *Whitewash America*[840]. It is the history of the ethnic groups. He talks about Latino groups and how L.A. white washed their history to make it an European history.[841]

Das Verdrängen der Vergangenheit zeigt sich auch in der Landschaft: Nachdem die Simons-Fabrik für einige Jahrzehnte der Welt größter Ziegelproduzent gewesen ist, ging die Firma in den 1950er Jahren insolvent und das Firmengelände wurde umfunktionalisiert. Auf den ersten Blick erinnert im Stadtbild nichts mehr an die einst immens wichtige und erfolgreiche Firma. Nichtsdestoweniger verbergen sich bis heute in zentralen öffentlichen Gebäuden wie z.B. der Los Angeles City Hall Massen von Simons Steinen. Trotz ihres Verschwindens aus dem kollektiven Gedächtnis der Region, war die Simons Fabrik zentral für den baulichen Aufschwung und die Verstädterung Südkaliforniens; eine Entwicklung, die ohne die mexikanische Arbeitskraft nicht möglich gewesen wäre.

Die Handlung von *The Brick People* setzt im Jahr 1892 ein und zeichnet nach, wie in den ersten Jahren der Firma der Gründer Joseph Simons mit der Hilfe seines Vorarbeiters Rosendo Guerrero mexikanische Arbeiter ins kalifornische Pasadena holt, um wirtschaftlich zu expandieren. Die Nachfrage nach mexikanischen Arbeitern im Boomland Kalifornien am Anfang des 20. Jahrhunderts war enorm und steigerte sich noch einmal nach der Unterbindung chinesischer Einwanderung durch den sinophoben *Immigration Act* im Jahr 1924.[842] Alejandro Morales geht auf die Ausgrenzung chinesischer Amerikaner – die einen Großteil der Arbeiterschaft für den Eisenbahnbau im 19. Jahrhundert gestellt haben[843] – am Anfang von *The Brick People* im Detail ein und berichtet in diesem Zu-

---

Rios-Bustanmente, Antonio: Mexican Los Ángeles: A Narrative and Pictoral History. Floricanto Press, 1991.

[840] Deverell, William: Whitewashed adobe -- The rise of Los Angeles and the remaking of its Mexican past. University of California Press, 2004.

[841] Schreiner, 2017. S. 41. Die Seitenangabe bezieht sich auf meinen Originaltext. Eine ausführliche Arbeit zum Themenkomplex ist Gabriel, John: Racialized politics and the media. Routledge: London, 1998. Siehe dazu auch meine Ausführungen zu *Whitewashing* in der Diskussion um Akif Pirinçci in Teil II.

[842] Lemay, Michael Robert und Barkan, Elliott Robert (Hrsg.): U.S. Immigration and Naturalization Laws and Issues: A Documentary History. Greenwood Press, 1999.

[843] Lake, Holly: Construction of the CPRR: Chinese Immigrant Contribution. Northeastern Nevada Historical Society Quarterly: Elko, 1994. S. 188–199.

sammenhang sogar von Pogromen, bei denen viele Menschen ermordet wurden.[844]

Josephs Bruder Walter Simons, der seine eigene Firma anstrebt, entscheidet sich im weiteren Verlauf der Handlung nach Mexiko zu reisen, um vor Ort neue Geschäftsideen zu sammeln. In der Tat adaptiert Walter nach einem Ranch-Urlaub bei Geschäftsfreunden in Chihuahua das auf die Spaniard-Epoche zurückgehende Hacienda-Modell, bei dem die Landarbeiter in absoluter Abhängigkeit von feudal agierenden Landbesitzern standen, lebten und arbeiteten. Nach Walters Rückkehr verlegt die Simons Familie ihre Ziegelfabrik nach Rancho Laguna und beginnt mit der Errichtung einer Werkssiedlung, in der von nun an sämtliche mexikanischen Arbeiter leben sollten und installiert ihr eigenes totalitäres Hacienda-System.[845]

Nach und nach etabliert Walter eine völlig selbständige und von der anglo-amerikanischen Umgebung abgekapselte Siedlung, in der die Arbeiterfamilien leben und arbeiten. Simons baut einen Supermarkt, eine Kirche, ein Kulturzentrum und eine Schule, in der die nächste Arbeitergeneration unterrichtet wird. Die Simons Fabrik bezahlt sogar eine

---

[844] Im Interview ergänzt Morales auf Nachfrage seine literarischen Ausführungen um einen kleinen historischen Vortrag: „Okay, the Chinese had been very important to this country. A lot of people don't know that...we had African slavery, but once the African slaves were freed, the people, countries needed workers like in the Caribbean especially they needed workers. A lot of the blacks and slaves once they got freed they went to Latin America. They went to other islands, they went to Mexico or other parts of Brazil etc. etc. to parts of the United States and so forth. So what happened in the late 18th century, or 19th century? I am not sure...but it is called the second slavery, and that is that the United States - I do not know exactly who were slavers in this case- they took Chinese from China under contract, I believe it been around 800.000 people, I am not sure, and they had been brought to Caribbean to work in the fields, canes and so forth. They had been brought to other parts of the Caribbean and eventually to the States and eventually to Latin America. You find the Chinese all over the Caribbean, Mexico and so forth and in the United States many of those, these Chinese worked at the railroads, they had been the people help build the railroads along with Mexicans. And they contributed a lot and this is why we have Chinatown in many cities. L.A. has a China town, right, so they were horrible mistreated, they were mistreated like Mexicans and Blacks, they had been pushed aside to the peripheries of the City so they lived like us in the sense, they were mistreated, their history is very, very important." Vgl. Schreiner, Daniel: The Once and Future Chicano – Weltliteratur between Intra-History and Utopian Vision: An Interview with Alejandro Morales. Symbolism 17. S. 29/30. Die Seitenangabe bezieht sich auf meinen Originaltext.

[845] Der größte Ranchbetrieb der USA, die King-Ranch in Texas [ihr Gebiet hat in etwa die Größe des Staates New Hamphire], wurde ähnlich organisiert. Noch heute leben dort in Mitarbeitersiedlungen die Nachfahren der ersten *rancheros*, die in Mexiko 1853 von Richard King angeworben wurden. Die King-Ranch ist heute beliebter Rückzugsort für die Eliten der Republikaner.

Geburtsprämie an ihre Arbeiter. Die Simonsche Arbeiterfürsorge wird von Morales im Interview und von seinem erzählendem Alter Ego im Roman jedoch kritisch gesehen, zumal Eigeninitiative in Form eines von Arbeitern gegründeten und geführten Lebensmittelladens nicht gerne gesehen wurde und die angebotene Schulbildung nur zum Ziel hatte, den fabrikeigenen Arbeiternachwuchs auszubilden, anstatt Jugendlichen den Weg ins amerikanische Bildungswesen zu ermöglichen. Sonja Georgi stellt daher in ihrer Analyse der *Brick People* dazu vergleichbar fest, dass:

> The novel thus presents the American capitalists system as tainted, because it rests on a division of laborers and capitalists along the racial/racist categories of colonialism. Consequently, the company town Walter founds in California is similarly based on the principle that he has the absolute power not only over the brickyard but also over the workers and their families. Although Walter does not set up a hacienda-like system of slavery, he founds what can be called a capitalist version of an earlier system of exploitation, as in this system the worker cannot offer his work power in exchange for a salary but puts his live and those of his family members into the service of the landlord-like employer.[846]

Außerhalb der behüteten und durch den anglo-amerikanischen Sherriff Burns kontrollierten Simons Siedlung stoßen die mexikanischen Arbeiter auf Ablehnung. In den umliegenden anglo-amerikanischen Städten herrscht eine scharfe Rassentrennung. Mexikaner sind dort nicht erwünscht und dürfen z.B. nicht dieselben Restaurants oder Schwimmbäder wie die weiße Bevölkerung besuchen. An den Eingängen verkünden Schilder, dass Hunde und Mexikaner nicht erwünscht sind. Der Ausbruch des Zweiten Weltkrieges verschlechtert die Lebenssituation der mexikanischen Arbeiter noch einmal und Morales zeichnet die Umstände der sogenannten *Zoot Suit Riots* [siehe dazu auch Kapitel I.] nach. Nachdem sämtliche japanisch-amerikanischen Bürger Kaliforniens von den Behörden für die Dauer des Krieges in Lager gesperrt wurden, richtet sich danach die Aufmerksamkeit der Medien auf die Mexican-Americans:

> The Hearst newspapers launched the first rumors against the Mexicans and set out to effectively and deliberately create fear: "Mexican Crime, Mexican Juvenile Delinquency Rising." Within six months, the newspapers had fired up a strong anti-Mexican sentiment on the verge of violent retaliation against the Mexicans. The police of Los Angeles and the surrounding cities used excuse to arrest and beat Mexicans. The Anglo-American citizenry followed the official example and freely attacked Mexican males old enough to be dangerous. While men were dying in Europe, Africa and the

---

[846] Georgi, Sonja: Bodies and/as Technology. Universitätsverlag Winter: Heidelberg, 2011. S. 208.

Pacific, the press removed the war news from the front page, paving the way for Mexican blood on the pavement.[847]

Rund 52 Jahre nach Beatrice Griffiths *American Me*, 21 Jahre nach Luis Valdez' Theaterstück *Zoot Suit* und 11 Jahre nachdem Morales auf literarischem Wege versucht hat, hegemonial geprägte Regionalgeschichte durch eine subalterne Perspektive zu ergänzen bzw. zu korrigieren, arbeitete 1999 der Historiker Edward Escobar in der *Studie Race, Police, and the Making of a Political Identity* im Detail auf, wie Mexican-Americans durch Medien und Polizeibehörden zu einer besonders kriminellen Bevölkerungsgruppe erklärt wurden:

> A variety of factors helped provoke interest in Mexican crime. Newspaper stories, magazine articles, and to a lesser extent, official government studies created the illusion that Mexicans committed a disproportionate number of crimes. The statistics generated by the official studies clearly indicated that Mexicans were not a particularly dangerous segment of the community. Nevertheless, as a result of all the attention given to the subject, by the late 1930s the idea that Mexicans constituted a serious crime problem began to capture the attention of Los Angeles police officials.[848]

Trotz des anti-mexikanischen gesellschaftlichen Klimas in Kalifornien träumt der mexikanische Protagonist und Gewerkschafter Octavio Revueltas – der Charakter repräsentiert Alejandro Morales' Vater – davon, ein eigenständiges Leben außerhalb der Siedlung zu führen. Zu diesem wird Octavio dann auch von der Firmenleitung gezwungen, als er die Kündigung für sein gewerkschaftliches Engagement erhält. So kommt es

---

[847] Morales, Alejandro: The Brick People. S. 255.

[848] Escobar, Edward: Race, Police, and the Making of a Political Identity. University of California Press: Berkeley, 1999. S. 105. Escobars Analysen der politisch motivierten Rassifizierung und Kriminalisierung von Mexican-Americans durch „weiße" anglo-amerikanische Herrschaftsstrukturen [Posten in der Verwaltung, der Polizei und den Medien waren von weißen Amerikanern besetzt, was dazu führte, dass ein bestimmter Habitus im System implementiert wurde, der bestimmte Perspektiven auf andere Gruppen mit sich brachte] lassen sich prinzipell auch auf zeitgenössische Formen xenophober Reaktionen übertragen. So bedienen beispielsweise die Rethorik des amerikanischen Präsidenten Donald Trump oder im deutschen Kontext die mediale Empörung und der politische Aktivismus in Folge der Diebstähle und sexualisierten Gewalt auf der Kölner Domplatte in der Sylvesternacht 2015 Ängste, die durch einem islamophob geprägten Diskurs geprägt sind. Walter D. Mignolo hat dazu passend den Begriff der „Subalternization von Wissen" geprägt, welcher das Phänomen beschreibt, dass bestimmte institutionalisierte Wissensformationen durch ihre Vertreter eurozentrisch geprägt und daher Wissen, dass außerhalb des Dominanzdiskurses stammt, ungesehen bleibt bzw. abgewertet wird. Siehe in Mignolo, Walter D.: Coloniality, Subaltern Knowledges, and Border Thinking – Local Histories/Global Designs. Princeton University Press, 2000. S. 4ff.

dazu, dass sein fünftes und letztes Kind, Gregorio, als einziges außerhalb der Siedlung im Krankenhaus geboren wird.[849] Der Roman *The Brick People* endet schließlich in der absoluten Entmystifizierung der heilen Welt der Simons-Fabrik. Die Revueltas, deren Eltern schon für die Simonsfamilie im roten Staub der Backsteinproduktion ihre Gesundheit ruiniert haben, werden auf die Straße gesetzt und können keinen Wohnraum im benachbarten anglo-amerikanischen Montebello finden:

> Octavio and Nana inquired about the terms of purchase of several homes east of Whittier Boulevard, in Montebello. As soon as they entered the open house or met the salesman they were simply ignored or told directly, "We don't want Mexicans here."[850]

Letztendlich eröffnet sich doch eine Lösung für die Familie, indem Octavio alle seine Ersparnisse aufwendet und ein unattraktives, preiswertes Stück Land erwirbt, auf dem die Revueltas in der Folge ihr eigenes Haus bauen. Während die Revueltas von nun an in Eigenregie ihr Leben bestimmen und meistern, stirbt der anglo-amerikanische Patron der Simons-Fabrik. Bei der Schilderung von Walter Simons Dahinscheiden greift Morales die schon von Oscar Zeta Acosta eingeführte Kakerlaken-Metapher als Symbol für die marginalisierten Mexikaner auf. Es sind die braunen Insekten, die stellvertretend Rache für die ausgebeuteten Arbeiter nehmen:

> Octavio could not restrain his enthusiasm and happiness, that at least he would build his own house. [...] While traveling in Europe with his wife, Walter Robey Simons had choked to death by a plague of brown insects that had inundated his mouth while he was calmly sleeping in his bed in a hotel in Paris. That morning, the workers heard the news unperturbed, for after all Walter Robey Simons had been just another patron.[851]

Nach dem viel besprochenen *The Brick People* markiert *The Rat Doll Plagues* von 1992 einen weiteren Höhepunkt im Schaffen des Autors. Ob des darin entfalteten utopischen Denkens wird dieser Roman im anschließenden Unterkapitel gesondert behandelt werden. Ähnliches gilt für *Waiting to Happen*[852], welches nach *The Rat Doll Plagues* im Jahr 2001 veröffent-

---

[849] Bei diesem Kind handelt es sich um Alejandro Morales. In dem Essay *Dynamic Identities in Heterotopia* geht er auf die besonderen Umstände seiner Geburt ein: „According to my mother, Juana Contreras Morales, the reason I am the way I am is because I was born in Beverly Hospital in Montebello, California, and not at home like my brothers and sisters. Absolutely convinced those hospital employees not only altered my name but my blood and/or my brain, my mother often says, "Sin mi permiso they made you part of an experiment. Por eso estás tan messed up!" [...]" In: Gurpegigui, José Antonio: Alejandro Morales – Fiction Past, Present, Future Perfect. Bilingual Press: Tempe, 1996. S. 14.
[850] Morales, Alejandro: The Brick People. S. 286–287.
[851] Morales, Alejandro: The Brick People. S. 297.
[852] Ders.: Waiting to Happen. Chusma House Publications: San José, 2001.

licht, den Beginn von Morales' sogenannter Heterotopia-Trilogie markiert und stilistisch wie narrativ aus dem Gesamtwerk heraussticht.[853]

Mit den Romanen *The Captain Of All These Men Of Death* im Jahr 2008 und *River of Angels* von 2014 blieb Alejandro seinem Themenschwerpunkt, die unerzählten Geschichten der mexikanisch-amerikanischen Bevölkerung Kaliforniens aufzuschreiben weiterhin treu. Beide Romanen ähneln sich in ihrer zeitlichen Verortung in der Mitte des 20. Jahrhunderts sowie in ihrer linearen Erzählform.

The Captain of All These Men Of Death

The Captain Of All These Men Of Death ist nach *The Rat Doll Plagues* der zweite Roman von Morales, in dem ein Ich- Erzähler die Ereignisse wiedergibt. Dies ist kein Zufall, zumal der Roman auch thematisch an *The Rat Doll Plagues* angelehnt ist. Beide Werke Morales' stehen in unmittelbarer Tradition zu Voltaires *Candide* von 1759 und Albert Camus' *Die Pest* von 1947: Während in *The Rat Doll Plagues* teils fiktive, teils historischen Personen nachempfundene Ärzte versuchen, Seuchen zu bekämpfen und darüber Auskunft geben, berichtet in *The Captain Of All These Men Of Death* der Erzähler Robert Contreras von seiner Tuberkulose-Erkrankung während des Zweiten Weltkrieges. Trotz der auktorialen Erzählsituation weist die Handlung von *The Captain Of All These Men Of Death* weit über ein individuelles Schicksal hinaus. Derart fasst es auch Jirón-King zusammen:

> It is clear from the history and the literature that Morales is aware that the story of his people is not an unfamiliar one – that suffering is universal, whether by disease or by the atrocities of humanity. The lineage of suffering in both the acts of God and the acts of human oppression weave their way back to the beginning of time. These lineages converge upon Robert Contreras and the Latina/o world in which he lives.[854]

Contreras' Geschichte stellt also keinen Einzelfall dar, sondern ist für Morales ein erzähltechnisches Mittel, um sich einer Kulturgeschichte[855]

---

[853] Im Jahr 2005 veröffentlichte Morales zudem eine Sammlung von spanischsprachigen Kurzgeschichten unter dem Titel *Pequeña Nation. Tres novelas cortas*, welche später von Adam Spires als *Little Nation & Other Stories* ins Englische übertragen wurden.

[854] Jirón-King, Shimberlee: Illness, Oberservation, and Contradiction – Intertext and Intrahistory in Alejandro Morales's The Captain of these Men of Death. In: Bilingual Review, Vol. 29, No. 1. Bilingual Press, 2008. S. 3–13.

[855] Als Recherche-Quellen für Morales haben, neben Gesprächen mit seinem Sohn, der Mediziner ist, vor allem die ebenfalls in *The Captain of all these Men of Death* erwähnten medizinhistorischen Werke von Greta Jones und J. Arthur Myers gedient. Während Greta Jones Tuberkulose-Epidemien im 19. und 20. Jh. in Irland aus einer gesundheits- und sozialpolitischen Perspektive darstellt, hat Meyers eine

der Krankheit Tuberkulose aus einer intra-historischen Perspektive der eigenen erweiterten fiktionalisierten Familienbiographie heraus anzunähern. Zudem nutzt Morales das literarische Sujet Krankheit im Sinne von Albert Camus für eine grundlegende Gesellschaftskritik. Ähnlich den Charakteren in *Die Pest* werden die Chicanos in Morales' Roman nicht nur von einer Krankheit, sondern auch von einem System der Fremdherrschaft bedrängt. Shimberlee Jirón-King sieht dies ähnlich und formuliert folgendermaßen:

> He [der Ich-Erzähler Roberto. Anmerk. des Verf.] complies with the medical regime and through his compliance eposes the corruption of his world. Illness thus functions as a metaphor for misrule and oppression – and it seems that the epidemic spreads with a cruel virulence despite the obvious lack of symptoms in the population. As in Camus narrative, the world seems calm on the surface, but beneath the surface, there is a malicious disease that will ultimately destroy us all. [856]

Von Jirón-Kings Aufsatz abgesehen, wurde *The Captain Of All These Men Of Death* von der Literaturwissenschaft bis lang wenig beachtet, und das, obwohl der Roman aus meiner Sicht zumindestens in Hinsicht auf die literarische Qualität als Morales' Opus Magnum bezeichnet werden kann.

Da sich Marc García-Martínez bereits in aller Ausführlichkeit mit Morales' morbider Ästhetik in *The Captain Of All These Men Of Death* beschäftigt hat, stelle ich bei meinen folgenden Betrachtungen diese Gestaltungsfragen in den Hintergrund, zumal Morales selbst im Interview die Bedeutung seiner „*Flesh-And-Blood*"-Ästhetik als Verzierung herunterspielt:

> All my books deal with representations of social order. What else? It also has to do with satire. Because part of satire is the grotesque. It also has to do with ornamentation like the baroque. Baroque is ornament. And these are nowadays ornaments. Violence is an ornament. We see it in television. How much violence do we see in TV? They ornament, they are entertainment, they are ornamental. We are a society of the spectacle. So all of this ties into it.[857]

---

epochenübergreifende medizinhistorische Arbeit zur Tuberkulose verfasst. Jones, Greta: „Captain Of All These Men Of Death" – The History Of Tuberculosis In Nineteenth And Twentieth Century Ireland. Rodopi: Amsterdam, 2001. Meyers, J. Arthur: Captain Of All These Men Of Death – Tuberculosis Historical Highlights. Warren Green Inc.: St. Louis, 1977. Laut Meyer wurde die Tuberkulose das erste Mal von John Bunyan in dessen Buch *The Life and Death of Mr. Badman* im Jahr 1680 als Kapitän aller Krankheiten bezeichnet. S. Xi. Bunyan (1628–1688) war ein englischer Baptistenprediger und Schriftsteller.

[856] Jirón-King, Shimberlee: Illness, Observation, and Contradiction – Intertext und Intrahistory in Alejandro Morales's "The Captain of all these Men of Death". In Bilingual Press: Bilingual Review, Vol. 29, No. 1, 2008. S. 10.

[857] Schreiner, 2017. S. 24. Seitenangabe bezieht sich auf meinen Originaltext.

Anstatt mich wie García-Martínez auf die Funktion der von Morales verwendeten Sprachmittel zu konzentrieren, orientiere ich mich an Shimberlee Jirón-Kings Aufsatz *Illness, Oberservation, and Contradiction: Intertext and Intrahistory* und stelle im Sinne der Fragestellung meiner Dissertation die thematischen Bezüge von Morales Prosa heraus:

Die Erzählerfigur Robert Contreras ist Alejandro Morales' Onkel nachempfunden, der dem Schriftsteller in zahlreichen Gesprächen von seinen Erfahrungen im Sanatorium Olive View berichtet hat. *The Captain Of All These Men Of Death* kann daher als eine Familiennarration verstanden werden, die an das Ende von *The Brick People* anknüpft.

Der erst 19-jährige Roberto möchte sich eigentlich wie seine älteren Brüder Nash, Ralph, Enrique und Luis freiwillig beim U.S.-Militär verpflichten, um seinem Land im Krieg gegen die Nazis und die Japaner zu dienen. Es kommt jedoch alles anders, als Roberto bei der Musterung erfährt, dass er an TBC erkrankt sei. Während Roberto über die Diagnose vielmehr zutiefst enttäuscht als denn beunruhigt ist, erhalten seine Eltern vom Militär einen Brief, der sie auf die Gefährlichkeit seiner Erkrankung hinweist. Roberto wird daraufhin von allen familiären Pflichten freigestellt und bekommt eine Art medizinischen Stubenarrest auferlegt, bis ein Therapieplatz für ihn und seine zum damaligen Zeitpunkt unheilbare und meist tödlich verlaufende Krankheit gefunden ist.

Obwohl die Ärzte sich und dem Jungen wenig Hoffnung machen – sie sagen ihm vielmehr ins Gesicht, dass er wahrscheinlich sterben wird – wird Roberto ins Monrovia Consumptive Rehabilitation Center geschickt. Vor Ort ist Roberto mit den hoffnungslosen Fällen untergebracht; mit nahezu wahnsinnigen, versehrten Kriegsveteranen, deren Körper von allerlei Krankheiten und Seuchen wie TBC und Malaria befallen sind, muss der Junge sich ein Zimmer teilen. Roberto, dessen Zustand während seines ganzen Aufenthaltes in Monrovia stabil bleibt, muss mit ansehen, wie seine Zimmergenossen Gus und Joe nacheinander, markant in der äußerst bildlichen Sprache von Morales dargestellt, verfaulen und sterben. Bevor der rassistische Soldat Gus aus dem Leben scheidet, jagt er Roberto noch einen höllischen Schrecken ein. Den alptraumhaften Sequenzen von Francis Ford Coppolas Kriegsfilm *Apocalypse Now* nicht unähnlich, kriecht Gus nachts im Wahnsinn aus dem Bett und schleppt sich, gehbehindert wie er ist, zu einem dem Zimmertrakt nahegelegenen Hundezwinger, tötet mit bloßen Händen ein Tier, weidet es aus und fängt an es roh zu verschlingen, ehe er von Pflegern in Gewahrsam genommen werden kann.[858]

---

[858] García-Martínez vergleicht die Schlachtung des Hundes durch Gus mit Herkules' Kampf mit Orthos, dem Wachhund des Giganten Geryon. Siehe García-

Da Monrovia eindeutig der falsche Ort für den jungen Roberto ist, und ob seines unveränderten stabilen Gesundheitszustandes, wird er wieder nach Hause entlassen. Seiner Mutter gelingt es in der Folge für ihn einen Platz im renommierten Olive View Sanatorium zu organisieren. Kurz vor Kriegsende tritt Roberto schließlich seine Therapie an.

Innerhalb des Sanatoriums Olive View werden die Patienten, je nach Zustand, dazu ermuntert, sich am Sozialleben zu beteiligen und sich in der Organisation struktureller Abläufe, die jenseits der medizinischen Betreuung liegen, nützlich zu machen. Roberto beginnt daher Post in der Einrichtung auszutragen und lernt dabei viele Menschen kennen. Darunter sind auch gleichaltrige Patienten wie Mayte und Francis, mit denen er tiefe Freundschaften schließt. Roberto verliebt sich in Mayte und entscheidet sich dazu ihr in der Redaktion und bei der Herausgabe des hauseigenen Patientenjournals *Point* zu helfen. In diesem Zusammenhang muss eine strukturelle Besonderheit von *The Captain Of All These Men Of Death* erklärt werden, die einmal mehr durch Morales Vorliebe für das Komponieren intrahistorischer und intertextueller Texte gekennzeichnet ist:

Robertos auktorialer Erzähltext über die Ereignisse und sein Leben in Olive View wird in regelmäßigen Abständen durch medizinhistorische Sachtexte zur Geschichte der Einrichtung, verfasst von Morales' Sohn, dem Arzt Gregory, und durch Zeitungsartikel zur Geschichte der Erforschung von Tuberkulose, verfasst von den fiktionalen Charakteren Mayte und Francis, unterbrochen. Maytes und Francis Artikel sind dabei nicht nur journalistische Sachtexte, sondern oftmals auch prosaische Nacherzählungen über das Leben und die Arbeiten von Hippocrates, Robert Koch und Marcel Triguer, einem Mediziner an der Sorbonne zu Zeiten von Louis XVI. Zudem streut Morales eine biographische Zusammenfassung über das Leben des italienischem Tuberkulosespezialisten Dr. Franco de Battaglia ein und ergänzt diese durch vom Arzt selbst verfasste Lyrikelemente.[859]

Martínez, Marc: The flesh and blood aesthetics of Alejandro Morales – Disease, Sex, and Figuration. State University Press: San Diego, 2014. S. 138.

[859] Franco de Battaglia war ein Mediziner an Alejandro Morales' Alma Mater, der Rutgers University. Als ein Nebenprodukt der Arbeit an *The Captain of all these Men of Death* muss in diesem Zusammenhang Morales' Kurzgeschichte *Jimena* genannt werden, in der er darüber fabuliert, wie die Tuberkulose zu Zeiten des spanischen Vizekönigreiches nach Mexiko gekommen ist. *Jimena* kann darüber hinaus als Bindeglied zwischen *The Captain of all these men if Death* zu *The Rag Doll Plague* verstanden werden, in dem die Seuchenmetapher ein weiteres Mal im kolonialen Kontext von Morales verwendet wird. Die Kurzgeschichte wurde veröffentlicht in Sobek, María (Hrsg.): Perspectives Transatlanticas en la literatura Chicana. Essayos y creatividad. Universidad Malaga, 2002. S. 25–42.

Im Laufe seines Aufenthaltes beginnt Roberto immer mehr an der Institution Olive View zu zweifeln. Auslöser hierfür ist der Fall des „Patienten" Sandro Díez, einem Gewerkschafter, der eigentlich kerngesund ist. Da dieser der kommunistischen Agitation bezichtigt wird, man ihm jedoch offiziell kein Verbrechen nachweisen kann, kooperieren sein Arbeitgeber und die Polizei-Behörden mit dem Sanatorium, welches ihn dann als „unerwünschtes Element" unter dem Vorwand falscher Diagnosen für eine finanzielle Gegenleistung wegsperrt:

> Why do you always believe the fucking doctors? Some of these guys are criminals working for the big companies and making big money sending workers like me to sanatoriums. Doctors are human beings, and human beings are easily tempted with money, and Dr. Bedell, who's supposedly treating me, loves money. He's a criminal, a liar who works for the company and protects their interests, and it's in the company interests to keep me locked up here with all of you tísicos. They couldn't get me on criminal charges so they got me on bogus health reports, falsified x-rays, a family dispute, and abuse charges. Bedell is a criminal who works for criminals. And because he is a doctor you automatically kiss his culo. The trouble with you Robert, is that you're a lambiche[860] who protects Olive View, protects the system. The system has treated you well, so of course you defend it. But it didn't work for me and it hasn't worked for my family. It got me sent here to TB Siberia and I'm not sick. [861]

Morales bezieht sich in dieser Episode auf Ereignisse, die häufiger in der mexikanisch-amerikanischen Gemeinde kolportiert wurden. Entführungen missliebiger Personen waren demnach keine Seltenheit. Historische Aufarbeitungen hierzu stehen noch aus.

Eine zwiespältige und besondere Rolle im Sanatorium übt zudem die französische Ärztin Dr. Demore aus, der unter den Patienten nachgesagt wird, dass sie eine Zeit lang zusammen mit dem berüchtigtem Nazi-Wissenschaftler Josef Mengele im Konzentrationslager Auschwitz Experimente an Menschen durchgeführt habe und daher über die neusten Erkenntnisse bei der Bekämpfung von Tuberkulose verfüge.[862] Kunde über Mengeles unmenschliche Tuberkuloseforschung erhält Roberto allerdings nicht von Dr. Demore, sondern vom etwa gleichaltrigen Holocaust-Überlebendem Mel Schoenberg. Schoenberg ist eine von Morales erfundene Figur, und nicht etwa eine reale Person aus der Lebensgeschichte

---

[860] Spanisch-mexikanischer Slangbegriff, entspricht in etwa dem deutschen Schimpfwort „Arschkriecher".
[861] The Captain of all these Men of Death. S. 176.
[862] Auf die Idee Bezüge zu Josef Mengele in die Handlung aufzunehmen, ist Morales durch Gespräche mit seinem Freund, dem Schriftsteller Herbert Haffner gekommen. Haffner lebt in Berlin und verfasst hauptsächlich Musikbiographien. Siehe z.B. Haffner, Herbert: Furtwängler. Parthas Verlag: Berlin, 2003. Morales erzählte mir dies in einer Interviewpause während meines Besuchs in Irvine.

seines Onkels, auf dessen Erinnerungen letztlich die Handlung von *The Captain of all these Men of Death* in ihren Grundzügen basiert.

Abseits des normalen Sanatorium-Traktes unterhält Dr. Demore einen abgesicherten Labortrakt, genannt La Loma, in dem Versuche an Tieren und Operationen an Menschen durchgeführt werden. Da Roberto beobachtet hat, wie Busse regelmäßig afro-amerikanischen Passagiere zu diesem Operationstrakt bringen, die dann diesen Ort niemals mehr verlassen, macht er sich große Sorgen als er erfährt, dass er dort operiert werden soll. Letztendlich willigt Roberto jedoch auf den Vorschlag von Dr. Demore ein und in der Tat rettet die Ärztin sein Leben, so dass er im Alter von 25 Jahren geheilt Olive View verlassen kann.

Morales lässt *The Captain of all these Men of Death* mit einem Besuch Robertos bei der *curandera* Lorranine im *barrio* San Fernando und dem abschließendem Urteil, dass Schulmedizin und spirituelle Heilkunst miteinander relativierend vergleicht, ausklingen:

> The doctors at Olive View Sanatorium were not much different from the curanderos, paleros, yerberos, and other folk medicine practioners in the barrios. Both the sanatorium and the barrio were places where good medical intentions went wrong and "scientists" at time became madmen.[863]

Ähnlich den Protagonisten in Albert Camus' *Die Pest* kämpft Roberto mit seinem Überleben gegen die Sinnlosigkeit der Welt. Die Freundschaft mit Francis und die Liebe zu Mayte bieten jedoch einen Ausweg und eine Alternative zur Verzweiflung. Das durch die Tuberkulose bedingte Exil im Sanatorium kann zudem durchaus als Metapher für die Marginalisierung der Chicano-Lebenswelt innerhalb der anglo-amerikanischen Dominanzkultur verstanden werden. Die Solidarität zu den Mitpatienten gleicht in diesem Sinne dem Zusammengehörigkeitsgefühl der *barrio*-Lebenswelt, das durch eine interne Geographie geprägt ist, die dabei hilft, der erlebten Segregation mit einem selbst gestalteten Heimatgefühl zu begegnen.

River of Angeles

Alejandro Morales' jüngster Roman *River of Angels* ist ein weiteres Beispiel dafür, wie Regionalgeschichte aus der intra-historischen Perspektive marginalisierter Chicanos dem Vergessen entrissen werden kann, um sie der dominanten Geschichtsschreibung entgegenzustellen. Schon der Titel des Romans nimmt Bezug auf das Verschwinden der mexikanischen Siedlungsgeschichte im kollektiven Gedächtnis der Bevölkerung Kaliforniens, da der Los Angeles River nicht nur kanalisiert, sondern in Teilen sogar in ein unterirdisches Bett verlegt und betoniert wurde. Im Interview erklärt

---

[863] The Captain of all these Men of Death. S. 279.

Morales sein Interesse an *Intra-History* am Beispiel seines Romans *River of Angels* folgendermaßen:

> In *River of Angels*, the Rivers Family is really from a poor origin, but the Keller family comes from a very rich part of the Philadelphia 500, very wealthy people, they always had backing, they always could have gone back to Philadelphia and could have get help. But the main interest of the book is the intra-historical view of what was going on in L.A. during that time. This is what really fascinates me is the untold story! People of the untold life of individuals you know. This is what I am digging for. I write now for example... in the library I have this project...I helped to do, in the Huntington collection they have holdings and papers of wealthy families in Los Angeles, very powerful families like for example the Huntingtons who owned all this land where is now the city of Huntington today. He made all his money building the railroad. There had been other families like the Gettys who made all their money from oil. But they have all these papers there. I wanna look through them to see the receipts of the bills of whom they paid. I wanna know who worked for them. Who did the gardening who did all the errands? Who really ran all these huge places and allowed them to live the way they live. I want to find that Mexican family, that Mexican gardener and I want to create an intra-historical perspective of their life in comparison to the wealthy.[864]

In *River of Angels* geht Morales getreu seines intra-historischen Ansatzes abermals in der Zeit zurück und beginnt – nach einem im Entstehungsjahr des Romans angelegten Prolog – die Erzählung des mexikanischen Kaliforniens vor dem Vertrag von Hidalgo de Guadalupe im Jahr 1842 zu schildern. Hierzu verfolgt er die Lebenswege des Farmers Abdelardo Rios und seiner Nachfahren:

Abdelardo lebt in direkter Ufernähe am Los Angeles River, der damals noch Río de la Porciúncula genannt wurde.[865] Er gilt in der Umgebung bei den anderen Siedlern als Spezialist für das unberechenbare Gewässer. Abelardo und seine Familie bestellen schon in dritter Generation ihre Ranch als die ersten Anglo-Siedler nach dem mexikanisch-amerikanischen Krieg ins Pueblo de Los Angeles strömen und eine neue Epoche beginnt. Da Abelardo Ríos Ruf sich in der Gegend herumgesprochen hat, suchen die Anglo-Siedler seinen Rat und fragen nach, wo sie am besten ihre Häuser bauen können, um dem Hochwasser des Flusses und seinen Stromänderungen aus dem Weg zu gehen. Als sich immer mehr Siedler niederlassen und langsam eine Stadt heranwächst, beherzigt A-

---

[864] Schreiner, Daniel: The Once and Future Chicano – Weltliteratur between Intra-History and Utopian Vision: An Interview with Alejandro Morales. Symbolism 17. S. 15/16. Die Seitenangabe bezieht sich auf meinen Originaltext.

[865] Ein historische Studie zur Geschichte Los Angeles ist Ríos-Bustamante, Antonio: Mexican Los Ángeles – A Narrative and Pictorial History. Nuestra Historia Series, Monograph No. 1. Floricanto Press: Encino, 1991.

belardo den Rat seiner Frau Toypurina und gründet einen Fährbetrieb, der der Familie zu mehr Wohlstand verhilft.

Ähnlich der narrativen *barrio*-Analyse in *The Brick People* entwirft Morales in *The River of Angels* eine detaillierte Narrationsgeschichte der Stadtentwicklung und Bevölkerung von Los Angeles, bei dem er besonderes Augenmerk auf die Rolle der Minderheiten legt. Trotz der anglo-amerikanischen Vorherrschaft und der Entrechtung der *Californios* gelingt es Abelardo, eine erfolgreiche Firma aufzubauen. Dieser soziale Aufstieg verliert für ihn jedoch nach dem Verlust seines Sohnes Sol, der beim Versuch die Angehörigen der Familie Plummer aus den Fluten des Flusses zu retten ums Leben kommt, an Bedeutung.

Während Abelardo zusehends altert und an Lebenskraft verliert, übernimmt sein anderer Sohn Otchoo den Familienbetrieb und anglisiert seinen Namen in Oakly Rivers.[866] Die ursprünglich als Fährbetrieb gegründete Firma wächst zu einem Bauunternehmen mit dem Namen *Sun Construction* heran und hat ihren Anteil am rasanten Wachstum und der Industrialisierung von Los Angeles. Oakly Rivers gelingt durch seinen ökonomischen Erfolg schließlich der Aufstieg innerhalb der weißen High Society der Stadt und er heiratet die Bankierstochter Agatha Banac. Immer wieder verwebt Morales die Handlung von *The River of Angels* intertextuell mit seinen vorherigen Romanen. Derart wird die Simons Fabrik aus *The Brick People* genauso thematisiert wie die Heimsuchung Los Angeles' durch einen Tuberkulose-Ausbruch, wie er zuvor schon im Vorausgegangenen Roman *The Captain of all these Men of Death* beschrieben wurde.

Eine weitere Besonderheit in *River of Angels* ist, dass Alejandro Morales die eigentlich in einem sozialrealistischen Ton gehaltene fiktionalisierte Zeitgeschichte durch mehrere, magisch anmutende Nebenerzählstränge unterbricht bzw. erweitert. So taucht zum Beispiel Sol, der verschollene Sohn, wieder auf. Ohne jegliche Erinnerung und nicht in der Lage zu sprechen oder zu gehen, wird er von einer alten Indianerin gefunden und adoptiert. Jahre später, nachdem er wie ein Kleinkind sämtliche

---

[866] Alejandro Morales verweist im Interview darauf, dass es starke Anpassungstendenzen unter wohlhabenden Mexican-Americans in der ersten Hälfte des 20. Jh. gab: „So the idea of whiteness occurred more in the 1930s. I told you about the book, *Chipotle* and how Mexican-Americans back in the 20s and 30s became middle class people. There had not that many Mexicanos like now living in this area. They had been less. But they saw the very poor Mexicans come over and said: "We do not wanna have anything to do with them. They wanna move into our neighborhoods? Forget it! Our neighborhoods are very nice neighborhoods." Some of them changed their name or if they had been light-skinned they even might dyed their hair. So this is what I remembered as whitening. I think it does not occur now." Vgl. Schreiner, 20017. S. 41. Die Seitenangabe bezieht sich auf meinen Originaltext.

Fähigkeiten hat neu lernen müssen, kommt es zu einer Familienreunion mit seinem Bruder Oakly und Sols indianische Ziehmutter erklärt:

> When I first saw him out of the corner of my eye, I thought he is one of the lizard people. The lizard people come up to save the most defenseless who are drowning or have drowned by the river and take them to their home deep underground. Few have seen them, because, when lizard people are changing from human to lizard or from lizard to human, their appearance is terrifying.[867]

Während Alejandro Morales im narrativen Text nicht deutlich macht, ob Sol auf magische Weise wiedergeboren wurde oder bei dem Unglück nicht wirklich gestorben ist, gibt er im Interview an, dass er sich bei diesem Handlungsstrang an Toni Morrisons Roman *The Beloved*[868] orientiert hat. Sol ist demnach eine personalisierte „*Rememorisation*" einer verstorben Seele, gleichsam der Morrison'schen Protagonistin Beloved.[869] Morales führt im Interview weiter aus, dass Morrisons und seine Vorstellungen von *rememory* nicht nur auf einem mexikanisch-amerikanischen Spiritualismus und einem Glauben an Geister zurückgehen, sondern auch auf die Arbeiten des Schweizer Psychologen und Philosophen Jean Gebser, der sich in den 1940er Jahren mit den unterschiedlichen Erinnerungsschichten des Menschen auseinandergesetzt hat.[870] Der verlorene Sohn Sol wird von der Rivers Familie wieder aufgenommen. Da er der einzige ist, der sich nicht vor den spukhaften Zuständen, die auf der leer stehenden Familienranch am Ufer des Los Angeles Rivers herrschen, fürchtet, macht er sich

---

[867] River of Angeles. S. 36.
[868] Morrison, Toni: Beloved. Alfred Knopf: New York, 1987.
[869] Vgl. mein Interview mit Morales: „Things like curanderismo, I was cured by a curandero when I was a kid. My dad was cured by a curandero. This things are not odd to me since I lived them. Spirits and ghosts. I believe in those things. I believe for example, there is a term, ahhhh there is memory, human memory depends on human consciousness and something that, oh what is the name Toni Morrison: *The Beloved*, magnificent book, and she explains, she uses the term rememory. [...] So she explains: A rememory does not depends on human consciousness. A rememory is the energy of what is left behind from a dramatic event. This is the murder of Beloved. From a huge powerful event and it remains in the place where it did occur. And it has the power to effect us, the power to effect human life beyond the particular energy. It constantly creates its own energy and people can sense that, hear it, maybe see it without knowing what it is. So this is what a rememory is. It exists independently from the human consciousness. It's a energy which exists for itself." Schreiner, 2017. S. 26. Die Seitenangabe bezieht sich auf meinen Originaltext.
[870] Gebser, Jean: Ursprung und Gegenwart. Die Fundamente der aperspektivistischen Welt. Deutsche Verlags-Anstalt: Stuttgart. 1949. Ich werde bei der Betrachtung von Morales *The Rat Doll Plagues* im anschließenden Kapitel ausführlicher auf Gebser zu sprechen kommen, da dessen Theorien nicht unwichtig für das Verständnis des Romans sind.

dort als Verwalter nützlich. Das Familiengut und die erweiterte Flusslandschaft werden nämlich vom Geist der mittlerweile verstorbenen Toypurina Rios heimgesucht, die als eine Art Flussheilige die Seelen der Ertrunkenen beschützt.

Im Laufe der weiteren Handlung verfolgt Morales weiterhin Oaklys Rivers Karriere und erzählt anhand seines Lebenslaufes die Stadtgeschichte Los Angeles'. So bekommt es die Rivers beispielsweise mit der Industriemagnatenfamilie der Kellers zu tun, die wie die Dynastien der Gettys und Huntingtons, die Entwicklung Kaliforniens entscheidend geprägt haben.

Phillipp Keller[871] ist ein furchtbarer Rassist und der Gründer des *Aryan Clubs* in Kalifornien. Keller und seine Verbindungsbrüder haben, inspiriert durch Nazi-Ideologien aus Deutschland, eindeutige Vorstellungen von der Zukunft der Region:

> Male children were important to continue the Aryan race. Uncle Philip believed that European Aryans had to continue their bloodlines in America and particularly in Southern California, where there was so much potential for pollution from mongrel races. Soon after Ernest returned from Philadelphia, Uncle Philip had introduced him to the Aryan club of Southern California. The members, all white of white northern European stock, wanted to make Los Angeles a new-world Aryan fatherland. Most of the members were wealthy professionals involved in government, banking, publishing, real estate, science and education.[872]

Oaklys Sohn Albert gewinnt dennoch das Herz von Louise, der Nichte von Phillip Keller, und heiratet sie. Diese Familienzusammenführung ist dem Rassisten Keller jedoch zutiefst zuwider und er sendet Schläger aus, die dem einheiratendem „*Greaser*" mehr als „eine Lehre" erteilen sollen: Er soll nicht weniger als kastriert werden. Albert überlebt die Attacke jedoch und bleibt sogar weiter zeugungsfähig. Als Louise wieder schwanger wird, befürchtet Sol Rivers das Schlimmste von Kellers Seite und will seine Familie beschützen. Als Sol Phillip Keller zur Rede stellt und ihn davon überzeugen will, die Rivers in Ruhe zu lassen, eskaliert die Situation und er wird von Kellers „arischen" Verbindungsbrüdern ermordet.

Der Tod Sols wird, genauso wie die anschließende Ermordung des Rache suchenden Albert, als Notwehr zugunsten des gutvernetzten Kellers ausgelegt. Die Abwendung der übrigen Kellers von ihrem rassistischen Familienmitglied und der Untergang Nazi-Deutschlands sowie die Heimsuchung durch die Geister der Ermordeten lassen Phillip Keller gebrochen zurück. Keller sucht sogar die Läuterung, dient für den Rest sei-

---

[871] Bei Phillipp Keller handelt es sich wie so oft bei den Protagonisten in den Romanen von Morales um literarische Nachzeichnungen realer Personen. Morales ist als Kind Keller selbst begegnet. Siehe das Nachwort zu *The River of Angels*. S. 265.
[872] River of Angels. S. 85.

nes Lebens einem katholischen Kloster und vererbt Alberts Nachfahren seinen gesamten Besitz. So endet schließlich der Roman *The River of Angels* mit dem Untergang arischer Rassenwahnvorstellungen und mit der Geburt eines heterotopen Kaliforniens, in dem sich die Kulturen und Sprachen mischen.

Heterotopia und das Verschwinden der Grenzen: Alejandro Morales' *The Rag Doll Plagues*

> And thus my brothers, at last it is revealed to you, the divine compassion which has ordained good and evil in everything; wrath and pity; the plague and your salvation. This same pestilence which is slaying you works for good and points your path.
> **Father Paneloux,** Figur aus *The Rag Doll Plagues*

> Der Mensch aber ist in der Welt, um sie und sich zu wahren. Dies aber nicht um seinet- oder ihretwillen, wohl aber um der geistigen Gegenwart willen. Und sie ist es, die die Ganzheit durchscheint und die uns aus unserer vergehenden Zeit befreit. Denn diese unsere Zeit ist keine Gegenwart, sondern Teil und Flucht, ja fast schon Ende. Doch wer um den Ursprung weiß, hat Gegenwart und lebt und stirbt im Ganzen.
> **Jean Gebser**

Die Idee eines heterotrophen Kaliforniens, das durch eine multikulturelle Gesellschaft jenseits einer anglo-amerikanischen Dominanzkultur geprägt ist, ist zentraler Kern von Alejandro Morales' Zukunftsvorstellungen, die er nicht nur literarisch durchspielt, sondern auch jenseits seiner Prosa vertritt. Der Begriff Heterotopia besteht aus dem griechischen Wort „hetero"/anders und dem lateinischen Wort „topos"/Ort und beschreibt in Rückgriff auf Michel Foucaults Diskursanalyse das Abweichen eines Ortes von der diskursiven Normalerwartung.[873] Im Interview führt Morales seine Visionen für Nordamerika folgendermaßen aus:

---

[873] Vgl. Foucault, Michel: The Order of Things. New York: Vintage Books, 1971. Der Soziologe Hetherington hat die weitere Verwendung des Begriffs Heterotopia ausführlich aufgearbeitet. Siehe dazu Hetherington, Kevin: The Badlands of Modernity. Heterotopia and social ordering. Routeledge: New York, 1997. Morales selbst erklärt sein Verständnis von Foucaults Konzept ausführlich im Essay *Dynamic Identities in Heterotopia*. Hier ein Auszug: „Michel Foucault´s concept of heterotopia explains the border culture expierenced daily in the urban zone between Santa Barbara California, and Tijuana, Mexico. We live in a time and space in which borders, both literal and figurative, exist everywhere. Borders made of concrete, asphalt, aluminum, brabwire, and water, which mark the dividing line of one community in relation to another and mark the demographic, racial, ethnic, economic, and political separation of people, are the physical borders of heterotopia. Metaphorical borders are symbolized by the divisions and limits of culture, language, food, traditions, influence, and power. Psychological borders are manifested in metaphors of fear, desire, love and hatred." S. 23

California, Califia! It defers from Greek! This muse! California has his reputation of being this place where everything and anything can happen. And I think at least from my point of view, that they are correct...Today L.A. is this fabulous cosmopolitan city where you have in the city itself 80% different languages being spoken. Different people coming in. I use the term Hetero-Utopia. It's a place of constant difference and constant negotiating difference. Constantly negotiating identity. Especially today. In the beginning, in the late 20th and while the entry into the 21st. century. This is, what L.A. is all about. And the writers they do write about all this. Emigration, the issues of emigration. Any writers are writing about emigration issues. I do it too, what is it about living in this kind of fabulous place which is L.A., which is California, from Santa Barbara to San Diego and then the Mexican Border being right there and the impact Tijuana has, Mexico has, because there are millions of people living in Tijuana. It's a huge city. And that is kinds of reminds people of a threat. And it reminds people of the fear of the reconquest, of Mexico taking over the territory. And in a sense, metaphorically speaking, it is exactly that! Through metaphor there is a reconquering of the city and of the territory.[874]

Literarisch hat Morales sein utopisches Denken vor allem im 1992 erschienen Roman *The Rag Doll Plagues* verarbeitet. Der Roman besteht aus drei in sich abgeschlossenen Kurzgeschichten, die jedoch thematisch und intertextuell mit einander verbunden sind. So beziehen sich beispielsweise die Protagonisten der zeitlich später datierten Kurzgeschichten auf die Memoiren der Figuren aus den jeweils vorherigen Erzählwelten. Da diese Protagonisten zudem literarisch-verspielte Imaginationen der eigenen Person des Schriftstellers und seiner Nachfahren sind, die über die Jahrhunderte miteinander interagieren, muss *The Rag Doll Plagues* als Morales bisher ausdrücklichstes Beispiel von Metafiktion verstanden werden. Während Morales auch in anderen Werken hauptsächlich durch vorgeschaltete bzw. durch abschließende Epiloge immer wieder auf die experimentelle Natur seiner Prosa hinweist, die Fiktion mit Geschichte aus einer intra-familiären Perspektive verschmilzt, ist das Fiktionale in *The Rag Doll Plagues* innerhalb des Textes durch die wiederkehrende Erzählerfigur von Gregory Revuelta deutlich gemacht, die holzschnittartig repliziert, mehr durch ihre erzähltheoretische Funktion als durch individuelle Charaktertiefe geprägt ist und so die Illusion von erzählter Realität zerstört.

Mit Bezug auf die Forschungsansätze von Linda Hutcheon kann *The Rag Doll Plagues* daher als *Narcissistic Narrative* bezeichnet werden, bei der die Selbstreflexion des Textes verdeckt und unbewusst gehalten ist.[875] Diese „*covert form of metafiction*" ist dadurch gekennzeichnet, dass der

---

[874] Schreiner, 2017. S. 7. Die Seitenangabe bezieht sich auf meinen Originaltext.
[875] Linda Hutcheon hat in ihrer Studie zur Metafiktion eine Typologie „narzistischer Narrationen" entworfen. Siehe in Hutcheon, Linda: Narcissistic Narrative. Wilfried Laurier University Press: Waterloo, 1980. S. 17–35.

Leser über das Fiktionale informiert wird, ohne dass der Text sich explizit als Fiktion erklärt.

Ausgangspunkt für den kreativen Schaffensprozess, der zu den *Rag Doll Plagues* geführt hat, war ein Gastvortrag des Medizinhistorikers John J. Tepaske[876] an Morales' Hochschule, der University of California in Irvine. Tepaskes Schilderungen von Seuchenausbrüchen in Kolonial-Mexiko ließen Morales, der sich schon seit frühster Jugend für medizinische Themen interessiert, nicht mehr los. Morales war derart von den alptraumhaften Zuständen, die Tepaske skizziert hatte, fasziniert, dass er sich den eigenen Worten zufolge außer Stande sah, die Arbeit an *The Brick People*, mit der er damals beschäftigt war, fortzusetzen.[877]

Morales beschreibt im Interview, wie der Protagonist Octavio Revuelta in seiner Fantasie immer wieder aus Simons Ziegelfabrik heraus in die Vergangenheit Mexikos drängte. Morales unterbrach daher die Arbeit an *The Brick People* und begann mit *The Rag Doll Plagues*. Sonja Georgi hat diese beiden Werke von Morales deshalb in einen direkten Zusammenhang gestellt und sieht in *The Rag Doll Plagues* eine dystopische Fortentwicklung der narrativen, in einem realistischen Stil gehaltenen Sozialkritik in *The Brick People*. Georgi liest beide Romane als eine Art Gegendiskurs, der Mainstream-Ansichten zu Globalisierung und Ethnizität in Frage stellt:

> While in *The Brick People* Morales traces the historical causality between slavery-like working conditions of workers on Mexican haciendas in the nineteenth century and the social and economic exclusion of Mexican laborers in the United States in the early twentieth century , in a postmodern manner *The Rag Doll Plagues* juxtaposes not only two historical periods but extends the narrative to the future, thus establishing causality between the living circumstances of Mexican, Mexican Americans, and white Americans in the past, the present, and the future. [...] While *The Brick People* already establishes a causality between colonialism and capitalism in America, book three of *The Rag Doll Plagues* continues the logic of globalization to arrive at a hyper-capitalist and hyper-technological NAFTA-like confederation comprising Canada, the United States, and Mexico, and in which Mexicans from Mexico City are, as they were in *The Brick People*, commodified and viewed as rescource by mainstream society. Further, *The Rag Doll Plagues* extends the concept of heterotopia as it combines narratives set in the past and in the future, thus creating further causality between colonialism, globalization, and information technology, [...]"[878]

---

[876] Siehe Lanning, John Tate [Hrsg.: Tepaske, John Jay]: The Royal Protomedicato – The Regulation of the Medical Professions in the Spanish Empire. Duke University Press: Durham, 1985.
[877] Schreiner, 2017. S. 20/21. Die Seitenangabe bezieht sich auf meinen Originaltext.
[878] Georgi, Sonja: Bodies and/as Technology. Universitätsverlag Winter: Heidelberg, 2011. S. 225.

Protagonist des ersten Teiles des Romans ist der spanische Arzt Gregorio Revuelta, der im Jahr 1788 an den Hof des spanischen Vizekönigs Juan Vicente des Güemes Pacheco de Padilla (1740–1799) entsandt wird. Buch I der *Rag Doll Plagues* trägt daher den Namen „Mexico City" und ist wie eine Art Tagebuch konzipiert, in dem Revuelta als auktorialer Ich-Erzähler die Eindrücke seiner Reise, seine inneren Kämpfe und medizinischen Überlegungen festhält.

Es ist Revueltas erste Reise nach Mexiko. Als er auf dem Weg von Veracruz nach Mexiko-Stadt auf die native Bevölkerung Mexikos trifft, bewertet er diese als seelenlose Wilde. Sonja Georgi liest die Beschreibungen Revueltas als eine Art individueller kolonialer Besitzname:

> The discourse that is reflected in the first book through the point of view of Don Gregorio is a colonial discourse in which the Old World defines the New World on religious, ideological, and racial terms.[879]

Nichtsdestoweniger ist Revuelta von den Fähigkeiten der nativen Bevölkerung, im Dschungel zu überleben, beeindruckt. Als Direktor des königlichen *Protomedicato* ist es die Aufgabe Revueltas die medizinische Versorgung im Vizekönigreich zu gewährleisten. Eine *La Mona* genannte Seuche, die langsam die Körperteile der Betroffenen auffrisst, ist ausgebrochen und Spanien macht sich große Sorgen, dass sich aus den Umständen der Epidemie politische Unruhen entwickeln könnten, die die Verwaltung des Landes ernsthaft gefährden könnten. In Mexiko-Stadt wird ihm der Priester Father Jude zur Seite gestellt, der sich schon länger in den Kolonien aufhält und sich für die Heilkünste der „Indianer" interessiert. Von Father Jude, der bei einer Seereise von Piraten fürchterlich im Gesicht entstellt wurde, wird er in die Situation vor Ort eingeführt und beginnt mit der Arbeit.

Die Zustände in der Stadt sind katastrophal und Fäkalien, Müll und Leichen werden achtlos auf die Straßen und ins Gewässer geworfen. Revuelta ordnet daher eine Verbesserung der öffentlichen Hygienevorschriften an[880] und beginnt mit Amputationen zu experimentieren, um das Leben der von der Seuche Befallenen zu verlängern bzw. zu retten. Die langfristige Verbesserung der Lebensumstände und die Kooperation mit der nativen Bevölkerung markieren nicht nur in der Bekämpfung von *La Mona* einen Wendepunkt, sondern können auch symbolisch als der Beginn der Verschmelzung Revueltas mit Mexiko verstanden werden. So wie sich Revuelta auf Mexikos Menschen einlässt und sich für sie engagiert,

---

[879] Ebda.: S. 226.
[880] In Gümes Amtszeit wurden wie im Roman tatsächlich neue Hygienevorschriften implementiert. Siehe in Vázquez Gómez, Juana: Dictionary of Mexican Rulers, 1325–1997. Greenwood Publishing Group: Westport, 1997.

schöpfen diese Mut und beginnen damit, sich über das pure Überleben hinaus wieder für die Zukunft des Landes zu interessieren.

Nach drei Jahren Aufenthalt hat Revuelta eine Rückkehr nach Spanien nicht mehr im Sinn und unterbricht sogar die Korrespondenz mit seiner Verlobten in der Heimat. Stattdessen lebt und arbeitet er nahezu somnambul vor sich hin. Dies ändert sich erst, als er den Auftrag erhält die uneheliche Tochter des Vizekönigs, ein junges Mädchen namens Lurinda, zu retten. Doch trotz der unter grausamen Zuständen durchgeführten Amputationen der Gliedmaßen des Mädchens, kann er es nicht retten. Es sind alptraumhafte Operationsszenen, die Morales dort zeichnet und die in ihrer morbiden Deutlichkeit den Gedichten Gottfried Benns in nichts nachstehen und die die Leichenbeschreibungen ermordeter Frauen aus Ciudad Juárez in Roberto Bolaños Roman *2666* vorweg nehmen. Auch Lurindas Mutter Marisela, eine Geliebte des Vizekönigs, kann nicht gerettet werden. Da diese jedoch schwanger ist, verlängert Revuelta ihr Leben durch Amputationen so lange wie möglich, um das Baby zu retten. Die Handlung des erstes Buches der *Rag Doll Plagues* endet schließlich am Vorabend der mexikanischen Revolution mit der Abberufung des verwitweten Vizekönigs nach Spanien. Revuelta bleibt in Mexiko zurück und nimmt das Kind, das er gerettet hat, als das seine an und erzieht es. Revueltas Entscheidung in Mexiko zu bleiben steht in Morales' Roman exemplarisch für die permanente Veränderung des Landes und der Menschen. Das *mestizaje*-Volk Mexikos erhebt sich aus der Asche des Kolonialreiches.

Während man die Namenswahl des Protagonisten im ersten Teil der *Rag Doll Plagues* noch als einen Zufall bezeichnen könnte, der durch Morales vorangegangene Beschäftigung mit der Revueltas-Familie in der Werkssiedlung der Simons Fabrik ausgelöst wurde, setzt der Autor die Romanfiguren im zweiten Teil mit dem Titel „*Dehli*" – der Name bezeichnet ein *barrio* in Santa Ana/Kalifornien – klar und deutlich in einen familiären Zusammenhang mit den Akteuren der *Brick People* und entwirft sie damit folglich als seine eigenen fiktiven Verwandten.

Ich-Erzähler und Hauptfigur ist diesmal Gregory Revuelta, der letztgeborene Sohn von Octavio Revuelta, einem der zentralen Protagonisten im Roman *The Brick People*. Gregory Revuelta ist daher durchaus als literarisches Alter Ego des Autors selbst zu verstehen. Die Handlung setzt in den 1970er Jahren in Orange County/Kalifornien ein, wo Gregory Karriere als Arzt gemacht und die jüdische Schauspielerin Sandra Spears geheiratet hat. Sandras Vater Bill verachtet ihn jedoch zutiefst. Neben historischen Ereignissen wie der Evakuierung Saigons oder der Tod General Francos werden auch die Lebensläufe der anderen Revuelta-Geschwister am Rand beschrieben, zumal Gregory eine Art Familiengeschichte schreibt, auf die sich später sein Urenkel im dritten Teil der *Rag Doll Plagues* immer wieder beziehen wird.

Elf kleine, fast ereignislose Unterkapitel lang berichtet Gregory vom ganz normalen Lebensalltag in der Stadt Santa Ana, seiner Familiengeschichte und den Aufführungen seiner Frau. Plötzlich erkrankt Sandra jedoch an Hämophilie, ein Krankheitsbild, das durch dramatische äußere wie innere Blutungen gekennzeichnet ist und die Morales in seinem typischen Stil klinisch-sauber aus der Sicht Gregorys beschreibt.

Sandras Gesundheitszustand verschlimmert sich in der Folge weiter, als sie bei einer Notfallbluttransfusion mit dem HIV-Virus angesteckt wird. Durch die Schwächung ihres Immunsystems treten die unterschiedlichsten Infektionskrankheiten bei ihr auf. Hinzu kommen das Erleben von Stigmatisierung und die Ausgrenzung durch ihre Kollegen, die sich vor der Ansteckung mit dieser neuen Krankheit fürchten.

Da ihr kein Arzt in Orange County zu helfen vermag, entscheidet sich Sandra gemeinsam mit Gregory den Rat der uralten Dona Rosina, die im mexikanischen *barrio* von Santa Ana als eine Art Dorfheilige verehrt wird, zu befolgen und in Mexiko nach Heilung zu suchen. In einer kleinen Bibliothek in Mexiko-Stadt stoßen sie auf die Memoiren von Gregorio Revuelta, Protagonist aus dem ersten Teil der *Rag Doll Plagues*, und erfahren von seinen Beobachtungen zur schamanischen Heilkunst, die ab und wann *La Mona* besiegen konnte. Gregory bringt Sandra daher in den historischen Stadtteil Tepoztecatl, wo sie auf die Hilfe der örtlichen *curanderas* hoffen. Auch wenn die *curanderas* Sandras Krankheit nicht heilen können, stabilisieren sie jedoch ihren Zustand und geben ihr in einer magischen Zeremonie die Kraft *Coatlicues,* durch die sie eins mit dem Kosmos wird. Sandra findet ihren Frieden und kehrt in die USA zurück und entscheidet sich dazu, ihre letzten Lebenswochen in der Pflege der *barrio*-Bevölkerung zu verbringen, die sich als Marginalisierte ihrerseits nicht vor ihrer Krankheit fürchten wie die reichen und schönen Kollegen aus ihrer anglo-amerikanischen Berufswelt.

Die Handlung des Buches „*LAMEX*", so der Name des letzten Teiles, ist ca. im Jahr 2030 angesiedelt. Während sich die Grenzen zwischen den USA, Kanada und Mexiko aufgelöst haben und ein Superstaat, die sogenannte „*Tripleallianz*", gegründet wurde, ist die Gesellschaft jener Welt nicht unbedingt gerechter geworden. Die Bürger leben immer noch in einer durch Rasse- und Schichtzugehörigkeit geprägten Welt, die zudem von verschiedenen Umweltkatastrophen und Seuchen heimgesucht wird. Die jahrzehntelange Verschmutzung der Meere hat die Bildung einer hochgiftigen Mülllebensform am Pazifikgrund hervorgerufen, welche auf verschiedene Arten ihren Weg aufs Festland sucht und dort Epidemien unter der Bevölkerung auslöst.[881] Die Großräume Los Angeles und Tijuana sind zu einem einzigen riesigen Konglomerat namens LAMEX angewachsen, in dem die mexikanisch-(amerikanische) Bevölkerung nach wie vor die ärmeren Stadtteile bewohnt, die als *Lower Life Existence* bezeichnet werden, während die reiche weiße Bevölkerung Luxuswohnkomplexe u.a. in Baja California gegründet hat und dorthin ausgewichen ist.

Mit seinem utopisch-dystopischen Entwurf der *Triple Allianz* als politischem Staat auf dem Territorium des vereinten Kontinental-Nordamerikas, bezieht sich Morales auf das unter der George W. Bush-Administration im Jahr 2005 angestoßene geplante *Security and Prosperity Partnership of North America* – Abkommen (SPP) und spielt dessen mögliche Folgen narrativ durch. Im Interview bestätigt Morales auf Nachfrage, dass er immer noch daran glaubt, dass – trotz des Scheiterns der Bush-Initiative und der Grenzpolitik von Donald Trump – die Zukunft Nordamerika durch eine Auflösung der nationalen Grenzen und durch das Zusammenwachsen von Wirtschaftsräumen sowie einen größeren Einfluss der mexikanischen Bevölkerung gekennzeichnet sein wird:

> What George W. Bush was planning for, his partnership plan is going to happen. First of all what is going to happen: The borders will disappear. No longer will be there borders between Canada, the US and the Mexico. And what is going to happen is that we will have these huge major roads going all across the countries all into Canada. And the *Rat Doll Plague*, the last chapter is called, LAMEX. We have one road from Mexico City to L.A. A huge road. It will take you hours to high-speed there from one place to another. The borders will disappear. We already have a borderless economy. We have billions and billions of dollar crossing every day. Going up and down. In the banks in Monterey in Mexico, as well as in the US in Canada. But a lot more going this way south. They are sending billions of dollars to Central America. Much more money is going. This has a lot of impact. The standard of living in Mexico is gonna rise. The same will happen in the center of the US borderlands. Other parts will go down slowly. In Canada it will be the same. It's a vaste territory and it only has very few people. The population is going to grow. Mexico City... most people who used to be poor went to Mexico City to find jobs and so forth. The other thing which is going to happen is the growth of population. Look at the statistics of the population of the USA having 57 Million Latinos. This will grow in 2050 to 75 Million Latinos. Some say even more. 90 Million by 2075. What is going to happen, you have 95 Millions Latinos living in the US, a lot of them right here near the border. All these cities like Monterey, Chihuahua, Hermosillo, wherever they are, they usually around 300 Miles away south of the Mexican-American border. Ensenada. All this particular

---

[881] Morales Zukunftsvisionen gründen durchaus auf festzustellenden Veränderungen in der Weltordnung bzw. in einem Perspektivwechsel wie Welt verstanden wird. Siehe dazu ausführlich die letzte Arbeit von Ulrich Beck. Beck, Ulrich: Die Metamorphose der Welt. Suhrkamp: Berlin, 2017.

cities getting bigger and bigger because the people who used to go to Mexico City for jobs go now to Guadalajara, Monterey, Hermosillo, Chihuahua and Ensenada. These cities are becoming big hubs. [...] once you have water in this area you gonna develop areas that gonna support agriculture and business so the population will grow here. They say 45 million to 50 million Latinos mainly Mexican will be living all over in this borderland area. You will have possibly 150 Million Latinos living in this borderland area. And they will go north into Canada and so forth and the borders will go away because of geological reasons, energy reasons and security reasons. The armies of the US I believe are no longer gonna be Anglo-American soldiers or citizens. A lot of them will be gonna recruited from Mexico and from other parts of Central America and they will join the army.[882]

In Morales' Roman formieren sich die *Lower Life Existence*-Teilstädte zumeist um Gefängnissiedlungen, die gebaut wurden, um breite Schichten des Volkes von den wohlhabenden Bürgern abzugrenzen. Der Ich-Erzähler und Hauptprotagonist des letzten Teiles ist abermals ein Arzt mit dem Namen Gregory Revuelta, bei dem es sich um einen direkten Nachfahren des Arztes aus dem zweiten Teil handelt. Gregory Revuelta arbeitet für den *Lamex Health Corridor* als medizinischer Direktor und ist damit beschäftigt auf die kurzfristig auftretenden Seuchenausbrüche zu reagieren und sie einzudämmen. Unterstützt wird Revuelta bei seiner Arbeit durch die Ärztin Gabi Chun, die an einem Mensch-Maschine Cyborg-Experiment teilnimmt und über einen Hightech-Arm mit integriertem Labor verfügt.

Die Figur der Cyborg-Ärztin bleibt – im Vergleich zur Tänzerin Sandra Spears im zweiten Buch der *Rag Doll Plagues* – in der Charaktergestaltung merkwürdig blass und unscharf. Gabi Chun ist mehr Beiwerk und assistierendes Hilfsmittel und Lust-Objekt für Revuelta als denn ein eigenständig handelndes Subjekt. Daran ändert auch ihr theatralisch inszenierter Selbstmord am Ende des Romans nichts, den sie aus Enttäuschung darüber begeht, nicht weiter im Cyborg Programm vorgesehen zu sein. Die fehlende Tiefengestaltung Gabis ist meiner Ansicht nach jedoch keine Folge einer allzu männlichen Perspektive oder gar einer Misogynic von Alejandro Morales geschuldet, zumal er in anderen Romanen, wie z.B. in *Waiting to Happen,* oftmals sehr ausdifferenzierte weibliche Protagonistinnen entwirft. Ein interessanter Erklärungsansatz ist in diesem Zusammenhang Sonja Georgis Erkenntnis, dass Frauenfiguren im Science-Fiction Genre generell eher Opfer von Technologie werden, als männliche Protagonisten, die eine erfolgreiche Synthese mit Technik eingehen:

> My analysis of the three mainstream science fiction works Blade Runner, Neuromancer, and the Matrix films has shown that the body is the un-

---

[882] Schreiner, 2017. S. 59. Die Seitenangabe bezieht sich auf meinen Originaltext.

known or unrepresented variable in the equation between the human and the machine. [...] In order to maintain this discoursive power, it uses images that present white male bodies in alliance with cyber-technolgies and female and ethnic bodies as incompatible to cyberspace.[883]

Revuelta und Gabi werden im Laufe der Handlung an verschiedene Orte in der Region gerufen, um dort auftretende Seuchenherde unter Kontrolle zu bringen. In seiner Freizeit recherchiert Gregory in der erhalten gebliebenen Familienbibliothek der Revueltas, da er es genießt, auf altmodische Art und Weise Bücher aus Papier zu lesen. Die medizinischen Unterlagen und Romane seines Großvaters Gregorys, der es zu seinen Lebzeiten mit einer großen Aids-Epidemie zu tun gehabt hatte, haben es ihm besonders angetan, und er sucht in ihnen nach Inspiration. Es sind jedoch nicht nur die Bücher, die ihn begleiten. In Morales' Zukunftsvorstellung ist nicht nur der Meeresmüll lebendig geworden, sondern auch die gesammelten Computerinformationen der Welt. Morales erklärt im Interview dieses im Roman erscheinene Phänomen folgendermaßen:

> Computers are memory banks, they are going to accumulate so much information on individual people, so that Computers will have millions and millions and millions of details of who you are, what you are. What your body is, what your DNA is. Everything. That eventually the computers will be not be able to hold on to that information and what is gonna happen is that all of that information will somehow become energized, alright? And you will have what I called in the third book, which appears throughout, those ghost who appears to Revuelta, this is what I call a computer ghost. The information you have in these computers become somehow energized and become independent. This energy can leave the computers and can travel. And they will be able to travel through time and space. This is why you have these ghosts, who are actually from the future going to Mexico City and recording everything and going to the present and recording everything. And they are from the future. So we will have this kind of spiritualism.[884]

Im dritten Teil der *Rag Doll Plagues* erscheinen Gregory in regelmäßigen Abständen sein Großvater Gregory sowie sein Vater Damián, die ihm manchen nützlichen Tipp für seine Arbeit als Arzt geben. An dieser Stelle sei gesagt, dass Morales sich durchaus als spirituell bezeichnet und von der Vorstellung angezogen ist, dass auch die in der mexikanischen Folklore häufig vorkommenden Spukerscheinungen lebendig gewordene Computergeister sein könnten, die in die Vergangenheit reisen. In diesem Sinne kann deshalb ebenso der sein Unwesen treibende Geist von Toypurina

---

[883] In: Georgi, Sonja: Bodies and/as Technology. Universitätsverlag Winter: Heidelberg, 2011. S. 371. Anmerkung am Rand: Selim Özdoğan bricht mit diesen Narrtionsmustern in seinem Roman *DZ*. Siehe weiter unten.
[884] Schreiner, 2017. S. 60. Die Seitenangabe bezieht sich auf meinen Originaltext.

Rio in *The River of Angeles* als eine energetische Lebensform aus der Zukunft verstanden werden.

Es wurde schon bei der Betrachtung des Romans *The River of Angeles* im vorherigen Unterkapitel darauf hingewiesen, dass Morales bei der Gestaltung der Geistwesen in seiner Prosa nicht nur von Toni Morrison inspiriert worden ist, sondern sich auch auf die Theorien von Jean Gebser bezieht. Morales fasst im Interview Gebsers Ideen zusammen, die seiner Ansicht ESP-Erscheinungen erklären können:

> The story is based on a theory by a man named Jean Gebser. He wrote this book *The ever present origin*. [...] He says that mankind has gone through the evolution of human consciousness, it has gone through particular different structures. The first structure is the archaic, the second structure is the magical, the third the mystical and the mental is sort of the rational. And we are right now at the verge of the integral. The integrated consciousness. [...] So much for Gebser's theory. So what I wrote about it, is that the brain has all its different structures and memories are housed somewhere in the brain. And when they are active, different things can occur at the surface and become more active. People have images coming from different parts of the structure. Talking about the archaic structure, this was the first structure ever developed back then when mankind walked for the first time on earth.[...] So all of these images are possibly housed in your brain depending on your DNA history. So if your ancestors have been from Africa, you might have memory from an archaic person from there who has passed on his memory up to you. [...].[885]

Morales glaubt darüber hinaus durchaus an die Kraft mexikanisch-indigener Heilkunst und an Wunderheilungen, da er diesen als Kind im *barrio* beigewohnt bzw. sie selbst erfahren hat. Da er zeitgleich von der Schulmedizin fasziniert ist, ist es ihm wichtig, spirituelle Erscheinungen auf einer wissenschaftlichen Ebene zu erklären. So auch im dritten Teil der *Rag Doll Plagues:*

Immer neue, zeitlich und örtlich begrenzte, aber tödlich verlaufene Seuchen suchen die Lamex-Region heim. Doch Revuelta stößt durch einen Zufall auf ein Heilmittel. Er entdeckt, dass sich in der DNA von Mexikanern ein Evolutionssprung ereignet hat. Im Moloch des mexikanischen Superslums Mexiko-Stadt waren die Ärmsten der Armen über Jahrzehnte den schlimmsten Umweltverschmutzungen und somit ebenfalls einem höheren Evolutionsdruck ausgesetzt als die „euro-anglische" Bevölkerung der ehemaligen USA.

Revuelta beginnt mit einem aus dem Blut von Mexikanern gewonnen Serum zu experimentieren und eine Therapieform zu entwickeln. Revuel-

---

[885] Vgl. Schreiner, 2017. S. 61. Die Seitenangabe bezieht sich auf meinen Originaltext. Siehe auch Gebser, Jean: Ursprung und Gegenwart. Die Fundamente der aperspektivistischen Welt. Deutsche Verlags-Anstalt: Stuttgart. 1949.

tas Ansätze werden nach der anfänglichen Skepsis der Gesundheitsbehörden schließlich doch rasant umgesetzt. Tausende von Mexikaner werden gebeten, in die reichen Siedlungsgebiete der weißen Bevölkerung zu ziehen, wo sie in der Folge als Blutspender in private Beschäftigungsverhältnisse eingestellt werden. Mexikanische Migranten, über Jahrhunderte hinweg von der Anglo-Gesellschaft verachtet, erfahren so plötzlich eine positive Umbewertung und bekommen als Heilsbringer in Morales' Dystopie eine exponierte Stellung zugewiesen, da ihr Blut als eine lebensbringende Ware gesehen wird.[886] Revuelta sieht dieses Geschenk der Mexikaner an den Rest der Welt in einem größeren historischen Zusammenhang und erkennt ein verborgenes Muster:

> I was alone, more than ever before. I had discovered a biological change that occurs once in a millennium. This knowledge threw me into an abyss of loneliness, emptiness. The renegade blood of Mexicans who for almost two and a half centuries lived under the surmising eye of the United States, had now given the world an unbelievable gift. [...] For thousands of years, on authorities' terms, whether by a high Aztec priest or a United States or Mexican president, Mexicans have offered their blood to the world and to the sun only to be exploited and manipulated. Mexican blood paid the price: human sacrifice, physical or psychological. The Mexicans suffered the abuse, but because of their extreme spiritual strength, they have survived like the delicate butterfly or hummingbird or like the repugnant insects of the earth.[887]

In *The Rag Doll Plagues* wird das vorherrschende Thema in Morales' Schaffen besonders deutlich: Der Autor verbindet ein ums andere Mal Technologie und Spiritualität miteinander und schafft so seine eigene Motiv-*mestizaje*, die der Mannigfaltigkeit mexikanisch-amerikanischer Kul-

---

[886] Marc Priewe deutet vor dem Hintergrund des lebensrettenden Blut-Motivs den Roman in seiner Gänze folgendermaßen: „To summarize, in *The Rag Doll Plagues* the coflation of biopolitics and the power/knowledge grid is represented as a discursive and material practice for the constitution of post/national bodies in the past, present and future. Throughout the novel, the gruesome effects of contamination by viral infections and cultural difference are contrasted with a more positive, symbolic "contagion": the transculturation of values, codes and practices. The novel represents a variety of postnational identifications by imaging cultural bridges and borders that have prevailed throughout the history of global migrations. It is important to emphasize that the world, which the text as a whole constructs, is not merely one of an essentialist return-to-roots, as might be suggested by the leitmotif and metaphor of blood. Rather, with the rescue of Southern California by Mexican blood, the novel creates an ironic tension that remains unresolved as the nationalist discourse of essentialism interacts with the postnational world of the future." In Priewe, Marc: Writing Transit - Refiguring National Identies in Chicana/o Narratives. Universitätsverlag Winter: Heidelberg, 2007 vorgenommen. S. 124.
[887] Rag Doll Plagues. S. 181.

turgeschichte nachempfunden ist. Ohne den Begriff explizit zu benennen, rekreiert Morales in *The Rag Doll Plagues* die Narration einer *raza cosmica* [siehe dazu auch das Konzept von Vasconceles in Kapitel I.], die Christus-ähnlich durch ihr Leid die Welt errettet. In dieser Heilslehre kommt Revuelta eine Brückenfunktion zu. Als Chicano, dessen Familie schon lange vor seiner Geburt Fuß in der US-amerikanischen Dominanzgesellschaft gefasst hat, verbindet er die spirituell-mystische Welt seiner mexikanischen Vorfahren mit der durchtechnologisierten – aber „blutleeren" – anglo-amerikanischen Gesellschaft. Die Verschmelzung der Kulturen, die Schaffung einer heterotopischen Gemeinschaft wird so von Morales zur Lösung der essentiellen Krise des Planeten erhoben. Morales ist jedoch zu sehr Realist und zu sehr ein geschichtsbewusster Pessimist, als dass er dieses Ineinanderaufgehen der Kulturen nur von der positiven Seite darstellen würde. Die Umarmung der mexikanischen Bevölkerung folgt den Gesetzen der kapitalistischen Gesellschaft und ist eine direkte Folge der Nachfrage des Marktes nach lebensrettendem Blut. Derart bleibt der mexikanische Migrant, trotz aller Aufwertung, weiterhin Objekt anglo-amerikanischer Nachfrage.

Before Bolaño: Magischer Dekonstruktionalismus – Morales' *Waiting to Happen*

> Mexico had fallen into an apocalypse, where times had been beheaded and all things were happening at once.
> **Waiting to Happen**

Eine Ausnahmestellung im Gesamtwerk von Alejandro Morales nimmt dessen 2001 erschienener Roman *Waiting to Happen* ein. Anders als bei seinen übrigen Romanen, verfolgt Morales in *Waiting to Happen* keinen intra-historischen Ansatz, der anhand der Lebenswege der eigenen Familienmitglieder eine alternative und subalterne Perspektive auf Zeitgeschichte und ihre Narration offenlegt, sondern analysiert das zeitgenössische Mexiko auf satirische Art und Weise. Trotz aller satirischen und absurd anmutenden Handlungselemente sollte *Waiting to Happen* jedoch nicht als Groteske bezeichnet werden, da Morales' Fiktion nur scheinbar mexikanische Wirklichkeit übersteigert darstellt. Obwohl man Mexiko noch nicht als gescheiterten Staat wie beispielsweise den Südsudan, Somalia oder den Kongo bezeichnen kann[888], ist das Land doch seit Jahrzehnten in einem permanenten Krisenzustand: Dieser zieht desaströse gesellschaftliche Folgen nach sich, die aus einer saturierten und ordnungsgewöhnten Perspektive vielleicht grotesk erscheinen, jedoch aus mexikani-

---

[888] Zum politikwissenschaftlichen Forschungsstand siehe Ruf, Werner (Hrsg.): Politische Ökonomie der Gewalt. Staatszerfall und die Privatisierung von Gewalt und Krieg. Leske + Budrich, Opladen 2003.

scher Sicht zum Lebensalltag gehören und somit eben nicht mehr grotesk sind, sondern brutale Lebenswirklichkeit und Alltag. *Waiting to Happen* ist der erste Teil von Morales' sogenannter Heterotopia-Trilogie, die er zum jetzigen Zeitpunkt noch nicht fertig gestellt hat. Morales hat den zweiten Teil *The Place In The White Heron* zwar bereits beendet, konnte jedoch hierfür noch keinen Verleger finden.[889]

Die Handlung von *Waiting to Happen* ist im Mexiko der Präsidentschaftsjahre von Carlos Salinas (1988 -1994) angelegt, in dessen Politik Alejandro Morales die Ursachen für die derzeitige Lage des Landes sieht, die durch Korruption, Armut, Gewalt und organisiertes Verbrechen geprägt ist.[890] Mit *Waiting to Happen* verbindet Morales seine eigene alptraumhafte Version der Gesellschaft Mexikos mit einer Kritik an den politischen Zuständen in einer Intensität, die dem drei Jahre später veröffentlichten Roman *2666*[891] von Roberto Bolaño (1953–2003) nicht nachsteht. Wie Bolaño taucht Morales mit einer ungeheuren Erzählfülle und einem hohem Detailwissen in die Abgründe der grauenhaften Zustände Mexikos ein und unterstreicht dabei die Rolle der Wirtschafts- und Außenpolitik der USA. Morales weicht in diesem Roman von seinem herkömmlichen sozialrealistischen Erzählton ab, der, wie an den Beispielen von *The Brick People* und *River of Angeles* zuvor gezeigt wurde, trotz aller mystischen Elemente eher durch eine Chronistenhaltung als durch ein sinnliches Erzählen geprägt ist.

Morales' Erzählton in *Waiting to Happen* ist dagegen mehr durch ein buntes Fabulieren und eine symbolhafte Sprache geprägt, mit der er sich ganz auf die südamerikanischen Traditionen des Magischen Realismus einlässt.[892] Der Autor entwirft mit *Waiting to Happen* eine Art sprachli-

---

[889] Private Emailkorrespondenz mit Morales vom 28.2.2016.
[890] Einen Überblick zur Präsidentschaft Salinas ist: Russel, Phillip L.: Mexico under Salinas. Mexico Ressource Center: Austin, 1994. In Salinas Regierungszeit fiel das NAFTA-Abkommen mit den USA, das eine neo-liberale Öffnung Mexikos vorsah, den Einfluß der USA vergrößerte und Millionen mexikanischen Bauern den Bankrott brachte. Weitere negative Folgen waren der Anstieg der Arbeitslosigkeit und die Entwicklung einer kriminellen Schattenwirtschaft, die durch große Brutalität durch die Kartelle beherrscht wird. Seit 2006 herrscht zudem ein innerstaatlicher Krieg in Mexiko, in dem der Staat versucht, der organisierten Kriminalität Herr zu werden. Weiterführende Literatur ist Bacon, David: The Children of NAFTA: Labor Wars on the U.S./Mexico Border. University of California Press: Berkeley, 2014 und Campos, Isaac: Degeneration and the Origins of Mexico's War on Drug. In: Mexican Studies/Estudios Mexicanos, Vol. 26, No. 2, University of California Press, 2010. S. 379–408.
[891] Bolaño, Roberto: 2666. Editorial Anagrama: Barcelona, 2009.
[892] Es sind nur wenige wissenschaftliche Arbeiten zu *Waiting to Happen* erschienen. Erwähneswert sind hier die Arbeiten von Adam C. Spires, der den Roman als dystopische Groteske versteht und mit Aldous Huxleys *Brave New World* vergleicht sowie die Aufsätze von María Herrera-Sobek und Margarita López López.

ches Gemälde, in dem Wahnsinn, Religiosität, Politik, Liebe, Verlust, Brutalität und Sexualität aberwitzig miteinander vermischt werden. In diesem Sinne ist *Waiting to Happen* durchaus den Gemälden von Frida Kahlo und ihrem Ehemann Diego Rivera nachempfunden: Kahlo und Rivera sind dabei im Übrigen in nicht unerheblichen Maße auch Teil der Handlung, was die Intermedialität des Textes, der Erzählung und Gemälde zugleich ist, unterstreicht.

Protagonistin des Romans ist die in den USA geborene Mexikanerin J.I. Cruz[893], die es nach ihrem Studium an den besten Hochschulen, u.a. Harvard, nach Mexiko-Stadt zieht, um sich in der Entwicklungszusammenarbeit zu engagieren. In Ciuadad Mexico wird sie von ihrer ehemaligen Studienkommilitonin Vanessa Morfaz für die Organisation *AmerMex Economic Systems* angeworben, die ihren Sitz in der U.S.-Botschaft hat und eng mit mexikanischen Behörden zusammenarbeitet.

Über Vanessa Morfaz lernt J.I. Carlos kennen, der als Agent für die Anti-Narcotic Brigade des Präsidenten arbeitet. J.I. verliebt sich in Carlos und beginnt eine Beziehung mit ihm. Um ihrem neuen Freund nah zu sein, zieht J.I. in den Stadtteil Coyoacán, in dem schon Frida Kahlo gelebt hat. J.I. erwirbt dort ein leer stehendes verwunschenes Haus, das von den Geistern verstorbener Besucher heimgesucht wird, und von dem erzählt wird, dass Cortez dort gelebt haben soll und dass Picasso, Dalí sowie Kahlo und Rivera hier später zu Gast gewesen sein sollen.

J.I., die sie sich nahezu magisch von Frida Kahlos Verletztheit angezogen und sich mit ihr in Tagträumen verbunden fühlt, besucht zudem Kahlos ehemaliges Haus, das in der Nachbarschaft, der Calle de Londres liegt:

> While Frida painted in her studio, while Frida fed her escuincles; while Frida framed the contours of her face with her long black hair; while Frida, seated in a wooden chair, rolled a special cigarette that made Diego scold her, "Malcriada," he shouted and went outside to paint the tree of life.

Während Herrera-Sobek den Roman unter besonderer Berücksichtigung der Figur Endriago mit den Gemälden von José Díaz-Oliva vergleicht, sieht López in *Wating to Happen* abermals die Perspektive subalterner Gruppen auf Zeitgeschichte ausgedrückt. Spires, Adam C.: El lado grotesco de la puerza y el impulso distópico en Waiting to Happen de Alejandro Morales. Herrera-Sobek, María: The Monstrous Imagination: Cyclope Representation in Art and Literature, Díaz-Oliva and Alejandro Morales. In: Sobek, María (Hrsg.): Perspectives Transatlanticas en la Literatura Chicana. Ensayos y Creatividad. Universidad Malaga, 2002. López López, Margarita: Narrativa historica posmoderna – Utopia en la historia – Voces heteróclitas en Waiting to Happen de Alejandro Morales.

[893] Dass J.I. für Juana Inés steht und sie somit nach Sor Juana Inés de la Cruz benannt wurde, klärt sich erst ganz am Ende des Romans für den Leser auf. Siehe auch die ausführlichen Betrachtungen zu Sor Juana im Kapitel zu Gloria Anzaldúa.

> While Frida, dressed in black pajamas, framed her face with rings of smoke, while Frida observed and painted them in her mind, J.I. asked Carlos, "What is going to happen to us?"[894]

J.I.'s Frage „What is going to happen to us?" nimmt schon früh im Roman die kommenden rasanten Ereignisse vorweg, in deren Mittelpunkt sich J.I., ohne Einfluss nehmen zu können, wieder finden wird.

Morales verknüpft in der Folge J.I.'s Schicksal weiter mit den Lebensgeschichten berühmter mexikanischer Frauenfiguren wie Frida Kahlo, Sor Juana und Malintzín. Sie alle stehen stellvertretend für eine verhängnisvolle Beziehung, in der die mexikanische Weiblichkeit einer monströsen Männlichkeit ausgeliefert ist und unter ihr leidet. Wie Malintzín dem Eroberer Cortéz verfällt, Sor Juana ihre Position in der männlich dominierten Welt der katholischen Kirche verteidigen muss oder Frida Kahlo unter der schwierigen Beziehung mit Diego Rivera leidet, verfällt J.I. dem vom Staat bestellten Folterer und Auftragsmörder Carlos, der gestützt von staatlicher Seite, außerhalb des Rechtssystems operieren kann.

Das Verhältnis von Mann und Frau ist in Morales' Mexiko von Anbeginn aller Zeiten als Tragödie voller Leidenschaft und Gewalt gekennzeichnet. Morales verfällt dabei jedoch nicht in bekannte Schwarz-Weiß-Muster, die Männer vereinfacht als machistisch gestört und Frauen entweder als Heilige oder Hure zeichnen. Morales bricht vielmehr mit diesen Mustern und zeigt beide Geschlechter im Guten wie im Bösen. Dass Liebe und Moral sowie Brutalität und Egoismus keine Widersprüche sind, sondern in ein- und demselben Menschen vorkommen, ist kennzeichnend für die Charakterentwicklung in *Waiting to Happen* und wird besonders in der Figur von Carlos' Leibwächter, Kollegen und Adoptivbruder Endriago[895] deutlich, der seit Geburt extrem missgestaltet ist und von den Menschen wie ein Monster angestarrt wird. Alejandro Morales' Entwurf der Figur Endriago orientiert sich teilweise streng an der Tradition der Motivgestaltung des Monsters. Wie Frankensteins Monster[896] verfügt Endriago über eine große Sensibilität, an der sich das eigentlich Monströse der ihn umgebenden (un)menschlichen Gesellschaft zeigt.

Die Figur Endriago erinnert in ihrer Ausgestaltung und Funktion in der Handlung des Weiteren auch an Quasimodo, den Glöckner aus Victor Hugos Roman *Notre-Dame de Paris* aus dem Jahr 1831.[897] Morales gibt

---

[894] Waiting to Happen. S. 121.
[895] Das spanische Wort *Endriago* bezeichnet ein mystisches Wesen, halb Mensch, halb Drache.
[896] Shelley, Mary: Frankenstein. Penguin Classics, 2003. Der Roman erschien erstmalig 1818.
[897] María Herrera-Sobek sieht in der Figur dagegen eher eine Weiterentwicklung der mythischen Zyklopen-Gestalt. Herrera-Sobek vergleicht in ihrem Artikel die Figur Endriago mit den Gemälden des spanischen Malers José Díaz-Oliva (1938–

jedoch im Interview an, auf einer seiner Mexiko-Reisen beim Lesen einer Illustrierten die Inspiration für Endriago erhalten zu haben:

> My wife and I spent about a year in Mexico City and I read the newspapers and journal or magazine called *El Scandalor* which had these headlines about a monster in Juarez, "a Nino monstro is born in Vera Cruz" and they had these photograph, horrible, these poor people.[898]

Endriago erklärt zwei Waisenkindern, um die sich J.I. kümmert, nachdem deren amerikanische Eltern von Carlos gefoltert und verhaftet worden sind, seine grotesken Missbildungen als notwendig, um die Gaben Gottes an ihn in Körperform unterbringen zu können. Das folgende Zitat verdeutlicht Endriagos Selbstverständnis und zeigt wie Morales in *Waiting to Happen* mit sprachlichen Mitteln das Malen eines Gemäldes imitiert:

> God's infinite wisdom pushed some of my brain back onto the base of my neck. Where you see this large lump is my personal bank of memory with millions of tangled threads of verbal, linguistic, and educational memory through which I have collected and save your life. Among the lives of the people I love, there abide recollections of movement, events, objects, forms, spaces, places, colors, and numbers. Here also are located the strings of sensation, the intelligence of sound, music, and texture. Into my hunchback God squeezed the mental organs of metaphysics, causality, and deductive faculties. Amongst these organs are threads of wit and humor. Some of the largest brain organs are those of creativity, the sense for fine arts, aesthetics, and wonder. I also possess mental organs of a visionary capacity, inspiration and sympathy, and benevolence and compassion.[899]

In Endriagos Liebe zu Wissenschaft und Bildung zeigt sich hingegen ein Unterschied zur Motivgeschichte. Sabine Kyora stellt in ihrem Essay *Die ganze scheußliche Kreatur* fest, dass Monster durchgängig die Kehrseite zum Vernunftwesen und somit die „Nachtseite" des Menschen repräsentieren.[900] Trotz seiner Brutalität steht Endriago in *Waiting to Happen* jedoch im Grunde für die Schönheit der Künste. In seiner Einsamkeit sammelt Endriago ein großes Wissen an, das in ihm als menschliches Archiv an eine utopi-

---

2001), der sich in seiner Kunst vor allem der Darstellung missgestalteter menschlicher Körper gewidmet hat. Wie ein Zyklop observiere Endriago das Schlechte der Welt und transformiere es in der eigenen Hässlichkeit. Siehe in: Herrera-Sobek, María: The Monstrous Imagination - Cyclope Representation in Art and Literature, Díaz-Oliva and Alejandro Morales. In: Sobek, María (Hrsg.): Perspectives Transatlanticas en la literatura Chicana. Essayos y creatividad. Universidad Malaga, 2002.

[898] Schreiner, 2017. S. 21. Die Seitenangabe bezieht sich auf meinen Originaltext.
[899] Waiting to Happen. S. 93.
[900] Kyora, Sabine: Die ganze scheußliche Kreatur – Monster in der modernen Literatur und im Film. In: Aus Politik und Zeitgeschichte. 63. Jahrgang. 52/2013. BPB: Bonn, 2013. S. 27.

sche Welt gemahnt, die jenseits des von Habgier und Entmenschlichung geprägten blutigen Alltags Mexikos existieren könnte.

Nachdem Carlos und J.I. ein Paar geworden sind, kümmert sich der sehr belesene Endriago fortan ebenfalls um die Sicherheit der Freundin seines Bruders, die durch ihre Nähe zu einem Topagenten des korrupten Regimes nun gänzlich neuen Gefahren ausgesetzt ist. Endriago übernimmt in Morales Roman eine wichtige Kommentatorenfunktion, indem er an verschiedenen Stellen die Handlung durch Ausführungen zur mexikanischen Geschichte unterbricht. Endriago gibt Geschichte allerdings nicht als Historiker, sondern als Geschichtenerzähler wieder. Wie der Autor Morales in seinen übrigen Romanen taucht auch dessen Figur Endriago in Zeitgeschichte mit Hilfe von Einzelschicksalen einfacher Menschen ein, aus deren „intra-historischer" Perspektive er beispielsweise die Kolonisierung und Christianisierung Mexikos unter den Spaniards schildert.[901]

Während Endriago J.I. wie Quasimodo die schöne Esmeralda beschützt, trifft er auf Cassandra Coe, eine investigative Journalistin, die sich nicht vor seiner Hässlichkeit fürchtet und sich von seiner Bildung angezogen fühlt. Endriago und Cassandra verlieben sich und verbringen in der Folge viel Zeit miteinander. Aus Cassandras Perspektive zeichnet Morales die gesamte Spannbreite von Endriagos Charakter nach:

> Yet Cassandra found his actions, his life, enigmatic; for she could never explain logically and to her satisfaction the why of his actions. She could never fully illuminate how in his personal and private life he was kind, gentle, and gifted as a teacher. He loved to study. There was, however, the other Endriago, the torturer, the murderer, the arsonist, the man who tore bodies apart and burned them for a living. Cassandra and J.I. knew what he did. They also knew what Carlos, Vanessa, and Burciaga did. They, however, refused to turn away from them, from the people they loved and for whom they cared. For Cassandra it was a story, for J.I. love, for Vanessa and Burciaga power, for Carlos work, and for Endriago fear of losing the people he loved. The monster was common to both Endriagos, and he was a hostage to this fear.[902]

Cassandras und Endriagos Beziehung ist durch einen regen intellektuellen Austausch geprägt: Cassandra antwortet auf Endriagos historische Erzählungen mit eigenen Überlegungen zum Weltgeschehen. So vergleicht sie beispielsweise die Behandlung der Mexikaner in den USA mit der Nazi-Verfolgung von Juden, die mit Propagandamaßnahmen begann und in den Todeslagern endete. Angesichts des massiven Vorgehens der Trump-Regierung gegen undokumentierte Einwanderer erfährt diese Sicht im Jahr 2017 eine warnende Aktualität:

---

[901] Waiting to Happen. S. 124–130.
[902] Ebda.: S. 91–92.

Cassandra went on to make a comparison between the Holocaust of the Jews in Nazi Germany and the Apocalypse of the Mexicans in the United States. The comparison was a consequence of the Mexican Diaspora. The Nazis had developed an eliminationist ideology which eventually dominated the collective consciousness of the ordinary Germans. The elimnationist ideology had two principal goals: the first was to make Jews socially dead beings; the second to separate Jews from the German people. To accomplish these goals, the Nazis adopted a series of policies specifically applied to Jews. These policies included verbal attack, physical assault, and legal and administrative measures to separate Jews and non-Jews. This forced them to emigrate. The policies also forced deportation and resettlement; forced physical separation in ghettos; resulted in killing by starvation and disease; and use slave labor as a surrogate to death, genocide, and death marches. Nazi eliminationist ideology, Cassandra wrote, was applied empirically and figuratively to the Mexicans who had migrated to the United States.[903]

Cassandra – wie schon bei der Namensgebung für die Protagonistin J.I. entscheidet sich Morales auch hier für einen deutlichen mythischen Bezug – sucht die Nähe zu Endriago, Carlos und J.I. nicht nur aus privatem Interesse, sondern erhofft sich auch Informationen über die Arbeit der Anti-Narcotic Brigade, deren brutale Vorgehensweise sie sehr kritisch sieht.

Cassandra warnt J.I. vor den Aktivitäten ihres Freundes Carlos und dessen neuem Vorgesetztem Burciaga und befürchtet Schlimmstes. Zudem verfolgt sie Hinweise auf eine politische Verschwörung in Mexiko, deren Ziel es ist, das Land atomar zu bewaffnen, um sich den USA gegenüber unabhängiger positionieren und Mexikos Unterlegenheit ausgleichen zu können.[904]

Auch wenn niemand offiziell Cassandra Glauben schenkt, erteilt Burciaga Carlos und Endriago den Auftrag, dieser Verschwörung auf den Grund zu gehen. Burciaga und die von Ehrgeiz besessene Vanessa Morfaz, die mittlerweile seine Geliebte geworden ist, festigen in der Zwischenzeit ihre Machtposition in der Anti-Narcotic Brigade und entmachten Carlos. Burciaga zwingt Carlos ins Exil, belegt J.I. mit Hausarrest in Coyoacán und erpresst Endriago zur Weiterarbeit in der Brigade. Cassandra Coe, die sich nicht hat einschüchtern lassen und weiterhin kritische Reportagen veröffentlicht, die die Verstrickung staatlicher Institutionen in kriminelle Machenschaften nahelegen, wird im Auftrag von Burciaga kurzerhand ermordet. Cassandras Notizbücher und Filmrollen bleiben seinem Zugriff jedoch verwehrt, da J.I. diese an sich genommen hat und verbirgt. In Cassandras Unterlagen stößt J.I. auf Beweise für grauenhafte Verbrechen, die Mexikos Verfall hin zu einem *Failed State* zeigen, in dem Recht und Gesetz und somit Menschenleben keine Bedeutung mehr haben. Wie spä-

---

[903] Ebda.: S. 134.
[904] Waiting to Happen. S. 117.

ter Bolaño in *2666* zeichnet auch Morales die ungeheure Brutalität nach, der gerade Frauen in Mexiko ausgesetzt sind.[905] So erklärt Coe die ihrem Notizbuch beiliegenden Fotos, die eine Vergewaltigung zeigen, folgendermaßen:

> The game took three to play: two soldiers and one woman, preferably a young, Indian woman. The object of the game was to maintain calm while raping the woman and reaching orgasm. One soldier had to attain orgasm without moving the woman's body and thereby preventing her head from bobbing upon the razor-sharp blade. The second soldier had to steady the bayonet firmly under the women's chin without cutting her, until his companion reached orgasm. [...][906]

Nachdem Burciaga Vanessa Morfaz' überdrüssig geworden ist und auch diese ebenfalls ermorden lässt, wendet er sich nun J.I. zu. Begleitet von vier weiblichen Bodyguards, die ihm zudem als Sexgespielinnen dienen, sucht er sie in ihrem Hausarrest heim, vergewaltigt sie brutal und zwingt sie darüber hinaus, ihn bei einem öffentlichen Empfang im Palacio de Bella Artes zu begleiten. Dort bricht J.I. schließlich zusammen, zerreißt sich die Kleidung und beginnt in Zungen zu sprechen. Minutenlang sind sämtliche Fernsehkameras auf sie gerichtet, bevor Endriago überraschend auftaucht und sie beschützend wegtragen und zurück in Carlos Haus nach Coyoacán bringen kann. Die Medien überschlagen sich in ihren Schlagzeilen und sehen in J.I. die Wiedergeburt magischer Weiblichkeit:

> From Coatlicue, to Malintzín, to La Virgen de Guadalupe, to Sor Juana Inés de la Cruz, to Frida Kahlo, to María Sabinas, and now J.I. Cruz, Mexico had been fond of special, magical women. Enchanted women captivated the attention and love of the Mexican people. These women-gods had a following of faithful believers and admirers who protected them. News spread fast that Mexico had witnessed a woman possessed by wonderful, spiritual, and sacred energies. Patiently and devotedly, the public awaited her next manifestation. [907]

J.I. wird in der Folge der erlebten Vergewaltigung zunehmend von religiösen Träumen erschüttert. J.I. wird schließlich ganz vom Geist der Virgin de Guadalupe erfüllt. Derart spirituell ermächtigt, gelingt es ihr, beschützt vom wundergläubigen Volk, dass sie *Santa Ilusa de las Grietas* ruft, aus ih-

---

[905] Allein in der Grenzstadt Ciudad Juárez sind zwischen 1993 und 2010 ca. 1000 ermordete und verstümmelte Frauen auf Müllhalden gefunden worden. Weitere hunderte Mädchen und Frauen gelten als vermisst. In *2666* hat Roberto Bolaño der Auflistung und Beschreibung von weiblichen Mordopfern ca. 200 Seiten in allen alptraumhaften Details gewidmet. Eine aktuelle Aufarbeitung des Themas bietet González Rodríguez, Sergio: The femicide machine. MIT-PRESS: Los Angeles, 2012.
[906] Waiting to Happen. S. 152.
[907] Ebda.: S. 169.

rem Hausarrest auszubrechen. Morales beschreibt den Charakter der Figur im Interview mit Frederick Luis Aldama folgendermaßen:

> In her book Plotting Women, Jean Franco discusses "las Iusas" of Mexico, which fascinated me. J.I. Cruz is this ilusa: this woman who falls out of grace from the different institutions, such as the Church, they would scream and tear their body and clothes, and fall into an ecstatic trance in public. Some people began to follow them because they believed that they had a direct connection with God. They also believed that ilusas could perform miracles. What J.I. Cruz does is nothing new, yet she is a powerful modern-day ilusa. The ilusa is an identity, a being, that has been with us as part of a tradition in Mexico. Mexico is one country that has fallen in love with all its fantastic women. These fantastic women are present today, people in both in Mexico and in the United States still believe and pay homage to them.[908]

Immer mehr Menschen strömen auf J.I. zu und bitten sie um Hilfe bei der Heilung ihrer Leiden. In der Tat nimmt J.I. nun ihre Heilkräfte, die sich zuvor schon vereinzelt gezeigt hatten, aber seit ihrer Schändung zugenommen haben, an und versteht sich als Erfüllerin einer göttlichen Mission. Zahlreiche Organisationen wie z.B. die C.P.H. – hinter der Abkürzung verbirgt sich das sogenannte Komitee zum Schutz der Menschenrechte – treten an J.I. heran und wollen sie für ihre Ziele einspannen. Von allen Seiten wird J.I. ohne ihr Zutun instrumentalisiert und sie verliert die Kontrolle über ihre Außendarstellung.

J.I.'s Auftreten und Wundertätigkeit erregen nicht nur die Aufmerksamkeit der Medien, sondern auch die der staatlichen Behörden, die durch das revolutionäre Potential der ihr zugeneigten Massen aufgeschreckt sind. Die Katholische Kirche, die ihren Status durch die neue Heilige ebenfalls bedroht sieht, kommt einer bevorstehenden Ermordung J.I.'s jedoch zuvor und nimmt sie im Kloster *Señor del Sacromonte*[909] in Amecameca in Schutzhaft, wo sie ein Leben ganz im Sinne ihrer Namenspatronin Juana Ines leben soll. Die Enge des Konvents und die auferlegten Regeln stoßen bei J.I. auf heftigen Widerstand:

> This is your story,
> the story of fucking nuns
> who perform the same ritual
> every day of their miserable, lonley,
> fucked-up lives with Jesus and all his

---

[908] Aldama, Frederick Luis: Spilling the Beans in Chicolandia. S. 183. Morales bezieht sich auf Franco, Jean: Plotting women - Gender and Representation in Mexico. Columbia University Press: New York, 1989.

[909] Amecameca de Juarez ist ein wichtiger mexikanischer Erinnerungsort, der durch die Zerstörung indigener Tempel durch die Spaniards und durch die Etablierung eines christlichen Wahlfahrtsortes im 16. Jahrhundert geprägt ist.

> fucked-up guys and gals
> fuck you and fuck your breakfast
> fuck your icy, smelly convent
> fuck your religion
> fuck your God
> fuck your one-child Virgen
> fuck your brown duck outfits
> !y chinguen a su madre
> Cabronas viejas secas!
> This is your life!⁹¹⁰

Obwohl die Nonnen und der untersuchende Padre Cristobal von J.I.'s Durchdringung mit dem Geist der Virgen de Guadalupe überzeugt sind, wird sie weiterhin festgehalten. Das hindert sie aber nicht daran, ihre Macht zu nutzen und ihre Anhänger zu mobilisieren. Vom Balkon des Klosters ruft J.I. dazu auf die Unterdrückung des Staates zu bekämpfen. Ihr Anliegen richtet sich dabei besonders auf die Umweltverschmutzung unter der die Menschen Mexikos in den Großstädten leiden. Das folgende Zitat zeigt jedoch, dass J.I. sich nicht in einer Kommunikation mit einer übergeordneten Macht befindet. Es ist ihre eigene Spontanität, welche sie lenkt und nicht das direkte Eingreifen der Virgen de Guadalupe:

> J.I. called out to the people at the back of the crowd. "Go out into the streets and perform the miracle. " She paused and desperately thought of what the people could perform. Nothing came to her mind. She looked up to the sun and sky. Oh, fuck, what can I say now? she thought. Suddenly she threw her hands up and pronounced, "Lift the contamination that oppresses us, that destroys our health, that poisons our children; lift away the pollution from the valley of Mexico! Go out into the streets!"⁹¹¹

Die Menschen lassen J.I.'s Aufruf Taten und folgen und beginnen damit, Autos in Mexiko-Stadt zu zerstören, um die Smogbelastung zu reduzieren. Alsbald reagieren die Behörden hierauf mit scharfen Maßnahmen. Die Polizei erschießt mehrere Demonstranten und verhaftet Anhänger von J.I. Die Situation gerät außer Kontrolle, als das mexikanische Militär in Amecameca einmarschiert und brutal gegen Frauen und Kinder vorgeht. J.I. schafft es jedoch, ihre Anhänger zu organisieren. Da sie zahlenmäßig überlegen sind, umarmen mehrere Frauen jeweils jeden einzelnen Soldaten und beenden so die Gewalt. Gemeinsam ziehen Frauen und Soldaten in einer großen Prozession zum Präsidentenpalast in Mexiko-Stadt und rufen zu einem friedlichen Miteinander auf.

Derweil erhält J.I. Besuch von der Äbtissin des Ordens, die ihr das Verlassen des Klosters nicht nur gewährt, sondern es ihr geradezu verord-

---

[910] Waiting to Happen. S. 202.
[911] Ebda.: S. 206.

net. J.I. verfällt sodann in ein einwöchiges Fieberkoma. Nachdem sie wieder erwacht ist, kehrt sie zurück nach Coyoacán und beginnt ihr Leben neu zu ordnen. Wieder daheim, muss sie erleben, wie der Staat Cassandras Reportagen und die aufgedeckten Skandale in den Medien unterdrückt bzw. durch die eigene Deutungshoheit als Propaganda darstellt. Die Ereignisse der letzten Monate verlieren so zunehmend an Bedeutung und J.I. sieht ein, dass nichts den Gang der Dinge in Mexiko verändern kann und dass sämtliche Opfer umsonst waren. J.I. bricht daraufhin mit ihrem Leben in Mexiko und kehrt in die USA zu ihrem Exfreund aus Studientagen zurück. Der Roman endet mit einem Rückblick auf J.I.'s Geburt und dem Versuch ihrer Eltern in den USA heimisch zu werden. Morales macht am Schluss des Romans deutlich, dass das U.S.-amerikanische „Aztlándia", der fabulierte heterotope Sehnsuchtsort aller Chican@s im Süden Kaliforniens, die eigentliche Heimat J.I.'s ist.

Morales spielt in *Waiting to happen* mit Ordnungs- und Unordnungskonzepten, und nutzt dafür das vorgeblich Normale bzw. das Monströse seiner Charaktere. Endriago ist trotz seiner Brutalität und Hässlichkeit nicht das Monstrum der Geschichte. Es sind Vanessa Morfaz und Burciaga, die stellvertretend für die Monsterfikation des mexikanischen Staates stehen, dem alle Mittel Recht sind um seine Feinde zu bekämpfen. Der mexikanische Staat schert sich bei der Durchsetzung seiner Ordnungsvorstellungen nicht um einen Wertekanon. Es wird lediglich ein Status Quo beschützt, und nicht etwa die Demokratie. Der Staat und seine Schergen sind vielmehr Akteure einer morallosen Unordnung, die sich hinter den vorgeblichen Strukturen der Ordnung verbirgt. Die Menschen, die keine Funktion für den Staat erfüllen, stehen jenseits seiner Ordnung, nehmen nicht an ihr als Akteure teil und sind eine Verfügungsmasse. Letztendlich verweist Morales auf ein sich andeutendes Zeitalter der emotionalisierten Politik, die durch eine „Mediakratie" ihre Macht durchsetzt. Die engagierte Journalistin Cassandra sowie die Berichterstattung über J.I.'s Wunderwirkung stehen sich diametral als die Möglichkeiten journalistischer Gestaltungsvielfalt gegenüber. Während Cassandra davon überzeugt ist, dass Journalismus eine Art Kontrollinstanz des Staates ist, die Missstände aufzeigen kann und zu ihrer Verbesserung beitragen kann, sind die staatlichen Medien und die Boulevardpresse bereits integraler Bestandteil des mediokratischen Machtapparates des Staates. Matthias Burchardt fasst die veränderte Machtfülle der Medien in der digitalisierten Welt folgendermaßen zusammen:

> In einer globalisierten und technifizierten Welt ist unser Denken und Handeln vor große Aufgaben gestellt, wenn wir Verantwortung übernehmen wollen. Die Möglichkeit, ein ethisches Problem wahrzunehmen, sich seiner anzunehmen, um ihm in angemessener Form zu entsprechen, scheint auf eine gewisse Nahräumigkeit angewiesen zu sein. Insofern ist es

nicht nur Ignoranz, sondern auch schlichte Überforderung, wenn wir die Komplexität der moralischen Herausforderungen nicht mehr erfassen, geschweige denn ihr handelnd gerecht werden. Simplifikationen wirken entlastend, bergen aber auch die Gefahr theoretischer, ethischer und politischer Einseitigkeit, wie ich an Beispielen zeigen möchte, in denen bewusst „Monster" kreiert werden, um öffentlichen Debatten einen „Spin", eine politische Deutungsrichtung zu geben. [912]

Es sind die von den Medien vorgegeben Narrative, die die Ordnung der Dinge vorgeben und nicht etwa der demokratische Prozess in seiner Idealvorstellung. Die Stimmigkeit der dargebotenen Narration mit der eigenen Gefühlswelt verdrängt tatsächliche Partizipationsmöglichkeiten, die in mühsamen Prozessen erkämpft worden sind. Morales zeigt sich als weitsichtiger Autor, der die demagogischen Möglichkeiten der neuen Medien vorweg nimmt, die derzeit Populisten weltweit – siehe z.B. Donald Trumps meisterhafte Beherrschung der Sozialen Medien – bei ihrer Narrativgestaltung durch *„Reframing"* und somit ihrer Machtergreifung zu Gute kommen.[913]

---

[912] Burchart, Matthias: Das Medium ist das Monster. In: Aus Politik und Zeitgeschichte. 63. Jahrgang. 52/2013. BPB: Bonn, 2013. S. 42. Burchart erhärtet seine These indem er die Monsterifikation am Beispiel von Kopftuch-Frauen, dicken Menschen, Terroristen, dem nervösen Markt und der Datenkrake aufzeigt.

[913] Weiterführende Literatur hierzu ist z.B. Wehling, Elisabeth: Politisches Framing. Wie eine Nation sich ihr Denken einredet – und daraus Politik macht. Herbert von Halem: Köln, 2016.

V. Der Weg des Luis Rodríguez: Self-Empowerment, Literatur und Soziale Arbeit

> The myth of the Outsider – the outlaw – is virtually as old as America, a cherished part of our folklore. In its early incarnations, it spoke to the country´s sense of itself as a band of misfits on a quest for liberty. The pilgrims were religious or criminal outlaws. Depending on your perspective, early arrivals were freedom fighters or dangerous zealots, visionaries or evil incarnate. They were American.
> **Rubén Martinez**

> Toward that future, our responsibility as poets and painters and musicians and dancers, all interfacing and opening out, ought to be to "present the present" as irrefutably a part of the revolutionary process, and beacon toward that time – with new poems, songs, dreams, yearning and inspirations – when all our individual selves are massed to finally spring humanity from its prison.
> **Jack Hirschman**

Die meisten mexikanisch-amerikanischen Autor_innen sind, obwohl sie aus Arbeiterfamilien kommen, in einem akademischen Kontext verortbar; mitunter haben sie nicht nur wie z.B. Demetria Martinez studiert, sondern zudem auch eine universitäre Karriere eingeschlagen, die ihnen erst eine finanziell sichere Grundlage für ihr Schreiben gegeben hat. Rudolfo Anaya und Alejandro Morales sind prominente Beispiele hierfür. Daneben gibt es auch Schriftsteller_innen wie beispielsweise Gloria Anzaldúa, die trotz ihrer Hochschulausbildung vom universitären Betrieb erst spät für ihr Schaffen anerkannt wurde. Als ein Gegenentwurf zu Anzaldúa wäre ein Aussteiger wie Richard Rodríguez zu nennen, dem sämtliche Wege an Eliteuniversitäten in den USA offen gestanden hätten, der sich aber für eine journalistische Karriere entschied und sich durch vom Chicano-Mainstream abweichende Positionen erfolgreich vermarkten konnte.

Die Tatsache, dass die meisten mexikanisch-amerikanischen Autoren Akademiker sind, ist im Übrigen eine interessante Parallele zur Bildungsgeschichte türkisch-deutscher Schriftsteller, die entweder in der Türkei oder in Deutschland studiert haben. Zahlreiche Autor_innen haben Theaterwissenschaften, Sprachen aber auch naturwissenschaftliche Fächer studiert, bevor sie erfolgreich in Deutschland veröffentlichten.

Eine Ausnahmeerscheinung in der mexikanisch-amerikanischen Literatur ist in dieser Hinsicht Luis J. Rodríguez. Rodríguez entstammt ärmsten migrantischen Verhältnissen und war in seiner Jugend Mitglied von Chicano-Gangs in Los Angeles, verbüßte eine Haftstrafe und arbeitete als ungelernter Arbeiter in den Stahlfabriken Kaliforniens. Trotz seiner Drogen- und Alkoholsucht sowie zahlreicher privater Tragödien gelang es ihm als Journalist in Lokalzeitungen Fuß zu fassen und mit der Schriftstellerei zu beginnen. Sein 1993 erschienenes Memoire *Always Running – La Vida Loca: Gang Days in L.A.*[914] war mehr als sein Durchbruch als Schriftsteller: Die Autobiographie wurde zu einem Sensationserfolg, der in mehrere Sprachen übersetzt, bis heute eine halbe Million Mal verkauft wurde und dabei weitaus mehr Leserschichten erreichte als andere mexikanisch-amerikanische Schriftsteller. Rodrìguez ist somit einer der erfolgreichsten Chicano-Schriftsteller überhaupt.

Ähnlich wie Raul S. Salinas oder Jimmy Santiago Baca[915] kennt Rodríguez die harschen Welten des *barrios* und des amerikanischen Gefängnissystems; er t sie selbst erfahren. In einer radikalen Sprache, die an Oscar Zeta Acosta erinnert, beschreibt Rodríguez als Journalist und Autor das Leben der Chicanos in Kalifornien und engagiert sich zugleich als Kulturförderer und Sozialarbeiter in den Lebenswelten seiner Herkunft. Rodríguez' soziales Engagement hier im Einzelnen aufzuzählen würde

---

[914] Rodríguez, Luis J.: Always Running. La Vida Loca – Gang Day in L.A. Cubbstone Press, 1993.

[915] In diesem Zusammenhang müssen Raul R. Salinas *Un Trip through the mind Jail y otras Excursions – Poems* sowie die Lyrik und Prosa von Jimmy Santiago Baca genannt werden. Der Texaner Raul R. Salinas (1934–2008) saß wegen Besitzes von Marihuana elf Jahre im Gefängnis und verfasste dort Gedichte im Stil der Beat-Generation und Essays, in denen er das amerikanische Gefängnissystem und die stereotypisierende Kriminalisierung von Mexican-Americans kritisierte. Nach seiner Haftentlassung gründete Salinas in Austin den Buchladen „*Resistencia*", in dem bis heute Chicano-Kulturveranstaltungen durchgeführt werden. Jimmy Santiago Baca (geb. 1952), der einer Chicano-Apachen-Familie entstammt, wurde in Santa Fe/ New Mexico geboren. Seine Großeltern, die sich um ihn kümmerten, nachdem ihn seine Eltern im Alter von 10 Jahren verstoßen hatten, konnten ihm jedoch aus gesundheitlichen Gründen nicht versorgen, so dass Baca im Heim groß wurde. Nach Eintritt der Volljährigkeit schlug sich Baca mit Gelegenheitsjobs durch, bevor er auf der Straße landete. Für den Besitz von Drogen wurde er schließlich zu einer Haftstrafe von 6 Jahren verurteilt. Im Gefängnis lernte Baca Lesen und Schreiben und begann damit Gedichte zu verfassen und sie an das bekannte progressive Kulturmagazin Mother Jones zu schicken [u.a. haben Ralph Nader und Michael Moore für das Magazin gearbeitet und geschrieben], das diese auch veröffentlichte. Nach seiner Haftentlassung blieb Baca dem Schreiben treu und veröffentlichte zahlreiche Lyriksammlungen, aber auch autobiographische Texte und Romane sowie Drehbücher für Hollywoodfilme. Im Jahr 2004 gründete Baca zudem die gemeinnützige Organisation Cedar Tree Poetics, die Schreibworkshops für Jugendliche in Schulen und Gefängnissen anbietet. Von ihm sind u.a. erschienen: Immigrants in our own Land & Selected Poems. New Directions Books: New York, 1982; Working in the Dark – Reflections of a Poet of the Barrio. Red Cran Books: Santa Fe, 1992; A Glass of Water. Grove Press: New York, 2009.

© Luis Rodríguez

den Rahmen sprengen. Stattdessen werden im Folgenden relevante Projekte und pädagogische Ansätze im Kontext seines literarischen Schaffens erläutert. Es kann jedoch festgehalten werden, dass Rodríguez' Einsatz für die mexikanisch-amerikanische Bevölkerung von großer medialer Wirkung ist und landesweit ein Bewusstsein dafür geschaffen hat, dass eine Veränderung der Lebensverhältnisse in den *barrios* der USA wichtig und möglich ist. Rodríguez' Engagement und Mitgefühl für die Ausgegrenzten der U.S.-Gesellschaft, seien es Obdachlose, Migranten oder kriminelle Straftäter, hat ihm 2001 sogar die Auszeichnung *Unsung Hero of Compassion* durch den Dalai Lama eingebracht.[916] Luis Rodríguez' Blick endet jedoch nicht in seiner unmittelbaren Lebenswelt: Immer wieder ist er nach Südamerika aufgebrochen und hat davon berichtet, wie die US-amerikanische Außenpolitik dort Einfluss auf Politik und Gesellschaft nimmt.

---

[916] Sandoval, Denise M. und Rodríguez, Luis: Rushing Waters – Rising Dreams. How the arts are transforming a community. Tía Chucha Press: Los Angeles, 2012. S. 27.

Nach einer Einführung in Rodríguez' Lebenslauf und Sozialisierungsprozess, werde ich in mehreren Unterkapiteln sein literarisches Schaffen und seine Ansätze zur Verbesserung der Lebenswelt *barrio* vorstellen und einordnen. Für ein besseres Verständnises des Autors, traf ich ihn im September 2016 in Sylamar für ein Interview.[917]

Biographie und Werkübersicht:

Luis Javier Rodríguez wurde 1954 als Sohn mexikanischer Einwanderer in El Paso/Texas geboren.[918] Nachdem sein Vater seine Stelle als Rektor einer Schule in Ciudad Juárez[919] aufgrund von Intrigen verloren hatte, zog die Familie in das Arbeiter- und Migrantenviertel Watts in Los Angeles. Bis auf ein einjähriges Intermezzo als Spanischlehrer an einer High School, fand Rodríguez' Vater trotz seiner akademischen Ausbildung nur noch Anstellungen als Aushilfsarbeiter und Pförtner. Die Familie musste sich schließlich im San Gabriel Valley niederlassen, dessen Sozialstruktur durch eine große Armut und Kriminalität gekennzeichnet war, die Luis Rodríguez' Kindheit und Teenagerzeit prägen sollten. Nach ersten Diebstählen im Alter von sieben Jahren trat er mit zwölf Jahren der Straßengang *Thee Impersonations* bei und begann damit, Drogen und Alkohol zu konsumieren.[920] Zahlreiche Verhaftungen für kleinere Delikte folgten. Nachdem Rodríguez mehrerer Schulen verwiesen worden war, brachen die Eltern mit dem damals 15-jährigen, der daraufhin für kurze Zeit in die Obdachlosigkeit abglitt. Luis Rodríguez trat den *Las Lomas* bei, eine der örtlich agierenden und die Straßen regierenden Gangs. Immer wieder geriert er, bedingt durch seine Gangmitgliedschaft, in Schießereien mit rivalisierenden Banden und wurde wiederholt von der Polizei verhaftet. Trotz Drogensucht und Involvierung in die Straßenkriminalität begann Rodríguez sich für Literatur und Politik zu interessieren. Auf dem Höhepunkt der Chicano-Bewegung in den späten 1960ern unterstützte er als Aktivist der *Brown Berets*[921], die *Walkouts* in East-L.A. und setzte sich für

---

[917] Schreiner, Daniel: Interview with Luis J. Rodríguez – Marxism & Spiritualism in Chicano Literature. Sylamar/CA. 27.09.2016. Das Interview ist noch nicht transkribiert und wird später erscheinen.

[918] Biographische Daten habe ich Michael Schwartz' Kurzbiographie über Rodríguez und den eigenen Büchern des Autors sowie seinem Internetauftritt entnommen. Siehe Schwartz, Michael. Luis Rodríguez – Writer, Community Leader, Political Activist. Rivertree: Austin, 1997 und http://www.luisjRodríguez.com/.

[919] Ciudad Juarez und El Paso wären – vergleichbar vielleicht sonst nur mit Ost-und Westberlin – ohne die streng bewachte Grenze ein einziger gewaltiger urbaner Raum. Während El Paso eine der größten Militärbasen der USA beherbergt, ist Ciudad Juarez berüchtigt für eine immens hohe Kriminalitätsrate.

[920] Rodríguez, Luis: Always Running. S. 41.

[921] Die *Brown Berets* waren eine politische Gruppe innerhalb der Chicano-Bewegung, die ähnlich dem Vorbild der *Black Panther* organisiert waren. Durch-

die Rechte der mexikanisch-amerikanischen Schülerschaft ein. Im Gespräch mit dem New Yorker Fotografen Joseph Rodríguez charakterisiert Luis Rodríguez die Bedeutung der Bewegung für seinen weiteren Werdegang als prägend und überlebenswichtig:

> I got into the most radical, revolutionary section of the movement. And you know why I thought that was important? I needed it. I needed that intensity. You can't take a gangmember and then suddenly tell him to join the boy's club. If you've been in that intense life, la vida loca, you need something just as intense. And what these revolutionaries did was to turn me on to a lot of reading and a lot of knowledge. They had me read books, study hard. They encouraged me to get out there – get out into the street, talk to people. There was a whole community of revolutionaries that surrounded me so I wouldn't go back into heroin; so I wouldn't go back into gangbanging; so I wouldn't go back into jail. And it helped. It worked for me. It didn't work for all the people we were trying to attract, but it worked for me.[922]

Rodríguez schrieb in jener Zeit erste Artikel für Schülerzeitungen der Bewegung oder versuchte sich als Mural-Künstler[923] und fand hierfür lokale Anerkennung. Durch die Begegnung mit Grassroots-Aktivisten der Chicano-Bewegung begann sich Rodríguez für marxistische Theorien zu interessieren und verstand, wie das Leben im *barrio* durch ökonomische Systemprozesse im Kapitalismus beeinflusst wird und zur Marginalisierung[924] seiner Bevölkerungsgruppe führt. Eine wichtige Bezugsperson

---

aus gewaltbereit, verstand sich die Gruppe als eine Art Schutzgruppe gegen Polizei-Brutalität und begleitete daher die zahlreichen Demonstrationen der Bewegung.

[922] Rodríguez, Joseph; Martínez, Rubén und Rodríguez, Luis J.: East Side Stories – Gang Life in East LA. powerHouse Books: New York, 1998. S. 170.

[923] Der Muralismus ist eine aus Mexiko stammende Kunstform, die in ganz Südamerika und den USA Verbreitung gefunden hat. Murals sind symbollastige Wandgemälde im öffentlichen Raum. Siehe ausführlich: Jaimes, Héctor: Filosofía del muralismo mexicano – Orozco, Rivera y Siqueiros. Plaza y Valdés, 2012. Rodríguez lernte die Muralkunst von Alicia Venegas und Cecil Felix. Siehe in Rodríguez, Luis J.: Hearts and Hands. S. 252.

[924] Der Soziologe James Diego Vigil, auf den ich mich bei der Analyse von Rodríguez *barrio*-Beschreibungen beziehe, hat mit der „*Multiple Marginality Theory*" einen wissenschaftlichen Ansatz entwickelt, mit dem sich Gangkriminalität in all seinen Facetten erklären lässt: „Basically, the street gang is an outcome of marginaliszation, that is, the relegation of certain persons or groups to the fringes of society, where social and economic conditions result in powerlessness. This process occurs on multiple levels as a product of pressures and forces in play over a long period of time. The phrase "multiple marginality" reflects the complexities and persistence of these forces. Macrohistorical and marcrostructural forces – those that occur at the broader levels of society – lead to economic insecurity and lack of oppurtunity, fragmented institutions of social control, poverty, and psychological and emotional barriers among large segments

für den jungen Rodríguez war der Sozialarbeiter und Chicano-Aktivist Chente Ramírez, der sein Talent sah und versuchte, ihn aus seiner Gang und der Drogensucht zu befreien. In *Always Running* erinnert sich Rodríguez an den unermüdlichen Einsatz Chentes:

> [...] the fight for a better life won't stop just because you aren't ready. What we're doing is not something you decide to do when you feel like it. Whether you're ready or not, this struggle will go on. You're a *vato loco*. For you the world is one big *chingaso* after another – and some good dope. But you have to make a choice now. Either the craziness and violence – or here, learning and preparing for a world in which none of this necessary.[925]

Als eines seiner frühesten literarischen Vorbilder nennt Rodríguez den New Yorker Schriftsteller Piri Thomas (1928–2011), der 1967 in seinem Memoire *Down these mean streets*[926] seine Drogen- und Gangerfahrungen festgehalten hat. Monica Brown beschreibt die Funktion der Prosa von Piri Thomas für Rodríguez:

> Rodríguez was so inspired by Thomas's tale of gang, drugs, women, and growing up in Spanish Harlem during the 1940's and 1950's that Down these mean streets became his „living bible". [...] Thomas's influence on the young Rodríguez (and on a host of other young writers emerging from the inner city) is immeasurable. Thomas gave Rodríguez someone, importantly a writer to identify with.[927]

Eine Zeit lang engagierte er sich als Jugendlicher in diversen Initiativen und Organisationen wie dem *Movimiento Estudiantil Chicano de Aztlán* und holte seinen High School-Abschluss nach. Obwohl die Politisierung des eigenen Denkens dazu führte, dass er versuchte mehr und mehr Abstand vom Gang-Leben zu nehmen und ein Studium zu beginnen, geriet er alsbald wieder in einen Strudel von Drogensucht und Gewalt, der ihn direkt ins Gefängnis führte. Dort begann er seinen ersten Heroin-Entzug und verabschiedete sich nach Beendigung seiner Haftstrafe endgültig von der Gang-Kultur, die für ihre Mitglieder – und das ist eine wichtige Er-

---

of the ethnic minority communities in Los Angels. These are communities whose members face inadequate living conditions, stressful personal and family changes, and racism and cultural repression in school." In: Vigil, James Diego: A Rainbow of Gangs. University of Texas Press: Austin, 2002. S. 7.

[925] Always Running. S. 159.

[926] Thomas, Piri: Down these streets. Vintage Books: New York, 1997. Piri Thomas, Sohn kubanischer und puerto-ricanischer Eltern, prägte die sogenannte *Nuyorican*-Kulturbewegung, in der sich New Yorker Künstler puerto-ricanischer Herkunft zusammenschlossen, um ihren eigenen Stil weiterzuentwickeln. Siehe in: Noel, Urayoan: In Visible Movement. Nuyorican Poetry from the Sixties to Slam. University of Iowa Press, 2014.

[927] Brown, Monica: Gang Nation – Delinquent Citizens in Puerto Rican, Chicano, and Chicana Narratives. University of Minnesota: Minneapolis, 2002. S. 62.

kenntnis aus Luis Rodríguez' Büchern – als Familienersatz und Schutz gegen die Außenwelt dient.[928]

Nach seiner Haftentlassung interessierte sich Rodríguez weiter für politische Theorie und engagierte sich ehrenamtlich. Im Alter von nur 23 Jahren kandierte er – wenn auch erfolglos – für die Schulaufsichtsbehörde von L.A., in der Bürger außerhalb des Lehrbetriebes eine Aufsichts- und Schatzkanzlerfunktion ausüben, mit der Schulpolitik aktiv gestaltet werden kann, was von besonderer Wichtigkeit ist, um die Berücksichtigung der Bedürfnisse mexikanisch-amerikanischer Schüler im amerikanischen Schulsystem zu gewährleisten. Rodríguez arbeitete die nächsten Jahre als Stahlarbeiter, LKW-Fahrer und Schreiner, blieb aber währenddessen weiterhin politisch aktiv. Der Besuch einer Sommerschule an der Universität Berkeley, die speziell für Mitglieder von Minderheiten ausgelegt war, gab Rodríguez die Möglichkeit, seine journalistischen Fähigkeiten weiter auszubilden.

Neben dem täglichen Brotverdienst in der Industrie begann er nun immer häufiger für Lokalzeitungen zu arbeiten, für die er hauptsächlich über sozialkritische Themen schrieb. In jener Zeit reiste er auch nach Nicaragua, um von dort über den Bürgerkrieg zu berichten. Seine linken Positionen stießen jedoch oftmals auf starke Kritik und Unverständnis, so dass ihm mitunter von seinem Arbeitgeber gekündigt wurde. Nach einem Engagement als Leiter einer Gewerkschaftskampagne zog Rodríguez nach Chicago, um als Redakteur für die linke Zeitung *The People Tribune* zu arbeiten. Zusätzlich begann er Obdachlosenheime, Schulen und Gefängnisse zu besuchen, wo er Schreib-Workshops anbot. In Chicago vernetzte sich Rodríguez mit der lokalen Künstlerszene und stellte auf Lesungen seine Gedichte vor. Mit anderen Poeten und Aktivisten gründete Rodríguez in der Folge das *Guild Complex Literary Arts Center* und die Organisation *Youth Struggling For Survival*, mit der er landesweit auf die Situation mexikanisch-amerikanischer Jugendlicher aufmerksam machte

---

[928] Rodríguez' Analysen der Gangkultur werden auch von wissenschaftlichen Studien belegt. James Diego Vigil gibt in seiner Studie folgende komprimierte Darstellung: „The gang serves different needs, among them protection, camaraderie (they call each other "Homeboy" or "carnal" – blood brother), friendship,and, most important, a fictive family/kin role. Once gang affilation is confirmed, tattoos are placed on the body, showing that a person belongs to the barrio (the person's nickname and the barrio name from a type of private graffiti). The same moniker and affiliation are also scrawled throughout the neighborhood and area as public graffiti. In the gang subculture, many other symbolic features – movements, sounds, and images – are used to characterize the street and cultural identity of gang members. The dress, walk, talk, and body language are distinct and assert a streetwise sense of control and command of life´s challenges and threats." In: Vigil, James Diego: A Rainbow of Gangs. S. 47.

und therapeutische Seminare und Schreibworkshops durchführte.[929] 1989 gründete Rodríguez mit *Tía Chucha Press* zudem sein eigenes Verlagshaus, in dem im selben Jahr seine erste Gedichtsammlung *Poems across the Pavement* erschien.[930]

Rodríguez' Lyrik ist stark durch den sozialistischen Aktivisten, Poeten und Essayisten Jack Hirschman geprägt, den er auf einer Lesung in L.A. kennenlernte.[931] Hirschman teilt mit Rodríguez den Ansatz, dass den Künsten in ihrer Gesamtheit eine revolutionäre Aufgabe zukommt, die nicht getrennt von sozialem Engagement gedacht werden darf. So schreibt Hirschman:

> We don't see a difference between poetry, prose, graphic arts, song, music etc., on this terrain horizoning with the construction of tomorrows. Separating these genres is another kind of division the ruling-class enslavers have washed many a brain with. We know their intelligentsia is all bullshit fake aesthetic segregations. We know because, at the heart of this seminal and budding poor-people's struggle, is a propagandance inclusive of all the arts. Moreover, and despite the attempts on the part of the cowardly ruling-class intelligentsia to palm off the revolutionary story as nothing a "humanistic" one accommodatable by the corporate academy, we know that we are all in possession of a modern classical tradition, including everything from the Internationale to Native chants, as well as union and slave songs en route to collective affirmative and liberation, […][932]

Rodríguez' Erinnerungen an Hirschman in *It calls you back* verdeutlichen, wie sehr er sich von ihm angesprochen fühlt:

> Jack was America's leading street poet. Born in New York City in 1933, and mostly raised there, Jack ended up in San Francisco – walking the North Beach streets, a regular at the cafés and bars, at City Lights Bookstore and Café Trieste. Jack gave up a prestigious academic career to be among the poor, the homeless, the forgotten. I first saw Jack read when I was in L.A. He'd have both hands on the podium, leaning forward, blond locks over his ears and shoulders, missing teeth, and that booming voice, with a vigor that shook the rafters in buildings and within one's psyche. I learned much about poetry from Jack, mostly by watching, catching the

---

[929] 1997, nachdem Luis J. Rodríguez bekannt geworden war, wurde YSS sogar als Fernsehserie vermarktet.

[930] Rodríguez, Luis J.: Poems across the Pavement. Tía Chucha Press: Chicago, 1989.

[931] Hirschman ist ein ehemaliger Professor der University of California in Los Angeles und wurde wegen seines Protestes gegen den Vietnamkrieg entlassen. Er hat zahllose Gedicht- und Essaybände herausgegeben. Siehe z.B.: The Proletarian Arcane, 1980 oder All That's Left, 2008.

[932] Hirschman, Jack (Hrsg.): Art on the line. Essays by Artitsts about the Point Where Their ART & Activism Intersect. Curbstone Press: Willimantic, 2002. S. 411–412.

thread, riding that voice. Jack's poems often explored hunger, derailed lives, and how poetry can lift up, fill in, transform, reshape, and orient.[933]

Hirschman war es auch, der Rodríguez in Kontakt mit den Verlagsgründern von Curbstone Press brachte[934], die sich für seine Lyrik interessierten und daher seine zweite Gedichtsammlung *The Concrete River* herausbrachten.[935]

Da sein Sohn aus erster Ehe, Ramíro, ebenfalls in die Gangkriminalität abzurutschen drohte, wurde eine erzählerische Zusammenfassung seiner Zeit als Gangmitglied in L.A., die in ihrer Authentizität als mahnendes Beispiel dienen sollte, Rodríguez nächstes Projekt.[936]

Diese als *Always Running* betitelte Autobiographie wurde 1993 ebenso von Curbstone Press herausgegeben. Da zwei Jahre zuvor Los Angeles durch gewaltige Ausschreitungen und Unruhen erschüttert worden war, die sich an der unangemessen brutalen Polizeigewalt bei der Verhaftung des Afro-Amerikaners Rodney King entzündet hatten[937], und zudem die neue schwarze Hip Hop-Kultur begann weite Teile der weißen Jugend zu faszinieren, stieß *Always Running* auf ein enormes Interesse und wurde mit 400.000 verkauften Exemplaren[938] zu einem kommerziellen Erfolg. Rodríguez bezieht sich im Epilog von *Always Running* auf die Unruhen in Los Angeles und erklärt, wie es dazu kommen konnte. So versteht er den

---

[933] Rodríguez, Luis J.: It calls you back. Simon & Schuster: New York, 2011. S. 230.
[934] It Calls you back. S. 230.
[935] Rodríguez, Luis J: The Concrete River. Curbstone Press: Willimantic, 1991. Concrete River setzt sich aus fünf unterschiedlichen Gedichtzyklen zusammen, die sich thematisch von einerander abgrenzen. In den sieben Gedichten von *Prelude to a Heartbeat* beschäftigt sich Rodríguez mit seiner Jugend und Familie. Daraufhin folgen neun Gedichte, die sich generell der sozialen Situation der *barrio*-Lebenswelt annähern. Zudem gibt es mit *Always Running* eine Serie von acht Gedichten, in denen Rodríguez seine Gangerlebnisse verarbeitet. In *Music of the Mill* zeichnet Rodríguez ebenfalls in acht Gedichten die Arbeitswelt in der Stahlgießerei nach. *Harvest of Eyes*, eine Sammlung von elf thematisch nicht miteinander verbundenen Gedichten, beschließt schließlich *Concrete River*. Die meisten Gedichte dieser Sammlung lassen sich als Prosagedichte klassifizieren, die den Ausgangspunkt für Rodríguez' Prosatexte bilden.
[936] In *It calls you back* erinnert sich Rodríguez an seine Motivation sein Leben auf Papier zu bringen: „With Ramíro deep into rabble-rousing, I saw my life all over again. I saw myself at fifteen running the streets, yelling out the gang name, shooting at rivals. My son ended up like me, perhaps idealizing my gang life although I never talked about my past with my kids. But they knew: the tattoos, the way I walked, perhaps stories shared with other family members. One thing was for sure – if I barley survived that life, the chances for my son weren't good." S. 236/237.
[937] Siehe dazu ausführlich: Gooding-Wiliams, Robert (Hrsg.): Reading Rodney King – Reading Urban Uprising. Routeledge: New York, 1993.
[938] Metcalf, Josephine: The Culture and Politics of Contemporary Street Gang Memoirs. University Press of Mississipi: Jackson, 2012. S. 4.

Anstieg von Gangkriminalität im Kontext eines wirtschaftlichen Strukturwandels während der Reagan-Jahre:

> Los Angeles 1992 was the first social response to an economic revolution which began years before: The shift from mechanical productive energy to one based on electronics. In Los Angeles, this translated into tens of thousands of jobs lost as factories such as Goodyear, Firestone, General Motors, Bethlehem Steel and American Bridge closed down forever [...]. Gangs flourish when there's a lack of social recreation, decent education or employment. Today, many young people will never know what it is to work. They can only satisfy their needs through collective strength – against police, who hold the power of life and death, against poverty, against idleness, against their impotence in society.[939]

Rodríguez, der Ex-Gangster und Ex-Sträfling, der Stahlarbeiter und Streetworker wurde durch die Veröffentlichung von *Always Running* über Nacht berühmt. Mit 40 Jahren war ihm der große Durchbruch gelungen, der es ihm ermöglichte, sich nun ohne finanzielle Sorgen dem Schreiben und dem sozialen Engagement zuzuwenden und auf Lesereisen in ganz Europa[940] zu gehen. Im Jahr 2000 zog er zurück nach L.A. und gründete dort mit seiner Frau Trini das Kulturzentrum *Tiá Chucha's Café Cultural*, das als Theater, Community-Center, und Buchgeschäft bis heute als wichtiger Treffpunkt und Förderer der Chicano-Kunstszene in Kalifornien dient, Jugendsozialarbeit durchführt und von prominenten Musikern wie Bruce Springsteen und John Densmore [The Doors] unterstützt wurde und wird. Trini Rodríguez fasst die Motivation hinter Tiá Chucha, das nach einer Tante von Luis Rodríguez benannt wurde, zusammen:

> In Chicago, we were surrounded by neighborhoods filled with music, poetry, and cultural arts. In contrast, the Valley seemed to be in a state of paralysis, numbed into complacency, as if nothing had changed. We were disappointed, but not disheartend. [...]Soon we decided to do something about this neglect in the Valley. Our families and kids deserved better. Something had to be done to awaken the possibility of a change. The arts and literacy, with their blend of creativity and consciousness, could be the catalysts for enhancing the quality of life for our beleaguered communities. We just had to be willing to draw out the beauty that lay dormant under the seemingly barren Valley. With this commitment, the dream and struggle for Tia Chucha's began.[941]

---

[939] Rodríguez, Luis J.: Always Running. S. 250.
[940] It calls you back. S. 255.
[941] Rodríguez, Trini: The Healing Power of the Arts. In: Sandoval, Denise M. and Rodríguez, Luis: Rushing Waters – Rising Dreams. How the Arts are Transforming a Community. Tía Chucha Press: Los Angeles, 2012. S. 31.

Nach *Hearts & Hands – Creating Community in Violent Times* (2000)⁹⁴², das man trotz des erzählenden Sprachstils durchaus als Rodríguez' Theoriebuch bezeichnen kann, der Kurzgeschichtensammlung *The Republic of East L.A.* (2002)⁹⁴³ und dem Arbeiter/Gewerksschaftsroman *Music of the Mill* (2005)⁹⁴⁴ veröffentlichte er im Jahr 2011 seine zweite Autobiographie *It calls you back – An Odyssey through Love, Addiction, Revolutions, and Healing*, in der er sich sehr offen und selbstkritisch mit seinem Privatleben und seinem Scheitern als Vater auseinandersetzt.

Ein weiterer wesentlicher Bestandteil dieser zweiten Autobiographie ist die intensive Beschäftigung mit der eigenen Drogen- und Alkoholsucht. Luis Rodríguez findet schließlich in der Spiritualität seiner indigenen Vorfahren die nötige Kraft, endgültig allen Süchten zu entsagen. Fasziniert von der Inspiration spiritueller Techniken, implementierte Rodríguez seitdem indigene Rituale wie Schwitzhütten in seine soziale Arbeit mit delinquenten Jugendlichen und glaubt an deren Erfolg.⁹⁴⁵ Vergleichbar mit der späten Gloria Anzaldúa, zeigt sich Rodríguez seitdem viel weniger radikal in seinen politischen Ansätzen. Die Besinnung auf die eigenen Traditionen, auf Heilung und inneres Wachstum sowie ein Interesse an der Bewahrung der Natur ergänzen nun seine sozialistischen Sichtweisen auf Gesellschaft. Immer noch an der Veränderung politischer Verhältnisse interessiert, kandidierte Luis J. Rodríguez 2014 für die Grüne Partei Kaliforniens für den Governeursposten, verlor diese Wahl jedoch.

Nach wie vor veröffentlicht Rodríguez rege: Seit 1993 hat er mehrere Kinderbücher verfasst und herausgeben, die einsprachig, bzw. zweisprachig, Geschichten aus dem *barrio* pädagogisch aufarbeiten.⁹⁴⁶ Zudem ver-

---

⁹⁴² Rodríguez, Luis J.: Hearts & Hands: Creating Community in Violent Times Seven Stories Press: New York, 2001.
⁹⁴³ Rodríguez, Luis J.: The Republic of East L.A. HarperCollins: New York, 2002.
⁹⁴⁴ Rodríguez, Luis J.: Music of the Mill. HarperCollins: New York, 2005.
⁹⁴⁵ Rodríguez fasst das Schwitzhüttenritual folgendermaßen zusammen: „The sweat lodge ceremony, the oldest ritual known to exist on the continent, is a purification of life. Fire is used to heat up the stones, which are considered grandfathers and grandmothers, the ancestors. The red-hot stones tell their stories, their memories, when water is poured over them. Water is the healing source, the cooling agent, of peace and tempering. Air is in the steam, carrying the prayers of the participants to the Great Spirit. The lodge, made of willow saplings packed dirt, represents earth, the mother womb, and our rebirth." In: Hearts and Hands. S. 190.
⁹⁴⁶ Siehe z.B. *América is her Name* von 1997, Curbstone Press und *It does´t have to be this way* von 1999, Children's Book Press, San Francisco.

fasst er zahlreiche Gedichtsammlungen⁹⁴⁷ und gibt Lyrik von Obdachlosen und Gefängnisinsassen heraus.⁹⁴⁸

Zu Luis J. Rodríguez ist vergleichsweise wenig Forschungsliteratur erschienen, was darin begründet sein mag, dass seine sehr deutlichen Darstellungen der negativen Seiten der Lebenswelt *barrio* über eine Kritik an der anglo-amerikanischen politischen und kulturellen Herrschaftsdominanz hinausgehen, und eben auch Gewalt und Sexismus innerhalb der eigenen mexikanisch-amerikanischen Bevölkerung unmittelbar aufzeigen und anklagen [vgl. hierzu auch die lange wissenschaftliche Missachtung von John Rechys literarischem Werk]. Die weitere relevante Sekundärliteratur zu Rodríguez wird in der Diskussion seiner Werke besprochen werden.

Always Running und *It calls you back*:
Streetgang-Memoir und Läuterungsgeschichte

> The gang is the "family" of last resort: a family for kids when the parents are absent, abusive, or just worn down by the pressures of barrio life, a school when public education disintegrates; a culture unto itself when neither side of the U.S.-Mexican border seems to provide any sense of rootedness.
> **Ruben Martinez**

> Indeed, the brightest instances are when the youths (myself included) pledge to avoid gangs, drugs, crime, and other pitfalls in life. I believe them! These same beautiful children are the future stars of the universe. I am not a hero, nor am I a role model. My former image is unworthy of emulation. I only reflect an undying determination under fire. This is why I find comfort in knowing that these children can triumph over adversity – and the will not follow in my footsteps.
> **Tookie Williams,** *Blue Rage, Black Redemption*

Luis Rodríguez' erste Autobiographie *Always Running* steht in der Tradition von früheren Gangmemoiren wie dem bereits erwähnten *Down these mean streets* von Thomas Piri und Miguel Duráns *Don't spit on my corner*.⁹⁴⁹ Darüber hinaus kann es, ähnlich wie Sanyika Shakurs Autobiogra-

---

⁹⁴⁷ Two Women/Dos Mujeres, Making Medicine, Perhaps, My Nature is Hunger: New and Selected Poems.

⁹⁴⁸ Rodríguez, Luis J. und Thomas, Lucinda (Hrsg.): Honor Comes Hard – Writings form the California Prison System's Honor Yard. Tia Chucha, 2009. Rodríguez, Luis J.; Parson-Nesbitt, Julie und Warr, Michael (Hrsg.): Power Lines: A Decade of Poetry from Chicago's Guild Complex. Tia Chucha, 1999. Rodríguez, Luis J (Hrsg.): With the Wind at My Back and Ink in My Blood – A Collection of Poems by Chicago's Homeless. Chicago Coalition for the Homeless, 1991.

⁹⁴⁹ Durán beschäftigt sich in *Don't spit on my corner* mit der *pachuco*-Szene in L.A. während des Zweiten Weltkrieges. Durán war selbst lange Jahre Mitglied einer Gang und arbeitet heute, ähnlich wie Rodríguez, als Sozialarbeiter mit jugendlichen Gangmitgliedern. Durán, Miguel: Don't spit in my corner. Arte Publico

phie *Monster*[950] und Stanley Tookie Williams' (1953–2005) *Blue Rage, Black Redemption*,[951] als Gefängnis-*Testimonio*[952] gelesen werden, eine Gattung in dem die Autoren ihr kriminelles Leben sowie die sozialen Zustände, die dazu geführt haben, reflektieren. Oftmals wird in dieser Art autobiographischer Literatur auch ein größerer persönlicher Verwandlungsprozess thematisiert. So widerfährt Shakur beispielsweise durch die Hinwendung zum Islam eine Läuterung, während Rodríguez in der marxistisch geprägten Chicano-Bewegung eine Sinnstiftung jenseits des Ganglebens kennenlernt.[953] Für Vincent Perez unterscheidet sich Rodríguez' erstes Memoire durch eine nihilistische Perspektive und konstante Entfremdung von bildungsbürgerlichen Autobiographien:

Press: Houston, 1992. Siehe auch die Ausführungen von Monica Brown zu Duráns Prosa. Brown, Monica: Gang Nation – Delinquent Citizens in Puerto Rican, Chicano, and Chicana Narratives. University of Minnesota: Minneapolis, 2002. S. 36ff.

[950] Saniyka Shakurs bürgerlicher Name ist Kody Scott (geb. 1964). Scott trat im Alter von 11 Jahren der berüchtigten afro-amerikanischen Gang „Crips" in L.A. bei. Ob seiner Brutalität erhielt Scott den Spitznamen „Monster". Scott wurde schließlich wegen Raub und Mord zu mehreren Jahren Gefängnis verurteilt, wo er zum Islam konvertierte und einen neuen Namen annahm. Während seiner Haftstrafe verfasste er als Saniyka Shakur seine Autobiographie, die nahezu zeitgleich mit Rodríguez' *Always Running* erschien und sehr erfolgreich war. Nach Verbüßung seiner Haftstraße versuchte sich Shakur weiterhin als Schriftsteller, glitt jedoch erneut in die Kriminalität ab. Shakur, Saniyka: Monster: The Autobiography of an L.A. Gang Member. Grove: New York, 1993.

[951] Stanley Williams gilt als Gründer der berüchtigten afro-amerikanischen Gang Crisps in L.A. und wurde für mehrfachen Mord zum Tode verurteilt. Im Gefängnis wandelte er sich zum Pazifisten und engagierte sich gegen Gewalt. Die Todesstrafe wurde trotz weltweitem Protest, u.a. war Bischof Desmond Tutu einer seiner Unterstützer, im Jahr 2005 durch den Staat Kalifornien vollstreckt. Siehe das Vorwort von Tavis Smiley in Williams, Stanley Tookie: Blue Rage, Black Redemption. Touchstone: New York, 2007.

[952] Eine ausführliche Arbeit zur Rassifizierung und Kriminalisierung von Mexican-Americans in den USA und die künstlerische Auseinandersetzung mit dem eigenen Schicksal als Gefängnisinsasse ist: Olguín, Ben: La Pinta. University of Texas Press: Austin, 2010.

[953] In diesem Zusammenhang muss auch auf die Autobiographie des schwarzen Bürgerrechtlers Malcolm X (1925–1965) hingewiesen werden, in der dieser seinen Werdegang und Aktivismus vor dem Hintergrund des strukturellen Rassismus in der U.S.-amerikanischen Gesellschaft darlegt. Wie Rodríguez war Malcolm X (gebürtig Malcolm Little) ein Opfer seiner marginalisierten Lebenswelt und rutschte in einen Sumpf von Drogen und Kriminalität ab. Im Gefängnis konvertierte Little zum Islam und wurde zu einem Bürgerrechtler, der sich von Martin Luther King durch seine Bereitschaft zum gewaltsamen Widerstand unterschied. Malcolm X mit Haley, Alex: The Autobiography of Malcolm X. Grove Press: New York, 1965.

> But flight and "running" also suggests the narrator's nihilistic outlook, his remorseless rejection of mainstream institutions and beliefs, symbolized in the narrative by the justice system, schools, the church, and the media. Though like traditional autobiographies, *Always running* traces the narrator's growth and education, it overturns the bildungsroman autobiographical model by foregrounding and validating the protagonists' nihilistic perspective, in essence discovering a meaning in the very condition that marks its narrator as racialized and criminalized [ethic] other.[954]

Paul John Eakin unterstreicht den sinnstiftenden Charakter des Genres und erklärt warum subalterne Schriftsteller_innen diese literarische Form oftmals wählen:

> When we tell or write about our own lives, our stories establish our identities both as content – I am the person who did these things – and as act – I am someone with a story to tell. And we do something even more fundamental – we establish ourselves as persons: I am someone, someone who has lived a valuable life, a value affirmed precisely by any life story's implicit narratives, relating our "life-plans" – something we do piecemeal every day – we exercise that "expression freedom" which Taylor prizes as a defining mark of modern individual. Members of oppressed and silenced groups instinctively recognize this core attribute, making life writing a leading form of expression in postcolonial and minority literature today.[955]

Im Folgenden werde ich beide Autobiographien von Luis J. Rodríguez miteinander vergleichen. Abweichend von anderen Autor_innen, wie z.B. Josephine Metcalf,[956] unterscheide ich bei der Analyse von *Always Running* nicht zwischen Erzähler und Autor. Dies tue ich jedoch im Wissen, dass Autobiographien immer auch zu einem gewissen Teil fiktional sind. Eine Unterscheidung zwischen Erzähler und Autor erscheint mir in diesem Fall unnötig und eher verwirrend als hilfreich zu sein, zumal ich mir im Interview mit dem Autor im Herbst 2016 in Sylamar einen persönlichen Eindruck von ihm machen konnte. Auf meine Frage zum Verhältnis von Autor und Erzähler, auf die ich besonders viel Wert legte, antwortete Rodríguez:

> I would say, that it is hard to be this honest anytime. But if you you want to be a writer, a true writer, you have to be honest. You have to start with yourself and then you have to be honest with the world. So to me truth is a very important part for being a poet, a short story writer, novelist or memorist. You got to think about truth and how it lays itself out, doing

---

[954] Perez, Vincent: "Running" and Resistance. In: Mellus. Latino/a Identities. The Journal of the Socitey fort he Study of the Multi-Ethnic Literature of the United States. Vol 25, Number 2. University of Connecticut, 2000. S. 136.

[955] Eakin, Paul John: The Ethics of Life Writing. Cornell University, 2004. S. 5.

[956] Metcalf, Josephine: The Culture and Politics of Contemporary Street Gang Memoirs. University Press of Mississipi: Jackson, 2012.

the bad and good, including your role and others. So if I want to be true about the society that I am in, when I wanna be true about the discrimination, the class society, if I wanna be true about our history, if I wanna be true about myself, you know what I am saying? What is the reader gonna trust? The reader has to trust me, that I am telling the truth even though the memoir might not have all the facts right, you know what I am saying? It is hard to remember, when you are writing a memoir, all the particular facts, but I do my best to remember as much as I can. I even went back and looked at newspapers archives to see if it was correct what I was saying. But most of it is memory and mostly it is emotional memory because it is the emotional impact of a memory. So I always tell people the facts might not be a perfect genealogistic account but they have to be truthful. So I think if I want readers to trust me they have to know that I gonna hit some very dark spaces and I gonna be truthful as much as I can. So whenever I say something that they can trust, they can say "he is being honest about his life and the lives of others."[957]

Always Running und das 18 Jahre später veröffentlichte *It Calls you back* bieten trotz aller Ähnlichkeiten zwei unterschiedliche Perspektiven auf Rodríguez' Innenleben: Während das frühere *Always Running* vor allem durch nüchterne, unmittelbare und unverstellte Schilderungen der Brutalität des Ganglebens auffällt und weniger durch eine moralische Bewertung gekennzeichnet ist, besticht *It Calls you back* durch eine reflektierte Innenansicht. In *Always Running* reiht Rodríguez oftmals zusammenhangslos Episode an Episode aneinander, in denen er vom Gangalltag und den persönlichen Dramen seiner Lebenswelt berichtet. Die Vielfalt und Kürze dieser vignettenhaften Darstellung, zeichnet in ihrer Form die Orientierungslosigkeit des jugendlichen Luis nach, der in einem Strudel von Gewalt, Sex und Drogen unterzugehen droht. Die lose Aneinanderreihung der eigenen Lebensereignisse könnte jedoch auch darin begründet sein, dass es sich hierbei um ältere Texte handelt, die erst später zu einem Gesamttext zusammengeführt wurden. Dies wäre durchaus denkbar und ist nicht unüblich, wie es z.B. das prominente Beispiel *House on Mango Street* von Sandra Cisneros [siehe Kapitel I.] zeigt.

Vergleicht man *Always Running* mit Rodríguez' Gedichten lässt sich seine Schreibgenese nachverfolgen: Mitunter lassen sich kleine Textstücke aus der Prosa herauslösen, die dann ihre lyrische Natur preisgeben, da sie ursprünglich als Gedichte konzipiert waren und als solche publiziert worden sind.[958] Schon als Teenager und Schulabbrecher hat Rodríguez sein Seelenleben und seine Verlorenheit in Gedichten festgehalten, die dann

---

[957] Schreiner, Daniel: Interview with Luis J. Rodríguez – Marxism & Spiritualism in Chicano Literature. Sylamar/CA. 27.09.2016. Das Interview ist noch unveröffentlicht.
[958] Siehe den Gedichtzyklus *Always Running* in der Lyriksammlung *The Concrete River*.

später in die Gesamtnarration des eigenen Lebens einfließen. Ähnlich geht er bei *It calls you back* vor, das eigenen Angaben zufolge bereits zuvor veröffentlichte Essays und Gedichtbruchstücke enthält, die über die Jahre in Zeitungen wie der *Los Angeles Times*, der *New York Times*, der *Chicago Tribune* und in seinen Lyrikanthologien erschienen sind.[959]

La Vida Loca: Always Running

Rodríguez' Beschreibung des Ganglebens in *Always Running* zeigt, dass hinter der – um mit Alejandro Morales zu sprechen – heterotopen Unordnung des *barrios* durchaus eine Struktur steckt, die sich erst auf dem zweiten Blick bzw. durch die Einbeziehung des Wissens um mexikanisch-amerikanische Geschichte erklärt: Die Gangkultur Kaliforniens ist über Jahre gewachsen[960] und findet ihren Ursprung in der *pachuco*-Jugendkultur. Bei den *pachucos* der 40er Jahre handelte es sich im Grunde genommen um eine harmlose Ausformung juveniler Subkultur. Die mexikanisch-amerikanische Bevölkerung erlebte zu jener Zeit einen wirtschaftlichen Aufschwung in den *barrios*. Die *pachucos* wollten am gesellschaftlichen Leben partizipieren und etablierten ihre eigene Subkultur, die durch Swingmusik und einen alternativen Kleidungsstil geprägt war. Die *Zoot Suits*-Unruhen, das Erleben von Mobgewalt und die Ausgrenzung durch Teile der weißen Bevölkerung zeigten diesen Jugendlichen jedoch, dass sie nicht dazugehören, was einen Rückzug ins *barrio* und eine Stärkung des Gruppengefühls nach sich zog.[961] Während die *pachuco*-Kultur eher als

---

[959] It calls you back. S. IX.
[960] Laut der jüngsten Statistiken des *Office of Juvenile Justice and Delinquency Prevention* waren 2011 in den USA landesweit 782.500 Jugendliche in 29.900 Gangs organisiert. 1.824 durch Ganggewalt bedingte Todesfälle stehen im gleichen Jahr zu Buche. Siehe ausführliche Statistiken auf http://www.ojjdp.gov/pubs/242884.pdf [Eingesehen am 23.3.2016].
[961] Edward Escobar erklärt die sich verändernde Perspektive auf Mexican Americans folgendermaßen: „Around the turn of the twentieth century, academicians began to question the concept of race as a biological construct and to replace it with cultural and sociological definitions. This new understanding of race was most fully articulated by Robert E. Park and his Chicago school of sociology during the 1930s and 1940s. For Park and his disciples, race was a function of ethnicity, and they equated ethnicity with experiences of European immigrants in the United States. Like the European immigrants, racial minorities were expected to achieve social mobility and eventual assimilation into instream American society. To the extent that racial groups did not readily assimilate, ethnicity theorists saw their cultures as flawed. By World War II these notions of ethnicity and race had gained theoretical dominance and begun to enter popular consciousness and to influence public policy. While the abandonment of biological theories of race was a welcome circumstances, the ascendancy of ethnicity theory continued the racialization process for Mexican Americans. Inequating racial groups' experiences with those of white European immigrants, ethnicity theory failed to consider the

hedonistisch zu bewerten ist, folgte mit dem *Chicano-Movimiento* eine Politisierung breiter mexikanisch-amerikanischer Schichten [siehe ausführlich in Kapitel I]. Daneben verursachten Marginalisierungsprozesse und eine fehlende Partizipation sowie eine erweiterte Zuwanderung und Pauperisierung ganzer Stadtteile die Herausbildung von Cliquen, in denen Jugendliche die Abwesenheit der Eltern kompensierten und eine Gruppenidentität als *cholos* herausbilden konnten, die ihnen einen Platz im *barrio* zuwies und Schutz gegen Ganggewalt sowie „weiße" Polizeiwillkür versprach.[962] James Diego Vigil erklärt den, die *pachuco*-Kultur ablösenden, Prozess der „*Choloization*" folgendermaßen:

> fact that the racialized status of Mexican Americans placed them in a chronically subordinated position in American society. Social scientists persisted in looking for flaws in Mexican American culture to explain the lack of social mobility or assimilation of Mexican Americans. According to such thinking, poor performance in school resulted from a present, rather than a future, orientation; low income came from a poor work ethic; and lack of political representation resulted from an inability to organize. Ethnicity theory was therefore every bit as deterministic as biological theories of race, and it served to reinforce negative attitudes among white public officials and the general public toward Mexican Americans. Nowhere was the impact of ethnicity theory more evident or more significant than in the linkage of race and criminality. At the beginning of the century, while Mexicans were certainly seen by whites as inferior race, they were not generally regarded by government and law enforcement officials as inherently criminal. Even the LAPD articulated no such view. During the subsequent half century, however, the deterioration of the relationship between Mexican Americans and the LAPD, and especially the hysteria during World War II over juvenile delinquency, thrust Mexican American Youth into the national consciousness as a criminal element in society. Henceforth, the youth "gang" became the metaphor which much of white society viewed Mexican Americans. While many of the old ideas of Mexicans as lazy and stupid persisted, they eventually faded into the background, only to be replaced with the image of the vicious and treacherous gang member. This was a major reconstitution of the attributes that defined Mexican Americans as a separate race." In: Escobar, Edward J.: Race, Police, and the Making of a Political Identity. University of California Press: Berkeley, 1999. S. 10.

[962] Nicht nur Rodríguez kritisiert die Machtausübung durch Gewalt. Alejandro Morales sieht die momentane Verfasstheit der amerikanischen Polizei sehr bedenklich und kritisiert ihre Militarisierung und den falsch verstandenem Korpsgeist: „[...] usually the police gets away with these horrible beatings because police commissions or whatever find, and then juries find that they acted within their rights which is ridiculous. Policemen are trained to kill first and ask people later. This is basically what they are trained for. You can make one small step and they can take that as aggression and they shoot you. I do not have much trust in the police anymore. It's like in Mexico. Whatever you do... don't call the police, don't call the cops. So Police departments they lost a lot of credibility because of the terrible things been shown on TV. And policemen take care of themselves. To me it's like another gang. I had access to a Policeman and he told me that if a cop stops a car, driving erratically and the guy happens to be drunk... but what is if he is a cop? They would not throw him in jail. They gonna take care of each other.

Like the pachuco lifestyle, the cholo lifestyle has been fueled by culture conflict and psycho-socioeconomic conditions in the barrios. Indeed, the conditions in the barrios are so marginalizing that the Chicano gang problem has become progressively more severe, although gang homicide rates in Los Angeles, which rose to a high level in the mid-1990s, have since dropped considerably. The gang problem, nevertheless, is particularly severe in Los Angeles County, where at least half of all Chicano gangs are located. Because choloization is a syncretic process -that is, a mixing and blending of cultures or subculture, sometimes in an erratic way – it has resulted in a variety of characteristics that reflect the Chicano gang subculture in terms of organization, structure, values and norms, and social and cultural habits.[963]

In *Hearts & Hands* gibt Luis J. Rodríguez ein eindrückliches Beispiel, wie die Mitgliedschaft in einer Gang für bestimmte Jugendliche durch die Realität der Lebenswelt nahezu unumgänglich ist:

> When Antonio first came to this country, he was threatened by local gang members. For years this community was known for having rival street organizations on almost every other block – some of the bigger ones were La Raza, Ambrose, Latin Counts, Bishops, Satan Disciples, and the Gangster Party People. Eventually Antonio joined a group of youth for self-defense. However, Antonio's greatest threats came from the police who were supposedly there to protect the community. He would be routinely beaten, humiliated, and shaken down. Apparently Antonio came to know about a local police officer who actively dealt drugs and guns in the community. He had also witnessed a shooting of an alleged gang member. As Antonio and others related the story, the youth lay on the ground while the police refused to call an ambulance or let anybody help him. When an ambulance finally did arrive (after neighbors called), the police held it up for several minutes. The boy bled death where he lay.[964]

Rodríguez beschreibt in *Always Running* wie sich über einen langen Zeitraum kleine lokale Cliquen herausbildeten und in einem begrenzten Territorium, bestehend aus ein oder zwei Straßenzügen, agierten. Bündnisse wurden zwischen einzelnen Cliquen geschlossen aus denen schließlich sogenannte Stämme mit einem größeren Machtanspruch hervorgingen. Eheschließungen, ganz in der Tradition europäischer Adelsfamilien, sorgten für den inneren Zusammenhalt und das Herausbilden neuer Gruppenidentitäten. Rodríguez erlebte diese fast schon mit Konzernver-

---

They take him home and take his car home somehow and take care of this guy. Ahm, they think often to be above the law." Vgl. Schreiner, Daniel: The Once and Future Chicano – Weltliteratur between Intra-History and Utopian Vision: An Interview with Alejandro Morales. S. 48. Die Seitenangabe bezieht sich auf meinen Originaltext.

[963] Vigil, James Diego: A Rainbow of Gangs. S. 44.
[964] Hearts and Hands. S. 89.

schmelzungen und Monopolisierungen in der Wirtschaft zu vergleichenden Systemprozesse in der eigenen Gangkarriere. Seine lose Clique schloss sich dem Animal-Tribe an, welcher später den *Las Lomas* beitrat, einer den ganzen Stadtteil regierenden Groß-Gang, die mit anderen in militärischer Hierarchie organisierten Kollektiven um die Kontrolle des Territoriums und den Markt der Schattenwirtschaft [Waffen, Drogen, Prostitution] konkurrierte:

> Clavo, Wilo, Chicharrón and I. We were *los cuatro del barrio*, the younger dudes, 13 and 14, who got swept up in the fast, tumultuous changes between the cliques and clubs in the area. The Animal Tribe was taking over everything: It did it through war, through a reputation, through the strong leadership of two key families: the López brothers and the Domínguezes. The five López brothers got hooked up with the two Domínguez brothers and their four sisters. Lydia Domínguezes ended up marrying Joaquín López, the Tribe's president, and this continued to pull the various groups into one, huge clique.[965]

Im Zuge des *Chicano-Movimiento*, das auf den Straßen Kaliforniens für die kulturelle, wirtschaftliche und politische Partizipation stritt, reagierten Bundesstaat und Kirchengemeinden mit einer Reihe von Sozialprogrammen auf die angespannte Lage in den *barrios*. Rodríguez beschreibt den sozialpädagogischen Aktivismus am Anfang der 1970er Jahre folgendermaßen:

> Committees, task forces, community centers, born-again storefront churches and behavior guidance counselors proliferated in response. Rosemead's South Side, South San Gabriel and San Gabriel's barrio became targets of programs, monies and studies. Local reporters drove along with law enforcement officers through Lomas and Sangra to get "the feel" of these misaligned and misunderstood communities. Gang members were interviewed and new photographers worked the Hills to decipt the poverty – usually of children playing in mud next to rusted cars, trash cans and pregnant mothers peering out of makeshift sheds. [...] The people who worked at the centers put 80-hour weeks, covered weekly funerals and had to enter the doors of domestic conflicts armed with nothing but a prayer. Some were ex-gang members who ventured back to help. Or they were the first wave of minority college students who entered institutions of higher learning through special scholarships and economic oppurtunity grants.[966]

Die Programme zeigten einen vorübergehenden Erfolg. Es kam sogar für kurze Zeit zu einem Waffenstillstand zwischen den miteinander verfeindeten Gangs und man marschierte gemeinsam unter der Fahne Aztláns mit Hippies und anderen Kriegsgegnern für die Beendigung des Vietnam-

---

[965] Always Running. S. 52.
[966] Ebda.: S. 112.

krieges, bei dem überdurchschnittlich viele mexikanisch-amerikanische wehrpflichtige junge Männer eingezogen wurden und starben.[967] Die Chicano-Bewegung wies darauf hin, dass es vielmehr darum gehen müsse, in den USA soziale Gerechtigkeit herzustellen, anstatt als Mexican-American in einem Krieg zu fallen, der nichts mit der eigenen Lebenswelt zu tun habe.[968] Die vom *Chicano Moratorium Against the War* organisierte Demonstration am 29. August 1970 in Los Angeles wurde mit 30.000 Teilnehmern zur größten Kundgebung ihrer Art. Die Polizei-Behörden entschieden sich jedoch dafür diese brutal niederzuschlagen. Im Zuge der Straßenschlachten wurde u.a. der renommierte Journalist Ruben Salazar [*Los Angeles Times*] durch ein Polizeigeschoss getötet.[969] Rodríguez selbst wurde während der Demonstration verhaftet und mit anderen Jugendlichen in Untersuchungshaft genommen.

Rodríguez betont in *Always Running*, neben der Kritik an dem mit „*Race & Class*"-Kategorien operierenden ökonomischen System, die Faszination an von Gewalt und vom Leben des Gesetzlosen. Eine besondere Form von Machtausübung, die den zwanghaften Zusammenhalt der Gruppe bzw. der Gang über moralischen Grenzübertritt und somit über Scham und Entblößung herbeiführt – und nichts im Geringsten mit einer „Robin Hood"-haften romantisierten Form des *Outlaws* zu tun hat –, ist die sexualisierte Gewalt. Rodríguez schildert deutlich, wie von Gangmitgliedern erwartet wird, sich an Gruppenvergewaltigungen zu beteiligen, die den Machtanspruch der Gang in ihrem Territorium unterstreichen sollen:

> Rapes became a common circumstance in the Hills. They began as isolated incidents, then a way of life. Some believed this ritual started with outsiders, not from within the Hills. Others said it began with one guy who happend to be crazy, but the rest followed suit as the attacks signified a distorted sense of power. One dude was said to have raped 17 girls one summer.[970]

Rodríguez versucht den organisierten Vergewaltigungszügen fern zu bleiben. Als er einer Vergewaltigung beiwohnen soll, erbricht er sich und verlässt die Szenerie. Monica Brown stellt fest, dass Frauenfiguren in *Always*

---

[967] Eine Sammlung literarischer Zeugnisse mexikanisch-amerikanischer Schriftsteller zum Vietnam-Krieg ist Marcial, Georg: Aztlan and Viet Nam -Chicano and Chicana Experiences of the War. University of California Press, 1999. Siehe auch: Oropeza, Lorena: Raza Si! Guerra No!' - Chicano Protest and Patriotism during the Viet Nam War Era. University of California Press: Berkeley, 2005.
[968] Siehe dazu Varela, Laura: Long As I Remember: American Veteranos. Documentary. San Antonio, 2010.
[969] Siehe dazu Héctor Tobars Onlinebericht *Finally, transparency in the Ruben Salazar case* aus dem Jahr 2011. http://articles.latimes.com/2011/aug/05/local/la-me-0805-tobar-20110805 [Eingesehen am 2.3.2016].
[970] Always Running. S. 121.

Running kaum eine Rolle spielen und dass Rodríguez' Sicht durch die männlichen Machtstrukturen der Gang geprägt ist:

> In la vida loca women are peripheral, most often seen and treated as sexual objects and objects of conquest. There are some strong women in his narrative, most notably his mother and aunt, but Rodríguez's sense of community is constructed almost entirely as masculine, dependent on women's bodies as a means to effect power and little else.[971]

Ich werde auf Browns Feststellung im Rahmen meiner Überlegungen zu *It Calls you back* zurückkommen, da Rodríguez in seinem zweiten Memoir seine eigenen Männlichkeitsbilder in Frage stellt und sein Verhalten gegenüber Frauen überprüft.

Rodríguez und seine Freunde sind in *Always Running* nicht nur Täter, sondern auch Opfer struktureller Gewalt und müssen vonseiten der rassistisch agierenden Polizei immer mit dem Schlimmsten rechnen. Die Polizei nutzt und schürt mitunter die Konkurrenz unter den Gangs, so dass eine Gewaltspirale in Gang gesetzt wird, die zu langjährigen Fehden führt, die in Mordanschlägen enden und das *barrio* zu einer Kriegszone werden lassen. Statt sich politisch zu organisieren und gegen die ausgrenzenden Strukturen anzugehen, bekämpfen sich die Jugendlichen untereinander und versinken im Drogenrausch. Eine Praxis, die –wenn sie nicht auf dem Friedhof endet – direkt ins Gefängnis führt. Rodríguez wehrt sich dagegen, für *Las Lomas* als Soldat in den Straßenkampf zu ziehen. Stattdessen versucht er Fuzzy und Puppet, die Rädelsführer der Gang, davon zu überzeugen, dass der gewaltsame Kampf Chicano gegen Chicano zu nichts führe und die Lebensverhältnisse der Mexican-Americans nicht verbessern würde, indem er daraufhin weist, dass diese Selbstzerfleischung der Polizei nur gelegen komme. Puppet und Fuzzy können Rodríguez' im Selbststudium gewachsener sozialkritischer Perspektive nichts abgewinnen; sie sehen in ihm einen Verräter und lassen zur Warnung auf ihn schießen:

> None of the bullets had struck me. My eyes burned with fury, with sorrow. I wanted to yell, I wanted to cry – I didn't know what I wanted. In thinking back, I realize if they'd wanted to kill me, they would have. These were warning shots, as if to say: „Next time you're dead" The homeboys tried to kill me, *vatos* whom I known as brothers, with whom I partied and hung out in front of courthouses and the fields; they were dudes I fought for and with whom I shared a taste of *la carga*.[972]

Die Enttäuschung über den Vertrauensentzug sitzt tief bei Rodríguez und er bricht mit der Gang. Er verabschiedet sich von seinen Eltern, taucht

---

[971] Brown, Monica: Gang Nation. S. 71.
[972] Always Running. S. 238.

mit der Hilfe des Sozialarbeiters Chentes unter und beginnt ein neues Leben, heiratet und wird Arbeiter in einem Stahlwerk. Aus der Distanz erfährt er wie die Gemeinschaftszentren für Chicanos geschlossen werden und seine ehemalige Gang sich noch mehr radikalisiert bzw. sich durch das Aufgehen in *La Eme,* der sogenannten Mexikanischen Mafia, kriminell professionalisiert.[973] Einige Jahre später nach seiner Abkehr vom Gangleben, holt dieses Rodríguez, nun Familienvater, wieder ein: Chava von der rivalisierenden *Sangra*-Gang lauert ihm auf, da er sich wahllos bei einem Mitglied von *Las Lomas* für seine erlittenen Verkrüppelungen rächen will. Rodríguez versucht ihn davon abzubringen:

> There's some things to fight for, some things to die for – but not this. Chava, you're alive. I feel for you, man, but you're alive. Don't waste the rest of your days with this hate. What's revenge? What can get by getting on me? I'am the least of your enemies. It's time to let it go, it's time to go on with your life." Chava begins to shudder, to utter something, a guttural sound rising to his throat, a hideous moan. I think he's trying to cry, but it's hard to tell. I don't know what to do, so I pull him close to me. He twists away, the dudes to the side look lost, not knowing their next move, unprepared for what follows. I again pull at Chava, and hold him. He breaks down, a flood of fermented rage seeping out of every pore. „If I thought my life could cleanse you of the hurt, of the memory, I would open up my shirt and let you take it from me. But it won't – we're too much the same now, Chava. Let it all out, man….let it out.[974]

Der Geist der Aussöhnung, der in der Begegnung mit Chava festzustellen ist, und die Erkenntnis, dass Schmerzen und schlechte Erfahrungen bearbeitet werden müssen, ist kennzeichnend für die weiteren Texte von Luis Rodríguez.

---

[973] Der Name Mexikanische Mafia ist verwirrend, zumal es sich bei *La Eme,* um eine Großgang handelt, die sich im kalifornischen Gefängnissystem gebildet und ihre Macht auf die Straßen getragen hat. Heutzutage kann *La Eme* als eine Art Landesverband der südkalifornischen Ganglandschaft begriffen werden, der mit Kartellen in Mexiko zusammenarbeitet. Siehe ausführlich in Rafael, Tony. The Mexican Mafia. Encounter Books: New York, 2007. Erwähnenswert ist in dieser Hinsicht auch der Film *American Me* aus dem Jahr 1992 [Universal Pictures] – nicht zu verwechseln mit dem gleichnamigen Buch von Beatrice Griffith – in dem die Gründungsgeschichte von *La Eme* auf eindrucksvolle Weise behandelt wird. Produzent, Regisseur und Hauptdarsteller ist der durch seine Rolle als Pachuco in Valdez' Zoot Suit Riots Verfilmung bekannt gewordene mexikanisch-amerikanische Schauspieler James Olmus.

[974] Always Running. S. 245.

It calls you back: Dekonstruktion und Läuterung

> O mitakuye oyasin! (An alle meine Verbindungen)
> **Lakota Gebet**

In seinem zweiten Memoire *It calls you back* lässt sich Luis Rodríguez weitaus mehr Raum, die eigenen Lebenswege in einem Gesamtkontext darzustellen. In seinem Spätwerk ist sich Rodríguez seiner Taten, seines Benehmens gegenüber Frauen, seines Versagens als Vater durchaus bewusst und sucht die Versöhnung:

> I also had to renew all my relationships, many of which were begun, and in some cases destroyed, during my drinking years. I could no longer have my father, my mother, the barrio realities, the impoverished enviroment as the basis of my continued annihilation. Having material poverty is one thing, but I had to tap into the abundance we all carry in our internal creative reservoirs, in our imaginations. Just like the earth has its regenerative powers, despite internal and external abuse and turmoil, we need to tap into our mother capacity to revive and start over.[975]

Rodríguez weist in *It calls you back* unaufhörlich daraufhin, dass es neben der ökonomischen Situation vor allem auch der Mangel an Liebe, Fürsorge und Selbstbewusstsein sei, der die Jugendlichen im *barrio* in die Gangs treibe. Die Fähigkeit sich selbst zu verzeihen, die Ausdruck des Selbstrespekts und einer gesunden Eigenliebe sei, erscheint als ein zentrales Motiv in *It Calls You back* und ersetzt die toxische Scham des Wertlosen durch das Einstehen für begangene Missetaten, die zwar nicht ungeschehen gemacht werden, aber bereut und vergeben werden können. Gewalt wird vom späten Rodríguez als der verzweifelte Versuch beschrieben, sich aus der eigenen Unterlegenheit und dem Erleben von Wertlosigkeit zu erheben. Neben Marginalisierungsprozessen in der Migrationserfahrung werden in der sozialwissenschaftlichen Sekundärliteratur vor allem machistische Familienstrukturen, die durch die Abwesenheit des Vaters und ein verzerrtes Frauenbild geprägt sind, als Erklärungsmuster für Gang-Gewalt vermutet.[976] Die männlich dominierte Chicano-Bewegung der 1960er und 1970er Jahre förderte ihrerseits patriarchal-machistische Strukturen[977], da sie sich davon eine Stärkung des Gruppengefühls versprach, welches für den revolutionären Kampf von Nöten war. Während der maskuline, aggressive Impuls der Bewegung durchaus als Antwort auf staatliche Polizeigewalt verstanden werden kann und erklärbar ist, zeigt sich im marginalisierten *barrio* dessen Schattenseite, die über eine selbstzerstörerische

---

[975] It calls you back. S. 243/244.
[976] Siehe u.A. Mirandé, Alfredo: Hombres y Machos – Masculinity and Latino Culture. WestviewPress, 1997. Abalos, David T.: The Latino Male – A Radical Redefinition. Lynne Rienner Publishers: Boulder, 2002.
[977] Siehe mehr dazu in Brown, Monica: Gangnation. S. 56.

Gewaltverherrlichung hinaus weitere negative Folgen für den Familienkontext mit sich bringt. Innerhalb der *barrio*-Lebenswelt kommt es bedingt durch die machistischen Denkweisen zu einem mitunter dysfunktionalen Vaterschaftsverständnis, in dem Kinder als Statussymbol gesehen werden:

> Babies are easy too. Many homegirls become mothers, although they are unfinished children. Whatever comfort and warmth they lack at home is also withheld from their babies. Girls drop out of school. Homeboys become fathers even in their early teens. But there's nothing at stake for them; at the most, having a baby is a source of power, for rep, like trophies on a mantel.[978]

Multiple Vaterschaften mit unterschiedlichen Frauen und eine große Anzahl alleinerziehende Mütter sind Folge dieser Einstellung.[979] Um eine klischeehafte Perspektive zu vermeiden, die nur an der Dysfunktionalität von migrantischen Gesellschaften interessiert ist, sei an dieser Stelle darauf hingewiesen, dass Rodríguez' *barrio*-Erfahrungen nicht exemplarisch für sämtliche mexikanisch-amerikanische Lebenswelten stehen können. Die Betrachtung anderer Autobiographien zeigen, dass der kriminelle *vato* nur eine gesellschaftliche Erscheinungsform unter vielen ist. Auch wenn Rodríguez' Autobiographien als authentisch bewertet werden müssen, ist ihr Erfolg auch durch die Inszenierung des literarischen Archetypen des *Outlaws* begründet, welche die „White Fear" der Dominanzgesellschaft und ihre Vorstellung von „farbiger" Delinquenz bekräftigt.

Rodríguez geht in *It calls you back* den Auswirkungen der gesellschaftlichen Ordnung auf seine Lebenswelt nach und reflektiert dabei die eigene Sozialisierung, das Verhalten seiner Eltern, sein eigenes Handeln und seine Entwicklung zum Schriftsteller.[980] Im narrativen Rückblick er-

---

[978] Always Running. S. 198/199.

[979] Die besondere Belastung von Frauen im *barrio* und die Rolle von Schwangerschaften als Kontrollfunktion erklärt James Diego Vigil: „It must be underscored that early motherhood often involve very complicated and seemingly contradictonary feelings as well as consequences. Young women (some still girls, in fact) often feel particularly powerless but, ironically, to them pregnancy often represents an opportunity for control over some aspect of their lives. It guarantees that they will have someone to love and care for and they will know that at least one person will love them unconditionally. Empowered by this expierence, they temporarily enjoy the benefits of parenting but soon learn how challenging it is. Some teen mothers suceed, but many more, sadly, add their children to the poverty cycle reflected in the street conditions that create gangs." In: Vigil, James Diego: A Rainbow of Gangs. S. 46.

[980] Ein interessanter Vergleichstext der deutschen Literatur ist Gerhard Henschels siebter Roman über Martin Schlosser. In *Arbeiterroman* stellt Henschel Schlossers Bemühungen als Schriftsteller inmitten seines Lebensalltags als Hilfsarbeiters Fuß zu fassen dar. Henschel, Gerhard: Arbeiterroman. Hoffmann & Campe: Hamburg, 2017.

fährt die eigene Biographie eine kritische Untersuchung. Rodríguez erinnert sich zu Beginn an die an ihm gegen seinen Willen durchgeführte Beschneidung im Alter von 10 Jahren. Der durch das Anästhetikum bedingte Rauschzustand markiert in der Rückblende den Beginn der eigenen Drogenkarriere. Der Unfalltod seines gleichaltrigen besten Freundes im gleichen Jahr raubt Rodríguez früh die Unbeschwertheit der Kindheit, die ohnehin schon belastet ist, weil er in der Schule ob seines mangelhaften Englischs als debil eingestuft wird. Rodríguez hat somit schon vor dem Beginn seines Ganglebens emotionale Verletzungen erlebt, die ihn zeitlebens zu einem Suchenden nach Vergessen und Ausflucht machen. Erst später findet er in der spirituellen Arbeit den Weg zur Heilung.

Drogen und der Zusammenhalt der Gang sind für den von seinen Eltern sozial und emotional vernachlässigten 12-jährigen Luis Strategien des Trostes und der Geborgenheit. Vom Heroin kann er erst nach seiner letzten Haftstrafe lassen, während der er einen Entzug macht. Unterstützend wirkt hier Rodríguez' Kontakt zur Chicano-Bewegung, die ihm eine politische Heimat und Alternative zu *Las Lomas* bietet. Wie er, politisieren sich im Gefängnis auch andere Gefangene und werden zu Aktivisten von *La Raza* und des *Movimientos*.[981] Während sich Rodríguez durchaus bewusst ist, dass die Chicano-Bewegung sein Leben gerettet hat, fürchten sich die Eltern vor der Politisierung ihres Sohnes:

> A revolutionary mind and a revolutionary life were probably the worst things you could strive for in America. Killers, gangsters, addicts...they were all relatively tolerable unless they became "godless commies". In schools and in the media, it had been rammed into my head that opponents of the political and economic status quo were the Antichrists, the precursors of the Apocalypse, the devil's henchmen on this earth. My parents were against this, too. [...] Forget that these revolutionaries helped me pull off the death road I was on. Forget that they provided something meaningful in the black hole of an existence called poverty, where abuse, sexual and physical, was rampant. Where low-paid and exploitative manufacturing and service work, when there was work, claimed most of the residents. A reality where the wrong look, the wrong color, or walking into the wrong place at the wrong time meant an untimely death.[982]

In *It calls you back* richtet Rodríguez nur wenig Aufmerksamkeit auf den Alltag des eigenen Ganglebens, den er bereits in *Always Running* ausführlich dargestellt hat. Vielmehr stellt er in seiner zweiten Autobiographie seine Beziehungen zu Frauen und seinen Kindern sowie seine professio-

---

[981] An dieser Stelle sei erwähnt, dass auch in Deutschland Gefängnisse mitunter erst die ideologische Politisierung von Kleinkriminellen begünstigten. Viele Islamisten haben erst während ihrer Haftstrafe zum Islam gefunden. Studien hierzu sind in Vorbereitung.
[982] It calls you back. S. 16–17.

nelle Karriere in den Mittelpunkt der Betrachtungen. Begleitet wird dieser sehr persönliche und ehrlich anmutende Rückblick durch Reflektionen zur eigenen Suchtgeschichte und Kommunikationsunfähigkeit, die er erst nach einem langen Prozess spiritueller Arbeit überwinden kann.

Nach seinem Ausstieg aus dem Gangleben heiratet Rodrìguez 1974 die erst 18-jährige Camilla und beginnt als Schreiner zu arbeiten. Die Beziehung zu Camilla ist von Anfang an belastet. Rodríguez bezeichnet sich und seine erste Frau rückblickend als noch zu kindlich und unreif. Die erlebten Erschütterungen des Ganglebens tun ihr übriges. Wie Soldaten, die aus Vietnam heimkehren, leidet Rodrìguez an einer posttraumatischen Belastungsstörung, die fast zu häuslicher Gewalt führt.

> There were times when a fury burst out of me. Anything could trigger it. A certain look. Someone not paying attention to me or talking in an irritating tone. Camila didn't know what to make of my behavior. I'd yell at her for no good reason, throw a face cloth at her while she was bathing. I didn't hit her with my fists. But I'd get close. [...] I was paranoid. On edge. I didn't know it then, but I was experiencing post-traumatic stress disorder. The effects of my street life hadn't totally left me. I was hurting yet asleep to my pain. It came for me at the strangest times: in the middle of the night, at the dinner table, glancing sideways from a doorway.[983]

Das Paar bleibt trotzdem für einige Zeit zusammen und hat zwei Kinder, Andrea und Ramíro. Rodríguez hat jedoch wenig Gelegenheit, sich um seine Kinder zu kümmern. Seine diversenkörperlich anstrengenden und gefährlichen Jobs in der Industrie sind schlecht bezahlt und durch rassistische Strukturen geprägt, unter denen Afro-Amerikaner und Chicanos gleichermaßen leiden. Rodríguez engagiert sich daher neben der Chicano-Bewegung nun auch zusätzlich in Gewerkschaften. Damit noch nicht genug: Gemeinsam mit Camilla gründet er im eigenen Heim eine Initiative, die sich um Gangmitglieder und Aussteiger kümmert und versucht nebenbei als Journalist Fuß zu fassen. Zwischen all diesen Aktivitäten zerbricht schließlich die Familie: Während Camilla die Kinder bei sich behält und von einer katastrophalen Beziehung in die nächste wechselt, verliert Rodríguez zwischen Arbeit, Aktivismus, Schriftstellerei, Promiskuität und Alkoholsucht die Kontrolle über sein Leben. Die Situation eskaliert als Luis gewalttätig gegenüber seinem vierjährigen Sohn Ramíro wird.[984] Während dieser Ausbruch von Gewalt von Rodríguez ein einmaliger Vorfall bleibt, sind Ramíro und seine Schwester Andrea in den folgenden Jahren immer wieder Opfer der gewalttätigen Partner ihrer Mutter. Jahre später, Luis J. Rodríguez lebt mittlerweile in Chicago und ist wieder verheiratet, wird deutlich wie sehr Ramíro Schaden genommen hat. Wie sein

---

[983] Ebda.: S. 43.
[984] Ebda.: S. 97.

Vater gleitet Ramíro als Jugendlicher ins Gangleben ab und nimmt Drogen. Rodríguez will nun endlich seiner Vaterrolle gerecht werden und versucht alles um seinen Sohn zu retten. Er geht sogar so weit und weist den Jungen gegen seinen Willen in die Psychiatrie ein, wo dieser jedoch nur rebelliert und Opfer von Gewalt von Seiten des Personals wird.

Luis J. Rodríguez arbeitet zu dieser Zeit bereits nicht mehr in der Industrie und verdient sein Geld als Journalist bei verschiedenen Zeitungen. Während er für einige Jahre als Polizeireporter tätig war und von Verkehrsunfällen, Razzien und Mordfällen berichtete, ist er nun als Journalist für soziale Themen verantwortlich und informiert über die Zustände in Gefängnissen, die Lebenswelten der Native Americans und die Arbeitswelt. Höhepunkt seines Journalistenlebens markiert eine Reise nach Nicaragua, wo er unter Lebensgefahr über die Verbrechen der Militärdiktatur und den sandinistischen Widerstand berichtet. Rodríguez reist in den frühen 1990er Jahren auch nach San Salvador, wo er dokumentiert, wie Salvadorianer, die aus den USA abgeschoben wurden, die Gangkultur Kaliforniens in ihrem Heimatland eingeführt haben.[985]

Nach dem Erfolg von *Always Running* entschließt sich Rodríguez dazu Ramíro mit auf Lesereise zu nehmen und ermuntert ihn, bei Veranstaltungen über seine Gangerlebnisse zu berichten. Rodríguez bindet seinen Sohn so gut er kann in seine diversen sozialpädagogischen Unternehmungen mit den von ihm gegründeten Organisationen wie *Youth Struggling for Survival* oder *The Guilt Complex* ein. Doch nicht nur Ramíro strauchelt. Auch sein jüngster Sohn Ruben aus der Ehe mit seiner zweiten Frau Tríni, eckt in der Schule an, aber Rodríguez weigert sich, ihn mit Ritalin behandeln zu lassen. Rodríguez selbst kämpft derweil weiterhin mit seinem Alkoholismus, den er eigentlich hinter sich gelassen zu glauben hatte. Auf einer Lesereise in Deutschland und Österreich erlebt er einen Rückfall. Wie schon während seiner ersten Ehe, arbeitet er zu viel, trinkt, betrügt seine Frau Trini und wird der Familie nicht gerecht.[986] Ein Weg zur Heilung öffnet sich für ihn im Jahr 1994, als er an einer Veranstaltung der von Michael Meade gegründeten *Mosaic Multicultural Foundation*[987] in Los Angeles teilnimmt. Hier, im geschützten Raum, beginnt für Rodríguez mit der Unterstützung der anwesenden Männer ein Prozess der Selbstfindung und Vergebung:

> I talked about the women I hurt – Camilla, Leti, Aileen, Deborah, Yolanda, Sarita, Maydé, and even now my Trini. About the detached heart, the wounded heart, the stone heart. How my heart had gone mad with dope, drink, sex, living on the brink, and how now I had to face it all, wrestling

---

[985] It calls you back. S. 259.
[986] Ebda.: S. 242.
[987] http://www.mosaicvoices.org/index.html [Eingesehen am 9.03.2016].

with whatever courage and character I might yet forge out of the betrayals and long stream of inadequacies. I related how my father's lunacies seemed to reflect off the mirrors and glass of every dwelling. How now I had to fill the gaps in my own fatherhood, often with no direction or model. How my children would live fully or get wrecked by what I did, what I said, and how I had to properly address their issues and reproaches. Some of the men sat there; some stood; all listened, holding my words. It was unlike anything I'd ever experienced. I didn't know why I trusted that they would contain this. I never trusted this with others before. The men opened up a space where instead of bullets I'd bring poems. And when I was through, I was no longer Luis Rodríguez.[988]

Rodríguez bezieht sich in der Folge in seinen Veröffentlichungen oftmals auf Meades spirituelle Ansätze, die auf dem Konzept der Heldenreise[989] aufbauen und in sozialpädagogischen Ansätzen in Teilen der Männerbewegung [wie z.B. dem ManKind Project] Verwendung finden.[990] Nach seinem Läuterungserlebnis wendet sich Rodríguez verstärkt der Jugendsozialarbeit zu, kooperiert mit Michael Meade und kritisiert das amerikanische Strafsystem, welches seiner Meinung nach zu sehr auf Bestrafung statt auf Rehabilitierung setzt.[991] Rodríguez entwickelt Meades Ansätze weiter und sucht den Kontakt zu den eignen, indigenen Kulturtraditionen. In der Rückbesinnung auf die mexikanische Mythenwelt und im Austausch mit anderen amerikanisch originären Traditionen, wie z.B. der Lakota, findet Luis J. Rodríguez eine heilende spirituelle Kraft, die ihm weder die Katholische Kirche noch die evangelikalen Gemeinden, noch der marxistische Politaktivismus der Chicano-Bewegung oder die machistische Gangkultur geben konnten. Rodríguez setzt hiernach seine sozialpädagogischen Projekte fort und arbeitet mit der kalifornischen Organisation *Barrios Unidos*[992] zusammen, die ihre Klienten im *barrio* berät, Gefängnisarbeit leistet und indigene Schwitzhütten als gruppentherapeu-

---

[988] It calls you back. S. 268.
[989] Campbell, Joseph: The Hero with a Thousand Faces. New World Library, 2008. Siehe dazu auch Eliade, Mircea: Rites and symbols of initation. Harper: New York, 1975.
[990] Bei der Männerbewegung, die sich seit den 1970er Jahren weltweit herausgebildet hat, handelt es sich keinesfalls um eine homogene Bewegung. So gibt es neben profeministischen Gruppen auch antifeministische Männergruppen. Meade und Rodríguez gehören der sogenannten mytho-poetischen Tradition der Männerbewegung an, deren Ziel es ist Männern bei der positiven Selbstwahrnehmung ihrer Männlichkeit und Vaterrolle zu helfen. Siehe z.B. Meade, Michael: Men and the Water of Life: Initiation and the Tempering of Men. Harper: San Francisco, 1994 und Kimmel, Michael: Handbook of Studies on Men and Masculinities. Sage Publication: Thousand Oaks, 2005. Die Ansätze von Michael Meades und seinen Einfluss auf Rodríguez werden weiter unten detaillierter aufgegriffen.
[991] It calls you back. S. 272.
[992] http://www.barriosunidos.net/ [Eingesehen am 9.3.2016].

tischen Ansatz mit Gangmitgliedern durchführt. In der Folge sucht Rodríguez auch den Kontakt zu seiner ältesten Tochter Andrea, die wie ihr Bruder unter der Abwesenheit ihres Vaters gelitten hat, um sich mit ihr auszusöhnen:

> I admire Andrea for finally pulling things together out of this obscurity and achieving what few thought was possible. When my father died, he had eight children and more than thirty grandchildren – Andrea was the first of all of them to finish college. Not long after her graduation, I asked Andrea if she'd let me be her father again. She exploded – where was I when she was a baby or when she needed me as a little girl and later as a confused teenager? [...] What Andrea said was true – I neglected her far too often. And I'd have a lifetime of regrets because of this. But I couldn't make up for it. I could only commit to being a better father now.[993]

Während Rodríguez letztlich die Versöhnung mit Andrea gelingt, verschlechtert sich seine Beziehung zu Ramíro, um den er sich große Sorgen macht, da dieser ihm allzu ähnlich ist. Die Situation eskaliert und Vater und Sohn geraten in eine Schlägerei miteinander.[994] Rodríguez wagt einen neuen Versuch, seinen Sohn dem Gangleben zu entreißen und will ihn verstärkt in seine spirituell geprägte sozialpädagogische Arbeit mit Jugendlichen und die Aktivitäten der *Mosaic Multicultural Foundation* einbinden. Doch es ist bereits zu spät: 1997 verliert Ramíro völlig die Kontrolle über sein Leben und gerät in eine Auseinandersetzung, bei der er einen Menschen verletzt und auf Polizisten schießt. Als ihm 40 Jahre Gefängnis drohen, setzt Rodríguez sein gesamtes familiäres und professionelles Netzwerk in Bewegung, um Ramíro zu unterstützen. In *It calls you back* gibt sich Rodríguez eine große Mitschuld am Schicksal seines ältesten Sohnes:

> A problem was that a part of me felt I should be doing some of Ramíro's sentence. I couldn't take full responsibility for what Ramíro did – he had to own this. But a major reason why my son was in bad shape, why he raged so much and felt lost, was due to my own neglectful parenting, my drinking, my focusing on work instead of family – always something else over Ramíro. And I thought of his mother, who also made terrible mistakes. Then there were the drunken husbands and abusive boyfriends. And schools that pushed him away. And the police officers and psychiatric hospital staff who beat on him. [...][995]

Der Richter lässt sich letztendlich von einer günstigen Sozialprognose überzeugen. Nachdem Rodríguez seinen Sohn dazu überredet sich schuldig zu bekennen, wird die Haftstrafe auf 28 Jahre verkürzt. Rodríguez hält die nächsten Jahre einen intensiven Kontakt zu Ramíro, dem es wie

---

[993] It calls you back. S. 292.
[994] Ebda.: S. 295.
[995] Ebda.: S. 307.

seinem Vater vor ihm im Gefängnis gelingt, seine Drogensucht zu bekämpfen und mit dem Gangleben zu brechen. Wegen guter Führung kann Ramíro schließlich 2010 im Alter von 35 Jahren das Gefängnis auf Bewährung verlassen und ein neues Leben beginnen.

Hearts and Hands: Literatur und Sozialarbeit zwischen Mythos und Systemkritik

> Children are not stupid, they are all born with innate intelligence and the spirit of discernment. I believe every child is born a poet and every poet is born a child. I believe that every child is 360 degrees of the circle of creativity. I believe that every child is born of earth and universe, so how can any child be considered unimportant and dehumanized, relegated to being a minority, a less than? Skin color is not a sign of intelligence, no more than it is a sign of stupidity. That is an erroneous theory taught by those who entertain racist views such as those found in The Bell Curve. Children become what they are taught or not taught; children become what they learn or don't learn.
> **Thomas Piri**

> I had an older friend who told me that there are two ways to be a warrior – to be a destroyer and die like one, or to create and live like one.
> **Luis J. Rodríguez**

Rodríguez' einzelne Werke sind stark miteinander verknüpft. Seine Vorgehensweise, die eigenen Lebensthemen in den unterschiedlichen Textsorten Gedicht, Memoire, Essay, Sachtext und Roman zu durchdringen und für den Leser erfahrbar zu machen, ähnelt durchaus Gloria Anzaldúas Ansatz die Ausgrenzung und Unterdrückung von Frauen aufgrund ihres Geschlechtes, Sexualität und ethnischer Herkunft von allen Seiten und mit der Hilfe von unterschiedlichen Kunstformen zu verstehen. Wie Anzaldúa widmet sich Rodríguez mit der Fokussierung auf Gangkultur und der Exklusion von Mexican-Americans im *barrio* und der Arbeitswelt sozialen Realitäten, die sein eigenes Leben gravierend geprägt haben. Das Ausbrechen aus der Marginalisierung und die eigene Emanzipation in ihren Lebenswelten werden beiden Autoren erst durch das geschriebene Wort möglich und führen zum gesellschaftlichen Teilhabeprozess. Es ist die eigene Betroffenheit von Ungerechtigkeit und Ausgrenzung und die Überwindung dieser, bzw. ihre Umdeutung und das Einklagen von Selbstbestimmung, welche die eigene Relevanz und Wirksamkeit begründen. Rodríguez und Anzaldúa sind in diesem Sinne ohne die eigene Verletztheit nicht denkbar. Nach den lyrischen und prosaischen Reflexionen der eigenen Lebenserfahrungen in *barrio*, Gang und Arbeitswelt, verfasst Rodríguez mit *Hearts & Hands* im Jahr 2001 einen hybriden Text, in dem er wissenschaftliche Erkenntnisse und eine politische Programmatik mit narrativen Elementen vermischt.

In *Hearts & Hands* entwickelt Rodríguez eine originäre Ideenlehre, welche die Genauigkeit der intra-historischen Sozialkritik von Alejandro Morales mit Elementen einer synkretistischen Spiritualität vermischt, die komplementär zur Anzaldúa'schen Gedankenwelt gesehen werden kann. Rodríguez' Ansatz geht in seinem Anspruch weit über einen Chicano-Nationalismus hinaus und ist durch eine global ausgerichtete, spirituelle Kapitalismuskritik geprägt. Die Einbeziehung religiöser Traditionen in sein Denken und die Verwendung einer verständlichen Sprache unterscheiden ihn dabei von zeitgenössischen neo-marxistischen Vordenkern wie z.B. Antonio Negri (geb. 1933).[996] Ich bezeichne Rodríguez daher als Vertreter eines „Spirituellen Marxismus".

Rodríguez leitet seine Gesellschaftskritik aus der Analyse der US.-amerikanischen Klassengesellschaft ab, die er aus verschiedenen Perspektiven – als Opfer, Täter, Aktivist und Journalist – selbst erfahren hat. In Rückgriff auf die Bergpredigt von Jesus und indigene, solidarisch organisierte Gesellschaftsformen beanstandet Rodríguez vor allem die zerstörerische Kraft des Kapitalismus[997] und fordert den Kampf für kommunitaristische[998] Werte ein:

> Some people may consider these concepts weird or alien. The concepts are infinitely older, however, than the five hundred years of capitalist economic development in the world – the single greatest deformer of values, relationships, and the earth itself – which we have almost totally succumbed to today. Capitalism is a *system of scarcity* that controls the distribution of

---

[996] Siehe z.B. Negri, Antonio und Hardt, Michael: Empire – Die neue Weltordnung. Campus: Frankfurt am Main, 2002.

[997] Rodríguez schreibt: „We seem to be in a general state of depression – a cultural malaise of isolation and meaninglessness. We are feeling more rootless and hopeless than ever before, despite the unprecedented prosperity permeating our society – where consumer products strain warehouses and retail outlets; technology and rapid service is at our fingertips; TV, video games, books, music, and movies bombard us at every turn; and access to every imaginable drug, drink, and sexual release is commonplace." In: Hearts and Hands. S. 13.

[998] Der Kommunitarismus stellt sich explizit gegen die negativen Folgen der Individualisierung in kapitalistischen Gesellschaften und sieht in der Rückbesinnung auf gemeinschaftstragende Tugenden und (religiöse) Traditionen einen Lösungsansatz. Generell gilt, dass der Bürger mehr in die Verantwortung genommen werden soll, da ein allzu sehr eingreifender staatlicher Wohlfahrtsstaat den zwischenmenschlichen Zusammenhalt in der Lebenswelt auflöse. Hilfe zur Selbsthilfe und Selbstorganisationen sind erstrebenswerte Fähigkeiten kommunitärer Gesellschaften. Der Kanadier Charles Taylor ist einer der Vordenker des modernen Kommunitarismus: Taylor, Charles: Human Agency and language. Cambridge University Press: New York, 1985. Ein Einführungswerk aus dem dt. Raum zum Kommunitarismus ist Mohrs, Thomas: Weltbürgerlicher Kommunitarismus. Zeitgeistkonträre Anregungen zu einer konkreten Utopie. Würzburg, 2003. Rodríguez nennt den Kommunitarismus nicht beim Namen, aber seine politischen Ansätze gehören zur Ideenwelt dieser philosophischen Strömung.

goods and services, and manipulates the conditions for demand to increase profit. While we consider our modern society „civilized", it has spawned its own defining statements to govern these dealings and interests – „Dog eat dog," "Only the strong survive," and "Every man for himself." These concepts exist not only in the corporate world and in international politics, they´re pervasive in sports, entertainment, and the arts. They are also very much at play among gangs and illicit enterprises. The irony is that the "primitive" way is the way of abundance.[999]

Neben Gedichtfragmenten, Zitaten und Spruchweisheiten sind narrativ verdichtete Fall-Studien zu Jugendlichen, die Rodríguez in und außerhalb von Gefängnissen betreut und/oder kennengelernt hat, wichtige Textbausteine von *Hearts & Hands*. Diese erzählende Art lebensweltlicher und biographischer Darstellung ist ein durchaus gängiger Ansatz in der interpretativen Sozialforschung.[1000] In diesem Zusammenhang sei an Beatrice Griffiths *American Me* erinnert [Kapitel I].

Im Folgenden werde ich einzelne Themen aus *Hearts & Hands* herausgreifen und ausführen, wie Rodríguez aus einer sozialistisch geprägten Position heraus eine grundlegende Gesellschaftskritik entwirft, die er mit seinen pädagogischen Erkenntnissen zur Jugenddelinquenz verbindet. Von besonderem Interesse für die Fragestellung meiner Arbeit ist dabei zu zeigen, wie Rodríguez eine eigene Methodik entwickelt, die sich aus einer poetisch-spirituellen Sozialarbeit und politisch-partizipatorischer *Grassroots*-Arbeit zusammensetzt.

Rodríguez beginnt die Zustandsbeschreibung der USA mit Ausführungen zur Migrationsgeschichte und zeigt auf, wie Bandenbildung als eine soziale Stützfunktion für marginalisierte Menschen dient. Ethnisch-orientierte und organisierte Bandenbildung setzt tatsächlich nicht erst mit der mexikanisch-amerikanischen Gangkultur in Kalifornien ein, sondern lässt sich bis ins späte 18. Jahrhundert zurückverfolgen und kann als „*byproduct*" von Migration verstanden werden, wie es etwa der Soziologe James Diego Vigil ausdrückt.[1001] Irische, italienische und ähnliche Minderheiten bildeten im Einwanderungsland USA immer wieder Banden, organisierten sich und waren in der Vergangenheit sogar von der Politik oftmals als Wählergruppe umworben.[1002] Gangs, so Rodríguez' Argumen-

---

[999] Hearts and Hands. S. 191.
[1000] Siehe z.B. Mey, Günter: Adoleszenz, Identität, Erzählung. Theoretische, methodologische und empirische Erkundungen. Berlin: Köster, 1999.
[1001] Vigil, James Diego: A Rainbow of Gangs. S. 4.
[1002] Als älteste Latino-Gang gilt die *Almighty Latin King and Queen Nation* [ALKQN], die sich in den 1940er Jahren in Chicago formierte und sich von dort über die Ostküste ausbreitete. Siehe in: Kontos, Louis: Gangs, Politics and Media – Lessons from the New York Chapter of the Almighty Latin King and Queen Nation. In: Bissler, Denise L. and Conners, Joan L. (Hrsg.): The Harms of Crime

tation, waren und sind immer auch Netzwerke zur Selbsthilfe, obwohl sie dadurch prosperieren, dass sie Außenstehenden Schaden zufügen.[1003] Letztlich ist die im Gangmillieu grassierende Gewalt für Rodríguez ein dem Kapitalismus systemimmanentes Phänomen, welches durch Marginalisierung und fehlende gesellschaftliche Partizipation bedingt ist. Gewalt ist in dieser Hinsicht der fatale Ausbruch aus der eigenen Hilflosigkeit und dem Opferdasein:

> We know that many young people express their rage with violent fury. Almost anything can set them off. Mostly this happens when they feel wrongfully challenged, disrespected, or misunderstood. Many of the young people I've worked with were highly sensitive to a variety of dangers around them. They confront a steady stream of abuse at home, in school, and on the street, which heightens their levels of fear, resulting in an acute state of awareness. Chemical changes occur in the brain as a defense mechanism against habitual threats. These kids sometimes react like frightened animals. The oldest known responses to these situations are called the three Fs: „fight, flee, or freeze.[1004]

Unabhängig von der Systemfrage, die Rodríguez wiederholt stellt, kritisiert er die Lösungsansätze innerhalb der bestehenden institutionellen Strukturen, die implementiert werden, um Delinquenz und Gewalt zu bekämpfen. Rodríguez beklagt in dieser Beziehung zum einen die Angebote der Jugendsozialarbeit als auch das staatliche Bestrafungssystem der USA.[1005] Die von staatlichen und privaten Trägern angebotenen Dienstleistungen sozialpädagogischer Betreuung seien zu oberflächlich und könnten daher langfristig den betroffenen Jugendlichen nicht wirklich helfen. Für Rodríguez ist die Krise des Individuums eine Folge gesamtgesellschaftlicher Entwicklungen. Ohne die Stärkung des Zusammenhalts im Gemeinwesen sei keine nachhaltige Veränderung möglich, sondern nur Symptombekämpfung:

> There are already many programs dealing with young people. Far too many of them, however, are organized inadequacies. They don't seem to go deep enough; they don't get to the heart of the matter. They don't address the essence of the transformation process for individuals and society. What we

---

Media. Essays on the Perpetuation of Racism, Sexism and Class Stereotypes. MacFarland: Jefferson, 2012. S. 114ff.

[1003] Siehe eine ausführliche historische Aufarbeitung in Howell, David C.: Gangs in America's Communities. Sage Publications, 2011. Empfehlenswert ist auch Martin Scorseses Spielfilm *Gangs of New York* [Miramax Films, 2002], der auf der auf dem gleichnamigen Sachbuch von Herbert Asbury beruht. Asbury, Herbert: Gangs of New York – An Informal History of the Underworld. Garden City Publishing: New York, 1927.

[1004] Hearts and Hands. S. 98/99.

[1005] Eine Arbeit zu diesem Thema ist z.B. Mallea, Paula: The war on drugs. A failed experiment. Toronto : Dundurn Press, 2014.

need is a fundamentally different system of relationships that, as a whole, sets the conditions in which anything that can happen will happen. [...] Everyone is a "story" – a storehouse of experiences, thoughts, memories, sentiments, traits – with links to other stories. Not story as history, but as Michael Meade says, story as "symbolic liveliness". Remember, if you don't know your gifts, you can't see the gifts in others.[1006]

Rodríguez sieht die Isolierung des Individuums nicht nur als Folge des kapitalistischen Wettkampfes, sondern auch in der Professionalisierung und Verstaatlichung des Sozialen bedingt, die die Fragmentierung der Gesellschaft nur noch verschärfe. So würden fachlich gut ausgebildete Vertreter der Sozialberufe Aufgaben in der Lebenswelt übernehmen, die zuvor von traditionellen Trägern in Familie und Gemeinde ausgeübt wurden. Statt die Strukturen und Selbstheilungskräfte in von sozioökonomischen Krisen gezeichneten Lebenswelten zu stärken und so Hilfe zur Selbsthilfe zu ermöglichen, setze der Staat auf kurzzeitige professionelle Hilfe, die einen erweiterten Verlust von Gemeinschaftskontakt zur Folge hätte.[1007] Die Tendenz zwischenmenschliche Fürsorge und Gemeinschaft durch Professionalisierung[1008] zu mechanisieren bzw. zu entmündigen gehe zeitgleich mit einer scheinbar konträren Ideologie einher, die das Individuum nicht als Einzelfall, sondern als gesichtsloses Kollektivmitglied behandele. Rodríguez macht dies an der veränderten Umsetzung des amerikanischen Strafvollzugsgesetzes fest, dass die Furcht der Bürger vor Kriminalität in ein inhumanes System umgewandelt hat: Selbst minderjährige Straftäter werden mitunter wie Erwachsene behandelt und wegen

---

[1006] Hearts and Hands. S. 67.

[1007] So berichtet Rodríguez beispielsweise davon, dass nach dem Tod eines Schülers die staatlich bestellten Trauerbegleiter, Mütter und andere Familienangehörige am Betreten der Schule gehindert und sich deren Hilfe verboten hätten. Rodríguez hält dies für falsch, zumal die Trauerbegleiter nur für kurze Zeit da wären und es letztlich die Menschen der Nachbarschaft sind, die sich kennen und einander stützen können. Ähnlich verhält es sich mit dem Personal der Polizei. Die in den *barrios* Dienst habenden Polizisten stammen und leben oftmals in ganz anderen Lebenswelten und sind so von den Menschen, deren Sicherheit sie gewährleisten sollten, entfremdet. Dies wiegt in den USA umso schwerer, da dort die Segregation bestimmter Bevölkerungsschichten noch einmal stärker als etwa in der BRD ist. Nicht umsonst richten sich die Aktivitäten des *Black Lives Matter Movements* gegen rassistische Strukturen in den Polizeibehörden.

[1008] Ein weiteren negativen Aspekt der Professionalisierung sozialer Berufe sieht Rodríguez darin, dass Berufstätige in diesem Feld oftmals eine zynische und pessimistsiche Sichtweise entwickeln würden: „Police, therapists, teachers, lawyers – they've all become "professional," and in the process many of them have lost the "dreamimg" that first brought them to their particular callings. Unfortunately too often they discourage dreaming in our children and youth. To have peace, we have to get back to this dreaming, to the original pull of our passions, to the spirit that brought us into these lines of work in the first place." Hearts and Hands. S. 94.

kleinster Vergehen in Handschellen aus ihrem Kindergarten und der Grundschule abgeführt. Schuld daran ist eine *Zero Tolerance*-Strategie, die von der Polizei und den Schulinstitutionen gleichermaßen umgesetzt wird. Viele Schulen halten sich nicht lange mit der Betreuung von delinquenten Schülern auf, was langfristig zu einer hohen Schulabbruchrate und noch mehr Jugendkriminalität führt.[1009] Eine engmaschige Zusammenarbeit zwischen Jugendamt, Polizei und Schule, wie sie z.B. in Deutschland stattfindet und die einem Präventionsparadigma folgt, ist in den USA nicht festzustellen. Stattdessen ist die Bekämpfung von Jugenddelinquenz durch einen Fokus der Bestrafung geprägt. In Verbindung mit der Privatisierung des amerikanischen Gefängnissystemes sorgt diese Mentalität für die höchste Gefängnisinsassenrate der Welt [noch vor Russland und China], sowohl in absoluten als auch in relativen Zahlen.[1010] Der seit Jahrzehnten in den USA geführte „Krieg gegen die Drogen" verschärfe seinerseits die Marginalisierung von ethnischen Minderheiten, zumal es vor allem mexikanisch-amerikanische und afro-amerikanische Jugendliche sind, die für Drogenkriminalität und -missbrauch Haftstrafen absitzen. Rodríguez, der selbst alkohol- und drogenabhängig war, erklärt warum bestimmte Bevölkerungsgruppen mehr betroffen sind[1011] als andere und fordert, Suchterkrankungen zu heilen anstatt sie zu bestrafen:

> We know that the detrimental effects of drugs and alcohol on people can be attributed to a generic propensity- some people are more affected by drugs and alcohol than others. Enviromental factors are also key – most addictions are responses to early-life traumas, poverty, and isolation. For

---

[1009] James Diego Vigil konstantiert, dass das amerikanische Schulsystem Schüler, die zu ethnischen Minderheiten gehören, lange Zeit benachteiligt und so seinen Teil zum Gangproblem beigetragen hat: „Clearly, educational institutions serve as society´s primary arena for turning out citizens and trained members of the workforce. In the United States, schools are next in importance to the family in providing structure and meaning to children´s lives and acting as an agency for social control. […]Low-income and ethnic minorities have historically suffered negative, damaging expierences in the educational system. Research shows that standart school policies such as tracking by ability group and the use of standardized tests as the ultimate measure of educational performance and ability have worked against miniority students. These students often attend segregated, underfunded, inferior schools, where they encounter cultural insensitivity and an ethnocentric curriculum." In: Vigil, James Diego: A Rainbow of Gangs. S. 9.

[1010] Bonczar, Thomas und Glaze, Lauren E.: Probation and Parole in the U.S. 2009. U.S. Bureau of Justice Statistics (BJS), US Department of Justice: http://www.bjs.gov/content/pub/pdf/ppus09.pdf [Eingesehen am 17.03.2016].

[1011] Interessant sind in dieser Hinsicht neuere Studien, die zeigen, dass weiße Jugendliche genauso von Drogensucht betroffen sind wie schwarze oder mexikanisch-amerikanische Jugendliche. Sie werden jedoch nur weniger dessen verdächtigt und daher weniger häufig festgenommen. Siehe z.B. Szalavitz, Maia: Whites more likely to abuse drugs than Blacks. http://healthland.time.com/2011/11/07/study-whites-more-likely-to-abuse-drugs-than-blacks/ [Eingesehen am 21.3.2016].

these people, doing drugs or abusing alcohol is not a simple matter of choice, or else there wouldn't be such a massive "recovery" industry in this country. Substance abuse is primarily a health issue, as well as an economic and cultural one. Given these circumstances, people need treatment and education, not prison. They need stable living options as well so that selling drugs does not become a viable survival strategy.[1012]

Neben der politischen Arbeit in der Tradition von Ernesto Galarza, Cesar Chavéz oder Saul Alinsky – hier seien die Gründungen von *Grassroots*-Organisationen, das Kandidieren für politische Ämter, die Einflussnahme auf die Gemeinwesenarbeit oder das Verfassen von gesellschaftskritischen Essays und Zeitungsartikeln erwähnt – ist die direkte Begegnung mit Jugendlichen der Kern des Rodríguez'schen Ansatzes: Überzeugt von der Wichtigkeit und Wirksamkeit von Rehabilitationsarbeit, sucht er als Reaktion auf das Bestrafungssystem der USA immer wieder den Kontakt zu straffällig gewordenen Jugendlichen. Inspiriert durch die eigenen Erfahrungen und die ihm zu Teil gewordene Unterstützung durch Aktivisten der Chicano-Bewegung und dem Vorbild seines Mentors, Manuel „Manazar" Gamboa (1934–2001),[1013] entwickelt er seine eigene Methode, diesen Jugendlichen zu helfen. Für Rodríguez ist *„Peace is a process. It's a plan. It's a way of life."*[1014], den jeder Mensch einschlagen kann, egal welcher Verbrechen er sich auch zuvor schuldig gemacht hat. Das christliche Motiv der Vergebung spielt in der Folge eine zentrale Rolle in den Handlungsansätzen von Rodríguez.

Prämisse für Rodríguez' Unterstützung für die *Outlaws* der Gesellschaft ist deren strukturelle Ungerechtigkeit, die Menschen in die Kriminalität zwingt. Täter sind für Rodríguez immer auch Opfer. Um Jugendlichen zum Ausbruch aus dem Kreislauf von Marginalisierung und Kriminalisierung zu verhelfen, setzt Rodríguez verstärkt auf die Kraft von Poesie, Narration und Mythen. Explizit stellt er fest, dass Poesie mehr ist als eine kulturelle Erbauung für gebildete Schichten und als spirituelle Technik der Transformation verstanden werden muss:

> But poetry is about community. It is about spirit. It is about connecting. It is about how the words flower from the seeds of expierence and the imagi-

---

[1012] Hearts and Hands. S. 88.
[1013] Der Kalifornier Manazar Gamboa, wie Rodríguez lange Zeit heroinsüchtig, saß 17 Jahre in Gefängnissen ein und wandelte sich danach zu einem Dichter und Sozialarbeiter, der über 2500 Seminare im Kreativen Schreiben für jugendliche Straftäter gab. In den späten 1970er und frühen 1980er Jahren arbeiteten Gamboa und Rodríguez zusammen für die L.A. Latino Writers Association und das Literaturmagazin ChismeArte. Von Gamboa sind kaum Werke veröffentlicht worden. Eine Ausnahme bildet seine Kurzgeschichte *L.A. Chicano*, die in der Chicago Review (Vol. 41, No. 1) im Jahr 1995 veröffentlicht wurde. Seiten 67–82.
[1014] Hearts and Hands. S. 93.

nation. Everyone needs this – not just the well fed, the well educated, and the well placated. There should be standards for poetry. The process of honoring one's craft is an important and enriching one. But this should not be limited only to those with academic credentials. Poetry should never be the sole property of a few scholars and professionals. [...] Poetry should be on billboards, on the back of cereal boxes, on radio and TV- in place of so many commercials– in between screenings of popular films, and on public walls. Poetry should be read at sports events and at homecomings. *Poetry should be an everyday, everywhere, and every-occasion thing.*[1015]

Das Unterrichten von Kreativem Schreiben und Poesie in Gefängnissen dient in Rodríguez' Pädagogik dazu, Straftätern dabei zu helfen in Kontakt mit den eigenen Gefühlen zu kommen, die unter Gewalt und Drogensucht verborgen sind. In dem die Jugendlichen durch die Poesie lernen, sich selbst auszudrücken, werden sie Herr über die eigene, aufgestaute Wut, die sie ansonsten als Folge von jahrelang erlebter Marginalisierung [sei es durch die eigenen Eltern, die unmittelbare Lebenswelt oder das Wirtschaftssystem und die Dominanzgesellschaft] in unbeherrschte Gewalt umwandeln. Wie Michael Meade ist Rodríguez der Überzeugung, dass moderne Gesellschaften im kapitalistischen System unter dem Wegfall geordneter Initiationen und Rituale litten. Den Nutzen von Ritualen fasst Rodríguez folgendermaßen zusammen:

> Why do people participate in these ceremonies? Among other reasons, it is because they want to remember that human beings are not dominant over everything else. Such forgetting is the most disgraceful thing we can do. Unlike animals, our brains have the capacity to change or destroy the very enviroment that bore us. The rituals and myths exist to remind us that we are responsible to and for one another, as well as to the whole; that we all suffer whenever any of us suffers; that we rejoice when any of us triumphs; that community and individuals are one, part of the greater "community" of living energies that inform and form us during our short time in this world. The difference is that for humans this is a mostly conscious thing, whereas for animals, microbes, and other living organisms it's instinctual. Thus we have to be taught, which accounts for the relatively long time our young are incubated in family, schools, and community. [1016]

Kindern und Jugendlichen fehlten heutzutage die Hilfestellungen der Älteren, die in indigenen Gesellschaften ihr Wissen weitergeben und so beim Übergang von einem Lebensalter ins andere geholfen hätten. Der Bruch der Traditionslinien, die Auflösungserscheinungen von Familienstrukturen[1017] und die Entzauberung der Welt ließen die Menschen von heute

---

[1015] Ebda.: S. 240.
[1016] Hearts and Hands. S. 190.
[1017] Die Belastung für mexikanische Familiensysteme beschreibt James Diego Vigil wie folgt: „The Mexican family, including the extended family, has a strong tradi-

desorientiert zurück. Psychische Krankheiten, Drogensucht, Alkoholismus, Gewalt und Delinquenz seien die direkte Folge davon. Eine Lösung versprechen sich Meade wie Rodríguez in der Rückbesinnung auf Mythos und Gemeinschaft, ein Ansatz, der im Übrigen auch ähnlich von Charles Taylor, dem Vordenker des Kommunitarismus, verfolgt wird. Anders als der Philosoph Taylor, der sich eine katholische Moderne wünscht[1018], sind Rodríguez und Meade Verfechter eines synkretistischen Spiritualitätsverständnisses, welches indigen-amerikanische, griechische und keltische Mythen gleichberechtigt neben monotheistischen Traditionen gelten lässt. Michael Meade fasst die Kraft von Mythos, Initiation und Unbewusstem und ihre Bedeutung für das Funktionieren von Gemeinwesen folgendermaßen zusammen:

> When rites of passage disappear from conscious presentation, the nonetheless appear in unconscious and semi-conscious guises. They surface as misguided and misinformed attempts to change one's own life. They become miscarriages of meaning, tragic acts or empty forms, and ghostly shapes. For, underlying the surface structures of schools, fraternities, sororities, maternity groups, military organizations, street gangs, rap bands, crack houses, meditation centers, and prisons lie the bones and sinews of initiatory rites and symbols. Whenever life get stuck or reaches a dead end, where people are caught in rites of addiction, possessed by destructive images, compelled to violent acts, or pulled apart by grief and loss, the process of initiation presses to break through. The most important reason to study rites of passage may be to see, in the events erupting in the streets and at the borders and crossroads of our post-heroic era, the archaic energies of life renewing itself. As old walls fall and institutions rattle, even older forces of change and renewal gather to pour through the cracks.[1019]

---

tion of being a close-knit, strong, and cohesive unit of social control. Youths are taught to respect their elders and are quickly and sternly disciplined if they misbehave. However, the effects of poverty, social discrimination, and culture conflict have undermined this tradition and appear to have affected to overall well-being of Mexican immigrants' offspring especially. Mexicans themselves fare better on a number of health and well-being indicators than do second-generation Mexicans or subsequent generations. What this indicates is that the longer a Mexican family lives in poverty in the United States, the longer marginalization of all sorts takes its toll and the more the family's well-being declines. Part of this downturn means that street life begings to dominate and gang subcultures start to take hold of youths." Vigil führt desweiteren aus, dass das Fehlen einer Vaterfigur die negative Entwicklung eines Jugendlichen weiter verschärft und zu einem hochagressiven Verhalten führe. In: Vigil, James Diego: A Rainbow of Gangs. S. 38/39. Ich selbst habe ähnliche Beobachtungen während meiner Berufstätigkeit als Sozialarbeiter in der Kind- und Jugendhilfe machen können.

[1018] Siehe ausführlich in: Taylor, Charles: A Catholic Modernity? In: Dilemmas and Connections. Selected Essays. Belknap Press: Cambridge, 2011. S. 167–187.

[1019] Meade, Michael: Rites of passage at the end of the millennium. In: Mahdi, Louise Carus; Christopher, Nancy Geyer und Meade, Michael (Hrsg.): Crossroads. The

In der therapeutischen Psychodrama-Form der transformativen Heldenreise, wie sie Joseph Campbell als Struktur für die meisten Mythentraditionen der Welt herausgearbeitet hat, sieht Rodríguez eine Chance für kriminelle Jugendliche, ihr Leben zu verändern. Bei einem Schreibworkshop im Hochsicherheitstrakt Nixon der Strafanstalt Nelles, trifft Rodríguez auf minderjährige Mörder, die sich auf ihrer eigenen Heldenreise befinden und der Anleitung bedürfen:

> As far the criminal justice system was concerned, this young man was not going anywhere. But I sensed he was already on a journey of discovery and social clarification. Looking at this mythologyically, he was embarking on the first leg of a hero's path – sinking to the depths of his psyche, facing his own shadow, clarifying the monstrous within (the Minotaur in the Labyrinth), entering a place of renewal (with guidance from an external power), of having part of him die (the infantile ego) only to emerge a changed soul, prepared to return with gifts for his community. But in the predominant culture there are no lasting or trusting metaphors and symbols to help our young along this journey – especially youths like those at Nelles, who have broken the law or committed horrendous acts. The hero's quest exist in most cultures, tribes, and nations in one form or another as a universal pattern, an archetypical story[...] In modern society even our religious symbols – as rich as they are – have been largely removed from the mysterious and the truly glorious.[1020]

An dieser Stelle muss nun Michael Meades therapeutisches Konzept der Mythenarbeit, wie es Rodríguez adaptiert, genauer erklärt werden. Wie bei ähnlichen Angeboten wie beispielsweise dem *ManKind Project* handelt es sich auch bei Michael Meades Ansatz um ein therapeutisches Konzept, dass sich an der Tiefenpsychologie C.G. Jungs orientiert.[1021] Jung geht von verschiedenen Archetypen [z.B. der König, der Magier oder der Krie-

---

Quest Cor Contemporary Rites of Passage. Open Court: Chicago, 1996. S. 29. Neben Jung und Campbell gehört Mircea Eliade zu den wichtigsten Vorreitern der Mythenforschung, auf die sich Meade bezieht. Siehe z.B. Eliade, Mircea: Rites and Symbols of Initation. Harper Torchbooks: New York, 1958.

[1020] Hearts and Hands. S. 114.

[1021] Siehe z.B. Jung, Carl Gustav: Traum und Traumdeutung. DTV: München, 2001. Jungs Theoriegebäude der Archetypen findet nicht nur in der psychologischen Therapie Anwendung, sondern wird auch von der Literaturwissenschaft für hermeneutische Zwecke verwendet: Siehe z.B. Knapp, Bettina: A Jungian Approach. Southern Illinois University Press: Carbondale, 1984. Mitunter, wie bei der therapeutischen Heldenreise, sind literarische und psychologische Herangehensweisen nicht von einander zu trennen. Weitere Beispiele sind in diesem Sinne: Cameron, Julia: The Artist's Way. A Spiritual Path to Higher Creativity. Jeremy P. Tarcher: New York, 1992. Pratt, Annis: Dancing with Goddesses – Archetypes, Poetry, and Empowerment. Indiana University Press: Bloomington, 1994. Die Ähnlichkeiten zu Gloria Anzaldúas Verständnis von der Heilkraft der Poesie sind bei beiden Werken groß.

ger] aus, die in den Märchen und Mythen der Welt zu finden sind [vgl. Campbell] und die im kollektiven Unterbewusstsein der Menschen wirken. In der Analyse bloßgelegt, können sie die Ursachen psychischer Krankheiten erklären und lindern. Ein Grundkonzept innerhalb der Jung'schen Psychologie und der Männerarbeit von Meade und Rodríguez ist der sogenannte Schatten. Beim Schatten handelt es sich um die krankhafte Übersteigerung der archetypischen Schutzfunktionen, die sich im schädlichen Verhalten gegen sich selbst oder die Gesellschaft zeigen kann. In diesem Sinne kann beispielsweise die Gewalt eines jugendlichen Gang-Mitgliedes als die ungute, „schattenseitige" Übersteigerung des sogenannten Kriegers verstanden werden. Der delinquente Straftäter hat an einem gewissen Punkt in seinem Leben ganz die Rolle des Kriegers eingenommen, der in seiner positiven Ausformung die Fähigkeit verleiht, sich gegen eine widrige Umgebung zu schützen. Im Falle des durch soziale Marginalisation und zerrüttete Familienverhältnisse geprägten *barrios* hat nun besagter Jugendlicher früh lernen müssen, sich körperlich zu wehren. Diese Fähigkeit sich zu wehren – welche in einer bestimmten Situation der Gefährdung durch andere durchaus seine Berechtigung hat – wird jedoch bei fehlender Aufarbeitung und Unterstützung [Vaterfigur, Lehrer, Mentor ect.] dauerhaft als hilfreiches soziales Verhalten gespeichert und mitunter zum Schaden Unschuldiger angewendet: Der Schatten ist geboren. Gruppentherapeutische Ansätze wie die von Meade und Rodríguez versuchen nun, diese Schatten in spirituellen Zeremonien offenzulegen und in eine gesunde Form zurückzuführen. Der Jugendliche lernt im Laufe von mehreren Stationen eines therapeutischen Psychodramas, welches der Heldenreise nachempfunden ist[1022] – ein klassisches literarisches Beispiel hierfür

---

[1022] Joseph Campbell hat zahlreiche Stationen der Heldenreise herausgearbeitet. Sie kommen so oder ähnlich in den meisten Mythen vor, können jedoch auch in der narrativen therapeutischen Gesamtdeutung auf die Lebenswege realer Menschen angewendet werden: Die Heldenreise beginnt mit dem Ruf des Abenteuers [Berufung], der durch Unzufriedenheit, Mangel oder eine an den Protagonisten herangetragene Aufgabe gekennzeichnet ist. Meist weigert sich der Held anfangs der Berufung zu folgen [Weigerung], da er Angst hat, sein gewohntes Leben aufzugeben. Dies ändert sich schließlich, nachdem ein Mentor [Übernatürliche Hilfe] ins Leben tritt und dem Helden hilft, sich auf die Reise zu begeben [Überschreiten der ersten Schwelle]. Hiernach kommt es fast zum Scheitern, da die Probleme übergroß scheinen. Der Held berappelt sich jedoch und muss weitere Prüfungen überstehen [Der Weg der Prüfungen]. Oftmals trifft der Held auch auf die Frau als Versucherin oder es kommt zur Versöhnung mit dem Vater, die ihn frei und erst wirklich mächtig werden lässt. Schließlich findet der Held neue Fähigkeiten [im Märchen ist es oftmals ein Schatz oder ein Schwert]. Mitunter weigert sich nun der Held [Verweigerung der Rückkehr] in seine alte Welt zurückzukehren, ändert dann jedoch seine Meinung und kehrt als Meister der beiden Welten zurück, nicht jedoch ohne dort erneut auf Schwellen zu treffen, da die Daheimgebliebenen zunächst nichts mit dem veränderten Heimkehrer anzufangen wissen

wären die Irrfahrten des Odysseus – sich selbst und seine Schatten kennen und somit beherrschbar machen. Ziel des gruppentherapeutischen Erlebnisses ist es nicht nur den einzelnen Menschen zu heilen, sondern ihn darüber hinaus zu befähigen, seine neuen Fähigkeiten für den Nutzen der Gesellschaft einzusetzen. Der ideale Fall wäre demnach, dass ein vormaliger Straftäter nicht nur Drogen und Gewalt abschwören kann, sondern sich danach auch aktiv für die Transformation von Gesellschaft einsetzt. Luis J. Rodríguez, Manazar Gambao oder der anfangs erwähnte Jimmy Baca sind hierfür gute Beispiele. Wie Odysseus oder die Helden moderner Filmsagas, wie z.B. Luke Skywalker, Harry Potter oder Frodo Baggins,[1023] haben sich auch die genannten Autoren auf dem Weg zu ihrer Läuterung auf eine Reise voller Hindernisse begeben und ihre „Schatten" überwunden. Mit der Aneignung neuer Talente, z.B. der Fähigkeit zur Vergebung, Selbstliebe, zur Kontrolle von Wut oder des Schreibens, transformiert sich das Individuum, kehrt zu seiner Ursprungswelt zurück und teilt sein Wissen. Die langfristige Einbindung von Jugendlichen in die organisatorische Arbeit der von Rodríguez ins Leben gerufenen Institutionen wie *Youth Struggling for Survival* oder der im *Tiá Chucha Cultural Center* aufgegangenen *Guild Complex*, ist daher ein essentieller Teil von Rodríguez' therapeutischer Arbeit. Vormalige Gangmitglieder und Straftäter sollen nach ihrer eigenen Transformation in der Heldenreise ihre Erfahrung in die nächsten Seminare und Workshops einbringen und als Teamer anderen bei der Initiation zu einem gemeinschaftstragenden „Krieger des Lichtes" anleiten. In dieser Hinsicht kann Luis J. Rodríguez' eigener Lebenslauf durchaus als Vorbild dienen.[1024] Die narrative Aufarbeitung und Interpretation der eigenen Fehler, aber auch des eigenen Schaffens, wie sie

---

bzw. dessen Worten und neuen Fähigkeiten gegenüber skeptisch sind. Siehe ausführlich in Campbell, Joseph: The hero with a thousand faces. New World Libary, 2008. Campbell selbst war es auch, der als erster seine im Grunde genommen religionswissenschaftlichen Erkenntnisse [vergleichbar mit Mircea Eliade] später für pädagogische Ansätze weiterentwickelt hat. In diesem Zusammenhang sei besonders auf sein Buch *Myths to live by* verwiesen. Campbell, Joseph: Myths to live by. The Viking Press: New York, 1972. Es war jedoch Paul Rebillot (1931–2010), der schließlich Campbells Ansätze gänzlich für psychodramatische Formen der Gestalttherapie adaptierte. Siehe z.B. Rebillot, Paul und Kay, Melissa: The Call to Adventure – Bringing the Hero's Journey to Daily Life. Harper Collins: San Francisco, 1993.

[1023] In der Tat basiert die Mehrheit der Hollywoodproduktionen auf Versionen der Heldenreise. Auch die meisten Drehbuchlehrwerke fußen auf den religions- und literaturwissenschaftlichen Forschungen von Joseph Campbell. Siehe z.B. Vogler, Christopher: Die Odyssee des Drehbuchschreibers: Über die mythologischen Grundmuster des amerikanischen Erfolgskinos. Zweitausendundeins: Frankfurt am Main, 2004 oder McKee, Robert: Story. Alexander Verlag, 2011.

[1024] Siehe auch Kay, Melissa: The Call to Adventure: Bringing the Hero's Journey to Daily Life. Harper: SanFrancisco, 1993.

in *Always Running* und *It calls you back* präsentiert werden, folgt strukturell den Stationen der Heldenreise und zeigt wie vernetzt das literarische Werk und die therapeutische Arbeit von Rodríguez sind. Therapeutische Arbeit und Literatur sind dabei zwei Instrumente, die sein politisches Engagement für eine gerechtere Gesellschaft auf originäre Art und Weise ergänzen und definieren. Rodríguez' ganz persönlicher Zugang zur Thematik und sein großes Erfahrungswissen grenzen zudem seine Schriften von der wissenschaftlichen Fachliteratur ab. Sie zeichnen sich durch eine hohe empathische Intensität aus und schlagen so eine Brücke zwischen dem akademischen Diskurs und der Lebenswelt der Betroffenen.

Music of the Mill und Republic of East Los Angeles

> Heavy looks into the eyes of his listeners and says:
> Somewhere there's a skyscraper in downtown LA
> with steel beams made from the ingot
> with the foreman's body in it.
> Somewhere there's a bridge or underground pipe
> With the man's molecular structure.
> **Luis J. Rodríguez, Heavy Tells A Story,**

> Johnny gave his life to the mill. And somehow, in a strange way, it became a sacred act. He did it for his father and mother. He did it for himself and for us. He wouldn't have it any other way. Yet here he is, a dying testament to the power of industry to enter our bones, our cells, our life genes, and nuclearize them, alter them, to tear up our basic compositional structure and send it careening into the world.
> **Luis J. Rodríguez, The Music of the Mill,**

Mit *Music of the Mill* aus dem Jahr 2005 wendet sich Rodríguez einem weiteren wichtigen Lebensthema zu, welches schon in *It calls you back* Erwähnung gefunden hat. Die Entwicklung vom kriminellen Gangmitglied hin zu einem kapitalismuskritischen Schriftsteller ist in Rodríguez' Biographie ohne seine intensive Erfahrung in der industriellen Arbeitswelt undenkbar. Wie in seinem Gedichtzyklus *Music of the Mill* verarbeitet Rodríguez auch im gleichnamigen Roman seine vierjährige Berufstätigkeit als Maschinenschlosser im Bethlehem Stahlwerk in Los Angeles.[1025] *Music of the Mill* ist jedoch weitaus mehr als ein moderner Arbeiterroman[1026], da

---

[1025] Das Bethlehem Stahlwerk war, ähnlich wie die Simmons Backsteinfabrik aus Alejandro Morales' Roman *The Brick People*, eines der zentralen Unternehmen in der Mitte des 20. Jahrhunderts im prosperierenden Kalifornien. Das in Pennsylvania ansässige Stammunternehmen ging 2001 Bankrott. Siehe in: Warren, Kenneth. Bethlehem Steel: Builder and Arsenal of America. University of Pittsburgh Press: Pittsburgh, 2008.

[1026] Mit *Music of the Mill* bezieht sich Rodríguez eigenen Angaben zufolge auf die naturalistische Tradition der amerikanischen Arbeiter-Romanciers Theodore Drei-

Rodríguez zudem eine semi-biographische Familiengeschichte, die sich über vier Generationen streckt, erzählt. Wie in seinen übrigen literarischen Werken setzt sich Rodríguez hier abermals mit den eigenen Lebensthemen auseinander: Die Kritik am *barrio*-Leben, an der Ausbeutung in der Industrie, der Ganggewalt, Drogensucht und dem amerikanischen Gesellschaftssystem, aber auch das Schildern von politischem Engagement und das Aufzeigen indigener Spiritualität als lebensrettende Alternative zu *Vida Loca* sind die handlungstragenden Elemente des Romans. In Anbetracht der Tatsache, dass Prosa, neben der Lyrik, diejenige Textform ist, die am wenigsten ihren fiktionalen Charakter zu verbergen sucht, gelingt es Rodríguez mit *Music of the Mill* die Bedingungen der Chicano-Existenz in Los Angeles um einiges intensiver erfahrbar zu machen als in seinen Sachtexten und Autobiographien. Indigene Spiritualität als Lebenshilfe wird auch in *Music of the Mill* in einem Seitenstrang thematisiert. Bedingt durch den sozialen Realismus des Autors unterscheidet sich der Text dennoch von mystisch aufgeladenen Romanen [z.B. eines Rudolfo Anaya], die kennzeichnend für eine Hauptströmung der mexikanisch-amerikanischen Literatur sind.

Der Roman setzt sich aus drei Teilen zusammen, die sich nicht nur thematisch, sondern auch in ihrer Erzählperspektive und somit in der Bewertung der Geschehnisse unterscheiden bzw. die vorangestellten Abschnitte der Familiengeschichte ergänzen und Facetten aufzeigen, die von den anderen Erzählern ausgeblendet wurden.

Die Handlung des Romans entwickelt sich entlang der Lebensläufe der aus Mexiko einwandernden Mitglieder der Familie Salcido. Der erste Teil des Romans, *Procopio´s Prelude* zeichnet nach, wie der 18-jährige Yaqui-Indio Procopino im Jahr 1943 dazu gezwungen ist, seinen Heimatstaat Sonora zu verlassen, da wegen seines Engagements in einem Streik im lokalen Minenbergwerk ein Kopfgeld auf ihn ausgesetzt wurde. Die Yaquis, welche zur nativen Bevölkerung in Sonora und dem Südwesten der USA zählen, wurden nie gänzlich von den Spaniards oder später durch Mexiko kolonialisiert und leisteten Widerstand gegen die Fremdherrschaft. Nichtsdestoweniger wurden tausende von ihnen versklavt, umgesiedelt und dazu gezwungen in den mexikanischen Bergwerken und auf

---

ser (1871–1945) und James T. Farrell (1904–1979). Wichtiges Werk von Farrell ist die Stud Longian Triliogie. Siehe z.B. *The young manhood of Stud Longian* von 1934. Von Dreiser ist u.a. erschienen: „An American Tragedy" aus dem Jahr 1925. Weiterführende Sekundärliteratur ist z.B. Gogol, Miriam (Hrsg.): Theodore Dreiser – Beyond Naturalism. New York University Press: New York, 1995 und Wald, Alan M.: James T. Farrell – The Revolutionary Socialist Years. New York University Press: New York, 1978.

den Haciendas der Großgrundbesitzer zu arbeiten.[1027] Obwohl den Yaquis in den 1930er Jahren ein kleines Reservat in ihrem ursprünglichen Siedlungsgebiet zugesprochen wurde, blieben sie weiterhin marginalisiert, zumal sie der Bau eines Dammes von der Wasserzufuhr abschnitt. Um der Todesgefahr zu entgehen, entscheidet sich Procopino, wie viele andere Yaqui vor ihm, in den USA sein Glück zu versuchen. Gemeinsam mit seiner jungen Frau Eliada wandert er über die Zwischenstation Arizona nach Los Angeles aus, wo er eine Anstellung im Nazareth Stahlwerk findet. In gestraffter Form beinhaltet *Procopino´s Prelude* die nächsten zwei Jahrzehnte der Familie in L.A. und endet mit der Verurteilung des jüngsten Sohnes Juan/Johnny zu mehreren Jahren Jugendhaftstrafe wegen krimineller Taten mit einer lokalen Gang.

Mit der Haftentlassung Johnnys aus dem Gefängnis – Johnny kann hier durchaus als ein literarisches Alter Ego des Autors verstanden werden – und seinem Arbeitsantritt im Nazareth Stahlwerk beginnt der ausführliche, zweite Teil des Romans. In *The Nazareth Suite* berichtet ein allwissender Erzähler vom Arbeitsalltag im Stahlwerk und von der Gewerkschaftsarbeit Johnnys. Die Arbeit im Werk ist hierarchisch nach ethnischer Zugehörigkeit organisiert:

> Mexicans and blacks work in the low-paying, backbreaking labor crews on all three shifts-the plant never sleeps-while the higher paid construction, maintenance, and electrical crews consist mostly of Southern whites, brought in specifically for the skilled jobs. Most of the foremen and all of the management are also white.[1028]

Johnny hat nach seiner Haftstrafe dem Gangleben abgeschworen und die junge Chicana Arcaley geheiratet. Die Arbeit im Stahlwerk gibt ihm nun Halt und eine Aufgabe im Leben, die sein Selbstwertgefühl stärkt. Wie sein Vater vor ihm, der immer noch in Nazareth arbeitet, beginnt sich Johnny für die Gewerkschaftsarbeit zu interessieren, zumal weiße Rassisten im Werk die schwarzen, mexikanischen und indigenen Arbeiter schikanieren, die ihrerseits untereinander zerstritten sind und sich ethnisch gesondert voneinander organisieren. Der wichtigste Verbündete des Firmenchefs innerhalb der Arbeiterschaft ist der Vorarbeiter Denton. Als Vorsitzender des werksinternen Ku-Klux-Klans agiert er federführend bei der Drangsalierung kommunistischer Gewerkschaftler und bei der sadistischen Gängelung nicht-weißer Arbeiter und ihrer Herausdrängung aus den besseren Jobs. Wann immer die weiße, kapitalistische Ordnung des Werkes bedroht ist, versuchen Denton und seine Kameraden die sogenannten *troub-*

[1027] Siehe ausführlich in: Folsom, Raphael Brewster: The Yaquis and the Empire – Violence, Spanish Imperial Power, and the Native Resilience in Colonial Mexico. Yale University Press: New Haven, 2014.
[1028] The Music of the Mill. S. 33.

lemaker durch Versetzung, herbeigeführte Arbeitsunfälle, Mobgewalt im Privatleben oder gar Mord einzuschüchtern. Johnnys kommunistischer Mentor im Werk, Haley, erklärt, wie Rasse als Herrschaftstechnik im Stahlwerk angewendet wird, um die Arbeiterschaft zu spalten:

> Race is important. Racism is something we should oppose everywhere. In fact, white workers need to be in the forefront of this – white are also exploited for their labor – maybe not to the extent that black and browns are, but this mostly to keep us at each other's throats.[1029]

Johnny wird als Novize im Werk – anders als im dualen Ausbildungssystem der BRD müssen sich die Arbeiter im Stahlwerk die Erfüllung ihrer Aufgaben ohne Ausbildung *on the job* aneignen – ebenfalls Opfer rassistischer Schikanen. Als Helfer dem Schlosser Steve Rodham zugeordnet, soll er ihm beim Schweißen helfen. Rodham will dem Jungaktivisten Johnny eine Lehre erteilen und weist ihn absichtlich nicht daraufhin, seine Augen mit einer speziellen Brille zu schützen. Johnny verliert daraufhin fast sein Augenlicht und muss im Krankenhaus behandelt werden. Für diese Episode schöpft Rodríguez erneut aus der eigenen Biographie. So wurde auch er Opfer eines ähnlichen herbeigeführten Arbeitsunfalles. Während Johnny glimpflich davon kommt, bezahlen andere einen weit höheren Preis. Als auch Frauen als Arbeiterinnen im Werk angestellt werden, stört dies die alteingesessene rassistische Männerrunde sehr:

> I just got word that the international union and the company have agreed to hire women into those jobs. You know what this means? Not only do we have to contend with these mud people, now we'll have fucking pussies working right next to us. This fucked up. This is goddamn communism. Worse than hell.[1030]

Denton und seine Gefolgsleute Mulligan und Rodham entscheiden sich daher dazu, ein Exempel zu statuieren: Wie Johnny wird nun die strebsame Darlene in eine Falle gelockt und verliert an einer automatischen Tür die Finger ihrer linken Hand. Wie zuvor wird auch dieser Vorgang als Arbeitsunfall deklariert und bleibt ungesühnt. In der Folge wird der Vorfall dazu genutzt, Frauen als ungeeignet für diese Art von Arbeit darzustellen. Noch viel radikaler verfährt Denton im Auftrag des Werkleiters Lane Pattersons mit Johnnys Freund dem kommunistischen Gewerkschafter Haley. Haley, der die illegale Abgasverschmutzung im Werk durch Patterson an die Presse weitergeleitet hat, wird auf der Straße durch einen Auftragskiller ermordet. Johnny lässt sich von all dem jedoch nicht abschrecken und engagiert sich weiterhin politisch in und außerhalb des Werkes. Dabei wird er von seiner Frau Arcaley unterstützt, die sich wie ihr Mann

---

[1029] Ebda.: S.60.
[1030] The Music of the Mill. S. 113.

als überzeugte Kommunistin versteht und ihm nicht nur im Haushalt den Rücken freihält, sondern auch bei der Organisation der Gewerkschaftsarbeit hilft. Kurzzeitig gerät die Ehe mit Arcaley in Gefahr als Johnny im Werk eine Affäre mit der Arbeitern Veila beginnt. Die Dialoge zwischen Johnny und Veila, in denen das Für und Wider ihrer Beziehung diskutiert und diese letztlich zu Gunsten der Ehe mit Arcaley geopfert wird, gehören zu den intensivsten Passagen im gesamten zweiten Teil, der ansonsten durch ein fast mechanisches, detailliertes Schildern des Werkalltages und der Gewerkschaftsarbeit geprägt ist. Abermals liefert hier Rodríguez' Beziehungsleben, wie er es in *It calls you back* kritisch reflektiert hat, die Vorlage für das private Drama. Anders als sein Bruder Junior, der dem Alkohol verfällt und auf der Straße endet, bekommt Johnny seinen Alkoholismus und seine privaten Probleme in den Griff und geht in der Gewerkschaftsarbeit und dem Engagement für andere auf. Eine wichtige Rolle bei der Meisterung seines „Schattens" spielt dabei sein Selbstverständnis als Arbeiter. Sein Vater Porcopino, bei dem Johnny moralischen Beistand sucht, als die Gewerkschaftswahlen zu seinen Ungunsten ausgehen, heroisiert den hart schuftenden Arbeiter, kritisiert die Kommunisten und stellt das Aushalten von Ungerechtigkeit als Tugend heraus. Er selbst hat der Gewerkschaft abgeschworen, da er Denton hinter dem tödlichen Unfall von Johnnys älterem Bruder Severo im Stahlwerk vermutet:

> "Don't feel sorry for these guys, is what I am saying," Procopino continues in an agitated voice. "We do what we're are supposed to do. We do our jobs. We never give up. We don't have any reason to feel bad. If we don't make it-hey, that's life. But none of us would trade our jobs for anything else. Yes, things should be better. We need a better union. But our dignity, our self-respect, nobody can take that away from us unless we let them." Procopio's like many of the older steel men with this logic; Johnny understands that. Despite losing Severo, Procopino never grieves or talks much about what happened, except, for his few comments during the election campaign. He's also like so many Mexicans he knows-se agüantan, they take a lot of abuse and don't abuse and don't complain. To complain is a sign of weakness.[1031]

Johnny gibt jedoch nicht auf. Anders als sein Vater kann er sich nicht mit den Ungerechtigkeiten im Werk abfinden und bleibt weiterhin der Gewerkschaftsarbeit treu. Anfang der 1980er Jahre kommt seine große Chance: Die *Reaganomics* [der Begriff bezieht sich auf die Wirtschaftspolitik Ronald Reagans] und die Auslagerung von Arbeitsplätzen nach Asien führen zu einem Strukturwandel in der Industrie und zur Schließung vieler Werke in Kalifornien und den gesamten USA. Insgesamt gehen in den 1980er Jahren auf diese Weise circa 8 Millionen Arbeitsplätze in der pro-

---

[1031] The Music of the Mill. S. 149.

duzierenden Industrie verloren. Im Angesicht der drohenden Schließung des Nazareth Stahlwerkes gewinnt Johnnys Reform-Gewerkschaft die Wahlen und setzt sich gegen die alteingessenen, weißen Gewerkschaftler durch, die in den Jahren zuvor mit der Firmenleitung zusammengearbeitet und den Kampf um mehr Gerechtigkeit am Arbeitsplatz zugunsten der eigenen Interessen verschleppt hatten. Unter Johnnys Leitung kommt nun der neuen Gewerkschaft die Aufgabe zu, die Verhandlungen über die Sozialprogramme, Umschulungen und Abfindungen zu führen. Nach der Schließung des Werkes wandelt Johnny das Gewerkschaftsbüro in ein Community Center um, das dabei hilft, die Menschen der Region in ihrer Not zu unterstützen. Der Niedergang der Industrie führt zu weitreichenden sozialen Problemen: Menschen werden arbeitslos und fangen an zu trinken, Familien zerfallen, die Ganggewalt steigt an und die *barrios* versinken in Armut. Johnny selbst hat trotz seiner Berufserfahrungen größte Schwierigkeiten eine neue Stelle zu finden, zumal ihm der Ruf, ein kommunistischer Unruhestifter zu sein, vorauseilt.

Erzählerin des dritten und letzten Teiles von *The Music of the Mill* ist Johnnys Tochter, Azucena Salcido, genannt Chena. Die Parallelen sind eindeutig: Bei Chena, die nun die Lücken der vorangegangen Kapitel schließt und das private Familienleben jenseits des Arbeitslebens und der politischen Arbeit der Eltern schildert, handelt es sich um ein literarisches Alter Ego von Luis Rodríguez' Tochter Andrea, die unter der Abwesenheit des Vaters leidet und in die Drogensucht gleitet. Erst später kann sie die Kontrolle über ihr Leben wiedergewinnen:

> My mother and father lived that hard factory life – you had to do practical, reasonable things in their world. Dreams were frivolous and pointless in their world. It was better to destroy them than to have the world crush them for you. That was what schools did, the priests and nuns, the neighbors. I heard this my whole life, and it had gotten me nowhere. I couldn't really blame my mom and dad. I knew they were shaped by the circumstances of their enviroment. I just felt I had to try something else. I knew I looked more lost than focused, more confused than clear- a result of my own enviroment, one that's chaotic, uncertain, shifting by the minute. This was the only reality I knew.[1032]

Die Rahmenhandlung des letzten Teiles des Romans ist der Sterbeprozess von Johnny, den Chena begleitet. Zwischen den Besuchen am Sterbebett des Vaters reflektiert sie die Familiengeschichte und ihre eigenen Schwierigkeiten im Leben. Ausgangspunkt für Chenas Existenzkampf ist ihr Unwille zur Schule zu gehen. Sie entwickelt eine tiefe Abneigung gegen das Schulsystem, welches aus ihrer Sicht nur das Nötigste tun würde, um neue Arbeiter hervorzubringen. Stattdessen verbringt sie mehr und mehr

---

[1032] Music of the Mill. S. 261.

Zeit mit den Jugendlichen auf der Straße. Schließlich verliebt sich Chena in den salvadorianischen Flüchtling Ricardo, einen guten Schüler und Sportler, der nichts mit den kriminellen Gangs der Nachbarschaft zu tun hat. Ricardo gerät jedoch in eine Schießerei und stirbt. Trotz ihrer fürsorglichen Eltern gleitet Chena in die Gangwelt ihres Bruders Joaquin ab und beginnt zu trinken. Ihr Vater Johnny ist nach der Schließung des Nazareth Werkes arbeitslos geworden und hat mitunter größte Schwierigkeiten die Familie zu ernähren. Die Krise der Familie wird zur Krise der Kinder, die ihrerseits versuchen, den sozialen Belastungen in der Ganggemeinschaft zu entfliehen. Chena wird sehr jung schwanger und muss sich als alleinerziehende Mutter um ihren Sohn Jandro kümmern. Mit Hilfe der Eltern und durch die Beziehung zu dem afroamerikanischen Musikproduzenten DeAngelo, den sie bei einer kirchlichen Selbsthilfegruppe kennenlernt, stabilisiert sich ihr Leben erstmalig. Chena entdeckt ihr Gesangtalent und glaubt daran, als Sängerin erfolgreich sein zu können. Als die Beziehung zu DeAngelo scheitert, zeigt sich jedoch, dass sie den Alkoholismus keineswegs überwunden hat. Chena verliert sich erneut im Nachtleben der Stadt und kommt ihren Aufgaben als Mutter nicht mehr nach. Erst als Jahre später Jandro in der Schule große Probleme macht, erkennt sie, dass sie als Mutter scheitert. Bei Johnny sucht sie schließlich Rat. Dieser fasst seine Regeln – die den Lebenskonzepten des geläuterten Luis J. Rodríguez, wie er sie in *It calls you back* und *Hearts and Hands* beschreibt, ähneln – für ein erfolgreiches Leben zusammen:

Jeder Mensch müsse für ein erfülltes Leben sein Talent finden und pflegen. Darunter fallen die Künste, wie die Schriftstellerei, aber auch handwerkliche Tätigkeiten, wie das Schweißen von Metall. Zudem sei der Zugang zur eigenen Spiritualität von immenser Wichtigkeit, da so der Kontakt zu sich selbst und der Schöpfung gegeben sei. Dies alles zähle jedoch nur in Verbindung mit einem höheren Ziel. Jedes Individuum habe sich einer guten Sache zu verschreiben, für die es sich engagiert und durch die es im gesellschaftlichen Zusammenhalt den eigenen Selbstwert erfahre. Da niemand sich oder die Welt alleine retten könne, rät Johnny ihr dazu, Hilfe anzunehmen. Jeder Mensch brauche einen Mentor auf dem Weg zur Selbstständigkeit.

Der letzte Punkt von Johnnys Lebensphilosophie und wie das eigene Leben zu meistern sei, ist die Aufforderung eigenverantwortlich zu sein. Weder das *barrio* oder die Gang, noch die Gewerkschaft können hier ein Alternative sein. Der Aufruf des Vaters „*Own your life!*" wird zum Katharsis-Moment in Chenas Biographie. Wie der Autor selbst, hört Chena mit dem Trinken auf und engagiert sich in der Chicano-Kulturszene. Hier kommt sie in Kontakt mit indigener Spiritualität, besucht Schwitzhütten und nimmt einen indianischen Namen an. Während die Hitze des Stahlwerkes Johnnys Leben einen Sinn gibt, wird die Schwitzhütte zum Ort der Veränderung für Chena.[1033]

Kontinuierlich stabilisieren sich so ihr Leben und die Beziehung zum eigenen Sohn, dem sie nun mehr gerecht wird. Die Erzählung erfährt an dieser Stelle einen klaren Bruch. Die Erzählerinnenfigur Chena verliert an Statur und macht dem wertenden und kontrollierenden Autoren Rodríguez Platz. Es sind nicht mehr so sehr die autobiographischen Innenansichten der Erzählerin, die das Ende des Kapitels prägen, sondern einmal mehr Rodríguez selbst, der mit seiner Literatur sozialpädagogisch tätig wird. Dies ist besonders interessant, zumal durch den Ton der narrativen Prosa und den Verdichtungsprozess plötzlich Rodríguez' Ansichten zur indigenen Spiritualität um einiges anschaulicher und nachvollziehbarer gestaltet sind, als seine sachtextlichen Ausführungen zum gleichen Thema in *Hearts and Hands*. Ähnliches gilt für das Gespräch zwischen Chena und ihrem Bruder Joaquin, der eine lebenslange Haftstrafe im Gefängnis Corcoran absitzt. Während in Teil II des Romans kein Wort darüber zu finden ist, wie die Kinder Johnnys im Leben scheitern, legt Chena in ihren Betrachtungen das ganze Leid offen. Die Unterhaltung der Geschwister macht abermals die Parallelen zu den Lebenswegen von Rodríguez' eigenen Kindern überdeutlich. Wie Luis J. Rodríguez und sein Sohn Ramiro erlebt auch die literarische Figur Joaquin im Gefängnis eine Läuterung und begibt sich auf eine Heldenreise in die Schatten und den Aufstieg in ein verändertes Bewusstsein, aus dem heraus er das erste Mal über sich und die Gesellschaft kritisch reflektieren kann:

> We were at war. We'd kill our enemies. They'd kill us. There was nothing to be scared about. Also the *pinta*-what deterrence was that about? We all knew we'd end up in the joint. It was a rite of passage. Prison was built for us. We weren't scared. And the *drogas*-the heroin, PCP, crack, and meth- that was also part of this life. If someone Od'd [umgangssprachlich für Überdosis. Amerk. des Verf.], we didn't question what we were doing or think of getting out. Maybe a few did, but most of us were thinking, 'That must be some good shit. I want some of that.' […] But I know we aren't going to put down roots, to have families, to get jobs like Pops did and make a living. That ain't in the cards for us. We are all *caga palos*, misfits, outcasts-the ten percent who won't take shit from bosses, police, or schools. We can´t get any skills or become regular guys. For many of us, there is no time for love, for marriage, for normal relationships. We've turned ourselves over to *la vida loca*. And that's the only God we'll follow out of here.[1034]

Trotz aller Reflektion sieht Joaquin, das Zitat verdeutlich dies, keine Zukunft für sich. Eine Gefängniskarriere, ein Leben als *Outcast* oder der

---

[1033] Music of the Mill. S. 276–279.
[1034] Ebda.: S. 297.

Rückfall ins *Vida Loca* seien unvermeidlich. Joaquin beklagt sich jedoch nicht darüber und stilisiert sich als tapferen Krieger, der tun muss, was zu tun ist. Ganz wie sein Großvater Porcopino, der sich in seinen Arbeiterstolz flüchtet, um die Ungerechtigkeiten im Stahlwerk zu ertragen, sucht Joaquin Stolz in dem was er ist. Auch wenn er Frieden mit seinem Schicksal geschlossen hat und nichts mehr für sich erwartet, sorgt sich Joaquin doch um die jüngeren Chicanos im *barrio* und im Gefängnis. Er weiß um die Entfremdung, die er und andere Gangmitglieder, aber auch normale Arbeiter in der Migration bzw. innerhalb der kapitalistischen Gesellschaft erfahren haben. Durch die Zwänge des Wirtschaftssystems, die Marginalisierung der eigenen Kultur und die Reduzierung auf ein Dasein als „Arbeitersklaven" leiden die Familien und die eigene Psyche. Joaquin sucht daher in der Hinwendung zur mexikanisch-indigenen Mythenwelt nach Halt, beschäftigt sich mit Spiritualität, lernt Nahuatl und gibt dieses Wissen an andere weiter. In diesem Sinne erfüllt Joaquin eine Mentorenrolle und markiert den Beginn eines neuen Selbstbewusstseins für die Chicanos im *barrio*. Wie ihr Bruder ist sich Chena der Wichtigkeit der Rückbesinnung auf die eigenen Ursprünge und einer Erinnerungskultur, die nicht nur ein historisches Buchwissen umfasst, sondern eine emotionale Verbindung zu den Vorvätern schafft, bewusst. Beim Tod ihres Vaters Johnny steht sie mit ihrem Großvater am Sterbebett und spürt den Auftrag, niemals zu vergessen was gewesen ist:

> Lito [Kurzform für Procopio. Anmerk. des Verf.] walks in just then, his face drawn, his steps halting. He stops next to us and looks down at his son. I see tears flow down his wrinkled face, coming on, not like in a storm, but as if they are the rain after a drought in a dry desert, a place of withered plants, intense heat, waterless horizons, where even tears drift like dust. I imagine a land and time far away from here and yet somehow tied to all of this, to what all of us have come to witness and carry, and never, ever forget.[1035]

Denkt man die Selbstverpflichtung „niemals zu vergessen" konsequent zu Ende – Rodríguez' andere Schriften legen das nahe – bedeutet das Pflegen einer aktiven Erinnerungskultur gleichzeitig ein persönliches Engagement durch Politik, Spiritualität und Kunst für eine lebenswerte Zukunft. Rodríguez' Ansätze und Reflektionen zeigen interessante Parallelen zur Renaissance religiösen Denkens als Alternative zur als seelenlos verstandenen Ungerechtigkeit der kapitalistischen Wirtschaftsordnung, die eben nicht jeden Bürger gleichermaßen am Wohlstand beteiligen kann und daher Minderheiten und marginalisierte Gruppen kreiert. Auch der Islamismus in Europa muss in dieser Hinsicht als religiös geprägte politische Ideologie verstanden werden, die nach dem Scheitern marxistischer Ideo-

---

[1035] Ebda.: S. 308.

logien als Antwort für die abgehängt muslimischen Migranten in der Gesellschaft übrig bleibt.

VI. Zafer Şenocak:
Die Anverwandlung oder Deutscher geht's net...

> Ich glaube, es gibt ein privates Gefühl für Nicht-Zugehörigkeit. Ja, das ist eigentlich eine Politik der Nichtzugehörigkeit. Weil alles was du sonst beschreibst ist Zugehörigkeit. Sobald du sagst „I am an activist for Chicano rights, Black rights...", dann ist das Zugehörigkeit! Wir haben erfolgreich in Deutschland daran gearbeitet, dass das nicht passiert ist. Alle, sag ich mal selbstkritisch! Warum? Ich hab daran gearbeitet, weil ich dieses Gefühl nicht hatte. Bis 1990 war mir nicht einmal bewusst, dass ich überhaupt in Deutschland diskriminiert werden könnte.[1036]
> **Zafer Şenocak**

Der 1961 in Ankara geborene, in Istanbul und München aufgewachsene Zafer Şenocak ist seit Anfang der 1980er Jahre einer der produktivsten und renommiertesten türkisch-deutschen Schriftsteller. Als Romancier, Dichter, Übersetzer, Herausgeber, Kommentator und Essayist hat Şenocak ein vielschichtiges und abwechslungsreiches Oeuvre geschaffen. In seinem Schreiben verweigert er sich jedoch jeder Vereinnahmung und bleibt ungebunden. Als Intellektueller analysiert und kritisiert Şenocak radikale Entwicklungen im Islam und strukturelle Rassismen in der BRD und kommentiert türkische und deutsche Politik und Zeitgeschichte gleichermaßen. Zahlreiche Auslandsaufenthalte als *Writer in Residence* in Großbritannien und den USA zeugen von einer großen Anerkennung für sein Werk.[1037] Während er in Deutschland vor allem durch Hörfunkbeiträge sowie Kolumnen in Tageszeitungen wie der TAZ und der WELT einer breiteren Öffentlichkeit bekannt ist, wurde sein literarisches Werk zuerst in der amerikanischen und britischen Germanistik erforscht. Erst anschließend sind in der deutschen Germanistik zahlreiche Arbeiten zu ihm erschienen.[1038] Şenocaks internationale Perspektive auf die türkisch-deutschen Lebenswirklichkeiten hat ihn zu einem unverwechselbaren Beobachter und Kommentator der Einwanderungsgesellschaft gemacht. Şenocaks Werk und seine Kritik an sozialen Missständen und identitären

---

[1036] Schreiner, Daniel: Deutsche Seelenzustände: Islamismus und Pegida. Interview mit dem Schriftsteller, Herausgeber und Publizisten Zafer Şenocak. *German Life and Letters*. Vol. LXXI No. 1. January 2018.
[1037] Interessante Bemerkung am Rande: Während eines Autorenstipendiums in der Villa Auora, einer Künstlerresidenz in Los Angeles, die auf Marta und Lion Feuchtwanger zurückgeht, lernte Şenocak Alejandro Morales kennen. Beide erinnern sich gut an die Begegnung.
[1038] Sie werden im Laufe des Textes erwähnt bzw. zitiert.

Fragestellungen ebneten den Weg für nachfolgende junge türkischdeutsche Autoren und Intellektuelle wie Deniz Utlu und Mutlu Ergün-Hamaz in die deutsche Verlagslandschaft und prägten ihre literarische Entwicklung. Zuletzt sind von Şenocak die Essaysammlung *Deutschsein – Eine Aufklärungsschrift* sowie der persönliche Band *In deinen Worten – Mutmaßungen über den Glauben meines Vaters* erschienen. Im Sommersemester 2016 war der Autor Gastprofessor für interkulturelle Poetik an der Universität Hamburg. Die Gastprofessur wurde im Juli 2016 schließlich mit einer internationalen Konferenz mit dem Titel *Wortbrüche-Fragmente einer Sprache des Vertrauens* zum Werk des Autors beendet.[1039] Dieser Vorgang zeigt, dass Zafer Şenocak nun, wenn auch verspätet, in Deutschland die Würdigung widerfährt, die ihm im Ausland schon lange zuteil wird.

Im vorliegenden Kapitel werde ich mich – nach einer Einführung in die Biographie und das Werk des Autors – ausgewählten Schriften zuwenden und diese in Hinblick auf Şenocaks politischen Diskurs untersuchen. Auf seine Lyrik, werde ich dabei nur am Rande eingehen, zumal diese bereits von Karin Yeşilada ausführlich behandelt wurde.[1040]

Biographie und Frühwerk

> Ohne Emre wäre ich zwischen den Sexpistols und dem Koran zerrieben worden![1041]
> **Zafer Şenocak**

Die Familie Şenocak zog im Jahr 1970 in die BRD, da sich Şenocaks Vater Kemalettin hiervon ein freieres Arbeiten versprach. Kemalettin Şenocak hatte in der Türkei die Zeitschrift *Islam* herausgegeben, eine zentrale Diskursplattform für muslimische Geistliche und Intellektuelle der unterschiedlichsten Richtungen. *Islam* erschien zu einer Zeit in der die laizistische Grundausrichtung der türkischen Republik dafür sorgte, dass religiöse Kräfte marginalisiert und an den Rand des politischen Diskurses gedrängt wurden. Die politische und kulturelle Enge Ende der 1960er Jahre bewog Şenocaks Vater schließlich dazu, Istanbul zu verlassen und nach Bayern umzusiedeln. Nach kurzem Aufenthalt in Murnau zog die Familie weiter nach München. Zafer Şenocak, zu diesem Zeitpunkt neun Jahre alt, musste nun Deutsch lernen. Der Nachhilfeunterricht, den Şenocak bei der

---

[1039] Bei der Tagung handelte es sich um die erste internationale Konferenz in Deutschland zu Zafer Şenocaks Schaffen, die Dank des Engagements von Prof. Ortrud Gutjahr durchgeführt werden konnte.
[1040] Yeşilada, Karin: Die Poesie der Dritten Sprache. Stauffenburg: Tübingen, 2012.
[1041] Zafer Şenocak auf der Tagung *Wort.Brüche* in Hamburg am 8.7.2016. Das Zitat stammt ursprünglich aus dem gleichnamigen Essay in *Land hinter den Buchstaben*.

© Zafer Şenocak

pensionierten Volksschullehrerin Frau Saal erhielt, war prägend für seine Begegnung mit der deutschen Sprache. In *Deutschsein* erinnert sich Şenocak voller Dankbarkeit an seine Lehrerin und ihre spezielle Unterrichtsmethode:

> Ich verdanke also mein Gefühl für die deutsche Sprache dem Halbdunkel und dem Geschmack von Apfelkuchen. Wahrscheinlich verdanke ich dem Halbdunkel auch die Brille, die ich schon sehr früh tragen musste. Für die Sprache, die mir so gut schmeckte, hätte ich damals alles hergegeben. Sogar das Büffeln der komplizierten Grammatik, die mir wie ein Labyrinth vorkam, nahm ich widerstandslos hin. Mit Fleiß lässt sich jede Fremdsprache bis zu einem gewissen Grad erlernen. Wer aber in den Genuss einer fremden Sprache kommen möchte, braucht Hingabe. Ich bin Frau Saal heute dankbar, dass sie mir nicht nur die Sprache beigebracht hat, sondern auch die Hingabe abforderte, ja sie in mir auslöste, ohne die ich heute kein deutschsprachiger Schriftsteller sein könnte.[1042]

Von den Eltern konsequent zweisprachig erzogen und zum Lesen deutscher und türkischer Literatur animiert, entwickelte Zafer Şenocaks ein tiefes Interesse für Sprachen, Religion und Dichtung. Über den Vater kam der Sohn früh mit der Sufi-Dichtung Yunus Emres in Kontakt, die bis heute einen starken Einfluss auf sein Denken und Schreiben hat. Bereits als Gymnasiast schrieb Şenocak Ende der 1970er Jahre seine ersten Gedichte und trat auf Lesungen auf. Nach dem Abitur 1981 studierte Şeno-

---

[1042] Sencoak, Zafer: Deutschsein. S. 14.

cak in München Germanistik, Politik und Philosophie. Während dieser Zeit veröffentlichte er mit *Elektrisches Blau*[1043], *Verkauf der Morgenstimmungen am Markt*[1044] und *Flammentropfen*[1045] die ersten Gedichtbände, welche bis heute wiederkehrend Gegenstand literaturwissenschaftlicher Betrachtungen sind.[1046] Im Jahr 1988 erhielt Şenocak für seine Lyrik den Adelbert-von-Chamisso-Förderpreis[1047], der an deutsch-sprachige Autoren nicht deutscher Herkunft verliehen wird. Şenocak beurteilt den Preis skeptisch, da er eben auch die vollständige Anerkennung des Deutschseins verweigere.

1998 und 2008 tat sich Şenocak mit dem Münchner Installationskünstler und Dichter Berkan Karpat für zwei Projekte zusammen. Gemeinsam verfassten sie die Gedichtbände *Auf dem Schiff zum Mars* und *Landesstimmung*. Ersterer ist eine Hommage an den türkischen Schriftsteller Nâzim Hikmet, der als Begründer der modernen türkischen Lyrik gilt und ein großes Vorbild für Zafer Şenocak ist.[1048]

1985 übersetzte Zafer Şenocak als erster – noch vor Annemarie Schimmel[1049] – Gedichte von Yunus Emre (1240–1321)[1050] aus dem Türkischen ins Deutsche, dessen Sufi-Islam für Şenocak den persönlichen Zugang zur vielschichtigen Gedankenwelt des Islams bedeutet. Zuletzt erläuterte Şenocak in dem Band *In deinen Worten* wie sehr er sich dem Erbe Yunus Emres und seines Vaters verpflichtet fühlt, das an die humanistischen Traditionen des Islam erinnert und gemahnt, die durch die fundamentalistischen Strömungen weltweit bedroht sind.[1051]

[1043] Ders.: Elektrisches Blau. München, 1983.
[1044] Ders.: Verkauf der Morgenstimmungen am Markt. München, 1983.
[1045] Ders.: Flammentropfen. Dağyeli-Verlag: Frankfurt, 1985.
[1046] In diesem Zusammenhang sind besonders Ulrich Johannes Beil, Anne-Rose Meyer, Moray McGowan und Karin Yesilada zu nennen.
[1047] Andere türkisch-deutsche Preisträger waren 1985 Aras Ören, 1989 Yüksel Pazarkaya, 1999 Emine Özdamar und 2005 Feridun Zaimoglu.
[1048] Bezirci, Asim: Nazim Hikmet: Leben, Werk, Kunst. Eine kritische Studie. Dağyeli-Verlag: Frankfurt, 2014. Siehe dazu auch Karin Yesilada (2012).
[1049] Şenocak kritisiert die Übersetzung von Annemarie Schimmels, da sie Emres Dichtung sprachlich zu orientalisch aufgeladen habe.
[1050] Yunus Emre gilt als seiner angesehensten Mystiker der türkischen Geistesgeschichte. Als Derwisch im Hacı Bektaş Veli Orden prägte er mit seinen Schriften die humanistische Philosophie Anatoliens. Emre wird heutzutage von Sunniten, Aleviten und Shiiten gleichermaßen anerkannt und verehrt. Siehe z.B. Grace Martin Smith: The Poetry of Yūnus Emre, A Turkish Sufi Poet. University of California Press: Los Angeles, 1993.
[1051] Dazu sind die Wahabiya, die Salafiya und diverse islamistische Terrororganisationen, aber auch der kapitalistische und eindimensionale, anti-intellektuelle Staatsislam der türkischen AKP zu zählen. Vgl. auch Hasche, Thorsten: Quo vadis, politischer Islam? AKP, al-Qaida und Muslimbruderschaft in systemtheoretischer Perspektive. Transcript, 2015.

Zafer Şenocaks Übersetzung von Yunus Emres *Das Kummerrad* war nur der Beginn seiner Tätigkeit als Übersetzer.[1052] Weitere Übersetzungen von türkisch-deutschen Schriftstellern wie Aras Ören[1053] oder der eigenen zuerst auf Türkisch geschriebenen Schriften sollten in den nächsten Jahren folgen. Ab 1988 betätigte sich Zafer Şenocak zudem als Mitherausgeber der Kulturzeitschrift SIRENE, die zwischen 1988 und 1999 halbjährlich erschien, sich unbekannten internationalen Autor_innen zuwendete und so das von Deniz Utlu herausgegebene Magazin FREITEXT vorwegnahm. Mit Beginn der Wiedervereinigung zog Şenocak 1990 nach Berlin. Dieser Ortswechsel bedeutet auch im Werk des Schriftstellers einen Wendepunkt. Zuvor hauptsächlich als Lyriker, Übersetzer und Verleger in Erscheinung getreten, wandte sich Şenocak nun dem Verfassen von Essays und Romanen zu. 1992 und 1994 erschienen mit *Atlas des tropischen Deutschland* und *War Hitler Araber?* Şenocaks erste politische Essaybände, die damals wie heute sehr dezidiert und vorausschauend Fragestellungen von Einwanderung, Marginalisierung, Rassismus und deutscher Identitätskrise erörterten. Mitunter müssten manche dieser Essays nur minimal geändert werden, um treffend die derzeitige politische Landschaft und neo-nationalistische Befindlichkeiten vor dem Hintergrund der Erfolge von PEGIDA und der AfD zu beschreiben. Ausgrenzungen und Stereotypisierungen, wie sie nach der Wiedervereinigung, dem Sieg bei der Fußballweltmeisterschaft 1990 und dem Flüchtlingsaufkommen im Zuge des jugoslawischen Bürgerkrieges aufgetreten sind und zu den Anschlägen in Mölln und Solingen geführt haben, dominieren auch heute, vor dem Hintergrund islamistischer Terroranschläge, der Euro- sowie der Flüchtlingskrise den öffentlichen Diskurs. Die Erkenntnis, dass diese Ereignisse und der Aufschwung nationalistischer Bewegungen wiederum kurz nach dem Gewinn einer Fußballweltmeisterschaft auftraten, lässt Geschichtsprozesse zirkulär erscheinen. Diese Repetition von Ereignissen wirkt nicht verwunderlich, folgt man der von Şenocak in den genannten Essaybänden vertretenden Meinung, dass die Frage nach der deutschen Identität bis heute ungeklärt bleibt und rassistische Denkmuster durch die a-identitäre und a-nationale Ideologienarration der BRD unterdrückt worden seien. So schreibt Şenocak in *Atlas des tropischen Deutschlands*:

[1052] Şenocak hat ebenfalls mehrere Aufsätze zur Sufi-Dichtung veröffentlicht. Siehe z.B.: Pir Sultan Abdal, Yunus Emre, Orhan Veli Kanık, Behçet Necatigil. Vier Autoren-Beiträge. In: Kinderls neues Literaturlexikon. 20 Bände. Hg. Von. Walter Jens. Kindlerverlag: München, 1988 -1992. Einen anderen Duft als den der Rose. Über türkische Volks- und Divandichtung. In: Der Deutschunterricht 5/1993. S. 18- 31.

[1053] Zusammen mit Eva Hund übersetzte er die Romane *Der Uhrmacher der Einsamkeit* [Berlin 1993] und *Eine verspätete Abrechnung oder Der Aufstieg der Gündoğdus* [Frankfurt am Main 1988] aus dem Türkischen.

Ohne Zweifel ist ein Großteil der Deutschen nach 1945 erfolgreich in den europäischen Prozeß eingebunden worden. Dennoch bleibt als neuralgischer Punkt die sogenannte deutsche Frage. Damit ist nicht so sehr die Frage von Grenzen gemeint, sondern die des deutschen Nationalgefühls, der deutschen Identität. Die Deutschen, vor allem die im Westen, haben ihr Nationalgefühl ins Unterbewusstsein verdrängt. Auch das war Teil einer Strategie der „Vergangenheitsbewältigung", die eigentlich als ein Projekt des Vergessens bezeichnet werden müßte. Zum Ritual der Bewältigung gehört neben Sühneformeln und Jahrestagen eben auch die Unterdrückung von Stimmungen, Sublimierung von Emotion, eingebettet in ein Gesamtkonzept des Wiederaufbaus, der gerade den dornigsten Weg gegangen ist.[1054]

Auf die angespannte gesellschaftliche Lage Anfang der 1990er Jahre, in denen die sich die Türk-Deutschen nicht nur durch rassistischen Anschläge und Morde bedroht sahen, sondern auch durch die Wiedervereinigung und die Einwanderung von Nachfahren deutscher Siedler aus der Sowjetunion verstärkt erfahren mussten, trotz ihrer jahrzehntelangen Anwesenheit in der BRD und ihrem Anteil an der Aufbauarbeit nicht als ebenbürtige Bürger anerkannt zu werden und stattdessen als Minderheit von Medien und Politik problematisiert wurden[1055], reagierte Zafer Şenocak nicht nur mit seinen Essaybänden. Mit dem renommierten Sozialforscher Claus Leggewie gab er 1993 zudem die zweisprachige Aufsatzsammlung *Deutsche Türken/Türk Almanlar – Das Ende der Geduld/Sabrın sonu* heraus, in der deutsche wie türkisch-deutsche Intellektuelle [u.a. der Islamexperte Udo Steinbach] die Lebensrealitäten von Türk-Deutschen in der BRD beschreiben und deren politische Anerkennung und Teilhabe einklagen. Zafer Şenocak stellte damals fest:

> Deutschland ist für die Türken zum Einwanderungsland geworden. Nach über drei Jahrzehnten sind sie fester Bestandteil dieser Gesellschaft. Mit 680.000 Beschäftigten zahlen sie mehr in die Kassen der Sozialversicherung

---

[1054] Şenocak, Zafer: Atlas des tropischen Deutschlands. S. 16/17. Şenocak weist an gleicher Stelle auf Alain Finkielkrauts *Vergebliche Erinnerung* hin, in der dieser erklärt, wie Rituale wahres Erinnern verhindern und zu „vorlautem Vergessen" führen. Siehe: Finkielkraut, Alain: Die vergebliche Erinnerung. Vom Verbrechen gegen die Menschheit. Tiamat: Berlin, 1989. Zur Sublimierung von Emotion im Nachkriegsdeutschland siehe auch: Jerome, Roy (Hrsg.): Conceptions of Postwar German Masculinity. State University of New York Press: Albany, 2001.

[1055] Hier sei z.B. auf die Thematisierung von türkisch-deutschen Jugendgangs verwiesen. Ein Beispiel für die Stimmungslage jener Zeit ist die Berichterstattung zum Fall des in München geborenen Muhlis Ari, der in den Medien nur als Mehmet bezeichnet wurde. „Mehmet" verkörperte in den Medien den Archetyp des ausländischen jugendlichen Straftäters zu verkörpern. 1998 wurder er schließlich als 14-jähriger in die Türkei abgeschoben. Siehe ausführlich: Muhlis, Ari und Straßer, Christoph: Sie nannten mich Mehmet. Geschichte eines Ghettokindes. Riva Verlag, 2013.

ein, als sie an Leistungen zurückerhalten. Die türkische Mehrheit möchte in Deutschland bleiben. Für ein friedliches Zusammenleben müssen neue Wege gefunden werden. Von der deutschen Öffentlichkeit und Politik sind innovative Schritte zu einer mutigen Integration gefordert. Innerhalb der türkischen Minderheit sind Kapazitäten vorhanden, auch für die Bekleidung öffentlicher Ämter. Ausländer im öffentlichen Dienst können die deutsch-türkische Kommunikation stärken und Vorurteile abbauen.[1056]

Dem Diskurs um Jahre voraus, noch zu einer Zeit, wo allein der Vergleich unsagbar war, zeigt Şenocak immer wieder die Parallelen von Antisemitismus und Islamophobie auf.[1057] In seinem Essay *Ein Türke geht nicht in die Oper* diskutiert er die nationale Symbolik und versteckten Rassismen der BRD und kritisiert starre Integrations- und Assimilierungskonzepte, die von der Politik an Deutschlands Einwanderer herangetragen werden. Für Şenocak gibt es keine einheitliche Kultur in einem Land, sondern nur eine Vielzahl von Kulturen und unterschiedliche Vergangenheiten eines Staates, in die ein Mensch nicht ohne Schwierigkeiten einwandern kann. Assimilierung der Assimilierung wegen zu fordern, ohne ein tieferes Verständnis der eigenen Brüche und Mannigfaltigkeiten zu besitzen, helfe weder der Aufnahmegesellschaft noch den Zuwanderern. Das Schicksal von Deutschlands Juden dient Şenocak als warnendes Beispiel für den jederzeit möglichen Rückfall in die Barbarei:

> Vielleicht handelt es sich bei der Reise nach Deutschland nicht um eine Reise in ein Land (denn geographisch gesehen halten die, die unterwegs sind, sich schon längst – wenn nicht schon von Geburt an – hier auf), sondern um einen Gemütszustand, einen seelischen Raum, der unerreichbar bleibt. In diesem Fall würde auch die vollkommenste Anpassung – oft handelt es sich dabei um eine Überanpassung, wodurch man sich sofort wieder verrät –, die Aufgabe von Sprache, Religion und allen anderen Identitätsmerkmalen nichts nutzen. Wer denkt dabei nicht an das Schicksal jener deutschen Juden, die so gut wie keine andere Minderheit im Deutschen aufgegangen waren, dennoch von den irrationalen Argumenten des Antisemitismus eingeholt und vernichtet worden sind.[1058]

Nach *War Hitler Araber?* und einem weiteren Gedichtband mit dem Titel *Fernwehanstalten* veröffentlichte Şenocak 1995 schließlich seinen ersten Roman *Der Mann im Unterhemd*[1059], der zugleich den Beginn seiner Berliner Tetralogie markiert. Auf den *Mann im Unterhemd* folgten 1997 *Die*

[1056] Leggewie, Claus und Şenocak, Zafer: Deutsche Türken/ Türk Almanlar – Das Ende der Geduld/ Sabrın sonu. Rororo: Hamburg, 1993. S. 38.
[1057] Vgl. mit Botsch, Gideon et al.: Islamophobie und Antisemitismus – ein umstrittener Vergleich (Europäisch-jüdische Studien – Kontroversen, Band 1). De Gruyter: Berlin, 2012.
[1058] Şenocak, Zafer: Atlas des tropischen Deutschlands. S. 23.
[1059] Ders.: Der Mann im Unterhemd. Babel Verlag: München, 1995.

Prärie[1060], 1998 *Gefährliche Verwandtschaft* und 1999 *Der Erottomane*. Die vier Romane zeichnen sich durch eine Vielzahl von verschiedenen Erzählhaltungen und eine an Franz Kafka erinnernde Stilistik[1061] aus und thematisieren die Konflikte und Lebenswege des jeweiligen männlichen Protagonisten vor dem Hintergrund türkischer und deutscher Geschichte. In der Tat handelt es sich laut Zafer Şenocak bei diesen Charakteren immer wieder um neue Versionen der Figur Sascha Muchtesem. Die mehrkulturellen Identitäten dieser Protagonisten prägen die Verständnisperspektive der Handlungen. Die verschiedenen Identitäten von Muchtesem können durchaus als literarisches Alter Ego des Autors begriffen werden. So trifft Şenocaks Charakterisierung von Muchtesem auch auf ihn selbst zu:

> [...] Und er ist eigentlich so ein Zwischengenerationstyp, er passt auch nirgendwo rein. Ist eigentlich kein politischer Mensch und doch immer wieder in politischen Dingen tätig oder eingefangen. Im Grunde genommen ist er innerlich sehr konservativ, und doch ist er gleichzeitig viel weiter als bestimmte linke Leute. Man kann ihn schwer einstufen, einkasteln oder eingrenzen.[1062]

Die Verfasstheit des wiederkehrenden Protagonisten Sascha ist ebenfalls symptomatisch für die Figuren in Şenocaks späteren Romanen. Sie sind trotz ihrer mehrkulturellen Konstitution und Ambiguität weder gebrochen noch in einem Dazwischen der Kulturen. Das Dazwischen ist für Şenocak nicht im Außen, sondern im Innern der Figur und der Menschen festzustellen. Dies sei jedoch keine Besonderheit von Migranten, sondern von Menschen generell, da sämtliche Personen eines Individuums miteinander ringen und im Fluss seien.[1063] Anhand dieser Position zeigt sich bereits die postmigrantische Auffassung der eigenen Identität jüngerer Autoren wie Deniz Utlu oder Mutlu Ergün-Hamaz, für die Kategorien von „fremd" und „eigen" nicht von Wichtigkeit sind.

Von den bereits erwähnten Romanen kann *Gefährliche Verwandtschaft* aus dem Jahr 1998 als Zafer Şenocak wichtigster und bekanntester Roman bezeichnet werden. Der Roman, in dem Şenocak die Geschichte von Sascha Muchtesem, einem jüdischem Türk-Deutschen [er ist das Kind einer deutschen Jüdin und eines türkischen Offizierssohnes], erzählt, der die Spuren seiner Familie zurück ins Osmanische Reich verfolgt und dabei Details über die Beteiligung des türkischen Großvaters an Vertreibungen und Plünderungen erfährt, hat vor dem Hintergrund der offiziellen Einordnung des Massen-Mordes an Armeniern als Genozid im Bundestag im

---

[1060] Ders.: *Die Prärie*. Rotbuch-Verlag: Hamburg, 1997.
[1061] Siehe hierzu auch Cheesman, Tom: Novels of Turkish German Settlement. S. 100.
[1062] Cheesman, Tom: Gespräch mit Zafer Şenocak. In: Cheesman, Tom und Yeşilada, Karin E. (Hrsg.): Zafer Şenocak. Contemporary German Writers. University of Wales Press: Cardiff, 2003. S. 21.
[1063] Ebda. S. 22.

Jahr 2016 erneut an Aktualität gewonnen. Obwohl von der Auslandsgermanistik hochgelobt und kritisch rezipiert, war dieser Roman in Deutschland lange Zeit nur schwer erhältlich. Im Münchner Babel Verlag ist 2016 endlich die dritte Auflage erschienen.

Zafer Şenocak schreibt nicht nur auf Deutsch. Seine späteren Romane sind zum Teil auf Türkisch entstanden, bevor sie von ihm oder anderen Übersetzern wie Helga Dağyeli-Bohne ins Deutsche übertragen wurden. Anhand der in beiden Muttersprachen von Şenocak vorliegenden Texte, die es mitunter zudem in unterschiedlichen Übersetzungsversionen gibt, wird die gehobene Stilistik des Autors im Türkischen wie im Deutschen deutlich. So legt Şenocak bspw. großen Wert darauf, dass die im Türkischen üblichen und flüssig lesbaren Partizipialverbindungen nicht eins zu eins ins Deutsche übertragen werden sollen; sie weichen stattdessen einem ebenfalls eleganten Stil in der Zielsprache.[1064]

Von den jüngeren Romanen seien an dieser Stelle vor allem *Köşk*[1065] (2008) und *Alman Terbiyesi*[1066] (2007) erwähnt. Während *Köşk* unter der genauen Übersetzung *Der Pavillon*[1067] im Dağyeli Verlag erschienen ist, entschieden sich die Verleger *Alman Terbiyesi* nicht unter dem eigentlichen Titel *Deutsche Zucht* – im Sinne von Dressur oder Veredelung – herauszugeben. *Alman Terbiyesi* erschien schließlich entgegen Şenocaks Wunsch[1068] als *Deutsche Schule*[1069], was durchaus irreführend ist, zumal eine deutschsprachige Lehrinstitution mit demselben Namen seit Jahrzehnten in Istanbul bekannt ist, in dem Roman jedoch keine Rolle spielt.

Şenocak entwirft in diesem Roman ein Panorama von Istanbul in den 1940er Jahren und zeigt den ideologischen Kampf der Nationalsozialisten um die Köpfe der türkischen Intellektuellen. Die Nationalsozialisten hofften die neutrale Türkei ob ihrer wichtigen geopolitischen Lage für den Eintritt in den Weltkrieg auf Seiten Deutschlands gewinnen zu können. Protagonist und Erzähler ist der Soldat und Diplomat Salih Süvari, dessen fiktive Memoiren den Hintergrund für Şenocaks Roman bilden. Stilistisch orientiert sich Şenocak im Türkischen hier deutlich an dem älteren Sprachgebrauch des schon erwähnten Ahmet Hasim und passt so seine Sprache an die zeitliche Kulisse der Handlung an.

[1064] Tom Cheesman und Zafer Şenocak diskutierten dies auf der Konferenz *Wortbrüche* an der Universität Hamburg am 7. Juli 2016, an der ich teilgenommen habe. Eine kontrastive linguistisch-literarische Untersuchung der von Zafer Şenocak in beiden Sprachen geschriebenen Romane und Gedichte fehlt bislang
[1065] Şenocak, Zafer: Köşk. Alef Yayınevi: Istanbul, 2008.
[1066] Ebda.: Alman Terbiyesi. Alef Yayınevi: Istanbul, 2007.
[1067] Şenocak, Zafer: Der Pavillon. Dağyeli Verlag, Berlin, 2009.
[1068] Zafer Şenocak hat dies ein ums andere Mal auf der Konferenz *Wortbrüche* in Hamburg im Juli 2016 klar gestellt.
[1069] Şenocak, Zafer: Deutsche Schule. Dağyeli Verlag, Berlin, 2012.

Ähnlich verfährt der Autor in *Köşk*. Die 1960er Jahre bilden den historischen Hintergrund von *Köşk / Der Pavillon*. Der Erzähler Hamit studiert nach dem Zweiten Weltkrieg Moderne Musik in München und will mit seiner deutschen Freundin Hilde gemeinsam den Sommer in Istanbul verbringen. Dort putscht jedoch das Militär und Hamit und Hilde müssen sich verstecken.[1070] Wie schon in *Gefährliche Verwandtschaft* und dem auf Türkisch früher erschienenem *Deutsche Schule* begibt sich Şenocak mit Bezug auf die Familiengeschichten der beiden Hauptfiguren auf eine historische Spurensuche, die auf die schuldbeladene deutsche und osmanische Vergangenheit verweist sowie das doppelte Schweigen über Holocaust und Armenier-Genozid problematisiert. In der Repetition seiner Themen verdeutlicht Şenocak konsequent, wie ähnlich sich eigentlich die kollektiven Identitäten und Erinnerungsorte beider Nationen sind. Der allzu oft konstruierten Unterschiedlichkeit von deutscher und türkischer Kultur setzt Şenocak die Einsicht entgegen, dass sich Türken und Deutsche und ihre Geschichte ähnlicher sind, als sie es zugeben wollen.

Die oben angesprochene Verfremdung des Titels und somit der Intentionen Şenocaks sind beileibe keine Ausnahme. Auch andere Titel seiner Bücher wurden für die Erwartung des Lesepublikums von den Verlagen verändert bzw. mit orientalistischen Motiven auf dem Buchdeckel versehen, um Assoziationen von Tausend und einer Nacht zu evozieren. Ähnlich verfahren Tageszeitungen mit Zafer Şenocaks Artikeln. Im Interview äußert sich Şenocak kritisch dazu:

> In letzter Zeit ist die Zahl meiner kritischen Artikel stark zurückgegangen. Seit 2009, 2010 permanent, weil ich einfach das Gefühl hatte, in der Gesellschaft missbraucht zu werden als Kronzeuge dafür wie schlimm denn der Islam ist. Weil die anderen Töne, die ich drin habe, die werden alle rausgestrichen aus dem Text. Es kommt nur noch das raus, was als Islamschelte gelten kann. Es werden Texte also auch zurechtgemacht. Das ist etwas, was wirklich schlimm ist. Du bist dann gar nicht mehr frei in deinem Schreiben.[1071]

Obwohl Zafer Şenocak als Dichter, Essayist, Schriftsteller und Kommentator in der SZ, TAZ oder FAZ und WELT und kurzzeitig als Gastgeber einer Talkshow im Fernsehen in die Öffentlichkeit drängt, wird er durch die deutsche Wissenschaft zunächst nicht nennenswerte beachtet. Ganz anders verhält es sich mit der Anerkennung außerhalb Deutschlands. Der

---

[1070] Siehe eine ausführliche Analyse von *Der Pavillon* bei Ünalan, Saniye Uysal: Interkulturelle Begegnungsräume. Verlag Königshausen & Neumann: Würzburg, 2013.

[1071] Schreiner, Daniel: Deutsche Seelenzustände: Mittendrin und doch nicht dabei? Interview mit Zafer Şenocak in Austin/Texas am 23. April 2015. *German Life and Letters.* January 2018. S. 101. Blackwell Publishers: Oxford, 2017. [Herausgeber Rebecca Braun].

britische Germanist, Balladenforscher, Übersetzer und Übersetzungswissenschaftler Tom Cheesman, der eigentlich über die Bewegung *Kanak Attack* schreiben möchte, kommt Ende der 90er Jahre mit dem Werk Şenocaks in Berührung und beginnt mit der literaturwissenschaftlichen Analyse seiner Schriften. Doch nicht nur das: Tom Cheesman wird ebenfalls als Übersetzer zu einem wichtigen Multiplikator für Zafer Şenocak, dessen Texte nun auch auf English vorliegen. Zu diesem Zeitpunkt hat die amerikanische Germanistik schon längst von Şenocak erfahren, der mehrmals als *Writer in Residence* die USA besucht hat. So hat die Komparatistin Leslie Adelson [Cornell University] bereits im Jahr 2000 Şenocaks *Atlas des tropischen Deutschlands* und weitere Essays ins Englische übertragen und kommentiert bzw. sich verstärkt mit seinen Texten in ihrer äußerst einflussreichen Forschungsmonographie *The Turkish Turn In Contemporay German Literature* auseinandergesetzt.[1072] Auch Şenocaks ehemalige Weggefährtin aus Münchener SIRENE-Zeiten, Deniz Göktürk, mittlerweile Germanistik-Professorin in Berkeley, hat ihren Anteil an der amerikanischen Rezeption von Şenocaks Werk in den USA.[1073] Die dortige Germanistik war ob der vielfältigen kulturellen Landschaft des Einwanderungslandes USA schon zu einem Zeitpunkt offen für interkulturelle Themen und Literaturen, an dem in Deutschland türk-deutsche Bürger noch als „Ausländer" und ihre Literatur als „Ausländerliteratur" gesehen wurden. Ein weiterer Grund für das Übersehen von Zafer Şenocaks Wirken ist auch dessen Komplexität: Zur selben Zeit in der Feridun Zaimoglu sich als „wütender Kanake" inszeniert und den Kampf um Anerkennung nicht nur in Texten, sondern auch im Fernsehen performiert und der frühe Selim Özdoğan mit unterhaltender Popliteratur, der frühe Pirinçci als Katzenkrimiautor erfolgreich sind, oder Emine Sevgi Özdamar mit *Das Leben ist eine Karawanserei* an orientalistische Lesererwartungen anknüpft, verweigern sich Şenocaks Texte stereotypisierenden Einordnungen und somit einem breiteren Publikum.

Obwohl Şenocak nie im Zentrum der Aufmerksamkeit stand, hat er sich niemals als Außenseiter gefühlt, da er sich selbst unbeirrt als assimilierter Deutscher und kosmopolitischer Schriftsteller verstanden hat. Von Anfang an knüpfen seine Schriften an die deutsche und türkische Geistesgeschichte an, beziehen sich auf Franz Kafka, Ingeborg Bachmann, Paul

---

[1072] Şenocak, Zafer: Atlas of a Tropical Germany: Essays on Politics and Culture, 1990-1998. University of Nebraska Press, 2000. Leslie Adelson gilt als eine der wichtigsten Forscherinnen zu türkisch-deutscher Literatur in den USA. Siehe Adelson, Leslie: The Turkish Turn in Contemporary German Literature: Toward a New Critical Grammar of Migration. Palgrave Macmillan: New York, 2005

[1073] Göktürk nimmt in ihren wissenschaftlichen Arbeiten immer wieder Bezug auf Şenocak. Zudem hat sie mit ihm gemeinsam den Band *Jedem Wort gehört ein Himmel: Türkei literarisch*. [Babel: Berlin, 1991] herausgegeben.

Celan und auf zahlreiche in Deutschland unbekannte türkische Schriftstellern und greifen gesellschaftliche Entwicklungen auf, bzw. nehmen sie mitunter schon vorweg. Şenocak beschreibt selbst am besten die Bedeutung der oben genannten Dichter für sein eigenes Schreiben:

> Diese Dichter kommunizierten über Sprach- und Ländergrenzen hinweg. War es Zufall, dass sie ihre Dichtung an der Sprachgrenze des Deutschen formulierten? Bachmann hatte das Slowenische als Gegenüber, Rilke wurde in Prag geboren. Celan stammte aus Czernowitz, einem Schnittpunkt von Ost und West, rumänisch, russisch, deutsch, jüdisch. In ihren Gedichten entstanden Assoziationsräume, die weit reichten. Im Fall von Celan berührten sich das Ostjüdische mit seinen hebräischen Wurzeln und die europäische Moderne.[1074]

Trotz seines anspruchvollen Schreibstils und seines kosmopolitischen Anspruches den Spuren eines Dichters wie Celan zu folgen, verhindert Şenocaks türkischer Familienname, dass er Mitte der 90er Jahre als deutscher Intellektueller anerkannt wird. Tom Cheesman erklärt in seinem Standartwerk *Novels of Turkish German Settlement* Şenocaks Problem folgendermaßen:

> Şenocak's work is too intellectual, not colloquial enough, not popular or generic enough, insufficiently affirmative of hybrity as a resolution of conflict, and thus too political to be accomodated by the dominant cosmopolitanism. His fiction is too discomforting and disorienting to be welcome from a Turkish German writer.[1075]

Nach Tom Cheesman, Leslie Adelson und Moray McGowan[1076] begannen sich in den Jahren jedoch auch in Deutschland vermehrt Literaturwissenschaftler_innen mit Zafer Şenocak zu beschäftigen. Bis heute ist eine ganze Reihe von weiteren Arbeiten zu den unterschiedlichsten Aspekten seines Schaffens erschienen.[1077]

[1074] Senocak, Zafer: Deutschsein. S. 84.

[1075] Cheesman, Tom: Novels of Turkish German Settlement. S. 101. Tom Cheesman betätigt sich zudem als Verleger. In seinem kleinen Verlag Hafan Books in Swansea/Wales verlegt er unbekannte Autoren und ermöglicht Fluchtlingen bei ihm zu publizieren.

[1076] McGowan hat seit den 90er Jahren Aufsätze zu Aras Ören, Evine Özdamar und Zafer Şenocak veröffentlicht. Siehe z.B. McGowan, Moray: Zafer Şenocaks Gefährliche Verwandtschaft. In Taberner, Stuart (Hrsg.): The Novel in German since 1990, CUP: Cambridge, 2011. S. 79–93.

[1077] Eine ausführliche Übersicht zu Zafer Şenocaks eigenen Veröffentlichungen und den zum ihm erschienenen wissenschaftlichen Arbeiten bis 2003 hat Karin E. Yeşilada erstellt. In: Cheesman, Tom und Yeşilada, Karin E. (Hrsg.): Zafer Şenocak. Contemporary German Writers. University of Wales Press: Cardiff, 2003. S. 160 ff. Jüngere Arbeiten sind Dayioglu-Yücel, Yasemin: Von der Gastarbeit zur Identitätsarbeit: Integritätsverhandlungen in türkisch-deutschen Texten von Şenocak, Özdamar, Agaoglu und der Online-Community vaybee! Universitäts-

2011 und 2016 sind mit *Deutschsein* und *In deinen Worten – Mutmaßungen über den Glauben meines Vaters* weitere Texte von Şenocak zur Identität des Einwanderungslandes Deutschland und zum Islam veröffentlicht worden. Beide Schriften sind im Grunde genommen Weiterentwicklungen und thematische Vertiefungen seines Essaybandes *Das Land hinter den Buchstaben* aus dem Jahr 2006, in dem sich Şenocak bereits mit der Religion seines Vaters, der intellektuellen Krise des Islams sowie deutschen Identitäts- und Integrationsfragen der multikulturellen Gesellschaft beschäftigt hat. Sie sollen ob ihrer Aktualität im Folgenden genauer betrachtet werden.

In deinen Worten

> Wir Lesenden, Lernenden, Wissenden, wir denken, dass wir die Wörter prüfen, aber in Wirklichkeit prüfen sie uns. Werden wir, die verstehen, verstanden werden? Werden wir, die zweifeln, den Zweifel aushalten?
> **Zafer Şenocak,** *In deinen Worten*

Die 2016 in Şenocaks Stammverlag Babel in München erschienene familienbiographisch geprägte Abhandlung *In deinen Worten – Mutmaßungen über den Glauben meines Vaters* [in der Folge nur kurz als *In deinen Worten* bezeichnet] ist mehr als eine sehr persönliche Annäherung an den verstorbenen Vater.[1078] Bei der Suche nach Antworten auf die Religiosität und das Weltbild des belesenen und kritischen Vaters stellt Şenocak seine eigenen Glaubenssätze und deren Verortung sowie seine persönliche kulturelle Entwicklung in Frage. Die Überzeugungen, Irrungen und Hoffnungen von Vater und Sohn verweisen aus dem biographischen Bezugsrahmen hinaus auf die an Umbrüche reiche Kultur- und Politikgeschichte der Türkei und Deutschlands im 20. und 21. Jahrhundert. Die gebildete Auseinandersetzung mit diesen dient Şenocak in der Folge als Grundlage für die Diskus-

---

verlag Göttingen, 2005; Straňaková, Monika: Literarische Grenzüberschreitungen: Fremdheits- und Europa-Diskurs in den Werken von Barbara Frischmuth, Dževad Karahasan und Zafer Şenocak. Stauffenburg Verlag: Tübingen, 2008. Siehe auch Steidl, Sarah: Schmuggelpfade der Erinnerung. Zafer Şenocaks Gefährliche Verwandtschaft als Überlieferungstext. Der Text wird voraussichtlich 2017 in einem Sammelband zur Konferenz *Wortbrüche* und Şenocaks Hamburger Poetik-Professur im Verlag Königshausen & Neumann erscheinen.

[1078] In seinem Beitrag auf der Konferenz *Wortbrüche* fühlt sich Michael Hofmann von Şenocaks Buch an Franz Kafkas Brief an den Vater (1919) erinnert. Meiner Meinung nach basiert diese Analogie nur auf der bereits vielfach von Wissenschaftlern angemerkten Ähnlichkeit des Stils der beiden Autoren sowie auf der Tatsache, dass die Väter die Adressaten sind. Şenocak hat jedoch bei weitem kein so bitteres Verhältnis zu seinem Vater wie Kafka es hatte. Hofmann verweist zudem auf Peter Weiss' *Abschied von den Eltern* als literarische Inspirationsquelle. Aber auch hier gilt, dass Şenocak sich nicht durch die Beziehung zum Vater traumatisiert fühlt.

sion der identitären Narrationen und diskursiven Fragestellungen der Gegenwart.

Şenocak führt in *In deinen Worten* von ihm bereits in vorherigen Werken behandelte Themen auf eine vertiefende Weise erneut zusammen und entwickelt eine profunde Religions- und Kulturkritik, die die gegenwärtige Krise des Islams und die schriftgläubige Auslegung des Korans jenseits einer eurozentrischen Perspektive zum Ziel hat. *In deinen Worten* besteht aus unterschiedlichen, vom Autor abwechslungsreich arrangierten Textsorten. Alltagserinnerungen der Kindheit gehen über in eine direkte Anrede an den Vater und wechseln wiederum in das stille Streitgespräch mit diesem.

Şenocak stellt die Positionen und frommen Einsichten des Vaters dar, zeigt ihre Bedeutung für die eigene Geisteshaltung auf und kritisiert sie mitunter. In den Erinnerungen des Sohnes erscheint Kamelttin Şenocak dabei als ein überlebender Einzelgänger einer untergegangen Zeit, der sich im Alter mehr und mehr zurückzieht und nicht einmal mehr die Moschee besucht, da ihm dort die Verbindung mit Gott fehlt:

> Mit deiner Frömmigkeit warst du in der gutbürgerlichen türkischen Gesellschaft meiner Kindheit ein Außenseiter. Einen Studierten, der nach den strengen Regeln des Islams lebte, durfte es in diesen Kreisen nicht geben. Islam und Aufklärung standen einander unversöhnlich gegenüber. Manchmal tatest du mir leid, weil ich die Verachtung dir gegenüber seitens der Gesellschaft spürte, aus der meiner Mutter stammte, und in der es keinen Platz für einen islamisch inspirierten Schwärmer wie dich gab.[1079]

Vater Şenocak erinnert auf diese Weise an Zafer Şenocak selbst, der als Beobachter Deutschlands eher am Rand der medialen und wissenschaftlichen Aufmerksamkeit zu finden ist. Wie sein Vater ist Şenocak ein einzelner besonnener Mahner und ein Bewahrer einer Erinnerungskultur, die immer häufiger verdrängt wird. Şenocak gibt im Gespräch an[1080], sich nicht nur auf tatsächliche Unterhaltungen mit dem Vater zu beziehen. Sein Vater, dessen Erkenntnisinteresse und Frömmigkeit bilden vielmehr eine Bezugsebene für die eigenen Überlegungen, so dass die Diskussion durchaus als fiktionalisiert anzusehen ist.

Ergänzt werden diese Textbaustellen durch Koranpassagen [in der deutschen Übersetzung von Hartmut Bobzin[1081]], auf die Şenocak hinweisen möchte, um sie entweder für sich selbst sprechen zu lassen oder um sie in der Folge zu erörtern. Şenocaks Schreibstil gleicht sich im Übrigen in großen Teilen des Textes einer im Koran verwendeten [bzw. seiner

---

[1079] Şenocak, Zafer: In deinen Worten. S. 77.
[1080] Wir unterhielten uns genau über diese Themen in einer der Pausen auf der Konferenz Wortbrüche in Hamburg 2016.
[1081] Şenocak hält die Übersetzung von Hartmut Bobzin für sehr gelungen. Bobzin, Harmut: Der Koran. Beck: München, 2015.

deutschen Version] Sprache an und verbindet sich mit der Ästhetik der mystischen Sufi-Dichtung von Mevlana und Emre, die er so bewundert. *In deinen Worten* zeigt einmal mehr, wie leicht es Şenocak fällt, sich – einem Chamäleon gleich – sprachlich auf das Thema oder die Zeit seines Gegenstandes einzustellen; dies ist ein Alleinstellungsmerkmal, das ihn von anderen (türkisch-) deutschen Schriftstellern unterscheidet.

Şenocak benutzt nicht nur eine mystisch aufgeladene poetische Sprache um Themen zu erörtern, sondern er lässt sich bisweilen von ihr geradezu mitreißen und schreibt dann selbst wie ein Sufi-Dichter:

> […] lies was vergessen wurde in der mondlosen Nacht, als die Bücher vollgeschrieben wurden; lies was die Feder schrieb und was sie geheim hielt, lies aus der Sprache, bevor die Nacht auf das Geheimnis fällt, Blut mit Blut vergolten wird; lies und höre, wie das in deinem Herzen verschlossene Wort klingt; lies den gebeugten Buchstaben, den krummen Buchstaben und den sich auflehnenden Buchstaben und den übergriffigen Buchstaben und den, dessen Herz ein Loch hat und dessen Körper an der Stelle des Herzens ein Loch hat, ein Loch, das dir Höhle und Grube zugleich ist; lies aus dem Loch, lies und behalte es und verliere es und trage es und spüre es, lies aus dem Boden der Grube […][1082]

Die Hauptaussage von Şenocaks Betrachtungen in *In deinen Worten* ist, dass die Ambiguität der islamischen Kultur durch die vereinfachenden Sichtweisen der Islamisten, die eine kritische Text- und Kulturhermeneutik ablehnen und einen illusorischen eindimensionalen Ur-Islam propagieren, zerstört werde. Der islamischen Kultur fehle es dadurch an der Kraft zur Erneuerung, die nötig für die Gestaltung einer modernen Gesellschaft sei.[1083] Vor diesem Hintergrund betrauert Şenocak den Verlust der Einflusskraft theologiekritischer Ansätze und sufistischer Islamtraditionen, die u.a. beispielsweise auch offen für die erotischen und rauschhaften Elemente im Koran gewesen seien. Er stellt stattdessen fest:

> So begeben sich die Muslime nicht nur ins Abseits der menschlichen Zivilisation, sondern auch ins Abseits des Glaubens. Denn entfremdet sich nicht jeder, der sich gegen den Menschen stellt, von der Schöpfung? Folgt nicht jeder Bücherverbrennung ein Verbrechen gegen die Menschlichkeit? Der Islam hat seinen Charakter als Weltreligion weitgehend verloren und die Züge einer Sekte angenommen, die nicht mehr mit der Außenwelt kommuniziert. Er hat dem barbarischen Treiben in seinem Namen nichts mehr entgegenzusetzen. Das ist nicht etwa ein vorurteilsbeladener oder schlicht islamfeindlicher Befund. Es ist das Ergebnis einer Jahrhunderte

---

[1082] Şenocak, Zafer: In deinen Worten. S. 115.
[1083] Der islamistische Blick ähnelt hierbei im Übrigen auch der eindimensionalen Perspektive von europäischen Islamkritikern, sei es von Populisten wie Wilders und Le Penn oder von Intellektuellen wie Michel Houellebecq und dem verstorbenen Ralph Giordano.

langen Erosion muslimischer Denkhöhen. Die islamischen Gärten der Weisheit wurden irgendwann nicht mehr bewässert. Die ausgedorrten Böden haben auch die Münder und die Seelen vertrocknen lassen. Lässt sich heute in unserer säkularen Welt wieder eine islamisch inspirierte Zivilisation aufbauen?[1084]

Deutschsein

Die Aufklärungsschrift *Deutsch sein* erschien 2011 in der Edition der Körber Stiftung und sollte eigentlich, so Şenocak auf der Konferenz Wortbrüche, *Gebrochen Deutsch* heißen, wogegen jedoch der Verleger sein Veto einlegte, da ihm das Thema selbst schon provokant genug erschien. Auch dieses Buch, zeitlich vor *In deinen Worten* verfasst, ist dem verstorbenen Vater Şenocaks gewidmet, der ihn ihm den Ehrgeiz und Wunsch geweckt hatte Dichter zu werden und ihm das Rüstzeug mitgegeben hatte, das nötig war, sich sowohl in der türkisch-islamischen Kulturgeschichte heimisch zu fühlen, als auch sich offen in die deutsche Kultur hineinzubegeben, die der Referenzrahmen der neuen Lebenswelt werden sollte.

Deutsch Sein ist für die Fragestellung der vorliegenden Arbeit von besonderem Interesse, da Şenocak hier sämtliche bisherige politische Identitätsdebatten seines Schaffens aufgreift und aufzeigt, dass die Deutschen auch 70 Jahre nach dem Zweiten Weltkrieg noch nicht über eine klare Position gegenüber der eigenen Kultur verfügen, eine Tatsache die sich, so Şenocak, in der Folge auch auf die Herangehensweise an die Herausforderungen einer mehrkulturellen Einwanderungsgesellschaft auswirkt und somit großen Einfluss auf partizipatorische Prozesse hat.[1085] Es kann vorangestellt werden, dass Şenocak sich in diesem Buch nicht für Fragen der sozialen Ungleichheit interessiert. Ein an Fragen von ökonomischer Ungleichheit orientierter Diskurs, wie ihn bspw. die meisten mexikanisch-amerikanischen Autoren in ihren Texten implementieren, wird von Şenocak nicht geführt. Er untersucht Partizipation meistens aus einer kulturellen Position. Dabei kritisiert er vor allem, dass es trotz aller zusammenführender Lebenserfahrungen – als Beispiel nennt er die Arbeit unter Tage, wo Deutsche und Türken als gleichberechtigte Kumpel zusammengekommen wären – nie zu einer „umfassenden Begegnung in der Menschlichkeit" gekommen sei. Stattdessen sei es immer nur um abstrakte Integrationsdebatten im Diskurs gegangen:

[1084] Şenocak, Zafer: In deinen Worten. S. 84.
[1085] Vgl. mit Stegmann, Vera: Deutschsein – Zafer Şenocak's Poetic and Enlightened Vision of a Cosmopolitan German Identity. In: Ozil, Şeyda et. Al: Türkisch-Deutsche Studien Jahrbuch 2016. Universitätsverlag Göttingen, 2017. S. 119–139.

> Wir sind im Persönlichen überhaupt noch gar nicht angekommen. Der Migration fehlt die intime Geschichte.[1086]

Şenocak konstatiert im Interview zu *Deutschsein* in Hinsicht auf deutschjüdische Geschichte, einem zentralen Thema seiner Romane und Essays, dass die Möglichkeit transkultureller Prozesse im deutschen Identitätskurs abgelehnt werde:

> Also ich glaube, dass in vielen intellektuellen Köpfen, und damit beschäftigt sich auch mein Buch *Deutschsein*, nicht angekommen ist, dass es so etwas wie eine Anverwandlung des Deutschen durch andere geben kann. Ich gehe noch weiter, ich habe das nicht so klar ausgedrückt, aber wenn man zwischen den Zeilen lesen kann, hört man das heraus. Ich glaube, dass die Deutschen, dieses Scheitern… Scheitern kann man nicht sagen…aber die Vernichtung der deutsch-jüdischen Symbiose spielt eine Rolle bei der Ablehnung der Anverwandlung heute. Also es ist ja nichts anderes als eine Anverwandlung. Eine Anverwandlung ist, dass Leute, die du als draußen stehend wahrnimmst, plötzlich drin sind und dass deren Sprache dir plötzlich nicht mehr anders vorkommt. Solange dir die Sprache anders vorkommt, ist alles friedlich. Je fremder desto besser! Es ist gut, wenn du draußen bist! Aber sobald du eine Sprache schreibst, die glatt ins Deutsche übergangen ist, wo du merkst, der arbeitet mit deutschen Färbungen mit Anspielungen auf die deutsche Geistesgeschichte und Kultur, da ist es uninteressant, vielleicht wird es auch als unglaubwürdig angesehen. Dem Fremden geht das Authentische ab. Ich nenne es die deutsche Unfähigkeit zu assimilieren.[1087]

Şenocak führt „die deutsche Unfähigkeit zu assimilieren" auf die historisch gewachsene Tradition zurück, das der Nationalstaat zu einer kollektiven Identitätspolitik neige, die in Gruppen unterscheide, anstatt sich an den einzelnen zu richten und diesem ein persönliches Integrationsangebot zu machen. In der Tat, kann man in Hinblick auf den preußischen Kulturkampf – bei dem es um die Einbindung der Katholischen Kirche in die Strukturen des Kaiserreichs ging – und die 2006 von der Bundesregierung ins Leben gerufenen Islamkonferenz, welche die „Zähmung" bzw. Gestaltung eines deutschen Islams zum Ziel hat, durchaus kritisch feststellen, dass sich die deutsche Identitätspolitik entlang staatlicher Vorgaben vollzieht, die mitunter nicht dabei hilfreich sind, eine mehrkulturelle Gesellschaft zu gestalten: Die Deutsche Identitätspolitik übersieht das Individuum und geht von Gruppenkollektiven aus. Dies verhindert die Herausbildung positiver Gefühlsbindungen zwischen den Angehörigen der unterschiedlichen Gruppen und fördert den Sozialneid.

[1086] Schreiner, Daniel und Şenocak, Zafer: Deutsche Seelenzustände: Mittendrin und doch nicht dabei? Ein Interview. 2017. *German Life and* Letters. S. 92.

[1087] Schreiner, Daniel und Senocak, Zafer: Deutsche Seelenzustände: Mittendrin und doch nicht dabei? Ein Interview. 2017. S. 11/12. *German Life and* Letters. S. 97.

Şenocak hat daher Recht zu fragen, wie es um die Verwurzelung einer bürgerlichen offenen Gesellschaft steht. Şenocak geht sogar noch weiter und attestiert dem deutschen Identitäts-Diskurs eine pluralismusferne Grundausrichtung, die entgegen aller staatsbürgerlichen Reformen der letzten Jahre trotzdem immer noch von einem Zugehörigkeitsverständnis geprägt sei, dass sich über das *ius sanguinis* [Abstammungsprinzip] ableite. Türkei-, Iran- oder arabisch-stämmige deutsche Bürger würden mit einem homogenisierenden Blick betrachtet und so kurzerhand als nicht-dazugehörendes muslimisches Kollektiv definiert.[1088] Nicht der individuelle Bürger und seine Rechte im Verhältnis zur Gesellschaft stehen in Deutschland im Mittelpunkt der Diskussion, sondern eine diffuse Gruppenzugehörigkeit:

> Nein, es wird über vier Millionen Muslime gesprochen, deren einzige Gemeinsamkeit darin besteht, nicht der deutschen Volksgemeinschaft anzugehören. Das ist die allgemein akzeptierte und unwidersprochene Grundlage der Gespräche, die wir führen. Dieses Gespräch ist nicht demokratisch legitimiert. Es offenbart als Demokratiedefizit eine Unstimmigkeit in den Grundfarben dieser Gesellschaft. Und es hat historische, tief ins das Selbstbewusstsein der Deutschen reichende Ursachen.[1089]

Der Vergleich mit der amerikanischen Einwanderungsgesellschaft hilft dabei die deutschen Eigenheiten der Identitätsdebatte und die möglichen Gründe für das von Şenocak festgestellte Demokratiedefizit zu erkennen:

Die Vereinigten Staaten von Amerika sprechen den einzelnen Einwanderer ungleich direkter an als es in der BRD der Fall ist. Nach wie vor sind das Versprechen von Freiheit und der *American Dream* – also der Schutz vor staatlicher Unterdrückung und die Mär, dass es jeder vom Tellerwäscher zum Millionär schaffen könne, wenn er denn nur hart genug arbeiten würde – die Leitnarrationen für die Partizipation im Einwanderungsland USA. Nicht das Kollektiv wird vom Staat adressiert, sondern das Individuum, welches sich im durch die Verfassung abgesicherten rechtlichen Rahmen selbst verwirklichen kann und auch muss, zumal der Sozialstaat bei weitem nicht so ausgeprägt ist wie in der BRD. In Deutschland wird den Lebensrisiken des Individuums um einiges mehr durch den Staat begegnet. Die BRD ist weitreichender kommunitaristischer organisiert als die USA. Als Organisator von Sozialleistungen ersetzt der Staat in Deutschland die Zivilgesellschaft, bzw. strukturiert diese von oben herab. Genau gegensätzlich dazu verhält es sich in den USA, wo der Staat viel mehr Verantwortung an den Bürger abgibt und zivilgesellschaftliche Organisationen ihre Ausgaben zu einem viel höheren Anteil

---

[1088] Dies ist eine Kritik an Thilo Sarrazin.
[1089] Şenocak, Zafer: Deutschsein. S. 97.

durch private Spenden anstatt durch staatliche Zuwendungen decken müssen.

Das Bedürfnis großer Bevölkerungsgruppen in den USA nach negativer Freiheit, also dem Freisein von etwas, ist nach wie vor stark ausgeprägt und lässt sich historisch durch die Einwanderung von religiösen Siedlern, die der Unterdrückung in Europa, aber auch durch den kolonialen Unabhängigkeitskrieg von England erklären. Dies wirkt sich bis in die Gegenwart auf das Verhältnis von Staat und Bürger in den USA aus. In Deutschland verhält sich der Staat dagegen um einiges paternalistischer und versteht sich als Bewahrer positiver Freiheitrechte – im Sinne eines Anspruches auf jenes oder dieses Gut – und neigt dazu den Bürger zu seinem Glück zu zwingen. Die Auferlegung der Schulpflicht [anstatt einer Bildungspflicht], die Einziehung von Gebühren für das staatliche Fernsehen und Radio, aber auch das sich im Einzug der Kirchensteuer ausdrückende besondere Verhältnis zur katholischen und protestantischen Kirche wären in den USA eine undenkbare Einmischung in die Rechte des Bürgers.

Der deutsche Staat fordert und fördert also seine Bürger ungleich mehr als die USA; dies ist eine Tatsache, die sich natürlich in der Folge auch auf das Verständnis des Verhältnisses von Bürger und Staat auswirkt und dazu führt, dass von Migranten in der BRD eine stärkere Integration, ja Assimilation, gefordert ist als in den USA, zumal die Einordnung ins kommunitaristische Kollektiv, als äußerst wichtig für die Gestaltung des Gemeinwohls verstanden wird.

Das Problem besteht nun jedoch darin, dass der kulturelle Charakter dieses Gesellschaftskollektiv natürlicherweise unklar ist. Während dies für das Grundgesetz kein Problem darstellt, da aus ihm keine Aussagen zur Leitkultur oder zum Grad von Toleranz oder Integration abgeleitet werden können, sondern nur pragmatische Lösungen, die für deutsche wie mehrkulturelle Bürger gleichermaßen gelten müssen, zeigt sich die Konfliktlinie zwischen zugewanderten Ansässigen und der länger einheimischen Bevölkerung im politischen wie kulturellem Diskurs. Und dieser ist eben nach wie vor sehr stark durch eine Abstammungsideologie und den Rekurs auf das „christlich-jüdische Abendland" geprägt.

Şenocak hat bereits vor mehr als 20 Jahren auf diese ungelösten Fragen hingewiesen, die sich nun in den Zeiten erneuter muslimischer Einwanderung durch Geflüchtete drängender stellen als zuvor. Im Interview mit Karin E. Yeşilada verweist Şenocak auf die jüdische Erfahrung und benutzt sie als Kontrastebene:

> Diese Generation [der Türken in Deutschland. Anmerkung des Verf.] wird am ehesten dem Bild des Kosmopoliten nahekommen: einerseits angepaßt, weil sie überlieferte Traditionen verändern muß und wirtschaftlich, politisch aufsteigt. Gleichzeitig, dafür gibt es Anzeichen, das kommt auch durch die Entschlüsselung deutscher Geschichte zutage, wird man diese

Minderheit weiterhin als Fremde betrachten. Das ist die jüdische Erfahrung, die uns übermittelt wird. Ich muss das so pessimistisch formulieren, weil ich keine Anzeichen für Veränderung sehe. Das wäre nur möglich, wenn die Gesellschaft sich von ihrer Abstammungslehre verabschiedete, die deutsche Zugehörigkeit ethnisch definierte, und stattdessen eine in den westlichen Staaten übliche offene, heterogene Nationalstaatsidee akzeptierte: Da ginge es dann um die Haltung des Einwanderers zum Staat, zur Verfassung, zu den politischen Verhältnissen. Von diesem Ansatz ist Deutschland weit entfernt. Die Minderheiten bleiben Fremde, trotz Anpassung.[1090]

Trotz der mittlerweile durchgeführten Reform des Staatsbürgerschaftsrechtes scheint Şenocak mit dieser Analyse aus dem Jahr 1995 Recht behalten zu haben. Während sich auf juristischer Ebene das Verständnis von Staatsbürgerschaft öffnet, bleibt der kulturelle und politische Zweifel bestehen. Sarrazins publizistischer [und diskursiver] Erfolg, das Auftreten von PEGIDA sowie das Erstarken der AfD sind Anzeichen für eine Re-Nationalisierung des „Volkgedankens", die dazu führt, dass „muslimische" Zuwanderer dämonisiert werden.

Şenocaks intellektuelle Analyse des deutschen Unwillens, das Fremde als das neue Eigene zu akzeptieren – Akzeptanz anstatt Assimilierung sind hier die Gegensatzpaare – kann zudem treffend die emotionale Solidarisierung mit Erdoğan und der AKP erklären, die nach der Anerkennung des türkischen Armenier-Völkermordes durch des Bundestag im Juni 2016 und dem Juliputsch 2016 festzustellen ist. Renationalisierung, Rückzug auf die türkische Herkunftsgeschichte sind derart als Folge auf – ich möchte es umgangssprachlich ausdrücken, um den von Şenocak erwähnten emotionalen Aspekt herauszustellen – die von Deutschland nicht erwiderte Liebe für die eigene Anwesenheit, Teilhabe und Kultur zu verstehen.

In der Tat ist diese „Unerwiderte Liebe" ein wiederkehrender Topos in der deutschen Migrationsliteratur. Im Hinblick auf die Liedtexte des bereits weiter oben erwähnten Cem Karaca, lässt sich feststellen, dass sich die Zugehörigkeits- und Integrationsdebatten seit den 1980er erschreckenderweise kaum positiv weiterentwickelt haben bzw. dass es zu einer Regression von „Verheimatlichung" in der BRD gekommen ist. Cem Karacas *Willkommen* bricht auf ironische Weise die Assimilierungsfantasien des kulturhegemonialen Diskurses in der BRD:

[1090] Şenocak, Zafer und Yesilada, Karin: „Darf man Türken und Juden vergleichen, Herr Şenocak?" Ein Interview in Der Tagesspiegel, 13./14. April 1995. Abdruck in: Göktürk, Deniz et al. (Hrsg.): Transit Deutschland. Debatten zu Nation und Migration. University Press: Konstanz, 2011. S. 451.

> Komm Türke – trinke deutsches Bier,
> dann bist du auch willkommen hier.
> Mit „Prost" wird Allah abserviert,
> und du ein Stückchen integriert.
> Ihr stinkt nach Knoblauch – lasst den weg,
> eßt Sauerkraut mit Schweinespeck.
> Und wer statt Kinder Dackel dressiert,
> der ist fast schon integriert
> Die Pluderhosen stören nur,
> tragt Bein und Kopf – doch bitte pur.
> Politisch seid nicht interessiert
> dann seid ihr endlich integriert.
> Als Müllmann mögen wir euch schon,
> steht hinten an – gehts um den Lohn,
> steht vorn an wenn man abserviert,
> dann seid ihr überintegriert.[1091]

Was sind nun aber die Ursachen für die Schwierigkeiten des Gestaltens eines mehrkulturellen Deutschseins, die Şenocak im Sinn hat? Wieso funktioniert die kulturelle Akzeptanz und Partizipation des vormals Fremden in Deutschland schlechter als in den USA, wo es eine größere ökonomische und soziale Marginalisierung und einen starken Rassismus jedoch keine grundsätzliche Infragestellung der kontinuierlichen Veränderung der eigenen Kultur durch Zuwanderung gibt?

Zafer Şenocak macht als Ursache hierfür die Art und Weise der deutschen Vergangenheitsbewältigung verantwortlich, die er als den Versuch des Abschließens begreift. Vergangenheitsbewältigung in Deutschland ist für Şenocak keine Geschichtsaufarbeitung, die die Grundlage für eine positive Auseinandersetzung mit der geglückten deutschen Zivilisationswerdung nach dem Zweiten Weltkrieg wäre, sondern nur eine Art Verdrängung von Schuld, und somit entgegen der ursprünglichen Intention des Begriffs ein Nicht-Bewältigen. Eine Erinnerungskultur, die jedoch abschließen will, um schuldfrei zu einem neuen Selbstverständnis zu kommen, verschließt sich durch den limitierten Blick der Erfahrung der eigenen Vielfalt, zu der seit römischen Zeiten eine jüdische Bevölkerung gehört, die über Jahrhunderte marginalisiert wurde.

Die Unfähigkeit die Migrationsgesellschaft offen zu gestalten gründe demnach im vorbelasteten Verhältnis der Deutschen zu sich selbst. Und wer ein belastetes Verhältnis zu sich selbst habe, könne auch dem Fremden nicht unbefangen begegnen. Şenocak schreibt:

> Die meisten Deutschen haben das Gefühl, nicht unbefangen mit Fremden umgehen zu können. Ein offenes Gespräch über den Fremden, bei dem man sich Luft verschafft, hat immer einen erleichternden Charakter. Das

---

[1091] Karaca, Cem: Die Kanaken. Label Pläne, 1984.

Gespräch über den Fremden ist aber kein Gespräch mit ihm. Wer mit dem Fremden spricht, ist hierzulande vor allem mit den eigenen Tabus beschäftigt. So kommt es zu keinem Dialog, sondern zu einem Monologisieren, dessen Zweck vor allem die Überwindung eigener Tabus ist. Es ist demnach kein Zufall, dass die seit Jahren intensiv geführten Debatten um Integrationsfragen sehr wenig Widerhall bei den Einwanderern finden. Man möchte weltoffen sein in diesem Land, jedoch nicht, weil man eine weltoffene Grundhaltung hat. Die Weltoffenheit wird als Schutz vor der eigenen Geschichte verstanden.[1092]

Nach dem Erwachen aus dem „Ende der Geschichte"[1093] und dem Anbrechen schnelllebiger Zeiten, die durch viele Veränderungen, hier sei an die Globalisierung und Digitalisierung sowie den sogenannten „Krieg gegen den Terror" erinnert, und in der Folge durch „Fragmentierung"[1094] und Konflikt gekennzeichnet sind, steigt weltweit das Bedürfnis der Menschen sich in vermeintlich eindeutige Wahrheiten zurückzuziehen. Zugehörigkeiten spielen dabei eine wichtige Rolle, bieten Nation, Volks- oder Religionsgemeinschaft doch eine sinn-, sicherheit- und identitätsstiftende Heimat. Diese emotionale Heimat kann nur durch Vereinfachung und Ausblendung von Differenzen innerhalb der Gruppenzugehörigkeit erreicht werden, ein Prozess bei dem jedoch zum einen eine verdichtete Narration des Eigenen und zum anderen die Exotisierung und Verfremdung von nicht dazugehörenden Individuen von Nöten ist. Ein im Diffusen verbleibendes Deutschsein ist die Folge. Das heimelige Deutschsein braucht einen Mythos, um Sinn stiften zu können, doch gelingt dies den Deutschen mit dem Gepäck des 20. Jahrhunderts auf den Schultern nur mehr schlecht als recht. Auf welches Deutschsein soll sich, kann sich berufen werden? Während sich PEGIDA und AfD im völkischen Denken bedienen, versagt die Politik in Deutschland. Şenocak konstatiert:

> Seit es den Einwanderungsprozess gibt, weicht Deutschland aus, ist auf der Flucht. Obwohl die Einwanderung seit einigen Jahren von niemandem mehr bestritten werden kann, fehlt ihr eine politische, kulturelle und soziale

---

[1092] Şenocak, Zafer: Deutschsein. S. 116.
[1093] Francis Fukuyamas These vom „Ende der Geschichte" besagt, dass nach dem Zusammenbruch der Sowjetunion ordnungspolitisch die Zeit der Konflikte zuende gehe und sich aller Orts Demokratie und Liberalismus durchsetzen würden. Das „Ende der Geschichte" wurde in politischen Schriften infaltionär zitiert und löste sich am 11. September 2001 in Rauch auf. Siehe: Francis Fukuyama. The end of history? In: The National Interest. Summer 1989.
[1094] Ulrich Menzel hat bereits 1998 vorausschauend die derzeitige Fragmentierung von Gesellschaft und den Anstieg neo-nationalistischer bzw. religiöser Identitätspolitiken als Folge der Globalisierung vorweggenommen. Vgl. mit Menzel, Ulrich: Globalisierung versus Fragmentierung. Frankfurt: Suhrkamp, 1998.

Begleitung, die mehr anzubieten hat als einen Aufruf zur Integration, die auf verzerrten Wahrnehmungen beruht.[1095]

Eine echte Diskussion ums Deutschsein werde in der Politik und Öffentlichkeit durch rassistische Diskurse ersetzt. Der Andere, das Fremde stehe sodann im Blickwinkel. Dabei werde das Eigene nicht aus sich selbst gepflegt, sondern in der Differenz zum negativ konnotierten „Anderen" definiert. Durch dieses Vorgehen verliere die deutsche Diskussion an Tiefe. Das derzeitige Konzept des Deutschseins komme in der Folge nicht ohne die Markierung des Anderen aus:

> Das Markieren von Fremden, wie es in Deutschland inzwischen tagtäglich geschieht, ist der erste Schritt in eine Welt von gestern. Da wird aus einer Ministerin, deren Herkunft nicht deutsch ist, schnell eine muslimische Ministerin. Bei Angela Merkel aber würde kaum jemand auf den Gedanken kommen, von der evangelischen Kanzlerin zu sprechen oder gar jede Einblendung ihres Namens mit diesem Adjektiv zu versehen.[1096]

In der Markierung des Anderen ähnelt der deutsche Identitätsdiskurs durchaus dem Identitätswahn islamistischer Gruppen, die sich nach einem illusionären Ur-Islam sehnen und alles andere als fremd und unislamisch verteufeln und bekämpfen. *In deinen Worten* und *Deutschsein* ergänzen sich somit in der Lektüre und sind pointierte Beschreibungen der Identitätskrisen der Gegenwart.

Ich werde auf Şenocaks Analysen zur deutschen Identität in der Schlussbetrachtung zurückkommen, da sie äußerst relevant für die Diskussion der Gestaltung der Einwanderungsgesellschaft sind. Auch wenn der Autor, anderes etwa als Serdar Somuncu, den großen TV-Talkrunden fernbleibt, ist Şenocak nach wie vor ein historisch-politischer Kommentator türkisch-deutscher Politik und Kultur und wirbt weiterhin in Zeitungen und Radiosendungen für Besonnenheit und die Achtsamkeit für die Komplexität gesellschaftlicher Probleme.

[1095] Senocak, Zafer: Deutschsein. S. 117.
[1096] Ebda.: S. 146.

VII. Selim Özdoğan:
Zwischen Buddhismus, Literatur und neuen Medien

> Bisher habe ich mich hinterher immer für klüger gehalten, sobald ich einen Wikipedia-Artikel gelesen hatte. Wohl wissend, dass den auch nur jemand geschrieben hat, der möglicherweise kein Experte ist. Ich dachte, ich sei näher an irgendeiner Wahrheit. Letztlich ist sie aber wohl doch nur eine Brille, die man sich aufsetzt. Man kann die Welt nach Freud verstehen, nach Marx, nach Sartre und nach Wikipedia. Oder eben in einer bestimmten Sprache.
> **Selim Özdoğan, Bloß ein Croissant.**

Der Kölner Schriftsteller Selim Özdoğan[1097] hatte bereits 1995 mit seinem Erstlingswerk *Es ist so traurig im Sattel seit das Pferd tot ist* einen großen Verkaufserfolg in Deutschland, an den er mit den nachfolgenden Veröffentlichungen *Nirgendwo & Hormone*[1098], *Mehr, Ein gutes Leben ist die beste Rache, Ein Spiel, das die Götter sich leisten, Trinkgeld vom Schicksal* oder mit dem Roman zu Fatih Akins Film *Im Juli* anknüpfen konnte. Obwohl seine späteren Romane *Die Tochter des Schmieds*[1099] und *Heimstraße 52*[1100], die sich mit dem Schicksal einer türkischen Familie in der Türkei und später in Deutschland beschäftigten, von der Literaturkritik in Radio, Zeitungen und Internet[1101] gelobt wurden, ist über ihn im deutschen universitären Bereich im Vergleich zu Emine Özdamar, Zafer Şenocak oder Feridun Zaimoglu so gut wie nichts geschrieben worden. Es gibt wenige Ausnahmen: In Jochen Neubauers Studie *Türkische Deutsche, Kanakster und Deutschländer* wird Özdoğan beiläufig erwähnt[1102] und Merle Emre

---

[1097] Selim Özdoğan wurde 1971 als Sohn türkischer Einwanderer in der Kölner Innenstadt geboren. Wikipedia gibt fälschlicherweise an, dass er in Köln-Mülheim geboren wurde.
[1098] Özdoğan, Selim: Nirgendwo & Hormone. Rütten & Loening: Berlin, 1996; Mehr. Rütten & Loening: Berlin, 1999; Ein gutes Leben ist die beste Rache. Aufbau Taschenbuch Verlag, 2000; Ein Spiel, das die Götter sich leisten. Aufbau Taschenbuch Verlag, 2003; Trinkgeld von Schicksal. Aufbau Taschenbuch Verlag, 2003; Im Juli. Europa Verlag, Hamburg, 2000.
[1099] Ders.: Die Tochter des Schmieds. Aufbau Verlag: Berlin, 2005.
[1100] Ders.: Heimstraße 52. Aufbau Verlag: Berlin, 2011.
[1101] Siehe z.B.: http://www.deutschlandfunk.de/tuerkisches-gastarbeiterschicksal.700.de.html?dram:article_id=85146 [Abgerufen am 21.11.2014].
[1102] Neubauer, Jochen: Türkische Deutsche, Kanakster und Deutschländer. Identität und Fremdwahrnehmung in Film und Literatur. Königshausen & Neumann: Würzburg, 2011. S. 329.

betrachtet *Die Tochter des Schmieds* unter dem Fokus Kindheit und Migrationsliteratur.[1103]

Eine etwas genauere Einordnung von Selim Özdoğans Prosa ist dagegen in Tom Cheesman *Novels of Turkish German Settlement* zu finden. Selim Özdoğan wird von Chessman jedoch als mehr oder weniger trivialer Autor eingestuft und bleibt für ihn daher eine Randfigur der türkisch-deutschen Literatur:

> For certain twenty-to thirty-something readers, his work affirms the validity of commonplace, apolitical, egoistical, hedonistic attitudes that couple tolerance of ethnic difference (a tolerance on which many readers no doubt congratulate themselves) with intolerance toward all sorts of other social differences, particularly toward the protestant work ethic, "intellectuals", and the bourgeoisie.[1104]

Die Markierung von Özdoğans Texten als Popliteratur,[1105] die provozieren will, wird ihm als Schriftsteller jedoch keineswegs gerecht, auch wenn er sich an der Fehleinschätzung nicht stört und selbst wenig von der Literaturwissenschaft und Literaturkritik hält und in seiner Prosa dies als antiintellektuelle Attitüde[1106] zelebriert:

> Dass ich das nicht nie wollte, dass ich so eine Verweigerungshaltung habe, kann man als „Ich wollte Grenzen aufsprengen sehen", kann man halt als der Querdenker oder Rebell sehen, oder man kann es auch als eine andere Form von Literaturverständnis sehen. Meine literarische Bildung ist ja autodidaktisch. Ich hab gelesen was mich interessiert und hab dann lange Jahre geglaubt, ich wäre auf eine Art und Weise viel weniger gebildet als viele meiner Kollegen, bis ich festgestellt habe: „Also okay, ich kenne vieles nicht, was die gelesen haben, aber die kennen auch nicht vieles, was ich gelesen habe. Die haben den Namen noch nie gehört!" Ich kann die Buddenbrooks einordnen, aber ich fand es langweilig zu lesen und habe es weggelegt. Die haben keine Ahnung, wenn ich sage, ich habe *Angst und*

[1103] Emre, Merle: Grenz(über)gänge – Kindheit in deutsch-türkischer Migrationsliteratur. Königshausen & Neumann: Würzburg, 2014.

[1104] Chessmann, Tom: Novels of Turkish Settlement. Camden House: New York, 2007. S. 68.

[1105] Ernst, Thomas: Popliteratur. Europäische Verlagsanstalt: Hamburg, 2005. S. 85. Weiterführende Überlegungen und Kritik an den wissenschaftlichen Konzepten von Höhenkammliteratur und Trivialliteratur sind in den Arbeiten von Jost Schneider zu finden. Einführung in die Roman-Analyse. Wissenschaftliche Buchgesellschaft, Darmstadt, 2003. Sozialgeschichte des Lesens. Zur historischen Entwicklung und sozialen Differenzierung der literarischen Kommunikation in Deutschland. Walter de Gruyter: Berlin, 2004.

[1106] Chessmann, Tom: Novels of Turkish Settlement. Camden House: New York, 2007. S. 68.

© Selim Özdoğan

Schrecken in Las Vegas[1107] fünfmal gelesen. Das haben die nie gehört. Ist aber auch egal. So, ich bin ja letzten Endes ein sehr amerikanisch geprägter Autor, kein deutsch oder türkisch geprägter Autor. Ich verstehe Literatur auch als etwas Internationales. Und ja, Literatur ist auch immer etwas Nationales, weil wir es A) nun mal in einer Sprache schreiben müssen und weil es B) auch etwas über ein Land aussagt, dessen Sprache sie benutzt, ja. Aber ganz am Ende ist Literatur international und wir könnten uns auch gesellschaftlich dahinentwickeln, dass Vielfalt gelebt wird und nicht nationalstaatliche Trennungen gemacht werden. Aber ich fürchte die Literatur wird dabei hinterherhinken.[1108]

Selim Özdoğan verfügt, ähnlich wie die vom deutschen Wissenschaftsbetrieb deutlich mehr gewürdigten Feridun Zaimoglu und Emine Özdamar, über eine sprachgewaltige Stil und Kreativität, die sich besonders in seinen jüngsten Romanen zeigen. Özdoğans von der deutschen Literaturwissenschaft minder beachtete Stellung, zumal im Vergleich zu Zaimoglu und Özdamar, mag zum einen darin begründet sein, dass der deutsche Litera-

---

[1107] Thompson, Hunter S.: Angst und Schrecken in Las Vegas. Heyne Verlag, 2005.
[1108] Schreiner, Daniel: Erfüllen und Verweigern von Erwartungshaltung: Interview mit Selim Özdoğan. In: Hofman, Michael und Dayıoglu-Yücel, Yasemin (Hrsg.): Türkisch-Deutsche Studien Jahrbuch 2016: The Transcultural Critic: Sabahattin Ali and Beyond. Unipress: Göttingen, 2017. S. 165.

turmarkt und auch die Wissenschaft seine Aufmerksamkeit immer nur auf eine/n Schriftsteller/in der Minorität lenkt, der oder die in der Folge für eine gewissen Zeit hervorgehoben wird. Neben dieser Tokenisierung[1109] einzelner Schriftsteller mag zudem Özdoğans non-konforme Themenwahl und Ausarbeitung, die sich gegen die Erwartungshaltung, ein türkisch-stämmiger Autor dürfe nur türkisch-stämmige Themen behandeln oder müsse zumindestens ein orientalisch anmutendes Sprachspiel [wie es typisch für Zaimoglu und Özdamar ist] mit der deutschen Sprache treiben, sträubt, ein weiterer Grund dafür sein, dass der Autor trotz seiner Vielseitigkeit bisher übersehen wurde. Serdar Somuncu hat die Vorstellung des angepassten Türken, der den Erwartungen entspricht, wie folgt beschrieben:

> Es gibt sogar Türken, die Türken so spielen, wie sie glauben, dass Türken sind, damit andere, die nicht wissen, wie Türken eigentlich sind, denken, dass Türken so sind, wie sie gespielt werden von Türken, die selbst nicht wissen, wie sie eigentlich sein müssten. [...] Im Klartext bedeutet das: Manch ein Türke verkauft schon gerne einmal seine Seele dafür, dass er ein wenig Anerkennung bekommt. Statt als unberechenbar und eigensinnig ausgegrenzt zu werden, scheint es für viele Türken immer noch besser zu sein, dem Klischee zu entsprechen und sich nicht gegen Vorurteile zu wehren, besonders wenn es um persönliche Vorteile geht.[1110]

Ein literarisches Beispiel für Somuncus Kritik ist der Roman *Einmal Hans mit scharfer Sauce* von Hatice Akyün, der im historisch-literarischen Übersichtsteil weiter oben thematisiert wurde. Anders als Akyün lehnt Özdoğan ein Selbstverständnis ab, das durch ein „Zwischen den zwei Welten sein" oder eine Bindestrich-Identität definiert ist. Er macht dies zumal ebensolche Erwartungen an ihn herangetragen werden und ihn als Schriftsteller einschränken. Selim Özdoğan möchte jedoch kein Erfüllungsgehilfe sein. Im Interview gibt er Auskunft über die Forderungen, die an ihn von Seiten der Verlage gestellt werden:

[1109] Tokenisierung bezeichnet einen Vorgang in der Informatik. Ich habe den Terminus entlehnt, um den in der englischsprachigen Sozial- und Kulturwissenschaft verwendeten Begriff „*Tokenism*" in seiner Prozesshaftigkeit ins Deutsche zu übertragen. Ich orientiere mich an folgender Definition: „The practice of making only a perfunctory or symbolic effort to do a particular thing, especially by recruiting a small number of people from underrepresented groups in order to give the appearance of sexual or racial equality within a workforce." Siehe auf https://en.oxforddictionaries.com/definition/us/tokenism [Eingesehen am 31.10.2016]. Forschungsmonographien, die sich explizit mit dem Phänomen von Tokenisierung in Nationalphilologien beschäftigen, stehen noch aus.

[1110] Somuncu, Serdar: Der Antitürke. S. 34.

Ich wollte kein „Bindestrich"-Autor sein. Jetzt in der Rückschau ist das nicht besonders clever gewesen. Wenn ich mir anschaue wer heute erfolgreich ist, dann sind das nicht Autoren wie ich. Das liegt nicht daran, dass ich schlechter schreibe, das liegt daran, dass ich bestimmte Spielregeln – nicht unbedingt Inhalte – nicht bedient habe. Eine Spielregel ist z.B.: „Ey da haben wir einen Spielplatz für dich. Da sind 18 Förmchen, die sehen sich total ähnlich und haben alle mit Identitätsproblemen zu tun und damit kannst du spielen. Dann schreiben wir über dich und du kannst ein großer Autor werden. Wenn du nicht damit spielen möchtest, haben wir hier noch mal 18 Schaufeln, keine Förmchen, und die sagen, du musst halt einfach ein paar Klischees reproduzieren. Du darfst die vielleicht ein bisschen ironisch brechen, aber du musst die schon reproduzieren, und versuchen uns als Wahrheit zu verkaufen, weil du ja die Innensicht der Dinge hast." So, das ist vereinfacht die Regel. Da geht es auch um Inhalte, das ist nicht ganz klar voneinander abzugrenzen. Es ist aber halt leichter, das ist Fakt, es ist leichter mit dem zur Ethnie passenden Thema kommerziell erfolgreich zu sein.[1111]

Özdoğans Erfahrungen mit deutschen Verlagen erinnern an die Situation mexikanisch-amerikanischer Autoren in den USA. So führt Nick Kanellos, Gründer von Arte Público Press, in unserem gemeinsamen Interview in Houston im Februar 2016 aus, dass von Chicano-Schriftstellern die Erfüllung bestimmter Inhalte und Erwartungshaltungen durchaus bestimmend war und in Teilen immer noch ist.[1112] Selim Özdoğan ist es über die Zeit gelungen, sich von diesen Erwartungshaltungen mehr oder weniger zu befreien.

Es bleibt anzunehmen, dass Özdoğan künftig verstärkt von der Wissenschaft behandelt werden wird. Erste Anzeichen gibt es dafür. So wurde er beispielsweise 2010 für *Zwischen zwei Träumen* für den deutschen Science Fiction Preis nominiert.[1113] Özdoğan sucht seit kurzem auch selbst verstärkt nach einem Weg, seine Prosa bekannter zu machen und nahm daher 2016 zum ersten Mal am Ingeborg-Bachmann Preis teil. Dieser ging jedoch an die Britin Sharon Dodua Otoo und ihren Roman *Herr Gröttrup setzt sich hin*.[1114] Im Interview gibt Özdoğan Einsicht in seine Beweggründe, warum er sich für den Bachmann-Preis beworben hat und weiter bewerben wird, kritisiert seinen eigenen Text und erklärt wie er die Literaturkritik der Juroren versteht:

[1111] Schreiner, Daniel: Erfüllen und Verweigern von Erwartungshaltung: Interview mit Selim Özdoğan. In: Hofman, Michael und Dayioglu-Yücel, Yasemin (Hrsg.): Türkisch-Deutsche Studien Jahrbuch 2016: The Transcultural Critic: Sabahattin Ali and Beyond. Unipress: Göttingen, 2017. Obiger Textauszug ist nicht im veröffentlichten Interview enthalten.
[1112] Ich habe das Interview mit Nick Kanellos am 18.2.2016 in Houston im Verlaghaus geführt. Das Interview liegt bisher nur als Audiodatei vor.
[1113] Der Deutsche Science Fiction Preis wird seit 1985 jährlich vergeben.
[1114] http://bachmannpreis.orf.at/stories/2783570/ [Eingesehen am 20.9.2016].

Ich glaube, ich werde als ein Autor wahrgenommen, der an so etwas eher nicht teilnehmen würde. Was ja Verweigerung ist und somit eine Grenze. Die will ich ja in meinem Leben nicht mehr ... Alles tendiert bei mir dahin, die Grenzen aufzulösen. So gesehen schien der Wettbewerb eine gute Möglichkeit, um eine Fahrkarte durch den gesamten Literaturbetrieb zu bekommen und ich habe mich daher dort mit einem Text beworben. Hat halt leider nicht geklappt. Ich glaube, man muss, wenn man dorthin geht, für sich selber auch eine klare Vorstellung haben, was dort geschieht. Für mich ist der Ingeborg-Bachmann-Literaturwettbewerb eine Veranstaltung der Literaturkritik, bei der man sich der Deutungshoheit von sieben Juroren ausliefert. Mit dieser Vorstellung ist es mir nicht schwer gefallen, teilzunehmen. Man akzeptiert, dass das eine Veranstaltung ist, die Literaturkritik, in kanonische Bildung investierte Zeit und Elitarismus legitimiert. Das ist der Rahmen, der vorgegeben ist. In dem bewege ich mich. Ich begebe mich also freiwillig in einen gesetzten Rahmen. Ich würde es auch noch mal machen, aber dann mit einem Text, dessen Schwäche ich nicht schon im Vorfeld sehen kann. Ich wusste, man kann meinem Text vorwerfen, dass er zu viel will bzw. nicht genau weiß, was er will. Ich habe gehofft, dass das nicht passiert, aber es ist dennoch eingetreten.[1115]

Selim Özdoğan überwindet nicht nur mit seiner Bewerbung beim Bachmann-Preis die für ihn [von ihm selbst und anderen] abgesteckten Grenzen; auch die amerikanische Germanistik scheint Özdoğan mittlerweile zu entdecken. In der zweiten Jahreshälfte 2016 weilte der Kölner Schriftsteller als *Max Kade Visiting Author* an der University of Michigan in Ann Arbor[1116] und besuchte für Lesungen andere Universitäten in den USA, in denen sein neuster Roman *Wieso Heimat, ich wohne zur Miete* in Germanistikseminaren [z.B. UT Austin] gelesen wird. Somit wandelt Özdoğan auf den Spuren von Zafer Şenocak, der wiederholt in den USA an Universitäten lehrt und schreibt.

Explizit positioniert sich Selim Özdoğan auch in dem Aufsatz *Keine Wege ins Buch* aus dem Jahr 2009, in dem er die Vereinnahmung türkischstämmiger Autoren für die Interkulturelle Literatur kritisiert, indem er bemerkt, dass bestimmte Autoren mit „Migrationshintergrund" und mit nicht-deutschem Namen wie z.B. Ilija Trojanow durchaus in der Öffentlichkeit als deutsche Autoren gelten, während Autoren mit muslimischen Namen weiterhin fremd bleiben:

[1115] Schreiner, Daniel: Erfüllen und Verweigern von Erwartungshaltung: Interview mit Selim Özdoğan. In: Hofman, Michael und Dayioglu-Yücel, Yasemin (Hrsg.): Türkisch-Deutsche Studien Jahrbuch 2016: The Transcultural Critic: Sabahattin Ali and Beyond. Unipress: Göttingen, 2017. S. 162.
[1116] https://lsa.umich.edu/german/news-events/all-events.detail.html/33597-4764768.html [Eingesehen am 27.10.2016].

> Es gibt deutsche Autoren türkischer Abstammung, in deren Büchern wir deutsch-deutsche Protagonisten finden, Bücher, die Themen behandeln, die sich am deutschen Alltag der Gegenwart orientieren und sich in nichts von der übrigen Gegenwartsliteratur unterscheiden, als einzig durch den Namen des Autors, die aber häufig türkisch-deutsche Autoren genannt werden, während niemand Terézia Mora ungarisch-deutsche Autorin nennt oder Saša Stanišić einen bosnisch-deutschen Autor. Zu einer vermeintlich leicht identifizierbaren Gruppe zu gehören, führt schneller zu Ausgrenzung, es ist nicht von Vorteil zahlenmäßig überlegen zu sein, man kann leichter etikettiert werden.[1117]

Darüber hinaus, und dies ist in der Forschung ein ebenfalls weniger beachteter Aspekt, weist Özdoğan darauf hin, dass kaum Autoren mit deutschem Familienhintergrund literarische Protagonisten mit Migrationsgeschichte verwenden. Prominente Ausnahmen seien die Romane von Jakob Arjounis Kayankaya, Sten Nadolnys *Selim oder die Gabe zu reden*, Thorsten Beckers *Sieger nach Punkten* sowie einige Bücher des Autors Raul Zelik.[1118] Aufgrund dieser Beobachtungen und seiner eigenen Erfahrungen kommt Özdoğan zu folgender Einschätzung:

> Die Wahrnehmung in der Öffentlichkeit sagt mehr über die Öffentlichkeit aus als über den Autor. Und die Wahrnehmung der deutschen Gegenwartsliteraten sagt mehr über diese aus als über die Gegenwart. Home Invasion nannte der Rapper Ice T Anfang der Neunziger das Phänomen, daß Hiphop in den Kinderzimmern weißer Vorstadtkids ankam. Wir sind schon da, in euren Häusern, lautete die Botschaft, es gibt kein Zurück mehr, wir gehören nun dazu. Die Migranten hier sind auch längst schon da, nur hat das noch niemand so richtig mitgekriegt, schon gar nicht in der Literatur. So ähnlich wie man jahrelang einfach ignoriert hat, daß man ein Einwanderungsland ist. Man kann gerne begriffliche Trennungen konstruieren und Theorien über das Ganze entwickeln, wer was warum in einer wie etikettierten Literatur schreibt. Die Musik wird hörbar werden, auch zwischen den Seiten, unausweichlich.[1119]

Für die Untersuchung in dieser Arbeit sind besonders Selim Özdoğans Romane *Die Tochter des Schmieds*, *Heimstraße 52* sowie die jüngsten Werke *Zwischen zwei Träumen*, *DZ* und *Wieso Heimat, ich wohne zur Miete* von Interesse. Es ist kein Zufall, dass erst genannte Romane eine türkisch-deutsche Familien- und Migrationsgeschichte in Anatolien und Norddeutschland abseits jeglicher orientalistischer Klischees wiederge-

---

[1117] Das Zitat entstammt aus Özdoğans unveröffentlichtem *Text Keine Wege ins Buch*, den er mir freundlicherweise als Word-Datei zur Verfügung gestellt hat.
[1118] Eine wissenschaftliche Studie zu Interkulturalität in Texten deutscher Autoren ist Durzak, Manfred: Literatur im interkulturellen Kontext. Königshausen & Neumann: Würzburg, 2013. Durzak untersucht Texte von Johann Peter Hebel, Max Dathendey, Dieter Fortes, Sten Nadolny, Uwe Timm u.A.
[1119] Özdoğan, Selim: Keine Wege ins Buch. Unveröffentlicht.

ben, zumal Özdoğan sich doch auch als politischer Kolumnenschreiber in der ZEIT kritisch mit den von „Herkunftsdeutschen" kreierten Positionierungsbegriffen wie „Migrationshintergrund" auseinandergesetzt hat.[1120] Die Politikwissenschaftlerin und Psychologin María do Mar Castro Varela verweist auf den ausgrenzenden Charakter des Begriffs, den ich deshalb in dieser Arbeit nur in Anführungsstrichen benutze:

> Die Kategorie der „Abstammung" scheint auch nach dem Naziregime nicht diskreditiert. Integrationspolitik ist im Gegenteil eine Ordnungspraxis, die ein Abstammungsdenken geradezu stabilisiert. [...] Als die Grenze zwischen „Ausländer" und „Deutsche" aufgrund gestiegener Einbürgerungszahlen aufzuweichen drohte, wurde mittels des Begriffs „Menschen mit Migrationshintergrund" die Zugehörigkeitsgrenze nachgezogen. „Deutsche" wurden zu „Menschen mit Migrationshintergrund" und damit zu „Anderen Deutschen".[1121]

Özdoğan prägte stattdessen im Sinne einer „*Empowerment*"-Sprachpolitik[1122] den Terminus „Vibrationshintergrund", der mittlerweile auch von Deniz Utlu und anderen post-migrantischen People of Color-Autoren[1123] benutzt wird [auf den Begriff wird weiter unten im Kapitel VIII. ausführlicher eingegangen], um den rassistischen Sprachgebrauch im Deutschen zu kritisieren:

> [...]Migranten und Vibratoren haben mehr gemeinsam, als man auf den ersten Blick meinen könnte. Vibratoren werden meistens vor den Blicken der Öffentlichkeit versteckt, in Schubladen, in der hinteren Ecke des Schrankes, im Geheimfach des Schminkkoffers. Migranten wohnen auch oft versteckt, in Gegenden mit billigen Mieten, in den Ecken der Großstädte, die normalerweise selten ins Bewusstsein dringen. Es sei denn, dort passiert etwas. Wenn ein Migrant im Ghetto sichtbar wird, weil er kriminell geworden ist, dann sind gleich diese Worte im Raum: Ehrenmord, Machogesellschaft, Zwangsheirat, mangelnde Integration. Wenn der Vibrator sichtbar wird, der Zollbeamte ihn auf den Tisch legt, Mutter oder Ehemann ihn entdecken, sind da auch Worte, wenn auch vielleicht nicht ausgesprochen: Perversion, Ausschweifung, Treulosigkeit, Nymphomanie.

[1120] Özdoğans Zeit-Kolumnen sind gesammelt erschienen. Özdoğan, Selim: Passen die Schuhe vergisst man die Füße. Die Zeit-Kolumnen. Asphalt & anders Verlag: Hamburg, 2012.

[1121] do Mar Castro Varela, María: Ist Integration nötig? Soziale Arbeit 5. Lambertus: Berlin, 2013. S. 14.

[1122] Siehe hierzu ausführlich die Analyse von Can, Halil: *Demokratiearbeit und Empowerment* in Castro Varela, María und Dhawan, Nikita (Hg.): Soziale Ungerechtigkeit. Kritische Perspektiven auf Diversty, Intersektionalität und Antidiskriminierung. Lit Verlag: Berlin, 2011.

[1123] Nghi Ha, Kien, al-Samarai,Nicola Lauré, Mysorekar, Sheila (Hrsg.): Re/Visionen. Postkoloniale Perspektiven von People of Color auf Rassismus, Kulturpolitik und Widerstand in Deutschland. Unrast Verlag, Münster 2007.

Den Vibrator holt man hervor, wenn man eine Lust befriedigen möchte. Den Migranten holt man hervor, wenn man eine befriedigende Erklärung braucht für Missstände, die man unmöglich selber mitverschuldet haben kann. Sobald die Befriedigung eingetreten ist, verschwindet beides wieder, in Schublade oder Ghetto, bis zum nächsten Mal. Moral, Religion oder Sexualfeindlichkeit ändern nichts an den Kräften, die zur Vibration führen. Fremdenfeindlichkeit, Ausgrenzung oder gar Gewalt ändern nichts an den Kräften, die zur Migration führen. [...][1124]

Im Folgenden werde ich beschreiben, wie kulturelle und politische Facetten des Dazugehörens sich in Selim Özdoğans Prosa zeigen, und in wie weit diese Rückschlüsse auf seinen post-migrantischen kosmopolitischen Identitätsentwurf geben können.

Es ist so einsam mit Sattel, seitdem das Pferd tot ist

Schon mit seinem ersten Roman *Es ist so einsam im Sattel, seitdem das Pferd tot ist* zeigt Selim Özdoğan, dass er sich als Autor nicht „orientalisieren" lassen will. Motive und Themen der Arbeitsmigration wie Unterbringung, Arbeitsbedingungen oder Rassismus, die typisch waren für türkisch-deutsche Literatur in den 70er und 80er Jahren meidet Özdoğan. Stattdessen orientiert er sich als Schriftsteller in seinem Debüt aus dem Jahr 1995 am schnellen und puristischen Stil des Franzosen Philip Dijan[1125]. Ein weiteres literarisches Vorbild für Özdoğan ist in den Anfangsjahren der bereits weiter oben besprochene Bonner Schriftsteller Akif Pirinçci, der mit seinem Roman *Tränen sind immer das Ende* 1980 nicht nur als erster türkisch-stämmiger Autor „türkische" Themen hinter sich ließ, sondern mit seinen neo-noir gehaltenen Katzenkrimis *Felidae* zudem der erste Bestsellerautor mit türkischem Namen in Deutschland wurde. Den späteren Arbeiten Akif Pirinçcis, der sich seit 2012 im Internet und in seinen eigenen Veröffentlichungen immer wieder polemisch und populistisch über Homosexuelle, Frauen und Migranten äußert, steht Özdoğan dagegen im Interview und in seinem Audioblog auf *tumblr*[1126] kritisch gegenüber.

[1124] http://www.zeit.de/online/2009/20/oezdogan-vibrationshintergrund [Eingesehen am 2.3.2016].

[1125] Vgl. Dazu etwa Roubert, Pierre-Yves: De l'importance de Philippe Djian dans la vie: Étude sur l'oeuvre du plus grand écrivain français vivant'. Écritures: Brive, 2014.

[1126] Seit 2104 nutzt Özdoğan das Internetmedium *tumblr* und veröffentlicht dort kleine Video- und Audiobeiträge, die ganz in der Tradition seiner Kolumnen bei DIE ZEIT-Online stehen. Hier stellt der Autor Gedanken zu politischen und kulturellen Ereignissen an oder kommentiert seine Hör-und Leseerfahrungen von Alben und Romane. Özdoğan, Selim: Mein kleiner Beitrag zur Debatte um Akif Pirinçci. Audioblog vom 29. April 2014 auf http://worte2014.tumblr.com/ [eingesehen am 27.10.2016].

Es ist so einsam im Sattel, seit das Pferd tot ist ist eine „Coming-out-of-age"-Geschichte, in der sich der Ich-Erzähler Alex, ein 22-jähriger verhinderter Student durch das Köln der 90er Jahre trinkt, prügelt und schläft, um seine Einsamkeit und seinen Weltschmerz zu vergessen. Der Aufbau von Özdoğans Roman und die Ausarbeitung seines Helden erinnern eher an Salingers *Der Fänger im Roggen* und seinen Protagonisten Holden Caulfield[1127] als an deutsche Bildungs- und Entwicklungsromane[1128] wie Goethes *Wilhelm Meister* oder *Der grüne Heinrich* von Gottfried Keller.

Der Erzähler Alex lebt von einer Halbwaisenrente und ist nur pro forma in der Universität eingeschrieben. Seine wahre Leidenschaft gilt der Poesie und so versucht er sich als Dichter, ohne jedoch seine Gedichte jemals zu veröffentlichen. Stattdessen schlägt er die Zeit tot, indem er mit seinen Freunden Kai und Henry, die ihm in ihrem hedonistischen und antibürgerlichen Lebensstil ähneln, durch das Nachtleben zieht. Seinen immensen Alkoholgenuss sieht er als normal an und problematisiert ihn nicht, gehört dieser doch zu seinem Alltag. Alex ist von einer diffusen Traurigkeit erfüllt, deren Ursachen – fehlende Anerkennung und eine Weltverlorenheit – nur beiläufig im Roman thematisiert werden. Vielmehr steht der Umgang mit seinen Seelenqualen im Vordergrund des Textes:

> Als ich sechzehn war, hatte ich in einer Disko auf dem Klo einen Spruch entdeckt: NO RISK – NO FUN, und es ist bis zum heutigen Tage so etwas wie ein Leitspruch für mich. Damals hatte ich es in der Schule nicht geschafft, zu den Auserwählten zu gehören, den coolen, leicht brutalen, witzigen Jungs, auf die alle Mädchen standen. Ich war schüchtern und fand mich häßlich. […] So wurde ich zum Außenseiter unter den Außenseitern, und eines Nachts entdeckte ich diese vier Worte, und fortan glaubte ich an sie. Man muß etwas riskieren können, das von Bedeutung ist, wenn man nicht immer nur Karussell, sondern lieber Achterbahn fahren möchte […].[1129]

Schon leicht zynisch geworden und unfähig, seine dichterischen Ideale in der Realität umzusetzen, trifft Alex schließlich in einer Raststätte auf die junge Esther, die ihm den Kopf verdreht. Wie ein Ertrinkender stürzt er sich in das Beziehungsleben mit Esther. Ihre Liebe und ihre gemeinsam erlebte Körperlichkeit lässt ihn die Sinnlosigkeit der Welt zunächst vergessen. Doch auch in der Beziehung erlebt er nach einiger Zeit, bedingt durch seine Verlustängste und Eifersucht, erneut das eigene Unvollständigsein. Die Brüchigkeit seiner Seele offenbart Alex Esther nach dem Selbstmord der zu ihrem Freundeskreis gehörenden Nina:

[1127] Salinger, J.D.: The Catcher in the Rye. Little Brown, 1991.
[1128] Selbmann, Rolf: Der deutsche Bildungsroman. Metzler: Stuttgart, 1984.
[1129] Özdoğan, Selim: Es ist so einsam im Sattel, seit das Pferd tot ist. S. 21.

– Und du glaubst, bei Nina war es Angst?
– Das kann ich nicht sagen, Drogen können Depressionen verstärken. Vielleicht war der momentane Kummer mehr, als sie ertragen konnte, vielleicht hätte die Welt für sie in sechs Wochen ganz anders ausgesehen. Weißt du, umbringen kann man sich ja immer noch, vielleicht sollte man einfach ein halbes Jahr warten und dann erst...Aber irgendwie übersteigt dieses elende Warten deine Kraft, kein Mensch will warten auf das Leben, keiner will zu Hause sitzen und den ganzen Tag denken: – Jetzt müßte es bald mal anfangen, das richtige Leben, bald müßte es losgehen, zack, wosch, keiner hat Lust, zu warten, daß bessere Zeiten kommen, oft glaubt man, den Rest seines Lebens in dieser Talsohle verbringen zu müssen. Natürlich klappt das nicht, wenn man sich in eine Ecke setzt und wartet, es liegt an dir selbst, etwas zu tun, nur du kannst dich da rausziehen.[1130]

Trotz dieser Einsicht ist Alex nicht in der Lage, sich selbst aus seiner Trauer zu befreien. Er erleidet eine depressive Episode, nachdem ihn Esther für seinen Freund Henry verlassen hat. Der Liebeskummer treibt Alex an den Rand der Verzweiflung. Mit jedem Aufbäumen gegen die Widrigkeiten des Lebens bemerkt er an sich einen nur noch größeren Zynismus, der an Akif Pirinçcis Ich-Erzähler in *Träume sind immer das Ende* erinnert [siehe weiter oben Kapitel II]. Nach einem dreiwöchigen erfolglosen Kampf um Esther entschließt er sich dazu, dem ganzen Leid ein Ende zu bereiten. Da er nicht mehr leben möchte, ihm aber Selbstmord widerstrebt, verordnet er sich das Hinabgleiten ins Delirium als Ausweg. Mit zehn Kästen Bier und zehn Flaschen Tequila schließt er sich zuhause ein und betrinkt sich täglich. Alex betäubt sein Selbstmitleid derart drastisch, dass er beginnt, wochenlang dahin zu vegetieren und dabei seinen langsamen Körperverfall zu beobachten. Es ist sein Freund Kai, der gewaltsam in seine Wohnung eindringt und Alex zwingt, wieder am Leben teilzunehmen. Abrupt endet Özdoğans Roman damit, dass Alex seinen alten Lebensstil wieder aufnimmt und ähnlich planlos und wütend wie zuvor ist. Auf einer Party unterhält er sich kurz mit einem depressiven Mädchen. Ihr Selbstmitleid ekelt ihn an und er entscheidet sich dazu, lieber zu leben und eventuell einen Roman zu schreiben.

Auf den ersten Blick fehlt dem autobiographisch gefärbten Roman *Es ist so einfach im Sattel, seit das Pferd tot ist* eine gesellschaftskritische Tiefe, und so wirkt Alex' Geschichte wie eine mit musikalischen, literarischen und cineastischen Referenzen zum Popkosmos gespickte, adoleszente *coming of age* Geschichte. Doch dieser Eindruck täuscht, wenn man Özdoğans Debüt in Bezug auf seine späteren Werke liest:

Selim Özdoğan greift die Verlorenheit seiner Protagonisten im kapitalistischen System des Westens immer wieder in seinen Romanen auf und entwickelt eine Kritik der Moderne, die durch ihre Verortung im Zen-

---

[1130] Ebda.: S. 138.

Buddhismus unpolitisch scheint, sich jedoch vielmehr verweigert, bestehenden politischen Diskursen und Mustern zu folgen. Özdoğan propagiert in seinem Spätwerk stattdessen die spirituelle Entwicklung des Individuums als Bewältigungsstrategie. Der Kampf gegen die „Anhaftung"[1131] an das Weltliche und das Prinzip der Achtsamkeit spiegelt sich in vielen zentralen Romanfiguren Özdoğans wider. Der Zen-Buddhismus wird innerhalb Özdoğans Werk zur einzig möglichen und wirksamen „politischen" Konterstrategie, da sie den Konsum und die Verdinglichung des Kapitalismus mit Entsagung und Verzicht bekämpft. Die Zuflucht des Zen-Buddhismus kann durchaus als politische Strategie verstanden werden[1132], mit deren Hilfe Identitätszuschreibungen abgestreift und Lebenswelten, und somit auch Lebenslagen, verändert werden können. In diesem Zusammenhang kommt *Es ist so einsam im Sattel, seit das Pferd tot ist* eine Prolog-Funktion zu, aus dem sich das gesamte spätere Oeuvre entwickelt. Özdoğans Spiritualität wird im nächsten Abschnitt ausführlicher behandelt.

Entrückung und Präzession: *Zwischen zwei Träumen* und *DZ*

> Vor der Zeit gab es nur den Urgrund. Als der Traum der Zeit begann, entstand im Urgrund ein Augendes. Das Augende konnte nicht sehen und so entstand die Sehnsucht. Erst kam das Zeitende, dann das Augende und dann das Sehnsuchtende. Es wurde ein zweites Augendes geträumt, damit das Augende sehen konnte. [1133]
> **Selim Özdoğan, *DZ***

Dass Özdoğan durchaus ein politisch denkender Autor ist, wird in seinen beiden Romanen *Zwischen zwei Träumen* und *DZ* deutlich, die sich mit ähnlichen Themen auseinandersetzen. Beide Romane sind in einer nicht allzu weit entfernten dystopischen Zukunft angesiedelt sind. Mit seinem jüngsten Roman *Wieso Heimat, ich wohne zur Miete* bilden sie eine Art Trilogie, da alle drei Romane durch verschobene Perspektiven ihre Erzählrealitäten narrativ aufbrechen. Özdoğan erklärt die Ähnlichkeit der drei Romane im Interview und beschreibt den Reiz, den er im freien Erzählen in *Zwischen zwei Träumen* verspürt hat:

[1131] Das Kunstwort „Anhaftung" ist der Versuch den Begriff „Upādāna" aus dem Sanskrit ins Deutsche zu übersetzen. Es beschreibt im Buddhismus das Festhalten am Vergänglichen.

[1132] Zur politischen Dimension des Buddhismus siehe die Arbeit von King, Sallie B.: Socially Engaged Buddishm. University of Hawai'i Press, 2009 und den Vortrag von Zizek, Slavoj: The Buddhist Ethic and The Spirit of Global Capitalism. In: European Graduate School Lecture. August 10, 2012. https://www.youtube.com/watch?v=qkTUQYxEUjs [Eingesehen am 23.11.2016].

[1133] DZ. S. 284.

Dass die so ein bisschen ähnlich sind, weiß ich, aber was passiert ist … ich habe zwei Antworten dazu in meinem Kopf. Die Idee, dass du Träume aufzeichnen kannst, ist ja nicht meine. Ganz eindeutig. Da kommen die meisten Menschen von ganz alleine drauf. Bei *Zwei Träumen* ging es mir darum, was kann man daraus basteln? Dass das dann eine spirituelle Komponente bekommt, liegt in meinem Charakter begründet. Das Schöne war, auf einmal eine freie Fläche zu haben. Normalerweise, die anderen Sachen, die ich geschrieben habe, hatten immer einen festen Bezugsrahmen, den wir Realität nennen, an die sich die Handlung halten musste. In der *Heimstraße* kann nicht plötzlich einer anfangen zu fliegen. Das ist nicht schlimm. Da ist immer noch viel Platz, du musst dich halt nur an gewisse Grenzen halten. Bei *Zwischen zwei Träumen* habe ich festgestellt, „Boah ist das geil, jetzt kannst du machen, was du willst!" Es war sehr schön zu schreiben und ich wollte das noch einmal haben. Ich würde das ein weiteres Mal so machen – dass diese beiden Romane alternative Realitäten behandeln und drogenlastig sind, ist dabei eher ein Zufall. Mein jüngster Roman *Wieso Heimat, ich wohne hier zur Miete*, geht in eine ähnliche Richtung. In ihm wird aber deutlich weniger mit veränderten Bewusstseinszuständen gearbeitet, sondern mit kulturellen Realitäten, die ja auch jeder hat. Das ist dein Wahrnehmungszustand. Bei Drogen ist das den Leuten einfacher zu erklären, aber es gibt auch Wahrnehmungszustände eines Veganers oder eines regelmäßigen Burger-Essers und ihren Blick auf Deutschland. All das sind ja auch verschiedene Perspektiven.[1134]

In *DZ* und *Zwischen zwei Träumen* entwirft Özdoğan unterschiedliche Versionen von zukünftigen Gesellschaftsordnungen, vor deren Hintergrund er sich in spiritueller Form mit Fragen des ontologischen Weltverständnisses beschäftigt. Diesen Vorgang verknüpft er ferner mit Fragen nach der Veränderungsmöglichkeit von Bewusstsein und Weltwahrnehmung durch Drogen und Sprache. Özdoğan folgt so inhaltlich und stilistisch seinen amerikanischen Vorbildern Hunter S. Thompson und Oscar Zeta Acosta, die ihrerseits gesellschaftskritische Fragen im Kontext alternierender Bewusstseinszustände und Drogenge- und (miss)brauchs in ihrer Gonzoliteratur thematisieren [siehe weiter oben mehr dazu in Kapitel I]. Auch Aldous Huxleys *Brave New World* kann als ein Bezugstext für die beiden Romane genannt werden. Die dystopische *Otherland*-Serie des amerikanischen Schriftstellers Tad Williams (geb. 1957) – eine Weiterentwicklung des Weltenwechsel-Stoffs, bekannt aus dem Film *Tron*[1135] –

[1134] Schreiner, Daniel: Erfüllen und Verweigern von Erwartungshaltung: Interview mit Selim Özdoğan. In: Hofman, Michael und Dayioglu-Yücel, Yasemin (Hrsg.): Türkisch-Deutsche Studien Jahrbuch 2016: The Transcultural Critic: Sabahattin Ali and Beyond. Unipress: Göttingen, 2017. S. 168.

[1135] Der Walt Disney Film *Tron* aus dem Jahr 1982 präsentiert eine abgeschlossene Computerwelt, in die Menschen hineingelangen können [Regie: Steven Lisberger]. *Tron* wie auch *Otherland* überführen den dystopischen/utopischen Insel-Stoff, einer alternativen Welt, in das Computerzeitalter. Das Hineingleiten von

in der die Protagonisten in unterschiedliche Cyberwelten eintauchen und dort eine neue Form realen Lebens jenseits der physischen Gesetze führen[1136], ist trotz aller Ähnlichkeit zu den Traumwelten in *Zwischen zwei Träumen* keine Vorlage für Özdoğan gewesen, zumal der Autor angibt, sie nicht zu kennen.

In *Zwischen zwei Träumen* treffen wir mit Nesta auf ein Alter Ego von Alex aus *Es ist so einsam im Sattel, seit das Pferd tot ist*: Nesta, Sohn aus einem gutbürgerlichen Elternhaus, sucht früh den Kontakt zu den Kindern und Jugendlichen einer Hochhaussiedlung, in der eine andere soziale Schichtung folglich auch andere lebensweltliche Sitten und Gebräuche herausgebildet hat. Bei den „Drei Häusern", wie der Sozialbau von den Menschen genannt wird, trifft Nesta auf das Gesetz der Straße und auf eine nicht völlig kontrollierbare kunterbunt zusammengewürfelte Gesellschaft, die ihm Abenteuer und Freiheit verspricht. Dealende Jugendliche und kiffende Rastafaris, Straßenrapper, Gangs, Alleingelassene, Heruntergekommene, Überlebenskünstler und die merkwürdigsten, fast schon mythisch anmutenden Gestalten bevölkern diesen Kosmos, der in seiner Rauheit und Ehrlichkeit an Heinrich Bölls Text *Straßen wie diese* erinnert, in dem dieser das alte Vorkriegs-Köln und das dort wohnende „Volk" mit seinen eigenen archaischen Gesetzen noch einmal zum Leben erweckt.[1137] Gemeinsam mit seinem Schulfreund Salomon nimmt Nesta einen alten Schuppen des stillgelegten Eisenbahnwerks in Besitz, in dem sie als Teenager in Ruhe ihre ersten Drogenexperimente anstellen können. In der Welt von *Zwischen zwei Träumen* trinken nur noch die wenigstens Menschen Alkohol. Stattdessen wird zu allen Anlässen „Balsam", ein aufmunternder Wellness-Drink, getrunken. Drogen mit großem Suchtpotenzial sind die sogenannten „Traumtropfen". Bei den Traumtropfen handelt es sich um eine Flüssigkeit, die auf die Netzhaut aufgeträufelt einen filmischen Rausch auslöst. In Traumbars können sich die Kunden legal aus einem großen und sich stets verändernden Sortiment bedienen und verschiedene Träume erwerben. Mit Hilfe modernster Technik, deren Geheimnis sich erst im Laufe des Romans entschlüsselt, werden die

---

Nesta in separate Traumwelten in Zwischen zwei Träumen hat zudem Anklänge an Michael Endes *Die Unendliche Geschichte*, in der der Protagonist Bastian Baltasar Bux sich selbst in der Phantasiewelt des Buches wiederfindet. Siehe ausführlich in Uhlitzsch, Julia: Der Weltenwechsel in 'Tintenherz' (Cornelia Funke) und 'Die Unendliche Geschichte' (Michael Ende).Funktion in Bezug auf die Figuren und die Handlung. Grin Verlag, 2011.

[1136] Die *Otherland*-Serie greift, entstanden in den Jahren 1996 bis 2001, visionär die Möglichkeiten künstlicher Welten auf, die durch die Entwicklungen und Nutzbarmachung der 3-D Technik kurz über lang Wirklichkeit werden. Williams, Tad: City of Golden Shadow. DAW Books, 1996.

[1137] In: Böll, Heinrich: Essayistische Schriften. Band 1. Kiepenheuer & Witsch: Köln, 1979.

Träume von professionellen und als Stars verehrten Träumern aufgezeichnet und von Firmen für den Markt vervielfältigt. Daneben gibt es noch einen Schwarzmarkt, auf dem illegale Träume, sogenannte STs, angeboten werden, die verstärkt Nestas Interesse auf sich ziehen.

Während sein Freund Salomon mit seiner Musik als Soundarrangeur und DJ immer erfolgreicher wird und langsam den „Drei Häusern" den Rücken zukehrt, kommt Nesta nicht wirklich voran und stürzt immer mehr in die Drogenwelt ab. Seine Ziele selbst DJ bzw. ein Star der Traum-Industrie zu werden, scheinen für ihn unerreichbar. Dies ändert sich durch seine Liebes-Beziehung zu der älteren Rahel, die über Kontakte ins Business verfügt und die sich auf Nesta einlässt, weil sie an seiner Seite nachts endlich wieder einen von Tropfen unabhängigen Traumschlaf haben kann. Rahel stellt Nesta den undurchsichtigen Millionär Mister Sue No vor, der für die Schönen und Reichen der Stadt regelmäßig legendäre Drogen- und Sex- Partys organisiert. Mister No ist im Besitz einer Apparatur, dem Rüssel, mit dem die Träume des Schlafenden aufgesogen werden können. Mr. No gibt Nesta die Chance sich als Träumer zu versuchen, doch ist dieser Versuch nicht von Erfolg gekrönt. Auch die Beziehung zu Rahel neigt sich dem Ende zu. Stattdessen lernt Nesta die junge Frau Tedeisha kennen, deren erfolgreiche Karriere als Träumerin gerade begonnen hat. Da Nesta die Hoffnung verliert, seine Talente und Leidenschaften im Berufsleben erfolgreich umzusetzen, fängt er in einer Traumathek an zu jobben. Immer mehr lässt er sich wie Alex aus *Es ist so einsam im Sattel, seit das Pferd tot ist* gehen, denn auch Tedeisha, zu der er sich sehr stark hingezogen fühlt, scheint ihm unerreichbar zu sein. Während Tedeisha beruflich viel unterwegs ist, zieht Nesta zum alleinstehenden Musiker Elia, der an Gedächtnisverlust leidet und seit Jahren nicht schlafen kann. Der mysteriöse Elia wird zu Nestas Mentor, bei dem er Geborgenheit erfährt und der seine buddhistischen Weisheiten mit ihm teilt:

> – Du kannst immer tiefer darin versinken. Am Anfang habe ich meine Atemzüge gezählt oder mich auf Energiepunkte konzentriert, ich habe Achtsamkeit geübt, den inneren Zeugen aktiviert, wie es in den Büchern heißt, ich habe mich beobachtet – aha, jetzt tut mein Knie weh, nun mein Rücken, aha, nun denke ich das, nun werde ich von jenem abgelenkt, jetzt steigen Gefühle auf, und nun ist mir also kalt. Aber jetzt sitze ich meistens einfach so da. Du musst nichts tun, einfach nur sein. Und vielleicht kann ich bald meinen Geist von meinem Körper trennen. Dann werde ich ihn in eure Träume schicken und mich dort mal umschauen.[1138]

Elias Lehren von Achtsamkeit und Geistesbeherrschung erweisen sich im weiteren Verlauf der Handlung als essentiell für Nesta, denn Teil I des als

---

[1138] Zwischen zwei Träumen. S. 145.

Science Fiction Utopie begonnenen Romans endet in einer Katastrophe: Es tauchen illegale Tropfen auf, nach deren Gebrauch die Konsumenten in ein Koma fallen. Weltweit füllen sich die Krankenhäuser mit Träumern, die nicht mehr aufwachen können. Als Nesta erfährt, dass auch Tedeisha unter den Betroffenen ist, will er alles daran setzen sie zurück in die Wirklichkeit zu holen.

In Teil II nimmt die Handlung immer magischere und kafkaeskere Züge an und erinnert in ihrer Ausgestaltung an Haruki Murakamis Mystery-Thriller *Tanz mit dem Schafsmann* von 1988, in dem ein namenloser Ich-Erzähler in den zwischendimensionalen Welten des Hotel Delphin, nach sich selbst und seiner verschwundenen Geliebten sucht.[1139] Während Tedeishas Vater, der blinde Yogameister Mahadev[1140] sich in eine Tiefenmeditation begibt, seinen Stoffwechsel herunterfährt und sich die Komatropfen verabreichen lässt, um in der Geistwelt seine Tochter zu retten, suchen Nesta und Elia nach dem Ursprung der verseuchten Tropfen und nach einem Gegenmittel. Elia führt Nesta in einen verborgenen surrealen Raum im Kellergewölbe der „Drei Häuser", der sich nicht jedermann öffnet und auch nicht jederzeit existent ist. Von dort aus begeben sich Nesta und Elia auf eine rasante und magische Heldenreise, die sie durch die verschiedenen Ebenen von Realität und Traumwelten führt. Letztendlich scheitern die beiden jedoch daran, auf diesem Wege Tedeisha zu erwecken, so dass sich Nesta schließlich dazu entscheidet selbst die Koma-Tropfen einzunehmen. Er ist fest davon überzeugt, eine besondere Verbindung zu Tedeisha zu haben und hofft daher darauf, sie im Traum retten zu können. Tatsächlich findet sich Nesta in der gleichen Traumschleife wieder, in der auch Tedeisha gefangen ist. Immer wieder durchläuft Nesta die Traum-Frequenz und studiert sie genau bis es ihm gelingt sich selbst aus dem Traum abzukoppeln und in einem zweiten Schritt Tedeisha wachzurütteln. Fast unmittelbar darauf gelingt es auch ihrem Vater, Mahadev, weltweit alle übrigen Komaträumer aus der Traumschleife zu befreien.

Statt den Roman an dieser Stelle mit einem Happy End zu beschließen, spinnt Özdoğan den Erzählfaden weiter. Nesta und Tedeisha werden ein Paar und genießen ähnlich wie Alex und Esther aus *Es ist so einsam im Sattel, seit das Pferd tot ist* das Leben in vollen Zügen, ehe erste Beziehungsschwierigkeiten auftreten und es zu einer finalen Auseinandersetzung mit Mister No kommt, bei der das Paar gemeinsam mit Mahadev ein Traumfängertier befreien, mit dessen Hilfe die Träume der Menschen überhaupt erst aufgezeichnet werden können. Woher diese Wesen gekommen sind, bleibt dem Leser ein Rätsel, und so verläuft die letzte Epi-

---

[1139] Murakami, Haruki: Tanz mit dem Schafsmann. BTB, 2007.
[1140] Die Figur Mahadev ist dem Yoga-Lehrer Mahadev-Schmidt nachempfunden. Özdoğan hat mir das in einer E-Mail am 9.11.2016 bestätigt.

sode des Romans wie eine seltsam esoterisch anmutende Gangstergeschichte. *Zwischen zwei Träumen* endet damit, dass Nesta sich dazu entscheidet doch noch einmal heimlich Traumtropfen zu nehmen. Dabei fällt er in eine absolute Traumwelt aus der es kein Entrinnen mehr gibt. Fortan liegt er im Wachkoma und wünscht sich nur eine letzte Botschaft an Tedeisha übermitteln zu können:

> Wenn ich in diesem Traum hier ein Buch schreibe, jeden Tag, jede Stunde, wenn ich das Buch träume in all den Jahren, die ich wahrscheinlich nicht aufwachen werde, dann wird es vielleicht jemand in die andere Welt übertragen. So wie Kubla Khan den Palast in seinem Traum gesehen hat und ihn dann erbaut hat. So wie Coleridge den Palast gesehen hat und geschrieben hat[1141]. [...] Und es gibt noch eine Hoffnung. Dass die reale Welt auch nur ein Traum ist. Dass wir alle der Traum eines höheren Wesens sind. Ich warte. Ich warte auf das Flackern.[1142]

Özdoğan entwirft das Lebenswelt-Szenario in *Zwischen zwei Träumen* mit großer Liebe zum Detail. Er erfindet neben den für die Handlung zentralen Traumtropfen noch eine ganze Reihe Neuerungen, die im gesellschaftlichen Alltag der Zukunft eine Rolle spielen. Hierzu geht er phantasievoll vor und verbindet olfaktorische, visuelle, auditive und gustatorische Wahrnehmungsbeschreibungen zu neuen Kombinationen, die dem erdachten Produkt eine erdichtete Tiefe geben. So benutzen Elia und Nesta beispielsweise gerne die „Klingende Minze", eine Art Kraut, das zerdrückt, eine Melodie erklingen lässt und körperliches Wohlsein erzeugt.

Özdoğan hat längere Zeit als DJ gearbeitet und ist ein großer Musikliebhaber. Daher spielen Töne und Musik, wie zuvor in anderen Romanen auch schon, in *Zwischen zwei Träumen* eine zentrale Rolle und durchdringen und begleiten die Handlung der Geschichte. Das zentrale Element der Handlung ist jedoch Özdoğans Spiel mit Traum und Realität, dem er sich aus einer buddhistischen Perspektive annähert, die seinen Text immer wieder durchdringt:

[1141] Hier spielt Selim Özdoğan auf das Gedicht *Kubla Khan* von 1778 an, in dem der englische Dichter Samuel Taylor Coleridge dem mongolischen Herrscher Kublai Khan (1215–1294) ein lyrisches Denkmal gesetzt hat. Das Besondere an diesem Gedicht ist, dass Coleridge behauptet, es im Traum bzw. unter Opium-Einfluss empfangen zu haben. Siehe dazu Perkins, David: The Imaginative Vision of Kubla Khan: On Coleridge's Introductory Note. In: Bloom, Harold (Editor): Samuel Taylor Coleridge. Infobase: New York, 2010.

[1142] Zwischen zwei Träumen. S. 447.

> Irgendwann werden wir rausgeholt aus der Zeit, existieren als Seele weiter, als Energie, als Licht, als irgendetwas, das wir nicht begreifen, etwas, das ohne Sehnsüchte, Hoffnungen, Ärger und Leid ist, etwas, das uns beweist, dass wir mehr sind als das, wofür wir uns bisher gehalten haben.[1143]

Özdoğans Weltverständnis und sein mit popkulturellen Elementen versehener surrealistischer Stil eröffnen dabei einen Raum ohne jegliche Grenzen innerhalb derer sich, ähnlich wie beim japanischen Schriftsteller Haruki Murakami, Figuren bewegen, die vollkommen jenseits nationaler Kategorien agieren.[1144] Die Namensgebung der Charaktere verweist auf eine multikulturelle Gesellschaft, an der die Teilhabe alleine durch den sozialen Status und die persönlichen Vorlieben der Einzelnen definiert und geregelt ist. Özdoğans Welt in *Zwischen zwei Träumen* funktioniert eindeutig innerhalb kapitalistischer Parameter für die nationale Identitäten keine Rolle spielen. Die Gesellschaft in *Zwischen zwei Träumen* ist zudem durch Weltflucht gekennzeichnet: Alte wie junge und arme wie reiche Menschen versuchen der Wirklichkeit durch die Traumtropfen zu entfliehen und verlagern ihre Existenz in eine andere Realität, die jedoch durch ein Abgeschnittensein vom Anderen gekennzeichnet und somit nichts anderes als ein Gefängnis ist.

Die Themen Abgeschnittensein bzw. dessen Überwindung, Einsamkeit und Austausch sind ebenfalls die zentralen Motive in Selim Özdoğans philosophischen Zukunfts-Roman *DZ* aus dem Jahr 2013. Aus drei Perspektiven wird tagebuchartig die Geschichte der Brüder Zekeriya [genannt Ziggy] und Damian Yelmar[1145] erzählt, die sich für zwei ungleiche Lebensstile entschieden haben und sich daher aus den Augen verloren haben.

Ziggy arbeitet als Neurowissenschaftler in der Traumforschung und lebt ein bürgerliches Familienleben mit seiner Frau Elodie und den zwei gemeinsamen Kindern Leonie und Samuel im zur EU gehörenden Deutschland. Als seine verwitwete Mutter Diana an Leukämie erkrankt, bittet sie Ziggy seinen Bruder Damian ausfindig zu machen, da sie ihn vor ihrem Tod noch einmal sehen möchte. Die Suche gestaltet sich jedoch äußerst schwierig, da Damian mit seiner Freundin der Afrikanerin Zoé in der sogenannten DZ lebt, zu der mehrere südostasiatische Länder gehö-

---

[1143] Ebda.: S.345.
[1144] Özdoğan visionäre Perspektive erscheint nicht völlig utopisch, auch wenn nationalistische Bewegungen in Europa und den USA an Kraft gewinnen. Ulrich Beck spricht von einer unaufhaltsamen „Metamorphose der Welt" durch Kosmopolitisierung, welche nicht durch die Politik steuerbar und technischen Neuerungen geschuldet ist. Siehe ausführlich in Beck, Ulrich: Die Metamorphose der Welt. Suhrkamp: Berlin, 2017.
[1145] Bei der Namensgebung der beiden Hauptprotagonisten ließ sich der Reggae-Liebhaber Özdoğan von den Namen von Bob Marleys Söhnen inspirieren.

ren. Während Ziggys Europa der Hort der totalen Ordnung und Kontrolle ist, in der alle Leidenschaften und Wünsche vermarktet werden und der Lebensalltag von Anfang bis Ende vorgegeben ist, handelt es sich bei der DZ um ein nahezu anarchisches Gebilde, das durch ein sehr liberales Wirtschaftssystem gekennzeichnet ist, in dem große Firmen und kleine Händler produzieren und verkaufen können was sie wollen, ohne staatliche Kontrolle zu fürchten und von dem aus der illegale Handel nach Europa oder Indien organisiert wird. So wird die DZ von allen möglichen Aussteigern, Hippies und Flüchtlingen bevölkert, die dort mit den Einheimischen mehr oder wenig friedlich zusammen leben. Das Gefühl der Freiheit wird jedoch durch die Armut großer Teile der nativen Bevölkerung getrübt.

Die DZ ist dem Anschein nach und in Anbetracht von Selim Özdoğans amerikanischen Vorbildern in Film und Literatur, der dystopischen Welt in Ridley Scotts Kultfilm *The Blade Runner* aus dem Jahr 1982 nachempfunden. *Blade Runner* begründete in seiner Mischform aus Film Noir und Science Fiction das Genre des Cyberpunk. Der Film basiert auf dem Roman *Do Androids Dream of Electric Sheep?* des Science Fiction Schriftstellers Philip K. Dick aus dem Jahr 1968. In der Verfilmung wird der Kopfgeldjäger Rick Deckard auf sogenannte Replikanten angesetzt, um sie auszuschalten. Bei Replikanten handelt es sich um künstliche Menschen, die jedoch ihr eigenes Bewusstsein besitzen und der Sklaverei entkommen wollen.[1146]

Die Thematisierung von Bewusstseinsveränderung durch Drogen und die Verquickung mit den Möglichkeiten virtueller Realitäten sind keine originären Ideen Özdoğans. Viele der ersten Entrepreneure der Internettechnologie sind in der amerikanischen *Counter Culture* der 1960er und 70er Jahre sozialisiert worden und haben beispielsweise wie Steve Jobs intensiv mit LSD experimentiert. Es ist durchaus kein Zufall, dass das Hightech-Mekka Silicon Valley in direkter Nähe der Hippie-Hochburg San Francisco entstanden ist. Für das bessere Verständnis des Internets als Ort der Freiheit und der DZ als deren geographisches Äquivalent in Özdoğans Roman ist in diesem Zusammenhang zudem auf John Perry Barlows Text *A Cyberspace Independence Declaration* aus dem Jahr 1996 zu verweisen. Barlow, langjähriger Texter der Band *The Grateful Dead*, postulierte darin als erster Internetaktivist, dass das Internet nicht von der Politik reglementiert werden dürfe, da es als System absolut libertär und selbstregulierend sei:

[1146] Siehe ausführlich in Kerman, Judith B. (Hrsg.): Retrofitting Blade Runner. University of Wisconsin Press: Madison, 1997.

> Governments of the Industrial World, you weary giants of flesh and steel, I come from Cyberspace, the new home of Mind. On behalf of the future, I ask you of the past to leave us alone. You are not welcome among us. You have no sovereignty where we gather. […] Governments derive their just powers from the consent of the governed. You have neither solicited nor received ours. We did not invite you. You do not know us, nor do you know our world. Cyberspace does not lie within your borders. Do not think that you can build it, as though it were a public construction project. You cannot. It is an act of nature and it grows itself through our collective actions. […] We are forming our own Social Contract. […] Our world is different. Cyberspace consists of transactions, relationships, and thought itself, arrayed like a standing wave in the web of our communications. Ours is a world that is both everywhere and nowhere, but it is not where bodies live. We are creating a world that all may enter without privilege or prejudice accorded by race, economic power, military force, or station of birth. […][1147]

Barlows Hoffnungen haben sich heute 20 Jahre nach seiner Erklärung als Illusion erwiesen. Das Internet ist wie die reale Welt ein umkämpfter Ort geworden und die Grenzen von Freiheit, Kapitalismus, Manipulation, Demagogie und Gesetzlosigkeit verschwimmen zusehends. Ebenso zeigt sich im Laufe der Romanhandlung, dass die Vorstellung von der DZ als ein Arkadien der Freiheit eine Farce ist. Damian stellt die Ähnlichkeiten zu Europa heraus:

> Ja, wir durften Drogen nehmen, ja, sie waren legal, ja, wir durften frei entscheiden. Wir durften nicht nur unsere Nasen, Brüste und Hintern operieren lassen, wir durften nicht nur ungesunde Sachen essen und unser Infarkt- und Diabetesrisiko erhöhen, das alles durften die Menschen in Europa auch, nein, wir durften sogar unsere Gedankenwelt verändern und wir konnten uns als Freerider registrieren lassen und bestimmte Drogen dann gratis bekommen. Doch wir waren nicht freier. Keinen Deut. Die Bedingungen, zu denen wir das durften, diktieren die Medien und die Regierung unter dem Einfluss der Pharmakonzerne. Drogen hatten und haben keine Lobby. Nur das Geld hat eine.[1148]

Während Damian sein Geld als Drogenhändler verdient und weiterhin begierig ist, die neusten synthetisch hergestellten Substanzen selbst zu testen, sucht Ziggy über das Internet nach ihm: Um seine ohnehin schon kriselnde Ehe nicht weiter zu belasten, verspricht Ziggy Elodie dafür, nicht persönlich in die DZ zu reisen, da dies dem Ende seiner Karriere gleich kommen würde, zumal Reisen dorthin in Europa, das die illegale Drogeneinfuhr aus der DZ unterbinden will, nicht nur reglementiert, sondern auch streng bestraft werden. Stattdessen engagiert Ziggy einen

---

[1147] https://w2.eff.org/Censorship/Internet_censorship_bills/barlow_0296.declaration [Eingesehen am 25.11.2016].
[1148] DZ. S. 244.

Privatdetektiv, der seinen Bruder, der sich sowohl im „*Virtuallife*" als auch dem „*Reallife*"[1149] gut zu verbergen weiß, ausfindig machen soll. Da sich seine Mutter Diana zudem wünscht, noch einmal bewusstseinserweiternde Drogen vor ihrem Tod zu nehmen, verbringt Ziggy, unbemerkt von Elodie, ganze Nächte im Internet, das er mit eigens angelegten falschen Alter-Egos nach seinem Bruder und einem Händler für LSD durchsucht. Der überaus wachsame Damian erfährt schnell, dass jemand hinter ihm ist, er ahnt jedoch nicht, dass sein Bruder der Auftraggeber ist.

Ziggy verliert sich mehr und mehr im Netz und findet Gefallen an der Welt, die sich ihm dort auftut, ist es für ihn doch auch eine angenehme Abwechslung, sich, abseits der immer eisigeren Atmosphäre in seiner Ehe, mit Freigeistern auf allen möglichen Drogenforen im *Darknet*[1150] zu unterhalten. Zwischen Arbeit, Internet, dem täglichen Joggen und Familienleben besucht Ziggy des Öfteren Joáo, einen alten Ladenbesitzer, der als einziger Händler noch Bücher in Papier führt. Joáo war sein Leben lang in Ziggys Vater Robert verliebt und ist bis heute ein Freund der Familie geblieben. Joáo ist eine Art Mentor für Ziggy und der einzige mit dem er sich über seine Mutter und seine geheimen Internetrecherchen austauschen kann. In der Zwischenzeit erfährt Damian in der DZ von einer neuen Droge namens Wmk, mit derer Hilfe, so heißt es, alle menschlichen Sprachen verstanden werden können und die sein Interesse weckt. In der Folge setzt er daher alles daran, diese Substanz auszuprobieren. Zoé und ihm gelingt es schließlich Zugriff auf Wmk zu erhalten und tatsächlich wirkt die Droge so wie angenommen. Der Genuss von Wmk geht einher mit dem Erscheinen einer mädchenhaften Traumgestalt namens Celia. Damian glaubt anfangs noch, dass Celia die Droge personifiziert, später wird ihm klar, dass es sich um eine Art Göttin handelt, die über die Droge den Kontakt zur vermeintlichen Realität sucht. Beim Namen Celia handelt sich um ein Anagramm des Namens Alice; er verrät Özdoğans Referenzquelle für diesen Charakter: Begleitet der Leser von Lewis

---

[1149] Der Begriff „*Reallife*" ist mit der Internettechnologie aufgekommen und bezeichnet, im Gegenzug zur Welt des Netzes, der „*Virtual Reality*", dass durch Avatare und Social Media geprägt ist, das Leben in der herkömmlichen Lebenswelt. Siehe mehr dazu in Slater, Don: Social Relationships and Identity On-line and Off-line. In Lievrouw, Leah und Livingstone, Sonia: Handbook of New Media – Social Shaping and Consequences of ICTs. Sage Publications Inc., 2002. S. 533–543. Im Roman *DZ* sind dem Begriff weitere definitorische Abgrenzungen eingeschrieben, da die Protagonisten nicht nur zwischen der echten Lebenswelt und dem Internet hin- und herwechseln, sondern sich auch in andere Bewusstseinszustände versetzen, die durch Drogen oder spirituelle Erfahrungen herbeigeführt werden.

[1150] Beim *Darknet* handelt es sich um ein inoffizielles Internet, eine Art verborgener Marktplatz, auf dem illegale Produkte wie Drogen, Kinderpornos und Waffen gehandelt werden und wo sich Terroristen, Auftragsmörder und andere austauschen können.

Carolls *Alice's Adventures in Wonderland*[1151] das Mädchen Alice bei ihrer Reise ins Wunderland, verdreht sich im Roman *DZ* die Perspektive: Özdoğans „Alice" Celia taucht plötzlich in der Handlung auf, was dazu-führt, dass Alice/Celia das *momento increíble* ist und nicht das Wunder-land/die DZ. Ähnlich wie Salvador Palencia in *The People of Paper* ver-wendet Özdoğan metaleptische Elemente[1152] in *DZ*, mit der das Paradoxon des Widerstreits von Multiplizität[1153] und perspektivabhängi-ger Ausschließlichkeit von Wahrheit spielerisch dargestellt wird. Es ist Celia durch die sich das Bewusstsein des Textes, Text zu sein, ausdrückt:

- Alles, was ich jetzt erzähle, hat nur Gültigkeit innerhalb dieser Ge-schichte, die ihr Leben nennt, sagte Celia.
- Was soll das heißen?, fragte Supresh, der sich schnell gefangen hatte.
- Glaubst du an parallele Universen?, fragte Celia zurück.
- Weiß nicht.
- Man nennt sie Literatur, sagte Celia. In einem Buch haben die Figuren nur innerhalb der Buchdeckel Gültigkeit. Du kannst kein Bankkonto für Don Quixote einrichten oder zusammen mit Kapitän Ahab trip-pen. Alles, was es gibt, gibt es nur innerhalb der Geschichte. Doch es gibt ein Außerhalb, immer. Und dann gibt es sowas wie Es war ein-mal…Alles, was ich jetzt sage, hat nur Gültigkeit in dieser Geschich-te.[…] Alle Geschichten drücken nur den Wunsch nach Bedeutung aus, aber sie sind nicht selbst die Bedeutung. Deshalb kann eine Ge-schichte nichts ändern. Und deshalb können unsere Geschichten nicht verändert werden.[1154]

Celia erscheint in der Folge nicht nur Wmk-Konsumenten, sondern auch Ziggy und dessen Kindern im Traum und hinterlässt ihnen Botschaften und Warnungen. Nahezu zeitgleich stolpert Ziggy während seiner Re-cherchen im Internet über Berichte, die von einer die Sprachbarrieren auf-hebenden neuen Droge handeln. Er erzählt seiner Frau Elodie davon, die sich als Hobby-Linguistin mit professionellem Anspruch dem Entziffern

---

[1151] Caroll, Lewis: Alice's Adventures in Wonderland. Wiederauflage der Erstausgabe von 1865. Penguin Popular Classics, 1994. Lewis Carolls Roman wurde nicht nur als fantastische Kindergeschichte oder mathematisches Spiel mit Logik rezipiert, sondern wird oftmals als eine kodierte literarische Metapher für veränderte Be-wusstseinszustände gelesen. Siehe zum Beispiel Fensch, Thomas C.: Alice in Acidland. Lewis Caroll revisited. New Century Books, 1968.

[1152] Das erzähltheoretische Mittel, auf die Eingebundenheit der Handlung in eine extradiegestische Außenwelt hinzuweisen, habe ich im Abschnitt zu Salvador Pa-lencia ausführlicher erklärt.

[1153] Die Vorstellungen von parallel nebeneinander existierenden Welten und Univer-sen ist ein beliebter Stoff in der Science Fiction Literatur. Vgl. auch mit dem phi-losophischen Konzept der „*Transworld identity*", das besagt, dass ein und derselbe Gegenstand oder Person in mehreren Welten zeitgleich existiert. Siehe auf http://plato.stanford.edu/entries/identity-transworld/ [Eingesehen am 10.11.2016].

[1154] DZ. S. 313/314.

einer in einem Schildkrötenpanzer gefundenen 5000 Jahre alten Inschrift beschäftigt, die in einer unbekannten Sprache abgefasst ist und die von der Wissenschaft den Namen Abagobye erhalten hat. Elodie unterstützt nun die Bemühungen ihres Mannes, seinen Bruder in der DZ ausfindig zu machen, da sie sich davon verspricht dadurch ebenfalls eine Probe Wmk zu erhalten. Und in der Tat schafft es Ziggy über seine neuen Kontakte an die Substanz zu kommen. Mit Hilfe von WmK kann Elodie im bewusstseinserweiterten Zustand die Abagobye-Zeichen entschlüsseln, bei denen es sich um einen uralten Schöpfungsmythos handelt, der in seiner sprachspielerischen Darstellung der persönlichen buddhistisch-spirituellen Auffassung des Autors nahe kommt[1155]:

> Die Alten wussten, dass die Welt aus Klang entstanden ist, auch wenn es nichts Ohrendes gab. Deshalb sind, nachdem die Worte in die Welt kamen, weder die gestorben, noch die Sänger. Das Lied konnte verbinden. Mit den Worten kamen die Poeten. Sie trauten ihren Stimmen nicht, deshalb kleideten sie sie in Worte. Sie trauten auch den Worten nicht, deshalb ordneten sie sie zu Reimen. Das Baumende, das Wort war, hatte nicht das Baumende erschaffen, das mit seinen Wurzeln die Erde von innen kitzelte. Doch wenn man das Baumende sprach, gab es ein Baumendes zwischen den Ohren des Menschen, den Klang erschufen sie nur. Manche Poeten wussten um diese Magie. Sie gaben vor diese Welten zu erkunden, aber sie erschufen sie nur. [...] Die Worte sind nur Platzhalter, die eine neue Welt

---

[1155] Im Interview erklärt Özdoğan seine Sicht auf Spiritualität: „Woran ich glaube, ist schwer zu erklären, aber grundsätzlich glaube ich daran, dass wir - sehr schwer nicht in einen Esoterikscheiß zu rutschen – alles spirituelle Wesen sind. Ich gehe davon aus, dass irgendwann in Zukunft dieses rationale wissenschaftliche Weltbild auch als ein Ausschlag, als ein zu weiter Ausschlag des Pendels in eine Richtung angesehen werden wird. Spirituell heißt ja eigentlich nichts anderes, man kann das sogar wissenschaftlich erklären, dass du an etwas glaubst, was mit deiner normalen Alltagswahrnehmung nicht fassbar ist. Was genau der Inhalt dessen ist, ob sich das dann in Dogmen erstarrt, ist ja egal. Das ist letzten Endes für mich die Definition von „gläubig", das hat nichts mit religiös zu tun, mit den Glaubensinhalten zu tun, sondern ich glaube daran, dass es – nennen wir es eine Welt hinter der Welt unserer Alltagswahrnehmung gibt – aber dazu sagt ja sogar die Wissenschaft „ja", sie sagt „Du kannst ein Farbspektrum wahrnehmen, von hier bis hier und darunter und darüber nicht." Du hast blinde Flecken in deinem Auge, aber dein Hirn macht dir einfach ...dein Hirn kreiert deine Realität und das ist ja auch was die wissenschaftliche Perspektive dazu sagt. Es gibt tausend optische Täuschungen, wo man das am schnellsten nachvollziehen kann, dass man letzten Endes seinen eigenen Lügen über die Realität aufsitzen muss, um funktionieren zu können. Das bedeutet aber, dass das, was du als Realität wahrnimmst, es halt nicht ist." Özdoğans Antwort ist nicht in der veröffentlichten Version unseres Interviews abgedruckt und erscheint hier das erste Mal. Interview in Köln am 10.6.2014.

erschaffen, die manchmal schön ist, schön wie das noch zu Geschehende. Doch diese Welt ist nie wahr, so wie das noch zu Geschehende.[1156]

Damian und Ziggy werden unabhängig voneinander in ihren Lebenswelten vor große Veränderungen gestellt, die gravierende Auswirkungen auf ihr jeweiliges Selbstverständnis und ihren Blick auf die Realität haben. Die Brüder sind dabei auf eine ihnen nicht bewusste Art und Weise durch Celia miteinander verbunden. Während Ziggy sein Familienleben und seine Ehe in Frage stellt und sich kritisch mit seinem angepassten Leben in Europa auseinandersetzen muss, gerät Damian in körperliche Gefahr: Neben dem von Ziggy beauftragten Detektiv werden Damian und Zoé auch von einem mysteriösen Mann namens Deckard gejagt, bei dem es sich um einen durch staatlich durchgeführte Drogenexperimente verrückt gewordenen ehemaligen Agenten handelt. Deckard, die Namenswahl ist eine Reminiszenz an den Kopfgeldjäger Rick aus *Blade Runner*, hat sich in seinem Wahn zum Ziel gemacht, Ziggy und Zoé davon abzuhalten Wmk unter die Menschheit zu bringen. Deckard ist dabei von einem diffusen, im Roman nicht weiter erklärten, Hass auf das Geistwesen Celia getrieben. Die Referenz zum Film *Blade Runner* kann dies jedoch erklären: So wie die Replikanten, die künstlichen Menschen in Scotts Film, den Beginn einer neuen evolutionären Stufe verkörpern, vor der sich die Menschheit fürchtet, symbolisiert auch Celia den Anbruch eines neuen Bewusstseins, eine Veränderung, die Angst macht.[1157]

Auf seiner Flucht vor Deckard durch die Dschungellandschaften der DZ erscheint Damian, der mittlerweile von Ziggys Kontaktversuchen erfahren hat, erneut Celia und kündigt ihm das „Ende des Traumes" an.[1158]

[1156] DZ. S.318.

[1157] Celia steht nicht nur für eine temporäre Bewusstseinserweiterung, sondern für einen evolutionären Schritt in der Nutzbarmachung der Gehirnkapazitäten. Hier knüpft Özdoğans Roman an die Schriften des Psychologen Timothy Leary an, der in Harvard zur Wirkung halluzinogener Drogen forschte. Nachdem die Universität sich von ihm trennte, wurde Leary zu einem wichtigen Protagonisten der *Counter-Culture* und sprach auf landesweiten sogenannten *Teach-Ins* über die Reprogrammierung des Gehirns durch Psychedelika. Ähnlich wie der Drogenaktivist Damian in Özdoğans Roman wurde Leary verfolgt und zu mehreren Jahren Gefängnis verurteilt. Durch die Hilfe des *Weathermen Untergrundes* und der *Black Panther* konnte Leary aus dem Gefängnis ausbrechen und sich nach Afghanistan und später in die Schweiz absetzen. In den 80er wurde er begnadigt und zu einem der ersten Intellektuellen der Internetkultur. Siehe z.B. ausführlich in Greenfield, Robert: Timothy Leary- A biography. Harcourt Incorporated, 2006. In seinem Buch *Exo-Psychology: A Manual on The Use of the Nervous System According to the Instructions of the Manufacturers* [Starseed/Peace Press, 1977] entwirft Leary die These, dass das menschliche Nervensystem in acht Ebenen aufgebaut sei, und dass die Menschheit durch eine Bewusstseinsevolution, ihr volles Potenzial in der Zukunft erfahren könne.

[1158] DZ. S. 242.

Ein paar Stunden später stirbt Damian als er beim Wasserlassen auf eine Mine tritt. Fortan wird der Handlungsstrang in der DZ aus Zoés Sicht weitererzählt, die ohne Damian keine Zukunft mehr in Asien sieht und durch die Hilfe Celias, die mittlerweile eine permanente körperliche Form angenommen hat, aus der DZ fliehen kann. Während Damian einen Eskapismus im Roman verkörpert und ein Wohlstandsaussteiger ist, der sich nach Drogen und Freiheit sehnt, ist die Afrikanerin Zoé eine Flüchtende aus Überlebensdrang und besitzt daher mehr Anteilnahme für andere. Auf ihrer Flucht vor Deckard reist sie durch die Grenzgebiete der DZ nach Indien und trifft dort auf eine Armut, die sie an ihre afrikanische Heimat erinnert.

Özdoğan zeigt hier einmal mehr das wechselseitige Verhältnis von Kultur und Identität, ohne jedoch die beschriebenen kulturellen Aneignungen in einen postkolonialen Kontext zu setzen. Die Elemente von *„Cultural Appropriation"*[1159], die Özdoğan wiederholt in seinen Romanen anwendet, haben nichts mit dem Phänomen einer kolonial-kulturellen Ausbeutung zu tun, sondern sind Ausdruck seiner Überzeugung, dass sich das Menschliche in einem permanenten kulturellen Austausch und Veränderungsprozess befindet. So wie seine türkischen, türk-deutschen oder deutschen Figuren nicht durch nationale Kulturbegriffe erschöpfend erfasst werden können, verhält es sich auch mit den anderen Personen in Özdoğans Prosa: Beispielsweise erwählt Celia einen Sadhu als Führer durch das Grenzgebiet, um Zoé außer Landes zu bringen. Doch anstatt auf einen Hindu- Namen hört der Sadhu auf den Namen Holger und stammt aus Dänemark. Holger gehört nicht wie Damian zu einer westlichen Kaste von Expatriats, die in der DZ ein besseres Leben als die Einheimischen führen. Er ist vielmehr ein spirituell Berufener, der die Menschen in der DZ auf den Pfad des Hanfes führen will und gegen alle anderen Drogen predigt.[1160]

In Europa begeben sich derweil Ziggy und Elodie mit ihren Kindern auf eine Urlaubsreise. Leonie trifft dort auf Luka, doch was wie eine Zufallsbegegnung aussieht, ist keine, da die beiden sich bereits aus dem Edit-

---

[1159] „Cultural appropriation describes the use and exploitation by a majority or dominant group, of cultural knowledge or expressions originally produced by a minority or dominated group. It is applied to media and popular communication when ideas, images, sounds, and narratives produced by one group are appropriated for personal, professional, or commercial gain by members of a more powerful social group. Linked to colonial histories, racist discourses, and disparate access to power and resources, cultural appropriation can occur within and across specific national communities and within a range of popular communication practices. [...]" Aus: Gale Virtual Reference Library. http://galesites.com/menu/index.php?loc=gasequoyah [Eingesehen am 10.11.2016].

[1160] DZ. S. 338ff.

Netzwerk[1161] kennen und der junge Mann ein Drogenaktivist ist.[1162] All dies erfährt Ziggy viel später, nachdem er Luka erschossen aufgefunden hat. Die Familie befindet sich im Schockzustand, verlässt das Urlaubsresort und zieht sich zurück. Der Mord bringt die Familie in der Folge näher zusammen: Heilend und verbindend wirkt in diesem Zusammenhang einmal mehr die Musik bzw. der Klang, welche als Motive den Roman prägen:

> Diana hatte recht gehabt, ich sollte singen. Wir sollten singen. Es war nicht schön. Doch wir saßen beisammen und dieses gemeinsame Sitzen auf dem Bett mit Kissen im Rücken war unser Lied. Unser Lied. Es konnte nur erklingen, wenn wir zusammen waren. Es konnte nur erklingen, wenn niemand von uns einen Missklang verbreitete, es konnte nur erklingen, wenn wir nicht vergaßen, was wir füreinander waren[...] Hier erklang unser Lied und man konnte es nicht hören, wie man ein Stück aus einem Radio hörte, doch wir fühlten, wie der Klang uns verband. So wie Elefanten über ihre Füße die tiefen Frequenzen wahrnehmen und so über große Entfernungen kommunizieren, nahm ich unser unhörbares Lied wahr und beschloss nicht zu vergessen, dass das die Titelmelodie des Lebens war.[1163]

Das auf Klang und Lied fußende Verständnis der familiären Zusammengehörigkeit, die an mehreren Stellen im Roman beschrieben wird, erinnert nicht nur an Kommunikationsmuster einer Elefanten-Herde, sondern auch an die „*Songlines*" australischer Aborigine-Nomaden, die über Generationen hinweg ihr geographisches Wissen in gesungenen Geschichten weitergetragen haben.[1164] Diese Ähnlichkeit wird ebenfalls in Zoés Reflexionen nach ihrer Ankunft in Deutschland deutlich:

> Es gab keine Landkarte des Lebens. Es war alles nur ein Meer aus Wellen, Klang und Schwingungen. Manchmal bewegten sich die Wellen gleichmäßig und harmonisch und die Welt hörte sich an wie ein frohes Lied, manchmal klang die Melodie, als hätte sie Wasser geschluckt. Es gab für die Wellen keine Gründe, auch nicht für die, die mich nun nach Europa gespült hatten.[1165]

Mit der Einreise Zoés führt Özdoğan schließlich die beiden Handlungsstränge des Romans zusammen. Während sich die Handlung verdichtet,

---

[1161] Özdoğans Edit-Netzwerk wird der Seite https://de.reddit.com/ nachempfunden sein.
[1162] DZ. S. 344.
[1163] Ebda.: S. 337.
[1164] Der britische Schriftsteller Bruce Chatwin hat den „*Songlines*" einen Roman gewidmet. Siehe Chatwin, Bruce: The Songlines. Jonathan Cape: London, 1987. Ein wissenschaftliches Werk zum Phänomen der „Songlines" und der „Walkabouts" ist: Lawlor, Robert: Voices of the First Day – Awakening in the Aboriginal Dreamtime. Inner Traditions/Bear, 1991.
[1165] DZ. S. 359.

werden zuvor gesetzte thematische Schwerpunkte wie die politische Systemfrage, Drogenfreiheit oder das Entziffern des Abagobye immer unwichtiger. Zoé ergänzt das Familiensystem der Yelmars und steht Ziggy bei seiner Trauer um den verstorbenen Damian bei, ehe sie Diana im Sterbensprozess begleitet. Zusammengehörigkeit, Liebe und Familie drängen als Motive zum Schluss des Romans in den Vordergrund. Ziggy gelingt die Versöhnung mit Leben und Tod. Als sich die sterbende Diana ein letztes Lied wünscht, findet die Familie im Gesang Zoés zusammen. Indem sie die Erfahrungen ihrer Heldenreise durch Afrika, die anarchische DZ und das rationale Europa zusammenführt und die Yelmars durch ihre Menschlichkeit vereint und heilt, steht Zoé in DZ für die Verschmelzung dreier Welten.

Mit *DZ* ist es Selim Özdoğan gelungen einen spirituellen Roman zu verfassen, ohne dabei in einen Erzähl-Ton, sprachliche Klischees oder Beschreibungen zu verfallen, die an die Sprache von New Age-Lebensratgebern erinnern und die oftmals für Romane typisch sind, die sich mystischen Motive und Stoffe annähern. Özdoğans *DZ* ist durch seine Themenvielfalt zu komplex und somit im positiven Sinne zu sperrig, um etwa wie ein Paulo Coelho-Roman als religiös-spirituelle Erbauungsliteratur herzuhalten. Die Analyse hat gezeigt, dass *DZ* nicht nur als ein utopischer Roman gewertet werden muss, sondern auch als ein Text, der sich jenseits politischer oder spiritueller Fragen vor allem für das menschliche Miteinander im Familiensystem interessiert. Derart kann *DZ* ebenfalls im Kontext mit Özdoğans literarischen Familienchroniken gelesen werden.

Familienchroniken: *Die Tochter des Schmieds* und *Heimstraße 52*

> Als sei dieses Land ein Magnet, ein Magnet, der auch dann noch Kraft besitzt, wenn der Ruf des Geldes längst verklungen ist und die Unmutsäußerungen der Deutschen kaum mehr zu überhören sind. Als sei das Land ein Versprechen, das man nicht vergessen mag. Oder eine Bequemlichkeit, die man nicht mehr missen möchte. Vielleicht auch eine Heimat, deren Ruhe und Ordnung man schätzt, obwohl man sich gleichzeitig nach Überschwang und warmem Chaos sehnt.
> **Özdoğan, Selim,** *Heimstraße 52*

Im Jahr 2005 erschien mit *Die Tochter des Schmieds* der erste Teil einer Familientrilogie, die das Schicksal der türkischen Gastarbeiterin Gül und ihrer Familie nachzeichnet. Während *Die Tochter des Schmieds* die Kindheit und Jugend Güls in Anatolien zum Inhalt hat, thematisiert der Roman *Heimstraße 52* aus dem Jahr 2012, der in der Tradition von Renan Demirkans *Schwarzer Tee mit drei Stück Zucker* steht[1166], das Leben und

---

[1166] Demirkan, Renan: Schwarzer Tee mit drei Stück Zucker. Kiepenheuer und Witsch: Köln, 1991.

die sozialen Belastungen in der neuen Heimat Deutschland. 2017 erschien mit *Wo noch Licht brennt* der abschließende dritte Teil der Trilogie, in dem Gül abermals der Türkei den Rücken zukehrt und auf ihr Leben, das durch eine doppelte Migration und viele Enttäuschungen geprägt ist, zurückblickt.

Für die vorliegende Arbeit ist *Heimstraße 52* von besonderem Interesse, da Özdoğan hier die Erfahrungen der Gastarbeitergeneration kenntnisreich und mit psychologischem Feingefühl offenlegt. Zum besseren Verständnis empfiehlt sich dennoch mit einer Betrachtung von *Der Tochter des Schmiedes* zu beginnen.[1167] Abweichend von seinen anderen Texten versetzt sich Özdoğan durch die Protagonistin Gül in beiden Romanen in eine weibliche Erzählperspektive:

Gül ist Mitte der 1940er die erstgeborene Tochter von Timur, dem Schmied, und seiner ersten Frau Fatma. Nachdem die Mutter früh an Typhus verstorben ist, muss sich Gül, selbst fast noch ein Kind, um ihre jüngeren Schwestern Melike und Sibel kümmern. Timur heiratet schließlich ein zweites Mal, doch die Beziehung zwischen Gül und Stiefmutter Arzu ist schwierig: Gül erinnert Timur zu sehr an seine verstorbene große Liebe und Arzu spürt und neidet dies ihrer Stieftochter. Die harten Lebensbedingungen verschärfen die Situation zusätzlich zur schwierigen Familienkonstellation. Was sich in der kurzen Zusammenfassung wie das Drehbuch zu einer Seifenoper liest, ist jedoch in seiner detailreichen Fülle und psychologischen Tiefenbeobachtung eine historisch-biographische Milieu- Studie der anatolischen Lebenswelt in den 1940er und 50er Jahren. Das Schicksal der Familie, ihr Leben auf dem Dorf und in der Stadt sowie die gesellschaftlichen Veränderungen werden vor dem Hintergrund des Untergangs des Osmanischen Reiches, in dem Timur aufwächst, und den ersten Jahrzehnten von Atatürks Türkischer Republik, aus der Gül in den frühen 60er Jahren in die BRD auswandert, dargestellt.

Özdoğan ist mehr als ein Familienbiograph: Als eine Art Dorfchronist bzw. teilhabender Anthropologe evoziert er in *Die Tochter des Schmieds* eine vergangene Welt. Dies gelingt ihm fraglos – entgegen der orientalistischen Suggestion des kitschigen Buchdeckels der zweiten Auflage, der eine sinnliche Frau mit Schleier zeigt – ohne idyllische Heimat-Klischees einer bäuerlichen Gesellschaft zu zeichnen. Die Sozialstruktur des Dorfes wird in mosaikartigen Ergänzungen zur Haupthandlung be-

---

[1167] Zu *Die Tochter des Schmieds* ist bisher eine Untersuchung erschienen: Sariçoban, Gökçen: Zwischen Tradition und Moderne – Lebensvorstellungen und Wahrnehmungsweisen in Selim Özdoğans Roman Die Tochter des Schmieds. Frank & Timme, 2011. Sariçoban analysiert in seinem Text Özdoğans Roman hauptsächlich in Hinblick auf interkulturelle Fragestellungen des Fremdseins und interessiert sich für Aspekte des türkischen Modernisierungsprozesses, die im Text ausgedrückt werden.

schrieben. Özdoğans Roman berichtet von einer Welt im Umbruch, in der es noch nicht Normalität ist eine eigene Toilette zu haben, in der es keine Heizungen gibt, keine Fernsehapparate, wo man sich keine Pizza bestellen kann und wo es nur ein Radiogerät im Dorf gibt. Bedingungen des Arbeitsalltags werden in diesem Zusammenhang genauso beschrieben, wie die Zeiten der Zerstreuung: so schildert er bspw. wie sich die Dorfgemeinschaft für Bingoabende trifft, welche Radiosendungen gehört, welche Kinofilme besucht und wie Fotoromane verschlungen und weitergereicht werden.

Ein großer Verdienst des Romans ist es, dass Özdoğan in Nahaufnahme eine Gesellschaft zeigt, die durch eine einfache Volksfrömmigkeit, über Generationen übermittelte Traditionen und die Landwirtschaft geprägt ist und die mit deutschen katholischen oder protestantischen Dorfgesellschaften in den 40er und 50er Jahren verglichen werden kann.[1168] Güls Dorf und ihre Jugend steht stellvertretend für die Heimat und die Jugend unzähliger Deutscher, die zur unmittelbaren Nachkriegsgeneration gehören und auf dem Land aufgewachsen sind. Özdoğans Chroniken laden zum Nachdenken ein: Über Jahrzehnte hinweg wurde die türkisch-deutsche Begegnung vorwiegend als eine Begegnung unter Fremden gesehen, beschrieben und diskutiert. Diese Sichtweise bringt es mit sich, dass Kultur als Kategorie von Differenz funktionalisiert wird. Özdoğans historische Beschreibungen legen jedoch nahe, dass es an der Zeit wäre, die strukturelle Ähnlichkeit zwischen Migrations- und Aufnahmegesellschaft genauer zu betrachten. Özdoğans Romane über das Leben des einfachen Mädchens Gül legen wie Zafer Şenocaks Texte nahe, dass Deutsche und Türken weitaus mehr gemeinsam haben, als es die diskursive Darstellung vermuten lässt. So wie Deutschland, bedingt durch seine Geschichte im 20. Jahrhundert, als europäischer Sonderfall betrachtet werden muss, unterscheidet sich die Türkei ebenfalls von anderen muslimisch geprägten Staaten in der Region. Der Untergang des Kaiserreichs und des Osmanischen Reiches markieren in diesem Sinne den Beginn eines langen identi-

---

[1168] Siehe dazu zum Beispiel Uleer, Maria: Fremde im Dorf. Landwirtschaftsverlag Münster, 2011. Im diesem Roman über das Landleben im Münsterland der 50er Jahre steht ebenfalls ein 15jähriges Mädchen, das seine Mutter verloren hat, im Zentrum der Handlung. Interessanterweise wird in Uleers Roman die konservative Welt durch den Zuzug italienischer „Gastarbeiter" verändert. Siehe auch Ulla Hahns Romane *Das verborgene Wort* (2001), *Aufbruch* (2009) und *Spiel der Zeit* (2014), in denen die Autorin das Leben im katholischen Rheinland literarisch aufgreift. Ein weiterer Text, der sich in diesem Zusammenhang für einen Vergleich anbietet ist Graf, Oskar Maria: Das Leben meiner Mutter. München, 1947. Im List Verlag ist 2009 eine Neuauflage erschienen.

tären Findungsprozesseses im 20. Jahrhundert für Deutsche und Türken.[1169]

Durch die durchgängige Verwendung des Präsens entwirft Özdoğan die Illusion eines unmittelbaren Tatsachenberichtes; der allwissende Erzähler taucht in die Gefühle der Protagonisten ein und greift mitunter in der Handlung voraus, indem er auf zukünftige Ereignisse verweist, die erst im Folgeroman erzählt werden:

> Als Gül zum ersten Mal an der Nähmaschine sitzt und versucht, gleichzeitig zwei Stoffstücke unter der Nadel durchzuziehen, kommt sie kaum an das Pedal, das sie gleichmäßig treten muss, damit die Maschine rund läuft. [...] Doch sie wird noch oft an diesen Tag denken. Sie wird sich erinnern, wenn sie Jahre später in Deutschland an einer elektrischen Nähmaschine sitzt und im Akkord Büstenhalter näht. Vierhundert bis vierhundertfünfzig am Tag, während ihre Kolleginnen selten mehr als dreihundertfünfzig schaffen.[1170]

Durch das episodische Erzählen entfällt ein Spannungsbogen in der Handlung, was dazu führt, dass es Özdoğan gelingt eine realistisch anmutende Verdichtung von Lebenswelt zu kreieren. Es sind die einzelnen Momente, die Schlachten des Alltags, das langsame Fortschreiten der Zeit und die kleinen Veränderungen von Szene zu Szene, die den Roman ausmachen. Während Güls Kindheit durch die liebevolle Erziehung der Eltern und das spielerische Erkunden ihrer ländlichen Lebenswelt geprägt ist, sind ihre späteren Jugendjahre durch das Erleben der Limitierung der eigenen Möglichkeiten gekennzeichnet. Ihr Vater Timur bricht dagegen häufiger aus dem Dorfleben aus, fährt alleine nach Ankara und Istanbul, um sich Fußballspiele anzusehen oder sich zu betrinken. Die Schmiede des Vaters wird für Gül ein Rückzugsort, wo sie sich geschützt und mit ihrem Vater verbunden fühlt. Auf zärtliche Weise teilen die beiden unausgesprochen die Trauer um und Erinnerung an die Mutter Fatma. Die Schmiede wird zu einer Erinnerungsblase, einem a-historischen Sehnsuchtsort, an dem das Voranschreiten der Zeit bis zum Tod des Vaters aufgehoben zu sein scheint.

Güls Lebensalltag ist jedoch ein anderer. In der Welt der Frauen muss sie den Anordnungen der Stiefmutter folgen und sich den gesellschaftlichen Anforderungen anpassen. Dies wird umso schwieriger, je rasanter sich die Gesellschaft ob der politischen Verhältnisse und technischen Neuerungen verändert. Als älteste Tochter hat sie nicht die Freiheit der jüngeren Geschwister, die schon von der Optimierung des Schulsys-

---

[1169] Man könnte die historischen Parallelen im 20. Jh. als Ausgangspunkt nehmen und in Rückgriff auf kulturelle Stereotypen Vermutungen darüber anstellen, ob Türken und Deutsche gleichermaßen eine Tendenz zu Obrigkeitsdenken und Disziplin haben und eher konservativ eingestellt sind.
[1170] Özdoğan, Selim: Die Tochter des Schmieds. S. 157.

tems profitieren und später studieren werden. Güls Lebenswelt ist dagegen von viel Arbeit und Bildungsferne geprägt. Auch privat wird sie nicht glücklich und heiratet anstatt ihrer Jugendliebe den leicht kränkbaren und eingebildeten Bruder der Stiefmutter, den Friseur Fuat, einen Aufschneider, der zu Alkoholismus und Wutausbrüchen neigt. Für Gül ist die Heirat mehr eine erzwungene Entscheidung, da sie sich verantwortlich für das Wohlergehen der jüngeren Geschwister fühlt. Eine Heirat einzugehen ist in jenen Tagen einer wirtschaftlichen Not geschuldet. Es geht nicht darum, eine romantische Liebesbeziehung zu leben, sondern sicherzustellen, dass ab dem heiratsfähigen Alter schnellstens der heimische Hof verlassen wird, um eine eigene Versorgungseinheit zu gründen und die Versorgungslage der verbleibenden Familienmitglieder zu verbessern. Obwohl Timur seine Lieblingstochter nicht zur Heirat drängt, überwindet Gül schließlich ihre Bedenken. Wenn sie geht, können, so ihre Hoffnung, ihre Schwestern Sibel und Melike wenigstens zur Schule gehen, vielleicht studieren und ihre Träume verwirklichen.[1171]

Sich für andere aufzuopfern, da zu sein und zu helfen bleibt auch in Deutschland Güls typische Charaktereigenschaft. So bietet sie trotz der eigenen Belastungen an, auf Kinder in der Nachbarschaft aufzupassen und hört den Nöten ihrer Freundinnen zu:

> Im Laufe der Jahre wird sich Gül noch oft fragen, warum die Menschen gerade ihr vertrauen, warum sie all diese Geschichten zu hören bekommt, die selten erzählt werden. Warum so viele Leute ausgerechnet sie auswählen, um ihr Leid zu teilen, warum Menschen glauben, Worte, die an sie gerichtet sind, könnten eine Hilfe sein.[1172]

In den 1960er Jahren folgt Gül ihrem Mann nach Norddeutschland und lässt hierfür ihre eigenen beiden Kinder Ceren und Ceyda bei den Großeltern zurück. Als schüchterner Mensch ohne Sprachkenntnisse ist sie in Deutschland anfangs gänzlich auf ihren Mann angewiesen. Fuat, der seinen Schichtdienst und das Leben in der Fremde nur mit Whisky erträgt, gelingt es, Gül, die noch keine Arbeitspapiere hat, Stellen bei wechselnden Arbeitgebern zu besorgen. Dort arbeitet sie „schwarz" und ist besonderen Belastungen ausgesetzt: In den detailreichen Schilderungen des Arbeitsalltags, zeigt Özdoğan wie die migrantischen Arbeiter_innen ausgebeutet und schlecht behandelt werden. So wird Gül beispielsweise während einer Kontrolle durch das Arbeitsamt in einer Großschlachterei fast eine Stunde in einer Kühltruhe unter toten Hühnern versteckt. Obwohl Gül eine fleißige Arbeiterin ist und in der Akkordarbeit eine höhere Stückzahl von Büstenhaltern nähen kann, wird sie am Ende der Woche schlechter als die anderen Arbeiterinnen bezahlt, da sie keine Arbeitspapiere haben.

[1171] Özdoğan, Selim: Die Tochter des Schmieds. S. 205.
[1172] Ders.: Heimstraße 52. S. 43.

Das Leben in der Heimstraße 52 ist geprägt von einem bunten Miteinander der Kulturen. Spanier, Griechen und Türken leben gemeinsam unter einem Dach, tauschen sich aus und helfen einander. Noch Jahre später erinnert sich Gül beispielsweise

> [...] an Rafa und fragt sich, was aus ihm geworden ist, diesem kleinen spanischen Jungen, mit dem sie in ihren ersten Tagen in Deutschland auf der Straße Beştaş gespielt hat. Nie wird sie erfahren, dass Rafa in Marburg Soziologie studieren und nach dem Studium nach Madrid ziehen wird, um dort bei einer Presseagentur zu arbeiten. Nie wie sie erfahren, dass auch er sich manchmal an sie erinnert und sich wünscht, ihr noch einmal zu begegnen, dieser Frau, die in seiner Erinnerung immer diese junge propere Person bleiben wird, deren Lächeln so warm und herzlich war, als würde sie mit ihren Lippen seinen ganzen Körper umfangen. Fast jedes Mal wird er beim Wort *abrazo* an Gül denken, obwohl sie ihn selten umarmt hat, und sich fragen, ob auch andere Menschen so beständige Assoziationen haben.[1173]

Die türkische Gemeinschaft ist, trotz Klatsch und Tratsch und sporadisch auftretender Missgunst, vor allem durch ein herzliches Miteinander gekennzeichnet. Durch das Beschreiben des Lebensalltags en détail zeigt Özdoğan zum einem wie die türkischen Familien versuchen die Sicherheit vermittelnden Sitten der Heimat beizubehalten, und zum anderen wie sich, bedingt durch die Einwanderung in den deutschen Kontext, die eigenen Verhaltensweisen langsam verändern. Da dem deutschen Staat und den Betrieben nur an Arbeitskräften gelegen ist, fehlen Möglichkeiten zum Spracherwerb, ganz zu schweigen von breiter angelegten Integrationsprogrammen. Gül ist daher froh, mit Tante Tanja, einer allein stehenden älteren Witwe, wenigstens eine deutsche Nachbarin zu haben, die sie mit Händen und Füßen um Hilfe bitten kann. Später werden es ihre Kinder Ceren und Ceyda sein, die Deutsch in der Schule lernen und für die Eltern übersetzen können. Für die erste Generation bleibt es zeitlebens schwierig heimisch zu werden, was auch daran liegt, dass Tante Tanjas Hilfsbereitschaft und Herzlichkeit nicht unbedingt typisch für die deutsche Aufnahmegesellschaft ist:

> Die Deutschen sind so kalt, hatte Suzan aus Duisburg geschrieben, als Gül noch in der Türkei war, und sie reden so wenig, dass es sich kaum lohnt, die Sprache zu lernen. Sie hatte Italienisch gelernt von den Italienern in der Nachbarschaft, und mittlerweile kommen ihre Briefe aus Neapel, wo die Familie hingezogen ist.[1174]

Wie in *DZ* und *Zwischen zwei Träumen* spielt auch in Özdoğans Familienchroniken der Klang von Worten und Dingen eine wichtige Rolle. Das

---

[1173] Özdoğan, Selim: Heimstraße 52. S. 274/275.
[1174] Ebda.: S. 46.

Geräusch des Löffels, der vom Vater an die Wand geworfen wird, markiert in der Erinnerung Güls auf ewig die traurige Gewissheit, dass ihre Mutter gestorben ist. Später ist es die verzweifelte Stimme ihrer Tochter Ceyda, die Gül erschüttert. Beim ersten Urlaub in der alten Heimat begreift Gül, dass sie ihre Kinder nach Deutschland nachholen muss:

> Und sie wird nie wieder vergessen, wie Ceyda *Mama* gerufen hat, am Busbahnhof, Bevor sie ihr in die Arme lief [...] Es gibt soviele Arten der Sehnsucht, wie hätte Gül die richtige aus den kindlichen Buchstaben herauslesen sollen. Es gibt soviele Arten der Sehnsucht, wie hätte Gül nicht die richtige aus der Stimme ihrer Tochter hören sollen.[1175]

Mit den Kindern an ihrer Seite hat Gül ein erfüllteres Leben, auch wenn Fuat sich nun vermehrt über Lärm beschwert und seine Frau für alles verantwortlich macht und sie herunterputzt, um seine eigenen Unzulänglichkeiten zu verbergen:

> Meine bescheuerte Frau hat mit meiner Tochter gespielt und darüber die Zeit vergessen? [...] In einem Haus wie diesem verliert man doch den Verstand, da kann doch kein Mensch normal werden. Du wolltest die Kinder hier haben, und nun, wo sie hier sind, vergisst du einfach deinen Mann. Und was kommt als Nächstes? Willst du mich rausschmeißen oder vergiften oder was?[1176]

Fuat verspielt regelmäßig große Summen, und nur dank Güls fleißiger Mitarbeit, ihrer Bescheidenheit und dem gekonntem Umgang mit dem Haushaltsgeld gelingt es der Familie etwas Geld zurückzulegen, das nötig ist, um bei den jährlichen Besuchen in der Türkei die Verwandten zu verwöhnen und um den Hausbau in Anatolien voranzutreiben. Heimlich spart Gül zudem monatlich einen Betrag für ihre Schwester Melike, die auf finanzielle Unterstützung für ihr Studium in Istanbul angewiesen sind. Fuat sind die studentischen Bewegungen jener Tage in der BRD und in der Türkei ein Gräuel. Alles was nicht in sein Weltbild passt, zieht seine Wut auf sich. Das häufigste Opfer seines Frusts ist jedoch die eigene Frau. Trotz der zahlreichen Erniedrigungen erträgt Gül die Attacken zumeist schweigsam. Anfang der 80er Jahre hat Gül schließlich genug. Als sie aufgrund der angespannten Wirtschaftslage keine Stelle mehr in Deutschland finden kann, nimmt Gül die von der Kohl-Regierung initiierte Rückkehrprämie in Anspruch und kehrt mit ihren Kindern für einige Jahre zurück in die Türkei. Fuat bleibt währenddessen alleine in Deutschland zurück.

Gül und Fuat sind nicht die einzigen Figuren mit Problemen. Özdoğan webt unaufhörlich weitere Charaktere in die Haupthandlung

---

[1175] Ebda.: S. 63.
[1176] Ebda.: S. 73.

des Romans mit ein und fasst akribisch Alltagserfahrungen zusammen, so dass *Heimstraße 52* zu einem breit gefächerten Bericht aus der „Gastarbeiter"-Welt wird. Wiederholt tritt beispielsweise der Außenseiter Serter in Erscheinung, der immerzu das Schlimmste von den Deutschen befürchtet und als psychisch krank von seiner Umgebung wahrgenommen wird. Während Gül in die Türkei zurückkehrt, ist dies für ihn keine Option. Serter symbolisiert dabei in verdichteter Form die Mühsal der Migration und das Drama sich in ihr zu verlieren:

> – Aber du hast auch gesagt, du würdest zurückkehren in die Türkei?
> – Ja, sagt er, das ist ein Wahn, in dem ich gelebt habe. Aber nüchtern betrachtet, ist es doch so: Du kehrst zurück zu deinesgleichen, aber mich halten die Leute für verrückt, ich habe keinen Ort mehr, zu dem ich gehöre. Solange ich Ausländer in diesem Land bin, ist das normal, doch wenn ich zurückgehe dorthin, wo ich einen Platz haben müsste, aber ihn auch nicht habe, dann werde ich Depressionen bekommen, hörst du, Depressionen. Das kann jeder ausrechnen, der etwas von menschlicher Psychologie versteht. In Deutschland gehört es zu meinem Leben dazu, dass ich nicht erwünscht bin, aber in der Türkei würde es mich in eine Dunkelheit stürzen, die auch Gottes Stimme nur schwer erhellen kann. Dieser Weg steht nicht mehr offen für einen, den alle für verrückt halten.

Der Roman füllt in seiner Ausführlichkeit und psychologischen Betrachtung eine Lücke in der bisher erschienenen türkisch-deutschen Literatur und setzt der ersten Generation von türkischen Einwanderern ein literarisches Denkmal. *Heimstraße 52* ist weit darüber hinaus auch die längst überfällige Erzählung eines in seinen Langzeitfolgen bis heute spürbaren Abschnittes deutscher Zeitgeschichte. Güls Geschichte ist eine sehr deutsche Geschichte, es ist die Vorgeschichte der mehrkulturellen Verfasstheit der BRD im Jahr 2017. Wie diese postmigrantische Verfasstheit verstanden werden kann, zeigt Özdoğan in seinem jüngsten Roman *Wieso Heimat, ich wohne zur Miete*.

Ein Schelmenroman: *Wieso Heimat, ich wohne zur Miete*

> Stell es dir vor wie einen Spaziergang am Strand. Überall ist Sand. Wer dort nach Identität sucht, der betrachtet die einzelnen Sandkörner und erklärt, warum sie dort sind und was sie von anderen unterscheidet. Jedes Korn ist einzigartig auf seine Art, aber was letztlich zählt, ist doch nur der Sand.
> **Emre, Romanfigur**[1177]

2016 erschien mit *Wieso Heimat, ich wohne zur Miete* Özdoğans jüngster Roman. *Wieso Heimat* entstand während eines längeren Istanbul-Aufenthaltes des Autors im Jahr 2014, wo er sich intensiv mit der Gezi-

---

[1177] Özdoğan, Selim: Wieso Heimat, ich wohne zur Miete. S. 141.

Park-Bewegung beschäftigt hat. Protagonist ist der 26-jährige Krishna Mustafa, der nach der Trennung von seiner Freundin Laura sein Leben in Freiburg aufgibt und nach Istanbul geht, um dort seine türkische Seite zu erforschen. Dort sucht er den Kontakt zu seinem türkischen Vater Recep, der seine deutsche Mutter verlassen hatte, als er noch ein Kind war. Özdoğan verlegt diesmal den türkisch-deutschen Kontext jenseits der Gastarbeitererfahrung in die Türkei, wo Krishnas Hippie-Mutter Maria auf ihrem Weg zu Erleuchtung in Indien auf den jungen Studenten Recep trifft. Die entgegengesetzte Migrationsrichtung bricht so von Anfang an mit herkömmlichen Narrationsmustern, die türkisch-deutsche Geschichte(n) unter den gesellschaftlichen Parametern von Zuwanderung in die BRD präsentieren und in denen die Aufnahmegesellschaft den dominanten Diskurs von Assimilierung und Integration vorgibt. Diese Vorgehensweise ermöglicht dem Autoren türkisch-deutsche Lebenswelten – in einer bereits von Fatih Akin in seinen Filmen mehrmalig angewendeten Methode – „von der anderen Seite"[1178] aus zu präsentieren und zu persiflieren. Indem er auch türkische Perspektiven auf Deutschland einbezieht, wird plötzlich der Deutsche und seine Kultur anstatt wie so oft der türkische Migrant bewertet. Ein prägnantes Beispiel im Roman ist die Sicht von Krishnas neuer Bekannten Nesrin auf deutsche Erziehung:
Und dann seid ihr nach Deutschland? Das ist ja total verrückt!
Wieso?

> Weil die Priester dort doch immer kleine Jungen missbrauchen. Das steht hier auch in der Zeitung. Da geh ich doch nicht mit meinem Kind nach Deutschland, wenn ich weiß, dass es gerade in einem gefährdeten Alter ist. In Deutschland geht es eigentlich nur um Sex, oder? Erst wird man vom Priester missbraucht, dann fängt man an, Bier zu trinken und selber Mädchen flachzulegen. Und mit 18 schmeißen einen die Eltern raus, damit man lernt, auf eigenen Beinen zu stehen. Also nicht die Eltern, sondern die Mutter und der Stiefvater, wenn es einen gibt. Die Eltern haben sich bis dahin ja meistens schon getrennt. Sind deine Eltern noch zusammen? Nein.[1179]

Özdoğan bezieht weitere klischee-besetzte Motive und Themen in die Handlungsgestaltung des Romans ein, um sie spielerisch und satirisch zu

---

[1178] *Auf der anderen Seite* ist der Titel eines Films von Fatih Akin aus dem Jahr 2007. Wie schon in *Gegen die Wand* spielt auch dieser Film sowohl in Deutschland als auch in der Türkei, so dass die Handlung immer vor dem Hintergrund zweier Betrachtungsmöglichkeiten verstanden werden kann. Akin springt sozusagen zwischen den Referenzrahmen und ermöglicht es so, Kultur und menschliches Handeln jenseits einer monolithischen Bewertung zu zeigen. Vgl. mit Klos, Stefanie: Fatih Akin – Transkulturelle Visionen. Marburger Schriften zur Medienforschung. Schüren Verlag, 2016.
[1179] Wieso Heimat, ich wohne zur Miete. S. 89.

dekodieren. Hierfür bedient sich Özdoğan bei der Ausgestaltung der Figur des Sonderlings Krishnas einer in ihrer Einfachheit entlarvenden Sprache, die die Problematisierung von kulturellen Unterschieden durch Soziologie, Politik und Stammtisch schelmenhaft bricht und ins Menschliche überführt. Im Interview erklärt Özdoğan die Funktion Krishnas für die Dekonstruktion von Dichotomien im Roman:

> *Wieso Heimat, ich wohne zur Miete* lebt davon einseitige Rollenzuschreibungen sichtbar zu machen und nicht nur die eine Seite sichtbar zu machen, sondern gleichzeitig zu zeigen, dass die eigene Sicht auf die Rolle, die man spielt auch nicht richtig sein muss. Und es somit eigentlich immer bei jedem entweder oder noch eine dritte Möglichkeit gibt. Wir haben uns aber angewöhnt zu glauben, wer nicht auf der einen Seite steht, der steht auf anderen. Dichotomien zu denken hat Tradition, aber ich glaube, dass der Reflex zu urteilen sich mit der Beschleunigung der Medien verstärkt hat. [...] Krishna Mustafa aus *Wieso Heimat* ist jemand, der das vorgefertigte Bild aus Neugierde und aus seiner eigenen Logik heraus hinterfragt. Dabei bemerkt er wie wenig Substanz diese Bilder haben. Er kann erkennen, dass die Fragen, die an ihn herangetragen werden, oft ins Leere greifen, weil sie die Wahlmöglichkeit von vornherein beschränken und polare Lösungen suggerieren. Die Welt ist rund, es gibt nicht die eine oder die andere Seite, Grenzen sind immer nur willkürlich gesetzt.[1180]

Krishna ist ein postmigrantischer Simplicius und daher ist seine Andersartigkeit nicht seiner Mehrkulturalität oder der Migrationsgeschichte von Vater und Mutter geschuldet. Özdoğan zeigt vielmehr, dass Krishna als Individuum gesehen werden muss, das vor allem durch die persönliche Lebensgestaltung der Mutter und die eigene Einzigartigkeit definiert ist und nicht mit einem soziologisch gefärbten Blick auf die amorphe Masse einer wie auch immer charakterisierten Migrantengesellschaft erfasst werden kann. Krishna bringt dies im Streitgespräch mit Nesrin auf den Punkt:

> Fühlst du dich überhaupt als Deutscher? Oder eher als Türke, weil ein Türke dich gezeugt hat?
> Ich weiß nicht mal genau, was Heimat ist.
> Da wo du herkommst.
> Wir kommen alle von einer Mutter.
> Boah der Ort, von dem deine Vorväter stammen.
> Ich war noch nie in Kars, antworte ich. Ich überlege. Ich glaube nicht, dass ich mich als Türke fühle.
> Dann fühlst du dich als Deutscher?

[1180] Schreiner, Daniel: Erfüllen und Verweigern von Erwartungshaltung: Interview mit Selim Özdoğan. In: Hofman, Michael und Dayioglu-Yücel, Yasemin (Hrsg.): Türkisch-Deutsche Studien Jahrbuch 2016: The Transcultural Critic: Sabahattin Ali and Beyond. Unipress: Göttingen, 2017.

Das glaube ich auch nicht. Weißt du, als wir nach Deutschland gezogen sind, da wohnte ein Kind bei uns in der Straße, das hieß Elmar...
Das Kind hieß Elma? Apfel? Willst du mich verarschen?
Nein, das ist ein deutscher Name. Wirklich. Dieser Elmar war geistig behindert, zurückgeblieben. Ich habe meine Mutter gefragt, ob das schlimm für den ist, und sie meinte nein, der merkt das selber gar nicht. Und dann habe ich mich gefragt, ob ich vielleicht auch so bin. Woher soll man das wissen, wenn man es selber nicht merkt? Und vielleicht ist das mit den Nationalitäten auch so, ich merke das selber einfach gar nicht, aber das ist nicht so schlimm für mich. Nur die anderen finden das komisch.

Krishnas Sichtweise ist durchaus mit der des Autoren zu vergleichen, der ein postmigrantisches Selbstverständnis vertritt, das durch ein spirituelles Interesse geprägt ist. Um Krishnas Loslösung aus gängigen Identitätszuschreibungen weiter zu unterstreichen, lässt Özdoğan seinen Protagonisten zusätzlich an der fiktiven Krankheit „Hymnosomnie" leiden, deren vorrangiges Symptom darin besteht, dass der Betroffene beim Hören von Nationalhymnen regelmäßig in ein Kurzzeit-Koma fällt.[1181] Krishna leidet jedoch nicht allzu sehr unter der Krankheit, sieht er sie doch als Segen, da sie es ihm ermöglicht, sich auf Wunsch während Reisen oder bei Lärm in Tiefschlaf zu versetzen.

In einzelnen Kapitel, die sich organisch in die Haupthandlung einfügen und diese erklärend mit Hintergrundinformationen vervollständigen, wendet sich Özdoğan ferner Krishnas Eltern zu und zeigt an ihrem Beispiel, welche Konfliktlinien in einer mehrkulturellen türkisch-deutschen Ehe auftreten können: Maria und Recep lernen sich in einem von westlichen Touristen als „Puddingshop" benannten Restaurant kennen, das von den 60er bis in die späten 90er Jahren den Indienreisenden als Informationsbörse und Treffpunkt diente und u.a. deutsche Schriftsteller wie Jörg Fauser[1182] angezogen hat. Maria, die Deutschland entfliehen will, wird nie in Indien ankommen, heiratet stattdessen Recep und bleibt in der Türkei. Nach der Geburt von Krishna ändert die Mutter jedoch ihre Meinung, da sie ihren Sohn keinesfalls im türkischen Schulsystem sehen will. Ihr Widerwille sich gänzlich in die türkische Gesellschaft zu integrieren führt schließlich zu ihrer Rückmigration in die BRD, wo sie Krishna ihrem alternativen Weltverständnis gemäß in die Waldorfschule schickt. In Deutschland kommt es zum Zerwürfnis der Eltern, da Recep mit Marias

---

[1181] Özdoğan, Selim: Wieso Heimat, ich wohne zur Miete. S. 52ff.
[1182] Jörg Fauser (1944–1987) war Schriftsteller und Journalist, der beeinflusst von den Autoren der Beatgeneration in seinen Romanen und Reiseberichten Drogen- und Grenzerfahrungen thematisierte und mit zur Özdoğans Leseerfahrung gehört, die sich absetzt von der dt. Literaturgeschichte, indem sie explizit Underground-Autoren oder amerikanische Autoren dem bürgerlichen deutschen Kanon vorzieht. Bekanntestes Werk von Fauser ist Rohstoff [Ullstein Verlag: Frankfurt, 1984].

feministischem Lebensentwurf nicht einverstanden ist. Er vermutet dahinter vielmehr ein kulturelles Überlegenheitsgefühl und die ideologisch inspirierte Absicht, ihn – den „orientalischen" Mann – umzuerziehen. Im Gespräch mit seinem Vater erfährt Krishna dessen Sicht:
Du wärst in Deutschland zum Pascha mutiert.

> Quatsch, sagt er, in der Türkei hat sie mir Tee gemacht, ohne dass wir je darüber diskutieren mussten. In Deutschland war Teekochen auf einmal ein Instrument zur Unterdrückung der Frau. In Deutschland gab es keine Arbeitsteilung mehr, da musste alles diskutiert werden, und egal, was ich sagte, ich war der Macho. Und ihre ganzen feministischen Freundinnen haben ihr genau vorgeschrieben, was sie mir alles nicht durchgehen lassen darf. In Deutschland ist Krieg zwischen den Geschlechtern und da hat sie mich mit reingezogen. Ich war noch jung, ich war überrascht von dieser Kultur.
> Sie sagt, du hättest von ihr verlangt zu kochen, obwohl du den ganzen Tag zuhause warst.

Ich kann nicht kochen, sagt er. Immer noch nicht. Kannst du kochen?[1183]

Krishna bleibt nach der Trennung bei seiner Mutter und entwickelt einen speziellen Charakter, der durch eine große Herzensgüte und eine Weltsicht geprägt ist, die kindlich und naiv anmutet, die aber viel mehr dem Versuch des Autors geschuldet ist, die komplexen Fragen von Identität und Zugehörigkeit durch Überzeichnung zu entwirren und neu zu denken.

Identität und Zugehörigkeit

Der Leser wird durch die Figur von Krishna, der zuerst immer alles wortwörtlich nimmt, in einen nachdenklichen Modus versetzt, der durch ein stetes Fragen gekennzeichnet ist anstatt durch feste Überzeugungen. Im Kontrast dazu verkörpert Emre, Krishnas junger Cousin aus Istanbul, mit dem er die Wohnung in Freiburg getauscht hat, eine bewertende Gegenposition, die zu allem und jedem eine sehr konkrete Meinung hat. Emre berichtet im Skype-Gespräch mit Krishna von seinen Erlebnissen in Freiburg und spiegelt so die Fremdheitserfahrungen aus türkischer Sicht. In einer E-Mail vom 7.11.2016 an den Verfasser beschreibt Selim Özdoğan die Kommunikationsstrategien von Emre und Krishna und erklärt, warum er die Figuren derart entworfen hat:

> [...]Krishna Mustafa, der nicht frontal angreift, nicht moralisiert und nicht persönlich angegriffen ist, vertritt dabei diesen oft etwas subtileren Ansatz, während sein Cousin Emre den eher deutschen Hau-drauf-und-schimpfe-

---

[1183] Özdoğan, Selim: Wieso Heimat, Ich wohne zur Miete. S. 122/123.

Ansatz hat. Doppelte Spiegelung quasi, der Türke spiegelt den deutschen Ansatz, der Deutsche den türkischen. [...][1184]

In Emres Schilderungen der deutschen Migrationsgesellschaft tritt ein Überlegenheitsdiskurs zu Tage, der durch einen abfälligen Blick auf Türk-Deutsche geprägt ist. Türk-Deutsche als „*Almancılar*/Deutschländer" zu bezeichnen ist eine geringschätzende Einordnung, die komplementär zu einem „sarrazinischen" rassistischen Denken, welches in der der deutschen Dominanzgesellschaft in Teilen vorhanden ist, gelesen werden kann. Özdoğan erklärt, wie Deutungsmuster auf eine Gruppenidentität übertragen und die Wahrnehmung einer Minderheit innerhalb einer Gesellschaft mit stereotypen Zuschreibungen belegt werden. Am folgenden Dialog zwischen Emre und Krishna wird deutlich wie Özdoğan in *Wieso Heimat, ich wohne zur Miete* methodisch vorgeht, um stereotypisierende Denkmuster zu dekonstruieren:

> Das sind komische Türken, die ich hier treffe, die sprechen ein schlechtes Türkisch, die meisten noch schlechter als du. Alles, was aus ihrem Mund kommt, sind Flüche und Phrasen, die können kaum einen geraden Satz bilden. Und sie haben verlernt, wie man freundlich ist. Die meisten Türken hier sind einfach nur Flegel und für die Deutschen gehöre ich zu denen. Es ist so, als hätte jemand vor dir Durchfall gehabt und das Klo vollgeschissen. Du machst die Tür auf, alles stinkt und überall sind diese Spritzer. Und wenn du dich umdrehst und rausgehst, gucken dich alle an, weil sie glauben, du wärst das gewesen!
> Die Türken sind wie die Spritzer in der Kloschüssel?
> Nein, die Türken sind die, die das Klo vollgekackt haben.
> Das Klo der Deutschen?
> Ja, sagte er genervt, das Klo der Deutschen.
> Alle Türken haben das Klo der Deutschen vollgekackt?
> Nein, nur manche. Aber die Deutschen glauben, alle hätten es gemacht.
> Die glauben, die Türken gehen gemeinsam aufs Klo? So wie Mädchen?
> Nein. Wenn einer das Klo vollkackt, glauben sie, alle Türken wissen nicht, wie man ein Klo sauber hält.
> Aber wieso das Klo der Deutschen? Sie haben ja eigene Klos in ihren Wohnungen.
> Vergiss es einfach.[1185]

Der Beginn von Krishnas Reise in die türkische Heimat des Vaters ist durch die Trennung von seiner Freundin Laura markiert. Anhand der Trennungsgründe von Laura zeigt Özdoğan mit der Identitätsdebatte ein weiteres Motiv türkisch-deutscher Lebenserfahrung in der BRD auf, um es in der Folge der fortschreitenden Handlung zu hinterfragen. Laura wirft Krishna vor, dass er nicht wisse, wer er sei und dass ihm seine naive

---

[1184] Email von Selim Özdoğan an den Verfasser. 7.11.2016.
[1185] Wieso Heimat, ich wohne zur Miete. S. 93.

Herangehensweise an die Welt nicht ernst genug sei. Lauras Anspruch an Krishna, dass dieser eine festere Identität entwickeln solle, entspringt einem Wunsch nach Sicherheit und einem Ordnungssystem von Welt, und erinnert an die oftmals an mehrkulturelle Menschen herangetragene Frage, „Wo bist du denn wirklich her". Es ist nur der Liebeskummer, der Krishna kurzfristig an seiner eigenen Vorstellung zweifeln lässt. Am Ende des Romans findet Krishna wieder zur alten Überzeugung zurück, dass eine eindeutige Identität nicht wichtig sei. Im Brief an Laura fasst er hierzu seine während des Türkeiaufenthaltes gemachten Erkenntnisse zusammen. Krishnas Ansichten erinnern in Teilen an sufistische bzw. Zen-buddhistische Konzepte von Verschmelzung und Aufhebung und zeugen von einer individualistischen Sicht auf Identitätsfragen:

> […]Ich habe geweint und war ganz glücklich. Ich war glücklich, als wäre mein Leben schwimmen. Aber nicht gegen den Strom, nicht als würde das Wasser mich zusammendrücken, sondern als könnte ich mich darin auflösen. Vielleicht so wie Salz schwimmt. Ich war glücklich, ganz ohne Identität. Ich glaube, Identität macht nicht glücklich. Ich glaube, man muss sie nicht suchen. Und ich glaube auch nicht, dass Du das glaubst. Wenn Du mit Kindern spielst, spielst du auch ohne Identität. Die Kinder glauben nicht, dass du so oder so bist, weil dein Freund Dreadlocks hat, oder so oder so, weil du Tätowierungen hast. Die Kinder versuchen nicht herauszufinden, wer du für die Welt bist, die Kinder versuchen herauszufinden, wer du für sie bist. Und für jeden Menschen bist du etwas anderes und nur das zählt und nicht, was du für die Welt oder für dich selbst bist. Wenn ich für mich selbst mehr türkisch bin, dann rede ich nicht anders, dann denke ich nicht anders, alles bleibt gleich. […][1186]

Der Chor der Blinden

Eine strukturelle Besonderheit von *Wieso Heimat, ich wohne zur Miete* ist, dass die Haupthandlung wiederholt durch Zwischenkapitel unterbrochen wird, in denen ein „Chor der Blinden" Themen kommentiert, die einen Bezug zu den Fragestellungen des Romans haben. Özdoğan knüpft hier an die Tradition des antiken Theaters an. Wie in klassischen Werken und den Dramen Goethes und Brechts erfüllt der Chor desgleichen bei Özdoğan eine moralische Funktion, indem er als Instanz die Metathemen aufgreift:

Nachdem sich der Chor beim ersten Auftreten selbst vorgestellt hat und eine interkulturelle Lehrparabel über das Feilschen darbietet, wendet er sich beim nächsten Erscheinen der deutschen Märchenerzählerin Elsa Sophia von Kamphoevener zu[1187], die Ende des 19.Jahrhunderts im Osma-

---

[1186] Wieso Heimat, ich wohne zur Miete. S. 212.
[1187] Siehe mehr zu Kamphoevener in Moericke, Helga: Leben und Werk der Märchenerzählerin Elsa Sophia von Kamphoevener. Shaker: Aachen, 1996.

nischen Reich geboren wurde. Özdoğan lässt den Chor ihre Lebensgeschichte dekonstruieren und Fragen des Orientalismus diskutieren und zeigt so, dass er als Autor des Romans sich durchaus bewusst ist, welche Schwierigkeiten das literarische Spiel mit Kultur und Identität mit sich bringen kann. Auch der nächste Auftritt des Chors beinhaltet eine kritische Reflexion von Literatur. Diesmal steht der türkische Schriftsteller und Literaturnobelpreisträger Orhan Pamuk im Zentrum der Debatte des Chors, der diesen für seine „Watte-gleiche" Prosa kritisiert und hervorhebt, dass der Schriftsteller vielleicht weltweit bekannt sei, aber die Leute im Grunde seine Werke nie zu Ende lesen würde und dass er nicht die türkische Literatur repräsentieren könne wie beispielsweise die Dichter Nazim Hikmet und Orhan Veli Kanık.[1188] In diesem Zusammenhang thematisiert Özdoğan einmal mehr seine Vorstellung von der Herstellung von Diskursen in der Öffentlichkeit, in deren Folge diese oder jene „Wahrheit" für eine Zeitlang als maßgeblich erscheint:

> So ist das ja mit Meinungen, immer dieselbe Geschichte: Zuerst ist da eine kleine, abwegige Meinung, die ein bisschen schüchtern ist und verschämt zu Boden blickt, aber irgendwann kommt die Meinung in die Pubertät. Sie wird laut und reizbar, sie lehnt sich auf und fühlt sich groß. Und wenn eine Meinung sich groß fühlt, dann wächst sie und wirft einen Schatten, dass so einiges im Dunkeln bleibt. Und so kommen selbst kleine, völlig abwegige Meinungen manchmal an die Macht und fangen an zu herrschen. Wenn sie herrschen, glauben die Meinungen, sie seien die Wahrheit. Dabei ist es mit den herrschenden Meinungen so wie mit den Sultanen: Wenn der eine geht, kommt der nächste, und wenn der letzte geht, kommt eine ganz neue Meinung und glaubt, sie sei die Wahrheit.[1189]

Nachdem der Chor die Relativität von Wahrheit festgestellt hat, widmet er sich bei seinem letzten Auftritt dem Genre der Satire und kritisiert hier vor allem, dass migrantisch-deutsche Comedians Satire falsch verstehen und zum Schaden der Minderheit verwenden würden, indem sie rassistische Witze machten, die sich ein weißer deutscher Comedian und Kabarettist nicht erlauben dürfe. Dieses Thema greift Özdoğan ebenfalls im Interview mit dem Verfasser in Bezug auf rassistische Praktiken und das Phänomen der Tokenisierung kritisch auf:

> [...]Natürlich habe ich auch Theorien dazu. Aber der Weg in meinem Kopf von einem Comedian wie Bülent Ceylan zu Akif Pirinçci ist nicht so weit. Die dürfen das. Die haben den richtigen Namen und die dürfen dann Sachen sagen, die eigentlich tabu sind und als rassistisch gewertet werden. Wir benutzen diese Leute, um bestimmte Positionen zu vertreten, um bestimmte Haltungen zu behaupten. Wenn Akif Pirinçci in einer Rede einen

---

[1188] Veli Kanık, Orhan: *Poesie. Texte in zwei Sprachen.* Übers. v. Y. Pazarkaya und H. Mader. Suhrkamp: Frankfurt, 1966.
[1189] Wieso Heimat, ich wohne zur Miete. S. 125.

strafrechtlich nicht relevanten KZ-Vergleich bringt und sein Verlag daraufhin seine Bücher aus dem Programm nimmt, ist das marketingtechnisch eine kluge Entscheidung des Verlages, aber es steht niemand auf und fragt nach der Freiheit der Kunst. Danach fragen wir, wenn wir einen linken Platzhalter haben. So existieren diese Figuren, um öffentlich Haltung zu behaupten. 1964 bekommt Sidney Poitier den Oscar, dann kann man behaupten, Schwarze sind ja gar nicht benachteiligt. Dann müssen sie jahrelang den Clown machen wie Eddie Murphy. Dann kommt Denzel Washington Jahrzehnte später und wird eigentlich im Grunde wieder als Platzhalter missbraucht. [...][1190]

Neben den kommentierenden und dozierenden Chor sind die Überschriften der Kapitel, die konkrete Informationen enthalten, welche erklären und zusammenfassen, was der Leser auf den nächsten Seiten zu erwarten hat, eine weitere Besonderheit des Romans. Özdoğan greift hiermit auf deutsche literarische Stoffe aus dem 17ten und 19ten Jahrhundert zurück, die er dazu nutzt den Roman inhaltlich zu strukturieren. Neben Bezügen zu Gottfried August Bürger [1191] gibt es eindeutige Parallelen zum Schelmenroman von Grimmelshausen[1192]: Ähnlichwie Simplicius Teutsch, der bei seinem Aufenthalt in Hanau der Spionage verdächtigt wird, gerät Krishna nach einem Interview[1193] in den Blickwinkel der deutschen Geheimdienste, da man in ihm, ob der reißerischen Aufmachung durch den Journalisten, nun fälschlicherweise einen Islamisten vermutet, der sich in der Türkei radikalisiert hat. In der Darstellung des Journalisten verliert Krishna seinen Vornamen und ist plötzlich nur noch Mustafa, ein Rapper, der sich in einem türkischen Ausbildungslager befände.

[1190] Schreiner, Daniel: Erfüllen und Verweigern von Erwartungshaltung: Interview mit Selim Özdoğan. In: Hofman, Michael und Dayioglu-Yücel, Yasemin (Hrsg.): Türkisch-Deutsche Studien Jahrbuch 2016: The Transcultural Critic: Sabahattin Ali and Beyond. Unipress: Göttingen, 2017. S. 166/167.

[1191] Bürger, Gottfried August: Wunderbare Reisen zu Wasser und zu Lande, Feldzüge und lustige Abenteuer des Freiherrn von Münchhausen. Wie er dieselben bei der Flasche im Zirkel seiner Freunde selbst zu erzählen pflegt. Ersterscheinung 1786. CreateSpace Independent Publishing Platform, 2013. Wie in Özdoğans Roman haben auch die Münchhausen-Geschichten einen interkulturellen Bezug, was nicht alleine daran liegt, dass der Baron in unterschiedliche Länder reist, sondern auch daran, dass sie von Rudolf Erich Raspe im Original auf Englisch im Londoner Exil verfasst wurden. Bürger hat Raspes Text erst später ins Deutsche übersetzt. Siehe in Bachmann-Medick, Doris: Fremddarstellung und Lüge. Übersetzung als kulturelle Übertreibung am Beispiel von Münchhausens Lügengeschichten. In: Dies. (Hrsg.): Übersetzung als Repräsentation fremder Kulturen. Erich Schmidt Verlag: Berlin, 1997. S. 46.

[1192] Von Grimmelshausen, Hans Jakob Christoffel: Simplicissimus Teutsch. Deutscher Klassiker Verlag: Frankfurt, 2005.

[1193] Wieso Heimat, ich wohne zur Miete. S. 65 ff.

Neue Medien in Zeiten des Terrors

Diese Episode scheint vom Fall Erhan A., einem Türk-Deutschen aus Kempten inspiriert worden zu sein. Journalisten der SZ hatten ihn aufgrund seiner Posts auf Facebook als Sympathisanten des IS klassifiziert. Im Interview wurde der unbedarfte und naive Mann schließlich vorgeführt. Erhan A. wurde als direkte Folge des Interviews in die Türkei abgeschoben, da er zwar in Deutschland aufgewachsen war, aber keinen deutschen Pass hatte.[1194] Özdoğan präsentiert im Roman sowohl das geführte Interview und den veröffentlichten späteren Artikel über Krishna und zeigt dabei in humorvoller Art und Weise, welche Gefahren durch den oberflächigen Internetjournalismus drohen. So wird Krishnas Aussage zur permanenten Festbeleuchtung auf Istanbuls berühmter Einkaufsstraße, der İstiklal Caddesi, die ihn an Weihnachten erinnert, durch den Journalisten beispielsweise folgendermaßen verfremdet, um die Mär vom IS-Kämpfer zu erschaffen:

> Dabei glaubt Mustafa, dass nicht nur der Westen viel zu freizügig ist, sondern auch die Türkei. Das Land, das unter Präsident Erdogan immer weiter Richtung Islam rückt, beschreibt er als zu christianisiert. Den Terror des IS sieht er als Härte, die notwendig sei, um zur neuen Weltordnung der Scharia zu gelangen.[1195]

Da das Interview in Deutschland viel Aufmerksamkeit aufsichzieht, melden sich nun Krishnas Freunde und seine Mutter Maria bei ihm, weil sie sich Sorgen machen, bzw. um ihn dazu drängen den Sachverhalt beim Verfassungsschutz richtig zu stellen. Selbst Krishnas Ex-Freundin Laura und sein älterer Freund Hase, ein Althippie, der an Nestas Mentor Elia oder an den Buchhändler João aus dem Roman DZ erinnert und somit ein wiederkehrender Archetyp im Figurenpersonal Özdoğans ist, kontaktieren ihn, um ihn vor den Folgen zu warnen. Doch Krishna bleibt sorglos und stoisch, er freut sich sogar indirekt, zumal die mediale Aufmerksamkeit dafür sorgt, dass seine im Internet hochgeladenen Rap-Songs, die bisher wenig beachtet wurden, nun tausendfach angeklickt und „geliked" werden. Krishnas Unaufgeregtheit in der Angelegenheit ist in seinen persönlichen Erfahrungen geschuldet: In Freiburg lebend ist er des Öfteren mit Laura gemeinsam im Zug in die Schweiz gefahren und wurde ob sei-

---

[1194] SZ Magazin Heft 40/2014. Siehe dazu auch: Önder, Tunay und Mustafa, Imad: Salafismus zwischen Sicherheitsdiskurs und Jugendsubkultur. In: Migrantenstadl. S. 162–167. In diesem Zusammenhang sei auch auf den Berliner Gangsterrapper Deniz „Deso Dogg" Cuspert verwiesen, der sich seit mehreren Jahren dem IS angeschlossen hat. Siehe Online-Portal der FAZ vom 30.10.2015: http://www.faz.net/aktuell/politik/ausland/naher-osten/tod-von-denis-cuspert-al-baghdadis-deutscher-helfer-13885382.html [Eingesehen am 7.11.2016].
[1195] Wieso Heimat, ich wohne zur Miete. S. 82.

ner Dreadlocks-Frisur regelmäßig von Grenzbeamten auf beiden Seiten nach Drogen gefilzt. Die Markierung durch eine bestimmte Haarfrisur, der durch Bezüge zur Reggae-Kultur eine rauschhafte Semantik zugesprochen wird, ersetzt in Özdoğans Roman das sogenannte *Racial Profiling*, das den rassistisch Vorgang beschreibt, das orientalisch oder afrikanisch aussehende Reisende viel öfter von Polizisten überprüft werden, als weiße Menschen. Krishna geht auch mit dieser Situation auf seine ganz eigene unschuldige Art und Weise um:

> Danach bin ich in Badehose gefahren, das ist ja nicht verboten. Noch bevor wir eingestiegen sind, hat Laura meine Sachen in ihrem Rucksack getan und ich habe mir den Personalausweis in das Gummi meiner Badehose geklemmt. Da musste ich mich nicht mehr ganz ausziehen. Und weil ich wusste, dass sie in meinen Haaren suchen würden, habe ich dann immer kleine Aufmerksamkeiten darin versteckt, damit sie sich freuen. Figuren aus Überraschungseiern, Schokobons, Spielzeugsoldaten, Centmünzen. [...][1196]

Literarische Interkulturalität

Die schelmenhafte Ausgestaltung des Romans lässt des Weiteren intertextuelle Bezüge zu türkischen Traditionen der Satire deutlich werden. Neben dem berühmten Hodscha Nasreddin[1197], dem in Erzähltraditionen der muslimischen Welt verbreiteten orientalischem Gegenstück Till Eulenspiegels, von dem der Chor der Blinden berichtet, muss auf den türkischen Satiriker Aziz Nesin (1915–1995) verwiesen werden, den Özdoğan selbst im Roman erwähnt.[1198] Nesin war ein atheistischer linker Schriftsteller, der sich wiederholt vor Gericht in der Republik Türkei für seine satirischen Schriften verteidigen musste. Kurz vor seinem Tod erregte er durch die türkische Übersetzung von Salman Rushdies *Satanische Verse* große Aufmerksamkeit und zog den Hass von Islamisten auf sich, die auch nicht vor Mordanschlägen zurückschreckten. Zahlreiche Werke Nesins sind ins Deutsche übertragen worden.[1199] Des Weiteren spielt Özdoğan auf Wiktor Wassiljewitsch Jerofejews (1938 – 1990) [1200] *Die Rei-*

[1196] Wieso Heimat, ich wohne zur Miete. S. 64.
[1197] Özcan, Celal (Hrsg.): Die besten Geschichten von Nasreddin Hodscha. Nasreddin Hoca'dan En Iyi Fıkralar. Türkisch und Deutsch. Deutscher Taschenbuch Verlag: München, 2014.
[1198] Wieso Heimat, ich wohne zur Miete. S. 169.
[1199] Im Unionsverlag ist z.B. von ihm der Roman *Surnâme. Man bittet zum Galgen* [Unions-Verlag: Zürich, 1996] erschienen. In *Wieso Heimat* bezieht sich Özdoğan eigenen Angaben zu Folge [Email vom 7.11.2016] konkret auf *Sizin Memlekette. Eşek yok mu* [Nesin Yayinevi, 2013], Nesins letztes Buch vor seinem Tod.
[1200] Wenedikt Jerofejew war ein russischer Autor, dessen Bücher lange in der UDSSR verboten waren. Die Reise nach Petuschki bekam den Status eines Kultbuches.

se nach Petuschki an und bedient sich dessen referenziellen Spiels mit der Weltliteratur. Als Reminiszenz und zugleich charaktischer Abwandlung des Originals lässt Özdoğan das erste Kapitel von *Wieso Heimat* mit einer fast wortwörtlichen Übernahme des Anfangs des russischen Kultbuchs beginnen:

> Alle sagen: der Islam, die Moscheen. Alle haben mir davon erzählt, Sultan Ahmet, Hagia Sophia[…] Wie viele (tausende Male) bin ich nun schon die Istiklal Caddesi hoch-und runtergelaufen[…][1201]
> Alle sagen: der Kreml, der Kreml. Alle haben mir davon erzählt, aber ich selbst habe ihn nie gesehen. Aber wie viele Male (tausende Male) habe ich […][1202]

Blick auf die türkische Gesellschaft

Özdoğan beschäftigt sich in *Wieso Heimat, ich wohne zur Miete* nicht nur mit dem Blick auf Deutschland. Wie Aziz Nesin interessiert sich Özdoğan ebenfalls für die türkische Kultur und Politik, die durch Krishnas Perspektive einer kritischen Lesart unterzogen und satirisch dargestellt werden. Zentrale Themen der türkischen Lebenswelt im Roman, mit denen sich Krishna auseinandersetzt, sind die Gezi-Park Bewegung gegen die Politik Erdoğans, das kapitalistische Lebensverständnis des Vaters, das typisch für die aufstrebende türkische Wirtschaft im neuen Jahrtausend ist sowie Veränderungen im muslimischen Lebensstil. Durch den Wohnungswechsel mit seinem Cousin Emre zieht Krishna in eine Istanbuler WG ein, deren Bewohner Aktivisten der Gezi-Park Bewegung[1203] sind. Die Gezi-Park Bewegung war im Jahr 2013 der friedvolle Versuch der liberal-progressiven türkischen Jugend, den demokratischen Status Quo gegen Recep Tayyip Erdoğans Visionen eines neo-osmanischen Reiches zu verteidigen. Krishnas Mitbewohner Yunus und Esra haben die Proteste gegen die Vernichtung des Parks, den Zusammenschluss der demonstrierenden Fußballfans, das Entstehen einer politischen Alternativ-Kultur und die brutale Polizeigewalt jener Tage mit ihren Kameras aufgenommen und schneiden nun ihren Film mit dem Namen „*Gezi Parkı Bel-*

Ende der 80er Jahre wurde Jerofejew doch noch in der UDSSR verlegt und gewertschätzt. Ähnlich zur Handlung in Özdoğan s *Wieso Heimat, ich wohne zur Miete* begibt sich auch Jerofejews Ich-Erzähler auf eine Reise. Die Entarnung von Diskurselementen bzw. die Perspektivverschiebung innerhalb gewohnter Wahrnehmungsstrukturen findet in Die *Reise nach Petuschki* durch den Alkoholismus des Ich-Erzählers statt und eröffnet neue Sichtweisen auf die sowjetische Gesellschaft.

[1201] Wieso Heimat, ich wohne zur Miete. S. 11.
[1202] Jerofejew, Wiktor: Die Reise nach Petuschki. Ein Poem. Piper Verlag, 1987.
[1203] Eine literarische Aufarbeitung siehe in Adatepe, Sabine: GEZI- Eine literarische Anthologie. Binooki, 2014.

geseli". Dabei gehen sie sehr vorsichtig vor, da sie Repressalien durch den Staat fürchten. Und in der Tat wird Esra im Laufe der Handlung verhaftet und verschwindet spurlos. Yunus und Krishna befürchten das Schlimmste. Esra kann schließlich durch das Eingreifen von Krishnas Vater Recep gerettet werden, da er als Geschäftsmann über beste Verbindungen verfügt und das autoritäre Erdoğan-System trotz aller religiösen Prägung im Grunde nach turbo-kapitalistischen Vorgaben und Regeln der Vetternwirtschaft funktioniert. Wie sich sein Vater in dieser Welt zurecht findet und selbst davon profitiert und seine Kämpfe führt, kann Krishna bei einer gemeinsamen Reise an die Ägäis-Küste erfahren. Nach einer Genossenschaftssitzung auf der die Verwaltung einer Ferienhaussiedlung besprochen wird, von der er Anteile besitzt, erklärt Recep seinen Sohn, wie dort geklüngelt wird und wie man seine Ziele durchsetzt. Da Krishna ganz anders ist, macht sich sein Vater große Sorgen um ihn und will ihm seinen Biss und Kampfkraft mitgeben und weist darauf hin, dass Ehrlichkeit nicht Erfolg versprechend ist. Recep redet sich in Rage und argumentiert, dass der Unterschied zwischen Deutschland und der Türkei nicht so groß sei:

Du würdest auch bescheißen?

> Ja, natürlich, sagt er. Der gerade Weg, der ehrliche Weg ist nicht der, der ans Ziel führt. Das ist überall so. Auch in Deutschland. Dieser Helmut Kohl, der seinem Sohn nicht erlaubt hat, eine Türkin zu heiraten, solange er noch im Amt war, der hat ja die Namen von Parteispendern nicht verraten, weil er ihnen ein Ehrenwort gegeben hatte. Was heißt das? Dass er dem Geld mehr verpflichtet ist als dem Volk. Ich ficke so eine Ehre. Der wollte die Zahl der Türken in Deutschland halbieren, der Türken, nicht der Ausländer, weil die aus einer andersartigen Kultur kommen, wie er sagt. Der war da 16 Jahre lang Kanzler. Aber die Deutschen gelten als unbestechlich. Es wird überall beschissen, sagt er, überall werden sie ausgebeutet oder beuten aus. Es gibt nichts dazwischen, es sieht manchmal nur so aus.[1204]

Postmigrantisches Schreiben

Es ist dem kenntnisreichen Vergleich der BRD mit der Republik Türkei durch die Mittel der Satire sowie dem Heraustreten aus den gewöhnten Perspektiven zu verdanken, dass *Wieso Heimat, Ich wohne zur Miete* als Selim Özdoğans bislang anspruchsvollster Roman bezeichnet werden muss.

In *Wieso Heimat* führt der Autor seine bisherigen Arbeiten zusammen und nutzt seine Mehrkulturalität und Erfahrungen dazu, zwei Gesellschaften zu untersuchen und ihre Identitätspolitiken zu dekonstruieren.

[1204] Wieso Heimat, ich wohne zur Miete. S. 221.

Dabei bleibt er der einfachen klaren Sprache seiner Frühwerke treu und nutzt abermals, wenn auch in einer abgewandelten Form, seine in *DZ* und *Zwischen Zwei Träumen* entwickelte literarische Methode, die darin besteht, Realität als eine Vielzahl nebeneinander bestehender Wahrnehmungsmöglichkeiten zu präsentieren. Während Nesta und Damian mit Hilfe bewusstseinsverändernder Substanzen zwischen den Welten und Bedeutungsräumen wandeln, operiert die Figur Krishna mit einer vorurteilsfreien Rhetorik. Ohne plakativ zu werden gelingt es Özdoğan so einmal mehr einerseits gesellschaftliche Zustände zu kritisieren und andererseits seine Version postmigrantischer, postnationaler bzw. kosmopolitischer Identität prägnant darzustellen, in der das Individuum als spirituelles Wesen in den Mittelpunkt der Betrachtung gestellt ist.

Das referenzielle Spiel mit literarischen Vorbildern aus der türkischen, deutschen, amerikanischen und russischen Literaturgeschichte, der für ihn typische in seiner Einfachheit elegante Umgang mit Sprache, die zeigt, dass Anspruch und Komplexität auch lesbar sein können und seine thematische Vielseitigkeit machen Selim Özdoğan zu einem wichtigen Schriftsteller deutscher Sprache. Özdoğan denkt weit über den gesellschaftlichen Kontext der BRD hinaus und entwirft in Zeiten von weltweiter Fragmentierung von Identität Visionen menschlicher Verbundenheit und individueller Freiheit, die zwischen Utopie und evolutionärer Möglichkeit angesiedelt sind.

VIII. Deniz Utlu und Mutlu Ergün-Hamaz: Postmigrantische mehrkulturelle Neue Deutsche Literatur

> Alles, was ich schreibe, hat etwas mit meiner Biographie zu tun. Nichts von dem, was ich schreibe, hat mit meiner Biographie zu tun. Dazwischen liegt für mich Literatur.
> **Deniz Utlu**

> Wir brauchen einen Diskurs in Deutschland, der sich mit der Frage beschäftigt, was ist Menschlichkeit und wie können wir sie allen Menschen in dieser Gesellschaft gewähren. Dabei gilt es nicht wieder denen zuzuhören, welche sowieso die Definitionsmacht haben, sondern jenen, denen Menschlichkeit permanent in unserer Gesellschaft verweigert wird.
> **Mutlu Ergün-Hamaz**

Feridun Zaimoglus frühe Arbeiten wie *Kanak Sprak* (1995) und Serdar Somuncus anarchisch-satirische Lesungen von Adolf Hitlers *Mein Kampf* hatten einen stilistischen Einfluss auf die nächste Generation türkisch-deutscher Schriftsteller_innen. Junge Autoren wie Mutlu Ergün-Hamaz und Deniz Utlu zeigen, dass die zeitgenössische türkisch-deutsche Literatur sich verstärkt politisch positioniert und Ausdruck eines Engagements um politische und kulturelle Partizipation ist. Dabei übernehmen beide Autoren Denkmodelle und Kritikansätze, die bereits in der U.S.-amerikanischen Literatur von mexikanisch-amerikanischen oder afro-amerikanischen Schriftsteller_innen und Forscher_innen aufgegriffen worden sind, um auf Strukturen, die durch Marginalisierung geprägt sind, hinzuweisen.

Ergün-Hamaz' experimenteller Roman *Kara Günlük – Die geheimen Tagebücher des Sesperado* (2012) sowie Deniz Utlus *Die Ungehaltenen* (2014) thematisieren Formationen von *White Privilege* und Rassismus in der BRD und sind ein wütendes Einfordern kultureller Teilhabe und Gerechtigkeit.

Utlu und Ergün-Hamaz repräsentieren eine neue Generation türkisch-deutscher Schriftsteller_innen, die aufgrund ihrer Studienzeit im Ausland frühzeitig Erfahrungen mit Theorien von *Critical Whiteness* und *People of Color*[1205] gemacht haben, die den Fokus auf die Verursacher statt

---

[1205] Die Bezeichnung *People of Color* geht zurück auf die französischen Formulierung *gens de couleur libres*, die für Menschen in der Karibik verwendet wurden, die aus einer Verbindung von Kolonisator und Versklavtem entstammten. Siehe in: Brickhouse, Anna: Transamerican Literary Relations and the Nineteenth-

auf die Opfer von Rassismus legen, und diese Betrachtungsweise für ihre Texte aufarbeiten und auf die Einwanderungsgesellschaft Deutschlands übertragen.

Im vorliegenden Kapitel werde ich die politischen Positionen der Autoren im Kontext ihrer Prosatexte analysieren und darstellen. Da es keine Forschungsliteratur zu den beiden Autoren gab, habe ich mich für ein besseres Verständnis mit Deniz Utlu zu einem Gespräch in Berlin getroffen und Mutlu Ergün-Hamaz per Email interviewt.[1206]

Mutlu Ergün-Hamaz

Ähnlich wie Serdar Somuncu engagiert sich auch Mutlu Ergün-Hamaz mit unterschiedlichen Kunstformen und in seinen wissenschaftlichen Arbeiten[1207] gegen Rassismus. So ist Ergün-Hamaz unter anderem als *White-Awareness-* und *Empowerment-*Trainer[1208] bei dem Verein Phoenix und als Redakteur bei dem von Deniz Utlu gegründeten *Freitext Magazin* tätig. Darüber hinaus entwarf Ergün-Hamaz gemeinsam mit Noah Sow[1209] das Satireprogramm *Edutainment-Attacke,* mit dem sie in den Jahren 2008 bis 2012 in der Öffentlichkeit auftraten und in das auch Auszüge aus Ergün-

---

Century Public Sphere. Cambridge University Press, 2009. S. 91. Siehe weiter unten mehr dazu.

[1206] Schreiner, Daniel: Interview with Mutlu Ergün-Hamaz: Ungehaltene neue Deutsche Literatur. Multicultural Germany Project. UC Berkeley. http://mgp.berkeley.edu/ergun/ [Einge-sehen am 13.1.2017]. Das Interview mit Deniz Utlu wird ebenfalls durch die UC Berkeley veröffentlicht werden.

[1207] Ergün, Mutlu: Hayal. Poetische Reflektionen zu Weiß-Sein. In: Eggers, Maisha, Kilomba, Gerda, Piesche, Peggy und Arndt, Susan (Hrsg.): Mythen, Masken & Subjekte. Unrast Verlag: Münster, 2005. Im Magazin Freitext (Verlag Freitext Hannover) sind folgende Artikel von Mutlu Ergün erschienen: Micheal Muhammad Knight – The Taqwacores: Die Prophezeiung einer muslimischen Punk-Rock Szene. In Freitext, Vol. 16 (2) 2010: S. 20–24.
Rote Pille – Schmerz zulassen: Die Sozialpsychologie der Rassifizierung. In Freitext, Vol. 15 (1) 2010: S. 16–19. Schwarze Bilder – Schwarze Zeichner – People of Color als Autoren von gezeichneten Romanen (Gaphic Novels) und Comics. In Freitext, Vol. 14 (2) 2009: S. 16–19. Larissa Lai: Gender in Fantasy – Mythen, Sexualität und Zukunft in chinesisch-kanadischer spekulativer Fiktion. in Freitext, Vol. 12 (2) 2008: S. 30–37. Octavia Butler: Race in Space. In Freitext, Vol. 11 (1) 2008: S. 19–24. Kultur: Dominanz und Widerstand. In Freitext, Vol. 10 (2) 2007: S. 36–40. James Earl Hardy – HipHop & Homosexualität. In Freitext, Vol. 9 (1) 2007: S. 8–11. Tausend Worte tief – Teil 1 – Eine Stimme aus dem postmigrantischen Widerstand. In Freitext, Vol. 9 (1) 2007: S. 34–36.

[1208] Eine Einführung in das *White Awareness*-Training ist Katz, Judith: White Awareness: Handbook for Anti-Racism Training. University of Oklahoma Press, 2003.

[1209] Noah Sow ist Journalistin, Musikerin und Anti-Rassismusaktivistin. Sow, Noa: Deutschland Schwarz Weiss. Der alltägliche Rassismus. Goldmann Verlag: München, 2008.

© Mutlu Ergün-Hamaz

Hamaz' Prosa miteinfloßen und performiert wurden.¹²¹⁰ Auf Twitter kommentiert Ergün-Hamaz zudem das Zeitgeschehen.¹²¹¹

Kara Günlük – Die Geheimen Tagebücher des Sesperado

2010 erschien Mutlu Ergün-Hamaz' bisher einziger Roman *Kara Günlük*¹²¹²*– Die geheimen Tagebücher des Sesperado*, in dem sich der namenlos bleibende Ich-Erzähler an die fiktiven Leser seiner Aufzeichnungen wendet, um von seinem ganz persönlichen Einsatz gegen die Rassismen der weißen Dominanzgesellschaft in Berlin auf selbstironische Weise zu berichten:

> Also führe ich ein Tagebuch, auch auf die Gefahr hin, mit all den Warmduschern und Turnbeutelvergessern in einen Topf geschmissen zu werden. Aber wenn die Zeiten der Weißen-Westlichen Vorherrschaft vorbei sind, werden diese Seiten von unschätzbarem Wert sein und vielleicht sogar fester Bestandteil des Lehrplans an Schulen und Universitäten. Dann sind es zwar keine „Geheimen Tagebücher" mehr, aber was soll´s. Ich dachte, das klingt literarischer so."¹²¹³

1210 Siehe beispielsweise: Edutainment Attacke- Der Moslemrap. https://www.youtube.com/watch?v=jqQRnKbXtZs [Aufgerufen am 17.12.2014] Vgl. dazu Ergün, Mutlu: Kara Günlük - Die geheimen Tagebücher des Sesperado. S. 66–67.
1211 https://twitter.com/sesperado. [Eingesehen am 17.1.2017].
1212 Kara ist das türkische Wort für schwarz und geheim. Günlük bedeutet täglich.
1213 Ergün-Hamaz, Mutlu: Kara Günlük. S. 18.

Bei dem titelgebenden Begriff „Sesperado" handelt es sich um einen Neologismus. Das türkische Wort „*Ses*"/Lärm verändert die Semantik des Wortes Desperado derart, dass der Ich-Erzähler durchaus als ein *loup solitaire* markiert ist, diese Rolle jedoch nicht mit proto-stereotypischem Schweigen füllt, sondern mit Hilfe der Sprache laut auf soziale Missstände hinweist. Hans von Hentigs schon ältere Definition des Motivs Desperado hilft beim Verständnis von Ergün-Hamaz' Sesperado. Wie der klassische Desperado ist auch der Sesperado ein Außenstehender und kann daher als Reflektionsebene dienen, vor deren Hintergrund rassistische Strukturen in der BRD ironisch gebrochen und erkannt werden können:

> Der Desperado hat seinen Namen von einem seelischen Zustand erhalten. Beim Outlaw kommt eine frühere Phase der Entwicklung zum Ausdruck: Der Ausschluss von der Gruppe. Die Gemeinschaft hat dem Menschen das entzogen, was Gegengabe für mannigfache Einengung ist, den Schutz der Vielheit. Er mag immer schon ein Außenseiter, ein schwarzes Schaf, ein Rebell gewesen sein. Jetzt werden alle Bande kollektiven Zusammenhalts gelöst. Der Ausgestoßene steht allein in einer Welt, die von übermächtigen Naturkräften, Tieren, Feinden, ja hartherzigen Gespenstern erfüllt ist. Aber diese Isolierung mobilisiert den nackten Selbsterhaltungstrieb.[1214]

Besondere Originalität erhält der Roman dadurch, dass Ergün-Hamaz den Erzähltext mit Fußnoten versieht, in denen der studentische türkisch-deutsche Ich-Erzähler teils biographische und teils wissenschaftliche Kommentare ergänzend einfließen lässt. Letztere sind intertextuell mit Ergün-Hamaz' soziologischen Texten und seinen sozialarbeiterischen Ansätzen verwoben. Als Beispiel soll dieser Fußnotentext von Ergün-Hamaz dienen, in dem er die Varianz von Hautfarben im Kontext der PoC-Community in Berlin diskutiert und seine Sorge, von Schwarzen als Weißer angesehen werden zu können, satirisch Ausdruck verleiht:

> War letztens auf einer ähnlichen Veranstaltung der Black-Community gewesen. Es waren nur Leute mit afrikanischem Hintergrund da, daher war ich mir unsicher, wie willkommen ich bin. Aber die Leute waren cool, die Verantwortliche sprach mich an und sagte, sie verstünden „Schwarz" als einen politischen Begriff, alle Menschen, die von Rassismus betroffen sind und ethnisiert werden, wären damit gemeint. Also mich eingeschlossen. Ich kenne diesen Ansatz und wir kamen gut miteinander klar. Das ist leider nicht selbstverständlich. Viel zu häufig kommt es zu gegenseitigen Diskriminierungen und auf einmal werden Unterschiede, die anerkannt und respektiert werden sollten, zu einer scheinbar unüberwindlichen Barriere. Aber hier schien es wirklich anders zu sein und obwohl ich sozusagen der einzige P.O.C. mit anatolischem Hintergrund in der Runde gewesen bin, war es völlig in Ordnung. Und ich konnte locker sein. Gut,

---

[1214] Hentig, Hans V.: Der Desperado: Ein Beitrag zur Psychologie des regressiven Menschen. Springer: Berlin, 2013. S. 3.

danach bin ich erst einmal ins Solarium gegangen. Nur um auf Nummer sicher zu gehen, nicht dass irgendjemand denkt, ich sei Weißer.[1215]

Die geheimen Tagesbücher des Sesperado haben eine eindeutig politisch engagierte Grundstruktur, die in ihrer satirischen Ausgestaltung dem unterhaltend-pädagogischen Stil von Serdar Somuncu nahe kommen. Theresa Spechts Analyse zu Humor in der türkisch-deutschen Literatur[1216] trifft wie auf Serdar Somuncu ebenso auf Mutlu Ergün-Hamaz zu, wenn auch letzterer nicht Gegenstand ihrer Betrachtungen war:

> Die Übernahme eines negativ konnotierten Fremdstereotypes, auf dessen Grundlage Individuen im dominanten Diskurs stigmatisiert und ausgegrenzt werden, und dessen positive Umwertung durch die Minderheitengruppe selbst können als ein Akt des Widerstandes verstanden werden, mit dem die Minderheitengruppe sich gegen die Diskriminierung wehren und das Bild der eigenen Identität positiv beeinflussen kann. Bei dieser Strategie werden Differenzen zwischen Mehrheitsgesellschaft und Minderheitengruppe zwar hervorgehoben und bestärkt, allerdings werden sie in den humoristischen Schreibweisen der literarischen Texte des transkulturellen Humors ironisch gebrochen, so dass der den Ethnisierungen zugrunde liegende Konstruktionscharakter aufgezeigt wird.[1217]

Während Ergün-Hamaz und Serdar Somuncu sich in ihrem humoristisch-pädagogischen Duktus und in Bezug auf die Kritik an den holistischen Kulturvorstellungen der deutschen Dominanzgesellschaft ähneln, divergieren ihre Positionen jedoch beim Thema Islam. Während Somuncu sich als überzeugter Laizist streng von religiösen Traditionen abgrenzt und diese teilweise sogar ins Lächerliche zieht, verteidigt Ergün-Hamaz muslimische Religiosität als Bestandteil türkisch-deutschen Lebens in der BRD.

Mutlu Ergün-Hamaz konzentriert seine Kritik stattdessen auf ausschließende Mechanismen innerhalb der weißen deutschen Dominanzgesellschaft, in der türkische und arabische muslimisch geprägte Sozialsysteme um Anerkennung ringen müssen. Er thematisiert dies in Bezug auf Denkmodelle der *People of Color* -Bewegung. Die Konzepte der PoC gehen zurück auf die Gründungsphase der *Black Panther* Partei und die Hochphase der schwarzen amerikanischen Bürgerrechtsbewegung in den USA sowie auf Arbeiten des französischen Schriftstellers und Psychiaters

---

[1215] Ergün-Hamaz, Mutlu: Kara Günlük. S. 25.
[1216] Theresa Spechts Arbeit zeichnet sich durch einen ausführlichen Theorieteil zu Transkulturalität und transkulturellem Humor aus. Darüber hinaus liefert ihre Studie eine komprimierte Übersicht zur Entwicklung der türkisch-deutschen Literatur und Einzelanalysen von humoristischen Stilmitteln u.a. bei Feridun Zaimoglu, Fatih Çevikkollu und Serdar Somuncu.
[1217] Specht, Theresa: Transkultureller Humor in der türkisch-deutschen Literatur. Königshausen & Neumann: Würzburg, 2011. S. 188.

Frantz Fanon[1218], der ein Vordenker der Entkolonialisierung und somit auch der modernen Postcolonial-Studies war.[1219] Fanon (1925- 1961) engagierte sich politisch im Algerischen Unabhängigkeitskrieg und unterstützte die Rebellenseite in ihrem Kampf gegen Frankreich. In seinen Schriften – hier sind vor allem *Die Verdammten dieser Erde*[1220] von 1961 und *Schwarze Haut, weiße Masken*[1221] von 1952 zu nennen – beschäftigt sich Fanon[1222] mit den psychologischen Auswirkungen weißer Herrschaftsformen auf das Selbstbild schwarzer Menschen, die im kolonialen Kontext weiße Verhaltensweisen nachahmten, um bei den Kolonisatoren an Ansehen und Hierarchie zu gewinnen. Zudem vertrat Fanon die Position, dass ein gewaltsamer Aufstand gegen die ungerechte und rassistisch begründete Fremdherrschaft der Weißen durchaus gerechtfertigt sei. Folgender Auszug ist typisch für den emanzipatorischen Duktus von Fanons Rhetorik, die auch die Sprache US-amerikanischer Bürgerrechtler beeinflusste:

> I as a man of color do not have the right to seek to know in what respect my race is superior or inferior to another race. I as a man of color do not have the right to hope that in the white man there will be a crystallization of guilt toward the past of my race. I as a man of color do not have the right to seek ways of stamping down the pride of my former master. I have neither the right nor the duty to claim reparation for domestication of my ancestors. There is no Negro mission, there is no white burden. […] The Negro is not. Any more is the white man. Both must turn their backs on the inhuman voices which were those of their respective ancestors in order that authentic communication is possible. […] Superiority? Inferiority? Why not the quite simple attempt to touch the other, to feel the other, to explain the other to myself?

Auch deutsche „*People of Color*"-Aktivisten und Wissenschaftler_innen wie Fatima El-Tayep, Noa Sow und Zülfukar Çetin[1223] greifen postkoloniale Ansätze von Fanon und anderen auf und wenden sie auf die Situation in Einwanderungsländern an, um Positionierungs-Konflikte zwischen Dominanzkultur und Minderheiten aufzuzeigen und Marginalisierungserscheinungen zu kritisieren.

[1218] Siehe ausführlich die Biographie von Cherki, Alice: Frantz Fanon- Ein Portrait. Ed. Nautilus: Hamburg, 2002.

[1219] Fanons Einfluß etwa auf die Theorien von Edward Said, Homni Bhabha und Stuart Hall ist nicht zu unterschätzen.

[1220] Fanon, Frantz: Les damnés de la terre. Mit einem Vorwort von Jean-Paul Sartre. La Découverte et Syros: Paris, 2002.

[1221] Ders.: Peau noire, masques blancs. Seuil, Paris 1952.

[1222] Ders.: Black Skin, White Masks. Plutopress, 2008. S. 178ff.

[1223] Çetin, Zülfukar und Taş, Savaş: Gespräche über Rassismus – Perspektiven & Widerstände. Yilmaz-Günay: Berlin, 2015.

Im US-amerikanischen Kontext hatte zudem die Rede *I have a Dream* des Bürgerrechtlers Martin Luther King Jr. am Lincoln Memorial 1963 einen prägenden Einfluss auf die Politisierung und das Selbstverständnis der unter Rassendiskriminierung leidenden *„citizien of color"* und die Entwicklung des positiv besetzten Begriffs *„people of color"*, wie er heute in den USA und in Teilen auch von Aktivisten und Wissenschaftlerinnen in Deutschland verwendet wird[1224]:

> It is obvious today that America has defaulted on this promissory note insofar as her citizens of color are concerned. Instead of honoring this sacred obligation, America has given the Negro people a bad check, a check which has come back marked "insufficient funds." But we refuse to believe that the bank of justice is bankrupt. We refuse to believe that there are insufficient funds in the great vaults of opportunity of this nation. So we have come to cash this check — a check that will give us upon demand the riches of freedom and the security of justice. We have also come to this hallowed spot to remind America of the fierce urgency of now. This is no time to engage in the luxury of cooling off or to take the tranquilizing drug of gradualism. Now is the time to make real the promises of democracy. Now is the time to rise from the dark and desolate valley of segregation to the sunlit path of racial justice. Now is the time to lift our nation from the quick sands of racial injustice to the solid rock of brotherhood. Now is the time to make justice a reality for all of God's children.[1225]

Mutlu Ergün-Hamaz greift in *Sesperado* auf spielerische Art und Weise die emanzipatorischen Ansätze seiner literarischen Vorbilder James Baldwin

---

[1224] Der Berliner Politologe Kien Nghi Ha formuliert dies im migrationspolitischen Portal der Heinrich-Böll-Stiftung folgendermaßen: „Auch in Deutschland fordern migrantische Minderheiten und People of Color seit langem neben politischer Partizipation an gesellschaftlichen Entscheidungen und sozialer Gleichstellung, insbesondere eigene Räume zur Kreierung positiver Selbstbilder und Ressourcen zur öffentlichen Vermittlung der eigenen Geschichte. Die Erzählungen der bisher aus der Nation ausgeschlossenen Subjekte sind in ihrer Vielfalt uneinheitlich und lassen ganz unterschiedliche Perspektiven zu. Gerade ihre differenzierten historischen wie kulturellen Verortungen sind wichtig, um Menschen, Positionen und Geschichten sichtbar zu machen, die innerhalb der dominanten nationalen Narration lange Zeit keinen Platz beanspruchen durften. Während migrantische Praktiken den nationalkulturellen Rahmen in Frage stellen, brechen People of Color auch das weiße Artikulations- und Repräsentationsmonopol auf. Überall, wo der avancierte Kultur-, Kunst- und Wissenschaftsbetrieb für interkulturelle Diversität offen ist und die Überwindung eurozentristischer Standards als elementare Aufgabe ernst nimmt, sind positive Impulse spürbar." Aus: Nghi Ha, Kien: ‚People of Color' als Diversity-Ansatz in der antirassistischen Selbstbenennungs- und Identitätspolitik. http://heimatkunde.boell.de/2009/11/01/people-color-als-diversity-ansatz-der-antirassistischen-selbstbenennungs-und [Abgerufen am 05.01.2015].

[1225] King, Martin Luther und King, Coretta Scott: The Words of Martin Luther King, Jr. Newmarket Press, 2008. S. 95.

und Toni Morrison sowie der amerikanischen Bürgerrechtsbewegung auf und überträgt Forderungen der *People of Color*-Bewegung auf das Einwanderungsland Deutschland. Der namenlose Held und Verfasser der vermeintlich geheimen Tagebucheintragungen des Sesperado kritisiert die bewussten wie unbewussten rassistischen Einstellungen seiner deutschen Mitmenschen und träumt von der Befreiung und der „*Nation of Color*" durch eine Revolution, welche die alten Machtverhältnisse weißer Vorherrschaft abschaffen soll. Der Ich-Erzähler gebiert sich dabei gerne als eine lokale Berliner Kiezversion des amerikanischen Aktivisten Malcolm X[1226], der auf der Straße und in der Universität den „Stamm der Teutonen" auf ihre stereotypischen Sichtweisen auf *People of Color* und speziell Muslime aufmerksam machen will. Mit einer Ski-Maske bekleidet kapert der Ich-Erzähler beispielsweise eine Seminarveranstaltung über „Interkulturelle Kompetenz" und beendet seine vorgetragenen Forderungen mit dem Slogan der Black Panther-Bewegung:

> Wir sind die Vorboten der N.O.C., der Nation of Color. Wir fordern die sofortige Beendigung von veralteten Diskursen aus den 80er Jahren über Defizitätstheorien von Ausländern und Migranten. Wir sind P.O.C., People of Color, was bedeutet, wir sind nicht-Weiß. Wir glauben nicht an biologischen Kategorien von Rasse. Rasse ist eine soziale Konstruktion. Weiß—Sein hat sich in einem Jahrhunderte langen Prozess durch Sklaverei, Kolonialismus und Genozide selbst konstruiert. Wir fordern das sofortige Ende der Weißen, westlichen Dominanz und Reparationen an die Leittragenden des Unrechtssystems. Wir fordern die sofortige Freilassung von Mumia Abu Jamal[1227], Leonard Crow Dog[1228], Murat Kurnaz[1229] und

---

[1226] Malcolm X war ein wichtiger Vorkämpfer der schwarzen Emanzipationsbewegung in den USA. Malcolm X war eine Führungsfigur der amerikanischen Nation of Islam und grenzte sich in seinen Reden vom pazifistischen Kurs seines Zeitgenossen King ab und forderte eine kompromisslose Auseinandersetzung mit dem weißen Herrschaftssystem. Malcolm X wurde wie Martin Luther King von Attentätern ermordert. Siehe: Breitman, George (Hrsg.): Malcolm X speaks. Selected speeches and statements. Pathfinder Press: New York, 1993. Waldschmidt-Nelson, Britta: Martin Luther King und Malcolm X. Fischer TB: Frankfurt, 2002.

[1227] Mumia Abu Jamal ist ein ehemaliger Aktivist der Black Panther der seit den frühen 1980er Jahren wegen Mordes an einem Polizisten in einem Gefängnis einsitzt. Mumia Abu Jamal wurde zu einer Symbolfigur von Menschenrechtlern des links-alternativen Spektrums und Gegnern der Todesstrafe, da man rassistische Umstände für seine Verurteilung vermutet. Aufgrund langjähriger internationaler Proteste ist das Todesurteil gegen Mumia Abu Jamal mittlerweile in eine lebenslange Haftstrafe umgewandelt worden. Siehe: Tkachenko, Kyrylo: Der Fall Mumia Abu Jamal. Rassismus, strafender Staat und die US-Gefängnisindustrie. Unrast Verlag: Münster, 2012.

[1228] Leonard Crow Dog ist ein politischer Aktivist der Lakota, der für seine Teilnahme an der Besetzung der Stadt Wounded Knee im Jahre 1973 [bei der es sich um eine Protestaktion gegen die Jahrhunderte währende amerikanische Benachteiligung der Ureinwohner handelte] ins Gefängnis kam. Siehe dazu ausführlich:

allen anderen politischen Gefangenen der Weißen Diktatur. All Power to the People! Der Tag der Revolution ist nah![1230]

Unterstützung für seine anarchisch gestalteten Erziehungsprojekte findet er bei seinen drei „Teyzes"[1231] Beyda, Ceyda und Seyda. Alle drei Tanten haben in etwa das Alter des Sesperados und suchen wie ihr Neffe die Auseinandersetzung mit den weiß-deutschen Herrschaftsstrukturen und nutzen dafür ihren Druckereibetrieb und ihre Rapmusik. Weitere wichtige Personen im Leben des Ich-Erzählers sind sein Freund Mecnun, der, obwohl er heterosexuell ist, als Darsteller in Pornos für Homosexuelle arbeitet, der ehemalige Polizeianwärter und spät religiös gewordene Muslim Chihad sowie die Studentin Songül. Der Sesperado ist also kein wirklicher Einzelgänger wie die klassische Figur des Desperados; Gemeinschaft und das gemeinsame politische Engagement zeigen, dass das Verhalten als Sesperado mehr Show als Realität ist und vielmehr als Stilmittel vom Autoren verwendet wird, um die Marginalisierung migrantischer Gruppen am Beispiel einer einzelnen Figur darstellen zu können.

Der Sesperado bewegt sich in einem politischen Diskursfeld in Berlin, in dem es keine Berührungsängste und Konflikte zwischen den unterschiedlichen muslimischen Konfessionen und kulturellen Lebenswelten, zwischen den Geschlechtern, sozialen Hintergründen und sexuellen Ausrichtungen gibt. So sind Aleviten wie Sunniten, türkische, kurdische und arabische Deutsche Bestandteil seines Freundeskreises, der das postnationale Deutschland repräsentiert. Der Aufbau der Berliner Bevölkerung erinnert an die „Salad-Bowl" Metapher, mit der oftmals die amerikanische Gesellschaft beschrieben wird und die anders als das Bild des „Melting Pots", ein Nebeneinander der Kulturen statt die Verschmelzung aller Anteile betont. Letztendlich gilt jedoch, dass beide Bilder ihre Berechtigung haben, da sich die Migrationsgesellschaft(en) in der BRD nebeneinander, aber eben auch miteinander entwickeln. Dem trägt bereits das Titelbild des Romans Rechnung, auf dem mit Englisch, Türkisch und Deutsch drei

---

Smith, Paul, Chaat und Warrior, Robert Allen. Like a Hurricane: The Indian Movement from Alcatraz to Wounded Knee. The New Press: Newo York, 1996.

[1229] Murat Kurnaz, ein türkisch-stämmiger Bremer, war – ohne jemals von einem ordentlichen Gericht verurteilt worden zu sein – zwischen 2002 und 2006 Insasse des US-amerikanischen Gefängnisses in Guantánamo auf Kuba. Da ihm keinerlei terroristische Aktivitäten nachgewiesen werden konnten und die deutschen Behörden frühzeitig von seiner Unschuld wussten, jedoch sich gegenüber den Amerikanern weigerten, Kurnaz wieder in die BRD einreisen zu lassen, kam es später zu einem Untersuchungsausschuss im Bundestag. Siehe dazu: Kurnaz, Murat und Kuhn, Helmut: Fünf Jahre meines Lebens. Ein Bericht aus Guantanamo. Rowohlt: Berlin, 2007.

[1230] Ergün-Hamaz, Mutlu: Kara Günlük. S. 37.

[1231] Das Wort „Teyze" bedeutet Tante im Türkischen. Ergün-Hamaz benutzt jedoch nicht die türkische Pluralendung -ler, sondern das deutsche Plural-S.

Sprachen verwendet werden und eine sprachliche Neuschöpfung zu finden ist: *„Lyrical Guerilla prouldy presents KARA GÜNLÜK – Die geheimen Tagebücher des SESPERADO."* Das Titelbild mit dem vermummten Aktivisten enthält zudem eine ironische Symbolik: Literatur wird als gefährlich dargestellt, da sie zum Nachdenken anregt und Überzeugungen aufbricht.

Auch weiße Deutschen können – sobald sie denn einen hohen Grad der kritischen Selbstreflektion erreicht haben, wie Mecnuns Freundin Lena – durchaus zum Freundeskreis des Ich-Erzählers gehören. Mutlu Ergün-Hamaz spielt mit den Diskriminierungen und Vorurteilen, denen Migranten und Kinder von Migranten noch in der dritten Generation auch von Seiten von linken Repräsentanten und vermeintlichen Vorkämpfern einer multikulturellen Gesellschaft ausgesetzt sind. So berichtet Songül dem Sesperado davon, wie sie gemeinsam mit anderen Freundinnen der Antifa-Aktivistin Carola in einem Bahnabteil ihre eignen Rassismen widerspiegeln, indem sie vorgeben, die ihnen von Deutschen zugeschriebenen patriarchalisch geprägten „orientalischen" Sitten voller Überzeugung zu leben:

> Voller Leidenschaft argumentierten wir für das Recht auf eine arrangierte Hochzeit: „Aber natürlich. Guck mal, deine Eltern kennen dich, sie kennen deinen Charakter und deine Eigenschaften. Sie suchen nicht irgendeinen hergelaufenen Deppen für dich aus, sondern einen Mann, von dem sie denken, dass er auch gut zu dir passt. Unsere Eltern lieben uns, warum sollten sie etwas Böses für uns wollen?" […] Carolas Irritation wuchs. […] „Weißt du, du darfst das nicht nur so negativ sehen. Jedenfalls enden wir nicht als einsame alte Frauen ohne einen Partner, die sich mit ihren Pflanzen und mit der Katze unterhalten."[1232]

Das Vorgehen gegenüber Carola hat Methode und ist kein Einzelfall. In teils vom Erzähler durchgeführten und teils nur imaginierten Aktionen, versuchen er und seine Freunde die „Revolution of Color in Deutschland" voranzutreiben, um so für die Gleichberechtigung und Akzeptanz der Minderheiten zu werben. Hierzu muss jedoch der sich unbewusst tradierende Rassismus der deutschen Gesellschaft ein ums andere Mal aufgebrochen werden. Im Interview fasst Ergün-Hamaz seine Ideen zusammen, wie die Gesellschaft gerechter aufgestellt werden könnte und warnt zeitgleich vor einem „weißen Backlash", wie er sich in den populistischen Bewegungen in den USA und Europa zeigt:

> Ich finde Mehrsprachigkeit eine tolle Sache, ich bin selbst mit Deutsch und Türkisch aufgewachsen und es ist ein Geschenk für mich beide Sprachen sprechen zu können. Kinder sind total in der Lage mehrsprachig aufzuwachsen, mein Kind spricht bereits mit zwei Jahren drei Sprachen, warum sollten wir das unseren Kindern vorenthalten? Warum sollte es im

---

[1232] Ergün: Kara Günlük. S. 44-46.

öffentlichen Raum keine Möglichkeiten geben, die Vielfalt unserer Gesellschaft widerzuspiegeln? Ich persönlich bin ein großer Fan von Quoten und Affirmative Action. Ich hoffe die Frauenquote wird bald für die gesamte Bundesrepublik Geltung haben und nicht nur für Unternehmen, die an der Börse sind. Und warum soll es dann nicht auch eine Quote für PoC geben? Wichtig ist aber auch, dass die Leute nachfühlen müssen können, warum es sie gibt, sonst sehen wir einen „Weißen Backlash" wie wir dies derzeit in den USA erleben. Es muss über das kognitive Verstehen hinausgehen, das Nachfühlen ist extrem wichtig.[1233]

Jenseits der Arbeits- und Bildungspolitik, die Ergün-Hamaz als realistische Maßnahmen anstrebt, wünscht sich der Sesperado radikalere Methoden herbei, mit denen die Gesellschaft verändert werden soll: Einen längeren Tagebucheintrag widmet der Sesperado beispielsweise seiner Phantasie, die deutschen Medien zu hacken, um „weiße Normen" in der Öffentlichkeitssprache zu sprengen, die die Wahrnehmung der deutschen Lebenswelten prägen. In diesem Tagtraum gründet der Ich-Erzähler mit seinen Freunden die Gruppe G.-B.I.R.L.I.K [Guerillas für die Einheit], deren Mitglieder als eine Art Spezialagenten, die über besondere Fähigkeiten verfügen, in tarantino-esquer[1234] Weise vorgestellt werden. Gemeinsam beginnen sie ihre Operation mit der Manipulation einer „konservativen Tageszeitung mit nicht sonderlich hohem Niveau", indem sie die Schlagzeile durch den ungewohnten Marker „weiß" ergänzen [„Der Weiße Würger von Wilmersdorf"], um so der üblichen Hervorhebung der Hautfarbe von ausländischen Straftätern eine Diskriminierungstechnik für „deutsche" Straftäter entgegenzusetzen.[1235] In einem solchermaßen gestalteten Verfahren des „Sichtbarmachens" von Rassismen verfährt die Gruppe auch mit den anderen Artikeln der Zeitung. So wird beispielsweise der christliche Hintergrund eines Bankräubers hervorgehoben und ein CSU-Politiker als Fundamentalist bezeichnet.[1236] In einer weiteren fikti-

---

[1233] Schreiner, Daniel: Interview with Mutlu Ergün-Hamaz: Ungehaltene neue Deutsche Literatur. Multicultural Germany Project. UC Berkeley. http://mgp.berkeley.edu/ergun/ [Eingesehen am 13.1.2017].
[1234] Ergün-Hamaz' Ausgestaltung von Figuren und Inhalt ähneln durchaus der überzeichnenden Erzählweise des amerikanischen Regisseurs Quentin Tarantino, dessen Stilistik sich an der Retroästhetik von Italowestern und skurrilen B-Movies orientiert. Siehe z.B.: Kaul, Susanne, Palmier, Jean-Pierre: Quentin Tarantino. Einführung in seine Filme und Filmästhetik. Wilhelm Fink: München, 2013.
[1235] Siehe dazu auch die Diskussion um das „Racial Profiling" in der Sylvesternacht 2016, für das die Kölner Polizei kritisiert wurde. Um die aus dem Vorjahr bekannten Ausbrüche sexualisierter Gewalt am Hauptbahnhof zu verhinden, kontrollierte die Polizei diesmal nord-afrikanisch aussehende Männer sehr strikt, während sie weiße Männer unbeachtet ließ.
[1236] Ergün-Hamaz, Mutlu: Kara Günlük. S. 78–83. In einer Fußnote kontextualisiert der Ich-Erzähler die Vorgehensweise der Gruppe. Schon die Nazis hätten in der Presse den jüdischen Hintergrund einzelner Täter explizit genannt, um Juden ge-

ven Aktion der Guerilla-Gruppe wird die Tagesschau durch eine eigene Sendung mit einer Kopftuch tragenden Sprecherin ersetzt. Innerhalb seines lebensweltlichen durch mehrere Kulturen geprägten Referenzrahmens öffnen sich für den Sesperado immer wieder Ansatzpunkte für den pazifistischen emanzipatorischen Guerilla-Kampf; so auch die nicht perfekt hochdeutsche, und durch das Türkisch dialektisierte Sprache seiner Eltern. Gemeinsam mit seiner Tante Beyda zieht der Ich-Erzähler durch Berlin, um die „Topographie des Türken" phonetisch in den Alltag der Stadt einzuschreiben. Hierfür werden Straßenschilder in einem Kunstprojekt verändert: Die deutschen Namen wie Görlitzer Bahnhof, Gesundbrunnen und Warschauerstraße, um nur einige zu nennen, werden durch die in der türkischen Community gebräuchlichen türkisch-deutschen kreolisierten Version ausgetauscht: Gülizer [Türk. Für Rose] Bahnhof, Kesikburun [Geschnittene Nase], Varsa-Ver-Straße [Gib es her, wenn es vorhanden ist.]^{1237} Ergün-Hamaz' Figur zeigt auf diese Weise, dass Akzeptanz in der Einwanderungsgesellschaft schon im Sprachgebrauch und bei der Benennung des öffentlichen Raumes beginnen kann und sollte.

Dass ihm das Aufzeigen von Ungerechtigkeiten und das Bewusstmachen von rassistischen Strukturen in seinem Handeln antreiben, unterstreicht der Ich-Erzähler auch im Schlusswort von *Kara Günlük*. Für ihn bedeutet der Tag der angestrebten *Revolution of Color* nichts anderes als ein Aufwachen aller *People of Color* als Bestandteil eben jener Revolution. In diesem Sinne schließt der Sesperado seine Eintragungen:

> Das Einzige, was ich versuche, ist, etwas bewusst zu machen. Okay, ich gebe zu, es gibt einige Sachen, die es nicht gerade einfach machen, auf bestimmte Dinge einzugehen. Aber wenn trotz aller Widerstände etwas bei euch angekommen ist, dann bin ich sehr froh. Und manchmal ist es wichtig, das Unwohlsein auszuhalten, nur um verkrustete Strukturen in sich und in der Welt aufzubrechen.^{1238}

---

nerell zu stigmatisieren. Ähnliches würde die bundesrepublikanische Presse durch die Hervorhebung von kulturellen Eigenschaften von Tätern bewirken, die durch „Türkisch-Sein", „Schwarz-Sein" bzw. „Muslim-Sein" gekennzeichnet seien. Studien zeigen, dass die Kritik von Ergün-Hamaz' literarischem Alterego durchaus berechtigt ist. Siehe beispielsweise: Jäger, Siegfried, Jäger, Margarete, Cleve, Gabriele und Ruth, Ina: Von deutschen Einzeltätern und ausländischen Banden. Medien und Straftaten. Unrast-Verlag: Münster, 2000. Viehöver, Willy et al. (Hrsg.): Diskurs - Sprache - Wissen: Interdisziplinäre Beiträge zum Verhältnis von Sprache und Wissen in der Diskursforschung (Interdisziplinäre Diskursforschung). Springer Verlag: Berlin, 2012.

1237 Der Ich-Erzähler denkt bei der Aktion auch an die Einbindung der arabischstämmigen Bürger und benennt ihnen zu Ehren den Savignyplatz in den Sadene [umgangssprachlich für „Du Affe"]-Platz.

1238 Ergün-Hamaz, Mutlu: Kara Günlük. S.155.

Letztendlich bleibt die Revolution in Mutlu Ergün-Hamaz' aufklärerischem Text *Kara Günlük* unvollendet. Im Interview stellt der Autor Überlegungen zur Passivität der deutschen Migrantengesellschaft an, die jenseits einer Pro-Erdoğan-Bewegung oder dem salafistischen Islam merkwürdig „unsichtbar" – um einen Begriff von James Baldwin zu verwenden – bleibt, und sich nicht politisch organisiert wie etwa kulturelle Minderheiten in den USA:

> Die türkisch/kurdisch/anatolische Community ist noch weit von einer Art Bürgerrechtsbewegung, wie sie in den Staaten existiert hat, entfernt. Ich glaube, dass einige von uns vielleicht noch einige Jahrzehnte brauchen werden, um emotional in diesem Land anzukommen. Ehrlich gesagt, weiß ich auch nicht genau, was los ist, vielleicht geht es uns einfach zu gut, vor allem wenn wir dies mit dem Leben in der Türkei vergleichen. Ich glaube, das Sozialsystem in Deutschland, auch wenn es immer weiter runtergeschraubt wird, buffert viel von dem sozialen Sprengstoff ab. Vielleicht haben sich die türkischen/kurdischen/anatolischen Deutschen auch zu sehr der Protestkultur in Deutschland angepasst, die meines Erachtens nicht sehr ausgeprägt ist. Wenn ich das mal etwas sarkastisch ausdrücken darf, so war die einzige wirklich „erfolgreiche" Revolution in Deutschland die nationalsozialistische. Bei der Gezi-Park-Bewegung haben wir gesehen, wie in der Türkei Protest auch aussehen kann. Ich befürchte leider auch, dass viel dieser negativen Energie, welche durch Marginalisierung und Unterdrückung entstehen, von Salafisten und Co. eingefangen und auf einer Art und Weise kanalisiert werden, welche mir überhaupt nicht passt. Aber abgesehen davon, glaube ich, dass mehr auf der Straße passiert als wir wissen und erfahren sollen. Ich glaube, das ist das viel größere Problem. Die Communities könnten sich zwar noch viel stärker miteinander vernetzen und da gibt es schon einige gute Leute, die sich für Koalitionsarbeit und Intersektionalität einsetzen. Wer weiß, was da noch für kreative Formen des Protestes es bereits gibt und welche noch entstehen werden. Daher glaube ich nicht, dass der „Sesperado" alleine ist.

In der Tat ist der Sesperado nicht alleine. So wie Deniz Utlu ein gleichgesinnter Schriftstellerkollege von Mutlu Ergün-Hamaz ist, streitet auch sein Protagonist Elyas in *Die Ungehaltenen* für kulturelle Gerechtigkeit und Partizipation.

Deniz Utlu

> Sehe ich so aus, als wäre ich hier, um Sie zu bereichern? [...] ich will meinen Job machen, ich will ein Leben führen, ich bin kein Clown und kann auch keine Hütchen- oder Kartentricks.
> **Aylin, Figur aus *Die Ungehaltenen***

Ein Weggefährte von Mutlu Ergün-Hamaz ist der Berliner Schriftsteller, Herausgeber, Wissenschaftler und Theatermacher Deniz Utlu (geb.

© Deniz Utlu

1983). Der in Hannover geborene Utlu engagiert sich auf mehreren Ebenen für den Partizipationsprozess und die Akzeptanz türkisch-deutscher Bürger in einem mehrkulturellen Deutschland. Unter anderem ist er Mitarbeiter am Berliner Institut für Menschenrechte und organisiert Lesereihen am Gorki-Theater. Wie Mutlu Ergün-Hamaz unterhält Deniz Utlu einen *Twitter*-Auftritt, auf dem er das Zeitgeschehen kommentiert.[1239] Nach dem VWL-Studium in Berlin und Paris gründete Deniz Utlu 2006 zudem das Kulturmagazin FREITEXT, dass transkulturelle Fragen in das Zentrum der Betrachtung stellt und renommierten Autoren aber auch jüngeren Vertretern der türkisch-deutschen Literatur wie Mutlu Ergün-Hamaz ein Forum für kritische Essays und Analysen über den Zustand Deutschlands gibt. 2009 wurde im FREITEXT beispielsweise ein satirischer Text von Selim Özdoğan über den umstrittenen Begriff „Migrationshintergrund" veröffentlicht. Der Terminus „Migrationshintergrund" hat in den medialen und politischen Diskussionen die Definition von türkisch-deutschen Menschen als „Gastarbeiter" und „Ausländer" ersetzt. In *Vibrationshintergrund*, ein Text der ebenfalls in der Wochenzeitschrift DIE ZEIT veröffentlicht wurde, mokiert sich Selim Özdoğan über die obszöne Semantik des Begriffs „Migrationshintergrund", in dem immer auch eine deutsche Scham darüber mitschwinge, dass Deutschland ein Einwanderungsland sei. Wie man das eigene Sexspielzeug verberge, möchte man am liebsten auch den mehrkulturellen Charakter der BRD aus-

---

[1239] https://twitter.com/DenizUtlu. [Eingesehen am 17.1.2017].

blenden. Wie Özdoğan bewertet Utlu den Begriff kritisch. Für ihn ist der „Migrationshintergrund" eine soziale Konstruktion, die als „soziolinguistisches Segregationsinstrument" verwendet wird.[1240] Im Interview erklärt Utlu seine Position dazu und zeigt auf welchen Nutzen er in *People of Color*- Ansätzen sieht:

> Ich habe den Text von Selim [Özdoğan] über den „Vibrationshintergrund" in FREITEXT veröffentlicht und dann eine Literaturreihe im Ballhaus danach benannt. Ja, ich weiß nicht wie wichtig diese Sache mit den Begriffen ist. Es ist schon so, dass wir über Begriffe Realität schaffen, aber gleichzeitig ändern wir aber nicht viel, wenn wir nur die Worte verändern. Statt Migrationshintergrund Migrationsgeschichte zu sagen, dadurch hast du nicht wirklich was verändert, weil das Konzept dahinter weitergetragen wird. *People of Color* ist für mich ursprünglich nur ein wissenschaftlicher Begriff gewesen, kein identitärer und nur so hab ich ihn, wenn überhaupt, verwendet. Ich fand die identitäre Verwendung davon auch nicht gut, weil es ja eigentlich darum geht, Identitätskonzepte zu dekonstruieren. Natürlich, ich meine es ist einfach klar, dass es Unterschiede gibt, nicht kulturelle Unterschiede, sondern Menschen, die von Rassismus betroffen sind und solche, die nicht davon betroffen sind. Wenn wir das nicht benennen, dann hat das eben etwas von Farbenblindheit. Dafür ist PoC ein Instrument, um das irgendwie zu markieren. Da finde ich den Begriff sinnvoll, das schafft das Wort Migrationshintergrund nicht.[1241]

Deniz Utlu und seinen Mitstreitern war lange nicht bewusst gewesen, dass ihr Magazin nicht das erste seiner Art gewesen ist, sondern in der Tradition von Zafer Şenocaks Zeitschrift SIRENE zu verorten ist. Dies ist einerseits sicherlich dem eher geringen Verbreitungsgrad und der mangelnden Rezeption der über fast ein Jahrzehnt erschienen Literaturzeitschrift geschuldet, und andererseits in dem Umstand begründet, den Karin Yeşilada als eine für die dritte Autorengeneration „nicht untypische Geschichtsvergessenheit" bezeichnet, von der sie mit Feridun Zaimoglu auch die zweite Generation von Autor_innen betroffen sieht.[1242] Utlu ist selbstkritisch genug dies selbst zu sehen und vermutet die Ursache für die Geschichtsvergessenheit in der Subalterität mehrkultureller „migrantischer" Schriftsteller_innen begründet, die immerzu aus dem kulturellen Gedächtnis der BRD verschwinden würden, so dass es keine Tradierung von Gewesenem geben könnte:

[1240] Utlu, Deniz: „Migrationshintergrund" – Ein metaphernkritischer Kommentar. Aus: Der Freitag, November 2011. Der Text ist auf Utlus Homepage verfügbar. [Eingesehen am 17.1.2017].
[1241] Ich habe das Interview mit Deniz Utlu im Sommer 2014 geführt. In: Göktük, Deniz und Cho-Polizzi, Jon (Hrsg.): Journal Transit vol. 11, no.1. UC Berkeley, 2017. http://transit.berkeley.edu/2017/schreiner-2 [Eingesehen am 28.04.2017].
[1242] Vgl. mit Yesilada, Karin: Kulturgeschichte der türkischen Einwanderung, Kapitel Literaturgeschichte. Unveröffentlichtes Manuscript.

> Erst Jahre später entdeckten wir die *Sirene*, die 1990 bis 1999 von dem Autor Zafer Şenocak herausgegeben wurde. Eine deutsche Literaturzeitschrift, die der Geschichte der Migration nach Deutschland als Teil der Geschichte der BRD Rechnung trug. Die *Sirene* veröffentlichte auch zahlreiche Texte fremdsprachiger Autoren in deutscher Übersetzung und konnte so Zugang zu einem Teil deutscher Geschichte finden, die außerhalb der nationalen Grenzen liegt, nämlich in den Herkunftsländern und Transitländern von Menschen, deren Eltern nach dem Anwerbeabkommen oder vorher (!) nach Deutschland eingewandert waren. Die Bedeutung des Übersetzens und der Fokus weg von kulturellen Differenzen hin zu einer neuen Realität, in der die verschiedenen Elemente nicht nebeneinander existieren, sondern zusammen ein Ganzes ergeben – das waren Dinge, die sich die *freitext*-Redaktion über die Jahre, in der Auseinandersetzung mit anderen Kulturproduzenten und -wissenschaftlern der Gegenwart selber angeeignet hatte. Mit einem Zugang zum Archiv der Migration hätte *freitext* vielleicht an einem anderen Punkt angefangen, das Rad nicht neu erfunden, sondern fortgeschrieben, was in den neunziger Jahren schon angefangen hatte. Ohne Archiv keine Tradierung.[1243]

Utlus Zitat zeigt, dass er sich bewusst darüber ist, dass es eine Kontinuität des literarisch-politischen Diskurses in Deutschland gibt, an den er und seine Generation anknüpfen können. Dass er und seine Schriftstellerkollegen dabei immer noch dieselben Kämpfe um Partizipation auszutragen haben wie die Autoren vor ihm, ist symptomatisch für die undurchlässigen Strukturen deutscher Identitätspolitik [siehe dazu auch die Ausführungen zu Zafer Senocak].

Die Ungehaltenen

> Ich erzählte von meinen Eltern, von Cemo, von den Jahren nach Vaters Tod, von dem freien Fall, weil da nichts war, was mich hielt.
> **Elyas, Romanfigur aus *Die Ungehaltenen***

2014 veröffentlichte Deniz Utlu mit *Die Ungehaltenen* seinen ersten Roman. Wie Yadé Kara in *Selam Berlin* erzählt auch Utlu in *Die Ungehaltenen* eine *coming of age*- Geschichte eines jungen türkisch-deutschen Studenten in Berlin, der als Ich-Erzähler von seinen Kämpfen mit den erlebten Rassismen berichtet. Elyas, der Protagonist des Romans, ist wütend und traurig gleichermaßen. Diese Emotionen drücken sich ebenfalls im Titel aus: Elyas ist ungehalten gegenüber den rassistischen Strukturen in der Gesellschaft und er ist ungehalten im Sinne eines „Nicht-

---

[1243] Utlu, Deniz: Fünfzig Jahre Anwerbeabkommen zwischen Deutschland und der Türkei: Wer an die Zukunft denkt, muss sich erinnern können. Ein Plädoyer für eine deutsche Geschichte. In: Der Freitag [Der Freitag Mediengesellschaft, Berlin. Herausgeber: Jürgen Todenhöfer] am 31.10.2011. Der Essay ist auch auf Utlus Homepage in Gänze verfügbar. [Eingesehen am 17.1.2017].

Aufgefangen-Seins" im Moment tiefster Trauer. Während der Krankheit und dem Tod des Vaters kapselt sich Elyas zunehmend von der Welt ab, bricht sein Jura-Studium ab, ist fast nicht mehr ansprechbar ist und lässt sich ziellos durch die Stadt treiben. Der Tod des Vaters ist ein Trauma für Elyas, der zunehmend an Dissoziationen, an einem Verfall der Wahrnehmung leidet. Immer wieder gleitet sein Verstand in einen Traumzustand ab. Dieser ist jedoch nicht nur als pathologisch zu verstehen, sondern dient ebenfalls der psychischen Entlastung in der Krise und hilft Elyas bei der Überwindung der Trauer und Wut.

Utlu baut mehrere Traumsequenzen in die Handlung ein, die derart detailreich beschrieben, geradezu als Drehbuchangaben oder Regieanweisungen verstanden werden können und wahrscheinlich der Tatsache geschuldet sind, dass Utlu vom Theater kommt. Die Traumsequenzen sind über den gesamten Roman verteilt: So träumt sich Elyas beim Tanken in außerirdische Kraterlandschaften hinein, imaginiert während einer Reise in der Türkei ein Gespräch mit Gott, mit dem er gemeinsam in einer Baumkrone sitzt, oder fantasiert wie er eine Bühne stürmt, um gegen die Verlogenheit der deutschen Gesellschaft zu protestieren und gleichzeitig eine Frau zu beeindrucken:

> Hier ist meine meine Rede zu den Feierlichkeiten zum fünfzigjährigen Anwerbeabkommen zwischen Deutschland und der Türkei. [...] Ich scheiß auf den Bürgermeister. Ich scheiß aufs Anwerbeabkommen. Ich scheiß auf die Arbeitsmigration. Auch auf jede andere Form von Migration. [...] Ich scheiß aufs Kapital. Ich scheiß auf den Kommunismus. Ich scheiß auf die Nazis, und ich scheiß auf die Antifa. Ich scheiß auf die Kanaken. Auf Anzugsträger und Punks. Ich scheiß auf die deutsche Einheit. Ich scheiß auf den Sozialstaat. Ich scheiß auf die deutsche Rentenversicherung und auf die gesetzlichen Krankenkassen. Ich scheiß auf die Bundeszentrale für politische Bildung. Und überhaupt auf politische Bildung. Auch auf unpolitische Bildung. Ich scheiß auf die Romantik und die Aufklärung. Auf die Industrialisierung. Ich scheiß auf die Dönerindustrie. Ich scheiß auf den Motorroller für den einemillionundersten Gastarbeiter. Ich scheiß auf Beileidsgenicke nach dem Tod meines Vaters. Ich scheiß auf all die Jahre, die ich damit verbracht habe, die Decke anzustarren. Ich verlange hier und jetzt diese Jahre zurück. Meine und die meines Vaters. Mein vier. Seine vierzig. Dies ist ein amtlicher Antrag, ich habe Jura studiert.[1244]

Elyas fantasierter Wutausbruch ist nicht mit der zynischen Menschenfeindlichkeit von Akif Pirinçcis Protagonisten in *Tränen sind immer das Ende* zu verwechseln, auch wenn dieser Roman, gemeinsam mit Yadé Karas *Selam Berlin*, Utlu inspiriert haben wird. Elyas ist jedoch im Vergleich zu Pirinçcis Ich-Erzähler Akif oder Yadé Karas Hasan ein weitaus empfindsamerer Charakter jenseits jugendlicher Angeberei.

[1244] Utlu, Deniz: Die Ungehaltenen. S. 108.

Über Elyas' persönliche Geschichte hinaus zeichnet *Die Ungehaltenen* türkische Siedlungsgeschichte in Berlin nach und thematisiert dabei Marginalisierungs- und Ausgrenzungsstrukturen. Der Roman ist aber kein Text passiver Betroffenheit, zumal die Migrationsgesellschaft der Stadt nicht als Fremdkörper, sondern als lebendiger und originärer Teil Berlins beschrieben wird: Berlin ist ohne seine türkische Geschichte und seine türkisch-deutsche Lebenswelt nicht vollständig. Berlin ist nicht nur eine deutsche Stadt, es ist auch eine türkische Stadt und Utlu fordert mit *Die Ungehaltenen* dazu auf, dies anzuerkennen. Die Geschichte West-Berlins wäre eine andere ohne die große Anzahl türkischer Siedler, die Kreuzberg zur größten türkischen Stadt außerhalb der Türkei gemacht haben. Ihr Anteil am Wiederaufbau, am Wirtschaftsleben und der Alltagskultur sollte nicht übersehen werden und wäre Teil der Integrationsleistung, die von Seiten der BRD erbracht werden könnte.

Elyas' Familie und die anderen türkisch-deutschen Familien in Berlin sind einer Reihe von Herausforderungen durch die Jahre hinweg ausgesetzt. Der Fall der Mauer, die Wiedervereinigung und der damit verbundene aufkommende deutsche Stolz, endlich wieder eine große Nation zu sein, marodierende Neonazi-Gangs und Gentrifikationsprozesse nehmen Einfluss auf das Lebensgefühl und die Lebensrealitäten der Menschen. Soziale Ungerechtigkeiten manifestieren sich als Folge des ökonomischen Systems. Die Türk-Deutschen werden in diesem durch ihre Markierung als „Muslime" und „Fremde" leichter marginalisiert. Im Interview wird Berlins Status als politischer Diskursraum und Utlus Erfahrung mit dem Thema deutlich:

> Ja ja, ich meine es hat sich natürlich auch in Berlin radikalisiert. Ich komme ja aus Hannover. In Berlin waren die ganzen Konflikte und Diskussionen einfach viel krasser. Weil man einfach eine viel größere „Minderheit lebt". Das ist einfach viel gegenwärtiger und ist mir hier viel bewusster geworden. In Hannover gab es....ich war immer politisch und ich hatte immer ein Problem mit Ungerechtigkeit und das kann damit auch was unbewusst zu tun haben, aber ich habe mich damals nicht mit irgendwelchen Theorien und Geschichten auseinander gesetzt, die dieses Problem benennen, sondern das kam erst im Studium. [...] Wenn ich in der Schulzeit kritisch war, war das eher eine Art Kapitalismuskritik und ich hab auch Wirtschaft studiert und da habe ich einfach gemerkt, dass es um andere Dinge geht. Es geht nicht nur einfach um Kapitalismus, was soll das schon sein, das ist noch mal eine andere Form der Ausgrenzung und Ungerechtigkeit, die vielleicht in dem Umfeld und Kontext in dem ich groß geworden bin, einfach noch mal viel krasser ist. Und ich könnte dir natürlich zig Beispiele aus meiner Kindheit und Jugend aufzählen, wo es zu rassistischen Vorfäl-

len gekommen ist. Damals hätte ich sie anders benannt. Aber damals hab ich schon gemerkt, dass es nicht richtig ist, was passiert [...].[1245]

Religion und Ethnie sind austauschbare Marker einer relativen Verschiedenheit, und dienen lediglich dazu eine Machtstruktur zu etablieren, in denen einige wenige wohlhabender als der Rest sind. Utlu entfaltet diesen Ansatz literarisch entlang Elyas' Werdegang. Elyas' türkische Familienmigrationsgeschichte ist nur in einer Makroperspektive von Bedeutung, aus der seine Verortung in der Sozialhierarchie deutlich wird. Elyas selbst hat keine Identitätskrise, die aus seiner Familienherkunft und den Rassismen der Dominanzgesellschaft herrühren. Auch die spätere Reise ans Schwarze Meer, die den zweiten Teil des Romans füllt, ist kein Suchen der eigenen Wurzeln, sondern eine Reise aus der Trauer hin zu einem Neuanfang. Berlin ist und bleibt Elyas' Heimat. Die Markierung als Türke ist für ihn nur insofern von Bedeutung als dass andere ihn deswegen marginalisieren. Hier zeigt sich ein zentraler Strang des PoC-Ansatzes: Rassismus ist zuallererst ein Problem des Rassismus-Erzeugers, der damit die Gesellschaft vergiftet. Elyas sieht sich nicht als Opfer, er klagt stattdessen wie Ergün-Hamaz' *Sesperado* die Täter an. Die Selbstpositionierung als Opfer würde aus PoC-Sicht nur die Machtstrukturen weiter verfestigen. Ähnliche Diskussionen gibt es nicht nur in der Rassismusdebatte, sondern auch bei der Erörterung von Gewalt gegenüber Frauen, wie sie nach der Silvesternacht 2015 in Köln geführt worden sind, in der hunderte Frauen sexuell belästigt worden sind.[1246] In dem die Betroffenen sich nicht auf die Opferkategorie festlegen lassen, wird eine strategische Gegen-Essentialisierung durchgeführt, die es erlaubt, sich selbst zu ermächtigen, aktiv den Täter anzuklagen anstatt sich über die Tat hinaus eindimensional als Opfer bezeichnen zu lassen und sich fortwährend als solches zu fühlen.

In diesem Sinne sind Elyas und der *Sesperado* typische Vertreter eines Selbst-*Empowerments*, das sich explizit gegen den Opferstatus wendet: Rassismus und Marginalisierung sind erlebtes Unrecht, aber die Betroffenen wollen sich dadurch nicht stigmatisieren lassen, da dies das Unrecht nur noch verstärken würde. Sexuelle Gewalt wie Rassismus endet nämlich nicht im Akt der Tat, der Beschimpfung oder Belästigung, ihnen wohnt

---

[1245] Schreiner, Daniel: Ungehaltene neue Deutsche Literatur. Einführung und Interview mit Deniz Utlu. In: Göktük, Deniz und Cho-Polizzi, Jon (Hrsg.): Journal Transit vol. 11, no.1. UC Berkeley, 2017. http://transit.berkeley.edu/2017/schreiner-2 [Eingesehen am 28.04.2017].

[1246] Vgl. Schreiner, Daniel: Postcologne-ism and the Zoot Suit Riots - Literary Responses on Media Narrations of Machoism and Otherness in Germany and the USA. In Vorbereitung für Bibliotheca Benjamin Franklin. Sammelband der 10th International Conference on Chicano Literature and Latino Studies: Culture and Hispanic Heritage: Building an Identity.

vielmehr ein strategisches Gift inne, das langfristig die Betroffenen schwächen soll. Steve McQueens historisches autobiographisches Filmdrama *12 years a slave*[1247] zeigt diese Langzeitwirkung von Rassismus eindrucksvoll am Beispiel der Lebensgeschichte des Musikers und Schreiners Solomon Northup, der als freier Bürger in Washington D.C. entführt wurde und auf einer Plantage in Louisiana mehrere Jahre als Arbeitssklave gefangen gehalten wurde.[1248] Northups Mitgefangene wurden durch den Sklavenhalter programmiert/konditioniert und lernten ihre Positionierung als natürliche Ordnung anzunehmen. Indem Elyas wie der *Sesperado* sich der Fremdbestimmung entziehen und die Deutungsherrschaft für sich beanspruchen, erklären sie wie Solomon Northup ihre Unabhängigkeit, die die Voraussetzung für die Erlangung kultureller Gerechtigkeit und Partizipation sind. Denn nur wer sich frei fühlt, bzw. frei denken kann, ist auch in der Lage sich die Legitimation zum Widerstand zu geben.

Elyas' Eltern zählen zur ersten Generation „Gastarbeiter". Er hat somit keine Großeltern in der BRD an die er sich wenden könnte wie seine deutsche *„Peergroup"*, um Unterstützung neben dem Elternhaus zu erhalten. Stattdessen kann Elyas jedoch jederzeit zu „Onkel" Cemo [Kosename für Kemal] gehen, der ihm ein Mentor ist. Der Rat gebende, nicht notwendigerweise leiblich verwandte Onkel ist ein wiederkehrendes Motiv in der türkisch-deutschen Literatur: Auch Yadé Karas jugendlicher Protagonist Hassan Kazan aus *Selam Berlin* und Imran Ayatas Ich-Erzähler Devrim aus *Mein Name ist Revolution* haben mit „Onkel Breschnew" bzw. „Onkel Ahmet" kommunistische Mentoren, die in den Romanen die Marginalisierungen der migrantischen Lebenswelt mit einer Systemkritik am Kapitalismus erklären.[1249]

Cemo, ist ein Freund von Elyas' Vater, der in den 1970er Jahren aus der Türkei fliehen musste. Cemo ist Kommunist und erklärt Elyas die Lehren von „Carlos" Marx und berichtet vom türkischen „Gastarbeiter"-Streik im Kölner Fordwerk, in dem er sich mit Elyas' Vater engagiert hatte. Als nach dem vermeintlichen Selbstmord der NSU-Terroristen die deutschen Medien einen der größten Skandale der Nachkriegsgeschichte aufklären, sind Cemo und Elyas tief getroffen und hoffen auf den Protest der türkisch-deutschen Bevölkerung. In einer weiteren Traumsequenz sieht sich Elyas als Anführer des Protestes:

> Ich hängte mir ein Megafon um den Hals und lief auf die Straße: „Achtung, Achtung, dies ist keine Übung! Steht auf, lasst den Fernseher laufen,

---

[1247] Twelve years a slave. R: Steve McQueen. Fox Searchlight Picture, U.S.A. 2013.
[1248] Northup, Solomon: Twelve Years a Slave. Narrative of Solomon Northup, a citizen of New-York, kidnapped in Washington city in 1841, and rescued in 1853, from a cotton plantation near the Red River in Louisiana. Henry W. Derby, Cincinnati 1853. Eine Neuauflage ist im Atria Verlag 2013 erschienen.
[1249] Ayata, Imran: Mein Name ist Revolution. Blumenbar Verlag: Berlin, 2011. S. 253.

> lasst den Herd an, er soll Feuer fangen. Klopft bei den Nachbarn, sagt allen Bescheid, sagt: Der Marsch hat begonnen, draußen stehen hunderttausend, morgen sind es eine Million. Wir setzen uns vor den Bundestag, wir setzen uns vor die Landtage [...] Politiker werden ihrer Ämter enthoben, Geheimdienste lösen sich auf. Einfache Bürger, Bäcker und Schuster, Büroangestellte, Beamte, Kassierer und Ingenieure, Bauarbeiter, Schaffner gehen auf die Nazijagd, sagen: Nie wieder, nie wieder werden Migranten in diesem Land, in dieser Stadt, in dieser Straße niedergeschossen. Sagt allen Bescheid, ruft es aus, jeder soll es wissen, Deutschland ist jetzt ein anderes Land. Auf den Straßen fallen sich die Leute in die Arme, sagen: Was war los mit mir, warum hab ich dich nicht gesehen all die Jahre?[1250]

Letztendlich versammeln sich jedoch nur 300 Leute an der Siegessäule, um an die Opfer des NSU zu erinnern. Selbst die türkisch-deutsche Community bleibt seltsam still. Die Literatur spiegelt die Wirklichkeit wider: Ungleich der Situation in den USA, wo afro-amerikanische Bürger nach einer Serie von Polizeigewalt die Bewegung *Black Lives Matter* gründeten, reagiert die türkisch-deutsche Bevölkerung gelähmt auf die Tatsache, dass die Geheimdienste über ein Jahrzehnt die Ermordung von Migranten gedeckt haben, zieht sich in ein inneres Exil zurück oder sucht den Schulterschluss mit Tayyip Erdoğan.[1251] Für Cemo und Elyas sind dies jedoch keine Alternativen, die sich stellen: Während Cemo engagierter Kommunist ist und bleibt, geht das Angebot einer neo-osmanischen Identität völlig an Elyas vorbei, der seine eigene Zugehörigkeit zur Gesellschaft in der er lebt nicht anzweifelt, sondern nur deren rassistische Strukturen kritisiert. Identitäre Fragen stellen sich ihm nicht, da er sich nicht über religiöse oder ethnische Identitätspolitiken definiert. Im Interview vertieft Utlu seine Ansichten über die Mordserie und die Verquickung der Geheimdienste darin und berichtet wie die Ereignisse viele türkische Deutsche erschreckten und man sich regelrecht überlegt habe, ob es noch sicher sei in Deutschland zu leben:

> Und dann sehen sie, dass diese Menschen da ermordet wurden, das ist ja unvorstellbar und das ist in diesem Zustand, das in dieser heftigen Diskurszeit, das eben nicht nur intellektuelle Scheiße ist, sondern was du täglich auf der Straße merkst und alle reden und überlegen, „Ey, wie soll das weitergehen, was können wir machen" und dann kommt raus, zehn Jahre wurden diese Menschen ermordet und der Verfassungsschutz und die Polizei, die Politik alle haben schmutzige Hände. So, klar saßen viele auf gepackten Koffern, der Hype alleine um Sarrazins Buch damals, das meist-

---

[1250] Utlu, Deniz: Die Ungehaltenen. S. 137/138.
[1251] Ein Grund für die Passivität der türkisch-deutschen Bevölkerung könnte darin bestehen, dass viele von ihnen im Vergleich zu Afro-Amerikanern keine Staatsbürger der BRD sind und theoretisch ausgewiesen werden können. Das Selbstverständnis des zugehörigen Bürgers, der sich gegen Unrecht aus einer ganz anderen Gewißheit heraus äußern kann, fehlt somit.

verkaufte Buch seit der Bibel in Deutschland oder so...Brandanschläge auf Moscheen, es saßen schon einige auf gepackten Koffern. Und es war keine Panik, ich glaube sie hatten Recht. Zurzeit hab ich das Gefühl, dass es nicht so krass mehr ist, aber ich kann dir nicht genau sagen, woran das liegt. Es ist, glaub ich nicht, dass man sagen kann, „Wir sind weiter gekommen". Es ist eher nur zyklisch. Es war ja Anfang der 90er Jahren ähnlich krass. Und das war jetzt so ein krasser Höhepunkt, dass das ganze erst einmal wieder ein bisschen abgeflacht ist und ich höre jetzt nicht mehr von so vielen Leuten, dass sie auf gepackten Koffern sitzen. Doch diese Phase hat es tatsächlich gegeben. Es sind auch Leute gegangen. Also die saßen nicht nur auf gepackten Koffern, sondern es gab Leute die haben gesagt „Mein Leben ist mir zu kurz für Deutschland."[1252]

Die türkisch-deutsche Mehrkulturalität ist für Elyas ein Normalzustand: Er ist zuallerst individuelle Person und Mensch, und als solcher hat er mit seiner Traurigkeit zu kämpfen, um den Weg zurück ins Leben zu finden. Dennoch können Elyas' Probleme als Symptome der Einwanderungsgesellschaft gelesen werden. Am Beispiel seines Vaters aber auch an Aylins Vater, eine junge Ärztin, in die sich Elyas verliebt, wird deutlich welchem Stress Migranten in Arbeits- und Lebenswelt ausgesetzt waren und sind. Die Gesundheit vieler „Gastarbeiter" ist ruiniert, eine Tatsache, die als literarischer Topos in der jüngeren türkisch-deutschen Literatur wiederholt dargestellt wird und den ich als *the fading of the fathers* bezeichne. In diesem Kontext sei auf den bereits weiter oben erwähnten autobiographisch geprägten Roman *Herr Kiyak, dachte jetzt fängt der schöne Teil des Lebens an* von Mely Kiyak verwiesen. Kiyak und Utlu zeigen deutlich welch hohen Preis die erste Generation türkischer Einwanderer für ihre gefährlichen Arbeitstätigkeiten in der verarbeitenden Industrie zahlen musste. Utlus Protagonist Elyas nimmt auf die besonderen Arbeitsbelastungen in seiner prägnanten Kurzfassung der türkischen Migrationsgeschichte in der BRD Bezug:

> Fünfzig Jahre war es her, dass deutsche Ärzte mit Laborhandschuhen an den Schwänzen dieser Bauern gezogen, ihre Eier betatscht und ihnen den Finger in den Arsch gesteckt hatten. Fünfzig Jahre war es her, dass sie mit schwarzen Stiften nummeriert worden waren wie Vieh, achtundsiebzig, neunundsiebzig. Fünfzig Jahre Steine schleppen, giftige Gase einatmen, Teile auf dem Fließband sortieren, die Hitze des Maschinenraumes ertragen. Fünfzig Jahre war es her, dass die ersten Bauern zu Fabrikarbeitern wurden, auf ihren Pritschen lagen und das Gitter, auf dem die Matratze über ihnen lag, zu dem Rautenmuster auf dem Rock der Geliebten wurde. Fünfzig Jahre, und aus den Bauern wurden Arbeiter, Autoren, Schauspieler,

---

[1252] Schreiner, Daniel: Ungehaltene neue Deutsche Literatur. Einführung und Interview mit Deniz Utlu. In: Göktük, Deniz und Cho-Polizzi, Jon (Hrsg.): Journal Transit vol. 11, no.1. UC Berkeley, 2017. http://transit.berkeley.edu/2017/schreiner-2 [Eingesehen am 28.04.2017].

Manager und Ärzte, Säufer und Drogentote. Fünfzig Jahre, und seit siebzig gab es die Republik, deren Geschichte eine andere gewesen wäre.[1253]

Elyas hadert nicht mit dem Leben etwa weil er türkischer Herkunft ist und als mehrkultureller Mensch nicht in der deutschen Gesellschaft sich zurechtfinden würde, die die Integration in eine diffuse Leitkultur fordert. Er stolpert vielmehr durchs Leben, da der Tod des Vaters ihm die eigene Ungehaltenheit aufzeigt. Als Kind von Migranten wächst Elyas in einer Familie auf, in der Vater und Mutter damit beschäftigt sind, selbst die größten Widrigkeiten in der feindlichen Lebenswelt zu meistern und unter Heimweh leiden. Die deutsche Gesellschaft, die sie gerufen hat, besitzt nicht die Sensibilität und den Willen die Einwanderer in ihrer ihr eigenen Kulturalität und gemäß ihren Bedürfnissen ins Gemeinwesen gleichberechtigt aufzunehmen. In einem Klassensystem soll der „Gastarbeiter" seinen Platz kennen, schuften, aber bitte nicht weiter auffallen und schon gar nicht die Vorstellung der deutschen Homogenität stören. Dass dies belastet und krank macht, verwundert nicht. Der Fremde muss fremd bleiben, da sonst dem Deutschen die Eigendefinition fehlen würde. Während Elyas' Vater am „Krebs der Nichtanerkennung und Ausbeutung" zugrunde geht, zieht die Mutter die Konsequenz und kehrt zurück in die Türkei. Doch Elyas ist dagegen Teil des postmigrantischen Deutschland: Er muss zurückbleiben bzw. nach seiner Reise mit Aylin zurückkehren, denn die Türkei ist nicht seine Heimat, er gehört nach Berlin. Die Krankheit und der Tod des Vaters stoßen Elyas mit der größten Heftigkeit auf die Bedeutung der eigenen Familiengeschichte. Nur kurzzeitig findet er Halt in Aylin, doch als diese ihrerseits den Vater verliert, zerbricht auch diese Beziehung. Elyas begreift, dass niemand seine Trauer heilen kann, niemand kann ihn halten, wenn nicht er selbst. Nach seiner Reise zum Schwarzen Meer erscheint Elyas gestärkt und gewachsen in Cemos Büro:

> Onkel Cemo grinste mich an, er sagte: „Ich dachte schon, du kommst nie wieder." „Hier bin ich", sagte ich.[1254]

„Hier bin ich" ist der letzte Satz des Romans, ein Satz der das bewusste Dasein und Zugehörigkeit verkündet. Elyas ist in Berlin, in Deutschland. Er ist bereit, seinen Platz einzunehmen. Durch das Überwinden der Trauer, bewältigt Elyas schließlich auch die eigene Wut, die daraus gespeist wird, immer wieder trotz seines Deutschseins marginalisiert zu werden. Die Überwindung von Wut und Trauer führen dazu, dass Elyas sich aus der eigenen Passivität befreien kann und aktiv an der Gestaltung von Gesellschaft teilnehmen kann. Elyas lässt die Opferrolle hinter sich und fordert durch sein Einbringen die Anerkennung seiner selbst ein.

[1253] Utlu, Deniz: Die Ungehaltenen. S. 104/105.
[1254] Ebda.: S. 234.

Deniz Utlus Elyas ist trotz seiner Individualität in einen stabilen Familien- und Freundeskreis eingebunden. Vergleichbar mit Selim Özdoğans Helden, Mutlu Ergün-Hamaz' Sesperado, Yade Karas Hassan und mit Abstrichen Imran Ayatas Ich-Erzähler Devrim repräsentiert Elyas den postmigrantischen Deutschen, der mehr ist als einfach nur deutsch, türkisch oder das Hyphen zwischen den beiden kulturdefinierenden Adjektiven. Die neuen Deutschen und die post-migrantische Gesellschaft, in der sie leben, sind weitaus kosmopolitischer als der Rest des Landes. Elyas ist Bürger einer neuen großen räumlich-ungebundenen post-migrantischen Nation, zu der Menschen in Europa, Nordamerika und anderen Teile der Welt gehören und die uns daran erinnert, dass Migration, Sesshaftwerdung und das Verschmelzen von Kulturen zu neuen Kulturen ein nie aufhörender Prozess ist, der sich seit Menschheitsbeginn vollzieht.

Da Deniz Utlu nicht der einzige Schriftsteller ist, der die Normalität türkisch-deutscher Dazugehörigkeit herausstellt, kann man, neben dem bereits von Karin Yeşilada beschriebenen *Muslim Turn*, auch von einem sich parallel dazu manifestierenden *Post-migrant Turn* sprechen, der in den migrantischen Lebenswelten und der Literatur festzustellen ist. Anders als Feridun Zaimoglu und Zafer Şenocak, die man aufgrund ihrer Texte entweder als deutsche, türkische oder türkisch-deutsche Schriftsteller bezeichnen kann, ähneln jüngere Schriftsteller wie Selim Özdoğan, Murat Durmus, Mutlu Ergün-Hamaz und Deniz Utlu viel mehr gleichaltrigen Autoren in den USA oder im Vereinigten Königreich, die aus einer globalkulturellen Perspektive schreiben. Sie repräsentieren eine Multitude von Menschen, die in Deutschland geboren und/oder aufgewachsen sind und über eine Familienmigrationsgeschichte verfügen, aber im Grunde Bürger einer kosmopolitischen Internationale sind. Sie sind post-migrantisch und post-national zur selben Zeit und fordern kulturelle Gerechtigkeit und Partizipation aus einer selbstbewussten Position ein. Sie stehen somit exemplarisch für eine *Ungehaltene Neue Deutsche Literatur*.

IX. Schlussbetrachtung – Literatur und Partizipation

> The binding nature of ritual leads to the distinction between 'loyalty by choice' and 'authorian loyality'. While the former is the product of a free personal decision that contributes to the individual's self-definition, the latter is the result of being compelled in a particular manner. [...] Loyalties provide identity and offer a vantage point from which the individual interprets the world and relates to others; they also foster a powerful sense of belonging connected with the individual's emotional engagement. Shared loyalties yield a solid foundation for the constitution of communities and groups orientated towards the advancement of common aims. The also facilitate communication among individuals and supply an area of agreement for the emergence of cooperation and solidarity.
> **Montserrat Guibernau, Belonging**

Zusammenfassung

Die in dieser Arbeit im Kontext politischer Zeitgeschichte durchgeführten komparatistischen Analysen zahlreicher literarischer und wissenschaftlicher Texte haben gezeigt, dass Partizipationsprozesse und die Entwicklung einer literarischen Selbstrepräsentation in den Einwanderungsländern USA und Bundesrepublik Deutschland sehr unterschiedlich verlaufen. Dies ist zum einen in historisch-geographischen Ursachen, wie z.B. der Annexion mexikanischen Territoriums begründet, zum anderen aber auch dem über Jahrhunderte bzw. Jahrzehnte gewachsenen politischen Selbstverständnis der beiden Länder geschuldet. Mexikanisch-amerikanische und türkisch-deutsche Literatur verhandeln die Normalität, Probleme und Wünsche der mehrkulturellen Gesellschaften in den USA und der BRD. Die Autor_innen legen dabei in ihren Texten Mehrfachzugehörigkeiten und Marginalisierungsprozesse offen und veranschaulichen, wie rassistische Strukturen gesellschaftliche Hierarchien stärken. Der diachron vorgenommene Vergleich zeigt, dass gesellschaftliche Prozesse sich wiederholen können und Probleme wie Marginalisierung und Rassismus zudem eine gewisse Normalität besitzen, die jedoch nicht hingenommen werden muss, sondern veränderbar ist. Die vorgestellten Autor_innen, Texte und gesellschaftlichen Zusammenhänge können helfen, zu Einsichten zu kommen, die im besten Fall zu Handlungsabsichten werden, die nötig sind, um Einwanderungsgesellschaften gerechter zu gestalten. In den vorangegangen Kapiteln dieser Arbeit wurde deutlich gemacht, wie sich Schriftsteller_innen zusammen mit Wissenschaftlern, Lehrern, Sozialarbeitern, Gewerkschaftern und Politikern für mehr Partizipation engagieren. Die vorgestellten Texte zeugen – über ihre Einordnung als Engagierte Literatur hinaus – von einer literarischen Qualität und einer experimentellen Ästhetik. Der vorgenommene Vergleich stützt zudem die Vermutung globalhistorischer Theoretiker, die besagt, dass die Entwicklung von Homo Sapiens trotz aller Kriege und Auseinandersetzungen langfristig eine Geschichte von kultureller Anverwandlung ist. In Zeiten neo-nationalistischer Politik ist dies keinesfalls eine banale Erkenntnis.

Literarische Einzelanalysen

Die vorgenommen Einzelanalysen zu ausgewählten Protagonisten_innen der türkisch-deutschen und mexikanisch-amerikanischen Literatur zeigen eine große Vielfalt von Themen und literarische Verfahren. Die Ästhetik der Texte und die ausgefeilten Erzähltechniken zeigen, dass Engagement und literarische Qualität sich nicht gegenseitig ausschließen. Über eine bloße Tendenzliteratur hinaus zeichnen die ausgesuchten Texte die Komplexität amerikanischer und deutscher Lebenswelten nach. Die Texte der vorgestellten Autor_innen umfassen mystisch-verfremdete sowie realistische Erzählstile und beziehen sich mitunter auf weltliterarische Vorbilder. Literarisches Schreiben ist dabei oftmals die Auseinandersetzung mit dem eigenen Schmerz und somit erstens ein Medium zur Überwindung der eigenen Marginalisierung und erlebten Verletzungen, sowie zweitens ein Vehikel, das Ideen für einen gesellschaftlichen Wandel in die *Communities* trägt. Durch die von mir mit zahlreichen Schriftsteller_innen in Deutschland und den USA geführten Interviews konnte ich die politische Positionierung der Autor_innen erfragen und in Bezug zu ihren Texten setzen. Eine solche Vorgehensweise kann helfen, zu profunderen Ergebnissen und Aussagen zu kommen.

Gloria Anzaldúa hat als Aktivistin und Forscherin jenseits universitärer Strukturen die Emanzipation von Mexican-Americans vorangetrieben und dafür gesorgt, dass indigene Fragestellungen und Sichtweisen langfristig in den angloamerikanischen Diskurs einwandern und ihren Platz beanspruchen konnten. Eine Besonderheit der von Anzaldúa und ihren Kolleginnen und Schülerinnen entwickelten Ansätze ist, wissenschaftliche Fragen auch immer mit Bezug zur eigenen Lebensgeschichte und in Anbetracht der eigenen Positionierung in der Gesellschaft zu erörtern. Diese von Anzaldúa als *autohistoria-teoría* bezeichnete Vorgehensweise bedient sich neben wissenschaftlichen Methoden explizit artistischer Zugänge. Über Zeichnungen, Poesie und Prosa erschließt sich Anzaldúa ihr Bild von der Welt und dem jeweiligen Problem, mit dem sie sich auseinandersetzt. Buchwissen und Wissen durch Intuition und Erfahrung gehen bei dieser texanischen Autorin ein kreatives Bündnis ein. Als Frau, Lesbe und *Tejana* hat Gloria Anzaldúa eine dreifache Erfahrung mit Ausgrenzung und Marginalisierung gemacht. Jenseits eines „weißen" angloeuropäischen Feminismus hat sie in der Rückbesinnung auf indigene Spiritualität, auf lateinamerikanische Schriftsteller_innen und Autoren der New Age-Bewegung nach Antworten und Inspiration für den Kampf um Partizipation gesucht und ihre eigene *mestizaje-teoría* entwickelt. Über ihren Tod hinaus prägt sie die mexikanisch-amerikanische Kulturwissenschaft und Denker_innen der *Postcolonial Studies*. Mit *Borderlands – La Frontera* aus dem Jahr 1987 hat sie zudem ein literarisches-politisches Manifest verfasst, das in Anbetracht der zyklisch wiederkehrenden und sich verstärkenden Ausgrenzungsmechanismen gegen Mexican-Americans als Klassiker der amerikanischen Literatur gedeutet werden kann und als solcher mittlerweile auch an Universitäten gelesen wird. *Borderlands* ist sprachlich gesehen mehr als ein eindrucksvolles Beispiel für *Code-Switching*, und verkündet, so meine Hypothese, den Beginn einer Sprachrevolution, die sich in den nächsten Jahrzehnten im Südwesten der USA und darüber hinaus noch konsequenter als bisher manifestieren wird.

Auch in **Alejandro Morales**' Romanen und Ideen deutet sich die Geburt eines real existierenden *Aztlándias* an. In den Romanen *The Brick People* (1988), *River Of Angeles* (2014) und *The Captain of all these Men of Death* (2008) arbeitet Morales verstärkt mit einem intra-historischen Verfahren, das die von der anglo-amerikanischen Geschichtswissenschaft und Populärkultur ignorierte Bedeutung der annektierten mexikanischen Bevölkerung für die wirtschaftliche Entwicklung Kaliforniens herausstellt. Morales dekonstruiert die dominante Perspektive und entblößt im metaphorischen Sinn einen mexikanisch-amerikanischen Elefanten, der die ganze Zeit schon im Raum war und der künftig die Geschicke Kaliforniens viel offensichtlicher an der Seite der weißen Bevölkerung prägen wird. Ein ähnlicher intra-historischer Großentwurf lässt in der türkisch-deutschen Literatur derweil noch auf sich warten.

Obwohl sich Morales' Romane der Geschichte Kaliforniens im 20. Jahrhundert zuwenden, weisen sie eindeutig in die Zukunft. Die weiße Landflucht aus Kalifornien nach Arizona hat schon lange begonnen und die Mexikanisierung von *Califa* ist seiner Einschätzung nach nicht mehr aufzuhalten. In *The Rag Doll Plagues* (1992) und im Interview legt der Schriftsteller und Hochschullehrer, der sich selbst nicht im *Chicano-Movimiento* engagiert hatte, nahe, dass – trotz der populistischen Politik und Ankündigungen von US-Präsident Donald Trump – die mexikanisch- und angloamerikanischen Kulturräume zusammenwachsen und die Grenzen verschwinden werden. Diese Analyse trifft nicht nur auf Kalifornien zu, sondern auch auf Texas. Morales' intra-historische Perspektive regt dazu an, Geschichte als langfristigen, komplexen Entwicklungsprozess zu lesen und legt die Vermutung nahe, dass Englisch und Spanisch sich weiter vermischen werden.

Mit dem Roman *Waiting to Happen*, der stilistisch dem Magischen Realismus zuzuordnen ist und der wie Roberto Bolaños *Roman 2666* den gesellschaftlichen Zerfall Mexikos beschreibt, hat Alejandro Morales zudem bewiesen, dass er nicht auf ein Erzählverfahren und ein Thema festgelegt ist. In *Waiting to Happen* gelingt es dem Autor, malerische Techniken für den narrativen Prozess anzuwenden. In der Folge liest sich der Roman wie ein Text gewordenes mexikanisches Mural, das seine bisherige „Motiv-*Mestizaje*" erweitert. Es wird interessant sein zu beobachten, ob es Morales in seinem nächsten Roman *A Rainbow of Colors* gelingen wird, ein ähnliches Verfahren zu entwickeln, das die japanische Holzschnittkunst textlich wiederspiegeln kann. Alejandro kann als ein visionärer amerikanischer Erzähler begriffen werden, der wegen seines spanischen Namens und seines unbequemen engagierten Schreibens gegen das Vergessen nicht die Aufmerksamkeit der anglo-amerikanischen Leserschaft und Literaturwissenschaft erhalten hat, die sein Oeuvre verdient.

Im Gegensatz zu Gloria Anzaldúa und Alejandro Morales hat **Luis J. Rodríguez** die ereignisreichen Zeiten des *Chicano-Movimiento* als junger Mann auf der Straße erlebt und mitgestaltet. Während Anzaldúa und Morales studieren konnten und ein bürgerliches Leben führten, kämpfte der junge Rodríguez mit seiner Drogen- und Alkoholsucht und suchte nach einem Ausweg aus dem Gangleben, in das er durch die Lebensumstände im *barrio* getrieben worden war. Der Kontakt zu den Aktivisten der Bewegung und die Auseinandersetzung mit marxistischer Theorie politisierten Rodríguez. Letztendlich waren es jedoch Poesie und Literatur, die Rodríguez ermöglichten, um zu sich selbst zu finden und seine Stimme für seine *Community* zu erheben. Schreiben wurde für Luis J. Rodríguez meditative Technik und gesellschaftliche Handlungsoption zugleich. Nach wie vor bringt der Autor und Aktivist Literatur und sozialarbeiterisches Engagement zusammen. Was mit Workshops für Kreatives Schreiben in Gefängnissen begann, führte in den letzten Jahren zur Gründung von *Tia Chucha*, das sich als Kulturzentrum um die Bildung marginalisierter Bevölkerungsgruppen in Sylamar kümmert. Literarisches Schreiben bedeutet für Rodríguez Subjekt der eigenen Geschichte zu werden, sich von einer Opferrolle zu emanzipieren und zu lernen, Verantwortung für sich selbst und die Gesellschaft zu übernehmen.

Rodríguez' Gangmemoir *La Vida Loca – Always Running* wurde zum meistverkauften Text, der je von einem mexikanisch-amerikanischen Autoren verfasst wurde. *La Vida Loca* und der Nachfolgeband *It calls you back* sind jedoch keine bloßen Abrechnungen mit dem kapitalistischen System der USA, in dem Minderheiten ausgebeutet werden. In Rodríguez' Denken erklärt das Sein nicht allein das Bewusstsein. Da für den Autoren Menschen eigenverantwortlich handelnde Subjekte sind, lesen sich seine Memoiren auch immer als schonungslose Nachzeichnungen der eigenen Verfehlungen. Jenseits der Ansätze des Sozialistischen Realismus verbindet Luis J. Rodríguez in seinen Texten und seiner sozialarbeiterischen

Praxis Gesellschaftskritik mit einer spirituellen Suche. Wie Gloria Anzaldúa, bezieht er aus der Rückbesinnung auf die indigene Mythenwelt seiner Vorfahren die Kraft, die ihm ermöglicht, sich zu verorten und zu handeln. Aus der Männerarbeit kommend verbindet Rodríguez Elemente des Therapeutischen Erzählens und der Mythenarbeit[siehe das Kapitel zu *Hearts and Hands*] , ein Ansatz, der mir als Literaturwissenschaftler und Sozialarbeiter sehr interessant zu sein scheint und weitere interdisziplinäre Untersuchungen erfordert.

Zafer Şenocak verkörpert als Schriftsteller in gewissem Maße einen zentralen Aspekt der Gesamtproblematik in der Bemühung mehrkultureller Menschen um Partizipation. Als Lyriker, Romancier, Essayist, Übersetzer, Verleger und politischer Kommentator hat Şenocak seit den 1980er Jahren ein umfangreiches, vielfältiges und scharfsinniges Gesamtwerk vorgelegt, das ihn als einen der führenden Intellektuellen der BRD qualifiziert.

Trotz seiner zahlreichen Aufenthalte in den USA und seinem Interesse für osmanische und türkische Kultur und seinem umfassenden Wissen in islamischer Theologie und Geistesgeschichte, ist Şenocak ein sehr deutscher Schriftsteller in der Tradition Heinrich Heines. Durch seine Markierung als migrantischer Schriftsteller wurde er jedoch von der Literaturwissenschaft lange übersehen. Während vergleichbare Autoren wie Hans Magnus Enzensberger oder Maxim Biller einem breiten, politisch und kulturell interessierten Lesepublikum bekannt sind, wird Şenocak oftmals im öffentlichen Diskurs übersehen. Mit seinem türkischen Namen gehört er eben nicht gleichermaßen dazu, wie jemand mit deutschem oder jüdischem Familiennamen, und das obwohl er, im amerikanischen Kontext vergleichbar etwa mit Richard Rodriguez, ein großartiger Stilist ist.

Mit *Gefährliche Verwandtschaft* hat Şenocak einen von der Auslandsgermanistik viel beachteten Roman zur tragischen deutsch-jüdischen und türkisch-armenischen Geschichte im 20. Jahrhundert verfasst. Mit seinen jüngsten essayistischen Schriften *In deinen Worten* und *Deutschsein* präsentiert sich Şenocak erneut als akkurater und pointierter Beobachter und Kommentator deutscher Befindlichkeiten und der Krise des Islams. *Deutschsein* und *In deinen Worten* sind stilistisch hervorragende Analysen der Verfasstheit der mehrkulturellen Bundesrepublik. In der Rückbetrachtung von Şenocaks bisherigen Essaybänden und Romanen wird in beiden Schriften die Kontinuität von Identitätsdebatten deutlich, die die BRD hindern, eine moderne Einwanderungsgesellschaft zu werden. Zafer Şenocak zeigt in seinen Texten, wie es faktisch zu einer Anverwandlung von deutscher und zugewanderter Kultur kommt, und kritisiert, dass dieser Vorgang jedoch in der politischen und geisteswissenschaftlichen Debatte oftmals geleugnet wird.

In dieser Arbeit wird der Kölner Schriftsteller **Selim Özdoğan** erstmalig ausführlich im Rahmen einer wissenschaftlichen Studie behandelt. Özdoğan hat seit Anfang der 90er ein thematisch vielfältiges literarisches Werk geschaffen. Neben popliterarischen *coming of age*-Geschichten, die sich gänzlich einer Verortung als Migrationsliteratur verweigern, zeichnet Özdoğan in den Romanen *Die Tochter des Schmieds* und *Heimstraße 52* die türkisch-deutsche Migrationsgeschichte über die Jahrzehnte hinweg detailreich nach, ohne dabei stereotype Erwartungshaltungen zu bedienen. An der Lebensgeschichte der Türkin Gül zeigen sich die gesellschaftlichen Umbrüche im bäuerlich geprägten Anatolien und der industrialisierten Arbeitswelt Deutschlands. Die Herausforderungen und leidvollen Erfahrungen, die die Migration mit sich bringt, formen sich in Özdoğans Schaffen zur Erkenntnis, dass sich Deutsche und Türk-Deutsche ähnlicher sind, als es die Betonung kultureller Differenz im Diskurs oftmals glauben machen will. Özdoğan leistet für die deutsche Literatur, was Fatih Akin für den deutschen Film geleistet hat. Der Schriftsteller und der Filmemacher stehen exemplarisch für ein postmigrantisches Erzählen, das die mehrkulturellen Lebenswelten der BRD als selbstverständlich und dazugehörig beschreibt und verdeutlicht, wie das Zustandekommen von Wahrheiten perspektivabhängig ist.

Selim Özdoğans Entwicklung als Autor scheint noch lange nicht abgeschlossen. Mit dem Science Fiction Roman *DZ* zeigt sich Özdoğan als visionärer und experimenteller Schriftsteller, der sich nicht festlegen lässt. In *DZ* erörtert der Autor die Bedeutungen familiärer Bindungen vor dem Hintergrund von Spiritualität, Digitalisierung und politischer Systemfragen. Mit *Wieso Heimat, ich wohne nur zur Miete* legte er sein bisheriges Meisterstück ab. Der Roman kann als eine literarische Zusammenfassung der Politisierung des türkisch-deutschen Miteinanders in den letzten Jahren verstanden werden. Durch kluge Perspektivwechsel werden türkisch-deutsche Konflikte in Kontrast zueinander und in Frage gestellt. Die autoritäre Politik Tayyip Erdoğans wird in *Wieso Heimat, ich wohne nur zur Miete* genauso thematisiert wie rassistische Strukturen im Einwanderungsland Deutschland. Während Selim Özdoğan mittlerweile in der amerikanischen Germanistik als wichtiger Autor betrachtet wird, fehlt ihm in Deutschland die gebührende Anerkennung.

Deniz Utlu und **Mutlu Ergün-Hamaz** zeigen von allen hier behandelten türkisch-deutschen Autoren die größte Ähnlichkeit mit mexikanisch-amerikanischen Schriftstellern. Als Wissenschaftler und Literaten gleichermaßen, versuchen sie auf unterschiedlichen Ebenen die Gesellschaft zu verändern und ihre *communities* zu stärken. In ihrem Schreiben für mehr Partizipation bedienen sie sich einer strategischen Essentialisierung, die die Rassismen der deutschen Dominanzgesellschaft radikal aufbricht. Utlu und Ergün-Hamaz repräsentieren eine *„Ungehaltene"* Deut-

sche Literatur, die nicht nur postmigrantisch ist, sondern zudem ein kosmopolitisches Engagementverständnis vertritt. Utlu wie Ergün-Hamaz denken über den deutschen „Tellerrand" hinaus und sehen die Kämpfe marginalisierter Gruppen um Zugehörigkeit und Partizipation in den USA, in Frankreich, in Großbritannien, der BRD und weltweit als Ausdruck desselben „postkolonialen" Widerstandes. Die Beschäftigung mit Postkolonialer Theorie und *Critical Whiteness* hat zur Folge, dass nicht nur Utlu und Ergün-Hamaz, sondern auch andere Autoren Klassenkampf, also das Aufbegehren gegen eine ökonomische Verteilungsungerechtigkeit, nur dann als nachhaltig erachten, wenn dieser nicht blind ist für rassistische und sexistische Strukturen. Mit *Kara Günlük – Die Geheimen Tagebücher des Sesperado* bzw. mit *Die Ungehaltenen* haben Mutlu Ergün-Hamaz und Deniz Utlu zwei Debüt-Romane veröffentlicht, die auf unterschiedliche Art und Weise rassistische Strukturen in der BRD offenlegen, denen mehrkulturelle Deutsche selbst in einer kosmopolitischen Großstadt wie Berlin ausgesetzt sind. Mutlu Ergün-Hamaz und Deniz Utlu stehen stellvertretend für eine neue Generation, die das Verfassen von Texten als einen Vorgang begreift, der sich explizt gegen nationales Denken richtet. In dieser Hinsicht sind sie symptomatisch für weltliterarische Anverwandlungstendenzen, die durch Digitalisierung und Globalisierung zugenommen haben.

Historische und politische Unterschiede

Die mexikanische Bevölkerung in den 1848 annektierten Staaten Kalifornien, New Mexico, Arizona, Colorado und Texas und die im 20. Jahrhundert in die USA eingewanderten Mexikaner mussten sich mit einer anderen staatsbürgerschaftlichen Tradition auseinandersetzen als die türkischen Einwanderer in der BRD. Das Bewusstsein darüber in vormals mexikanischem Gebiet zu leben und zu arbeiten oder dort einzuwandern, sowie das Grundverständnis der USA, ein Einwanderungsland mit einem großzügigen Staatsbürgerschaftsrecht [*ius soli*] zu sein, halfen dabei über den rechtlich definierten Status hinaus ein Gefühl der Dazugehörigkeit zu entwickeln. Dieses Gefühl der Dazugehörigkeit legt die Grundlage, um die rassistischen gesellschaftlichen Strukturen und die Marginalisierung der eigenen Bevölkerungsgruppe offensiv im politischen Prozess und in ihren literarischen Texten in Frage zu stellen.

Die türkischen „Gastarbeiter" kamen dagegen aus einem ferner gelegenen Land in eine noch junge Demokratie. Sie trafen in der deutschen Nachkriegszeit der 1960er auf eine Bevölkerung, die zum großen Teil noch 15 Jahre zuvor den Rassenwahn der Nationalsozialisten geteilt hatte und in dem bis ins Jahr 2000 die Vergabe der Staatsbürgerschaft nach den Vorstellungen des *ius sanguinis* geregelt werden sollte. Während sich weite Schichten der Mexican-Americans durch ihren sozialen Aufstieg während des Zweiten Weltkrieges emanzipierten und anfingen mehr Partizipation einzufordern, wurde der Anteil der türkischen „Gastarbeiter" am wirtschaftlichen Erfolg der BRD nie gebührend anerkannt. Die Euphorie und Herausforderungen der Wiedervereinigung verursachten in der Folge, so meine These, sogar eine Verschärfung von kulturellen Abwehrtendenzen gegenüber den ersten Einwanderern aus der Türkei und ihren in Deutschland geborenen Kindern und Enkelkindern. Gemeinsam ist den türkischen Einwanderern und den Mexican-Americans, dass sie als Arbeiter in der BRD bzw. in den USA in Industrie und Landwirtschaft eingesetzt und schlechter entlohnt wurden und werden als ihre „weißen" Kollegen [siehe die Abschnitte zu Critical Whiteness, People of Color und Postcolonial Studies]. Die prekären Beschäftigungsverhältnisse und das Fehlen einer unterstützenden Integrationspolitik verursachten eine Vielzahl von sozialen Problemen, die sich generationsübergreifend manifestieren. Die behandelten Schriftsteller_innen zeichnen diese Prozesse nach, klagen an und entwerfen Visionen für eine gerechtere Zukunft. Im Folgenden werde ich zentrale Einsichten darstellen und weiterführende Fragestellungen formulieren, die sich aus dem in dieser Arbeit vorgenommenen umfangreichen historisch-politischen und literaturwissenschaftlichen Vergleich ergeben.

Rassismus und Marginalisierung

Während in den USA bis heute mit Rassebegriffen operiert wird und Rassismus trotz aller zivilgesellschaftlichen Fortschritte eine offenkundige lebensweltliche Realität für viele Angehörige der Minderheiten ist, waren in der BRD das eigene rassistische Denken und Handeln zunächst verdrängt und dann später durch eine intensive Aufarbeitung „überwunden" worden. In Anbetracht der hier vorgenommenen Quellenstudie von wissenschaftlichen und literarischen Texten, die sich mit den Lebenswelten türkisch-deutscher Bürger beschäftigen, stellt sich jedoch die Frage, ob die deutsche Gesellschaft trotz ihres Anspruches nicht ein ähnliches Rassismusproblem wie die amerikanische hat. Während *„the race problem"* in den USA offen angesprochen wird, da Minderheiten wie Mexican-Americans, Black Americans oder Native Americans offensichtlich strukturell benachteiligt sind, verlaufen Segregations- und Marginalisierungsprozesse in Deutschland verdeckter. Das dreigliedrige Schulsystem und die frühzeitige Trennung der Schülerschaft nach der vierten Klasse benachteiligen bewiesenermaßen einkommensschwache und migrantische Familien und zementieren die Hierarchisierung der Gesellschaft. Hinzu kommt, dass es keinen der Amerikanisierung ähnlichen Prozess der Naturalisierung in Deutschland gibt. Während Neugeborene in den USA qua Geburt amerikanische Staatsbürger werden und die mehrkulturelle Buntheit der Gesellschaft das Weißsein als Norm – zumindestens in den Großstädten – abgelöst hat, hilft die deutsche Staatsbürgerschaft selbst der dritten Generation von Türk-Deutschen noch lange nicht dabei, als selbstverständlich dazugehörend von der Dominanzgesellschaft angenommen zu werden. Das wurde besonders in den nationalen Debatten nach der Wiedervereinigung deutlich. Russisch sprechende Spätaussiedler, deren Vorfahren vor hunderten von Jahren ins zaristische Russland ausgewandert waren, wurden selbstverständlich als „deutscher" konzeptionalisiert, als die in der BRD geborenen deutsch-sprachigen Enkel der ersten Gastarbeitergeneration. Die Empfindung vieler Türk-Deutscher, Bürger zweiter Klasse zu sein, spiegelt sich wiederholt in den Texten der untersuchten Autor_innen.

Antisemitismus und Islamophobie

Der Kampf gegen Formen des Antisemitismus gehört zum politischen *Common Sense* der BRD. Andere Formen der gruppenbezogenen Menschenfeindlichkeit treten jedoch in Bezug auf Muslime innerhalb von PEGIDA und der AfD zu Tage. Islamophobe Haltungen reichen dabei tiefer in die Gesellschaft hinein als in die Wählerschaft der AfD.[1255] Das Gefühl, dass die eigene Herkunft mit einem Makel und Misstrauen belegt ist artikulieren die vorgestellten Texte. Gleichzeitig herrscht das Gefühl vor, über die erlebten Formen der Diskriminierung nicht ausreichend sprechen zu können. Fatima El-Tayeps Diagnose, dass die deutsche Gesellschaft an einer „Rassismusamnesie" leide, ist vor diesem Hintergrund durchaus schlüssig. Da sich die deutsche Gesellschaft über Jahrzehnte kritisch mit ihrem historischen Antisemitismus auseinandergesetzt und als verlässlicher Partner Israels gezeigt hat, scheint sie sich grundsätzlich gegen rassistische Tendenzen gefeit zu sehen. Dieser Eindruck trügt jedoch, wie die Erfahrungen und Texte von mehrkulturellen Menschen in Deutschland zeigen. Dies betrifft in einem besonderen Maße Menschen mit einem zugesprochenen muslimischen Hintergrund. Die grassierende Islamophobie, das Ende der Willkommenskultur gegenüber Geflüchteten und eine wiederkehrende Judenfeindlichkeit, die keineswegs nur bei muslimischen Bürgern ihren Ursprung hat, sprechen jedenfalls dafür, dass die Geister der Vergangenheit und die Phantasie einer klar umrissenen deutschen Identität recht lebendig sind. Die Folge sind Angriffe auf jüdische Bürger und Synagogen, Schmähungen und verschwörungstheoretische Hsyterien in den digitalen Meinungsforen, sowie überzogene Kritik an Israel, die sich aus offenen bzw. verdrängten antisemitistischen Überzeugungen speist.

[1255] Zick, Andreas; Klein, Anna und Melzer, Ralf: Fragile Mitte – Feindselige Zustände. Dietz Verlag: Bonn, 2014.

Perspektivverschiebung

Wie Deniz Utlu, Zafer Şenocak oder Mutlu Ergün-Hamaz in ihren Texten kritisieren, wird die öffentliche Debatte über strukturellen Rassismus in der BRD nicht geführt. Zwar empören sich weite Teile des links-grünen und christlich-konservativen Bürgertums über PEGIDA und die AfD, aber der verbreitete immanente, gewachsene Rassismus, bleibt oftmals unerkannt. Man muss kein Neo-Nazi sein, um rassistische Stereotype zu übernehmen und somit lebendig zu halten. Wie in Interviews und Texten artikuliert, kann selbst das gutgemeinte Interesse an der „Herkunftskultur" der Deutsch-Türken die Illusion stabilisieren, dass Menschen sich durch ihre vermeintliche Herkunftskultur essentiell voneinander unterscheiden würden. Der Wunsch des Lesepublikums, die eigenen exotische Erwartungen erfüllt zu bekommen [was einer Bestätigung einer kulturell essentialistische Weltsicht gleichkommt], zwingt mehrkulturelle Autor_innen oft dazu Klischees zu bedienen, um publiziert zu werden. Die „unterdrückte muslimische Frau", eine fabulierende deutsche Sprache, die das „Orientalische" des Türkischen wiedergeben soll, oder die Schilderung des *barrio* als gesetzlose Zone, sind wiederkehrende Motive in der türkisch-deutschen bzw. mexikanisch-amerikanischen Literatur, gegen die Autor_innen, wie Selim Özdoğan oder Salvador Plascencia, anschreiben.

Mehrkulturelle Menschen erleben immer wieder, dass ihre Zugehörigkeit von anderen nicht als selbstverständlich angesehen wird. Das eigene Erfahren von Ausgrenzungsprozessen schärft den Blick der Autor_innen für die immanenten Machtmechanismen der Gesellschaft. Türkisch-deutsche wie mexikanisch-amerikanische Autor_innen können durch ihren besonderen Erfahrungshintergrund – mitten drin und doch oftmals außen vor – in ihren Texten aus einer einzigartigen Perspektive Fragen aufwerfen und Geschichte(n) nachzeichnen. Die Autor_innen fordern die Beschäftigung des Lesers mit sich selbst und den kulturellen Mythen des eigenen Landes heraus und erzeugen ein Unwohlsein, da alte Überzeugungen in Frage gestellt werden. Dies gelingt nicht allen Autor_innen gleich gut. Akif Pirinçci etwa ist ein extremes Beispiel dafür, wie erlebte Ausgrenzung zum Selbsthass und zur Solidarisierung mit den ausgrenzenden Strukturen führt und zeigt, dass rassistische Denkmuster sowohl dominante als auch subalterne Gesellschaftsschichten befallen können.

Die Beschäftigung mit postkolonialer Theorie und Ansätzen von *Critical Whiteness*, die im Rahmen der komparatistischen Untersuchung von mexikanisch-amerikanischen und türkisch-deutschen Texten in dieser Arbeit von Nöten war, lädt zu einem Perspektivwechsel ein, bei dem sich die eigene „Farbenblindheit" offenbaren kann. Als ein Angehöriger der Dominanzgesellschaft der BRD kann man durchaus überzeugt sein, in einem gerechten Land zu leben und glauben, dass strukturelle Rassismen entweder nur bis 1945 signifikant waren, bzw. im Jahr 2017 nur von einer

„völkisch" eingestellten Minderheit bewahrt werden. Doch dies täuscht. Wie die Texte und Studien von türkisch-deutschen Schriftsteller_innen und Wissenschaftler_innen zeigen, kann sich kaum ein Angehöriger der Dominanzgesellschaft ein akkurates Bild von den täglichen erlebten Ausgrenzungsprozessen und unterschwelligen Rassismen machen, da sie eben nur von den direkt Betroffenen erfahren und begriffen werden. Hier passt das amerikanische Sprichwort *„Don't judge a man until you've walked two moons in his moccasins!"* durchaus, da Rassismus selbst erfahren werden muss, um ihn in seiner Totalität verstehen zu können.

Verordnete oder gewählte Loyalität?

Rassismus ist wie Deniz Utlu, Mutlu Ergün-Hamaz oder Zafer Şenocak auf unterschiedliche Weise erklären, nicht von den Opfern verschuldet, sondern im diffusen Selbstverständnis der Dominanzgesellschaft begründet. Mexikanisch-amerikanische Autor_innen urteilen mitunter ähnlich. Sie unterscheiden sich jedoch von den meisten türkisch-deutschen Autor_innen dadurch, dass sie die systemisch-ökonomischen Bedingtheiten des Kapitalismus stärker herausstellen, die zu Marginalisierung und Rassismus führen. Die Schriftsteller_innen der Chicano-Generation propagierten nicht nur einen kulturellen Nationalismus als Strategie gegen die Ausgrenzung der Mexican-Americans, sondern interessierten sich verstärkt für marxistische Theorie, die ihnen ihre Ausgrenzung als Folge des Kapitalismus erklären konnte. Diesen Ansatz verfolgen nur wenige Protagonist_innen der deutschen mehrkulturellen Literatur, so z.B. Emine Sevgi Özdamar und Aysel Özakın. Gründe dafür, dass eine mit den Chicanos vergleichbare Politisierung ausgeblieben ist, mögen im deutschen Sozialstaat und dem Ausländerrecht zu finden sein. Zum einen erreichte die ökonomische Marginalisierung nicht ein mit den USA vergleichbares Ausmaß, zum anderen konzentrierte sich die Politisierung der als „Ausländer" gefassten Menschen auf ihr Heimatland. Zafer Şenocak und Deniz Utlu stellen hierzu wiederholt Überlegungen an.

Das diffuse Selbstverständnis der deutschen Dominanzgesellschaft, wie es sich u.a. bei der zyklischen Wiederkehr der Debatte um die Leitkultur zeigt, verhindert seit Jahrzehnten ein Ankommen der Zugewanderten, da es sich hierbei um eine verordnete Loyalität handelt. Ein Eingeständnis, dass, wie es Zafer Şenocak formuliert, eine Anverwandlung des Deutschen und des Zugewanderten stattfindet – also die Einsicht, dass wir in einer transkulturellen Gesellschaft leben – fehlt nach wie vor. Das Gegenteil ist der Fall: Die Zugewanderten müssen sich dafür rechtfertigen, nicht „richtig Deutsch" zu sein. Sie können dies auch nie sein, weil es unmöglich ist Deutsch zu sein, da eine Identität, die über einen Verfassungspatriotismus hinausgeht, immer nur eine Narration sein kann. Die amerikanische Dazugehörigkeit ist dagegen um einiges leichter zu erreichen, auch wenn weiße *supremacists* aktiv dagegen vorgehen. Während die USA durch das Verkünden des *American Dream* Zugehörigkeit in Aussicht stellen und ein Daraufhinarbeiten mit dem Versprechen von Erfolg positiv verstärken, operiert die deutsche Politik mit negativen Verstärkungsmechanismen. Wer nicht zum Schwimmunterricht geht, ein Kopftuch trägt, dem Gegenüber nicht die Hand schüttelt oder nicht gut genug Deutsch spricht, kann nicht dazugehören und wird sanktioniert. Der Behaviorismus zeigt, dass negative Verstärkung als Konditionierungsmaßnahme funktioniert. Die Lernpsychologie weiß jedoch auch, dass positive Verstärkung wirksamer ist und übertragen auf die hier diskutiere Problematik zur Entwicklung einer *loyality of choice* statt zu einer *authorian loyality* führen würde. Das Einfordern von Loyalität macht Menschen mitunter zu Schauspielern, die zwar oberflächlich das gewünschte Verhalten zeigen, innerlich aber auf Distanz gehen. Autoritäre Loyalitätseinforderungen sind paternalistisch, erzeugen Hierarchien, die über ökonomische Unterschiede hinausgehen, politisieren die Vorstellung von Kultur und provozieren Widerstand. Das Jahr 2017 hat dies deutlich gezeigt: Während der türkische Präsident Tayyip Erdoğan um die Deutsch-Türken wirbt, sich also einer positiven Konditionierung bedient, versucht es Thomas de Maizière mit dem erneuten Einfordern einer Leitkultur. Damit erreicht der deutsche Innenminister vielleicht konservative deutsche Wähler, aber nicht die mehrkulturelle deutsch-türkische Bevölkerung, die durch die NSU-Mordserie und den Versuch der betroffenen Behörden, die genauen Vorkommnisse zu verheimlichen, das Vertrauen in Deutschland verloren haben.

Schreiben im ahistorischen Raum?

Ebenso wie die deutsche Dominanzkultur zyklisch in Frage stellt und vergisst, was bereits zusammengewachsen ist und anverwandelt wurde, verflüchtigt sich auch das von Migranten aufgebaute kulturelle Kapital und ihr Selbstbewusstsein, Teil bundesdeutscher Geschichte zu sein. Es scheint, als ob jede Generation aufs Neue ihr Dazugehören erstreiten bzw. dafür werben muss. Natürlich knüpfen Autor_innen der zweiten Generation wie Feridun Zaimoglu an die Texte von Aras Ören oder Yüksel Pazarkaya an. Auch Vertreter der jüngsten Generation wie Mutlu Ergün-Hamaz oder Deniz Utlu agieren nicht in einem ahistorischen Raum, sondern wissen bspw. um das Revolutionäre von Bewegungen wie Kanak Attak. Dennoch fehlt ein „Archiv der Tradierung" wie Deniz Utlu erklärt und „es fehlen die Räume", wie Kien Nghi Ha es formuliert, in denen das Selbstbewusstsein mehrkultureller Deutscher sich seiner selbst bewusst werden kann und gepflegt wird. Auf die Praxis der Gestaltung von Einwanderungsgesellschaften angewendet bedeutet dies, dass ohne die Institutionalisierung und staatliche Anerkennung der Mehrkulturalität

Deutschlands kein Dazugehören und somit keine nachhaltige Solidarisierung mit der BRD gewährleistet werden kann. Während in den USA die marginalisierten Minderheiten in den 1960er und 1970er Jahren auf die Straßen gingen und dort auch ihr Recht auf die Selbstrepräsentation im wissenschaftlichen Betrieb erstritten, fehlen solche Bewegungen in der Bundesrepublik.

Selbstrepräsentation versus paternalistische Ordnungspolitik

Die Chicanos forderten erfolgreich die Einführung von Spanisch als Schulfach und bekamen die staatliche Unterstützung, um an amerikanischen Universitäten und Colleges Lehrinstitute zu gründen, an denen die eigene Kultur und Geschichte und ihre Bedeutung für die USA erforscht und gelehrt werden konnte. Dies war und ist von nicht zu unterschätzender Bedeutung für die langfristige Verankerung und Wirksamkeit des politischen Anspruches, Maßnahmen der *Affirmative Action* auf unterschiedlichen gesellschaftlichen Ebenen zu etablieren. An den eigenen universitären Instituten waren Mexican-Americans nun in der Lage dem „weißen Blick" der Dominanzgesellschaft ihre eigene Sicht auf sich selbst entgegenzusetzen. Sie begannen aus ihrer Perspektive heraus zu forschen und zu schreiben. Dies stellte sicher, dass Programme der *Affirmative Action* nicht nur medienwirksame Versprechungen blieben, sondern kritisch in ihrer Umsetzung, Wirksamkeit und Kontinuität in Frage gestellt werden konnten. Bei der Institutionalisierung mexikanisch-amerikanischer Forschungsseminare war von Wichtigkeit, dass die soziale Positionierung der Wissenschaftler_innen bzw. ihre eigene Betroffenheit eine Perspektivverschiebung ermöglichte, die Einfluss auf den Diskurs nehmen konnte. Die gegründeten Institute haben somit nicht nur einen wissenschaftlichen Auftrag, sondern erfüllen ebenfalls eine Lobbyfunktion für die Minderheit, die sie repräsentieren. Institute für Mexikanisch-Amerikanische Kultur und Geschichte symbolisieren somit das Dazugehören über den wissenschaftlichen Diskurs hinaus.

Ähnliche Institute in Deutschland fehlen. Die Erforschung türkisch- und arabisch-deutscher Geschichte und Kultur bleibt den etablierten Sozial- und Geisteswissenschaften vorbehalten. Institute für Türkeiwissenschaften, Orientalistik oder Islamwissenschaften können nicht in gleicher Weise die Aufgaben der erwähnten mexikanisch-amerikanischen Einrichtungen erfüllen. Türkei- und Islamwissenschaften und die Orientalistik können ob ihrer europäischen Wissenschaftstraditionen mehrkulturelle Deutsche mit türkischer und arabischer Migrationsgeschichte nicht repräsentieren. Dass mehr und mehr muslimisch sozialisierte Studenten diese Studiengänge besuchen, zeigt jedoch den dringenden Bedarf an einer Institution der wissenschaftlichen und kulturellen Selbstvergewisserung. Auch die von der Bundesregierung 2006 eingeführte Islamkonferenz, die u.a. die islamische Theologieausbildung an deutschen Universitäten angestoßen hat und regelt, verfolgt einen gänzlich anderen Ansatz als die im amerikanischen Hochschulwesen etablierten mexikanisch-amerikanischen Institute.

Die Islamkonferenz in der Kontinuität preußischer Religionspolitik

Während die Partizipation am Hochschulwesen von den Chicanos der USA auf der Straße erkämpft wurde, ist die Islamkonferenz in Deutschland der Versuch, das Verhältnis des Staates zum Islam zu organisieren. Die Schaffung von Strukturen, in denen muslimische Glaubensgemeinschaften so wie die christlichen Kirchen vom Staat angesprochen werden können, ist ein paternalistischer Ordnungsvorgang, der mit dem preußischen Kulturkampf gegen die katholische Kirche von 1871 bis 1878 verglichen wird.[1256] In diesem Zuammenhang kann man fagen, ob die Islamkonferenz als eine Maßnahme taugt, um das Dazugehören zu erleichtern. Wenn mehrkulturelle Deutsche vornehmlich über ihre Religiösität angesprochen werden, führt dies zur „VerAnderung" [Othering] durch Muslimifizierung und nicht zu einer transkulturellen Anverwandlung. Man kann sagen: Die Anderen sollen die Anderen bleiben. Diese Haltung ist nicht nur im Hinblick auf den Grad von Partizipation und Zugehörigkeit in unserer Gesellschaft nicht hilfreich, sondern beschleunigt zudem die Fragmentierung der Bevölkerung, indem der deutsche Staat in Zeiten islamistischer Bedrohung die Religiösität seiner zugewanderten Bürger in den Vordergrund stellt.

Stattdessen sollte gewährleistet werden, dass mehrkulturelle Deutsche die Möglichkeit erhalten, sich nicht allein über die ihnen zugeschriebene Religion definieren zu müssen. In Anlehnung an die in den USA etablierten mexikanisch-amerikanischen Institute sollten ebenfalls an deutschen Universitäten Einrichtungen gegründet werden, die sich jenseits religiöser Kontroversen für die jeweilige Repräsentation und Erforschung der mehrkulturellen Vielfalt Deutschlands und seiner Menschen einsetzen. Über den wissenschaftlichen Gewinn hinaus wäre dies ein klares politisches Zeichen für Vielfalt. Die mexikanisch-amerikanischen Emanzipation im 20. Jahrhundert, wie sie von Schriftsteller_innen, die nicht selten auch Aktivist_innen waren, in ihren Texten dokumeniert wurde, zeigen wie wichtig die Anerkennung und Vermittlung der eigenen Muttersprache und die Möglichkeit zu politischer Partizipation ist. In diesem Zusammenhang hat sich die *G.I. Bill* als sehr nützlich erwiesen. Zahlreiche mexikanisch-amerikanische Veteranen erhielten durch dieses Gesetz die finanzielle Förderung, um nach dem Zweiten Weltkrieg zu

---

[1256] Vgl. Tezcan, Levent: Das muslimische Subjekt: Verfangen im Dialog der Deutschen Islam Konferenz. Konstanz University Press, 2012.

studieren und schafften so den sozialen Aufstieg, unter ihnen Autoren wie Amérigo Paredes.

Schreiben als Selbstvergewisserung und Diskursmedium

Die Etablierung mexikanisch-amerikanischer Forschungsinstitute in den USA ist Teil einer erfolgreichen Geschichte des Dazugehörens. Eine nicht unerhebliche Rolle beim Erzählen dieser Geschichte des Dazugehörens spielen Literat_innen. Es ist kein Zufall, dass viele mexikanisch-amerikanische Schriftsteller_innen als Wissenschaftler_innen und Multiplikator_innen diese Institute mitaufgebaut haben. Américo Paredes und Rolando Hinojosa-Smith sind hier als frühe Protagonisten zu nennen, die zeigen, dass das literarische Erzählen einer eigenständigen mexikanisch-amerikanischen Geschichtsschreibung vorausging. Nach der amerikanischen Annexion des Südwestens und der Dominanz anglo-amerikanischer Gesellschaftsstrukturen blieben der mexikanisch-amerikanischen Bevölkerung zunächst nur die gesungenen *corridos*, um erlittenes Unrecht festzuhalten. Américo Paredes' Arbeiten zu den *corridos* markiert später den Beginn einer offiziellen mexikanisch-amerikanischen Geschichtsschreibung. Jenseits der dominanten anglo-amerikanischen Geschichtswissenschaften übten die ersten mexikanisch-amerikanischen Schriftsteller_innen eine wichtige Funktion aus, da sie Marginalisierungen aufzeigten, gegen „die Unsichtbarmachung"[1257] ihrer Gruppe anschrieben und Visionen und Forderungen nach Partizipation und Anerkennung ihrer Dazugehörigkeit formulierten. Die mexikanisch-amerikanische Literatur spiegelt eine synkretistische Kulturgeschichte wider, die weit über *Aztlándia* hinausgeht.

Auch wenn es keine Leseforschung gibt, die dies wissenschaftlich beweisen könnte, kann man in Hinsicht auf Themenwahl, Publikationsgeschichte und staatlichen Widerstand mit ziemlicher Sicherheit davon ausgehen, dass mexikanisch-amerikanische Autor_innen immer zuerst für eine mexikanisch-amerikanische Leserschaft schrieben. Dies ist ein signifikanter Unterschied zu türkisch-deutschen Schriftstellern, die für ein vornehmlich deutsches Lesepublikum schreiben. Die ersten mexikanisch-amerikanischen Gewerkschaftler, Wissenschaftler und Schriftsteller wie Américo Paredes oder Ernesto Galarza und die Autoren der Chicano-Bewegung legten großen Wert darauf zweisprachige Kinderliteratur zu verlegen, die dabei helfen sollte, eine Bildungsrevolution und somit einen gesellschaftlichen Aufstieg zu ermöglichen. Die Erwachsenenliteratur sprach ebenso eine mexikanisch-amerikanische Leserschaft an. In ihr begann *Aztlándia* zu leben, also das Bewusstsein, nicht nur marginalisierter

---

[1257] Siehe dazu die Thematisierung von „sozialer Unsichtbarkeit" im Roman *Invisible Man* von Ralph Ellison aus dem Jahr 1952 [Penguin Classics, 2014].

Arbeiter in einer anglo-dominierten Gesellschaft zu sein, sondern selbst eine Geschichte und somit einen Anspruch auf Partizipation zu haben. Mexikanisch-amerikanische Kinder- und Erwachsenenliteratur dient daher als eine Art Medium für die eigene Selbstvergewisserung.

Türkisch-deutsche Schriftsteller gingen und gehen dagegen einen anderen Weg. Sie versuchten, man denke etwa an Yükel Parzakaya oder Aras Ören, die deutsche Öffentlichkeit auf die Arbeits- und Lebensumstände der türkischen „Gastarbeiter" aufmerksam zu machen. Auch Zafer Şenocak erreichte ab den 1990er Jahren eher den professionellen oder sozial interessierten deutschen Leser als die türkisch-deutschen Arbeiter selbst. Durch Feridun Zaimoglus *Kanak Sprak* wurde erstmalig explizit die zweite Generation von Türk-Deutschen angesprochen, die hier zur Schule gegangen und mitunter in der Lage gewesen war, einen sozialen Aufstieg zu schaffen. Der spätere Zaimoglu wird mit seiner Prosa, ähnlich wie Emine Sevgi Özdamar, dagegen wiederum nur ein bildungsbürgerliches deutsches Publikum erreicht haben, das sich für die Exotik des Anderen interessiert. Während die mexikanisch-amerikanische Literatur konsequent spirituelle Themen verhandelt, sind diese in der türkisch-deutschen Literatur, sieht man von Zafer Şenocak ab, ein Randthema. Dies spricht einmal mehr dafür, dass es sich beim Lesepublikum nicht um ein türkisch-deutsches handelt. Aber wie bereits festgestellt, fehlt uns hier eine Lese- und Rezeptionsforschung, die letztendlich nachvollziehen könnte, wer tatsächlich die Texte gelesen hat.

Religiöse Fragen, die durchaus interessant und relevant für die türkisch-deutsche *community* in der BRD sind, werden von türkischsprachigen Autoren aus der Republik Türkei thematisiert. Diese Beobachtungen passen zu den Entwicklungen der letzten Jahre, die dadurch geprägt sind, dass mexikanisch-amerikanische und türkisch-deutsche Menschen sich verstärkt für die Herkunftskultur interessieren, die ihnen zugeschrieben wird. Ein Phänomen, das in Texten von Selim Özdoğan, Zafer Şenocak, Nina Martinez, Gloria Anzaldúa oder Luis J. Rodríguez zu beobachten ist. Während türkisch-deutsche Menschen sich auf religiöse Werte besinnen, suchen Mexican-Americans den Kontakt zu ihren indigenen Wurzeln. Das ist nicht per se schlecht, da es das eigene kulturelle Selbstbewusstsein und somit die Handlungsfähigkeit stärkt. Gleichzeitig verunsichert dieser Prozess jedoch die dominanten Gesellschaftsschichten, die sich ihrerseits von der neuen Unübersichtlichkeit der Welt bedroht fühlen. Da ihnen vom Nationalstaat keine Vision gesellschaftlichen Zusammenhalts angeboten wird, verfallen die unterschiedlichen, verunsicherten Gruppen nun Islamisten oder den neuen nationalistischen Populisten, die ein idealisiertes Gestern beschwören.

Ausblick

Vor dem Hintergrund von Globalisierung, ökomomischer und kultureller Vernetzung entstehen neue Formen literarischer Produktion.

Migranten waren und sind die ersten Gestalter dieses Wandels, da sie selbst diese Welt „verkörpern". Bevor es zu einer Anverwandlung im Sinne von Şenocak kommen kann, brechen Menschen in neue Räume auf, treffen dort auf andere Menschen und im gegenseitigen Austausch entstehen neue Sichtweisen und Geschichten. Dieser Prozess wird jedoch immer auch von kulturellen Ab- und Ausgrenzungstendenzen begleitet, die Bestandteil ökonomischer Verteilungskämpfe sind. Das Erzählen der eigenen Geschichte ist vor diesem Hintergrund in unseren komplexen Gesellschaften von besonderer Wichtigkeit, da es einem emanzipatorischen Akt gleichkommt, der Anerkennung und Gleichberechtigung einfordert. In den vernetzten, mehrkulturellen Gesellschaften der Zukunft lösen sich die kulturellen Grenzen auf und es entsteht eine engagierte Form von Weltliteratur, die die kommenden gravierenden globalen Veränderungen begleitet und kommentiert. Komparatistische Studien wie die vorliegende dienen als interdisziplinäres Bindeglied zwischen Kulturwissenschaften, Politikwissenschaften und der Sozialpädagogik und eröffnen mit ihrer breiten Untersuchungsperspektive und kontrastiven Tiefendarstellung neue Denk- und Lösungsmöglichkeiten über nationale Grenzen und Traditionen hinweg.

X. Bibliografie

Mexikanisch-Amerikanische Primärliteratur

Acosta, Oscar Zeta: The revolt of the cockroach people. Reprint. Vintage Books: New York, 1989.
Ders.: The Autobiography of a brown buffalo. Reprint. Vintage Books: New York, 1989.
Alarcón, Alica: The Border Patrol ate my dust. Arte Público Press: Houston, 2004.
Alurista: As our barrio turns...who the yoke b on? Calaca Press: San Diego, 2000.
Ders.: Et Tu... Raza? Bilingual Press: Tempe, 1996.
Anaya, Rudolfo A.: Heart of Aztlan. Editorial Justa Publications: Berkely, 1976.
Ders.: Tortuga. Editorial Justa Publications: Berkeley, 1979
Ders.: A Chicano in China. University of New Mexico Press, Albuquerque, 1986.
Ders.: Bless me Ultima. Tonatiuh-Quinto Sol: Berkeley, 1972.
Anzaldúa, Gloria (Hrsg.): Making Face, Making Soul/Haciendo Caras: Creative and critical perspectives by feminists of color. Aunt Lute Books: San Francisco, 1990.
Dies.: Prietita has a Friend/Prietita Tiene un Amiga, Children's Book Press: San Francisco, 1991.
Anzaldúa, Gloria: Friends of the other side/Amigos del otra lado. Children's Book Press: San Francisco, 1993.
Dies.: Prietita and the Ghost woman/ Prie-tita y la llorona, Children's Book Press: San Francisco, 1995.
Anzaldúa, Gloria und Keating, Analouise (Hrsg.): This bridge we call home – Radical visions for transformation. Routeledge: New York, 2002.
Dies.: Borderlands/La Frontera – The New Mestiza. Aunt Lute: San Francisco, 2007.
Dies.: To(o) Queer the writer. In: Keating, AnaLouise (Hrsg.): The Gloria Anzaldúa Reader. Duke University Press, 2009.
Dies.: La Pietra. In: Moraga, Cherríe und Anzaldúa, Gloria (Hrsg.): This bridge called my back. Writings by radical women of color. State University of New York Press: Albany, 2015.

Dies.: Light in the Dark/Luz en lo Oscuro- Rewriting Identity, Spirituality, Reality. Herausgegeben von AnaLouise Keating. Duke University Press, 2015.
Anzaldúa, Gloria und Moraga, Cherríe (Hrsg.): This bridge called my back – Writings by by radical women of color. State University of New York Press: Albany, 2015.
Baca, Jimmy Santiago: Immigrants in our own Land & Selected Poems. New Directions Books: New York, 1982.
Ders.: Working in the Dark – Reflections of a Poet of the Barrio. Red Cran Books: Santa Fe, 1992.
Ders.: A Glass of Water. Grove Press: New York, 2009.
Casares, Oscar: Brownsville. Little, Brown and Company: New York, 2003.
Ders.: Amigoland. Little, Brown and Company: New York, 2009.
Castello, Ana: The Mixquiahuala Letters. Bilingual Press/Editorial Bilingue: New York, 1986.
Dies.: Sapogonia: An anti-romance in 3/8 meter. Bilingual Press/Editorial Bilingüe: Tempe, 1990.
Dies.: So Far From God. W.W. Norton: New York, 1993.
Dies.: Peel My Love Like an Onion. Doubleday: New York, 1999.
Dies.: My Daughter, My Son, the Eagle the Dove: An Aztec Chant. Dutton Books: New York, 2000.
Dies.: Watercolor Women, Opaque Men: A Novel in Verse. Curbstone Press: Willimantic, Connecticut: 2005.
Dies.: The Guardians. Random House: New York, 2007. Give It to Me. The Feminist Press: New York, 2014.
Cisneros, Sandra: Woman Hollering Creek and other Stories. Vintage: New York, 1992.
Dies.: Caramelo, or Puro Cuento. Knopf: New York, 2002.
Dies.: Loose Woman: Poems. Vinatge: New York, 1994.
Dies.: A house of my own –stories of my life. Alfred A. Knopf: New York, 2015.
Diaz, Tony: Aztec Love God. FC2/Illinois State University: Normal, 1998.
Durán, Miguel: Don't spit on my corner. Grove: New York, 1992.
Espinoza, Alex: Still Water Saints. Random House, 2007.
Ders.: The Five Acts of Diego León. 2013.
Galarza, Ernesto: Barrio-Boy. University of Notre Dame Press, 2011.
Ders.: Kodachromes in Rhyme: Poems. University of Notre Dame Press, 1982.
Garcias, Andrew: Though Trip Through Paradise. [1872]. Comstock Edition: Sausalito, 1967.
Gonzales, Rodolfo Corky: Message to Aztlan. Selected Writings. Arte Público Press: Houston, 2001.

González, Jovita: Cabellero. Texas University Press: College Station, 1996.

González, Jovita: The Woman Who Lost Her Soul and Other Stories: Collected Tales and Short Stories Arte Publico Press, 2001.

Grattan-Domíguez, Alejandro: The Dark Side of the Dream. Arte Público Press: Houston, 1995.

Hinojosa, Rolando: Korean Love Songs. From Klail Death Trip. Editorial Justa Publications: Berkely, 1978.

Ders.: Korea Liebeslieder: Aus dem Klail City Todes Trip. Verlagscooperative: Osnabrück, 1991.

Dies.: The Gloria Anzaldúa Reader. Duke University Press: Durham, 2009.

Martinez, Demetria: MotherTongue. One World,1997.

Martinez, Demetria: Confessions of a Berlitz-Tape Chicana. University of Oklahoma Press: Norman, 2005.

Dies.: The Devil's Workshop. The University of Arizona Press: Tucson, 2002.

Dies. mit Montoya-Read, Rosalee: Grandpa's Magic Tortilla. University of New Mexico Press: Albuquerque, 2010.

Dies.: The Block Captains Daughter. The University Press of Oklahoma: Norman, 2012.

Martinez, Domingo: The Boy King of Texas. Lyons Press: Guilford, 2012.

Martinez, Nina: Caramba. A Tale Told In Turns of the Card. Alfred A. Knopf: New York, 2004.

Mora, Pat: House of Houses. University of Arizona Press: Tucson, 1997.

Dies.: Nepantla. University of New Mexico Press, 1993.

Morales, Alejandro: Caras viejas y vino nuevo. J. Mortiz/Mexico, 1975.

Ders.: La Verdad sin voz. Editorial J. Moritz, 1979.

Ders.: The Brick People. Arte Público Press: Houston, 1988.

Ders.: Death of an Anglo. Bilingual Press: Tempe, 1988.

Ders.: Reto in Paraiso. 2. Auflage. Bilingual Press: Tempe, 1991.

Ders.: The Rag Doll Plagues. Arte Público Press: Houston, 1992.

Ders.: Barrio on the Edge/Caras Viejas Y Vino Nuevo. Bilingual Press: Tempe, 1998.

Ders.: Waiting to Happen. Chusma Publications: San José, 2001.

Ders.: The Captain of All These Men of Death. Bilingual Press, Tempe, 2008.

Ders.: Little Nation and Other Stories. [Übersetzt von Adam Spires]. Arte Público Press: Houston, 2014.

Ders.: River of Angels. Arte Público Press: Houston, 2014.

Munoz, Manuel: Zigzagger. Northwestern University Press: Evanston, 2003.

Ders.: What you see in the Dark. Algonquin Books of Chapel Hill, 2011.

Niggli, Josefina: Mexican Village and other works. Northwestern University Press, 2007.
Paredes, Américo: The Hammon and the Beans. And other stories. Arte Público Press: Houston, 1994.
Paredes, Américo: With his pistol in his hands – A Border Ballad and Its Hero. University of Texas Press: Austin, 1970.
Pérez, Luis: El Coyote- The Rebel. Arte Público Press, Houston, 2000.
Plascencia, Salvador: The People of Paper. Harvest Book: Harcourt, 2006.
Ponces, Mary: Hoyt Street. University of New Mexico Press, 1992.
Dies.: The Wedding. Arte Publico Press: Houston, 1989.
Rechy, John: City of Night. Grove: New York, 1963.
Rivera, Tomás: …y no se lo tragó la tierra. Colección Vía México, 2012.
Rodríguez, Luis J.: Poems across the Pavement. Tía Chucha Press: Chicago, 1989.
Ders.: (Hrsg.): With the Wind at My Back and Ink in My Blood – A Collection of Poems by Chicago's Homeless. Chicago Coalition for the Homeless, 1991.
Ders.: The Concrete River. Curbstone Press: Willimantic, 1991.
Ders: Pavement. Tía Chucha Press: Chicago, 1991.
Ders.: Always Running. La Vida Loca – Gang Day in L.A. Cubbstone Press, 1993.
Ders.: América is her Name. Curbstone Press, 1997.
Rodríguez, Joseph; Martínez, Rubén und Rodríguez, Luis J.: East Side Stories – Gang Life in East LA. Power House Books: New York, 1998.
Rodríguez, Luis J.; Parson-Nesbitt, Julie und Warr, Michael (Hrsg.): Power Lines: A Decade of Poetry from Chicago's Guild Complex. Tia Chucha, 1999.
Rodríguez, Luis J.: It does´t have to be this way. Children's Book Press, San Francisco, 1999.
Ders.: Hearts & Hands: Creating Community in Violent Times Seven Stories Press: New York, 2001.
Ders.: The Republic of East L.A. HarperCollins: New York, 2002.
Ders.: Two Women/Dos Mujeres, Making Medicine, Perhaps, My Nature is Hunger: New and Selected Poems. C & C Press, 2005.
Ders.: Music of the Mill. HarperCollins: New York, 2005.
Rodríguez, Luis J. und Thomas, Lucinda (Hrsg.): Honor Comes Hard – Writings form the California Prison System's Honor Yard. Tia Chucha, 2009.
Rodríguez, Luis J.: It calls you back. Simon & Schuster: New York, 2011.
Rodríguez, Richard: Hunger of Memory. Godine: Boston, 1982.
Ders.: Days of Obligation – An Argument with my Mexican father. Viking: New York, 1992.

Ders.: Brown – The Last Discovery of America. Viking: New York, 2002.
Ders.: Darling – A Spiritual Autobiography. Viking: New York, 2013.
Ruiz de Burton, María Amparo: The Squatter and the Don. Modern Library: New York, 2004.
Dies.: Who would have thought it? 1872. Arte Público Press: Houston, 1995.
Sanchez, Thomas: Zoot-Suit Murders. Vintage Books: New York, 1991.
Sandoval, Denise M. und Rodríguez, Luis: Rushing Waters – Rising Dreams. How the arts are transforming a community. Tía Chucha Press: Los Angeles, 2012
Gomez, Tammy Melody: On Language. https://www.youtube.com/watch?v=H38a6eBviBM [Eingesehen am 8.2.2017].
Ulibarri, Sabine R.: Mayehm was our Business – Memorias de un Veterano. Bilungal Press: Tempe, 1997.
Ulibarrí, Sabine R.: Short Stories. Selections. University of New Mexico Press: Albuquerque, 1993. Sueños = Dreams. Floricanto Press: Mountain View, 2010.
Urrea, Alberto: Nobody's Son. Notes from an American life. The University of Arizona Press: Tucson, 1998.
Valdez, Luis: Zoot suit and other plays. Arte Publico Press: Houston, 1992.
Venegas, Daniel: The Adventures of Don Chipote or , When Parrots Breast-Feed. Arte Público Press: Houston, 2000.
Villarreal, José Antonio: Pocho. Doubleday & Company: New York, 1959.

Türkisch-Deutsche Primärliteratur

Ali, Sabahattin: die Madonna im Pelzmantel. Zürich: Dörlemann Verlag, 2008.
Ders.: Kürk Mantolu Madonna. Remzi Kitabevi: Istanbul, 1943.
Ayata, Imran: Mein Name ist Revolution. Blumenbar Verlag, 2011.
Baykurt, Fakir: Das Epos von Kara Ahmet. Ararat-Verlag: Berlin, 1985.
Ders.: Die Friedenstorte Ortadoğu-Verlag: Oberhausen, 1994.
Ders.: Die Jahre mit meiner Mutter. Erinnerungen. Verlag Anadolu, Hückelhoven, 1997.
Ders.: Mutter Irazca und ihre Kinder. Ararat-Verlag, Berlin, 1984.
Ders.: Die Rache der Schlangen. Ararat-Verlag: Berlin, 1981.
Ders.: Türkische Gärten im Pott. Verlag Anadolu: Hückelhoven, 1997.
Ders.: Halbes Brot. Dialog Edition: Duisburg, 2011.
Baykurt, Fakir: Nachtschicht und andere Geschichten aus Deutschland. Unionsverlag: Berlin, 1984.
Çevikkollu, Fatih: Der Moslem-TÜV. Deutschland, einig Fatihland. Reinbeck bei Hamburg, 2008.

Dal, Güney: Europastraße 5. München: DTV, 1983.
Ders: Der enthaarte Affe. Roman. München: Piper, 1988.
Ders: Wenn Ali die Glocken läuten hört. Ikoo-Verlag, 1979.
Ders.: Janitscharenmusik. München: Piper, 1999.
Ders.: Teestunden am Ring. München: Piper, 1999.
Demikran, Renan: Schwarzer Tee mit drei Stück Zucker. Klartext: Essen, 1991.
Dies.: Die Frau mit Bart. Kiepenheuer und Witsch: Köln, 1994.
Dies.: Es wird Diamanten regnen vom Himmel. Kiepenheuer und Witsch: Köln, 1999.
Dies.: Über Liebe, Götter und Rasenmähn. Allitera: München, 2003.
Dies.: Septembertee. Kiepenheuer: Berlin, 2008.
Dies.: Respekt: Heimweh nach Menschlichkeit. Herder: Freiburg, 2011.
Dies.: Migration, das unbekannte Leben. Verlag Ralf Liebe: Windeck, 2015.
Dikem, Sinaşi:Wir werden das Knoblauchkind schon schaukeln. Express Edition: Berlin, 1987.
Ders.: Hurra, ich lebe in Deutschland. Piper: München.
Ders.: Integrier Dich, Opa! Conte-Verlag: Saarbrücken, 2008.
Durmus, Murad: L.I.E.B.E. Books on Demand: Norderstedt, 2006.
Ders.: Gastarbeiter Unser. Books on Demand: Norderstedt, 2007.
Ders.: Panoptikum. Deutschland den Türken oder wie kann diese Türken nur assimilieren? Books on Demand: Norderstedt, 2007.
Engin, Osman: Don Osman – Neue Heim-türkische Geschichten. DTV Verlag: München, 2005.
Ders.: Kanaken-Ghandi. München, 2005.
Ergün, Mutlu: Kara Günlük. Die geheimen Tagebücher de SESPERADO. 2. Auflage. Unrast-Verlag: Münster, 2012.
Göktürk, Deniz und Şenocak; Zafer: „Jedem Wort gehört ein Himmel: Türkei literarisch." Babel: Berlin, 1991.
Haşim, Ahmet: Bize Göre Gurebâhâne-i Laklakan Frankfurt Seyahatnamesi. Kültür Bakanlıg, Yaynlar. 1000 temel eser dizisi 17: Ankara, 1981.
Ders. und Erginün, İnci; Kerman, Zeynep: Bütün şiirleri Piyale, göl saatleri, kitapları dışındaki şiirler. Dergah: Istanbul, 1999.
Ders. und Caner, Beatrix: Frankfurter Reisebericht. Literaturca-Verlag: Frankfurt, 2008.
Ingham, Ada: Three Colours of Love. Waterloo Press: Brighton, 2000.
Dies.: La Langue des Montagnes. L'Esprit des Peninsules: Paris, 2004.
Dies.: La Voyage á travers l'oubli. La Soicete des Poets Francais, 2007.
Dies.: Ladder in the moon-light. Pen Press, Brighton, 2007.
Dies.: All Dreamers Go to America. Eloqent books/AEG: New York, USA, 2009.

Dies.: Urgent Beauty. Eloquent Books/AEG: New York, 2009.
Dies.: Lazy Friends. Strategic Book Group, 2010.
Karaca, Cem: Deutscher Freund. Aus dem Album: Die Kanaken. Label: Pläne, Köln, 1984.
Ders.: Es wurden Arbeiter gerufen, doch es kamen Menschen an. Aus: Die Kanaken. Pläne Label: Köln, 1984.
Leggewie, Claus und Şenocak, Zafer: Deutsche Türken/ Türk Almanlar – Das Ende der Geduld/ Sabrın sonu. Rororo: Hamburg, 1993.
Okday, Şefik: Der letzte Grosswesir und seine preußischen Söhne. Muster-Schmidt Verlag: Göttingen, 1991.
Omurca, Mussin: Kanakmän. Tags Deutscher, nachts Türke. Ulm, 2002.
Önder, Tunay und Mustafa, Imad: Distanziert Euch nicht! In: Migrantenstadl. Unrast-Verlag: Münster, 2016.
Ören, Aras: Was will Niyazi in der Naunynstraße. Ein Poem. Rotbuch Verlag: Berlin, 1973.
Ders.: Berlin-Savignyplatz. ESPRESSO, 1995.
Ders.: Unerwarteter Besuch. ESPRESSO, 1997.
Ders.: Granatapfelblüte ESPRESSO, 1998.
Ders. und Schneider, Peter: Wie die Spree in den Bosporus fliesst. Briefe zwischen Istanbul und Berlin 1990/1991. Babel Verlag, 1991.
Ormuca, Mussin: Kanäkman – Tags Deutscher, nachts Türke. Omu-Verlag, 2002.
Özakın, Aysel: Gurbet Yavrum. E. Publishers: Istanbul, 1975.
Dies.: Der fliegende Teppich – Auf der Spur meines Vaters. Rowohlt Verlag, Hamburg, 1987.
Dies.: Die Leidenschaft der Anderen. Luchterhand: Hamburg, 1992.
Özdamar, Emine S.: Die Brücke vom Goldenen Horn. Roman: Kiepenheuer & Witsch, 1998.
Dies.: Mutterzunge. Roman: Kiepenheuer & Witsch, 1998.
Dies.: Das Leben ist eine Karawanserei, hat zwei Türen, aus einer kam ich rein, aus der anderen ging ich raus. Kiepenheuer & Witsch, 1994.
Dies.: Der Hof im Spiegel. Erzählungen. Kiepenheuer & Witsch, 2001.
Dies: Seltsame Sterne starren zur Erde. Wedding, Pankow 1976/77. Kiepenheuer & Witsch, 2003.
Dies.: Sonne auf Halbem Weg. Die Istanbul-Berlin-Trilogie. Kiepenheuer und Witsch: Köln, 2006.
Özdoğan, Selim: Es ist so einsam im Sattel, seit das Pferd tot ist. Rütten & Loening, 1995.
Ders.: Nirgendwo & Hormone. Rütten & Loening: Berlin, 1996.
Ders.: Ders.: Mehr. Rütten & Loening: Berlin, 1999.
Ders.: Im Juli. Europa Verlag, Hamburg, 2000.
Ders.: Ein gutes Leben ist die beste Rache. Aufbau Taschenbuch Verlag, 2000.

Ders.: Trinkgeld von Schicksal. Aufbau Taschenbuch Verlag, 2003.
Ders.: Ein Spiel, das die Götter sich leisten. Aufbau Taschenbuch Verlag, 2003.
Ders.: Die Tochter des Schmieds. 2. Auflage. Aufbau Verlag: Berlin, 2005.
Ders.: Zwischen zwei Träumen. Lübbe, 2009.
Ders.: Heimstraße 52. Aufbau Verlag: Berlin, 2011.
Ders.: Passen die Schuhe vergisst man die Füße. Die ZEIT-ONLINE-Kolumnen. Asphalt & Anders Verlag: Hamburg, 2012.
Ders.: DZ. Haymon Verlag: Innsbruck, 2013.
Ders.: Wieso Heimat, ich wohne zur Miete. Haymon Verlag: Innsbruck, 2016.
Pazarkaya, Yüksel: Der Babylonbus. Gedichte. Frankfurt am Main, 1989.
Pirinçci, Akif: Tränen sind immer das Ende. Goldmann: München, 1980.
Ders.: Die Damalstür. Goldmann: München, 2001.
Ders.: Felidae. Goldmann: München, 1989.
Ders.: Der Rumpf. Roman. Goldmann: München, 1992.
Ders.: Francis. Goldmann: München, 1993.
Ders.: Cave Canem. Goldmann: München, 1999.
Ders.: Das Duell. Eichborn-Verlag: Frankfurt, 2002.
Ders.: Salve Roma! Eichborn-Verlag: Frankfurt, 2004.
Ders.: Schandtat. Diana-Verlag: München, 2007.
Ders.: Felipolis. Diana-Verlag: München, 2010.
Ders.: Göttergleich. Heyne: München, 2012.
Ders.: Deutschand von Sinnen. 4. Auflage. Edition Sonderwege: Leipzig, 2014.
Ders.: Auf Achse mit Akif Pirinçci. Antaios Verlag, 2016.
Scheinhardt, Saliha: Frauen, die sterben, ohne daß sie gelebt hätten: Berlin, 1983.
Şenocak, Zafer: Elektrisches Blau. München, 1983.
Ders.: Verkauf der Morgenstimmungen am Markt. München, 1983.
Ders.: Flammentropfen. Dağyeli-Verlag: Frankfurt, 1985.
Ders.: Atlas des tropischen Deutschlands. Babel Verlag: München, 1993.
Ders.: Der Mann im Unterhemd. Babel-Verlag: München, 1995.
Ders: Die Prärie. Rotbuch-Verlag: Hamburg, 1997.
Ders.: Gefährliche Verwandtschaft. München: Babel Verlag, 1998.
Ders.: Atlas of a Tropical Germany: Essays on Politics and Culture, 1990-1998. University of Nebraska Press, 2000.
Ders.: Alman Terbiyesi. Alef Yayınevi: Istanbul, 2007.
Ders.: „Köşk". Alef Yayınevi: Istanbul, 2008.
Ders.: Der Pavillon. Dağyeli Verlag, Berlin, 2009.
Ders.: Deutschsein. Edition Körber-Stiftung: Hamburg, 2011.
Ders.: „Deutsche Schule". Dağyeli Verlag, Berlin, 2012.

Ders.: In deinen Worten. Mutmaßungen über den Glauben meines Vaters. Babel Verlag: München, 2016.
Sezgin, Hilal (Hrsg.): Manifest der Vielen – Deutschland erfindet sich neu. 2. Auflage. Blumenbar Verlag, Berlin, 2011.
Dies.: Der Tod des Maßschneiders. Hoffmann und Campe: Hamburg, 1999.
Dies.: Mihriban pfeift auf Gott. DuMont, 2015.
Somuncu, Serdar: Nachlass eines Massenmörders. Auf Lesereise mit mein Kampf. Bastei-Lübbe: Bergisch-Gladbach, 2002.
Ders.: Getrennte Rechnungen. Lübbe Belletristik: Köln, 2004.
Ders.: Die Türkei und das deutsche Verständnis. Aufbau Verlag: Berlin, 2005.
Ders.: Kernspaltung. Knaur Belletristik: München, 2005.
Ders.: Der Antitürke. 3. Auflage. Rowohlt Sachbuch: Hamburg, 2009.
Ders.: Auf Lesereise mit Adolf. Edel: Hamburg, 2009.
Ders.: Karneval in Mio. Edel: Hamburg, 2010.
Ders.: Bibel vs. Koran. Eichborn: Köln, 2010.
Ders.: Zwischen den Gleisen. WortArt: Köln, 2012.
Ders.: Hasstament. Edel: Hamburg, 2013.
Ders.: Der Adolf in mir: Die Karriere einer verbotenen Idee. WortArt, 2015.
Tekinay, Alev: Über alle Grenzen, Erzählungen, 1986.
Dies.: Die Deutschprüfung, Erzählungen, 1989.
Dies.: Engin im Englischen Garten, Kinder- und Jugendroman, 1990.
Dies.: Der weinende Granatapfel, Roman, 1990.
Dies.: Es brennt ein Feuer in mir, Erzählungen, 1990.
Dies.: Das Rosenmädchen und die Schildkröte, Märchen, 1991.
Dies.: Nur ein Hauch vom Para-dies, Roman, 1993.
Tuksavul, Muammer: Eine bittere Freundschaft. Econ Verlag: Düsseldorf, 1985.
Veli Kanık, Orhan: Poesie. Texte in zwei Sprachen. Übers. v. Y. Pazarkaya und H. Mader. Suhrkamp: Frankfurt, 1966.
Zaimoglu, Feridun: Kanak Sprak – Mißtöne vom Rande der Gesellschaft. Rotbuch Verlag: Hamburg, 1995.
Ders.: Abschaum. Die wahre Geschichte von Ertan Ongun. Hamburg: Rotbuch Verlag, 1997.
Ders.: Kopffstoff. Kanaka Sprak vom Rande der Gesellschaft. 3. Auflage. Rotbuch Verlag: Hamburg, 1998.
Ders.: Liebesmale, scharlachrot. Kiepenheuer & Witsch: Köln, 2000.
Ders.: German Amok. Fischer Verlag, 2002.
Ders.: Zwölf Gramm Glück. Kiepenheuer & Witsch: Köln, 2004.
Ders.: Leyla. Kiepenheuer & Witsch: Köln, 2006.
Ders.: Hinterland. Kiepenheuer & Witsch: Köln, 2009
Zaptçıoğlu, Dilek: Der Mond isst Sterne auf. CBJ, 2001.

Weitere verwendete Primärliteratur

Arjouni, Jakob: Happy Birthday, Türke! Kayankayas erster Fall. Buntbuch-Verlag. Hamburg.

Bolaño, Roberto: 2666. Editorial Anagrama: Barcelona, 2009.

Böll, Heinrich: Essayistische Schriften. Band 1. Kiepenheuer & Witsch: Köln, 1979.

Bürger, Gottfried August: Wunderbare Reisen zu Wasser und zu Lande, Feldzüge und lustige Abenteuer des Freiherrn von Münchhausen. Wie er dieselben bei der Flasche im Zirkel seiner Freunde selbst zu erzählen pflegt. Ersterscheinung 1786. CreateSpace Independent Publishing Platform, 2013.

Caroll, Lewis: Alice's Adventures in Wonderland. Penguin Popular Classics, 1994.

Castaneda, Carlos: The Teaching of Don Juan University of California Press: Berkeley, 1968.

Ders.: Journey to Ixtlan. Pocket Books: New York, 1972.

Ders.: The Art of Dreaming. HarperCollins: New York, 1993.

Ders.: Magical Passes. HarperCollins: New York, 1998.

Chatwin, Bruce: The Songlines. Jonathan Cape: London, 1987.

Cortazár, Julio: Bestiario. Editorial Sudamericana: Buenos Aires, 1951.

Ders.: Final del juego. Los Presentes, 1956.

Ders.: Las armas secretas. Editorial Sudamericana: Buenos Aires, 1959.

Ders.: Todos los fuegos el fuego. Editorial Sudamericana: Buenos Aires, 1966.

Ders.: Los premios. Ediorial Sudamericana: Buenos Aires, 1960.

Ders.: Around the Day in Eighty Worlds. Siglo veintiuno editores, 1967.

Ders.: El libro Manuel. Edhasa, 1990.

Durán, Miguel: Don't spit in my corner. Arte Publico Press: Houston, 1992.

Ellison, Ralph: Invisible Man. [1952]. Penguin Classics, 2014.

Fauser, Jörg: Rohstoff. Ullstein Verlag: Frankfurt, 1984.

Gamboa, Manazar: L.A. Chicano. In: Chicago Review (Vol. 41, No. 1) 1995.

Graf, Oskar Maria: Das Leben meiner Mutter. List Verlag, 2009.

Henschel, Gerhard: Arbeiterroman. Hoffmann & Campe: Hamburg, 2017.

Hirsch, Ernst E.: Aus Kaisers Zeiten durch die Weimarer Republik in das Land Atatürks. J. Schweitzer Verlag: München, 1982.

Hirschman, Jack (Hrsg.): Art on the line. Essays by Artitsts about the Point Where Their ART & Activism Intersect.Curbstone Press: Willimantic, 2002.

Ders.: The Proletarian Arcane, 1980.

Ders.: All That's Left, 2008.

Houellebecqe, Michel: Soumission. Flammarion: Paris, 2015.
Jerofejew, Wenedikt: Die Reise nach Petuschki. Ein Poem. Piper Verlag, 1987.
Kafka, Franz: Brief an den Vater. Piper: München, 1960.
Klemperer, Victor: Notizbuch eines Philologen – LTI. Röderberg-Verlag: Frankfurt, 1975.
Menchú, Rigoberta: Me llamo Rigoberta Menchú y así me nació la conciencia. Editorial Argos Vergara: Barcelona, 1983.
Morrison, Toni: Beloved. Alfred Knopf: New York, 1987.
Murakami, Haruki: Tanz mit dem Schafsmann. BTB, 2007.
Nesin: Surnâme. Man bittet zum Galgen. Unions-Verlag: Zürich, 1996.
Ders: Sizin Memlekette. Eşek yok mu. Nesin Yayinevi, 2013.
Neumark, Fritz: Zuflucht am Bosporus. Josef Knecht Verlag: Frankfurt, 1980.
Nissen, Rudolf: Helle Blätter – dunkle Blätter. Deutsche Verlagsanstalt: Stuttgart, 2001.
Northup, Solomon: Twelve Years a Slave. Narrative of Solomon Northup, a citizen of New-York, kidnapped in Washington city in 1841, and rescued in 1853, from a cotton plantation near the Red River in Louisiana. Neuauflage. Atria Verlag, 2013.
Paz, Octavio: The Labyrinth of Solitude. Grove Press: New York, 1961.
Poniatowska, Elena: La noche de Tlatelolco. Ediciones Era: Mexico City, 1971.
Reuter, Edzard: Schein und Wirklichkeit. Siedler Verlag, 1998.
Roth, Jospeh: Juden auf Wanderschaft. Kiepenheuer und Witsch: Köln, 1985.
Ruiz, Miguel Angel: The four Agreements. A Toltec Wisdom Book. Amber-Allen: San Rafael, 1997.
Salinger, J.D.: The Catcher in the Rye. Little Brown, 1991
Schiller, Friedrich: Die Verschwörung des Fiesco zu Genua. Drama von 1783. Edition Holzinger: Berlin, 2016.
Shakur, Saniyka: Monster: The Autobiography of an L.A. Gang Member. Grove: New York, 1993.
Shelley, Mary: Frankenstein. Penguin Classics, 2003.
Sor Juana Inés de la Cruz: Erster Traum. Mit einem Vorwort von Octavio Paz. Insel Verlag: Frankfurt am Main, 1993.
Steinbeck, John: Grapes of Wrath. Penguin Classics, 2006.
Thomas, Piri: Down these streets. Vintage Books: New York, 1997.
Thompson, Hunter S.: Angst und Schrecken in Las Vegas. Heyne Verlag, 2005.
Uleer, Maria: Fremde im Dorf. Landwirtschaftsverlag Münster, 2011.
Hahn, Ulla: Das verborgene Wort. DVA: München, 2001.
Dies.: Aufbruch. DVA: München, 2009.

Dies.: Spiel der Zeit. DVA: München, 2014.
Von Grimmelshausen, Hans Jakob Christoffel: Simplicissimus Teutsch. Deutscher Klassiker Verlag: Frankfurt, 2005.
Weiss, Peter: Abschied von den Eltern. Erzählung. Suhrkamp, Frankfurt am Main 1961.
Williams, Stanley Tookie: Blue Rage, Black Redemption. Touchstone: New York, 2007.
Williams, Tad: City of Golden Shadow. DAW Books, 1996.
Wilson, Robert Anton und Shea, Robert: The Illuminatus! Trilogy. Brown Book Group, 1998.

Sekundärliteratur
Abalos, David T.: The Latino Male – A Radical Redefinition. Lynne Rienner Publishers: Boulder, 2002
Ackermann, Irmgard und Weinrich, Harald (Hrsg.): Eine nicht nur deutsche Literatur. Zur Standortbestimmung der „Ausländerliteratur". Piper: München, 1986.
Acuña, Rudolfo: Occupied America. 6th Edition. Longman, 2006.
Ders.: Occupied America. Seventh Edition. Longman: Boston, 2011.
Adatepe, Sabine: GEZI- Eine literarische Anthologie. Binooki, 2014.
Adelson, Leslie A.: The Turkish Turn In Contemporary German Literature. Toward A New Critical Grammar Of Migration. Palgrave Macmillan: New York, 2005.
Dies.: „Against Between. A Manifesto" In: Arnold, Heinz-Ludwig (Hrsg.): Text + Kritik, Heft IX/2006 (Literatur und Migration).
Dies.: The Turkish Turn in Contemporary German Literature: Toward a New Critical Grammar of Migration. Palgrave Macmillan: New York, 2005.
Agai, Bekim: Zwischen Netzwerk und Diskurs – Das Bildungs-netzwerk um Fethullah Gülen (geb. 1938). Die flexible Umsetzung modernen islamischen Gedankenguts. EB-Verlag: Schenefeld, 2004.
Akçam, Taner: The Young Turks' crime against humanity – The Armenian genocide and ethnic cleans-ing in the Ottoman Empire. Princeton University Press: Princeton, 2012
Akyüz, Kenan. Modern Türk Edebiyatinin Ana Çizgileri. Inkilâp Yayinevi, 1995.
Alaniz; Yolanda und Cornish, Megan: Viva la Raza. Red Letter Press: Seattle, 2008.
Alarcón, Francisco und Rodríguez, Odilia Galván (Hrsg.): Poetry of Resistance – Voice for Social Justice.The University of Arizona Press: Tucson, 2016.
Alarcón, Norma et al.: Bibliography of Hispanic women writers. Chicano-Riqueño Studies: Bloomington, 1980.

Dies.: Between woman and nation: national-isms, transnational feminisms, and the state. Duke University Press: Durham, 1999.
Al-Azmeh, Aziz: Die Islamisierung des Islams. Campus Verlag: Frankfurt, 1996.
Albath, Maike: Der Holzwurm des Selbst. Der türkische Schriftsteller Sabahttin Ali. In: Ali, Sabahattin: Die Madonna im Pelzmantel. Zürich: Dörlemann Verlag, 2008.
Aldamaver, Frederick Luis: Spilling the beans in Chicano-landia. University of Texas Press, Austin, 2006.
Alvarez, Luis: The Power of the Zoot: Youth Culture and Resistance Dur-ing World War II. Aus: Rivas-Rodríguez, Maggie (Hrsg.): Mexican Americans & World War II. University of Texas: Austin, 2005
Amberson, Mary Margaret McAllen: Maximilian and Carlotta – Europe's last empire in Mexico. Trinity University Press: San Antonio, 2014.
Amodeo, Immacolata: Die Heimat heisst Babylon. Westdeutscher Verlag, 1996.
Anaya, Rudolfo: The Legend of La Llorona. Tonatiuh-Quinto Sol International: Berkeley, 1984.
Anderson, Benedict: Imagined Communities. Reflections on the Origins and Spread of Nationalism. Verso: London, 1991.
Arendt, Hanna: The Human Condition. Doubleday: New York, 1958.
Dies.: Elemente und Ursprünge totaler Herrschaft: Antisemitismus. Imperialismus. Totale Herrschaft. [1951]. Übersetzt von der Autorin. Piper: München, 1991.
Arndt, Susan und Ofua-tey-Alazard, Nadja (Hrsg.): Wie Rassismus aus Wörtern spricht. (K)erben des Kolonialismus im Wissensarchiv deutsche Sprache. Unrast: Münster, 2011.
Aronowitz, Stanley: The Politics of Identity: Class, Culture, Social Movements. Psychology Press, 1992.
Artega, Alfred: Chicano Poetics – Heterotexts and Hybridities. University of California: Berkeley, 1997.
Asbury, Herbert: Gangs of New York – An Informal History of the Underworld. Garden City Publishing: New York, 1927.
Assman, Aleida: Erinnerungsräume. Formen und Wandlungen des kulturellen Gedächtnisses. Beck: München, 1999.
Aust, Stefan und Laabs, Dirk: Heimatschutz. Der Staat und die Mordserie des NSU. Pantheon: München, 2014.
Averills, Charles E.: The Mexican Ranchero; or, The Maid of the Chapparal: A romance of the Mexican War. Boston, 1849.
Babaoglu-Marx, Alparslan: Lernt erst mal Deutsch... und dann sehen wir weiter: Scheitern vorprogrammiert. Books on Demand, 2014.
Bachmann-Medick, Doris: Fremddarstellung und Lüge. Übersetzung als kulturelle Übertreibung am Beispiel von Münchhausens Lügenge-

schichten. In: dies. (Hrsg.): Übersetzung als Repräsentation fremder Kulturen. Erich Schmidt Verlag: Berlin, 1997.

Bacon, David: The Children of NAFTA: Labor Wars on the U.S./Mexico Border. University of California Press: Berkeley, 2014.

Balderrama, Francisco E. und Rodríguez, Raymond: Decade of Betrayal. Mexican Repatriation in the 1930s. University of New Mexico Press, 2006.

Bardeleben, Renate et al. (Hrsg.): Missions in conflict. Essays on U.S.-Mexican Relations and Chicano Culture. Gunter Narr Verlag: Tübingen, 1986.

Barıns, Ertunç: Der Aufsatz oder Geständnisse eines „Gastarbeiter"-Kindes. In: Lorenz, Günter W. und Pazarkaya, Yüksel: Zeitschrift für Kulturaustausch 1. Institut für Auslandsbeziehungen: Stuttgart, 1985.

Bar-On, Dan: The Indescribable and the Undiscussable. Reconstructing Human Dis-course after Trauma. Central European University Press, 1999.

Barrera, Mario: Race and Class in the Southwest. A theory of racial inequality. Univer-sity of Notre Dame, 1980.

Basch, Linda; Glick Schiller, Nina und Szanton Blanc, Cristina: Nation Unbounds. Transnational Projects, Postcolonial Predicaments and Deterrritorialized Nation-States. Routledge: London, 1994.

Batur, Suat: Bize Göre. Ahmet Haşim. Istanbul, 2005.

Batzke, Ina: Of Aliens and DREAMers – Life Narratives of Undocumented Youth in the United States. Dissertation Universität Münster, 2017.

Baudrillard, Jean; Guillaume, Marc: Reise zu einem anderen Stern. Merve-Verlag: Berlin, 1996.

Beck, Ulrich: Die Metamorphose der Welt. Suhrkamp: Berlin, 2017.

Beezley, William H. und Meyer, Michael C. (Hrsg.): The Oxford History of Mexico. Oxford University Press, 2010.

Bellmund, Sabine: Mikrokosmos Naunynstraße. Untersuchungen zur Berlin-Trilogie von Aras Ören. Universität Hamburg, 2012.

Bender, Steven: One night in America: Robert Kennedy, César Chávez, and the dream of dignity. Paradigm: Boulder, 2008.

Bennetts, David H.: The Party Of Fear: The American Far Right from Nativism to the Militia Movement. Vintage, 1995.

Benthien, Claudia und Velten, Hans Rudolf (Hrsg.): Germanistik als Kulturwissenschaft. Rowohlt: Hamburg, 2002.

Bernhard, Shane: The Cajuns: Americanization of a People. University Press of Mississipi, 2003.

Berta-Avila, Margarita und Tijerina-Revilla, Anita: Marching Students: Chicana and Chicano Activism in Education, 1968 to the Present. University of Nevada Press, 2011.

Beverly, John: Testimonio – The Politics of Truths. University of Minnesota Press: Minneapolis, 2004.

Bezirci, Asim: Nazim Hikmet: Leben, Werk, Kunst. Eine kritische Studie. Dağyeli-Verlag: Frankfurt, 2014.

Bhabha, Homi K.: Die Verortung der Kultur. Übersetzt von Michael Schifmann und Jürgen Freudl. Stauffenburg Verlag: Tübingen, 2000.

Birke, Peter: Wilde Streiks im Wirtschaftswunder – Arbeitskämpfe, Gewerkschaf-ten und soziale Bewegungen in der Bundesrepublik und Dänemark. Cam-pus: Frankfurt, 2007.

Bissler, Denise L. and Conners, Joan L. (Hrsg.): The Harms of Crime Media. Essays on the Perpetuation of Racism, Sexism and Class Stereotypes. MacFarland: Jefferson, 2012.

Blackwell, Maylei: Chicana power! Contested histories of feminism in the Chicano movement. University of Texas Press: Austin, 2011

Blanton, Carlos Kevin: George I. Sánchez – The long fight for Mexican American Integration. University Press: Yale, 2014.

Bloom, Lisa: Suspicion Nation: The Inside Story of the Trayvon Martin Injustice and Why We Continue to Repeat It. Counterpoint: Berkeley, 2014.

Bobzin, Harmut: Der Koran. Beck, 2015.

Böer, Ingeborg et. Al. (Hrsg.): Türken in Berlin 1871 – 1945. de Gruyter: Berlin, 2002.

Boger, Mai- Anh: Theorie der trilemmatischen Inklusion. In Schnell, Irmtraud (Hrsg.): Herausforderung Inklusion. Theoriebildung und Praxis. Klinkhardt, 2015.

Boran, Erol M.: Eine Geschichte des türkisch-deutschen Theaters und Kabaretts. Dissertation, 2004.

Botsch, Gideon et al.: Islamophobie und Antisemitismus – ein umstrittener Vergleich (Europäisch-jüdische Studien – Kontroversen, Band 1). De Gruyter: Berlin ,2012.

Bozay, Kemal: Exil Türkei. Lit Verlag: Münster, 2001.

Bräu, Karin, Georgi, Viola B. und Rotter, Carolin (Hrsg.): Lehrerinnen und Lehrer mit Migrationshintergrund: Zur Relevanz eines Merkmals in Theorie, Empirie und Praxis. Waxmann Verlag, 2013.

Braun, Eric: Cesar Chavez. Fighting for Farmworkers. Capstone Press, 2005.

Breitman, George (Hrsg.): Malcolm X speaks. Selected speeches and statements. Pathfinder Press: New York, 1993.

Brickhouse, Anna: Transamerican Literary Rela-tions and the Nineteenth-Century Public Sphere. Cambridge University Press, 2009.

Broder, Henryk M.: Der ewige Antisemit. Berlin, 2005.

Brokoff, Jürgen und Geitner, Ursula et al. (Hrsg.): Engagement. Konzepte von Gegenwart und Gegenwartsliteratur. V & R Unipress: Göttingen, 2016.

Brown, Monica: Gang Nation – Delinquent Citizens in Puerto Rican, Chicano, and Chicana Narratives. University of Minnesota: Minneapolis, 2002.

Broyles-Gonzalez, Yolanda. Teatro Campesino: Theater in the Chicano Movement. Austin : University of Texas Press, 1994.

Brunk, Samuel: Emiliano Zapata. Revolution and Betrayal in Mexico. University of New Mexico Press: Albuquerque, 1995.

Brunner, Bernd: Nach Amerika: Die Geschichte der deutschen Auswanderung. C.H. Beck: München, 2005.

Buchanan, Patrick J.: The Death of the West. Thomas Dunne Books: New York, 2002.

Büchner, Karl: Somnium Scipionis. Quelle – Gestalt – Sinn. Karl Steiner Verlag: Wiesbaden, 1976.

Buckley, Gail: American Patriots: The Story of Blacks in the Military From the Revolution to Desert Storm. Random House, 2001.

Bundesministerium des Inneren (Hrsg.): Zuwanderung gestalten – Integration fördern. Bericht der unabhängigen Kommission Zuwanderung. Berlin, 2001.

Burciaga, José Antonio: The last supper of Chicano heroes. The University of Arizona Press: Tucson, 2008.

Burckhardt, Martin: Digitale Renaissance – Manifest für eine Neue Welt. Metrolit Verlag: Berlin, 2014.

Bus, Heiner (Hrsg.): Hipsanorama Nr. 54. Schwerpunkt: Chicanoliteratur. Nürnberg, 1990.

Bustamente, Nuria: Permanencia y cambio en Caras viejas nuevo. Confluencia 1.2. Spring, 1986.

Buz, Metin: Literatur der Arbeitsemigration in der Bundesrepublik Deutschland. Tectum Verlag, Marburg 2003.

Callahan, Laura: Spanish/English Codeswitching in A Written Corpus (Studies in Bilingualism). John Benjamins Pub., 2004.

Cameron, Julia: The Artist's Way. A Spiritual Path to Higher Creativity. Jeremy P. Tarcher: New York, 1992.

Campbell, Joseph: Myths to live by. The Viking Press: New York, 1972.

Ders.: The Hero with a Thousand Faces. New World Library, 2008.

Camus, Albert: The Plague. Random House: New York, 1948.

Carrasco, Davíd und Moctezuma, Eduardo Matos: Moctezuma's Mexico. University Press of Colorado: Boulder, 2003.

Carrigan, William D. und Webb, Clive: Forgotten Dead: Mob Violence against Mexicans in the United States. Oxford University Press, 2013.

Carroll, Patrick J.: Felix Longoria's Wake – Bereavement, Racism, and the Rise of Mexican American Activism. University of Texas Press: Austin, 2003.
Castañeda-Liles, Socorro: Our Lady of Guadalupe and the Politics of Cultural Interpretation. In: Espinosa, Gastón und García, Mario T. (Hrsg.): Mexican American Religions – Spirituality, Activism,
Castilio, Ana (Hrsg.): Goddess of the Americas/ La diosa de las Américas. Writings on the Virgin of Guadalupe. Riverhead books: New York, 1996.
Castro Leal, Antonio (Hrsg.): Sor Juana Ines de la Cruz – Poesia, Teatro y Prosa. Colection de Es-critores Mexicanos. Editorial Porrua, 1965.
Caysa, Volker et al.: Reinhold Messners Philosophie: Sinn machen in einer Welt ohne Sinn. Suhrkamp: Frankfurt, 2002.
Certeau, Michel de: The Writing of History. Columbia University Press: New York, 1988.
Çetin, Zülfukar und Taş, Savaş: Gespräche über Rassismus – Perspektiven & Widerstände. Yilmaz-Günay: Berlin, 2015.
Ceylan, Rauf: Ethnische Kolonien: Entstehung, Funktion und Wandel am Beispiel türkischer Moscheen und Cafés. VS Verlag für Sozialwissenschaften, 2006.
Chavarría, Isaac; Sanchez, Gabriel H.; Lima, Rossy Evelin und Carmona, Chrisopher: Nuev@s Voces Poeticas – A Dialogue about New Chican@ Identities. Slough Press: Kyle, 2015.
Chavez, Leo R.: The Latino Threat – Construct-ing Immigrants, Citizens, and the Nation. Stanford University Press, 2008.
Cheesman, Tom und Yeşilada, Karin E. (Hrsg.): Zafer Şenocak. Contemporary German Writers. University of Wales Press: Cardiff, 2003.
Cheesman, Tom und Yeşilada, Karin E. : Feridun Zaimoglu. Peter Lang Verlag: Bern, 2012.
Cheesman, Tom: Novels of Turkish German Settlement. Cosmopolite Fictions. Camden House: Rochester, 2007.
Cherki, Alice: Frantz Fanon- Ein Portrait. Ed. Nautilus: Hamburg, 2002.
Chew Sánchez, Martha: Corridos in migrant memory. University of New Mexico: Albuquerque, 2006.
Chiellino, Carmine: Interkulturelle Literatur in Deutschland. Ein Handbuch. Sonderausg. Stuttgart: Metzler, 2007.
Chin, Rita C-K. Imagining a German Multiculturalism – Aras Oren and the Contested Mean-ings of the "Guest Worker," 1955-1980. Radical History Review 83.1, 2002.
Clarke, Alexandra: Landkarten innerer Welten – The Novels of Güney Dal. University of Wales: Swansea, 2005.
Dies.: Losing the plot – The (Mis)Translation of Güney Dal's İş Sürgünleri. Focus on German Studies 12. University of Cincinnati, 2005.

Cobb, Ben: Anarchy and Alchemy – The Films of Alejandro Jodorowsky. Creation Books: New York, 2007.

Cohen, Deborah: Braceros – Migrant Workers and Transnational Subjects in the Postwar United States and Mexico. The University of North Carolina Press, 2011.

Collins, Michael: Texas Devils: Rangers and Regulars on the Lower Rio Grande, 1846–1861. University of Oklahoma Press, 2008.

Connaughton, Stacy: Iviting Latino Voters – Party Messages and Latino Party identification. Routeledge: New York, 2005.

Conrad, Sebastian et al. (Hrsg.): Globalgeschichte. Campus Verlag: Frankfurt/New York, 2007.

Contreras, Sheila Marie: Blood Lines – Myth, Indigenism, and Chicana/o Literature. University of Texas Press: Austin, 2008.

Coser, Rosa Laub: Soziale Rollen und soziale Strukturen. Nausner & Nausner: Graz, 1999.

Cummings, Laura L.: Pachucas and Pachucos in Tucson: Situated Border Lives. University of Arizona Press, 2009.

Cutler, John Alba: Ends of Assimilation: The Formation of Chicano Literature. Oxford University Press, 2015.

Dadrian, Vahakn N.: The History of the Armenian Genocide - Ethnic Conflict from the Balkans to Anatolia to the Caucasus. Berghahn Books: Oxford-Providence, 2004.

Dahlmann, Dittmar und Kottowski, Albert: Schimanski, Kuzorra und andere: Polnische Einwanderer im Ruhrgebiet zwischen der Reichsgründung und dem Zweitem Weltkrieg. Klartext Verlag, 2005.

Daimagüler, Mehmet Gürcan: Kein schönes Land in dieser Zeit – Das Märchen von der gescheiterten Integration. Gütersloher Verlagshaus, 2011.

Davies, William C.: Lone Star Rising. Free Press: New York, 2004.

Dayioglu-Yücel, Yasemin: Von der Gastarbeit zur Identitätsarbeit: Integritätsverhandlungen in türkisch-deutschen Texten von Şenocak, Özdamar, Agaoglu und der On-line-Community vaybee! Universitätsverlag Göttingen, 2005

Del Giudice, Luisa und Porter, Gerald (Hrsg.): Imagined States. Utah State University Press: Logan, 2001.

Delabar, Walter (Hrsg.): Bluescreen. Visionen, Träume, Albträume und Reflexionen des Phantastischen und Utopischen. Aisthesis Verlag, Bielefeld 2010.

Delgado, Theresa: Spiritual Mestizaje. Duke University Press: Durham, 2011.

Demir, Tayfun (Hrsg.): Türkischdeutsche Literatur. Chronik literarischer Wanderungen. Duisburg, Dialog Edition, 2008.

Demny, Oliver: Rassismus in den USA: Historie und Analyse einer Rassekonstruktion. Unrast Verlag: Münster, 2001.

Deutscher Bundestag/ 17. Wahlperiode (Hrsg.): Bericht des unabhängigen Expertenkreises Antisemitismus: Antisemitismus in Deutschland – Erscheinungsformen, Bedingungen und Präventionsansätze. Drucksache 17/7700.

Deverell, William: Whitewashed adobe - The rise of Los Angeles and the remaking of its Mexican past. Univ of California Press, 2004.

Diamond, Jared: Guns, Germs, and Steel: The Fates of Human Societies. Norton: New York, 1999.

do Mar Castro Varela, María und Dhawan, Nikita (Hg.): Soziale Ungerechtigkeit. Kritische Perspektiven auf Diversity, Intersektionalität und Antidiskriminierung. Lit Verlag: Berlin, 2011.

do Mar Castro Varela, María und Dhawan, Nikita (Hrsg.): Postkoloniale Theorie. Eine kritische Einführung. Transcript: Bielefeld, 2005.

do Mar Castro Varela, María und Mecheril, Paul: Migration. In Arndt, Susan und Ofuatey-Alazard, Nadja (Hrsg.): (K)Erben des Kolonialismus im Wissensarchiv deutsche Sprache. Unrast: Münster, 2011.

do Mar Castro Varela, María: Ist Integration nötig? Soziale Arbeit 5. Lambertus: Berlin, 2013.

Dies.: Unzeitgemäße Utopien. Migrantinnen zwischen Selbsterfindung und gelehrter Hoffnung. Transcript: Bielefeld, 2007.

Doak, Robin S.: Dolores Huerta – Labor leader and civil rights activist. Compass Point Books: Minneapolis, 2008.

Dorado Romo, David: From Ringside seat to a Revolution. An underground history of El Paso and Juárez. Cinco Puntos Press, 2005.

Dröscher, Barbara und Rincón, Carlos (Hrsg.): La Malinche. Übersetzung, Interkulturalität und Geschlecht. Edition Tranvía: Berlin, 2010.

Dünne, Jörg und Christian Moser: Automedialität: Subjektkonstitution in Schrift, Bild und neuen Medien. Fink, 2008.

Durst Mirriam-Goldberg, Caryn: Sandra Cisneros – Latina Writer and Activist. Enslow Publishers, Berkeley Heights, 1998.

Durzak, Manfred und Kuruyazıcı, Nilüfer (Hrsg.): Die andere deutsche Literatur: Istanbuler Vorträge. Königshausen & Neumann: Würburg, 2004 .

Durzak, Manfred: Literatur im interkulturellen Kontext. Königshausen & Neumann: Würzburg, 2013.

Eagleton, Terry: Exiles and émigrés; Studies in Modern Literature. Schocken Books: New York, 1970.

Ders.: Criticism and ideology. A study in Marxist literary theory. Humanities Press: London, 1976.

Ders.: Marxism and literary criti-cism. University of California Press: Berkeley, 1976.

Ders. mit Jameson, Fredric; Said, Edward W.; Deane, Seamus: Nationalism, colonialism, and literature. University of Minnesota Press: Minneapolis, 1990.

Ders.: The illusions of postmodernism. Blackwell Publishers: Oxford, 1997; The idea of culture. Blackwell: Malden, 2000.

Eakin, Paul John: The Ethics of Life Writing. Cornell University, 2004.

Eggers, Maisha, Kilomba, Gerda, Piesche, Peggy und Arndt, Susan (Hrsg.), Mythen, Masken & Subjekte. Unrast Verlag: Münster, 2005.

Eils, Colleen:Narrative Privacy: The Politics of Evasive Form in Contemporary Native American Latina/o, and Asian American Metafictions. Noch nicht veröffentlicht

Eizenstat, Stuart: Imper-fect Justice – Looted Assets, Slave Labor, and the Unfinished Business of World War II. Public Affairs, New York, 2003.

El Hissy, Maha: Getürkte Türken: Karnevaleske Stilmittel im Theater, Kabarett und Film deutsch-türkischer Künstlerinnen und Künstler. Transcript: Bielefeld, 2012.

Eliade, Mircea: Rites and symbols of initiation. Harper: New York, 1975.

El-Tayep, Fatima: Undeutsch. Die Konstruktion des Anderen in der postmigrantischen Gesellschaft. Transcript: Bielefeld, 2016.

Emre, Merle: Grenz(über)gänge – Kindheit in deutsch-türkischer Migrationsliteratur. Königshausen & Neumann: Würzburg, 2014.

Erdoğan, Aslı: Nicht einmal das Schweigen gehört uns noch. Knaus Verlag: München, 2017.

Ergün, Mutlu: Hayal. Poetische Reflektionen zu Weiß-Sein. In: Eggers, Maisha, Kilomba, Gerda, Piesche, Peggy und Arndt, Susan (Hrsg.), Mythen, Masken & Subjekte. Unrast Verlag: Münster, 2005.

Erhart, Walter (Hrsg.): Grenzen der Germanistik. Germanistische Symposien der DFG XXVI. DVJs Sonderband. J.B. Metzler Verlag: Stuttgart, 2005.

Ernst, Thomas: Popliteratur. Europäische Verlagsanstalt: Hamburg, 2005

Eryilmaz, Aytac und Jamin, Mathilde (Hrsg.) : Fremde Heimat. Yaban Silan olur. Eine Geschichte der Einwanderung aus der Türkei. Klartext Verlag: Essen, 1998.

Eryilmaz, Aytaç und Lissner, Cordula (Hrsg.): Geteilte Heimat. 50 Jahre Migration aus der Türkei. Klartext Verlag: Essen, 2011.

Eschbach, Karl und Rivas-Rodríguez, Maggie: Navigating Bureaucratic Imprecision in the Search for an Accurate Count of Latino/a Military Service in World War II. In: Rivas-Rodríguez, Maggie und Olguín, Ben V. (Hrsg.): Latina/os and World War II – Mobilty, Agency, and Ideology. University of Texas Press: Austin, 2014.

Escobar, Edward J.: Race, Police, and the Making of a Political Identity. University of California Press: Berkeley, 1999.

Espinosa, Gastón und García, Mario T. (Hrsg.): Mexican American Religions – Spirituality, Activism, and Culture. Duke University Press: London, 2008.
Espinoza, Conrado: Under the Texas Sun. El sol de Texas. Arte Público Press: Houston, 2007.
Esquibel, Antonio (Hrsg.): Gonzalez, Rodolfo Message to Aztlán. Selected Writings. Arte Público Press: Houston, 2001.
Esselborn, Karl: Über Grenzen. Berichte, Erzählungen, Gedichte von Ausländern. DTV, 1989. Ders.: Interkulturelle Literaturvermittlung zwischen didaktischer Theorie und Praxis. Iudicium, 2010.
Ette, Ottmar: ZwischenWeltenSchreiben. Literaturen ohne festen Wohnsitz. Kadmos: Berlin, 2005.
Ezli, Özkan; Kimmich, Dorothee; Werberger, Annette; Ulrich, Stefanie: Wider den Kulturenzwang. Migration, Kulturalisierung und Weltliteratur.: Bielefeld, 2009.
Fanon, Frantz: Black Skin, White Masks. Plutopress, 2008.
Ders.: Les damnés de la terre. Mit einem Vorwort von Jean-Paul Sartre. La Découverte et Syros: Paris, 2002.
Ders.: Peau noire, masques blancs. Seuil, Paris 1952.
Fehrenbach, T.R.: Lone Star – A History of Texas and the Texans. Collier Books: New York, 1980.
Fensch, Thomas C.: Alice in Acidland. Lewis Caroll revisited. New Century Books, 1968.
Fernández, Olmos: Rudolfo A. Anaya. A Critical Companion. Greenwood Press: Westport, 1999
Figuerdo, D.H.: Revolvers and Pistolas, Vaqueros and Caballeros – Debunking the Old West. Praeger: Santa Barbara, 2015.
Fikes, Jay Courtney: Carlos Castaneda, Academic Opportunism and the Psychedelic Sixties. Madison Books, 1993.
Finkielkraut, Alain: Die vergebliche Erinnerung. Vom Verbrechen gegen die Menschheit. Tiamat: Berlin, 1989.
Fischer, Sabine und Mc Gowan, Moray (Hrsg.): Denn du tanzt auf einem Seil – Positionen deutschsprachiger MigrantInnenliteratur. Stauffenburg Verlag, Tübingen, 1997.
Flores, Richard R.:Remembering the Alamo: Memory, Modernity, and the Master Symbol. University of Texas Press: Austin, 2002.
Foley, Neil: Quest for Equality – The Failed Promise of Black-brown Solidarity. Harvard University Press, 2010
Folsom, Raphael Brewster: The Yaquis and the Empire – Violence, Spanish Imperial Power, and the Native Resilience in Colonial Mexico. Yale University Press: New Haven, 2014.
Foucault, Michel: Archäologie des Wissens. Suhr-kamp: Frankfurt, 1981
Ders.: Die Ordnung des Diskurses. Suhrkamp: Frankfurt, 1991.

Ders.: The Order of Things. New York: Vintage Books, 1971.

Franco, Jean: Plotting women – Gender and Representa-tion in Mexico. Columbia University Press: New York, 1989.

Frank, Dirk: Narrative Gedankenspiele. Der metafiktionale Roman zwischen Modernismus und Postmodernismus. Deutscher Universitätsverlag: Wiesbaden 2001.

Frazier, Donald S.: The United States and Mexico at War: Nineteenth-Century Expansionism and Conflict. Macmillan Reference USA: New York, 1998.

Freud, Anna: Das Ich und die Abwehrmechanismen. Internationaler Psychoanalytischer Verlag: Berlin, 1936.

Friedrich Ebert Stiftung (Hrsg.): Tagungsdokumentation „Soziale Ungleichheit in der Einwanderungsgesellschaft". Bonn, 2012.

Frisch, Max: Öffentlichkeit als Partner. Edition Suhrkamp: Frankfurt, 1967.

Gabriel, John: Racialized politics and the media. Routledge: London, 1998.

Galarza, Ernesto: Merchants of Labor – the Mexican bracero story McNally and Loftin: Santa Barbara, 1964.

Ders.: The Catholic Church in Mexico. The Capital Press: Sacramento, 1928. La Industria Eléctrica en México. Fondo de Cultura Económia: Mexico City, 1941.

Ganser, Daniele: NATO's Secret Armies. Operation Gladio and Terrorism in Western Europe. Frank Cass: London, 2005.

García, Juan Ramon: Operation Wetback. The Mass Deportation of Mexican Undocumented Workers in 1954. Greenwood Press: Westport, 1980.

Garcia, Kay S.: New Perspectives from Mexican Women Writers. University of New Mexico Press: Albuquerque, 1994.

García-Martínez, Marc: The flesh and blood aesthetics of Alejandro Morales – Disease, Sex, and Figura-tion. State University Press: San Diego, 2014.

Garner, Paul: Porfirio Díaz. Longman Publishing Group: NY, 2001.

Gebser, Jean: Ursprung und Gegenwart. Die Fundamente der aperspektivistischen Welt. Deutsche Verlags-Anstalt: Stuttgart. 1949.

Geisen, Thomas und Yildiz, Erol et al. (Hrsg.): Migration, Familie und Soziale Lage. VS Verlag für Sozialwissenschaften, 2012. Gomolla, Mechthild et al.: Institutionelle Diskriminierung. Die Herstellung ethnischer Differenz in der Schule. Leske + Budrich: Opladen, 2002.

Geiser, Myriam: Der Ort transkultureller Literatur in Deutschland und in Frankreich. Königshausen & Neumann: Würzburg, 2015.

Geißler, Rainer: Die Sozialstruktur Deutschlands. VS Verlag für Sozialwissenschaften: Opladen, 2006.

Georgi, Sonja: Bodies and/as Technology. Universitätsverlag Winter: Heidelberg, 2011.

Gerstenberger, Katharina: Writing by ethnic minorities in the age of globalisation. In: Taberner, Stuart (Hrsg.): German literature in the age of globalisation. University Press: Birmingham, 2007.

Geuder, An-Catherine: Chicana/o Literaturbetrieb: Wege in die Öffentlichkeit seit 1965. Universitätsverlag Winter: Heidelberg, 2004.

Geuder, Ann-Catherine: Schreiben an der Grenze – Literatur als Transgression. Freie Universität Berlin, 1996.

Gilb, Dagoberto und Gilb, Ricardo: Mexican American Literature- A Portable Antholo-gy.Bedford: Boston

Gilroy, Paul: The Black Atlantic. Modernity and Double Consciousness. Harvard University Press: Cambridge, 1993.

Giordano, Ralph: Die zweite Schuld oder Von der Last Deutscher zu sein. Rasch und Röhring: Hamburg, 1987.

Göbenli, Mediha: Zeitgenössische türkische Frauenliteratur. Eine vergleichende Literaturanalyse ausgewählter Werke von Leylâ Erbil, Füruzan, Pınar Kür und Aysel Özakın. Schwarz: Berlin, 2003.

Gogol, Miriam (Hrsg.): Theodore Dreiser – Beyond Naturalism. New York University Press: New York, 1995.

Gökpinar; Hakan: Deutsch-türkische Beziehungen 1890-1914 und die Rolle Enver Paschas. Tectum: Marburg, 2001.

Göktürk, Deniz et al. (Hrsg.): Transit Deutschland. Debatten zu Nation und Migration. University Press: Konstanz, 2011.

Göktürk, Deniz et Al. (Hrsg.): Germany in Transit. Nation and Migration 1955-2005. University of California Press: Berkeley, 2007. Transit Deutschland. Debatten zu Nation und Migra-tion. University Press Konstanz, 2011.

Gonzales, Manuel G.: Mexicanos. A history of the Mexicans in the United States. Indiana University Press: Bloomington, 2009

Gonzáles, Marcial: Chicano Novels and the Politics of Form. The University of Michigan Press: Ann Arbor, 2009.

González Rodríguez, Sergio: The femicide machine. MIT-PRESS: Losa Angeles, 2012.

Gonzalez, Gilbert: Chicano Education in the Era of Segregation. University of North Texas Press, 2013.

Ders.: Guest Workers or Colonized Labor? – Mexican Labor Migration to the United States. Paradigm Publishers, 2013.

Gonzalez, John Morán: Border Renaissance: The Texas Centennial and the Emergence of Mexican American Literature. University of Texas Press: Austin, 2010.

González, Ray (Hrsg.): Muy Macho – Latino Men confront their manhood. Anchor Books: New York, 1996

Gooding-Wiliams, Robert (Hrsg.): Reading Rodney King – Reading Urban Uprising. Routledge: New York, 1993.

Gorelik, Lena: Sie können aber gut Deutsch. Pantheon Verlag: München, 2012

Gottschlich, Jürgen und Zaptçıoğlu, Dilek: Das Kreuz mit den Werten. Edition Körber-Stiftung: Hamburg, 2005.

Gottwald, Franz-Theo: Rupert Sheldrake in der Diskussion. Scherz: Bern, 1997.

Graf, Rüdiger: „Das hinterhältigste und wirksamste Instrument gesellschaftlicher Unterdrückung". Gemeinschaft und Gesellschaft in Rainer Werner Fassbinders „Angst essen Seele auf". In Baumeister, Martin; Föllmer, Moritz und Müller, Philipp (Hrsg.): Die Kunst der Geschichte. Historiographie, Ästhetik, Erzählung. Vandenhoeck & Ruprecht, Göttingen 2009.

Grande, Reyna: The Distance Between us. Atria Book: New York, 2012.

Greenfield, Robert: Timothy Leary- A biography. Harcourt Incorporated, 2006.

Griffith, Beatrice: American Me. [Reprint] Greenwood Press: Westport, 1973.

Griswold del Castillo, Richard, und Richard A. Garcia, Richard: Cesar Chávez – A Triumph of Spirit. University of Oklahoma Press, 1995.

Griswold del Castillo, Richard: The Treaty of Guadalupe Hidalgo: A Legacy of Conflict. University of Oklahoma Press, 1990.

Gritter, Mat-thew: Mexican Inclusion: The Origins of Anti-Discrimination Policy in Texas and the Southwest. Texas A&M University Press, 2013.

Groneberg, Brigitte: Die Götter des Zweistromlandes. Kulte, Mythen, Epen. Artemis & Winkler, Stuttgart 2004

Gronemann, Claudia: Postmoderne/Postkoloniale Konzepte der Autobiographie in der französischen und maghrebinischen Literatur. Georg Olms Verlag, 2003.

Grossberg, Lawrence: We gotta get out of this place. Popular Conservatism and post-modern culture. Routeledge: New York, 1992.

Grossmann, Konrad Peter: Der Fluss des Erzählens. Narrative Formen der Therapie. Carl-Auer-Systeme-Verlag: Heidelberg, 2003.

Gümüşoğlu, Turgut: Sprachkontakt und deutsch-türkisches Code-Switching. Lang-Verlag: Frankfurt am Main, 2010.

Gür, Metin und Turhan, Alaverdi: Die Solingen-Akte. Patmos Verlag: Düsseldorf, 1996.

Gurpegigui, José Antonio: Alejandro Morales – Fiction Past, Present, Future Perfect. Bilingual Press: Tempe, 1996.

Gutiérrez y Muhs, Gabriella: Communal Femisnisms – Chicanas, Chilenas, and Cultural Exile. Theorizing the Space of Exile, Class, and Identity. Lexington Books: Lanham, 2005.

Gutiérrez, Félix F.: The Mexican Voice goes to War. In Rivas-Rodríguez, Maggie und Olguín, Ben V. (Hrsg.): Latina/os and World War II – Mobilty, Agency, and Ideology. University of Texas Press: Austin, 2014.

Gutjahr, Ortrud: Interkulturalität – Zur Konjunktur und Bedeutungsvielfalt eines Begriffes. In Benthien, Claudia und Velten, Hans Rudolf (Hrsg.): Germanistik als Kulturwissenschaft. Rowohlt: Hamburg, 2002.

Haffner, Herbert: Furtwängler. Parthas Verlag: Berlin, 2003.

Haller, Michael und Niggeschmidt Martin (Hrsg.): Der Mythos vom Niedergang der Intelligenz. Von Galton zu Sarrazin: Die Denkmuster und Denkfehler der Eugenik. Springer Verlag: Berlin, 2012.

Hamm, Horst: Fremdgegangen freigeschrieben. Einführung in die deutschsprachige Gastarbeiterliteratur. Königshausen & Neumann: Würzburg, 1988.

Hammel, Stefan: Handbuch des therapeutischen Erzählens. Geschichten und Metaphern in Psychotherapie, Kinder- und Familientherapie, Heilkunde, Coaching und Supervision. Klett-Cotta: Freiburg, 2009.

Handro, Saskia et al.: Geschichtsdidaktische Schulbuchforschung. Lit-Verlag: Berlin, 2001.

Hardt, Micheal und Negri, Antonio: Empire. Die neue Weltordnung. Campus: Frankfurt/New York, 2003.

Hartmut M. Griese (Hrsg.): Der gläserne Fremde. Bilanz und Kritik der Gastarbeiterforschung und Ausländerpädagogik, Lever-kusen: Leske und Budrich: Leverkusen, 1984.

Hasche, Thorsten: Quo vadis, politischer Islam? AKP, al-Qaida und Muslimbruderschaft in systemtheoretischer Perspektive. Transcript, 2015.

Hausmann, Frank-Rutger: „Vom Strudel der Ereignisse verschlungen". Deutsche Romanistik im „Dritten Reich". Klostermann: Frankfurt am Main, 2008.

Heidenreich, Nanna: Die Kunst des Aktivismus. Kanak Attak revisited. In: Dogramaci, Burcu (Hrsg.): Migration und künstlerische Produktion : Aktuelle Perspektiven. Transcript-Verlag: Bielefeld, 2012.

Heidler, David Stephen und Heidler, Jeanne T.: Manifest destiny. Greenwood Press, 2003.

Heitmeyer, Wilhelm (Hrsg.): Deutsche Zustände. Band 1-10. Edition Suhrkamp: Frankfurt, 2001–2011.

Henderson, Timothy J.: A Glorious Defeat. Mexico and its War with the United States. Hill and Wang: New York, 2007.

Hendrik Meyer, Klaus Schubert (Hrsg.): Politik und Islam. VS Verlag: Wiesbaden, 2011.
Hentig, Hans V.: Der Desperado: Ein Beitrag zur Psychologie des regressiven Menschen. Springer: Berlin, 2013.
Herbert, Ulrich: Geschichte der Ausländerpolitik in Deutschland. Saisonarbeiter, Zwangsarbeiter, Gastarbeiter, Flüchtlinge. Beck Verlag: München, 2001.
Herminghous, Patricia und Mueller, Magda (Hrsg.): Gender and Germaness. Cultural Productions of Nation. Modern German Studies Vol. 4. Berghan Books: Providence, 1997.
Herms, Dieter: Die zeitgenössische Literatur der Chicanos (1959–1988)". Vervuert: Frankfurt am Main, 1990.
Herrera-Sobek, María: The Monstrous Imagination – Cyclope Representation in Art and Literature, Díaz-Oliva and Alejandro Morales. In: Sobek, María (Hrsg.): Perspectives Transatlanticas en la literatura Chicana. Essayos y creatividad. Universidad Malaga, 2002.
Herzog, Christoph: Lessons of a Long Life – the Self, History and Religion in the Memoirs of Muammer Tuksavul (1901-1996). In Elger, Ralf (Hrsg.): Many ways of speaking about the self – Middle Eastern ego-documents in Arabic, Persian and Turkish (14th–20th century). Wiesbaden, 2010.
Hesse, Jan-Otmar, Köster, Roman und Plumpe, Werner: Die Große Depression. Die Weltwirtschaftskrise 1929–1939. Campus Verlag: Frankfurt/New York, 2014.
Hessisches Ministerium des Innern und für Sport: Leitfaden – Wissen & Werte in Deutschland und Europa. 2006.
Hetherington, Kevin: The Badlands of Modernity. Heterotopia and social ordering. Routeledge: New York, 1997
Hiller, Andreas: Das Schulbuch zwischen Internet und Bildungspolitik. Tectum: Marburg, 2012.
Hillstrom, Kevin: The Zoot Suit Riots. Defining moments Series. Omnigraphics: Detroit, 2013.
Hirsch, Matthias: Zwei Arten der Identifikation mit dem Agressor – Nach Ferenczi und Freud. Praxis der Kinderpsychologie und Kinderpsychiatrie 45, 1996.
Hofmann, Michael und Karin Yeşilada (Hrsg.): Kulturgeschichte der türkischen Einwanderung. Königshausen und Neumann: Würzburg, 2017.
Hofmann, Michael, Ozil, Şeyda und Dayıoğlu-Yücel, Yasemin: Türkisch-deutscher Kulturkontakt und Kulturtransfer. Kontroversen und Lernprozesse. Jahrbuch Türkisch-Deutsche Studien, Band 1. V&R Unipress: Göttingen, 2011.
Hofmann, Michael: Deutsch-türkische Literaturwissenschaft. Königshausen und Neuman: Würzburg, 2013.

Ders.: Deutsch-türkische und türkische Literatur: Literaturwissenschaftliche und fachdidaktische Perspektiven. Königshausen und Neumann: Würzburg, 2013

Ders.: Interkulturelle Literaturwissenschaft. Fink UTB: Paderborn, 2006.

Holdenried, Michaela: Autobiographie. Vol. 17624. Reclam, 2000

Honey, Michael K. Going Down Jericho Road: The Memphis strike, Martin Luther King's last campaign. Norton: New York, 2007.

Horrocks, David und Kolinsky, Eva (Hrsg.): Turkish Culture in German Society Today (Culture and Society in Germany). Berghahn Books, 1996.

Horwitt, Sanford D.: Let Them Call Me Rebell – Saul Alinsky. His Life and Legacy. Vintage Books: New York, 1989.

Howard, Mary: Interkulturelle Konfigurationen – Zur Deutschsprachigen Erzählliteratur von Autoren nichtdeutscher Herkunft. Iudicum, 1997.

Howell, David C.: Gangs in America's Communities. Sage Publications, 2011.

Hugh, Thomas: Conquest – Montezuma, Cortes and the fall of old Mexico. Simon & Schuster: New York, 1993.

Hunn, Karin: „Nächstes Jahr kehren wir zurück…". Die Geschichte der türkischen „Gastarbeiter" in der Bundesrepublik. Wallstein: Göttingen, 2005.

Huntington, Samuel: Who Are We?: America's Great Debate. Simon + Schuster UK, 2004.

Hurtado, Aída: Making Face, Rompiendo Barrears: The activist Legacy of Gloria Anzaldúa. In: Keating, Analouise und González-López (Hrsg.): Bridging. How Gloria Anzaldúas Life and Work Transformed Our Own. University Press of Texas: Austin, 2011.

Hutcheon, Linda: Narcissistic Narrative. Wilfried Laurier University Press: Waterloo, 1980.

Hüttermann, Jörg: Zur Soziogenese einer kulturalisierten Einwanderungsgesellschaft. In: Ezli, Özkan et al. (Hrsg.): Wider den Kulturenzwang. Migration, Kulturalisierung und Weltliteratur. Transcript Verlag: Bielefeld, 2009.

Hüttner, Bernd et al. (Hrsg.): Vorwärts und viel vergessen. Beiträge zur Geschichte und Geschichtsschreibung neuer sozialer Bewegungen. AG SPAK Bücher, Bremen 2005.

Ibarra, Armando und Torres, Rodolfo D. (Hrsg.): Man of fire. Selected Writings. Ernesto Galarza. University of Illinois: Urbana, 2013

Ikas, Karin: Chicana Ways. Conversations with 10 Chicana writers. University of Nevada Press: Reno, 2002.

Dies.: Die zeitgenössische Chicana-Literatur. Universitätsverlag C. Winter: Heidelberg, 2000

Iljassova-Morger, Olga und Reinhardt-Becker, Elke: Literatur-Kultur-Verstehen. Universitätsverlag Rhein-Ruhr: Duisburg 2006

Jacobs, Elisabeth: Mexican American Literature. Routledge: London, 2006.

Jäger, Siegfried, Jäger, Margarete, Cleve, Gabriele und Ruth, Ina: Von deutschen Einzeltätern und ausländischen Banden. Medien und Straftaten. Unrast-Verlag: Münster, 2000.

Jaimes, Héctor: Filosofía del muralismo mexicano – Orozco, Rivera y Siqueiros. Plaza y Valdés, 2012.

Jan Motte, Jan Ohliger, Rainer (Hrsg.): Geschichte und Gedächtnis der Einwanderungsgesellschaft. Migration zwischen historischer Rekonstruktion und Erinnerungspolitik. Klartext Verlag: Essen, 2004.

Jankowsky, Karen: "German" Literature Contested: The 1991 Ingeborg-Bachmann-Prize Debate, "Cultural Diversity," and Emine Sevgi Özdamar. German Quarterly, 1997

Jerome, Roy (Hrsg.) : Conceptions of Postwar German Masculinity. State University of New York Press: Alabany, 2001.

Johnson, Claudia (Hrsg.): Patriarchy in Sandra Cisneros's The House on Mango Street. Social Issues in Literature Series. Greenhaven Press: Farm-ington Hills, 2010.

Jones, Greta: „Captain Of All These Men Of Death" – The History Of Tuberculosis In Nineteenth And Twentieth Century Ireland. Rodopi: Amsterdam, 2001.

Jordan, Jim: Spieler, Mitspieler, Schauspieler – Die postmoderne interkulturelle Literatur in Deutschland. In: Durzak, Manfred und Kuruyazici, Nilüfer (Hrsg.): Die andere deutsche Literatur – Istanbuler Vorträge. Königshausen und Neumann: Würzburg, 2004.

Juaristi, Jon: Miguel de Unamuno. Taurus: Madrid, 2012.

Jung, Carl Gustav: Traum und Traumdeutung. DTV: München, 2001.

Kabalen de Bichara, Donna M.: Telling border life stories.Four Mexican American women writers. Texas A&M University Press: College Station, 2013.

Kapell, Matthew und Pilkington, Ace G. (Hrsg.): The Fantastic Made Visible: Essays on the Adaptation of Science Fiction and Fantasy from Page to Screen. McFarland, 2015.

Karabudak, Sahika: Soziokultureller Wandel in der Türkei nach dem Militärputsch 1980 – Auswirkungen des Militärputsches 1980 auf die Wirtschaft, die Bildung, die Jugend und die religiösen Strömungen. Akademikerverlag, 2016.

Karakayalı, Serhat: Lotta Continua in Frankfurt, Türken-Terror in Köln. Migrantische Kämpfe in der Geschichte der Bundesrepublik. In: Hüttner, Bernd et al. (Hrsg.): Vorwärts und viel vergessen. Beiträge zur Geschichte und Geschichtsschreibung neuer sozialer Bewegungen. AG SPAK Bücher, Bremen 2005.

Ders.: Der Kampf der Kulturbegriffe. In: Stemmler, Susanne (Hrsg.): Multikultur 2.0. Willkommen im Einwanderungsland Deutschland. BPB: Bonn, 2011.

Karakus, Mahmut: Bildungsmigration nach Deutschland und ihre Auswirkungen auf die Literatur – Sabahattin Alis Roman Die Madonna im Pelzmantel. Türkisch-deutscher Kulturkontakt und Kulturtransfer: Kontroversen und Lernprozesse 1, 2011.

Katz, Friedrich: The Life and Times of Pancho Villa. Stanford University Press, 1998.

Katz, Judith: White Awareness: Handbook for Anti-Racism Training. University of Oklahoma Press, 2003.

Kaul, Susanne, Palmier, Jean-Pierre: Quentin Tarantino. Einführung in seine Filme und Filmästhetik. Wilhelm Fink: München, 2013.

Kay, Melissa: The Call to Adventure: Bringing the Hero's Journey to Daily Life. Harper: SanFrancisco, 1993.

Keating, Analouise (Hrsg.): Gloria E. Anzaldúa – Interviews/Entradas. Routeledge: New York, 2000.

Keating, Analouise (Hrsg.): EntreMundos/AmongWorlds – New Perspectives on Gloria Anzaldúa. Palgrave: New York, 2005.

Kelek, Necla: Die fremde Braut – Ein Bericht aus dem Inneren des türkischen Lebens in Deutschland. Kiepenheuer & Witsch: Köln 2005.

Kerman, Judith B. (Hrsg.): Retrofitting Blade Runner. University of Wisconsin Press: Madison, 1997.

Kermani, Navid: Wer ist wir? Beck Verlag: München, 2009.

Kimmel, Michael: Handbook of Studies on Men and Masculinities. Sage Publication: Thousand Oaks, 2005.

King, Martin Luther und King, Coretta Scott: The Words of Martin Luther King, Jr. Newmarket Press, 2008.

King, Rosemary A.: Border Confluences. The University of Arizona Press: Houston, 2004.

King, Sallie B.: Socially Engaged Buddishm. University of Hawai'i Press, 2009.

Klärner, Andreas: Aufstand der Ressentiments. Einwanderungsdiskurs, völkischer Nationalismus und die Kampagne der CDU/CSU gegen die doppelte Staatsbürgerschaft. PapyRossa: Köln 2000.

Klatt, Johanna/ Lorenz, Robert (Hrsg.): Manifeste. Geschichte und Gegenwart des politischen Appells. Transcript: Bielefeld, 2011.

Klimek, Sonja: Paradoxes Erzählen. Die Metalepse in der phantastischen Literatur. Mentis-Verlag: Paderborn, 2010.

Klocke, Sonja: Orientalisierung der DDR? Spuren von antifaschistischer Tradition und DDRLiteratur in Emine Sevgi Özdamar's Seltsame Sterne starren zur Erde. In: Stephan, Inge et al. (Hrsg.): Nachbilder der Wende. Böhlau, 2008.

Klos, Stefanie: Fatih Akin – Transkulturelle Visionen. Marburger Schriften zur Medienforschung. Schüren Verlag, 2016.

Knapp, Bettina: A Jungian Approach. Southern Illinois University Press: Carbondale, 1984.

Knigge, Volkhard et al. : Zwangsarbeit: Die Deutschen, die Zwangsarbeiter und der Krieg. Klartext Verlag: Essen, 2011.

Kocadoru, Yüksel: Die dritte Generation von türkischen Autoren in Deutschland – neue Wege, neue Themen. In: Durzak, Manfred und Kuruyazıcı, Nilüfer: Die andere Deutsche Literatur. Königshausen & Neumann: Würzburg, 2004.

Kramer, Heinz und Reinkoswki, Maurus: Die Türkei und Europa. Kohlhammer: Stuttgart, 2008.

Kraus, Björn: Erkennen und Entscheiden. Grundlagen und Konsequenzen eines erkenntnistheoretischen Konstruktivismus für die Soziale Arbeit. Beltz Juventa: Weinheim, 2013.

Kreiser, Klaus und Neumann, Chris-toph K.: Kleine Geschichte der Türkei. Bonn: BPB, 2005.

Krüger-Potratz, Marianne (Hrsg.): Zuwanderungsgesetz und Integrationspolitik. V und R Unipress: Göttingen, 2006.

Kubaseck, Christopher und Seufert, Günter (Hrsg.): Deutsche Wissenschaftler im Exil: Die Wissenschaftsmigration in die Türkei 1933–1945. Ergon Verlag: Würzburg, 2008.

Kurnaz, Murat und Kuhn, Helmut: Fünf Jahre meines Lebens. Ein Bericht aus Guantanamo. Rowohlt: Berlin, 2007.

Kürsat-Ahlers, Elçin: Why an Equal-rights Strategy Matters – Some Basic Points. In: Horrocks, David und Kolinsky: Turkish Culture in German Society today. Oxford: Berghan Books, 1996.

Kuruyazıcı, Nilüfer: Emine Sevgi Özdamars Das Leben ist eine Karawanserei im Prozeß der interkulturellen Kommunikation. Aus Howard, Mary: Interkulturelle Konfigurationen – Zur Deutschsprachigen Erzählliteratur von Autoren nichtdeutscher Herkunft. Iudicum, 1997.

Kusch, Rodolfo: Indigenous and popular thinking in América. Duke University Press: Durham, 2010.

Lafeber, Walter: Inevitable Revolutions – The United States in Central America. Norton & Company: New York, 1993.

Lake, Holly: Construction of the CPRR: Chinese Immigrant Contribution. Northeastern Nevada Historical Society Quarterly: Elko, 1994.

Lanning, John Tate [Hrsg.: Tepaske, John Jay]: The Royal Protomedicato – The Regulation of the Medical Professions in the Spanish Empire. Duke University Press: Durham, 1985.

Lashgari, Deirdre (Hrsg.): Violence, Silence, and Anger: Women's Writing as Transgression. University Press of Virginia: Charlotsville, 1995.

Lawlor, Robert: Voices of the First Day – Awake-ning in the Aboriginal Dreamtime. Inner Traditions/Bear, 1991.

Leal, Luis: Pre-chicano Literature – Process and Meaning (1539 – 1959). In: Lomelí, Francisco: Handbook of Hispanic Culture in the United States: Literature and Art. Arte Público Press: Houston, 1993.

Leggewie, Claus (Hrsg.): Die Türkei und Europa. Die Positionen. Frankfurt: Suhr-kamp,2004.

Lemay, Michael Robert und Barkan, Elliott Robert (Hrsg.): U.S. Immigration and Naturalization Laws and Issues: A Documentary History. Greenwood Press, 1999.

Leon, Luis D.: The Political Spirituality of Cesar Chávez. University of California, 2015.

Leskovec, Andrea: Einführung in die interkulturelle Literaturwissenschaft. Wissenschaftliche Buchgesellschaft: Darmstadt, 2011.

Levy, Jacques E. (Hrsg.): Cesar Chavez – Autobiography of LA CAUSA. Norton: New York, 1975.

Lievrouw, Leah und Livingstone, Sonia: Handbook of New Media - Social Shaping and Consequences of ICTs. Sage Publications Inc., 2002.

Limón José E.: Américo Paredes – Culture and Critique. University of Texas Press: Austin, 2013.

Lipsitz, George: The Possessive Investment in Whiteness .Temple University Press: Philadelphia, 1988.

Löde, Ritz (Hrsg.): Der Kanon. Ein Singbuch für Alle. Bd. 3: Von der Romantik bis zur Gegenwart. Wolfenbüttel 1925.

Lomelí, Francesco und Ikas, Karin (Hrsg.): U.S. Latino Literatures and Cultures: Transnational Perspectives. Universitäts-verlag C. Winter: Heidelberg, 2000.

Lomelí, Francisco (Hrsg.): Handbook of Hispanic Culture in the United States: Literature and Art. Arte Público Press: Houston, 1993.

Ders.: Essays on the Chicano Homeland. Academica/El Norte Publications: Albuquerque, 1989.

Lorde, Audre: Eye to Eye – Black Women, Hatred, And Anger. Crossing Press: Freedom, 1984.

Dies.: The Cancer Journals. Aunt Lute: San Francisco, 1980.

Dies.: Uses of Erotic – The Erotic as Power. Crossing Press: Freedom, 1984.

Lorentzen, Robin: Women in the Sanctuary Move-ment. Temple University Press: Phildadelphia, 1991.

Lorenz, Günter W. und Pazarkaya, Yüksel: Zeitschrift für Kulturaustausch. Institut für Auslandsbeziehungen: Stuttgart, 1985.

Love, Barbara J.: Feminists Who Changed America, 1963-1975. University of Illinois Press: Champaign, 2006.

Loza, Steven (Hrsg.): Religion as Art. Guadalupe, Orishas, and Sufi. University of New Mexico Press: Albuquerque, 2009.

Luis Alvarez: Transnational Latino Soldierung: Military Service and Ethnic Politics. In: Rivas-Rodríguez, Maggie und Olguín, Ben V. (Hrsg.): Latina/os and World War II – Mobilty, Agency, and Ideology. University of Texas Press: Austin, 2014. S. 75–93.

Luhmann, Niklas: Soziale Systeme. Suhrkamp: Frankfurt, 1987.

Maciel, David R. und Peña, Juan José: La Reconquista – The Chicano Movement in New Mexico. In: The Contested Homeland – A Chicano History of New Mexico, Albuquerque: Uni-versity of New Mexico Press, 2000.

MacLachlan, Colin M. and Jaime E. Rodríguez O., Jaime E.: The Forging of the Cosmic Race – A Reinterpretation of Colonial Mexico. University of California Press: Berkeley, 1990.

MacLynn, Frank: Villa and Zapata. A History of the Mexican Revolution. Pimlico: London, 2001.

Madubuko, Nkechi: Das Forschungsfeld: Gesellschaftliche Akzeptanz von Migranten in Deutschland. Akkulturationsstress von Migranten. VS Verlag für Sozialwissenschaften: Wiesbaden, 2011.

Dies.: Empowerment als Erziehungsaufgabe. Praktisches Wissen für den Umgang mit Rassismuserfahrungen. Unrast: Münster, 2016.

Maercker, Andreas: Posttraumatische Belastungsstörungen. Springer: Berlin, 2013.

Malcolm X mit Haley, Alex: The Autobiography of Malcolm X. Grove Press: New York, 1965.

Mallea, Paula: The war on drugs. A failed experiment. Toronto : Dundurn Press, 2014.

Mangold, Sabine: Begrenzte Freundschaft: Deutschland und die Türkei, 1918–1933. Wallstein Verlag: Göttingen, 2013.

Marcial, Georg: Aztlan and Viet Nam – Chicano and Chicana Experiences of the War. University of California Press, 1999.

Martin Smith, Grace: The Poetry of Yūnus Emre, A Turkish Sufi Poet. University of California Press: Los Angeles, 1993.

Martínez, Elisabeth: 500 years of Chicana Women's History. Rutgers University Press: New Brunswick, 2009.

Martinez, Elizabeth Coonrod: Josefina Niggli, Mexican American writer. A critical biography. Albuquerque: University of New Mexico Press, 2007.

Martinéz, Julio et al.: Chicano Literature: A Reference Guide. Greenwood, 1985.

Martínez, Rubén: The Other Side – Notes from the New L.A., Mexico City and Beyond. Vintage, 1993.

Massey, Claire M.: Running Hand in Hand – The Librotraficantes and the Liberation of History. Universität Saarbrücken. Noch nicht veröffentlicht.

Mattes, Monika: „Gastarbeiterinnen" in der Bundesrepublik. Anwerbepolitik, Migration und Geschlecht in den 50er bis 70er Jahren. Campus: Frankfurt, 2005.

Mazón, Mauricio: The Zoot-Suit Riots. The Psychology of Symbolic Annihilation. University of Texas Press: Austin, 1984.

McGowan, Moray: Zafer Şenocak's Gefährliche Verwandtschaft. In Taberner, Stuart (Hrsg.): The Novel in German since 1990, CUP: Cambridge, 2011.

McKee, Robert: Story. Ale-xander Verlag, 2011.

Meade, Michael (Hrsg.): Crossroads. The Quest Cor Contemporary Rites of Passage. Open Court: Chicago, 1996.

Ders.: Men and the Water of Life: Initiation and the Tempering of Men. Harper: San Francisco, 1994.

Mecheril, Paul: Prekäre Verhältnisse. Über natio-ethno-kulturelle (Mehrfach-)Zugehörigkeit. Waxmann Verlag: Münster, 2003.

Menchaca, Martha: Recovering History, Constructing Race – The Indian, Black, and White Roots of Mexican Americans. University of Texas Press: Austin, 2001.

Mendoza, Louis Gerard: Historia – The Literary Making of Chicana & Chicano History. Texas A & M University Press: College Station, 2001.

Mennemeier, Franz Norbert: Literatur der Jahrhundertwende. 2. Auflage. Weidler Buchverlag: Berlin, 2001.

Menzel, Ulrich: Globalisierung versus Fragmentierung. Frankfurt: Suhrkamp, 1998.

Mertins, Günter: Zwischen Integration und Remigration – Die Gastarbeiterpolitik der Bundesrepublik Deutschland nach 1973 und deren Rahmenbedingungen. In: Geographi-sche Rundschau 35, Nr. 2, 1983.

Metcalf, Josephine: The Culture and Politics of Contemporary Street Gang Memoirs. University Press of Mississipi: Jackson, 2012.

Mettier, Suzanne. Soldiers to Citizens: The G.I. Bill and the Making of the Greatest Generation. Oxford University Press, 2005.

Mexican American Movement (Hrsg.): Mexican American Movement – Its Scope, Origin and Personnel. Progress trough education. Pasadena, 1944.

Mey, Günter: Adoleszenz, Identität, Erzählung. Theoretische, methodologische und empirische Erkundungen. Berlin: Köster, 1999.

Meyer, Frauke: Kompetenzzuschreibungen und Positionierungsprozesse. Eine postkoloniale Dekonstruktion im Kontext von Migration und Arbeitsmarkt. Peter Lang Verlag: Frankfurt am Main, 2012.

Meyer, Thomas: Identitäts-Wahn. AtV: Berlin, 1997.

Meyers, J. Arthur: Captain Of All These Men Of Death – Tuberculosis Historical Highlights. Warren Green Inc.: St. Louis, 1977.

Mignolo, Walter D.: Coloniality, Subaltern Knowledges, and Border Thinking – Locla Histories/Global Designs. Princeton University Press, 2000.

Miller, Mary und Taube, Karl: An Illustrated Dictionary of The Gods and Symbols of Ancient Mexico and the Maya. Thames and Hudson: London, 1997.

Minich, Julie Avril: Accessible citizenships – disability, nation, and the cultural politics of greater Mexico. Temple University Press: Philadelphia, 2014.

Minnaard, Liesbeth: New Germans, New Dutch. Literary Interventions. Amsterdam University Press, 2009.

Mirandé, Alfredo: Hombres y Machos – Masculinity and Latino Culture. WestviewPress, 1997.

Moericke, Helga: Leben und Werk der Märchenerzählerin Elsa Sophia von Kamphoevener. Shaker: Aachen, 1996.

Mohrs, Thomas: Weltbürgerlicher Kommunitarismus. Zeitgeist-konträre Anregungen zu einer konkreten Utopie. Würzburg, 2003.

Montes, Amelia und Goldmann, Anne (Hrsg.): María Amparo Ruiz de Burton. Critical and Pedagogical Perspectives. University of Nebraska: Omaha, 2004.

Mora; Pat: Nepantla. University of New Mexico Press: Albuquerque, 1993.

Moser, Christian: Gedächtnis und Erinnerung in der Autobiographie. FernUniversität, 2013.

Muhlis, Ari und Straßer, Christoph: Sie nannten mich Mehmet. Geschichte eines Ghettokindes. Riva Verlag:München, 2013.

Müller, Klaus E.: Schamanismus. Heiler, Geister, Rituale. 4. Auflage. C. H. Beck: München, 2010.

Münkler, Herfried und Münkler, Marina: Die neuen Deutschen. Ein Land vor seiner Zukunft. Rowohlt: Berlin, 2016.

Muñoz Jr., Carlos: Youth, Identity, Power: The Chicano Movement. Verso: New York, 1989.

Naidoo, Jaime Campbell: Celebrating cuentos: Promoting Latino children's literature and literacy in classrooms and libraries. Libraries Unlimited: Santa Barbara, 2011.

Nelson, Mary Carrol: Beyond Fear. The teachings of Miguel Angel Ruiz. Coucil Oak Books: Tulsa, 1997.

Nerburn, Kent: Neither Wolf nor Dog. New World Library: Novato, 2002.

Nericcio, William Anthony: Tex{t}-Mex. Seductive Hallucinations of the „Mexican" in America. University of Texas Press: Austin, 2007.

Neubauer, Jochen: Türkische Deutsche, Kanakster und Deutschländer. Identi-tät und Fremdwahrnehmung in Film und Literatur: Fatih Akin, Thomas Arslan, Emine Sevgi Özdamar, Zafer Şenocak und Feridun Zaimoglu. Kö-nigshausen & Neumann. Würzburg, 2011.

Nghi Ha, Kien, al-Samarai,Nicola Lauré, Mysorekar, Sheila (Hrsg.): Re/Visionen. Postkoloniale Perspektiven von People of Color auf Rassismus, Kulturpolitik und Widerstand in Deutschland. Unrast Verlag, Münster 2007.

Nicholson, Henry B.: Topiltzin Quetzalcoatl: The once and future lord of the Toltecs. University Press of Colorado: Boulder, 2001.

Nieto Garcia, Michel: Autobiography in Black & Brown. Ethnic Identity in Richard Wright and Richard Rodríguez. University of New Mexico Press: Albuquerque, 2014.

Noel, Urayoan: In Visible Movement. Nuyorican Poetry from the Sixties to Slam. University of Iowa Press, 2014.

Nonhoff, Martin et al.: Diskursforschung – Ein interdisziplinäres Handbuch. Band I. Transcript: Bielefeld, 2014.

Nunn, Frederick M.: Collisions With History. Latin American Fiction and Social Science from El Boom to the New World Order, Ohio University Press: Athens, 2001.

Oeser, Erhard: Die Angst vor dem Fremden. Die Wurzeln der Xenophobie. Theiss Verlag: Darmstadt, 2015.

Oestreich, Heide: Der Kopftuch-Streit. Das Abendland und ein Quadratmeter Islam. Brandes & Apsel, 2005.

Öger, Vural: Mein Deutschland, Meine Türkei – Leben Zwischen Bosporus Und Elbe. Rowohlt: Reinbeck, 2002.

Ohlert, Martin: Integrationsleitbild und Integrationspolitik der Bundestagsparteien–Hintergründe, Entwicklungen und Zusammenhänge. Zwischen „Multikulturalismus" und „Leitkultur". Springer Fachmedien: Wiesbaden, 2015.

Olguín, Ben: La Pinta. University of Texas Press: Austin, 2010.

Ören, Aras: Selbstbild mit Stadt. Privatexil: Ein Programm? Drei Vorlesungen. Übersetzung Cem Dalaman. Konkursbuchverlag: Tübingen, 1999.

Orloff, Carolina:The representation of the political in selected writings of Julio Cortázar. Tamesis: Woodbridge, 2013.

Oropeza, Lorena: Raza Si! Guerra No!' – Chicano Protest and Patriotism during the Viet Nam War Era. University of California Press: Berkeley, 2005.

Orozco, Cynthia E.: No Mexicans, Women, or Dogs Allowed: The Rise of the Mexican American Civil Rights Movement. University of Texas Press: Austin, 2009.

Orth, Ralph H. (Hrsg.): The Journals and Miscellaneous Notebooks of Ralph Waldo Emerson, vols. 9, 10 et. 14. Harvard University Press, 2003.

Osterhammel, Jürgen: Geschichtswissenschaft jenseits des Nationalstaats. Göttingen: Van-deboeck & Ruprecht, 2001 und Weltgeschichte. Basistexte. Franz Steiner Verlag: Stuttgart, 2008.

Özcan, Celal (Hrsg.): Die besten Geschichten von Nasreddin Hodscha. Nasreddin Hoca'dan En Iyi Fıkralar. Türkisch und Deutsch. Deutscher Taschenbuch Verlag: München, 2014.

Özkırımlı, Attila: Ahmet Haşim. Istanbul, 1975.

Padilla, Genaro M. :My History, Not Yours. The University of Wisconsin Press.

Pagán, Eduardo Obregón: Murder at the Sleepy Lagon. Zoot Suits, Race & Riots in Wartime L.A. The University of North Carolina Press: Chap-el Hill, 2003.

Pagenstecher, Cord: Ausländerpolitik und Immigrantenidentität. Zur Geschichte der „Gastarbeit" in der Bundesrepublik. Dieter Bertz Verlag: Berlin, 1994.

Palumbo-Liu, David (Hrsg.): The Ethnic Canon: His-tories, Institutions, and Interventions. University of Minnesota Press: Min-neapolis, 1995.

Paredes, Américo: With the pistol in his hands – A Border Ballad and Its Hero. University of Texas Press: Austin, 1970.

Parkinson Zamora, Lois (Hrsg.): Contemporary American Women Writers: Gender, Class, Ethnicity. Addison Wesly Longman Limited: New York, 1998.

Päthe, Thorben: Vom Gastarbeiter zum Kanaken. Zur Frage der Identität in der deutschen Gegenwartsliteratur. Iudicum: München, 2013.

Paul Guajarados Chicano Controvery – Oscar Acosta and Richard Rodríguez. Peter Lang Publishing: New York, 2002.

Pawel, Miriam: The Crusades of Cesar Chávez. Bloomsbury Press: New York, 2014.

Paz, Ocatvio: Sor Juana, or the traps of Faith. Belknap Press: Cambridge, 1988.

Pazarkaya, Yüksel: Das verschlossene Paradies. In: Lorenz, Günter W. und Pazarkaya, Yüksel: Zeitschrift für Kulturaustausch. Institut für Auslandsbeziehungen: Stuttgart, 1985.

Pazarkaya, Yüksel: Rosen im Frost – Einblicke in die türkische Kultur. Unionsverlag, 1982.

Ders.: Spuren des Brots – Zur Lage der ausländischen Arbeiter. Unionsverlag: Zürich, 1983.
Perales, Alonso S.: Are we good neighbors? Arno Press: New York, 1974.
Perez, Domino: There Was a Woman: La Llorona from Folklore to Popular Culture. University of Texas Press: Austin, 2008.
Perez, Vincent: "Running" and Resistance. In: Mellus. Latino/a Identities. The Journal of the Socitey fort he Study of the Multi-Ethnic Literature of the United States. Vol 25, Number 2. University of Connecticut, 2000.
Perkins, David: The Imaginative Vision of Kubla Khan: On Coleridge's Introductory Note. In: Bloom, Harold (Editor): Samuel Taylor Coleridge. Infobase: New York, 2010.
Piat, Bill: Only English? Law & Language Policy in the United States. University of New Mexico Press: Albuquerque, 1993.
Piketty, Thomas: Le capital au XXIème siècle. Éditions du Seuil: Montrouge, 2013.
Pistor-Hatam, Anja: Impressionen aus der deutschen Provinz: Der türkische Dichter Ahmet Haşim (1884- 1933) in Frankfurt a.M. In: Wiener Zeitschrift für die Kunde des Morgenlandes. 2009, Vol. 99.
Pizarro, Nicolás: El Monedero – Novela Escrita. Nabu Press: Charleston, 2010.
Plieschnegger, Sanna: Islamkritik aus den eigenen Reihen: Hamed Abdel-Samad und Necla Kelek im Vergleich. Anwendungsorientierte Religionswissenschaft 5. Tectum Verlag: Marburg, 2013.
Portales, Patricia: Tejanas on the Home Front: Women, Bombs, and the (Re)Gendering of War in Mexican American World War II Literature. In: Rivas-Rodríguez, Maggie und Olguín, Ben V. (Hrsg.): Latina/os and World War II – Mobilty, Agency, and Ideology. University of Texas Press: Austin, 2014.
Pratt, Annis: Dancing with Goddesses – Archetypes, Poetry, and Empowerment. Indiana University Press: Bloomington, 1994.
Priewe, Marc: Writing Transit – Refiguring National Identities in Chicana/o Narratives. Universitätsverlag Winter: Heidelberg, 2007.
Prouty, Marco Glen: Cesar Chavez and the Catholic Civil War, 1965–1977. The Catholic University of America/ProQuest Dissertations Publishing: Ann Arbor, 2005.
Raab, Josef: The Borderlands of Identity in Mexican American Literature. Katholische Universität Eichstätt, 2000.
Rafael, Tony: The Mexican Mafia. Encounter Books: New York, 2007.
Raina Zimmering: Zapatismus – Ein neues Paradigma emanzipatorischer Bewegungen. Westfälisches Dampfboot Verlag: Münster, 2010.
Randhahn, Solveig: Bildungspolitik im deutschen Sozialstaat. Nomos Verlag: Baden-Baden, 2011.

Rao Sánchez, Joanne: The Latinas of World War II. In Rivas-Rodríguez, Maggie und Zamora, Emilio (Hrsg.): Beyond the Latino World War II Hero. The Social and Political Lega-cy of a Generation. University of Texas Press: Austin, 2009.

Rebillot, Paul und Kay, Melissa: The Call to Adventure – Bringing the Hero's Journey to Daily Life. Harper Collins: San Francisco, 1993.

Rebollado, Tey Diana: Women singing in the Snow. The University of Arizona: Tucson, 1995.

Dies.: The chronicles of Panchita Villa and other guerrilleras. Essays on Chicana/Latina literature and criticism. University of Texas Press: Austin, 2005.

Reuter, Julia: Ordnungen des Anderen. Zum Problem des Eigenen in der Soziologie des Fremden. Bielefeld: Transcript Verlag, 2002.

Richmond, Douglas W. und Haynes, Sam W. (Hrsg.): The Mexican Revolution. Conflict and Consolidation, 1910–1940. Texas A&M University Press: College Station, 2013.

Riemann, Wolfgang: Das Deutschlandbild in der modernen türkischen Literatur. Harrassowitz, 1983.

Ders.: Über das Leben in Bitterland – Bibliographie zur türkischen Deutschland- Literatur und zur türkischen Literatur in Deutschland. Otto Harrassowitz Verlag: Wiesbaden, 1990.

Ríos-Bustamante, Antonio: Mexican Los Ángeles – A Narrative and Pictorial History. Nuestra Historia Series, Monograph No. 1. Floricanto Press: Encino, 1991.

Rivas-Rodríguez, Maggie (Hrsg.): Mexican Americans & World War II. University of Texas: Austin, 2005.

Rivas-Rodríguez, Maggie und Zamora, Emilio (Hrsg.): Beyond the Latino World War II Hero. The Social and Political Legacy of a Generation. University of Texas Press: Austin, 2009.

Robinson, Cecil: The view from Chapultepec. The University of Arizona: Tucson, 1989.

Rodríguez, Jaime: The Literatures of the U.S.-Mexican War. University of Texas: Austin, 2010.

Rodríguez, Trini: The Healing Power of the Arts. In: Sandoval, Denise M. and Rodríguez, Luis: Rushing Waters –Rising Dreams. How the Arts are Transforming a Community. Tía Chucha Press: Los Angeles, 2012.

Rogers, Everett M.: Diffusion of innovations. Free Press: New York, 2003.

Rommelspacher, Birgit: Dominanzkultur. Texte zu Fremdheit und Macht. Berlin: Orlanda, 1995. Anerkennung und Ausgrenzung. Deutschland als multikulturelle Gesellschaft. Campus: Frankfurt, 2002.

Rösch, Heidi: Migrationsliteratur im interkulturellen Kon-text. Eine didaktische Studie zur Literatur von Aras Ören, Aysel Özakın, Franco Biondi und Rafik Schami. Berlin, 1992.

Roubert, Pierre-Yves: De l'importance de Philippe Djian dans la vie étude sur l'oeuvre du plus grand écrivain français vivant'. Écritures: Brive, 2014.

Ruf, Werner (Hrsg.): Politische Ökonomie der Gewalt. Staatszerfall und die Privatisierung von Gewalt und Krieg. Leske + Budrich, Opladen 2003.

Russel, Phillip L.: Mexico under Salinas. Mexico Ressource Center: Austin, 1994.

Said, Edward W.: Out of place. Knopf: New York, 1999.

Said, Edward: Orientalism. Routeledge: London, 1978

Salazar, Manuel M.: La historia de un caminante, o sea Gervacio y Aurora. 1881; Chacón, Eusebio: El hijo de la tempestad. 1892.

Saldívar, Ramón: Chicano Narrative. The University of Wisconson Press: Madison, 1990.

Saldívar-Hull, Sonia, Alarcón, Norma und Ur-quijo-Ruiz, Rita E. (Hrsg.): El Mundo Zurdo 2. Selected Works From the 2010 Meeting Of the Society for the study of Gloria Anzaldúa. Aunt Lute Books: San Francisco, 2012.

Saldívar-Hull, Sonia: Feminism on the Border. University of California Press: Berkeley, 2000.

Dies.: Mestiza Consciousness and Politics: Gloria Anzaldúa's Borderlands/La Frontera. In: Feminism on the Border – Chicana Gender Politics and Literature. University of California: Berkeley, 2000.

Sánchez, David A.: From Patmos to the Barrios. Subverting Imperial Myths. Fortress Press: Minneapolis, 2008.

Sánchez, George J.: Becoming Mexican American. Oxford University Press: New York/Oxford, 1993.

Sandos, James, Rebellion in the Borderlands: Anarchism and the Plan of San Diego 1904–1923. University of Oklahoma Press, 1992.

Sandoval-Sánchez, Alberto (Hrsg.): Puro Teatro – A Latina Anthology. The University of Arizona Press: Tucson, 1999.

Sariçoban, Gökçen: Zwischen Tradition und Moderne – Lebensvorstellungen und Wahrnehmungsweisen in Selim Özdoğans Roman Die Tochter des Schmieds. Frank & Timme, 2011.

Sarrazin, Thilo: Deutschland schafft sich ab. Deutsche Verlagsanstalt: München, 2010.

Sartre Jean-Paul: Der Mensch und die Dinge. [Übersetzung von Lothar Baier und Werner Bökenkamp]. Rowohlt: Hamburg, 1978.

Sassen, Saskia: Migranten, Siedler, Flüchtlinge. Fischer Verlag: Frankfurt, 1996.

Schimank, Uwe: Theorien gesellschaftlicher Differenzierung. Leske und Budrich: Opladen, 1996.

Schmidt, Jochen: Politische Brandstiftung. Warum 1992 in Rostock das Ausländerwohnheim in Flammen aufging. Edition Ost: Berlin, 2002.

Schmidt, Margaret: The Limitations of Code Switching in Chicano/a Literature. In: Young Scholars in Writing. Vol. 8. University of Montana, 2011.

Schneider, Jost: Einführung in die Roman-Analyse. Wissenschaftliche Buchgesellschaft, Darmstadt, 2003.

Ders.: Sozialgeschichte des Lesens. Zur historischen Entwicklung und sozialen Differenzierung der literarischen Kommunikation in Deutschland. Walter de Gruyter: Berlin, 2004.

Schwartz, Michael: Luis Rodríguez – Writer, Community Leader, Political Activist. Rivertree: Austin, 1997.

Schwemme, Marion: Was ist engagierte Literatur? Jean-Paul Sartres Theorie des literarischen Engagements. Diplomica Verlag: Hamburg, 2013.

Seiler, Sascha: Das einfache wahre Abschreiben der Welt – Pop-Diskurse in der deutschen Literatur nach 1960. Vandenhoeck & Ruprecht: Göttingen, 2006.

Selbmann, Rolf: Der deutsche Bildungsroman. Metzler: Stuttgart, 1984.

Sen, Faruk und Halm, Dirk (Hrsg.): Exil unter Halbmond und Stern. Herbert Scurlas Bericht über Tätigkeit deutscher Hochschullehrer in der Türkei während der Zeit des Nationalsozialismus. Essen: Klartext Verlag, 2007.

Senghor, Léopold: Négritude. A Humanism of the Twentieth Century. In: Williams, Patrick und Christman, Laura (Hrsg.): Colonial Discourse and Post-Colonial Theory. Harrester Wheatsheaf: Hemel Hemstead, 1994.

Seyhan, Azade: Writing outside the Nation. Princeton Press, 2001.

Sezgin, Hilal (Hrsg.): Das Manifest der Vielen. Blumenbar Verlag: Berlin, 2011.

Sheldrake, Rupert: The Presence of the Past - Morphic resonance and the habits of nature. Times Books: New York, 1988.

Sherwin, Miranda: "Confessional" Writing and the Twentieth-Century Literary Imagination. Palgrave: New York, 2011.

Shuler, Brandon D. et al. (Hrsg.): New Border Voices. An Anthlogy. Texas A&M University Press: College Station, 2014.

Singer, Gesa: Interkulturelle Literatur im Kanon der zeitgenössischen Literatur. In: Kary, Ina/Jessen, Barbara: Kanon und Literaturgeschichte. Peter Lang Verlag; Frankfurt, 2013.

Sloterdijk, Peter: Kritik der zynischen Vernunft. Suhrkamp: Frankfurt, 1983.

Smith, Paul, Chaat und Warrior, Robert Allen. Like a Hurricane: The Indian Movement from Alcatraz to Wounded Knee. The New Press: Newo York, 1996.

Sobek, María (Hrsg.): Perspectives Transatlanticas en la literatura Chicana. Essayos y creatividad. Universidad Malaga, 2002.

Sow, Noa: Deutschland Schwarz Weiss. Der alltägliche Rassismus. Goldmann Verlag: München, 2008.

Sowell, Thomas: Affirmative Action around the World: An Empirical Study. Yale University Press, 2004.

Specht, Theresa: Transkultureller Humor in der türkisch-deutschen Literatur. Königshausen & Neumann: Würzburg, 2011.

Spires, Adam C.: El lado grotesco de la puerza y el impulso distópico en Waiting to Happen de Alejandro Morales. Herrera-Sobek, María: The Monstrous Imagination: Cyclope Representation in Art and Literature, Díaz-Oliva and Alejandro Morales. In: Sobek, María (Hrsg.): Perspectives Transatlanticas en la Literatura Chicana. Ensayos y Creatividad. Universidad Malaga, 2002.

Spivak, Gayatri: Subaltern studies. Deconstructing historiography. In: Landry, D. und Maclean, G. (Hrsg.): The Spivak Reader. London: Routeledge, 1995.

Statistisches Bundesamt: Bevölkerung mit Migrationshintergrund. Mikrozensus Fachserie 1, Reihe 2.2., Wiesbaden 2014.

Staughton, Lynd (Hrsg.): „We Are All Leaders" – The Alternative Unionism of the Early 1930s. University of Illinois Press: Urbana, 1996.

Stauth, Georg und Birtek, Faruk: Istanbul. Geistige Wanderungen aus der Welt in Scherben. Transcript Verlag: Bielefeld, 2007.

Stavans, Ilan (Hrsg.): Oscar „Zeta" Actosta. The uncollected Works. Arte Publico: Houston, 1996.

Stavans, Ilan (Hrsg.): The prophet of race. Rutgers University Press: New Brundwick, 2011.

Stavans, Ilan: An organizer's tale – Speeches of Cesar Chávez. Penguin, 2008.

Steele, Cassie Premo: We heal from Memory. Palgrave: New York, 2000.

Steidl, Sarah: Schmuggelpfade der Erinnerung. Zafer Şenocaks Gefährliche Verwandtschaft als Überlieferungstext. Königshausen & Neumann: Würzburg, 2017.

Stemmler, Susanne: Jenseits des Multikulturalismus: Visionen eines postethnischen Deutschlands. In: Multikultur 2.0. Willkommen im Einwanderungsland Deutschland. BPB: Bonn, 2011.

Stephan, Inge et al. (Hrsg.): Nachbilder der Wende. Böhlau, 2008.

Sternberg, Dolf et Al.: Aus dem Wörterbuch des Unmenschen. Ullstein Verlag, 1989.

Stoll, David: Rigoberta Menchú and the story of All poor Guatemalans. Westerview Press: Boulder, 2007.

Straňaková, Monika: Literarische Grenzüberschreitungen: Fremdheits- und Europa-Diskurs in den Werken von Barbara Frischmuth, Dževad Karahasan und Zafer Şenocak. Stauffenberg Verlag: Tübingen, 2008.

Suart-Dagtekin, Gülcin: Krankheit und Kranksein des türkischen Migranten. Dissertationsschrift. Universität Köln, 2011.

Swanson, Philip (Hrsg.): Landmarks in Modern Latin American Fiction. Routeledge: London, 1990.

Taberner, Stuart: Literature in the West. In: German Literature of the 1990s and Beyond. Camden House, 2005.

Tart, Charles T.: Waking up. Iuniverse, 2001. Tart, Charles: Altered states of consciousness. Harper, 1990.

Tatum, Charles M.: Chicano and Chicana Literature: Otra voz del pueblo. The University of Arizona Press, 2006.

Taylor, Charles: A Catholic Modernity? In: Dilemmas and Connections. Selected Essays. Belknap Press: Cambridge, 2011.

Taylor, Charles: Human Agency and language. Cambridge University Press: New York, 1985.

Tenenbom, Tuvia: Allein unter Deutschen – Eine Entdeckungsreise. Suhrkamp Nova: Berlin, 2012.

Terkessidis, Mark: Die Banalität des Rassismus. Migranten zweiter Generation entwickeln eine neue Perspektive. Transcript: Bielefeld, 2004.

Terkissidis, Mark: Interkultur. Edition Suhrkamp, Berlin 2010.

Tezcan, Levent: Das muslimische Subjekt: Verfangen im Dialog der Deutschen Islam Konferenz. Konstanz University Press, 2012.

Thiersch, Hans: Positionsbestimmungen der Sozialen Arbeit. Juventa: München, 2002.

Thränhardt, Dietrich: „Ausländer" als Objekte deutscher Interessen und Ideologien. In: Hartmut M. Griese (Hrsg.): Der gläserne Fremde. Bilanz und Kritik der Gastarbeiterforschung und Ausländerpädagogik. Leverkusen, 1984.

Tkachenko, Kyrylo: Der Fall Mumia Abu Jamal. Rassismus, strafender Staat und die US-Gefängnisindustrie. Unrast Verlag: Münster, 2012.

Tobar, Héctor: Translation Nation. Riverhead Books: New York, 2005.

Tobler, Hans Werner: Die mexikanische Revolution – Gesellschaftlicher Wandel und politischer Umbruch. Suhrkamp: Frankfurt am Main, 1992.

Tonn, Horst: Zeitgenössische Chicano-Erzählliteratur in englischer Sprache: Autobiographie und Roman. Frankfurt am Main: Peter Lang, 1988.

Topçu, Özlem, Bota, Alice und Pham, Khuê: Wir neuen Deutschen. Wer wir sind, was wir wollen. Rowohlt: Berlin, 2012.

Twinam, Ann: Purchasing Whiteness. Pardos, Mulatoss and the Quest for Social Mobilty in the Spanish Indies. Standford University Press, 2015.

Uerlings, Herbert: Kolonialer Diskurs und deutsche Literatur. In: Dunker, Alex (Hrsg.): (Post-)Kolonialismus und Deutsche Literatur. Impulse der angloamerikanischen Literatur- und Kulturtheorie. Aisthesis Verlag: Bielefeld, 2005.

Uhlitzsch, Julia: Der Weltenwechsel in ‚Tintenherz' (Cornelia Funke) und ‚Die Unendliche Geschichte' (Michael Ende).Funktion in Bezug auf die Figuren und die Handlung. Grin Verlag, 2011.

Ulfkotte, Udo: Kein Schwarz. Kein Rot. Kein Gold: Armut für alle im „Lustigen Migrantenstadl". Kopp-Verlag: Rottenburg am Neckar, 2010.

Ünalan, Saniye Uysal: Interkulturelle Begegnungsräume – Neue Identitätskonstruktionen in der türkisch-deutschen Gegenwartsliteratur. Königshausen & Neumann: Würzburg, 2013.

Uzendos, Andrew Gregg: Chica(no) Lit- Reappropriating Adorno's Washing Machine in Nina Marie Martínez's ¡Caramba. UT Austin, 2010.

Valenica, Richard: Chicano Students and the Courts: The Mexican American Legal Struggle for Educational Equality. New York University Press, 2008.

Van DeBurg, William L.: New Day in Babylon: The Black Power Movement and American Culture, 1965–1975. The University of Chicago Press: Chicago, 1992.

Van Nuys, Frank: Americanizing the West – Race, Immigrants, and Citizienship, 1890–1930. University Press of Kansas, 2002.

Vázquez Gómez, Juana: Dictionary of Mexican Rulers, 1325–1997. Greenwood Publishing Group: Westport, 1997.

Veteo-Conrad, Marilya: Finding a Voice. Identity and the Works of German Language Turkish Writers in the Federal Republic of Germany to 1990. Lang: New York, 1996.

Vialon, Martin (Hrsg.): Erich Auerbach. Yabanın Tuzlu Ekmeği. Erich Auerbach'tan Seçme Yazılar (Auf Deutsch: Das salzige Brot der Fremde). Istanbul: Metis Seçkileri 2010.

Viehöver, Willy et al. (Hrsg.): Diskurs – Sprache – Wissen: Interdisziplinäre Beiträge zum Verhältnis von Sprache und Wissen in der Diskursforschung (Interdisziplinäre Diskursforschung). Springer Verlag: Berlin, 2012.

Vigil, James Diego: A Rainbow of Gangs. University of Texas Press: Austin, 2002.

Vogler, Christopher: Die Odyssee des Drehbuchschreibers: Über die mythologischen Grundmuster des amerikanischen Erfolgskinos. Zweitausendundeins: Frankfurt am Main, 2004.

von Bardeleben, Renate et al. (Hrsg.): Missions in conflict. Essays on U.S.-Mexican Relations and Chicano Culture. Gunter Narr Verlag: Tübingen, 1986.

von Münch, Ingo: Die deutsche Staatsangehörigkeit. Vergangenheit – Gegenwart – Zukunft. De Gruyter: Berlin, 2007.

Wachs, Phillip Christian: Der Fall Oberländer (1905–1998). Ein Lehrstück deutscher Geschichte. Campus Verlag, Frankfurt am Main 2000.

Wald, Alan M.: James T. Farrell – The Revolutionary Socialist Years. New York University Press: New York, 1978.

Wald, Elliah: Narcocorrido: A Journey into the Music of Drugs, Guns, and Guerrillas. Rayo, 2002.

Waldschmidt-Nelson, Britta: Martin Luther King und Malcolm X. Fischer TB: Frankfurt, 2002.

Wallace, Amy: Sorcer's Apprentice – My life with Carlos Castaneda. Frog: Berkeley, 2003.

Walls, David: Community organizing - Fanning the flame of democracy. Polity: Cambridge, 2015.

Warren, Kenneth: Bethlehem Steel: Builder and Arsenal of America. University of Pittsburgh Press: Pittsburgh, 2008.

Watson, Peggy: Intra-Historia in Miguel De Unamuno's Novels: A Continual Presence. Scripta Humanistica, 1993.

Watts, Jarica Linn: Here lies Lalo. The Collected Poems of Abelardo Delgado. Arte Publico Press: Houston, 2011.

Wehling, Elisabeth: Politisches Framing. Wie eine Nation sich ihr Denken einredet – und daraus Politik macht. Herbert von Halem: Köln, 2016.

Weitz, Mark: The Sleepy Lagoon mur-der case: Race discrimination and Mexican-American rights. University Press of Kansas: Lawrence, 2010.

Welsch, Wolfgang: Transkulturalität. Zur veränderten Verfassung heutiger Kulturen. In: Schneider, Irmela, Thomsen, Christian W. (Hrsg.): Hybridkultur: Medien, Netze, Künste. Köln, 1997.

Wickstrom, Stefanie und Young, Phil (Hrsg.): Mestizaje and Globalisation. The University of Arizona Press: Tucson, 2014.

Widmann, Horst: Exil und Bildungshilfe. Lang Verlag: Bern, 1973.

Wierschke, Annette: Schreiben als Selbstbehauptung. Kulturkonflikt und Identität in den Werken von Aysel Özakin, Alev Tekinay und Emine Özdamar. IKO: Frankfurt, 1994.

Williams, Donald Lee: Border Crossings – A Psychological Perspective on Carlos Castaneda's Path of Knowledge. Inner City Books: Toronto, 1981.

Wirth, Hans-Jürgen: Narzissmus und Macht. Zur Psychoanalyse seelischer Störungen in der Politik. Psychosozial-Verlag: Gießen, 2002.

Wise, Gail Elizabeth: Ali in Wunderland – German representations of foreign workers. University of California: Berkeley, 1995.

Wong, Paul T. P et al. (Hrsg.): Handbook of Multicultural Perspectives on Stress and Coping. Springer: Berlin, 2006.

Yeşilada, Karin E.: Einwandern heißt bleiben – oder die Literatur von Autoren nicht-deutscher Provenienz ist deutsch. Ein polemischer Essay. In: Asholt, Wolfgang; Hoock-Demarle, Marie-Claire; Koiran, Linda und Schubert, Katja (Hrsg.): Littérature(s) sans domicile fixe. Literatur(en) ohne festen Wohnsitz. Edition Lendemains: Tübingen, 2010.

Yeşilada, Karin und Hofmann, Michael: Deutsch-türkische Kulturgeschichte. Unveröffentlichtes Manuskript.

Yeşilada, Karin: Die Poesie der Dritten Sprache. Stauffenburg: Tübingen, 2012.

Yeşilada, Karin: Gotteskrieger-Konfigurationen des radikalen Islam in der deutschsprachigen Gegenwartsprosa. In: Hofmann, Michael, Ozil, Şeyda und Dayıoğlu-Yücel, Yasemin: Türkisch-deutscher Kulturkontakt und Kulturtransfer. Kontroversen und Lernprozesse. Jahrbuch Türkisch-Deutsche Studien, Band 1. V&R Unipress: Göttingen, 2011.

Yeşilada, Karin: Poesie der Dritten Sprache. Türkisch-Deutsche Lyrik der zweiten Generation. Stauffenburg: Tübingen, 2012.

Yildiz, Sakine: Erkaufte Rückkehr? Die Abwanderung türkischer Gastarbeiter aus Westdeutschland in den 1970er und 1980er Jahren. Dissertation an der Universität Osnabrück.

Yildiz, Yasemin: Beyond the Mother Tongue: The Postmonolingual Condition. Fordham University Press 2013.

Yugar, Theresa A.: Sor Juana de la Cruz. Feminist Reconstruction of Biography and Text. Wipf and Stock: Eugene, 2014.

Zamora, Emilio: Mexican Nationals in the U.S. Military. Diplomacy and Battlefield Sacrifice. In: Rivas-Rodríguez, Maggie und Zamora, Emilio (Hrsg.): Beyond the Latino World War II Hero. The Social and Political Lega-cy of a Generation. University of Texas Press: Austin, 2009

Zarcone, Thierry und Hobart, Angela (Hrsg.): Shamanism and Islam. Sufism, Healing Rituals and Spirits in the Muslim world. I.B. Tauris: London, 2013.

Zayas, Luis: Forgotten Citizens. University of Texas Press: Austin, 2015.

Zick, Andreas; Klein, Anna und Melzer, Ralf: Fragile Mitte – Feindselige Zustände. Dietz Verlag: Bonn, 2014.

Zielke-Nadkarni, Andrea: Frauenfiguren in den Erzählungen türkischer Autorinnen – Identität und Handlungs(spiel)räume. Centaurus: Pfaffenweiler, 1996.

Zima, Peter V.: Komparatistik. Francke Verlag: Tübingen, 1992.

Zinn, Howard: A People´s History of the United States. HaperCollins, 2005.

Aufsätze, Interviews und Zeitungsartikel

Autor unbekannt: Harte Politik- Das Handgeld für rückkehrwillige Ausländer hat Bonn gut zwei Milliarden Mark gespart. In Der Spiegel Nr. 38/1984. http://www.spiegel.de/spiegel/print/d-13511457.html [Eingesehen am 13.12.2016].

Attia, Iman: Privilegien sichern, nationale Identität revitalisieren. Gesellschafts- und handlungstheoretische Dimensionen der Theorie des antimuslimischen Rassismus im Unterschied zu Modellen von Islamophobie und Islamfeindlichkeit. In: Journal für Psychologie, Jg. 21, Ausgabe 1. 2013.

Bonczar, Thomas und Glaze, Lauren E.: Probation and Parole in the U.S. 2009. U.S. Bureau of Justice Statistics (BJS), US Department of Justice: http://www.bjs.gov/content/pub/pdf/ppus09.pdf [Eingesehen am 17.03.2016].

Broder, Henryk: Mauer Migrantenstadl. Spiegel-Online vom 18.05.2008. http://www.spiegel.de/kultur/gesellschaft/dsds-entscheidung-mauer-migrantenstadl-a-553909.html [Eingesehen am 5.11.2016].

Burchart, Matthias: Das Medium ist das Monster. In: Aus Politik und Zeitgeschichte. 63. Jahrgang. 52/2013. BPB: Bonn, 2013.

Campos, Isaac: Degeneration and the Origins of Mexico's War on Drug. In: Mexican Studies/Estudios Mexicanos, Vol. 26, No. 2, University of California Press, 2010.

Capetillo-Ponce, Jorge: Exploring Gloria Anzaldúas Me-thology in Borderlandss/La Frontera – The New Mestiza In: Human Architecture: Journal Of The Sociology Of Self-Knowledge, IV, Special Issue, Summer 2006.

Casares, Oscar: My Name Is Cásares -Here's how I came to spell it that way. In: Texas Monthly. http://www.texasmonthly.com/the-culture/my-name-is-casares/#sthash.NoFxqq9J.dpuf. [Abgerufen am 17. August 2015].

Chavarría, Jesús: A brief inquiry into Octavio Paz' Laberinto of Mexicanidad. In: Academy of American Francisan History (Hrsg.): The Americas, vol. 27, No. 4 (April 1971).

Damrosch, David: Auerbach in Exile. Harvard, 1995. Online zugänglich unter: http://www.academicroom.com/article/auerbach-exile [Abgerufen am 01.12.2014].

Delhaes, Mariel und Obermeier, Frederik: Ich glaub, das steht irgendwo im Koran. In: SZ Magazin Heft 40/2014.

Demirkan, Renan:. Wir sind nicht unpolitischer als früher, aber fehlt uns eine Zukunftsethik der Moderne. In: Neue Gesellschaft/Frankfurter Hefte 1/2, 2017. Verlag J.H.W. Dietz Nachfahren: Bonn, 2017.

Deniz Utlu: Fünfzig Jahre Anwerbeabkommen zwischen Deutschland und der Türkei – Wer an die Zukunft denkt, muss sich erinnern können. Ein Plädoyer für eine deutsche Geschichte. In: Der Freitag vom 31.10.2011. Der Freitag Mediengesellschaft, Berlin. Herausgeber: Jürgen Todenhöfer.

DeSoto, Aureliano: My Richard. Vortrag gehalten auf der Modern Language Association Konferenz in Austin, Januar 2016. https://www.academia.edu/13595911/_My_Richard_ [Eingesehen am 13.01.2016].

Dhawan, Nikita: „Mission Impossible" vom 9.10.2014 in der Frankfurter Rundschau: http://www.fr-online.de/campus/goethe-universitaet--mission-impossible--,4491992,28688586.html [Abgerufen am 20.10.2014]

Disoska, Meri: Im Dazwischen schreiben. In: Online Magazin von Migrantinnen für alle. Stand Januar 2011. http://migrazine.at/artikel/im-dazwischen-schreiben. [Abgerufen am 12. Oktober 2014].

Dündar, Can: Was soll Deutschland tun? In: DIE ZEIT Nr. 14. Hamburg: Zeitverlag, 30. März 2017.

Ergün-Hamaz, Mutlu: Rote Pille – Schmerz zulassen: Die Sozialpsychologie der Rassifizierung. In Freitext, Vol. 15 (1). Hannover, 2010: S. 16–19.

Ergün-Hamaz, Mutlu: Schwarze Bilder – Schwarze Zeichner – People of Color als Autoren von gezeichneten Romanen (Gaphic Novels) und Comics. In Freitext, Vol. 14 (2). Hannover, 2009: S. 16–19.

Ergün-Hamaz, Mutlz: Micheal Muhammad Knight – The Taqwacores: Die Prophezeiung einer muslimischen Punk-Rock Szene. In Freitext, Vol. 16 (2). Hannover, 2010: S. 20–24.

Farin, Klaus: Da könnten ja alle kommen. In: Die Zeit. 6.Mai 1988. http://www.zeit.de/1988/19/da-koennten-ja-alle-kommen [Eingesehen am 22.12.2016].

Findikçi, Aydin: Die Türkei wird nie eine westliche Demokratie. In: Die Welt, 7. September 2010.

Fukuyama, Francis: The end of history? In: The National Interest. Summer 1989.

Gonzalez, Bill: Richard Rodríguez in the Lonley Crowd. Vortrag auf der MLA in Austin, 2016.

Grandjeat, Yves Charles und Morales, Alejandro: Interview with Chicano Writer Alejandro Morales. In: University of Northern Carolina: Confluencia, Vol. 7, No. 1, 1991.

Hecking, Claus: Britische Geheimprotokolle: Kohl wollte offenbar jeden zwei-ten Türken loswerden. In: Spiegel Online. http://www.spiegel.de/politik/deutschland/kohl-wollte-jeden-zweiten-tuerken-in-deutschland-loswerden-a-914318.html. [Eingesehen am 2.9.2016].

Heidelberger Kreis: Heidelberger Manifest. In: Frankfurter Rundschau, 4. März 1982.

Hidalgo, Melissa M.: "He was a Sissy, really"– Queering Pocho by the books. In: Aztlán, A Journal for Chicano Studies, Vol. 40. UCLA Press: Los Angeles, 2015.

Jirón-King, Shimberlee: Illness, Oberservation, and Contradiction - Intertext and Intrahistory in Alejandro Morales's The Captain of these Men of Death. In: Bilingual Review, Vol. 29, No. 1. Bilingual Press, 2008.

Jurkevich, Gayana: Unamuno's Intrahisto-ria and Jung's Collective Unconscious: Paralells, Convergences, and Com-mon Sources. In: Comparative Literature, Vol. 43, No. 1. Duke University Press, 1991.

Kistenfeger, Hartmund et al.: Morgenland? Abendland! Massive Kritik an Wulffs Islam-Rede. Onlineausgabe Focus Nr. 42. 18.10.2010. http://www.focus.de/magazin/archiv/morgenland-abendland-massive-kritik-an-wulffs-islam-rede_aid_563049.html? [Aufgerufen am 16.10.2014].

Kühn, Heinz: Stand und Weiterentwicklung der Integration der ausländischen Arbeitnehmer und ihrer Familien in der Bundesrepublik Deutschland: Memorandum d. Beauftragten d. Bundesregierung. Bundesminister für Arbeit u. Sozialordnung, Bonn 1979. migration-online.de. [Eingesehen am 20.2.2017].

Kyora, Sabine: Die ganze scheußliche Kreatur – Monster in der modernen Literatur und im Film. In: Aus Politik und Zeitgeschichte. 63. Jahrgang. 52/2013. BPB: Bonn, 2013.

Land, Rainer und Klärner, Andreas: Leben mit der Krise. Was Narrationen offenbaren. Aus: Berliner Debatte 27 (2016) 3. Sozial- und geisteswissenschaftliches Journal. WeltTrends: Potsdam, 2016.

Lehnert, Petra: Reise ohne Wiederkehr. Die ZEIT vom 11. April 1984. http://www.zeit.de/1984/20/reise-ohne-wiederkehr [Eingesehen am 3.8.2016].

McKay, Robert R.: "MEXICAN AMERICANS AND REPATRIATION," Handbook of Texas Online (http://www.tshaonline.org/handbook/online/articles/pqmyk), Texas State Historical Asso-ci-ation, 2010. [Eingesehen am 18. Mai 2015].

Milz, Sabine: Comparative Cultural Studies and Ethnic Minority Writing Today: The Hybridities of Marlene Nourbese Philip and Emine Sevgi Özdamar. CLCWeb: Comparative Literature and Culture 2.2, 2000.

Mussin Omurcas „Gött-licher Erlass". https://www.youtube.com/watch?v=dAGLDtc10TA [Abgerufen am 17.12.2014].

Neshitov, Tim: Hass auf das Land, in dem man lebt – Déja-vu: Die frustrierten Deutschtürken erinnern an die radikal enttäuschten Russlanddeutschen. In: Süddeutsche Zeitung Nr. 180. 5. August 2016.

Nghi Ha, Kein: ‚People of Color' als Diversity-Ansatz in der antirassistischen Selbstbenennungs- und Identitätspolitik. http://heimatkunde.boell.de/2009/11/01/people-color-als-diversity-ansatz-der-antirassistischen-selbstbenennungs-und [Abgerufen am 05.01.2015].

Özdoğan, Selim: Mein kleiner Beitrag zur Debatte um Akif Pirinçci. Audioblog vom 29. April 2014 auf http://worte2014.tumblr.com/ [eingesehen am 27.10.2016].

Philipp, Maik: Lesen und Geschlecht 2.0 – Fünf empirisch beobachtbare Achsen der Differenz erneut betrachtet. http://deutschseminarfrankfurt.de/2012_SoSe/Obersem_Lesedidaktik/Philipp_2010_Lesen_Geschlecht_2.0.pdf [Eingesehen am 06.10.2015].

Rothe, Arnold: Türken in Deutschland, Maghrebiner in Frankreich. www.uni-heidelberg.de/uni/presse/RuCa3_96/rothe.htm. [eingesehen am 5.1.2017].

Schmidt, Margaret: The Limitations of Code Switching in Chicano/a Literature. In: Young Scholars in Writing. Vol. 8. University of Montana, 2011.

Schmidt, Michael: Türken waren Kanzler Kohl fremd. Zeit-Online. 2. August 2013. http://www.zeit.de/politik/deutschland/2013-08/kohl-gastarbeiter-gespraechsprotokoll [Eingesehen am 7.2.2017].

Schreiner, Daniel: Deutsche Seelenzustände: Mittendrin und doch nicht dabei? Interview mit Zafer Şenocak. In: Braun, Rebecca (Hrsg.): German Life and Letters. Blackwell Publishers: Oxford, 2017.

Schreiner, Daniel: Erfüllen und Verweigern von Erwartungshaltung: Interview mit Selim Özdoğan. In Hofman, Michael und Dayioglu-Yücel, Yasemin (Hrsg.) : Türkisch-Deutsche Studien Jahrbuch Nr. 7. V & R Unipress: Göttingen, 2017.

Schreiner, Daniel: Interview with Mutlu Ergün-Hamaz: Ungehaltene neue Deutsche Literatur http://mgp.berkeley.edu/ergun/ [Eingesehen am 23.1.2017].

Schreiner, Daniel: The Once and Future Chicano – Weltliteratur between Intra-History and Utopian Vision: An Interview with Alejandro Morales.In: Gonazelz, John Moran und Garcia, Patricia: Symbolism 17. Europäisch-Amerikanisches Journal zur Chicano-Literatur.De Gruyter: Berlin, 2017.

Şenocak, Zafer: Pir Sultan ABdal, Yunus Emre, Orhan Veli Kanık, Behçet Necatigik. Vier Autoren-Beiträge. In: Kindlers neues Literaturlexikon. 20 Bände. Hg. Von. Walter Jens. Kindlerverlag: München, 1988 -1992.

Ders.: Einen anderen Duft als den der Rose. Über türkische Volks- und Divandichtung. In: Der Deutschunterricht 5/1993.

Ders. und Yesilada, Karin: „Darf man Türken und Juden vergleichen, Herr Şenocak?" Ein Interview in Der Tagesspiegel, 13./14. April 1995.

Serdars Hatenite: Karhate. https://www.youtube.com/watch?v=qD7 nXPFz79Q [Abgerufen am 5.01.2015].

Shafi, Monika: Joint Ventures – Identity Politics and Travel in Novels by Emine Sevgi Ozdamar and Zafer Şenocak. Comparative Literature Studies 40.2, 2003.

Langhoff, Shermin: Kulturspiegel April 2014/Heft 4.

Spielhaus, Riem: Religion und Identität. In: Deutsche Gesellschaft für Auswärtige Politik (Hrsg.): Zeitschrift für Internationale Politik – Themenheft Migration und Sicherheit. Bielefelder Verlag: Köln, März 2006.

Szalavitz, Maia: Whites more likely to abuse drugs than Blacks. http://healthland.time.com/2011/11/07/study-whites-more-likely-to-abuse-drugs-than-blacks/ [Eingesehen am 21.3.2016].

Tatum, Charles M.: The Sexual Underworld of John Rechy. In: Minority Voices 3.1 / 1979.

Tezcan, Levan: Spielarten der Kulturalisierung. In: Konersmann, Ralf et al. (Hrsg.): Zeitschrift für Kulturphilosophie Nr. 2/2011. Felix Meiner Verlag: Hamburg, 2011.

Uzuntaş, Aysel: Verstehen im interkulturellen Kontext am Beispiel des Frankfurter Reiseberichts des türkischen Schriftstellers Ahmet Haşim. Zeitschrift für Interkulturellen Fremdsprachenunterricht. April 2012, Vol. 17 Issue 1.

VOCES Oral History Project Archive, Benson Latin American Collection, University of Texas Libraries, the University of Texas at Austin.

Walasch, Alexander: Eingebürgerte Wut. Online-Artikel vom 14.11.2014. http://www.theeuropean.de/alexander-wallasch/8355-akif-pirinccis-deutschland-von-sinnen--2 [Eingesehen am 10.1.2015].

Waldron, John V.: Uncovering History in the Postmodern Condition – Rewriting the Past, (Re)righting ourselves in Alejandro Morales „The Brick People". In: University of Northern Colorado: Confluencia, Vol. 7, No. 2, 1992.

Weinstein, Valerie: Narrative Orientierungslosigkeit and New Orientations in Saliha Scheinhardt's Die Stadt und das Mädchen. In: Seminar –

A Journal of Germanic Studies. Volume 43, Number 1, February 2007.
Wetterer, Angelika: Gleichstellungspolitik im Spannungsfeld unterschiedlicher Spielarten von Geschlechterwissen. Eine wissenssoziologi-sche Rekonstruktion. In: Gender, Heft 2, 2009.
Yeşilada, Karin E.: Turkish-German Screen Power-The Impact of Young Turkish Immigrants On German TV and Film. In: German as a Foreign Language 1, 2008.
Yeşilada, Karin: Nette Türkinnen von nebenan – Die neue deutschtürkische Harmlosigkeit als literari-scher Trend. In Schmitz, Helmut (Hrsg.): Von der nationalen zur internationalen Literatur. Transkulturelle deutschsprachige Literatur und Kultur im Zeitalter globaler Migration. Amsterdamer Beiträge zur neueren Germanistik 69. Rodopi: Amsterdam, 2009.
Yeşilada, Karin: Polemik Literatur statt Tränen! Warum das Goethe-Institut Saliha Scheinhardt nicht mehr einladen soll. In: Diyalog: Interkulturelle Zeitschrift für Germanistik. Ankara, 1999.
Yildiz, Erol: „Die Öffnung der Welt und postmigrantische Lebensentwürfe". SWS-Rundschau (50. Jahrgang), Heft 3/2010.
Zermeno, Francisco: Review of Reto en el Paraíso. In: Lector 2.3., 1981.

Weitere verwendete Internetquellen:

http://achgut.com/artikel/das_schlachten_hat_begonnen – [Eingesehen am 7.9.2016]
http://bachmannpreis.orf.at/stories/2783570/ [Eingesehen am 20.9.2016].
http://faculty.sites.uci.edu/amorales/ [Eingesehen am 17.11.2015].
http://galesites.com/menu/index.php?loc=gasequoyah [Eingesehen am 10.11.2016].
http://labloga.blogspot.com und https://nuevasvocespoeticas.wordpress.com. [Eingesehen am 17.1.2017]
http://labloga.blogspot.com/2012/03/tqs-at-45-bits-pieces-floricanto.html [Eingesehen am 22.02.2016].
http://migration-audio-archiv.de/ [Eingesehen am 17.1.2017].
http://rebellcomedy.net/about. [Eingesehen am 12.1.2017].
http://tomlea.com [Eingesehen am 7.Mai 2015].
http://www.barriosunidos.net/ [Eingesehen am 9.3.2016].
http://www.bundespraesident.de/SharedDocs/Reden/DE/Christian-Wulff/Reden/2010/10/20101003_Rede.html [Aufgerufen am 16.10.2014].
http://www.deutschlandfunk.de/tuerkisches-gastarbeiterschicksal.700.de.html?dram:article_id=85146 [Abgerufen am 21.11.2014]
http://www.domid.org/de [Eingesehen am 17.1.2017].

http://www.faz.net/aktuell/politik/ausland/naher-osten/tod-von-denis-cuspert-al-baghdadis-deutscher-helfer-13885382.html [Eingesehen am 7.11.2016].
http://www.imdb.com/title/tt2987732/ [Eingesehen am 28.10.2016].
http://www.i-slam.de/index.php/de/ueber-uns [Eingesehen am 13.1.2017].
http://www.kanak-attak.de/ka/down/pdf/manifest_d.pdf [Abgerufen am 5.Mai 2014].
http://www.latinpost.com/articles/29586/20150101/pulitzer-prize-winner-and-new-york-times-best-seller-hector-tobar-chats-about-inspiration-creativity-and-the-success-of-failure.htm [Eingesehen am 3.3.2016].
http://www.luisjRodríguez.com/. [Eingesehen am 5.5.2017]
http://www.mosaicvoices.org/index.html [Eingesehen am 9.03.2016].
http://www.standardsicherung.schulministerium.nrw.de/abitur-gost/fach.php?fach=1. [Abgerufen am 02.10.2014].
http://www.sueddeutsche.de/politik/baden-wuerttemberg-gesinnungstest-fuer-auslaender-vor-dem-aus-1.1124496 [Eingesehen am 23.12.2016].
http://www.utexas.edu/news/2015/03/31/george-p-bush-latino-research-initiative/]. Stand [Eingesehen am 10.April 2015].
http://www.zeit.de/online/2009/20/oezdogan-vibrationshintergrund [Eingesehen am 2.3.2016].
https://artepublicopress.com/recovery-project/ [23.2.2016] .
https://de.reddit.com/ [5.5.2017].
https://de.wikipedia.org/wiki/Mein_Freund_ist_Ausl%C3%A4nder [Eingesehen am 8.2.2017].
https://en.oxforddictionaries.com/definition/us/tokenism [Eingesehen am 31.10.2016].
https://hatepoetry.com/eine-seite/ [Eingesehen am 30.11.2016].
https://lsa.umich.edu/german/news-events/all-events.detail.html/33597-4764768.html[Eingesehen am 27.10.2016].
https://repositories.lib.utexas.edu/bitstream/handle/2152/ETD-UT-2010-05-1476/UZENDOSKI-MASTERS-REPORT.pdf?sequence=1&isAllowed=y [Eingesehen am 1.2.2017].
https://twitter.com/DenizUtlu. [Eingesehen am 17.1.2017].
https://twitter.com/sesperado. [Eingesehen am 17.1.2017].
https://w2.eff.org/Censorship/Internet_censorship_bills/barlow_0296.declaration [Eingesehen am 25.11.2016].
https://www.frankfurt.de/sixcms/media.php/678/04_Wahlberechtigte_Kommunalwahlen2016.pdf S. 3 [Eingesehen am 12.1.2017].
https://www.youtube.com/watch?v=jqQRnKbXtZs [Aufgerufen am 17.12.2014]
https://www.youtube.com/watch?v=wrV7adgbcMc [Abgerufen am 16.10.2014].
http://www.ojjdp.gov/pubs/242884.pdf [Eingesehen am 23.3.2016].

Vorträge

Schreiner, Daniel: "Postcologne-ism" and the Zoot Suit Riots- Literary Responses on Media Narrations of Machoism and Otherness in Germany and the USA. Vortrag. X Congreso Internacional sobre Literatura Chicana y Es-tudios Latinos. 30.5.2016. Madrid.

Vortrag von Nikita Dhawan an der Goethe-Universität in Frankfurt am 15.12.2016.

Zitierte Filme

Almanya – Willkommen in Deutschland. [Produzentin: Şamdereli, Yasemin. Regie: Şamdereli, Nesrin Roxy Film. BRD, 2011.]
American Me [Regie: James Olmus. Universal Pictures. USA, 1992.]
Angst essen Seele auf. [Regie: Rainer Werner Fassbender. BRD, 1973.]
Die Tür. [Regie: Anno Saul. BRD, 2009.]
Gangs of New York [Regie: Martin Scorsese. Miramax Films. USA, 2002.]
Harvest of Loneliness – Cosecha Trite [Regie: Gonzalez, Gilbert; Price, Vivian und Salinas, Adrian. USA, 2010.]
Happy Birthday Türke [Regie und Drehbuch: Dorris Dörrie. Deutschland, 1992.]
Haymatlos [Regie: Eren Önsöz. Hupefilm: Deutschland, 2015.]
Jasemin [Regie und Drehbuch: Hark Bohm. Deutschland, 1988.]
Lone Star [Regie: John Sayles. Columbia Pictures: USA, 1996.]
My crazy life – Mi Vida loca das erste Mal behandelt worden. [Regie: Allison Anderson. USA, Sony Studios 1994.]
Nach dem Brand (Regie: Malou Berlin. Deutschland 2012.]
Shirins Hochzeit [Regie: Helma Sanders. WDR: Köln, 1976]
Tron [Regie: Steven Lisberger. Walt Disney. USA, 1982.]
The three burials of Melquiades Estrada [Regie: Tommy Lee Jones. Javelina Film Company: USA, 2005.]
Twelve years a slave. [Regie: Steve McQueen. Fox Searchlight Picture. USA, 2013.]
Zahn um Zahn. [Regie: Hajo Gies. Neue Constantin/WDR, 1985.]
Zoot Suit [Spielfilm. Regie: Valdez Luis. Universal Pictures: Los Angeles, 1981.]
Zoot Suit Riots [Dokumentarfilm. Regie: Jospeh Tovares. WGBH Boston, 2002.]

Anhang I

Interview mit Rolando Hinojosa-Smith

19.11.2015, UT Austin

DS: Imagine you are a German Ph.D. student who is getting the chance to interview Rolando Hinojosa-Smith! What would you ask Rolando?

RHS: I would ask what prompted Rolando Hinojosa-Smith to send his manuscripts to East Germany! To "Volk and Welt".

DS: What would he answer?

RHS: I submitted it because I was invited to do so.

DS: How did they learn about you?

RHS: Well since that book was published in Cuba and Cuba of course was an ally with East-Germany and the USSR. I guess they had been in contact for publishing houses. The publishing house in Havana is Casa de las Americas.

DS: And did you face troubles because your books had been published in Communist Cuba or the DDR? Did the American authorities have a problem with you publishing at enemy countries?

RHS: No because there is no censorship. But I tell you about the Cuban thing. I was a dean of the University called Texas AMI Kingsville but now it is called Texas A & M. College Station is the main campus. This is the campus in Kingsville. I received a telegram from Western Union there in Kingsville. Telling me they wanted to publish a book that I had published in Cuba.

DS: The telegram was coming from Germany?

RHS: Yeah, it came from Germany and I said that I would be very happy to do so. By the way there is something interesting: Suhrkamp never paid me one penny.

DS: Why?

RHS: I don't know.

DS: Did you complain about that?

RHS: No, I did not care but East-Berlin they paid me a check and the check was send to Canada and from there to a bank in North-Carolina and then they located me and send me the money.1200 Dollars something like that.

DS: Back in the days a good amount of money.

RHS: I thought that was very nice.

DS: East-Germany paid you but not Suhrkamp.

RHS: Ja, and that although they have all the money in the world, but I didn't care.

DS: Is there another question you would ask RHS?

RHS: What was the reaction after they published my book? And the reaction was that in about 8 years I visited and was invited to 20 plus Universities in Germany to do readings and I was in Bremen, Hamburg, Nürnberg, Berlin, Greifswald.

DS: So you spend a longer time in Germany or would you fly in?

RHS: I would fly in but I also would stay there during the summer when there were no classes. I went to all these universities, also Bielefeld.

DS: Did you go to East Germany too? I read the few books written on Chicano literature in German language. One of them was from Dieter Herms, an anthology...

RHS: I stayed in his house and he came here to Texas and stayed in my house. Not in Austin but in the whole area.

DS: His book is very interesting and I wanted to find out more about him but he is dead.

RHS: Oh no, when did he passed away?

DS: He died maybe 10 years ago.

RHS: He was young! Ah, I think he was gay. That might have helped!

DS: I have no idea!

RHS: I think he was. Because I stayed with him and he had a Cuban friend.

DS: Okay, anyhow...The book was published in an East German publishing house, so I thought he might be a East German researcher ever since his afterword was referring to the collapse of the USSR and he had a very leftist approach so I thought he is from there. So I wanted to find out more but he is dead but you are saying that he was a West-German professor?

RHS: Ja, he was a very nice guy. I spent 4, 5 days with him. But I' ve been all over Germany. It is great because to be re-invited here and there and because of that I was invited by two Dutch professors who had been heard of my novel, that second novel, so I went to two or three universities also in the Netherlands. Groningen for example.

DS: How did people react on your literature?

RHS: They had been many students and professors and my book was very popular.

DS: Was it considered as an essential part of American Literature or did they labeled it differently since it was written in Spanish by someone coming from the Texas border?

RHS: Well it was printed in German I was just another American writer who happened to be from Texas writing about Texan Americans.

© Daniel Schreiner

That would be a good question, how did they felt about it. But I felt related to be there and I made a lot of friends over there. And that was very nice.

DS: **You had been the first Mexican-American writer who went there and now the writer Oscar Casares, who is like you from Brownsville, is stepping in your footprints. Like you he just recently spent some weeks in Germany. So the story continues.**

RHS: Oh yeah, Oscar is from Brownsville. Ja, this is fine with me. When I was in Germany I also visited Austria. What was the name?

DS: **Graz, Salzburg?**

RHS: Graz! And also – except for last year – I was teaching there two years ago. There is a scholarship program for young men and women from all over Europe, North-Africa but not so many from the United States. Italy, Germany, all over. Very nice. I have done a reading there, maybe 10 years ago, in Graz itself, this one is not in Graz but it is called Graz University....Let me see if I have something here...Ah, here it is..."Transformation and Change". This was last year...I went there three years in a row. Look! So I consider myself very lucky that I had been to all those places.

DS: **Had you been on reading tours in the US as well?**

RHS: In the US? Oh yeah! I do not know in how many states! I was honored last year by the National Book Critique Circle! Have you ever heard of them – The National Book Critique Circle?

DS: No.

RHS: In 2014 I was invited over there because I was awarded their annual price. And it was the very first time they had invited a member of a minority if you wanna say so. The NBCC, this how they are called!

DS: Did you ever face problems publishing in Spanish or with your Hispanic name. Did you have to work hard in order to find publishers? Or had you been from the beginning chosen to be in spotlight? Because other authors like Alejandro Morales could not find publishing houses, so he for example went to Mexico.

RHS: And this was a very good idea! There was a much bigger market anyway!

DS: How was it for you?

RHS: I submitted my very first novel to a small publishing house that offered a price over 1000 Dollars and I won it. This was 30 years ago, I guess, I do not know. They got me invited to Indiana, California, Arizona, and Colorado and all of a sudden MLA in NY...It takes a lot of luck sometimes to be successful so I consider myself very lucky to get invited. But I do not charge very much because I have a full time job. Although they will pay 300, 400, 500 hundred bucks, even more sometimes. But it isn't for the money, it is for me. I want to have this literature by me but there is a huge bunch of other men and women out there. I want this literature to happen...This is primarily what I want. Because I will retire. I will be still active, but I won't be in the profession anymore. I will be on my own but I want something to leave for the younger writers.

DS: Imagine that you are Rolando Hinojosa-Smith and that you met a German visiting researcher interesting in Mexican-American Literature...what would you ask him?

RHS: Well, which Rolando? The one 20 years ago or now? Because 20 years ago I would have been very surprised, happily surprised to have someone from Germany here saying: "I just read your book Klail City Death Trip". But now of course, so many years have passed, I published more than one book...on both sides of the Atlantic, in former East- and West-Germany, short stories in Italy, something in France. But every time this appears I am very happy, not for me but for the literature which is getting known and let's say there are maybe some young women and men, age 23, 24, 25 who see this and become inspired. And they say, why should I submit something!? And if they do I am happy for them!

I was not into it for the money. I think this was what helped me a lot too. I was paid yes but this was not why I was in. I was in to spread this literature, not only mine, also others I met in all these years like for example Alejandro [Morales] himself. I really like him and admire him too. This goes for the women too because they are very aggressive writers too. I do not know if I make any sense or not. I just consider myself lucky to been able to write something. I tell you more about the story when I received that telegram from Cuba: The Telegram was already 30 days old when I got it.

DS: So it was checked already several times by the authorities...

RHS: I lived in Kingsville, a very small town 25.000 people at that time and the college. The guy from Western Union called me on the phone. You know I was a dean in one of the colleges in the university. They said: "We received a telegram from Cuba for you. Do you wanna see it?" This was one of the stupidest questions I ever was asked in my whole life. I said: "Do I want a copy of my telegram? Of course I do!" They send someone over and I got it. And I looked at the date and said: "How can I tell the Cubans that I received that thing a month late? These are great news!" They even invited me later to come over but I could go because there was no seat available for a friend of mine who was supposed to come with me to Cuba. We were in Mexico-City but there no seats available for him. So I said if he cannot go, I do not go! So I went back home. At that time I was teaching at a college in Minnesota, University of Minnesota and I got a call about 2 o'clock in the morning. My wife and I were asleep. And the phone rings in our bedroom and I pick it up: "Hallo?" The voice was speaking Spanish and said: "I am calling from Havana and we like to invite you again! But this time we have everything ready for you!" I said: "Then I will accept your invitation and will come!" And I did....I got to spend 10 days or something like that over there.

Hm, I do not like to dwell on things that I done. I prefer to think about things I would like doing! Like writing short stories. I love fiction, this is my life. But also short stories and maybe some essays. I would be happy if I can do this.

DS: How is your writing process? Do you wake up in the morning and you decide: Now I wanna write for one hour! Or do you write it down whenever it comes?

RHS: Oh it is always there! You only have to unlock it somehow! But for me the university, teaching young men and women, is very important. So I concentrate on that. But at the weekends, when I do not have to grade papers or these kinds of things, I can sit down and can write 6, 7 hours.

DS: In a row?

RHS: Yes, in a row! And then the next day, I wake up and then off and back to work!

DS: Do you do a lot of rewriting?

RHS: Oh yes, I come up with a manuscript like that and then I probably have later 160 pages or so.

DS: So you have to let go?

RHS: I am merciless with myself. If I think it is phony or it does not sound right I just scratch it off...

DS: Talking about your process of writing...what do you recommend young writers or people who wanna become writers. What is your basic advice for someone who wanna become a writer like you?

RHS: Yes there is and it is called "Reading"! If you wanna be a writer you better be a reader. And I was very fortunate: There was five of us in my family and four out of us five went into teaching. At home we spoke English and Spanish, so I learned to read and write both languages. And my advice is...when I teach undergraduates in Creative Writing on the very first day I tell them: "If you don't like reading if you do not find it fascinating than you won't be a writer. If you want to write you have to read". They ask "Whom?" and I say "You can read whoever you want, there is no end! If you don't like a certain writer so do not read him or her but read who you do like." Whatever...but if you cannot read or won´t read then no. Writers are readers. This is what we are! I always mention this in every essay I have written. And that's it. I come from a family of readers. And they are readers because they are teachers, all of them.

DS: Your parents had been teachers too?

RHS: My mother and grandmother from my mother's side. My dad had a very poor education because he was born in 1884. And there weren't many schools in the Valley back then. But he could already read Spanish and could write it. So then he learned English by himself.

DS: Did he ever tell you about negative experiences he was exposed to due to his background? Was he marginalized at some point and told you about hatred?

RHS: He was a very optimistic man but he was no fool. He was in politics and he was also a police man. You cannot be in politics when you are a cop, but he was! And he had a great sense of humor and he was well read. He could tell good stories...The Valley gets cold once in a while. Like this! And I would be in bed and I was a baby or 5, 6, 8 years old when he and Mom told me stories all the time.

So they influenced me a lot. But I also could see my older brothers who did read a lot. We were a very quiet household. Nobody got into anybody's hair or anything...And I thought that everybody read. And then one day when I was 16... I remember the first date I had with my first girlfriend. She is still alive. Wonderful girl and this was our very first date. There was not a single book in the house because they could not afford it. They had a nice house but that´s all. And I was looking around what I could read since I had to wait for her. I never mentioned that to her. But that was it. I used to go to dances all the time. I was the baby and my two brothers and two sisters already had plowed the ground.

The valley is very small, 100 miles and around 30 little towns. You can guess how close they are. So everybody knew everybody. I am the only one who did not marry a valley boy or girl. My two sisters married men from Brownsville; my two brothers... one married a girl from Edinburgh, the other from McCullen. These were all little towns there. So with a pinch for reading and the towns so close and we are being very social, we had our own society. There was the Anglo society and there was the Mexican-American society. But because I was half Anglo as my brothers and sisters we had friends on both sides.

DS: What is the story of your parents? How did they meet? Have you ever written about them?

RHS: I put them in some of the novels sometimes. A little line here or there.

DS: But it sounds like a very interesting story, a couple like them in a segregated society?

RHS: Sure, the only place you would meet was when you went to Highschool. Everybody went to grammar school, then went to Junior High and then Highschool 9th to 12th grade.

DS: Do you know how your parents met?

RHS: He was a cowboy and worked whatever he could. They met in a village, which is still there. It is called Santa Maria and it is in Cameron County down in the Valley. My mother could speak Spanish because my Dad ran the farms and ranches. All the girls, her sisters and her brothers, they all spoke Spanish. And my Uncle George Smith, he spoke English as well as you and I, but he also spoke Spanish. So I picked it up from my mother and at the first school I went to when I was four years old, I was taught by a Mexican National who was living in my home town. I was four years old and hardly could hold a pencil but when we went to Junior High, 7th and 8th grade, this is when I met Anglos for the first time. I competed with them in football or academics and this is where I met Anglo girls too. At that time Mexican-American girls did not date very much and their parents and fathers were very strong about that, so I dated Anglo girls. In Junior and High school. I had friends over there. We had parties and very formal things but unless you were not really serious you could not get in.

DS: But you could mingle with each other?

RHS: Yes!

DS: Interesting. I just was attending the 100 birthday anniversary event here at the UT for Américo Paredes and there I learned that he still had to face racism although he was already a professor at UT. For example he was not allowed the local barber shop which was closed for Mexican-Americans...

RHS: Is that right?

DS: They said that at the event!

RHS: Here in Austin? I am not surprised I have to say! In the 1960s blacks were not allowed to live or to have businesses downtown.

DS: How was that for Tejanos like you?

RHS: They had their own ghetto. We used to go there but it was kind of dangerous. We went to the Mexican Restaurants.

DS: And when you became a professor at you UT, did you face similar problems like Paredes did?

RHS: Well, I was not a professor back then, I was a student. My bachelor is from here. Then I went to New Mexico for my masters. I had been working all those years. But I knew I wanna be a writer. Then I went to Illinois and got my doctor over there. But I always wanted to teach here, because this was my first university.

DS: So you always wanted to come back to UT? So you had a detour via Kingsville and Montana?

RHS: Sure, but what would have happened if I would have stayed here for my doctor at UT? I would not be hired. Universities do not like to hire their own PhDs. We have 45 professors here and only one, Don Graham, who published a lot, graduated with his PhD from here. But he could not get hired right away. He had to proof himself and was teaching in Pennsylvania, which is a heck of a university and he published two books over there. And then he could come back. All what I had was a B.A. And when I came here all my prospects were dead.

But this is what American Universities tough for many because we won't hire our own. We want them to go out there. I did not apply for this job. I got a letter from the president. I also received another letter from UCLA and they asked me to teach there a quarter too. But I told my wife, I wanna go to Austin. But I might go for one quarter to UCLA, three months. I don't wanna say 5 years later, gosh I should have gone there. So I went there. It was great. I love the people there and everything. But I knew I would coming here.

DS: Where and when would you travel with a time machine?

RHS: When and where would I go with a time machine and what would I experience there? Well, being a very curious type I would like to visit part of Texas in the late 19th century. I would like to go to New England when the USA declared their independence from England. And then to Europe, because I did not go to Europe until I was really growing up. And the Orient although Uncle Sam took care that I went there for the war in 1950. I wanted to travel I guess if I have a time machine, wherever I wanted?

DS: Wherever and whenever you want!

RHS: And of course I wanna like to go to South America because I never went to South America.

DS: Never?

RHS: Really, just Mexico and Panama, this was the closest I got to Columbia and Venezuela! I like Argentine literature also. Some Colombian. Ecuadorian, Peruvian…Mostly late 19th century writers because they were producing a lot of non-political stuff. It was political but it was not about "beating the drum". They wanted to be free. I would go to the whole world maybe with exception to the North and South Pole. But the Pacific would be a place to go to. I probably would get me a boat like a sailboat or something. I just love to travel and I try anything be it with a plane, a train or in this case a boat!

DS: Since you mention the pacific and traveling, maybe I am mistaken but isn't the Jim Michener Archive here in Austin?

RHS: Oh yeah, Jim…Jim, when we were coming up with the Jim Michener Writing Center…he did not want his name on it. He called the president and the president called me and said: Michener wants you to be running that program. So we hadn't a program back then but he gave us a million, then two million more, he gave us all this money. But he never interfered. He had his own office. I saw him several times.

DS: So you were colleagues?

RHS: Oh ja, we were just good friends. And the kids loved him because he was very approachable. You could talk to him. I ran the center for 5, 6 years. But it was cutting in my writing and I talked to the president and I said I am being hold back by this, it is a honor and I love it but…and I talked to Jim and he said: "Sure I do not mind."

DS: I read several of his novels when I was younger and enjoyed them very much because he was writing about different countries and I could travel with Jim Michener to all these places!

RHS: Yeah exactly…I think he always had a good approach…he was not a snob and he was not a tourist writer.

DS: I am curious. You said that you like traveling but your books expect maybe the Korean Love Songs are about Texas. What is it that makes you write always about Texas!? What fascinates you?

RHS: Sure, the reason is it is not only about Texas…but it is really about the Rio Grande Valley, where I was born. To me the border area is very interesting. You have two different citizenships, you have two different cultures… but they are together. So they trade things and they give each other things and take away things. Anyway that is life. I set all my books into the Rio Grande Valley. What I bring to the novel writing about the Rio Grande Valley are my experiences away from the valley also. And I use them but situate them in the valley. And this gives me all the freedom I want. I do not know how many characters I have but scholars came up with the exact numbers.

DS: Oh, I read about it! In one book you have 30 acting characters but they are mentioning 100 more. Which makes it very complicated and it is not easy. You sort of meet the whole village in your book!

RHS: Oh yeah, see I mentioned it earlier. I earned my bachelor, I taught high school and I worked for a chemical plant and I worked for a work clothing manufacture who made khaki side working pants and I worked for a big refinery and I worked in the field but then they saw that I could read and write and that I even had a B.A., so they took me to the main office and I started working with the engineers. I corrected their English and whatever they would write. So I had a good background. I was very lucky to be at the right place at the right time also. All these jobs gave me many ideas but I knew I would write about the Rio Grande Valley! Why? Well, because I could shape it whatever I wanted it to. But mostly it is based on the truth on what I experienced on what I saw and on what I thought the reactions would be by the people there. Because the valley I am writing about is not the Valley now. The Valley now is over 80% Hispanic. Then it was 50/50 or maybe 40/60 or something like that.

DS: Have you read the book THE BOYS KINGS of Texas, a recent book set in the Brownsville area?

RHS: Who wrote that?

DS: It is written by Domingo Martinez, a journalist who lives in Seattle, but he grew up in…

RHS: THE VALLEY!

DS: Yes, and he writes about his youth and experiences in the 70s and 80s, but I still do not know what to think about it. John Moran Gonzalez said, that he is also not sure but it is a good read. It is also sort of funny, but he has the tendency to criticize the border culture for its' machismo.

RHS: But he does not live near the border anymore? I drive there a lot… I could fly but I like the drive, because I can stop wherever I want. Everyone in my generation that I knew is dead or they moved away. They are no longer there. But the things which occurred when I was growing up is what I am writing about. And there had been some gradual changes.

DS: What does it mean nowadays for you when you go there? Is it still your home or more like a museum to you?

RHS: Yeah, it is another town now, my hometown. But I also lived in Brownsville with one of my sisters. She and the other sister also married men from Brownsville. All old families, this is what we are; this is what they call also our family. And it is pleasure for me. I always feel great. As soon I hit Willacy County – it is the most northern county in the valley on the way to Mercedes my hometown – I am home! This is it! You know, I never left this place!

DS: A nice way to see it! Would you recommend me to go there and see it with my own eyes?

RHS: I think so! It is about…let me see what is the percentage of Mexican-Americans living down there [he moves to his PC]…I guess it is more than 70 %.

Here, that is Wallasey, the most northern county I mentioned. Or I just can go town by town. See there it is [he points on the screen], it is Starr County with two Rs, because it is a last name. That is Hidalgo, where I was born. That is Cameron, that is Brownsville and the little one is Ramonville. Latino population…in Brownsville, which is the largest city in the valley [RHS types something] ….I bet it is not less than 70% [he laughs]….

Here there is something…Here it is yes…demographics…[he klicks his way through the page]…Here is something about the population there is more now, oh Brownsville look at that…

70 white can that be?

No wait a minute…91 % Ah, this is for Texas and this for the valley.
What's about Harlingen?

DS: Harlingen, I think this is the town Gloria Anzaldúa was born!

RHS: Was she born in Harlingen?

DS: Was she one of your students when she was studying at the UT?

RHS: In the 70s? No, I got my Ph.D. in 1969 and was then teaching at Trinity in San Antonio for two years and then…So I had not been a the UT then…But she is a Texan. Look Latino Population in the valley [he types again]…Maybe you can pick it up here…Oh ja…94%! This is Rio Grande City, this is something! I actually cannot read it.

DS: It says 90% Latino and 92% whites. How can that be?

RHS: Well, you have to remember that RG City is almost 100% Mexican-American but they are white. Well, you are right, you cannot have 90 and 92%...

DS: Exactly…

[a colleague stops by, they chat]

RHS: This is the one who baked the banana bread! [he points to a piece of cake on his desk] It has raisins and pecans and got everything! I take it home with me, I am not hungry now. Hm, let's look for how many Latinos in Texas. How is that? No… no… no…Ah! Hispanic churches! In my hometown Mercedes we had Texans, Mexicans, Baptists, Presbyterians, and Methodists, and smaller sects and one Catholic Church.

DS: So it was not predominantly catholic?

RHS: No! It is a very interesting place my little hometown Mercedes. The Baptist Church was just a block and a half away from my house and it was made out of brick. You know it was there forever. On the same street on Texas Avenue, maybe just a block away up north was the Presbyterian Mexican Church. That was out of wood, but it was huge. When I went to school I had to pass by. Ja, this destroys the myth about the Mexican-American all being Catholics. And so there was Baptists and Methodist and everything else.

DS: Okay let´s go to the next question. Imagine you get a call from Sweden and they ask you which Mexican-American writer should get the Nobel Price? What would you say?

RHS: Ah, I don't think that I or somebody else did write something yet that would qualify for the Nobel price. The Nobel Price is something in this country and in the world. I don't know anyone. I think I am not worthy.

DS: Let me ask in a different way: What colleagues of yours do you really admire?

RHS: I like Alejandro's [Morales] work a lot. I always liked it. There is a young man called Manuel Martinez who is a professor at Ohio State, we never met. We only speak to each other through email, but he introduced himself as a writing student. Now he is an associate professor with tenure and all that. I do not know how he looks like, but he probably wrote three or two novels so far. He is tenure and very happy. I wrote him last week and said: "Apply here at UT, I am retiring and you got two or three books. I do not know if he did but if he did I definitely would go for it. But oh gosh, maybe in 20 years from now, when I am dead, the young men and women now will then win the Nobel Price, but maybe this is too much to expect. [He looks on the question sheet] Ah, the next question is interesting! "The different experience of writing in English and Spanish!"

Well, when you are born with two languages and you are mixing them while talking…so I begin a sentence in English and finish it in Spanish. Or the other way around, always switching. There is no language more dominant because down there, the person listen to you can do the same. The first two stories I published were in Spanish. But then the publisher said the Spanish books are not doing very well so we want you to write in English. Can you do that? And I agreed! That was Arte Publico Press at the University of Houston…

DS: I wanna go there definitely.

RHS: Let me know when you go and I introduce via the Computer to Nicholas Kanellos [He did, and I met Nick for an interview as well].

DS: That would be great!

RHS: Nick is Puerto Rican and he and I go back a long time, when he was still a senior graduate student I was already a professor. When I went to teach in Minnesota he was on his last days working on his doctoral thesis. And he was teaching at some school in Indiana. He runs Arte Publicó. They published my first three novels. You will be very surprised, when he shows you where the books are stored. He is very successful and he really knows the business. He is a very good man, I always liked him.

Tomas Rivera, Rudy Anaya from New Mexico and I were invited, the three of us, to go to the University of Indiana by another Mexican American professor from San Antonio, who is retired and lives in Indiana. We read there and they filmed us but they did nothing with the film!

DS: No? What happened to it?

RHS: I guess it was destroyed, they never used it. But I saw it once and asked them: "What do you do with that film?" But nothing happened! My god! The three of us, can you imagine? The only other time the three of us came together when Rudy was teaching in Arizona and he was invited to Masini. I think it was New Mexico. Or Arizona! Ah, now I know! A guy who used to teach here, who is now in Colombia, was teaching in Arizona and he was inviting Rudy, Tomas and me and we worked together. There must be a film footage too but I don't know.

DS: Who was the guy who made this video?

RHS: Ah, Rudy de Galarza. But he is not teaching at Colombia. Maybe look for Rudolfo de Galarza and you can find out more.

DS: He supposedly has the movie?

RHS: Well he was teaching at Arizona. And he invited the three of us and was in charge of the whole program. He might know it. I don't know about writing English and Spanish. Whatever hits me first, and I think it fits, then I use that language.

DS: Can you explain it a bit more?

RHS: I don't know. I never had any trouble because I was raised that way. The first school I went to when I was 4 years old was in Spanish. By this Mexican citizen who was teaching in my home town. I got parents paying to him 50 cents a month and he had a room full with 100 kids or so. And I read the Mexican paper La Prensa published here in San Antonio, so this was a nice way. I was raised 50/50, my dad wanted it and my mother too. I spoke English and Spanish. They wanted us not only bilingual, they wanted us to be bicultural. We were not Mexicans, but we were Americans by Mexican descendent. We were also Americans because of her. And my mother spoke and actually would read to my dad La Prensa which was a famous newspaper from San Antonio or we were reading news from Mexico City. Not that my father could not read but he would prefer to hear from her. But he was a great reader himself. We all were. As I said we had been very fortunate that two parents who both would love to read. They did not tell us to read they taught us to read by example. We saw them reading all over the place. Quiet a household! I thought everybody read but here is my first date. I was 16 years old, Eloise! Good looking! And I go there and I wait and I notice that there aren't any books. Maybe a magazine but I do not wanna make that up. Later my mom and dad asked "How did your date go with Eloise", because they really liked that family too. I said: "It was very nice. We went to the movies!" "Did you drive?" "No we walked. We went to the park, listen to the music and then 9 or 10 o'clock I walked her home. "And now, when I call her or write her an email, she remembers that it was her first date too. But she was one who never spoke Spanish. And she hadn't Spanish blood either. But many Anglo kids who had farms and ranches they spoke Spanish just as I do. For example "Droy" [nicht verständlich auf der Aufnahme]. Brother we called him, because he was the youngest in the family we just called him brother. I see him before me: "Hola que tal? Bien? " You know...we did go forth and back in Spanish. His brother Jimmy and Billy Jean and the girl. The Newmans were the same way. They spoke English and Spanish. But not the same folk, the farmers and ranchers could not speak like my mother could do.

DS: You write emails. What do you think about social media? You remember the times without internet and even television... What do you think about the new technologies? Is it a benefit or not?

RHS: I think it has many good things part to it. Because an interested kid could pick up a lot. That boy or girl, whether were they grew up: They can say this was right, or not right, not correct but this It is gonna be up to them. But they have to come from families who love to read and who discuss things. Most families see movies but I have not been to a movie house...I don't know in how long. If I want a movie I rent one because I want to see it or I want my daughters to see it. But social media is so money hungry and the kids are buying stuff every year. Something that comes out and they buy the stuff. I finally made an acquisition, yeah I admit, I bought a telephone, which is here some place but all it does is I can send or receive messages. Nothing else. It interferes with my life but I want my life to be mine.

DS: I was 19 when the internet started to get real popular but it did something to my reading capability...the more I read online my brain adapts to short texts and it becomes hard for me to read longer texts...devolution. What do you think?

RHS: Absolutely. I am afraid so! We have students here who would not have been admitted when I was in college. You see I read their papers and sometimes I have to say..."This is horrible!" How did they get here? Why would they even get admitted? A little thing like the apostrophe for the possessive...my *brother's book*. They do not know to punctuate, or they cannot distinguish between a singular or plural subject sometimes...you know he or she or whatever. It is an amazing thing. I just returned some papers. Now the good ones: They can write! But the ordinary ones and there are more of them like anything else it's...I do not know...it is too much. And there isn't one of these kids who does not has one these in their backpocket [He points to my mobile]. Boy or girl. It does not matter! I ride the bus because I wanna observe. I write the university bus. The first one. It is a 10 minutes ride. I get here by 7.30 am or something like that. The soon they get in the first thing they do is to whip this out. Some listen to music or maybe listen to a lecture. I don´t know. It is an electronic world. But they are not talking to each other. Can you imagine? They have nothing to share with each other! Let´s say there is a horrible accident. First thing would be to talk with each other: "Have you heard there was this accident in Houston..." But no they are a quiet. It is a quiet bus. I look around but these people are in another world. Boys and girls. Because the girls wear pants too, get out these mobiles, even bigger than this [he points on my phone].

What it does with the humans in the states is that many houses are going under. Less people mix with each other or have a marriage.

DS: And less people will read?

Yes, less and less people are reading and because they do not read they cannot write. That is it! It used to be pleasant to read papers. There would be new ideas. There were contradictions but at least it was some learning. They are not interested in that. So I do not lecture in my classes because I know they cannot read. This is just a two page closing of Mango Street by Sandra Cisneros. Here read this because I have a lecture on it. [He hands me some pages.] See this is how I hand in my lectures. Five pages. I read them and they are following me. Some do not listen, they prefer to read it, which is fine. And some do not read it because they want to hear what I am saying. Here this is the end lecture of the class. I throw away a lot! ...[He moves around in his office]. I am leaving, you know?

DS: Oh you are leaving UT?

RHS: Well I am retiring!

DS: So this is your last term?

RHS: Yeah!

DS: So I am very lucky to meet you still in your old office!

RHS: How about that, look at "The Police Man". This is the third reading and I tell them chapter 17 to 24, well this is about 4, 5 sheets. Because the way they hold the pencils I can see that they even never got taught how to hold the pencil. When I went to school, my generation was in school and many other generation you were taught on how to hold a pencil. "This is the anker, this is the leader" and just you know. They write like this. Whatever the heck it is they do. So they cannot make proper notes. They cannot write. And if you cannot write you cannot spell. If you cannot spell you cannot do any reading. It is very sad.

DS: So what will that do to the US?

RHS: Well, somebody else will take over. Maybe Russia! Germany cannot because of the size.

DS: But you can observe the same things in Germany too. People getting addicted to their smart phones etc. and people read less.

RHS: It is going to be bad.

DS: Is there something you want to add or to ask?

RHS: No, but I loved your questions! There is nothing to add! I wished ....I threw away everything! You see [he points out the shelves] this used to be nothing else than books. I take everything home!

DS: Oh, I see that you have two huge German dictionaries there!

RHS: This is a gift of a good friend of mine.

DS: You speak German?

RHS: A little bit. I am sorry that I threw all this stuff away otherwise I could give you something.

DS: Is that the typewriter you are writing your books on?

RHS: No, this is Américo Paredes'.

DS: This is Américo Paredes' typewriter!?

RHS: Hm, this is his office! It is mine now!

DS: What will you do with the typewriter?

RHS: I will take it to a typewriter man. He can oil it, exchange parts and so...

DS: You definitely should do that!

RHS: Oh yeah! Américo and I, we were...You know he discovered the Corridos and he found one called "Hinojosa y Paredes" from 1849 from the area which is now Brownsville. So we called each other pariente which is kin and this is his office.

DS: So you inherited his office? Was this is desk also?

RHS: Yes, this desk was his, everything was his. This [he points to the Computer] of course is mine. The refrigerator and the coffee machine.

DS: So you decided to retire now or could you have go on to teach?

RHS: Oh yeah, I could go on teaching here but I decided to call it a day. My daughter is worried about but my son says "Now you can come to Virginia even more often". I have a son who lives in Virginia. He served 24 years in the navy. He went to naval school, then finished four years and served in the Pacific.

DS: Did you encourage him to that?

RHS: Not at all, but he wanted to go. His mother wanted him to go to West Point to the Army but I said: "Why what do you want there? Go to Naples, which is a naval school." "Why?" "Because you will be happier there!" Do you see this picture? This is my little grandson! He is a senior now at Great Forest. This guy had a four year scholarship for Pittsburgh because he was a kicker but he is now at the second oldest University in US, it is called William and Mary which is in Virginia. His graduation is this year in Great Forest.

DS: Since you and your sons have served. What do you think about American Foreign Policies and the last couple of wars the US had been involved into?

RHS: They all had been huge mistakes. You know we lost 39.000 Americans in Vietnam. For what? I am totally against war, I think everybody who served it against war. My two brothers were in WWII and luckily both did not die.

DS: Thank you very much for the interview!

RHS: Thank you very much and stop by whenever you want!

Anhang II

Interview mit Demetria Martinez
[21. Oktober 2015, Santa Fe/New Mexico]

DS: Are you still an activist? Are you currently writing novels and poetry? How do both passions interact with each other?
DM: I'm involved with the Coalition for Prisoners Rights; we established a library at the youth detention center in Santa Fe, New Mexico. I coordinate poetry workshops for the youth, who are mostly young Chicanos and some Native Americans. They all are poor and in so many ways have been left behind by society, considered dispensable. Writing poetry, they recognize that they have a voice, that their stories matter.

As for my own writing, I have written a short story about a Mexican immigrant woman and the divide between the rich and the poor in Santa Fe. I am planning to pursue this theme in a series of poems. I'm interested in what it must be like for an immigrant to learn English and to dwell in two languages. I also want to write about ways that immigrants come to the United States. So many have died crossing the border on foot from Mexico into the harsh desert terrain of Arizona. Others pay exorbitant fees to "coyotes"– smugglers who take them over the border – although many abandon immigrants along the way.

I don't know that I'd have anything to write about if it weren't for political movements that have inspired me: from immigrants rights struggles to Black Lives Matter. Activists sustain and nourish me and my work.

DS: In the article *Pointers* you give advice on the writing process. I am very much benefiting from these. Thank you! But another question. How do you get the ideas for you poems and books? I once read that Carlos Santana for example believes that his songs are sent to him by angels. Gloria Anzaldùa also stresses that ideas, colors and thought appear to her and then she had to work with them over and over again. What is your process?
DM: I begin with a vague idea, such as "the lives of immigrants." Then I take notes, usually very disorganized and fragmented, that are related to the topic. Different images begin to surface: I see a woman from Mexico sitting in an English class. I hear the words, "For Maria, speaking in English for the first time is like chewing on rubber

bands." I continue to take notes over a period of time. In the meantime I read a lot of poetry, immerse myself in the magic of it. Gradually I go through my notes, find what's useful and begin a first draft. It is a slow process. One must be comfortable with the "messiness" and mystery involved in putting together a poem. Perfectionism is the enemy of the creative imagination – and of good writing.

DS: Would you tell me about your involvement with the Sanctuary Movement in the 1980s?

DM: First, let me explain what the movement was. Salvadorans and Guatemalans were fleeing United States-sponsored dictatorships with their death squads. They came to this country seeking political asylum but the U.S. refused on the whole to accept them. In response, a largely church-based movement arose in which many churches and synagogues defied United States immigration law and declared themselves "sanctuaries" for these refugees. Many refugees stayed in these houses of worship which immigration agents tended to avoid; it would have been really bad publicity for them if they raided churches and arrested refugees. Some citizens secretly aided refugees, helping smuggle them across the United States border with Mexico; they also provided housing and other aid. Some immigrants eventually made their way north to Canada with help from sanctuary activists.

During this period, I wrote about religion for the Albuquerque Journal; I also wrote for the National Catholic Reporter. The movement was a huge religion story, which I researched and wrote about. I traveled in 1986 with some sanctuary activists, including a Lutheran minister, to the U.S.-Mexico border to observe how refugees were secretly brought into the country. In 1987 the government charged me, and a Lutheran minister, of transporting so called "illegal aliens." This and other charges added up to a potential 25 years in prison. In 1988 I went to trial with the minister. In the end a jury acquitted me on First Amendment grounds. In other words, my activities as a reporter were covered by the principal of freedom of the press. The jury acquitted the minister as well because New Mexico had been proclaimed a "sanctuary state" for refugees by the governor before our trip to the border. This proclamation, in the end, protected the minister from legal action.

This experience inspired me to write my first novel, Mother Tongue, about the love between a Salvadoran refugee and a Chicana living in New Mexico. It is set during the Sanctuary Movement. The reader comes to understand how love is not enough to heal the all the psychic wounds of war: instead, wars have to end. Yet love makes it possible for people to reach across borders and to open themselves to

© Daniel Schreiner

the perspective of "the other." True empathy becomes possible—and the healing of some psychic wounds can begin.

DS: **There are always people afraid of migration and the "other." Donald Trump wants to build a wall on the U.S. border with Mexico – and in Germany xenophobic citizens are demonstrating against refugees and Muslims. To help people in need is one thing, but how do you deal with fear and hate. Is there a way to make a society more compassionate and humane?**

I have great hope in young people here. They live in an amazingly diverse country. They are far more likely to encounter people of different backgrounds than were their parents and grandparents. Young people have all kinds of opportunities to make friends with the "other." They are way more accepting, for example, of gay marriage than are older generations. It is much easier to have compassion when we know people personally, when we know their stories.

DS: **Is there, was there, a real life character like Jose Luis Alegria Cruz from *Mother Tongue* in your life?**

I encountered many "Jose Luis's" – as did thousands of U.S. citizens – during the Sanctuary Movement. These were people in El Salvador and Guatemala who struggled against injustice and who were cruelly put down by U.S.-backed dictators and death squads, who tortured and "disappeared" so many people. These "Jose Luis's" questioned the status quo in which a handful of families owned most of El Salvador and Guatemala's land. Activists, from students to laborers and intellectuals, pressed for justice. This could take the form of something as simple as starting a literacy program in a village. The Catholic Church generated much of the energy behind the struggle. It preached "liberation theology," taught that God had a "preferential option" for the poor, and that injustice was not God's will. This is a very different stance from times past, when the church in Latin America stood with the wealthy and powerful. "Jose Luis's" around the country spoke in churches, colleges and other places, testifying about the oppression they personally experienced. They changed the hearts and minds of many U.S. citizens.

DS: Can you explain your own concept of spirituality?

For me, spirituality is about community and solidarity. It's about supporting one another and holding out hope as we work for change.

DS: Did you ever read Gloria Anzaldúa's work? How would you describe it?

Her writing has been so very important to Chicana writers and beyond. She insists that suffering is not merely personal but is deeply rooted in oppressive social structures that stem from racism, sexism and so forth. These realities quite literally crush the spirit and sicken the body. But she also speaks of writing as a healing force. She provides a verbal map of the soul. There are many points through which a reader can enter.

DS: How are social justice issues being taken up by Chicanas/os nowadays?

We are seeing a new generation of activists. Chicanas/os are building alliances with Black Lives Matter and other movements; Latinos are very much affected by police brutality and they are over represented in the prison system. I see many young Latinos involved in promoting the rights of the LGBT community. They're fighting for immigrants rights. And counter to the myth that Latinos don't care about the environment they are, in fact, increasingly involved in that struggle. I see young people being radicalized on a range of issues. This is very hopeful.